Juvenal Savian Filho

Doutor em Filosofia pela Universidade de São Paulo (USP).

Pós-doutor pela Universidade de Paris.

Membro da Sociedade Internacional para o Estudo da Filosofia Medieval (SIEPM).

Pesquisador-visitante do Centro de Pesquisa Interdisciplinar de Ciências Humanas e Sociais (CRISES) na Universidade de Montpellier, França.

Professor de Filosofia na Universidade Federal de São Paulo (UNIFESP) desde 2006.

Lecionou Filosofia no Ensino Médio da rede pública e em diferentes instituições de Ensino Superior.

Filosofia e filosofias

EXISTÊNCIA E SENTIDOS

FILOSOFIA | ENSINO MÉDIO | VOLUME ÚNICO

MANUAL DO PROFESSOR

1ª edição

autêntica Belo Horizonte | 2016

EDITORA RESPONSÁVEL
Rejane Dias

EDITORA ASSISTENTE
Cecília Martins

ASSISTENTE EDITORIAL
Rafaela Lamas

PREPARAÇÃO DE TEXTO
Lúcia Assumpção

PESQUISA ICONOGRÁFICA
Juvenal Savian Filho
Ludymilla Duarte
Luísa Araujo

ILUSTRAÇÕES E CARICATURAS
Mirella Spinelli

REVISÃO
Aline Sobreira
Carla Neves
Lívia Martins
Maria Theresa Tavares
Renata Silveira
Roberta Martins
Tiago Garcias

CAPA E PROJETO GRÁFICO
Diogo Droschi
(sobre imagem de Kate Riedlsperger)

DIAGRAMAÇÃO
Diogo Droschi
Guilherme Fagundes
Larissa Mazzoni
Tamara Lacerda
Waldênia Alvarenga

Dados Internacionais de Catalogação na Publicação (CIP)
(Câmara Brasileira do Livro, SP, Brasil)

Savian Filho, Juvenal
Filosofia e filosofias : existência e sentidos / Juvenal Savian Filho. – 1. ed. – Belo Horizonte : Autêntica Editora, 2016.

Bibliografia.

1. Existência (Filosofia) 2. Filosofia (Ensino médio) I. Título.

16-01798 CDD-107.12

Índices para catálogo sistemático:
1. Filosofia : Ensino médio 107.12

ISBN 978-85-8217-897-3 (AL)
ISBN 978-85-8217-979-6 (PR)

Belo Horizonte
Rua Carlos Turner, 420
Silveira . 31140-520
Belo Horizonte . MG
Tel.: (55 31) 3465 4500

São Paulo
Av. Paulista, 2.073,
Conjunto Nacional, Horsa I
23° andar . Conj. 2301 .
Cerqueira César . 01311-940
São Paulo . SP
Tel.: (55 11) 3034 4468

Rio de Janeiro
Rua Debret, 23, sala 401
Centro . 20030-080
Rio de Janeiro . RJ
Tel.: (55 21) 3179 1975

www.grupoautentica.com.br

Caros estudantes,

Bem-vindos ao livro *Filosofia e filosofias: existência e sentidos.*

Meu desejo é construir junto com vocês alguns modos de vivermos experiências filosóficas diversificadas e intensas!

Se este é o primeiro contato de vocês com a Filosofia, o livro permitirá dar os primeiros passos e entrar no mundo fascinante em que o pensamento se pensa a si mesmo. Se vocês já têm contato com a reflexão filosófica, encontrarão aqui caminhos para ir mais longe.

Tudo neste livro foi elaborado com cuidado para oferecer possibilidades de compreender filosoficamente a nós mesmos, aos outros e ao mundo na companhia de diferentes filósofas e filósofos, esses nossos amigos mais velhos!

A Unidade 1 abre as portas da Filosofia aos que não a conhecem e convida os que já a conhecem a atravessá-las com olhar renovado. A Unidade 2 é uma coleção de temas bastante significativos em nossa vida cotidiana e que aqui são tratados filosoficamente. Por essa razão, ela é maior do que as Unidades 1 e 3. A Unidade 3, por sua vez, organiza de modo didático alguns elementos que aparecem nas Unidades 1 e 2 e contribui para o estudo sistemático da história do pensamento filosófico.

Seja individualmente, seja com seus companheiros de escola, vocês poderão ler este livro de maneira linear, quer dizer, indo do começo ao fim. Mas também poderão explorar os capítulos fora da ordem em que se encontram, pois eles são autoexplicativos. Além disso, caso desejem uma abordagem histórica tradicional (partindo da Antiguidade, passando pela Idade Média, pelo Renascimento e pela Modernidade, até chegar aos nossos dias), os capítulos 5, 6 e 7 da Unidade 2 permitem um estudo desse tipo, por meio da reflexão filosófica sobre o amor. Mesmo esses capítulos podem ser estudados separadamente; mas, em conjunto, eles formam uma unidade dentro da Unidade 2.

O livro contém ainda uma grande quantidade de textos escritos por filósofas e filósofos, além de recursos culturais (documentos científicos, filmes, obras literárias, pinturas, músicas etc.) dos quais nascem as reflexões aqui apresentadas ou que podem ser tomados como ocasião para continuar a filosofar. Os títulos que acompanham os textos filosóficos nem sempre foram dados pelos pensadores que os escreveram, mas foram elaborados por mim, a fim de chamar a atenção para os pontos centrais de cada construção textual.

O que proponho é que filosofemos juntos, quer dizer, que pratiquemos juntos atos filosóficos em torno de assuntos diversos, procurando desenvolver o hábito da Filosofia ou do filosofar. Vocês perceberão que a atividade filosófica vai muito além da formação escolar, porque envolve muitos – senão todos – aspectos da nossa vida. No entanto, a escola continua sendo um lugar privilegiado para praticar a Filosofia, pois nela temos a possibilidade de nos beneficiar da companhia de nossos professores, amigos, colegas e todos os membros que compõem o ambiente formativo.

Espero que vocês aproveitem ao máximo a minha proposta e tenham o desejo de ir além deste livro, encontrando os próprios filósofos e filósofas por meio de suas obras, indicadas na bibliografia final, e obtendo muito prazer com a atividade de pensar sobre o próprio pensamento.

Acessem também o site de nosso livro (www.autenticaeditora.com.br/filosofia-e-filosofias). Participem dos fóruns de discussão e aproveitem o material lá disponibilizado.

Que uma longa e frutífera amizade cresça entre nós!

p. 403

O autor.

Sumário

UNIDADE 3
A Filosofia e sua história

Como usar este livro

Sensibilização para o estudo do tema com base em experiências cotidianas e recursos culturais (dados científicos, filmes, músicas, depoimentos etc.).

Divisão didática em partes que compõem unidades de sentido.

Símbolo que remete a páginas do Manual do Professor em que são oferecidos materiais de apoio didático-pedagógico.

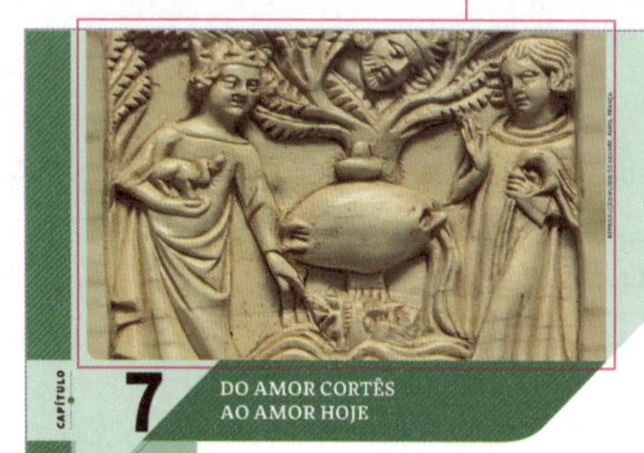

CAPÍTULO 7 DO AMOR CORTÊS AO AMOR HOJE

1 O amor cortês

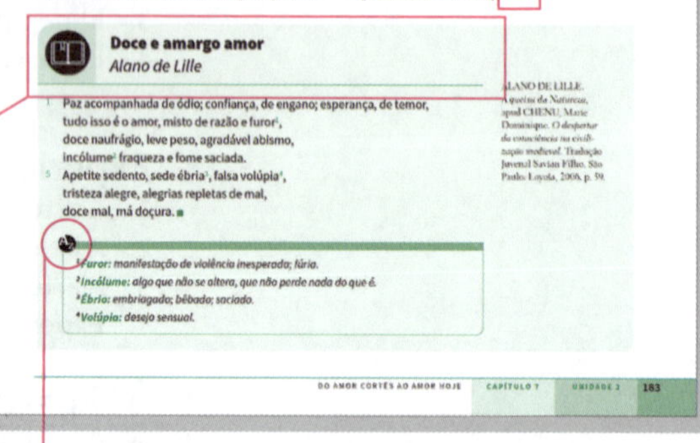

Textos filosóficos que orientam a reflexão de cada capítulo. Os títulos são dados por este livro, a fim de chamar a atenção para o tema central de cada texto.

Esclarecimento básico do uso do termo, no sentido adequado ao texto.

Indicação de que há um texto filosófico referente ao tema. É adequado interromper a leitura do capítulo, a fim de ler o texto filosófico e depois retomar o estudo do capítulo.

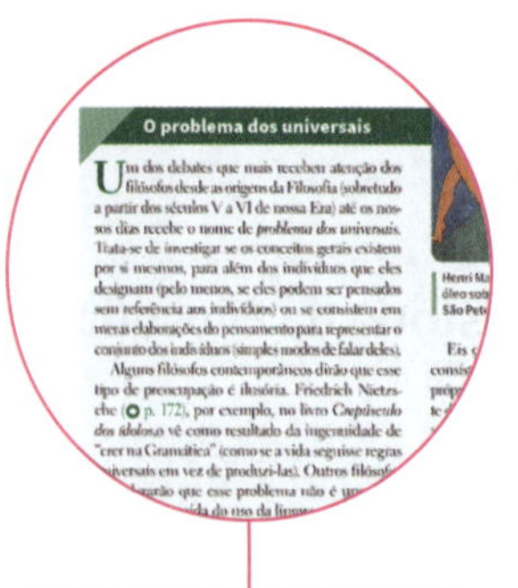

Espaço com texto para enriquecimento cultural e filosófico.

Informações sobre a vida e a obra dos filósofos, com o objetivo de situá-los no tempo e no espaço.

Ao longo de todo o livro indicam-se vários links filosóficos e culturais. Você pode consultá-los de seu computador ou de seu smartphone lendo os códigos ópticos.

p. 407

Sugestões de filmes, obras literárias e sites que podem ser explorados com base no conteúdo estudado no capítulo.

Atenção especial a aspectos lógicos que esclarecem o tema estudado.

Remissão a conteúdos tratados em outra página (você pode ir à página indicada e encontrar informações de esclarecimento e/ou de aprofundamento).

Exercícios de fixação, revisão, aprofundamento e reflexão sobre nossa vida cotidiana.

Indicação de livros que permitem o aprofundamento do tema estudado.

Indicação de conceitos bastante empregados pelos filósofos e em um sentido o mais geral possível.

Exercícios complementares de redação, reflexão e análise filosófico-cultural.

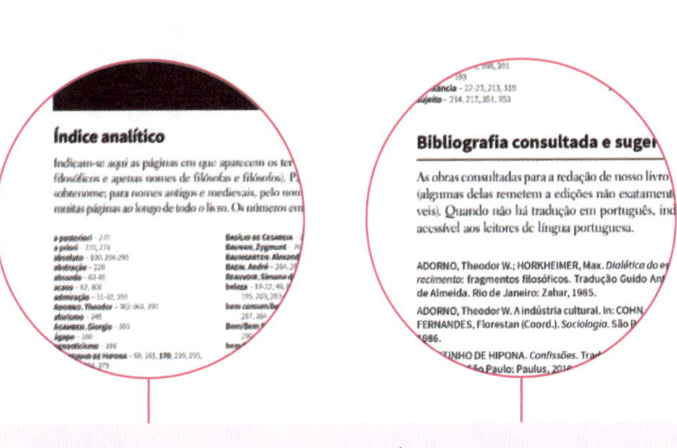

Completam ainda este livro um Índice analítico, com os termos e nomes mais recorrentes, e uma Bibliografia com referências às obras filosóficas citadas no decorrer do livro. O Índice permite localizar facilmente termos e nomes; a Bibliografia é um convite para que você supere este livro e vá direto às fontes das quais ele surgiu: as obras dos próprios filósofos e filósofas.

A Unidade 1 abre as portas da Filosofia e nos convida a atravessá-las. São as portas da existência e dos saberes. Desconstruindo e reconstruindo pensamentos (Capítulos 1 e 2), conhecemos dois modos básicos de filosofar, ao mesmo tempo que nos encaminhamos para a tentativa de propor uma definição da Filosofia e uma diferenciação entre a Filosofia e as filosofias (Capítulo 3). Nesse conjunto de reflexões, podemos também nos dedicar ao estudo de diferentes métodos empregados por filósofas e filósofos em sua busca de convencer (Capítulo 4). Caminhemos, pois, e cruzemos essas portas, que sempre estão à espera de serem abertas!

UNIDADE 1

1 Desconstruir para compreender

2 Reconstruir para compreender ainda melhor

3 O que é Filosofia?

4 Filosofias e modos de convencer

YOMKA/SHUTTERSTOCK.COM

CAPÍTULO 1

DESCONSTRUIR PARA COMPREENDER

p. 421

Para atravessar as duas portas da Filosofia que vamos apresentar aqui, precisamos identificá-las, conhecê-las e saber como elas se abrem. Em outras palavras, precisamos compreendê-las.

Uma forma de fazer isso é *desconstruí-las*, quer dizer, desmontá-las para ver como funcionam. Não significa destruí-las. É como se fizéssemos um caminho de trás para frente, assim como um marceneiro separa tábua por tábua de uma porta para saber como essas tábuas, juntas, formam a porta; ou como um técnico que desmonta um celular peça por peça para conhecer o mecanismo de seu funcionamento.

Desconstruir não significa destruir, mas analisar, decompor, desmontar, a fim de compreender o modo como algo é construído.

1 A porta da existência

Algumas pessoas chegam à Filosofia fazendo a seguinte pergunta:

Por que existimos?

Mesmo que você nunca tenha feito essa pergunta, pode entender alguns dos seus significados, pois ela costuma desdobrar-se em outras questões mais cotidianas:

1) *Por que ir à escola todos os dias, durante vários anos?*
2) *Por que trabalhar durante anos e anos em nossa vida?*
3) *Por que nos preocupamos tanto com o amor?*
4) *Por que preciso cuidar do meu corpo?*
5) *Por que não tenho o corpo que eu gostaria de ter?*
6) *Por que tenho de ser como meus amigos?*
7) *Por que há ricos e pobres no mundo?*

Vejamos agora algumas das respostas dadas, em geral, a essas perguntas:

1) Vamos à escola para nos preparar para a vida e para entrar no mundo do trabalho.

2) Trabalhamos para ter um lugar na Sociedade e comprar o que desejamos.

3) Preocupamo-nos com o amor porque só assim não ficaremos sozinhos.

4) Devemos cuidar do corpo para ter beleza e saúde.

5) Não tenho o corpo que queria porque sou assim ou porque também não me cuido muito.

6) Sou como meus amigos porque somos parecidos e nos sentimos bem com nosso jeito de ser.

7) Há ricos e pobres porque o mundo é injusto e porque alguns não trabalham muito.

É claro que outras respostas poderiam ser dadas, mas essas bastam para termos uma amostra de como podemos começar a filosofar com base nelas.

Observando as perguntas 1-4 e suas respectivas respostas, vemos que as pessoas procuram explicações para o *objetivo* ou a *finalidade* de nossa existência. Então, a pergunta *Por que existimos?* seria a mesma que *Existimos para quê?*

Observando as perguntas 5 a 7 e suas respectivas respostas, vemos que as pessoas procuram conhecer a *causa* ou o *motivo* que faz a existência ser como é. Então, a pergunta *Por que existimos?* seria a mesma que *Existimos por causa de quê?*

Chegamos, assim, a um primeiro dado interessante: a pergunta *Por que existimos?* pode ser respondida tanto da perspectiva da finalidade (*Existimos para...*) como da causa (*Existimos por causa de...*).

Para continuar nosso caminho, vamos ler uma fábula contada pelo poeta persa Rumi (Jalal ad-Din Muhammad Rumi), que viveu de 1207 a 1273.

O ponto central do conto está, como diz Rumi, nas palavras que um sábio diria se estivesse presente na cena, uma vez que tais palavras mostram o porquê da falta de compreensão entre os mendigos: eles não se entendem porque cada um, mesmo querendo ser compreendido pelos outros, adota um modo problemático de falar. Se os quatro sabiam empregar uma língua comum, por que, então, ao se referir à uva, cada qual usava a palavra da sua língua materna, e não a palavra da língua comum? Além disso, ao não entender o que cada um tinha dito, por que os outros não pediram explicações? Por que discordavam sem realmente entender?

Os quatro mendigos
Rumi

1 Quatro mendigos receberam uma moeda de um passante:
– Tomem essa moeda e comprem o que acharem melhor!
Um dos quatro, que era persa, disse:
– Eu sei o que iremos fazer. Compraremos *angour*.
5 Outro, que era árabe, disse:
– Não! Nada de *angour*. Eu quero *ineb*.
Outro, que era grego, disse:
– Nem *angour* nem *ineb*. Vamos comprar *istafil*.
O último, que era turco, disse:
10 – O que eu quero é *uzum*.

Uma discussão sem sentido instalou-se entre os quatro, pois eles ignoravam o que significava aquilo que cada um queria. Se um sábio estivesse por perto, teria dito:

– Com essa moeda, vocês podem satisfazer sua vontade. Para
15 vocês, cada palavra é uma fonte de conflito. Mas, para mim, cada palavra é um guia para a união. Vocês todos, sem perceber, querem a mesma coisa: uva! ■

Rumi, desenho anônimo no livro *Collection of poems of Molavi* (Penguin Books, 1980).

RUMI. *Le Mesnevi:* 150 contes soufis. Paris: Albin Michel, 1988. p. 56-57. (O Mesnevi: 150 contos sufis. Tradução nossa.)

MIRELLA SPINELLI

Faltava cuidado na comunicação entre eles!

Projetando a moral desse conto à busca do sentido da existência, podemos já perceber uma das maneiras de operar da Filosofia. Ela procura saber, antes de tudo, se falamos ou não da mesma coisa quando damos diferentes respostas para esse sentido.

Assim, mais do que oferecer respostas definitivas, a Filosofia busca esclarecer o significado ou o sentido daquilo que está por trás das respostas e das próprias perguntas. No que se refere ao sentido da existência, a primeira tarefa filosófica é perguntar: *Do que se fala quando se fala do sentido da existência?* É da causa? É da finalidade? É de outra coisa? É de um significado que a existência tem em si mesma ou de um significado que é construído pelos próprios seres humanos?

Esse procedimento filosófico vale para todos os assuntos que são tratados filosoficamente. Ele consiste em *desconstruir* as perguntas e as respostas; trata-se de desmontá-las, a fim de entender tudo o que as compõe.

Para tornar mais claro esse procedimento, retomemos as perguntas e as respostas que levantamos acima como componentes da pergunta maior sobre o porquê de existirmos.

A respeito das próprias perguntas, já esclarecemos que elas buscam conhecer a finalidade e a causa das várias situações. Agora, visando à desconstrução, vamos nos concentrar na resposta dada à pergunta sobre o porquê de ir à escola todos os dias:

> *Por que ir à escola todos os dias, durante vários anos?*
>
> *Vamos à escola para nos preparar para a vida e entrar no mundo do trabalho.*

A resposta afirma que o sentido dos estudos é preparar-nos para a vida e para a entrada no mundo do trabalho. Nela, há pelo menos três ideias: a finalidade da escola é preparar-nos para a vida e para o trabalho; a causa de irmos à escola é nosso desejo de nos preparar para a vida e para o trabalho; quando vamos à escola, preparamo-nos de fato para a vida e para o trabalho.

Se aceitarmos essa resposta, significará que entendemos a escola em função da vida e do trabalho. Ora, o que são a vida e o trabalho?

Há diferentes significados tanto para a vida como para o trabalho. Vamos nos concentrar no modo geral como as pessoas falam de ambos. O trabalho costuma ser associado às profissões exercidas pelos adultos. Isso permite entender também como as pessoas, em geral, falam da vida: ela significa trabalhar, descansar, amar, sofrer etc., tal como fazem os adultos. Parece, portanto, haver um sentido bastante claro para a resposta que analisamos: a escola prepara os estudantes para reproduzir o que fazem os adultos.

Mas esse sentido permite perguntar: a vida e o trabalho dos adultos são a única possibilidade que temos em nosso horizonte? Devemos ser como eles são?

Em contrapartida, poderíamos questionar ainda: as crianças, os adolescentes e os jovens não têm nada de específico e que mereça atenção na escola? A infância, a adolescência e a juventude talvez tenham características próprias... A vida escolar, assim, poderia ser entendida como uma experiência de desenvolvimento dessas características, sem necessariamente formatá-las para reproduzir o que fazem os adultos!

Ao refletir sobre essa outra maneira de entender a vida escolar, observamos que cada estudante tem capacidades a serem despertadas e desenvolvidas sem necessariamente visar à repetição pura e simples do que fazem os adultos. Estudar Língua Portuguesa, Literatura, História ou Matemática pode ser uma atividade cuja finalidade é o próprio aprendizado ou o desenvolvimento das capacidades intelectuais e afetivas dos estudantes. Alguém poderia retrucar, dizendo que História é inútil para quem pretende trabalhar em um hospital ou que Matemática só serve para quem vai trabalhar com números. A pobreza desse pensamento é evidente, pois desvaloriza o aprendizado por si mesmo, privilegiando apenas os resultados práticos, como se o ser humano devesse apenas repetir as funções já existentes.

Podemos também perguntar se, do ponto de vista histórico, a opinião que associa a escola à vida adulta e às profissões dos adultos é uma opinião adequada. Afinal, vemos muitas pessoas que terminam sua formação escolar sem estar preparadas para a "vida" ou para o "trabalho", dado que o mundo adulto nem sempre lhes oferece espaço para trabalhar e as mantém à margem da Sociedade. Ir à escola, portanto, não significa necessariamente uma garantia para "entrar na vida e no trabalho"! Além disso, ir à escola já é vida! Por que, então, dar a entender que a escola prepara "para a" vida? Os estudantes já não vivem?

Essa problematização revela como é construída a resposta dada à pergunta. Ela a desconstrói, quer dizer, ela a desmonta e faz vir à tona o que está por trás dessa forma de pensar.

A desconstrução, ao mesmo tempo, apresenta outras possibilidades de resposta. A escola, por exemplo, pode ser vista como a experiência de desenvolvimento das capacidades dos estudantes em seu momento de vida, principalmente por meio do aprendizado das relações interpessoais. O uso da inteligência e da afetividade, estimulado na relação entre os estudantes e entre eles e os professores, pode ser uma finalidade mais adequada para falar do período que as crianças, os adolescentes e os jovens passam na escola. Isso também significa prepará-los para a vida adulta e mesmo para o trabalho. Vida e trabalho, então, deixam de ser entendidos apenas como a repetição do que fazem os adultos e passam a ser vistos como formas de a pessoa, em sua relação com os outros, dar sentido à própria existência.

A atividade de desconstrução e reconstrução caracteriza os primeiros passos de quem começa a filosofar. Como o sábio do conto de Rumi, o filósofo põe às claras tudo que está oculto nas opiniões e nas visões de mundo. Às vezes ele precisa mostrar a incoerência dos pensamentos; outras vezes ele consegue identificar pontos comuns por trás das discordâncias. O importante, sempre, é melhorar a comunicação humana e buscar formas de vida mais conscientes e livres.

Nesse espírito, podemos também desconstruir a resposta que vê na escola o lugar e a experiência de um desenvolvimento pessoal, a fim de entender o que essa resposta contém e observar se ela é coerente.

Por que ir à escola todos os dias, durante vários anos?

Vamos à escola para desenvolver nossas capacidades e criar relações.

Essa segunda resposta para a mesma pergunta sobre o sentido de ir à escola afirma que tal sentido é desenvolver nossas capacidades de conhecer e criar relações.

É uma resposta com um grau de generalidade maior do que o grau da primeira resposta, quer dizer, não entra em detalhes assim como fazia a primeira resposta, ao se referir à vida e ao trabalho.

LIGHTSPRING/SHUTTERSTOCK.COM

Ao mesmo tempo que os estudantes precisam de modelos que os inspirem, é questionável pensar que a educação é apenas uma preparação para entrar nas engrenagens do mundo adulto.

A desconstrução e a intersubjetividade

Entendida de modo geral como a desmontagem de pensamentos, a desconstrução tem longas raízes na História da Filosofia.

No século XX, ela ficou associada especialmente à obra do filósofo franco-argelino Jacques Derrida (➲ p. 114) e do filósofo alemão Martin Heidegger (➲ p. 235).

Heidegger empregava o termo alemão *Destruktion*, que não significa necessariamente "destruição" (*Zerstörung*), mas o trabalho de revelar como um pensamento é construído. Em língua francesa, foi proposto o termo *déconstruction* para traduzir a *Destruktion* de Heidegger, correspondendo, em português, a *desconstrução*. Um dos responsáveis por essa tradução foi Derrida, que assumiu como prática fundamental de sua filosofia a atividade de decompor (desconstruir, desmontar) as diferentes formas de pensamento, trazendo à luz aquilo que permanece oculto ou pressuposto (➲ p. 44) nessas mesmas formas.

O sentido da desconstrução nas filosofias de Heidegger e Derrida é mais amplo e mais rico do que aqui apresentamos. No entanto, os elementos que destacamos na obra desses dois filósofos já são suficientes para entendermos a desconstrução como prática filosófica e para nos fixarmos no aspecto da desmontagem que visa à compreensão. Dessa perspectiva, a desconstrução se mostra uma atividade muito antiga em Filosofia. Na Idade Média, grande parte dos filósofos iniciava sua reflexão filosófica pela análise das opiniões dos pensadores de quem eles discordavam. Pedro Abelardo (1079-1142), por exemplo, praticava a Filosofia em dois momentos: um momento que, em latim, chamava-se *pars destruens* (parte desconstruidora, podendo ser também destruidora quando terminava na recusa de algum pensamento) e um momento chamado de *pars construens* (parte construidora, ou seja, exposição do pensamento do próprio Abelardo).

Mesmo sem adotar um vocabulário como esse, filósofos antigos já praticavam algo semelhante à desconstrução, sobretudo depois dos sofistas (➲ p. 83), de Sócrates (➲ p. 157) e de Platão (➲ p. 82), que construíam suas filosofias tomando por ponto de partida a análise ou a desconstrução de pensamentos que circulavam em sua época. Aliás, alguns filósofos gregos já usavam a palavra *análise* no sentido em que aqui falamos da desconstrução. Essa palavra significava "decomposição" ou mesmo "dissolução", assim como ainda hoje se fala que um químico faz uma análise (uma divisão, decomposição ou dissolução) de substâncias compostas. Em contrapartida, os gregos também falavam de *síntese*, termo que, em nosso livro, corresponde à reconstrução ou à recomposição do que foi decomposto ou desconstruído (ver o próximo capítulo desta Unidade).

CARLOS NETO/SCHUTTERSTOCK.COM

Desconstruir é tornar explícito tudo o que compõe e estrutura um pensamento. O estilo de alguns trabalhos do arquiteto canadense, naturalizado norte-americano, Frank Gehry (1929-) lembra a atividade da desconstrução filosófica, pois deixa à vista a armação que sustenta suas criações e as torna atraentes.

Uma forma de apontar para a semelhança na prática da desconstrução nesses diferentes autores consiste em pensar na *intersubjetividade*. Com essa palavra, alguns pensadores defendem que pensamentos, opiniões e visões de mundo são sempre construídos por comparação com o que outras pessoas pensam. Em outras palavras, ninguém constrói um pensamento olhando simplesmente para a realidade; o olhar é sempre influenciado pelo que outras pessoas já viram e exprimiram. Assim, toda forma de pensar nasce do encontro de pessoas concretas e da comparação entre os pensamentos que elas formulam. Pensar, ter opinião ou formar uma visão de mundo são atividades praticadas *entre sujeitos*, quer dizer, entre indivíduos e grupos; daí o nome *intersubjetividade* (➲ p. 351).

Nesse sentido, desconstruir significa iniciar a reflexão pela análise do modo como os pensamentos, as opiniões e as visões de mundo são montados por aqueles com quem dialogamos. Por conseguinte, o melhor debate filosófico não se dá apenas pela comparação de conclusões (os pensamentos já montados), mas pela comparação da estrutura ou montagem que leva a essas conclusões. ■

Aliás, em se tratando de "capacidades de conhecer e de criar relações", essa segunda resposta inclui a primeira, pois a preparação para a vida e para o trabalho pode ser entendida como o desenvolvimento de duas capacidades. Permanecendo no âmbito mais geral, a segunda resposta parte do pressuposto de que temos capacidades a desenvolver, especialmente a de criar relações; e a escola seria um meio de desenvolver tais capacidades.

Ao analisar os elementos que compõem essa resposta, ninguém duvidará que realmente temos capacidades (de conhecer, de estabelecer relações, de ter sentimentos sociais como o da amizade, da partilha, do desafio, da defesa etc.). Os seres humanos são seres que pensam sobre o mundo e sobre si mesmos, relacionando-se com o conjunto de tudo o que há no mundo, especialmente os outros seres humanos. Parece coerente, portanto, entender a escola como uma experiência do desenvolvimento de capacidades.

Essa concepção, porém, é insuficiente para afirmar que a escola sempre desenvolve nossas capacidades, dado que muitas escolas só visam à repetição do que fazem os adultos. Elas desenvolvem apenas as capacidades necessárias para introduzi-los nas formas de vida social organizadas segundo interesses específicos (principalmente econômicos).

Além disso, também parece inadequado pensar que só podemos desenvolver nossas capacidades por meio da escola. Há muitas outras maneiras de os seres humanos se desenvolverem; e a escola é apenas uma delas.

No entanto, exatamente pelo fato de a segunda resposta ser construída com um alcance mais geral do que a primeira, ela se mostra uma boa resposta, uma vez que insiste nas capacidades dos estudantes. O fato de algumas escolas se concentrarem em apenas algumas dessas capacidades e o fato de as pessoas poderem se desenvolver também fora da escola não diminuem a coerência do pensamento que considera a escola como experiência de desenvolvimento pessoal.

A desconstrução da segunda resposta revela, então, que ela é bem construída e que seu sentido é bem justificado. O processo de desconstrução, nesse caso, já é também um processo de reconstrução, visto ser possível assumir como nossa própria visão essa mesma que desmontamos para compreender. No caso da primeira resposta (preparação para a vida e o trabalho), a desconstrução leva a abandoná-la por causa de suas fragilidades. Mas a desconstrução da segunda resposta permite reconstruí-la e aceitá-la.

É importante, entretanto, ter em mente que, ao proceder com a desconstrução de pensamentos, a Filosofia não julga as pessoas que os defendem. Ninguém é "bom" ou "mau" porque tem pensamentos adequados ou inadequados. É preciso observar que muitas vezes as pessoas têm um pensamento problemático sem estar conscientes desse fato e sem produzir más ações. Vice-versa, as pessoas também podem ter um pensamento bem montado, sem estar conscientes disso e também sem produzir boas ações.

Diante dessa complexidade, a Filosofia concentra-se, em primeiro lugar, no modo como os pensamentos são construídos; por isso ela os desmonta ou desconstrói para entendê-los, sempre com profundo respeito pelas pessoas, independentemente de suas posições irem nesta ou naquela direção. Em um segundo momento, a Filosofia pode aceitar uma forma de pensamento ou denunciá-la. Foi o que fizemos com as duas respostas à pergunta sobre o porquê de ir à escola. A desconstrução da primeira mostrou a sua incoerência e a sua inadequação; a desconstrução da segunda mostrou que ela é bem estruturada e que é adequada a um modo mais coerente de ver a escola.

CHARLOTTE DU JOUR

Charlotte du Jour, *Compreender o método Montessori e Steiner*, 2011, desenho.

As ideias de alguém podem ser debatidas. Podemos também discordar delas. No entanto, a pessoa cujo pensamento analisamos sempre merece respeito. É o que se espera dos filósofos, que buscam compreender honestamente o nosso modo de viver e de pensar.

p. 421

EXERCÍCIO A

O procedimento de desconstrução pode ser aplicado às outras questões que fizemos quando desmembramos a pergunta principal sobre o sentido da existência. Em grupos e sob a orientação de seu(sua) professor(a), escolha uma daquelas questões e a respectiva resposta que já levantamos nos exemplos (sobre o trabalho, o amor, o corpo, a amizade e a existência de ricos e pobres). Desconstrua a resposta e, em seguida, diga se o seu grupo concorda com ela ou discorda dela. Não se esqueça de justificar a posição tomada pelo seu grupo!

2 A porta dos saberes

Outra porta pela qual é possível entrar na Filosofia é a da curiosidade especificamente filosófica que os saberes despertam em nós.

Com efeito, cultivando os mais diferentes saberes (as ciências, as artes, as religiões), podemos chegar a algumas perguntas que os próprios saberes são incapazes de responder. A Filosofia, então, pode orientar a formulação dessas perguntas e mesmo a busca de respostas.

Falaremos de *saber*, aqui, em um sentido bastante amplo, como sinônimo de todo conjunto de conhecimentos que permitem a cada pessoa construir sua visão do mundo. *Conhecimento*, por sua vez, também tem aqui um sentido amplo. Refere-se a todo tipo de informação que é construída em debate com uma comunidade de interlocutores[1] e que é justificada nesse mesmo debate.

Somente assim podemos tratar áreas tão distintas como as ciências, as artes e as religiões como "saberes". O saber ocorre de fato quando as pessoas tomam posse de um conjunto de informações registradas em livros, artigos, obras (de arte, por exemplo) ou outros meios de registro e dão vida a essas informações, concretizam aquilo que está registrado. Sem pessoas não há saber; há somente livros e obras em bibliotecas, museus e laboratórios, à espera de serem acionados.

O que conduz à Filosofia é o fato de que, na prática dos diferentes saberes, surgem algumas perguntas específicas a que os saberes mesmos não respondem. Formular essas perguntas e procurar respondê-las é cruzar a porta da reflexão filosófica.

Consideremos um exemplo vindo das ciências: conforme uma das imagens mais comuns do conhecimento científico, costuma-se acreditar que ele consiste em um conhecimento seguro sobre "fatos", quer dizer, sobre acontecimentos do mundo. As ciências produziriam "retratos" do mundo (retratos dos fatos) e não faria sentido duvidar do que elas dizem. Suas afirmações teriam sempre um significado claro e produziriam um conhecimento seguro.

No entanto, essa imagem do conhecimento científico pode ser desconstruída. Um caso bastante adequado para ser tomado como exemplo provém da Física e refere-se ao que ficou conhecido como a lei da gravidade ou lei da atração universal. No modo como ela é mais conhecida, essa lei foi formulada por Isaac Newton (1643-1727) com base em suas próprias observações e em seu conhecimento do trabalho de outros cientistas e filósofos, principalmente Galileu Galilei (1564-1642) e Johannes Kepler (1571-1630).

Isaac Newton procurava explicar o fato de que os corpos ou as realidades físicas interagem entre si, causando atração mútua sob o efeito de sua massa[2]. Isso pode ser observado pela atração que a Terra

[1] ***Interlocutores:*** *membros de um diálogo.*

[2] ***Massa:*** *o que Newton chama de* massa *pode ser resumido como a quantidade de matéria de um corpo. A matéria, por sua vez, seria aquilo que compõe todos os corpos ou realidades físicas.*

A realidade corresponde realmente ao que percebemos dela e ao que pensamos sobre ela?

exerce sobre nós, impedindo-nos de flutuar. A essa atração chamamos *gravidade*. Podemos também evocar outros fenômenos naturais, como as marés, a órbita dos planetas em torno do Sol e mesmo a esfericidade[3] dos corpos celestes. Pode-se dizer que, em grande escala, a gravitação determina a estrutura do Universo; todos os corpos obedecem a essa lei, a lei da gravitação universal, que pode ser assim formulada: "Dois corpos atraem-se com forças de mesmo valor, proporcionais à massa desses corpos e inversamente proporcionais ao quadrado da distância que os separa".

Esse procedimento leva, então, a tratar a gravitação como um fato. Ela é um acontecimento que pode ser observado e explicado com base em outros fatos. Além disso, a gravitação tem um modo regular de ocorrer.

No entanto, desde o início do século XX, a Ciência deu outra explicação para o mesmo fato, ou seja, para a mesma gravitação ou gravidade observada no mundo.

Com efeito, Albert Einstein (1879-1955) percebeu que, em sua explicação, Isaac Newton acreditava que os corpos possuem uma velocidade absoluta, ou seja, encontram-se "realmente" em repouso ou "realmente" em movimento. Por isso, segundo Newton, a velocidade de um corpo só pode ser medida em relação à velocidade de outro corpo, assim como sua posição só pode ser medida em relação à posição de outro corpo. Independentemente da distância, dá-se a interação dos corpos (gravitação) em uma velocidade instantânea.

Einstein pergunta sobre o que significa o advérbio *realmente*. Sua base também era um fato: a velocidade da luz. Ele explicava que a luz move-se mais rapidamente do que qualquer outra coisa, porque não tem massa. Além disso, no seu dizer, todo corpo tem aumento de massa quando aumenta sua velocidade, pois aumento de velocidade significa aumento de energia. Isso é mais facilmente compreensível se tratarmos de velocidades elevadas em vez de velocidades baixas, como aquelas às quais estamos acostumados.

Velocidades baixas são, por exemplo, 80 km/h, 90 km/h, 110 km/h e 120 km/h. As duas primeiras (80 ou 90 km/h) são limites de velocidade para ônibus em estradas brasileiras. Como muitos de nós já tomaram ônibus, é mais fácil ter uma noção dessa velocidade. As duas últimas (110 ou 120 km/h) são limites para carros de pequeno porte nas estradas. Também compreendemos essas velocidades.

Uma velocidade alta, no sentido em que fala Einstein, é, por exemplo, 1.666 km/h. É a velocidade aproximada com que a Terra faz um giro inteiro em torno de si mesma. Poderíamos dizer que entendemos essa velocidade, de certo modo, porque sabemos que a Terra leva 24 horas (um dia) para dar esse giro. Na verdade, porém, não temos experiência direta do que significam 1.666 km/h.

A revisão da lei da gravidade de Newton feita por Einstein só pode ser confirmada nos casos das velocidades altas, o que torna difícil entender essa revisão. No caso das velocidades baixas, continuamos a aceitar a lei de Newton, por ser facilmente observada em nossa experiência direta. No entanto, o fato de ser difícil compreender os detalhes da visão de Einstein não nos impede de entender sua revisão da lei de Newton: só falamos de velocidade instantânea porque enfatizamos o espaço e a força dos corpos; se considerarmos também o tempo, como fez Einstein, ou o espaço-tempo, como ele dizia, entenderemos que não é fácil acreditar que os corpos estão "realmente" em movimento ou em repouso. O movimento e o repouso são relativos à fonte do movimento e a quem observa o mesmo movimento.

Por isso Einstein dirá ainda que a gravitação funciona por ondas, em vez de uma trajetória retilínea[4]. Para compreender melhor, tente imaginar

[3] ***Esfericidade:*** *forma de esfera.*

[4] ***Retilíneo:*** *que tem a forma de uma reta.*

que espaço e tempo são inseparáveis e formam uma unidade. Se segurarmos uma toalha de mesa bem reta e pusermos uma bola sobre ela, a ponto de evitar qualquer variação, a bola ficará em repouso; só se moverá se outra coisa a mover. Segundo Einstein, entretanto, essa imagem não corresponde ao Universo. Tudo no Universo se encontra numa posição relativa, como se pegássemos uma toalha de mesa com uma bola no centro, formando um campo de influência sobre tudo o que for posto sobre essa toalha. Entre as pontas da toalha e o centro há, portanto, um trajeto não retilíneo, mas curvo, de modo que tudo o que pusermos sobre essa toalha será atraído pelo seu centro. Assim, em vez de simplesmente tratar a gravitação como força, Einstein irá considerá-la como a curva criada pelo espaço-tempo, produzida pela distribuição da energia e variável segundo a posição do observador.

Se imaginarmos um colchão macio, compreenderemos melhor o que significa afirmar que a gravitação opera por ondas: ao colocarmos um objeto pesado sobre o colchão, ele "afunda" no colchão; ao colocarmos outro objeto menor perto do primeiro, ele tenderá a se mover em direção ao primeiro objeto se esse primeiro for mais pesado. Se o segundo objeto for mais pesado, é o primeiro que tenderá a se mover em direção a ele. Essa imagem dá uma ideia da concepção de espaço-tempo segundo um modelo curvo e não retilíneo.

Outro exercício de imaginação pode ajudar-nos aqui: suponhamos que o Sol deixe de existir. Se ele é a fonte da nossa órbita (o movimento mais ou menos circular dos planetas), quanto tempo passaria até que a Terra saísse de órbita? De acordo com a visão de Newton, já que a velocidade da gravitação é instantânea, sairíamos imediatamente de órbita. Porém, de acordo com a visão de Einstein, visto que a luz do Sol demora cerca de oito minutos para chegar até nós e visto que a gravitação opera por ondas cuja velocidade máxima é a da luz, demoraríamos então até cerca de oito minutos para sair de órbita.

No âmbito das grandes velocidades, portanto, a teoria de Newton mostra-se inadequada, mas continua válida para explicar pequenas velocidades e campos de gravitação fraca. A teoria de Einstein, englobando a de Newton, não a anula; apenas mostra-se mais completa.

Ao estudar a teoria da gravitação universal de Newton e a teoria da gravitação relativa de Einstein, tanto um cientista como uma pessoa interessada em Ciência podem perceber que, tratando do mesmo mundo (dos mesmos fatos), ambas são muito diferentes. Essa percepção pode levar a perguntas como estas: o que é uma lei científica? Uma lei científica é um retrato fiel das leis que organizam o Universo? Se são retratos fiéis, como entender que duas leis diferentes expliquem os mesmos fatos? Haveria retratos diferentes para as mesmas coisas? Ou as leis científicas são como quadros pintados por artistas que registram sua visão das coisas? Esses quadros, por sua vez, são simples "interpretações" pessoais? Como seriam simples interpretações pessoais se eles permitem que outros seres humanos observem ou obtenham os mesmos efeitos quando adotam esses "quadros" como modelos?

A maioria dos cientistas, porém, não se preocupa exatamente com questões desse tipo. Eles partem do princípio de que há leis naturais e procuram encontrá-las, a fim de explicar os fatos. Quando os cientistas e interessados em Ciência começam a levantar questões como essas, eles se tornam filósofos. Há uma área da Filosofia chamada, aliás, de *Filosofia da Ciência*. Seu objetivo é justamente

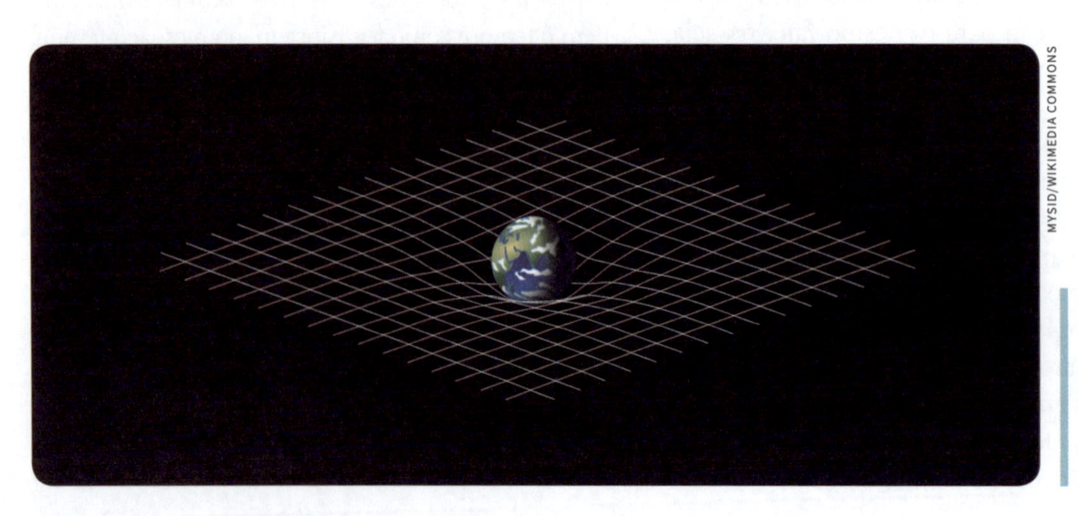

MYSID/WIKIMEDIA COMMONS

Representação imaginativa do que significa dizer, segundo Einstein, que a gravitação opera por ondas.

refletir sobre a prática científica e todas as ideias, crenças e métodos com que a Ciência opera sem necessariamente refletir sobre eles. Em outras palavras, os filósofos da Ciência desconstroem os conhecimentos científicos, a fim de conhecer melhor o seu sentido.

Problematizações como a de Einstein e as perguntas filosóficas que surgem dela permitem entender a curiosidade filosófica que pode ser despertada no estudo das ciências.

Ao corresponder a essa curiosidade, a Filosofia desconstrói as teorias científicas e procura conhecê-las por dentro, em seus mais variados sentidos. A Filosofia chega mesmo a perguntar se existe um saber único ao qual se deve dar o nome de *Ciência*. Talvez existam diferentes concepções do que seja a Ciência e diferentes modelos de prática científica (p. 362). A Filosofia não faz isso apenas com as teorias das ciências da Natureza; faz também com as ciências humanas. Filosoficamente, cabe perguntar, por exemplo: se a Psicologia e a Psicanálise analisam fatos da vida psíquica, então cada indivíduo vive experiências compreensíveis cientificamente? Isso quer dizer que há leis também na vida psíquica? O que permite, então, a um paciente acreditar que o diagnóstico de seu psicólogo ou psicanalista é um diagnóstico correto (um diagnóstico acertado "cientificamente")? Na Sociologia, quando se publicam estatísticas de comportamento de certos grupos, todos os membros desses grupos têm necessariamente o mesmo comportamento? O que leva a falar de comportamento grupal se todo grupo é composto por indivíduos?

Esses são apenas alguns exemplos de perguntas que caracterizam a curiosidade filosófica nascida com o conhecimento científico. Tal curiosidade surge também diante de outros saberes. Diante de manifestações artísticas, pode-se perguntar: o que é arte? O que é beleza? Por que as obras de arte costumam ter preços elevados? Diante de práticas religiosas, podem surgir questões como: quem ou o que é Deus? Como saber que a experiência religiosa não é uma fantasia? O que leva alguém a considerar sagrado um livro que foi escrito por seres humanos?

Quando os praticantes dos saberes (cientistas, artistas, religiosos e interessados em geral pelos saberes) dão atenção a tal curiosidade, começam a filosofar. Cruzam a porta que leva dos saberes à Filosofia.

EXERCÍCIO B

p. 421

Considerando que nas artes e nas religiões a Filosofia pode operar uma desconstrução a fim de esclarecer o que essas práticas envolvem, reúna-se em grupo sob orientação de seu(sua) professor(a). Cada grupo deve refletir e levantar perguntas sobre a arte e a religião, semelhantes às que foram levantadas neste capítulo a respeito do conhecimento científico. Vocês podem partir de perguntas muito concretas, na forma ***se... então...?*** Alguns exemplos: *Se* a arte está relacionada à beleza, *então* toda arte é bela? *Se* a religião fala de Deus, *então* as religiões sabem quem é ele? Para montar essas perguntas, vocês devem partir de sua experiência cotidiana, daquilo que vocês observam na prática artística e religiosa. Tomem como inspiração as imagens e legendas ao lado.

p. 424 Sugestões bibliográficas

p. 422 Proposta de ativ. complementares

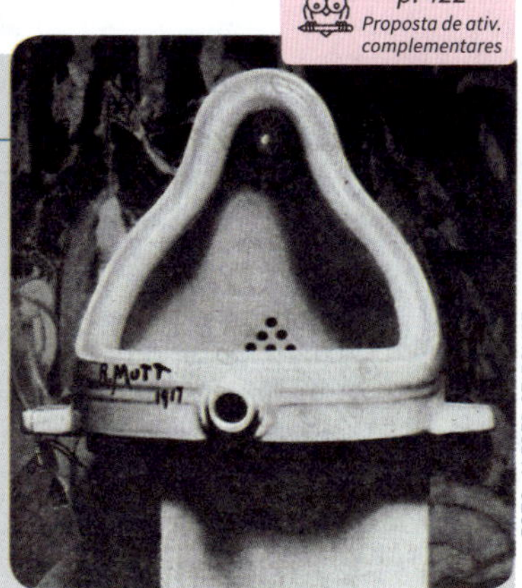

Marcel Duchamp (1887-1968), *Fonte*, 1917, instalação. Exposição da Sociedade de Artistas Independentes, Nova York. Enviado a uma exposição de arte, o objeto de Duchamp "não é" mais uma peça sanitária; torna-se um convite à reflexão.

Símbolos de algumas religiões, desenho anônimo. Primeira linha: cristianismo, judaísmo, hinduísmo. Segunda linha: islamismo, budismo, xintoísmo. Terceira linha: sikh dharma (siquismo), religião bahá'i, jainismo.

KATE RIEDLSPERGER

Grafite de artista anônimo(a) na Rua José Paulino, São Paulo, durante a época de Natal, 2013.

CAPÍTULO

2 RECONSTRUIR PARA COMPREENDER AINDA MELHOR

p. 425

A atividade filosófica, depois de desconstruir um pensamento com o objetivo de entendê-lo em sua montagem própria, pode chegar à conclusão de que esse mesmo pensamento não tem coerência ou não corresponde à experiência humana. Foi o caso da opinião que concebia a escola apenas como "preparação para a vida e o trabalho", tal como vimos no Capítulo 1.

No entanto, a atividade filosófica de desconstrução também pode levar à conclusão de que um pensamento é coerente e pode ser assumido como adequado, porque corresponde à experiência humana. A atividade filosófica, assim, *reconstrói* esse pensamento, justificando-o depois de ter conhecido seus elementos (pela desconstrução). Se ele tiver partes frágeis, a atividade filosófica pode melhorá-las, fortalecendo o conjunto.

Dessa perspectiva, a Filosofia mostra ser mais do que uma simples atividade de fazer perguntas. Ela pode fazer propostas para exprimir o modo como percebemos o mundo e a nós mesmos.

1 Filosofar é também propor respostas

A atividade filosófica nasce da vida ou da experiência humana. Por isso, costuma-se dizer que ela não tem um campo próprio de investigação. As ciências estudam o mundo em seus aspectos naturais e culturais; as artes operam com concepções de beleza; as religiões, com a existência de um ser divino. A Filosofia, porém, diferentemente de todos os saberes, pode se interessar por tudo, com a especificidade de que ela se debruça sobre o modo como os saberes justificam suas afirmações. Em outras palavras, a Filosofia interessa-se por todas as produções humanas, as visões de mundo e as ações.

Para visualizar melhor o que isso significa, retomemos a imagem da capa deste livro. Nela, aparece uma pergunta que pode ser respondida pelas ciências humanas, especialmente a Sociologia, a História e a Antropologia. Muitos filósofos, porém, também ofereceram respostas para esse tipo de pergunta, sem repetir, no entanto, o que dizem as ciências humanas.

Iniciemos pela análise da pergunta. Em seguida, daremos um exemplo de como um filósofo elaborou um pensamento que pode ser proposto como uma resposta a ela.

Essa imagem é um grafite. Alguns talvez digam que ela é uma pichação. Quem a chama de pichação pode querer dar a ela um sentido negativo, defendendo que escrever em lugares públicos é um ato de vandalismo.

Olhando porém com mais atenção, percebemos que a imagem não é uma simples inscrição, feita de qualquer jeito e com o objetivo de sujar o espaço público. Ao contrário, o(a) autor(a) pensou na forma como iria escrever, usou letras bem desenhadas, em harmonia, e introduziu a imagem de uma pessoa com uma bomba de *spray*. A imagem parece até um espelho: o(a) próprio(a) autor(a) reflete-se na imagem. Trata-se de um gesto, portanto, de expressão de si mesmo, chamando para um diálogo.

A imagem foi construída na parede externa de uma banca de jornal. Talvez o(a) proprietário(a) da banca tenha autorizado o grafite. Na parede está carimbada a frase "Proibido colar cartazes". Mas o(a) artista riscou a palavra "Proibido", deixando apenas "Colar cartazes", em um convite à manifestação artística.

Você deve ter notado que passamos a usar as palavras *artista* e *arte*. Fizemos de propósito, pois a inscrição da imagem não é banal; tem elaboração e revela a busca por uma expressão bela.

A propósito, a técnica de escrever com beleza em paredes públicas é tão antiga quanto a Humanidade. O uso da palavra *grafite* (termo que vem do italiano *graffiti*, plural de *graffito*), além de designar o mineral do qual se fazem bastões para escrever, passou a designar os desenhos e as inscrições em superfícies usadas como meios de comunicação. Há registros de grafites muito antigos, como os do sítio arqueológico de Alta, na Noruega (com cerca de 6.200 anos), ou os da cidade de Pompeia, na Itália, que foi incendiada no ano 79, por uma erupção do Vesúvio.

Essas informações já nos permitem um primeiro exercício filosófico: qual a fronteira entre o vandalismo e a expressão artística?

Segundo a lei, vandalismo é todo ato que destrói ou ataca bens públicos ou particulares. De fato, não é adequado fazer pichação e agredir bens públicos e particulares. Porém, não é vandalismo o ato que põe

BJØRN CHRISTIAN TØRRISSEN/WIKIMEDIA COMMONS

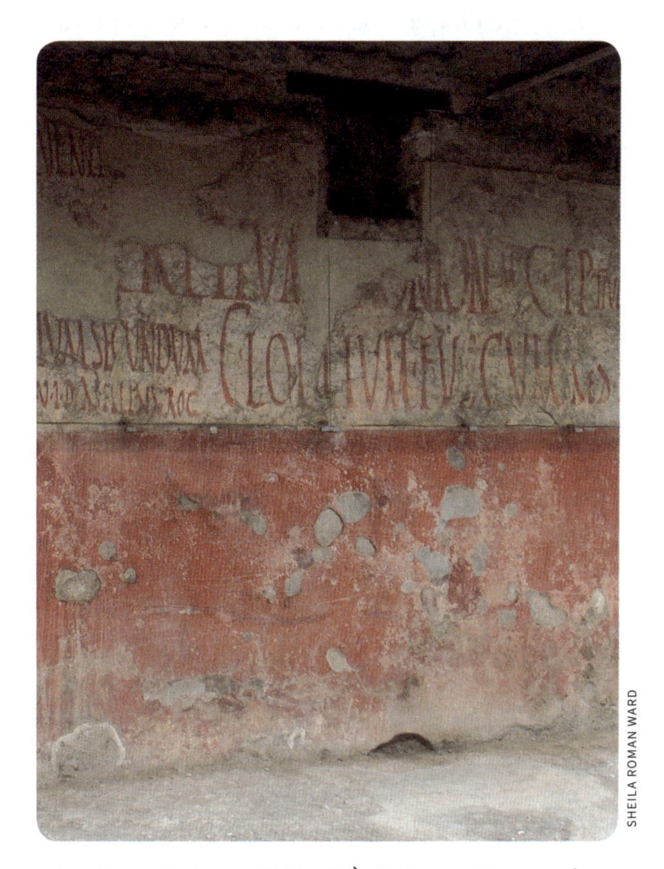

SHEILA ROMAN WARD

À esquerda: grafite no sítio arqueológico de Alta (Noruega), aproximadamente do ano 4200 a.C. À direita: grafite nas ruínas de Pompeia (Itália), cidade incendiada no ano 79.

EQROY/SHUTTERSTOCK.COM

Grafite em muro da cidade do Rio de Janeiro, 2015.

Pichação na Fonte Monumental, Praça Júlio Mesquita, São Paulo, 2011. A diferença entre o grafite e a pichação (vandalismo) está no fato de a pichação não ter valor estético e agredir o patrimônio público.

DOUGLAS NASCIMENTO/SÃO PAULO ANTIGA

as pessoas em relação a coisas belas, sem prejudicar o meio social. Não é difícil perceber a diferença entre manifestação artística e vandalismo.

Podemos pensar, então, que o(a) artista da frase da banca de jornal não quis atacar a propriedade de alguém; ao contrário, quis registrar com beleza a sua experiência do mundo, convidando os passantes a refletir com ele(a).

Esclarecido que essa frase não é um ato de vandalismo, podemos agora analisar seu conteúdo. Ela está escrita em espanhol e pode ser traduzida em português da seguinte maneira:

> *¿LOS OBJETOS SON LA SUSTANCIA DEL MUNDO?*
>
> *OS OBJETOS SÃO A SUBSTÂNCIA DO MUNDO?*

Há pelo menos duas palavras que mais interessam aqui: *objetos* e *substância*. Se entendermos bem a palavra *substância*, poderemos entender a expressão *substância do mundo* e a própria pergunta se os "objetos" são a "substância do mundo".

Ao falar de *substância*, um dos primeiros sentidos que vêm à mente é um sentido químico: substância é aquilo de que alguma coisa é feita (como as substâncias de um bolo, ou seja, farinha, ovo, açúcar, fermento e leite, ou como as substâncias de um prédio: cimento, água, ferro etc.).

O uso filosófico, porém, identifica outros significados para a palavra *substância*. Baseando-se em nosso vocabulário cotidiano, a Filosofia também emprega o significado químico (o material de que alguma coisa é feita), mas identifica pelo menos dois outros significados: substância é tudo o que existe (uma coisa, uma emoção, uma imagem, um pensamento etc.); e substância é ainda aquilo que tem sentido para nós (porque captamos esse sentido ou porque o construímos). De acordo com o significado de coisa, podemos dizer, por exemplo, que "Esta árvore é uma substância", "Minha alegria é uma substância" etc. (elas existem e solicitam um ato de compreensão de nossa parte). Já de acordo com o significado de aquilo que tem sentido para nós, podemos dizer: "A substância dessa árvore é o fato de ela ser uma planta" ou "A substância da minha alegria é o fato de ela ser uma emoção". Passa-se, então, daquilo que as coisas são em si mesmas para aquilo que elas são "para nós", quer dizer, o sentido que identificamos nelas ou que damos a elas.

Ainda de acordo com o significado de "sentido das coisas para nós", a palavra *substância*, em Filosofia, tem um sinônimo: *essência*, palavra que aponta para o que há de mais importante nas coisas mesmas e sem o que elas deixam de ser o que são. Por exemplo, não importa se a árvore é grande ou pequena, marrom, verde ou amarela; o que importa é o seu "ser árvore". Se ela tivesse um "ser pedra", não seria árvore. Então, para a árvore, o "ser árvore" é sua essência ou substância. Na História da Filosofia reservou-se aos poucos a palavra *essência* para designar o ser das coisas e *substância* para designar as coisas mesmas (incluindo o seu "ser algo", mais as características secundárias, como a cor, o local etc., no caso da árvore; ou, no caso da alegria, o seu "ser emoção" com as características secundárias da intensidade, do motivo etc.).

O significado de essência gerou ainda a possibilidade de falar daquilo que nós identificamos como o mais importante em algo. Nessa direção, a essência ou a substância não seria o que realmente fornece o sentido de cada coisa, mas o sentido que nós damos a elas ou o que elas significam para nós. É o caso de quando alguém diz "O futebol é a essência da minha vida" ou "A essência da vida é o amor". Esse sentido está ligado à finalidade ("minha vida existe para o amor ou para o futebol").

Com esses diferentes significados em mente, podemos entender a frase do(a) artista que pintou o grafite como "Os objetos são tudo o que há no mundo?", ou "Os objetos são aquilo que dão o ser do mundo?", ou ainda "Os objetos são a finalidade de nossa existência no mundo?".

Quanto à palavra *objeto*, ela também tem diferentes significados. O primeiro deles é o de coisas físicas (objetos são as cadeiras, as árvores, os livros etc.). Mas, em Filosofia, *objeto* pode significar ainda tudo aquilo em que pensamos. Dessa perspectiva, objeto pode ser uma cadeira, mas também a minha alegria, a minha dor, o meu pensamento etc. (sempre enquanto eu penso em cada uma dessas experiências). Aqui, porém, não parece possível pensar que o(a) autor(a) do grafite tinha em mente esses dois significados de objeto. É o contexto que nos permite saber com qual significado ele(a) operava.

Para poder decidir sobre qual significado se trata no caso do grafite, é importante saber que ele foi feito na parede de uma banca de jornal em uma das esquinas da Rua José Paulino, em São Paulo, no período de Natal de 2013, precisamente na primeira semana de dezembro. A Rua José Paulino encontra-se numa região da capital paulista onde se concentram muitas lojas, principalmente de roupas com preços acessíveis. Durante o ano todo há muito movimento na região. Ônibus fretados chegam com compradores vindos de várias partes do Brasil, porque muitas pessoas revendem as roupas em suas cidades. Aos sábados pela manhã, o ano inteiro, a região vira um formigueiro humano. Na época de Natal, o movimento é três vezes maior.

Para termos uma ideia do que isso significa, a União dos Lojistas da Rua 25 de Março e Adjacências (Univinco) afirmou que todo ano cerca de 400 mil pessoas circulam aos sábados pela região da Rua José Paulino. Na época de Natal, esse número sobe para 1 milhão e 200 mil pessoas, o que equivale a dois terços da população de Recife e de Porto Alegre, ou a um pouco menos da metade da população de Brasília, ou, ainda, ao dobro da população de Cuiabá.

As pessoas se agitam no desejo de encontrar o melhor preço, pechincham, correm, provam, trocam... Enfim, é comprar, comprar e comprar! Foi nesse contexto que o(a) artista exprimiu seu pensamento. Pode-se entender, assim, que os objetos de que ele(a) fala são as mercadorias.

O fato de ter escrito em espanhol não é um acaso. Já é bem sabido que no bairro do Bom Retiro, na capital paulista, há trabalhadores estrangeiros, principalmente bolivianos e paraguaios, que são contratados por ateliês de costura clandestinos e tratados em regime de semiescravidão. A maioria desses trabalhadores vive em condições péssimas, trabalha mais de 10 horas por dia, com salários baixíssimos, alimentação insuficiente, moradia desumana e sem nenhuma assistência médica.

Alguns desses trabalhadores tentam escapar da exploração e voltar a seus países, mas não conseguem, porque seus patrões, muitas vezes, prendem seus documentos, de modo que eles nem sequer podem viajar. Só recuperam seus documentos depois de trabalhar para pagar a "acolhida" que receberam em São Paulo.

O(a) artista, então, pode ser um(a) estrangeiro(a) ou mesmo um(a) brasileiro(a) que escreveu em espanhol para denunciar a condição dos trabalhadores explorados.

Diante da ansiedade do consumo e das pessoas que acreditam na compra como meio de obter uma vida feliz, entendemos o grafite. O grito do(a) artista

© MINISTÉRIO DO TRABALHO

Nos últimos anos, dezenas de oficinas de costura clandestinas foram fechadas em São Paulo pela Polícia Federal, por empregarem imigrantes bolivianos e paraguaios, entre outros, em regime de trabalho semiescravo.

denuncia o horror de uma vida que despreza alguns e enche outros com mercadorias. Elas são a parte mais importante do mundo? A vida humana merece ser organizada em torno da compra interminável de coisas? O mundo só existe para que as pessoas vivam na busca insaciável por produtos sempre novos e diferentes? É justo que, para o consumo de alguns, outros sejam explorados?

Ao levantar essas questões, começamos a adotar uma postura filosófica, pois, mesmo sem dar uma resposta definitiva para o sentido do mundo, já podemos saber como é problemático depositar nossas esperanças no consumo de coisas. Esse consumo promete uma vida feliz, mas produz grandes infelicidades, seja pela busca insaciável que o consumo desperta nas pessoas, seja pela exploração de outros seres humanos. A Filosofia, desse ponto de vista, também aponta respostas.

Podemos ir mais longe com essa reflexão e ver que a mentalidade do consumo se espalha em outras áreas da vida humana. Isso quer dizer que, mesmo em experiências nas quais não há compra e venda, comportamo-nos como se estivéssemos diante de mercadorias. Por exemplo, muitas pessoas têm grandes dificuldades para encontrar amigos ou mesmo entrar em relações amorosas, visto que só querem ficar perto de pessoas com características predefinidas (de corpo e de personalidade), como se fossem objetos comprados. São incapazes de ver os outros tal como são e de se abrir à possibilidade de conhecê-los realmente e estabelecer vínculos com eles. Evitam decepções, assim como esperam das boas mercadorias. Avaliam as pessoas segundo padrões físicos e comportamentais e as selecionam como se fossem coisas de consumo.

Esse funcionamento do olhar que só vê a realidade como um conjunto de coisas a serem consumidas pode ser entendido pelo tipo de vida que temos atualmente. Somos levados a crer que, para sermos felizes, temos de sempre adquirir "bons produtos" e deixamos de prestar atenção no modo como damos valores às coisas e às pessoas. Acostumados a comprar, acabamos por acreditar que o preço das coisas é algo que depende só delas (de sua utilidade, sofisticação, qualidade etc.) e não vemos que o que realmente produz o valor das mercadorias é a quantidade de esforço humano empregado para produzi-las. As mercadorias nos "seduzem" como meios de satisfazer nossos desejos, impedindo-nos de pensar no que significa buscar satisfação e depositar em coisas a esperança de nos sentirmos realizados.

Esse costume ou essa mentalidade se espalha por outras áreas de nossa vida (os sentimentos, as emoções, as relações) quando tomamos as coisas, situações e pessoas como instrumentos para nossa satisfação, avaliando-as em função de sua utilidade, qualidade, sofisticação etc. Numa palavra, assim como buscamos mercadorias que nos satisfaçam, assim também tratamos as situações e as pessoas sem prestar atenção no que elas realmente são. Olhamos para elas como mercadorias.

Um filósofo de grande influência refletiu exatamente sobre o poder de sedução das mercadorias e procurou entender o mecanismo dessa sedução.

Trata-se de Karl Marx (p. 221), que viveu no século XIX e que formulou aquilo que considerava ser o *fetiche*[1] *da mercadoria* .

Marx confirma o uso humano das coisas falando de uma "verdade fisiológica", isto é, relativa ao funcionamento do próprio organismo humano: quando alguém realiza um trabalho tendo em vista uma utilidade (produção), usa seu corpo e gasta seu cérebro, nervos e músculos. Alguns trabalhos terão mais qualidades do que outros, dependendo do modo como são feitos, e não apenas da quantidade de esforço físico. Tudo isso pode ser medido pelo tempo empregado para produzir algo.

[1] **Fetiche:** *valor mágico.*

O fetiche da mercadoria

Karl Marx

É evidente que o ser humano, por meio de sua atividade, modifica as formas das matérias naturais de um modo que lhe é útil. A forma da madeira, por exemplo, é modificada quando dela se faz uma mesa. Não obstante[2], a mesa continua sendo madeira, uma coisa ordinária[3] palpável. Mas, logo que ela aparece como mercadoria, ela se transforma numa coisa fisicamente metafísica[4]. Além de se pôr com os pés no chão, ela se põe sobre a cabeça perante todas as outras mercadorias e desenvolve de sua cabeça de madeira cismas[5] muito mais estranhas do que se ela começasse a dançar por sua própria iniciativa.

O caráter místico[6] da mercadoria não provém, portanto, de seu valor de uso. Ele não provém, tampouco, do conteúdo das determinações de valor. Pois, primeiro, por mais que se diferenciem os trabalhos úteis ou atividades produtivas, é uma verdade fisiológica que eles são funções do organismo humano e que cada uma dessas funções, qualquer que seja seu conteúdo ou forma, é essencialmente dispêndio[7] de cérebro, nervos, músculos, sentidos etc. Segundo, quanto ao que serve de base à determinação da grandeza de valor, a duração daquele dispêndio físico ou quantidade de trabalho, a quantidade é distinguível, até pelos sentidos, da qualidade do trabalho. Sob todas as condições, o tempo de trabalho, que custa a produção dos meios de subsistência[8], havia de interessar ao ser humano, embora não igualmente nos diferentes estágios de desenvolvimento. Finalmente, tão logo os humanos trabalham uns para os outros de alguma maneira, seu trabalho adquire também uma forma social.

De onde provém, então, o caráter enigmático[9] do produto do trabalho, tão logo ele assume a forma da mercadoria? Evidentemente, dessa forma mesmo. A igualdade dos trabalhos humanos assume a forma material de igual objetividade de valor dos produtos de trabalho; a medida do dispêndio de força de trabalho humano, por meio da sua duração, assume a forma da grandeza de valor dos produtos de trabalho; finalmente, as relações entre os produtores, em que aquelas características sociais de seus trabalhos são ativadas, assumem a forma de uma relação social entre os produtos de trabalho.

O [caráter] misterioso da forma da mercadoria consiste, portanto, simplesmente no fato de que ela reflete, para os seres humanos, as características sociais do seu trabalho como características objetivas dos próprios produtos de trabalho, como propriedades naturais sociais dessas coisas; e, por isso, também reflete uma relação existente fora deles, entre objetos. ■

MARX, Karl. *O capital.* Tradução Regis Barbosa e Flávio R. Kothe. São Paulo: Nova Cultural, 1996. Livro I, Seção I, Capítulo 1, § 4. p. 197-198. (Coleção Os Economistas.)

[2] **Não obstante:** *apesar disso.*
[3] **Ordinário:** *comum.*
[4] **Metafísica:** *que tem um sentido invisível e captável apenas pela inteligência, não pelos cinco sentidos.*
[5] **Cisma:** *desconfiança; capricho, teimosia.*
[6] **Místico:** *misterioso.*
[7] **Dispêndio:** *gasto.*
[8] **Subsistência:** *produção do próprio sustento.*
[9] **Enigmático:** *que tem um enigma, um mistério a ser compreendido.*

Os trabalhadores, por sua vez, também passam a ver a si mesmos de maneira diferente, avaliando-se uns aos outros com base na avaliação das coisas produzidas. Isso quer dizer que o valor dado às coisas produzidas passa a ser tomado, pelos produtores (os trabalhadores), como critério para avaliar as relações entre os próprios produtores. Por exemplo, se uma coisa é mais valorizada (porque demandou mais tempo, foi feita com mais qualidade etc.), então quem a fez passa a ser visto de maneira diferente do que quem fez uma coisa menos valorizada. Os trabalhadores deixam de ser vistos como seres que realizam atividades fisiológicas e passam a ser vistos em função de valores sociais (valores dados pela inter-relação entre eles, com base no valor das coisas).

Assim, quando as coisas produzidas passam a ser comparadas e avaliadas, elas recebem valor de acordo com as relações dos próprios seres humanos. O modo de vê-las como mercadorias faz acontecer, no entanto, uma inversão extremamente forte: os seres humanos não prestam atenção no fato de que são as relações humanas de produção que dão valor às coisas e acabam achando que as próprias coisas têm valor por si mesmas. Em outras palavras, quando alguém vê uma mercadoria, não identifica o processo de trabalho que a produziu (que é a mesma atividade fisiológica de qualquer trabalho), pois se deixa seduzir pelo modo como a coisa é socialmente valorizada, sem, contudo, prestar atenção no processo social que cria o valor.

Resumindo, o que dá valor de mercadoria aos produtos, segundo Marx, são as relações sociais, mas esse fato é escondido pela sedução que os produtos exercem sobre nós quando nos fazem crer que seu valor depende das características dos próprios produtos. Por exemplo, quando compramos um telefone celular, não o avaliamos apenas pela utilidade de facilitar a comunicação. Se pensássemos na utilidade, todos os celulares teriam o mesmo valor, pois todos são resultado do trabalho humano. Em vez disso, ficamos fascinados pelo modo como socialmente se fala de cada aparelho: um é mais sofisticado, outro é mais bonito, outro é mais eficiente, outro tem mais recursos etc. Essas características parecem pertencer aos próprios aparelhos, em vez de serem identificadas com o modo como os valorizamos. Somos incapazes de entender que tais características dependem do modo como socialmente falamos delas. Deixamos de perguntar por que todos os aparelhos não têm as mesmas características... Por que alguns são bons e outros, ruins? Como é possível vender um aparelho ruim? Isso tudo independe dos aparelhos; seu valor é dado pelo modo como as pessoas são levadas a encará-los. É como se elas ficassem "enfeitiçadas", prestando atenção apenas nas mercadorias sem ver a atividade humana que dá o real valor delas.

Esse exemplo mostra como a reflexão filosófica pode ser propositiva, isto é, pode fazer propostas de análise e leitura do mundo, oferecendo também respostas, além de fazer perguntas. Independentemente de concordarmos ou não com Karl Marx, podemos observar que ele pretendia, em linhas gerais, dizer que cabe ao ser humano a atividade de dar sentido à sua própria vida. Essa é uma forma de ir além da simples atividade de desconstruir os pensamentos e as ações humanas, chegando também a respostas. Em outras palavras, Marx desconstrói o modo como as mercadorias seduzem as pessoas e constrói uma

OLLY/SHUTTERSTOCK.COM

BRANISLAVPUDAR/SHUTTERSTOCK.COM

À esquerda: trabalho artesão. À direita: linha de produção industrial. Um dos efeitos do fetiche da mercadoria é a perda da percepção do trabalho humano implicado em cada produto.

A centopeia confusa

Fábula anônima da China Antiga

1 Uma centopeia vivia tranquila, despreocupada e feliz, até que certo dia um sapo, que vivia nas redondezas, fez-lhe uma pergunta bem desconcertante:

– Quando você anda, em que ordem você mexe suas patas?

A centopeia ficou tão perturbada pela questão do sapo, que entrou imediata-
5 mente em seu buraco para refletir. Porém, mesmo esquentando seu cérebro, não encontrava qualquer resposta.

Depois de muito questionar, a centopeia não conseguiu mais pôr suas patas em movimento. Não se movendo, ficou presa em seu buraco e morreu de fome. ■

PIQUEMAL, Michel. *Les philo-fables*. Paris: Albin Michel, 2003. p. 38. (As filofábulas. Tradução nossa.)

Pieter Claesz (1597-1660), *Vanitas* (Vaidade), óleo sobre tela, 1630. Segundo vários filósofos, a morte é uma das únicas certezas da vida humana. O seu acontecimento é algo que se impõe a todos. Por isso, seu primeiro sentido é encontrado na Natureza e não depende de nós: trata-se do fim da vida. No entanto, o ser humano é também capaz de produzir sentido para a morte, concebendo-a, por exemplo, como fim total da existência, como transformação, como passagem para outra vida etc.

explicação para o mecanismo que leva as pessoas a tomar as mercadorias como fonte de sentido para a existência. Baseando-se em dados que hoje são explorados pela Sociologia, o filósofo alemão mostrou como a interpretação da substância do mundo depende das próprias pessoas e das relações sociais.

Assim, à pergunta feita pelo grafite da Rua José Paulino, uma resposta marxista consistiria em afirmar que os objetos não são necessariamente a substância do mundo, embora, na vida atual, as pessoas sejam levadas a crer que eles o são. Cabe a elas definir o sentido que pretendem dar às suas vidas.

p. 425 Proposta de ativ. complementar

A Filosofia, assim, não se detém apenas em desconstruir; ela pode também construir. Ela não é como a centopeia da fábula chinesa, que, confundida por uma pergunta complicada, ficou sem movimento.

Diante da pergunta pelo sentido da existência, por exemplo, a Filosofia poderia paralisar-se ao constatar que se trata de um questionamento muito difícil de responder. Ela poderia fazer apenas a análise da pergunta. Mas ela vai além disso e não "morre de fome" como a centopeia, visto que tem condições de explicar pelo menos o que significa falar de sentido e de existência. Ela pode avaliar certas respostas, defender algumas e abandonar outras ou mesmo recusar todas. Ela pode até tentar defender que o sentido da existência é não ter sentido... Em resumo, ela não é uma centopeia confusa!

Neste momento, talvez você tenha as seguintes perguntas em mente: *O que é, afinal, a existência? E o que é o sentido?*

Perguntas como essas são profundamente filosóficas. Todo o conjunto deste livro pode ser visto como uma tentativa de responder a essas duas perguntas.

Por enquanto, basta-nos saber que entendemos por *existência* o fato de estarmos no mundo e de nos relacionarmos com todos os outros seres (os outros seres humanos, os outros animais, os vegetais, os minerais). Quanto ao *sentido*, ele corresponde, de modo geral, ao que as coisas, pessoas, acontecimentos, pensamentos, sentimentos, emoções e ações significam para nós.

Ao falar de "sentido da existência", a reflexão filosófica pode analisar o que significa falar de "sentido", de "existência" e de "sentido da existência". Ela desconstrói a montagem que correlaciona essas ideias e, ao mesmo tempo, conclui, por exemplo, que os seres humanos são os responsáveis pelo sentido que eles acreditam captar em tudo.

A Filosofia pode esclarecer, assim, que encontrar ou construir o sentido da existência é responsabilidade de cada indivíduo em suas correlações com as coisas, as pessoas e os acontecimentos. Sem dar uma resposta única para *qual* é o sentido da existência, a Filosofia chama a atenção para *como* se fala de sentido, ou seja, para a atividade mesma de identificar sentidos. Numa palavra, ela ensina que, no limite, a atividade de encontrar ou construir sentidos depende de nós mesmos.

Outro filósofo pode ser tomado aqui como testemunha do trabalho propositivo ou construtivo da Filosofia: trata-se de Epicteto, que viveu entre os anos 50 e 125, autor da obra *Manual*, um conjunto de reflexões com o objetivo de apresentar caminhos para alcançar a sabedoria e a vida feliz.

Se o texto de Karl Marx insistia em um aspecto da existência cujo sentido depende de nossa construção, o texto de Epicteto insiste que há aspectos

FABRICE BOULAND

Your Love (Seu amor), sem data, grafite em muro de São Tomé das Letras (MG).
O sentido do modo como vivemos o amor é algo que depende de nós.

O que depende e o que não depende de nós
Epicteto

1 Há coisas que dependem de nós; há também as que não dependem.

O que depende de nós são nossos pensamentos, nossas tendências, nossos desejos, nossas aversões[10]. Numa palavra, todos os acontecimentos que nos pertencem.

5 O que não depende de nós são nosso corpo, a riqueza, a celebridade, o poder. Numa palavra, todos os acontecimentos que não nos pertencem.

As coisas que dependem de nós são livres por natureza, sem impedimento, sem entraves. Aquelas que não dependem de nós são inconstantes[11], submetidas a outras leis, podem ocorrer ou não ocorrer, são alheias[12] a nós.

10 Lembre-se, então, de que, se você tomar por livre aquilo que por natureza é submetido a leis, e se você considerar como seu aquilo que é alheio, então ficará paralisado, com medo, perturbado e dependerá dos seres divinos e dos outros seres humanos. Mas, se você considerar como seu somente aquilo que de fato é seu, e como alheio aquilo que de fato é alheio, ninguém poderá nunca constran-
15 ger você, ninguém paralisará você. Você não dependerá de ninguém, não acusará ninguém, não fará nada a contragosto. Ninguém perturbará você. Você não terá inimigo, porque não sofrerá nada de prejudicial. ■

EPICTETO. *Manuel*. Tradução E. Cattin. Paris: Flammarion, 1997. p. 207. (Manual. Tradução nossa para o português.)

[10] **Aversão:** *rejeição; recusa; desprazer.*

[11] **Inconstante:** *algo que não permanece, que sempre se altera.*

[12] **Alheio:** *aquilo que não nos pertence, mas pertence a outra pessoa ou a outra coisa.*

que não dependem de nós e cujo sentido é dado independentemente de nós. Em comum entre os dois filósofos está o esforço por se basear na observação da vida e na sua experiência, procurando exprimir-se em pensamentos que convençam por argumentos compreensíveis racionalmente.

Note que Epicteto não recorre à sua autoridade de sábio para convencer os leitores, mas levanta razões que os convençam, motivos cuja força está em se apresentar de um modo que todo ser humano disposto a entendê-los em sua montagem própria pode avaliá-los e aceitá-los ou recusá-los com base em uma análise racional. Por isso, seu texto é um exemplo da atividade típica da Filosofia.

Especificamente, o texto de Epicteto insiste que, assim como o sentido de algumas coisas depende de nossa construção, o sentido de outras é encontrado por nós; já é dado por si mesmo, independentemente de nossa participação. Na busca da felicidade, essa distinção é de grande importância, segundo Epicteto, pois tentar mudar o que não depende de nós é uma fonte de sofrimento. Mais sábio seria investir nossas forças na determinação do que depende de nós.

De todo modo, cada um à sua maneira, tanto Epicteto como Karl Marx são exemplos de pensadores que concretizam a atividade filosófica como produção ou descoberta de sentido.

EXERCÍCIO A

p. 425

1. Reflita sobre o modo como Karl Marx explicou o funcionamento da relação humana com as mercadorias e argumente se você considera essa explicação adequada para exprimir a sua experiência de vida. Dê exemplos que confirmem sua resposta.
2. Por que o texto de Epicteto pode ser considerado um exemplo da atividade construtiva típica da Filosofia?

Dica de filme para você assistir tendo em mente o que trabalhamos neste capítulo

DIVULGAÇÃO/LES FILMS D'ICI

Ser e ter *(Être et avoir), direção Nicolas Philibert, França, 2001.*

Documentário que retrata uma sala de aula com alunos de diferentes níveis (desde a alfabetização até o final do Ensino Fundamental). Como se trata de um vilarejo com poucos recursos e com uma pequena população, a sala de aula é a mesma; e as crianças são organizadas por grupos de diferentes níveis. O filme levanta a possibilidade de pensar que a posse de coisas e o consumo de mercadorias talvez não sejam a única fonte de sentido para a vida humana. ■

p. 426
Sugestões bibliográficas

Boécio prisioneiro, a Dama Filosofia e as Musas do Teatro e da Poesia (séc. XV, iluminura em manuscrito do livro *A consolação da Filosofia*). Biblioteca Nacional da França, Paris. A Filosofia, na forma de uma senhora elegante, aparece ao filósofo e senador romano Boécio (475-525) e o consola, pois ele se encontrava injustamente na prisão, no fim da vida, vítima da maldade dos líderes humanos.

CAPÍTULO

3 O QUE É FILOSOFIA?

p. 426

É chegada a hora de enfrentar a pergunta: "O que é Filosofia?".

Nos Capítulos 1 e 2, vimos que a Filosofia opera uma *desconstrução* de pensamentos e visões de mundo, analisando a estrutura ou o modo como eles são montados. Vimos também que ela pode ser uma *construção* quando constata a coerência de pensamentos e os defende, ou quando ela mesma elabora respostas para questões que interessam aos seres humanos. Dessa perspectiva, a Filosofia pode ser mesmo entendida como uma construção de sentido para a existência.

Com base nesses elementos, parece possível propor uma resposta para a pergunta sobre o que é a Filosofia. Seria possível afirmar que a Filosofia é uma prática de desconstrução de pensamentos e de visões de mundo, podendo chegar, além disso, a oferecer construções de sentido conscientes.

Essa resposta, porém, é frágil, pois outros saberes também podem desconstruir e construir, chegando a propostas de sentido para a existência. Busquemos, então, aspectos que permitam entender de maneira mais segura o que é a Filosofia.

1 O que leva alguém a filosofar?

Na História da Filosofia, uma das formas que os próprios pensadores usaram para entender a Filosofia foi perguntar sobre o que faz as pessoas filosofarem.

Já vimos nos Capítulos 1 e 2 que a curiosidade despertada pelo sentido da existência e pela prática dos saberes é uma ocasião para filosofar. Os filósofos percebem, por um lado, os sentidos mais evidentes que as pessoas conferem a seus pensamentos e ações, e, por outro lado, os sentidos mais profundos, ocultos, que nem todas as pessoas enxergam.

É como se tudo tivesse camadas de sentido, assim como em uma rocha sedimentar, cuja idade podemos conhecer se analisarmos as várias camadas que a compõem. Uma pessoa distraída pode ver uma rocha sem perceber que ela é feita de camadas, principalmente se a olhar de cima. Já uma pessoa mais atenta pode constatar essas camadas e observá-las com cuidado. Um geólogo, por sua vez, analisa essas camadas e calcula a idade da rocha. Assim também os filósofos não se contentam com o primeiro sentido que grande parte das pessoas identifica nas coisas, pessoas e ações; eles procuram saber se há sentidos menos aparentes e nos quais nem todos prestam atenção.

LEENE/SHUTTERSTOCK.COM

Rocha sedimentar em territórios dos Estados Unidos.

Dito de outra maneira, os filósofos deixam-se admirar com a existência de tudo. Vão além do olhar acostumado com as coisas, pessoas, pensamentos, acontecimentos, sentimentos, emoções e ações, buscando sempre entender os vários sentidos de tudo. Vivem, portanto, uma mistura de *admiração* e de *insatisfação*, como dizia Aristóteles (p. 103), filósofo grego que viveu entre 384 e 322 a.C.

No início de um de seus livros (que recebeu o nome de *Metafísica*), Aristóteles registra a observação de que todos os seres humanos naturalmente desejam ter conhecimento, pois essa atividade lhes dá prazer. Isso se comprova pela satisfação sentida no conhecimento obtido por meio dos cinco sentidos, especialmente a visão (que oferece mais informações sobre o mundo).

A Filosofia, no dizer de Aristóteles, é uma continuação desse prazer e nasce da capacidade de se admirar mesmo diante do que parece óbvio. Os filósofos admitem que não sabem; e, assim, eles procuram respostas .

A admiração explica a insatisfação que caracteriza os filósofos, pois, ao se admirarem com os acontecimentos, as coisas e as pessoas, os filósofos constatam a fragilidade e mesmo a incoerência das explicações

A admiração e o início do filosofar

Aristóteles

Foi pela admiração que os humanos começaram a filosofar, tanto no princípio como agora. De início, ficaram perplexos[1] diante das dificuldades mais simples; depois, avançaram pouco a pouco e enunciaram[2] problemas a respeito das dificuldades mais complexas, como os fenômenos da Lua, do Sol e das estrelas, assim como a gênese[3] do Universo. Ora, quem é tomado de perplexidade e admiração percebe que não sabe [...]. Portanto, como filosofavam para fugir da ignorância, é evidente que buscavam o conhecimento por si mesmo, a fim unicamente de saber, e não com uma finalidade utilitária. [...] Nós não buscamos o conhecimento com o objetivo de ter qualquer outra vantagem; mas, assim como declaramos livre quem existe para si mesmo e não pertence a outro, assim também cultivamos esse conhecimento como o único livre, pois só ele tem em si mesmo o seu próprio objetivo. ■

ARISTÓTELES. *Metafísica*. Tradução Leonel Vallandro. Porto Alegre: Globo, 1969. p. 40.

[1] **Perplexo:** *sem reação; sem entendimento.*

[2] **Enunciar:** *formular; exprimir.*

[3] **Gênese:** *origem.*

que grande parte das pessoas dá para seu próprio modo de ser, para os acontecimentos e para as coisas.

Além disso, mesmo quando a admiração leva a obter respostas sólidas e coerentes, os filósofos descobrem que uma resposta pode ser ocasião para encontrar conhecimentos mais complexos ou níveis mais profundos de sentido. A admiração, portanto, vem acompanhada de insatisfação.

Aristóteles chamava a insatisfação de *melancolia*, experiência de descontentamento e de falta de prazer com os sentidos que aparecem na superfície das coisas e pessoas. Ela seria típica dos filósofos, poetas e artistas.

A melancolia, porém, não é sinal de doença, tristeza ou depressão, como nosso vocabulário pode dar a entender. Pelo contrário, ela corresponde a uma sensibilidade intensa e a uma atenção especial às mais diferentes experiências humanas. Ela é como um sentir prazer em permanecer descontente.

Se a atividade filosófica nasce da admiração e da melancolia (insatisfação), ela busca, então, uma vida mais satisfatória, mais consciente e mais livre.

Numa palavra, é possível dizer que a Filosofia, nascendo da admiração e da melancolia, pretende melhorar a vida humana. O filósofo Platão (428-348 a.C.) (➲ p. 82) bem exprimiu essa contribuição ao afirmar que a Filosofia serve-se dos saberes humanos a fim de beneficiar o próprio ser humano.

Essa ideia platônica permanece até hoje na compreensão que muitos filósofos têm de si mesmos. Baruch Espinosa (1632-1677), por exemplo, considerava a Filosofia o meio mais apropriado para obter liberdade. Immanuel Kant (1724-1804) apontava para a luz que a Filosofia lança sobre a vida humana, esclarecendo o que é possível e o que não é possível conhecer. Jean-Paul Sartre (1905-1980), por sua vez, falava abertamente da capacidade transformadora da Filosofia. A propósito, mesmo quando alguns filósofos desenvolvem visões menos otimistas sobre a prática filosófica, continuam a ver nela uma atividade que beneficia os seres humanos. Um caso muito curioso nessa direção é o de Ludwig Wittgenstein (1889-1951), para quem a Filosofia deve libertar o ser humano da própria Filosofia.

Com efeito, segundo Wittgenstein, os filósofos, ao longo da História, passaram a empregar palavras e expressões cujos significados ficaram cada vez menos compreensíveis (por exemplo: *ser*, *essência*, *sentido da existência* etc.). Libertar-se da própria Filosofia significaria realizar uma terapia para curar o ser humano das câibras mentais que muitas vezes os filósofos produzem.

Outro exemplo menos comprometido com grandes construções filosóficas ou interpretações da realidade vem do estilo chamado de *ceticismo*. Os representantes desse estilo são influenciados pela concepção de Pirro de Élis (360-270 a.C.), para quem o exercício filosófico é, acima de tudo, um exercício de análise que leva a libertar das diferentes opiniões filosóficas.

Melancolia

Para pensar, por um lado, sobre o modo como hoje a palavra *melancolia* é associada a uma emoção triste, embora ela não seja propriamente um sinal de tristeza, e, por outro lado, no sentido original de sensibilidade e visão esclarecida das coisas, sugerimos que você assista ao filme *Melancolia*, de Lars von Trier (Dinamarca, 2011).

O filme apresenta a vida de algumas pessoas nos dias que antecedem a colisão do planeta chamado Melancolia contra a Terra. A jovem Justine, considerada triste e problemática, pretende casar-se com Michael e recebe o apoio de sua irmã, Claire, que organiza uma festa.

O diretor inverte os olhares a que estamos habituados. Observe as atitudes da personagem "triste e problemática" e compare com as da personagem "saudável" no momento em que o planeta se aproxima da Terra. ▪

DIVULGAÇÃO/CALIFÓRNIA FILMES

Reencontramos, todavia, mesmo em Wittgenstein e no ceticismo, algo da concepção platônica: independentemente de mudarmos a compreensão da Filosofia, permanece a ideia de que ela é um uso dos saberes para obter o benefício do próprio ser humano.

p. 427

EXERCÍCIO A

Responda à pergunta *O que leva a filosofar?*. Use em sua resposta as ideias de admiração, melancolia e benefício humano.

2 Filosofia e razão

A característica central da atividade filosófica, desde seu nascimento até nossos dias, é o uso da *razão*, capacidade de investigar o sentido dos diferentes componentes da existência e de também produzir sentido.

Uma das maneiras mais indicadas para entendermos o que é a razão ou a capacidade racional consiste em observar como um dos primeiros filósofos a concebeu. Trata-se de Sócrates, que viveu entre 470 e 399 a.C. e desenvolveu um pensamento tão significativo, a ponto de ele ser conhecido como "pai da Filosofia".

Sócrates viveu na cidade grega de Atenas. Sabemos poucos detalhes de sua vida. Diz-se que seu pai era entalhador de pedras, e sua mãe, parteira. Profundamente envolvido com a vida da cidade, Sócrates conhecia também os debates dos pensadores que o antecederam. Não escreveu nenhuma obra; sua atividade filosófica era marcada pelo diálogo direto com as pessoas. A maior parte do que sabemos sobre seu pensamento está registrada nas obras de seu discípulo Platão.

Graças a Platão, sabemos que Sócrates (p. 157) considerava a Filosofia uma prática radicalmente ética, isto é, voltada para melhorar a vida humana. Ele mesmo se considerava um "parteiro de almas", ou seja, alguém que fazia nascer uma consciência mais viva e mais livre.

Como Sócrates sempre adotava a postura de fazer perguntas, nunca começando por respostas, mas levantando dúvidas sobre o que os outros diziam, sua maneira de filosofar recebeu o nome de *elenchos*, em grego, que significa "questionamento". O sentido desse método, tal como praticado por Sócrates, era o de um teste que levava a perceber se era sólido aquilo em que acreditavam as pessoas. O ambiente desse debate ou o clima de diálogo em que os participantes visam convencer uns aos outros recebeu o nome de *ironia*. Hoje, essa palavra pode parecer negativa, porque a associamos muitas vezes com deboche. Se, porém, prestarmos mais atenção em outros usos, veremos que essa palavra é ainda hoje usada em um sentido socrático: por exemplo, quando somos desestabilizados por algum acontecimento, falamos de "ironia do destino"; ou, quando duas pessoas que não se gostam entre si e se juntam em alguma atividade, ficamos surpresos ao ver que um interesse comum as reuniu, fazendo-as passar por cima de suas diferenças. Dizemos, então: "Ironia do destino!". A ironia serve, aqui, para mostrar que não sabemos tudo a respeito das coisas sobre as quais acreditamos já saber tudo...

Da mesma maneira, Sócrates, em suas conversas, mostrava a seus interlocutores, passo por passo, que eles não sabiam tudo (ou não sabiam nada!) sobre os assuntos que acreditavam conhecer. Sócrates tinha mesmo prazer em conversar com as pessoas que se apresentavam como "especialistas", para mostrar que elas não conheciam seus assuntos. Por exemplo, ele apreciava conversar sobre a guerra e a coragem com um general; sobre a poesia com um poeta; sobre a justiça e o bem público com um político. Ao final, ele mostrava que esses especialistas não conheciam bem o que diziam, ao passo que ele, reconhecendo-se como um *perguntador* e alguém que não sabe, sabia mais do que eles: *sabendo que não sabia* sobre esses assuntos, ele sabia algo mais certo do que aqueles que, acreditando conhecer, não tinham consciência das falhas de seus pensamentos. Daí vem a frase socrática que ficou famosa para sempre: *Sei que nada sei!*

Sócrates, contudo, seguia adiante a partir dessa "ignorância". Nos escritos de Platão, encontramos dois exemplos claros para entender a atividade socrática. São dois problemas que levam a visões mais adequadas:

O aprendizado não significa conhecer coisas totalmente novas.

Opinião corrente: no aprendizado de qualquer assunto novo, acreditamos aprender porque não sabemos nada sobre esse assunto; se dissermos que já sabemos algo sobre o assunto, então ele não será novo.

Jacques-Louis David (1748-1825), *A morte de Sócrates*, 1787, óleo sobre tela. Sócrates produziu sua filosofia oralmente. O estilo do diálogo e do contato direto com o interlocutor era de grande importância para sua atividade, que visava à construção do conhecimento por meio do encontro de pessoas. Por sua "filosofia na vida", Sócrates foi condenado à morte, tendo de tomar veneno (cicuta). Costuma-se dizer que, mesmo no último momento de sua vida, ele ainda se dirigiu aos que o ouviam. Seu discípulo Platão registrou o discurso final de Sócrates no livro *Apologia de Sócrates*.

Pergunta socrática: como poderemos procurar algum assunto novo e encontrá-lo se desconhecemos tudo a seu respeito? Como procuraremos algo se nem sequer sabemos que ele existe?

Exemplo: quando alguém nos explica o sentido de uma palavra que não conhecemos, precisamos conhecer pelo menos o sentido das outras palavras usadas para o aprendizado da palavra nova. É relacionando o sentido dessas palavras que podemos entender a palavra nova.

Revisão socrática: o aprendizado não é a assimilação de coisas completamente desconhecidas, mas uma nova maneira de relacionar coisas conhecidas. Para aprender, é preciso já saber.

Algumas injustiças podem ser boas.

Opinião corrente: nunca é bom sofrer injustiça, pois toda injustiça prejudica o injustiçado.

Pergunta socrática: o que pensar quando temos de decidir entre praticar a injustiça ou sofrer a injustiça? Se tivermos de escolher, é melhor sofrer a injustiça do que praticá-la. Afinal, se todos concordam que a injustiça não é algo bom, será pior ainda praticá-la, pois reforçaremos algo que consideramos ruim. Tendo de escolher entre praticá-la ou sofrê-la, sofrê-la será melhor, porque evitará que façamos algo ruim. Os prejuízos que podemos sofrer serão acompanhados de algo bom: o fato de termos evitado a prática de algo ruim. Então, há um modo de dizer que a injustiça é boa: quando a sofremos, mas não a praticamos.

Exemplo: estou numa guerra e preciso decidir se defendo minha vida sabendo que, para isso, terei de matar uma família inteira, cujos pais podem atirar em mim. Mas também sei que nessa família há crianças pequenas completamente inocentes. Devo então decidir se aceito morrer para não ter de matar crianças inocentes ou se mato a família inteira, inclusive as crianças. Se eu considerar que matar crianças inocentes é uma injustiça maior do que a injustiça da minha morte sem defesa, posso optar por morrer, vendo nessa injustiça um lado positivo.

Revisão socrática: a injustiça pode ser boa se for melhor do que praticar outra injustiça.

O que chamamos aqui de revisão socrática traduz conclusões a que o próprio Sócrates chegou. Vemos, então, que sua reconhecida ignorância não era simples falta de conhecimento, mas sinal de descontentamento ou insatisfação com as opiniões correntes, em busca de respostas mais adequadas.

Sócrates examina tudo e procura *justificações*, com base na experiência comum, para aceitar ou recusar pensamentos, opiniões e visões de mundo. Ao analisar os mais variados assuntos, Sócrates via que as coisas têm um modo de ser e que, pelo pensamento, podemos reproduzir esse modo de ser das coisas. Então, o pensamento mais adequado, para ele, é aquele que capta e exprime bem esse modo de ser. Trata-se da atividade da razão, que, em grego, chamava-se *lógos*. Captar o *lógos* de tudo e exprimi-lo de modo que todos os interlocutores possam avaliar se essa expressão é adequada ou não (quer dizer, se a expressão corresponde realmente ao que se observa no mundo) era a tarefa da Filosofia segundo Sócrates.

Aqui se revela, então, uma característica da Filosofia como "filha" de Sócrates: ela é uma atividade racional ou um exercício da razão, capacidade de entender os vários componentes da existência e de falar sobre eles de modo justificado, permitindo que nossos interlocutores, baseando-se também na mesma capacidade, possam avaliar se nossas afirmações sobre o mundo correspondem de fato ao modo como o mundo é experimentado. Não nos esqueçamos de que "mundo", aqui, refere-se a nossas vivências pessoais e sociais, às relações interpessoais, aos sentimentos, às emoções, à Natureza.

EXERCÍCIO **B**

p. 427

Descreva a atividade socrática e o modo como ela permite entender o que é a razão.

3 Uma definição de Filosofia

Neste momento, talvez você pergunte: "Mas a atividade da razão não é uma característica também central para as ciências? Os outros saberes também não recorrem à razão para se justificar? Em que a Filosofia se diferencia deles, então?".

Sem dúvida, a atividade da razão marca o que há de comum na pesquisa científica e na atividade filosófica, assim como está presente na justificação dos outros saberes. No entanto, o que caracteriza a Filosofia é o fato de ela ser, em primeiro lugar, uma investigação sobre o próprio pensamento ou o modo como se constroem as "leituras" que fazemos do mundo (incluindo a "leitura" de nós mesmos).

Assim, a Filosofia pratica a razão de modo diferente das ciências, pois, em vez de se concentrar em explicar o mundo, ela procura conhecer, acima de tudo, o modo como as diferentes explicações são feitas. Quando termina, porém, em construções de sentido, ela ainda difere do comportamento geral dos outros saberes, uma vez que tem a consciência de que suas construções não são "retratos" do mundo, mas possibilidades de iluminar a existência, sem a pretensão de oferecer respostas definitivas e únicas. Essa prática racional em que o próprio pensamento é tomado como alvo de investigação chama-se *reflexão* (a razão reflete sobre si mesma, volta-se para sua própria atividade).

Dessa perspectiva, temos condições de propor uma definição de Filosofia:

> *A Filosofia é a reflexão sobre o pensamento em sua atividade de compreender a existência ou de elaborar sentidos para a existência.*

Outras definições de Filosofia são possíveis, porque, na realidade, existe mais de uma Filosofia: há uma constelação de filosofias, no plural. Há mesmo quem afirme haver tantas filosofias quantos são os filósofos. Há ainda quem use a imagem das filosofias como ilhas espalhadas no oceano da razão. Algumas dessas ilhas nem sequer se aproximam; outras são vizinhas. Todas, porém, são ligadas pelas águas da razão.

No entanto, se considerarmos que o ser humano, em suas múltiplas relações com os outros seres, especialmente com outros seres humanos, ocupa o centro da preocupação filosófica; e se considerarmos que o ser humano, visto em suas múltiplas relações, pode ser chamado de *ser mergulhado na existência*; então parece possível afirmar que todas as filosofias são ligadas pela preocupação com diferentes aspectos dessa mesma existência e pelo procedimento racional de reflexão sobre o pensamento. A unidade da Filosofia ou da atitude filosófica, por trás das diferentes filosofias, estaria em fazer o pensamento pensar a si mesmo em sua ação de se referir à realidade. A Filosofia seria, assim, *pensamento do pensamento*; e mesmo aquelas filosofias que parecem "distantes" da realidade revelam preocupação com ela justamente ao se entenderem como reflexões sobre o pensamento. Por exemplo, a Filosofia da Matemática ou a Filosofia da Lógica continuam a existir como busca de reflexões coerentes e adequadas sobre aspectos da existência, nascendo do prazer que a atividade do conhecimento oferece por si mesma.

Filosofia: pensamento do pensamento

A expressão *pensamento do pensamento* é muito antiga na História da Filosofia.

Aristóteles (384-322 a.C.), por exemplo, falava de pensamento do pensamento para se referir ao ser divino. No seu entender, o ser divino é tão perfeito que só se ocupa com seu próprio pensamento, pois ele seria pensamento puro, sem matéria ou nada de físico.

Plotino (204-270), por sua vez, afirmava que o ser divino ou o Uno (p. 289) é uma realidade que, justamente por ser divina, está além de todo pensamento. O *pensamento do pensamento* corresponderia ao intelecto, realidade que é menos divina do que a sua fonte (o Uno), mas sem conter, ainda, a materialidade do mundo físico.

Nos inícios da Contemporaneidade, Georg W. F. Hegel (1770-1831) aplica a expressão *pensamento do pensamento* para se referir à atividade filosófica, obra humana resultante da capacidade de tomar distância com relação às situações particulares da vida cotidiana e de colher o sentido presente nelas ou construído por elas mesmas. Graças ao uso hegeliano, tornou-se um costume (embora não uniforme!) chamar a Filosofia de *pensamento do pensamento*. ■

Auguste Rodin (1840-1917), *O pensador*, 1903, escultura de bronze. Museu Rodin, Paris (França). Exposição diante do CaixaForum Madrid (2009).

ANGEL MARTIN/CREATIVE COMMONS

Há uma fábula que pode oferecer uma compreensão por imagens daquilo que pretendemos dizer sobre a variedade de filosofias e a unidade da postura filosófica ou da Filosofia. Ela foi registrada pelo poeta persa Rumi.

O elefante de Bagdá
Rumi

PIQUEMAL, Michel. *Les Philo-fables*. Paris: Albin Michel, 2003. p. 97-98. (As filofábulas. Tradução nossa.)

1 Alguns viajantes da Índia levaram um elefante para Bagdá e o instalaram em um local escuro. A população, desejosa de saber com o que parecia esse animal, correu para o local em que ele havia sido instalado. Mas como estava escuro, as pessoas não conseguiam vê-lo. Começaram, então, a tocá-lo com as mãos.

5 Um dos habitantes tocou a tromba e disse:

– Esse animal se parece com um grande cano.

Outro que tocava as orelhas disse:

– Ele se parece mais com um leque ou um desses instrumentos que usamos para fazer vento.

10 Um terceiro que tocava as patas disse:

– Não! Isso que se chama de *elefante* é como uma grande coluna.

Cada qual seguia descrevendo o elefante à sua maneira, seguindo a parte do corpo que era tocada.

Se eles tivessem uma vela ou uma lâmpada, veriam melhor, mas isso não quer dizer que eles concordariam entre si. Afinal, nossos olhos nos enganam tanto quanto 15 a ponta dos dedos... ■

A existência ou o fato de estarmos mergulhados no mundo e em correlação com os outros seres podem ser comparados com o elefante trazido para Bagdá. As diferentes filosofias seriam os habitantes que desenvolvem visões diferentes segundo a parte que tocam.

O final da fábula é polêmico, pois acaba defendendo que tanto os dedos como os olhos sempre nos enganam. Isso poderia levar à ideia de que as filosofias sempre erram. Não precisamos chegar a essa conclusão, pois ela é tão exagerada quanto seria pensar que as filosofias sempre acertam. É muito interessante na fábula o risco do engano. Esse risco não leva a concluir que todos se enganam sempre, mas a insistir para que todos se perguntem honestamente: "estou enganado ou tenho uma visão adequada?". A visão depende da experiência de cada um; e as diferentes filosofias também nascem das diversas possibilidades de olhar para a experiência de nós mesmos e do mundo.

p. 428
Proposta de ativ. complementar

Além disso, é desnecessário ver a existência como uma coisa única, assim como o elefante. Se a nossa existência é o que fazemos dela, é legítimo pensar que cada indivíduo dá um rosto novo para o modo humano de existir. Como o elefante, a existência é a condição ou o estado comum de todos os indivíduos. Todos somos companheiros de jornada e as filosofias podem torná-la mais satisfatória.

EXERCÍCIO C

p. 427

Explique as partes que compõem a definição de Filosofia proposta aqui (reflexão, pensamento, elaboração de sentido, existência) e mostre a diferença do procedimento filosófico com relação ao procedimento dos outros saberes.

Dicas de filmes para você assistir tendo em mente o que trabalhamos neste capítulo

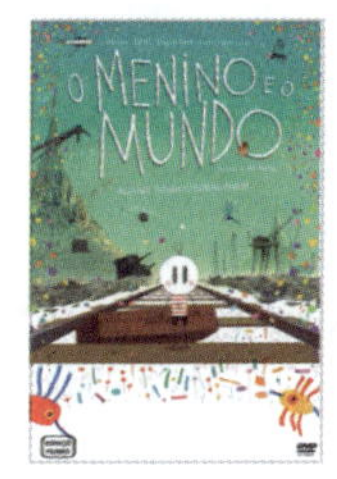

O menino e o mundo, *direção Alê Abreu, 2014, Brasil.*
Filme de animação que apresenta a vida de um garoto que vive em uma cidade isolada e decide, certo dia, sair em busca de seu pai. Com um olhar inocente, o filme levanta os temas do sentido da existência, da globalização, da economia como motor do mundo e da perda dos valores éticos. ■

A árvore da vida *(The Life Tree), direção Terrence Malick, 2011, EUA.*
Jack é o mais velho dos três filhos criados de modo rígido pelo casal O'Brien. Certo dia, Jack, que vivia um forte sentimento de culpa, sai pelo mundo porque reconhece em si mesmo algumas características semelhantes às de seu pai, a quem ele reprovava claramente. ■

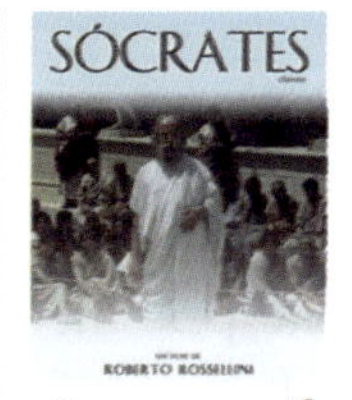

Sócrates *(Socrate), direção Roberto Rossellini, 1971, Itália.*
Reconstrução clássica da vida de Sócrates, com base nas informações fornecidas pelos diálogos escritos por Platão. ■

Na natureza selvagem *(Into the Wild), direção Sean Penn, 2008, EUA.*
Depois de se formar na universidade, o jovem Christopher decide sair dos Estados Unidos e viajar sem destino. Depois de dois anos na estrada, estabelece como destino o Alasca. O filme põe no centro da atenção a pergunta pelo que distingue a Natureza e o mundo construído pelos seres humanos. ■

Beleza americana *(American Beauty), direção Sam Mendes, 2000, EUA.*
História de uma família norte-americana aparentemente feliz, mas corroída pela falta de diálogo e de compreensão mútua. O tema do conflito entre a materialidade da vida e o seu sentido é o centro da narrativa. ■

Melancolia *(Melancholia), direção Lars von Trier, 2011, Dinamarca.*
Ver o comentário feito à página 32. ■

p. 428
Sugestões bibliográficas

FOTO: DIGITAL IMAGE, THE MUSEUM OF MODERN ART, NEW YORK/SCALA, FLORENCE © KOSUTH, JOSEPH/AUTVIS, BRASIL, 2016.

CAPÍTULO 4

FILOSOFIAS E MODOS DE CONVENCER

p. 428

Joseph Kosuth (1945-), *Uma e três cadeiras*, 1965. Há três cadeiras na obra de Kosuth: uma na fotografia, outra em "carne e osso" e outra na definição dada pelo dicionário (verbete *chair*, em inglês). Ao chamar a atenção para o que nos faz pensar em uma cadeira (a imagem, o objeto ou a ideia), o artista norte-americano põe no centro da arte a linguagem humana e as inúmeras variações que a capacidade linguística pode assumir ao exprimir as experiências dos indivíduos e grupos.

Os filósofos procuram convencer seus interlocutores tanto quanto qualquer outra pessoa deseja convencer seus interlocutores ao se pronunciar sobre algo. Ao comunicarmos, queremos ser levados a sério. Esperamos que os outros concordem conosco ou, pelo menos, entendam os motivos que justificam nosso pensamento. Em outras palavras, procuramos convencê-los ou praticamos tentativas de *convencimento*. Os outros podem até discordar de nós, mas desejamos que eles, no mínimo, convençam-se de que temos boas razões para adotar nossa posição.

A fim de convencer, vários meios podem ser usados. Podemos envolver as pessoas pela emoção; podemos tentar deixar as emoções de lado e ativar apenas a razão; ou podemos ainda tentar combinar emoções e razão. A finalidade é convencer; os meios para isso são os recursos de que os seres humanos dispõem: fundamentalmente suas emoções e sua razão.

Diferentes casos de tentativa de *convencimento pela emoção e pela razão* vêm do cinema, da literatura, da música, da escultura etc. Os artistas, de modo geral, envolvem as pessoas pelas suas emoções e despertam pensamentos novos que contribuem para enriquecer suas maneiras de ver o mundo. Ao produzir um filme ou uma peça de teatro, por exemplo, os diretores levam as pessoas a se identificar com o que é apresentado ou a rejeitá-lo. Despertam alegria, amor, raiva, medo, admiração, desprezo etc., e levam as pessoas, por essas experiências emocionais, a aceitar ou a recusar aquilo que lhes é proposto.

No filme brasileiro *Central do Brasil*, há uma cena muito emocionante que ilustra a possibilidade de convencer pela ativação da emoção e do pensamento. Trata-se da cena em que as personagens Dora (Fernanda Montenegro) e Josué (Vinícius de Oliveira) estão sentadas em uma mureta de cimento,

FOTO CEDIDA GENTILMENTE PELA VIDEOFILMES

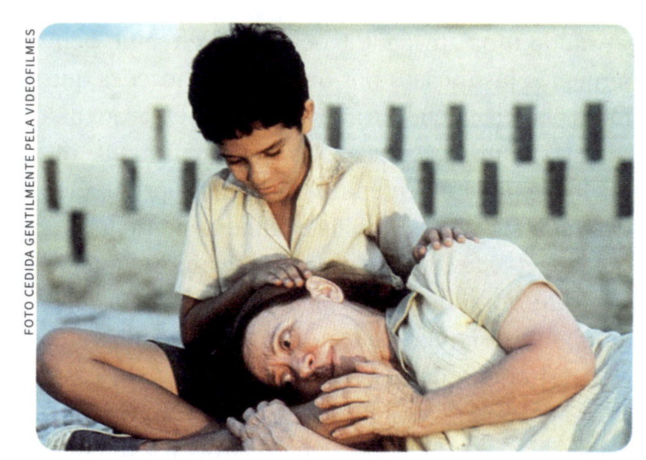

Cena do filme *Central do Brasil* (1998), de Walter Salles, Brasil.

completamente sem esperança, porque acabavam de ser deixados na estrada pelo caminhoneiro que lhes tinha dado carona. Pela tristeza da cena, o diretor leva os espectadores a se convencer da bondade existente no íntimo de Dora, pois, mesmo no desespero, ela não abandona Josué nem desiste de seu objetivo: levá-lo até seus irmãos, uma vez que sua mãe havia morrido. Dora, que tinha alguns defeitos e praticava atos questionáveis, podia ter decidido voltar para sua cidade e "lavar as mãos" sobre o destino do garoto Josué. No entanto, ela foi capaz de tomar uma decisão melhor e continuar viagem. O diretor do filme leva, assim, os espectadores a refletir sobre o lado bom de Dora e a reconhecer o valor de sua atitude.

No entanto, nem sempre o convencimento pelas emoções é acompanhado do pensamento ou da atividade da razão. Trata-se das ocorrências em que apenas as emoções são envolvidas. Em si mesmo, esse tipo de convencimento não é ruim, mas pode tornar-se perigoso quando a ativação das emoções é feita para chegar a finalidades questionáveis. Um artista, por exemplo, pode convencer-nos a rir de alguma situação simplesmente despertando alegria em nós; podemos rir de um palhaço quando ele faz suas mímicas. No entanto, é questionável quando alguém desperta alegria em nós para fazer rir de quem tem uma deficiência física; nesse caso, somos o alvo de um convencimento ruim, porque é altamente problemático rir da limitação ou do sofrimento de outra pessoa.

Esse duplo caráter do convencimento exclusivo pelas emoções também pode ser observado todos os dias nos programas de televisão: se despertam amor, levam a amar; mas, se despertam ódio, levam a odiar; se despertam emoções de compaixão, podem levar à compreensão e à aceitação das pessoas; mas, se despertam desejos de vingança, podem levar à destruição dos outros, à ignorância e à violência. Também podem fazer que as pessoas amem alguém desonesto e odeiem alguém honesto... A esse respeito, ocorreu um caso bastante grave no Brasil, em 1994: os pais de algumas crianças matriculadas na Escola Base, em São Paulo, começaram a dizer que a proprietária e os funcionários da escola abusavam sexualmente dos alunos. Vários programas de televisão não esperaram o trabalho da Justiça e passaram a considerar culpados tanto os funcionários como a proprietária. Mostravam imagens em que eles saíam da delegacia, dando a entender que eram criminosos; faziam comentários cheios de raiva e incentivavam a população da Zona Sul da cidade de São Paulo a fazer justiça com as próprias mãos. A raiva despertada foi tão grande, que vários moradores da região da escola bateram nos funcionários e depredaram suas casas. Os juízes do caso perceberam que as acusações não se sustentavam. Vinte anos depois das agressões, as redes de televisão foram condenadas a pagar indenizações milionárias aos acusados, mas, como eles dizem, nem todo o dinheiro do mundo poderá devolver a parte de suas vidas que foi destruída pela ignorância e pela violência daqueles que os perseguiram.

Para não ficar expostos às variações do convencimento por meio exclusivamente da emoção, os filósofos procuram enfatizar o papel da razão. Em outras palavras, chamam sempre a atenção para o modo como o pensamento é construído em sua atividade de produzir sentidos para a existência.

NELSON ALMEIDA

Casa depredada em 1994, pertencente a funcionário da antiga Escola Base (São Paulo).

Sendo uma atividade baseada na defesa de pensamentos justificados por meio de explicações que todos podem entender e avaliar, a argumentação filosófica procura basear-se em um *método racional*. Tal atividade pode ser entendida como o próprio método racional. A palavra *método* tem origem no termo grego *methodos*, que significa um caminho que se percorre. Por indicar um *caminho*, a palavra *método* ampliou seu significado para o modo como um saber se constrói em sua busca de encontrar conclusões.

O fato, porém, de a Filosofia operar com um método racional não significa que ela dispensa as emoções. Pelo contrário, muitos filósofos também acionam as emoções de seus ouvintes ou leitores, mas o fazem de um modo que as emoções sejam acompanhadas de reflexão ou de pensamento. Aliás, desde suas origens, o pensamento filosófico foi expresso na forma do que hoje se costuma chamar de *Literatura*. Platão (p. 82) foi um dos maiores exemplos ao recorrer a narrativas da mitologia grega como forma de exprimir não apenas a beleza dos mitos, mas também a beleza do pensamento que, no seu dizer, atingia a verdade de maneira objetiva. Mais próximo a nós, outro grande exemplo de pensador que produziu um pensamento filosófico de forma literária foi Jean-Paul Sartre (1905-1980). Em alguns de seus livros, ele seguiu um método "exclusivamente racional", tentando adotar apenas raciocínios objetivos como forma de convencer. Em outros, porém, procurou acionar também as emoções dos leitores, fazendo-os sentir, cada um em sua experiência íntima, aquilo sobre o que eles eram convidados a refletir. Por exemplo, no romance A *náusea*, Sartre leva os leitores a experimentar a existência, ou melhor, o que significa o ato de existir. Ele escreve em primeira pessoa, dando vida à personagem Antoine Roquentin.

Roquentin era um jovem de cerca de 35 anos e escrevia um diário para narrar suas vivências na fase em que decidiu deixar o trabalho, a fim de escrever um livro sobre uma personagem do século XVIII. Roquentin sentiu a necessidade de escrever o diário porque percebeu que sua relação com as coisas e as pessoas estava mudando. Ele queria descobrir o porquê. Não suportava mais a vida de sua cidade e estava perdendo até o interesse pelo livro que escrevia. É então que ele vive a experiência vertiginosa[1] que lemos no livro A *náusea* .

[1] **Vertiginoso:** *algo que causa vertigem, que faz perder o autocontrole.*

A vertigem da existência
Jean-Paul Sartre

Eu estava agora há pouco na praça. A raiz da castanheira adentrava na terra, chegando embaixo de meu banco. Sequer me lembro de que era uma raiz. As palavras haviam desfalecido[2] e, com elas, a significação das coisas, seu manual de instrução, as frágeis referências que os humanos desenharam na face delas. Eu estava sentado sozinho, diante daquela massa escura e cheia de nós, inteiramente bruta e que me causava medo. De repente, tive uma iluminação. Isso me fez perder o fôlego. Nunca antes eu havia sentido o que quer dizer existir. Eu era como os outros, como aqueles que caminham à beira-mar com roupas leves de primavera. Assim como eles, eu dizia: "o mar é verde"; "aquele ponto branco, lá no alto, é uma gaivota". Mas, eu não sentia que isso existia ou que a gaivota era uma "gaivota existente". Geralmente, a existência esconde-se. Ela está aí, à nossa volta, em nós; nós somos a existência; não podemos dizer nem duas palavras sem falar dela, mas, no fim das contas, não a tocamos. [...] E eis que, de repente, tudo estava diante de mim, claro como a luz do dia: a existência de repente deixou cair seu véu. Ela perdeu seu semblante[3] inofensivo[4] de categoria[5] abstrata[6]: era a massa mesma das coisas; a tal raiz estava modelada na existência. Melhor ainda, a raiz, as grades da praça, o banco, as gramas finas do jardim, tudo isso tinha desfalecido; a diversidade das coisas, sua individualidade, não passava de uma aparência, um verniz. Esse verniz tinha derretido; só restavam massas monstruosas e moles, em desordem, nuas; numa assustadora e obscena[7] nudez. ■

SARTRE, Jean-Paul. *La nausée*. Paris: Gallimard, 1938, p. 110. (A náusea. Tradução nossa.)

p. 434
Leitura de aprofundamento

[2] **Desfalecer:** *perder a força.*

[3] **Semblante:** *face, rosto; aparência.*

[4] **Inofensivo:** *que não causa nenhum incômodo.*

[5] **Categoria:** *critério usado para fazer classificações.*

[6] **Abstrato:** *isolado da realidade material.*

[7] **Obsceno:** *chocante; imoral.*

Note como Sartre, pelo tipo de palavras que escolhe e pelo ritmo que dá a elas, procura despertar nos leitores a mesma experiência que teve Roquentin: a de entender a existência por meio do "desentendimento", da quebra do costume de pensar as coisas classificadas segundo categorias que criamos para dividi-las em grupos. Ao perceber que todas as coisas são unidas pelo fato de existirem, Roquentin se dá conta de que ele mesmo é mais uma coisa entre as outras coisas; divide com elas o pertencimento a essa "massa" que é a existência. Vem daí o seu espanto ou a sua vertigem, a sua perda de controle da compreensão da existência. Como dizia Sartre, essa experiência faz "perder o fôlego", pois, quando "acordamos" para o que significa estar no mundo, tomamos um susto, deixamos de lado a inocência infantil e entramos em uma vida adulta, consciente, sem ilusões, mas também dotada de maior liberdade e capacidade de interferir no próprio destino. Ao despertar nos leitores uma experiência de desorientação e desconforto, Sartre os faz conjuntamente refletir sobre a mesma existência como algo que vivemos e no qual não prestamos atenção.

Dessa perspectiva, Sartre é um exemplo de como o pensamento filosófico se une ao que hoje se chama de *expressão literária* e pode acionar, a um só tempo, razão e emoção. A literatura, aliás, é também uma forma de unir razão e emoção, motivo pelo qual é muito comum encontrar pensamento filosófico na obra de autores classificados como "literários".

A Literatura tem um campo de interesse maior do que o da Filosofia, pois, enquanto a Filosofia concentra-se no pensamento sobre o pensamento em sua atividade de procurar ou elaborar sentidos para a existência, a Literatura explora tais sentidos nos seus mais variados aspectos, e não apenas em relação ao pensamento sobre o pensamento. Já mencionamos, nos capítulos anteriores, o poeta persa Rumi, em cuja obra há muitos dados filosóficos. Agora, apenas para citar alguns autores temporalmente mais próximos a nós, podemos evocar Søren Kierkegaard (1813-1855), Fiodor Dostoievski (1821-1881), Machado de Assis (1839-1908), João Guimarães Rosa (1908-1967), Albert Camus (1913-1960), Iris Murdoch (1919-1999), Clarice Lispector (1920-1977), Sylvia Plath (1932-1963), Raduan Nassar (1935-), entre tantos outros.

Algo parecido ocorre com as outras formas de arte, como a pintura, a escultura, a música etc. Elas podem ser filosóficas na medida em que despertam experiências que convidam à reflexão do pensamento sobre si mesmo em sua busca de produção de sentidos para a existência.

Outros estilos filosóficos, porém, concentram-se "exclusivamente" no aspecto racional, sem ênfase nas emoções, e seguem um método composto por tentativas de justificar aquilo que dizem ou escrevem sobre a realidade e a experiência humana partindo de informações iniciais (e em alguma medida bem conhecidas) e articulando-as com o objetivo de obter conclusões. Cada tentativa recebe o nome de *argumento* ou também *raciocínio*. Seria mesmo possível pensar que até os filósofos que unem o trabalho da razão à ativação das emoções terminam por defender argumentos, uma vez que o elemento reflexivo que eles apresentam em suas elaborações pode ser expresso na forma de argumentos. Dessa perspectiva, é também possível unir de modo bastante geral as diferentes formas filosóficas de trabalho argumentativo em um método que costuma ser chamado de *método discursivo*, isto é, que busca convencer por meio da construção de pensamentos sobre a realidade e a experiência humana, pensamentos esses bem estruturados apenas com argumentos ou com argumentos e ativação das emoções. Além disso, é possível dividir o *método discursivo*, também de modo bastante geral, em *método silogístico* e *método dialético*, como veremos a seguir.

Houve alguns filósofos, porém, que decidiram não escrever seus pensamentos. Dizemos que são pensadores *ágrafos*, quer dizer, "sem escrita". Sua própria vida constituía o melhor "discurso" ou a melhor maneira de convencer. O mais conhecido deles foi Sócrates (469-399 a.C.), considerado "o" filósofo por Platão. Mas também Diógenes de Sinope (402-323 a.C.), também conhecido como Diógenes, o Cão, por criticar a vida artificial construída pelos seres humanos e por defender que eles seriam mais felizes se aprendessem as "virtudes" dos cães.

Outra forma de convencer que também compõe o método filosófico consiste em não recorrer propriamente a discursos ou construções de pensamentos, mas em decompor[8] aquilo que chamamos de realidade ou de experiência, até chegar a elementos sobre os quais não há dúvida, ou seja, que não podem ser objetos de interpretações variadas, mas que são pressupostos em toda interpretação. A esse método costuma-se chamar de *método intuitivo*.

[8] ***Decompor:*** *separar os elementos que compõem algo.*

O "discurso" da vida cínica de Diógenes, o Cão

Em nosso modo cotidiano de falar, o termo *cinismo* designa a atitude de quem é falso ou de quem dá a impressão de agir por um motivo, quando, na verdade, age por razões ocultas...

Na História da Filosofia, porém, *cinismo* é o nome de um estilo filosófico desenvolvido na Antiguidade por Antístenes (445-365 a.C.), discípulo de Sócrates. O mais conhecido dos filósofos cínicos foi Diógenes de Sinope (403-323 a.C.), também conhecido como Diógenes, o Cão.

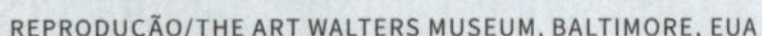
REPRODUÇÃO/THE ART WALTERS MUSEUM, BALTIMORE, EUA

Jean-Léon Gérôme (1824-1904), *Diógenes*, 1860, óleo sobre tela.

O adjetivo *cínico*, aliás, vem do termo *cão* (*kyon*, *kynos* em grego), porque os filósofos cínicos ficaram associados à imagem desse animal. Conta-se que eles se reuniam em um local conhecido pelo nome de Cão Rápido. Eles também podiam ter sempre junto de si um cão, animal dócil com quem o acaricia, insistente com quem não o alimenta e bravo com quem ele não aprecia. Conta-se também que esses filósofos viviam como cães, indiferentes às convenções sociais (diz uma lenda que eles defecavam e se masturbavam em público).

À parte o aspecto lendário, os cínicos criticavam, de fato, os costumes sociais. Conta-se também que Platão chegava a elogiar a inteligência de Diógenes, comparando-o com Sócrates, embora completasse, dizendo ser ele um "Sócrates louco". Diógenes acreditava que as leis e os costumes só afastam os seres humanos da Natureza. Ria de tudo e de todos. Certo dia (ainda segundo a lenda), tentando falar de coisas importantes e vendo que ninguém lhe dava ouvidos, Diógenes se pôs a piar como um pássaro, o que fez as pessoas juntar-se em torno dele. Ele então passou a insultá-las, dizendo que elas gostavam de ouvir coisas sem importância e eram indiferentes às coisas sérias. Aos que sofriam com sonhos, Diógenes perguntava: "Vocês não se importam com o que acontece quando estão acordados, mas se inquietam com coisas imaginárias que aparecem nos sonhos?".

Sabemos poucas coisas sobre os cínicos; basicamente, eles defendiam um retorno à vida natural e uma sabedoria cotidiana despreocupada. Por trás das histórias engraçadas que narram a rixa de Diógenes com Platão talvez apareçam alguns elementos mais consistentes de seu pensamento.

Diz-se que, um dia, Diógenes comia figos quando encontrou Platão. Disse: "Pode pegar". Platão pegou e comeu. Diógenes riu, dizendo: "Eu disse que podia pegar; não disse que podia comer!". Essa anedota é só risível. A próxima é mais interessante do ponto de vista filosófico: como Platão pretendia identificar os gêneros ou as formas gerais que organizam tudo o que existe no mundo, ele teria dado um dia a seguinte definição de ser humano: "bípede sem penas". Diógenes, então, jogou um galo depenado no meio dos alunos de Platão e disse: "Eis o homem de Platão". Dizem que Platão completou a definição: "bípede sem penas, com unhas retas e largas". Diógenes saiu, então, pelas ruas, com uma lanterna, em plena luz do dia, gritando: "Procuro o homem". Ele queria dizer que procurava o homem descrito por Platão, ou seja, "o" homem definido universalmente. Talvez, no dizer de Diógenes, "o" homem não será nunca encontrado, pois só há indivíduos ou tipos singulares de homens.

Parece que os atenienses tinham uma afeição especial por Diógenes. Ele vivia em um barril, mostrando que não precisava de tudo o que as pessoas acreditam precisar para viver. Certo dia, um rapaz quebrou esse barril por gozação. As pessoas condenaram o ato do rapaz e ofereceram outro barril ao filósofo.

Hoje não é fácil, para nós, entender o sentido antigo da palavra *cínico*, principalmente porque a associamos com falta de sinceridade. Mas não é esse o cinismo de Diógenes, pois ele não negociava sua liberdade e sua integridade. Um caso mais recente, ocorrido na França entre os anos 1950 e 1960, talvez possa ser tomado como exemplo moderno de cinismo no sentido de Diógenes. Trata-se do comportamento de André Dupont (1911-1999), que adotou o nome Mouna Aguigui, que não significa nada de preciso. Seu novo nome parece um jogo de palavras francesas como *moumouna* (palavra carinhosa que se pode usar para um gato) e *gaga* (louco). Ele andava só de bicicleta ou a pé, usando sempre um chapéu com pequenos sinos pendurados e um casaco cheio de adesivos. Escrevia em folhas de couve; registrava discursos políticos e debochava deles. Nas eleições, Mouna sempre se candidatava, mas na qualidade de "não candidato". Denunciava o "caca-pipi-talismo", outro jogo de palavras, com *caca* (merda), *pipi* (xixi) e *capitalismo*. Seu lema era: "Os tempos são duros... Viva o mole!". Alguns políticos de esquerda diziam: "Mouna é folclore!", mas ele respondia: "Vocês preferem o cloro?". O cloro era uma alusão ao gás lacrimogênio que os policiais franceses usavam para reprimir as manifestações estudantis. ■

Mouna Aguigui ironiza os participantes do Prêmio Goncourt (premiação literária francesa) e é reprimido pela força policial.

GUY BREEMAT/INA VIA GETTY IMAGES

1 Método discursivo

A *razão* ou a construção e expressão racional do pensamento significam a elaboração de um discurso (interno – da pessoa consigo mesma – ou externo – da pessoa com outros interlocutores), tomando por base um conjunto de afirmações e negações que podem ser justificadas e avaliadas por todos os indivíduos e grupos que conhecem as "regras" seguidas na construção desse mesmo discurso.

O termo *regra* é tomado aqui em um sentido bastante amplo e remete aos modos de justificar as articulações ou as correlações entre as afirmações e negações de cada discurso. Não é uma regra matemática, como se a inteligência humana funcionasse ao modo dos computadores, quer dizer, sem a possibilidade de improvisar e de ter criatividade. Em vez disso, o termo *regra*, aqui, refere-se a algo como a regra seguida em um jogo: ela pode mudar se os jogadores estiverem de acordo. Assim, o funcionamento da razão é um processo em que suas regras são compreensíveis para todos aqueles que se dispõem a entrar na atividade de construir e avaliar um discurso.

Grande parte dos filósofos adotam o método discursivo, pois procuram convencer por meio da construção de um discurso construído segundo regras que se concentram apenas em afirmações e negações que podem ser avaliadas por todos os "jogadores" desse discurso ou por meio da construção de um discurso como esse e pela ativação das emoções.

Neste capítulo, procuraremos apresentar o método discursivo pondo-o em prática, e não por meio de explicações teóricas sobre ele. Assim, se o método discursivo pode ser reduzido ao uso de argumentos, o primeiro passo necessário para compreendê-lo é dar atenção à atividade de reconhecer argumentos.

1.1 Reconhecimento de argumentos

Nos argumentos ou raciocínios, tudo o que é apresentado como justificativa recebe o nome de *premissa* ou *antecedente*. Trata-se do ponto de partida (ou dos pontos de partida) que leva à conclusão, que, por sua vez, chama-se apenas *conclusão* ou também *consequente*.

Para bem analisar um argumento, convém identificar a premissa ou as premissas e ver se há uma conexão com a conclusão. Em geral, os pensamentos são feitos de maneira compacta, quer dizer, não apresentam necessariamente todos os momentos que os compõem. Pela análise, contudo, esses momentos podem ser trazidos à tona. Quando uma ou mais premissas não são claras, mas tomadas como certas, dá-se a elas o nome de *pressuposto*.

Analisemos, por exemplo, esta frase:

> *Mesmo quem comete um crime merece respeito, porque é um ser humano.*

Observa-se que a conclusão está na primeira parte da frase e que sua justificativa está na segunda parte. As duas partes são ligadas pela conjunção *porque*. Assim, o que é expresso depois de *porque* equivale à premissa que dá base para afirmar o que é dito antes (a conclusão). Além disso, essa premissa se fundamenta em duas outras premissas não declaradas (pressupostos): a de que "todo ser humano merece respeito" e a de que "cometer um crime não faz alguém deixar de ser humano". Veja:

Pressuposto: Todo ser humano merece respeito.
Pressuposto: Cometer um crime não faz alguém deixar de ser humano.
Premissa: Quem comete um crime é um ser humano.
Conclusão: Mesmo quem comete um crime merece respeito.

Você pode observar que o raciocínio está bem montado, porque parte de um dado geral (todo ser humano merece respeito) e mostra que, mesmo no caso de alguém cometer um crime, esse alguém é um caso particular que pertence ao dado geral. O fato de cometer um crime não o torna menos humano; portanto, também merece respeito.

Outro exemplo:

> *Como esta porção de água não chegou a 100 °C, ela não ferveu.*

Observe que agora a justificativa aparece no início da frase e é introduzida pela conjunção *como*. A conclusão aparece no final.

Esse raciocínio tem outro ponto de partida: o fato de que toda porção de água ferve quando chega a 100 °C. Podemos dizer, então, que o pressuposto desse raciocínio é "toda porção de água que ferve chegou a 100 °C".

Para estabelecer esse ponto de partida (pressuposto), baseamo-nos na observação de que várias porções de água ferveram a 100 °C; então, temos base razoável para crer que toda porção de água que ferve chegou a 100 °C. Do mesmo modo, temos base para afirmar que, com base na observação, se uma porção de água não ferveu, é porque ela não atingiu 100 °C. A crença expressa pelo pressuposto desse raciocínio não corresponde, no entanto, a uma certeza definitiva, pois a observação das porções de água não garante que *todas* as porções de água que fervem *sempre* se comportarão da mesma maneira (pode aparecer uma porção que ferva sem chegar a 100 °C ou só passando de 100 °C).

Há, porém, uma diferença entre os dois exemplos. Trata-se de uma diferença que vai além da simples montagem dos raciocínios e que envolve a necessidade de refletir sobre o que leva a considerar uma conclusão verdadeira: no primeiro exemplo, baseamo-nos em uma afirmação que já é tomada como verdadeira e que, por isso mesmo, leva necessariamente a considerar verdadeira a conclusão; no segundo, baseamo-nos em experiências particulares que permitem considerar razoável a conclusão, não necessariamente sempre verdadeira.

Em outras palavras, no primeiro exemplo, se as premissas (a premissa explícita e os pressupostos) são tomadas como verdadeiras, então a conclusão também tem de ser considerada verdadeira. Já no segundo exemplo, mesmo que o pressuposto (a frase que exprime as observações das várias porções de água) seja verdadeiro, nada garante que a conclusão deverá ser considerada sempre verdadeira, porque pode aparecer na Natureza um caso de água que ferve sem ter chegado a 100 °C ou que chegue a 100 °C e não ferva.

Essa diferença aponta para um dado de grande importância em Filosofia: o melhor debate de ideias se dá na escolha das premissas e dos pressupostos (os pontos de partida) dos argumentos utilizados. Embora seja natural que nosso maior interesse se concentre nas conclusões dos raciocínios, o que permite realmente tomar uma posição sobre tais conclusões é a análise do modo como elas são justificadas, isto é, o modo como as premissas e os pressupostos são escolhidos e articulados para fundamentar a conclusão.

No caso do primeiro exemplo, para haver um real debate ou mesmo para discordar da conclusão, é necessário discordar das premissas. Seria preciso mostrar que estão errados os pressupostos segundo os quais "todo ser humano merece respeito" e "cometer um crime não faz alguém deixar de ser humano". Caso se aceite que essas premissas são verdadeiras, deve-se aceitar necessariamente que a conclusão também é verdadeira. Outra possibilidade para recusar a conclusão seria mostrar que o argumento está mal montado, como veremos adiante. Mas isso não ocorre com o nosso exemplo.

No segundo exemplo, para poder debater ou discordar, seria necessário mostrar que há experiências particulares diferentes daquelas usadas na passagem das premissas à conclusão. Seria preciso encontrar alguma porção de água que não ferve a 100 °C para poder dizer que não é razoável concluir que toda porção de água ferve a 100 °C.

Vejamos outro exemplo de como os melhores debates podem se dar no nível dos pressupostos e das premissas:

Sou o Carlos e tenho 17 anos. Outro dia, durante o intervalo, estávamos conversando sobre a eutanásia[9]. A Kátia disse que era contra, porque, assim como não conseguimos criar a vida, também não temos direito de tirá-la. Deveríamos aliviar o sofrimento dos doentes, mas nunca abreviar a vida deles. O Maicon disse que era a favor, porque a eutanásia era um sinal de compaixão pelos doentes, sobretudo quando estes a solicitam livremente. Fiquei confuso e estou me perguntando até agora: se não abreviarmos a vida dos doentes, estaremos agindo sem compaixão? E, se quisermos ter compaixão, temos de praticar a eutanásia? Para piorar, nosso professor de Biologia não conseguiu resolver nossa questão...

SAVIAN FILHO, J. *Argumentação*: a ferramenta do filosofar. São Paulo: WMF Martins Fontes, 2015. p. 22-25.

A angústia do Carlos é legítima, pois ele procura entender com clareza o assunto. Entretanto, mistura as premissas e os pressupostos dos dois raciocínios, sem perceber como eles são muito diferentes e difíceis de combinar. Para ficar de um lado ou do outro, era preciso aderir às premissas e aos pressupostos de cada um. Por sua vez, alguém só pode dar essa adesão quando se baseia em sua própria experiência, em sua história de vida, suas maneiras de pensar e de sentir etc.

Também não cabia ao professor de Biologia resolver esse impasse, pois o que estava em discussão era algo que ia além do simples dinamismo biológico; envolvia posições existenciais, éticas, ligadas ao sentido da vida humana. Nesse campo, a palavra cabia mais aos filósofos do que aos biólogos. Caso o professor de Biologia de Carlos quisesse esclarecer o dilema, ele teria de assumir uma atitude filosófica.

Vamos montar os dois raciocínios envolvidos na história e compará-los:

	Argumento da Kátia	Argumento do Maicon
	É **contra** a eutanásia, porque não temos o direito de tirar a vida de ninguém.	É a **favor** da eutanásia, porque ela é um ato de compaixão e de liberdade.
Premissa	Não temos o direito de tirar a vida de ninguém.	A eutanásia é um ato de compaixão e de liberdade.
Pressuposto	A eutanásia significa tirar a vida de alguém.	É bom ter compaixão e respeitar a liberdade.
Conclusão	Então, temos de ser contra a eutanásia.	Então, temos de ser a favor da eutanásia.

[9] ***Eutanásia:*** *ato médico de provocar a morte de alguém, de maneira rápida e sem dor.*

A confusão de Carlos vem do fato de que ele mistura as conclusões, como se fosse possível considerá-las ao mesmo tempo e isoladamente. Mais do que se concentrar nas conclusões, ele deveria analisar as premissas: o que leva Kátia a dizer que não temos o direito de tirar a vida de ninguém? Faz sentido sustentar uma ideia como essa? E o que leva Maicon a dizer que a eutanásia representa um ato de compaixão e respeito pela liberdade? Se pôr fim à vida é visto como um ato ruim, por que chamá-lo de *compaixão*?

É discutindo esses pontos de partida (premissas e pressupostos) que Carlos poderia alcançar uma compreensão melhor do tema. Ele poderia, inclusive, chegar à conclusão de que talvez o debate estivesse malfeito só com essas duas opiniões. Em todo caso, é nesse momento do argumento que podem ocorrer os melhores debates.

EXERCÍCIO A

p. 429

Identifique as premissas, os pressupostos e as conclusões nos seguintes raciocínios. Logo após, diga se você concorda ou discorda das conclusões, deixando clara sua posição quanto às premissas:

1. Posso dizer que sou amigo de Cláudia, porque temos os mesmos gostos.

2. Visto que esta afirmação se baseia em regras universais, ela é científica.

3. Este político é corrupto; aquele também; aquele outro também; portanto, todo político é corrupto.

4. Posso duvidar de tudo, mas se duvido é porque penso; e, se penso, eu existo.

5. A dipirona baixou a febre da minha vizinha; então ela também deve baixar a minha febre.

6. Texto do filósofo Baruch Espinosa:

Se a natureza humana estivesse feita de tal modo que aquilo que os seres humanos mais desejassem fosse aquilo que é mais útil, não seria preciso nenhuma arte para a concórdia e a lealdade. Mas, porque a natureza humana é, manifestamente, constituída de modo bem diferente, o Estado tem necessariamente de ser instituído de tal maneira que todos, tanto os que governam como os que são governados, queiram ou não, façam aquilo que interessa à salvação comum, isto é, que todos sejam levados, espontaneamente ou à força ou por necessidade, a viver segundo o que prescreve a razão.

ESPINOSA, B. *Tratado político*. Tradução Diogo Pires Aurélio. São Paulo: Martins Fontes, 2009. p. 48.

7. Texto da filósofa Simone Weil:

Como certas funções do Estado servem ao interesse de todos, temos o dever de aceitar de bom grado o que o Estado impõe em relação a essas funções. (Exemplo: regulamentação do trânsito). Quanto ao resto, é necessário sofrer[10] o Estado como uma necessidade, mas não aceitá-lo dentro de nós. [...] Devemos recusar reconhecer as recompensas (podemos felizmente recusar as recompensas e até as punições), utilizar ao máximo todas as liberdades que o Estado nos deixa (é muito raro os cidadãos ousarem abusar de todos os direitos reais). Também temos o direito de usurpar[11], contra a lei, as liberdades que o Estado não nos deixa, desde que isso valha a pena. Temos o dever, quando as circunstâncias nos permitem escolher entre vários regimes, de escolher o menos ruim. O Estado menos ruim é aquele em que somos menos limitados pelo Estado e aquele no qual os simples cidadãos têm maior poder de controle [...]. Temos o dever de trabalhar pela transformação da organização social: aumento do bem-estar material e instrução técnica e teórica das massas.

WEIL, Simone. *Aulas de filosofia*. Tradução Marina Appenzeller. Campinas: Papirus, 1991. p. 150.

[10] **Sofrer:** *receber a ação de alguma coisa; suportar.*
[11] **Usurpar:** *tomar posse ilegalmente.*

1.2 Tipos de argumento

O filósofo Aristóteles (p. 103) chamava de *silogismo* ao raciocínio ou argumento. Em grego, *syllogismós* significa "conexão de ideias", "articulação de razões". Pelo termo *silogismo*, então, passou-se a designar toda unidade básica de raciocínio, envolvendo ideias e premissas até chegar a uma conclusão.

Com base no trabalho de Aristóteles, é possível resumir os tipos de argumento ou de silogismo em pelo menos três grupos: o *silogismo dialético*, o *silogismo categórico* e o *silogismo hipotético*. Nos silogismos dialéticos, as premissas são apenas prováveis, ao passo que nos silogismos categóricos as premissas exprimem dados categoricamente, ou melhor, sem deixar dúvida, porque são evidentes ou porque já foram provadas anteriormente, enquanto nos silogismos hipotéticos opera-se com hipóteses formuladas sobre a base de dados objetivos.

Costuma-se também dar o nome de *dedução* ao silogismo. Ao lado da dedução, muitos pensadores, ao longo da História da Filosofia, passaram também a nomear outros tipos de argumento: a *indução* e a *analogia*. Ambas são consideradas argumentos, porque também estabelecem relações entre premissas e conclusões. É justamente o modo como se passa das premissas à conclusão (o modo como se procura garantir a verdade da conclusão com base na verdade das premissas) que permite diferenciar entre a dedução, a indução e a analogia.

Alguns pensadores introduziram ainda outro tipo de argumento, chamado de *argumento de autoridade*. A compreensão e a utilização desse quarto tipo possível merece atenção redobrada, pois, muitas vezes, ele não justifica a passagem da verdade das premissas à verdade da conclusão, mas opera por um ocultamento daquilo que se toma por base para operar essa passagem. Quando se faz tal ocultamento, não se tem um argumento, mas uma reunião de ideias e frases com apenas a aparência de argumento. Adiante veremos isso em detalhe.

Esquematicamente, estes são os tipos de argumentos aceitos em geral como método discursivo:

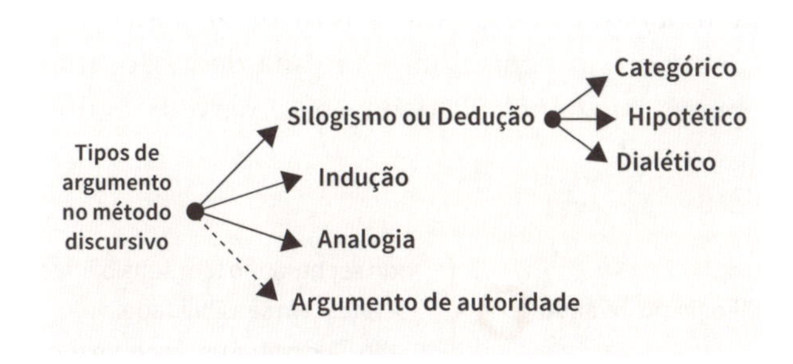

Na dedução, se as premissas forem tomadas como verdadeiras, então a conclusão será necessariamente verdadeira (desde que o raciocínio esteja bem montado). A verdade das premissas garante necessariamente a verdade da conclusão. É o caso do exemplo de alguém que comete um crime e merece respeito

Serge Antigny (1947-), *Silogismo*, sem data, fotografismo. O artista chama de *fotografismo* a técnica de criar um banco de imagens fotográficas, um fundo produzido com montagem de diferentes fotos e uma junção em primeiro plano, alterando a forma das imagens de base. Na série *Silogismo*, as duas primeiras imagens resultam na terceira, que, embora revele elementos das outras duas, oculta alguns elementos delas e manifesta outra forma de ver o que nelas estava presente.

por ser humano. É também o caso de quando dizemos algo como:

Silogismo válido ✓
- Todo ser humano tem sensibilidade.
- Sócrates é um ser humano.
- Então, Sócrates tem sensibilidade.

Mas a verdade das premissas pode ser articulada de modo que não garanta a verdade da conclusão. Quando isso ocorre, não há uma dedução, mas apenas a aparência de dedução. Observe o seguinte exemplo:

Silogismo inválido
- Todo ser humano tem sensibilidade.
- Sócrates tem sensibilidade.
- Então, Sócrates é um ser humano.

A conclusão do segundo exemplo pode ser verdadeira, mas não é garantida pelo modo como as premissas se relacionam (elas estão mal articuladas). Veja que a segunda premissa não se articula necessariamente com a primeira; afinal, Sócrates pode ter sensibilidade e ser um cachorro ou um gato. Nada garante que ele é ser humano só porque tem sensibilidade. A verdade da conclusão, portanto, independe da verdade das premissas; e, no caso desse exemplo, não há uma dedução válida.

Na *indução*, parte-se de experiências particulares semelhantes e repetidas e obtém-se uma conclusão, mesmo que essa conclusão não seja totalmente garantida como verdadeira para sempre. Dito de outra maneira, a verdade das premissas não garante necessariamente a verdade da conclusão. É o caso do exemplo da água que ferve a 100 °C, pois nada garante que um dia não aparecerá na Natureza uma porção de água que ferverá em um grau diferente de 100 °C. É também o caso de quando dizemos que, se todo cachorro que nasceu até hoje tem quatro patas, então o próximo cachorro que nascer terá quatro patas.

Na *analogia*, procede-se por comparação entre situações diferentes que permitem uma aproximação por terem um ponto comum. Quando esse procedimento é declarado, fala-se propriamente de *analogia*; quando ele é implícito, chama-se *metáfora*. A analogia e a metáfora podem se aplicar ao significado das palavras e à construção de raciocínios. No caso das palavras, diz-se, por exemplo, que um alimento é "saudável". Trata-se de uma

LEO BLANCHETTE/SHUTTERSTOCK.COM

Projeção em 3D do que seria um avião baseado nos desenhos de Leonardo da Vinci (1462-1519). O modelo de Da Vinci é claramente construído por analogia com a anatomia dos pássaros.

analogia com a saúde humana, porque "ter saúde" ou "ser saudável" é algo específico dos seres humanos; mas, se os alimentos contribuem para a saúde humana, diz-se por comparação que eles são "saudáveis". Algo parecido ocorre quando se diz, em um exame de urina, que ela é "saudável"; ou, em uma análise do nível de poluição, afirma-se que o ar é ou não "saudável". Já quando dizemos que "nossos amigos são nossa vida", temos uma metáfora, uma vez que os amigos não têm nada de explicitamente comum com o dinamismo biológico a que se chama *vida*; alguém pode estar vivo e não ter amigos. Essa metáfora significa que valorizamos os nossos amigos como valorizamos a nossa própria vida. Também afirmamos, por exemplo, que "Essa pessoa não tem um pingo de vergonha" ou pedimos "Coloque, por favor, uma lágrima de leite em meu café". Por conterem uma plasticidade[12] interessante para a construção de

[12] ***Plasticidade:*** *maleabilidade; característica daquilo que pode assumir diferentes formas.*

pensamentos, a analogia e a metáfora são bastante comuns na argumentação dos pensadores que adotam formas literárias de expressão e em literatos que tratam de temas filosóficos. Mas elas podem ser empregadas mesmo no interior de um raciocínio dito "objetivo", ou seja, com um sentido determinado de modo direto. Observe os seguintes exemplos:

O cientista Benjamin Franklin (1706-1790) entendia o raio como uma descarga elétrica. Observando, então, que, quando há uma descarga elétrica as faíscas são atraídas por coisas pontiagudas[13]*, ele pensou que os raios também seriam atraídos por coisas pontiagudas. Com base nessa comparação, inventou o para-raios.*

Segundo o filósofo Voltaire (1694-1778), o Universo é tão perfeito que leva a pensar na existência de um criador divino, assim como um relógio não pode existir sem um relojoeiro.

Por fim, o *argumento de autoridade* consiste em recorrer ao fato de alguém ser especialista em algum assunto para convencer quanto ao crédito que a sua palavra merece. Mais do que analisar suas premissas e observar se elas justificam realmente a conclusão, nós nos baseamos no reconhecimento público de sua autoridade. É o que ocorre, por exemplo, quando confiamos na palavra dos médicos e dizemos: "Você está mal porque o médico disse isso". Esse procedimento também ocorre quando se afirma algo como: "Se Aristóteles disse que todo ser humano é racional, então você é racional".

O argumento de autoridade pode ser legítimo nos casos em que há um reconhecimento público da especialidade de quem é tomado como fonte ou base de uma conclusão. Mesmo nesse caso, porém, ele é frágil, pois a verdade da conclusão não é defendida com base nas premissas do raciocínio, mas na autoridade pessoal de alguém. Por exemplo, em um texto filosófico, um pensador pode partir da definição dada por outro pensador e construir seu raciocínio sobre ela; ou, em um texto científico, um cientista pode lembrar o trabalho de outro cientista e iniciar uma argumentação a partir dele. É como se esse pensador ou esse cientista, ao remeter à autoridade de alguém, assumisse publicamente que concorda com as conclusões desse alguém e remetesse a um

CAMILA CAETANO/ASCOM-UFG - 2015

12º conpeex

Rosane da Silva Borges, professora da Universidade Estadual de Londrina, discorre sobre a intolerância no Brasil, durante congresso na Universidade Federal de Goiás, em 2015.
A relação ensino-aprendizagem baseia-se em um bom uso do argumento de autoridade, pois os estudantes confiam no preparo de seus professores para formá-los.

estudo de tais conclusões. Assim, o argumento de autoridade só é realmente legítimo quando os participantes de um diálogo conhecem as razões pelas quais alguém é tomado como fundamento de uma conclusão. Em contrapartida, se não há tal reconhecimento público, tem-se um emprego abusivo do argumento de autoridade: uma *falácia da força* ou *falácia do argumento de autoridade* (p. 59).

Esquematizando, temos:

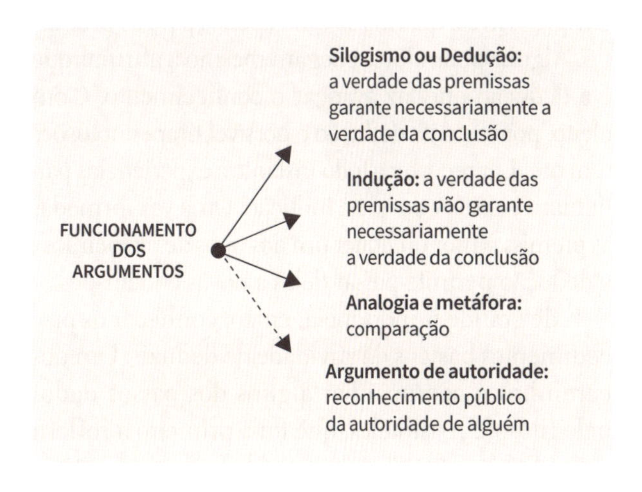
FUNCIONAMENTO DOS ARGUMENTOS
Silogismo ou Dedução: a verdade das premissas garante necessariamente a verdade da conclusão
Indução: a verdade das premissas não garante necessariamente a verdade da conclusão
Analogia e metáfora: comparação
Argumento de autoridade: reconhecimento público da autoridade de alguém

[13] **Pontiagudo:** *algo que possui uma ponta; algo em forma de ponta.*

EXERCÍCIO B

p. 431

Nos seguintes argumentos, identifique seus tipos (dedução, indução, analogia e argumento de autoridade), suas premissas e suas conclusões:

1. Os humanos são mortais, porque são animais.
2. O remédio *x* fez duas mil pessoas melhorarem do estômago. Então, o remédio *x* faz bem para o estômago.
3. Se todo chá é diurético, então este chá preto ajudará o funcionamento dos meus rins.
4. Suspeitando que a substância *x* podia combinar com a substância *y*, o químico decidiu testar a combinação. Verificando que a combinação deu certo uma vez, testou mais vezes a mesma combinação. Concluiu que a substância *x* combina com a substância *y*.
5. Segundo os historiadores, os *vikings* tiveram uma passagem pela América do Norte muito antes do descobrimento do continente americano.
6. Assim como um relógio é sinal de que há um relojoeiro, também o mundo é um sinal de que há um criador.

1.3 Noções de lógica clássica: a dedução ou o silogismo

O raciocínio dedutivo é amplamente usado em Filosofia, visto que permite chegar a conclusões nem sempre visíveis quando se olha apenas para as premissas. Alguns pensadores chegam mesmo a afirmar que é a dedução que faz avançar o conhecimento. Com efeito, por meio da dedução é possível tirar conclusões sem precisar recorrer a todo instante a experiências particulares, como ocorre na indução. Uma vez formadas as premissas (por qualquer um dos tipos de raciocínios), a dedução permite passar delas a novas conclusões.

É de grande importância, então, conhecer os procedimentos básicos da atividade de deduzir. Um dos caminhos é acompanhar alguns dos passos dados pelo filósofo Aristóteles, que foi o primeiro a refletir especificamente sobre essa atividade e a sistematizar algumas de suas regras fundamentais.

Aristóteles ficou conhecido como o organizador da Lógica, área da Filosofia responsável por investigar os elementos que dão base para avaliar a correção de um pensamento. Depois dele, muitos outros filósofos se dedicaram à reflexão sobre esses elementos. Alguns chegaram mesmo a criticar a lógica aristotélica e a propor outras lógicas. No entanto, o trabalho de Aristóteles continua sendo uma referência para introduzir no conhecimento da dedução e é por isso que nos dedicaremos, aqui, a algumas de suas ideias centrais.

De modo resumido, pode-se dizer que Aristóteles identificava três operações do conhecimento humano: a formação de ideias ou conceitos, a formação de juízos e a formação de raciocínios.

As *ideias* ou *conceitos* são as unidades básicas de significado com as quais operamos para pensar e exprimir nossos pensamentos. Por exemplo, pensamos ideias ou conceitos como *gato*, *árvore*, *carro*, *pessoa*, *cadeira*, *Deus*, *criança*, *água*, *terra* etc. Cada ideia é expressa por um termo ou uma expressão. Por exemplo, em vez de falar de *pessoa*, posso falar de *ser humano*: mesmo composta por duas palavras (*ser* e *humano*), essa expressão aponta para uma única ideia; por isso, *ser humano* é um termo.

Os termos podem ser empregados em sentido universal ou particular, em função dos seus usos. O uso universal de um termo é aquele que pretende abarcar todos os seres que pertencem ao conjunto designado por ele. Por exemplo, fala-se em sentido universal quando se diz *o ser humano* ou *todo ser humano*. O uso é particular quando se refere a apenas um ou alguns dos seres que pertencem ao conjunto designado pelo termo. É o caso, por exemplo, de quando se fala *algum ser humano* ou *este ser humano*.

Por sua vez, o *juízo* (ou julgamento) corresponde a uma correlação de ideias. É uma segunda operação do pensamento, porque consiste em unir ideias ou em separá-las. Quando se unem ideias, diz-se que o juízo é afirmativo. Por exemplo: *o ser humano é mamífero* (une-se a ideia de ser humano com a ideia de mamífero). Mas, quando se separam ideias, o juízo é negativo. Por exemplo: *o ser humano não é ovíparo*[14] (isso significa que a ideia de ser humano exclui a ideia de ovíparo).

É no juízo ou na segunda operação do pensamento que se pode falar de *verdade* ou *falsidade*, pois, segundo Aristóteles, o juízo é o momento em que

[14]**Ovíparo:** *animal que põe ovos e se reproduz por meio deles.*

retratamos bem ou mal a realidade. Se o juízo une ideias de coisas que são realmente unidas na realidade, então ele é verdadeiro. Se ele une ideias de coisas que não são realmente unidas na realidade, então ele é falso. Por sua vez, se o juízo separa ideias de coisas que são realmente separadas na realidade, então ele é verdadeiro. Se, porém, ele separa ideias de coisas que não são realmente separadas na realidade, então ele é falso.

Além disso, em função do sentido universal ou particular em que os termos são tomados, os juízos também são universais ou particulares.

Veja os exemplos:

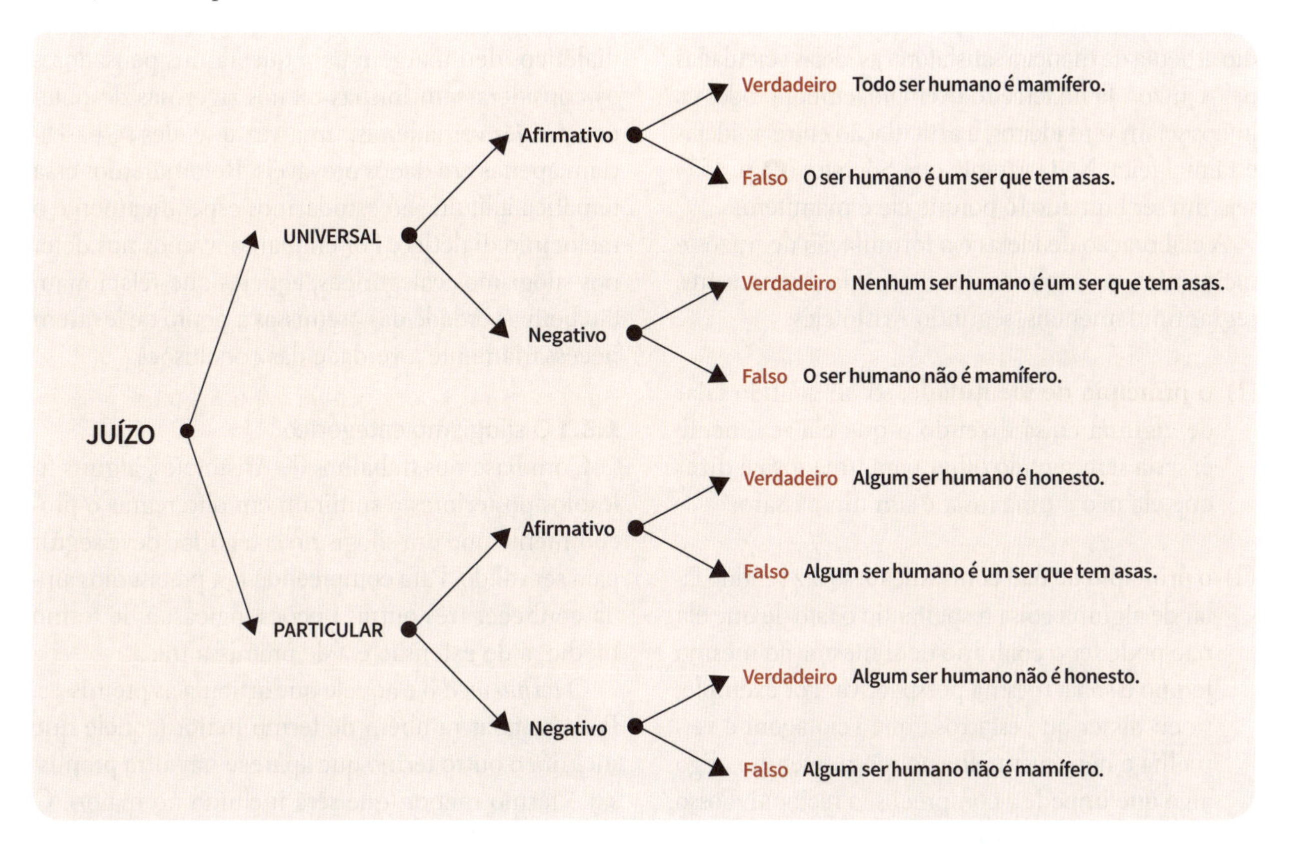

Por fim, o *raciocínio* ou *silogismo* é uma correlação de juízos. É a terceira operação do pensamento, pela qual se articulam afirmações ou negações (juízos) a fim de chegar a outras afirmações ou negações que se apresentam, então, como justificadas. Os juízos que servem para justificar a conclusão são as premissas e os pressupostos.

Em matéria de raciocínio, não se costuma dizer que ele é verdadeiro ou falso, mas que ele é válido ou inválido, pois a verdade ou a falsidade de algo deve ser estabelecida no momento da elaboração dos juízos. Uma vez elaborados e organizados como premissas e conclusões, os juízos constituem raciocínios; e cabe à análise lógica, nesse nível, observar se a montagem desses raciocínios é bem-feita ou não. Observe, por exemplo, os três raciocínios abaixo:

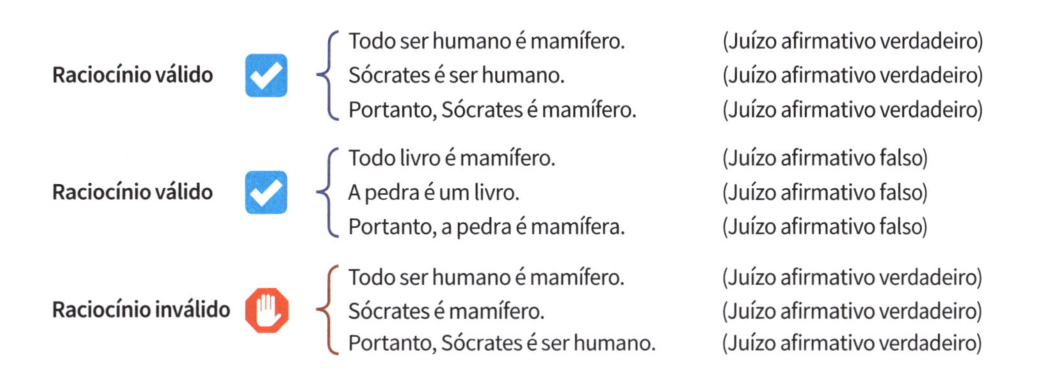

Você pode ter estranhado os exemplos. Talvez sua tendência fosse dizer rapidamente que o segundo raciocínio está "errado" e que o terceiro está "correto". No entanto, do ponto de vista lógico (segundo as regras que estudaremos adiante), o segundo está "correto", quer dizer, está montado corretamente, ao passo que o terceiro está montado incorretamente. Embora todos os juízos do segundo exemplo sejam falsos, o raciocínio articula de maneira satisfatória as ideias veiculadas pelos juízos. Já no terceiro exemplo, embora todos os juízos sejam verdadeiros, a articulação entre as ideias está mal feita. Nada garante que Sócrates (p. 157) seja um ser humano só porque ele é mamífero.

A elaboração de ideias e a formulação de juízos e raciocínios, para que tenham sentido, seguem três regras fundamentais, segundo Aristóteles:

(1) **o princípio de identidade:** só faz sentido falar de alguma coisa dizendo o que ela realmente é; seria sem sentido olhar para uma rosa e dizer que ela não é uma rosa, e sim um pássaro;

(2) **o princípio de não contradição:** só faz sentido falar de alguma coisa respeitando o fato de que ela não pode ser o contrário de si mesma ao mesmo tempo e sob a mesma perspectiva. Por exemplo, se eu disser que esta rosa que vejo agora é vermelha e não é vermelha ao mesmo tempo, digo algo que impede a compreensão racional. Posso até dizer que essa rosa é vermelha agora e será não vermelha (desbotada ou pálida) no futuro. Mas, se ela é vermelha agora, não faz sentido dizer que ela é também "não vermelha";

(3) **o princípio do terceiro excluído:** só faz sentido fazer um juízo respeitando o fato de que o sujeito desse juízo só pode ser expresso em dois estados, sem uma terceira possibilidade. Por exemplo, "ou uma rosa é vermelha ou não é vermelha", "ou uma rosa está viva ou não está viva". Não faria sentido articular dois estados em um juízo e pretender atribuir ao sujeito um "terceiro estado" (como se a rosa, sendo vermelha ou não vermelha, pudesse ser também "vermelha e não vermelha ao mesmo tempo", ou, sendo viva ou não viva, pudesse ser "viva e não viva ao mesmo tempo"). Daí se excluir um terceiro ponto com relação aos dois estipulados no juízo.

Aristóteles distinguia, ainda, entre o *silogismo categórico* e o *silogismo dialético*. A diferença entre ambos está na escolha das premissas para a montagem do silogismo. No silogismo categórico, as premissas contêm dados categoricamente verdadeiros, quer dizer, evidentes ou já provados anteriormente. No silogismo dialético, as premissas contêm dados prováveis.

O modo aristotélico de se referir aos silogismos dialéticos deu margem para que alguns pensadores os considerassem formas menos rigorosas de obter conclusões verdadeiras, uma vez que eles se baseariam apenas em dados prováveis. Retomaremos essa temática adiante, ao estudarmos especificamente o raciocínio dialético. Por enquanto, vamos nos deter nos silogismos categóricos, aqueles que relacionam tão bem a verdade das premissas a ponto de levarem necessariamente à verdade das conclusões.

1.3.1 O silogismo categórico

Com base nos trabalhos de Aristóteles, alguns filósofos posteriores resumiram em oito regras o procedimento que um silogismo categórico deve seguir para ser válido. Para compreendê-las, precisamos ainda conhecer três outras noções lógicas: a de termo médio, a de extensão e a de premissa fraca.

O *termo médio* é aquele que articula as premissas. Pode-se falar também de termo maior (aquele que incluirá o outro termo que aparece na outra premissa) e termo menor (que será incluído no maior). O termo que os correlaciona é o médio.

Extensão, por sua vez, é o conjunto de elementos aos quais se refere uma ideia. A extensão é a universalidade ou a particularidade no uso dos termos.

Por *premissa fraca* entende-se aquela que é particular ou negativa.

Vejamos as regras:

1. Os termos de um silogismo devem ser apenas três.

Exemplos:

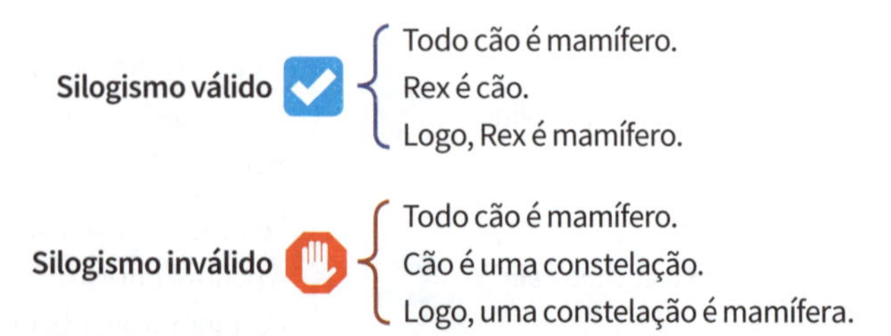

Observe que, no silogismo inválido, há quatro termos (quatro ideias), pois a palavra *cão* é tomada em dois sentidos diferentes: o animal (cão) e a constelação (Cão). O termo *cão* é corretamente o termo médio do primeiro silogismo, mas, no segundo silogismo, rigorosamente falando, não há termo médio, pois, se *Cão* significa outra coisa do que *cão*, então são dois termos diferentes e não há articulação nenhuma entre as duas premissas.

2. O termo médio não pode aparecer na conclusão.

Se o termo médio aparecer na conclusão, não haverá argumento dedutivo, mas apenas repetição do que já foi dito nas premissas.

Exemplos:

O termo médio desse silogismo é *ser humano*. Ele apenas articula as premissas e permite passar à conclusão.

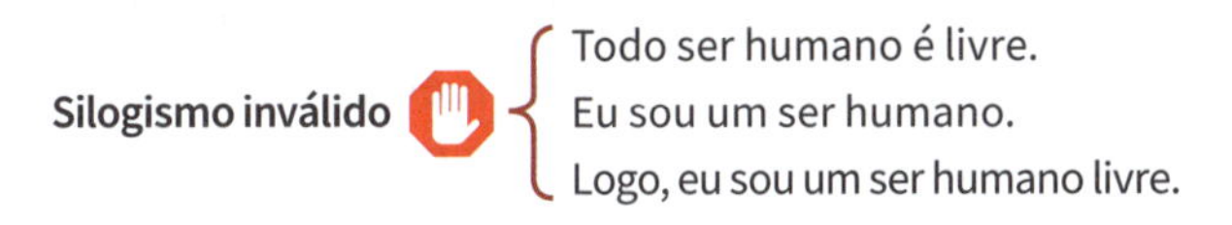

O termo médio, aqui, aparece na conclusão. Isso não quer dizer que a conclusão seja "errada", "falsa". Mas não há um procedimento dedutivo. Então, não se pode dizer que a conclusão se fundamenta logicamente nas premissas. Só há uma somatória de informações e nenhum procedimento de fato silogístico.

3. Os termos da conclusão não podem ter extensão maior do que têm nas premissas.

Se os termos da conclusão tiverem extensão maior, cai-se em um erro grave, pois as premissas baseiam-se em um número particular de elementos e a conclusão vai além do que esses elementos permitem. Para ser válido, um raciocínio deve respeitar o sentido universal ou particular dos termos nas premissas. Se eles forem universais nas premissas, terão de ser universais ou particulares na conclusão. Um termo particular nas premissas não poderá nunca ser universal na conclusão.

Exemplos:

Silogismo válido
- Todo sul-americano é ser humano.
- Todo brasileiro é sul-americano.
- Logo, todo brasileiro é ser humano.

Observe que o termo *sul-americano* está tomado em sentido universal na primeira premissa (ele se refere a todo o conjunto dos sul-americanos e inclui esse conjunto no dos seres humanos), mas é tomado em sentido particular na segunda premissa (porque, nessa premissa, ele se refere apenas aos brasileiros). O termo *ser humano* é usado em sentido particular na primeira premissa (porque se refere apenas aos sul-americanos, e não a todos os seres humanos) e particular na conclusão (porque se refere apenas aos brasileiros). Quanto ao termo *brasileiro*, ele é universal na segunda premissa e universal na conclusão. A regra 3 é, portanto, respeitada.

Veja o próximo exemplo:

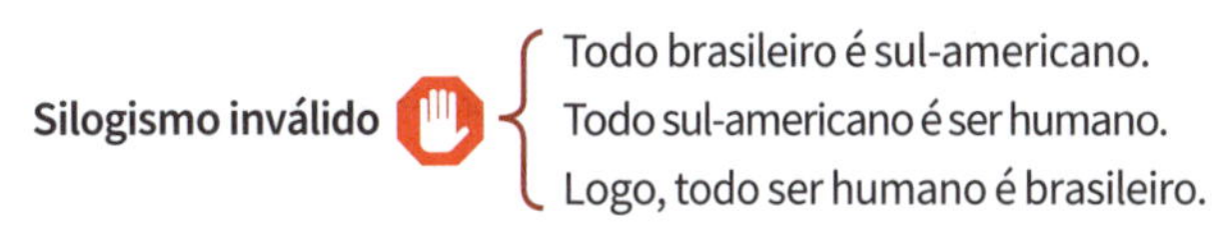

Observe que os termos da conclusão têm extensão diferente do que têm na premissa. Não há problema com o termo *brasileiro*, pois ele é universal na primeira premissa e particular na conclusão. Mas o termo *ser humano* é universal na conclusão e particular na segunda premissa. Isso mostra a fragilidade do raciocínio que toma uma amostra de um conjunto (os seres humanos sul-americanos – segunda premissa) e a amplia para todo o conjunto (todo ser humano – conclusão). Esse é um deslize muito comum em nossa maneira cotidiana de pensar e falar. Por isso, é fonte de muitas confusões. Uma delas chama-se *generalização apressada* ou *generalização indevida* (p. 250).

4. O termo médio deve ser tomado ao menos uma vez em sentido universal.

Exemplos:

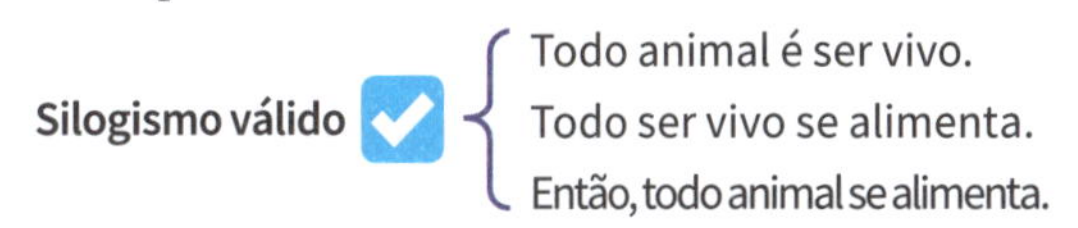

Note que o termo médio é *ser vivo*. Na primeira premissa ele é tomado em sentido particular (porque se refere apenas aos seres vivos que são animais, e não a todos os seres vivos), mas na segunda premissa ele aparece em sentido universal (todo ser vivo). Pelo seu uso na segunda premissa, ele articula as ideias das duas premissas e garante logicamente a conclusão.

Observe agora um exemplo inválido:

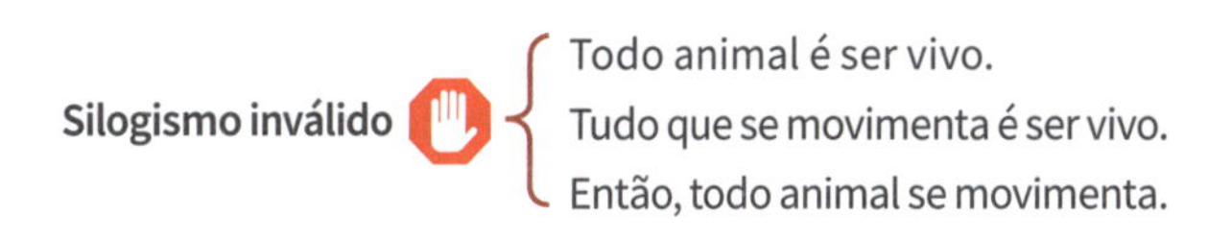

O raciocínio é claramente inválido, pois o termo médio (*ser vivo*) é tomado nas duas vezes em sentido particular (na primeira premissa, ele se refere apenas aos seres vivos que são animais; na segunda premissa, apenas aos seres vivos que se movimentam). Ele não articula, portanto, as duas premissas. No modo como elas estão construídas, nada poderia ser concluído.

5. Duas premissas afirmativas não permitem passar a uma conclusão negativa.

Exemplos:

Silogismo válido
Toda emoção é natural.
A raiva é uma emoção.
Logo, a raiva é natural.

Silogismo inválido
Toda emoção é natural.
A raiva é uma emoção.
Mas a raiva não é natural.

Se o exemplo de silogismo inválido acima for tomado como válido, contraria-se o princípio de identidade e o próprio funcionamento dos juízos afirmativos (que unem ideias), pois, sendo a raiva uma emoção, e sendo toda emoção algo natural, não faria sentido dizer que a raiva não é natural. Em outras palavras, pensar dessa maneira corresponderia a uma tentativa de conceber a raiva como não sendo aquilo que ela é.

6. A conclusão segue a premissa fraca (particular ou negativa).

Exemplos:

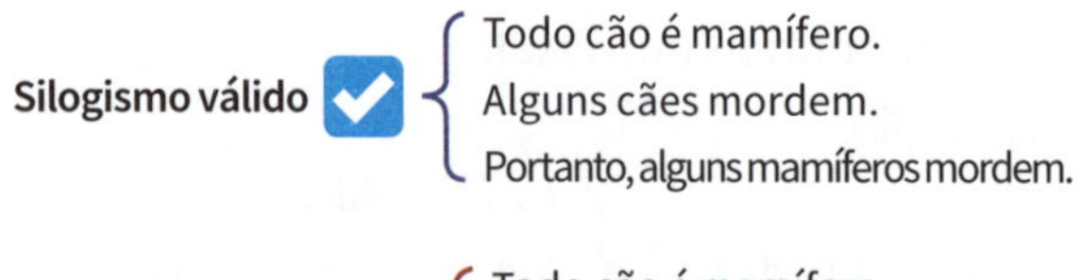
Silogismo válido
Todo cão é mamífero.
Alguns cães mordem.
Portanto, alguns mamíferos mordem.

Silogismo inválido
Todo cão é mamífero.
Alguns cães não mordem.
Então, alguns mamíferos mordem.

Observe que as conclusões dos dois exemplos são idênticas. No entanto, a conclusão do primeiro é bem sustentada pelas premissas, ao passo que a conclusão do segundo não tem sustentação.

O erro do segundo exemplo é muito comum em nossas maneiras cotidianas de pensar e falar. Ele resulta da falta de atenção que leva a pensar: se alguns cães não mordem, outros mordem; e, se todo cão é mamífero, então parece possível concluir que alguns mamíferos mordem. Ocorre, porém, que fazer uma negação não significa ter base para se pronunciar sobre o contrário dessa negação. Assim, o fato de afirmar que alguns cães não mordem não dá base para afirmar com certeza que alguns cães mordem. Dito de outra maneira: se um grupo de cães é observado e mostra que eles não mordem, isso não quer dizer que outros grupos de cães mordem. Pode ser que eles também não mordam...

O segundo exemplo dado acima é, portanto, inválido, pois não respeita a premissa fraca (a segunda premissa). Se respeitasse, a conclusão seria também fraca (uma negação é mais "fraca" ou menos vinculante[15] do que uma afirmação, assim como uma frase particular é mais fraca do que uma frase universal). O primeiro exemplo respeita a regra 6, pois a conclusão segue a premissa fraca (segunda premissa, que contém uma frase particular). Já o segundo, embora siga a premissa particular, não segue a negação nela contida.

7. De duas premissas negativas nada se conclui.

Essa regra é facilmente compreensível, pois duas premissas negativas apenas separam ideias. Se a dedução consiste na associação de duas ideias por meio de um termo médio, então não há articulação entre duas premissas negativas. Veja:

Nenhum ser humano é imortal.
Nenhum ser humano é máquina.
?

Talvez sua tendência fosse considerar óbvio que nenhuma máquina é imortal, mas simplesmente não há conexão nas duas frases. Veja como nossa compreensão fica mais clara com um exemplo particular:

Pedro não tem semelhança com André.
André não tem semelhança com João.
?

O fato de Pedro não ter qualquer semelhança com André e de André não ter qualquer semelhança com João não dá base para dizer que Pedro não tem semelhança com João (nem que tem alguma semelhança).

[15] ***Vinculante:*** *algo que estabelece um vínculo, uma ligação.*

8. De duas premissas particulares nada se conclui.

Duas premissas particulares contrariam a regra 4, quer dizer, não apresentam o termo médio ao menos uma vez em sentido universal. Por isso, não há conexão alguma entre as ideias que elas exprimem.

Exemplos:

Alguns cidadãos são políticos.
Alguns políticos são corruptos.
?

Não podemos negar que é forte o desejo de concluir que "alguns cidadãos são corruptos", mas, no modo como o raciocínio está montado, nada permite tirar essa conclusão, pois as duas premissas não se articulam. Elas dizem apenas que alguns cidadãos são políticos e que alguns políticos são corruptos, sem garantir racionalmente que as duas premissas se refiram aos mesmos cidadãos e aos mesmos políticos.

Você certamente percebe que, em nossa vida cotidiana, não fazemos raciocínios sempre com três termos explícitos e duas premissas bem declaradas. O mesmo ocorre com os textos filosóficos e outros textos. Por exemplo, o escritor Sêneca, que viveu entre os anos 4 a.C. e 65 d.C., em sua obra *Medeia*, oferece um bom exemplo de dedução com uma premissa inteira subentendida. Essa premissa é pressuposta, como dissemos no início do capítulo. Na obra, a personagem Medeia é casada com Jasão e se revolta contra sua vida oprimida, chegando a matar os próprios filhos. Para provar que Jasão era o culpado dos crimes de Medeia, diz Sêneca que aquele a quem o crime é útil é culpado do mesmo crime.

Sabendo que o crime deve ser atribuído a Jasão, tudo se passa como se Medeia dissesse:

Aquele a quem o crime é útil é culpado do mesmo crime.
Jasão se beneficiou do meu crime (Jasão é alguém a quem o meu crime é útil).
Logo, Jasão é culpado do mesmo crime.

As regras do silogismo permitem, então, desmontar e remontar raciocínios dedutivos, revelando seus pressupostos e termos não explícitos, a fim de analisar se tais raciocínios estão construídos de maneira válida.

Muitas vezes, a conclusão de um silogismo torna-se premissa de outro silogismo. É preciso separá-los e observar se estão bem conectados. Por exemplo, podemos dizer: *Aquilo que não pode ser dissolvido é indestrutível. O plástico, portanto, fica para sempre na Natureza.* Veja:

Tudo o que não pode ser dissolvido é indestrutível.
O plástico é algo que não pode ser dissolvido.
Logo, o plástico é algo indestrutível.
Por sua vez, o que é indestrutível fica para sempre na Natureza.
O plástico é indestrutível.
Então, o plástico fica para sempre na Natureza.

Há certo exagero em dizer que o plástico fica para "sempre" na Natureza. Para discordar dessa conclusão, é preciso interferir nas premissas. Se, porém, elas são aceitas como verdadeiras, tal conclusão também será aceita como verdadeira em função dos dois raciocínios, pois eles cumprem perfeitamente as oito regras básicas da dedução.

No uso cotidiano do raciocínio dedutivo, constatamos também que algumas deduções são montadas de forma que a conclusão seja obtida sobre a base de mais de duas premissas: o predicado da primeira premissa se torna o sujeito da segunda, o predicado da segunda se torna o sujeito da terceira e assim sucessivamente, até a conclusão. A partir do trabalho de Aristóteles, chama-se de *sorites* esse procedimento (em grego, *sorites* significa uma grande quantidade ou "um monte"):

Todo filósofo é ser humano.
Todo ser humano é animal.
Todo animal tem emoções.
Logo, todo filósofo tem emoções.

No século XVI, o lógico Rudolph Göckel (também conhecido como Goclênio) propôs uma forma invertida do *sorites* aristotélico, indo do termo mais extenso ao menos extenso:

Todo animal tem paixões.
Todo ser humano é animal.
Todo filósofo é ser humano.
Logo, todo filósofo tem paixões.

Também se chama de *sorites* um raciocínio que não tem solução porque não oferece um critério claro de compreensão. Por exemplo, se dissermos que duas pessoas não são uma multidão, mas que mil pessoas são uma multidão, como será possível perceber que um grupo de pessoas já é uma multidão, e não mais um simples grupo? Diante de situações como essa, são os interlocutores que devem entrar em um acordo para "decidir" o critério a ser adotado em cada situação.

1.3.2 O silogismo hipotético

Além das deduções ou dos silogismos simples, há outro tipo de silogismo de grande uso nas mais diferentes formas de pensamento: o silogismo hipotético, que se subdivide em silogismo condicional, silogismo disjuntivo, silogismo conjuntivo e dilema.

O *silogismo hipotético*, como seu nome indica, opera com uma hipótese ou uma condição.

Chama-se de *silogismo condicional* aquele cuja primeira premissa apresenta a forma clássica da hipótese: Se algo ocorre, então outro algo ocorre (Se *x*, então *y*). Por exemplo:

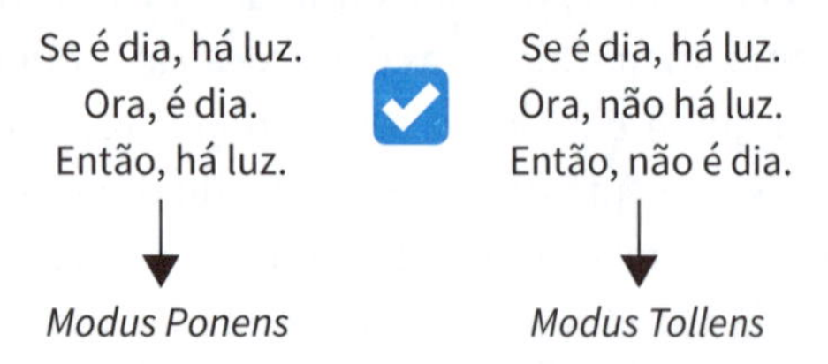

O primeiro exemplo é positivo, ou seja, afirma ou "põe" a condição e obtém o consequente: em latim, chama-se *modus ponens* (pronuncia-se *pônens*), "modo que põe" ou afirma a condição. Já o segundo exemplo é negativo, pois nega ou tolhe o consequente e assim também permite obter a negação da condição: em latim, chama-se *modus tollens* (pronuncia-se *tólens*), "modo que tolhe" o consequente.

O funcionamento desses dois tipos de silogismo é bastante simples: quando há uma condição e ela é atendida (posta), é válido afirmar a conclusão; quando há uma condição e a conclusão é negada (tolhida ou barrada), é válido negar também a condição.

Afirmar uma conclusão, no entanto, não permite afirmar a condição. Por sua vez, negar a condição não permite obter a negação da conclusão. Veja:

Se é dia, há luz.
Ora, há luz.
Então, é dia.

Se é dia, há luz.
Ora, não é dia.
Então, não há luz.

Pense: se a luz é um resultado do dia, isso não quer dizer que a luz só resulte do dia; a luz pode ter outras causas. Assim também, se o dia resulta em luz, o fato de não ser dia não quer dizer que não pode haver luz (ela pode ter outra causa).

O *silogismo disjuntivo* também opera com hipóteses, mas em outro formato: a primeira premissa contém a forma de uma alternativa (ou... ou...), enquanto a segunda premissa afirma ou nega uma ou mais alternativas, de modo a obter ou a negação ou a afirmação da outra alternativa. O sentido da partícula *ou*, aqui, é um sentido de exclusão. Lembre-se que *ou* também pode introduzir um sinônimo (como quando dizemos, por exemplo, "a Humanidade ou o conjunto dos seres humanos").

Em silogismos dessa forma, uma alternativa será sempre verdadeira e a outra, falsa. Por exemplo:

Ou há ditadura ou há liberdade política.
Ora, há ditadura.
Então, não há liberdade política.

Se o triângulo não é nem isósceles nem equilátero, então é escaleno.
Ora, este triângulo não é escaleno.
Então, este triângulo é ou isósceles ou equilátero.

Se o triângulo não é nem isósceles nem equilátero, então é escaleno.
Ora, este triângulo não é escaleno nem isósceles.
Então, este triângulo é equilátero.

Ao contrário do silogismo disjuntivo, o *silogismo conjuntivo* afirma, em uma das premissas, que um mesmo sujeito não pode possuir dois predicados ao mesmo tempo. A outra premissa, por sua vez, afirma um dos predicados (ela une o sujeito a um dos predicados, daí o nome de *silogismo conjuntivo*) de modo que o outro seja necessariamente negado na conclusão. Veja:

O ser humano é alguém que, se servir a Deus, não serve ao dinheiro.
Esta pessoa serve ao dinheiro.
Logo, esta pessoa não serve a Deus.

O *silogismo conjuntivo* tem outra característica: mesmo que uma das premissas negue um dos predicados, não será possível afirmar necessariamente o outro. O silogismo fica simplesmente sem conclusão. Trata-se de um fato diferente do que ocorre com o silogismo disjuntivo, pois, neste, negar uma alternativa permite obter a outra. Mas, no silogismo conjuntivo, negar um elemento deixa a possibilidade de o outro também não ocorrer. Assim, se o ser humano é alguém que, servindo a Deus, não serve ao dinheiro, e se esta pessoa não serve ao dinheiro, não quer dizer que ela sirva a Deus. Ela pode servir a si mesma, à Ciência, ao esporte etc.

Por fim, o *dilema* é um tipo de silogismo que também lida com alternativas e hipóteses, mas é montado de um modo em que as premissas não podem ser discutidas e evitam todo tipo de discordância sobre a conclusão. Qualquer alternativa que seja afirmada leva à afirmação também da outra. O dilema equivale, então, a um silogismo disjuntivo em que, por causa de uma premissa que guia todo o raciocínio, é necessário obter uma das alternativas afirmando a outra. No limite, é um raciocínio cuja conclusão também obriga a aceitar as alternativas dadas pelas premissas. Por exemplo:

Um paciente não foi atendido no Pronto Socorro exatamente no momento em que você era o médico de plantão. Ora, se você era o médico que devia receber o paciente no Pronto Socorro, ou você estava lá e não o recebeu ou você não estava lá quando deveria estar e, por isso, também não o recebeu. Se você estava lá e não o recebeu, faltou com seu dever. Se você não estava lá, também faltou com seu dever, pois o plantão era seu. Em qualquer dos dois casos, você deve ser responsabilizado por não ter recebido o paciente.

Diante de um dilema como esse, não há o que discutir. O raciocínio serve apenas para mostrar todas as possibilidades de pensamento sobre a situação, de modo a concluir por algo que não pode ser interpretado de outra maneira.

Há, porém, um mau uso do dilema, constituindo a *falácia do falso dilema* (p. 60), tal como veremos adiante.

p. 435 Leitura de aprofundamento

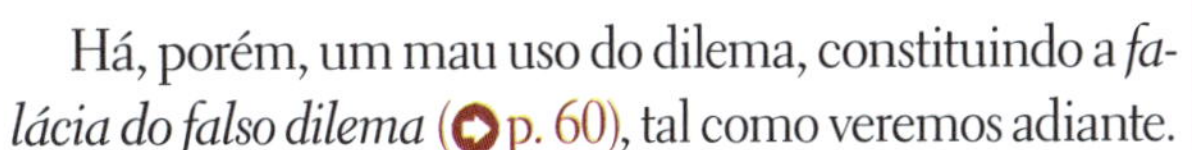

EXERCÍCIO C

p. 431

Analise os seguintes raciocínios dedutivos e diga se são válidos ou inválidos. Se forem inválidos, aponte a causa da invalidade. Não deixe de explicitar as premissas pressupostas!

1. Toda injustiça é proibida. Então, o assassinato é proibido.
2. Alguns cidadãos são homens; alguns homens são covardes. Portanto, alguns cidadãos são covardes.
3. Se você tivesse lido o livro, teria aprendido. Como você não aprendeu, é porque não leu o livro.
4. Se você tivesse lido o livro, teria aprendido. Como você não leu o livro, não aprendeu.
5. Todas as pessoas alegres são seres que riem. Todas as hienas são seres que riem. Então, todas as pessoas alegres são hienas.
6. Nenhum problema me afeta. Nenhum riso me afeta. Logo, problemas são risos.
7. Alguns cidadãos são bons. Todos os humanos são cidadãos. Portanto, todos os cidadãos são humanos.
8. Ou os cidadãos lutam pela liberdade ou aceitam ser dominados. Como os cidadãos não lutam pela liberdade, então aceitam ser dominados.
9. Ou os cidadãos lutam pela liberdade ou aceitam ser dominados. Como os cidadãos lutam pela liberdade, então não aceitam ser dominados.
10. O cidadão é alguém que ou luta pela liberdade ou aceita ser dominado. Como o cidadão não luta pela liberdade, então aceita ser dominado.
11. O cidadão é alguém que ou luta pela liberdade ou aceita ser dominado. Como o cidadão luta pela liberdade, então não aceita ser dominado.
12. Sua função como bombeiro era acionar o alarme. O alarme não foi acionado porque ou você soube do incêndio e não o acionou ou porque não soube do incêndio (quando deveria saber) e também não o acionou. A responsabilidade pelo não acionamento do alarme é sua.

1.3.3 Falácias ou paralogismos

Falácias e paralogismos são elaborações que têm a aparência de raciocínios válidos, mas contêm problemas que levam a uma conclusão não justificada racionalmente.

Chamam-se propriamente de *falácias* as elaborações feitas claramente com a intenção de dar a aparência de validade a elaborações inválidas. Chamam-se de *paralogismos* as elaborações equivocadas produzidas sem a intenção clara de enganar.

Aqui, para simplificar o vocabulário, falaremos apenas de *falácias*. Elas podem adotar a aparência de qualquer um dos tipos de raciocínio (dedutivo, indutivo etc.).

Na Idade Média, muita atenção foi dada às falácias. Alguns pensadores as classificaram em dois grupos: *falácias de forma* e *falácias de matéria*.

As falácias de forma resultam de falhas na estrutura lógica ou na montagem do raciocínio. As falácias de matéria, por sua vez, são mais sutis, porque não têm falhas lógicas ou estruturais, mas mesmo assim levam a conclusões problemáticas por causa do descuido com o conteúdo (a matéria de que se fala). Indicaremos a seguir apenas as falácias mais cometidas em nosso modo cotidiano de pensar e falar.

Falácias de forma

As falácias de forma ou falácias formais são todas as elaborações que se apresentam como raciocínios válidos, mas contrariam alguma das oito regras do silogismo (caso tenham a forma da dedução) ou são induções, analogias e argumentos de autoridade mal feitos.

Algumas das falácias de forma mais comuns são:

A. Falácia por equivocidade

Consiste em usar termos equívocos (termos que contêm mais de um significado, contrariando a regra 1):

Toda manga é comestível. A camisa tem manga. Então a parte da camisa é comestível.

Um ser livre é aquele que não precisa obedecer a nada. O ser humano é um ser livre. Logo, o ser humano é um ser que não precisa obedecer a nada.

O primeiro exemplo é tão simples que não precisamos de esforço para constatar sua invalidade. O segundo exemplo, porém, requer mais atenção, pois o termo *livre* é tomado em dois sentidos diferentes: ninguém concordará que o "ser livre" típico do ser humano significa "não precisar obedecer a nada", posto que a liberdade humana inclui coisas que não dependem das pessoas e às quais elas devem obedecer (a começar pelo funcionamento de seu próprio organismo, por exemplo).

B. Falácia da transferência de sentido

Consiste em ir de uma parte ao todo e vice-versa, ou de um sentido próprio a um sentido metafórico. No primeiro caso, une-se o que é separado na realidade, mudando o sentido das partes, ou separa-se o que é unido, mudando-se o sentido do todo. Nada, porém, justifica essa passagem. Exemplos:

Esta conta não me arruinará. Esta outra também não. Então o conjunto das contas também não me arruinará.

Quatro e dois são seis. Portanto, quatro são seis; e dois também são seis.

Todo construtor de castelos deve pagar impostos.
João faz castelos no ar.
Então, João deve pagar impostos.

C. Falácia da anfibologia ou ambiguidade

Trata-se de deixar uma brecha para interpretar de maneiras diferentes o sentido do que é formulado.

Não podemos culpar o fotógrafo porque ele tirou fotos de cenas que não foram reveladas.

Observe que essa frase pode referir-se às fotos que não foram reveladas como também a cenas que não foram reveladas.

Podemos entender melhor os efeitos ruins do uso da falácia da ambiguidade se imaginarmos que a frase do exemplo tenha sido escrita por um advogado em um processo penal. Talvez a intenção do advogado fosse dizer que o fotógrafo é inocente porque as fotos não foram reveladas. Porém, se o juiz interpretar que o fotógrafo tirou fotos de cenas não reveladas (cenas secretas), poderá condenar o fotógrafo. Caso o juiz tenha boa vontade e perceba a ambiguidade da má redação do advogado, poderá pedir esclarecimentos que lhe permitam julgar com justiça. Mas, caso ele não perceba a ambiguidade ou caso não tenha boa vontade, pode simplesmente tomar uma decisão que não será necessariamente a mais justa.

D. Falácia da tautologia

A tautologia consiste em exprimir a mesma ideia de formas diferentes. Ela pode ter um uso positivo em Filosofia e em outras maneiras de falar de nossa experiência, mas, quando serve para justificar um raciocínio, dando a impressão de que ideias novas são articuladas, ocorre uma falácia. Observe:

Um Estado é uma nação politicamente organizada.
Ora, o Brasil é um Estado.
Logo, o Brasil é uma nação politicamente organizada.

Não há problema de conteúdo nessa elaboração; e a conclusão é verdadeira, visto que, de fato, o Brasil é uma nação politicamente organizada. No entanto, nada se diz na conclusão que já não tenha sido dito nas premissas. Há, na verdade, um problema de forma, pois a primeira premissa apenas define o Estado (o sujeito é idêntico ao predicado: uma tautologia); por sua vez, na segunda premissa, diz-se que o Brasil é um Estado; e, na conclusão, só se repete a segunda premissa, porque se retoma a definição de Estado. Em resumo, essa elaboração só tem dois termos, contrariando a regra 1, que exige três termos para a dedução.

E. Falácia do consequente

Consiste em usar o procedimento do silogismo condicional para afirmar a condição por meio da afirmação do consequente ou para negar o consequente por meio da negação da condição:

Se João rouba, então ele está vivo.
Ora, João está vivo.
Então, João rouba.

Se Maria está viva, então pode ir à escola.
Ora, Maria não pode ir à escola.
Então, Maria não está viva.

Falácias de matéria

As falácias de matéria costumam ser raciocínios formalmente válidos, mas com problemas ligados ao conteúdo.

F. Falácia do desvio do assunto

Em vez de justificar um pensamento tratando diretamente dos seus elementos, a falácia leva a concentrar a atenção em outras coisas. É o caso de advogados que, em vez de provar a inocência de seus clientes mostrando que eles não são os responsáveis pelos crimes de que são acusados, passam a dizer que eles são bons filhos, bons maridos, bons trabalhadores, vítimas da Sociedade e assim por diante. Outro exemplo:

Pablo Escobar é assassino. Mas também dá dinheiro aos pobres e tenta melhorar a estrutura política de seu país. Ora, quem ajuda os pobres e luta para melhorar a estrutura política merece ser premiado. Então, Pablo Escobar merece ser premiado, e não condenado por seus assassinatos.

G. Falácia da força ou do argumento de autoridade

Consiste em usar o argumento de autoridade para pretender provar que a palavra de alguém não pode ser questionada (em vez de apenas dizer que essa palavra pode ser digna de confiança):

Se a Ana explicou esse fato e se é ela que estudou Química, você não pode questionar o que ela diz.

Nossa única saída é obedecer ao governador, porque ele é a autoridade no Estado.

H. Falácia da petição de princípio

Muito comum no modo cotidiano de pensar e falar, a petição de princípio significa partir daquilo que justamente se pretende provar. Vem daí o nome de petição de princípio, já que o argumento permanece aberto, pedindo um princípio que o prove.

É bom ser honesto porque ser honesto é bom.

Poder dizer tudo o que pensamos é algo que faz bem à Sociedade. Afinal, a Sociedade é melhor quando as pessoas podem dizer tudo o que pensam.

Machado de Assis é mais importante do que José de Alencar, pois Machado de Assis é mais valorizado pelas pessoas que têm o hábito da leitura.

I. Falácia do círculo vicioso

A falácia do círculo vicioso é uma dupla petição de princípio. Consiste em tomar duas frases e pretender provar uma pela outra. O pensamento gira em torno de si mesmo. Por exemplo:

É pela razão humana que se prova que Deus existe.
A razão humana foi dada por Deus.
Então, Deus existe.

É pela razão humana que se prova que Deus não existe.
A razão humana não vem de Deus.
Então, Deus não existe.

A burocracia é uma estrutura necessária para o país, pois ela produz e guarda documentos que são importantes. Sem a burocracia, então, o país não pode funcionar.

Observe que os três exemplos são circulares: giram em volta de si mesmos e não permitem encontrar um ponto para avaliar a validade dos raciocínios. Em outras palavras, as premissas já contêm aquilo que pretendem obter como conclusão. Não se raciocina, portanto; apenas se faz uma repetição de ideias, com ares de pensamento justificado.

J. Falácia da falsa causa ou falácia do *post hoc propter hoc*

Consiste em simplesmente tomar o que acontece antes e considerá-lo como causa do que vem depois. É chamada de falácia do *post hoc propter hoc* ou falácia do *post hoc ergo propter hoc*: em latim, essa expressão significa "veio depois disso, então aconteceu por causa disso". Exemplos:

Em geral, depois que um cometa aparece no céu, acontecem coisas boas e ruins na Terra: amores, encontros, amizades, misérias, guerras, pestes. Então, isso tudo acontece porque o cometa aparece no céu.

Confio na Astrologia porque meu astrólogo, no Ano Novo, disse que os astros iam fazer as coisas melhorarem e elas de fato melhoraram.

Este chá é muito bom, porque eu estava muito resfriado e melhorei depois que o tomei.

Continuo doente. Certamente é porque tomei o remédio que o médico receitou.

Meu vizinho concluiu que os ricos empobreceram porque os pobres melhoraram de vida; afinal, como ele diz, foi quando os pobres passaram a melhorar que os ricos começaram a piorar.

K. Falácia de pessoa ou falácia *ad hominem*

A falácia de pessoa consiste em tirar a atenção da forma e do conteúdo do pensamento de alguém e concentrá-la na pessoa mesma que sustenta esse pensamento, desqualificando-a ou mesmo atacando-a. Por isso se chama *ad hominem* (em latim, "voltada para a pessoa [que fala]"). É uma das formas mais irracionais de tentar convencer e, por isso, também uma das mais violentas. Em vez de concentrar-se no raciocínio e em seu conteúdo, se concentra em atacar o(a) autor(a) do raciocínio, a fim de impedir que seu pensamento seja levado a sério. Exemplos:

A opinião de Maria não conta, porque ela é uma ex-presidiária.

As ideias de Antônio sobre a ecologia devem ser desconsideradas, porque ele já poluiu demais o meio ambiente.

Como você é de oposição, sua proposta não merece crédito.

L. Falácia do falso dilema

Ocorre quando um pensamento adquire a forma de dilema, mas é mal montado e tem a aparência de que não pode ser resolvido. Exemplo:

Para administrar o país, é preciso ser honesto ou desonesto. Não é bom ser honesto, pois isso desagradará algumas pessoas. Mas também não é bom ser desonesto, pois isso desagradará outras. Como é impossível não ser honesto ou desonesto, então é melhor que ninguém administre o país.

Você certamente percebe a fragilidade de uma elaboração como essa. Ela pode ser resolvida pela reformulação das premissas, pois elas não correspondem ao que, em geral, as pessoas governadas pensam sobre a honestidade de seus governantes, ou seja, não correspondem ao que alguém atento diria. Assim, se as premissas forem trocadas por *É bom ser honesto mesmo que isso desagrade algumas pessoas* e por *Não é bom ser desonesto, pois isso desagrada um número ainda maior de pessoas*, então o raciocínio adquirirá outro caráter e deixará de ser um falso dilema:

Para administrar o país, é preciso ser honesto ou desonesto. É bom ser honesto, mesmo que isso desagrade algumas pessoas. Não é bom ser desonesto, pois isso desagrada um número ainda maior de pessoas. Então, para administrar o país, é melhor ser honesto.

EXERCÍCIO **D**

p. 432

Identifique o tipo de falácia cometido nos seguintes casos:

1. Meu adversário político tem uma opinião diferente da minha sobre o currículo do Ensino Fundamental. Também pudera... Esse foi o único nível que ele conseguiu terminar...
2. Essa mulher não entende nada de Informática, mas precisamos dar o emprego a ela, porque o outro candidato é homem. Mesmo que ele seja um bom conhecedor do assunto, não queremos ser machistas.
3. É natural que existam ricos e pobres no mundo, porque isso sempre existiu.
4. O crime foi cometido por X, porque X passou pelo local.
5. *Rato* tem quatro letras. Rato come queijo. Quatro letras comem queijo.
6. Se você mantiver sua opinião, haverá consequências, porque quem pode pensar aqui sou eu!
7. Se o som é vibração e se a luz é vibração, então som e luz são a mesma coisa.
8. Sou mais inteligente do que as outras pessoas, porque não reflito sobre questões que não são realmente questões.
9. A felicidade é o bem de uma pessoa. Portanto, a felicidade geral é o bem de todas as pessoas.
10. Esse produto vende mais porque está sempre fresco; e justamente sempre fica fresco porque vende mais.

1.4. O raciocínio dialético

Aristóteles (p. 103) chamava de *silogismo dialético* o silogismo cujas premissas são apenas prováveis e não necessariamente verdadeiras. As premissas podiam, no seu dizer, ser escolhidas em função de quem construía o discurso, porque não tratavam de dados evidentes que obrigassem a chegar à verdade também evidente de algum assunto.

No entanto, o uso do raciocínio dialético é historicamente mais amplo do que o modo como Aristóteles o resumiu, quer dizer, como um silogismo ou uma dedução. O raciocínio dialético não precisa seguir necessariamente as regras do silogismo para ser válido, pois sua forma pode ser diferente do esquema básico de duas premissas, três termos (com um médio) e uma conclusão.

Costuma-se apresentar o raciocínio dialético, de modo geral, como um raciocínio que opera por contradição. Ele se dá exatamente no encontro e na confrontação de duas ou mais posições, prática que deu origem ao termo *dialética*, que, por sua vez, provém do verbo grego *dialégesthai*, "dialogar", "contrapor".

Tomando-se uma expressão usada pelo matemático Euclides de Alexandria (séc. IV a.C.), costuma-se dizer que o procedimento dialético básico consiste no raciocínio por *redução ao impossível:* toma-se uma hipótese e se mostra a conclusão que dela decorre; em seguida, mostra-se que essa conclusão é inaceitável; por conseguinte, obtém-se que a hipótese inicial deve ser rejeitada. Em alguns casos, dá-se um passo adiante, mostrando-se que é verdadeiro exatamente o contrário do que dizia a hipótese inicial. Esse último passo nem sempre é adequado, pois o contrário da hipótese inicial pode ser tão falso como a própria hipótese. Dessa perspectiva, contradizer algo não significa necessariamente chegar a uma verdade (p. 210).

Seja como for, o núcleo do raciocínio dialético está em operar por comparação e contradição de hipóteses. Trata-se de um procedimento tão antigo quanto a própria Filosofia, tendo sido empregado claramente pelos seguidores de Pitágoras de Samos (570-495 a.C.), por Heráclito de Éfeso (535-475 a.C.), Parmênides de Eleia (530-460 a.C.), Zenão de Eleia (490-430 a.C.), Sócrates (p. 157), Platão (p. 82), entre muitos outros.

No livro *Mênon*, escrito em forma de diálogo, Platão dá um exemplo claro de raciocínio dialético. Ele faz a personagem Sócrates investigar se é correto afirmar que as pessoas virtuosas (pessoas que têm um bom hábito) podem ensinar a virtude (um bom hábito) a seus filhos. Em resumo, Platão monta o seguinte raciocínio:

Se os pais podem ensinar a virtude a seus filhos, então os filhos de Péricles, figura pública conhecida por sua virtude, devem ser virtuosos. No entanto, sabe-se que os filhos de Péricles não foram virtuosos. Então, não é correto afirmar que os pais podem ensinar a virtude.

Platão visava, com esse raciocínio, mostrar que a virtude é algo mais complexo do que um simples hábito que pode ser ensinado. Ele não pensava exatamente que ela não pudesse ser ensinada, mas também não acreditava que o fato de simplesmente ensiná-la a alguém bastava para que esse alguém se tornasse virtuoso. Então, a fim de descartar ou refutar essa hipótese (a de que a virtude é algo que depende apenas de ensinamento), ele monta seu raciocínio assumindo a hipótese simples de que a virtude pode ser ensinada e tira dela uma conclusão impossível ou absurda. Fazendo isso, leva o interlocutor a não concordar com a hipótese.

Conforme o exemplo de Platão, no método dialético, inicia-se, de certa maneira, pela conclusão que se deseja garantir (seja como verdadeira, seja como falsa), escolhendo-se bem as hipóteses (premissas) que se pretende refutar ou confirmar. As hipóteses confirmadas, nesse sentido, tornam-se também conclusões.

No livro *Teeteto*, também escrito em forma de diálogo, Platão dá um exemplo ainda mais radical: inicialmente, ele faz a personagem de nome Teeteto concordar que era falsa a hipótese do pensador Protágoras, para quem a verdade da ciência é uma simples invenção ou uma convenção humana, sem nenhuma significação objetiva (independente da vontade das pessoas). Em seguida, fazendo um movimento na direção contrária, leva Teeteto a concordar que a hipótese de Protágoras é verdadeira. Diante da contradição, seríamos tentados a pensar que Platão tomou partido e defendeu finalmente a hipótese que lhe parecia verdadeira. No entanto, ele não faz isso. Termina o debate por uma *aporia*, ou seja, uma situação com duas hipóteses que tanto podem ser aceitas como refutadas, sem nenhuma solução no horizonte.

A atitude platônica de não dar uma solução para a situação contraditória do *Teeteto* põe os leitores

DEAGOSTINI/GETTY IMAGES

Luca della Robbia (1400-1482), *Aristóteles e Platão em debate*, 1437-1439, alto-relevo. Museo del Duomo, Florença (Itália).

diante de um dado: era possível tanto defender que a verdade da ciência é uma convenção como que ela é mais do que uma convenção. Platão apontava, assim, para a necessidade de chegar a outro horizonte de compreensão, para além da oposição "convenção ou não convenção". Ele convidava a identificar elementos de convenção e elementos que não dependem dos acordos estabelecidos entre os humanos. Essa prática lhe permitiu consagrar a concepção da dialética como um método filosófico que vai além da mera articulação de frases sem erro ou contradição, pois ela envolve a possibilidade de identificar elementos verdadeiros em posições opostas, movendo a encontrar resultados que unem esses elementos e respeitam a complexidade do assunto.

Em outras obras, Platão deu um sentido diferente à dialética, considerando-a um método capaz de chegar a verdades por meio de um contraponto entre posições, quer dizer, de uma separação de posições, confrontando-as até chegar a um acordo ou um desacordo (que se tornam, por sua vez, outra posição). Chegando a acordos, a dialética, segundo Platão, permite revelar a estrutura discreta que organiza o pensamento e a realidade, composta de Ideias, Formas ou Essências (➲ p. 150).

As sete artes liberais, 1180, iluminura no livro *Hortus deliciarum* (Jardim das delícias), de Herrad de Landsberg (1130-1195). As sete artes liberais eram as disciplinas do currículo de estudos organizado a partir do século VI e presente durante toda a Idade Média. A Dialética aparece à direita, entre a Retórica e a Música.

Ao longo da História da Filosofia, a dialética recebeu variados tratamentos, desde considerações que a tomavam por uma prática sem rigor até o seu elogio como método superior a qualquer outro. Na Idade Média, apesar da desconfiança lançada sobre o método dialético por alguns autores, outros o acionaram junto com a lógica silogística e o consideraram uma parte legítima da Lógica, chegando a aplicá-lo mesmo para esclarecer assuntos da fé religiosa. Foi o caso, por exemplo, de Avicena (980-1037), Pedro Abelardo (1079-1142), Tomás de Aquino (1225-1274), Guilherme de Ockham (1285-1347), entre outros. Na Modernidade e na Contemporaneidade, muitos pensadores adotaram o método dialético. Certamente o nome mais conhecido por ter elevado a dialética à categoria de "filosofia verdadeira" foi Georg Wilhelm Friedrich Hegel (1770-1831).

EXERCÍCIO  E

p. 433

Nos textos abaixo, identifique o tema central e resuma o procedimento empregado pelos autores a fim de obter suas conclusões:

Texto A - Platão, *Eutífron*

Sócrates - Quando alguma coisa é amada, não se trata de um efeito que é produzido? Não há algo que recebe uma ação?

Eutífron - Incontestavelmente.

Sócrates - Não é por algo ser amado que aqueles que o amam têm amor por ele, mas é porque estes têm amor que ele é amado.

Eutífron - A conclusão é necessária.

Sócrates - Admitindo esse princípio, como devemos aplicá-lo ao que é piedoso[16]? Trata-se de algo amado por todos os deuses, de acordo com o que você mesmo diz?

Eutífron - Sim.

Sócrates - Esse algo é amado por ser piedoso? Ou por alguma outra razão?

Eutífron - Pela razão que você acaba de dizer.

Sócrates - Assim, é por ser ele piedoso que ele é amado; e não é por ser amado que ele é piedoso.

Eutífron - É o que me parece.

Sócrates - Mas, por outro lado, as coisas que são agradáveis aos deuses são agradáveis pelo fato de serem amadas por eles.

Eutífron - Sem dúvida.

Sócrates - Então, aquilo que é agradável aos deuses não é idêntico ao que é piedoso; e o que é

[16] ***Piedoso:*** *quem pratica a piedade, virtude do respeito pelas coisas sagradas.*

piedoso não se confunde com o que é agradável aos deuses, como você diz. São duas coisas diferentes.
20 Eutífron – Você pode explicar melhor?

Sócrates – Pela seguinte razão: o que é piedoso é amado pelo fato de ser piedoso, como acabamos de concordar, e não é piedoso por ser amado. Não é verdade?

Eutífron – É verdade.

Sócrates – Ao passo que uma coisa amada pelos deuses é amada simplesmente porque eles a 25 amam; não é essa própria coisa a causa de ser amada, mas o amor dos deuses.

Eutífron – Você tem razão.

Sócrates – Suponhamos agora que, ao contrário, uma coisa amada pelos deuses e algo piedoso fossem uma só coisa. Nesse caso, se o que é piedoso fosse amado pelo fato de ser piedoso, também a coisa amada pelos deuses seria amada pelo fato de ser amada. Por outro lado, se a coisa amada 30 pelos deuses fosse amada pelo fato de ser amada, aquilo que é piedoso seria piedoso porque seria amado pelos deuses. Ora, você vê que não é isso que ocorre, porque as duas coisas são totalmente diferentes: uma só é amada porque outros a amam; a outra é amada pelo fato de ser amável em si mesma. Assim, você, Eutífron, tendo sido solicitado por mim a definir o que é piedoso, parece não querer revelar o que é essencial no piedoso, mas apenas concentrar-se em algo secundário, o fato 35 de que o que é piedoso é amado por todos os deuses. Deixe de desconversar, por favor, e, voltando ao ponto de partida, diga-me em que consiste propriamente o que é piedoso, sem se desviar pela afirmação de que o piedoso é amado pelos deuses ou exposto a algo do tipo. Não é esse ponto que devemos discutir. Aplique-se somente a me fazer compreender o que é essencial para entender o piedoso e distingui-lo do ímpio[17].

40 Eutífron – Na verdade, Sócrates, eu não sei mais dizer o que eu penso. Todas as nossas frases parecem girar em torno de nós; nenhuma delas aceita parar de girar.

Sócrates – Isso quer dizer que suas afirmações, Eutífron, parecem obras de Dédalo, nosso ancestral[18]. Se elas fossem realmente minhas, e se fosse eu quem as colocou de pé, então você poderia dizer, rindo de mim, que as imagens que eu fabrico com minhas palavras, sendo da mesma 45 família, escapam de nós e não querem parar no lugar em que as colocamos. Mas, como se trata de hipóteses que você mesmo formulou, é preciso encontrar outro motivo para rir. Afinal, é verdade que elas não querem parar, como você mesmo reconhece.

Eutífron – Desculpe-me, Sócrates, mas acho que o riso se aplica bem ao nosso debate. Essa necessidade de girar em torno de nós mesmos e escapar não é algo que eu pus nas minhas hipóteses. 50 É você que parece ser um Dédalo. Afinal, se dependesse de mim, as afirmações ficariam paradas em seu lugar.

Sócrates – Nesse caso, meu amigo, eu sou muito mais esperto do que Dédalo em sua arte, pois ele dava a capacidade de escapar apenas às suas próprias obras; eu, em vez disso, dou a mesma capacidade não apenas às minhas palavras, mas também às palavras dos outros. O que há de mais 55 notável em meu talento é que eu o ponho em prática mesmo sem querer. Afinal, eu também gostaria de fazer raciocínios sempre estáveis e sólidos; isso eu desejaria muito mais do que os tesouros de Tântalo[19] acrescentados à arte de Dédalo. Mas, deixemos de brincadeira.

PLATÃO. *Eutyphron*. Tradução Maurice Croiset. Paris: Belles Lettres, 1920. p. 196-199. (Eutífron. Tradução nossa para o português.)

[17] ***Ímpio:*** *quem não tem respeito pelas coisas sagradas; injusto.*

[18] ***Ancestral:*** *antepassado. Sendo filho de um escultor, Sócrates se declara um descendente de Dédalo, patrono dos escultores, pois, segundo a lenda, teria sido ele o inventor da escultura e da arquitetura.*

[19] ***Tântalo:*** *personagem mítica que era amada pelos deuses e desfrutava de seus banquetes até que, depois de traí-los, foi condenada ao sofrimento e à pobreza.*

Texto B - Pedro Abelardo, *Ética*

1 [Contra o nosso pensamento, alguns dizem] que o ato do pecado é acompanhado de certo prazer que aumenta o próprio pecado, como acontece no ato sexual ou no ato de comer [frutas que foram roubadas]. Mas essa objeção[20] só deixaria de ser absurda se pudessem nos convencer de que o prazer carnal é em si mesmo um pecado e que só poderíamos ter prazer carnal quando pecamos. Se fosse 5 assim, as pessoas casadas estariam no pecado quando têm prazer carnal; e quem achasse que uma fruta é saborosa também pecaria. [...] Então, até Deus seria culpado, ele que é o criador tanto dos alimentos como dos corpos [...]; afinal, como ele nos daria alimentos para comer se fosse impossível comer sem pecar? [...] Teria ele mentido para nós, fazendo que o homem se unisse a uma mulher e que comêssemos comidas deliciosas, tal como ocorreu sem pecado desde o primeiro dia de nossa 10 criação no Paraíso, para que depois ele nos acusasse de pecado sem termos ultrapassado o limite da autorização que ele mesmo nos deu? [...] No entanto, há quem ainda faça a seguinte objeção: o ato sexual dos esposos e o consumo de alimentos saborosos são permitidos desde que não haja prazer. Respondo que, se for assim, aquilo que é autorizado é totalmente impossível e que a autorização mesma é absurda, pois aquilo que ela autoriza é simplesmente irrealizável. [...] Para mim, a resposta 15 é evidente: o prazer da carne está de acordo com a vida natural; não é um pecado. Também não é um pecado sentir o prazer que pertence radicalmente ao ato da carne.

PEDRO ABELARDO. Ethica seu liber qui dicitur Nosce te ipsum. In: *Peter Abelard's Ethics*. Edição D. E. Luscombe. Oxford: Clarendon, 2002. p. 16-22. (Ética ou livro chamado Conhece-te a ti mesmo. Tradução nossa para o português.)

Texto C - Hegel, *A fenomenologia do espírito*

1 A opinião [de grande parte das pessoas] se prende rigidamente à oposição entre o verdadeiro e o falso. [...] O botão desaparece no desabrochar da flor; e pode-se dizer que é refutado[21] pela flor. Igualmente, a flor se explica por meio do fruto como um falso existir da planta; e o fruto surge em lugar da flor como verdade da planta. Essas formas não apenas se distinguem, mas se repelem[22] como 5 incompatíveis[23] entre si. Mas a sua natureza fluida[24] as torna, ao mesmo tempo, momentos da unidade orgânica[25] na qual não somente não entram em conflito, mas uma existe tão necessariamente quanto a outra; e é essa igual necessidade que unicamente constitui a vida do todo.

HEGEL, G. W. F. *A fenomenologia do espírito*. Tradução Henrique C. Lima Vaz. In: *Hegel*. São Paulo: Abril Cultural, 1989. v. 1, p. 10. (Coleção Os Pensadores.)

2 Método intuitivo

Vimos que o método discursivo dá uma série de passos para chegar à verdade sobre um assunto. Mesmo no raciocínio dialético, no qual o pensador praticamente já sabe a conclusão que pretende obter e escolhe as premissas que a justificam, o procedimento é indireto, quer dizer, passa por etapas até chegar ao seu objeto.

O termo *objeto*, aqui, não significa uma coisa que está fisicamente na Natureza e que podemos tocar, manusear etc. Em Filosofia, de modo geral, *objeto* significa, além das coisas físicas, todo conteúdo captado pelo pensamento. Tal significado se entende pela raiz da palavra latina que deu origem a *objeto*: *objectum*, ou seja, "aquilo que está posto diante de nós" (não necessariamente na nossa frente, mas diante de nossa percepção, que pode ser física ou apenas mental). Então, se uma coisa física pode ser chamada

[20] **Objeção:** *argumento contrário.*

[21] **Refutado:** *descartado; abandonado; considerado falso.*

[22] **Repelir:** *afastar.*

[23] **Incompatível:** *que não pode ser combinado; que não pode existir ao mesmo tempo que outra coisa.*

[24] **Fluido:** *algo leve, suave; que escorre.*

[25] **Orgânico:** *algo vivo; conjunto de partes relacionadas entre si, formando um todo vivo.*

de objeto, também uma emoção, um raciocínio matemático, um pensamento, uma ideia, uma recordação (realidades que não podem ser "tocadas") são igualmente objetos (conteúdos do pensamento).

Por isso, costuma-se dizer que o método discursivo chega aos poucos ao seu objeto; dá passos até ele. Já o *método intuitivo* começa diretamente pelo objeto; começa pelo que se põe no horizonte de nossa percepção. O método intuitivo não "constrói" seu objeto, mas o analisa, decompõe, "desconstrói", até descobrir os elementos que formam o objeto e sobre os quais não resta dúvida.

A fim de reunir os diferentes procedimentos que partem do próprio objeto, falaremos aqui, de modo geral, de *método intuitivo*. Essa expressão se baseia no termo *intuição*, nome que se dá à relação direta com o objeto. O termo *intuição*, por sua vez, origina-se do verbo latino *intuo*, que significa "ver", "estar diante de...". Podemos observar, assim, que *intuição* significa mais do que "pressentimento" ou "instinto", como muitas vezes entendemos em nosso modo cotidiano de pensar e falar. Esse modo nasce justamente do uso filosófico que indica um tipo de compreensão imediata, sem intermediários, direta.

Por conseguinte, a fim de retratar os possíveis sentidos da intuição, costuma-se falar de *intuição sensível*, ligada ao que é captado diretamente por meio dos cinco sentidos, e de *intuição intelectual*, referente ao que é percebido diretamente pela inteligência humana. Por exemplo, ao ver e diferenciar uma árvore e um ser humano, tem-se uma intuição sensível. O mesmo ocorre quando "vemos" a maciez da poltrona em que nossas costas estão apoiadas ou quando "vemos" a doçura de uma bala em nossa boca. Já quando entendemos imediatamente a frase "O dobro é maior do que suas metades" ou "Uma coisa não pode ser e não ser o que ela é ao mesmo tempo", temos uma intuição intelectual.

Observamos, por esses exemplos, que a visão é tomada como metáfora; afinal, ninguém "vê" fisicamente a maciez da poltrona ou a doçura da bala, nem a verdade da frase sobre o dobro ou sobre o ser e não ser algo ao mesmo tempo. Como a visão é o sentido que oferece mais informações sobre as coisas, usamos a metáfora da visão para indicar essa operação em que, sem raciocínios (sem discursos), percebemos algo diretamente; percebemos a "presença" do objeto (do conteúdo que se põe diante de nosso pensamento).

Se prestarmos atenção no exemplo que acabamos de dar a respeito da intuição da frase "Uma coisa não pode ser e não ser o que ela é ao mesmo tempo", constataremos que ela corresponde ao *princípio de não contradição*, que já apresentamos ao tratar dos princípios que orientam a lógica da dedução, no método discursivo. Essa correspondência mostra que os métodos intuitivo e discursivo não se opõem nem se excluem necessariamente. São diferentes e podem ser combinados em uma mesma filosofia. Aliás, o filósofo Aristóteles, organizador da lógica silogística, defendia que o princípio de não contradição é evidente ou compreensível ("visível") tão logo se apresente à inteligência humana.

Outro exemplo bastante forte de uso do método intuitivo foi dado pelo filósofo Henri Bergson (1859-1941), mais próximo a nós no tempo. Bergson chegou a defender que a intuição é o verdadeiro método filosófico, pois "colhe" ou "capta" a realidade tal como ela é.

Segundo Bergson, há uma diferença entre a atividade cognitiva que separa a realidade em partes e a atividade intuitiva que "vê" ou constata a realidade nela mesma. Os cientistas, por exemplo, e mesmo todas as pessoas em sua vida cotidiana costumam olhar para as coisas da realidade e considerá-las como

LYF1/SHUTTERSTOCK.COM

Relógio de pêndulo. Quando observamos um relógio, não constatamos o tempo, pois o tempo medido pelo relógio corresponde às divisões que nós estabelecemos por convenção para medir o movimento da realidade. A real percepção do tempo depende do modo como cada pessoa conecta-se com a realidade. Em uma viagem, por exemplo, uma pessoa que se distrai com a paisagem não vê o tempo passar. Já uma pessoa que fica mal-humorada com a demora considera o tempo longo demais. Ou ainda, coisas "passadas" continuam vivas em nós; se estão vivas, são presentes. O verdadeiro tempo, então, é o do relógio ou o que se vive interiormente, na intuição do agora?

unidades que podem ser entendidas, controladas, melhoradas, administradas. Os filósofos, em vez disso, dão-se conta, segundo Bergson, de que as coisas tomadas separadamente não são realmente "vistas" naquilo que elas são: manifestações de um todo unido em constante movimento, em constante criação e recriação, num fluxo ou numa corrente semelhante à correnteza de um rio. Em nossa atitude cotidiana e na atitude científica, as coisas parecem paradas, pois estamos acostumados a isolá-las para melhor administrá-las. No entanto, se confiássemos em nossa "visão" direta e se não pensássemos no melhor modo de administrar as coisas, perceberíamos que elas estão todas unidas por um fundo misterioso que as une intimamente, como as gotas que compõem a água do rio. O pensamento, assim, separa o que é unido na realidade. O papel da Filosofia, de acordo com Bergson, estaria em ir além da atividade do próprio pensamento, ultrapassando as identidades estáticas ou paradas que damos às coisas, a fim de chegar ao movimento que "vemos" mas não enxergamos.

Também o filósofo René Descartes (1596-1650) adotou o método intuitivo. Vivendo em um contexto de profundas mudanças políticas, filosóficas, científicas, religiosas e geográficas, Descartes procurava reinaugurar a Filosofia por meio de algo que não deixasse espaço para dúvidas. Iniciou, então, por uma recusa de tudo o que havia aprendido com filosofias anteriores e mesmo de dados "naturais" que, no seu dizer, podiam ser duvidosos. Era o caso do conhecimento obtido por meio dos cinco sentidos; afinal, podemos nos enganar se confiarmos totalmente nos cinco sentidos (podemos ver uma pessoa que se aproxima e pensar que é Pedro, quando, na verdade, é João). No dizer de Descartes, não temos certeza sequer de que existimos, pois podemos estar em um sonho ou ser vítimas de um ser maior do que nós e que nos engana, fazendo-nos crer que existimos quando, na verdade, não somos mais do que a imaginação desse ser. No entanto, mesmo quando nos enganamos, precisamos do pensamento, quer dizer, para nos enganarmos temos de pensar; e, para pensar, precisamos existir. Ora, se podemos nos enganar, então pensamos; e, se pensamos, existimos. Daí vem a famosa frase de Descartes: "Penso, logo existo".

O pensamento torna-se, então, o objeto evidente do qual pode partir a Filosofia, segundo o filósofo francês. Ele esclarece a evidência do pensamento, porque a decompõe na possibilidade do engano; e, a partir dessa evidência, ele reconstrói a Filosofia. Poderíamos responder que a evidência da qual Descartes parte não é exatamente a do pensamento, mas a da possibilidade da dúvida. No entanto, Descartes responderia que justamente a possibilidade da dúvida é já a evidência do pensamento; é a manifestação do objeto ou a sua intuição.

Sem mencionar os inúmeros pensadores que associaram o método intuitivo ao método discursivo, poderíamos citar apenas alguns que deram ênfase ao método intuitivo: Johann Gottlieb Fichte (1762-1814), Maine de Biran (1766-1824), Friedrich Schelling (1775-1854), Arthur Schopenhauer (1788-1860), Wilhelm Dilthey (1833-1911), Edmund Husserl (1859-1938), entre tantos outros.

p. 435 Leitura de aprofundamento

EXERCÍCIO F

p. 433

Nos textos abaixo, identifique qual a temática central e qual intuição funda a análise de cada pensador:

TEXTO A – Bergson, *Ensaio sobre os dados imediatos da consciência*

1 Quando acompanho com os olhos o mostrador de um relógio ou o movimento do ponteiro que corresponde às oscilações do pêndulo[26], não meço a duração como acreditamos que acontece. Eu me limito a contar simultaneidades[27], o que é bem diferente. Fora de mim, no espaço, só há uma posição única do ponteiro
5 e do pêndulo, pois não resta nada das posições passadas. Dentro de mim, no entanto, percorro um processo de organização ou de penetração mútua entre os fatos; e esse processo constitui a verdadeira duração. É porque eu duro dessa maneira que eu
10 represento para mim mesmo aquilo que chamo de variações passadas do pêndulo exatamente no

[26]**Pêndulo:** *peso ligado por um fio ou por uma fina barra de ferro ao mecanismo de um relógio e que se movimenta da esquerda para a direita e vice-versa, pela força da gravidade, movimentando o mecanismo. Bergson se referia a um relógio antigo, movido por pêndulo.*

[27]**Simultaneidade:** *característica de coisas ou eventos que acontecem conjuntamente (ao mesmo tempo).*

momento em que percebo a sua variação atual. Mas, façamos o exercício de suprimir[28] por um instante o "eu" que pensa essas variações consideradas sucessivas. Só haverá uma variação do pêndulo, uma única posição mesma desse pêndulo; portanto, não haverá duração. Façamos agora o exercício de suprimir o pêndulo e suas variações. Só restará a duração variada do "eu", sem momentos exteriores entre si; não haverá relação
15 com números. Assim, em nosso "eu", há sucessão sem exterioridade recíproca. Fora do "eu" há exterioridade recíproca sem sucessão: há exterioridade recíproca porque a variação presente é radicalmente diferente da variação anterior que não existe mais; e há ausência de sucessão porque a sucessão existe somente para um espectador consciente que rememora o passado e justapõe[29] as duas variações ou os seus símbolos em um espaço auxiliar. Ora, entre a sucessão sem exterioridade e a exterioridade sem sucessão produz-se uma
20 espécie de troca, muito parecida ao que os físicos chamam de endosmose[30]. [...] Por essa razão, vemos como é equivocada a ideia de que há uma duração interna sem variações, que seria parecida com o que acontece no espaço, onde os momentos idênticos seguiriam uns aos outros, sem se penetrar.

BERGSON, H. *Essai sur les données immédiates de la conscience*. Paris: PUF, 1970. p. 80-81. (Ensaio sobre os dados imediatos da consciência. Tradução nossa.)

TEXTO B – Agostinho de Hipona, *Confissões*

O que é o tempo? Se ninguém me pergunta, eu sei; mas, se eu quiser explicar a alguém que me
1 pergunta, já não sei. No entanto, digo isto com confiança: sei que se nada passasse, não haveria o tempo passado; e, se nada adviesse, não haveria o tempo futuro; e, se não houvesse nada, também não haveria o tempo presente. [...] Se há acontecimentos futuros e passados, quero saber onde estão. Se ainda não é possível saber isso, sei, no entanto, que, lá onde quer que eles estejam, eles são presentes,
5 não são nem futuros nem passados. Afinal, se os acontecimentos futuros lá estão como futuros, então ainda não estão propriamente lá onde estão [pois são futuros]; e, se os acontecimentos passados estão como passados lá onde estão, então também não estão lá onde estão [pois são passados]. Em vez disso, onde quer que eles estejam e o que quer que sejam, só podem estar como presentes. Quando acontecimentos passados são narrados como acontecimentos verdadeiros, aquilo que se busca na
10 memória não são os acontecimentos passados mesmos, mas as palavras foram concebidas com base nas imagens desses acontecimentos passados: por meio dos nossos sentidos, os acontecimentos passados deixaram em nosso espírito algo como um rastro. Mesmo a minha infância, que já não existe mais, está no tempo passado, que também já não existe mais; porém, quando me lembro da minha infância e a narro, vejo a sua imagem no tempo presente, porque ainda está na minha memória. Confesso
15 que ignoro por enquanto [...] se ocorre algo semelhante quando se preveem acontecimentos futuros. Mas isto eu sei: em geral premeditamos nossas ações futuras e essa premeditação é presente, mesmo que a ação que premeditamos ainda não exista, porque é futura. [...] Algo agora me é claro e explícito: não há acontecimentos futuros nem passados; é só inadequadamente que falamos de três tempos, o passado, o presente e o futuro. Em vez disso, seria mais adequado dizer que os três tempos que há são
20 estes: o presente dos acontecimentos passados; o presente dos acontecimentos presentes; o presente dos acontecimentos futuros. Há na minha alma – e não vejo onde eles possam ocorrer senão na minha alma – estas três [possibilidades]: a memória presente de acontecimentos passados; a visão presente dos acontecimentos presentes; e a espera presente de acontecimentos futuros.

[28] **Suprimir:** *tirar; fazer desaparecer; esquecer.*
[29] **Justapor:** *pôr algo ao lado de outro.*
[30] **Endosmose:** *acontecimento físico em que aparece uma dupla corrente ou dois fluxos entre líquidos ou gases capazes de se misturar através de uma película ou de uma fronteira cheia de poros. Bergson aponta para a penetração ou a contaminação entre o que é temporal e o que é espacial.*

AGOSTINHO DE HIPONA. *Confessions*. XI, 14, 17; 18, 23; 20, 26. Ed. Pierre de Labriolle. Paris: Belles Lettres, 1961. p. 308-314. Livros IX-XIII. (Confissões. Tradução nossa para o português, com base no texto latino.)

TEXTO C – Maine de Biran, *Ensaio sobre os fundamentos da psicologia*

Do ponto de vista da minha reflexão, se me concentro em minha consciência, não posso considerar como justificada a frase "eu sou uma coisa pensante", pois seria necessário que o pensamento fosse sentido ou percebido como o modo fundamental ou o atributo[31] inseparável de uma substância[32]. Isso quer dizer que a consciência seria marcada pela ligação de dois polos distintos: de um lado haveria a substância e, de outro, o modo ou o atributo. Mas com certeza a consciência não manifesta nada desse tipo. Quando digo "eu" e dou testemunho de minha própria existência, sou para mim mesmo não uma coisa ou um objeto cuja existência eu afirmo e ao qual ligo o pensamento, mas sou um sujeito que se reconhece e afirma para si mesmo sua existência na medida em que se percebe interiormente ou pensa. [...] A fórmula "eu sou uma coisa pensante" leva a uma contradição com o fato primitivo [da percepção interior] [...]. Mas também não seria correto concluir que a consciência se limita a uma coisa única. [...] Tudo o que há na consciência é sempre uma relação[33].

[31] ***Atributo:*** *característica; qualidade.*
[32] ***Substância:*** *uma coisa que existe.*
[33] ***Relação:*** *para Maine de Biran, essa relação se dá entre a consciência e algo que resiste a ela, quer dizer, que se mostra como algo não produzido por ela, mas que se impõe a ela.*

MAINE DE BIRAN. *Essai sur les fondements de la psychologie*. Paris: PUF, 1932. p. 126-127. (Ensaio sobre os fundamentos da psicologia. Tradução nossa.)

p. 434 Proposta de ativ. complementar

Para continuar viagem...

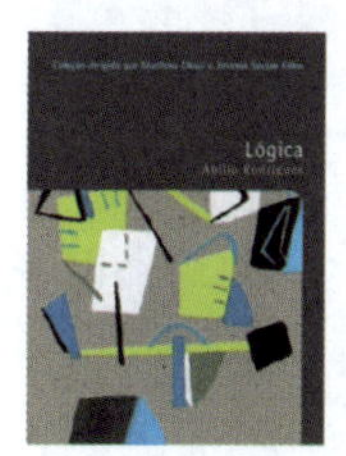

Lógica, *de Abílio Rodrigues, WMF Martins Fontes, 2011 (Coleção Filosofias: o prazer do pensar).*
Apresentação didática, partindo de noções da lógica clássica e chegando a temas contemporâneos. ■

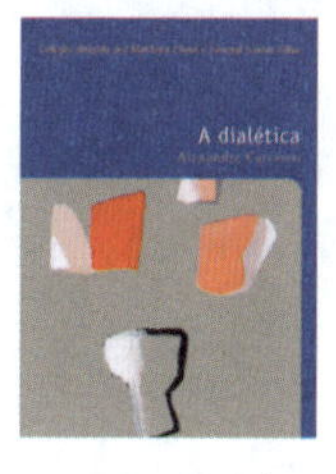

A dialética, *de Alexandre O. T. Carrasco, WMF Martins Fontes, 2016 (Coleção Filosofias: o prazer do pensar).*
Em estilo também dialético, o livro apresenta momentos centrais da história da dialética. ■

Consciência e memória, *de Débora Morato Pinto, WMF Martins Fontes, 2013 (Coleção Filosofias: o prazer do pensar).*
Estudo da consciência e da memória, com ênfase nas filosofias de Bergson e Deleuze. O modo como Bergson analisa o uso instrumental da linguagem permite conhecer o sentido de seu método intuitivo. ■

Arte & Matemática, *TV Cultura. (Disponível em <http://www2.tvcultura.com.br/artematematica>. Acesso em: 19 dez. 2015.)*
O belo site interativo produzido pela TV Cultura apresenta temas que integraram a história da reflexão filosófica sobre o pensamento e seus métodos (tais como harmonia, simetria, ordem, ritmo, caos etc.). ■

O labirinto do fauno *(El laberinto del fauno), direção Guillermo del Toro, 2006, Espanha/México.*
Ofélia, garota de 10 anos, muda de casa com sua mãe, que havia casado com um oficial importante da Guerra Civil Espanhola. Na mansão, Ofélia descobre um labirinto e passa a ter uma série de vivências intensas. Assista ao filme com a seguinte pergunta em mente: "Tudo o que vive Ofélia não passa de ilusão?". Este filme é uma excelente obra sobre o valor e a eficácia da metáfora. ■

Um livro ilustrado de maus argumentos, *de Ali Almossawi, tradução Diogo Lindner, Jaspers Collings, 2014. (Disponível em: <https://bookofbadarguments.com/pt-br>. Acesso em: 05 maio 2016).*
Guia bem-humorado para reconhecer falácias. ■

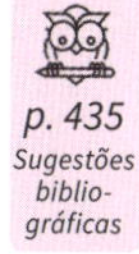
p. 435 Sugestões bibliográficas

A **Unidade 2** é uma coleção de temas que retratam diversas faces de nossa experiência cotidiana e que aqui são tratados filosoficamente. Tratá-los filosoficamente significa estudá-los da perspectiva da atenção filosófica ou do pensamento sobre o pensamento.

Somos convidados a praticar atos filosóficos com base nos temas aqui propostos. Esses atos vão desde a experiência da pergunta pelo sentido da existência até a reflexão sobre o que significa conhecer, passando por aspectos existenciais bastante intensos como a busca da felicidade; a vivência da amizade, da sexualidade e do amor; a inserção na vida social, na Natureza e na Cultura; a liberdade; a prática ética e política; a experiência estética e artística e a experiência religiosa.

Os capítulos estão organizados de acordo com o grau de exigência decorrente dos próprios temas; por isso, eles vão do mais simples ao mais complexo. No entanto, são todos autoexplicativos e podem ser estudados separadamente, bem como fora da ordem em que se encontram. Ao mesmo tempo, os Capítulos 5, 6 e 7, embora independentes, foram escritos para permitir um estudo filosófico linear do ponto de vista histórico, pois, concentrando-se no modo como filósofas e filósofos trataram do tema do amor, eles percorrem caminhos da Antiguidade, da Idade Média, do Renascimento, da Modernidade e da Contemporaneidade.

Permitindo-nos pensar filosoficamente sobre nossa própria existência, os capítulos da Unidade 2 colaboram para fortalecer o prazer do pensamento esclarecido e livre!

Temas tratados filosoficamente

UNIDADE 2

1 O sentido da existência

2 A felicidade

3 A amizade

4 Sexualidade e força vital

5 Desejo e amor

6 Do amor de amigo ao amor sagrado

7 Do amor cortês ao amor hoje

8 Sociedade, indivíduo e liberdade

9 Natureza, Cultura e pessoa

10 Política e Poder

11 A prática ética

12 Experiência estética e experiência artística

13 A experiência religiosa

14 O conhecimento

WICHAN/SHUTTERSTOCK.COM

CAPÍTULO

1 O SENTIDO DA EXISTÊNCIA

p. 436

Por que passamos nossa vida a desejar formas melhores de viver e a buscar maneiras de nos sentirmos realizados?

Por que existimos?

Muitos de nós, em algum momento, fazemos essa pergunta. Talvez você já a tenha feito...

Ela pode se desdobrar em outras, como: de onde vem o ser humano e para onde ele vai? Existimos para ser felizes? Para sofrer? Existimos porque Deus quer? Ou existimos porque somos obra do acaso?

O diretor de cinema norte-americano Roger Nygard (1962-) viajou pelo planeta e levou essas interrogações a pessoas muito diferentes, registrando as respostas no documentário *A natureza da existência* (*The Nature of Existence*, Walking Shadows Produções, 2010).

Como o próprio Nygard explica, ele nasceu em uma família evangélica. Portanto, em sua casa, falava-se de um sentido religioso para a existência. Ele mesmo era indiferente a esse assunto; e, quando criança, frequentava a igreja apenas porque seus pais o levavam. Até sentia certo prazer com isso, porque a família fazia um lanche especial depois da cerimônia. Nygard passava, então, todo o tempo do culto a contar os minutos e a sonhar com as panquecas quentinhas que viriam na sequência...

Tudo mudou em sua maneira de ver a realidade quando Nygard tinha 13 anos e foi surpreendido pela morte de seu pai. A vida parecia não ter sentido nenhum. Mais tarde, com 39 anos, Nygard ficou chocado com outro acontecimento absurdo: o ataque de 11 de setembro de 2001 às Torres Gêmeas de Nova York. A morte de tantas pessoas inocentes só confirmava sua impressão de que a vida era absurda.

Nygard decidiu, então, sair pelo planeta e perguntar às mais diferentes pessoas o que elas pensavam sobre o sentido da existência. Algumas falavam de Deus; outras diziam que somos "poeira cósmica". Para outras, ainda, existimos para nos divertir, amar, trabalhar, praticar esportes etc. Por fim, havia quem afirmasse não ter o menor interesse nesse tipo de pergunta; preferiam "simplesmente viver". Mas Nygard notou que todos os entrevistados tinham alguns pensamentos em comum: apreciavam o amor, a paz e o prazer, mesmo o pequeno prazer de comer umas boas panquecas...

Nygard entrevistou tanto pessoas simples como grandes personalidades públicas. Entre estas, Sri Sri Ravi Shankar, da Fundação Arte de Viver; Richard Dawkins, biólogo evolucionista ateu; Leonard Susskind, físico e cocriador da Teoria das Cordas; Rob Adonis, lutador de luta livre; e o diretor de cinema Irvin Kershner, de filmes como *Star Wars V* e *Robocop*.

Dispondo de respostas bastante variadas, Roger Nygard declara: "Depois de encontrar tantos especialistas e gurus[1], uma nova parte de mim despertou com cada pessoa que conheci. Quanto mais eu aprendia sobre elas, mais gostava delas e menos crítico eu ficava. Tornei-me menos temeroso[2] de nossas diferenças. Percebi o quanto somos parecidos. Todos querem amor, paz e algumas respostas que ajudem a vida a ser mais fácil. Só queremos chegar às panquecas". E conclui: "Enquanto estivermos aqui, como devemos continuar a viver nossas vidas? Por que fomos colocados neste planeta? Para nos esforçarmos, sofrermos e termos êxito apenas para morrer? [...] A única coisa garantida é este momento, aqui e agora. Como eu irei vivê-lo? Continuarei buscando; pois você e eu estamos numa jornada[3]; e quando pararmos de aprender e crescer, começaremos a morrer".

Essas afirmações de Roger Nygard estão gravadas entre os minutos 1:29:42 e 1:30:36 do documentário. A versão integral do documentário com legendas em português pode ser vista gratuitamente na plataforma *Internet Archive* (Disponível em: <https://archive.org/details/Natureza.da.Existencia>. Acesso em: 27 dez. 2015.).

[1] **Guru:** *guia religioso; mentor; conselheiro. No hinduísmo, o termo guru designa um líder espiritual.*

[2] **Temeroso:** *quem tem medo ou receio de algo ou alguém.*

[3] **Jornada:** *viagem; aventura.*

A Filosofia tem muito a dizer sobre o tema do sentido da existência. Porém, ela não oferece apenas mais uma opinião; menos ainda uma resposta definitiva. Em vez disso, a Filosofia desconstrói visões já existentes, a fim de compreendê-las e de contribuir para eventualmente aceitá-las, melhorá-las ou mesmo abandoná-las.

A primeira atitude filosófica para desconstruir o tema do sentido da existência consiste em perguntar: do que falamos quando falamos de *sentido*?

1 Sentido e significado

Em nosso modo cotidiano de pensar e falar, costumamos chamar de *sentido* o "significado" de alguma coisa. Por exemplo, ao ver as placas de trânsito abaixo, podemos perguntar pelo "sentido" delas.

Olhando para elas, percebemos o que elas exprimem. A primeira é facilmente compreendida quando identificamos o desenho de uma buzina e vemos a marca \ sobre ela. Estamos acostumados a entender essa marca como sinal de proibição. Então, os elementos que compõem a placa são rapidamente interpretados e concluímos que é proibido buzinar. Entendemos também que estamos em uma região onde é necessário evitar o barulho (por exemplo, perto de um hospital).

A segunda e a terceira placas podem apresentar certa dificuldade se não conhecemos as regras de seu uso no trânsito. No caso da segunda, já sabemos que a marca \ representa proibição. Resta saber o que significa E. Ao entendermos que ela significa "Estacionar", concluímos que é proibido estacionar naquele local.

Placas de trânsito (Código Nacional de Trânsito).
Acima, à esquerda: "Proibido buzinar".
Acima, à direita: "Proibido estacionar".
Abaixo, à esquerda: "Dê a preferência".

Compreendemos também que há uma razão para não estacionar ali. Por exemplo, pode haver uma garagem, pode ser uma rua de grande circulação (onde carros estacionados dificultam o tráfego).

Quanto à placa com o triângulo de cabeça para baixo (a base em cima), precisamos saber que, ao ver esse símbolo, devemos esperar passar o carro que já está no caminho onde desejamos entrar (uma rua, uma rotatória). É como se estivéssemos na ponta estreita do triângulo e nos dirigíssemos para a sua abertura, vendo, porém, que essa abertura tem um limite (a base do triângulo): esse limite representa o fato de não podermos entrar de qualquer jeito na abertura; devemos observar se algum carro já está no caminho e dar a ele a preferência de continuar seu trajeto; só podemos continuar depois dele. Entendemos facilmente também o porquê ou o sentido dessa placa: ela resolve a dificuldade de saber qual dos carros deve avançar quando se encontram ao mesmo tempo em um determinado local; evita-se que essa decisão seja tomada pelos próprios motoristas, pois isso seria muito arriscado.

O exemplo tomado do uso das placas permite melhorar nossa maneira cotidiana de falar de significado e de sentido. Quando sabemos o que significam os elementos de um símbolo, entendemos o significado desse símbolo (ao ver uma buzina cortada, entendemos que é proibido buzinar; e assim por diante). Além disso, somos capazes de também entender algo maior do que o próprio símbolo: o seu sentido (sua razão, seu porquê). Assim, ao ver a buzina cortada, concluímos que lá talvez haja um hospital (o hospital é o porquê da placa); ao ver o E cortado, compreendemos que a existência de uma garagem é a razão para não estacionar; ao ver o triângulo invertido, sabemos que o seu sentido é o fato de aquele local poder gerar dúvida nos motoristas e expô-los ao risco de acidente.

O *significado*, então, é o conteúdo básico da identidade de algo. Vemos um animal que tem quatro patas, late e balança o rabo e entendemos o seu significado: é um ser que pertence à espécie dos cachorros; não é um gato nem um cavalo. Se nos deparamos com algo que não conhecemos, precisamos de tempo e explicações para compreendê-lo; necessitamos associar um significado a ele. Se um extraterrestre aparecesse diante de nós, precisaríamos de referências (conteúdos de significado) para poder identificá-lo; ou, se nunca estudamos Química, necessitamos de explicações para entender que a fórmula H_2O representa a água.

O *sentido*, por sua vez, é um conjunto de significados que, tomados justamente em conjunto, exprimem uma ideia mais ampla. Por exemplo, no uso das placas, os desenhos da buzina (sinal de barulho) e da barra \ (sinal de proibição) já fazem pensar no significado de "proibido barulho", mas esses desenhos também conduzem o pensamento para além deles mesmos, permitindo entender algo mais amplo, como é a existência de um hospital nas redondezas. O sentido, então, é mais do que um simples significado; é um conjunto de significados que, correlacionados, permitem produzir outra ideia. Por isso, o sentido refere-se ao que os seres humanos produzem como explicação de suas ações, pensamentos, emoções, sentimentos.

Ao considerar a existência, entendemos que ela é a experiência de estarmos no "mundo" e de estabelecermos relações com tudo e todos. Esse é o *significado da existência*. Olhamos para coisas, pessoas, acontecimentos etc. e os identificamos; entendemos o que são (sabemos diferenciar um cachorro de um gato, uma emoção de raiva de uma emoção de alegria, uma pessoa de uma árvore e assim por diante). No seu conjunto, a existência pode, então, ser vista apenas em seu significado, isto é, como aglomerado de pessoas, coisas, acontecimentos etc.

Porém, também podemos olhar de um modo diferente para o aglomerado de tudo o que existe e perguntar se há um porquê para esse aglomerado. Em outras palavras, podemos olhar para o conjunto de tudo o que existe e pensar que um motivo talvez os tenha feito existir e os mantém na existência. Perguntar por esse porquê, motivo ou razão significa perguntar pelo *sentido da existência*.

Falar de *sentido da existência* não é uma tarefa simples. Diferentemente do significado da existência (facilmente captável pelo modo como somos acostumados a entender o conjunto das coisas), o sentido da existência é algo que não se observa diretamente, mas requer um esforço de interpretação e de justificativa dessa mesma interpretação.

Falar do sentido de algo equivale a falar de, pelo menos, duas coisas: a *origem* e a *finalidade*. A origem consiste no *de onde* vem algo, sua procedência ou começo; a finalidade, por sua vez, indica o *para onde* algo vai, aquilo que ele busca alcançar. Tratando da existência e considerando que ela é a nossa estada no "mundo", em relação com tudo e todos que nos cercam, torna-se visível a dificuldade de falar de sua origem. Afinal, não temos nenhuma experiência dessa origem; não podemos observá-la.

Um complicador desse quadro é o fato de estarmos habituados a explicações religiosas e científicas sobre a origem do "mundo". Isso dificulta perceber que tais explicações pertencem ao nível do sentido, e não do significado. Elas não são simples identificações do começo da existência, mas são interpretações. Evidentemente, algumas interpretações são mais aceitáveis do que outras, porque são mais justificadas; no entanto, tudo o que afirmamos a respeito da origem da existência permanece sob a sombra de uma dúvida radical: o que realmente aconteceu pode ter sido totalmente diferente daquilo que imaginamos.

Diante dessa inescapável dificuldade e da saudável dúvida que torna o pensamento humano mais consciente de seus limites, seria excessivamente temerária[4] qualquer afirmação filosófica sobre a origem da existência. Assim, com a consciência de que a atividade filosófica requer argumentos compreensíveis e avaliáveis por seus interlocutores, os filósofos percebem que, no tocante à interpretação da origem da existência, é grande o risco de repetir crenças não justificadas (tanto religiosas como científicas). Ora, adotar crenças não justificadas é uma atitude radicalmente antifilosófica. Daí o extremo cuidado da maioria dos pensadores ao pronunciar-se sobre a origem da existência.

No entanto, resta a possibilidade de refletir sobre o sentido da existência entendido como finalidade. Nesse campo, o debate filosófico é amplo e intenso. Segundo alguns pensadores, é possível entender a finalidade da existência, pois a própria existência daria sinais de sua finalidade. Segundo outros, não é possível falar de finalidade da existência, pois sequer temos condições de saber o que é "a" existência. Segundo outros, ainda, a existência simplesmente não tem qualquer finalidade. Apresentaremos a seguir essas três posturas filosóficas, a fim de sintetizar as principais linhas do debate.

EXERCÍCIO A

p. 436

1. Com base no exemplo das placas de trânsito, diferencie *significado* e *sentido*.
2. Quais as duas maneiras básicas de exprimir o sentido de algo?
3. De onde vem o inconveniente fundamental de pretender falar sobre o *sentido da existência* entendido como *origem*?

2 Não é possível falar sobre o sentido da existência

Comecemos por uma posição filosófica bastante estimulante: havendo ou não um sentido para a existência, não podemos pronunciar-nos sobre ele, pois não temos condições racionais para dar um tratamento adequado a esse tema. Perguntar pelo sentido da *existência* seria uma pergunta que não pode ser respondida; seria uma *falsa pergunta*.

Um tratamento adequado ao tema da finalidade requereria saber o que é *a existência como um todo*, além de alguma observação que funcionasse como critério[5] para orientar a compreensão de sua finalidade. Sem poder observar o que é a existência "como um todo", também não podemos saber a sua finalidade. Seria um autoengano[6] querer dar uma resposta adequada para tal problemática; e qualquer resposta não passará de opinião pessoal, sem valor racional (filosófico ou científico).

Pode-se associar essa postura filosófica ao pensamento do filósofo austríaco Ludwig Wittgenstein (p. 76). Na obra intitulada *Tractatus logico-philosophicus*, ele toma posição a respeito do que considerava falsos problemas. Seu ponto de partida é a consideração de que só podem ser compreensíveis as frases que traduzem, por meio de palavras e de relações entre elas, as coisas observadas no "mundo" e as relações observadas entre as próprias coisas. Se o "todo" da existência e a sua finalidade não podem ser observados, qualquer frase a esse respeito não será compreensível .

Observe a insistência de Wittgenstein em apontar para "fora" do "mundo", do espaço e do tempo. Acompanhando as frases tiradas do *Tractatus*, entendemos por que ele aponta para "fora" do "mundo": se considerarmos como "mundo" o conjunto dos fatos (frase 1), quer dizer, dos estados de coisas (frase 2), ou as ligações que existem entre as coisas (frase 3), veremos que, nas frases ou proposições que construímos sobre o "mundo", os nomes das coisas substituem as próprias coisas (frase 4).

[4] ***Temerário:*** *que não percebe a gravidade de algo; imprudente; inconsequente.*

[5] ***Critério:*** *algo que serve de medida ou parâmetro para avaliar alguma coisa.*

[6] ***Autoengano:*** *enganar-se a si mesmo; iludir-se; crer em fantasia.*

O pensamento, então, como atividade racional compreensível pelos interlocutores, equivalerá a fazer frases ou proposições com sentido (frase 5); e isso, por sua vez, equivale a fazer frases que representam estados de coisas ou relações entre coisas. A totalidade dessas proposições é a linguagem (frase 6); a linguagem, portanto, representa o "mundo". Por fim, aquilo que não puder ser dito na linguagem passa a ser considerado como não pertencente ao "mundo" (frase 7), quer dizer, não pertencente ao conjunto das coisas observáveis e representadas na linguagem. O sentido do "mundo" ou tudo o que se refere ao seu porquê é algo que não entra na linguagem, uma vez que não corresponde a nenhuma coisa representada por ela. Assim, ainda que haja algum sentido para o "mundo", ele está fora do "mundo" (frase 8), porque está fora da linguagem.

Wittgenstein não afirma que fora do "mundo" há um sentido. Se ele o afirmasse, não respeitaria sua própria visão e produziria uma "cãibra" mental, pretendendo pronunciar-se sobre algo que não corresponde a nenhuma coisa exprimível pela linguagem. Mas, ao falar de um "fora" do "mundo", Wittgenstein também não pretende negar que o "mundo" tenha algum sentido. Se o negasse, produziria outra "cãibra", porque também se pronunciaria sobre algo que simplesmente não faz parte da descrição do "mundo". Tais cãibras nascem quando se pretende tratar como parte do "mundo" ou da linguagem aquilo que está fora deles.

LUDWIG WITTGENSTEIN (1889-1951)

Foi um filósofo austríaco de grande destaque no pensamento contemporâneo. Foi responsável pela revolução linguística que fez a Filosofia concentrar-se na relação entre linguagem e pensamento. Seu trabalho costuma ser dividido em duas fases, marcadas respectivamente pelas obras *Tractatus logico-philosophicus* e *Investigações filosóficas* (obra publicada postumamente).

Sem cair nessa armadilha, Wittgenstein não se compromete com um lado de "fora" da linguagem ou do "mundo". Afirmar que o sentido do "mundo" está "fora" dele significa indicar que algo como um "sentido do mundo" (sua finalidade e mesmo sua origem) simplesmente não pode ser pensado com nossa aparelhagem mental e linguística. Mais coerente, então, é calar-se sobre aquilo de que não se pode falar (frase 10).

Wittgenstein reconhece a importância extrema, para a vida humana, de preocupações como essas (o sentido da existência, além de outras que também não remetem a nada de observável diretamente, como é o caso da Ética ou da arte); elas só não dizem respeito ao conhecimento racional.

Em outro momento de sua atividade filosófica, Wittgenstein altera aspectos importantes da sua primeira concepção de linguagem e de "mundo". Escrevendo

O sentido do "mundo" e da vida está fora do "mundo"
Ludwig Wittgenstein

1 O mundo é a totalidade dos fatos. [...]
O que é o caso, o fato, é a existência de estados de coisas.
O estado de coisas é uma ligação de objetos (coisas). [...]
O nome substitui, na proposição, o objeto.
5 O pensamento é a proposição com sentido.
A totalidade das proposições é a linguagem.
Os limites de minha linguagem significam os limites de meu mundo.
O sentido do mundo deve estar fora dele. No mundo, tudo é como é e tudo acontece como acontece. [...]
10 A solução do enigma da vida no espaço e no tempo está *fora* do espaço e do tempo. [...]
Sobre aquilo de que não se pode falar, deve-se calar. ■

WITTGENSTEIN, Ludwig. *Tractatus logico-philosophicus*. Tradução Luiz H. Lopes dos Santos. São Paulo: EdUSP, 1994. p. 275-281 (proposições 1.11, 2, 2.01, 3.22, 4, 4.001, 5.6, 6.41, 6.4312, 7).

a obra *Investigações filosóficas*, ele admite diferentes usos das palavras e não as considera mais como representações ou "etiquetas" que se colam às coisas do "mundo". Os diferentes usos funcionam como *jogos de linguagem* (p. 347) e são definidos segundo as regras conhecidas pelos próprios jogadores.

Da perspectiva da segunda concepção wittgensteiniana da linguagem, seria possível defender a possibilidade de pensar o sentido da existência como um sentido criado em um determinado jogo de linguagem. Porém, a sua primeira concepção é a que mais interessa aqui, pois ela representa com clareza a atitude filosófica de recusar a tentativa de falar desse sentido, atitude que caracterizou e ainda caracteriza vários pensadores, como, entre outros, os membros do Círculo de Viena e seus seguidores.

CÍRCULO DE VIENA

É como foi denominado um grupo de filósofos reunidos na Universidade de Viena de 1922 a 1936, sob a coordenação de Moritz Schlick (1882-1936). O programa filosófico central do círculo ficou conhecido como positivismo lógico, ou empirismo lógico, e buscava defender uma visão do conhecimento segundo os procedimentos da Física, entendendo a Filosofia como atividade de esclarecimento lógico das afirmações científicas, éticas e estéticas e como denúncia de discursos sem sentido racional (aqueles que não se referem diretamente a elementos do mundo físico). Entre os pensadores mais conhecidos que frequentaram o Círculo de Viena estão Kurt Gödel (1906-1978), Carl Hempel (1905-1997), Alfred Tarski (1901-1983) e Willard Quine (1908-2000).

EXERCÍCIO B p. 437

1. O que leva alguns filósofos a considerar falsa a pergunta pelo sentido da existência?
2. Por que, segundo a obra *Tratado lógico-filosófico*, de Wittgenstein, a linguagem representa o "mundo"?
3. O que significa, no pensamento wittgensteiniano, afirmar que o sentido da existência está fora do "mundo"?

3 É possível falar sobre o sentido da existência

Alguns filósofos consideram possível pronunciar-se sobre o sentido da existência justamente porque não tomam a existência como um bloco único de coisas interligadas ou como "um todo"; antes, chamam de *existência* a experiência de que estamos no "mundo" e podemos nos relacionar com tudo o que nos cerca. Mais do que "uma" coisa a ser conhecida em sua totalidade, a existência é sentida ou experimentada como ato, o *ato de existir*, quer dizer, de se perceber em relação a outros seres.

Mesmo que estejamos sonhando ou que o que chamamos de *existência* não passe de um delírio pessoal e coletivo, não há dúvida de que esse "sonho" ou "delírio" possui um conjunto de significados e pode conduzir a um sentido.

É pela análise dos significados contidos no próprio ato de existir que filósofos como o quebequense Jean Grondin (p. 78) defendem a possibilidade de falar do sentido da existência entendido como finalidade. O ato de existir já tem por si mesmo um significado: existir significa *tender a continuar existindo*. Ampliado para o conjunto do que conhecemos e concebido em termos de finalidade, esse significado permite ser expresso como um sentido: tudo existe porque visa sua conservação.

Existir é um movimento constante; e, justamente como movimento, a finalidade do existir é o próprio existir: tudo busca conservar-se no ato de existir. Esse dinamismo pode ser observado mesmo em seres irracionais; afinal, sem precisar refletir sobre o sentido da existência e sem estipular finalidades a alcançar, eles seguem o movimento ou o fluxo do próprio existir, comprovando, assim, que há uma direção seguida por todos: a autoconservação e o adiamento da morte tanto quanto é possível. Os seres humanos, animais qualificados pela capacidade reflexiva, podem debater indefinidamente sobre a finalidade da existência, mas a tendência a conservar-se (com tudo o que pode ser associado a ela, como o prazer) sempre se impõe a eles. Somente por um ato excepcional os humanos podem escapar dessa tendência, pondo fim ao próprio ato de existir.

Note que o texto de Jean Grondin começa pela conclusão, quer dizer, pela ideia que ele procura justificar: o sentido é algo que sentimos e que, por isso, existe independentemente de nós. Na sequência, o autor dá exemplos de sua ideia (mencionamos

JEAN GRONDIN (1955-)

É um filósofo e professor canadense reconhecido por suas contribuições no campo da hermenêutica, ou *atividade da interpretação*. Defende a existência de uma linguagem interior universal. Principais obras: *A universalidade da hermenêutica* e *O sentido da vida*.

DVANDE/SHUTTERSTOCK.COM

A correnteza de um rio, segundo Jean Grondin, indica a direção de um sentido que não depende de nós.

o sentido ou a direção das águas do rio e do vento, bem como do sentido do grito de um bebê, cuja direção é a pessoa que o alimenta e protege). A esse "sentido que se sente" Grondin chama de *sentido de direção*. Sua primeira evidência é o fato de que não somos nós que inventamos a direção das coisas (do rio e do vento, do grito do bebê), mas essa direção se impõe a nós.

Uma evidência é algo de que não se pode duvidar e cujo contrário é absurdo. Para poder concordar ou discordar do texto de Jean Grondin, a evidência do sentido de direção é o ponto sobre o qual mais precisamos refletir. É o ponto de partida de Grondin. Podemos, então, fazer a seguinte pergunta: nós realmente observamos que a direção do rio ou do choro do bebê é algo de que não se pode duvidar? Sem cair no absurdo, é possível conceber o contrário disso que se apresenta a nós como a direção do rio ou do choro do bebê? É muito difícil discordar de Grondin e considerar possível duvidar da direção do rio, do vento e do choro do bebê ou ainda imaginar como válido o contrário dessa direção. Ela é, portanto, uma evidência; e o pensamento de Grondin a esse respeito mostra-se bem justificado. É coerente com nossa experiência do "mundo" dizer que há uma direção em tudo o que existe.

Um segundo aspecto do ponto de partida do autor, chamado por ele de *segunda evidência*, está em dizer que o sentido de direção pode ser simplesmente "sentido", isto é, captado por meio dos cinco sentidos, sem a necessidade de argumento, reflexão ou discussão. Para constatar isso, basta observar que, mesmo sem refletir, as pessoas percebem o que significa entrar em um rio ou em um vendaval, ouvir um grito de dor ou sentir

O sentido da vida independe de nós
Jean Grondin

1 O sentido é algo que sentimos e que, por isso, existe "independentemente" de nós. Eis alguns exemplos: o sentido de uma corrente ou das águas de um rio, o sentido do vento, o sentido do grito de um bebê, o sentido no qual se dirigem em conjunto as coisas (o crescimento de uma planta, a evolução de uma doença). Minha primeira evidência é
5 que esse sentido, que poderíamos chamar de *sentido de direção*, não é construído por nós (afinal, ninguém inventou o sentido do rio); minha segunda evidência é que esse sentido pode "ser sentido" (para saber o que significa "sentir o sentido", basta entrar em um rio, em um vendaval, sentir o cheiro de um alimento ou ouvir um grito de dor). Nos dois casos, fala-se de "sentido"; nossos cinco sentidos são nossas capacidades
10 de sentir o sentido; o "sentido sentido" é a direção ou a finalidade das coisas mesmas. Nesse nível elementar, o sentido não depende, de modo algum, das nossas construções. A prova está em que nós, os humanos, não somos os únicos a sentir esse sentido. Os animais são perfeitamente capazes de senti-lo. Um animal "sente" se alguma coisa o ameaça, mas também sente quando alguma coisa é "sensata": isto é comestível;
15 este é um bom lugar para repousar; um bom parceiro etc. Toda vida é, assim, guiada por uma expectativa de sentido, embora essa expectativa possa ser decepcionada. ■

GRONDIN, Jean. *À l'écoute du sens*. Quebec: Bellarmin, 2011. p. 77-78. (À escuta do sentido. Tradução nossa.)

o aroma de um alimento. Pelos cinco sentidos, percebemos, então, a direção ou a finalidade das coisas, "sentido sentido", "sentido percebido pelos sentidos", "direção ou finalidade sentida".

É proposital a relação que o autor estabelece entre os cinco sentidos, o sentido de direção e o sentido percebido. Todo esse vocabulário é do campo do *sentir*, não do refletir, do calcular ou do construir interpretações. A essa altura do texto, Grondin recupera sua ideia inicial e a reapresenta como conclusão: o sentido não depende de nossas construções racionais, mas é percebido imediatamente. Por fim, Grondin extrai uma segunda conclusão, ampliando a primeira: todo ser vivo é guiado por uma expectativa, a preparação e a espera do encontro do sentido.

Pode-se dizer que o sentido identificado por Jean Grondin como a finalidade da existência é *imanente* (p. 80) a ela mesma. O filósofo não aponta para um nível externo à existência nem se baseia em uma teoria sobre ela. Em sua análise, o ato de existir é o que revela sua própria finalidade ou o seu sentido.

Outros filósofos identificam um sentido *transcendente* (p. 80) na existência, um horizonte de realização que vai além do próprio ato de existir. Trata-se de uma reflexão que exige cuidado redobrado, pois, para que a afirmação de um sentido transcendente seja adequada, requer-se que ela também se enraíze na imanência da experiência do ato de existir. Do contrário, corre-se o risco de projetar opiniões, ideias ou teorias na existência, em vez de ouvir a ela mesma.

Alguns filósofos trataram a imanência e a transcendência como duas alternativas excludentes, quer dizer, impossíveis de serem combinadas. O "mundo" seria explicável por si mesmo e tornaria desnecessário apontar para alguma dimensão maior do que ele. É o caso da posição filosófica conhecida como *materialismo*: a matéria de que são feitas todas as coisas é concebida como algo dinâmico, portador de suas próprias possibilidades de desenvolvimento, sem a necessidade de pensar em algo diferente dela para explicar o "mundo". Ela daria o seu sentido imanente tanto como finalidade (o desenvolvimento da matéria é o seu próprio objetivo) quanto como origem (tudo provém da matéria).

O filósofo francês Paul-Henry Thiry, também conhecido como Barão de Holbach (p. 80), é um exemplo de filósofo materialista. No seu entender, o dinamismo da matéria (movimento) se realiza sem nenhuma causa externa a ela mesma, ao mesmo tempo que a finalidade de tudo é realizar esse dinamismo.

Alguns filósofos, porém, percebiam que o estudo da matéria era mais complexo, sobretudo porque não observamos nada no "mundo" a que possamos dar o nome de *matéria*. Só observamos coisas materiais singulares. O conceito de *matéria* seria, então, uma construção do pensamento, e não um conceito que aponta diretamente para a realidade. Muito antes de Holbach, o filósofo Demócrito de Abdera (p. 82) explorou bastante essa temática. Assim, pensando no conceito de *matéria*, é possível afirmar que há vários materialismos na história do pensamento filosófico; e eles dependem do modo como cada filósofo entende a matéria. Aliás, nem mesmo na Física contemporânea há um conceito único de *matéria*.

Outros filósofos, ainda, perceberam que a observação do "mundo" colhe dados que se mostram incompreensíveis quando o olhar reflexivo se limita ao próprio "mundo". Por exemplo, é possível afirmar que

A Natureza tem um movimento interminável
Barão de Holbach

1 A observação iluminada pela reflexão deve convencer-nos de que tudo na Natureza está em um movimento interminável [...]. Mas de onde a Natureza recebeu seu movimento? Dela mesma, pois ela é o grande todo, fora do qual nada pode existir. Diremos que o movimento é um modo de ser que decorre necessa-
5 riamente da essência da matéria; que ela se move por sua própria energia; que seus movimentos são decorrentes das forças que são inerentes[7] à própria matéria; que a variedade de seus movimentos e dos acontecimentos que deles resultam vem da diversidade das propriedades, das qualidades, das combinações que se encontram originalmente nas diferentes matérias primitivas das quais a
10 Natureza é o conjunto. ■

D'HOLBACH. *Système de la Nature*. Paris: Fayard, 1988. p. 24-26. (O sistema da natureza. Tradução nossa.)

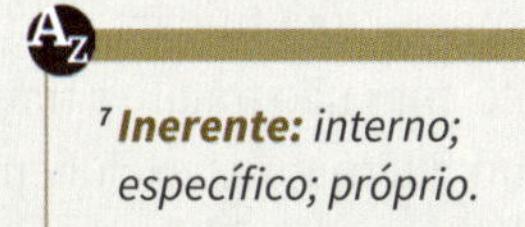

[7] ***Inerente:*** *interno; específico; próprio.*

MANSOURI IDRISSI SIDI MOHAMMED

Mansouri Idrissi Sidi Mohammed (1962-), sem título, 2013, óleo sobre tela. Galeria Artabus [s.l.]. Obra apresentada na exposição *Imanência e Transcendência*, Casablanca, Marrocos, 2013.

BARÃO DE HOLBACH (1723-1789)

Foi um filósofo franco-alemão do período do Iluminismo e teve papel decisivo na concepção do materialismo e do ateísmo modernos. Obra mais conhecida: *Sistema da Natureza ou As leis do mundo físico e do mundo moral*, publicada originalmente de modo anônimo em 1770.

CONCEITOS ESTRATÉGICOS

Imanência e Transcendência

Imanência – característica de algo que, ao ser explicado, permanece no mesmo nível de realidade considerado, sem apontar para além desse nível. Exemplos:

Ao fazer os humanos arcarem com as consequências de seus atos, a vida revela uma justiça imanente.
O sentido do fluxo da existência é imanente ao próprio fluxo.

Transcendência – característica de algo que, ao ser explicado, ultrapassa o nível de realidade considerado, revelando-se maior do que esse nível. Não necessariamente significa estar fora ou acima desse nível, mas ser superior ou maior do que ele. Exemplos:

A beleza é transcendente às coisas belas.
O país transcende seus habitantes.

há valores que se revelam no "mundo", mas não se reduzem a ele. Valores são avaliações. Perceber valores no "mundo" significa olhar para as coisas e não parar apenas na estrutura física delas, mas captar ao mesmo tempo o que é que elas valem em si mesmas. Assim, ao olhar para o "mundo", podemos não apenas ver coisas, mas avaliá-las como coisas belas, boas, justas etc. Independentemente do conteúdo ou do contorno cultural que se dê à ideia de beleza, de bondade ou de justiça, *beleza*, *bondade* e *justiça* são tomadas como sentidos gerais que as coisas têm nelas próprias. Mesmo os outros animais percebem valores nas coisas, identificando-as, por exemplo, como desejáveis, ameaçadoras, atraentes, repulsivas etc. Esses valores parecem objetivos, pois não dependem de invenção (haveria uma ordem objetiva de valores). Alguns filósofos concebem, assim, uma dimensão que, mesmo agindo no "mundo", vai além dele e o supera. Identificam, portanto, um sentido transcendente, mas não tratam a transcendência e a imanência como alternativas excludentes, pois a transcendência se deixa perceber por meio de experiências vividas na imanência do "mundo".

O filósofo grego Platão (p. 82), por exemplo, observava que, embora os seres humanos reconheçam coisas belas no "mundo", não faz sentido dizer que a Beleza é apenas o conjunto de coisas belas. A Beleza é mais do que esse conjunto; vai além dele; é o que dá o seu sentido. Afinal, tudo no "mundo" surge, desenvolve-se e morre; também as coisas belas passam por esse processo. No entanto, o desaparecimento das coisas belas não faz desaparecer a experiência da Beleza. Pelo contrário, outras coisas belas continuam a surgir. Para falar de modo coerente sobre o "mundo", Platão concluía que era necessário ir além do dinamismo da matéria e apontar para uma dimensão que age na matéria e a supera. A Beleza, assim, mais do que uma característica imanente às coisas belas, deve ser entendida como algo transcendente que faz as coisas serem belas, sendo maior do que elas e independente delas.

O mesmo ocorre com as coisas verdadeiras e a Verdade, as coisas boas e a Bondade, as coisas numeradas e os Números. A essa dimensão transcendente Platão chamou de *Ideia*, *Essência* ou *Forma* (p. 150).

Como tudo o que existe visa obter a máxima realização de si, Platão concluía que a finalidade de tudo é imitar as Ideias, é se tornar como elas tanto quanto é possível no "mundo" material.

À objeção[8] de que as Ideias, Essências ou Formas não são realidades observáveis no "mundo", o pensamento platônico responderia que é o "mundo" mesmo que aponta para elas. Essa dimensão transcendente seria até mais compreensível do que a matéria; afinal, não há experiência direta de algo ao que se possa dar o nome de *matéria*, mas apenas experiência de coisas materiais singulares. Falar, então, de matéria significa usar um conceito, uma elaboração mental com o fim de apontar para uma dimensão imanente que, assim como as Ideias, também não é diretamente perceptível.

Mantendo grande semelhança com o procedimento platônico, mas introduzindo nele uma diferença radical, pensadores religiosos defendem que o

[8] **Objeção:** *argumento contrário; discordância.*

As coisas belas permitem ver a Beleza
Platão

Tenta seguir-me, se fores capaz: quem corretamente se encaminha para esse fim [essa formação] deve começar, quando jovem, por dirigir-se aos belos corpos; e, em primeiro lugar, se o seu dirigente o dirige corretamente, deve amar um só corpo e gerar belos discursos. Depois, deve compreender que a beleza em qualquer corpo é irmã da beleza que está em qualquer outro [corpo] e que, se se deve procurar o belo na Forma, seria muita tolice não considerar uma só e mesma Beleza em todos os corpos.

Ao entender isso, [quem está em formação] deve fazer-se amante de todos os belos corpos e largar o amor violento de um [corpo] só após desprezá-lo e considerá-lo mesquinho[9].

Depois disso, [quem está em formação] deve considerar mais preciosa do que a beleza do corpo a beleza que está nas almas, de modo que, mesmo se alguém de uma alma gentil tenha todavia um escasso encanto, contente-se [quem está em formação], ame e se interesse [por esse alguém]; e produza e procure discursos tais que tornem melhores os jovens, para que então seja obrigado a contemplar o belo nos ofícios e nas leis e a ver assim que ele mesmo [que está em formação] tem um parentesco comum; e julgue enfim de pouca monta[10] o belo no corpo.

Depois dos ofícios, é para as ciências[11] que é preciso transportar [quem está em formação], a fim de que veja também a beleza das ciências e, olhando para o belo já há muito, sem mais amar como um doméstico[12] a beleza individual de um criançola[13], de um homem ou de um só costume, não seja ele, nessa escravidão, miserável e um mesquinho discursador; mas, voltado ao vasto oceano do belo e contemplando-o, produza muitos discursos belos e magníficos e reflexões, em inesgotável amor à sabedoria, até que aí robustecido[14] e crescido, contemple ele uma certa ciência, única, tal que o seu objeto[15] é o belo seguinte [tal como vou apresentar].

Tenta agora prestar-me a máxima atenção possível. Aquele que, nas coisas do amor, tiver sido orientado até esse ponto, contemplando seguida e corretamente o que é belo, já chegando ao ápice[16] dos graus do amor, súbito[17] perceberá algo de maravilhosamente belo em sua natureza, aquilo mesmo, ó Sócrates, a que tendiam todas as penas[18] anteriores: [...] aparecer-lhe-á [o Belo ou a Beleza], aquilo que é por si mesmo, consigo mesmo, sendo sempre uniforme, enquanto tudo o mais que é belo dele participa, de um modo tal que, enquanto tudo mais que é belo nasce e perece, em nada [o Belo ou a Beleza] fica maior ou menor, nem nada sofre. ■

PLATÃO. *O banquete*. Tradução José Cavalcante de Souza. São Paulo: Abril, 1987. p. 41-42. (Coleção Os Pensadores.)

[9] **Mesquinho:** *limitado; estreito.*

[10] **Monta:** *importância.*

[11] *O termo* **ciências**, *aqui, refere-se a conhecimentos seguros, justificados racionalmente, e não às ciências em sentido moderno.*

[12] **Doméstico:** *escravo.*

[13] **Criançola:** *que já não é mais criança, mas comporta-se como tal.*

[14] **Robustecido:** *fortalecido.*

[15] **Objeto:** *conteúdo; alvo.*

[16] **Ápice:** *ponto mais alto, cume.*

[17] **Súbito:** *imediatamente; de repente.*

[18] **Penas:** *esforços.*

sentido da existência ou a sua finalidade é conhecer a Deus. A semelhança com Platão reside em apontar para uma dimensão transcendente que esclarece o "mundo"; a diferença, por sua vez, está em pensar que essa dimensão transcendente é "alguém", um ser com o qual se pode estabelecer uma relação de amizade e amor recíproco (p. 167).

PLATÃO (428-348 a.C.)

Nasceu e viveu em Atenas, na Grécia, foi aluno de Sócrates e professor de Aristóteles. Além da reflexão de seu mestre, Platão conheceu em profundidade o pensamento dos primeiros filósofos (conhecidos como pré-socráticos) e dos Sofistas (p. 83). Foi com base nessa formação que ele elaborou o núcleo de sua filosofia, conhecido como Teoria das Formas ou Ideias. Platão escreveu numerosas obras, todas em forma de diálogo, pois esse estilo concretizava o método filosófico que ele aprendera com seu mestre e assumira também como seu: o método dialético. Entre os diálogos platônicos mais conhecidos na História da Filosofia estão *Apologia de Sócrates* (sobre a Filosofia e sobre o julgamento de seu mestre, que foi condenado à morte), *Protágoras* (sobre os sofistas), *Crátilo* (sobre a linguagem), *O Banquete* (sobre o amor), *A República* (sobre a justiça, a Filosofia, a dialética e as Ideias), *Sofista* (sobre o ser).

DEMÓCRITO (460-370 a.C.)

Nasceu em Abdera e é geralmente conhecido pela relação com seu mestre Leucipo. Restaram poucas informações históricas sobre ambos. Sabe-se, no entanto, que eles concebiam o Universo ou o "mundo" como um conjunto de átomos e de vazio. Embora haja muitas semelhanças entre a ideia de átomo de Demócrito e a concepção moderna (unidades que compõem os corpos), para Demócrito o átomo significa aquilo que não pode ser dividido. Ele chega a esse conceito imaginando que, se pudéssemos dividir a matéria ao máximo, chegaríamos a "pedaços" muitos pequenos, separados pelo vazio (uma ausência de átomo, porém uma ausência que permite a "colagem" de átomos; algo, portanto, que existe e que tem uma função). A Natureza faz, então, que os átomos se unam e produzam corpos por colagens e descolagens de átomos.

Essa postura pode ser chamada de *filosofia religiosa*, pois os pensadores baseiam-se na experiência de fé (p. 308) para justificar a afirmação de que a finalidade última da existência é o encontro com Deus. Ao longo da História da Filosofia, muitos são os pensadores que adotaram tal postura. Enraizados na imanência da experiência de fé, apontavam para a transcendência divina e esforçaram-se para preservá-la como uma dimensão que, embora possa ser captada e expressa pelo pensamento, permanece inesgotável como um mistério que pode ser sempre mais conhecido.

Hoje, no entanto, percebe-se uma fragilidade na forma como algumas pessoas religiosas apresentam o ser divino, principalmente quando entram em debates científicos. Muitas vezes sem perceber, adotam procedimentos fundados na imanência e não preservam a transcendência divina; falam de Deus como se ele fosse uma peça no "quebra-cabeça" da Natureza e perdem de vista a necessidade de tratá-lo como algo que supera o "mundo". Algo semelhante ocorre com cientistas e filósofos que, tanto para afirmar como para negar a existência de Deus, o tratam como uma parte do "mundo" ou um dado científico que deve ser defendido ou refutado[19]. É razoável[20] debater e justificar a crença em Deus ou a negação dessa crença; mas é um equívoco realizar tal debate de modo a reduzir Deus a algo que se pode explicar, assim como se explicam as outras coisas do "mundo".

Um caso explícito desse equívoco é a discussão religiosa que ficou conhecida, de modo geral, como debate *criacionismo* versus *evolucionismo*. Esquecendo-se do sentido como finalidade e concentrando-se no sentido como origem, põem-se, de um lado, religiosos que defendem a criação do "mundo" e dos seres humanos a partir de um primeiro casal e, de outro lado, cientistas evolucionistas que negam a existência de Deus com base em teorias como a da explosão inicial, ou Big Bang, e do surgimento da vida humana a partir do desenvolvimento dos primatas.

Os representantes desse debate ignoram, porém, que o tema da origem do "mundo" escapa a toda possibilidade de prova definitiva e permanece sempre sob a possibilidade da dúvida.

[19] ***Refutar:*** *rejeitar algo, mostrando sua incoerência.*

[20] ***Razoável:*** *baseado em boas razões.*

Do lado científico, é exagerada a afirmação de que o "mundo" começou por acaso, pois o acaso não pode ser comprovado. O sentido do acaso é sempre uma interpretação de sinais (significados) encontrados na Natureza; não é um significado direto, quer dizer, não é algo que independe da construção humana. Além disso, afirmar que o "mundo" não teve um começo (sempre existiu) também não impede de pensar que um ser transcendente pode ter desejado que o "mundo" tivesse sempre existido. Do lado religioso, por sua vez, crer que Deus criou o "mundo" não exclui que ele pode ter se servido dos meios conhecidos pela Ciência para fazer o "mundo" ser tal como é. Os livros religiosos (Bíblia judaica, Bíblia cristã, Alcorão etc.) não são obras científicas, mas registros de visões de fé cujo objetivo é identificar em Deus o sentido de tudo o que existe. Ora, se Deus é transcendente, ele pode ter feito com que o "mundo" começasse a existir ou que existisse desde sempre.

No limite, criacionistas e evolucionistas não têm pensamentos que se excluem necessariamente. A raiz de sua discórdia está no fato de que não tratam adequadamente a transcendência divina. Afirmar com coerência que Deus existe exige não tratá-lo como simples parte do "mundo"; negar com coerência que ele existe significa negar a possibilidade de toda transcendência, e não apenas negar que ele é uma peça da "engrenagem" natural.

SOFISTAS

Foram filósofos gregos do tempo de Sócrates, responsáveis por introduzir aspectos originais na reflexão filosófica, principalmente temas de ética: diante das diferenças de costumes dos outros povos, eles questionavam o sentido das virtudes gregas e perguntavam "o que é uma virtude?". Por adotarem certa postura relativista, além de cobrarem por seus ensinamentos, receberam o título pejorativo de "especialistas do pensamento" ("sofistas", do grego *sóphos*, "sábio"), e não propriamente de "filósofos". Entre os mais conhecidos deles estão Górgias (485-380 a.C.) e Protágoras (490-415 a.C.).

A Bíblia não é obra científica

A finalidade da Bíblia não é transmitir uma mensagem científica, mas espiritual. Os autores religiosos são certamente pensadores religiosos. É muito comum também serem poetas, mas nunca se arvoram[21] em cientistas. Se procurarmos na Bíblia a verdade científica, de maneira alguma a encontraremos, simplesmente porque ela não está lá. Por isso, a criação do Universo, por exemplo, é descrita na Bíblia segundo as opiniões da época em que apareceu a narrativa da criação, sem valor científico.

A melhor prova disso é que há na Bíblia dois relatos contraditórios da criação! Num deles, tudo vem da água: no início, nada existia além de uma enorme massa de água; e Deus, depois de separar as águas do firmamento e as águas da terra, separou de novo esta última, para fazer aparecer a terra firme (capítulo 1 do *Gênesis*). No outro relato, ao contrário, tudo vem da terra: no começo, havia apenas a terra seca e estéril[22]; foi só depois que Deus fez jorrar água (capítulo 2 do *Gênesis*). O autor que reuniu numa única narrativa esses dois textos não foi enganado por seu aspecto contraditório. Se os justapôs[23], foi porque, para ele, esse aspecto "científico" era apenas acessório[24]; era um modo de se exprimir.

A Bíblia não procura explicar como funciona o Universo. Esse é o papel específico da pesquisa científica. Ela procura responder às seguintes questões: por que o Universo existe? Por que aconteceu essa evolução? Por que existe o ser humano? As narrativas bíblicas não querem dar um ensinamento científico para satisfazer nossa curiosidade. Elas querem fazer refletir sobre o essencial: nossa condição humana diante de Deus, nossas trágicas divisões, nosso confronto com uma Natureza que às vezes é hostil[25] e, finalmente, o sentido de uma História da qual somos, ao mesmo tempo, espectadores e atores. ■

MORIN, Dominique. *Para falar de Deus*. Tradução Nadyr Salles Penteado. São Paulo: Loyola, 1993. p. 52-54.

[21] ***Arvorar-se:*** *pretender ser o que não é.*
[22] ***Estéril:*** *improdutivo; que não pode gerar nada.*
[23] ***Justapor:*** *pôr duas coisas uma ao lado da outra.*
[24] ***Acessório:*** *auxiliar; secundário; dispensável.*
[25] ***Hostil:*** *algo que causa dificuldade; que provoca com força.*

EXERCÍCIO C

p. 437

1. Conhecendo a postura filosófica segundo a qual, mesmo se houvesse um sentido para a existência, não seria possível falar sobre esse sentido, explique o que permite a outros filósofos defender a ideia de que é, sim, possível falar dele.
2. Por que, segundo Jean Grondin, o comportamento dos animais seria uma prova de que o sentido da existência não é uma construção humana?
3. O que é um *sentido imanente* e o que é um *sentido transcendente*?
4. Falar de algo transcendente significa falar necessariamente de algo que está fora do "mundo"?
5. Pode-se provar cientificamente a existência ou a inexistência de Deus com base nas hipóteses de que o "mundo" teve um começo ou de que ele é eterno?

4 A existência não tem sentido; é absurda

Há filósofos que consideram a existência como algo sem sentido, sem finalidade; ela seria, portanto, absurda.

A base dessa atitude é, em geral, a profunda decepção diante do sofrimento e da incapacidade de satisfazer plenamente o desejo de realização. A existência impulsiona os seres vivos a buscar satisfação e a investir energia para obtê-la. No entanto, em grande parte, a mesma existência não permite que essa satisfação seja obtida de maneira completa. Desse ponto de vista, a existência pode parecer uma "piada" de mau gosto.

p. 438
Proposta de ativ. complementar

Essa "piada" pode piorar quando os humanos conseguem satisfazer seus desejos e percebem que não ganham nada de extraordinário com isso. Ficam apenas satisfeitos por um tempo e logo em seguida voltam a entediar-se, ou seja, a encher-se de *tédio*, essa sensação de não ter nada que estimule e dê gosto pela vida.

Um filósofo que marcou profundamente o pensamento ocidental ao refletir sobre a experiência do tédio foi o alemão Arthur Schopenhauer. No seu dizer, os humanos só têm prazer na existência quando lutam por algo, assim como quando estão com fome e procuram alimento. Uma vez alimentados, vem o tédio, a satisfação que não leva a nada. Quando

A vanidade[26] da existência
Arthur Schopenhauer

A vida humana deve ser algum tipo de equívoco. A verdade disso ficará suficientemente óbvia se lembrarmos que o ser humano é composto de carências e necessidades difíceis de satisfazer. Mesmo que sejam satisfeitas, tudo o que o ser humano obtém é uma situação de vida sem dor, quando não resta nada para ele, a não ser um mergulho no tédio. Essa é uma prova direta de que a existência não tem valor real em si mesma. Aliás, o que é o tédio senão o sentimento do vazio da vida? Se a vida possuísse algum valor nela mesma (e desejar a vida é a verdadeira essência de nosso ser), então não deveria haver tédio; a mera existência nos satisfaria e nós não desejaríamos mais nada. Em vez disso, não temos prazer na existência, exceto quando lutamos por alguma coisa: a distância e as dificuldades para atingir nosso objetivo nos fazem pensar que esse objetivo irá nos satisfazer. Trata-se de uma ilusão que se esvazia quando alcançamos o que buscamos. [...] Mesmo o prazer físico não passa de luta e desejo, mas termina no momento em que seu objetivo é alcançado. Quando não estamos ocupados por uma ou outra dessas coisas, mas nos concentramos na existência mesma, a sua natureza vã e inútil toma conta de nós. Isso é o que chamamos de tédio. ■

SCHOPENHAUER, Arthur. The vanity of existence. In: *Essays*. Edição e tradução T. Bailey Saunders. Nova York: A. L. Burt, 1902. p. 397-398. (A vanidade da existência. Tradução nossa.)

[26]**Vanidade:** *característica daquilo que não tem valor; que é vão, vazio.*

ARTHUR SCHOPENHAUER (1788-1860)

Foi um filósofo alemão. No seu dizer, o ser humano, ao tomar consciência de si mesmo, descobre-se como ser de vontade, tal como a Natureza em geral, pois tudo busca sua própria conservação. Obras mais conhecidas: *O mundo como vontade e representação*, de 1819, e *Parerga e Paralipomena*, de 1851.

HANS JONAS (1903-1993)

Foi um filósofo alemão de origem judaica. Alerta à ascensão do nazismo, afasta-se decididamente de toda forma de pensamento ideal e volta-se para a reflexão sobre as bases do ser em sentido biológico. A dependência humana com relação aos ecossistemas permite-lhe lançar as bases para uma nova ética, a "ética da responsabilidade". Principais obras: *O fenômeno da vida* e *O princípio da responsabilidade*.

ALBERT CAMUS (1913-1960)

Foi um escritor e filósofo francês nascido na Argélia. O sofrimento pela fome, a miséria, as guerras e as injustiças foram temas de grande importância em seu pensamento. Obras mais conhecidas: *O estrangeiro*, romance de 1942, e *O homem revoltado*, ensaio filosófico de 1951.

prestam atenção no próprio ato de existir, percebem que ele é vazio, sem valor por si mesmo.

Outros pensadores concentraram-se na experiência humana do sofrimento, principalmente dos inocentes, para defender que a existência é absurda. Deram, assim, à experiência do sofrimento dos inocentes o nome de *problema do mal*: se há um sentido bom na existência (dado por Deus, por exemplo, ou pela bondade do próprio Universo), como entender que aconteçam coisas más, principalmente com pessoas boas?

O escritor francês Albert Camus ilustra bem a revolta contra a falta de coerência na vida.

Há uma profunda verdade no homem revoltado descrito por Albert Camus: a falta de explicação objetiva tanto para o sofrimento como para a felicidade. A revolta, no entanto, também pode ser entendida como um desejo de que a vida fosse melhor.

Concentrando-se nesse desejo, o filósofo judeu-alemão Hans Jonas elaborou um pensamento que convida a assumir o caráter absurdo da vida e a transformá-lo em ocasião para os próprios seres humanos se tornarem melhores. O absurdo teria um lado bom: mostrar que, em vez de esperar pela intervenção de um ser transcendente (milagres, graças), cabe aos seres humanos desenvolver a *responsabilidade* por si mesmos e pelo "mundo", aceitando como imutável apenas aquilo que realmente não podem mudar.

Em outras palavras, trata-se de não esperar de Deus (ou de qualquer outra dimensão transcendente) mudanças que cabem aos seres humanos e de também não culpá-lo pela falta de mudanças. Em seu livro *O Conceito de Deus depois de Auschwitz*, Hans Jonas usa uma imagem de grande força: Deus, ao criar o "mundo", deu tudo o que podia dar; agora ele suporta em silêncio as consequências de ter criado o "mundo", principalmente os resultados da liberdade humana.

O absurdo da vida é o absurdo do sofrimento

Albert Camus

1 O protesto contra o mal [...] é significativo. Revoltante em si não é o sofrimento da criança, mas o fato de que esse sofrimento não seja justificado. Afinal, a dor, o exílio e o confinamento são às vezes aceitos quando ditados pela medicina ou pelo bom senso. Aos olhos do revoltado, o que falta à dor do mundo, assim como aos
5 seus instantes de felicidade, é um princípio de explicação. ■

CAMUS, Albert. *O homem revoltado*. Tradução Valérie Rumjanek. Rio de Janeiro: Record, 1999. p. 125.

Deus enforcado
Elie Wiesel

1 Havia no campo de concentração um garoto, um *pipel*, como eram chamados [os meninos usados para satisfazer as necessidades sexuais dos Kapos[27]]. Um dia, quando voltávamos do trabalho, vimos três forcas armadas no local onde nos reuníamos quando era feita a Chamada. Fizeram a Chamada. Os SS[28] à nossa volta; as metra-
5 lhadoras apontadas: cerimônia tradicional. Três condenados estavam acorrentados e, entre eles, o pequeno *pipel*. O chefe do campo leu o veredicto[29]. Todos os olhares estavam fixos sobre o menino. Ele estava lívido[30], quase calmo, mordendo os lábios e coberto pela sombra da forca. Os três condenados subiram ao mesmo tempo nas cadeiras. O pescoço dos três foi introduzido nas cordas.

10 – Onde está o bom Deus, onde está? – perguntou alguém atrás de mim.

A um sinal do chefe do campo, as três cadeiras tombaram.

Os dois adultos já não viviam. Mas a terceira corda se movia: o menino era tão leve que ainda estava vivo. Por mais de meia hora, ele ficou assim, lutando entre a vida e a morte, agonizando diante de nossos olhos. E devíamos olhá-lo bem de frente.

15 Ouvi, atrás de mim, a mesma pessoa perguntar:

– Então, onde está Deus?

E eu senti em mim uma voz que respondia:

– Onde está? Está aqui: pendurado nessa forca. ■

WIESEL, Elie. *La nuit*. Paris: Éditions de Minuit, 1958. p. 102-105. (A noite. Tradução nossa.)

[27] **Kapos:** *pessoas encarregadas de instalar os prisioneiros nos campos de concentração nazistas. Em geral, eram recrutados entre os prisioneiros mais violentos ou entre aqueles que se submetiam mais facilmente aos soldados nazistas.*

[28] **SS:** *abreviação da palavra alemã* Schutzstaffel (Tropa de Proteção), *organização ligada ao partido nazista para pôr em prática os ideais do partido.*

[29] **Veredicto:** *sentença; decisão de uma autoridade judiciária.*

[30] **Lívido:** *pálido.*

Crianças deixadas pelos nazistas no Campo de Concentração de Auschwitz, em 1945.

Elie Wiesel (1928-), escritor e filósofo judeu, nascido na Romênia e naturalizado norte-americano, reflete sobre o silêncio de Deus diante dos campos de concentração nazistas. Em 1943, quando tinha 15 anos, Elie foi deportado com sua família para Auschwitz, onde perderia os pais e as três irmãs. Algum tempo depois da liberação em 1945, Elie narra sua experiência no livro A *noite*. Uma das cenas por ele descrita é bastante impressionante e profundamente motivadora de uma reflexão sobre a liberdade humana e a responsabilidade.

EXERCÍCIO D

p. 437

1. Segundo Arthur Schopenhauer, qual é a prova direta de que a existência não tem valor real em si mesma?
2. O que significa *o problema do mal* segundo autores como Albert Camus?
3. Como Hans Jonas reinterpreta a revolta contra o absurdo da existência?
4. Faça um exercício de meditação (reflexão silenciosa sobre a sua própria vida) e procure perceber se você já experimentou o sentimento de revolta. O que motivou esse sentimento? Como você o viveu? Ele interferiu em seu modo de ver a vida?

EXERCÍCIOS COMPLEMENTARES

p. 438

1 Dissertação de síntese filosófica

Como forma de rever o conteúdo deste capítulo e articular os principais elementos nele trabalhados, componha uma redação de síntese filosófica (p. 138), tendo por título: *É possível falar filosoficamente do sentido da existência?* Você pode se basear no caminho percorrido neste capítulo. Propomos sete passos:

1 - Comece mostrando como as pessoas falam do "sentido da vida".

2 - Explique por que a Filosofia não oferece apenas mais uma opinião.

3 - Esclareça o que quer dizer o termo *sentido*.

4 - Apresente a postura filosófica que não aceita a possibilidade de falar adequadamente de sentido para a existência.

5 - Apresente a postura filosófica que defende a possibilidade de falar adequadamente de sentido para a existência e mostre como essa postura pode ser dupla:

5.1 - postura dos pensadores que veem um sentido imanente;

5.2 - postura dos que veem um sentido transcendente.

6 - Apresente a postura filosófica que afirma a falta de sentido para a existência e a considera absurda.

7 - Tome uma posição pessoal, aproximando-se de uma das três posturas apresentadas ou mesmo assumindo uma delas. Justifique-se, esclarecendo suas motivações.

2 Pesquisa

Você talvez tenha notado que, neste capítulo, sempre pusemos aspas na palavra *mundo* (salvo nos textos dos filósofos). As aspas indicam que esse termo não tem o significado óbvio que costuma ter em nosso modo cotidiano de falar. Com o auxílio de seus professores de Língua Portuguesa e de Filosofia, faça um levantamento dos sentidos do uso de aspas em nossa língua e reflita se esse uso é realmente útil em uma redação. Pergunte-se se você costuma dar mais atenção a um termo que aparece entre aspas. Na sequência, pesquise pelo menos dois sentidos em que os filósofos falaram de "mundo".

3 Atividade interdisciplinar

Para melhorar sua compreensão das ideias filosóficas apresentadas neste capítulo, é interessante conhecer melhor os dados vindos de outras áreas do saber e tomados como base na reflexão filosófica sobre a origem e a finalidade da existência. Sob a orientação de seu(sua) professor(a) de Filosofia, convide seus professores de Biologia, de Física e de Química para uma aula conjunta em que vocês possam refletir sobre os seguintes aspectos:

1 - **Aula de Biologia:** com base em pesquisas genéticas, comparem a visão de cientistas que consideram os genes como "programados" e negam a liberdade humana com a visão de cientistas que, mesmo identificando "programações" nos genes, não negam a liberdade humana; por exemplo, vocês podem estudar as ideias de Richard Dawkins e Rupert Sheldrake;

2 - **Aula de Física:** com base na teoria do Big Bang, comparem a visão de cientistas que aceitam essa teoria como forma de negar a existência de um ser divino e a visão de cientistas que, mesmo aceitando essa teoria, não veem nela uma forma de negar a existência do ser divino; por exemplo, vocês podem estudar as ideias de Stephen Hawking e de Owen Gingerich;

3 - **Aula de Química:** com base na teoria de que os compostos orgânicos podem resultar também de elementos não orgânicos, comparem a visão de cientistas que consideram a "matéria" como dotada de um dinamismo próprio (sem a necessidade de nenhum fator diferente da própria matéria) com a visão de cientistas para os quais o dinamismo da matéria não pode ser explicado apenas com base na própria matéria; por exemplo, vocês podem estudar o trabalho de Jöns Jacob Berzelius e de James Tour.

4 Leitura complementar

Leia o seguinte texto em que o escultor Auguste Rodin (1840-1917) trata da arte e do sentido da existência:

Existência e arte

Auguste Rodin

Felizmente, as obras de arte não estão entre as coisas úteis, quer dizer, entre aquelas que servem para nos alimentar, nos vestir, nos proteger; numa palavra, para satisfazer nossas necessidades físicas. Bem ao contrário, as obras de arte nos arrancam da escravidão da vida prática e nos abrem o mundo encantado da contemplação e do sonho. [...] A arte indica aos seres humanos a razão de existir deles. Ela lhes revela o sentido da vida; ela ilumina os humanos em seu destino e, por conseguinte, os orienta na existência.

RODIN, Ausguste.; GSELL, Paul. *L'art*: entretiens réunis. Paris: Grasset, 1911. p. 299, 301. (A arte: coletânea de entrevistas. Tradução nossa.)

Camille Claudel (1864-1943), *Jeune fille à la gerbe* (*Jovem com um feixe de trigo*), 1887, escultura em terracota.

Auguste Rodin (1840-1917), *Galatée (Galateia)*, 1889, escultura em mármore.

Após ter lido o trecho de Rodin, passeie pelo site do Museu Rodin (Disponível em: <http://www.musee-rodin.fr/fr/collections/collections-du-musee>. Acesso em: 19 dez. 2015.), sem a preocupação em entender o que está escrito (em francês), mas apreciando as obras do artista. Basta clicar nas imagens e avançar pelas páginas. Você encontrará também obras de Camille Claudel (1864-1943), cujo trabalho é tão significativo a ponto de alguns especialistas a considerarem mais importante do que Rodin. À esquerda da página do site, na aba *Collections*, você pode escolher entre as esculturas, os desenhos, as fotografias etc. Ao passear pelo site, reflita sobre o modo como Rodin afirma que a arte pode revelar o sentido da existência e colaborar para orientar-se nela.

p. 438 Leitura de aprofundamento

Dicas de filmes para você assistir tendo em mente o que trabalhamos neste capítulo

Ponette, à espera de um anjo *(Ponette), direção Jacques Doillon, França, 1996.*

Depois da morte da mãe, Ponette, que tem apenas quatro anos, passa a se perguntar o que é a vida. Ela espera que a mãe volte a viver. Filme de profunda beleza, simplicidade e inteligência. ■

Ensina-me a viver *(Harold and Maude), direção Hal Ashby, EUA, 1971.*

Com bastante humor e sensibilidade, o filme apresenta a história de Harold, jovem que gostava de chocar os adultos (principalmente sua mãe, mulher rica e um tanto incoerente) e decide se casar com Maude, de 79 anos. O casamento não foi um gesto de brincadeira, como alguns pensavam. O tema do porquê de existir é o coração do filme. ■

Morte de si, *direção Nana Caê, Brasil, 2011.*

Documentário sobre o suicídio. É interessante notar que, ao refletir sobre o suicídio, o tema central é a vida. Por que viver? Por que não viver? ■

Monty Python – o sentido da Vida *(Monty Python – The Meaning of Life), direção Terry Jones, Inglaterra, 1983.*

Comédia inteligente do grupo humorístico inglês Monty Python sobre fatos do cotidiano que permitem rir do tema do sentido da existência. Abordam, por exemplo, as partes que algumas pessoas preferem em seus corpos, o nascimento e o controle de natalidade, as diferenças caricaturais entre católicos e protestantes ingleses, os efeitos da guerra e outros fatores. ■

Dicas literárias

***Onde existe amor, Deus aí está**, de León Tolstói, tradução Victor E. Selin e Aurea G. T. Vasconcelos, Verus, 2001.*

Embora o título possa dar a entender que o livro trata da fé em Deus, na verdade ele é um conjunto de cinco belos contos em que Tolstói declara sua fé na existência. ■

***Os últimos dias de Tolstói**, Vários tradutores, Penguin & Companhia das Letras, 2011.*

Coletânea de textos literários e filosóficos em que Tolstói analisa o tema do sentido da existência, a crença em Deus, a arte e as ciências. ■

***Um sopro de vida**, de Clarice Lispector, Rocco, 1999.*

Uma das maiores obras de Clarice Lispector, escrita em 1977, este livro explora, entre outros temas, a relação entre a vida e a morte, bem como o tema do sentido. Só se deve valorizar aquilo que tem sentido? O que parece não ter sentido também não faz parte da vida? De que maneira se pode viver aquilo cujo sentido não é compreensível, como a morte? Como morrer se não aprendemos isso? ■

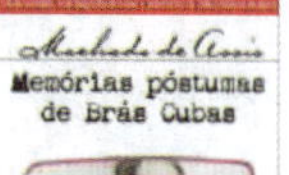

***Memórias póstumas de Brás Cubas**, de Machado de Assis, L&PM Editores, 2008.*

Encarnando a figura de um defunto-escritor, Machado de Assis dá voz a Brás Cubas, que narra os fatos de sua vida sem, no entanto, desejar revivê-la. ■

Para continuar viagem...

***Em busca de sentido – Um psicólogo no campo de concentração**, de Viktor E. Frankl, tradução Walter Schlupp e Carlos Aveline, Vozes, 2009.*

O psicólogo judeu Viktor E. Frankl narra a experiência de quem só conseguiu sobreviver ao campo de concentração porque elaborava um sentido para todos os acontecimentos do cotidiano. ■

***A existência e a morte**, de Luís César Oliva, WMF Martins Fontes, 2012 (Coleção Filosofias: o prazer do pensar).*

Estudo sobre a relação entre sentido da existência e morte, com base nos filósofos Sêneca, Pascal e Espinosa. ■

***Deus e o sentido da existência**, de Anselmo Borges, Gradiva, 2011.*

O escritor português reflete sobre as razões para afirmar e para negar a possibilidade de o ser divino ser considerado fonte de sentido para a existência. ■

***A morte e o sentido da vida**, de Keith Augustine, 2000. (Disponível em: <https://ateus.net/artigos/miscelanea/a-morte-e-o-sentido-da-vida>. Acesso em: 19 dez. 2015.)*

Reflexão sobre o sentido da vida, a morte, o sofrimento e o gosto de viver, de um ponto de vista ateu. ■

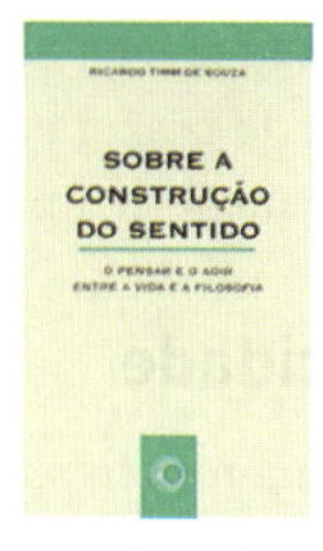

***Sobre a construção do sentido – o pensar e o agir entre a vida e a filosofia**, de Ricardo Timm de Souza, Perspectiva, 2003.*

O autor, que é professor de Filosofia na PUC do Rio Grande do Sul, convida os leitores a desenvolver a atitude filosófica como construção de sentidos para o viver. ■

***A busca do sentido – a linguagem em questão**, de Jean-Claude Coquet, tradução Dilson Ferreira Cruz, WMF Martins Fontes, 2013.*

O autor explora a linguagem como o elemento que constitui a realidade humana, assim como a água é o elemento dos peixes. É de dentro da linguagem que se entende a busca do sentido. ■

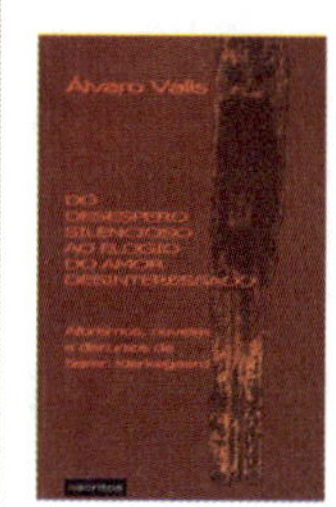

***Do desespero silencioso ao elogio do amor desinteressado – aforismos, novelas e discursos de Søren Kierkegaard**, organização Álvaro Valls, Escritos, 2004.*

Conjunto de textos do filósofo dinamarquês Søren Kierkegaard, com ênfase ao modo como sentimos a existência e como podemos elaborar a melancolia, levando-a a sério. Situando-se entre Sócrates e Cristo, Kierkegaard procura "falar no silêncio", ir além e aquém da linguagem, até chegar ao amor mais apaixonado, porém não egoísta. ■

p. 439 Sugestões bibliográficas

FOTO: © THE STATE HERMITAGE MUSEUM, ST. PETERSBURG/VLADIMIR TEREBENIN
© SUCCESSION H. MATISSE/AUTVIS, BRASIL, 2016.

CAPÍTULO

2 A FELICIDADE

p. 439

Henri Matisse (1869-1954), *La danse* (A dança), 1910, óleo sobre tela. Os dançarinos de Matisse revelam universalidade e singularidade: universal é o fato de sermos humanos; singular é o modo como concretizamos o que há de universal. Assim, também a busca da felicidade parece universal, mas o que ela é e o modo como pode ser vivida dependem das maneiras singulares como a entendemos.

Certamente podemos afirmar que os seres humanos desejam ser felizes. Afinal, se ser feliz significa sentir-se realizado, mesmo as pessoas que não acreditam na felicidade vivem o seu "não acreditar na felicidade" como uma forma de se sentirem realizadas...

Resta saber, no entanto, o que permite a realização que recebe o nome de *felicidade*.

As opiniões variam muito. Para alguns, a felicidade é o amor; para outros, é o trabalho, comprar coisas, divertir-se, vencer na vida, lucrar...

Em Filosofia, porém, mais do que oferecer apenas outra opinião sobre a felicidade, convém analisar o sentido do que se oculta por trás desse nome. É assim que muitos filósofos concentraram-se em um conteúdo comum a todas as concepções de felicidade: o prazer. Ser feliz é ter prazer; ter prazer é sentir-se realizado. A experiência do prazer e sua relação com a realização pessoal podem ser, então, chaves para abrir a porta do esclarecimento da felicidade.

1 Do prazer à felicidade

Um caminho possível para refletir sobre a relação entre felicidade e prazer consiste em considerar a felicidade como o *conjunto dos prazeres*.

Essa concepção foi defendida, entre outros, por um grupo de filósofos antigos conhecidos como *cireneus* (p. 91). O escritor Diógenes Laércio (p. 91), responsável por reunir e divulgar elementos das reflexões filosóficas dos filósofos antigos, sintetizou a análise cirenaica, declarando que, de acordo com ela, a felicidade consiste na soma dos prazeres. Em seu livro *Vidas e doutrinas dos filósofos ilustres* (também conhecido como *Vidas dos filósofos mais ilustres da Antiguidade*), Diógenes registra:

A felicidade é a soma de todos os prazeres
Filosofia cirenaica
(Testemunho de Diógenes Laércio)

1 Aqueles que seguiram o pensamento de Aristipo foram chamados de cireneus, porque Cirene era a pátria desse filósofo. Eles acreditam que o ser humano está sujeito a duas emoções: o prazer e a dor. Chamam de prazer um movimento agradável que satisfaz a alma; chamam de dor um movimento violento que a oprime. Eles pensam que todos 5 os prazeres são iguais e que nenhum é mais sensível do que outro; todos os seres vivos procuram o prazer e fogem da dor. [...]

Os cireneus, ao falar do prazer, pensam no prazer corporal, que seria a finalidade dos seres humanos; e não apenas a tranquilidade ou a ausência de dor [...]. No entanto, parece que os filósofos cireneus distinguem entre a finalidade dos seres humanos e a felicidade: 10 no dizer deles, a finalidade são os prazeres separadamente, enquanto a felicidade é o conjunto de todos os prazeres, seja os que já passaram como os que podemos ainda receber. Eles dizem que um prazer isolado é desejável por si mesmo, ao passo que a felicidade não é desejável por si mesma, mas por causa dos prazeres particulares que dela resultam.

Eles acrescentam que o sentimento nos prova que o prazer deve ser nossa finali- 15 dade, pois a Natureza nos leva a isso desde a infância: sem pensar, nós nos deixamos levar pelo prazer; quando possuímos o prazer, não desejamos outra coisa senão a satisfação dada por ele. Quanto à dor, experimentamos naturalmente uma repugnância[1] que nos leva a evitá-la. ■

DIÓGENES LAÉRCIO. *Les vies des plus illustres philosophes de l'Antiquité*. Tradução J. G. Chauffepié. Paris: Lefebvre & Charpentier, 1840. p. 91-92. (As vidas dos mais ilustres filósofos da Antiguidade. Tradução nossa para o português.)

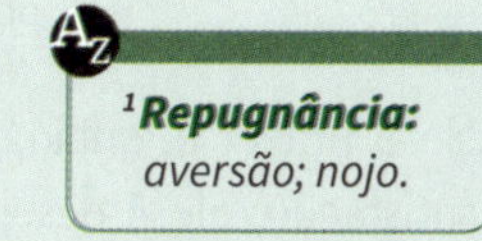

[1] ***Repugnância:*** *aversão; nojo.*

ESCOLA CIRENAICA

É o nome atribuído a um conjunto de filósofos cuja atuação se deu principalmente entre os anos 400 e 300 a.C. na cidade de Cirene, antiga colônia grega na região da atual Líbia. Foi fundada por Aristipo (aproximadamente 435-356 a.C.), seu mais conhecido representante, que considerava o prazer como bem supremo e maior objetivo da vida humana. Nada restou de seus escritos. É conhecido pelos testemunhos de outros escritores, sobretudo Diógenes Laércio.

DIÓGENES LAÉRCIO (c. 200-250)

Foi um historiador e biógrafo dos filósofos antigos. Muito pouco se sabe sobre sua vida, tampouco sobre sua origem. Pelos filósofos mais recentes citados em sua obra, estima-se que tenha vivido na primeira metade do século III d.C. É conhecido pela obra *Vidas e doutrinas dos filósofos ilustres*.

Analisando o texto, podemos dar cinco passos:

1. O alicerce ou o ponto de partida do pensamento dos cireneus está nas linhas 2 a 6: todos os seres vivos procuram o prazer e fogem da dor. Os seres humanos, como caso específico dos seres vivos, possuem duas emoções: o prazer e a dor;

2. Como o texto de Diógenes Laércio mistura as frases sem uma ordem direta, parece difícil entender o papel da frase "todos os prazeres são iguais e nenhum é mais sensível do que outro", escrita já no início do texto (linhas 5 e 6), em meio às afirmações sobre a busca do prazer e a fuga da dor. Mas, com um pouco mais de atenção, vê-se que essa frase é importante para o que vem logo na sequência: afirmar que nenhum prazer é mais sensível do que outro significa dizer que todos os prazeres são corporais, ou seja, são experimentados no corpo (são sensíveis). Então, não existiria um prazer mais ligado ao corpo do que outro. Por essa razão, o prazer também não é uma simples ausência de dor; é algo que se sente, ao passo que a ausência de dor não pode ser sentida (a ausência significa que não há nada para ser sentido). O prazer, então, é uma *sensação* (uma experiência sentida no corpo) *agradável* (satisfaz a alma). A dor, ao contrário, é uma sensação violenta que oprime a alma. Assim, se a ausência de dor significa apenas não ter opressão da alma, o prazer é mais do que uma simples ausência de dor; é uma experiência sensível que causa satisfação;

REPRODUÇÃO/MUCHA FOUNDATION, PRAGA, REPÚBLICA CHECA

JOSÉ LUIS LÓPEZ GALVÁN

À esquerda: detalhe de calendário de 1897 com uma gravura de Alfons Maria Mucha (1860-1939) em propaganda de chocolate mexicano.
Acima: José Luis López Galván (1985-), *Vomitorium*, 2011, óleo sobre tela. O contraste entre ambas as imagens é flagrante. A propaganda de chocolate apela para sentimentos de leveza (como os meses da primavera europeia retratada no calendário) e o prazer do paladar, ao passo que o "vomitório" de López Galván exprime o horror que pode se tornar o ato de alimentar-se.

3. Se o prazer é, então, uma sensação agradável de satisfação, ele é desejado por si mesmo. Em outras palavras, os seres humanos, em tudo, buscam o prazer: desde a infância, entregam-se a ele a tal ponto que não precisam mais raciocinar para buscá-lo (linhas 16 a 18);
4. Esse raciocínio permitia aos cireneus diferenciar entre a finalidade buscada por todo ser humano nos diferentes aspectos de sua vida (o prazer) e uma finalidade mais ampla, a de reunir os prazeres separados (vividos nos diferentes aspectos da vida, tanto passados como presentes). Assim, ao mesmo tempo que os seres humanos vivem prazeres separados, eles também podem viver o conjunto desses prazeres, experimentando um novo prazer, o de viver a satisfação dada pelo conjunto. A essa maneira de viver a satisfação com a soma dos prazeres os cireneus chamavam *felicidade*;
5. Por fim, a comparação entre a dor e o prazer permite esclarecer melhor a felicidade: os seres humanos vivem uma rejeição imediata da dor; tentam sempre evitá-la; o prazer, ao contrário, os atrai; são movidos a buscá-lo. Como a felicidade é a soma dos prazeres, ela dependerá então da busca ativa dos prazeres.

Da reflexão cirenaica pode-se extrair uma primeira concepção da felicidade: ela é a satisfação que se *busca* como posse do *conjunto dos prazeres*.

Cerca de um século depois, o filósofo grego Epicuro (p. 93) afirmará algo semelhante. Porém, insistirá na seguinte diferença: uma vida sem tranquilidade não é boa, pois falta de tranquilidade significa falta de satisfação ou falta de prazer. É possível ter satisfações; mas, como elas não duram, os seres humanos permanecem insatisfeitos. Tal experiência leva a entender que outra experiência é possível, a da tranquilidade ou paz vivida no corpo, como ausência de dor, e na alma, como ausência de perturbação.

A alma humana, segundo Epicuro, não significa uma "coisa" que está "dentro" do corpo (e que vai para um paraíso ou para uma condenação depois da morte, como hoje muitos entendem). Ela é a vida do corpo e permite aos humanos realizarem sua atividade específica, o pensamento. Por essa razão, segundo Epicuro, a tranquilidade deve ser buscada em duas direções: como ausência de dor no corpo e como paz da alma.

De acordo com a análise de Epicuro, os seres humanos possuem a capacidade de pensar, refletir e decidir, bem como um movimento que leva à busca de satisfação (prazer). Esse movimento independe do pensamento e da decisão; é um impulso que habita todos os indivíduos. A esse impulso Epicuro chama de *desejo* ou *paixão* (p. 264). No entanto, embora o impulso de buscar satisfação brote nos indivíduos, cada um pode interferir no modo como o vive.

Os desejos dividem-se, por sua vez, em *úteis* e *inúteis*, de acordo com sua contribuição efetiva para o bem-estar do corpo e para a tranquilidade da alma. A felicidade, por fim, será a satisfação ou a completude vivida no corpo e na alma. Será uma vida de prazer, mas não de qualquer prazer, e sim do conjunto dos prazeres úteis.

Se o objetivo maior dos seres humanos é alcançar uma vida de satisfação completa, Epicuro entende a felicidade, então, como *a finalidade suprema da vida humana*. Ele inverte a relação estabelecida pelos cireneus entre a felicidade e o prazer, pois não concebe mais a felicidade como simples conjunto de prazeres em vista do prazer obtido com o conjunto dos prazeres separados. Ele a concebe como experiência de satisfação à qual serve o conjunto de prazeres. Em um sentido básico, o prazer corresponde à satisfação de cada desejo isolado (como pensavam os cireneus); porém, em um sentido mais amplo, o prazer é a própria felicidade como posse dos prazeres aliada à tranquilidade da alma.

TIPOLOGIA DOS DESEJOS SEGUNDO EPICURO				
DESEJOS NATURAIS E ÚTEIS				DESEJOS INÚTEIS
Necessários			Não necessários	Não necessários
Necessários à felicidade	Necessários à saúde	Necessários à vida	Dependentes do alvo de um desejo necessário	Desejos sem limites (nascidos de uma opinião falsa)
Beber água, alimentar-se e outros desejos desse tipo			*Beber vinho, comer alimentos muito especiais e outros desejos desse tipo*	*Embebedar-se, empanturrar-se e outros desejos desse tipo*
Prazeres simples e constantes			Prazeres agradáveis	Prazeres fortes

Epicuro acrescenta que, como ensinava Aristóteles (p. 103), a prática da *prudência* (p. 266) permite avaliar os prazeres e identificar aqueles que proporcionam a felicidade (o bem-estar do corpo e da alma), pois ela, a prudência, é o hábito de escolher o melhor encaminhamento dado a cada vivência particular de prazer. Se os prazeres podem ser classificados como *úteis* ou *inúteis*, a sua correta avaliação mostra-se indispensável para chegar à felicidade. Tal avaliação pode ser feita graças à prudência, condição necessária e suficiente para a felicidade ou para o prazer em seu sentido mais amplo.

Em síntese, Epicuro concebe a felicidade como algo além da simples busca de prazer; trata-se de uma vivência dos prazeres somada ao exercício de visar o melhor (prudência). A prudência leva à felicidade; e a felicidade depende da prudência.

Você provavelmente observou que Epicuro também menciona a Filosofia como sinônimo de prudência. De fato, para ele, a Filosofia era uma *forma de vida* com prudência e, portanto, na felicidade. Assim, prudência, felicidade e Filosofia seriam equivalentes.

Nos dias de hoje, quando se quer dar uma visão pejorativa[2] sobre alguém que valoriza excessivamente o prazer ou que pensa ser bom ter prazer pelo

EPICURO DE SAMOS (341-270 a.C.)

Foi um filósofo grego do período helenístico. Nascido na ilha de Samos, Epicuro viajou por várias cidades gregas antes de fundar, em 304 a.C., sua própria escola filosófica em Atenas, chamada de *Jardim*. Exerceu grande influência não apenas por seus ensinamentos centrados na importância do prazer, mas também por sua personalidade e por seu modo de vida. De suas obras, restaram apenas três cartas que versam sobre a Natureza, sobre os meteoros e sobre a moral.

[2] ***Pejorativo:*** *que diminui e dá uma visão negativa de alguém ou de alguma coisa.*

Prazer e Prudência
Epicuro

Quando dizemos que o prazer é a finalidade, não queremos falar dos "prazeres de quem é dissoluto[3]" nem dos "prazeres que se encontram no mero desfrutar", como creem aqueles que, por ignorância, estão em desacordo conosco ou promovem a má recepção de nosso pensamento. Queremos falar da ausência de dor no corpo e de perturbação na alma. Afinal, não são os banquetes e as festas constantes, nem o desfrutar, que são proporcionados por homens e mulheres, nem ainda os peixes e outros alimentos oferecidos por uma mesa rica que geram a vida de prazer, mas o pensamento sóbrio[4] que analisa as causas de toda escolha e de toda recusa, afastando as opiniões pelas quais um grande tumulto se apodera das almas.

De tudo isso, o princípio e o maior bem é a prudência. É por isso que a Filosofia é, no melhor sentido, prudência, da qual nascem todas as outras virtudes: elas nos ensinam que não é possível viver com prazer sem viver com prudência e que não é possível viver de modo bom e justo sem viver com prazer, pois todas as virtudes são naturalmente associadas ao fato de viver com prazer; e viver com prazer é inseparável das virtudes. ■

EPICURO. Lettre à Ménécée. In: *Lettres, Maximes, Sentences.* Tradução Jean-François Balaudé. Paris: Le Livre de Poche, 1994. p. 196-197. (Carta a Meneceu. Tradução nossa para o português.)

[3] ***Dissoluto:*** *quem tem uma vida sem medida; que dissolve as regras.*

[4] ***Sóbrio:*** *moderado; equilibrado.*

CONCEITOS ESTRATÉGICOS

Condição; condição necessária; condição suficiente; condição necessária e suficiente

Condição – aquilo que permite a algo ocorrer. Exemplos:

Ter a cidadania brasileira é condição para votar.
Só pode votar quem tem cidadania brasileira.
Havendo uma recompensa, farei este esforço.

Condição necessária – condição indispensável para que algo ocorra: se *x* é condição necessária de *y*, isso quer dizer que, sem *x*, não ocorre *y*; ou ainda, tudo o que é *y* é também *x*, embora nem tudo o que é *x* seja também *y*. Exemplos:

É preciso estar na América Latina (x) para estar no Brasil (y).
Quem está no Brasil (y) também está necessariamente na América Latina (x).

Condição suficiente – condição para algo ocorrer; porém, essa condição não é indispensável para que o mesmo algo ocorra (ele pode ocorrer por uma outra causa): *x* é condição suficiente de *y* quando *y* ocorre em função de *x*, mas também pode ocorrer em função de outra causa; ou ainda, tudo o que é *x* é também *y*, embora nem tudo o que é *y* seja também *x*). Exemplos:

Estar no Brasil (x) faz com que alguém esteja na América Latina (y).
Para ser aprovado no exame (y), basta tirar a média (x).

Condição necessária e suficiente – caso em que a condição e seu efeito são equivalentes (coincidência entre as duas condições, suficiente e necessária): *y* só ocorre se ocorrer *x*, mas *x* também só ocorre se ocorrer *y*; ou ainda, todo *x* é *y* e todo *y* é *x*. Exemplos:

Alguém é solteiro (y) se não é casado nem tem união estável (x).
Segundo Epicuro, se há prudência (x), há felicidade (y) e vice-versa.

simples fato de ter prazer, chama-se essa pessoa de *hedonista* (termo que vem de *hedoné*, "prazer" em grego). Fala-se até de *epicurista* como sinônimo de *hedonista*. Mas você já é capaz de perceber que ser hedonista no sentido de Epicuro (valorizar o prazer) não significa ser hedonista no sentido pejorativo! O hedonismo de Epicuro é ligado à atividade humana de avaliar o melhor para cada situação. Essa atividade, a prudência, seria como uma "cola" que liga os prazeres e faz deles um grande conjunto em vista da felicidade, satisfação obtida com os prazeres do corpo e a tranquilidade da alma.

EXERCÍCIO **A**

p. 439

1. Releia o texto de Diógenes Laércio e mostre o papel das frases abaixo na argumentação que leva a considerar a felicidade como a soma de todos os prazeres:

   Os seres vivos procuram o prazer e fogem da dor.

   O prazer deve ser nossa finalidade porque a Natureza nos leva a isso desde a infância.
2. Por que a tranquilidade ou a ausência da dor não são a felicidade, segundo os cireneus?
3. Indique o aspecto em que Epicuro concorda com os cireneus e o ponto em que ele discorda deles.
4. Por que Epicuro tem necessidade de defender a tranquilidade ou a paz da alma?
5. O que significa afirmar que, segundo Epicuro, a prudência é condição necessária e suficiente para a felicidade?

2 A felicidade e o conjunto dos prazeres

Entre as filosofias contemporâneas, há posições muito parecidas com os pensamentos cirenaico e epicurista. Uma delas ficou conhecida como *utilitarismo* e foi criada por Jeremy Bentham (p. 95) e John Stuart Mill (p. 95).

Bentham e Mill procuravam um modo científico de tratar a felicidade como finalidade dos atos humanos. Em outras palavras, buscavam adotar um critério fundado na razão e na experiência sensível, assim como procedem as ciências, para analisar filosoficamente a felicidade.

Ambos praticamente repetem a ideia antiga de que a finalidade das ações humanas é produzir a felicidade pelo prazer e pela ausência de dor; e, como critério científico para afirmar isso, propunham a *utilidade* do prazer e da ausência de dor. Tudo aquilo que é desejado consiste em mais do que um simples meio de alcançar a felicidade; é parte da felicidade mesma.

A concepção utilitarista é de grande interesse filosófico porque, assim como o cirenaísmo e o epicurismo, situa no coração do ser humano um misto de *pensamento e desejo*, isto é, uma mescla de possibilidades racionais (atividade do pensamento e da decisão) e possibilidades irracionais (não resultantes de pensamento, mas vividas como impulsos naturais). Além das funções corporais básicas (nutrição, conservação, reprodução, sensação), a vida humana contém uma saudável tensão entre aquilo que se pode conhecer e escolher e aquilo que nela brota como impulso. Porém, ao associar a felicidade com as coisas desejadas e produtoras de prazer ou ausência de dor, a visão utilitarista aproxima-se mais do cirenaísmo do que do epicurismo. Volta-se atrás na inversão realizada por Epicuro e põe-se novamente a felicidade sob a orientação do prazer.

Um dos motivos utilitaristas para desfazer a inversão de Epicuro vem do fato de que a felicidade está sempre ligada a momentos passageiros e a ocasiões bastante precisas. Dessa percepção, os utilitaristas concluem que a felicidade não existe; o que existem são circunstâncias e momentos felizes. Eles pretendem denunciar aquilo que consideravam um equívoco, o de falar de "a" felicidade (como se ela fosse uma coisa ou um estado), quando, na verdade, o que existe é uma dispersão de coisas isoladas e de momentos que dão satisfação aos indivíduos. Desse ponto de vista, os utilitaristas diferem até mesmo dos cireneus.

A visão utilitarista pode ser mais bem entendida por meio de uma comparação com o seguinte pensamento: não existe "a" Humanidade; só existem indivíduos humanos. Se só é possível observar indivíduos, então não há base para dizer que o conjunto formado por eles constitui algo diferente deles ou maior do que eles ("a" Humanidade como um universal [➔ p. 97]). Mesmo em afirmações universais como "A Humanidade é responsável pela Terra", isso não significaria que essa responsabilidade é exercida por algum nível superior ao dos indivíduos, mas pelos próprios indivíduos.

Tratando a felicidade com um método de raciocínio parecido ao da consideração da Humanidade como somatória de indivíduos, o utilitarismo conclui que, em si mesma, a felicidade não é nada; ela seria apenas o conjunto dos prazeres e a ausência de dor.

JEREMY BENTHAM (1748-1832)

Foi um filósofo e jurista britânico do período iluminista, conhecido como um dos fundadores do utilitarismo, pensamento ético que concebe todas as ações humanas em função de sua capacidade de aumentar ou diminuir o prazer e a felicidade do maior número de pessoas. Obras mais conhecidas: *Uma introdução aos princípios da moral e da legislação* (1789) e *Teoria dos deveres ou A ciência da moral*, publicada postumamente em 1834.

JOHN STUART MILL (1806-1873)

Foi um filósofo britânico, filho do filósofo escocês radicado na Inglaterra James Mill. O pai foi um seguidor das ideias de Jeremy Bentham, de quem Stuart recebeu influências diretas desde a sua infância. Sua vasta e rígida educação o levou a desenvolver o utilitarismo. Obras mais conhecidas: *Princípios de economia política* (1848), *A liberdade* (1859) e *Utilitarismo* (1861).

Algumas dificuldades, no entanto, surgem quando se analisa a visão utilitarista da felicidade. A primeira delas consiste naquilo que Epicuro já identificava no pensamento cirenaico: se "ser feliz" equivale a apenas sentir satisfação, isso leva à incoerência de ter de aceitar que o que dá satisfação (os prazeres) não dá satisfação completa, mas deixa espaço para a insatisfação.

A segunda dificuldade vem da montagem mesma do raciocínio utilitarista. Observe:

1. Todos os indivíduos buscam o prazer;
2. por ser uma somatória de prazeres, a felicidade não é nada em si mesma;
3. então, não se pode dizer que as vivências individuais do prazer têm ligação entre si nem que o prazer sentido por um indivíduo tem relação com o prazer sentido por outro indivíduo;
4. porém, as afirmações 2 e 3 são incoerentes com 1 ("Todos os indivíduos buscam o prazer"), pois, se por prazer se entende algo inteiramente individual (em si mesmo e no interior de cada indivíduo), e se não há relação nem entre os prazeres

vividos por alguém nem entre os prazeres vividos por diferentes indivíduos, então nada permite afirmar que "todos os indivíduos buscam o prazer", pois sequer seria possível entender se o que um indivíduo chama de prazer corresponde ao que outro indivíduo também chama de prazer;

5. ocorre, no entanto, que os seres humanos compreendem o que querem dizer quando falam de prazer; então a frase 1 é aceitável; mas, se ela é aceitável, as afirmações 2 e 3 precisam ser revistas.

Uma revisão desse tipo é o que farão os filósofos críticos do utilitarismo. Aceitando que é razoável considerar o prazer como algo comum aos seres humanos e que diferentes experiências podem ser nomeadas como *prazer*, os críticos do utilitarismo defenderão a possibilidade de identificar nos indivíduos um impulso comum, o de buscar o prazer. Ora, se há um impulso, há também um alvo (a direção do impulso); e, se o impulso é comum, o alvo também é comum.

Não se poderá, todavia, dizer que esse alvo é o próprio prazer ou o simples conjunto dos prazeres, pois isso faria voltar à primeira dificuldade encontrada no utilitarismo (a insatisfação permanente com o que satisfaz). O alvo precisará ser visto como algo maior do que o prazer ou o conjunto deles, uma satisfação plena que pode ser alcançada inteiramente ou, pelo menos, em graus sempre maiores. Tanto em um caso como em outro, a satisfação permanece como objetivo a ser atingido, horizonte de realização completa (ou pelo menos cada vez maior), ao qual se dará também o nome de felicidade.

Considerando o exemplo que diferenciava entre a Humanidade e os indivíduos, a crítica ao utilitarismo lembrará que, embora "a" Humanidade não seja alguma "coisa" em si mesma, independentemente dos indivíduos, parece mais adequado compreendê-la como algo maior do que seus próprios membros. Havendo os indivíduos, há a Humanidade como uma dimensão em que o conjunto deles é pensado exatamente como conjunto.

Outro caso pode iluminar a compreensão desse ponto: os governantes de um país tomam certas atitudes em nome do "país", e não apenas de seus cidadãos considerados individualmente. Assim, por exemplo, mesmo que uma parte da população seja contrária às relações diplomáticas com outro país (que essa parcela da população não aprecia), os governantes legítimos estão autorizados a estabelecer tais relações diplomáticas caso elas visem ao bem do conjunto de seus cidadãos, inclusive dos que têm uma opinião contrária. Ou então, embora muitos indivíduos não acreditem que as mudanças climáticas são causadas pela busca acelerada de progresso, os governantes dos países ("líderes" da Humanidade) podem tomar decisões que desacelerem o progresso em nome do bem do conjunto dos seres humanos ou "a" Humanidade. Ainda, um(a) médico(a) que olhe para alguém doente e o veja apenas como uma somatória de partes físicas, deixando de prestar atenção no "indivíduo" ou na "pessoa" do doente (realidade mais ampla do que suas partes físicas), corre o risco de dar um remédio para o estômago e afetar os rins; para os rins e afetar o coração; para o cérebro e afetar o funcionamento da mente; ou mesmo para todas as partes do corpo e afetar o gosto de viver do doente.

GUILHERME DE OCKHAM (1285-1347 OU 1349)

Foi um filósofo inglês e frade franciscano, conhecido sobretudo por sua defesa da pobreza cristã e por sua compreensão de que os conceitos não correspondem a realidades universais, mas apenas a modos de referir-se a coisas singulares. Acentua a separação entre Filosofia e Teologia, bem como entre poder religioso e poder civil. Sua insistência na necessidade de prova e demonstração empírica para o conhecimento influenciou a aparição da ciência moderna. Obras mais conhecidas: *Suma de lógica* e *Brevilóquio sobre o principado tirânico.*

Casos como esses revelam a possibilidade de pensar de maneira razoável em realidades *universais* que, mesmo enraizadas nos elementos que as compõem, têm um sentido diferente e mais amplo do que o sentido das partes ou da simples soma das partes (p. 97).

Na crítica ao utilitarismo, a felicidade volta a ser concebida como algo universal e encarada como maior do que a simples somatória dos prazeres e da ausência de dor. Dessa perspectiva, a frase bem conhecida "Não existe felicidade, mas apenas momentos felizes" mostra-se problemática, pois reduz a felicidade aos prazeres momentâneos. Ela é de fundo utilitarista e recebeu, no vocabulário filosófico, o nome *naturalismo*: trata-se de uma visão que, ao conceber a felicidade, permanece no nível das coisas cotidianas e das realidades físicas, imanentes ao mundo, sem nenhum caráter transcendente (p. 80 e 339).

Com efeito, o naturalismo adota como critério de pensamento a exigência de aceitar como verdadeiro

O problema dos universais

Um dos debates que mais recebeu atenção dos filósofos desde as origens da Filosofia (sobretudo a partir dos séculos V a VI de nossa Era) até os nossos dias recebe o nome de *problema dos universais*. Trata-se de investigar se os conceitos gerais existem por si mesmos, para além dos indivíduos que eles designam (pelo menos, se eles podem ser pensados sem referência aos indivíduos) ou se consistem em meras elaborações do pensamento para representar o conjunto dos indivíduos (simples modos de falar deles).

Alguns filósofos contemporâneos dirão que esse tipo de preocupação é ilusória. Friedrich Nietzsche (➔ p. 172), por exemplo, no livro *Crepúsculo dos ídolos*, o vê como resultado da ingenuidade de "crer na Gramática" (como se a vida seguisse regras universais em vez de produzi-las). Outros filósofos considerarão que esse problema não é uma simples ilusão nascida do uso da linguagem. Assim, o filósofo e sociólogo Herbert Marcuse (➔ p. 259), mesmo sem acreditar em regras ou essências, chega a afirmar, no livro *Homem unidimensional*, que o problema dos universais está no núcleo mesmo do pensamento filosófico, pois é a decisão a seu respeito que orienta o trabalho inteiro de cada pensador.

No dizer de Marcuse, formas contemporâneas de pensar tentaram libertar o pensamento filosófico dos "fantasmas" universais, mas eles continuam a assombrar, pois ninguém conseguiu explicar de maneira definitiva o que significa, por exemplo, a palavra *mulher* em uma frase como "Maria é mulher". Em todas as suas facetas, o pensamento, inclusive poético, parece incapaz de dispensar conceitos gerais como *identidade, diferença, eu, mente, vontade, bem, homem, mulher, país, planta, animal* etc. Talvez a única forma de pensamento a realizar essa proeza seja aquela proposta por Martin Heidegger (➔ p. 235) em sua maturidade, quando ele convida a um silêncio ou a uma decisão de não se pronunciar sobre a existência.

No caso de Herbert Marcuse, ele sabia que "realidades" como *identidade, diferença, bem*, além de *país, nação, lei* e tantas outras, são construções históricas variáveis. Contudo, ele pergunta se não é razoável defender que esses conceitos designam algo compreensível por si mesmo e mais amplo do que os elementos designados por ele. Afinal, tais conceitos retratam experiências que os indivíduos, tomados singularmente, não são capazes de originar.

René Magritte (1898-1967), *L'Apparition* (A aparição), 1928, óleo sobre tela. Staatsgalerie Stuttgart (Alemanha). Na tela de Magritte, o espectador se depara com formas universais que dão nomes a diferentes conjuntos de coisas: *horizon* (horizonte), *cheval* (cavalo), *fauteil* (poltrona), *fusil* (fuzil), *nuage* (nuvem).

Eis o problema dos universais. No limite, ele consiste em procurar o sentido que atribuímos às próprias realidades singulares: elas seriam totalmente distintas entre si ou revelariam possibilidades comuns que as transcenderiam e as uniriam? Quando se pensa, por exemplo, em gêneros e espécies de seres, o que permite unir tais seres em grupos? Uma simples convenção? Características pertencentes a elas? Seria possível pensar os seres individuais como totalmente diferentes e independentes entre si, como se uma gota d'água não tivesse nada em comum com outra gota d'água? Mas, pensar em coisas singulares como totalmente diferentes seria possível? Quando se fala de "coisa" e de "coisa singular", já não se chegou a uma identidade que permite diferenciá-las no modo de viver tal identidade? Seria possível pensar sem estabelecer relações de identidade, alteridade e diferença (➔ p. 112)? Essas são apenas algumas das questões que exemplificam o debate em torno da natureza dos conceitos gerais (*problema dos universais*).

O problema dos universais remonta às origens da Filosofia, principalmente com Platão (➔ p. 82) e Aristóteles (➔ p. 103). No seu livro *Sofista*, Platão revela-se um afiado pensador da *diferença*, pois o que ele chama de *identidade* não é um ponto de partida para sua filosofia, e sim o resultado do contraponto de diferenças. Contudo, foi na passagem do século V ao VI de nossa Era que o problema foi formulado na maneira como o conhecemos. Ele se deve ao trabalho do pensador romano Boécio (➔ p. 354), que, ao comentar Platão e Aristóteles por meio da obra *Isagoge*, de Porfírio (séc. III), chama declaradamente de *gêneros* e *espécies* os termos universais. Com base no comentário de Boécio e nos estudos de seu comentário feitos principalmente por Pedro Abelardo e Guilherme de Ockham (p. 96), o problema chegou até os nossos dias com a seguinte formulação:

Se os gêneros e as espécies existem,

(1) eles existem em si mesmos (para além dos indivíduos)? Se sim, então:
- **(1.1)** eles são corpóreos?;
- **(1.2)** ou incorpóreos? Se são incorpóreos,
  - **(1.2.1)** eles estão unidos às coisas sensíveis?;
  - **(1.2.2)** ou são separados das coisas sensíveis?;

(2) ou os gêneros e as espécies só existem no pensamento humano? Nesse caso,
- **(2.1)** eles apontam para um significado universal?;
- **(2.2)** ou eles são apenas um "sopro de voz" ou uma palavra formada por convenção?

Em geral, as respostas a esse problema são divididas em três orientações:

(a) o *realismo*: postura segundo a qual os termos universais indicam a identidade das coisas; identidades que existem *antes* das coisas;

(b) o *nominalismo*: postura segundo a qual só existem indivíduos, e não realidades universais, de modo que os termos universais são formados apenas *depois* do conhecimento dos indivíduos;

(c) o *conceitualismo*: postura segundo a qual os universais existem, mas não independentemente, e sim *nos* indivíduos, podendo, portanto, ser identificados neles e representados como conceitos na mente. ■

apenas aquilo que se observa fisicamente na Natureza. Os naturalistas dão, então, um último passo e extraem uma regra geral, afirmando que "a felicidade é a soma dos prazeres físicos". Ocorre, porém, que esse passo é dificilmente justificável, uma vez que o mundo físico não fornece regras gerais, apenas fatos particulares. Em outras palavras, só se observam acontecimentos particulares, nunca regras gerais; então, regras gerais não podem ser comprovadas fisicamente, contrariando o próprio pensamento naturalista. O naturalismo, assim, seria incompreensível para os próprios naturalistas.

Diante desse quadro, alguns filósofos procurarão falar da felicidade como algo que, embora se manifeste na imanência do mundo físico, permanece transcendente a ele. Mesmo presente na Natureza e com efeitos perceptíveis, a felicidade não parece reduzir-se apenas ao que é observável fisicamente, mas superá-lo.

Um exemplo desse tipo de tratamento é dado pelo filósofo inglês George Edward Moore. No seu entender, a atitude naturalista erra ao basear-se apenas em estados naturais, em particular, o prazer, para definir aquilo que causa satisfação (o Bem, segundo Moore). Moore recupera, então, o modo antigo de falar do *Bem* como aquilo que produz satisfação (sendo alvo do prazer, portanto) e que leva os humanos a valorizar certas coisas em detrimento de outras. Ora, como os prazeres e a ausência de dor são coisas boas, entender o prazer e a ausência de dor requer entender o que é o Bem.

No livro *Princípios éticos* (*Principia ethica*), G. E. Moore trata do tema do Bem.

Para analisar o texto de Moore, pode-se dividi-lo em cinco partes ou momentos.

Para perceber esses momentos, releia o texto de Moore segundo a versão que vem na sequência, obedecendo a ordem de cores: em primeiro lugar, o que

PEDRO ABELARDO (1079-1142)

Foi um filósofo francês, lógico e teólogo conhecido por formular a doutrina do conceitualismo: os conceitos universais não são realidades em si mesmas, mas conceitos que existem na mente humana como forma de referir-se às coisas. É um dos responsáveis pela concepção da consciência individual como fonte do sentido ético de cada ação. Em sua obra *História das minhas calamidades*, de 1131, Abelardo narra as dificuldades que viveu em decorrência de seu romance com Heloísa. Na obra *Lógica para principiantes*, ele registra sua originalidade no tocante à compreensão do conhecimento humano por meio de conceitos.

GEORGE EDWARD MOORE (1873-1958)

Foi um filósofo britânico que, ao lado de Bertrand Russell, exerceu uma significativa influência na fundação da Filosofia Analítica no início do século XX. Moore é conhecido por sua atitude crítica e questionadora da história da Filosofia, insistindo em técnicas de análise de afirmações do senso comum e dos filósofos. Sua obra mais influente é *Principia ethica* (Princípios éticos), de 1903.

O Bem não tem definição

George Edward Moore

1 Se por *Bem* entendemos a qualidade que pertence a alguma coisa (como quando dizemos que uma coisa é boa), então o *Bem* não pode ser definido (no sentido mais importante da palavra *definição*). O sentido mais importante de *definição* está no fato de que uma definição declara quais são as partes que invariavelmente compõem um todo. Nesse sentido, o *Bem* 5 não tem definição, porque é simples e não tem partes. Ele é um desses inúmeros conteúdos de pensamento impossíveis de definir em si mesmos, pois são termos últimos com base nos quais todas as outras coisas definíveis podem ser definidas. [...]

Consideremos o amarelo, por exemplo. Podemos tentar defini-lo, descrevendo seu equivalente físico; podemos declarar quais vibrações luminosas precisam estimular o olho normal 10 para que este as perceba. Mas basta que elas brilhem por um momento para mostrar que suas vibrações luminosas não são o que significamos quando falamos de amarelo. Elas não são o que nós percebemos. Com efeito, nós nunca teríamos descoberto a existência delas se primeiro não tivéssemos sido tocados pela explícita diferença de qualidade entre as diferentes cores. O máximo que somos autorizados a dizer sobre essas vibrações é que elas são o que correspon- 15 de, no espaço, ao amarelo que nós percebemos no ato de perceber.

O erro presente nesse simples exemplo costuma ser cometido quando se fala do *Bem*. Pode ser verdadeiro que todas as coisas que são boas sejam *também* algo mais; mas isso só é verdadeiro tanto quanto é verdadeiro que todas as coisas amarelas produzem um tipo de vibração na luz. E é um fato, na Ética, a tentativa de descobrir quais são as outras propriedades que per- 20 tencem a todas as coisas que são boas. Mas muitos filósofos pensaram que, ao indicar essas outras propriedades, definiam ao mesmo tempo o *Bem*; e que essas outras propriedades, de fato, simplesmente não eram "outras", mas absoluta e inteiramente o mesmo que a Bondade. ■

MOORE, George Edward. *Principia ethica*. Cambridge: Cambridge University Press, 1959. p. 9-10. (Princípios éticos. Tradução nossa.)

está em fundo marrom-claro; em segundo, o que está em fundo rosa; em terceiro, o que está em fundo cinza-escuro; em quarto, o que está em fundo cinza-claro; em quinto, o que está em fundo azul-ciano. Observe que a conjunção *porque* está em vermelho, para mostrar que tipo de relação Moore vê entre as duas frases que ele articula.

Se por *Bem* entendemos a qualidade que pertence a alguma coisa (como quando dizemos que uma coisa é boa), então o *Bem* não pode ser definido (no sentido mais importante da palavra *definição*). O sentido mais importante de *definição* está no fato de que uma definição declara quais são as partes que invariavelmente compõem um todo. Nesse sentido, o *Bem* não tem definição, porque é simples e não tem partes. Ele é um desses inúmeros conteúdos de pensamento impossíveis de definir em si mesmos, pois são termos últimos com base nos quais todas as outras coisas definíveis podem ser definidas. [...] Consideremos o amarelo, por exemplo. Podemos tentar defini-lo, descrevendo seu equivalente físico; podemos declarar quais vibrações luminosas precisam estimular o olho normal para que este as perceba. Mas basta que elas brilhem por um momento para mostrar que suas vibrações luminosas não são o que significamos quando falamos de amarelo. Elas não são o que nós percebemos. Com efeito, nós nunca teríamos descoberto a existência delas se primeiro não tivéssemos sido tocados pela explícita diferença de qualidade entre as diferentes cores. O máximo que somos autorizados a dizer sobre essas vibrações é que elas são o que corresponde, no espaço, ao amarelo que nós percebemos no ato de perceber. O erro presente nesse simples exemplo costuma ser cometido quando se fala do *Bem*. Pode ser verdadeiro que todas as coisas que são boas sejam *também* algo mais; mas isso só é verdadeiro tanto quanto é verdadeiro que todas as coisas amarelas produzem um tipo de vibração na luz. E é um fato, na Ética, a tentativa de descobrir quais são as outras propriedades que pertencem a todas as coisas que são boas. Mas muitos filósofos pensaram que, ao indicar essas outras propriedades, definiam ao mesmo tempo o *Bem*; e que essas outras propriedades, de fato, simplesmente não eram "outras", mas absoluta e inteiramente o mesmo que a Bondade.

Ao identificar cinco momentos do texto de Moore, observa-se que tais momentos não correspondem à ordem temporal (tempo histórico) em que o autor escreveu seu texto, mas à estrutura que ele adotou na articulação de suas ideias (tempo lógico). Observando as cores, você pode constatar, por exemplo, que o primeiro momento lógico corresponde ao segundo momento redacional e que a conclusão ou quinto momento lógico corresponde ao primeiro momento redacional:

1º Momento (ponto de partida): Moore explica o que é uma definição, baseando-se no dado que, quando definimos uma palavra, mostramos as partes ou as ideias que compõem essa palavra.

2º Momento: Moore faz um contraponto, mostrando que certos conteúdos de pensamento (expressos por palavras) não têm partes; são tão básicos que acabam sendo usados como partes para definir outros conteúdos (outras palavras).

3º Momento: Moore dá um exemplo para ilustrar o contraponto e lembra que não temos como definir o amarelo, pois não é possível analisá-lo (dividi-lo em partes).

4º Momento: o autor aplica o contraponto e seu exemplo à compreensão do Bem.

5º Momento: o autor tira a conclusão de que, como o Bem serve para identificar as coisas boas, e como ele não tem partes, não é possível defini-lo.

Aplicando a análise do Bem à análise dos prazeres e da ausência de dor, pode-se concluir, em continuidade com Moore, que eles são bens particulares ou coisas boas, quer dizer, têm a qualidade recebida do Bem (são valorizadas como manifestações do Bem). Por fim, chamando de *felicidade* o conjunto de prazeres e a ausência de dor, pode-se concluir que a felicidade transcende os prazeres e a ausência de dor, permanecendo como a fonte do sentido dessas experiências, assim como o Bem transcende as coisas boas e é o que dá a bondade delas sem identificar-se totalmente com elas mesmas. No limite, o Bem e a felicidade são o mesmo.

Essa análise permitirá a Moore rejeitar definitivamente a postura naturalista. No seu dizer, a frase "O prazer é o Bem" só é compreensível se pensarmos que o prazer significa *o gozo ou a satisfação dos sentidos*. A frase "O prazer é o Bem" poderia, então, ser trocada por "O gozo dos sentidos é o Bem".

Mas essa troca só seria justificável se a frase "O gozo dos sentidos é o Bem" fosse entendida como "O gozo dos sentidos faz parte do Bem", sem pretender que ela

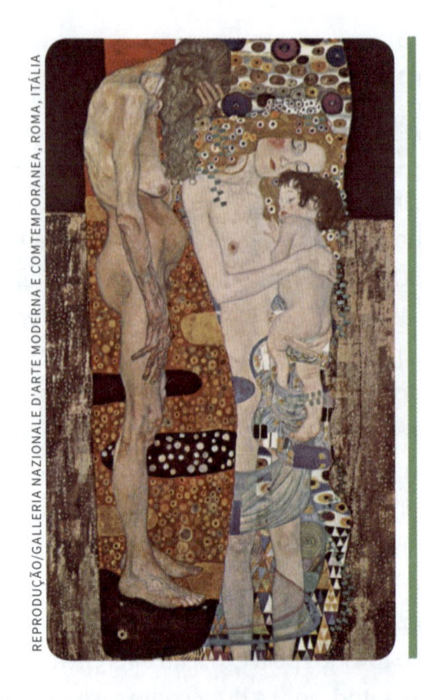

Gustav Klimt (1862-1918), *Três idades da mulher*, 1905, óleo sobre tela. Klimt, que era conhecido por sua personalidade difícil, permite ver na imagem da criança no aconchego dos braços maternos um retrato das bases da atividade de ser feliz: a confiança na existência (como a confiança em uma boa mãe) permite exercitar a felicidade no momento presente, desfrutando dela, e preparar-se para o futuro.

signifique "O Bem é o gozo dos sentidos" (ou "O Bem é o conjunto dos gozos dos sentidos"), pois o Bem pode ser mais amplo do que o gozo dos sentidos.

Imagine que alguém tome a frase "As árvores brasileiras fazem parte do Brasil" e a use para concluir que "O Brasil é a soma das árvores brasileiras" ou "O Brasil é um conjunto de árvores". É evidente o equívoco desse raciocínio, pois o Brasil é muito mais do que suas árvores. Assim também o equívoco utilitarista consiste em reduzir o Bem aos prazeres. Eles tomam uma tautologia (➜ p. 101) e a utilizam como forma de extrair uma conclusão não garantida por essa tautologia.

Absoluto e relativo

Absoluto – algo que pode ser pensado por si só, sem precisar de nenhuma referência a outra coisa. Exemplos:

A justiça é o absoluto pelo qual se orientam nossas ações justas.

Deus, se existe, deve ser absoluto, pois todo o restante é relativo.

Relativo – algo que só pode ser pensado em referência a outra coisa. Por extensão, relativo é também tudo o que depende do ponto de vista de quem o analisa. Exemplos:

O grau de bondade das coisas é relativo ao Bem.

As opiniões são relativas a quem as pronuncia.

Cuidado lógico | A tautologia

Para entender a *tautologia*, é preciso partir do fato de que certas frases podem ser verdadeiras ou falsas; outras não podem ser consideradas verdadeiras nem falsas; enquanto outras, ainda, são sempre verdadeiras.

Quando se diz, por exemplo, "Está chovendo!", essa frase é verdadeira se realmente estiver chovendo; ou é falsa se não estiver chovendo.

Porém, quando se diz "Seja um bom menino!", essa frase não é verdadeira nem falsa, pois ela não pretende retratar coisas do mundo; apenas dá um conselho.

Quando se diz, por fim, "Agora está chovendo ou não está chovendo", essa frase, dita em seu conjunto, é sempre verdadeira, pois a sua maneira de descrever a realidade é verdadeira em todas as circunstâncias; afinal, segundo o que aprendemos com nossa experiência, só há duas possibilidades: ou está chovendo ou não está chovendo. Enunciar essas duas possibilidades em uma frase é enunciar algo sempre verdadeiro.

Frases como essa são *tautologias*, formulações bem-feitas para exprimir algo que já se sabe. O pensamento, porém, não avança para novas conclusões; se ele avançar apenas com base em uma tautologia, comete-se a *falácia da tautologia* (p. 59). Conta-se que um cantor, certa vez, disse à sua equipe: "Se não tivéssemos perdido uma hora e quinze minutos com o atraso, já teríamos chegado há uma hora e quinze!". Não fosse o nervosismo do cantor, todos poderiam ter achado que ele queria provocar uma boa risada... ■

A análise do equívoco de converter a frase "O prazer é o Bem" em "O Bem é o prazer" mostra como Moore preserva a identidade do Bem sem, no entanto, definir o Bem. A experiência humana constata coisas que são boas, ou seja, qualificadas pelo Bem, mesmo que isso não signifique "ver" e definir o Bem diretamente.

Trocando a palavra *Bem* por *felicidade* ou por *bem supremo*, pode-se dizer que, em continuidade com o pensamento de Moore, a felicidade é o que qualifica os prazeres e a ausência de dor, dando-lhes seu sentido. No entanto, ela é mais ampla do que a soma dos prazeres e da ausência de dor; é o absoluto que atrai os seres humanos, movendo-os a buscar prazer e a evitar a dor em situações particulares ou relativas (p. 100). Bem e felicidade seriam as duas faces da mesma moeda: constituem o polo que magnetiza as ações humanas.

EXERCÍCIO B

1. Aponte em que aspectos a filosofia utilitarista da felicidade se aproxima e se distancia dos pensamentos cirenaico e epicurista sobre a felicidade.
2. Descreva o utilitarismo e o naturalismo.
3. Explique as dificuldades que alguns filósofos encontram tanto no utilitarismo como no naturalismo.
4. Explique o que significa afirmar que Moore elabora uma filosofia da felicidade transcendente.

3 A felicidade como atividade e plenitude

O modo geral de falar da felicidade revela a tendência de compreendê-la como um estado psicológico ("sensação de bem-estar") produzido pela posse de satisfações variadas. Muitos chegam a pensar, aliás, que felicidade e alegria são equivalentes.

No entanto, a possibilidade de conceber um polo que atrai os seres humanos, movendo-os a buscá-lo, abre caminho para entender a felicidade como *atividade*, e não como um estado. Trata-se de uma forma de apontar para o caráter ativo na construção de uma vida feliz. Assim, mais do que uma sensação de bem-estar, a felicidade consistiria em um modo de ser, a *atividade de ser feliz*.

Os epicuristas, por exemplo, chamaram atenção para a importância da prudência e concluíram que a felicidade é a prática dessa virtude no uso dos prazeres. Eles retomavam, na verdade, o pensamento de Aristóteles, que foi um dos primeiros a entender a felicidade como *atividade*.

Observe que Aristóteles (p. 103), nessa parte de seu livro *Ética nicomaqueia*[5], define a *felicidade* como

[5] *O adjetivo* nicomaqueia, *presente no título de um dos livros de Aristóteles sobre Ética, refere-se ao nome próprio* Nicômaco, *que pode ter sido o nome do filho de Aristóteles, a quem o filósofo teria dedicado seu livro, ou um aluno que teria tomado anotações das aulas de Aristóteles sobre Ética, com base nas quais teria surgido o livro.*

atividade segundo perfeita virtude. A compreensão da felicidade requer que se conheça, então, o significado de *virtude* e de *virtude perfeita*.

Para explicar a virtude, Aristóteles elabora uma concepção do ser humano como alguém dotado de um corpo (sua constituição física) e uma alma (a dimensão da vitalidade que anima o corpo, da capacidade de perceber as coisas por meio dos cinco sentidos, da

A felicidade é uma atividade

Aristóteles

ARISTÓTELES. *Ethica Nicomachea I 13 – III 8: Tratado da virtude moral.* Tradução Marco Zingano. São Paulo: Odysseus, 2008. p. 38-42.

1 A felicidade é certa atividade da alma segundo perfeita virtude. [...]

Deve-se evidentemente investigar a virtude humana, pois procurávamos o bem humano e a felicidade humana. Por *virtude humana*, entendemos não a [virtude] do corpo, mas *a da alma*, e, por *felicidade*, entendemos *atividade da alma*. [...] Uma parte [da alma 5 humana] é não racional; a outra, dotada de razão. [...] Da parte não racional, uma se mostra comum e vegetativa – refiro-me à causa do alimentar e do crescer. [...] Uma outra natureza da alma também se mostra ser não racional, participando, porém, em certa medida, da razão. Com efeito, elogiamos, no homem que se controla e no acrático[6], a razão e a parte racional da alma, pois ela exorta corretamente às melhores ações. [...]

10 A parte não racional é dupla: a vegetativa em nada participa da razão, ao passo que a apetitiva[7] e, em geral, desiderativa[8] participa de certo modo da razão, na medida em que é acatadora[9] e obediente, do modo como dizemos *prestar atenção à razão* do pai e dos amigos, mas não do modo como dizemos *ter razão* na matemática. [...] Também a virtude é dividida segundo essa diferença, pois dizemos que umas [virtudes] são in- 15 telectuais e outras, morais. [...] Sendo dupla a virtude – uma intelectual, a outra moral –, a virtude intelectual tem gênese[10] e aumento em grande parte pelo ensino (por isso requer experiência e tempo), ao passo que a virtude moral resulta do hábito. [...]

Fica claro a partir disso que nenhuma virtude moral se engendra[11] em nós por natureza, pois nada do que existe por natureza habitua-se a ser diverso [do modo como é]. 20 Por exemplo, a pedra, que por natureza se move para baixo, não se habituaria a mover-se para cima, nem mesmo se alguém tentasse habituá-la lançando-a milhares de vezes para cima; tampouco o fogo se habituaria a mover-se para baixo, nem qualquer outro ser que é naturalmente de um modo se habituaria a ser diferentemente. Por conseguinte, as virtudes não se engendram nem naturalmente nem contra a natureza, mas, 25 porque somos naturalmente aptos a recebê-las, aperfeiçoamo-nos pelo hábito. [...] Os homens tornam-se construtores construindo casas e tornam-se citaristas[12] tocando cítara. Assim também, praticando atos justos, tornamo-nos justos; praticando atos temperantes, [tornamo-nos] temperantes; praticando atos corajosos, corajosos. [...]

Ademais, é por meio das mesmas coisas que se engendra e se corrompe toda vir- 30 tude, assim como a arte: com efeito, do praticar a cítara surgem tanto os bons como os maus citaristas. Os construtores e todos os demais artesãos analogamente: por construir bem, tornar-se-ão bons construtores; por construir mal, maus construtores. Se não fosse assim, ninguém precisaria do mestre, mas todos nasceriam bons ou maus. Assim também se passa com as virtudes: agindo nas transações[13] entre os 35 homens, tornam-se uns justos; outros, injustos; agindo nas situações de perigo e habituando-se a temer ou a ter confiança, tornam-se uns corajosos; outros, covardes. O mesmo ocorre no caso dos apetites, assim como no das iras, pois se tornam uns temperantes[14] e tolerantes; outros, intemperantes e irascíveis[15], uns por persistirem a agir de um jeito nas mesmas situações, outros por persistirem de outro jeito. ■

[6] ***Acrático:*** *quem não tem controle de si; quem, por falta de treinamento ético, não consegue resistir a um desejo.*

[7] ***Apetitivo:*** *relativo ao apetite entendido como desejo, ímpeto para atingir um alvo.*

[8] ***Desiderativo:*** *relativo ao desejo.*

[9] ***Acatador:*** *que acata, aceita.*

[10] ***Gênese:*** *nascimento; origem.*

[11] ***Engendrar-se:*** *gerar-se; produzir-se.*

[12] ***Citaristas:*** *tocadores de cítaras, instrumento musical de cordas.*

[13] ***Transação:*** *negócio*

[14] ***Temperante:*** *quem pondera os prós e os contras de suas ações; equilibrado; moderado.*

[15] ***Irascível:*** *quem se deixa dominar pela ira.*

JEAN JULLIEN

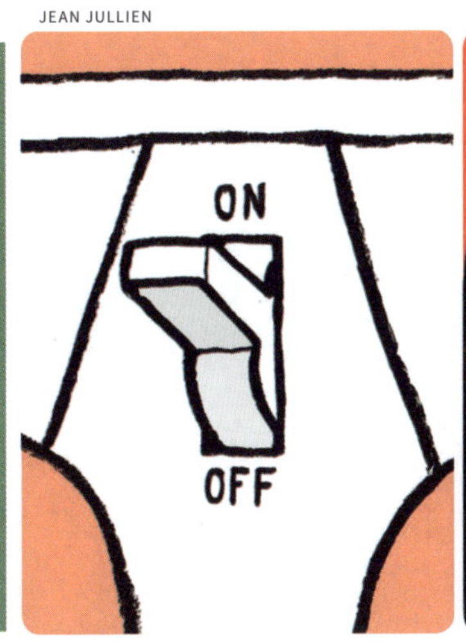

Ilustrações do jovem artista francês Jean Jullien para ironizar práticas contemporâneas que levam à solidão e ao empobrecimento das relações de amizade, fundamentais para a felicidade. À esquerda: *On Off* (Ligado desligado). Ao centro: *For her* (Para ela). À direita: *Never Alone* (Nunca sozinho). Técnica: impressão em jatos de tinta.

capacidade racional ou o pensamento – função intelectual – e da capacidade de escolher a melhor ação a realizar – função moral). A virtude humana consistirá no bom exercício das funções tipicamente humanas; como a virtude humana é dupla (intelectual e moral), sua realização plena depende do desenvolvimento intelectual e moral. Por conseguinte, a felicidade, como atividade da alma segundo a virtude, consiste na boa realização da alma em sentido intelectual e moral.

Em outros trechos de sua obra, Aristóteles lembra que a boa ação é aquela que imita o exemplo da pessoa prudente (considerada boa por sua comunidade). A felicidade, assim, relaciona-se diretamente à prática da prudência. Ela é, portanto, uma *atividade*, e não algo que simplesmente se "possui" ou se "sente". Ser feliz, segundo Aristóteles, significa *exercitar a felicidade*; e, dessa perspectiva, é mesmo possível ser feliz quando não se tem alegria ou outro estado imediato de bem-estar. Trata-se de desenvolver as capacidades humanas do pensamento e da boa escolha, principalmente pela prática da prudência.

Aristóteles enfatiza, assim, a qualidade que podemos imprimir em nossas vidas pelo modo como cuidamos de nós mesmos, em vista da possibilidade de sermos sempre melhores em todos os aspectos (físicos, afetivos, intelectuais e morais).

Em nossos dias, saber olhar para nós mesmos e refletir sobre a concepção de felicidade com que operamos é um grande desafio. O excesso de trabalho e outras atividades, a corrida pela riqueza, a sede do Poder, as relações humanas empobrecidas, as amizades superficiais, a pressa, o consumismo e muitos outros fatores enchem-nos com preocupações que nos fazem desviar o olhar de nós mesmos e considerar a felicidade como o sucesso em meio a essas mesmas preocupações. De certo modo, vivemos em um naturalismo ético inquestionável; e a própria felicidade transformou-se em uma obsessão, embora seu conteúdo seja tão pouco refletido.

Nós, que cruzamos as portas da Filosofia, temos, porém, condições de perguntar pelo que queremos dizer quando falamos de felicidade.

ARISTÓTELES (384 a.C.-322 a.C.)

Foi um filósofo grego nascido em Estagira, antiga cidade da Macedônia, hoje situada na Grécia. Foi discípulo de Platão e formador de Alexandre da Macedônia. Em 335 a.C., fundou sua própria escola em Atenas, o Liceu, adotando posições diferentes das de seu mestre Platão, principalmente no tocante à Teoria das Ideias. Entre suas obras mais conhecidas estão a *Ética nicomaqueia*, a *Física*, o *De anima ou Tratado sobre a alma* e *Metafísica*.

EXERCÍCIO C

p. 441

1. O que motiva algumas pessoas a associar a felicidade apenas a momentos passageiros de alegria e satisfação?

2. O que significa, segundo Aristóteles, dizer que a felicidade é uma atividade?

EXERCÍCIOS COMPLEMENTARES

p. 441

1 Análise de documento musical

Leia, abaixo, a letra da música *Ditadura da felicidade*, da banda paraense Aeroplano, e reflita sobre o modo como, em nossos dias, ao falar de felicidade, muitas pessoas não querem aceitar que o sofrimento faz parte da existência. Você pode ouvir gratuitamente a canção no site: <http://www.aeroplano.mus.br> (Acesso em: 18 dez. 2015). Também pode conhecer melhor a banda Aeroplano pelo site: <http://tnb.art.br/rede/aeroplano> (Acesso em: 18 dez. 2015). Em sua reflexão, tome como critério a diferença entre a felicidade como soma dos prazeres e ausência de dor e a felicidade como algo que vai além das coisas boas momentâneas e como atividade. Registre sua reflexão em uma redação livre.

Ditadura da felicidade
Letra: Eric Alvarenga

Essa é a ditadura da felicidade
Todo mundo sorrindo mesmo sem vontade
Assim que se faz

Guarde a sua tristeza
Não há mais lugar pra solidão

E pra cada dor haverá proibição
O nosso sofrimento não terá perdão
Assim que se faz

Guarde a sua tristeza
Não há mais lugar pra solidão

2 Filosofia grega e sabedoria oriental

Há várias semelhanças entre formas filosóficas gregas e formas de sabedorias orientais. Uma delas está na relação que, em termos gregos, seria a relação entre prazer e prudência. No budismo, por exemplo, enfatiza-se a busca de uma consciência de si que leve a dar aos prazeres o real valor que eles têm. Pesquise sobre formas de sabedoria oriental (budismo, confucianismo, hinduísmo, taoísmo etc.) e identifique semelhanças e diferenças entre elas e a filosofia grega no tocante ao tema da felicidade. As páginas da Wikipédia referentes às tradições orientais são bastante razoáveis e suficientes para a realização deste exercício.

p. 441 Proposta de ativ. complementar

Dicas de filmes para você assistir tendo em mente o que trabalhamos neste capítulo

Eu maior, *direção Fernando Schultz e Paulo Schultz, Brasil, 2013.*
Documentário sobre autoconhecimento e busca da felicidade. A base é um conjunto de entrevistas com representantes de diversas áreas da cultura, por exemplo, o escritor e psicanalista Rubem Alves, a Monja Coen (budista), o teólogo Leonardo Boff, o psicólogo Roberto Crema, o cientista Marcelo Gleiser, o músico Marcelo Yuka, a líder política Marina Silva, a diretora de cinema Laís Bodansky, o surfista profissional Carlos Burle e o alpinista Waldemar Niclevicz (o filme pode ser visto gratuitamente no site: <www.eumaior.com.br> Acesso em 8 maio 2015.). ■

ACESSE:

A felicidade não se compra *(It's a wonderful life), direção Frank Capra, EUA, 1946.*
Clássico do cinema norte-americano centrado no tema da razão de viver. Em Bedford Falls, durante o Natal, a personagem George Bailey pensa em suicidar-se, porque, mesmo tendo sempre ajudado a todos, entrou em profundo desânimo ao ver os males provocados pelo poderoso Henry Potter, homem mais rico da região. Um acontecimento extraordinário levará George a perguntar se sua vida não era feliz. ■

Era uma vez em Tóquio *(Toquio monogatari), direção Yasujiro Ozu, Japão, 1953 (relançado em 2014).*
Yasujiro Ozu é um dos mais importantes cineastas do século XX. Sua principal característica é captar a vida em seu ritmo natural. Por isso, o filme *Era uma vez em Tóquio* é lento, diferente do excesso de

movimento, cor e barulho de grande parte dos filmes a que estamos acostumados em geral. A narrativa é profundamente comovente e faz o espectador pensar em que realmente consiste a felicidade. Trata-se da história de um casal de idosos que viaja a Tóquio para visitar seus filhos. Os filhos, porém, recebem os pais com indiferença, pois são ocupados demais com o trabalho e não têm tempo para os pais. Apenas a nora, que perdeu o marido na guerra, dá um pouco de atenção aos dois idosos. A mãe fica doente e os filhos vão visitá-la junto com a nora. Nesse momento, sentimentos complexos são revelados. ■

As neves do Kilimanjaro *(Les neiges du Kilimandjaro), direção Robert Guédiguian, França, 2011.*

O filme retrata um tema cotidiano bastante simples no centro das atenções: em geral, pensamos que uma vida calma, bem-estruturada e sem problemas é considerada uma vida feliz; mas, como reagiríamos se algo completamente inesperado acontecesse? A felicidade desapareceria? Diminuiria? Poderia transformar-se e continuar? Michael, mesmo desempregado, leva uma vida feliz com sua esposa, Marie-Claire. Certo dia, os dois são surpreendidos por um grupo de homens mascarados que roubam o dinheiro economizado para poder conhecer o monte Kilimanjaro. ■

Dicas literárias

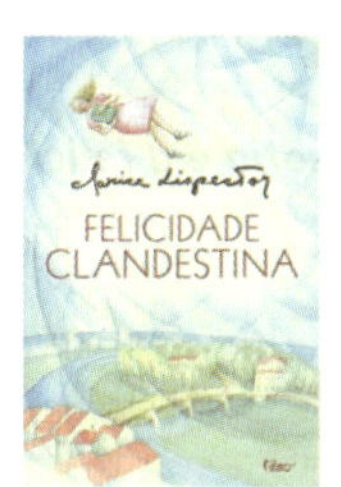

"Felicidade clandestina"*, conto de Clarice Lispector publicado no livro que leva o mesmo título,* Felicidade clandestina, *Rocco, 1998.*

O conto narra uma história curiosa: uma garota sabe que um senhor possui um livro que lhe interessa e manifesta seu desejo de lê-lo; a filha desse senhor, maldosa, propõe-se a emprestar o livro à menina, mas sempre dá desculpas para não entregá-lo; finalmente ela entrega, mas então a menina, que finalmente tem o livro em mãos, passa também a inventar desculpas para ficar mais tempo com ele. Com base nessa história simples, Clarice Lispector explora com grande beleza o tema da felicidade e as razões pelas quais costumamos dizer que "felicidade é boa, mas dura pouco". A felicidade da menina parece clandestina, não legítima, quase uma maldição, pois, preocupada se terá de devolver ou não o livro, ela quase se esquece de desfrutá-lo. ■

O mito de Sísifo*, de Albert Camus, tradução Ari Roitman e Paulina Watch, Record, 2004.*

O escritor francês Albert Camus publicou esse livro no ano de 1942, em plena Segunda Guerra Mundial, período em que a vida, mais do que nunca, parecia absurda, com um aumento considerável do número de suicídios. O horror da guerra fazia pensar que a vida é uma estupidez e que a racionalidade humana era uma das coisas mais perversas da face da Terra. Camus retoma o mito grego em que Sísifo é punido pelos deuses e condenado a empurrar sem cessar uma pedra até o alto de uma montanha, de onde ela tornava a rolar, fazendo com que ele a empurrasse novamente. Se uma face do livro é o retrato do horror, a outra face está em sugerir que o ato de viver talvez seja sua própria recompensa. No seu dinamismo próprio (e sem esperar dela o que ela não pode dar), a vida pode ser razoável. Como dizia o filósofo japonês Shuzo Kuki (1888-1941), é preciso imaginar Sísifo feliz. Em outras palavras, Sísifo encontrava sua felicidade no ato de cumprir o que podia e não na significação dessa tarefa. ■

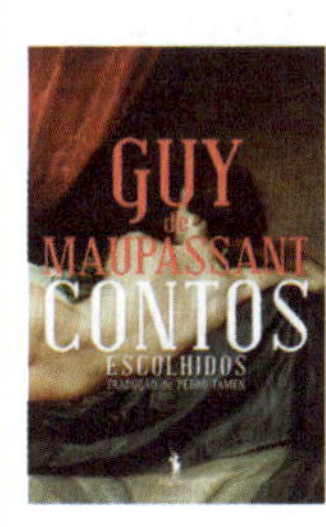

"A felicidade"*, conto de Guy de Maupassant, publicado em* Contos escolhidos*, tradução Pedro Tamen, Dom Quixote E-books, 2012.*

Certa noite, virado para a ilha da Corsa e falando da felicidade, um velho senhor conta uma lembrança particular que lhe ocorreu naquele momento: durante uma viagem à ilha, ele passou a noite na residência de um casal de idosos; a mulher tinha sido rica antes do casamento e descreveu ao visitante a grande felicidade que vivia ao lado de seu marido, um pobre oficial militar. O visitante se cala e pensa: "O que poderia eu dizer diante de uma felicidade tão forte e tão simples?" ■

O Nome da Rosa*, de Umberto Eco, tradução Aurora Bernardini Fornoni, Record, 2009.*

Suspense em torno dos assassinatos cometidos em um mosteiro italiano medieval. O frade fransciscano encontrava-se nesse mosteiro para um debate sobre heresias, mas acaba envolvendo-se com a investigação dos assassinatos. O título do livro é uma referência a um exemplo que circulou na Idade Média para retratar o problema dos universais, tendo sido usado especialmente por Pedro Abelardo: se todas as rosas do mundo desaparecessem, os seres humanos continuariam capazes de pensar o que é uma rosa? O grande sucesso do livro deu origem a uma versão cinematográfica, com o mesmo título e sob a direção de Jean-Jacques Annaud (França, Itália e EUA, 1986). ■

Para continuar viagem...

As virtudes morais, *de Marco Zingano, WMF Martins Fontes, 2013 (Coleção Filosofias: o prazer do pensar).*

O autor aborda o tema das virtudes morais, que é tão antigo quanto a própria Filosofia. Mas o faz de maneira atualizada, pensando com elegância uma ética das virtudes diante dos impasses e propostas contemporâneas. Altruísmo, amor e amizade também são estudados no livro, inclusive com exemplos do cinema. ■

A felicidade, *de Mauricio Pagotto Marsola, WMF Martins Fontes, 2015 (Coleção Filosofias: o prazer do pensar).*

Estudo baseado no pensamento antigo e em referências a filósofos modernos e contemporâneos, com uma seleção de textos, atividades e dicas culturais. ■

A felicidade, desesperadamente, *de André Comte-Sponville, tradução Eduardo Brandão, Martins Editora, 2015.*

Revisitando autores clássicos, da Antiguidade aos tempos atuais, o autor concentra-se em três temas: por que não somos felizes hoje ou as "armadilhas da esperança"; a crítica da esperança e a felicidade em ato; e sua proposta de uma "sabedoria do desespero", ou seja, uma sabedoria da felicidade, da ação e do amor. ■

A conquista da felicidade, *de Bertrand Russell, tradução Luiz Cavalcanti de M. Guerra, Nova Fronteira, 2015.*

O filósofo inglês oferece, neste livro, um conjunto de condições racionais que, no seu dizer, podem trazer uma boa vida. Na contrapartida, reflete também filosoficamente sobre os obstáculos que costumamos criar à nossa própria felicidade. ■

A felicidade paradoxal, *de Gilles Lipovetsky, tradução Maria Lúcia Machado, Companhia das Letras, 2007.*

No mundo atual, a busca por uma vida melhor tornou-se a verdadeira "religião" e é praticada pelo aumento sempre progressivo do consumo de produtos e experiências. Curiosamente, porém, as pessoas se sentem menos felizes... ■

A Filosofia e a felicidade, *de Philippe van den Bosch, tradução Maria Ermantina Galvão, Martins Editora, 1998.*

O autor escreve uma introdução à Filosofia por meio da questão da busca da felicidade e da consciência da existência. ■

p. 444 Sugestões bibliográficas

DISSERTAÇÃO DE PROBLEMATIZAÇÃO

Uma dissertação é uma redação que trata argumentativamente de um tema específico.

Ela é argumentativa porque justifica suas afirmações e negações com base em razões que os leitores podem avaliar.

Por sua vez, uma dissertação de problematização procura tornar explícito(s) o(s) problema(s) contido(s) em um tema ou em uma questão inicial. O tema ou a questão que podem ser problematizados parecem, em geral, simples, mas contêm elementos que merecem ser refletidos com mais atenção. Em outras palavras, merecem ser problematizados.

Para problematizar, um procedimento bastante eficaz é o método dialético, construído em três passos:

Passo 1: Analisar uma tese

Trata-se de refletir sobre o que é defendido por uma afirmação ou por uma negação. É o momento de recolher o maior número de dados possíveis contidos na tese.

Passo 2: Encontrar uma antítese

Trata-se de procurar uma afirmação ou uma negação que sustente ideia(s) diferente(s) daquela defendida na tese. Mas aqui deve haver um cuidado especial: a antítese não é uma tese contraditória (p. 210) em relação à primeira tese. Se a tese e a antítese forem contraditórias, elas se excluirão.

Nesse caso, não haverá problematização, mas uma relação de exclusão: ou a tese será verdadeira e a antítese será falsa ou vice-versa. Por exemplo, não há o que problematizar entre duas frases como "Todo ser humano quer ser feliz" e "Existe um ser humano que não quer ser feliz", ou entre "Nenhum ser humano é ave" e "Existe um ser humano ave": uma dessas frases sempre será verdadeira e a sua contradição sempre será falsa. No método dialético, a antítese deve trazer elementos que permitam rever a tese, encontrando um modo de combinar-se com ela, sem a anular.

Passo 3: Elaborar uma síntese

Trata-se de tentar compor uma conclusão que una elementos da tese com elementos da antítese, mostrando que elas não se excluem, mas podem ser combinadas.

Em sua redação, você pode escrever três parágrafos, correspondentes aos três passos do método dialético (tese, antítese, síntese). Esses três parágrafos podem corresponder ao que, em geral, se chama de introdução, desenvolvimento e conclusão:

Introdução: exploração da tese. Você pode iniciar esse parágrafo com expressões como: É comum observar a opinião segundo a qual..., Não é difícil encontrar quem pense que..., Muitos defendem que...

Desenvolvimento: apresentação e exploração de uma antítese, mostrando como a tese pode ser problematizada. Você pode iniciar esse parágrafo por uma das seguintes conjunções: Porém, Mas, Contudo, Todavia, Entretanto, No entanto.

Conclusão: síntese que vale como uma recuperação da tese, combinando-a com elementos da antítese. Você pode iniciar esse parágrafo com uma das seguintes conjunções e expressões: Assim, Nesse sentido, Portanto, Tendo dito isso..., Com base nisso...

O tema da relação entre a felicidade e os prazeres é bastante adequado para exercitar a problematização por meio do método dialético, pois a felicidade como algo constante não exclui necessariamente os prazeres momentâneos. Em sua dissertação, porém, você não deve repetir as ideias dos filósofos estudados. Para isso, há outros tipos de redação. Seu texto será melhor se você se concentrar nos conceitos e procurar tratá-los neles mesmos, mostrando como combinam entre si. Para auxiliar você nesse exercício dissertativo, propomos um tema em forma de questão:

É preciso satisfazer todos os desejos para ser feliz?

Com base na compreensão da felicidade como satisfação dos desejos, parece possível pensar que, para ser feliz, é necessário satisfazer todos os desejos. Essa posição pressupõe que a felicidade só existe se for plena. Ela não combinaria com nenhuma insatisfação. [TESE]

No entanto, observa-se que, na vida humana, é impossível satisfazer todos os desejos, pois muitos deles não dependem dos próprios indivíduos. Por exemplo, pode-se desejar conhecer a Lua, mas isso é praticamente irrealizável para os cidadãos comuns. Além disso, alguns desejos podem não ser bons, tornando inconveniente buscar sua realização. Nada disso, porém, impede os indivíduos de sentirem-se satisfeitos de modo geral, ainda que nem todos os seus desejos sejam atendidos. [ANTÍTESE]

Assim, pode-se concluir que, embora a felicidade seja uma satisfação de desejos, é possível ser feliz mesmo sem que todos os desejos sejam satisfeitos. A plenitude da felicidade não depende necessariamente da plenitude de desejos realizados. [SÍNTESE]

p. 464 e 471
Outras referências à dissertação de problematização.

CAPÍTULO

3 A AMIZADE

p. 444

Pablo Picasso (1881-1973), *Duas mulheres correndo na praia* (*A corrida*), 1922, guache. Museu Picasso Paris (França). Chamam a atenção no quadro de Picasso o movimento e a vitalidade das duas amigas que correm na praia. Os cabelos ao vento, as roupas soltas a ponto de mostrar os seios, o semblante alegre e as mãos dadas retratam certa despreocupação, bem como o prazer da vida partilhada: cumplicidade, amor de amizade.

Para refletir sobre a amizade, nada melhor do que dar a palavra a alguém que pode contar sobre uma pessoa amiga.

Vamos "ouvir" o que tem a dizer uma mulher muito especial: a escritora brasileira Hilda Hilst (1930-2004), ao falar de sua amiga Lygia Fagundes Telles (1923-), também escritora. Elas se conheceram em 1949, no salão de chá da antiga loja Mappin, em frente ao Teatro Municipal de São Paulo. Hilda havia sido selecionada entre os estudantes da Faculdade de Direito do Largo de São Francisco para saudar Lygia na ocasião do lançamento de seu livro de contos *O cacto vermelho*.

Em um depoimento para os *Cadernos de Literatura Brasileira* do Instituto Moreira Salles, em 1998, recorda Hilda:

> Conheci Lygia quando eu tinha 19 anos e estava no segundo ano da Faculdade de Direito. Ela tinha escrito um livro, *O cacto vermelho*, e fui escolhida para saudá-la. Então, teve um chá no Mappin, que naquela época era deslumbrante. [...] Desde aí eu fiquei amiga demais da Lygia. [...]
>
> Todo mundo fez tudo pra criar uma animosidade[1] entre nós. Os nossos universos são parecidos, mas se expressam de modos totalmente diferentes. Por exemplo, eu nunca entendi o que quer dizer o ponto e vírgula. Eu perguntava pra Lygia; ela me explicava. Eu dizia: "Não entendo o ponto e vírgula". Tanto é que nunca na minha vida eu escrevi com ponto e vírgula. Nunca entendi. Acho uma besteira. Pensava que não poderia escrever prosa porque não entendia o ponto e vírgula. Até que depois de 20 anos eu resolvi escrever.

[1] ***Animosidade:*** *inimizade; discórdia.*

Eu falo tudo claro. A Lygia se encobre. Quando ela está comigo, por exemplo, a Lygia sozinha, ela é ela. Mas ela tem um certo respeito pelo outro. Eu não tenho o menor respeito. Isto não é um defeito da Lygia, é um defeito meu. Mas ela teve também uma vida muito mais difícil que a minha. O pai dela era um jogador... Foi uma moça com a vida difícil. Eu sempre tive dinheiro e tal. Tudo isso é complicado de dizer.

Nós não falamos sobre Literatura. É um assunto que nos irrita. Eu não falo porque gosto muito dela e tenho uma amizade profunda, afetiva mesmo, por ela. A gente não conversa sobre Literatura. E somos muito tristes, o tempo todo. [...] A gente tenta falar coisas agradáveis, mas não consegue. [...] Ela sempre me disse que fica nua diante de mim. Eu também. Digo: "Lygia, eu estou péssima. Estou doentíssima, acho que vou morrer, venha me ver, pelo amor de Deus!". Quero demais morrer segurando a mão da Lygia, porque sei que ela vai entender tudo nessa hora H. Ela vai dizer: "Hilda, fica calma e tal, que é assim mesmo". [...]

Ela é muito ativa, é uma mulher mais velha do que eu, mas muito mais ativa. Ela vai ao Rio de Janeiro, corrige livros... Eu não quero corrigir livros nunca mais. [...]

Por ela, tenho uma coisa afetiva, doce, terna. [...] Eu compreendo o trabalho dela e ela compreende o meu.

É uma coisa de pura ternura, de benquerença mesmo, que eu tenho pela Lygia. Eu sempre assusto a Lygia, digo que estou morrendo pra ela aparecer aqui. Mas ela é uma mulher da cidade. Queria muito que ela morasse perto de mim, me dando a mão naquela hora. Aqui é uma delícia[2]. Agora, tem os cachorros e tal. Quarenta no canil. Já pensou? A Lygia diz que é cachorreira, mas mora com um gato. Ela quase não vem aqui. Às vezes até brigo com ela, de ciúmes da Nélida Piñon[3]. [...] Ela faz mais o estilo formal, social. Eu, de repente, arrebento tudo, quebro tudo, fica meio assustador, porque a Lygia é muito discreta, sóbria. E a Nélida é mais arrumada. Não é que a Lygia gosta mais da Nélida, mas é que ela dá mais certo com pessoas assim. Ela tem pavor de coisas escandalosas.

Mas a gente ri muito. Ela diz coisas incríveis. Um dia ligaram pra ela dizendo que um conhecido nosso, meio distante, tinha acabado de morrer. Eu estava lá. Ela perguntou assim: "Mas, me diga uma coisa, ele estava bem?". Aí o cara disse: "Lygia, ele estava morto!". Ela tinha distrações assim. "Mas, como ele estava no caixão, ele estava bem?". "Não, ele estava morto!".

Aí eu tinha ataques de riso, porque não era isso que ela queria dizer, ela queria saber se ele estava com uma parecença[4] arrumada. [...] Ela quis saber se a parecença dele era normal ou de assustar. Ela era distraída com essas coisas todas e eu ria muito. E outras coisas divertidíssimas. [...]

Eu sei que gosto muito dela, até o fim da vida eu vou gostar.

HILST, Hilda. Depoimento sobre Lygia Fagundes Telles. *Cadernos de Literatura Brasileira*: Instituto Moreira Salles, Rio de Janeiro; São Paulo, v. 5, p. 22-23, 1998.

Algumas frases desse depoimento de Hilda Hilst são preciosas para refletir sobre o tema da amizade.

Por exemplo, ao dizer que "Todo mundo faz tudo pra criar uma animosidade entre nós", Hilda aponta para a relação que pode continuar entre pessoas amigas mesmo quando surgem dificuldades entre elas. A amizade pode ser "testada" e se fortalecer. Ao dizer essa frase, talvez Hilda tivesse em mente alguns comentários feitos por críticos literários que viam uma diferença enorme entre o seu estilo e o de Lygia Fagundes Telles. Se a escrita de Hilda era crua e chocava o leitor, a de Lygia revelava equilíbrio e respeito: "Os nossos universos são parecidos, mas se expressam de modos totalmente diferentes". Nesse momento, a atenção dos leitores é despertada para o tema da amizade: a diferença entre os estilos de Hilda e Lygia nunca as impediu de ter universos semelhantes, quer dizer, de ver as coisas de maneira parecida.

Hilda rompe com padrões gramaticais cultos (o ponto e vírgula, por exemplo), enquanto Lygia os respeita. Hilda fala tudo claro, a ponto de estudiosos a classificarem como escrachada e pornográfica. Já Lygia se encobre, é discreta, não escreve de maneira chocante. Mas, quando as duas estavam juntas, Lygia perdia o pudor, isto é, não se preocupava com a forma de dizer as coisas, com as normas, mas era ela mesma, "nua", porque confiava em Hilda e se sentia inteiramente à vontade diante dela. Mais do que isso, Lygia sabia que Hilda a conhecia muito bem e que não precisava ser discreta

[2] Hilda Hilst refere-se à chácara onde morava, perto de Campinas (SP), chamada Casa do Sol.

[3] Nélida Piñon é uma escritora brasileira, nascida em 1937, no Rio de Janeiro.

*[4] **Parecença:** aparência; feição.*

nem fazer rodeios diante dela. Isso não quer dizer que Hilda faltasse com o respeito, mas é verdade que ela não fazia cerimônia e dizia tudo o que lhe vinha à cabeça. Quem conheceu Hilda Hilst testemunha que ela era extremamente educada e fina, apesar de sempre dizer abertamente o que pensava. Lygia mantinha certa distância das pessoas; Hilda não.

A relação entre Hilda e Lygia expõe o núcleo da experiência da amizade: os seres humanos têm inúmeras diferenças de indivíduo para indivíduo; no entanto, são capazes de unir-se e de construir juntos um novo sentido para sua existência.

Duas mulheres tão diferentes como Lygia e Hilda puderam unir-se em profundidade, partilhando mesmo suas tristezas. Essa união levava a uma confiança intensa entre elas, a ponto de Hilda sonhar em morrer segurando a mão de Lygia.

p. 446 Leitura complementar

EVERETT COLLECTION/SHUTTERSTOCK.COM

A amizade é como um jogo de espelhos, pois nos vemos refletidos nos amigos e isso nos agrada.

1 A amizade como jogo de espelhos

As diferenças entre Hilda e sua amiga Lygia não foram motivo de separação. Pelo contrário, permitiram que elas se aproximassem e se apreciassem, porque realçaram[5] as semelhanças entre ambas.

As semelhanças mostram-se como o ponto de união dos amigos; e as diferenças contribuem para a melhor percepção dessas semelhanças. Dessa perspectiva, amigos são pessoas que se amam porque identificam pontos comuns entre si. Não se trata, obviamente, do amor erótico ou sexual, mas de um amor praticamente familiar. Aliás, podemos até perguntar se há realmente amor entre os membros de uma família quando não há amizade entre eles... É um amor que nasce quando as semelhanças ficam claras e dão origem a uma relação de confiança. Como diz o ditado, nossos amigos e amigas são "a família que escolhemos".

Esse dado chamou a atenção de muitos filósofos. Para alguns deles, a amizade é como um "jogo de espelhos", pois as pessoas se veem refletidas nas outras e isso lhes agrada, uma vez que gostam de seus aspectos positivos e têm prazer com eles. Assim, na presença dos amigos, as pessoas entram em contato consigo mesmas.

Sem usar a expressão "jogo de espelhos", o filósofo Marco Túlio Cícero (p. 111) também entendia a pessoa amiga como um "outro eu" .

O ponto de partida do raciocínio de Cícero para esclarecer o que é a amizade não se encontra exatamente no começo do texto. O começo é uma afirmação para chamar a atenção dos leitores, lembrando-lhes que as pessoas, em geral, consideram bom aquilo que traz algum proveito (linhas 1 a 3). Seguindo esse hábito, corre-se o risco de conceber a amizade apenas como uma relação interesseira.

Tal risco revela, no entanto, algo positivo de que Cícero não fala abertamente, mas que funciona como pressuposto ou como premissa não explícita (p. 44) de seu raciocínio: os seres humanos são capazes de reconhecer o que é bom. A partir dessa base, três momentos podem ser identificados no texto de Cícero:

1º momento (linhas 1-5) – estratégia de contraposição

Premissa A (pressuposto): os seres humanos são seres capazes de reconhecer o que é bom.

Premissa B (linhas 1-3): quem reconhece o que é bom pode "errar", associando o bom apenas com o proveitoso.

Conclusão 1 (não explícita): os seres humanos são seres que podem "errar", associando o bom apenas ao proveitoso.

Premissa C (linha 4): a amizade é desejada em si e por si (não em vista de algum proveito).

Conclusão 2 (linhas 3-5): quem escolhe amigos pelo critério do proveito não conhece a amizade verdadeira.

[5] ***Realçar:*** *destacar; pôr em evidência.*

O amigo é outro eu

Marco Túlio Cícero

As pessoas, em geral, só reconhecem como bom, nos assuntos humanos, aquilo que dá algum benefício; comportando-se sem inteligência, escolhem por amigos aqueles de quem esperam tirar algum proveito. Mas, dessa maneira, ficam privadas daquela belíssima e naturalíssima amizade, desejada em si e por si; e não servem de exemplo para mostrar qual e quão intensa é a força da amizade.

Todos amam a si mesmos não porque esperam uma recompensa do seu próprio amor, mas porque são importantes para si mesmos; e a importância dada a si mesmo se conhece na amizade, quando se encontra um verdadeiro amigo. O verdadeiro amigo é, então, um outro eu.

Se já é evidente que os animais voadores, aquáticos, silvícolas[6], domésticos ou selvagens se amam (porque o amor nasce junto com a vida, de modo que os animais procuram e desejam outros animais do mesmo gênero, com os quais constituem grupos e se comportam com um desejo muito parecido ao amor humano), quanto mais isso se dá na natureza do ser humano, que ama a si mesmo e procura outro ser humano para unir suas almas de modo que elas se tornem como uma única alma! ■

CÍCERO. *De amicitia*. Leipzig: Teubner, 1884. p. 48-49. (A amizade [Carta a Lélio]. Tradução nossa.)

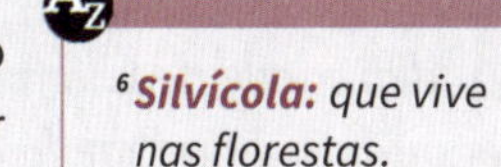

[6] ***Silvícola:*** *que vive nas florestas.*

2º momento (linhas 6-9) – núcleo do texto

Premissa D (linhas 6-7): todos os seres que são importantes para si mesmos amam a si mesmos (e não um proveito que tiram de si mesmos).

Premissa E (linha 7): todos os seres humanos são importantes para si mesmos.

Conclusão 3 (linhas 6-7): portanto, todos os seres humanos amam a si mesmos.

Premissa F (linhas 7-9): o amigo é alguém que permite a outra pessoa conhecer a importância que ela dá a si mesma.

Premissa G (pressuposto): o que se pensa de si mesmo é algo que somente a própria pessoa pode saber.

Conclusão 4 (linhas 8-9): o amigo é alguém que possibilita à pessoa conhecer aquilo que ela pensa sobre si mesma = o amigo é um outro eu (*conclusão principal do raciocínio*).

3º momento (linhas 10-15) – confirmação da conclusão principal por comparação

Se todo ser vivo animal é levado pela Natureza a amar a si mesmo e a procurar animais semelhantes para viver em grupos, revelando um comportamento muito parecido com o dos seres humanos (linhas 10-13), então há ainda mais razão para afirmar que os seres humanos (racionais e livres – *características pressupostas*) buscam seus semelhantes para viver uma união de almas (linhas 13-15).

O texto de Cícero é bastante claro ao concluir que quem encontra um verdadeiro amigo é alguém que ama a si mesmo ao amar também o amigo. Isso, porém, não permite afirmar que quem ama a si mesmo encontra necessariamente um amigo. Afinal, o amor de si mesmo pode ser vivido de maneira inteiramente egoísta e centrado em si mesmo. Até em uma relação pode acontecer que uma das pessoas não "veja" realmente a outra nem

MARCO TÚLIO CÍCERO (106-43 a.C.)

Foi um filósofo, jurista, político, escritor e orador romano. É um dos introdutores da filosofia grega em Roma e um dos principais responsáveis, junto com Sêneca e Boécio, pela criação de um vocabulário filosófico em língua latina. Obras mais conhecidas: *A República*, *As leis* e *A natureza dos deuses*.

a ame, mas somente veja a si mesma e ame a si mesma, transformando a pessoa amiga em um instrumento de seu amor egoísta, e não em alguém cujas semelhanças atraem em meio às diferenças. Na atitude da amizade não autêntica, só as semelhanças interessam.

CONCEITOS ESTRATÉGICOS

Identidade/Alteridade - Diferença/Semelhança

Identidade – característica específica de algo. Por extensão, é a relação de equivalência entre coisas que têm exatamente as mesmas características. Exemplos:

A identidade da Clara é a sua humanidade, enquanto a do Frajola é a sua felinidade.

Duas fotocópias são idênticas.

Alteridade – característica de tudo o que não é idêntico ou o mesmo. Exemplos:

O ser vivo é a alteridade do mineral.

Existe alteridade mesmo entre gêmeos idênticos.

Diferença – relação que leva a distinguir duas ou mais coisas. Exemplos:

Os modos de pronunciar são diferentes de acordo com a região do país.

A diferença entre os gêmeos idênticos está na separação de seus corpos e de suas personalidades.

Semelhança – relação que identifica pontos comuns em coisas não idênticas. Exemplos:

Apesar de a culinária do Sul ser diferente da culinária do Nordeste, elas são semelhantes no uso da carne seca.

Uma das semelhanças entre os animais e os humanos consiste na capacidade de perceber instintivamente a utilidade e o perigo de cada situação.

O amigo ou o "outro eu" não é um simples redobro da própria pessoa. Se fosse, a pessoa sequer prestaria atenção nele, pois ele não lhe revelaria nada do que ela já não conhece. O amigo, ao contrário, a revela a si mesma porque aquilo que ela é aparece mesclado com o que ela não é (as diferenças).

Vendo, por exemplo, como a pessoa amiga reage a uma situação, somos levados a questionar sobre o modo como também costumamos reagir a situações semelhantes. Talvez já estejamos acostumados a ter a mesma reação, mas não damos atenção a ela. Se minha amiga ou meu amigo é gentil com uma pessoa no ônibus, posso perceber que, em situações parecidas, também costumo ser gentil ou reajo sem a menor gentileza. Essa vivência revela um lado meu ao qual, até então, eu não tinha prestado atenção. A *alteridade* de minha amiga ou de meu amigo leva ao conhecimento da *identidade* que construo para mim mesmo.

EXERCÍCIO A

p. 445

1. O que significa dizer, do ponto de vista de Cícero, que o(a) amigo(a) é quem permite à pessoa amar a si mesma?
2. Refaça o raciocínio que permitiu a Cícero concluir que o(a) amigo(a) é um outro eu.
3. Amar a si mesmo(a) no(a) amigo(a) é um ato interesseiro? Explique.
4. Segundo o raciocínio ciceroniano, toda pessoa que ama a si mesma é alguém que encontra necessariamente um(a) amigo(a)?

2 A amizade como atividade

A reflexão de Cícero aponta para outro dado de grande importância filosófica: mais do que algo que apenas "surge" e se "sente", a amizade é uma *atividade* que se cultiva. Mesmo que a atração exercida entre as pessoas possa surgir imediatamente pela percepção de semelhanças, a amizade é algo que se constrói.

Aristóteles (p. 103) foi um dos primeiros filósofos a chamar atenção para essa maneira de conceber a amizade e influenciou significativamente o pensamento de Cícero. Na Idade Média, ele continuou a ser a principal referência para pensar o tema. Tomás de Aquino (p. 114), por exemplo, baseia-se quase inteiramente na concepção aristotélica.

A influência de Aristóteles na Idade Média não se exerceu, porém, como uma simples recepção. Os filósofos medievais debatiam os dados recebidos e os comparavam com outras informações de sua época. A atitude de debate explica por que, em sua reflexão, eles davam bastante importância às formas de pensamento das quais eles mesmos discordavam. Tinham consciência de que o pensamento, em grande medida, é construído por contraponto com ideias já defendidas por outros pensadores. Além disso, o debate permitia-lhes testar suas próprias ideias, a fim de observar se elas eram resistentes. A esse método de trabalho os medievais chamaram *quaestio* e *disputatio* ("questão" e "debate", em latim).

Especificamente quanto ao tema da amizade, Tomás de Aquino pergunta se o amor pode ser vivido na forma da amizade e começa sua reflexão pela análise do pensamento que dava uma resposta negativa a essa pergunta.

A amizade é uma forma de amor?

Tomás de Aquino

TOMÁS DE AQUINO. *Summa theologiae*. Roma: San Paolo, 1984. (Edição Leonina) (Suma teológica II-II, questão 23, artigo 1. Tradução nossa.)

1 *[Argumento contrário (objeção):]* Parece que o amor não tem nada a ver com a amizade, [...], porque [...] não há amizade sem reciprocidade[7], como diz Aristóteles. Ora, se Jesus diz "Amai vossos inimigos" (Mateus, cap. 5, vers. 44), então deve haver amor até pelos inimigos, [caso em que não há reciprocidade nem, portanto, amizade].

5 *[Dado cultural contrário:]* Mas, contra isso, está o que Jesus também diz em João 15: "Não vos chamo servos, mas amigos". Ora, Jesus disse essa frase por causa do seu amor [por nós]. Então, o amor deve ser também uma forma de amizade.

[Posição de Tomás de Aquino:] Segundo o Filósofo[8], não é qualquer amor que significa amizade, mas o amor com benevolência[9]: amamos alguém com bene-
10 volência quando queremos o bem desse alguém. Quando não buscamos o bem de alguém ou de alguma coisa que amamos, mas apenas o bem que esse alguém ou essa coisa pode nos proporcionar, então não vivemos a amizade-amor. Por exemplo, não temos o amor da amizade quando afirmamos "amar o vinho" ou "amar um cavalo" ou qualquer outra coisa que amamos só pelo benefício que
15 nos traz. Esse tipo de amor é o da concupiscência[10]; e seria ridículo pensar que alguém tem amizade pelo vinho ou por um cavalo. Porém, nem a própria benevolência basta para significar amizade, pois a amizade requer amor mútuo: *o amigo também é amigo de quem é seu amigo*. Tal é a mútua benevolência que se fundamenta sobre uma comunhão.

20 *[Resposta ao argumento contrário inicial:]* É preciso observar que se pode viver a amizade com alguém de dois modos. Num primeiro modo, tem-se amizade com alguém diretamente por ele mesmo: é a amizade do amigo. Mas, num outro modo, vive-se a amizade com alguém por causa de outra pessoa; por exemplo, alguém que tem amizade com uma pessoa determinada também estima, por cau-
25 sa dessa pessoa amiga, todos os outros que são ligados a ela, como seus filhos, seus empregados ou quem quer que tenha vínculos com ela. Essa estima pode ser tão profunda que, por causa da pessoa amiga, chega-se a amar aqueles que são ligados a ela, mesmo se eles nos ofendem ou nos odeiam. É desse mesmo modo que a amizade é um amor que se estende mesmo aos inimigos, aos quais
30 estimamos por causa do amor que temos por Deus, pois é por ele que temos a amizade-amor em primeiro lugar. ■

[7] **Reciprocidade:** *correspondência mútua; qualidade de algo que é correspondido.*

[8] *Quando Tomás de Aquino usa o termo Filósofo com maiúscula, faz referência a Aristóteles.*

[9] **Benevolência:** *característica de quem quer o bem de alguém.*

[10] **Concupiscência:** *desejo que só busca a própria satisfação e muitas vezes é excessivo.*

Tomás estrutura seu raciocínio da seguinte maneira: inicia pelo argumento contrário ao seu (também conhecido como *objeção*); depois evoca um dado cultural que circulava em sua época e contrariava o argumento contrário; na sequência, expõe sua própria reflexão; por fim, responde ao argumento contrário com o qual começou.

Note que o problema inicial do qual parte Tomás de Aquino é montado de maneira simples e direta, em cinco passos: (1) só há amizade se houver reciprocidade; (2) a Bíblia ensina que se deve amar os inimigos; (3) mas inimigos não têm relação de reciprocidade com quem os ama (não correspondem ao amor de quem os ama) e, justamente por isso, são o contrário dos amigos; (4) se é possível amar sem ter amizade, então não há nenhuma relação entre amor e amizade; (5) mas, para contrariar esse raciocínio, Tomás de Aquino lembra que a própria Bíblia diz que Jesus chama seus discípulos de amigos (e não havia certeza absoluta de que seus discípulos correspondiam à sua amizade). Jesus se considerava amigo deles porque os amava. Como Jesus representava para Tomás de Aquino o modelo perfeito da vida humana, então o seu exemplo revelava a possibilidade de que a amizade fosse pensada como uma forma de amor. Dada essa possibilidade, era preciso justificá-la racionalmente (trabalho filosófico) e mostrar que a amizade pode ser entendida como amor.

A estratégia filosófica de Tomás de Aquino consistiu em observar que, além da reciprocidade (como pensava Aristóteles), é a benevolência que caracteriza a amizade: é querer o bem da outra pessoa. Esse querer o bem do outro é uma forma de amor; e o amor se tornará amizade quando ele for correspondido, quando as duas pessoas amigas buscarem o bem uma da outra. Pode haver também o amor de instrumentalização. Trata-se daquele que leva a amar algo em vista do bem que ele proporciona. Essa forma de amor não é necessariamente ruim se não for dirigida a outro ser humano (porque daí o transformaríamos em instrumento de nosso interesse e não o veríamos em sua dignidade[11] de ser humano), mas apenas às coisas de que o ser humano pode dispor em suas necessidades. Essa forma de "amor instrumental" não corresponde obviamente à amizade.

No entanto, embora Tomás de Aquino não afirme abertamente, permanece implícito[12] em seu texto que, se uma pessoa tem amor benevolente por alguém que não lhe corresponde,

TOMÁS DE AQUINO OU
SANTO TOMÁS DE AQUINO (1225-1274)

Foi um filósofo e frade dominicano italiano. É considerado um modelo de pensador da Escolástica, nome dado ao movimento cultural das universidades europeias do século XII ao final do século XIV. Procurava responder aos desafios de seu tempo por meio da reflexão cristã baseada na herança grega vinda de Platão e nas novidades contidas nas obras de Aristóteles, que começavam a ter grande divulgação no século XIII. O pensamento tomasiano desperta diferentes interpretações até hoje, chegando a ser considerado um pensamento "existencialista" por alguns estudiosos e mesmo "transcendentalista" por outros (no sentido da filosofia transcendental moderna e contemporânea [p. 338]). Obras mais conhecidas: *O ente e a essência*, *Suma teológica* e *Suma contra os gentios*.

JACQUES DERRIDA (1930-2004)

Foi um filósofo francês nascido na Argélia. Seu pensamento teve grande repercussão na segunda metade do século XX, principalmente pela criação do conceito de *desconstrução* (procedimento que mostra como todo texto – seja oral, seja escrito – tem mais do que um único sentido inalterável). A desconstrução, assim, não seria destruição, mas decomposição que descortina outros possíveis significados. Obras mais conhecidas: *Gramatologia* (1967), *Margens da Filosofia* (1972) e *A escritura e a diferença* (1978).

[11] ***Dignidade:*** *característica do que tem valor pelo simples fato de existir, e não em função dos resultados que produz.*

[12] ***Implícito:*** *subentendido; não explícito.*

há um sentimento de amizade por parte dessa pessoa. Do seu lado, vive-se a busca do bem de quem ela ama, mesmo sem reciprocidade. Isso criaria uma contradição no texto de Tomás, pois ele afirma que amizade é comunhão (amor recíproco). Como, então, seria possível pensar que uma pessoa pode cultivar amizade por quem não deseja o seu bem?

A fim de resolver tal contradição, Tomás de Aquino lembra que é possível viver a amizade também de maneira indireta, ou seja, amando alguém por causa do amor que se tem por uma

Autorreferência

Em termos éticos e cognitivos, costuma-se chamar de *autorreferência* a incapacidade de formar uma visão de mundo em comparação com outras visões. O indivíduo *autorreferente* é aquele que toma a si mesmo como único padrão para pensar o mundo e como único modelo de bom comportamento.

As consequências negativas dessa dificuldade (sobretudo em termos éticos) são facilmente previsíveis; afinal, concentrar-se apenas em si mesmo pode levar o indivíduo a atitudes de desrespeito pela experiência dos outros e a práticas de instrumentalização dos outros.

Nem toda autorreferência é negativa. Em Filosofia, Matemática, Linguística, Computação etc. alguns conceitos são autorreferentes. Por exemplo, em Filosofia, os conceitos de *consciência, existência, ser, realidade, identidade* etc. são tratados como autorreferentes por vários pensadores. É uma posição discutível, embora se possa compreender que, por exemplo, é só tendo consciência que se entende o que é a *consciência*; é só existindo que se pode entender o que é a *existência*; e assim por diante.

Em Matemática, a teoria da incompletude de Kurt Gödel (1906-1978) mostra que um sistema matemático pode decidir sobre muitas coisas, mas não sobre algumas coisas referentes a ele mesmo, isto é, ao próprio sistema matemático.

Um caso da Literatura é bastante ilustrativo aqui. O poeta francês Francis Ponge (1899-1988) inicia o poema *A fábula* afirmando:

Pela palavra pela começa este texto
cuja primeira linha diz a verdade

O filósofo Jacques Derrida (p. 114) comenta esses versos de Francis Ponge, declarando que a expressão humana, por mais que tente remeter a coisas fora dela mesma a fim de justificar aquilo que ela exprime, sempre procura trazer o interlocutor para dentro dela. Em outras palavras, o ato de exprimir experiências (seja na Literatura, na Filosofia, na Matemática etc.) tenta trazer o seu destinatário para dentro do seu discurso e espera dele o interesse por compreender a dinâmica desse ato de expressão. No fundo, quem exprime algo espera sempre certa amizade de quem ouve. Por isso, Derrida costumava afirmar que, no discurso, "a invenção se inventa inventando a narrativa de sua invenção". A expressão será sempre uma fábula, um evento da linguagem em que ocorrem, a um só tempo, o mesmo e o outro. ■

Teodoro Pelekanos (séc. XV), *Serpente Ourobouros*, séc. XV, iluminura em manuscrito. A serpente que devora a própria cauda é tomada como símbolo de autorreferência.

terceira pessoa, uma pessoa conhecida em comum com quem não corresponde ao amor. No caso do amor pelos inimigos, segundo Tomás, ele é possível aos que amam a Deus. Como Deus ama a todos os seres humanos, quem o ama também pode amar até aqueles que não correspondem ao amor de amizade.

A reflexão de Tomás fortalece, assim, a concepção aristotélica de amizade como atividade: para viver a amizade, a pessoa deve trabalhar a si mesma e desenvolver a busca do bem de seus amigos.

A compreensão da amizade como algo que se pratica ou se constrói permite mesmo perguntar se o amor cultivado pelos membros de uma família é autêntico quando não é o amor de amizade. Não pode haver "amor instrumental" entre familiares? Sim, pode! Para que haja amor de amizade, é necessário dar esse sentido a ele, o sentido da busca recíproca do bem.

Alguns filósofos chegaram a considerar que, por trás da palavra *amizade*, pode esconder-se uma séria ilusão caso não se tenha consciência do sentido construído em conjunto para essa experiência. A filósofa alemã Hannah Arendt (p. 117), por exemplo, concentra sua análise na necessidade de os amigos darem atenção ao tipo de relação construído entre si e tira conclusões de grande interesse filosófico. No seu dizer, é típico do ser humano refletir sobre si mesmo e sobre o sentido que ele dá ao mundo. Sem essa reflexão, cada indivíduo corre o risco de ver somente a si mesmo, suas necessidades, seu desejo de prazer, entrando

A amizade, o público e a humanização

Hannah Arendt

1 Temos hoje o costume de ver a amizade apenas como um acontecimento da intimidade, na qual os amigos abrem suas almas uns aos outros, sem levar em conta o mundo e suas exigências. [...] Fica difícil, assim, compreender a importância política da amizade.

5 Quando lemos, por exemplo, em Aristóteles, que a *philía*[13] ou o amor entre os cidadãos é uma das condições fundamentais do bem-estar comum, temos a tendência de pensar que ele fala somente da ausência de facções[14] e de guerra civil no interior da Cidade. Mas, para os gregos, a essência da amizade consistia no discurso. Para eles, somente um constante "falar em conjunto" unia os 10 cidadãos em uma *pólis*. Com o diálogo, manifesta-se a importância política da amizade e de sua humanidade própria.

Diferentemente das conversações íntimas em que as almas individuais falam de si mesmas, o diálogo, por mais impregnado que seja do prazer vindo da presença do amigo, preocupa-se com o mundo, o qual permanece inumano[15], no 15 sentido literal, enquanto os próprios seres humanos não debatem constantemente sobre ele. Afinal, o mundo não é humano porque habitado por humanos, assim como não fica humano só porque a voz humana nele ressoa, mas somente quando se torna objeto de diálogo.

Por mais intensamente que as coisas do mundo nos afetem, por mais profun- 20 damente que elas possam nos emocionar e nos estimular, elas só se tornam humanas para nós no momento em que podemos debater sobre elas com nossos semelhantes. Tudo o que não pode ser tomado como objeto de diálogo pode até ser sublime, horrível ou misterioso, pode até encontrar alguma voz humana que o represente no mundo, mas não é verdadeiramente humano.

25 Nós humanizamos o que se passa no mundo e em nós quando falamos disso; e, nesse falar, nós aprendemos a ser humanos. ■

ARENDT, Hannah. *Vies politiques*. Tradução Éric Adda *et alii*. Paris: Gallimard, 1974. p. 34-35. (Vidas políticas. Tradução nossa.)

[13] ***Philía:*** *também pode ser entendido como "amor entre amigos" ou simplesmente "amizade".*

[14] ***Facção:*** *partido; divisão.*

[15] ***Inumano:*** *não humano; não propriamente humano.*

HANNAH ARENDT (1906-1975)

Foi uma filósofa alemã de origem judaica, bastante conhecida por suas reflexões em História da Filosofia e em filosofia política. Investigou as bases da política moderna e da democracia representativa, propondo alternativas por uma democracia direta. Graças a seu trabalho, surgiu o conceito de *totalitarismo* (pensamento e prática que negam a autonomia dos indivíduos e das sociedades, fortalecendo o poder de líderes e Estados que aparecem como únicos capazes de definir o que é melhor para todos). Obras mais conhecidas: *As origens do totalitarismo* (1951), *A condição humana* (1958), *Da revolução* (1963), *A vida do espírito* (1978).

em relações que só a ele mesmo interessam. Ora, olhar somente para si é algo que pode voltar-se contra o próprio indivíduo, pois, sem "ver" os outros (sem percebê-los como indivíduos com quem o mundo é construído em conjunto), o indivíduo não assume a responsabilidade que tem pelo seu próprio mundo. Vive na ilusão de que, satisfazendo apenas suas necessidades particulares, poderá ser feliz. O indivíduo, então, *desumaniza-se*, assim como o próprio mundo fica desumanizado, pois se perde a consciência de que cabe ao ser humano dar um sentido propriamente humano às pessoas, coisas, relações, emoções e assim por diante. As pessoas *alienam-se*, tornam-se separadas (alienadas) de si mesmas.

É curioso, porém, que a alienação de si corresponda a uma concentração excessiva da pessoa em si mesma. Ela se toma como o único critério para entender o mundo. Em outras palavras, ela se torna *autorreferente* (p. 115).

A amizade, segundo Hannah Arendt, faz sair do labirinto da autorreferência ética, pois é uma atividade cívica, típica da cidade, no sentido grego da *pólis* (p. 206). Ela tem, portanto, um *sentido político*, uma vez que dá aos amigos a consciência de sua responsabilidade pela construção de si mesmos e da cidade (*pólis*).

Hoje, porém, as pessoas vivem a amizade como um acontecimento da intimidade, quer dizer, da vida particular, com sua busca de satisfação individual, sem prestar a devida atenção nas consequências que essa prática traz para a vida de todos. Mas, por meio da reflexão filosófica, muitas portas podem abrir-se a fim de ressignificar a amizade.

Ao enfatizar o caráter político da amizade, Hannah Arendt vai muito além da concepção de Política como atividade partidária: ela põe em primeiro plano a possibilidade humana de dar forma ao mundo pelo discurso, essa atividade de pensar o mundo e de falar sobre ele na inter-relação com os seres que assumem a responsabilidade pelo sentido que lhe dão.

Se autores clássicos como Aristóteles, Cícero e Tomás de Aquino já haviam entendido a amizade como atividade, a filósofa Hannah Arendt explica que tal atividade é aquela pela qual os seres humanos se humanizam. Mais do que simplesmente *hominizar-se* (adquirir o aspecto humano físico e psíquico), eles são chamados sobretudo a *humanizar-se*, a desenvolver suas possibilidades tipicamente humanas: pensar, amar, escolher, construindo conscientemente a própria existência.

EXERCÍCIO B

p. 445

1. Procure lembrar-se de alguma experiência vivida por você ou por alguém próximo, a fim de confirmar que a amizade é uma atividade e um hábito que se constrói.
2. Qual a novidade de Tomás de Aquino em relação à concepção aristotélico-ciceroniana de *amizade*?
3. Apresente a solução de Tomás de Aquino para o seguinte problema: se a amizade requer reciprocidade, ela não é uma forma de amor, pois Jesus ensinou a amar os inimigos; e inimigos não correspondem a quem os ama.
4. Como relacionar Política, discurso e amizade de acordo com o texto de Hannah Arendt?
5. Após ler o texto de Hannah Arendt, você considera correto afirmar que "o ser humano não nasce humano, mas se humaniza"? Argumente.

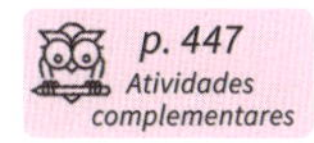
p. 447 Atividades complementares

EXERCÍCIOS COMPLEMENTARES

p. 446

1 Recapitulação

Componha uma redação de síntese filosófica (p. 138) para apresentar as linhas de pensamento que estruturam este capítulo. Adote o seguinte título: "A amizade como atividade".

2 Entrevista e reflexão em grupo: a experiência da amizade

Sob a orientação de seu(sua) professor(a) de Filosofia, divida a classe em grupos de três ou mais componentes. Cada grupo deve entrevistar os membros de outro grupo; e cada pessoa só pode ser entrevistada uma vez. Eis as perguntas:

p. 447 Atividade complementar 1

1. Na sua experiência, qual a maior dificuldade para cultivar a amizade?
2. Seus amigos correspondem à sua amizade de maneira concreta? Como?
3. Você corresponde à amizade de seus amigos de maneira concreta? Como?
4. De acordo com sua experiência, as redes sociais aproximam as pessoas?
5. De quanto em quanto tempo você se encontra pessoalmente com seus amigos?
6. Você acredita que as redes sociais substituem a necessidade de encontrar as pessoas em carne e osso?

Na sequência, cada grupo apresenta para a classe os resultados obtidos, mas sem dizer quem são os autores das respostas. Apresentados os resultados, a palavra fica aberta para um diálogo amplo sobre eles.

Dicas de filmes para você assistir tendo em mente o que trabalhamos neste capítulo

Uma passagem para Mário, *direção Eric Laurence, Brasil, 2013.* Mário sofre de câncer, mas é cheio de vitalidade e sonha conhecer o deserto do Atacama, no Chile. Seu grande amigo Eric decide levá-lo de carro, partindo de Recife e atravessando a Bolívia. Emocionante documentário em que a amizade é o centro da narrativa, mas também a determinação e o aprendizado diante da morte. ■

Feliz Natal *(Joyeux Noël), direção Christian Carion, Reino Unido/França/Romênia/Bélgica/Alemanha, 2005.* É possível, ao menos por um momento, ser amigo do inimigo em nome de uma motivação comum? O filme retrata uma história verídica, ocorrida no Natal de 1914, em plena Primeira Guerra Mundial. Nikolaus teve de renunciar à sua carreira de tenor e deixar sua companheira Anna para lutar pela Alemanha em um *front* no norte da França. O padre anglicano[16] Palmer sai da Escócia rumo ao mesmo *front*, porque quis acompanhar seu colega Jonathan. Também o tenente francês Audebert é convocado para lutar no mesmo lugar. Chega o Natal. Cada um, em seu posto, recebe os presentes vindos de suas famílias. Mas algo completamente imprevisível acontece. ■

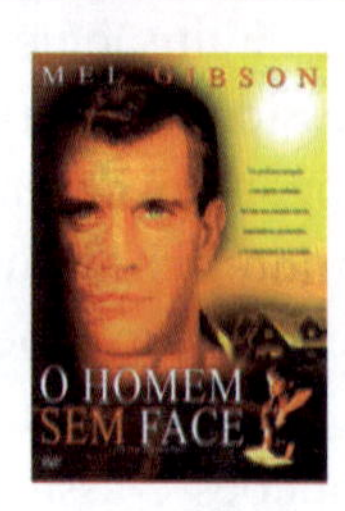

O homem sem face *(The Man Without a Face), direção Mel Gibson, EUA, 1993.* Justin McLeod é um antigo professor que vive sozinho e longe da cidade. Seu rosto é desfigurado por um acidente de carro. Dez anos antes do acidente, ele havia sido condenado por homicídio culposo[17] no caso de um incêndio em que morreu um garoto. Correm suspeitas de que Justin é pedófilo. Ele decide isolar-se e diminuir ao máximo o contato humano. Por sua vez, Charles, jovem atormentado pela separação dos pais, sonha em entrar na Academia Militar e, depois de ser reprovado no primeiro exame, pede ajuda ao antigo professor Justin. ■

[16] ***Anglicano:*** *membro da Igreja Católica Anglicana.*

[17] ***Homicídio culposo:*** *caso em que uma pessoa mata outra sem ter a intenção de matar. Quando há intenção, chama-se homicídio doloso.*

Tomates verdes fritos *(Fried Green Tomatoes), direção Jon Avnet, EUA, 1991.*

O filme apresenta um incrível cruzamento de histórias. Evelyn, dona de casa reprimida e deprimida, afoga suas mágoas comendo doces, até conhecer Ninny, uma senhora de 83 anos que passa a morar na residência para idosos onde vivia a tia do marido de Evelyn. Ninny encanta Evelyn com suas memórias repletas de vida, ação e amizade. ■

Uma amizade sem fronteiras *(Monsieur Ibrahim et les fleurs du Coran), direção François Dupeyron, França, 2003.*

Ibrahim Denejii, muçulmano representado pelo grande ator Omar Sharif, é dono de uma pequena mercearia em Paris. Quando Momo, um pobre garoto judeu de 13 anos, começa a frequentar a mercearia, uma amizade tão improvável quanto sincera começa a nascer entre eles. Momo é abandonado pelo pai e Ibrahim decide adotá-lo. ■

Dicas literárias

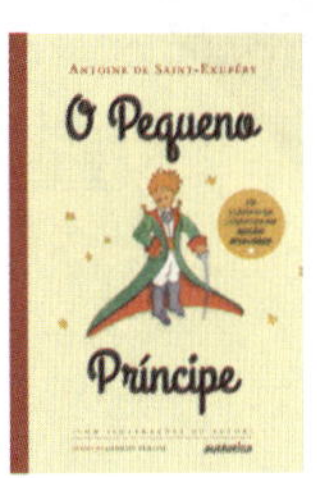

O pequeno príncipe*, de Antoine de Saint-Exupéry, tradução Gabriel Perissé, Autêntica, 2015.*

Obra-prima da literatura mundial. O tema da amizade é central e pode ser percebido em cada detalhe dos diálogos do Pequeno Príncipe com a raposa. ■

A droga da amizade*, de Pedro Bandeira, Moderna, 2014.*

O livro concentra-se na amizade dos componentes do grupo Os Karas. Relembrando-se de seus amigos ao ver uma foto dos tempos da adolescência, Miguel pergunta-se como cada um deles tornou-se um *Kara*. ■

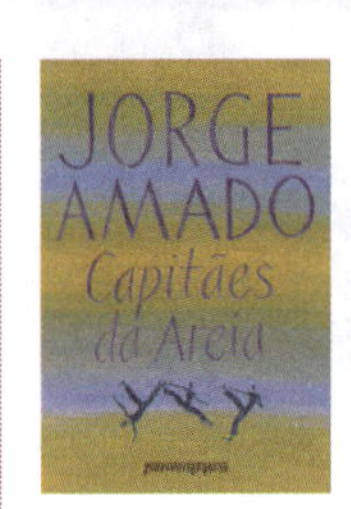

Capitães da areia*, de Jorge Amado, Companhia das Letras, 2009.*

Além da pobreza, do abandono e da vida completamente às margens das convenções sociais, o que haveria em comum entre um grupo de meninos de rua como o esperto Pedro Bala, o devoto Pirulito, o enraivecido Sem-Pernas, o malandro Gato e outros que viviam em um galpão abandonado na cidade de Salvador? Resposta simples: a amizade, relação que lhes permitia sobreviver! ■

Para continuar viagem...

Amizade e filósofos*, de Massimo Baldini, tradução Laureano Pelegrin, EDUSC, 2000.*

Coletânea de textos filosóficos sobre a amizade escritos por Platão, Aristóteles, Abelardo, Montaigne, Voltaire, Kierkegaard, Nietzsche e Adorno, entre outros. ■

O amigo & O que é um dispositivo?*, de Giorgio Agamben, tradução Vinícius Nicastro Honesko, Argos, 2014.*

O texto *O amigo*, de Agamben, é uma reflexão sobre o modo como a amizade acompanha necessariamente a vida humana, embora o mundo atual tenha criado tipos de vida em que relações como a de amizade foram dissolvidas. ■

Os quatro amores*, de C. S. Lewis, tradução Paulo Salles, WMF Martins Fontes, 2009.*

O escritor C. S. Lewis, autor de *As crônicas de Nárnia*, distingue quatro amores: a Afeição, a Amizade, o amor-Éros e o amor-Caridade, mostrando como todos eles se relacionam. ■

p. 447
Sugestões bibliográficas

TOMMY KNOTT/TOLEDO MUSEUM OF ART, OHIO, EUA

Jaume Plensa (1955-), *Spiegel*, 2010, escultura em ferro pintado.

CAPÍTULO 4

SEXUALIDADE E FORÇA VITAL

p. 448

A sexualidade é um dos componentes mais fortes da existência humana na busca da felicidade, a ponto de alguns pensadores a considerarem como elemento estruturante da vida dos indivíduos e grupos.

Mas o que é a sexualidade?

Em nosso modo cotidiano de pensar, associa-se muitas vezes a sexualidade apenas à atividade sexual ou ao fato de as pessoas sentirem-se atraídas umas pelas outras, desejando unir-se fisicamente.

No entanto, se observarmos com mais atenção, podemos perceber que a atração vivida entre as pessoas nem sempre visa à união física, ou, então, visa a uma união física por meio da presença de uma pessoa à outra, sem necessariamente haver relação sexual. Por exemplo, podemos sentir-nos atraídos pelo modo de ser de alguém, suas características psicológicas, seu comportamento, seu pensamento, sem que surja o desejo de um ato sexual.

Seria, então, necessário diferenciar dois tipos de atração? Ou seria possível pensar em uma única atração, vivida em graus diferentes? Essas são apenas duas das perguntas que podemos fazer ao procurar entender a sexualidade. Muitas outras surgem quando analisamos o modo geral como o tema é tratado.

Por exemplo, circula com bastante frequência a ideia de que os seres humanos vivem a sexualidade porque "são animais"; portanto, assim como ocorre com os outros animais, os humanos não conseguiriam viver sem atividade sexual.

Algumas perguntas óbvias surgem, porém: não há pessoas que vivem e são felizes sem atividade sexual? O que significa, então, sua "animalidade"? Se os animais, em sua maioria, desenvolvem a atividade sexual em vista da reprodução; e se os humanos nem sempre praticam a atividade sexual para reproduzir-se, por que, então, recorrer à "animalidade" humana para explicar a sexualidade? Ou ainda, como associar a sexualidade apenas à atividade sexual (crendo que esse é o comportamento animal de humanos e não humanos), se os próprios animais não humanos também se relacionam entre si e com membros de outras espécies sem necessariamente atração sexual?

Por outro lado, é inegável que, assim como ocorre com os animais, os seres humanos também experimentam impulsos sexuais vindos de sua constituição física. Eles são tomados por esses impulsos, embora possam interferir no modo de vivê-los. Podem segui-los completamente ou podem controlá-los; podem escolher maneiras de segui-los e de dar novos sentidos a eles; podem mesmo querer abafá-los.

A comparação com os animais não humanos mostra-se, então, um caminho filosoficamente interessante para iniciar a reflexão sobre a sexualidade.

1 Sexualidade humana e comportamento animal

p. 451 Dados científicos complementares

Não há dúvida sobre o fato de que a fisiologia humana (o conjunto de funções orgânicas e processos vitais) permite aos indivíduos obter satisfação por meio de seu aparelho reprodutor (os órgãos sexuais). Nesse aspecto, os humanos têm tudo em comum com os outros animais.

No entanto, um dado de grande significação para refletir sobre a sexualidade está na diferença entre o modo humano e o modo não humano de servir-se de seu aparelho reprodutor: os animais não humanos, em sua maioria, acionam seu aparelho reprodutor apenas em vista da reprodução, ao passo que os seres humanos podem acioná-lo para obter prazer, sem necessariamente pretender reproduzir-se.

Mesmo entre as espécies não humanas há animais que podem servir-se de seu aparelho reprodutor para obter satisfação, sem visar à reprodução. É o caso dos hominídeos (espécies animais caracterizadas e nomeadas pela semelhança com os seres humanos: gorilas, chimpanzés e orangotangos); e, mesmo entre aqueles que associam a atividade sexual com a reprodução, há os que não a praticam de forma mecânica e repetitiva, como os golfinhos, por exemplo, conhecidos por suas atividades de sedução e carinho. Assim, enquanto alguns animais reagem mecanicamente aos estímulos, outros tornam mais sofisticada a maneira de obter satisfação com o sistema reprodutor. Nos seres humanos isso se manifesta com mais clareza.

Se a observação do comportamento sexual dos animais não humanos já oferece um dado interessante para evitar a afirmação de que os humanos são inteiramente submissos aos instintos sexuais, há outra consequência de significação filosófica ainda maior: as semelhanças entre os animais humanos e os não humanos não permitem dizer que eles têm o mesmo modo de viver essas semelhanças. Em outras palavras, o fato de o ser humano ter uma base fisiológica semelhante à dos animais não justifica concluir que ele é levado a viver sua sexualidade assim como os animais vivem a deles. Fazer tal afirmação é um modo equivocado de usar um argumento *a fortiori*. No limite, o que mais desperta a curiosidade filosófica, nessa reflexão, é saber o porquê da insistência em

Cuidado lógico | *Raciocínio* **a fortiori**

O nome desse tipo de raciocínio vem da expressão latina *a fortiori ratione*, que significa "por uma razão mais forte". Consiste em mostrar que algo verdadeiro decorre, por razões ainda mais fortes, de outro algo verdadeiro. Aquilo que é concluído deve estar incluído no que é considerado como dado. Exemplos:

Se já é difícil prever o que ocorrerá amanhã, mais difícil ainda é saber o que ocorrerá daqui a uma semana.

Este filme é inadequado para uma criança de dez anos. Portanto, é também inadequado para uma de seis anos.

Embora usado com muita frequência, o raciocínio *a fortiori* pode ser frágil e mesmo inválido. Para ser válido, sua conclusão deve estar necessariamente contida em seus pontos de partida (suas premissas). Declarar, por exemplo, "Se toda lei é uma convenção social, então toda convenção social deve ser respeitada como lei" é um exagero, pois nem toda convenção social é lei. Basta pensar que comemorar aniversários é uma convenção social, mas não tem força de lei. ■

compreender os seres humanos com base nos animais não humanos.

Não há dúvida de que o ser humano tem em comum com os outros animais a "animalidade" (o fato de ser vivo, dispondo de um corpo dotado de diferentes capacidades). Todavia, o ser humano vive a "animalidade" a seu modo, o modo propriamente humano em que a "animalidade" é unida à racionalidade e à liberdade, e não de maneira idêntica aos animais irracionais. Aliás, sequer faz sentido dizer que o modo de os animais viverem a "animalidade" é idêntico para todos eles. Portanto, compreender a sexualidade humana em função do comportamento sexual dos animais não humanos parece algo sem justificativa. Um raciocínio *a fortiori* legítimo levaria a afirmar que, se mesmo entre os animais irracionais há alguns que vivem a prática sexual para além dos interesses reprodutivos, tanto mais os humanos (dotados da capacidade de refletir e de escolher) a separam da reprodução.

A filósofa judia-alemã Hannah Arendt (p. 117) refletiu sobre os equívocos da insistência em querer entender os seres humanos com base na observação dos animais. Em seu livro *Sobre a violência*, Hannah Arendt estuda, como indica o título, o tema da violência, mas oferece uma chave de compreensão preciosa para pensar, por analogia (p. 48), a sexualidade humana em comparação com o comportamento animal.

Hannah Arendt, ao estudar a violência, problematiza uma ideia muito recorrente em sua época e ainda nos dias de hoje: os seres humanos são violentos porque são animais que vivem em grupos e defendem seu território.

No dizer de Hannah Arendt, porém, essa ideia é fabricada; não é um dado "natural". Trata-se de uma ideia ilegítima, pois entender os seres humanos como uma espécie dentro do gênero animal não obriga a explicar totalmente a espécie humana apenas com base nas outras espécies animais.

Além disso, o pressuposto de que "animais violentos são em geral animais que vivem em grupos e precisam de um território" é um pressuposto que se aplica a todos os animais incluídos no sujeito (animais violentos), mas não se aplica a todos os animais incluídos no predicado (animais que vivem em grupos e precisam de um território). Dito de outra maneira, se todos os animais violentos são animais que vivem em grupo e precisam de

O comportamento humano é distinto do comportamento animal

Hannah Arendt

1 Embora eu considere fascinante a maior parte do trabalho dos zoólogos, não consigo ver como se pode aplicar esse trabalho ao nosso problema [da violência]. Para entender que o povo lutará por seu espaço, só com muita dificuldade poderíamos falar do instinto de "territorialismo grupal" de formigas, peixes e macacos; 5 ou, para aprender que a superpopulação resulta em irritação e agressividade, não precisaríamos de experiências com ratos. Um dia numa favela de uma grande cidade já bastaria.

Fico espantada, e na maioria das vezes feliz, quando vejo que alguns animais comportam-se como humanos, mas não entendo como isso poderia justificar ou con- 10 denar o comportamento humano. Não consigo entender por que nos pedem para "reconhecer que o ser humano comporta-se claramente como uma espécie grupal e territorialista", em vez de dizer que são certas espécies animais que se comportam claramente como os humanos. [...]

Por que nós, depois de termos libertado a psicologia animal de todos os antropo- 15 morfismos (se conseguimos ou não, essa é outra questão), deveríamos agora tentar saber o quanto teromorfo[1] é o ser humano?

Além disso, se definimos que o ser humano faz parte do gênero animal, por que deveríamos pedir a ele que adote padrões de comportamento de outras espécies animais? A resposta, infelizmente, é simples: é mais fácil fazer experiências com ani- 20 mais [...]; não é bonito pôr seres humanos em jaulas.

Mas há um elemento de perturbação nisso tudo: o ser humano pode trapacear! ■

ARENDT, Hannah. *On violence*. Nova York: Harcourt, Brage & World, 1969. p. 59-60. (Sobre a violência. Tradução nossa.)

[1] ***Teromorfo:*** *o que possui a forma de uma fera ou animal irracional de grande força.*

LASSEDESIGNEN/SHUTTERSTOCK.COM

O sucesso das imagens com animais "humanizados" se deve ao fato de que muitos comportamentos animais lembram comportamentos humanos. Na verdade, como explica Hannah Arendt, interpretamos os animais com base no que nós, humanos, vivenciamos.

um território, isso não quer dizer que todos os animais que vivem em grupo e precisam de um território também são violentos. Pode ocorrer que haja animais que vivem em grupo e em um território sem serem violentos.

O final do texto de Hannah Arendt permite ver até onde vai sua crítica à associação indevida entre comportamentos humanos e comportamentos animais: os cientistas observam animais, pois é mais fácil dominá-los, pondo-os em uma jaula. Muito mais difícil, porém, é observar seres humanos, pois, além de não poderem ser postos em jaulas, eles têm a possibilidade de trapacear e iludir o observador. Diante dessa dificuldade e da possibilidade do engano, alguns cientistas preferem projetar nos seres humanos aquilo que observam nos animais. Essa prática, no entanto, é claramente indevida para explicar tudo o que depende da liberdade humana. Ela é útil apenas para aspectos fisiológicos.

Muitos cientistas, desde o século XIX, reagiram contra o costume de explicar os humanos com base na observação de animais não humanos. Um deles foi o biólogo suíço Adolf Portmann (1897-1982), cujo trabalho foi estudado por Hannah Arendt. No dizer de Portmann, observar semelhanças entre o comportamento humano e o comportamento animal não preenche a lacuna[2] entre o ser humano e os outros animais. Rigorosamente falando, a única conclusão que a observação de semelhanças poderia permitir é: há semelhanças entre o comportamento humano e o comportamento animal. Trata-se de um procedimento tautológico que, se for usado para tirar a conclusão de que os seres humanos são como são "porque são animais", leva a uma *falácia da tautologia* (p. 59).

Hannah Arendt não esconde sua surpresa ao perguntar: se tantos pesquisadores já fizeram o difícil trabalho de mostrar a incoerência de projetar características humanas nos animais (antropomorfismos), então por que se deseja, agora, saber o quanto há de animal nos seres humanos? No limite, é praticamente inevitável projetar características humanas nos animais e "antropomorfizá-los"; afinal, só podemos falar do que conhecemos ao nosso modo, o modo humano. Já o contrário é totalmente impossível. Nenhum humano é capaz de adotar o "ponto de vista animal", a fim de depois identificar a "animalidade" humana.

Aplicando o pensamento de Hannah Arendt sobre a violência ao tema da sexualidade, as conclusões são facilmente visíveis: é muito difícil justificar filosófica e cientificamente a consideração do comportamento animal como base para explicar a sexualidade humana.

Essa prática (difícil de justificar) é, porém, muito comum, sobretudo da parte de quem defende uma concepção mecanicista do ser humano (p. 191 e 234). As consequências se fazem sentir com clareza: na Medicina, por exemplo, há profissionais incapazes de analisar os indivíduos em sua complexidade física, psíquica e intelectual; tratam as disfunções sexuais como simples problemas físicos, com remédios para melhorar o funcionamento do aparelho reprodutor e do cérebro. Ignoram, muitas vezes, os aspectos ligados ao desejo, ao pensamento, às vivências sociais etc. "Tratar" a sexualidade passa a significar o "conserto" de uma das partes da "máquina" humana.

EXERCÍCIO A

p. 449

1. Explique por que é um raciocínio *a fortiori* não justificado dizer que, se o ser humano tem uma base fisiológica semelhante à dos animais, então ele é levado a viver sua sexualidade assim como os animais a vivem.
2. Mostre como Hannah Arendt serve-se da ideia de que os seres humanos lutam por espaço e extrai afirmações sobre o que significa ser humano e ser animal.
3. Qual o significado do trabalho do biólogo suíço Adolf Portmann para o pensamento de Hannah Arendt?
4. O que significa afirmar que o ser humano vive sua sexualidade como humano?

[2] ***Lacuna:*** *espaço vazio.*

2 A sexualidade e a Psicanálise

A percepção de que nada justifica a associação pura e simples entre o comportamento animal e a sexualidade humana dá uma clara autonomia à reflexão filosófica perante as análises científicas.

Essa autonomia corresponde, na verdade, à liberdade da Filosofia diante das ciências, pois nada leva a crer que os filósofos precisam simplesmente repetir o que dizem os cientistas apenas porque esses são cientistas.

Não seria adequado, porém, concluir daí que a Filosofia não precisa ouvir os cientistas ou os representantes dos outros saberes. Ela daria uma prova de irracionalidade se simplesmente os ignorasse ou os contrariasse sem boas razões. Como reflexão crítica sobre o modo de pensar a existência, a Filosofia mantém-se livre para analisar os procedimentos e as conclusões dos diferentes saberes, ao mesmo tempo que se baseia neles e aceita seus resultados quando são bem justificados.

Especificamente no tocante à reflexão sobre a sexualidade, os filósofos não podem deixar de dialogar com um tipo de saber muito difundido a partir do início do século XX: a Psicanálise. Considerada por uns como ciência e por outros como uma simples opinião ou "sabedoria de vida", a Psicanálise influencia até o modo de falar cotidiano. Por exemplo, entraram no vocabulário corrente termos como *inconsciente*, *pulsão*, *neurose*, *ato falho* etc., todos com um sentido psicanalítico em maior ou menor grau. Daí a importância de a Filosofia dialogar com esse tipo de saber.

A Psicanálise foi fundada por Sigmund Freud, médico austríaco de origem judia, que observava como a personalidade dos indivíduos e grupos, formada pela história desses mesmos indivíduos e grupos, pode ser fonte de saúde ou de falta de saúde. O corpo humano revela dimensões que vão além da simples fisiologia, de modo que muitas dificuldades (doenças) podem ser tratadas por uma atenção a tais dimensões, rumo a uma integração dos diferentes aspectos que compõem o ser humano.

Especificamente falando da sexualidade, Freud logo percebeu que o prazer e a reprodução não coincidem. De acordo com ele, é preciso até separar o conceito de "sexual" do conceito de "genital", pois o prazer sexual pode ser obtido por meio da estimulação de qualquer parte do corpo humano, e não apenas dos órgãos genitais. Às vezes um aperto de mão ou um toque nos cabelos excita mais do que a estimulação do aparelho reprodutor.

Freud contrariava não apenas a concepção científica que associava sexualidade e prazer genital, mas principalmente a crença de que a sexualidade aparecia no ser humano apenas durante a puberdade[3]. Nesse ponto, a observação de Freud operou uma verdadeira revolução, pois ele concluía que a sexualidade ocorre em todas as idades.

Com efeito, Freud iniciou seu trabalho como médico especialista do sistema nervoso (neurologista). Entre seus pacientes, algumas mulheres eram diagnosticadas, na época, como portadoras de neurose histérica, isto é, um grande sofrimento interior – da ordem da perturbação das ideias e das emoções – que as pacientes manifestavam por meio de sintomas corporais, dramatizando a expressão de suas emoções e chamando exageradamente a atenção com atitudes e gestos desproporcionais; misturando a realidade com dados imaginários e não conseguindo distingui-los; sentindo-se agredidas pelos outros mesmo quando não havia agressão; exagerando a importância dos fatos etc.

Tais sintomas eram tratados, nos tempos de Freud, como meras perturbações neurológicas, quer dizer, resultados de um mau funcionamento do sistema nervoso. Freud observava, porém, que todas as suas pacientes classificadas como portadoras de neurose histérica diziam ter sido seduzidas sexualmente quando crianças por alguém próximo a elas (o pai, a mãe, o avô, a babá ou outra pessoa do círculo familiar) e que essa lembrança lhes causava sofrimento. Com

SIGMUND FREUD (1856-1939)

Nasceu no território da atual República Checa, no seio de uma família judaica, e foi naturalizado austríaco. Estudou Medicina e fundou a Psicanálise. Não foi propriamente um filósofo, apesar de algumas de suas ideias terem influenciado um grande número de filósofos. Entre suas obras com maior interesse filosófico estão: *A interpretação dos sonhos*, *Além do princípio do prazer*, *O futuro de uma ilusão* e *O mal-estar na civilização*.

[3] **Puberdade:** *passagem da infância para a adolescência; ocorre, em geral, por volta dos 12 anos de idade.*

PULSIONS / 24ÈME PROMOTION DU CNAC - LAURENT LAFFARGUE // SILEKS

Pulsões, 2013, cena do espetáculo realizado pelo Centro Nacional das Artes do Circo, Châlon-en-Champagne (França).

base nessa queixa, Freud tentou entender a neurose histérica como o efeito da sedução sexual vivida na infância. Ele se deu conta ainda de que algumas de suas pacientes não tinham sido realmente seduzidas; elas viviam uma fantasia. Mas a fantasia não tornava menos forte o sofrimento. Independentemente de a sedução ter acontecido ou não, havia a "lembrança" de uma sedução sexual e isso levava a sofrer.

Freud conclui, então, que, se as pacientes tinham vivido a sedução realmente de maneira sexual ou se tinham interpretado como sexual alguma outra atitude por parte dos adultos, isso mostrava que elas viviam a sexualidade desde pequenas. Em vez de começar na puberdade, a sexualidade caracterizaria o ser humano desde seu nascimento. Ela deixava, então, de ser entendida como simples satisfação obtida com o estímulo dos órgãos genitais, despertada na puberdade, e passava a ser concebida como *modo humano de ser*, em busca constante de satisfação e prazer, durante todas as fases da existência.

Com o intuito de oferecer uma explicação científica da sexualidade, Freud descreve a busca de satisfação e prazer em termos de pulsões ou impulsos que movem os indivíduos. Essa temática é bastante complexa no conjunto das obras de Freud e os conceitos variam bastante. No entanto, é possível resumi-la dizendo que, na fase intermediária de seu trabalho, Freud identifica a *pulsão de vida* ou a tendência a conservar a existência e a dar vazão a tudo o que satisfaz, como a reprodução da espécie, a realização de si, a melhoria dos comportamentos etc. Já na terceira fase de seu pensamento, principalmente com a obra *Além do princípio do prazer*, de 1920, Freud contrapõe à pulsão de vida a *pulsão de morte* ou o impulso de realizar completamente a busca de satisfação pondo fim a ela e chegando a um repouso que só é possível na morte, a ausência de busca de satisfação.

Como num par de opostos (amor-ódio, atração-repulsão, união-separação), as pulsões se equilibram e permitem que a espécie humana não se destrua por meio de uma busca sem limites pela satisfação e pelo prazer.

Por exemplo, a pulsão de vida leva a buscar alimento ou alguém que satisfaça amorosa e sexualmente; já a pulsão de morte faz perceber, de algum modo, que esse alimento ou essa pessoa representam uma ameaça e leva a defender-se contra eles, rejeitando-os (embora eles sejam desejados). Em alguns casos considerados "anormais" ou "doentios", a pulsão de morte ocorre mesmo quando não há ameaça real e manifesta-se como tendência à autodestruição.

As pulsões não são visíveis em si mesmas, segundo Freud, nem mesmo conscientes. Elas só podem ser identificadas pela atenção ao modo como o indivíduo tem pensamentos e emoções, bem como ao seu modo de relacionar-se com os outros, com as atividades, com as coisas. São percebíveis, portanto, pelos seus efeitos, o que revela, segundo Freud, que grande parte do que é o ser humano permanece *inconsciente*. Essa "parte" inconsciente da vida individual, correspondente às pulsões, é a "parte" dos desejos vividos pelo indivíduo. Ela fica inconsciente porque o indivíduo, em seu desenvolvimento pessoal, é levado socialmente a reprimir seus desejos e a não vivê-los no modo como eles aparecem, a fim de não perturbar a vida coletiva. No entanto, a repressão dos desejos não os anula; apenas faz que eles sejam "esquecidos" ou permaneçam inconscientes. Como, porém, eles não desaparecem (pois são formas da vitalidade mesma que habita cada indivíduo), terminam por interferir no modo de viver do mesmo indivíduo, condicionando suas escolhas, suas emoções, seu modo de agir, de pensar, de relacionar-se e assim por diante. Em casos graves ("doentios"), a Psicanálise, segundo Freud, pode ajudar fazendo o indivíduo trazer à luz da consciência os motores obscuros que o movem. Esse seria o primeiro passo para o indivíduo integrar de maneira satisfatória tudo o que o compõe.

Essa interpretação leva Freud, então, a identificar no ser humano uma dimensão consciente (por ele chamada de *Ego* ou Eu, experiência pela qual cada um pode sentir-se um indivíduo), uma dimensão inconsciente (chamada de *Isso* ou Inconsciente) e uma dimensão de autocontrole, assimilada no convívio familiar e social (chamada de *Superego*). O Inconsciente é chamado de *Isso* (ou *Id*, em latim) porque é "isso"

TWO CITY FILMS/DIVULGAÇÃO

Cena do filme *Hamlet*, dirigido e protagonizado por Laurence Olivier, Inglaterra, 1948. A frase "Ser ou não ser: eis a questão" (escrita por William Shakespeare, 1564-1616, autor da peça de teatro original *Hamlet*), seria, de acordo com uma leitura psicanalítica, um dos melhores exemplos literários do equilíbrio produzido pela oposição entre a pulsão de vida e a pulsão de morte.

para o que se pode apenas apontar quando se observam seus efeitos, sem ser possível observá-lo em si mesmo.

A hipótese do Inconsciente é confirmada, segundo Freud, pelos sonhos humanos, pois eles ocorrem justamente quando as pessoas estão relaxadas, ou seja, sem o controle social assumido pelo Superego do indivíduo. Os desejos, então, manifestam-se livremente nos sonhos, sob a forma de símbolos; e o conteúdo dos sonhos não significa exatamente aquilo que é sonhado, mas desejos reprimidos. Aliás, muitas coisas que se manifestam nos sonhos estariam ligadas a desejos reprimidos desde a infância, dado que reforça a concepção freudiana da sexualidade (ou a busca de satisfação e prazer) como a condição da vida humana desde o nascimento.

Certamente um dos maiores interesses filosóficos pela teoria freudiana reside na possibilidade de entender a sexualidade como vivência que, mesmo ligada à base fisiológica, não é determinada inteiramente por ela, mas também pela interação social (familiar, cultural, histórica).

Interessa também, da perspectiva filosófica, notar que entre os praticantes da Psicanálise houve diferenças consideráveis quanto à recepção da teoria freudiana. No limite, nenhum dos pensadores psicanalistas discípulos de Freud apenas repetiu sua teoria; todos, ao escrever sobre os mesmos assuntos do mestre, modificaram, complementaram, relativizaram ou mesmo abandonaram suas explicações.

É importante ter consciência desse dado histórico, porque, em maior ou menor grau, diferentes setores da reflexão humana adotaram a crença de que a Psicanálise teria pronunciado uma palavra definitiva para compreender o ser humano. Ao dar-se conta de que mesmo as interpretações psicanalíticas são relativas, a Filosofia conserva sua autonomia na compreensão da sexualidade.

O pediatra e psicanalista inglês Donald Winnicott (1896-1971) é um bom exemplo para conhecer algumas diferenças consagradas no interior da Psicanálise. Especificamente no tocante à compreensão da sexualidade, Winnicott manteve-se na linha aberta por Freud, mas chegou a conclusões bastante distintas.

Winnicott preferia, como ele costumava dizer, uma concepção da vida humana baseada em critérios "mais empíricos", ou seja, baseados com mais clareza sobre fatos observáveis, evitando-se interpretações que não pudessem ser comprovadas.

O próprio Freud, aliás, tinha consciência de que, em grande parte, sua teoria escapava ao rigor que a concepção atual de ciência pretende. Seria muito difícil, por exemplo, querer provar a existência das pulsões do mesmo modo como se prova a existência da força da gravidade. Isso não impede, porém, de apresentar bons argumentos para aceitar a existência delas, principalmente recorrendo àquilo que se interpreta como seus efeitos. Ademais, muito do que as ciências chamam de *prova* corresponde, no limite, a interpretações da realidade, e não a constatações objetivas. Não é por acaso que Freud ironizava, declarando no texto *Novas conferências sobre a Psicanálise*, de 1932, que "a teoria das pulsões é a nossa mitologia". Mitos não são meras fantasias, mas expressões simbólicas de certezas adquiridas no cotidiano. Chamar a Psicanálise de mitologia significa ter consciência de que o seu modo de proceder não "prova" suas interpretações ao modo da Física, da Química etc., embora "prove" pelos efeitos observáveis na vida dos pacientes.

Donald Winnicott, por sua vez, ainda identificava uma lacuna quando Freud passava dos efeitos observados na vida humana (as tendências a conservar a existência e a limitar a busca de satisfação) à afirmação de pulsões interpretadas como "vida" e "morte" e concentradas no prazer sexual. Baseando-se em sua experiência cotidiana com famílias (pois ele era pediatra), Winnicott considerava mais defensável[4] afirmar que, em vez da sexualidade, o motor da existência humana é a necessidade de cuidado mútuo, de acolhimento

[4] ***Defensável:*** *algo que pode ser defendido, sustentado.*

e de interesse bondoso entre as pessoas. Essa necessidade é vivida em grau máximo pelas crianças, mas também por jovens, adultos e idosos. Se os indivíduos mostram-se mais satisfeitos quando vivem em comunicação e quando são respeitados em sua maneira única de ser, então parece mais adequado, segundo Winnicott, considerar como motor da vida a busca de satisfazer a necessidade de cuidado.

Winnicottt, no livro *Natureza humana*, esclarece que as crianças "saudáveis", ou seja, crianças que recebem o cuidado bondoso de que necessitam ou as boas condições para desenvolver-se, não viveriam seu processo de amadurecimento de modo necessariamente sexual. É apenas quando elas são privadas de cuidado ou sofrem de uma dificuldade de relação que elas vivem de modo sexual o seu processo de crescimento. Assim, mesmo valorizando aquilo que Freud chamava de *sexualidade infantil*, Winnicott defendia que o pai da Psicanálise poderia ter reservado essa expressão para falar de um processo de sofrimento nas crianças, sem generalizá-lo como um modo de ser de todas elas. A sexualidade, na vida infantil "saudável", corresponde às possibilidades de desenvolvimento inscritas na criança; ela é ativada com sentido sexual apenas em condições que não a respeitam exatamente como criança.

Winnicott reconhecia instintos ou solicitações da natureza física, mas não via razões para interpretá-los como uma busca de prazer por meio de escolhas sexuais. Na observação de Winnicott, tais instintos não se manifestam de forma sexual nas crianças, pois até a idade de quatro ou cinco anos, as crianças não têm ainda uma identidade sexual fixamente definida, uma vez que, até essa idade, elas sequer se entendem como indivíduos ou como seres dotados de uma identidade própria (alguém que pode dizer "eu").

Com efeito, Winnicott constatava que até os quatro ou cinco anos, as crianças vivem em fusão[5] com suas "mães" (a mãe biológica ou outra pessoa que a acolhe e lhe oferece um cuidado bondoso total). A criança pequena e a "mãe" são, então, uma só realidade; a "mãe" é a continuação da criança. A separação de ambas inicia quando a criança passa a exercer sua imaginação e a associar-se com outros elementos do seu ambiente acolhedor, começando a operar com relações que a levam a se distinguir como um polo em meio a outros. Aprender a dizer "eu" (não como mera repetição da palavra, mas como consciência de uma diferença individual) é, assim, um processo longo e delicado, pois requer, por um lado, o acolhimento respeitoso praticado pela "mãe" ou pelo "ambiente", e, por outro lado, a necessidade de, aos poucos, "contrariar" a criança, mostrando-lhe, com bondade, que ela se distingue dos outros e terá futuramente a responsabilidade de também respeitá-los.

Por sua vez, a orientação sexual da criança também é formada no processo de diferenciação que a fez surgir como "eu" e por uma identificação com a pessoa boa que dela cuida. O aparecimento do sentido sexual da vida é, portanto, demorado e não acompanha a criança desde seu nascimento. Somente quando há dificuldades e sofrimentos é que a criança pequena vive em sentido sexual suas relações com o ambiente.

Winnicott tem uma expressão curiosa para falar do dinamismo de formação da criança como indivíduo, pois faz um trocadilho[6] com a frase *Penso, logo existo*, do filósofo René Descartes (p. 191). O lema de Winnicott era: *Vejo que sou visto, logo existo* .

Winnicott desloca, então, a sexualidade do centro da existência humana e a situa como um de seus aspectos. Embora central, a sexualidade não é o que estrutura a vida dos indivíduos, mas a necessidade do encontro cuidadoso e bondoso entre pessoas.

[5] **Fusão:** *união total; mistura.*
[6] **Trocadilho:** *jogo de palavras.*

p. 451
Textos de aprofundamento

Vejo que sou visto, logo existo!
Donald Winnicott

Quando eu vejo que sou visto, então existo.
Agora tenho a possibilidade de olhar e de ver.
Agora olho criativamente e percebo que percebo.
Na verdade, procuro não ver o que não está aí para ser visto. ■

WINNICOTT, Donald. The Mirror-role of Mother and Familiy in Child's Development. In: LOMAS, P. (Ed.). *The Predicament of the Family: a Psycho-analytical Symposium*. Londres: Logan & Institute of Psycho-Analysis, 1967. p. 114. (A função de espelho exercida pela mãe e pela família no desenvolvimento da criança. Tradução nossa.)

EXERCÍCIO B

p. 449

1. Descreva a observação que permitiu a Freud concluir pela vivência da sexualidade desde a infância.
2. Quais as duas pulsões que, segundo Freud, seriam básicas no ser humano? Explique-as.
3. Por que os sonhos, segundo Freud, confirmam a existência do Inconsciente?
4. Qual diferença básica Winnicott observava entre o seu procedimento e o de Freud?
5. O que caracterizaria uma criança "saudável" segundo Winnicott?
6. O que Winnicott chama de motor da vida humana?
7. Qual a importância filosófica da comparação entre a psicanálise de Winnicott e a psicanálise de Freud no tocante à sexualidade infantil?
8. Baseando-se na teoria freudiana e na releitura winnicottiana, e sem preocupar-se em ter de optar por uma ou outra, reflita sobre o tratamento que nossa sociedade dá à infância. A Psicanálise alerta, de modo geral, para o excesso de sexualização da infância. Por que essa prática seria inadequada? Identifique casos de sexualização excessiva da infância nos programas de televisão ou mesmo em suas práticas familiares (uso de roupas erotizadas, brincadeiras sexuais, danças, preocupação com o "namorado" ou a "namorada" etc.).

3 A força vital

Da parte dos filósofos, a reação à Psicanálise é bastante diversificada. Para uns, ela é a melhor explicação do ser humano; para outros, ela é racionalmente frágil.

Outros filósofos valorizaram as hipóteses psicanalíticas, mostrando, no entanto, que a explicação da vida humana pode ser mais ampla do que essas mesmas hipóteses. Um exemplo dessa postura filosófica vem de representantes da *fenomenologia* (p. 348). Eles concordavam com alguns dos resultados das investigações psicanalíticas sobre as "profundezas" do ser humano, mas, ao mesmo tempo, encontravam razões para afirmar que o motor da busca de satisfação e de prazer não tem um caráter necessariamente sexual; trata-se do próprio dinamismo da vida. A sexualidade, dessa perspectiva, seria um componente desse dinamismo, e não o seu elemento estruturante. A tal dinamismo os fenomenólogos denominavam *corrente da vida*, *fluxo vital*, *energia vital* ou, ainda, *força vital*.

Um dos melhores exemplos desse trabalho vem do filósofo Maurice Merleau-Ponty.

A leitura do texto de Merleau-Ponty permite observar que:

(1) Nas linhas 1-4, o autor afirma que as conclusões da Psicanálise são ambíguas, pois, de um lado, elas declaram que a vida tem uma infraestrutura sexual (a sexualidade, portanto, seria um dispositivo a serviço da vida); de outro, elas afirmam que a sexualidade integra a existência (como se a existência ou a vida humana estivessem a serviço da sexualidade ou fossem iguais à sexualidade).

(2) Para entender a sexualidade e ver se a ambiguidade psicanalítica pode ser resolvida, Merleau-Ponty analisa a possibilidade de que a sexualidade seja o modo humano de existir no mundo tanto da perspectiva do pertencimento ao mundo físico como da perspectiva das relações com outros seres humanos.

(3) Nas linhas 5-8, o autor pergunta: (a) a existência inteira tem uma significação sexual?; (b) ou todo fenômeno sexual tem uma significação existencial?

Anônimo, *Gypsy girl from Zeugma* (A jovem cigana de Zeugma), séc. V (aprox.), mosaico. Como em um mosaico – que é composto de muitas e diferentes peças, formando uma imagem única –, a força vital é entendida como um princípio que dá unidade aos diversos aspectos que compõem cada ser humano.

A sexualidade é uma das correntes no fluxo da vida

Maurice Merleau-Ponty

1 A Psicanálise representa um duplo movimento de pensamento: por um lado, ela insiste na infraestrutura sexual da vida; por outro, ela "incha" a noção de sexualidade a ponto de integrar a ela toda a existência. Justamente por essa razão, suas conclusões permanecem ambíguas[7].

5 [Perguntamos:] Quando se generaliza a noção de sexualidade e se faz dela uma maneira de ser no mundo físico e inter-humano, quer-se dizer que a existência inteira tem uma significação sexual ou que todo fenômeno[8] sexual tem uma significação existencial?

Na primeira hipótese, a existência seria uma abstração[9], um outro 10 nome para designar a vida sexual. Mas, como a vida sexual não pode mais ser circunscrita[10] e como ela não é mais uma função separada e definível pela causalidade própria a um aparelho orgânico, não há mais nenhum sentido em dizer que a existência inteira se compreende pela vida sexual; ou, antes, essa proposição torna-se uma tautologia[11].

15 Seria preciso dizer então, inversamente, que o fenômeno sexual é apenas uma expressão de nossa maneira geral de projetar nosso ambiente? Mas a vida sexual não é um simples reflexo da existência: uma vida eficaz, na ordem política e ideológica, por exemplo, pode acompanhar-se de uma sexualidade deteriorada[12]; e ela pode até mesmo 20 beneficiar-se dessa deterioração. Inversamente, a vida sexual pode ter, em Casanova, por exemplo, um tipo de perfeição técnica que não corresponde a um vigor particular do ser no mundo. Mesmo se o aparelho sexual é atravessado pela corrente geral da vida, ele pode confiscá-la em seu benefício.

25 A vida se particulariza em correntes separadas. Ou as palavras não têm nenhum sentido, ou então a vida sexual designa um setor de nossa vida que tem relações particulares com a existência do sexo. ■

MERLEAU-PONTY, Maurice. *Fenomenologia da percepção*. Tradução Carlos Alberto R. Moura. São Paulo: Martins Fontes, 1999. p. 219-220.

[7] ***Ambíguo:*** *que tem vários sentidos, não permitindo saber com precisão o significado mais adequado.*

[8] ***Fenômeno:*** *aquilo de que se tem consciência; aquilo que é percebido (literalmente: que "se mostra"). Por exemplo, a cor do caderno é um fenômeno (vê-se a cor; tem-se consciência dela); o próprio caderno é um fenômeno; a alegria é um fenômeno (sente-se a alegria; tem-se consciência dela); a fome é um fenômeno; a tristeza etc.*

[9] ***Abstração:*** *algo que é destacado de um conjunto por nosso ato mental, mas que na realidade não existe separadamente do conjunto. Também tem a conotação de uma ideia forçada ou de um nome mais ou menos artificial para falar de algo concreto.*

[10] ***Circunscrito:*** *aquilo que é delimitado; algo cujos limites são bem identificados.*

[11] ***Tautologia:*** *ver página 101.*

[12] ***Deteriorado:*** *o que é de má qualidade; pode ser também o que é estragado, corrompido; atrofiado.*

(4) Na hipótese (a), a existência ou a vida humana inteira (nosso pertencimento ao mundo e nossas relações) seria sexual, quer dizer, teria um significado sexual. Porém:

4.1. Nas linhas 9-14, o autor mostra a incoerência dessa hipótese: só poderíamos dizer que a vida humana inteira é sexual se conseguíssemos definir o que é o sexual; afinal, é só sabendo o que significa o sexual que se pode atribuí-lo como um predicado à vida humana inteira.

4.2. Mas, na tentativa de definir o que é o sexual, como lembra Merleau-Ponty nas linhas 11-12, a própria Psicanálise já reconheceu que ele não corresponde ao aparelho orgânico (corresponderia à vida inteira dos indivíduos).

4.3. Se for assim, a vida humana inteira ou a existência serão sinônimas de algo sexual (linhas 9-10). "Vida humana" ou "existência" seriam, então, uma abstração, uma tentativa intelectual de separar coisas que não existem separadamente: falar-se-ia da existência ou da vida humana, separando-as da sexualidade, apenas para entendê-las melhor, porque, na realidade, elas seriam a sexualidade.

4.4. No entanto, dizer isso significa construir um pensamento inadequado, porque não explica o que buscava explicar, quer dizer, o que é a vida humana. Se a vida humana

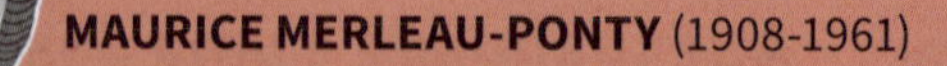

é a sexualidade, então a frase "A vida humana é sexual" equivaleria à frase "O sexual é sexual". Trata-se de uma tautologia (p. 101); não se define o que é o sexual ou a sexualidade, mas apenas se diz que o sexual é a vida e que a vida é o sexual (linhas 13-14). Assim, segundo os critérios da própria Psicanálise, insistir que a vida humana inteira é sexual equivale a não explicar o que é a vida humana.

(5) Resta a hipótese (b), segundo a qual todo fenômeno sexual tem uma significação existencial (linhas 15-24), quer dizer, todo fenômeno sexual seria apenas uma expressão de nossa maneira geral de projetar nosso ambiente (linhas 15-17). Em outras palavras, nossa sexualidade seria a expressão de nossa maneira geral de existir; o sexual seria um reflexo de nosso modo de existir;

5.1. Nas linhas 17-24, porém, Merleau-Ponty procura mostrar que a vida sexual das pessoas nem sempre reflete a vida geral delas. Ele fornece dois exemplos. Exemplo 1: uma pessoa pode ter uma vida política eficaz e uma vida sexual deteriorada; exemplo 2: alguém pode ter uma atividade sexual intensa, mas uma vida geral sem vigor especial, como teria sido o caso de Giacomo Casanova (p. 131). Mesmo que a corrente geral da vida perpasse o aparelho sexual, esse aparelho pode confiscar[13] a corrente geral e usá-la em seu próprio benefício, diminuindo o vigor dos outros aspectos da existência; e vice-versa, o sexual pode desenvolver-se menos, sem prejuízo para os outros aspectos da existência.

(6) Nas linhas 25-27, Merleau-Ponty tira sua conclusão: a vida se particulariza em correntes separadas. É mais coerente, portanto, entender a vida como um grande fluxo composto de várias correntes; caso contrário, as palavras que usamos para exprimir a vida não têm sentido. Assim, a sexualidade ou a vida sexual seria apenas um setor da vida humana, com relações claras com o sexo; mas a sexualidade não seria "toda" a vida.

MAURICE MERLEAU-PONTY (1908-1961)

Foi um filósofo francês influenciado pela corrente filosófica fundada por Edmund Husserl. Procurou "encarnar" a fenomenologia, refletindo sobre Política, o sentido do corpo e a condição humana no mundo. Obras mais conhecidas: *A fenomenologia da percepção, As aventuras da dialética, O olho e o espírito, O visível e o invisível.*

HERÁCLITO DE ÉFESO (c. 535-475 a.C.)

Foi um filósofo pré-socrático grego, natural da região da Jônia (no oeste da atual Turquia). Heráclito recebeu o apelido de "o obscuro" pelo estilo de sua escrita em frases curtas e enigmáticas. De sua obra *Sobre a Natureza* só restaram fragmentos, citados por autores posteriores. Entendia a Natureza como um constante fluxo de transformação, o devir, dado pela oposição e pela luta dos contrários.

No texto de Merleau-Ponty, pode-se observar como ele emprega a expressão *corrente geral da vida*. A existência humana, individual e social, seria como o fluxo de um rio, composto de muitos elementos e diferentes correntes. A imagem do fluxo constante é muito usada em Filosofia e tem em Heráclito de Éfeso e Edmund Husserl (p. 353) dois dos autores que mais a valorizaram. O grande rio da vida tem várias correntes: as sensações, as emoções, os sentimentos, o pensamento, as relações com as coisas e as pessoas etc. A sexualidade seria uma das correntes que compõem o rio da vida; e não o rio inteiro.

A filósofa judia-alemã Edith Stein (p. 132) preferia chamar a corrente da vida de *força vital*, pois, assim como empregada na Física, a ideia de força designa uma interação entre duas coisas. A força resulta da ação de um objeto sobre outro. Costuma-se dizer que, no mundo físico, a força é mecânica: ocorrendo as condições de influência (força) entre os corpos, então os resultados dessa influência acontecem automaticamente.

[13] ***Confiscar:*** *apreender; tirar.*

A vantagem da noção de força vital é retratar a interação dos diferentes componentes da vida humana, sem separá-los em partes estanques[14]. Assim, é possível pensar em uma interação entre a base física do ser humano com a parte emocional, sentimental, intelectual, relacional. Cada indivíduo humano seria o conjunto das intensidades de sua própria força vital; seria um ponto em que se concentra, aliás, a força que move tudo o que é vivo.

Em Psicanálise, a ideia de força nem sempre é apreciada, porque ela pode dar a impressão de uma interação mecânica ou automática entre o corpo e a dimensão psicológica. Quer dizer, o corpo poderia ser visto como o responsável pelo que se passa no psiquismo. Em Filosofia também se requer cuidado no uso dessa ideia. Ela é válida, porém, se ficar claro que, mesmo havendo influência do corpo no estado psicológico do indivíduo (e vice-versa), disso não decorre que a influência ou a interação seja automática e mecânica. Cada ser humano pode modular[15] sua força vital; pode administrá-la em maior ou menor medida.

É nessa direção que se encaminha o trabalho de Edith Stein. Ela identificava diferentes forças

[14]**Estanque:** *sem comunicação; isolado; vedado.*

[15]**Modular:** *variar a intensidade.*

Casanova | *Digna ou indigna, minha vida é a minha matéria; e minha matéria é minha vida.*

Giacomo Girolamo Casanova (1725-1798) nasceu em Veneza e ficou conhecido como grande sedutor e desafiador das práticas sociais. Filho de atores, Casanova entrou na carreira religiosa, mas logo a abandonou em troca de uma vida de aventuras. Convencido de que mesmo o melhor lugar do mundo sempre decepciona quando nos instalamos, Casanova percorreu a Europa e viveu como tocador de violino, mágico, bibliotecário, contador, além de fazer grandes trapaças financeiras... Das prisões passava às cortes dos soberanos, registrando suas memórias no livro *História da minha vida*.

Casanova frequentou personalidades como Voltaire (p. 132), Rousseau (p. 132) e mesmo o papa Clemente XIII (1693-1769), papa de 1758 a 1769. Casanova ficou conhecido como um egoísta movido pela busca de prazer, desprezando os ingênuos e ridicularizando os costumes e as leis. Os estudiosos de sua obra costumam afirmar que ele foi bastante objetivo em seus registros autobiográficos, embora, ao retratar a si mesmo, oculte certos dados que o revelariam como alguém que traiu a confiança dos que o acolhiam.

A sedução sexual era o forte de Casanova. Diz ele ter "conquistado" mais de cem mulheres. Muitas de suas trapaças são por ele justificadas por necessidade econômica. Como ele mesmo afirma, gastava seus dias a tentar ficar doente; mas depois passava outros dias a tentar reaver a saúde. Junto dos prazeres vieram também muitas desgraças, mas, no seu dizer, assim como os prazeres são passageiros, assim também as desgraças não duram para sempre.

A narrativa de Casanova é de grande importância literária para o gênero da autobiografia. Agradava-lhe repetir que cada indivíduo só possui verdadeiramente uma coisa: sua vida. Daí a frase: *Digna ou indigna, minha vida é minha matéria; e minha matéria é minha vida.* ■

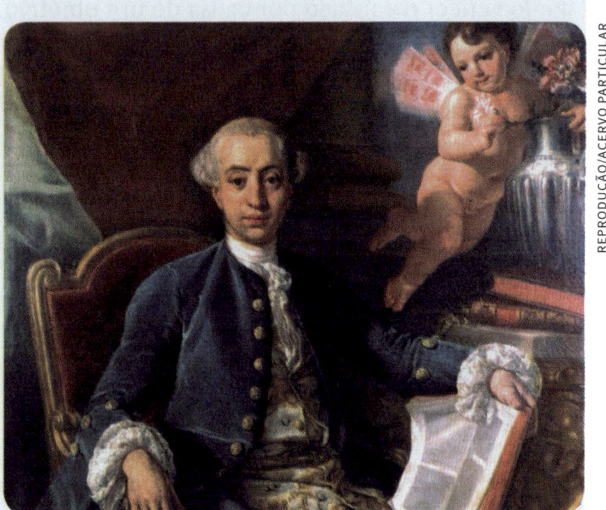

Anton Raphael Mengs (1728-1779), *Retrato de Giacomo Casanova*, 1760.

VOLTAIRE OU
FRANÇOIS MARIE AROUET (1694-1778)

Foi um filósofo iluminista francês cujas ideias influenciaram muitos pensadores da Revolução Francesa e da Revolução Americana. Defensor das liberdades civis, foi um crítico agudo e espirituoso das monarquias absolutistas e da interferência do poder religioso na atividade política. Obras mais conhecidas: *Ensaio sobre os costumes*, *Cândido*, *Cartas filosóficas*, *Tratado sobre a tolerância*.

humano, já é espiritual, já é qualificada pela força vital tipicamente humana (o espírito). Dessa perspectiva, o pensamento de Edith Stein encontra-se com o de Hannah Arendt (que, aliás, estudou fenomenologia alguns anos depois de Edith) ao insistir que, no ser humano, não se separa a "animalidade" de sua "humanidade"; é como humano que ele é animal.

Aplicando essa reflexão à sexualidade, é possível entendê-la como uma das correntes que compõem o rio da vida humana ou como uma das formas de no ser humano: a força físico-psíquica (corpo-vida-sensibilidade-emoção) e a força espiritual (consciência de si, sentimento, pensamento e liberdade). Juntas, elas formam a força vital unitária de cada indivíduo.

Os dois exemplos de Edith Stein têm por objetivo chamar a atenção para um dado inquestionável: o ser humano é submetido a algumas leis físicas, mas pode vencer outras.

Adaptando o segundo exemplo de Edith Stein, é possível obter maior compreensão: se um animal está percorrendo um caminho e se sente muito cansado, sua tendência é parar de caminhar. Só em situações extremas de fome ou de necessidade de defesa ele insistirá em vencer o cansaço. Em geral, porém, não insistirá, porque obedece à compulsão de parar. No caso do ser humano, o seu querer pode fazê-lo vencer o cansaço por causa de um objetivo que ele fixa para si mesmo, ainda que não se trate de algo indispensável para sua sobrevivência.

O fato de um ser humano conseguir vencer o cansaço por causa de um objetivo que não significa uma recompensa para necessidades biológicas seria uma prova de que ele pode dispor de sua constituição física e dar um novo sentido a ela, interferindo na intensidade de sua força vital. Essa capacidade é chamada de *espiritual* por Edith Stein e pela fenomenologia. Trata-se da capacidade humana de refletir e de escolher a melhor ação. Os termos *espírito* e *espiritual* não têm um significado necessariamente religioso; indicam a possibilidade humana de ir além das compulsões nascidas da dimensão física. Na verdade, a própria dimensão física, no caso do ser

EDITH STEIN (1891-1942)

Foi uma filósofa e teóloga alemã de origem judaica, convertida à fé cristã quando estudou Filosofia. Foi discípula e assistente de Edmund Husserl, pai da fenomenologia. Suas principais contribuições foram o aprofundamento do conceito de *empatia* e a busca de fundamentação filosófica para a Psicologia e as Ciências Humanas, além da construção de um pensamento que combinava a análise da consciência com afirmações sobre o modo de ser das coisas do mundo. Obras mais conhecidas: *O problema da empatia*, *Contribuições para a fundamentação filosófica da Psicologia e das ciências do espírito*, *Estrutura da pessoa humana* e *Ser finito e ser eterno*. Edith Stein foi assassinada em Auschwitz, vítima da violência nazista.

JEAN-JACQUES ROUSSEAU (1712-1778)

Foi um filósofo iluminista suíço. Considerava a educação, a sociedade e os costumes da civilização como fatores que podem corromper ou melhorar o ser humano, que é naturalmente bom. Por esse motivo, as crianças devem ser educadas para a liberdade de escolha e de pensamento. Afirmou a soberania popular para a realização de um novo contrato social, originado do consentimento de todos os indivíduos organizados em uma comunidade que exprime a vontade geral. Obras mais conhecidas: *Discurso sobre a origem e os fundamentos da desigualdade entre os homens*, *O contrato social* e *Emílio ou da educação*.

investir a força vital. Em sua especificidade, ela é a concentração da força vital no exercício humano de buscar satisfação e prazer por meio do sexo e de tudo o que se relaciona a ele, envolvendo instintos e estímulos, mas também emoções, sentimentos e pensamento.

O ser humano como unidade de forças

Edith Stein

STEIN, Edith. *Der Aufbau der menschlichen Person*. Friburgo na Brisgóvia: Herder, 2010. p. 98-100. (A estrutura da pessoa humana. Tradução nossa.)

1 O ser humano pertence a dois mundos: ele vive sob a lei da compulsão[16] e sob a lei da liberdade. Esses dois elementos, porém, não estão justapostos[17], mas se interpenetram de um modo bastante singular. [...]

Se um indivíduo é atingido por uma bola, ele não cai necessariamente, como 5 se fosse um corpo inerte[18] que recebe o choque de outro corpo de mesmo tamanho, mesmo peso etc. O indivíduo humano pode evitar a bola ou, se tiver as devidas condições, resistir ao choque. Analisemos essa segunda possibilidade. O indivíduo fica firme, para suportar o movimento que ameaça derrubá-lo; a bola bate nele e cai por terra. Desenvolve-se, portanto, um processo material diferente 10 do que aconteceria se houvesse, em vez de esse indivíduo, um corpo puramente material. Se dois indivíduos recebem um golpe de mesma força, pode ser que um caia e o outro fique de pé. [...] Pode até acontecer que o "mais forte" caia e o que o "mais fraco" resista.

Fica claro que fatores muito diferentes agem aqui. A força do choque e a força 15 da resistência parecem semelhantes, [...] mas a diferença não pode ser medida. Para a força do corpo puramente material, possuímos uma forma de medida em Física. No caso do ser humano, ao contrário, não podemos saber se ele investiu toda a sua força ou só uma parte dela; em outras palavras, não é possível exprimir sua força corporal como o produto de uma massa e de uma velocidade. Isso 20 só funcionaria se deixássemos de lado sua força vital e se o seu corpo fosse visto apenas como corpo, de modo puramente mecânico. Ora, falar de força física no ser humano é justamente designar alguma coisa de vital.

Essa força vital tem em comum com a força dos corpos puramente materiais o fato de que ela pode se exprimir por movimento e resistência, [...] mas sua in- 25 tensidade não é tal que possa ser medida. Ela depende da constituição material do corpo, mas também das funções vitais; esses dois fatores se encontram em uma relação funcional mútua.

A isso deve acrescentar-se o fato de que o ser humano é capaz de interferir na força de que dispõe e de utilizá-la em maior ou menor intensidade. É precisamente 30 nessa utilização da força que se manifesta a maneira como o corpo é penetrado de espírito e como a ação espiritual livre exerce influência sobre o mundo material. [...] A ligação entre o querer e a força que um indivíduo investe não pode ser discernida de maneira exata. Se decido visitar um doente, essa ligação (entre o querer e a força investida) pode ser vista: quero levar alegria ao doente, pois sei 35 que minha visita o agradaria, [...] mas, para fazer essa visita, devo percorrer um longo caminho. [...] Experimento um peso em todo o corpo; cada passo é difícil e deve ser dado por um ato de vontade. Decido continuar e chego ao meu objetivo, mesmo estando com muito cansaço. ■

[16] ***Compulsão:*** *pressão da qual não se pode escapar; movimento irresistível.*

[17] ***Justaposto:*** *algo que é posto ao lado de outro.*

[18] ***Inerte:*** *sem vida.*

EXERCÍCIO C

p. 450

1. Qual a ambiguidade da Psicanálise, segundo Merleau-Ponty, e como ele a analisa?
2. O que os exemplos dados por Merleau-Ponty em seu texto lhe permitem concluir?
3. Pela experiência pessoal, você vê motivos para concordar com Merleau-Ponty na análise da sexualidade?
4. Qual o sentido de chamar a vida humana de *corrente geral da vida?*
5. Por que a ideia física de força é apropriada ao uso filosófico que discute a força vital?
6. Qual o objetivo fundamental de Edith Stein com os exemplos dados em seu texto?

EXERCÍCIOS COMPLEMENTARES

p. 450

1 Reflexão pessoal sobre a vida sexual de adolescentes e jovens

Você provavelmente já dispõe de muitas informações sobre a sexualidade. Na escola, na família, na rua, na televisão ou em outros contextos, circulam informações médicas, religiosas, éticas etc. sobre a vida sexual.

Ao estudar este capítulo de nosso livro, você talvez concorde que, se a sexualidade está relacionada com a realização humana, então, para ser vivida com o máximo prazer e para colaborar com a harmonia de nossa vida, a sexualidade requer responsabilidade. Falar de responsabilidade, porém, não significa ser "ultrapassado" ou "moralista". Afinal, antes de perguntar pelo que é certo ou errado, somos chamados pela vida a cuidar de nós mesmos. Esse é o primeiro sentido da responsabilidade. Reflita, então, sobre o modo como você tem sido responsável por si mesmo(a). Reflita sobre os exemplos de vivência da sexualidade que a sociedade hoje apresenta. Pense, por exemplo, no caso das muitas adolescentes que engravidam porque não planejam a própria vida ou porque não conhecem minimamente o funcionamento do próprio corpo. Pense nos rapazes apressados e egoístas que forçam suas parceiras à atividade sexual, mas depois, se elas engravidarem, as abandonam por infantilismo e covardia, dizendo que a gravidez é um assunto apenas das mulheres... Lembre-se também de que a gravidez nem sempre é resultado de descuido ou ignorância. Muitos jovens desejam e escolhem gerar uma criança. Convém saber isso para não dar lugar a preconceitos contra casais jovens, e menos ainda contra jovens grávidas. Porém, não deixa de ser verdade que grande parte dos jovens envolvidos em uma gravidez não pensa nas consequências de seus atos e depois se arrepende. Isso também vale para as doenças sexualmente transmissíveis e tantas outras dificuldades ligadas à responsabilidade sexual. Pensando nesses vários aspectos, reflita: o que você quer para sua vida e como você se esforça para construir seus sonhos? Como você vive sua sexualidade? Você pode assistir a um vídeo muito esclarecedor, baseado na entrevista com a médica Viviane Castelo Branco e gravado em 2012 pelo Canal Saúde Oficial, do Sistema Único de Saúde (Disponível em: <https://www.youtube.com/watch?v=HdwMoS14l9o>. Acesso em: 27 jan. 2015.)

2 Pesquisa e debate

Com a orientação do(a) seu(sua) professor(a):

1. Divida a classe em dois grupos, cada qual com um(a) líder que representará o grupo na plenária.
2. Um grupo deve pesquisar formas de compreensão da sexualidade como algo determinado pela Natureza; o outro deve pesquisar formas de conceber a sexualidade como uma construção humana. Diferentes fontes podem ser consultadas: teorias científicas, filosóficas, éticas, religiosas etc.
3. Independentemente da visão pessoal de seus integrantes, os grupos devem defender, em plenária, as teorias estudadas; cada grupo dispõe de dez minutos para apresentar seus argumentos.

4. Após as apresentações, os membros de um grupo podem fazer perguntas para os membros do outro grupo, buscando testar a firmeza das ideias defendidas; seria interessante identificar ideias com as quais é possível concordar e ideias das quais há razões para discordar; cada grupo dispõe de dez minutos também.

5. Em outra aula, os grupos podem estudar durante 20 minutos o texto abaixo, para, na sequência, apresentar sua visão sobre o assunto, tomando por base o debate realizado na aula anterior (a compreensão da sexualidade como vivência resultante de elementos naturais e culturais).

O sofrimento de não ser como a maioria

Daniela Truffer veio ao mundo como hermafrodita. Os médicos decidiram fazer dela uma mulher. Natural de Zurique, ela milita hoje contra as operações forçadas e os tratamentos hormonais impostos às crianças com órgãos sexuais indeterminados.

Para Daniela, é preciso dar tempo aos indivíduos para crescer e decidir por si mesmos se querem se tornar um homem ou uma mulher ou, ainda, ficar no cruzamento dos dois caminhos, fenômeno chamado de *intersexuação* ou, mais comumente, *hermafroditismo*. "As operações forçadas são dolorosas e irreversíveis. A probabilidade de reduzir ou de mesmo destruir o desejo sexual é bastante elevada. As operações estéticas não voluntárias violam o direito à integridade física e à autodeterminação. Isso contraria os direitos do ser humano", defende Daniela Truffer.

De acordo com a média mundial, cerca de uma criança em cada 2.000 nasce hermafrodita. Esse fato é conhecido das sociedades humanas desde a Antiguidade. Mas, com o tempo, as pessoas de sexo nem totalmente masculino nem totalmente feminino tornaram-se uma minoria invisível, particularmente depois que a cirurgia "corretiva" tornou-se norma no século XX.

Nascida em 1965 "sem características sexuais claramente definidas", ela possuía cromossomos masculinos, um micropênis e testículos pouco desenvolvidos que pareciam lábios vaginais. Os médicos disseram que essas características acabavam "ajudando", pois ficava mais fácil designar a ela um sexo definido por meio de uma cirurgia rápida. Os testículos de Daniela foram, então, retirados quando ela tinha dois meses. "Eles literalmente me castraram!", indigna-se ela.

Aos sete anos, seu micropênis foi diminuído e transformado em clitóris. Uma vagina artificial foi "dada" a ela quando completou 18 anos. Mesmo tendo

FABRICE COFFRINI/AFP/GETTY IMAGES

Daniela Truffer (1965-), suíça hermafrodita.

consciência de sua diferença, nem seus pais nem seus médicos lhe explicaram de maneira adequada a sua condição. Ela cresceu com um profundo sentimento de vergonha. No seu dizer, "os médicos acham que são Deus e direcionam os pais, que, em geral, estão completamente desorientados e não sabem o que fazer, pois essa temática ainda é um tabu".

Daniela reconhece que os pais de uma criança hermafrodita vivem um sério dilema, principalmente quando a genitália indefinida prejudica o funcionamento da via urinária e do intestino. Além disso, o desenvolvimento psicológico de uma criança com genitália indefinida é bastante confuso e sofrido. No entanto, sua experiência é a de que a cirurgia corretiva fere o corpo e a mente.

Texto baseado no artigo: O'DEA, Claire. *Hermafroditas lutam pelo direito de definir o sexo*. 26 ago. 2009. Disponível em: <http://www.swissinfo.ch/por/hermafroditas-lutam-pelo-direito-de-decidir-sexo/7567050>. Acesso em: 19 maio 2015.

Dicas de filmes para você assistir tendo em mente o que trabalhamos neste capítulo

Eu, mamãe e os meninos (*Les garçons et Guillaume, à table!*), direção Guillaume Gallienne, França, 2014.

Comédia muito engraçada (porém sem situações ridículas!), em que o diretor conta sua história: ele foi uma criança que todos consideravam homossexual, sem que ele o fosse de fato. Trata do tema da relação com os pais e as influências (muitas vezes estranhas!) que o ambiente exerce sobre a criança. ■

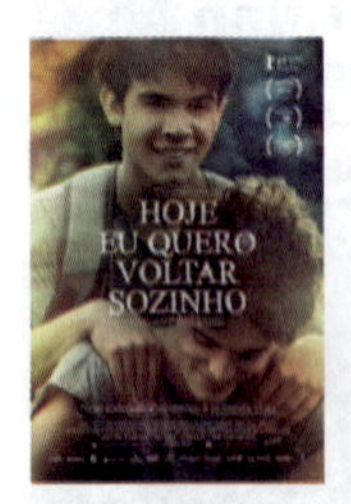

Hoje eu quero voltar sozinho, direção Daniel Ribeiro, Brasil, 2014.

Filme de grande sensibilidade, cujo tema é a maneira como um jovem cego vive sua sexualidade. Fora dos padrões que sobrecarregam a experiência visual (propagandas com imagens, padrões de moda etc.), a personagem do jovem cego mostra como os afetos e os desejos podem ser vividos de maneira mais intensa e livre. ■

As sessões (*The Sessions*), direção Ben Lewin, EUA, 2012.

Filme muito bem-humorado sobre a história de Mark, vítima de poliomielite que, aos 38 anos, deseja ter sua primeira relação sexual. Sexo, carinho, amor e cumplicidade são os focos da narrativa. ■

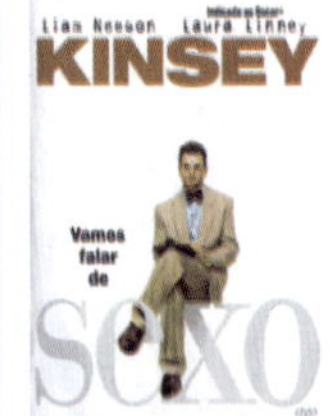

Kinsey - Vamos falar de sexo (*Kinsey*), direção Bill Condon, Alemanha/EUA, 2004.

História do professor norte-americano Alfred Kinsey (1894-1956), que iniciou sua carreira como estudioso de insetos, mas, aos poucos, sentiu a necessidade de estudar a vida sexual humana e esclarecer seus aspectos fisiológicos para a sociedade de sua época. ■

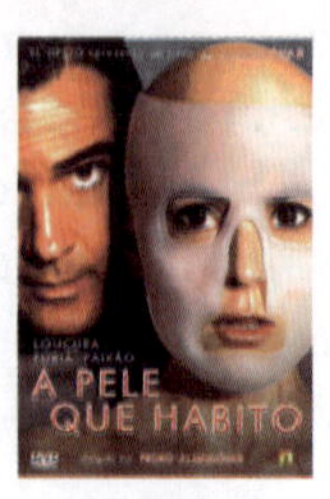

A pele que habito (*La piel que habito*), direção Pedro Almodóvar, Espanha, 2011.

Suspense em torno do cirurgião plástico Roberto Ledgard, que vive com a filha Norma e a incentiva a sair mais de casa para melhorar do quadro depressivo em que se encontrava. Roberto leva Norma a uma festa na qual ela é estuprada. Para se vingar do estuprador, Roberto elabora um plano completamente imprevisível e macabro. Mas as atitudes do estuprador tornam-se surpreendentes, levantando questões delicadas sobre o modo como o ser humano vive a sexualidade. ■

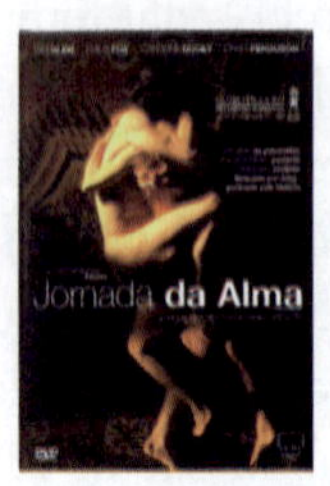

Jornada da alma (*Prendimi l'anima*), direção Roberto Faenza, Itália/França, 2003.

História da jovem russa Sabina Spielrein, diagnosticada como histérica, que é levada a um hospital psiquiátrico de Zurique (Suíça), onde o Dr. Carl Gustav Jung aplica pela primeira vez as teorias de seu mestre Sigmund Freud. Anos depois, Sabina volta à Rússia e abre uma creche, aplicando a teoria psicanalítica à educação das crianças. ■

Dicas literárias

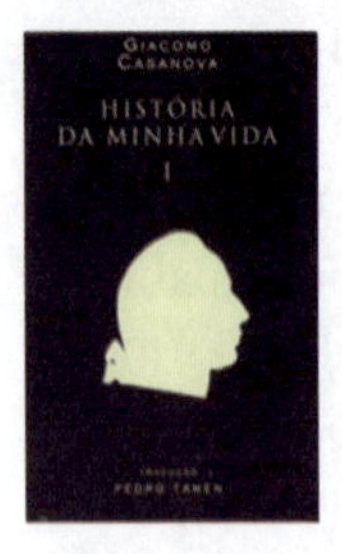

História de minha vida (dois volumes), de Giacomo Casanova, tradução Pedro Tamen, Divina Comédia, 2013.

Registros autobiográficos de Casanova. ■

A arte de amar, de Ovídio, tradução Dúnia M. Silva, L&PM, 2001.

Escrita em versos pelo romano Ovídio (43 a.C.-17), a obra pretende ser uma iniciação na arte de seduzir e de transformar a conquista em algo durável. ■

Satíricon, de Petrônio, tradução Claudio Aquati, Cosac Naify, 2008.

Obra clássica de autoria provável do escritor romano Petrônio (morto em 66), que narra as aventuras amorosas de três jovens durante o período que se costumou chamar "Roma decadente". Impotência, infidelidade, paixão, ciúme e amor são eixos das narrativas do romance. ■

As mil e uma noites, obra anônima, tradução Mamede Mustafa Jarouche, Azul, 2012.

Coletânea de contos populares escritos em árabe e de origem persa e indiana. Desfilam perante o leitor inúmeras personagens em jogos de espelho, tratando de vários temas, como a sedução, a vida sexual, o amor etc. Faz parte dessa coletânea a conhecida história de Ali Babá. ■

Don Juan, de Molière, tradução Celina Diaféria, Hedra, 2006.

Peça de teatro sobre os dois últimos dias da vida de Juan Tenorio, libertino e grande amante, um pouco covarde, apreciador da boa mesa e de disputas intelectuais. Provocador constante, Dom Juan acaba sendo punido pelos céus... ■

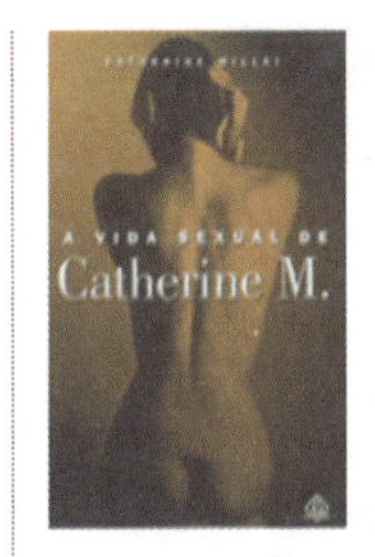

A vida sexual de Catherine M., de Catherine Millet, tradução Claudia Fares, Ediouro, 2001.

A autora Catherine Millet (1948-) é uma das mais destacadas especialistas da arte contemporânea e das mais sofisticadas diretoras de arte na Atualidade. Nesse livro, ela decide contar em detalhes o conjunto das experiências sexuais que teve ao longo de sua vida. O texto explora o contraste entre, de um lado, o assunto nu e cru e, de outro lado, a forma do texto, que é redigido propositalmente com elegância e correção. ■

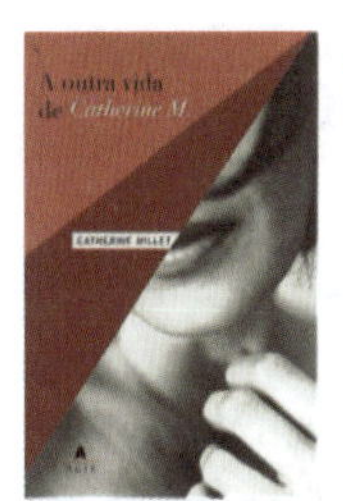

A outra vida de Catherine M., de Catherine Millet, tradução Hortênsia S. Lencastre, Agir, 2009.

O imenso sucesso de vendas do primeiro livro da autora *(A vida sexual de Catherine M.)* foi proporcional ao choque causado com os relatos de sua intensa vida sexual. Nesse segundo livro, descobre-se outro lado de Catherine: mesmo com muitos amantes, ela nunca suportou não ser "a única"; e confessa que sofria de um terrível ciúme, a ponto de hoje só ver armadilhas na ideia de "casamento aberto". Seu texto continua chocante, pois ela apresenta, sempre com seu estilo elegante e sóbrio, o elenco quase infinito de amantes e ousadias. ■

» Para continuar viagem...

Sexualidade: a difícil arte do encontro, de Lidia Rosenberg Aratangy, Ática, 2013.

Apresentação didática, voltada ao público adolescente, dos principais elementos da visão psicanalítica e psicopedagógica da sexualidade. ■

O inconsciente, de Luciana Chaui-Berlinck, WMF Martins Fontes, 2014. (Coleção Filosofias: o prazer do pensar).

Apresentação introdutória dos fundamentos da Psicanálise freudiana, concentrados em torno do tema do Inconsciente. ■

Dossiê teoria queer, Revista CULT, número 193, ano 2014.

Número especial da Revista CULT contendo um dossiê com vários artigos sobre a teoria *queer*, teoria sociológica que critica as teses segundo as quais o gênero e a orientação sexual seriam determinados geneticamente. Segundo a teoria *queer* – que significa *diferente,* em inglês –, a sexualidade e o gênero de um indivíduo, embora contenham determinações biológicas, são formados principalmente pelo meio sociocultural. ■

História da sexualidade (três volumes) de Michel Foucault, tradução Maria Thereza C. Albuquerque, Graal, 2007.

A obra registra alguns cursos dados pelo filósofo francês Michel Foucault (1926-1984) nos quais ele analisava textos sobre o tema da sexualidade escritos desde a Antiguidade até a Era Contemporânea, passando pela Idade Média, Renascimento e Modernidade. Embora hoje seja possível perceber que Foucault cometeu pequenas falhas em algumas de suas análises históricas, sua obra já é uma leitura obrigatória e clássica para o estudo filosófico do tema da sexualidade. ■

Corpo e sociedade – o homem, a mulher e a renúncia sexual no início do cristianismo, de Peter Brown, tradução Vera Ribeiro, Zahar, 1990.

O historiador Peter Brown (1935-) estuda, por meio do tema da *renúncia sexual* (o autocontrole, o casamento sagrado, a castidade, a virgindade etc.), a sexualidade vivida nas origens do cristianismo, indo do apóstolo Paulo até os tempos de Agostinho de Hipona (séculos IV-V). Os resultados das pesquisas de Peter Brown são surpreendentes, principalmente por mostrar que a vivência sexual dos primeiros cristãos era menos definida por leis rígidas e mais integrada ao sentido global da existência como obra do amor divino. ■

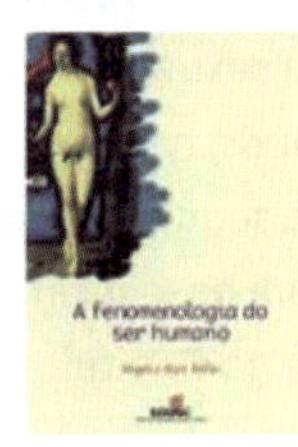

A fenomenologia do ser humano, de Angela Ales Bello, Tradução Antonio Angonese, Ed. da Universidade do Sagrado Coração, Bauru, 2000.

A pensadora italiana Angela Ales Bello, centrando-se na compreensão do ser humano, apresenta o pensamento de três filósofas: Edith Stein, Hedwig Conrad-Martius (1888-1966) e Gerda Walter (1897-1977). O tema da força vital e da sexualidade recebem um tratamento especificamente fenomenológico e com conotações que, segundo a autora, somente uma experiência feminina pode revelar. ■

p. 452
Sugestões bibliográficas

DISSERTAÇÃO DE SÍNTESE FILOSÓFICA

Uma dissertação de *síntese filosófica* é uma redação que resume a posição de um(a) filósofo(a) ou de mais filósofos a respeito de um tema específico.

Sintetizar ou resumir de maneira filosófica não é simplesmente repetir com poucas palavras aquilo que está em um texto filosófico. Em vez de repetir, a síntese identifica os diversos momentos lógicos ou partes de um texto, explicitando as ideias centrais defendidas em cada uma de suas partes ou momentos e mostrando a articulação dessas ideias. Afinal, se a Filosofia analisa as razões pelas quais os pensamentos são justificados, então uma síntese filosófica concentra-se em tornar claras essas razões, com atenção especial ao modo como elas são interligadas.

Por exemplo, para fazer uma síntese filosófica do Capítulo 4 deste livro ("Sexualidade e força vital"), podemos apontar para a estrutura do capítulo e para o que une suas partes. Ao redigi-la, podemos seguir o seguinte esquema:

1) INTRODUÇÃO

1º parágrafo - A forma mais simples de escrever a introdução de uma síntese filosófica é anunciar o que virá na sequência. Concentrando-nos no Capítulo 4, bastaria dizer que o tema "Sexualidade e força vital" pode ser tratado em três momentos e mencionar quais são eles: a relação entre sexualidade humana e comportamento animal; a concepção psicanalítica da sexualidade e a importância do diálogo entre Filosofia e Psicanálise; e a noção de força vital. Essa forma de começar é, porém, desestimulante para os leitores, pois eles podem perder o interesse pela síntese, por causa do tom mecânico da introdução. Uma forma mais atraente consiste em anunciar já de início a linha que estrutura o tratamento dado ao assunto. Por exemplo, você pode começar da seguinte maneira: *O Capítulo 4 reflete sobre o sentido da sexualidade humana. Diante da possibilidade de compreender a sexualidade com base no comportamento animal, o capítulo mostra as incoerências filosóficas dessa compreensão e passa a uma análise da teoria psicanalítica da sexualidade, chegando à postura fenomenológica, que concentra na força vital seu esforço de elucidação da vida humana.*

2) DESENVOLVIMENTO

2º parágrafo - Anunciada a temática na introdução, você deve, agora, dizer por que o capítulo abordou o tema da compreensão da sexualidade humana com base no comportamento animal. Você pode servir-se de conjunções como *porém, mas, contudo, no entanto.*

3º parágrafo - Na sequência, você deve apresentar o sentido da atenção à Psicanálise.

4º parágrafo - Com base na menção da Psicanálise, você deve retornar à análise filosófica e justificar o modo como ela reaparece no Capítulo 4.

3) CONCLUSÃO

5º parágrafo - Na conclusão, você não precisa apresentar nenhuma ideia nova nem repetir o que já foi dito nos parágrafos anteriores. Também não deve usar frases de efeito, como: "Vimos nesta redação como é importante para o ser humano estudar a sexualidade e a força vital". Quem leu sua redação já entendeu que o tema é importante! Então, para concluir, você precisa encontrar uma frase que "sintetize sua síntese", ou seja, que condense em poucas palavras o espírito de seu texto. Por exemplo, você pode escrever: *Ainda que a sexualidade humana tenha uma base fisiológica, isso não quer dizer que ela se reduza apenas a aspectos físicos nem que ela se identifique com o comportamento animal. Em diálogo com a Psicanálise, alguns filósofos identificaram razões para recusar a tese da sexualidade como motor estruturante da vida humana e defenderam que ela é um dos aspectos da corrente ou força vital que constitui os indivíduos.*

p. 438, 484, 497, 502
Outras indicações sobre a dissertação de síntese filosófica.

EXEMPLO DE REDAÇÃO DE SÍNTESE FILOSÓFICA DO CAPÍTULO 4

Sexualidade e força vital

O Capítulo 4 reflete sobre o sentido da sexualidade humana. Diante da possibilidade de compreender a sexualidade com base no comportamento animal, o capítulo mostra as incoerências filosóficas dessa compreensão e passa a uma análise da teoria psicanalítica da sexualidade, chegando à postura fenomenológica, que concentra na força vital seu esforço de elucidação da vida humana.

Com efeito, o Capítulo 4 inicia pela análise do pensamento que busca compreender a sexualidade humana por comparação com o comportamento animal. Levanta, porém, algumas dificuldades contidas nessa tentativa, uma vez que nada justifica filosoficamente passar do fato de que os seres humanos são animais à conclusão de que eles vivem sua "animalidade" assim como os animais vivem a deles. Colabora para essa problematização o pensamento da filósofa Hannah Arendt e os dados científicos que asseguram a especificidade humana em meio ao reino animal. Especificamente no tocante à sexualidade, a experiência humana é formada por dados fisiológicos, como ocorre com os animais, mas também por dados culturais, históricos, sociais.

Dando atenção à complexidade de fatores que caracteriza a sexualidade humana, o Capítulo 4 defende um diálogo da Filosofia com a Psicanálise, haja vista a importância do saber psicanalítico para formas contemporâneas de compreensão do ser humano. O capítulo apresenta, então, a teoria freudiana que rompe com a concepção da sexualidade entendida como algo que se desperta na puberdade e é ligado à reprodução e a concebe como dado estruturante da vida humana em todas as fases da existência, desvinculada da reprodução. A sexualidade seria a atividade de busca de satisfação e prazer, concentrando-se na atividade sexual durante a vida adulta. O capítulo apresenta, ainda, a releitura da teoria freudiana, feita por Winnicott, que discordava de seu mestre Freud e defendia que, em vez da sexualidade, o elemento estruturante da vida humana é a busca de satisfazer a necessidade de cuidado, por meio do respeito bondoso entre as pessoas.

A atenção à Psicanálise e a percepção das diferenças interpretativas no interior dela mesma permitem ao Capítulo 4 expor o pensamento de alguns filósofos que valorizaram aspectos da teoria psicanalítica e apontaram, no entanto, para a necessidade de elaborar uma compreensão mais ampla da vida humana. São apresentados os pensamentos de dois representantes da fenomenologia: Maurice Merleau-Ponty e Edith Stein. Merleau-Ponty analisa as incoerências contidas na associação entre a sexualidade e a vida, preferindo a expressão "corrente vital" para designar a existência de cada indivíduo e concebendo a sexualidade como uma das correntes que compõe o fluxo unitário que caracteriza a vida individual. Edith Stein, por sua vez, prefere falar de "força vital", pois a ideia de força, proveniente da Física, permite compreender que cada uma das correntes que formam a corrente vital só pode ser entendida em relação a outras correntes. Mesmo na ação física, segundo a filósofa, o ser humano tem a possibilidade de escapar a certas leis físicas e dar novo sentido a elas, revelando que, na sua base material, ele já é um ser espiritual. A sexualidade, dessa perspectiva, pode ser concebida como atividade fisiológica e espiritual a um só tempo.

Em síntese, o Capítulo 4 procura mostrar que, apesar da inquestionável base fisiológica da sexualidade humana, não é justificado reduzi-la apenas a aspectos físicos nem identificá-la ao comportamento animal. Em diálogo com a Psicanálise, alguns filósofos identificaram, portanto, razões para recusar a tese da sexualidade como motor estruturante da vida humana e defenderam que ela é um dos aspectos da corrente ou força vital que constitui os indivíduos.

DICA 1: EVITE PARAFRASEAR!

Parafrasear é reescrever um texto simplesmente repetindo, de forma resumida, tudo o que já afirmou seu (sua) autor(a). A paráfrase pode ser um bom exercício quando alguém nos pede para explicar algum assunto "com nossas próprias palavras". Mesmo grandes escritores servem-se dela. Por exemplo, Rousseau e Malherbe fizeram paráfrases de versos dos Salmos; Lizst e Bach fizeram paráfrases de temas musicais de outros compositores. Porém, esse recurso é inadequado em uma redação de síntese filosófica cujo objetivo é apresentar as ideias centrais de um texto e explicitar suas articulações.

DICA 2: NÃO MISTURE O QUE VOCÊ PENSA COM O QUE O TEXTO DISCUTE

É uma dificuldade de muitos estudantes e professores saber "calar-se" e "ouvir" um texto, isto é, deixá-lo "falar", a fim de bem conhecê-lo em suas próprias razões. Muitos de nós não se contêm e, diante de um texto (ou mesmo de uma frase), já passam a interpretá-lo e a tomar posição pessoal. Esse é um comportamento apressado que não combina com a atividade filosófica e deve ser evitado a todo custo em uma redação de síntese. Independentemente de gostarmos ou não de um texto, a atitude filosófica mais necessária é compreendê-lo em sua estrutura antes de qualquer julgamento. Afinal, para julgar é preciso compreender bem!

DICA 3: AS CONJUNÇÕES, AMIGAS INSEPARÁVEIS DOS FILÓSOFOS!

Você certamente notou que algumas palavras estratégicas no exemplo de redação de síntese filosófica estão sublinhadas. Elas articulam termos e frases. Em gramática, recebem o nome de *conjunções*, amigas inseparáveis dos filósofos e escritores em geral, pois elas permitem entender o modo como alguém relaciona duas ideias, duas frases, dois parágrafos. Veja uma tabela que pode ser muito útil em suas redações:

CONJUNÇÕES E LOCUÇÕES CONJUNTIVAS		
Casos	Sentido	Nome
E, nem, também... *"Não só... mas também"*	**Ligar duas frases ou palavras** *Ele viu o arroz e o comprou.* *Ela trouxe não só arroz mas também feijão.*	**ADITIVAS**
Mas, porém, todavia, contudo, aliás, no entanto, quando, entretanto...* *Ver também, ao lado, as conjunções temporais.	**Contrariar ou alterar o sentido do que foi dito antes** *A criança viu o bolo, porém não o pegou.* *O ser humano é racional. Contudo, erra.* *Ele fez isto, quando* devia ter feito aquilo.* * Uso comum na língua falada, mas de sentido ambíguo; é melhor evitar.	**ADVERSATIVAS**
Ou, ou... ou, quer... quer, seja... seja, ora... ora	**Indicar frases ou palavras alternadas ou incompatíveis** *O animal é racional ou irracional.* *Quer ele venha, quer não venha, veremos o filme.*	**ALTERNATIVAS**
Logo, portanto, então, enfim, pois, assim, por isso, por conseguinte, donde...	**Exprimir a conclusão de algo dito anteriormente** *Penso, logo* existo.* *Todo homem é mortal. Portanto, Pedro é mortal.* * Não confundir a conjunção *logo* com o advérbio *logo*.	**CONCLUSIVAS**
Ou, isto é, ou seja, por exemplo, a saber, além disso, com efeito, ademais, ora...	**Explanar ou continuar o sentido do que foi dito anteriormente** *Dois alqueires, ou seja, 48 mil metros quadrados.* *O animal racional ou o homem é um ser mortal.* *Com efeito, aquilo queria dizer...* *O bom é amável; ora, ele é bom; logo, é amável.*	**EXPLICATIVAS**
Que, se	**Ligar frases que completam o sentido de algum verbo usado anteriormente** *Quero que você estude.* *Não sei se ele virá.*	**INTEGRANTES**

CONJUNÇÕES E LOCUÇÕES CONJUNTIVAS		
Casos	**Sentido**	**Nome**
Porque, que, pois que, porquanto, uma vez que, sendo que, já que...	**Ligar frases em que uma representa o efeito da outra** *Dei o livro* (efeito) *porque ele me pediu* (causa). *Porque ele me pediu* (causa), *dei o livro* (efeito). *Sendo que você está doente, durma.*	**CAUSAIS**
Do que, tal qual, tanto quanto, tanto como	**Exprimir comparação** *Ele está mais para bobo do que para esperto.* *Ficou tal qual estava antes.* *Trouxe tanto quanto pôde.* *Tanto Pedro como Paulo conhecem a lei.*	**COMPARATIVAS**
Embora, ainda que, mesmo que, posto que, conquanto, dado que, quer... quer, quando mesmo...	**Indicar concessão (algo contrário ao assunto principal, mas que não o impede)** *Embora fosse vegetariana, ela comeu carne.* *Você não chegará cedo mesmo que vá de avião.* *Quer saiba, quer não saiba, terá de falar.*	**CONCESSIVAS**
*Se, caso, suposto que, a não ser que, contanto que, conquanto, desde que**... * Ver também, abaixo, as conjunções temporais	**Pôr uma frase em relação de hipótese, condição ou suposição com relação a outra frase** *Se você me chamar* (condição), *eu vou.* *A não ser que chova, eu vou.* *Eu não vou, caso chova.* *Trabalharei, conquanto me paguem bem.*	**CONDICIONAIS**
Que, de tal modo que, de modo que...	**Indicar consequência, resultado** *Isto está tão bem feito que merece louvor.* *De tal modo fez bem, que mereceu louvor.* *Viva de modo que seja feliz.*	**CONSECUTIVAS**
Para que, a fim de que, porque...	**Exprimir finalidade** *Fizemos tudo para que ele melhorasse.* *Porque melhore é que daremos esse remédio.* *Chamei você, a fim de dar uma notícia.*	**FINAIS**
Quanto mais... tanto mais..., quanto mais... tanto menos..., quanto menos... tanto mais..., quanto menos... tanto menos..., à medida que, à proporção que	**Indicar uma igualdade, aumento ou diminuição da ideia expressa em uma frase em relação à ideia expressa em outra frase** *Quanto mais ganhava, tanto mais pedia.* *Quanto mais ganhava, mais pedia.* *Quanto mais ganhava, tanto menos enriquecia.* *Quanto menos ganhava, mais enriquecia.* *À medida que ganhava, enriquecia.* *À proporção que ganhava, enriquecia.*	**PROPORCIONAIS**
Como, conforme, segundo...	**Exprimir semelhança, paralelismo, conformidade de ideias** *Faça como eu digo, não como eu faço.* *Segundo Platão, o Bem é a primeira Ideia.*	**CONFORMATIVAS**
Enquanto, apenas, logo que, depois que, ao passo que, até que, antes que, assim que, desde que...	**Ligar duas frases dando ideia de tempo a uma delas** *Sairei quando ela entrar.* *Desde que ficou grávida, não dormiu mais.* *Recolha o livro antes que se perca.*	**TEMPORAIS**

BI, ADAGP, PARIS/SCALA, FLORENCE
© PHOTOTHÈQUE R. MAGRITTE, RENÉ/ AUTVIS, BRASIL, 2016.

CAPÍTULO

5 DESEJO E AMOR

p. 452

René Magritte (1898-1967), *Les amants* (Os amantes), 1928, óleo sobre tela. Museum of Modern Art (MoMa), Nova York (EUA).

A imagem do quadro que abre nosso capítulo desperta a curiosidade de saber por que as duas pessoas têm o rosto coberto por um pano exatamente no momento em que se beijam.

Quem pintou esse quadro foi o belga René Magritte (1898-1967), que o intitulou *Os amantes*. As pessoas nele retratadas vivem uma relação de amor, porém com a visão encoberta. Teria o pintor pensado no ditado popular "O amor é cego"?

De fato, Magritte pode ter desejado mostrar que o amor é tão envolvente e produz tanta satisfação, que o seu brilho ofusca[1] as imperfeições pessoais, tornando cegos os amantes. Mas também pode ser o caso de o pintor ter desejado transmitir a ideia de que o amor é impossível e o desejo é fonte de frustração. Para ser feliz no amor, então, seria melhor não saber tudo sobre a pessoa amada. Ainda, Magritte pode ter desejado mostrar que os amantes se conhecem muito bem, a ponto de não precisarem se ver para se amar...

Não precisamos nos preocupar com a melhor maneira de interpretar o quadro de Magritte. Um quadro não precisa ser "explicado". Aliás, segundo contam amigos de Magritte, ele costumava afirmar que suas pinturas "não escondem nada". No seu dizer, embora seus quadros evoquem algo misterioso, quando alguém perguntar "O que eles querem dizer?" deve-se dar esta resposta: "Eles não querem dizer nada além do que é dito, porque o mistério é incognoscível[2]".

Em História da Arte, Magritte é considerado um representante do

[1] **Ofuscar:** *impedir a visão.*
[2] **Incognoscível:** *algo que não pode ser conhecido.*

BI, ADAGP, PARIS/SCALA, FLORENCE
© PHOTOTHÈQUE R. MAGRITTE, MAGRITTE, RENÉ/ AUTVIS, BRASIL, 2016.

REPRODUÇÃO/MUSEU NACIONAL DE BELAS ARTES, RIO DE JANEIRO

Acima: René Magritte (1898-1967), *A traição das imagens*, 1929, óleo sobre tela. Los Angeles County Museum of Art (EUA). À direita: Eliseu Visconti (1866-1944), *A caminho da escola*, 1928, óleo sobre tela. Magritte, com *A traição das imagens* e em estilo surrealista, mostra que a pintura do cachimbo é algo que tem vida própria; não é simplesmente uma cópia de um cachimbo. Por sua vez, Eliseu Visconti, artista ítalo-brasileiro e de estilo impressionista, rompe com as formas tradicionais da pintura, que valorizavam sobretudo as linhas, e dá vida própria às manchas (que deixam de ser simples manchas!).

Surrealismo, estilo de alguns artistas que, no início do século XX, procuraram desvincular a arte dos padrões de beleza entendida como representação da realidade e insistiam na liberação da imaginação, do sonho e das coisas que nos habitam sem delas termos clara consciência.

Mesmo não precisando "interpretar" o quadro de Magritte, é possível prestar atenção nas reações que *Os amantes* suscitam em nós e tomar essas reações como ponto de partida para refletir sobre a associação que se costuma fazer entre amor e falta de visão. Independentemente do sentido identificado no quadro de Magritte, deve-se reconhecer que o pintor exprimiu uma profunda verdade: o amor está relacionado com o *modo de olhar*.

1 O amor é cego ou enxerga bem?

A visão costuma ser o mais valorizado dos cinco sentidos, porque fornece mais informações sobre o mundo. Por exemplo, pela visão, conseguimos ver a cor da parede e se ela é lisa ou áspera, embora a lisura e a aspereza sejam conteúdos próprios do tato.

Chamar o amor de "cego" tem, então, o sentido de que, ao amar, não sabemos quem é a pessoa amada. No fundo, essa expressão é de mau gosto, porque uma pessoa sem visão física pode desenvolver relacionamentos tão ou mais intensos do que os de pessoas dotadas de visão. Deixando, porém, de lado o mau gosto da expressão, entende-se que a "cegueira" do amor consiste em uma fragilidade, a de impedir a visão real da pessoa amada. Em alguns casos, os amantes não são cegos, mas precisam fingir que não veem. Do contrário, não salvam a relação amorosa. Outras vezes ainda, cada amante é tão cheio de si mesmo, que só vê a pessoa amada como alguém que lhe traz vantagens; portanto, não a "vê" em sua individualidade própria.

Essa descrição do amor, no entanto, é insuficiente, porque também se observa que, muitas vezes, quem ama vê melhor a pessoa amada. Uma pessoa tímida pode ser considerada antipática pelos outros, mas quem a ama sabe que seu problema não é antipatia, e sim timidez. Algumas pessoas, ainda, quando amam, percebem os aspectos menos positivos da pessoa amada, mas têm paciência com ela e contribuem para o seu crescimento.

Na História da Filosofia, diferentes pensadores também perceberam que a experiência do amor está ligada à visão e à falta de visão. Muito do que vivemos depende do modo como olhamos o mundo. Um desses pensadores foi Platão (➔ p. 82), a quem, sem exagero, poderíamos chamar de "filósofo do amor". No seu livro *O banquete*, ele registra uma das explicações mitológicas (p. 371) para o nascimento do deus do amor, que se chamava Éros, em grego, e era filho da deusa Pobreza (Pênia) e do deus Recurso (Póro) :

O nascimento do amor
Platão

PLATÃO. O *banquete*. Tradução José Cavalcante de Souza. São Paulo: Abril Cultural, 1987. p. 35. (Coleção Os Pensadores).

1 Quando nasceu Afrodite[3], os deuses banqueteavam-se[4] e entre eles se encontrava também o filho da Prudência, [chamado] Recurso. Depois que acabaram de jantar, a Pobreza veio esmolar[5] no festim e ficou pela porta. Ora, Recurso, embriagado com o néctar – pois ainda não havia vinho – adentrou no jardim 5 de Zeus[6] e, pesado, adormeceu. Pobreza, então, tramando em sua falta de recurso engendrar[7] um filho de Recurso, deita-se ao seu lado e pronto concebe o Amor [Éros]. Eis por que ficou companheiro e servo de Afrodite o Amor gerado em seu natalício[8], ao mesmo tempo que por natureza [ficou] amante do belo, porque Afrodite também é bela. Por ser filho de Recurso e Pobreza, foi esta a 10 condição em que [o Amor] ficou: primeiramente ele é sempre pobre e está longe de ser delicado e belo, como a maioria imagina, mas é duro, seco, descalço e sem lar, sempre por terra e sem forro, deitando-se ao desabrigo, às portas e nos caminhos, porque tem a natureza da mãe, sempre convivendo com a precisão[9]; segundo o pai, porém, ele é insidioso[10] com o que é belo e bom, e corajo-15 so, decidido e enérgico, caçador terrível, sempre a tecer maquinações[11], ávido de sabedoria e cheio de recursos, a filosofar por toda a vida [...]. Sua natureza não é nem imortal nem mortal; e no mesmo dia ele germina e vive, quando enriquece; logo morre e de novo ressuscita, graças à natureza do pai; e o que ele consegue sempre lhe escapa, de modo que nem empobrece nem enriquece, 20 assim como também está no meio da sabedoria e da ignorância. ■

[3] **Afrodite:** *deusa que também promovia e protegia o amor e a sexualidade.*

[4] **Banquetear-se:** *deliciar-se com um banquete, uma refeição farta.*

[5] **Esmolar:** *pedir esmola, doação.*

[6] **Zeus:** *o deus supremo na mitologia grega.*

[7] **Engendrar:** *gerar.*

[8] **Natalício:** *dia do nascimento.*

[9] **Precisão:** *carência; necessidade.*

[10] **Insidioso:** *enganador; trapaceiro.*

[11] **Maquinação:** *plano; manobra; armadilha.*

A narrativa de Platão apresenta o amor como dotado de dois grupos de características opostas: de um lado, o amor é carência e falta, pois é filho de Pobreza; de outro lado, ele é abundância de artimanhas e energia, pois é filho de Recurso. Ele é um misto de falta de sabedoria e de posse de astúcia; é pobre de beleza, mas rico de esperteza para caçá-la.

A explicação de Platão, remetendo às origens míticas do amor, exprimia uma certeza adquirida no cotidiano da vida humana: os indivíduos desejam completar sua vida (carência) e são dotados da capacidade de buscar aquilo que pode dar essa completude (recurso). Diante de alguém que representa a possibilidade de preenchimento da carência, a pessoa amante fica fascinada e se deixa tomar pelo amor. Segundo essa imagem, amar não é viver uma cegueira, pois há consciência da carência e identificação de alguém que pode preenchê-la.

ROGERS FUND, 1906

Eros, séc. V a.C., detalhe em jarro de óleo em terracota. Metropolitan Museum of Art, Nova York (EUA).

No mesmo livro *O banquete*, Platão registra outro mito que, em sua época, retratava exatamente a carência que se supre pelo amor :

p. 453 Indicação 2

O amor e as metades humanas
Platão

[O corpo dos humanos, originalmente, tinha a forma de círculo. Por isso,] eram de uma força e de um vigor incríveis; e tinham uma grande presunção[12]; mas voltaram-se contra os deuses. [...] Zeus, então, e os demais deuses puseram-se a deliberar[13] sobre o que se devia fazer com eles e embaraçavam-se: não podiam nem matá-los [...], pois as honras e os templos que lhes vinham dos humanos desapareceriam, nem permitir-lhes que continuassem na impiedade[14]. Depois de laboriosa[15] reflexão, diz Zeus: "Acho que tenho um meio de fazer com que os humanos possam existir, mas parem com a intemperança[16], tornados mais fracos. Agora, com efeito, eu cortarei a cada um em dois; e, ao mesmo tempo, eles serão mais fracos e também mais úteis para nós, pelo fato de se terem tornado mais numerosos; e andarão eretos, sobre duas pernas." [...] Logo que disse isso, Zeus pôs-se a cortar os humanos em dois; [...] a cada um que cortava, mandava Apolo[17] voltar-lhe o rosto e a banda do pescoço para o lado do corte, a fim de que, contemplando a própria mutilação, cada humano fosse mais moderado. [...] Por conseguinte, desde que a nossa natureza se mutilou em duas, cada um ansiava[18] por sua própria metade e a ela se unia [...]. Cada um de nós, portanto, é uma téssera[19] complementar de outro humano, porque, cortados como os linguados[20], de um só [se fazem] dois; cada um procura, então, o seu próprio complemento. ■

PLATÃO. *O banquete*. Tradução José Cavalcante de Souza. São Paulo: Abril Cultural, 1987. p. 24. (Coleção Os Pensadores).

[12] **Presunção:** *característica de alguém que exagera na convicção de suas próprias qualidades; orgulho.*
[13] **Deliberar:** *refletir e tomar uma decisão.*
[14] **Impiedade:** *aqui, significa falta de reverência ou respeito aos deuses.*
[15] **Laborioso:** *trabalhoso; difícil.*
[16] **Intemperança:** *falta de moderação; característica de quem não consegue controlar seus impulsos.*
[17] **Apolo:** *deus da música e da poesia, mas também da cura e do equilíbrio.*
[18] **Ansiar:** *desejar intensamente.*
[19] **Téssera:** *cubo (como um dado) ou pedaço de osso polido que, no mundo antigo, era dividido entre as pessoas como sinal de amizade e compromisso. Por exemplo, quando alguém morria, seus descendentes podiam usar essa peça para provar que tinham amizade com as famílias amigas do ancestral falecido.*
[20] **Linguado:** *barra de metal.*

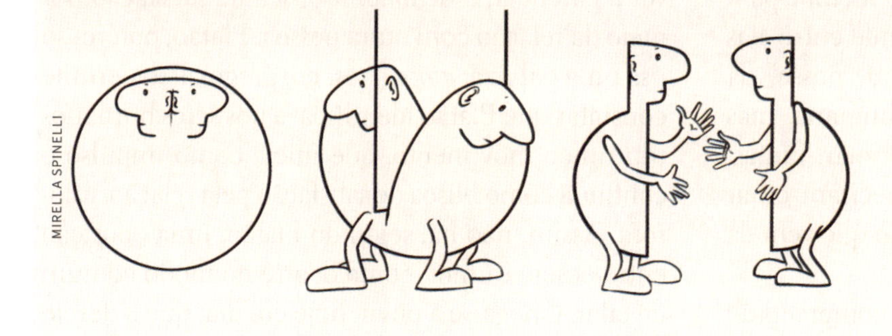
MIRELLA SPINELLI

O ser humano, segundo o mito do amor narrado em *O banquete*, de Platão.

Expondo os motivos pelos quais Zeus fez dividir os humanos ao meio, essa narrativa apresenta a vida humana como um jogo de carência e de busca de preenchimento.

Nesses termos, é fácil dar razão ao mito; afinal, se há algo com que todos parecem concordar, é o fato de os humanos passarem sua existência inteira procurando suprir necessidades dos mais variados tipos (desde a necessidade básica de alimentação até as formas mais elaboradas de participação no mundo, como o conhecimento, as relações interpessoais etc.). De acordo com a apresentação dos amantes como metades que buscam se completar, o amor equivale a mais uma busca de preenchimento de necessidades humanas.

Platão, porém, não pensava que cada indivíduo tem uma cara-metade exata e perdida em algum lugar do mundo, à espera de ser encontrada. Em outros trechos de seu livro *O banquete*, ele afirma que é possível deixar uma pessoa amada e suprir a carência com outra pessoa, que se torna a nova pessoa amada. Segundo Platão, o amor não é uma simples "colagem" de duas metades nem uma fusão entre elas. Se é verdade que amar significa desejar o que falta (a mãe de Éros é Pobreza), essa falta, carência ou pobreza não é, porém, suprida simplesmente pelo encontro da outra metade. Se o amor fosse simplesmente o encontro de uma "cara-metade", encontrá-la significaria "possuí-la" e obter satisfação total. No entanto, ninguém nunca se sente totalmente satisfeito na vida, nem mesmo junto da pessoa amada, pois sempre precisará de algo que ainda não possui. Por outro lado, na relação de amor, uma pessoa não "possui" a outra. Amar não é *ter* alguém; é *ser com* alguém. Os deuses cortaram tão bem as metades humanas que elas se tornaram semicírculos: pelo amor, elas podem formar novamente um círculo, mas continuam sempre independentes; nunca mais formarão um círculo unitário.

A independência das pessoas amantes, tal como descrita por Platão, levanta um tema de grande interesse filosófico: nenhuma pessoa amante quer "ter" a outra pelo simples fato de tê-la, mas pela *satisfação* que sente na relação com ela. Aliás, muitas pessoas percebem que, mesmo se amando, é melhor para ambas separar-se, pois a *relação* existente entre elas só traz infelicidade. Não é, portanto, a "posse" da pessoa amada que supre a carência humana, mas a qualidade da relação que elas constroem juntas. Elas se olham entre si; e também precisam olhar para um terceiro elemento: a satisfação que vem da relação entre elas.

O amor, portanto, de acordo com a compreensão platônica, tem um caráter *ativo* e depende do *olhar* que as pessoas têm para si mesmas, para a pessoa amada e para a relação existente entre elas. Dizer que ele é cego, como faz o ditado, seria uma forma de entendê-lo como algo que "simplesmente acontece" e de desviar o olhar do fato de que ele depende em grande parte da construção ativa dos amantes. O amor não é apenas algo que se "sente" ou que "acontece". Sua mãe é Pobreza, mas seu pai é Recurso. O amor verdadeiro, então, é dotado de engenhosidade[21]. Os amantes, além de seguirem o movimento que os leva individualmente a entrar em uma união, podem e devem seguir também o movimento que os leva em conjunto a construir a satisfação amorosa, aberta constantemente à novidade que solicita novas respostas.

EXERCÍCIO A

p. 454

1. Encontre, nas narrativas míticas de Platão, elementos que mostrem como o amor não é cego.
2. Reflita sobre experiências de amor que você conhece (amor conjugal, amor familiar, amor de amigo) e observe se você concorda com a seguinte afirmação: "O amor não é algo que apenas se sente; é algo que também se constrói".

2 Desejo e amor

No modo como Platão descreve a experiência humana do amor, podem-se identificar dois elementos centrais: (a) um movimento inicial ou um impulso que move a pessoa a tomar consciência de sua carência; (b) um movimento de busca de satisfação dessa carência por meio da relação com outra pessoa, visando ao bem recíproco[22] e a uma vida conjunta sempre melhor.

Empregando-se um modo cotidiano de falar, pode-se chamar de *desejo* o movimento inicial que faz ver a carência; e de *amor* a busca de satisfação por meio da relação com outra pessoa. Platão, porém, só usa uma palavra: *amor* (*éros*, em grego). Isso permite constatar que Platão identificava nos seres humanos um único movimento, que inicia como impulso e continua como busca de satisfação pela relação amorosa. Assim, não há, segundo Platão, uma oposição entre desejo e amor, como ocorre no modo comum de falar. Chega-se a ouvir, hoje em dia, que o desejo é algo mais primitivo, "animal", ao passo que o amor seria mais "humano" e mais nobre. Para Platão, essa separação seria ilusória, mesmo porque "ser" humano não significa necessariamente viver o "amor mais nobre" (muitas pessoas se unem apenas para obter a satisfação do prazer físico, e não para construir uma

[21] **Engenhosidade:** *inventividade; capacidade produtiva.*

[22] **Recíproco:** *algo que existe de igual modo entre duas pessoas.*

relação amorosa). Além disso, também é possível procurar satisfação não apenas com outras pessoas, mas também com atividades e coisas (trabalho, lazer, esporte, religião, alimento, roupas etc.).

É justamente para a busca de satisfação, vivida de variadas maneiras, que Platão chama a atenção ao falar do amor. Os diferentes modos de buscar satisfação correspondem a diversos graus na experiência do mesmo movimento, o amor. A relação entre duas pessoas que realmente se amam é apenas um desses graus, embora certamente mais perfeito do que o grau da relação vivida entre pessoas que se unem apenas por motivos egoístas (em que ambas não se "veem", mas "veem" apenas o interesse proporcionado pela pessoa amada). Desse ponto de vista, mesmo as pessoas egoístas são seres que amam, porque buscam satisfação. O amor que elas conhecem permanece, porém, em um grau inferior àquele de quem consegue entrar em uma relação na qual os amantes buscam o bem um do outro.

Para atingir graus mais altos e intensidades mais fortes, é preciso, segundo Platão, enriquecer o movimento causado pelo impulso que dá consciência da carência e leva à sua satisfação. No livro *Fedro*, Platão identifica dois tipos de amantes: aqueles que amam porque seguem apenas o desejo de *prazer* e aqueles que amam porque seguem o desejo do *melhor*. O primeiro tipo de amor funciona naturalmente, ao passo que o segundo requer treinamento, educação. Ambos estão misturados; ora vence um, ora vence outro. Na verdade, eles são duas formas distintas de viver o mesmo desejo que move os seres humanos.

Os prazeres, segundo Platão, são bons; mas é preciso saber que, sozinhos, eles não oferecem a possibilidade da realização completa buscada pelos seres humanos. Alguém que só consegue concentrar-se no prazer seria como um doente que, estando com seu paladar prejudicado, não percebe o mal que um alimento pode lhe fazer e o ingere. Já o prazer obtido com a busca do melhor torna as pessoas também melhores, porque mais realizadas e mais senhoras de si.

No caso das pessoas que vivem uma relação amorosa, elas podem estar unidas apenas visando ao prazer ou também visando ao melhor prazer. Para atingir uma realização mais perfeita, precisam "ver-se" mutuamente e buscar satisfação em conjunto. Elas prestam atenção em si mesmas e também são capazes de olhar para graus mais perfeitos de realização, buscando esses graus. Mesmo no interior de uma família a busca do melhor não é algo natural, e sim uma prática que se aprende; o *éros* familiar pode ser vivido como simples busca individual de satisfação ou como busca conjunta do melhor. Na obra *O banquete*, Platão dá como exemplo de verdadeiro amor Alceste, que havia sido oferecida em casamento a Admeto e terminou por dar sua própria vida por amor a ele (p. 148).

EXERCÍCIO **B**

p. 455

1. Por que faz sentido, no vocabulário de Platão, chamar o desejo e o amor com uma única palavra (*éros*)?
2. Se uma pessoa pode se relacionar com outra apenas por prazer, qual seria a outra maneira possível de relação amorosa?

3 Amor e Beleza

Um ponto decisivo para a compreensão do amor mais completo de que são capazes os seres humanos, tal como concebido por Platão, é a observação de que, ao amar, ninguém possui a pessoa, a coisa ou a atividade amada. Se possuísse, o amor terminaria: bastaria conseguir a pessoa, a coisa ou a atividade, e o amor se realizaria de uma vez por todas. Mas a experiência mostra que o amor, busca de satisfação sempre mais intensa, não termina quando se está com aquele(a) ou aquilo que se ama. Ele continua; impulsiona sempre a pessoa a estar em atividade.

Platão denomina a busca constante de satisfação como busca de beleza. A *Beleza* é, no vocabulário platônico, o nome daquilo que atrai o ser humano em tudo o que lhe oferece satisfação. Se pelo amor o ser humano percebe tanto a sua carência como aquilo que pode supri-la, então se pode dizer que, pelo amor, o ser humano busca Beleza. Éros, como diz Platão, não é belo; mas é hábil para encontrar a Beleza.

É preciso cuidado, no entanto, na interpretação do termo *beleza*. Hoje se fala cada vez mais de padrões de beleza: modelos de corte de cabelo, de peso, de roupa, de casa, de móveis, de maneira de se comportar etc. Os apresentadores de programas de televisão parecem saber o que é a beleza, tanto quanto as revistas de moda, construção, saúde etc.

Alceste dá sua vida por amor

Alceste era uma princesa, filha de Pélias, rei de Iolco, dada em casamento a Admeto, rei de Feras. Pélias, pai de Alceste, prometeu dar a filha em casamento a Admeto se este conseguisse lhe trazer uma carruagem puxada por um leão e um javali. Admeto realizou a façanha e casou-se com Alceste, mas se esqueceu de oferecer, por ocasião de seu casamento, um sacrifício a Ártemis, deusa da caça. Por essa razão, ele e Alceste encontraram o quarto cheio de serpentes na noite de núpcias. Quando Admeto estava para morrer, Apolo conseguiu um favor das Moiras, deusas do destino, que aceitaram deixar Admeto viver se outra pessoa morresse em seu lugar. O pai e a mãe de Admeto recusaram morrer pelo filho, mas Alceste, por amor, envenenou-se, dando sua vida pelo amado. ■

Frederick Leighton (1830-1896), *Hércules luta com a Morte pelo corpo de Alceste*, 1871, óleo sobre tela.

Mas esses arautos[23] da beleza não fazem mais do que reproduzir padrões construídos historicamente. Uma mulher, conforme certos padrões de hoje, deve ser magra para ser considerada bela. Em outras épocas, mulheres magras eram associadas à miséria; as belas mulheres deviam ter mais massa corporal.

Não é desse tipo de beleza que falava Platão. Ele não desprezava a harmonia produzida pelos aspectos externos ou as aparências, mas procurava mostrar que o que atrai de *modo* verdadeiro é a maneira como esses aspectos se apresentam. Por exemplo, para que um lugar tenha beleza, não basta possuir coisas belas; é preciso que elas estejam bem distribuídas e revelem um esforço para agradar. No caso dos seres humanos, essa experiência é ainda mais forte, pois mesmo pessoas sem beleza física podem ser belas pelo seu modo de ser e de externar o seu interior.

Dessa perspectiva, a beleza, segundo Platão, liga-se ao encanto produzido pelo modo de ser das pessoas, coisas e ações. É esse modo de ser que atrai e satisfaz os amantes. Ainda no livro *O banquete*, Platão, refletindo sobre as ações, diz aos seus companheiros que, enquanto é praticada, nenhuma ação é bela ou feia, mas se torna bela ou feia dependendo do modo como é feita. Um discurso, por exemplo, não é belo nem feio em si mesmo. Contudo, se, ao ouvi-lo, somos levados a observar a maneira como ele é proferido, então podemos dizer que, além da satisfação que ele nos dá ao ser ouvido, ele também nos faz experimentar a verdadeira Beleza. Por exemplo, o discurso de um filósofo, de um matemático ou de um sociólogo pode ser um discurso técnico, que simplesmente apresenta um raciocínio, uma equação ou uma análise. Ficamos satisfeitos por aprender algo com eles. Mas esse mesmo discurso também pode ser feito com beleza, causando mais prazer quando se presta atenção no seu modo de ser proferido.

Como os humanos, em geral, quando podem escolher, preferem maior satisfação em vez de uma satisfação menor, então é possível concluir que eles são habitados por um desejo de beleza. O amor, desejo de satisfação, mostra-se, portanto, desejo da verdadeira Beleza. Se os humanos não têm consciência disso, vivem na mera busca de prazer, com menor beleza. Entretanto, ao prestarem atenção nas possibilidades de encontrar maior beleza, podem desenvolver essas possibilidades. São elas também que permitem entender o amor como atividade.

[23] **Arauto:** *mensageiro; profeta.*

Anselm Feuerbach (1829-1880), *O banquete de Platão*, 1869, óleo sobre tela.

p. 455

EXERCÍCIO C

1. Que relação há entre beleza e modo de ser ou agir?
2. Como é possível explicar, de acordo com Platão, que alguém ame uma pessoa sem beleza física?
3. O que Platão quer dizer quando afirma que o amor é busca da verdadeira Beleza?

4 Amor e Formas

Para Platão (p. 82) a vivência do amor ou da busca da Beleza está relacionada ao *modo de olhar* para a realidade, o que corresponde também ao *modo de ser*. É possível simplesmente olhar para o mundo sem prestar atenção no modo como se olha e apenas encarar tudo como ocasião de satisfação imediata (prazer); e é possível, também, olhar prestando atenção no modo como se olha e procurar as melhores possibilidades em tudo, a fim de desenvolvê-las.

Se amo uma pessoa no sentido mais básico, só vejo o meu interesse com os benefícios que ela me traz. Eu "não a vejo", porque vejo apenas meu interesse; ela é só uma ocasião para o meu prazer. Porém, se presto atenção no modo como a amo e por que a amo, então posso tomar consciência da sua beleza, posso saber por que ela me atrai. Sabendo isso, posso colaborar para que o amor vivido entre nós se intensifique e nossa relação seja sempre melhor.

Em termos platônicos, ver a beleza de alguém é entender por que o seu modo de ser preenche a minha carência. Ao perceber isso, aprofundo meu conhecimento da essência de quem amo: ela é uma pessoa, um ser humano; não é um objeto nem um animal irracional. Ora, se ela é uma pessoa, ela tem possibilidades que podem ser desenvolvidas: suas emoções, seu pensamento, seu corpo, suas opiniões etc. Por fim, esse meu olhar mais qualificado me faz ver que, junto com essa pessoa, posso avançar no conhecimento que temos de nós mesmos e do mundo, alcançando satisfação maior por meio do desenvolvimento de nossas possibilidades. Juntos, somos capazes de ver as possibilidades de tudo o que se apresenta em nosso caminho, a fim de construir uma satisfação sempre maior.

Por exemplo, se tivermos um filho, veremos que ele será dotado das possibilidades contidas em um ser humano; se soubermos cultivar essas possibilidades, colaboraremos para o seu melhor desenvolvimento e para a nossa maior satisfação com ele. Se construirmos uma casa, veremos que as possibilidades são outras: são aquelas contidas no material da casa; precisaremos saber o que esperamos da casa e o que podemos fazer com o material de que dispomos. Se pusermos plantas em nossa casa, conheceremos outras possibilidades nas plantas e teremos de operar com elas; não bastará pôr uma semente em um vaso e esperar que nasça alguma flor. Será preciso cuidar dela, pois suas possibilidades dependem de água, luz e nutrientes. Do mesmo modo, não fará sentido criar um tigre e depois se assustar caso ele reaja com força. As possibilidades do tigre preveem isso; elas não preveem que ele se comporte como um gato ou outro animal de estimação. Se quisermos cultivar a justiça em nossa casa, não fará sentido praticarmos atos injustos, pois a injustiça não é uma das possibilidades da justiça; é exatamente a falta dela. Se cultivarmos bondade, não poderemos cultivar também o ódio, pois ele não faz parte da bondade. E assim por diante.

A atenção às possibilidades que formam todas as coisas do mundo foi de extrema importância para Platão. Ele entendia que tudo, mesmo estando em constante transformação, possui uma identidade ou um conjunto de possibilidades que permanecem em meio às mudanças. Platão se referia a essa identidade por meio dos termos *Forma*, *Essência* ou *Ideia*.

Observe que escrevemos *Forma*, *Essência* e *Ideia* com letras maiúsculas, para não as confundirmos com "formato", "retrato", "contorno" ou "imagem". As Formas ou identidades que determinam as possibilidades de tudo o que existe seriam "modelos" que a Natureza segue para produzir tudo o que existe. Por exemplo, todas as flores (margaridas, rosas, cravos etc.) têm a identidade de Flor ou a Forma de Flor; se tivessem a identidade de Folha, não seriam flores. Aliás, quando dizemos *Flor*, não precisamos pensar em todas as flores que já conhecemos para entender o sentido desse termo. O fato de o entendermos sem precisar evocar todas as flores que já vimos mostra que conhecemos a Forma ou a Ideia de Flor. Assim também, quando temos uma emoção de raiva, sabemos que ela não é emoção de alegria. Pouco importa o nome que damos a essas emoções; sabemos distinguir entre a emoção de raiva e a emoção de alegria. Isso ocorre porque conhecemos a Forma de Raiva e a Forma de Alegria. Ainda, não hesitamos em dizer que um japonês é humano, um congolês é humano, um brasileiro é humano e um norueguês é humano. Vemos que todos eles têm a Forma de Humano. Podemos falar de Forma da Humanidade, pois a humanidade é a característica comum aos seres que identificamos como humanos (não os confundimos com folhas, flores, raiva ou alegria).

ARTEM ZAVARZIN/SHUTTERSTOCK.COM

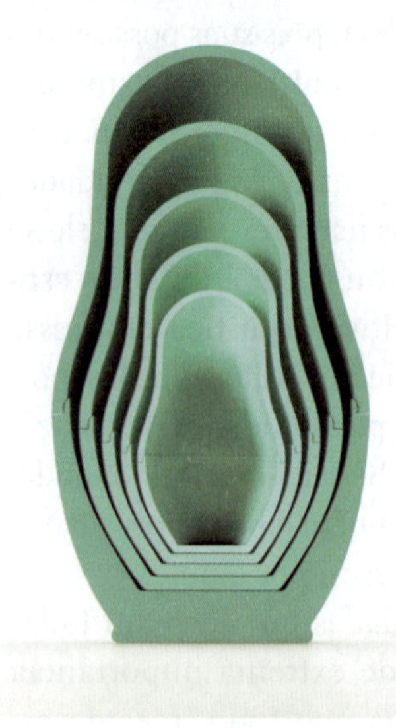

Como nas formas menores envolvidas pelas maiores, até chegar à forma maior que engloba todas as outras, as Formas ou Ideias platônicas enformam e englobam as realidades por elas organizadas, até chegar à Forma do Bem ou Ideia do Bem, que envolve todas as realidades e todas as Formas.

As Formas, portanto, seriam "modelos" gerais e próprios da estrutura da Natureza, que os segue na produção de tudo o que existe. Não são "retratos" idealizados que seriam reproduzidos como cópias infiéis pelos seres particulares; são os conjuntos de possibilidades que os seres particulares contêm e desenvolvem ao longo de sua existência. Numa palavra, as Formas são realidades universais (p. 97) que não dependem dos seres singulares, mas que permitem a esses seres existir participando cada qual da identidade comum do seu gênero (universal).

Como Platão pensava que o mundo é eterno (não foi criado nem terá fim), as Formas seriam os modelos que a Natureza segue eternamente na produção de tudo e em todos os níveis. Assim, são Formas: os gêneros mineral, vegetal e animal, bem como os pensamentos, as cores, os movimentos, as ações etc. Tudo o que vem a existir segue as possibilidades de uma determinada Forma.

Os humanos, por sua vez, ao produzirem coisas, também seguem Formas. Por exemplo, ao produzirem mesas, não precisam ter em mente uma imagem exata de uma mesa (um formato); em vez disso, precisam saber o que é que faz algo ser mesa, e não cadeira. É a Forma de Mesa.

Para conhecer a Forma de uma coisa particular, deve-se conhecer o que há de comum em todas as coisas do mesmo grupo dessa coisa particular, contrapondo esse grupo aos grupos de outras coisas. Isso não significa saber tudo sobre cada grupo, e sim saber aquilo que cada grupo tem de próprio, sem o qual as coisas do grupo deixam de ser o que são. Por exemplo, para conhecer a Forma de Ser Humano, não precisamos saber todas as características possíveis de todos os seres humanos, mas aquilo sem o que os seres humanos deixam de ser humanos (perdem sua humanidade). Certamente diríamos que a Forma do ser humano consiste nisto: que tenha um corpo e seja dotado de capacidade intelectual. Essa identidade é tão universal que é participada por todos os membros da espécie humana.

Por sua vez, participando dessa identidade universal, cada ser humano pode desenvolver as possibilidades contidas nela. Cada indivíduo pode desenvolver tudo aquilo de que seu corpo é capaz, desenvolver suas emoções, seus sentimentos, seu pensamento, suas opiniões, seu conhecimento, suas relações, sua capacidade produtiva, artística, política, religiosa; enfim, todas as possibilidades contidas na Forma universal de Ser Humano ou de Humanidade. Ele não pode voar, nem viver sob a água, nem deixar de se alimentar etc., pois essas possibilidades não estão contidas na Forma de Ser Humano. Se ele fosse formado pela Forma de

Pássaro, poderia voar; se da Forma de Peixe, poderia viver sob a água; se da Forma de Mineral, poderia deixar de se alimentar... Até podemos dizer que o ser humano participa da Forma de Mineral, pois a constituição de seus ossos é cálcio; então, ele é, de certa maneira, "mineral". Mas ele participa da Forma de Mineral como ser humano, e não como pedra. Igualmente, ele participa da Forma de Planta (ser vivo) e de Animal (ser vivo dotado de consciência por meio dos cinco sentidos), mas é como humano que ele participa dessas Formas, ou seja, como ser vivo e animal racional, não como planta nem como animal irracional. Na contraposição do ser humano com os minerais, as plantas e outros animais, salta à vista sua especificidade, levando a perceber a sua identidade própria (sua Forma, Essência ou Ideia).

Entendendo com Platão os filmes de extraterrestres

p. 453
Indicação 1

Se você já assistiu a algum filme de extraterrestres, talvez tenha notado que eles sempre são representados como humanoides, ou seja, com aspecto humano. Têm sempre cabeça, tronco e membros que lembram seres humanos.

Alguns diretores de cinema até procuram representá-los de maneira diferente (com cabeças desproporcionais ao corpo, com olhos não humanos, mãos bizarras etc.), mas sempre acabam por lhes dar aspecto humano. Outros tentam representá-los sem aspecto humano, mas terminam por dar a eles a aparência de algo conhecido (aparência de animal, de planta, de poeira, de monstros com partes humanas e partes animais etc.).

Ora, se são extraterrestres, por que não os representamos como algo inteiramente diferente de tudo o que há na Terra?

Se Platão ouvisse essa pergunta, certamente sorriria, piscaria para nós e nos diria: "Não os representamos de modo totalmente diferente do que há na Terra porque isso é simplesmente impossível. Só podemos representar aquilo que conhecemos!". Para conceber um extraterrestre autêntico, teríamos de conseguir imaginar alguma Forma ou algum gênero completamente novo, não produzido na Terra. Ora, se for completamente novo, não conheceremos sua Forma ou sua identidade. Então, sequer poderemos imaginá-lo.

Lembre-se que Forma não significa aparência, mas a identidade dos grupos nos quais se divide tudo o que existe. Os indivíduos, com suas aparências, são só exemplares da identidade ou Forma do seu grupo. Assim, se não conhecemos a Forma ou a identidade de um extraterrestre, não podemos imaginar como seria um representante dessa Forma. É por isso que, para "imaginar" o que seria um extraterrestre, sempre temos necessidade de usar características de coisas que conhecemos.

Um caso bastante curioso de "imaginação" de extraterrestres é o filme *Distrito 9*, do diretor sul-africano Neill Blomkamp, lançado em 2009. Trata-se da história de uma nave espacial que tem problemas de navegação e estaciona no céu de Joanesburgo, capital da África do Sul. Milhares de alienígenas se veem forçados a descer à Terra e são confinados no *Distrito 9*, um local com péssimas condições criado pelo governo sul-africano para abrigá-los. A história se desenvolve com cenas surpreendentes, em estilo de drama e documentário.

© WINGNUT / COURTESY OF WINGNUT FILM PRODUCTIONS

Você pode assistir ao filme sozinho(a) ou em grupo e refletir se o diretor realmente conseguiu representar alienígenas de maneira original. O corpo deles é bastante diferente do nosso. Pergunte-se, porém: mesmo diferente do corpo humano, o corpo desses extraterrestres não lembra o de um camarão gigante ou de uma lagosta? Além disso, eles não adotam atitudes humanas? Não têm inteligência? Não têm afetos? Se têm, então o que impediria de dizer que eles são seres humanos? No filme, o governo sul-africano insiste em dizer que aqueles seres não são humanos. Mas, se eles têm afetos e pensamento, então apenas o seu corpo os tornaria não humanos? Pergunte-se ainda: o diretor Blomkamp realmente quis fazer um filme sobre extraterrestres? Ou seria outra a sua intenção? ■

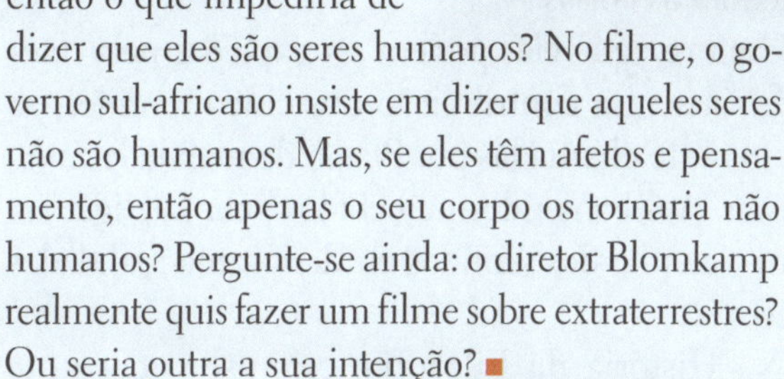

Ao afirmar as Formas ou os modelos universais e eternos que a Natureza segue na produção de tudo, Platão não oferece "receitas" do que as coisas *devem* ser, mas indica o que elas *são* e o que *podem ser*. É justamente pela atenção ao modo como as pessoas, coisas e atividades podem ser que se torna possível pensar a identidade delas ou as suas Formas.

As Formas não são óbvias, porque, segundo Platão, o ser humano está acostumado a confiar na aparência das coisas e a acreditar que a identidade delas é dada por essa aparência. A percepção da aparência ocorre quando o ser humano conhece (usa sua inteligência) com base nas informações recebidas por meio dos cinco sentidos (o tato, a visão, a audição, o olfato e o paladar). Todavia, conhecer apenas a aparência das coisas, por meio dos cinco sentidos, não significa chegar às Formas.

Para chegar às Formas, é preciso que o ser humano, servindo-se de sua inteligência, vá além do que ela capta por meio dos cinco sentidos e preste atenção no modo de funcionar da própria inteligência. Ao fazer isso, o ser humano percebe que, para a inteligência funcionar, ela precisa de Formas.

Ao se pôr em ação, a inteligência humana percebe diferenças e semelhanças entre tudo o que existe. Nesse nível, ela ainda se serve dos dados captados por meio dos sentidos; percebendo semelhanças e diferenças, a inteligência contrapõe as coisas entre si (ela as compara, observando em que se distinguem e em que consiste a identidade comum a elas). Contudo, observando diferenças e semelhanças entre as coisas, a inteligência pode concentrar-se em si mesma, sem precisar mais dos dados sensíveis (colhidos por meio dos cinco sentidos). Ela percebe que *identidade, diferença* e *semelhança* são critérios ou regras que ela mesma usa para poder funcionar. Assim, a presença das Formas se revela no funcionamento da própria inteligência humana. Elas são vistas como modelos que organizam tudo o que existe porque são modelos que permitem ao próprio pensamento humano entender as coisas.

Uma vez que elas podem ser captadas pela inteligência sem a contribuição dos cinco sentidos, as Formas são chamadas por Platão de realidades *inteligíveis*. Aos conteúdos percebidos pela inteligência com o auxílio dos sentidos ele denomina realidades *sensíveis*.

Na História da Filosofia, criou-se o costume de afirmar que Platão teria falado de um "mundo inteligível" e de um "mundo sensível", mas ele nunca usou essas expressões, menos ainda dividiu o mundo em dois. Ao contrário, as realidades sensíveis, no seu dizer, são estruturadas por "dentro" pela dimensão inteligível ou pelos modelos universais e eternos (Formas, Essências ou Ideias).

O mesmo costume (não platônico!) de se referir a um "mundo inteligível" e um "mundo sensível" levou a uma interpretação inadequada da Teoria das Formas ou Teoria das Ideias. Atribuiu-se a Platão a crença de que, para cada coisa existente no "mundo físico", haveria um modelo original perfeito num "outro" mundo, o "mundo inteligível". Pensar dessa maneira, no entanto, é reduzir as Formas ou Ideias platônicas a formatos ideais das coisas. É trair o pensamento de Platão.

Segundo Platão, a inteligência humana reconhece Formas nas coisas, pessoas, ações etc., como modelos que orientam a identidade essencial de tudo o que existe (o conjunto de possibilidades específicas de cada realidade) e o pensamento sobre essas mesmas coisas, pessoas, ações etc. Assim, a Forma de Cavalo é a "regra" universal que faz de uma coisa um cavalo, e não um peixe, um ser humano, uma pedra ou uma planta e que permite conhecê-lo especificamente como cavalo. Essa regra pode ser expressa de duas maneiras: (a) todos os seres que forem produzidos no interior da espécie dos cavalos serão cavalos e terão as possibilidades próprias de cavalos; ou, então, (b) para que um ser tenha as possibilidades próprias de um cavalo, tem de ser produzido no interior da espécie dos cavalos.

Outros exemplos: a Forma de Triângulo não é o desenho de um triângulo perfeito ou "ideal". Todo triângulo, se bem construído, representa um triângulo ideal, pois triângulos não existem como tais na Natureza; há somente coisas triangulares. De todo modo, a Forma de Triângulo é a regra: todo triângulo deve ser um polígono de três lados. Os "triângulos" da Natureza são azuis, rosas, verdes, equiláteros, escalenos, de pedra, de madeira etc., mas todos seguem a essência de ter três lados. Assim também a Forma de Ser Humano determina que todo ser humano é um animal racional. Pouco importa se eles têm olhos puxados ou não, se são altos ou baixos, do sexo biológico masculino ou feminino etc.

Platão insistia que as coisas e as Formas só são conhecidas por *contraposição*, quer dizer, pela comparação que distingue entre uma coisa e outra,

Representação equivocada que se tornou comum na História da Filosofia para representar a Teoria das Ideias. O *X* que marca o erro da representação foi posto aqui com fins pedagógicos, para você saber que essa representação é inadequada. Segundo essa representação inadequada, o cavalo "ideal" estaria em outro mundo (que nem mesmo Platão saberia onde fica!), ao passo que os cavalos "reais" estariam em nosso mundo.

fazendo aparecer a diferença própria de cada uma. Percebendo-se a diferença entre as coisas e identificando-se aquilo que é essencial nelas, chega-se à Forma, Ideia ou Essência delas. Assim, identifica-se um cavalo quando se percebe que ele não é um elefante, um ser humano ou uma árvore. Identifica-se um ser humano vendo-se que ele não é um cavalo, uma árvore ou um elefante. E assim por diante.

Por essa razão, seria possível propor outra representação figurativa da Teoria das Formas ou Ideias, de Platão, mesmo sendo absurdo querer representar aquilo que não pode ser expresso por imagens. Afinal, se as Formas são regras essenciais que regem a Natureza, elas não são "coisas", ou melhor, não são coisas materiais ou físicas, e, por isso, não poderiam ser representadas. Entretanto, com o auxílio da arte abstrata, é possível ilustrar, como numa metáfora, o dinamismo das Formas. Observe abaixo a imagem do pintor holandês Piet Mondrian (1872-1944).

Liberando-se das imagens naturais, a pintura de Mondrian convida a olhar para formas universais, isto é, formas que exprimem todo tipo de coisa, sem se fixar sobre nada em particular. Diante do quadro *Victory Boogie Woogie*, o olhar dos espectadores não para em nenhuma cor nem em nenhuma forma, mas circula por todas elas. Ao mesmo tempo, é impossível olhar para uma forma sem ver o conjunto e sem situar cada uma das formas em contraposição com as outras. É até possível falar de cor e de "não cor" quando se veem os traços pretos e as formas brancas, pois, embora pareçam "não ser cores" como as outras cores, eles só são "não cores" na contraposição que os revela exatamente como cores diferentes das outras. Esse dinamismo de olhar o todo, mesmo começando em um ponto, e de definir o ponto em contraposição com o todo permite justamente tomar a pintura de Mondrian como um modo de ilustrar a visão platônica das Formas. As Formas estão em tudo e dão o sentido de tudo; algumas se penetram, outras não; mas todas só são percebidas em contraposição e ganham novo sentido quando vistas no todo.

A experiência do amor, dessa perspectiva, revela que ele não é uma "coisa", mas um movimento vivido pelos seres humanos e compreensível apenas em contraponto com outros movimentos. Na verdade, o amor ou a Forma do Amor se revela como o motor do dinamismo que leva a buscar satisfação. O seu sentido só pode ser percebido na contraposição com outras experiências: não é conhecimento nem sabedoria; não é plenitude nem falta total; e assim por diante. Além disso, para realmente compreender a Forma do Amor, é preciso entender que, se a sua especificidade é a de ser o motor da busca de satisfação, então não há diferentes "tipos" de amor

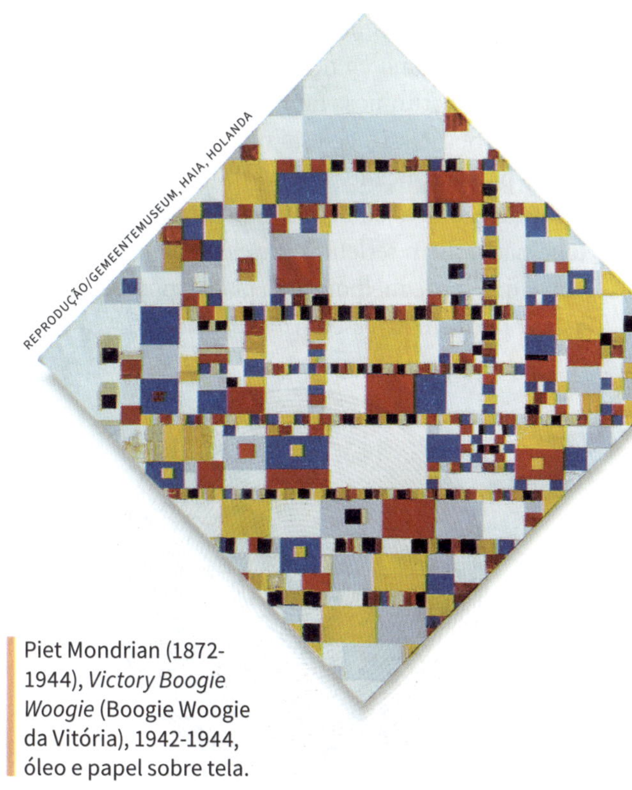

Piet Mondrian (1872-1944), *Victory Boogie Woogie* (Boogie Woogie da Vitória), 1942-1944, óleo e papel sobre tela.

nem diferentes "buscas", mas diversos modos de amar ou de buscar satisfação. Assim, pode-se proceder por contraposição para compreender o dinamismo interno na própria experiência do amor: a contraposição entre os seus graus é que leva a falar de diferentes modos de amar.

p. 455

EXERCÍCIO D

1. A relação amorosa permite ver as possibilidades contidas no fato de que a pessoa amada é um ser humano. Explique como essa experiência leva a afirmar a existência das Formas (Ideias, Essências) segundo Platão.
2. Como é possível identificar uma Forma, segundo Platão?
3. Platão separava o mundo inteligível do mundo sensível? Explique.
4. Por que o desenho do "cavalo ideal" é inadequado para representar a Teoria das Ideias? Qual a vantagem do quadro de Mondrian para representá-la?

5 O Amor, as Formas e o Bem

Platão observava que o ser humano pode ir além das aparências e reconhecer as possibilidades inscritas em cada pessoa, coisa, ação etc. Isso não quer dizer que ele desprezava as aparências! Sem elas, não se poderia chegar às Formas, pois as aparências são a manifestação sensível, física, da identidade invisível de tudo o que existe.

O convite de Platão é para dar às aparências o valor que elas têm: elas são apenas uma dimensão de tudo o que existe; não são "tudo" o que existe, mas a ocasião para chegar às Formas.

No tocante ao amor, Platão defende a possibilidade de passar pelas aparências e pelos prazeres (que são bons em si mesmos) e avançar para algo ainda melhor, fonte de maior satisfação. O mesmo movimento que se inicia pela fixação nas aparências e pela busca dos prazeres pode conduzir até a contemplação ou a compreensão das Formas.

Ao afirmar essa possibilidade, Platão percebe que todas as Formas apontam para uma Forma mais básica, presente em todas as outras: a Forma do Bem ou a Ideia do Bem. Buscar satisfação é buscar algo que se considera bom. Se algo é considerado bom, então é formado pela Ideia do Bem. Por outro lado, se as Formas contêm possibilidades de boa realização, elas também remetem ao Bem, pois tudo o que realiza, completa e plenifica é algo bom. Assim, em todas as Formas pulsa a Forma do Bem.

De uma perspectiva platônica, mesmo as coisas aparentemente "ruins" podem remeter à Forma do Bem. Uma catástrofe natural, por exemplo, faz parte do movimento da Natureza, que sempre busca equilíbrio, arranjo ordenado e funcionamento adequado. Então, por mais que uma catástrofe nos pareça algo "ruim" em si mesmo, ela tem um sentido no conjunto da Natureza e é direcionada pela Forma do Bem. Uma doença, do ponto de vista platônico, não é um castigo. Vista como causa de sofrimento, ela parece má. Porém, vista no conjunto da Natureza, ela se revela como parte do movimento que leva tudo a surgir e a desaparecer, mantendo o funcionamento do conjunto da Natureza.

Um exemplo polêmico pode ser dado aqui: mesmo um criminoso é alguém que busca o Bem; afinal, ele crê que está fazendo algo bom para si ao cometer um crime. É uma crença equivocada, não há dúvida. Porém, o criminoso também é movido pela busca do Bem. Seu equívoco está na má identificação dos meios para alcançá-lo.

O Bem é desejado mesmo pelos seres irracionais (que não podem refletir sobre ele), pois sempre desejam o que há de melhor. Uma planta, por exemplo, se estiver numa região escura e se captar luz em alguma

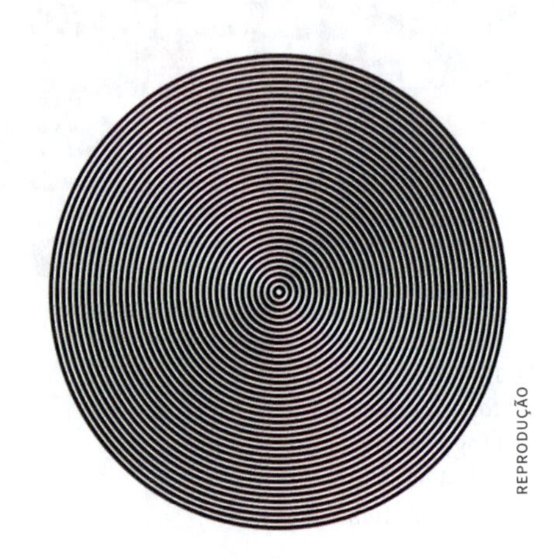

Como na representação de círculos concêntricos, a Ideia do Bem pode ser associada, por analogia, tanto com o círculo externo, que engloba todos os outros e lhes dá sentido, como também com o círculo mais interno, do qual procede o centro e o sentido dos círculos externos.

direção, naturalmente se contorcerá rumo à luz, que é melhor do que a escuridão. Assim, de acordo com a filosofia platônica, nada no Universo deseja o pior, o ruim ou a destruição gratuita. Tudo procura a afirmação, a positividade, o melhor. O único ser que pode buscar sua própria destruição é o ser humano, com o suicídio, mas mesmo quem chega a essa situação extrema supõe fazer o bem para si mesmo(a).

Dado que Platão entende o Bem como o horizonte da melhor realização possível para tudo e todos, e como ele havia definido a beleza das coisas como aquilo que satisfaz, ele então conclui que a Beleza é uma face do Bem, pois aquilo que satisfaz corresponde à melhor realização possível. É por isso que, no contexto do pensamento platônico, também escrevemos Beleza com letra maiúscula. Dessa perspectiva, o Bem é o motor que age desde o início do movimento do amor, magnetizando tudo e todos a buscá-lo.

O Bem aparece, assim, como aquilo que pode suprir a carência humana de maneira perfeita. Se o amor, como busca da Beleza, é busca do Bem, e se tudo visa ao Bem, então também é possível concluir que o amor é o motor do dinamismo do Universo.

Platão, filósofo do amor, percebia com clareza que nem sempre os seres humanos se tornam melhores. Mesmo magnetizados pelo Bem, podem apegar-se a imagens dele e perder-se pelo caminho, procurando satisfazer sua busca do melhor com coisas que não são realmente as melhores. A Humanidade, portanto, não está necessariamente em progresso, mas, tomando consciência de suas possibilidades e do polo do Bem, pode melhorar a busca de satisfação vivida naturalmente.

Como no quadro de Piet Mondrian, as diferentes Formas ou possibilidades só são identificadas quando contrapostas e situadas em uma correlação que remete a uma visão de conjunto. O sentido do conjunto de tudo o que existe, segundo Platão, é o Bem. É preciso saber olhar para ele.

p. 456 Leituras complementares

EXERCÍCIO E

p. 455

1. O que leva Platão a afirmar a existência da Forma do Bem?
2. Platão despreza os prazeres? Explique.
3. Como é possível, segundo Platão, que um criminoso e um suicida sejam vistos como pessoas que buscam o Bem?

6 Amor e educação

Platão esclarece que avançar rumo ao Bem é um processo que requer educação. É preciso aprender a identificar a dimensão inteligível de tudo o que existe (as Formas presentes no mundo e na atividade mesma da inteligência). Acostumado a crer nas aparências das coisas ou nas suas características sensíveis como única realidade, o ser humano necessita de um *novo olhar* para ver a transcendência das Formas agindo na imanência do mundo (p. 80). Esse novo olhar, que resulta da educação, é também o que permite evitar que as pessoas façam coisas más pensando fazer coisas boas.

No livro A *República*, ao descrever o que poderia ser uma cidade justa, Platão apresenta os passos necessários para uma educação que visa ao amor pleno (o conhecimento do Bem). Trata-se de uma educação filosófica, pois os filósofos platônicos são entendidos como cidadãos que se dedicam a compreender a experiência humana e a identificar a presença do Bem. Os outros cidadãos revelam aptidões para outras tarefas, como a produção da subsistência[24] e a defesa da cidade. Os filósofos, então, devem pôr-se a serviço dos outros cidadãos, colaborando com o governo da cidade por meio da implementação da Justiça, que é a organização de tudo em vista do Bem.

Platão descreve os passos da educação filosófica:

(1) é possível fazer o educando sair do nível das aparências físicas e perceber as próprias coisas, quer dizer, perceber que elas não são apenas suas aparências. Nesse nível, dá-se atenção à *confiança* que costumamos ter em tudo o que captamos pelos cinco sentidos, gerando *opinião* sobre tudo;

(2) em seguida, é possível levar o educando a entender que as coisas do mundo podem ser reduzidas a hipóteses matemáticas, fazendo-o sair do campo da confiança e da opinião e entrar no campo da *inteligência* e do *conhecimento*. A atividade matemática permite ver que as coisas de nosso mundo podem ser reunidas em conjuntos, decompostas em partes, linhas, pontos, podem ser contadas em unidades, dualidades, tríades, harmonias etc. Ponto, linha, unidade, dualidade, harmonia são realidades eternas, segundo Platão, pois um ponto será sempre um ponto, em qualquer época e lugar. O mesmo ocorre com a linha,

[24] ***Subsistência:*** *sustento; todas as condições necessárias para viver.*

a harmonia e todas as outras entidades matemáticas. Desse ponto de vista, a análise do ponto, da linha, da unidade etc. mostra que eles não são apenas os desenhos de pontos, linhas, unidades, pois remetem à Forma de Ponto, à Forma de Linha, à Forma de Unidade etc. A Matemática permite, então, que o educando veja com outro olhar o mundo das imagens e das coisas sensíveis (mundo da confiança e da opinião) e perceba que o mundo físico é formado por regras inteligíveis cujo melhor exemplo é o modo de ser das entidades matemáticas (mundo da inteligência e do conhecimento);

(3) uma vez percebida a estrutura matemática das coisas e feita a transição para o mundo inteligível, é possível levar o educando a entender a existência das próprias Formas. Continua-se no campo da inteligência e do conhecimento, e não mais da crença e da opinião;

(4) por fim, é possível conduzir o educando a captar a Forma do Bem, a mais universal e básica de todas as Formas, presente em todas elas e doadora de sentido a tudo o que existe. Trata-se da Forma reguladora máxima, pois é a mais elevada (só se chega a ela pela compreensão das outras), e, ao mesmo tempo, mínima, porque é o elemento fundamental presente em absolutamente tudo o que existe. Compreendê-la é o ato mais pleno de consciência e de conhecimento, grau mais perfeito da atividade da inteligência.

Esses passos se mostram como um contraste de luzes e sombras, de realidade invisível ou discreta e aparência das coisas. A realidade sensível é "sombra" da realidade inteligível e só revela sua identidade quando contrastada com a dimensão inteligível. As entidades matemáticas são sombra das Formas e só podem ser bem compreendidas quando contrastadas com elas. As Formas, por sua vez, são mais bem compreendidas quando contrastadas com a Forma do Bem. Dizendo de "trás para a frente", a Forma do Bem ilumina a compreensão das Formas, que iluminam a compreensão das entidades matemáticas, que iluminam a compreensão das coisas sensíveis, que, por sua vez, iluminam a compreensão das aparências.

O contraponto realizado nas duas direções (subindo do sensível até o Bem e descendo dele até o sensível) recebeu o nome de *dialética*: método que reproduz um diálogo ou um contraponto de posições, confrontando-as até chegar a um acordo ou a um desacordo. Se lembrarmos que o motor de toda essa educação é o amor, poderemos dizer que Platão propôs uma concepção de educação como dialética do amor.

No livro VII da obra A *República*, Platão mostra, por meio de uma alegoria, como se dá a educação dialética do amor. Trata-se da *Alegoria da Caverna* ●. Uma alegoria é uma explicação por metáforas. Esse procedimento é estratégico para Platão, pois ele sabe que, naturalmente, as pessoas compreendem melhor por imagens. A caverna em que vivem os seres humanos (caverna da crença nas aparências) pode ser o ponto de partida da libertação que faz sair da própria caverna (chegar às Formas). A alegoria é apresentada na forma de um diálogo entre o filósofo Sócrates (p. 157) e o seu interlocutor Glauco.

Pode-se perguntar por que Platão precisou imaginar a caverna para expor o jogo de sombra e luz da dialética do amor. Ele não poderia ter falado simplesmente das sombras refletidas na água; depois das coisas mesmas refletidas; e depois do Sol, cuja luz ilumina tudo?

Poderia, claro. Mas perderia o que mais importa nessa narrativa: o seu caráter pedagógico. Por meio da imaginação da caverna, Platão pretende fazer o leitor compreender que só por uma atividade decidida e sistemática (educação) o ser humano pode aprender a identificar as aparências e ver o que está por trás delas. É por isso que o prisioneiro sente dor, sofre com o excesso de luz e chega até a pensar que os objetos são falsos (ao passo que as sombras seriam verdadeiras). Mas quem o liberta, mostrando pouco a pouco as coisas refletidas e a luz do fogo que as faz refletir, consegue que ele entenda como as sombras são produzidas e tome consciência da prisão em que vivia. Depois, ao subir para o mundo externo, o antigo prisioneiro entende melhor a dinâmica da luz, pois compreende que tudo é visto graças à luz do Sol. Ao compreender, ele não fica apenas numa dinâmica de confiança e opinião, mas de conhecimento.

Assim também, no processo educativo, o educando pode resistir, apegando-se à confiança direta na aparência do mundo. Tudo parece normal... Viver, alimentar-se, descansar, praticar esporte, estudar, trabalhar, amar, ganhar dinheiro, gastar, consumir, unir-se a alguém ou ficar sozinho(a), envelhecer, morrer. Porém, se entrar no caminho que leva a perguntar pelo que faz o mundo ser como é, perceberá que aquilo que a realidade "parece ser" esconde uma dimensão invisível que a explica. Ao entender isso, sairá da mera confiança e entrará numa atitude de conhecimento, podendo, então, explorar melhor as possibilidades de tudo o que existe.

É por isso que Platão também afirma que o prisioneiro tomará consciência de que vivia num mundo de ilusões. Aliás, se ele quiser voltar para abrir os olhos de seus companheiros, estes certamente rirão dele e poderão até querer matá-lo. Platão, ao mencionar esse risco, prestava uma homenagem a seu mestre Sócrates, que havia sido condenado à morte porque seus concidadãos não entenderam sua atividade

SÓCRATES (470-399 a.C)

Foi um filósofo grego que viveu em Atenas e desenvolveu um pensamento essencialmente oral sem registrá-lo por escrito, pois considerava o saber filosófico como algo que se encarna em um estilo de vida mais do que uma atividade "profissional". Tudo o que se sabe sobre Sócrates foi transmitido por seu aluno Platão e por outros escritores. Sócrates se baseou no trabalho de filósofos anteriores a ele, mas ampliou o campo de interesse da Filosofia. Por exemplo, em debate com os Sofistas, fez que a Filosofia se interessasse por questões éticas. Sua influência foi tão grande que se costuma referir aos filósofos anteriores como "pré-socráticos". O livro de Platão intitulado *Apologia de Sócrates* reconstrói o momento em que Sócrates foi condenado à morte, sendo obrigado a tomar veneno (cicuta), porque ele "perturbava" a mente das pessoas. A mesma sociedade que Sócrates havia defendido agora o condenava. Ele, por respeito a essa sociedade, acatou a pena de morte, mas, com esse gesto, não deixou de introduzir dúvidas em seus concidadãos.

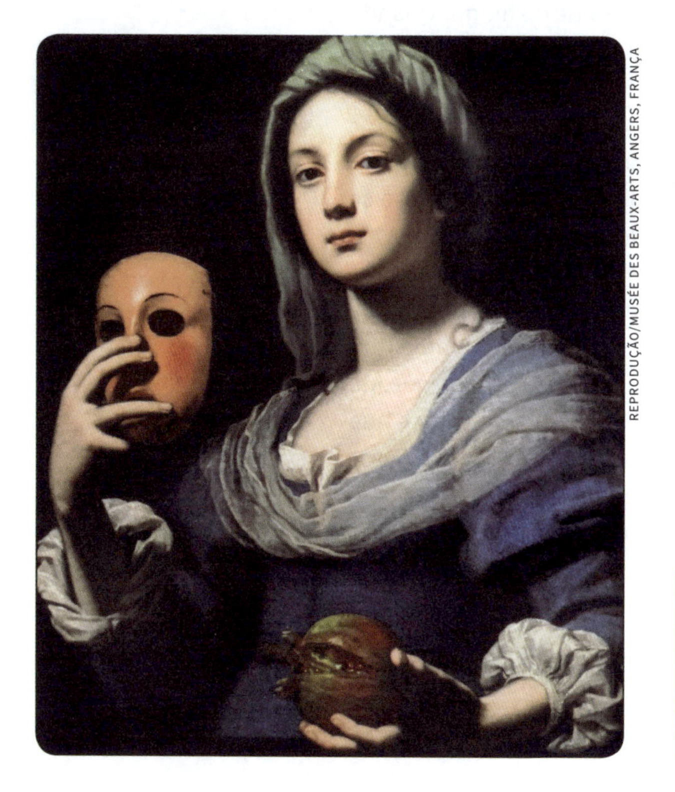

Lorenzo Lippi (1606-1665), *Alegoria da imitação*, 1640, óleo sobre tela. A aparência é realidade, embora, segundo Platão, ela não seja toda a realidade. Como uma máscara, a aparência pode ocultar outra coisa que não é ela; mas, como numa romã, ela pode ocultar coisas que são ela (por trás da casca da romã, há as sementes da própria romã).

Alegoria da Caverna

Platão

PLATÃO. A *República*. Tradução Maria Helena R. Pereira. Lisboa: Fundação Calouste Gulbenkian, 1993. p. 317-321.

1 SÓCRATES: Imagina a nossa natureza, relativamente à educação ou à sua falta, de acordo com a seguinte experiência. Suponhamos uns homens numa habitação subterrânea em forma de caverna, com uma entrada aberta para a luz [...]. Eles estão lá dentro desde a infância, algemados de pernas e pescoços, 5 de tal maneira que só lhes é dado permanecer no mesmo lugar e olhar para a frente; são incapazes de voltar a cabeça, por causa dos grilhões[25]; serve-lhes de iluminação um fogo que se queima ao longe, numa eminência[26], por detrás deles; entre a fogueira e os prisioneiros há uma subida, ao longo da qual se construiu um pequeno muro, no gênero dos tapumes que os homens das marionetes 10 colocam diante do público. [...] Visiona também, ao longo desse muro, homens que transportam toda a espécie de objetos que o ultrapassam; estatuetas de animais e de homens, de pedra e de madeira; como é natural, nos que transportam esses objetos, uns falam, outros seguem calados.

GLAUCO: Estranho quadro e estranhos prisioneiros são esses de que tu falas.

15 SÓCRATES: Semelhantes a nós! Em primeiro lugar, pensas que, nessas condições, os prisioneiros tenham visto, de si mesmo e dos outros, algo mais que as sombras projetadas pelo fogo na parede oposta da caverna?

GLAUCO: Como não, se são forçados a manter a cabeça imóvel toda a vida!

SÓCRATES: E os objetos transportados? Não se passa o mesmo com eles?

20 GLAUCO: Sem dúvida.

SÓCRATES: Então, se eles fossem capazes de conversar uns com os outros, não te parece que eles julgariam nomear objetos reais quando apontavam para o que viam?

GLAUCO: É forçoso.

25 SÓCRATES: E se a prisão tivesse também um eco na parede do fundo? Quando algum dos passantes falasse, não te parece que eles julgariam que era a voz da sombra que passava?

GLAUCO: Por Zeus, que sim!

SÓCRATES: De qualquer modo, pessoas nessas condições pensariam que a 30 realidade fosse só a sombra dos objetos. [...] Considera o que aconteceria se eles fossem soltos das cadeias e curados da sua ignorância, para vermos se, retornando à sua natureza, de que modo as coisas passariam. Logo que alguém soltasse um deles e o forçasse a endireitar-se de repente, a voltar o pescoço, a andar e a olhar para a luz, ao fazer tudo isso, sentiria dor e o deslumbramento[27] 35 impedi-lo-ia de fixar os objetos cujas sombras antes via. Que pensas que ele diria se alguém lhe afirmasse que até então ele só vira coisas sem valor e que agora ele estava mais perto da realidade e via de verdade, voltado para objetos mais reais? E se ainda, mostrando-lhe cada um desses objetos que passavam, o forçassem com perguntas a dizer o que era? Não te parece que ele se veria 40 em dificuldades e suporia que os objetos vistos antes eram mais reais do que os que agora lhe mostravam?

GLAUCO: Muito mais!

SÓCRATES: Se alguém o forçasse a olhar para a própria luz, doeriam seus olhos e ele se voltaria para buscar refúgio junto dos objetos para os quais podia

[25] ***Grilhões:*** *correntes.*
[26] ***Eminência:*** *parte mais elevada.*
[27] ***Deslumbramento:*** *excesso de luz; ofuscamento; encantamento, espanto; maravilhamento. O termo, neste trecho de Platão, tem um primeiro sentido de ofuscamento, mas também de espanto, maravilhamento, princípio da Filosofia.*

45 olhar e julgaria ainda que esses eram na verdade mais nítidos do que os que lhe mostravam? [...] E se o arrancassem dali à força e o fizessem subir o caminho rude e íngreme e não o deixassem fugir antes de o arrastarem à luz do Sol, não seria natural que ele se doesse e se desesperasse, por ser assim arrastado, e, depois de chegar à luz, com os olhos deslumbrados, nem sequer pudesse ver nada daquilo 50 que agora dizemos serem os verdadeiros objetos?

GLAUCO: Não poderia, de fato; pelo menos não de repente.

SÓCRATES: Precisaria habituar-se, julgo eu, se quisesse ver o mundo superior. Em primeiro lugar, olharia mais facilmente para as sombras; depois disso, para a imagem dos homens e dos outros objetos, quer dizer, a imagem refletida na água, 55 para, por último, olhar para as próprias coisas. A partir de então, seria capaz de contemplar o que há no Céu e o próprio Céu, durante a noite, olhando para a luz das estrelas e da Lua, mais facilmente do que se fosse o Sol e o seu brilho de dia. [...] Finalmente, julgo eu, seria capaz de olhar para o Sol e contemplá-lo; não mais sua imagem na água ou em qualquer outro lugar, mas o próprio Sol, no seu lugar. 60 Depois já compreenderia, acerca do Sol, que é ele que causa as estações e os anos e que tudo dirige no mundo visível, sendo o responsável por tudo aquilo de que os prisioneiros viam só uma imitação.

GLAUCO: É evidente que depois chegaria a essas conclusões. [...]

SÓCRATES: Imagina ainda o seguinte: se um homem nessas condições descesse 65 de novo para o seu antigo posto, não teria os olhos cheios de trevas ao regressar subitamente da luz do Sol? [...] E se lhe fosse preciso julgar aquelas sombras, em competição com os que tinham permanecido na caverna, acaso não causaria o riso? Não diriam que, por ter ele subido ao mundo superior, estragara a vista e que não valia a pena tentar a subida? E a quem tentasse soltá-los e conduzi-los até lá 70 em cima, se pudesse agarrá-lo e matá-lo, não o matariam?

GLAUCO: Matariam, sem dúvida.

SÓCRATES: Meu caro Glauco, este quadro – prossegui eu – deve agora aplicar-se a tudo quanto dissemos anteriormente, comparando o mundo visível por meio dos olhos à caverna da prisão e a luz da fogueira que lá existia à força do Sol. Quanto à 75 subida ao mundo superior e à visão do que lá se encontra, [...] segundo entendo, a Ideia do Bem é o que se avista, com muito custo, na fronteira do cognoscível. Uma vez avistada, compreende-se que ela é para todos a causa de tudo quanto há de justo e belo; e que, no visível, foi ela que produziu a luz, da qual é senhora; e que, no inteligível, é ela a senhora da verdade e da inteligência; e que é preciso vê-la 80 para ser sensato na vida particular e pública. ■

MIRELLA SPINELLI

educativa e acharam que, com seu pensamento, ele corrompia as pessoas, principalmente os jovens.

O esquema anterior, que representava a divisão entre o campo da crença e o do conhecimento, pode ser completado com este:

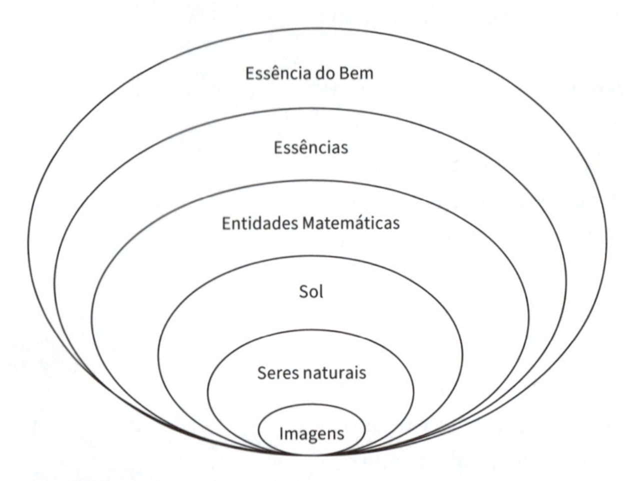

Ao descrever a passagem de um nível a outro, Platão refere-se à educação que permite identificar diferentes dimensões da mesma realidade. Ele não indica "partes" separadas do mundo (menos ainda "dois mundos"). Seu objetivo é esclarecer que há diferentes modos de conhecer a mesma realidade (seja crendo nas imagens, seja chegando às Essências).

O prisioneiro que chega até a visão do Sol ou o educando que completa o caminho da educação dialética e "vê" o Bem (por meio da inteligência) é a imagem de quem pratica a Filosofia, adotando uma vida mais clara e mais sensata tanto no nível particular como no público. Daí a convicção platônica: o filósofo deve voltar à caverna da opinião e abrir os olhos de seus concidadãos. O risco é grande, mas o amor faz valer a pena correr tal risco.

EXERCÍCIO F

p. 456

1. Por que Platão afirma que a experiência do amor requer educação? Em sua resposta, use a palavra-chave *aparência*.
2. De acordo com o pensamento de Platão, como a Matemática pode ajudar a ir além da aparência das coisas?
3. Por que o processo educativo pode ser doloroso?
4. Por que a subida até a Forma do Bem é chamada de *dialética*?
5. Por que a dialética que leva ao Bem pode ser chamada de dialética do amor?

EXERCÍCIOS COMPLEMENTARES

p. 456

1 Recapitulação

Faça um resumo da teoria platônica do amor concentrando-se na tese de que a experiência do amor pode ser vivida de duas maneiras básicas.

2 Reflexão

Reflita sobre suas experiências de amor tomando por base o caminho que percorremos neste capítulo. Você consegue se lembrar de alguma vivência em que você não apenas "sentiu" amor, mas também colaborou ativamente para construí-lo?

3 Observação e reflexão

Observe a seguinte releitura da Alegoria da Caverna. Depois, encontre motivos para concordar com ela e também para discordar dela.

Kanar (1967-), *La caverne moderne* (A caverna moderna), sem data, *cartoon*. <www.kanar.be>

Dicas de filmes para você assistir tendo em mente o que trabalhamos neste capítulo

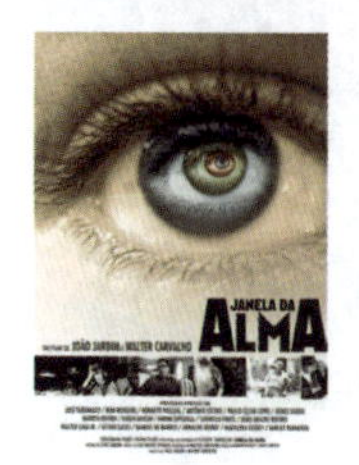

Janela da Alma, *direção João Jardim e Walter Carvalho, Brasil, 2002.*

Belo documentário em que 19 pessoas com diferentes graus de deficiência visual (da miopia à cegueira total) explicam como "veem" os outros e o mundo. ■

Filhos do silêncio *(Children of a Lesser God), direção Randa Hanes, EUA, 1986.*

Emocionante história de um professor de linguagem de sinais que se apaixona por uma surda-muda com dificuldades de relacionamento. É surpreendente o modo como o professor soube contribuir para que sua aluna desenvolvesse suas possibilidades. ■

A culpa é das estrelas *(The Fault in Our Stars), direção Josh Boone, EUA, 2014.*

O filme retrata a história de dois adolescentes com câncer. Entre as várias questões suscitadas, uma delas é como viver o amor quando se pode morrer em breve. Evitar o amor, para não sofrer? Deixar de amar, para poupar as pessoas? Amar sem responsabilidade? Um amor verdadeiro nunca tem sofrimento? ■

Dicas literárias

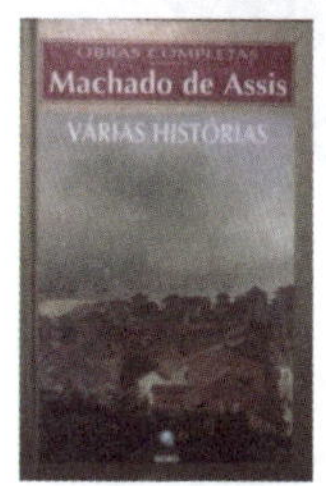

"Uns braços", *conto de Machado de Assis, no volume* Várias histórias, *com várias edições.*

História do amor sentido entre um jovem e uma mulher casada. A força do sonho, tal como retratada por Machado de Assis, leva muitos leitores a afirmar que seu conto narra um "amor platônico", como se Platão, ao falar do mundo das Ideias, vivesse no mundo do sonho e pensasse que o amor é só intelectual. Contudo, se viver no mundo do sonho (irreal) significa ser "platônico", então nem Machado de Assis nem o próprio Platão são platônicos! Machado retrata com intenso realismo o amor vivido entre o jovem e a mulher casada, levando os leitores a se perguntar várias coisas: a mulher casada cometeu adultério ao desejar o jovem? Adultério só se comete quando há relação sexual? Mas, se o amor é irresistível, faz sentido falar de adultério? Ou o amor não é irresistível? ■

"Amor", *conto de Clarice Lispector, publicado no volume* Laços de família, *com várias edições.*

O amor pode surgir de modo completamente imprevisível, causando uma reviravolta na vida dos amantes. É o que ocorre com Ana, que um dia vê um cego mascando chiclete e é perturbada por essa imagem. ■

Para continuar viagem...

Amor e desejo, *de Homero Santiago, WMF Martins Fontes, 2011 (Coleção Filosofias: o prazer do pensar).*

O livro reúne elementos estratégicos da história filosófica do amor, perguntando se ele é idêntico ao desejo. Apresenta autores como Sócrates, Platão, Santo Agostinho, Descartes, Espinosa e Freud. ■

Platão & Aristóteles: o fascínio da Filosofia, *de Marco Zingano, Odysseus, 2002.*

Introdução didática ao pensamento de Platão e Aristóteles; destinada a leitores iniciantes. ■

Platão, *de Jean-François. Mattéi, Ed. da UNESP, 2010.*

Visão orgânica dos principais aspectos do pensamento de Platão. ■

Platão por mitos e hipóteses, *de Lygia A. Watanabe, Moderna, 1996 (Coleção Logos).*

Introdução ao estudo da vida e do pensamento de Platão, adotando uma estratégia precisa: a exploração de diferentes hipóteses que permitem interpretar Platão. Dá especial atenção ao vínculo de Platão com os pitagóricos. ■

Grupo Archai, *disponível em <http://www.archai.unb.br>. Acesso em: 20 jan. 2016.*

Site do grupo Archai, dedicado ao estudo das origens da Filosofia. No site há rico material dedicado a Platão, sobretudo nos artigos da *Revista Archai*, cujo link é também disponibilizado. O acesso é gratuito, tanto ao site como à revista. ■

MoMA, *disponível em <http://www.moma.org/collection/artist.php?artist_id=4057>. Acesso em: 20 jan. 2016.*

Site do Museu de Arte Moderna de Nova York (MoMA). Você pode navegar gratuitamente e conhecer várias obras de Piet Mondrian. ■

p. 458 Sugestões bibliográficas

SERGEY KAMSHYLIN/SHUTTERSTOCK.COM

CAPÍTULO

6 DO AMOR DE AMIGO AO AMOR SAGRADO

p. 458

Nas três grandes tradições monoteístas ocidentais (judaísmo, cristianismo e islamismo), as personagens angélicas representam seres que contemplam o ser divino e conhecem a gratuidade do seu amor. Durante a Patrística e a Idade Média, eles foram considerados, depois de Deus, os melhores modelos da vivência do amor cuja única recompensa é o próprio ato de amar.

A cantora islandesa Björk (1965-) compôs e gravou, em 1999, a canção *All is Full of Love* [Tudo é repleto de amor]. O clipe da canção, dirigido por Chris Cunningham, retrata o "amor" de dois robôs, o que é muito curioso; afinal, robôs não podem amar.

O clipe mostra a fase final da montagem dos dois robôs. Em uma das cenas, um líquido começa a fluir entre eles, indicando como que uma "vitalidade". Ao mesmo tempo, a voz marcante de Björk continua a repetir que "tudo é repleto de amor". O líquido pode, então, ser entendido como o próprio amor; e a metáfora ganha todo um novo brilho: o amor é capaz de mover até máquinas!

ACESSE:

Você pode ver o clipe oficial da canção em: <www.youtube.com/watch?v=AjI2J2SQ528> (acesso em: 4 jan. 2016).

Pode também traduzir a letra:

All is Full of Love
Björk

You'll be given Love
You'll be taken care of
You'll be given Love
You have to trust it

Maybe not from the sources
You have poured yours

Maybe not from the directions
You are staring at

Twist your head around
It's all around you
All is full of Love
All around you

All is full of Love
You just aint receiving
All is full of Love
Your phone is off the hook
All is full of Love
Your doors are all shut
All is full of Love!

p. 459 Observação 1

(BJÖRK. All is Full of Love. In:____. *Homogenic.* Nova York: Elektra Entertainment Group, 1997. 1 CD. Faixa 10.)

A canção de Björk admite uma interpretação platônica, pois afirmar que tudo é repleto de amor significa que o amor dá o sentido de tudo; e, com efeito, na filosofia platônica, o amor é o movimento que leva tudo a buscar o melhor.

Björk não pensa que as máquinas amam; a força de sua imagem está justamente em ser um caso extremo. Sua metáfora pode ter outros sentidos. Pode ser uma ironia do amor vivido na era das máquinas: as pessoas não sabem amar, mas amam como robôs, mecanicamente. Ou podem mesmo amar apenas a si mesmas quando entram em uma relação amorosa. Não é por acaso que os dois robôs do clipe de Björk reproduzem o corpo da cantora. Mas, ainda que o sentido do clipe seja o de uma crítica à vivência egoísta do amor, o próprio amor aparece como o único capaz de melhorar as relações amorosas. O exercício de amar deve ser reaprendido. Não é casual a insistência de Björk: *You have to trust it* [você precisa crer nisso]; *Your phone is off the hook* [você está desconectado; literalmente: seu telefone está fora do gancho]; *Your doors are all shut* [suas portas estão todas fechadas].

Assim como Platão (p. 82) e como os amantes, Björk sabe como é difícil olhar para o mundo e dizer que tudo é repleto de amor. No entanto, a possibilidade de amar está aí, diante de todos; é possível ir além das dificuldades da existência e ver que o amor, como busca incessante do melhor, dá-se a entender como motor que leva a assumir a fragilidade do mundo e a aumentar a qualidade das relações humanas.

1 O amor de amigo

Na História da Filosofia, muitos filósofos concordaram com Platão e afirmaram que o amor move todas as coisas para o melhor. Outros discordaram completamente dele; outros, ainda, concordaram em partes. Aristóteles (p. 103), por exemplo, foi aluno de Platão, mas adotou diferenças importantes com relação ao pensamento do mestre.

Aristóteles preferia compreender o amor como experiência exclusivamente humana e partia do que lhe parecia ser uma evidência: a observação de que os seres humanos tendem a associar-se para viver, isto é, a viver em conjunto.

Aristóteles justifica sua discordância de Platão expondo as razões pelas quais não podia acompanhar o pensamento do mestre em todos os aspectos. Sua atitude, aliás, é um exemplo de como se procede honestamente

Rafael Sanzio (1483-1520), *Escola de Atenas* (detalhe), 1508-1511, afresco. O fato de Aristóteles, no afresco de Rafael, carregar os livros sobre *Ética*, enquanto Platão leva o diálogo *Timeu*, mostra que, segundo Rafael (bastante influenciado pelo pensamento platônico), o mestre e o discípulo refletiam um assunto comum: a busca da felicidade, que passa pela reflexão sobre o agir humano (*Ética*) e pode chegar à contemplação do Bem (*Timeu*).

em Filosofia: nas concordâncias e nas discordâncias filosóficas, não se trata de apenas "achar" ou "preferir", e sim de dar *justificativas* para as concordâncias e discordâncias. Do contrário, transforma-se a Filosofia em crítica gratuita e imatura, postura profundamente antifilosófica, autoritária e nociva para a convivência.

A discordância central de Aristóteles em relação ao pensamento de seu mestre provinha da sua dificuldade em aceitar a Teoria das Formas ou das Ideias (p. 150). No entender de Aristóteles, a Teoria das Formas não era econômica, mas dispendiosa, quer dizer, aumentava o número de coisas a explicar porque, além de apontar para as coisas sensíveis, a Teoria das Ideias afirmava realidades que vão além das próprias coisas sensíveis e são independentes delas. Em vez disso, ele, Aristóteles, preferia ver as Formas, Essências ou Ideias como unidas diretamente a cada coisa do mundo sensível.

Hoje, porém, muitos estudiosos da crítica de Aristóteles a Platão defendem que talvez o discípulo não tenha sido justo em sua crítica ao mestre. Platão distinguia, é verdade, o que é inteligível (conhecido apenas pela inteligência) do que é sensível (conhecido pela inteligência por meio dos cinco sentidos), porém, não queria dizer com isso que o inteligível e o sensível são separados.

Seja como for, Aristóteles busca elaborar sua filosofia de outra maneira, marcando diretamente sua diferença no tocante à concepção do amor. Ele adota como ponto de partida algo que lhe parecia aceito por todos: os seres humanos têm a tendência de viver em grupo. Isso lhe permitirá concluir que os seres humanos têm algo como uma familiaridade ou uma amizade natural, que ele também chamou de amor, mas um amor específico, o *amor de amigo*. Assim, enquanto Platão usava principalmente o termo grego *éros* (amor em sentido geral), Aristóteles se servirá do termo *philía* para designar o amor de amigo. No seu dizer, os pais sentiriam naturalmente amizade pelos filhos; e os filhos, pelos pais. Fora das famílias, também haveria a amizade como forma de amor mútuo, colaborando para a vida de cada indivíduo e de todos. Nesse sentido, Aristóteles, em vez de construir sua reflexão sobre a ideia do Bem Supremo, como fazia Platão, prefere concentrar-se no *bem humano*, construindo uma ética para seres humanos, e não para "humanos e deuses". É sob essa perspectiva que Aristóteles pensará a amizade.

A amizade e a vida em grupo
Aristóteles

1 Se viver é, em si mesmo, algo bom e prazeroso (visto o próprio fato de todos desejarem viver) [...]; se quem vê também percebe que vê, se quem ouve também percebe que ouve, se quem caminha também percebe que caminha e assim por diante (porque em todas as atividades há alguma coisa que percebe o fato de pra-
5 ticarmos uma atividade) [...]; se existir é perceber e pensar; se viver é uma coisa prazerosa por si [...]; se viver é algo desejável, sobretudo para os humanos de bem (visto que o existir, para eles, é um bem e um prazer, pois, tomando consciência de um bem, eles se alegram); se o ser humano virtuoso sente em relação a seu amigo a mesma coisa que sente em relação a si mesmo (o amigo, com efeito, é um outro
10 eu); então, assim como para cada um a própria existência é desejável, assim também, ou pelo menos de modo muito parecido, é desejável a existência do amigo.

Mas o existir, como dissemos, é algo desejável pelo fato de que existir é também perceber que é um bem ser quem se é. A percepção disso é prazerosa. Precisamos, pois, junto com o amigo, perceber também que ele existe e isso acontece no viver
15 junto e no ter comunhão de palavras e de pensamento. É nesse sentido que se diz que os seres humanos vivem juntos. Não é a mesma coisa que se declara a respeito dos animais, quando se afirma que eles pastam juntos no mesmo lugar. ■

ARISTÓTELES, *Etica nicomachea*. Tradução Marcello Zanatta. Milão: BUR, 2001. v. 2, p. 811-813. Edição bilíngue. (Ética nicomaqueia. Tradução nossa para o português.)

A prova de que a amizade é natural, segundo Aristóteles, vem do fato de que se observa familiaridade mesmo entre os animais não racionais. Membros da mesma espécie procuram unir-se e viver na presença de seus semelhantes. O livro *Ética nicomaqueia* é a obra em que o filósofo mais reflete sobre o tema.

Aristóteles faz várias interpolações em seu texto, ou seja, ele intercala frases que justificam suas afirmações, até chegar à conclusão principal.

Para oferecer uma visualização mais clara de seu raciocínio, podemos assim reescrever:

Raciocínio A - linhas 1-11

1. Visto que todos desejam viver,
   1.1. então se pode afirmar que viver é, em si mesmo, algo bom e prazeroso.
2. Dado que quem vê também percebe que vê, assim como quem ouve também percebe que ouve e quem caminha percebe que caminha,
   2.1. então, podemos concluir que em todas as atividades há algo que percebe o fato de praticarmos uma atividade.
3. Existir é perceber e pensar.
4. Viver é uma coisa prazerosa por si (repetição de 1).
5. Como se observa que fica alegre quem percebe um bem;
   5.1. e como se observa que quem existe fica alegre;
   5.2. pode-se declarar que o existir é um bem e um prazer;
   5.3. e como o viver requer o existir;
   5.4. também se pode afirmar que o viver é algo desejável (é um bem).
6. Visto que o amigo é um outro eu;
   6.1. então, se pode pensar que o homem virtuoso sente em relação ao amigo a mesma coisa que sente em relação a si mesmo.
7. Se os passos 1 a 6 são verdadeiros, então se pode concluir que, assim como a própria existência é desejável, também é desejável a existência do amigo.

Com os passos 1-6, Aristóteles revela o ponto de partida ou as premissas de seu raciocínio. Ele precisava garantir que a existência de cada ser humano é desejável por si mesma. Conseguindo mostrar isso nos passos 1 a 5, ele pôde dar o passo 6 e lembrar que, se o amigo é um "outro eu", quer dizer, se o amigo é meu semelhante (ele me reflete), então sentiremos por ele o mesmo que sentimos por nós mesmos. Daí o passo 7 (*conclusão*): a existência do amigo é desejável assim como a nossa própria existência é desejável. Em outras palavras, assim como a nossa existência é um bem, assim também é a existência do amigo.

Poderíamos mesmo esclarecer que, segundo Aristóteles, se convém que existamos, quer dizer, se é bom estarmos aqui, convém também que existam amigos; é bom que eles estejam junto conosco. Sem eles, algo nos faltaria; não seríamos completos. Nesse sentido, Aristóteles complementa seu primeiro raciocínio com este:

Raciocínio B - linhas 12-17

8. Como foi expresso nos passos 2 e 3, o existir mesmo percebe que é algo bom ser quem se é.
9. É prazeroso perceber que é bom ser quem se é.
10. De acordo com o passo 6, sentimos pelo amigo o mesmo que sentimos por nós mesmos.
11. Então, precisamos perceber que o amigo existe, vivendo juntos e tendo comunhão de palavras e de pensamento.
12. Viver junto, no caso dos seres humanos, significa: (a) perceber o amigo; (b) perceber como um bem que o amigo seja quem ele é; (c) viver em comunhão de palavras e de pensamento. Essa comunhão permite perceber o amigo e perceber que é bom que ele seja quem ele é.

Observa-se, pelos raciocínios A e B, como Aristóteles constrói uma filosofia do amor diferente da de Platão. A fonte de ambos é a observação dos seres humanos, mas o ponto de partida de Aristóteles é apenas a experiência humana de praticamente depender do amor de amigo.

A amizade ou o amor de amigo consiste em um costume ou em um hábito que se cultiva. Contudo, mais do que isso, ela é, de acordo com Aristóteles, uma tendência que a Natureza inscreve nos seres humanos (ao modo do que as Formas platônicas determinavam como possibilidade). Daí a referência de Aristóteles à alegria que brota do convívio com o amigo e ao valor que tem a existência por si mesma, vivências, aliás, que podem ser observadas em todos os seres que vivem em grupo (os animais gregários[1]). As relações que aproximam os seres passam, assim, a ser vistas como diferentes graus da amizade ou do amor de amigo.

[1] ***Gregário:*** *que vive ou tende a viver em grupo.*

EXERCÍCIO A

p. 462

1. Qual a discordância central de Aristóteles com relação à filosofia platônica?
2. Em que se baseia Aristóteles para compreender o amor? Apresente resumidamente os passos dados por ele a partir dessa base.

2 O amor sagrado

Alguns séculos depois de Platão e de Aristóteles surgiram filósofos que deram novo impulso à compreensão do amor. Foram pensadores que construíram visões filosóficas com base em sua experiência religiosa de orientação judaica e judaico-cristã (e, posteriormente, muçulmana). Era a fase histórica que ficou conhecida como *Patrística* (p. 378) e *Idade Média* (p. 380).

O principal dado que a fé religiosa oferecia ao horizonte filosófico concentrava-se na possibilidade de crer na existência de um ser supremo (Deus) que, por ter criado o mundo, ama-o e estabelece um diálogo com ele.

Essa nova concepção do ser divino diferia bastante daquela que os filósofos antigos haviam elaborado. Platão, por exemplo, ao falar da Forma do Bem, não a entendia como "alguém" ou como uma "pessoa" que ama a Humanidade. Segundo Aristóteles, o Bem Supremo, sendo perfeito, sequer teria "consciência" de que o mundo existe, pois crer que o Bem conhece o mundo levaria a afirmar algo contraditório: aquilo que é perfeito (o Bem) conteria em si algo imperfeito (o conhecimento do mundo).

No dizer de Aristóteles, o Bem entretém-se consigo mesmo ou com o conhecimento de si mesmo; e, diante da necessidade de explicar como o Bem pode magnetizar todas as coisas e atraí-las, o filósofo usava a seguinte metáfora: o Bem atrai todas as coisas assim como uma pessoa amada atrai a pessoa que a ama (quem é amado não precisa saber que é amado; sua existência basta para que outra pessoa o ame). Ademais, Platão e Aristóteles acreditavam que tanto o Bem como o mundo são eternos (sem começo nem fim); por isso, sequer imaginaram a possibilidade de uma criação do mundo e de uma "relação bilateral[2]" entre o Bem e o mundo. No máximo, tiveram de esclarecer como o mundo se relaciona unilateralmente[3] com o Bem (sendo atraído por ele).

É justamente a crença na criação do mundo que distinguirá a nova concepção do ser divino, desenvolvida por filósofos de orientação religiosa judaica, judaico-cristã e muçulmana. As obras de muitos desses autores, principalmente dos cristãos da Patrística, registram o que eles consideravam a nova experiência de fé vivida por eles: uma forma de realização mais perfeita, fonte de prazer e alegria, por meio da relação com o ser divino. Justino de Roma, por exemplo, mesmo sendo um platônico convicto, dizia ter encontrado o "calor" que faltava à frieza das Ideias. A fé preenchia necessidades não apenas intelectuais, mas também afetivas. Ora, vivendo essa nova experiência, os filósofos não consideravam adequado deixá-la de lado para refletir filosoficamente sobre o mundo. Ao contrário, se a ignorassem, não seriam fiéis à plenitude da verdade que eles acreditavam ter encontrado. Dessa perspectiva, procurarão combinar o que haviam aprendido por meio das obras dos filósofos antigos com aquilo que aprendiam agora pela experiência de fé. Deram origem, então, a uma nova prática filosófica, ampliando os horizontes de investigação com novos temas e questões.

O principal desses novos temas foi exatamente a possibilidade de entender Deus como o criador de todas as coisas. Se há um ser divino, a nova experiência religiosa leva a afirmar que, para desenvolver um pensamento coerente sobre ele, ele precisa ser concebido como transcendente ao mundo (p. 80) – assim como Platão descrevia o Bem Supremo – e como fonte de tudo o que existe. O mundo,

JUSTINO DE ROMA (100-165)

Também conhecido como Justino Mártir, foi um filósofo e teólogo cristão que nasceu em Flávia Nápoles (atual Nablus, na Síria). Segundo a tradição católica, foi morto em Roma, decapitado como mártir. Foi um filósofo platônico que se converteu ao cristianismo. Defendia que Jesus Cristo era a verdade buscada pelos filósofos. Obras mais conhecidas: *Apologias* e *Diálogo com Trifão*.

[2] ***Bilateral:*** *algo com dois lados; com duas direções.*

[3] ***Unilateralmente:*** *maneira de vivenciar algo apenas de um lado.*

portanto, não teria existido sempre, mas começado a existir quando Deus decidiu criá-lo.

Essa combinação de elementos filosóficos e religiosos foi operada, pela primeira vez, na obra do judeu Fílon de Alexandria, mas ganhou amplo desenvolvimento com os cristãos da Patrística (a partir do século II), que levantaram uma questão filosófica de não pouca importância: se Deus é o criador de tudo o que existe, ele tem o poder de fazer tudo o que quer; ora, se ele pode fazer tudo o que quer, então é um ser perfeitíssimo, sem necessidade de nada que o complete; por que, então, ele terá criado o mundo se não precisava do mundo para ser Deus? A essa pergunta filosófica era dada uma resposta religiosa: Deus criou o mundo por amor. É no novo contexto aberto por essa pergunta e essa resposta que a filosofia do amor ganhará novas colorações: o amor, agora, recebe um novo "padrão" de compreensão, pois passa a poder ser pensado como um gesto de pura gratuidade, ato de "alguém" (o ser divino) que, sem recompensa nenhuma, decide fazer o bem de seres que não o completam (pois ele não precisa de nada) e os traz à existência. A criação do mundo, assim, revela um novo tipo de amor, aquele que visa o próprio ato de amar, e não uma satisfação com algo diferente.

Giovanni di Paolo, 1398-1482, *Criação do mundo e a expulsão do Paraíso*, 1445, óleo sobre madeira.

p. 460
Observação 2

De modo geral, porém, esses filósofos tinham consciência de que não eram obrigados filosoficamente a crer na criação do mundo. É verdade que eles discordavam dos antigos gregos e não aceitavam que o mundo podia ser entendido como existente "paralelamente" ao ser divino (ao lado dele e sem ter sido produzido por ele); afinal, como eles diziam, nada, no próprio mundo, mostra ser a fonte de si mesmo, parecendo mais sensato concluir que, em seu conjunto, o mundo também não se produz a si mesmo, mas resulta de um princípio criador. No entanto, nada obriga racionalmente a dizer que o ser divino fez o mundo começar a existir em um determinado momento; ele pode ter feito com que o mundo existisse desde sempre e junto com ele, mas por uma decisão dele.

Na Idade Média, Tomás de Aquino (p. 114) repetirá essa ideia. De acordo com sua interpretação, é possível e mesmo necessário defender que o mundo resultou de um ato criador (afinal, nada no mundo mostra ser capaz de produzir-se a si mesmo). No entanto, Tomás insistia que é impossível resolver apenas com raciocínios filosóficos a dúvida sobre a alternativa: o mundo é criado eternamente ou em um determinado momento? Haveria boas razões para assumir tanto uma como a outra dessas hipóteses. Tomás encontra, então, uma forma de superar a indecisão: quem tem fé religiosa e respeita alguns textos como sagrados (a Bíblia, no caso de Tomás) tem uma razão a mais para confiar no que dizem esses textos sagrados e optar pela hipótese da criação do mundo em um determinado momento. Filosoficamente, porém, nada obrigaria a tal conclusão.

Esse tipo de raciocínio ilustra o modo como os pensadores patrísticos e medievais harmonizavam elementos aprendidos pela experiência de fé com a prática filosófica. É exatamente da perspectiva dessa harmonização

FÍLON DE ALEXANDRIA
(c. 20 a.C.-50 d.C.)

Foi um filósofo de origem judaica que viveu em Alexandria no período helenístico. Fílon foi o primeiro filósofo que buscou conciliar o conteúdo bíblico com a tradição filosófica ocidental, criando uma interpretação do Primeiro Testamento à luz da filosofia grega, notadamente platônica.

que eles explorarão outra possibilidade de compreender o amor: com base na gratuidade total do ato criador (o gesto de criar com o objetivo de tão somente prolongar o próprio amor, sem nenhuma recompensa diferente dele mesmo), eles passaram a entender que mesmo os seres humanos são capazes de amar dessa maneira. Se antes da concepção "pessoal" do ser divino (Deus entendido como "alguém" que ama) o amor era compreendido como busca de satisfação por meio da relação com alguma pessoa ou alguma coisa, agora se abre a possibilidade de entender que o amor pode ser gratuito, como ato cujo objetivo é simplesmente amar.

Em outras palavras, a relação com o ser divino passa a ser entendida como uma relação bilateral de amizade; e o modo como Deus vive a amizade (como ato total de amor) leva a entender que a amizade entre os seres humanos pode ser vivida de modo parecido. Em comparação com o mundo antigo, a amizade ou o amor de amigo é transfigurada[4], pois se revela uma forma de amar os amigos também com um amor total, sem recompensa para além do próprio amor ou da satisfação obtida com o simples ato de amar.

O modelo bíblico do amor divino (raiz da religiosidade judaica, judaico-cristã e mesmo muçulmana) dá a base dessa nova concepção de amizade, pois, de acordo com esse modelo, ainda que os seres humanos rompam sua relação com Deus, ele não rompe, de sua parte, a sua relação com os humanos. As ofensas e os erros não são nunca suficientes para diminuir ou anular o amor divino. Assim, mesmo atribuindo a ideia de *justiça* – já elaborada pelos filósofos antigos – ao ser divino, os autores passam a dizer que ele também é dotado de *misericórdia* e compaixão.

A esse respeito, os textos bíblicos são repletos de exemplos. Em várias narrativas, Deus continua a amar os seres humanos mesmo quando eles são "maus amigos". Deus tem "paciência" com eles e "aposta" sempre no fato de eles poderem melhorar. Uma das narrativas bíblicas mais impressionantes é aquela em que Deus ordena ao profeta Oseias casar-se com uma prostituta, mostrando que ela era capaz de viver uma relação de amor. O casamento de Oseias, por sua vez, simboliza o casamento de Deus com a Humanidade.

Independentemente de crermos ou não na Bíblia, podemos observar a beleza literária do texto .

É curioso que o texto comece por um discurso de Deus dirigido a Oseias, mas depois misture as pessoas gramaticais (a pessoa do narrador e a pessoa do destinatário), não permitindo saber se é Deus ou se é Oseias que tem a palavra. Oseias inicia falando em primeira pessoa, mas, ao mencionar ações que só Deus pode realizar (aliança com os animais, domínio sobre a Terra), empresta sua voz a Deus.

O texto começa mencionando a esposa ("vou

[4] ***Transfigurado:*** *algo cuja figura é alterada; transformado.*

Deus se casa com quem o ama
Profeta Oseias

1 O Senhor disse a Oseias: "Vai, toma para ti uma mulher que se entrega à prostituição e filhos de prostituição, pois a Terra se prostitui continuamente, afastando-se do Senhor". [...] Pois então vou seduzi-la. Eu a levarei ao deserto e falarei ao seu coração. De lá, eu lhe restituirei as suas vinhas e farei do Vale de Akor uma porta
5 de esperança: lá ela responderá como no tempo da sua juventude, no dia em que subiu da terra do Egito. Acontecerá naquele dia que tu me chamarás "meu marido" e já não me chamarás "meu dono". [...] Naquele dia, firmarei uma aliança em favor deles com os animais do campo, os pássaros do céu, os répteis do chão. Quanto ao arco, à espada e à guerra, eu os quebrarei e já não existirão na Terra; permitirei
10 aos habitantes que durmam em segurança. Eu noivarei contigo para sempre, eu noivarei contigo, pela justiça e pelo direito, pelo amor e pela ternura. Eu noivarei contigo pela fidelidade e tu conhecerás o Senhor. ■

Livro de Oseias, cap. 2, versículos 16-22. In: *Tradução Ecumênica da Bíblia*. 2. ed. Vários tradutores. São Paulo: Loyola, 1995. p. 882.

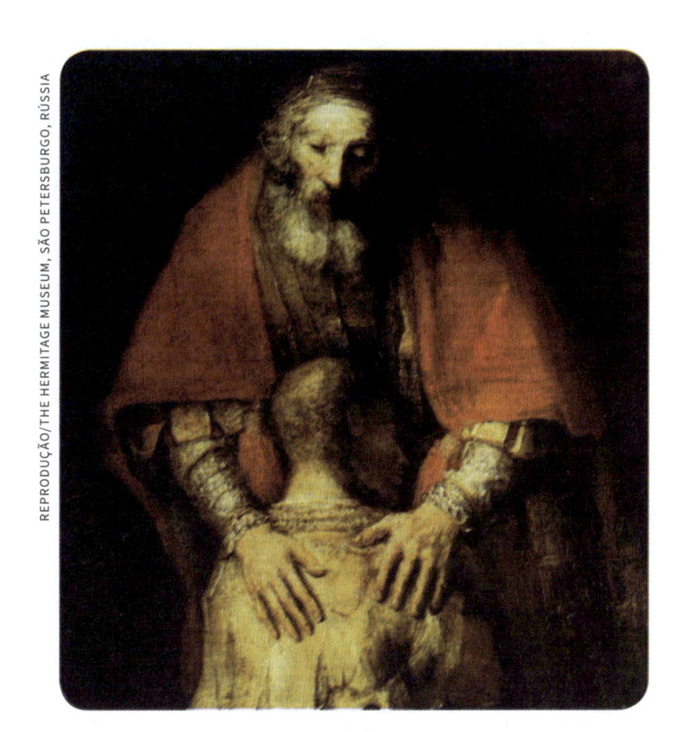

Rembrandt (1606-1669), *O pai misericordioso* ou *O retorno do filho pródigo* (detalhe), 1668, óleo sobre tela.

seduzi-la"), para terminar falando diretamente com ela ("tu conhecerás"). É um sinal de que seus destinatários são todos que leem o texto, e não apenas a esposa de Oseias. Isso se confirma pelas referências ao Vale de Akor e à saída do povo judeu do Egito, referências públicas e universais naquela época, e não particulares. O Vale de Akor era conhecido como um local de desgraça e sofrimento, pois lá o judeu Akan teria cometido o crime do roubo, vindo a ser apedrejado junto de toda a sua família, com a permissão de Deus. Todavia, no relato amoroso de Oseias, Deus revê sua posição e transforma o vale de desgraça em lugar de esperança, simbolizada pela vitalidade das vinhas. A transformação do Vale de Akor é comparada com a saída dos judeus do Egito, onde eles tinham sido escravos e de onde haviam sido retirados para chegar à terra prometida pelo próprio Deus, lugar de liberdade e de satisfação.

A curiosa imagem de Deus como alguém que se decepciona e permite o sofrimento, arrependendo-se depois, voltando atrás e amando, faz parte da pedagogia bíblica do aprendizado para "ver" Deus. Oseias insistia na importância de abandonar a "visão" de Deus como um ser ciumento, invejoso e que pune quem não lhe oferece sacrifícios, para aderir à sua concepção como alguém que compreende os seres humanos, sabe de suas fraquezas e está pronto para socorrê-los. O amor divino simbolizado pelo casamento de Oseias com uma prostituta era considerado no judaísmo como um amor de bondade, irresistível, como uma ação que sai do ventre humano (das emoções mais profundas). Mais tarde, os autores de língua latina exprimiram esse amor pelo termo *misericórdia*: Deus tem um coração (*cor, cordis*) pobre (*miserus*), pois entende o coração humano, que é pobre e imperfeito.

Diante desse novo modelo de amor (que transcende a justiça e é também misericordioso), o amor de amigo vivido entre os humanos passa a ser visto também como dotado da possibilidade da misericórdia. Entendidos em sua imperfeição, os amigos (e todos os seres humanos) podem ser amados pelo simples prazer de amar. Não se trata de ser passivamente omisso[5] diante de injustiças, mas de entender que o valor das pessoas não diminui nem mesmo quando elas erram.

As consequências filosóficas da reflexão sobre essa nova maneira de viver o amor serão de grande impacto, principalmente em termos éticos. Novas virtudes passam a ser concebidas (especialmente a misericórdia e a compaixão). Do lado judaico-cristão, ainda, tem início a elaboração da ideia de *dignidade humana*, isto é, do valor inquestionável de cada indivíduo (porque ele é amado gratuitamente por Deus), independentemente do que ele pratica. O significado histórico dessa ideia pode ser avaliado se se tem em vista que ela é a raiz de práticas sociais que duram até hoje, como é o caso do compromisso com os Direitos Humanos (p. 276).

Aos poucos, passou-se a adaptar o vocabulário grego antigo e a designar essa nova concepção de amor pelo termo *ágape*. Essa palavra não tinha um sentido rígido antes, embora servisse para designar o amor "gratuito" que surge entre os membros de uma família. Por sua vez, o sentido sexual, erótico, passou a ser reservado ao termo *éros*; e o amor de amigo confirmou-se como a *philía*.

Os autores latinos traduziram *ágape* por *charitas*, que, em português, corresponde a *caridade*. Em síntese, o amor-caridade é o amor cuja recompensa é o próprio ato de amar e de dar valor a tudo o que existe.

[5] **Omisso:** *quem não realiza algo que deveria realizar.*

EXERCÍCIO B

p. 462

1. Por que a crença em um Deus criador interferiu na compreensão filosófica do amor?
2. Sobre a atitude dos filósofos patrísticos e medievais a respeito do começo do mundo, é correto afirmar que:
   (a) Como o mundo precisa ter surgido de alguma coisa, o mundo não é eterno; Deus teve de começá-lo.
   (b) Como ninguém esteve presente no momento do surgimento do mundo, é melhor comprometer-se com a tese de que ele foi começado.
   (c) Como não é possível ter qualquer certeza a respeito do surgimento do mundo, a revelação bíblica fornece um motivo para optar pela crença no começo do mundo como obra de Deus.
   (d) Como, segundo a Bíblia, Deus criou o mundo, não se deve discutir esse dado, mas aceitá-lo, pois a Bíblia é a Palavra de Deus.
3. Comente o impacto filosófico causado pela nova concepção de amor, o amor sagrado.
4. Diferencie *ágape*, *éros* e *philía*.

3 O amor como "coisa de outro mundo"

No desenrolar da História da Filosofia, diferentes pensadores realizaram duras críticas à concepção de amor como caridade e mesmo à concepção platônica que considerava o amor como a atração exercida pelo Bem e pelas Formas. Denunciou-se principalmente o sentido religioso que essas concepções introduziram na reflexão filosófica. Tal sentido transformaria o amor em "coisa de outro mundo" (o mundo das Formas ou de Deus), prejudicando a compreensão do nosso próprio mundo, "este mundo" em que vivemos e no qual está mergulhado o nosso corpo.

Em outras palavras, ao remeter a Deus ou às Formas platônicas, haveria um erro de graves consequências para a vida humana: o olhar seria fixado em um mundo de "sonhos" e esqueceria nossa vida efetiva. Segundo esses filósofos partidários dessa crítica, os platônicos e os cristãos não compreenderiam o que nos cerca; mais do que isso, fugiriam desse mundo e fariam mal à Humanidade ao ensinar as pessoas a também fugir. Alguns chegaram a afirmar que Platão e os cristãos desprezam o corpo humano, ignoram seus impulsos naturais e tentam controlá-lo em nome de uma vida sobrenatural, a vida da fé.

Com efeito, em livros como o *Fédon*, Platão dá a entender que o corpo humano e o mundo físico podem ser obstáculos para o conhecimento do Bem, de modo que a verdadeira sabedoria só seria alcançável por quem conseguisse libertar-se do corpo. Do lado patrístico, Agostinho de Hipona, na obra *Livro sobre oitenta e três questões diversas*, por exemplo, interpreta o Bem como Deus e conclui que é possível conhecê-lo por meio exclusivamente da inteligência, sem a interferência do corpo.

Assim, diante dessas relativizações do corpo, pensadores como Friedrich Nietzsche (p. 172) denunciarão o grave erro de elaborar reflexões desconectadas da vida efetiva. Nietzsche proclamava a necessidade de romper com o platonismo e com a religião cristã, o "platonismo das massas". De acordo com sua interpretação, Platão teria abafado o espírito dionisíaco do mundo grego, o espírito do prazer, do excesso, da força, dando preferência ao espírito apolíneo, o espírito do equilíbrio, da harmonia, da compreensão racional; e o cristianismo teria apenas consagrado essa inversão.

Libertar-se do platonismo de Platão e do platonismo dos cristãos, segundo Nietzsche, significava recuperar o caráter dionisíaco da vida, fazendo

AGOSTINHO DE HIPONA OU **SANTO AGOSTINHO** (354-430)

Foi um filósofo e teólogo africano-europeu dos primeiros séculos do cristianismo. Nascido em Tagaste (hoje Souk Ahras, na região da Argélia), Agostinho tornou-se adepto do maniqueísmo durante sua juventude, passou pelo ceticismo e aderiu ao neoplatonismo de Plotino. Converteu-se ao cristianismo e buscou concretizar uma reflexão em que os dados filosóficos juntavam-se com a experiência de fé para iluminar a vida humana. Obras mais conhecidas: *Confissões*, *A cidade de Deus*, e *O livre-arbítrio*.

Dionísio e Apolo

Apolo e Dionísio eram deuses gregos que patrocinavam as artes.

Em Apolo, os gregos viam a personificação da força soberana, organizadora, reguladora com inteligência e dominadora da força vital representada por Dionísio.

Dionísio, por sua vez, era, acima de tudo, a divindade da vegetação, da umidade que dá vida e anima todo o Universo. Era o deus das grandes árvores e das folhagens que permanecem verdes no inverno, revelando a continuidade incessante da vida.

Apolo é solar, deus do conhecimento e garantidor das tradições religiosas. Endereçava sua mensagem aos humanos em termos de sabedoria equilibrada, tal como se lia na entrada de seu templo: *Conhece-te a ti mesmo!*

Dionísio é terreno, ao mesmo tempo líquido e fogo, como o vinho que sacia e aquece por dentro, renovando a vitalidade. Daí Dionísio ter se tornado o deus do vinho, como se dissesse aos humanos: *Embriaga-te! Entra em êxtase!*

Dionísio, assim, é a força da vida, é espontaneidade e ausência de limites; Apolo é a coerência, a lucidez, o ordenamento interior que repercute no mundo exterior.

Os gregos, entretanto, não os opunham, mas os conciliavam. Segundo o testemunho de Plutarco (45-120), os dois eram cultuados em épocas diferentes: o ritual apolíneo continha hinos triunfais e era realizado na maior parte do ano; já o ritual dionisíaco apresentava ritmos musicais mais espontâneos (os *ditirambos*) e era praticado apenas durante os três meses de inverno. ■

REPRODUÇÃO/PAPHOS, CHIPRE

REPRODUÇÃO/MUSEU PALATINO, ROMA, ITÁLIA

Acima: *Dionísio e a ninfa*, séc. III, mosaico grego. À direita: *Apolo tocador de cítara*, séc. I, afresco romano.

perceber que ela é uma constante superação de resistências por meio de uma correlação de forças: o Universo mesmo é um conjunto de forças que movem tudo a vencer obstáculos e a afirmar-se.

Ao falar de *força*, Nietzsche não faz um elogio da violência, e sim da tendência a ultrapassar resistências, observável principalmente nos seres vivos. Ser forte não é ser violento, porque quem é verdadeiramente forte não busca exterminar os outros, mas dominá-los o suficiente para manter o jogo em que os fortes podem se afirmar. Os platônicos, sobretudo cristãos, cultivariam uma atração doentia pela fraqueza e se apegariam a ela, segundo Nietzsche, em vez de lutar com as resistências que a vida lhes opõe. Fogem da luta e vivem no mundo dos sonhos, especialmente os sonhos com uma “vida melhor” na eternidade junto com Deus.

No livro *Crepúsculo dos ídolos*, Nietzsche oferece uma síntese de sua crítica.

A primeira e a segunda teses de Nietzsche tomam como ponto de partida a impossibilidade de demonstrar a existência de alguma outra realidade diferente da nossa. Se demonstrar significa, de modo geral, “provar” ou dar boas razões para acreditar naquilo que se afirma, então se torna difícil demonstrar a existência de uma realidade diferente desta (o mundo), pois nada a prova rigorosamente. Por isso, o outro mundo é um não ser; é o nada; e o nada não existe. Platônicos e cristãos falaram, então, do não ser, do nada, de algo que não existe. Isso é uma *ilusão de óptica* e *ilusão ética*, pois, se ética é algo que se refere aos valores morais, então os platônicos e os cristãos guiaram-se por valores inventados com base em uma ilusão.

FRIEDRICH NIETZSCHE (1844-1900)

Foi um filólogo, filósofo e poeta alemão. Marcou a filosofia contemporânea por sua profunda crítica à cultura do final do século XIX, especialmente à moral, à religião e à razão (Filosofia e Ciência). Identificava na Natureza uma necessidade de afirmação da vida, manifestada no ser humano pela vontade de potência (de dominar). Denunciava falsos valores como a fraqueza e o autocontrole, produtores de ressentimento. Obras mais conhecidas: *O nascimento da tragédia no espírito da música*, *Assim falou Zaratrusta*, e *Além do bem e do mal*.

A *ilusão de óptica* e de *ética*, comentada por Nietzsche na segunda proposição de seu texto, liga-se diretamente com o que é dito na terceira

O mundo efetivo e o mundo dos sonhos

Friedrich Nietzsche

Vão-me ficar agradecidos se eu condensar uma tão essencial e tão nova perspectiva em quatro teses: com isso facilito o entendimento; com isso promovo a contradição.

Primeira proposição. Os fundamentos, em vista dos quais “este” mundo foi designado como aparente, fundam, em vez disso, sua realidade – uma outra espécie de realidade é absolutamente indemonstrável.

Segunda proposição. Os signos característicos que se deram ao “verdadeiro ser” das coisas são os signos característicos do não ser, do nada – edificou-se o “verdadeiro mundo” a partir da contradição com o mundo efetivo: um mundo aparente de fato, na medida em que é uma *ilusão de óptica e de ética*.

Terceira proposição. Fabular sobre um “outro” mundo, que não este, não tem nenhum sentido, pressupondo que um instinto de calúnia, apequenamento, suspeição contra a vida, não tenha potência em nós: neste último caso *vingamonos* da vida com a fantasmagoria de uma “outra” vida, de uma vida “melhor”.

Quarta proposição. Dividir o mundo em um “verdadeiro” e um “aparente”, seja ao modo do cristianismo, seja ao modo de Kant (de um cristão *capcioso*, em última instância) é somente uma sugestão da *décadence* – um sintoma de vida declinante... Que o artista estime a aparência mais alto do que a realidade, não é uma objeção contra esta proposição. Pois a “aparência” significa aqui a realidade *mais uma vez, só que selecionada, fortalecida, corrigida...* O artista trágico não é um pessimista – diz precisamente sim, até mesmo a todo problemático e terrível, é *dionisíaco...* ■

NIETZSCHE, Friedrich. Crepúsculo dos ídolos, § 6. In: ____. *Obras incompletas*. v. 2. Tradução Rubens R. Torres Filho. São Paulo: Abril Cultural, 1987. p. 111-112. (Coleção Os pensadores.)

Ilusão de óptica e de ética

O esquema ao lado foi desenvolvido pelo psiquiatra e sociólogo alemão Franz Müller-Lyer (1857-1916), para mostrar a ilusão de crer que os traços das flechas têm comprimentos diferentes. A ilusão se produz como uma crença que não corresponde à realidade (olhando os traços em vermelho, percebe-se que eles têm o mesmo comprimento). Uma ilusão de *ética* seria algo parecido. Pode-se olhar para certos valores morais crendo que são adequados, mas, vistos de perto, eles se mostrariam inadequados. No caso da crítica de Nietzsche aos cristãos, valores como a caridade ou a misericórdia seriam uma ilusão de ética, pois não correspondem à verdadeira existência humana, que é uma correlação de forças. ■

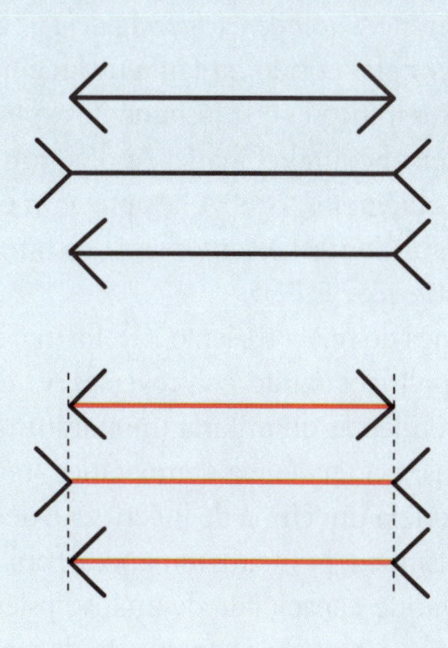

proposição: fabular[6] sobre "outro" mundo é algo que não tem sentido e resulta de um instinto de calúnia, de apequenamento e de suspeita contra a vida. Esse instinto explicaria, sobretudo, a atitude dos cristãos, pois, em vez de entrar na vida (como campo de forças) e explicá-la como ela é, eles se deixam levar por esse instinto de calúnia e atacam os fortes, pretendendo fazê-los sentir-se culpados por serem fortes.

Na quarta proposição, Nietzsche explica de outra maneira o que disse nas três primeiras. Ele afirma que dividir o mundo em dois, o "verdadeiro" e o "aparente", é um sintoma de *decadência*. Se correlacionarmos a quarta proposição com a terceira, poderemos ter já uma visão do que é a decadência: em primeiro lugar, ela significa não olhar para a vida tal como ela é, mas se refugiar em ilusões. Além disso, na quarta proposição, Nietzsche dá outras indicações do que é a decadência. Ela se refere à vida que está em diminuição e abatimento. Ela pode, porém, retomar suas forças e revigorar-se; para tanto seria importante denunciar a ilusão platônico-cristã.

Com efeito, Nietzsche não era um pessimista; pelo contrário, lutava pela afirmação da vida. A prova disso vem ainda da quarta proposição, pois ele proclama aquilo que um artista pode fazer diante da decadência: em vez de chamar a realidade de aparência, pode considerar que o que chamaram de aparência é o mundo mesmo: é a transformação, a instabilidade, a efemeridade[7]. A "aparência" seria finalmente compreendida; ela seria vista corretamente. Assumindo-a tal como ela é, o artista diz "sim" a ela, mesmo diante de tudo o que é problemático e terrível. O artista é trágico, ou seja, assume que a vida tem prazeres e dores, coisas boas e coisas difíceis. É por isso que o artista é dionisíaco: ele percebe vitalidade por todos os lados, mesmo diante dos problemas e das coisas terríveis. Pode-se mesmo afirmar que, de acordo com Nietzsche, para haver um bom filósofo, ele deve ser um artista.

Nietzsche menciona ainda o filósofo alemão Immanuel Kant ( p. 207) e o chama de capcioso[8], pois, embora Kant tenha tentado construir uma filosofia não baseada em "outros mundos", acabou justificando sua ética pela crença em Deus e pelo temor do castigo eterno (portanto, pela referência a um outro mundo).

p. 461 Observação 3

[6] **Fabular:** *imaginar; falar de algo irreal.*
[7] **Efemeridade:** *característica daquilo que dura pouco, que é transitório, efêmero.*
[8] **Capcioso:** *quem diz uma coisa, mas acaba querendo dizer outra; ardiloso; enganador.*

Nietzsche e a *décadence*

Em alguns de seus textos, Nietzsche usa o termo francês *décadence* (*decadência*). Tal uso se explica por ele ter sido bastante influenciado por pensadores franceses que justamente explicavam a decadência. Segundo Charles Andler, um de seus melhores biógrafos, Nietzsche apreciava especialmente Paul Bourget, escritor católico francês que viveu entre 1852 e 1935.

A França do final do século XIX foi marcada por eventos políticos muito controversos. O combate entre a tendência autoritária (monarquistas e imperialistas) e a tendência democrática (republicanos) produzia um clima de incerteza e de falta de direção. Em seus primeiros romances, Paul Bourget revela grande capacidade de análise psicológica, explorando o que ele chamava de *desejo de modernidade* por parte das jovens gerações. São dessa época seus livros *Cruel enigma* (1885), *Um crime de amor* (1886) e *Mentiras* (1887).

Em outra fase de sua produção literária, Paul Bourget dedica-se a analisar as causas dos sentimentos que estava acostumado a descrever. Produz, então, o livro *O discípulo*, de 1889, considerado sua obra-prima. Escreve também ensaios, ou seja, textos menos curtos do que um romance, com um claro caráter de análise. Vários dos ensaios de Bourget foram dedicados à obra de autores que ele admirava e ao mesmo tempo criticava: Charles Baudelaire (1821-1867), Joseph Ernest Renan (1823-1892), Gustave Flaubert (1821-1880), Hippolyte Taine (1828-1893) e Henri-Marie Beyle, conhecido como Stendhal (1783-1842).

Bourget associa esses escritores com o espírito dos anos 1880 e as incertezas políticas. Compara-os aos romanos do período do declínio do Império e acredita que eles se consideram a si mesmos como "nascidos tarde demais" e em um "mundo ultrapassado". Eles seriam marcados por um incurável cansaço diante da vida; seriam diletantes[9] em sentido pejorativo, ou seja, eram gênios da Literatura e das artes, mas também imaturos nos assuntos "sérios" da existência.

O escritor francês tomará, então, a palavra *décadence* para exprimir os anos 1880 e os escritores que analisou. Em linhas gerais, a decadência seria um período em que uma sociedade não consegue suscitar um grande número de pessoas com uma produção em vista do bem comum. Ao contrário, as pessoas pensam em si mesmas, em seu próprio benefício e em sua glória individual. Como a Sociedade é um organismo vivo e dependente dos seus componentes (indivíduos e grupos), então, se os indivíduos só pensam em si mesmos, o conjunto sofre e entra em declínio. É a decadência.

Charles Gallot, *Paul Bourget*, sem data, fotografia.

De acordo com Bourget, embora os escritores e artistas do fim do século XIX denunciassem em termos gerais a decadência do mundo, eles mesmos também eram decadentes. A decadência de uma sociedade afeta a arte da palavra; e os literatos decadentes não são capazes de vencer o desejo de chamar atenção para si. Nas palavras de Bourget, um estilo decadente é aquele em que a unidade de um livro decompõe-se para chamar a atenção para a independência da frase; e, a frase, para a independência da palavra.

Nietzsche não partilhava inteiramente a visão de Paul Bourget. O livro *O vermelho e o negro*, de Stendhal, por exemplo, foi tão importante em sua vida, a ponto de ele comparar a descoberta de Stendhal com sua descoberta de Arthur Schopenhauer (➔ p. 85), autor que lhe teria permitido pensar um modo de sair da decadência. Desse ponto de vista, a decadência ainda não significa um fim, pois ela pode ser revertida em construção de novas formas de vida. Nietzsche concentrava seus esforços para encontrar tais formas novas. ■

[9] ***Diletante:*** *quem exerce uma atividade por prazer, e não por obrigação. Mas o termo também tem um sentido pejorativo, designando alguém imaturo, que reage com orgulho e provocação diante da vida porque é medroso e não tem coragem de enfrentar as dificuldades, fechando-se em sua visão de mundo.*

EXERCÍCIO C

p. 463

1. Qual a ideia central da crítica de Nietzsche aos platônicos e aos cristãos?
2. Por que Nietzsche afirma que os cristãos fazem uma ilusão de óptica e de ética?
3. Nietzsche é um pessimista?
4. Em que sentido se pode dizer que um bom filósofo, segundo Nietzsche, é um artista?
5. O que é a *decadência* na visão nietzschiana?

Ressurreição, séc. XIV, afresco.

4 Contradição da contradição

A filosofia de Friedrich Nietzsche representou, como ele mesmo declara, uma contradição das filosofias platônica e cristã. Isso significa que ele procurou elaborar uma filosofia oposta ao platonismo e ao cristianismo, a ponto de anulá-los.

As contradições, em Filosofia, têm um papel de grande importância (p. 210). Quando um filósofo procura mostrar que outro está equivocado e propõe uma nova maneira de pensar, significa que ele pretende analisar o pensamento do filósofo contradito e conduzir a uma reflexão mais apropriada à experiência humana.

Ocorre, porém, que alguns especialistas do pensamento de Platão (p. 82) e da história do cristianismo têm mostrado que Nietzsche, em seu esforço de contradizer o platonismo e o pensamento cristão, não operou uma análise inteiramente adequada de ambos. Dessa perspectiva, seria possível realizar uma "contradição da contradição" nietzschiana, a fim de chegar a conclusões filosóficas mais condizentes com os fatos históricos.

Por exemplo, parece coerente lembrar que Platão considera as Formas como identidades comuns das coisas e só diferencia o aspecto sensível do aspecto inteligível (p. 152) com finalidades pedagógicas, sem dividir o mundo em dois. Do lado do pensamento cristão, por sua vez, remeter a Deus não significa necessariamente falar de "outro mundo", uma vez que a presença divina é encontrada neste mundo e no corpo físico. O modelo divino do amor torna mesmo inadequado pensar que a religião judaico-cristã seja uma prática que desenvolve o sentimento de culpa nas pessoas, pois a misericórdia e a compaixão são formas de valorizar a vida mesmo em seus tropeços, aumentando o gosto de viver.

Segundo historiadores como Jean Delumeau (1923-), o tema da culpa como sentimento doentio é algo que aparece só tardiamente no pensamento cristão, por volta dos séculos XVI-XVII, quando se acentuam os debates sobre o sofrimento de Cristo, levando a uma identificação exagerada com o "pagamento" pelas faltas humanas. Antes disso, os erros humanos (a culpa) eram vistos como ocasião de encontrar a Deus, a ponto de se cantar, em cerimônias religiosas, o verso atribuído a Agostinho de Hipona: "Ó culpa feliz, que trouxe ao mundo um tão grande salvador!". Seja como for, consiste em um equívoco histórico afirmar que o sentimento de culpa pertence à natureza ou à "essência" do cristianismo.

Quanto ao desprezo pelo corpo, atribuído tanto a Platão como aos cristãos, trata-se de outro exagero histórico: a atenção aos riscos da compreensão dos cinco sentidos como única fonte de conhecimento é interpretada como uma desconfiança radical com relação ao corpo. Contudo, embora Platão usasse algumas expressões de grande impacto para falar do corpo (por exemplo, "túmulo da alma"), elas eram metáforas do "aprisionamento" que a inteligência humana pode viver se acreditar que o mundo é apenas aquilo que os cinco sentidos revelam. Ademais, os corpos e as aparências físicas eram concebidos por ele como o primeiro momento em que se pode reconhecer a presença da Beleza (p. 81). Os cristãos, por sua vez, mesmo denunciando os riscos de confiar no corpo e de seguir os seus impulsos, viam nele a ocasião da "salvação" (o "lugar" do encontro com Deus).

Gregório de Nazianzo (p. 176), platônico cristão, é um bom testemunho para confirmar a necessidade de uma revisão histórica do modo como tem sido praticada a historiografia das tradições platônica e cristã desde o século XIX. Ele combina essas tradições, lembrando que o corpo permite chegar ao que há de mais belo (*platonismo*) e é parte essencial do ser humano, ressuscitando para a vida com Deus depois da morte (*fé cristã*) .

O corpo: amigo adorável e inimigo esperto

Gregório de Nazianzo

1 Qual mistério me une ao meu corpo? Ignoro. Também não sei como posso ser, ao mesmo tempo, imagem de Deus e mistura do barro de que sou feito. Esse corpo, quando está bem, luta comigo; quando está doente, mostra seu mau humor. Tento escapar dele quando ele tenta me escravizar, mas o respeito como a um companheiro 5 que, assim como eu, tem direito à herança celeste. Se tento cansá-lo, fico sem meu ajudante, aquele que me auxilia a atingir o que há de mais belo. Sei bem por que nasci: para chegar até Deus por meio de meus atos. Portanto, poupo meu corpo como um colaborador, pois aprendi a escapar de seus ataques e a não me afastar de Deus nem cair com o peso do corpo que me puxa para a Terra e quer me fixar nela. Amigo 10 adorável e inimigo esperto! Ah, que unidade e que incompatibilidade: desejar aquilo que me dá medo e amar aquilo de que duvido. Antes de começar uma guerra, nós já fazemos as pazes. Quando estamos em paz, eis-nos novamente em conflito. ■

GREGÓRIO DE NAZIANZO, Discours XIV, 6-7. In: GALLAY, P. *Grégoire de Nazianze*. Paris: Éditions Ouvrières, 1993. p. 43. (Discursos. Tradução nossa.)

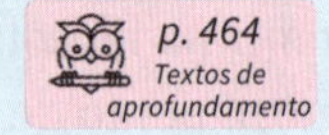
p. 464 Textos de aprofundamento

GREGÓRIO DE NAZIANZO (329-389)

Foi um filósofo, teólogo e escritor da região da Capadócia (atual Turquia) e patriarca de Constantinopla (atual Istambul). É considerado um dos pais e doutores do cristianismo, por ter contribuído com o esclarecimento de verdades da fé. Como filósofo, seguia fundamentalmente o pensamento de Platão. Escreveu principalmente discursos, cartas e poemas, entre os quais se destacam: *Discursos*, *Poemas dogmáticos* e *Poemas morais*.

Gregório de Nazianzo adota o vocabulário do "amigo" e do "inimigo" para falar do corpo, porque alguns dos destinatários de sua obra eram os adeptos do *maniqueísmo* (p. 177), que refletiam sobre todas as coisas em termos de oposição (como na luta entre o Bem e o Mal). Adotando a estratégia de falar a língua dos maniqueus, Gregório leva a perceber que, no fundo, o corpo não é um inimigo; ele tem suas diferenças com relação ao "eu" ou ao pensamento que se sente como algo que está "dentro do corpo" ou que se entende como algo que "possui" um corpo. Mas assim como em uma relação de amizade as diferenças de um amigo não fazem dele um inimigo, assim também o corpo não é contrário ao "eu" ou ao pensamento que está unido a ele. Se o "eu" sente medo e duvida de certas coisas específicas de seu amigo, ao mesmo tempo ele as deseja e ama.

Esse texto de Gregório de Nazianzo permite um olhar diferente para a crítica de Friedrich Nietzsche aos pensamentos platônico e cristão. Considerando também trabalhos de historiadores mais atualizados, hoje é possível pensar que Nietzsche talvez não tenha obtido uma visão adequada do "real platonismo de Platão" nem do "real cristianismo histórico". Isso não diminui, porém, de modo algum, a importância de sua filosofia nem de sua crítica aos "platônicos" que dividem o mundo em dois ou aos "cristãos" que defendem um desprezo do mundo e do corpo.

MIRELLA SPINELLI

Nietzsche dispunha dos recursos historiográficos do século XIX; por isso, não podia estudar nem Platão nem o cristianismo com os dados históricos e filosóficos de que se dispõe hoje. Além disso, não há dúvida de que Nietzsche entrou em contato de fato com formas platônicas e cristãs de pensamento que cultivavam um espiritualismo prejudicial à inserção humana no mundo, fundado na ideia de que a alma é independente do corpo. Contra essas formas de espiritualismo desencarnado, o pensamento nietzschiano guarda toda a sua atualidade. Aliás, dessa perspectiva, o "verdadeiro" Platão (o da obra platônica) e os pensadores cristãos ligados às fontes bíblicas e patrísticas poderiam, sem dúvida, dialogar intensamente com o filósofo alemão.

MANIQUEÍSMO

É uma doutrina filosófica e religiosa do século III d.C. que mescla elementos do pensamento oriental com dados cristãos. Foi fundado por Manes, profeta de origem iraniana, e divide o mundo entre o Bem, ou o Deus, e o Mal, ou o Diabo. A matéria seria intrinsecamente má, e o espírito, intrinsecamente bom. A mistura dos dois elementos formaria o mundo material, que é essencialmente mal, mas haveria um caminho de redenção, o de uma rigorosa vida de purificação. O termo *maniqueísta* passou a designar toda doutrina ou discurso que pretende dividir a realidade entre bem e mal.

EXERCÍCIO 

p. 463

1. Qual o objetivo de Platão ao distinguir entre o aspecto sensível e o aspecto inteligível do mundo? Essa distinção significava dividir o mundo em dois?
2. A condenação do mundo e o sentimento de culpa fazem parte da essência do cristianismo?
3. Por que Gregório de Nazianzo adota o modo dos maniqueus de se expressarem sobre o corpo?
4. Em que ponto poderia haver um diálogo entre Platão, o cristianismo e Nietzsche?

EXERCÍCIOS COMPLEMENTARES

p. 464

❶ Dissertação de problematização

Componha uma dissertação de problematização (➔ p. 106), tomando como tese a posição platônico-cristã tal como entendida por Nietzsche; como antítese, a posição do próprio Nietzsche; e, como síntese, a possibilidade de revisão histórica da oposição entre a tese e a antítese.

❷ Reflexão

Reflita sobre a crítica de Nietzsche à religião cristã e verifique se você conhece casos atuais aos quais essa crítica pode ser feita. Esse procedimento pode ser aplicado também a outras religiões que defendam um espiritualismo separado da vida real. Na sequência, observe se você conhece exemplos de cristãos ou membros de outras religiões aos quais a crítica de Nietzsche não se aplicaria. Por fim, se você é cristão(ã), reflita como as ideias nietzschianas tocam você.

❸ Leitura complementar

Visto que em nosso país há um grande número de cidadãos cristãos, inclusive engajados na Política e em outros aspectos da vida pública, é oportuno dedicar um espaço à reflexão: "O que é essencial no cristianismo?", "O que move a vida de nossos concidadãos cristãos e qual o critério que eles mesmos devem seguir em sua participação social?".

Não se trata de querer encontrar uma identidade aplicável a todos os cristãos, pois, em vez de ter uma "essência" imutável, a fé cristã sempre adquiriu formas históricas muito diversas. Trata-se de procurar saber se é possível identificar um aspecto que une (ou deveria unir) as diferentes maneiras de praticar a fé cristã, almejando principalmente a convivência democrática.

O texto abaixo dá algumas pistas de reflexão. Ele foi escrito por pensadores protestantes (pastoras e pastores da cidade de Genebra, na Suíça) que, em diálogo com membros de outras denominações cristãs, acreditam ter identificado elementos "essenciais" em sua fé. Independentemente de você ser ou não cristão(a), leia-o com atenção e reflita se ele parece traduzir as formas de vida cristã com as quais você talvez tenha contato. Pense especialmente se os políticos brasileiros que se apresentam como representantes do cristianismo traduzem ou não, na prática, tais elementos "essenciais". Você pode também discordar do texto, argumentando por que ele não lhe parece adequado para exprimir o núcleo da fé cristã.

Por fim, sob a orientação de seu(sua) professor(a) de Filosofia, abra um debate livre em sala de aula, de modo que todos possam dar sua opinião a respeito da seguinte pergunta: "Seriam os cristãos capazes de superar suas diferenças de pensamento e unir-se em torno de algo essencial?".

O que é realmente essencial?
Catecismo Protestante

O que devo fazer para não me afastar do essencial? [...]

Essa pergunta já foi feita um dia a Jesus. Quem fez a pergunta era um judeu praticante; por isso, ele a formulou da seguinte maneira: "O que devo fazer para receber a vida eterna?". Hoje nós certamente diríamos: "O que devo fazer para que minha vida tenha um sentido?". Jesus respondeu: "Para viver plenamente, é preciso amar. Amar a Deus e amar as pessoas próximas". Simples, não? "Nem tanto", respondeu a pessoa que fez a pergunta a Jesus. E nós certamente concordamos com ela!

Amar não é tão simples!

O que quer dizer amar? É preciso amar todo mundo? Onde ficam os limites do amor? Nós gostaríamos de precisões. E Jesus dá essas precisões contando a história de um viajante judeu, atacado por bandidos na estrada que levava de Jerusalém a Jericó (*Evangelho de Lucas*, Capítulo 10). Ele é abandonado quase morto à beira do caminho. Passam, então, sucessivamente, duas pessoas importantes da época, mas não param para ver se o viajante precisava de ajuda. Omissão de socorro, falta de tempo, fuga dos problemas... Outras pessoas, formadas e pagas para isso, vão prestar ajuda alguma hora...

O viajante vai morrer. Morrerá duas vezes: pela violência de uns e pela indiferença de outros...

Passa, então, uma terceira pessoa, vinda da Samaria. Um samaritano, para os judeus daquela época, era como um palestino para os israelenses radicais de hoje: uma espécie de irmão renegado, detestado e temido. Mas esse samaritano vê o viajante quase morto; ele se deixa emocionar por sua situação. Ele para e, sem se perguntar se aquele viajante machucado fazia ou não parte de seu grupo, de seu partido ou de outro, cuida dele, cura-o e o conduz à hospedaria mais próxima. Ele até dá dinheiro ao dono da hospedaria, para que o homem ferido seja bem cuidado. Depois disso, o samaritano vai embora.

Bela e simples história; retrato de um gesto humanitário. Ao ouvi-la pela primeira vez, a conclusão é natural: nosso próximo é aquele que precisa de nossa ajuda! Porém, para nossa grande surpresa, Jesus faz uma pergunta diferente. Ele não pergunta quem é o próximo do samaritano, pois a resposta seria fácil: o viajante ferido. Ao contrário, Jesus pergunta: "Quem é o próximo do viajante ferido?". A resposta é: o samaritano! Então, o próximo não é o ferido, mas aquele que se aproxima do ferido. O próximo e a próxima são aquele e aquela que se aproximam, que se fazem próximos.

Uma inversão surpreendente

Assim, para Jesus, amar seu próximo quer dizer amar aquele e aquela que se aproximaram de nós quando precisávamos. É uma inversão surpreendente em nosso modo habitual de pensar. Todos nós sabemos que, se possível, devemos ajudar os outros. No entanto, aqui se trata de outra coisa: trata-se, antes de tudo, de reconhecer tudo o que recebemos dos outros e de mostrar esse reconhecimento. Significa lembrar-se daquelas e daqueles que foram bons samaritanos para nós; aquelas e aqueles cuja lembrança é viva em nós, bem como todas as pessoas anônimas que souberam, no bom momento, dizer a palavra certa, fazer o ato adequado para nos ajudar, a fim de nos permitir evitar um passo ruim ou sair de uma dificuldade. Amar o próximo não é um dever em primeiro lugar, e sim um ato de reconhecimento por tudo o que nós recebemos por intermédio dos outros.

Uma boa nova

Jesus contou essa história para fazer compreender que o Evangelho quer dizer "Boa Nova". Na verdade, trata-se do anúncio de que é Deus mesmo que se aproxima de cada uma e de cada um de nós.

Nosso primeiro e maior próximo é Deus!

Aproximando-se dos sofredores, de pessoas como você e como eu, dos doentes e dos angustiados, Jesus mostrou concretamente o que significa esse amor que se faz próximo. Ele revelou, então, o rosto de Deus, Pai bem-intencionado que, como o bom samaritano, deixa-se emocionar por nossas fraquezas e para no caminho, a fim de nos prestar socorro. Todo o Evangelho está nisto: na certeza da proximidade cuidadosa de Deus para conosco.

Uma descoberta que compromete

Então, acrescenta Jesus, se você compreendeu isso, você fará o mesmo. Você se deixará tocar pela fraqueza desta ou daquela pessoa; e você se aproximará para ajudar, para dizer que ela não está sozinha nem abandonada; que ela não está condenada à morte pela maldade e pela indiferença.

O amor está nessa coragem de um olhar verdadeiramente dirigido para o outro. Nesse olhar não há lugar nem para o medo nem para o sentimento de superioridade. Pois o Evangelho nos faz descobrir que nós vivemos daquilo que recebemos dos outros e daquilo que trocamos com os outros. Numa hora, pedimos; noutra, oferecemos. E que alegria em receber! E que alegria em poder dar um pouco do que somos e do que temos! Assim começam a fraternidade e a solidariedade.

O que é realmente essencial?

A resposta que o Evangelho propõe consiste nisto: o verdadeiro sentido da vida é o amor com que somos amados e com o qual nós amamos. O resto é secundário.

VV.AA. *Dieu s'approche*: un catéchisme protestant em 25 tableaux. Genebra: Presses Bibliques Universitaires, 1998. p. 12-15. (Deus se aproxima. Um catecismo protestante em 25 esquemas. Tradução nossa.)

Dicas de filmes para você assistir tendo em mente o que trabalhamos neste capítulo

Meu pé de laranja lima, *direção Marcos Bernstein, Brasil, 2012.*
Adaptação do livro de mesmo título escrito pelo brasileiro José Mauro de Vasconcelos (e traduzido para mais de 30 línguas!), o filme narra a história de Zezé, menino de oito anos, cheio de energia e bom coração. Acostumado a conversar sobre o seu dia a dia com um pé de laranja-lima, Zezé também desenvolve uma intensa amizade com um senhor português. A relação entre ambos é tão ou mais forte do que a relação de Zezé com seu pai, que se encontra em dificuldades por causa da falta de emprego. O filme dá um exemplo de como o amor de amigo é algo que nem sempre se experimenta em família. ■

Até a eternidade *(Les petits mouchoirs), direção Guillaume Canet, França, 2010.*
Um grupo de amigos que costuma viajar de férias todos os anos é surpreendido pelo acidente que faz um deles ser hospitalizado às vésperas da viagem daquele ano. Os outros entendem que permanecer no hospital não ajudaria no restabelecimento do amigo e decidem manter a viagem. O desenrolar da história é surpreendente, pondo no centro da atenção os modos de exprimir o valor dado aos amigos. ■

Em busca de um lar *(Gimme Shelter), direção Ron Krauss, EUA, 2013.*
Baseado em um caso verídico, o filme narra a história de Apple, que aos oito anos abandonou a casa de sua mãe por causa dos muitos problemas maternos, principalmente o uso de drogas. Apple passou a viver em lares adotivos. Ao ficar grávida de um rapaz que conheceu nas ruas, ela parte em busca de ajuda e encontra seu pai biológico. Incompreendida, foge novamente e cai em profundo desespero. Chega, porém, a conhecer o que significa ser amada, embora esse amor não viesse de sua própria família, mas de um grupo religioso. ■

Ferrugem e osso *(Des rouilles et d'os), direção Jacques Audiard, França/Bélgica, 2012.*
História de um boxeador e de uma treinadora de baleias para espetáculos. Ele vive de pequenos trabalhos, até começar a participar de grupos clandestinos de luta livre. Ela sofre um grave acidente e suas pernas são amputadas. Ambos se conhecem no pior momento de suas vidas. O improvável dessa amizade surpreende o telespectador. Sem nenhuma conotação religiosa, o filme põe no centro do debate o tema do amor solidário e universal, bem como o amor erótico. ■

Dançando no escuro *(Dancer in the Dark), direção Lars von Trier, Suécia/Islândia/etc., 2000.*
Filme em que a cantora Björk é a atriz principal e vive a personagem Selma, mãe solteira que foi morar nos Estados Unidos e sofre de uma doença hereditária que a faz perder a visão. Seu filho Gene, de 12 anos, sofre da mesma doença. Selma trabalha para juntar dinheiro para a operação de seu filho, que ainda pode ser curado. Acontecimentos trágicos, porém, fazem o enredo complicar-se e põem em primeiro plano o tema do amor incondicional. ■

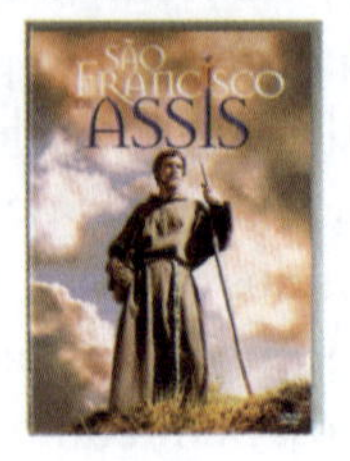

Francisco de Assis *(Francis of Assis), direção Michael Curtiz, EUA, 1961.*
Apresentação da vida de Francisco de Assis (1182-1226), exemplo medieval que revolucionou o modo como a religião cristã oficial apresentava o amor na Europa da época. (Disponível em: <https://www.youtube.com/watch?v=1rFKl5W0D0>. Acesso em: 6 jan. 2015.) ■

Bonhoeffer: agente da Graça *(Bonhoeffer: Agent of Grace), direção Eric Till, EUA, 2000.*
História do pastor protestante Dietrich Bonhoeffer, exemplo contemporâneo de vivência inspirada no amor cristão. Defendendo o engajamento em favor da justiça e participando da resistência ao nazismo, Bonhoeffer foi condenado à força em 1945. (O filme dublado em português está disponível em: <https://www.youtube.com/watch?v=tdiXi9_Kstg>. Acesso em: 6 jan. 2016.) ■

Dicas literárias

Miserere, *de Adélia Prado, Record, 2013.*
Livro de poesias em que Adélia Prado, uma das mais destacadas poetisas brasileiras, enfrenta os medos típicos de quem começa a ver a passagem dos anos. Seus poemas são marcados por uma fé intensa e testemunham por que Adélia crê que a vida vale a pena e é bela, mesmo em meio a seu caráter trágico. ■

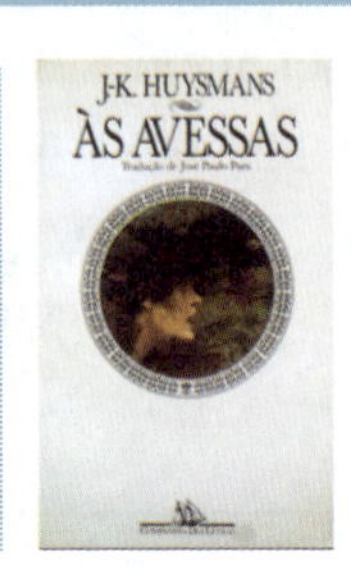

Às avessas, *de Joris-Karl Huysmans, tradução José Paulo Paes, Penguin-Companhia, 2011.*
Obra clássica de Huysmans, escritor do século XIX que explora o

esgotamento de certo tipo de vida burguesa da época e experimenta uma profunda solidão, tornando-se sensível à experiência religiosa. ■

A última ao cadafalso, *de Gertrud von Le Fort, tradução Roberto Furquim, Quadrante, 1998.*

A escritora alemã narra, em forma de romance, o drama de um grupo de mulheres cristãs que viviam em Compiègne, na França, e foram guilhotinadas durante a Revolução Francesa. Algumas personagens simbolizam diferentes aspectos do amor. Blanche de la Force é o símbolo do coração humano, marcado de fragilidade e coragem; Maria da Encarnação revela a nobreza que o ser humano pode atingir; Madre Lidoine, por sua vez, representa a prudência e a sensibilidade ao sobrenatural. ■

O vermelho e o negro, *de Stendhal, tradução Paulo Neves, L&PM, 2013.*

Um dos livros preferidos de Nietzsche. Nele, Stendhal narra a história de Julian Sorel e suas tentativas de melhorar de vida, inicialmente tornando-se seminarista e depois passando a frequentar a alta burguesia parisiense, dedicando-se a tramas psicológicas e políticas. Como ele é menosprezado por sua origem humilde, Julian não hesita em entrar na correlação de forças com as pessoas de seu círculo, mesmo que para isso precise usar de hipocrisia, mentira e vingança. ■

De amor e amizade, *de Clarice Lispector, textos selecionados por Pedro Karp Vasquez, Rocco, 2010.*

Textos em que Clarice Lispector trata dos temas do amor e da amizade e da relação entre ambos, baseada em situações cotidianas. Os textos foram selecionados para o público jovem, mas têm muito a dizer também aos adultos. ■

Para continuar viagem...

O amor na visão filosófica, teológica e mística, de Marie-Dominique Philippe, tradução Celeste M. Souza, Vozes, 1999.

Estudo das concepções gregas e cristãs de *amor*, oferecendo, nos últimos capítulos, a contribuição pessoal do autor para pensar o tema. ■

Nietzsche – a transvaloração dos valores, de Scarlett Marton, Moderna, 1993, Coleção Logos.

Uma das melhores introduções ao pensamento de Nietzsche, destinada ao leitor iniciante. Ao final do volume, há uma rica seleção de textos do filósofo. ■

Nietzsche e o cristianismo, de Belkiss Barbuy, GRD, 2005.

Estudo sistemático que retrata o desenvolvimento do pensamento sobre o cristianismo ao longo da vida de Nietzsche. ■

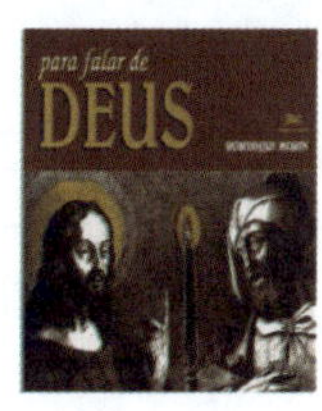

Para falar de Deus, de Dominique Morin, Loyola, 1993.

Livro ilustrado e destinado aos leitores iniciantes, centrado numa introdução filosófica à reflexão sobre Deus. O leitor encontrará páginas sobre o tema do amor divino, principalmente diante do problema do mal. ■

Altíssima pobreza, de Giorgio Agamben, tradução Selvino J. Assmann, Boitempo, 2014.

Estudo filosófico e histórico do modo como religiosos organizavam suas vidas entre os séculos IV e XIV (Patrística e Idade Média) com base em um conjunto de práticas repetidas cotidianamente (chamadas de *regras*), as quais, no entanto, previam a possibilidade de serem descumpridas em nome do amor sagrado. Ao mostrar como homens e mulheres medievais eram capazes de relativizar as próprias leis e as funções políticas em nome de um sentido mais forte para a existência, o filósofo Giorgio Agamben visa contribuir com a compreensão da fascinação do Poder sobre o mundo moderno e contemporâneo e o apego a ele. ■

Cadernos Nietzsche, disponível em: <http://www.cadernosnietzsche.unifesp.br>. Acesso em: 21 jan. 2016.

Site dos *Cadernos Nietzsche*, editados pelo Grupo de Estudos Nietzsche. O acesso é gratuito e o site disponibiliza todos os números publicados desde 1996. A maioria dos artigos versa, obviamente, sobre o pensamento nietzschiano, mas também sobre autores que dialogam com ele. ■

Perspectiva teológica, disponível em: <http://www.faje.edu.br/periodicos2/index.php/perspectiva/index>. Acesso em: 21 jan. 2016.

Site da revista *Perspectiva Teológica*, da Faculdade Jesuíta de Belo Horizonte (MG), com acesso gratuito a todos os números já publicados. O conteúdo é primordialmente cristão (católico e protestante), mas inclui também reflexões sobre outras religiões. ■

p. 465 Sugestões bibliográficas

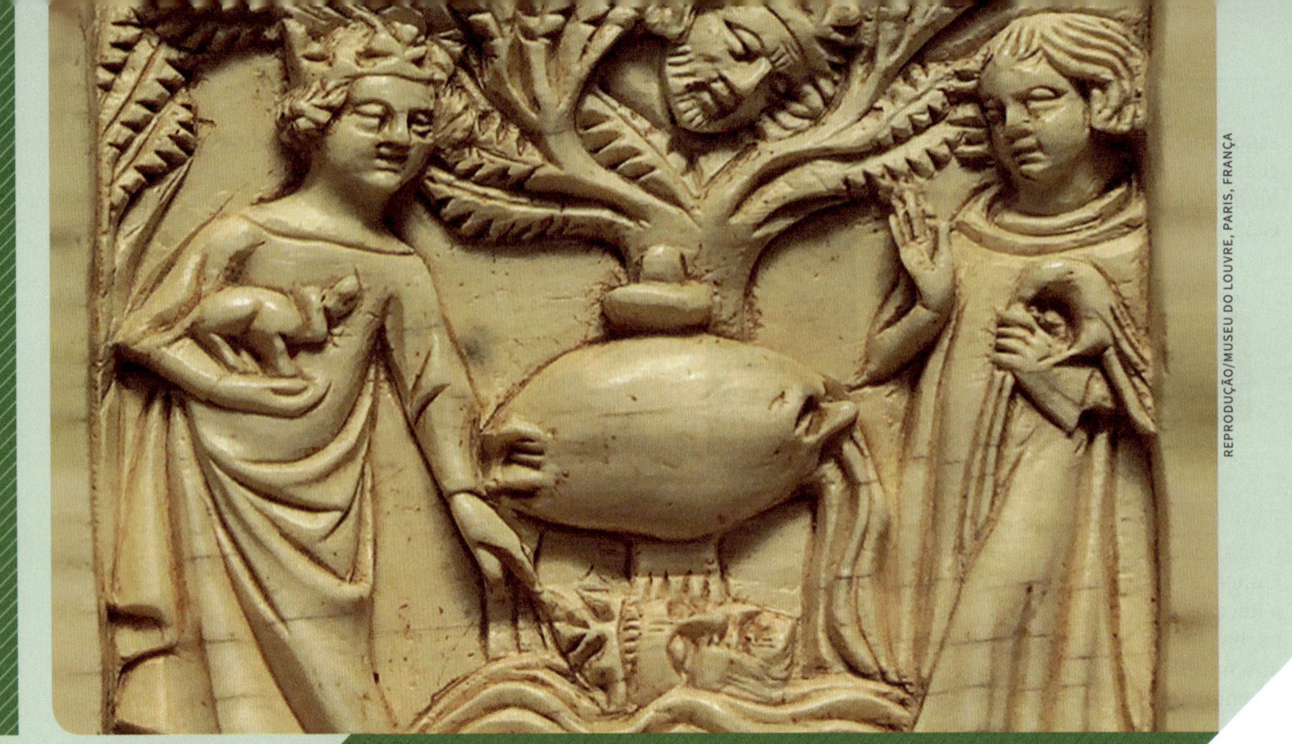

REPRODUÇÃO/MUSEU DO LOUVRE, PARIS, FRANÇA

Tristão e Isolda junto à fonte, espiados pelo rei Marcos, 1340-1350, detalhe em marfim de uma pequena caixa de autor anônimo.

CAPÍTULO 7

DO AMOR CORTÊS AO AMOR HOJE

p. 466

Existiu um jovem inglês, de nome Dristão, a quem o povo preferiu chamar de Tristão para lembrar a tristeza de seu nascimento. Seu pai morreu pouco antes de ele nascer; e sua mãe, durante o parto. Tristão foi criado por Rohalt durante sete anos; depois foi confiado a Gouvernal, para, enfim, ser acolhido pelo tio materno, o rei Marcos, da Cornualha, região sudoeste da Inglaterra.

Quando adulto, Tristão promete a seu tio Marcos buscar a única filha do rei da Irlanda, conhecida como Isolda, a Loira, a fim de dá-la a ele em casamento. Tristão cumpre sua promessa, mas, no caminho de volta à Cornualha, ele e Isolda tomam, sem saber, uma poção mágica que faz os dois se apaixonarem perdidamente. Essa poção tinha sido feita pela mãe de Isolda, a fim de que a filha fosse feliz junto do rei Marcos, mas o encarregado de guardar a poção, distraído, não explicou a Tristão e Isolda o que havia no frasco. Eles beberam o líquido e uniram seus destinos para sempre.

Quando chegam à Cornualha, o rei Marcos casa-se com Isolda, mas ela e Tristão continuam a se encontrar às escondidas. Chegam a fugir por três anos. No entanto, desejando honrar o rei e obter seu perdão, retornam e são perdoados. O rei Marcos aceita de volta sua esposa e pede que Tristão deixe a corte.

O amor entre Tristão e Isolda permanecia, apesar de tudo. Ele vai embora e casa-se com outra mulher, também chamada Isolda, conhecida como Isolda de Brancas Mãos. Alguns anos depois, é ferido gravemente e pede a um amigo para buscar Isolda, a Loira, pois ele sabia que ela era capaz de salvá-lo. Seu amigo faz um acordo com Tristão: se Isolda, a Loira, aceitar vir até ele, então as velas do navio, no retorno, serão brancas; se ela recusar, as velas serão pretas.

Ao ver o navio enfim se aproximar, Isolda de Brancas Mãos (a esposa de Tristão), tomada de profunda inveja diante do amor fiel de seu marido pela primeira Isolda, anuncia a ele que as velas do navio eram pretas (quando, na verdade, eram brancas). Tristão, sem perceber a mentira, reúne as forças que lhe restam, toma sua espada e suicida-se.

Isolda, a Loira, ao chegar e ver Tristão por terra, banhado com seu próprio sangue, desmaia e morre ao bater sua cabeça no chão. O rei Marcos, ao receber a notícia, ordena que os corpos de Tristão e Isolda sejam repatriados e enterrados na Cornualha. No túmulo de Isolda brotou uma roseira; no de Tristão, uma vinha. As duas plantas cresceram e se entrelaçaram, mostrando que nem a morte pode separar duas pessoas que se amam.

1 O amor cortês

A história de Tristão e Isolda tornou-se bastante popular na Europa a partir do século XI. Diferentes versões circularam em prosa e em poesia; porém, os mais antigos registros talvez sejam os do *Romance de Tristão*, escrito no século XII.

Pelo modo como representa a relação de seus personagens, a história de Tristão e Isolda marcou um momento de mudanças no modo de entender o amor. A narrativa consagra uma visão em que o centro, agora, é a vivência amorosa no dia a dia, principalmente na relação a dois, com todos os prazeres e as dificuldades que o acompanham.

A narrativa enfatizava, é verdade, o final trágico; contudo, seu efeito era bastante positivo, sobretudo por valorizar a aventura vivida por Tristão e Isolda, bem como a atitude do rei Marcos. Tudo terminaria bem se não tivesse havido a inveja mortal de Isolda de Brancas Mãos. A vitalidade representada pelas plantas lembrava que o amor dos amantes continua vivo mesmo depois da morte. Aliás, o fato de ele ser evocado neste livro prova que o seu sentido continua vivo...

Pode-se resumir em dois pontos o que Tristão e Isolda ensinam:

(1) o amor é irresistível (ele nasce nos seres humanos, sem que eles o forcem);

(2) o amor pode produzir ordem e desordem na vida pessoal e social.

Um poema do século XII, escrito por Alano de Lille (1128-1202), testemunha a importância que essa maneira de entender o amor passou a ter na Idade Média a partir do século XI. O trecho a seguir é parte de uma obra intitulada *A queixa da Natureza*, na qual Alano debocha dos comportamentos que ele considerava vícios humanos. O amor, para ele, não era propriamente um vício, mas podia se tornar, caso os humanos não refletissem sobre ele. No seu dizer, os humanos precisam saber claramente que a experiência do amor é dupla.

Doce e amargo amor
Alano de Lille

1 Paz acompanhada de ódio; confiança, de engano; esperança, de temor,
tudo isso é o amor, misto de razão e furor[1],
doce naufrágio, leve peso, agradável abismo,
incólume[2] fraqueza e fome saciada.
5 Apetite sedento, sede ébria[3], falsa volúpia[4],
tristeza alegre, alegrias repletas de mal,
doce mal, má doçura. ■

ALANO DE LILLE. *A queixa da Natureza*, apud CHENU, Marie Dominique. *O despertar da consciência na civilização medieval*. Tradução Juvenal Savian Filho. São Paulo: Loyola, 2006. p. 59.

[1] ***Furor:*** *manifestação de violência inesperada; fúria.*
[2] ***Incólume:*** *algo que não se altera, que não perde nada do que é.*
[3] ***Ébrio:*** *embriagado; bêbado; saciado.*
[4] ***Volúpia:*** *desejo sensual.*

Ainda nos séculos XII-XIII, surge a obra *O romance da rosa*, longo poema que narra um sonho para falar do amor, indo mais longe com o deboche dos costumes humanos. Todos, agora, são alvos de ironia: pobres, ricos, pessoas simples, membros da nobreza, clérigos, o papa, homens, mulheres.

Escrito em dois momentos e por dois autores diferentes, *O romance da rosa* exerceu grande influência, durante séculos, ao pôr em questão o porquê das atitudes humanas. Por exemplo, ao tratar do casamento, o livro compara os noivos a peixes que querem entrar em um aquário, enquanto os peixes que já estão lá dentro só pensam em sair...

Por trás das obras aqui mencionadas (*Romance de Tristão*, *A queixa da Natureza* e *O romance da rosa*), continua a questão levantada desde as origens da Filosofia: o que é o amor? Essas obras, porém, dão um testemunho histórico de que o tema ganhou novo destaque e novo tratamento nos séculos XI-XIII: o amor, agora, é visto de uma perspectiva cotidiana e, portanto, antropocêntrica, concentrada no ser humano e não no bem supremo ou em Deus.

Essas três obras têm relações profundas com a concepção do amor cortês, um estilo de sedução que se desenvolveu na Idade Média e visava à conquista das mulheres por meio da delicadeza e da gentileza. A poesia, dessa perspectiva, apresentava-se como o melhor modo de seduzir.

O amor cortês era registrado literariamente pelos trovadores e celebrado pelos menestréis (cantores que viviam nas cortes dos senhores feudais). Era comum que os trovadores projetassem imagens de mulheres ideais, mostrando que o amor sempre sonha com perfeição e, por isso, requer autocontrole. Isso não impedia, como dizem os historiadores, que os mesmos homens que representavam o amor cortês como um amor nobre, elevado, perfeito, também consagrassem seu amor real e cotidiano a mulheres simples, terminando suas noites em tavernas, que eram os "bares" da época medieval. Esse misto de "ideal" e "real", sonho e realidade, prazer e frustração, alimentava a concepção do amor como algo que toma o ser humano e lhe dá, ao mesmo tempo, prazer e dor.

Manuscrito da obra *A queixa da Natureza*, de Alano de Lille, séc. XV.

Iluminura de um manuscrito do *Romance da rosa*, séc. XV.

Amor cortês e romances de cavalaria

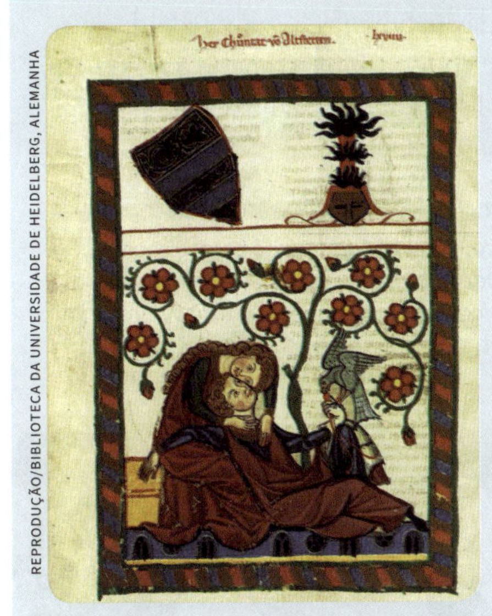

Senhor Konrad von Alstetten, 1310-1340, iluminura em pergaminho de artista anônimo. Códice de Manesse, fólio 249 v.

Ciclo de Lancelote e o Graal, séc. XV, iluminura em pergaminho de artista anônimo.

A expressão *amor cortês* foi criada em 1883, por Gaston Paris (1839-1903), historiador da poesia medieval que traduziu dessa maneira a expressão *fin'amor* (amor refinado), usada na Idade Média.

A *cortesia* como meio de sedução introduziu a ideia de que o amor entre homem e mulher não devia ser vivido como uma posse. O desejo brutal e a agressividade, que muitas vezes caracterizavam as relações amorosas, separam-se agora, dando lugar à beleza e à virtude.

Tais elementos podem ser encontrados nos *romances de cavalaria*, gênero em prosa que teve grande sucesso nos séculos XIII-XV e que registrava códigos de conduta dos cavaleiros das Cruzadas, vistos como heróis pelos cristãos europeus. Outros romances de cavalaria de que se tem notícia são *Lancelote* e *Ivã, o cavaleiro do leão*, escritos por Chrétien de Troyes, no século XIII. Esse autor é uma das principais fontes para conhecer a história do rei Artur e os cavaleiros da Távola Redonda, encarregados de assegurar a paz e procurar o Santo Graal (cálice que, segundo a lenda, teria sido usado por Jesus Cristo em sua última ceia). A influência dos romances de cavalaria na mentalidade europeia pode ser observada até os séculos XVI-XVII. Na Espanha, eles marcaram profundamente a redação de um clássico da literatura ocidental, a obra *Dom Quixote*, de Miguel de Cervantes (1547-1616).

Alguns historiadores defendem que os trovadores europeus aprenderam o ideal de amor cortês com poetas muçulmanos. Outros criticam essa interpretação e o relacionam à influência dos rituais católicos na produção de uma poesia não religiosa. Seja como for, o jogo de sedução passa a ser concebido como atividade masculina de exaltação da mulher amada, encarando-a como um ser superior ao próprio poeta. Essa atitude se explica, de um ponto de vista histórico, pelo fato de muitos trovadores serem de classe inferior à das mulheres para quem escreviam seus poemas; e, mesmo que os charmes cantados pelos menestréis não terminassem em casamento (por causa da diferença socioeconômica), rendiam, sem dúvida, algumas aventuras.

Em nossos dias, a tradição do amor cortês talvez possa ser considerada "machista", porque apresenta a mulher como uma figura delicada e sobre-humana, além de propagar a força de conquista masculina. De fato, a mulher não é um "objeto" de conquista, mas um ser igual ao homem, com quem a relação de amor merece ser estabelecida de igual para igual. Todavia, talvez também não seja correto chamar de "machistas" poetas e prosadores que, segundo os costumes da época, não tinham condições de ver a mulher da maneira como ela é vista hoje. Convém tomar cuidado com julgamentos anacrônicos[5] do passado. O mundo do amor cortês é o mundo das estruturas feudais, algo bem diferente das sociedades dos nossos tempos.

Por outro lado, com tanto machismo e grosseria em nossas vidas cotidianas, uma pitada de cavalheirismo e de cortesia, tanto da parte dos homens como das mulheres, talvez não fizesse mal a ninguém, você não acha? ■

[5] ***anacrônico:*** *algo não adequado a um tempo determinado; julgamento que usa maneiras de pensar típicas de um momento histórico para avaliar outros momentos históricos.*

p. 467

EXERCÍCIO A

1. Qual a novidade da reflexão sobre o amor nos séculos XI-XIII?
2. Quais as características do amor segundo a história de Tristão e Isolda?
3. O que o amor cortês e a literatura de cavalaria têm em comum?

2 O amor-paixão

A dupla face do amor, fonte de prazer e de dor, de virtudes e vícios, levou os pensadores a afirmar, por um lado, que ele nasce nos seres humanos sem que eles o produzam, embora, por outro lado, eles possam interferir na continuidade do amor ou no modo como ele é vivido.

Falar de vícios e virtudes significa acreditar que as pessoas podem praticar atos bons e desenvolver bons hábitos (virtudes) ou praticar atos maus e desenvolver maus hábitos (vícios). Para desenvolver hábitos, no entanto, é preciso haver uma base a ser trabalhada, uma capacidade ou uma possibilidade inscrita nos seres humanos. No caso do amor, os filósofos medievais dirão que ele mesmo é a sua base. Ele surge nos seres humanos porque eles são dotados da capacidade de buscar satisfação e pode ser desenvolvido como um hábito bom ou mau (virtude ou vício).

O filósofo muçulmano espanhol Ibn Arabi (p. 187) descreveu essa dinâmica de viver e praticar o amor em uma obra intitulada *Tratado do amor*.

Ibn Arabi concebe o amor como algo natural, sentido como uma tendência por todos os animais, principalmente o animal humano. Em outras partes de seu livro, ele declara que até a relação com o ser divino é uma relação em que o ser humano pensa no seu próprio bem em primeiro lugar. Ibn Arabi não pretendia apresentar o ser humano como um ser egoísta, mas afirmar que, se ele busca o bem em tudo o que faz (busca que outros filósofos chamaram de *felicidade*), então, não há nada de negativo em dizer que o amor visa ao próprio bem em primeiro lugar e, apenas em segundo lugar, ao bem alheio. Trata-se do *amor natural*.

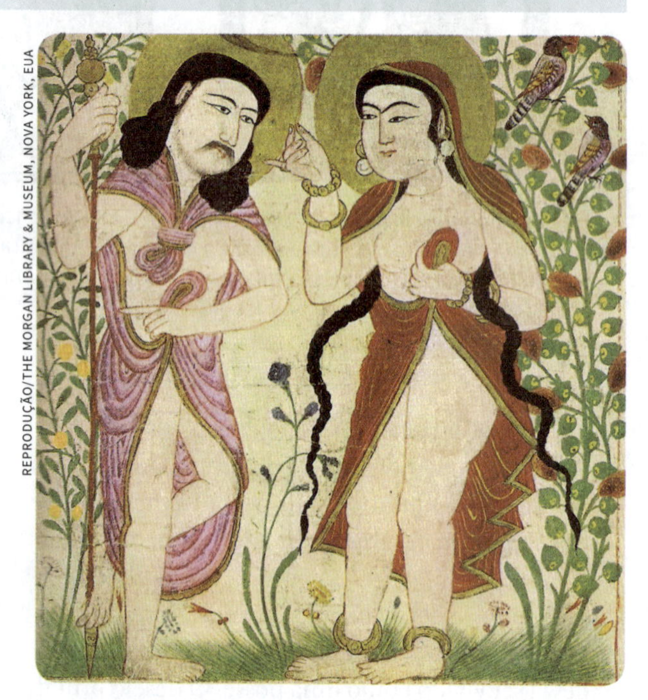

Abu Said Ibn Bakhitshu (séc. XIII), *Adão e Eva*, 1294, pintura. Ilustração para o livro *O benefício dos animais* (séc. XIII).

Esse esclarecimento permite entender por que, segundo Ibn Arabi, o ser humano ama a *relação* com a pessoa amada; é na relação que ele encontra o seu bem. Conjuntamente, ele ama também a existência da pessoa amada, mas é fato, segundo Ibn Arabi, que

O amor natural
Ibn Arabi

O amor natural origina-se do bem-estar e do benefício que são trazidos pelo amor, pois, naturalmente, nenhum ser é capaz de amar outro só pelo bem desse outro; ao contrário, é visando ao seu próprio bem que quem ama deseja unir-se ao que é amado, como observamos nos animais e no ser humano pela animalidade que há nele. O animal ama seu parceiro para conservar sua própria existência; não há nenhuma outra razão para seu amor; aliás, o animal não tem consciência do que significa conservar a existência. Ele só reproduz em si mesmo uma simples atração espontânea que o leva a se unir a outro ser particular. Definitivamente, essa união é o objeto fundamental de seu amor. É claro que, como essa união só acontece em indivíduos determinados, o ser que ama também amará a existência do ser amado, mas esse amor é acessório, porque seu amor se dirige, em primeiro a lugar, a ele mesmo. [...] Tal união é de ordem sensível, ocorre entre seres que se reconhecem fisicamente. É o que queremos dizer com o verso: *Essa é a finalidade do amor natural.*

Se um ser deseja a união sexual, o objeto de seu amor se concretiza em outro indivíduo. Ele buscará, então, e desejará o ser em quem se manifesta o objeto de sua paixão. Esse amor só pode nascer entre dois seres e não em apenas um só, pois se trata de uma união correlativa. O que acabamos de dizer aplica-se também às manifestações de carinho, às relações íntimas e a outros comportamentos do mesmo tipo. [...]

Porém, no caso do ser humano, essa constatação é ainda mais válida do que no caso dos seres de outras espécies, pois o ser humano sintetiza todas as realidades do mundo [...] e também possui uma relação privilegiada com o aspecto santíssimo do Ser verdadeiro. ■

IBN ARABI. *Traité de l'amour.* Tradução Maurice Gloton. Paris: Albin Michel, 1986. p. 109-110. (Tratado do amor. Tradução nossa para o português.)

ele a ama porque aprendeu a amá-la na relação que lhe traz o seu bem. Sem a relação amorosa, talvez a outra pessoa não fosse amada. O mesmo vale para o ser divino ou o *amor espiritual*.

Como se pode verificar, Ibn Arabi é profundamente platônico (◯ p. 146-147), sobretudo porque relaciona o amor com a conservação da existência e a satisfação da carência. Há, contudo, em seu texto, uma ênfase um pouco diferente daquilo que havia pensado Platão (◯ p. 82). No dizer de Ibn Arabi, além da atração exercida pelo Bem Supremo (tal como pensava Platão), é preciso dar o devido valor à atração *sentida* pelos animais e pelos seres humanos. Trata-se da atração exercida por um indivíduo (amado) sobre aquele que ama (amante). Em outras palavras, trata-se de uma atração *natural*, à qual Ibn Arabi, adotando um vocabulário mais forte em Aristóteles (◯ p. 103) do que em Platão, denomina *paixão*.

Ibn Arabi insiste que o amor não está em quem é amado, mas em quem ama. Nisso, ele se mantém platônico, pois entende que o amor não é a posse da pessoa amada, mas a relação amorosa ou o viver na presença da pessoa amada. Em outro trecho de seu livro, Ibn Arabi analisa algumas "falácias sobre o amor". Uma falácia é um raciocínio malfeito, porém com a aparência de raciocínio válido (◯ p. 58). Entre as falácias do amor está a crença segundo a qual o fato de "amar alguém" daria base para concluir que "o amor está em quem é amado" (o amor seria algo que está na

IBN ARABI (1165-1240)

Também conhecido como Abenarabi ou Ben Arabi, foi um filósofo e poeta mulçumano espanhol da Andaluzia. Defendia a unidade entre conhecimento e amor, realizada sobretudo pelo encontro entre a fé religiosa e a razão filosófica, caminho para união com a verdade. Suas obras mais conhecidas são: *Epístola das luzes*, *Tratado sobre o amor* e *Livro das contemplações divinas*.

pessoa amada e que nos faz amá-la). Ora, há pessoas que são amadas e não amam quem as ama. Se o amor estivesse nelas, elas também amariam quem as ama.

Ibn Arabi compreende, assim, que o amor é uma atividade desenvolvida na presença de alguém (podendo ser uma virtude ou um vício), mas também dá grande ênfase ao fato de que ele ocorre *na* pessoa que ama. Ainda em seu *Tratado do amor*, ele escreve o seguinte poema:

O amante apaixonado, possuído pelo amor,
está sempre a se queixar
por se encontrar separado da pessoa que ama
ou por estar longe dela.
Longe de mim esse tipo de pensamento!
Pois na imaginação
o bem-amado continua
sempre em minha presença.
É de mim que ele sai;
é em mim que ele entra;
é em minha intimidade que ele permanece.
Por que diria eu:
"O que acontece comigo? Que acontece comigo?"?

IBN ARABI. *Traité de l'amour*. Tradução Maurice Gloton. Paris: Albin Michel, 1986. p. 131. (Tratado do amor. Tradução nossa para o português.)

As palavras finais do poema são bastante significativas, pois se referem ao ser amado como quem entra, sai e permanece na intimidade de quem ama. Tal dinamismo simboliza o amor entendido como *paixão*, algo que está em quem ama, mas que "entra e sai". No vocabulário atual, falamos de emoção (p. 264): vivência sentida pelas pessoas como reação à presença de alguém, de uma coisa, de uma ação etc.

Por seu modo de exprimir o amor como paixão ou emoção, Ibn Arabi testemunha um novo modelo que começa a se fortalecer na compreensão do amor durante a Idade Média. A novidade está na ênfase do caráter passional do amor, como uma tendência natural que se apodera dos indivíduos. Platão já havia apontado para esse sentido e Aristóteles o levou muito além do que fizera seu mestre. Agora, porém, ele recebe uma ênfase especial, tal como se pode observar também pelas obras literárias aqui já mencionadas: por seu caráter passional, o amor passa a ser visto em sua dimensão irresistível, ainda que possa ser vivido de maneira integradora (ordem e virtude)

Castelo do amor, séc. XIV, medalhão em marfim, de autor anônimo.

ou desintegradora (desordem e vício). Essa ênfase marcou muitos outros filósofos da Idade Média e do Renascimento (p. 382), chegando até a Idade Moderna e aos nossos dias.

Um exemplo claro de pensador renascentista concentrado na compreensão do amor-paixão foi Judá Abravanel, também conhecido como Leão Hebreu, filósofo, médico e poeta judeu que nasceu em Lisboa e migrou ainda jovem para a Itália. Inspirado em Platão e Aristóteles, Leão Hebreu considerava que os pensamentos de ambos não eram contraditórios; sua diferença estaria apenas no vocabulário. Por esse motivo, ao amor cósmico defendido por Platão, Leão Hebreu unia a concepção aristotélica de paixão. Ele desconfiava, no entanto, dos discursos que começavam a circular em sua época, pretendendo fazer crer na possibilidade mecânica de a razão controlar o amor.

A "perturbação" causada pelo amor torna feliz a pessoa que ama, a ponto de ela não desejar fugir das crueldades do amor. Seria irreal pretender que a razão o controle. Leão Hebreu apresenta o ser humano como um ser unitário, não dividido. Nele, razão e paixão estão em jogo; e jogo é correlação de influências, não necessariamente rivalidade.

A visão unitária do ser humano, defendida por Leão Hebreu, representa uma concepção bastante influente no Renascimento. Suas raízes encontram-se já em Platão: cada indivíduo contém em si todos os elementos do Universo; cada pessoa é um "resumo" ou

O amor controlado pela razão não é amor

Leão Hebreu

1 O amor que é regido pela razão não costuma forçar o amante; e, ainda que do amor tenha o nome, não tem o seu efeito. É com assombrosa veemência[6] e incrível jeito que o verdadeiro amor violenta a razão e a pessoa amante; mais do que qualquer outro impedimento humano, ele perturba a mente, que é sede do juízo; faz perder a memória de 5 todas as outras coisas; e de si só a satura, tornando o ser humano em tudo alheio de si mesmo e da pessoa amada. [...] O que eu acho mais espantoso é que, sendo [o amor] tão intolerável e descomedido[7] em crueldades e atribulações, a mente não espera, não deseja nem procura fugir delas; antes, considera mortal inimigo quem aconselhe [a ela fugir do amor] e a ajude [nessa fuga]. Parece-te que num tal labirinto se possa prestar atenção à 10 lei da razão e à norma da prudência? ■

LEÃO HEBREU. *Diálogos de amor.* Tradução Giacinto Manuppella. Lisboa: Casa da Moeda, 2001. p. 107-108.

[6] **Veemência:** *grande intensidade.*

[7] **Descomedido:** *desequilibrado; descontrolado.*

uma “síntese” de tudo o que há no mundo. Observa-se uma harmonia no Universo, formada, por um lado, de elementos estáveis e inteligíveis, e, por outro, de elementos imprevisíveis que, embora pareçam perturbar o conjunto, contribuem para seu bom funcionamento. Assim, também no ser humano há uma dimensão de estabilidade e controle (a razão), conjuntamente com um elemento irresistível (a paixão). Por isso, segundo o vocabulário de alguns renascentistas, cada indivíduo é um microcosmo (um Universo em miniatura), imagem do macrocosmo (o grande Universo).

LEÃO HEBREU (1464-1535)

Também conhecido como Judá Abravanel, foi um filósofo, médico e poeta de origem judaica, nascido em Lisboa. Pouco se sabe sobre sua vida. Junto com seu pai, fugiu de Portugal devido à perseguição aos judeus no início do século XVI. Sua obra mais conhecida é *Diálogos de amor*, escrita por volta de 1502.

Fogo que arde sem se ver

Amor é um fogo que arde sem se ver;
é ferida que dói e não se sente;
é um contentamento descontente;
é dor que desatina sem doer.

É um não querer mais que bem querer;
é solitário andar por entre a gente;
é um não contentar-se de contente;
é cuidar que se ganha em se perder.

É um estar-se preso por vontade;
é servir a quem vence o vencedor;
é um ter com quem nos mata lealdade.
Mas como causar pode o seu favor
nos mortais corações conformidade,
sendo a si tão contrário o mesmo amor? ■

CAMÕES, Luís de. Soneto LXXXI. In: *Obras completas de Camões.* Edição José Victorino B. Feio e José Gomes Monteiro. Lisboa: Baudry, 1843. p. 41.

Fernão Gomes (1548-1612), *Luís Vaz de Camões*, 1575, retrato (copiado por Luís de Resende). Torre do Tombo, Portugal. É historicamente provável que Luís de Camões (1524-1580) tenha sido um leitor de Leão Hebreu.

EXERCÍCIO B

p. 467

1. Em que sentido Ibn Arabi usa o termo *paixão* para falar do amor?
2. Por que Ibn Arabi insistia que o amor está em quem ama, e não na pessoa amada?
3. Com base no pensamento de Leão Hebreu, complete a seguinte frase, tirando a consequência irreal denunciada pelo filósofo: *Se o amor for controlado pela razão...*

Charles Le Brun (1619-1690), *O desejo*, sem data, desenho reproduzido na obra *As expressões da alma*, de 1727.

3 O amor-paixão e seu controle

Na Idade Moderna, surgem compreensões do amor bastante diferentes entre si. A maioria delas, porém, continuará a entendê-lo como hábito nascido de uma *paixão* e a enfatizá-lo em seu caráter passional.

Alguns filósofos dirão coisas bastante semelhantes ao que havia pensado o renascentista Leão Hebreu. É o caso, por exemplo, de David Hume (p. 273), para quem não fazia sentido pensar em um controle total da razão sobre as paixões.

Hume partia da observação de que simples raciocínios não bastam para levar alguém a agir; os indivíduos humanos, ao passar à ação, mostram-se movidos por emoções (paixões). Seria, portanto, mais defensável[8] pensar que os verdadeiros motores da vida (inclusive da atividade do pensamento reflexivo) são as emoções e não a razão. Do ponto de vista moral, porém, a boa ação, segundo Hume, combina paixão e razão (p. 33 e 382).

Outros filósofos, mesmo concordando com a interpretação das paixões como vivências que influenciam diretamente a razão, encontraram motivos para afirmar que a razão pode controlar as paixões, principalmente por um trabalho de educação. Nessa linha seguiram filósofos como René Descartes (p. 191), que viveu um século antes de David Hume.

Descartes considerava que, quando há uma vontade consciente de controlar as paixões, o indivíduo pode ter sucesso; em vez de ficar sujeito a elas e desorientado, ele pode, digamos assim, direcionar o sentido das paixões e fazê-las contribuir para a posse da felicidade. A consciência de si e de suas possibilidades, típica do ser humano, fornecia a Descartes o principal ponto de partida para sua compreensão da relação entre razão e paixões. O pensamento (atividade racional) é uma experiência que permite ao indivíduo dizer "eu", sentindo-se como uma singularidade total e desejando ser reconhecido dessa maneira. Mas o indivíduo é também um corpo físico, pois se percebe como um elemento da Natureza e como um centro de relações materiais com outros seres também materiais.

Ora, se observarmos o corpo humano, veremos, segundo Descartes, que ele é uma "máquina" cujo funcionamento não depende do pensamento (mesmo os animais, desprovidos de pensamento, têm corpos que funcionam). Essa observação permite concluir que o pensamento é diferente do corpo; é algo que existe em união com o corpo humano, mas sem se confundir com ele. Em outras palavras, não é o corpo que pensa e diz "eu"; em contrapartida, é o pensamento que se serve do corpo. Por conseguinte, se o

Frontispício da obra *As paixões da alma*, de René Descartes, edição de 1649.

[8] **Defensável:** *algo que pode ser defendido, sustentado.*

pensamento se serve do corpo, e se as paixões têm origem no corpo (como se constata até nos animais), então o pensamento pode se servir também das paixões e controlá-las, orientando-as para a felicidade.

A grandeza de alma, sobre a qual fala Descartes, longe de significar uma grandeza "natural" (como se o mundo estivesse dividido entre pessoas grandes e pequenas, melhores e piores), refere-se à atividade da razão, que engrandece. Algumas pessoas a desenvolvem, outras não. Em todo caso, a grandeza estaria na possibilidade de se servir da razão e de pôr ordem nas paixões, a fim de obter uma vida feliz.

Continuam, assim, na filosofia cartesiana[9] das paixões, aqueles dois modelos desenvolvidos ao longo dos séculos para entender as paixões: elas nascem no ser humano sem que ele possa decidir sobre o seu surgimento, mas existe também a possibilidade de interferir no modo de vivenciá-las. O tema da interferência nas paixões já havia sido bastante explorado no pensamento antigo. Platão e Aristóteles, por exemplo, pensaram formas de controlá-las; alguns estoicos (p. 340) propunham até eliminá-las. Mas nos tempos do Renascimento e na Modernidade, o tema ganha novo tratamento.

A novidade de Descartes estará, porém, em sua justificativa dessa concepção (a distinção entre o corpo e o pensamento na unidade do indivíduo) e na aplicação do modelo mecanicista de conhecimento (p. 235) para explicar a relação entre a razão e as paixões. Com efeito, o funcionamento do corpo humano e de todos os seres vivos poderia, segundo Descartes, ser explicado da maneira como se explica o funcionamento de uma máquina. Como o pensamento é quem comanda a máquina do corpo, uma vez entendida a "engrenagem" das paixões (emoções), o comandante poderá controlá-las. Tal controle poderia ser ampliado para a melhoria das relações sociais, como a Política, uma vez que a ordem nas paixões dos indivíduos resultaria na ordem das paixões vividas pelo conjunto deles.

Ainda durante a Idade Moderna, alguns pensadores apontaram dificuldades nas conclusões de Descartes. Por exemplo, Blaise Pascal (p. 192) considerava exagerado crer em um controle da vida individual e social pelo pensamento, dado que fatores imponderáveis[10] influenciam tanto a ação como o próprio pensamento. Ainda que Descartes tivesse enfatizado corretamente algo difícil de questionar (a experiência do pensamento),

RENÉ DESCARTES (1596-1650)

Foi um filósofo e matemático francês, considerado como o principal fundador da filosofia moderna. Além de ser famoso por sugerir a fusão da Álgebra com a Geometria (fato que gerou a *geometria analítica* e o sistema de coordenadas que hoje leva seu nome, o plano cartesiano), foi um pensador central na revolução científica e na fundamentação da ciência moderna. É também reconhecido como o fundador do racionalismo clássico. Obras mais conhecidas: *Discurso do método*, *Meditações metafísicas* e *As paixões da alma*.

[9] ***Cartesiano:*** *referente a Descartes (*Cartesius*, em latim).*

[10] ***Imponderável:*** *algo que não pode ser pesado (avaliado); imprevisível; incontrolável.*

O controle das paixões
René Descartes

1 Parece-me que a diferença existente entre as grandes almas e aquelas que são baixas e vulgares consiste, principalmente, no fato de que as almas vulgares deixam-se levar por suas paixões e são felizes ou infelizes se as coisas que lhes acontecem são agradáveis ou desagradáveis. Em vez disso, as outras almas [as grandes] têm
5 pensamentos tão fortes e tão potentes que, embora também tenham paixões, e mesmo frequentemente mais violentas do que as paixões do homem comum, sua razão permanece sempre sua mestra e faz que as aflições até lhes sirvam e contribuam para a perfeita felicidade de que elas, as grandes almas, tiram proveito. ■

DESCARTES, René. Lettre à Elisabeth, reine de Suède, le 18 mai 1645. In: *Œuvres complètes*. Edição C. Adam e P. Tannery. Paris: Cerf, 1901. p. 202. (Carta a Elisabeth, rainha da Suécia, 18 de maio de 1645. Tradução nossa.)

Homúnculo que dirige o corpo, desenho anônimo. The Open Source Science Project (disponível em: <http://theopensourcescienceproject.com/lecture-searchfortheself.php>. Acesso em: 7 jan. 2016). O desenho representa o que seriam os atos de ver e de falar, segundo uma filosofia que entende a mente como comandante do corpo. O homenzinho que está na cabeça recebe a informação visual de uma chave, analisa essa informação com base no arquivo de experiências precedentes, interpreta-a e envia um comando para que as cordas vocais exprimam o que o homenzinho entendeu. Ele consegue então fazer o corpo dizer: Schlüssel ("chave" em alemão, pois essa é a língua do autor do desenho). No século XX, alguns cientistas e filósofos identificaram o "homenzinho" diretamente com o cérebro.

©FRITZ KAHN

Pascal não podia segui-lo na conclusão de que o pensamento é capaz de comandar inteiramente a existência.

A bem da verdade histórica, porém, embora Descartes distinga o corpo e o pensamento (por ele também chamado de *alma*), ele não os entende como coisas relacionadas de modo que apenas uma delas possa influenciar a outra (o pensamento sobre o corpo). Em sua correspondência com a rainha da Suécia, por exemplo, Descartes dá claras indicações de influências do corpo sobre a alma. Caberia ao indivíduo buscar a harmonia entre corpo e alma. No entanto, também é verdade que se criou, depois de Descartes, um tipo de leitura da filosofia cartesiana como defesa da total soberania da alma em relação ao corpo: a "alma-comandante" disporia do corpo como um instrumento passivo, inteiramente ao seu dispor.

O cartesianismo ou o pensamento inspirado em Descartes (não propriamente aquele elaborado pelo próprio filósofo) teve grande sucesso na Idade Moderna e na Contemporaneidade, sobretudo em concepções filosóficas e científicas edificadas sobre os resultados das pesquisas em Química, Biologia, Medicina e Psicologia. A separação entre corpo e pensamento (também chamado hoje de *mente*) tornou mais fácil explicar ambos.

Historicamente, porém, essa separação conduziu a uma conclusão anticartesiana: o modelo mecânico de explicação do corpo acabou se impondo mesmo na compreensão do pensamento ou da mente, a ponto de, no século XX, alguns cientistas nem mais considerarem a hipótese de que a mente seja algo diferente do corpo (cérebro). Ela passa a ser entendida como um dos aspectos da mecânica corporal e como resultado do funcionamento do cérebro, o novo comandante da máquina humana. Dado que o cérebro é programado geneticamente para buscar recompensas, a engrenagem do corpo é compreendida agora em termos de compensação e frustração. Só haveria corpo, portanto. O cérebro seria o seu "piloto automático", sem "consciência", "reflexão" ou o que quer que seja; ele consistiria em uma simples parte da máquina que guarda informações relativas às recompensas recebidas com certas atividades e às frustrações vividas com outras. A própria ideia de "consciência", "reflexão" e tudo o mais que lembraria a antiga alma ou pensamento não seriam mais do que metáforas para nomear estratégias mecânicas que geram satisfação. O amor, dessa perspectiva, também não passaria de um nome para determinadas reações físico-químicas na busca de compensação.

p. 469 Textos complementares

BLAISE PASCAL (1623-1662)

Foi um filósofo, matemático, físico e teólogo francês. Deu contribuições bastante originais no campo da Física e da Matemática. Em Filosofia, sua obra mais conhecida é *Pensamentos*, conjunto de fragmentos publicados postumamente em 1670, expondo não apenas ideias filosóficas, mas também uma defesa da espiritualidade e do cristianismo.

EXERCÍCIO C

p. 467

1. Por que, segundo David Hume, seria mais defensável afirmar que as paixões controlam a razão do que o contrário?
2. Resuma o caminho percorrido por Descartes para concluir que é razoável entender a razão como dotada da possibilidade de controlar as paixões.

4 O amor romântico

Tanto na Idade Moderna como na Contemporaneidade surgiram reações contrárias à concepção do ser humano como máquina de comportamentos mecânicos. Algumas delas identificam nessa concepção uma forma da falácia da causa ou do *post hoc propter hoc* (p. 60): o fato de dizer que a mente ou o pensamento depende do cérebro não dá base para concluir que a mente é também produzida pelo cérebro; não é porque o cérebro "vem antes" da mente que ele pode ser considerado a sua causa, assim como o fato de a engrenagem de uma máquina ser necessária para o seu funcionamento não permitir afirmar que a própria engrenagem produz o funcionamento da máquina.

Um exemplo de reação contrária à concepção do ser humano como máquina de comportamentos mecânicos vem dos filósofos fenomenólogos, que recuperam e reinterpretam de maneira original os conceitos clássicos de corpo, alma e espírito (p. 239-240).

Algumas dessas reações contrárias denunciam o que elas consideram como o excesso do racionalismo (p. 336): a confiança de que a razão ou o pensamento reflexivo é a característica principal dos seres humanos, capaz de controlar os indivíduos e os grupos. Tal confiança introduz uma divisão tão potente no ser humano (entre sua parte "racional" e sua parte "irracional" ou passional), que não é de estranhar a conclusão histórica do desaparecimento da própria "razão", dissolvida em meio aos aspectos humanos entendidos como meras realidades físico-químicas.

Reações desse tipo surgiram já no final do século XVIII. A maior delas talvez seja a de um movimento que ficou conhecido como Romantismo e que se construiu em uma relação íntima entre Filosofia e arte. Se os românticos também afirmavam a possibilidade de o ser humano formar-se a si mesmo ("controlar-se"), eles não podiam, porém, aceitar que essa formação fosse dada por uma "razão" compreendida cada vez mais em termos científicos, quer dizer, uma razão que quantifica, enumera, mede, calcula e depois se proclama a si mesma como padrão "humano" e fonte de conhecimento "verdadeiro".

O ser humano, na concepção romântica, tem outras formas de experimentar verdades. Por exemplo, diante de certos acontecimentos naturais, sobretudo as catástrofes, os indivíduos e os grupos podem adotar uma atitude "científica", buscando entender as causas de tais acontecimentos e dando explicações físicas, químicas e biológicas. Mas também podem deixar-se tocar pela força que se manifesta na Natureza e perceber um mistério imponderável na mesma Natureza, uma dimensão impossível de ser dominada por conceitos científicos. Percebido o mistério, surge nas pessoas uma experiência de admiração e respeito, porque elas se veem diante de algo sublime, elevado, incontrolável e incompreensível. A Ciência, dessa perspectiva, ao pretender impor-se como única explicação verdadeira da Natureza, embrutece a percepção humana e termina por "fechar os olhos" para o mistério sublime, dando a ilusão de que o mundo se reduz àquilo que dizem os cientistas em termos de relações de causa e efeito, proporções mecânicas etc. A própria Filosofia produz esse embrutecimento quando se submete passivamente às verdades científicas.

Em contrapartida, pela experiência estética, principalmente poética, e pela experiência religiosa, pode-se aprender a olhar de maneira pura e ingênua (sem preconcepções) para a vida. Elas educam o *sentimento*, experiência de ver as coisas e perceber nelas um sentido que ultrapassa toda pretensão racionalista de dominar os acontecimentos pela compreensão "racional". O sentimento é diferente da emoção, embora, em geral, seja acompanhado por ela; trata-se de uma percepção objetiva (fundada nas próprias coisas) de valores como a sublimidade.

O filósofo brasileiro Michael Löwy (1938-), no livro *Revolta e melancolia: o Romantismo na contramão da Modernidade*, afirma que a visão romântica constitui uma autocrítica da Modernidade, pois reage contra a imagem de mundo construída pelas ciências e pelas filosofias que acataram os padrões científicos e adotaram o credo[11] do desencantamento do mundo, de sua quantificação e mecanização, da abstração racionalista e da dissolução dos laços sociais.

Nesse contexto, o tema do amor ganha destaque especial, deixando de ser entendido como simples "paixão" ou algo oposto à "razão" (como se o ser humano fosse dividido interiormente) e passando a ser compreendido como a atitude radical de percepção da vida em seu valor próprio.

O filósofo alemão Friedrich Schlegel (p. 195) redigiu uma série de pensamentos sobre o amor na

[11] ***Credo:*** *conjunto de crenças fundamentais para um determinado grupo.*

O fascínio das brumas

Caspar David Friedrich (1774-1840), *Viajante sobre o mar de névoa*, 1817, óleo sobre tela.

Brumas são nevoeiros, como a cerração que altera as condições de visibilidade nas manhãs frias em muitas regiões do planeta. Vários escritores e pintores românticos revelam um grande fascínio por elas, principalmente as "brumas do Norte" (referência às regiões do norte da Europa, que são mais frias).

Tal fascínio colaborou para o fortalecimento da imagem dos românticos como artistas e pensadores enigmáticos, envolvidos em mistério brumoso e mesmo marcados por certa melancolia (o prazer de sentir-se triste, desconfortável em meio à visão comum da realidade). Dessa perspectiva, o quadro de Caspar David Friedrich é uma imagem clássica. No primeiro plano, aparece um homem de costas, com cabelos ao vento, contemplando uma paisagem brumosa na qual se podem distinguir algumas árvores e alguns rochedos. Como pano de fundo, a bruma está presente por todos os lados, tornando impossível distingui-las das nuvens do horizonte.

Mais do que mistério e melancolia, o quadro permite observar que a própria Natureza altera sua imagem e desperta sentimentos diferentes em quem se deixa tocar por suas variações. As brumas naturais representam as brumas que envolvem o modo humano de olhar para o mundo: por mais que se acredite na capacidade de compreender tudo, sempre um nevoeiro pode alterar a visibilidade.

A ênfase na variação da percepção do mundo leva a acentuar também as possibilidades de variar a expressão da mesma percepção. Por esse motivo, o termo *romance*, utilizado desde os tempos dos romances de cavalaria (p. 185), ganha destaque especial na era romântica (donde o nome *Romantismo*) como forma de expressão que permite escapar às formas clássicas, centradas no discurso argumentativo ou racional mesmo em registro literário. O filósofo Friedrich Schlegel consagrou o adjetivo *romântico* para designar as experiências individuais e históricas como fonte de sentido, em vez da referência constante aos antigos modelos de percepção e expressão. ■

forma de fragmentos, ou seja, pensamentos curtos e não organizados em um conjunto sistemático (modelo clássico). Trata-se de um estilo de grande impacto, pois contraria a pretensão humana de oferecer uma explicação completa da realidade e de tudo dominar pelo pensamento racional, que "não sente". Assim, em vez de longos raciocínios, os fragmentos enunciam verdades na forma de lampejos[12], brilhos, seguindo o modo como a própria vida afeta o olhar humano a cada instante.

Os fragmentos de Schlegel estão aqui registrados em uma ordem didática, não na ordem de sua redação (indicada pelos números entre colchetes).

Os dois primeiros contêm a crítica à crença filosófica e científica de que é possível conhecer a Natureza apenas pela razão. A consciência humana opera por fragmentos, contatos e ocultamentos. Pretender uma explicação completa e sistemática seria perder a vida. Pelo amor, ao contrário, se conhece a realidade tal como ela é, pois ocorre uma união direta com o objeto amado (aquilo cujo valor é sentido), sem passar pelo intermediário de uma interpretação preconcebida (científica ou filosófica). Então, se é pelo amor que isso é possível, é por ele também e pela consciência dele que o ser humano se torna realmente humano.

Em vez de "pensar" o mundo, Schlegel propõe "sentir" o mundo (perceber o sentido de que fala o terceiro fragmento). Sente-se a beleza de uma paisagem, por exemplo, quando ela é percebida por meio dos sentidos físicos (sensação ou sensibilidade) e quando se percebe conjuntamente que ela não é uma paisagem

[12] **Lampejo:** *clarão; faísca.*

Fragmentos sobre o amor
Friedrich Schlegel

1 Jamais conhecerá a Natureza quem não a conhece por meio do amor. [103]
Somente pelo amor e pela consciência do amor o homem se torna homem. [83]
No amor, em primeiro lugar vem o sentido de um para o outro, e o mais elevado é a crença de um no outro. Entrega é expressão da crença, e o deleite pode vivificar e apu-
5 rar o sentido, mas não o produzir, como é opinião comum. Por isso, durante um breve tempo, a sensibilidade pode dar a pessoas más a ilusão de que poderiam se amar. [87] ■

SCHLEGEL, Friedrich. *Dialeto dos fragmentos* (*Ideias* 103; 83; *Athenäum* 87). Tradução Márcio Suzuki. São Paulo: Iluminuras, 1997. p. 157, 154, 60.

FRIEDRICH SCHLEGEL (1772-1829)

Foi um poeta, filósofo e crítico literário alemão. Participou ativamente das primeiras expressões e formulações teóricas do Romantismo. Elaborou uma crítica da verdade poética por meio da ironia, conceito central de seu pensamento. Entre suas obras mais conhecidas estão seus conjuntos de fragmentos e *Diálogo sobre a poesia*.

qualquer, e sim uma paisagem bela (sentimento da beleza). Sente-se o valor de cada coisa e ama-se cada coisa pelo que ela é. É nessa união com o sentido que o amor se revela a forma adequada do conhecimento da Natureza. Ele é crença, adesão ao que se apresenta como dotado de valor (desejável por si mesmo).

Ilumina-se, assim, a experiência do amor entre os amantes: em primeiro lugar vem o sentido que um tem para o outro, isto é, o reconhecimento do que um significa para o outro. Quando se entregam mutuamente, eles creem um no outro. Em segundo lugar, vem o deleite ou o prazer, que pode apurar o sentido percebido, mas não o produzir, pois ele é encontrado; ele é o objeto ou o conteúdo do sentimento, não da sensibilidade ou sensação. Do ponto de vista apenas da sensibilidade, duas pessoas más podem ter a ilusão de se amar, pois podem ter prazer uma com a outra. Essa ilusão, porém, dura pouco: quando ambas percebem o que uma significa para a outra e se dão conta da maldade, também percebem que não se amam com verdade, pois algo verdadeiro não pode conter maldade.

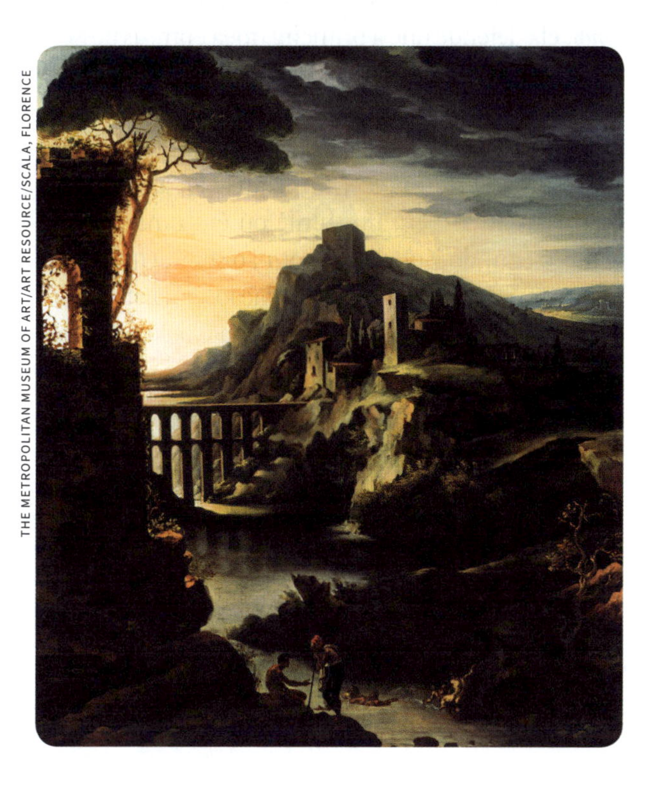

THE METROPOLITAN MUSEUM OF ART/ART RESOURCE/SCALA, FLORENCE

Théodore Géricault (1791-1824), *Paisagem com aqueduto*, 1818, óleo sobre tela.

EXERCÍCIO D

p. 467

1. Qual a ideia central da crítica do Romantismo às formas de pensamento que adotam o modelo científico como padrão de conhecimento verdadeiro?
2. Que experiência corresponde ao que os românticos chamavam de *sentimento?*
3. Como a arte e a religião podem educar o sentimento, segundo o Romantismo?
4. Explique, de acordo com o contexto romântico, o seguinte fragmento de Friedrich Schlegel: "Somente pelo amor e pela consciência do amor o homem se torna homem".

5 O amor no pensamento contemporâneo

SIMONE DE BEAUVOIR (1908-1986)

Filósofa, escritora e feminista francesa, foi uma defensora e representante do existencialismo. Escreveu romances, autobiografias e ensaios críticos. Em obras como *A convidada*, *O sangue dos outros* e *Os mandarins*, explorou os dilemas da liberdade e da responsabilidade individual. Entre seus ensaios críticos, destaca-se *O segundo sexo*, análise do papel das mulheres na vida social.

Na segunda metade do século XIX e no século XX, o tema do amor recebeu tratamentos os mais diversos. Um deles consistiu em associá-lo à sexualidade.

Arthur Schopenhauer (p. 85), por exemplo, tal como registrado em seu livro *Metafísica do amor*, identificava um impulso sexual em todo ser vivo dotado de sensação e interpretava esse impulso como uma tendência a conservar a vida, chamando-o de *amor*. A Psicanálise, principalmente freudiana, também entendeu o amor em termos de sexualidade (p. 124).

Outro tratamento contemporâneo do tema do amor está nas críticas feministas às concepções platônico-cristã, romântica e mesmo psicanalítica. A pensadora Simone de Beauvoir, por exemplo, denunciava que a história filosófica do amor era uma história escrita por homens, sem levar em conta o fato de a palavra *amor* não ter o mesmo significado para homens e mulheres. Além disso, a pensadora defendia que a construção das individualidades é o que determina os papéis sexuais; não a Natureza. Em seu livro *O segundo sexo*, ela redige uma de suas mais famosas frases: "Não se nasce mulher; torna-se mulher".

Os movimentos culturais que compõem o *feminismo* (reflexão sobre a identidade ou a falta de identidade feminina e luta pela igualdade entre mulheres e homens) ganharam grande força com as ideias e as ações de Simone de Beauvoir. Desenvolveu-se a visão de que a história do amor foi escrita para perpetuar o domínio do que se convencionou chamar de *identidade masculina*, razão pela qual, desde os tempos dos romances de cavalaria e do amor cortês, os homens idealizam as mulheres e destacam as qualidades que eles mesmos apreciam. Essa atitude terminou por levar as mulheres a crer que essas qualidades definidas pelos homens são realmente "femininas". Por sua vez, o amor concebido sobre essa ilusão as faz aceitar a necessidade de se unir aos homens admirados por elas. No limite, o amor não passaria de uma invenção cultural e machista.

JUDITH BUTLER (1956-)

É uma filósofa norte-americana, pensadora do feminismo e de questões contemporâneas relacionadas à Ética e à Política. É uma das criadoras da teoria *queer*, que concebe a orientação sexual e a identidade sexual e de gênero dos indivíduos como resultados de uma construção social performativa. Butler atua como professora na Universidade da Califórnia, em Berkeley. Obras mais conhecidas: *Problemas de gênero*, *Quadros de guerra* e *Bodies That Matter* (Corpos que importam).

Não é razoável, porém, considerar o feminismo como um pensamento homogêneo[13], pois nem todas as feministas entendem o amor como uma simples invenção cultural para perpetuar a dominação masculina. É o caso, por exemplo, da pensadora norte-americana Judith Butler, que dissocia o amor das tensões entre homens e mulheres. Butler esclarece que o amor não é "algo que se sente", e sim uma *relação* que se constrói por trocas entre pessoas. Em seu ensaio *Duvidando do amor*, ela defende que a primeira troca entre as pessoas é a dos sonhos ou dos anseios. As paixões ou as emoções não são estáticas nem rígidas, e sim flexíveis e mutáveis. Por isso, as pessoas podem viver suas emoções como uma performance, uma atuação, assim como os artistas atuam em um filme ou em uma peça de teatro. Segundo Butler, o amor não seria sequer uma emoção, mas realmente uma relação, uma atividade.

Outra crítica de grande destaque na Contemporaneidade em relação à filosofia do amor baseia-se em uma dificuldade precisa: se o amor é algo que não pode ser avaliado objetivamente, nada justificaria tomá-lo como orientação da vida moral ou ética. Segundo essa postura filosófica, avaliar objetivamente um assunto significa expô-lo a um grupo de observadores que possam debater e confirmar ou negar o assunto com base em regras claras

[13] ***Homogêneo:*** *idêntico; sem variantes.*

para o debate. Algo que pode ser avaliado dessa maneira chama-se *público*; do contrário, chama-se *privado*.

Por exemplo, as afirmações das ciências seriam públicas, pois os observadores que conhecem as regras do debate (os cientistas) podem avaliar a correção e a adequação dessas afirmações. Já experiências como o amor seriam privadas, pois nenhum observador pode avaliar objetivamente aquilo que se chama com esse nome. Pode ser o caso de alguém agir com gentileza e dizer-se movido por amor, quando, na verdade, age por interesse, hipocrisia etc.

O termo *amor*, assim, passa a ser visto como impreciso e insuficiente para dar conta das motivações humanas. Nessa linha, o filósofo inglês Stuart Hampshire, por exemplo, lembra que o amor remete a conceitos como *bem, perfeição, busca do melhor, atração do bem* etc., que resistem a toda análise objetiva. Ora, assim como as ciências empregam uma linguagem compreensível por todos que conhecem suas regras, assim também a Ética deveria buscar universalidade segundo o modelo científico. Dado que o amor e os outros conceitos por ele implicados são privados, não seria racional pretender empregá-los em Ética.

Em reação contrária a Hampshire, a pensadora inglesa Iris Murdoch (p. 199) procurou reabilitar[14] o amor como tema público. Ela concordava com grande parte do que dizia seu colega Hampshire, mas discordava em algo central: nada obriga a afirmar que tudo o que se passa na dimensão privada também não é público, ou seja, compreensível racionalmente. O amor seria um exemplo.

No texto "A soberania do bem", publicado no Brasil em um livro de mesmo nome (coletânea de três ensaios), Iris Murdoch imagina o seguinte caso: uma determinada mãe, chamada de M, tem um filho que se casa com N (nora de M). A mãe M não consegue ter simpatia por N; acha que ela é grosseira, sem bons modos, vive fazendo barulho e veste-se mal; seu modo de ser é muito cansativo. No entanto, M é uma mulher "correta" e se comporta bem com N, sem deixar transparecer aquilo que realmente pensa sobre ela. Mas M vive uma luta interior: sabe que não gosta de N, embora faça tudo para tratá-la bem. Com o passar do tempo, e como M é uma mulher inteligente e com boas intenções, ela começa a fazer uma autocrítica, perguntando-se se não exagera e se não está completamente equivocada. M presta atenção no que vive e analisa melhor as coisas, buscando compreender N tal como N é. Aos poucos, M percebe que estava enganada, pois descobre que N não era grosseira, mas simples; era espontânea, não alguém sem bons modos; seus "barulhos" eram alegria. A opinião que M tinha sobre N transforma-se, embora o comportamento de M e sua relação com N não mudem, porque, desde o início, M era gentil e amável com N.

O caso desenhado por Iris tem por objetivo mostrar que todos certamente aprovam a atitude de M e entendem que ela mudou de opinião sem precisar mudar de comportamento. Apesar de ser verdade que é difícil conhecer a real motivação de M (pois, em última instância, só ela mesma pode saber isso), é possível, entretanto, partir do pressuposto de que ela é uma mulher inteligente e bem-intencionada ("correta"), a fim de concluir que ela agiu com justiça (procurando ver sua nora tal como ela realmente é) e por amor (amor por seu filho e amor em geral).

A filósofa sabe que um pensamento só é realmente pensamento quando se dirige a uma conclusão expressa como algo comunicado ou como ação. Um monólogo[15] interior não tem significado público se não leva a algo exterior. Por conseguinte, para avaliar aquilo que se passa na mente de alguém, é mais fácil começar pelo que esse alguém exterioriza. O complicador do exemplo de M está no fato de a sua ação não mudar (ela continua tratando bem a nora); o que muda é sua maneira de ver a jovem.

No entanto, segundo Iris Murdoch, qualquer pessoa comum entende o caso de M e sabe que é real a experiência da luta interna com os próprios pensamentos. Caso se concorde que isso é real, então não é razoável, em termos éticos e mesmo psicológico-científicos, desconsiderar o fato de que as vivências internas (privadas) interferem no campo público e podem ser avaliadas de algum modo.

STUART HAMPSHIRE (1914-2004)

Foi um filósofo e crítico literário britânico. Estudou a filosofia de Baruch de Espinosa e interessava-se pelos princípios da necessidade e do determinismo na Natureza. Defendia também uma "ética do espírito" como princípio de liberdade. O poder de reflexão e de autodeterminação caracterizaria a liberdade humana. Entre suas obras, destacam-se *Thought and Action* (Pensamento e ação) e *Freedom of the Individual* (Liberdade do indivíduo).

[14] ***Reabilitar:*** *tornar válido novamente; recuperar.*

[15] ***Monólogo:*** *discurso de uma pessoa só.*

Iris Murdoch explica que a luta interna de M pode ser vista como um esforço que resulta do amor. Nesse aspecto, Iris revela tons românticos em sua filosofia, embora ela fosse uma grande defensora do modelo científico e dos preceitos lógicos para a construção e expressão do pensamento. Sua vivência, porém, não lhe permitia abrir mão da convicção de que as bases da Moral ou da Ética superam regras formuladas objetivamente. Elas se enraízam em experiências cotidianas como a luta interna de M.

Assim, é racionalmente possível afirmar que a atividade interior de M não se separou de suas atitudes externas; pelo contrário, formou com elas um "tecido" único. M prestou *atenção* em N e se *esforçou* para ser justa com ela. "Isso é moral", diz Iris, pois todo ser humano pode praticar a atenção à sua experiência privada e melhorar o sentido de sua ação. É nesse ponto que Iris Murdoch recupera a importância do amor e de uma filosofia do amor que não se concentre em especulações, mas na vida cotidiana. M seguiu um impulso a ser sempre melhor e mais justa com N; tentou ser mais perfeita. É pela consideração de experiências cotidianas desse tipo que se torna possível entender ideias como *perfeição, bem, melhor* etc. É explícito, aqui, o reencontro da filosofia de Platão .

Para analisar esse texto de Iris Murdoch, convém lê-lo por inteiro e depois relê-lo começando pelo segundo

Amor e atenção
Iris Murdoch

1 O que M tenta fazer não é apenas enxergar N com precisão, mas enxergá-la com justiça e amor. [...] A atividade de M é algo progressivo, [...] mas, longe de associar-se a algum tipo de infalibilidade[16], esse novo quadro foi construído sobre a noção de uma necessária falibilidade[17]. M está engajada em uma tarefa interminável. No ins-
5 tante em que começamos a usar palavras como *amor* e *justiça* na caracterização de M, introduzimos em nosso quadro conceitual a ideia de progresso, isto é, a ideia de perfeição. [...] O amor é conhecimento do indivíduo. M está confrontada com N em uma tarefa infinita. [...] Falar aqui de uma imperfeição inevitável ou de um limite ideal de amor ou de conhecimento que sempre recua pode ser tomado como referência
10 à nossa condição humana "decaída[18]", mas isso não precisa ter um sentido dogmático especial. Como não somos nem anjos nem animais, e sim indivíduos humanos, nossas relações têm esse aspecto; e isso pode ser visto como um fato empírico. [...]

Nada do que estou dizendo aqui é particularmente novo: coisas semelhantes foram ditas por vários filósofos, de Platão em diante. [...] Por que não considerar o ver-
15 melho como um ponto final ideal, como um conceito a ser aprendido ao infinito? [...] Isso seria, por contra-ataque, recuperar a ideia de valor, posta de lado pela Ciência e pela Lógica, e fazê-la ocupar todo o campo do conhecimento. [...]

Uso a palavra "atenção", que tomei de empréstimo de Simone Weil para expressar a ideia de um olhar justo e amoroso dirigido a uma realidade individual. [...] Quando
20 M é justa e amorosa, ela vê em N quem N é de verdade. Muitas vezes nos sentimos impulsionados automaticamente pelo que podemos ver. Se ignoramos o trabalho anterior da atenção e notamos apenas o vazio do momento da escolha, tendemos a identificar a liberdade com o movimento exterior, já que não há nada mais com que identificá-la. Mas, se levamos em conta como é o trabalho da atenção, como ele se dá
25 de forma contínua, e a maneira imperceptível como ele constrói estruturas de valor à nossa volta, não ficaremos surpresos ao ver que, em momentos cruciais de escolha, a maior parte do processo de escolha já está feita. Isso não implica que não sejamos livres, absolutamente. Mas implica que o exercício de nossa liberdade é algo que se dá aos poucos e de modo fragmentário o tempo inteiro; e não num salto grandioso
30 e desimpedido em momentos importantes. ■

MURDOCH, Iris. *A soberania do bem.* Tradução Julián Fuks. São Paulo: Ed. da Unesp, 2012. p. 37-38, 44-45, 54-55, 59-60.

AZ

[16] ***Infalibilidade:*** *impossibilidade de falhar.*

[17] ***Falibilidade:*** *possibilidade de falhar.*

[18] ***Decaído:*** *que caiu; diminuído.*

IRIS MURDOCH (1919-1999)

Foi uma filósofa e escritora irlandesa. Escreveu vários romances e ensaios filosóficos sobre questões éticas e morais, destacando-se pela ênfase na análise lógica e na valorização da Literatura. Entre seus romances mais conhecidos estão *O sino* (1958), *Uma cabeça decepada* (1961) e *O mar, o mar* (1978). Entre seus ensaios filosóficos mais conhecidos estão os três artigos publicados no livro *A soberania do bem* (1970).

parágrafo. Ao afirmar que suas ideias não são totalmente novas, a filósofa menciona a cor vermelha. Essa menção pode parecer estranha; afinal, o que a cor vermelha faz aqui, num texto sobre o amor? Esse dado curioso articula, porém, o texto todo.

Com efeito, no primeiro parágrafo, Iris enfatiza o progresso de M e sua busca de perfeição. Ela levanta a problemática de saber o que é o progresso e a perfeição. Para explicá-los, recorre à ideia de que os seres humanos são "decaídos", quer dizer, diminuídos em perfeição. A expressão *condição humana decaída* é tomada da religião judaico-cristã (designação dos seres humanos como criaturas que perderam o estado perfeito do paraíso), mas Iris afirma não ser necessário assumir a explicação religiosa para entender a falibilidade humana. Para entender a condição decaída, basta observar que todos os humanos são falhos, erram. Esse dado é empírico, comprovado pela experiência pública, e explica o progresso de M, pois, fazendo uma autocrítica e assumindo sua falibilidade, ela pôde melhorar.

Prevendo, porém, que alguns filósofos poderiam considerar a busca de perfeição algo "publicamente incompreensível", Iris introduz a comparação com a cor vermelha: o vermelho também não pode ser "explicado", mas apenas apontado; no entanto, ninguém considera incompreensível o vermelho. Mesmo uma pessoa daltônica[19] apontará para o que ela chama de vermelho, aquilo que ela aprendeu a identificar com esse nome. Por fim, o vermelho pode ser tomado como um padrão para avaliar tudo o que possui a cor vermelha. Ninguém conhece o vermelho perfeito; todos veem apenas coisas dotadas de diferentes graus de vermelho.

[19] **Daltônico:** *pessoa que tem dificuldades de perceber certas cores, especialmente o vermelho e o verde.*

Contudo, ao identificar o vermelho das coisas, pressupõe-se algo como um "vermelho perfeito" que permite avaliar o grau de vermelhidão de cada coisa. Assim também, termos como *perfeição*, *progresso* e *amor*, mesmo não compreendidos completamente, designam ideais completos com base nos quais são avaliadas algumas experiências conhecidas de todos. É a possibilidade de se esforçar e buscar o melhor, progredindo, que permite entender tais termos.

Voltando ao primeiro parágrafo, entende-se por que Iris insiste que as pessoas podem errar. É justamente a falibilidade que abre a compreensão das infinitas formas de melhorar. Iris Murdoch, no entanto, não se compromete com a crença de que os indivíduos e as sociedades caminham sempre para uma evolução e um progresso. Em outras partes de sua obra, ela denuncia as fraquezas da Humanidade, que tem se tornado cada vez mais egoísta, consumista e excessivamente desejosa de Poder. A natureza humana é obscura. Apesar disso, a perfeição permanece como possibilidade; e a tendência para ela é empírica, perceptível por todos.

A comparação com a cor vermelha, feita no segundo parágrafo, prepara também o que Iris afirma no parágrafo terceiro, pois o caso de M é visto como um trabalho de constante atenção, isto é, um olhar cuidadoso e treinado para enxergar N tal como N realmente é. Sua atitude corresponde à *atenção* tal como compreendida pela pensadora francesa Simone Weil: um olhar amoroso e justo para com um objeto (um alvo) particular.

Por outro lado, se se pensar que M decidiu "de repente" pelo bom tratamento de N, não se perceberá o real funcionamento das decisões humanas: elas não nascem em momentos especiais, mas resultam do modo como cada pessoa está acostumada a dar valor

SIMONE WEIL (1909-1943)

Foi uma filósofa francesa de origem judaica. Dedicou-se ao estudo do pensamento grego, reelaborando de modo original e atual conceitos gregos. Por exemplo, lendo Platão, Simone Weil propôs a ideia de que tudo o que, no mundo, é fator de separação também pode ser fator de união. Engajou-se no trabalho operário e na resistência francesa. Considerava-se cristã, embora não tenha se convertido oficialmente, por discordar do pensamento cristão majoritário. Escreveu *Aulas de Filosofia*, *A gravidade e a Graça* e *A condição operária*, entre outras obras.

No alto, à esquerda: Paul Cézanne (1839-1906), *A montanha Santa Vitória*, 1904, óleo sobre tela.
À esquerda: Paul Cézanne, *A montanha Santa Vitória vista de Bellevue*, 1885, óleo sobre tela.
Acima: Paul Cézanne, *Estrada em frente à Montanha Santa Vitória*, 1898-1902, óleo sobre tela.

às coisas. Quando se toma uma decisão, ela é marcada pelos costumes praticados no dia a dia (muitas vezes sem a devida atenção). A liberdade reside, portanto, na formação atenta da maneira cotidiana de agir e de reagir às circunstâncias. Em outras palavras, a liberdade está no *processo cotidiano* que leva às escolhas, e não nas escolhas mesmas. No caso de M, sua decisão de tratar bem N nasceu de seu costume de ser "correta".

No mesmo ensaio, *A soberania do bem*, Iris Murdoch afirma que a melhor maneira de conhecer o ser humano não é pela análise científica ou filosófica, mas pela Literatura, que recupera o cotidiano e permite um acesso direto à vida. Comparando a atenção bondosa com o modo de os pintores olharem para o mundo, Iris Murdoch evoca uma frase do poeta tcheco Rainer Maria Rilke (1875-1926), que, ao falar da pintura de Paul Cézanne (1839-1906), dizia ver nela um "consumo de amor em obra anônima", um desfrutar amoroso da realidade sem querer chamar a atenção para si mesmo, mas para a própria realidade. Não foi por acaso que, impressionado pela Montanha Santa Vitória, no sul da França, Cézanne a pintou aproximadamente 80 vezes em seus quadros. Como ele dizia, o estudo real que um pintor deve fazer é o da diversidade do "quadro da Natureza", produzindo "quadros seus" que sejam ensinamentos. Tais ensinamentos, por sua vez, não seriam simples reproduções ou imitações da Natureza. Cézanne não acreditava em uma separação entre o que é objetivo (público) e o que é subjetivo (privado). De sua perspectiva, toda pintura é objetiva, pois registra o que foi realmente visto pelo artista.

EXERCÍCIO E

p. 468

1. Por que o movimento feminista vê na história da filosofia do amor uma tentativa de dominação masculina?
2. É correto dizer que todo pensamento feminista é contrário ao amor? Analise o caso de Judith Butler.
3. Por que a afirmação da existência de um campo público e um campo privado na experiência humana permitiu a alguns autores, como Hampshire, afirmar que o amor não tem função na Ética?
4. O que a história de M e N, imaginada por Iris Murdoch, ensina sobre a diferença entre a dimensão pública e a dimensão privada na experiência humana?
5. Qual a importância da comparação com a cor vermelha no texto de Iris Murdoch?
6. O que seria, segundo Iris Murdoch, a atenção?

EXERCÍCIOS COMPLEMENTARES

p. 468

1 Música e poesia

Ouça a música "Monte Castelo", gravada em 1989 pela banda brasileira Legião Urbana, que combina o poema "Fogo que arde sem ver", de Luís de Camões, com o "Hino ao amor" composto por Paulo de Tarso no Capítulo 13 da Primeira Carta aos Coríntios (Disponível em: <https://www.youtube.com/watch?v=NQ-K8QSStOo>. Acesso em: 8 jan. 2016). A combinação dos dois textos é um sinal de como, no modo geral de pensar da nossa cultura, são associadas as concepções do amor como sentido das ações humanas e como paixão.

2 Reflexão: o potencial de revolta do Romantismo

Leia o romance *O seminarista*, de Bernardo Guimarães (publicado em várias edições). Reflita sobre as seguintes questões: Haveria um sentido romântico na impossibilidade de Eugênio e Margarida viverem seu amor? Você concorda que há uma semelhança entre a história de Eugênio e Margarida e a história de Tristão e Isolda? Você concorda que o desfecho do livro *O seminarista* contém um potencial de revolta e de crítica do comportamento social? Lembre-se de sempre justificar suas respostas.

3 Exercício hermenêutico

No século XX desenvolveu-se um ramo científico conhecido como as Neurociências. São estudos do funcionamento do sistema nervoso, sobretudo no nível neuronal, a fim de oferecer explicações para os comportamentos humanos. Alguns neurocientistas adotam uma versão rígida em suas explicações e creem que tudo o que os seres humanos sentem e fazem resulta da ativação da sua estrutura nervosa e dos neurônios, programados para buscar satisfação. No caso do amor, há quem chegue a dizer que amar é viver tão somente uma explosão de reações físicas e químicas. Outros neurocientistas, porém, acham exagerada essa explicação, pois consideram equivocado conceber o ser humano apenas em seus aspectos mecânicos (como se fosse uma máquina), sem considerar a espontaneidade e a criatividade que caracterizam os indivíduos e grupos. Leia o texto que vem na sequência e responda à pergunta que ajuda a compreendê-lo (página seguinte).

A ciência do amor

Revista Galileu

Quando você está apaixonado, seu cérebro se comporta como se você estivesse sob o efeito de drogas. Aliás, de um coquetel: adrenalina, dopamina, serotonina e uma série de outras substâncias são liberadas na corrente sanguínea e nos impedem de pensar claramente, tomar decisões sensatas e, inclusive, de sermos nós mesmos. É isso mesmo: se você não se reconhece quando está apaixonado, a Ciência explica o porquê.

Para começar, a adrenalina é a primeira substância que seu corpo produz quando você avista ou entra em contato (recebe uma mensagem, digamos) de alguém de quem esteja a fim. É daí que vem a taquicardia, a tensão e o suor nas mãos: a adrenalina é o hormônio que nos coloca em ponto de ação, conhecido em inglês como *fight or flight*, isso é, atacar ou fugir. Além disso, o corpo também libera dopamina, que é responsável pela sensação de prazer, uma espécie de recompensa a um estímulo. Este neurotransmissor também ajuda a formar hábitos. É por isso que você sente vontade de passar tempo com a pessoa de novo e de novo – e por isso alguns relacionamentos chegam a níveis obsessivos.

Quando você não consegue tirar alguém da cabeça, culpe a queda de serotonina no seu organismo. Ao se apaixonar, os níveis desse hormônio ficam parecidos com os de quem tem transtornos obsessivos compulsivos, o que também explica quando algumas pessoas perdem a cabeça pelo amor.

Por fim, depois que você está junto com a pessoa e aquela paixão inicial esfria, a oxitocina, um hormônio liberado após o orgasmo e também durante abraços, por exemplo, desencadeia a sensação de conexão com o outro.

Com o desenvolvimento do relacionamento, cada vez menos dopamina é liberada e o CRH (hormônio liberador de corticotrofina) entra em jogo: é ele que faz você se sentir desconfortável quando fica longe do seu amor. Nos homens, aumenta o nível de vasopressina, uma molécula associada a comportamentos territoriais e que faz o homem querer proteger a parceira – e também aumenta fidelidade.

Ufa. Da próxima vez que seus amigos disserem que você mudou muito depois que começou a namorar, você pode mandar este link para eles. É culpa de como o seu cérebro funciona.

A CIÊNCIA do amor. *Revista Galileu*, Rio de Janeiro, 16 jan. 2014. Disponível em: <http://revistagalileu.globo.com/Ciencia/Neurociencia/noticia/2014/01/ciencia-do-amor.html>. Acesso em: 5 mar. 2015.

De acordo com o texto:

A - A adrenalina é a primeira substância que o corpo produz quando se avista ou se entra em contato com alguém de quem se está a fim.

B - A falta de serotonina é o que impede uma pessoa de tirar alguém da cabeça.

C - O funcionamento do cérebro é a causa da mudança de comportamento das pessoas enamoradas.

Observe que a afirmação A é feita de maneira diferente do modo como são feitas as afirmações B e C. Em A, afirma-se que a adrenalina é produzida quando avistamos alguém de quem se está a fim. Em outras palavras, primeiro ocorre a percepção da pessoa; depois vem a adrenalina. Já nas afirmações B e C, esse esquema é invertido. Em B se afirma que não conseguimos tirar alguém da cabeça por causa da falta de serotonina. Então, se houvesse serotonina suficiente, não nos apaixonaríamos. Em C, por sua vez, afirma-se claramente que o cérebro é o responsável pelo comportamento amoroso. Dito de outra maneira, é o cérebro que produz o amor.

Pergunta: é possível interpretar A, B e C em conjunto, sem que B e C levem a descartar A? A chave para responder a essa pergunta está em saber onde está o início do amor. Você pode tomar inspiração no que Iris Murdoch afirma sobre a liberdade humana (p. 199-200).

Dicas de filmes para você assistir tendo em mente o que trabalhamos neste capítulo

Amarelo manga, *direção Cláudio de Assis, Brasil, 2003.*

Filme brasileiro que apresenta um quadro cultural bastante variado e composto por maneiras distintas de viver o amor no cotidiano. O cenário é a cidade de Recife, onde as histórias pessoais se cruzam das maneiras as mais imprevisíveis. ■

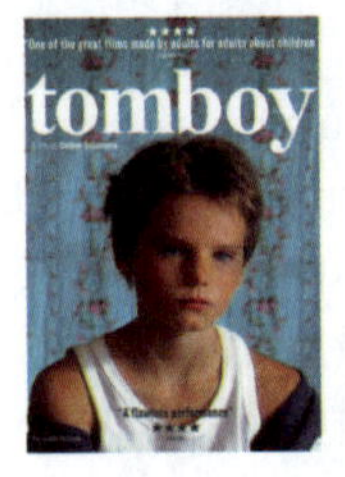

Tomboy, *direção Céline Sciamma, França, 2012.*

História de Laura, que tem 10 anos e é confundida com um menino porque tem cabelos curtos e usa bermuda e camiseta a maior parte do tempo. Empolgada com a acolhida que seu grupo de amigos lhe dá como "menino", Laura explora esse jogo de identidade até ser descoberta. Sua mãe reage com dureza, mas num ato de amor intenso. Filme de extrema delicadeza e inteligência. ■

Foi apenas um sonho, *(Revolutionary Road) direção Sam Mendes, EUA, 2008.*

Nos anos 1950, Frank e April vivem seu casamento segundo certo modelo norte-americano da época. Mudam-se para uma casa confortável; ele tem um bom emprego e ela cuida do lar. Com o passar do tempo, percebem que se tornaram aquilo que temiam: um casal sem ideais. Filme inteligente e realista que explora o desafio da comunicação entre os membros de uma mesma família. ■

Elsa e Fred, um amor de paixão *(Elsa y Fred), direção Marcos Carnevale, Argentina/Espanha, 2005.*

Filme bem-humorado que retrata a história de Elsa, senhora argentina repleta de vitalidade, imigrante em Madri, e que conhece Fred, seu novo vizinho, um viúvo rabugento e hipocondríaco. Elsa faz tudo para se aproximar de Fred e ambos vivem uma bela e agitada história de amor. No enredo entram temas como o amor entre pessoas idosas, as relações entre pais e filhos, as diferenças de gerações, a possibilidade da morte próxima, mas sempre tratados com leveza e otimismo. ■

As asas do desejo *(Der Himmel über Berlin), direção Wim Wenders, Alemanha, 1987.*

Clássico filme do diretor alemão Wim Wenders (1945-), que explora uma metáfora instigante: Damiel e Cassiel são dois anjos que perambulam pela cidade de Berlim logo depois da Segunda Guerra Mundial e são invisíveis aos mortais. Mesmo sem ser vistos, eles procuram consolar as pessoas em suas dificuldades. Tudo muda quando um deles se apaixona por uma trapezista e deseja tornar-se humano para experimentar as dores e a alegria do amor vivido no dia a dia. ■

Em nome de Deus *(Stealing Heaven), direção Clive Donner, Inglaterra e Iugoslávia, 1988.*

Filme baseado na história de Abelardo e Heloísa. Ele foi o mais destacado filósofo de sua época (séc. XII) e ela era uma jovem de extrema inteligência, sobrinha de um importante religioso da Catedral de Notre-Dame de Paris, gozando da possibilidade de estudar com Abelardo. Ambos se apaixonam e se casam. Mas os filósofos, naquele período, não podiam casar-se. Além disso, o tio de Heloísa tinha projetos mais ambiciosos do que o casamento de sua sobrinha com um filósofo. O filme concentra-se nas dificuldades e perseguições a Abelardo e na importância de Heloísa em sua vida. ■

Transamerica, *direção Duncan Tucker, EUA, 2004.*

História de uma transexual que trabalha e economiza para realizar a cirurgia de mudança de sexo biológico. Sua vida sofre uma reviravolta quando descobre que sua antiga namorada (dos tempos anteriores à sua vida como mulher) teve um filho seu. ■

Dicas literárias

O romance de Tristão e Isolda, *de Joseph Bédier, tradução Luís C. e Costa, WMF Martins Fontes, 2012.* ■

O romance da rosa, *de Guillaume de Lorris e Jean de Meun, tradução Lucília Maria D. M. Rodrigues, Europa-América, 2001.* ■

A demanda do Santo Graal, *de Anônimo Medieval, Hedra, 2015.* ■

Dom Quixote, *de Miguel de Cervantes, tradução Ernani Ssó, Penguin-Companhia, 2012.*
Os quatro primeiros livros indicados aqui são traduções brasileiras de fontes que registram as histórias mencionadas neste capítulo para tratar do amor cortês e dos romances de cavalaria. ■

Romeu e Julieta, *de William Shakespeare, tradução Beatriz Viegas Faria, L&PM, 1998.*
História de dois jovens que se amam, porém pertencem a famílias inimigas da Inglaterra do século XVI: Julieta, da família Capuleto, e Romeu, da família Montecchio. O destino trágico dos jovens acabará por aproximar as famílias. ■

Do desejo, *de Hilda Hilst, Globo, 2004.*
Conjunto de sete textos de Hilda Hilst (1930-2004), centrados no tema do amor e da paixão. Nos textos "Do desejo" e "Da Noite", Hilda aborda o tema em seu aspecto mais cru e carnal. Nos outros, ela o relaciona com o desejo de eternidade. ■

Correspondência de Abelardo e Heloísa, *organizado por Paul Zumthor, tradução Lucia Santana Martins, Martins Fontes, 2002.*
Correspondência entre o filósofo Pedro Abelardo e sua discípula e futura amante-esposa, Heloísa. ■

Para continuar viagem...

Alegoria do amor, *de C. S. Lewis, tradução Gabriele Greggersen, Editora É, 2012.*
C. S. Lewis (autor das *Crônicas de Nárnia*) estuda o amor cortês na obra *Alegoria do amor* e mostra que, longe de ter desaparecido do horizonte moderno e contemporâneo, ele continua vivo nos subterrâneos culturais das concepções de amor. ■

Amor, *de Maria de Lurdes Alves Borges, Zahar, 2004 (Coleção Passo a passo).*
Apresentação introdutória a elementos da filosofia do amor. Aborda temas como os mitos platônicos, os exercícios estoicos, as paixões segundo Descartes e as advertências de Kant. ■

p. 470
Sugestões bibliográficas

Amor, *de José Luiz Furtado, Globo, 2008.*
Reflexão sobre o amor, centrada em Platão e Jean-Paul Sartre. ■

O Romantismo, *organizado por J. Guinsburg, Perspectiva, 1979.*
Coletânea de artigos em que especialistas de Literatura, Filosofia, História, Poesia, Teatro, Prosa, Ficção, Linguística e Arte analisam manifestações do Romantismo em cada uma dessas áreas. Entre os autores estão Benedito Nunes e Gerd Bornheim, dois destacados filósofos brasileiros. ■

Amor líquido, *de Zygmunt Bauman, tradução Carlos Alberto Medeiros, Zahar, 2004.*
Estudo de diferentes maneiras de viver o amor no mundo atual, marcado por tecnologias que tornam as relações humanas cada vez mais flexíveis ou "líquidas", com níveis de ansiedade sempre mais elevados e diminuição da capacidade de tratar com humanidade as pessoas desconhecidas. ■

Psicanálise, paixão e amor, *disponível em: <http://www.mariaritakehl.psc.br>. Acesso em: 8 jan. 2016.*
Site gratuito da psicanalista Maria Rita Kehl, com artigos e textos sobre temas como o amor, a paixão, a família, entre outros. ■

Moral sexual, *disponível em: <http://blog.criticanarede.com/2009/03/moral-sexual.html>. Acesso em: 8 jan. 2016.*
O site gratuito *Crítica na rede* é uma fonte de rico material de estudo filosófico. Nele há textos de Michael Tooley (Universidade do Colorado), interessantes para refletir sobre os valores morais implicados na prática sexual. ■

RAWPIXEL.COM/SHUTTERSTOCK.COM

CAPÍTULO

8 SOCIEDADE, INDIVÍDUO E LIBERDADE

p. 470

Na quase infinita variedade dos membros da espécie humana, é inevitável perguntar pelo sentido da vida em grupo e do ser individual.

Em nosso modo cotidiano de pensar, referimo-nos muitas vezes à Sociedade como um conjunto de indivíduos organizados para permitir que a vida humana continue e seja melhor.

Diz-se, por exemplo, que a Sociedade permite a troca entre os indivíduos: uma pessoa oferece o que tem para dar (seu trabalho, sua arte, seu pensamento etc.) e recebe em troca aquilo de que necessita (o trabalho dos outros, a arte deles, seu pensamento e assim por diante). Desse ponto de vista, mesmo a vida dos animais é entendida como uma "vida social": falamos de "sociedades animais", "sociedade das abelhas", das formigas, dos elefantes...

Os seres humanos seriam, então, levados pela Natureza a viver em Sociedade? Eles são levados por um impulso natural a se associar assim como fazem outros animais?

Ao refletir sobre perguntas desse tipo, poderíamos ter a tendência a querer comparar as sociedades humanas com as sociedades animais, a fim de verificar semelhanças e diferenças entre elas. No entanto, esse procedimento é problemático, pois, como alertava a filósofa Hannah Arendt (p. 117), é praticamente impossível justificar a projeção pura e simples de comportamentos animais para entender os seres humanos, uma vez que a espécie humana tem características próprias e diferentes das características das outras espécies (p. 123). Aliás, quem tem bom conhecimento de mais de uma espécie animal sabe que nem sempre é adequado explicar o que se observa em uma delas tomando por base o que se observa em outra. Por que, então, haveríamos de falar dos animais "em geral" e depois tomar características deles para compreender os seres humanos?

No máximo, talvez seja justificável projetar características humanas sobre os animais, pois conhecemos os comportamentos humanos e podemos interpretar os animais identificando neles características semelhantes às nossas. Todavia, mesmo esse procedimento não é inteiramente seguro. Embora pareça adequado afirmar que meu gato tem fome como eu também tenho fome, não posso dizer que ele quer se vingar de mim quando faz xixi no meu sofá. Seria um exagero acreditar que ele refletiu na melhor forma de me agredir e calculou onde seria o lugar mais apropriado para isso. Ou ainda, embora eu veja meu cachorro babar diante de uma comida de *pet shop* em formato de hambúrguer, me iludo se penso que é o "hambúrguer" que o atrai. O formato de hambúrguer não aumenta o seu desejo, pois ele percebe a comida pelo faro, não pela visão. Sou eu que presto atenção no "hambúrguer" e projeto minha percepção sobre aquilo que vive meu cachorro. Assim, mesmo que todas as nossas formas de conhecimento sejam, no fundo, antropomorfizações (projetamos a experiência humana sobre tudo), há também limites que impedem de identificar características humanas nos outros seres, coisas, ações etc.

Em meio ao gênero animal, a diferença específica dos seres humanos está em sua possibilidade de refletir sobre suas próprias experiências e participar da construção do sentido dado a elas. Alguns animais talvez também tenham essa possibilidade, mas nada permite afirmar que ela atinge os mesmos graus a que chegam os humanos.

Por isso, talvez a Sociedade tenha raízes determinadas pela Natureza, mas os humanos a constroem de maneira especificamente humana. Costuma-se dizer em Filosofia que os seres humanos podem comportar-se como causas (refletidas) de suas ações e estabelecer objetivos (também refletidos) para elas. Em outras palavras, os seres humanos são dotados de *liberdade*. A Sociedade, dessa perspectiva, aparece como uma *livre associação entre indivíduos*, com o objetivo de realizar trocas que permitam organizar a vida humana e continuá-la.

No entanto, não é uma tarefa simples entender o que seja uma "livre associação entre indivíduos". Se a Natureza os leva a reunir-se em Sociedade, então não são eles que estão na causa dessa associação nem são eles que a escolhem como objetivo. Além disso, a própria Sociedade antecede[1] os seus membros e influencia seu modo de viver, fazendo-os repetir padrões de comportamentos já existentes: nenhum bebê decide, por exemplo, sobre a língua que quer falar, os alimentos a ingerir, nem as atitudes éticas que gostaria de adotar. Os indivíduos recebem tudo isso dos grupos familiares, os quais, por sua vez, reproduzem comportamentos sociais. A Sociedade aparece, então, como *algo maior do que a simples soma de indivíduos*. Mas, se a liberdade dos indivíduos consiste em ser causa e objetivo de suas ações, então a Sociedade anula a liberdade?

Levantar perguntas desse tipo é uma forma de iniciar a desconstrução das imagens da Sociedade e dos indivíduos aceitas e transmitidas muitas vezes sem reflexão crítica. Convém analisar, portanto, o que é a vida social e o que se entende por liberdade.

MICHAEL D BROWN/SHUTTERSTOCK.COM

1 Sociedade: algo natural ou construção histórica?

Na História da Filosofia, a tentativa de entender o que é a Sociedade concentrou-se, de modo geral, em perguntar por que os seres humanos se associam.

Duas respostas costumam ser dadas: (a) os seres humanos possuem uma tendência natural a se reunir; (b) os seres humanos se reúnem por motivos históricos, ou seja, motivados por diferentes circunstâncias, surgidas em momentos específicos de sua existência.

[1] **Anteceder:** *existir primeiro; vir antes.*

Percebeu-se que entender a Sociedade como uma construção histórica não era contraditório com a opinião segundo a qual a Sociedade resulta de uma tendência natural. Mesmo havendo tendência natural, essa tendência não é vivida como algo que submete completamente os seres humanos, mas como algo que pode ser modelado por eles, assim como um escultor modela a argila de suas obras.

Os filósofos Aristóteles (p. 103) e Immanuel Kant (p. 207) podem ser tomados como representantes dessas duas linhas interpretativas. É possível analisar suas posições separadamente e em conjunto, a fim de observar que elas são conciliáveis[2].

Iniciando pelo pensamento de Aristóteles, duas observações são importantes. A primeira se refere à expressão *esquentar-se com o mesmo fogo*. Trata-se de uma referência ao fogo que se acendia nas casas da Grécia Antiga para cozinhar e em torno do qual os moradores se reuniam para se aquecer durante o inverno. A segunda se refere ao termo *cidade*: no tempo de Aristóteles, era o nome de um grupo de famílias que, precisamente como grupo, tinha algumas características parecidas com as características do que hoje se chama de *país*: era um grupo independente, com governo próprio, administração própria, atividade econômica também própria e mesmo elementos culturais típicos. Daí se falar de *cidades-Estados* ("cidades-países").

Feitos esses esclarecimentos prévios, analisemos o texto de Aristóteles na forma de um exercício com alternativas de múltipla escolha. Depois de lê-lo, identifique a alternativa que exprime corretamente o pensamento aristotélico:

(a) Algo perfeito é algo que está na Natureza. Tudo o que está na Natureza obedece aos seus desígnios. Nesses desígnios está incluída a concorrência, pois ultrapassar as outras coisas significa ser o melhor. Como a cidade é o lugar do melhor, pois nela vence o mais forte, então o ser humano vive naturalmente na Sociedade chamada cidade.

(b) Algo perfeito é algo que está na Natureza. Tudo o que está na Natureza também busca o melhor. Buscar o melhor significa tentar bastar-se

[2]**Conciliável:** *que pode ser combinado com algo aparentemente oposto.*

A Sociedade é formada naturalmente

Aristóteles

A família é a sociedade cotidiana formada pela Natureza e composta de pessoas que comem do mesmo pão e se esquentam com o mesmo fogo.

A sociedade que em seguida se formou de várias casas chama-se aldeia e se assemelha perfeitamente à primeira sociedade natural [a família], com a diferença de não ser de todos os momentos nem de uma frequentação tão contínua. [...]

A Sociedade que se formou da reunião de várias aldeias constitui a cidade, que tem capacidade de se bastar a si mesma, sendo organizada não apenas para conservar a existência, mas também para buscar o bem-estar. Essa Sociedade [a cidade], portanto, também está nos desígnios[3] da Natureza, como todas as outras que são seus elementos. Ora, a essência de cada coisa é também a sua finalidade. Assim, quando um ser é perfeito[4], de qualquer espécie que ele seja – homem, cavalo, família –, dizemos que ele está na Natureza. Além disso, a coisa que, pela mesma razão, ultrapassa as outras e se aproxima mais do objetivo proposto deve ser considerada a melhor. Bastar-se a si mesma é uma meta a que tende toda a produção da Natureza e é também o mais perfeito estado. É, portanto, evidente que toda cidade está na Natureza e que o ser humano é naturalmente feito para a Sociedade. ■

ARISTÓTELES. A *Política*. Tradução Roberto L. Ferreira. São Paulo: Martins Fontes, 2000. p. 3-4.

[3]**Desígnio:** *orientação; objetivo; finalidade; princípio estruturante.*

[4]**Perfeito:** *dotado de todas as condições naturais para existir.*

a si mesmo. Como a cidade é a Sociedade que se basta a si mesma, e como tudo na Natureza busca o melhor, então os seres humanos vivem naturalmente na cidade, pois essa é a melhor Sociedade.

(c) Algo perfeito é algo que está na Natureza. Como o ser humano é perfeito, uma vez que ele vive em família, então ele também está na Natureza. Se ele está na Natureza, é evidente que ele vive naturalmente na Sociedade chamada *cidade*.

Para identificar a alternativa que exprime corretamente o texto de Aristóteles, você deve analisar cada uma das opções, comparando-a sempre com o que o filósofo de fato escreveu. Preste bastante atenção aos detalhes das alternativas, pois eles podem fazer errar.

A alternativa *(a)* interpreta como concorrência e como lei do mais forte aquilo que Aristóteles chama de melhor, ou seja, aquilo que, na sua espécie, ultrapassa os outros. Mas Aristóteles não dá base para associar "melhor" com "concorrência" ou "lei do mais forte". Ultrapassar as outras coisas significa, no texto, aproximar-se mais do objetivo proposto dentro da espécie (aproximar-se do que é o melhor). Assim, de acordo com Aristóteles, o ser humano, sem a cidade, não atinge o seu melhor. Dizer isso, porém, não tem qualquer sentido de concorrência. Então, a alternativa *(a)* não é correta.

IMMANUEL KANT (1724-1804)

Foi um filósofo alemão, geralmente considerado o último grande filósofo da Idade Moderna. É conhecido pela "virada epistemológica" que procura superar a crise e a dualidade do debate entre o empirismo e o racionalismo da filosofia moderna. Antes de conhecer o que quer que seja, Kant defendia que a razão deve analisar suas próprias condições para conhecer (condições de possibilidade). Por esse motivo, fala-se de *criticismo kantiano*. Suas obras mais conhecidas recobrem três frentes de análise: o conhecimento, a prática ética e a experiência estética. São elas, respectivamente: *Crítica da razão pura* (1781), *Crítica da razão prática* (1788) e *Crítica da faculdade do juízo* (1790).

YOUTUT /CREATIVE COMMONS

Como ocorre com os animais gregários, o ser humano, segundo Aristóteles, tem uma tendência natural a viver em sociedade.

A alternativa *(b)* afirma que Aristóteles observa na Natureza uma tendência a buscar sempre o melhor. Isso vale para tudo o que existe, quer dizer, está na Natureza. Ora, aquilo que basta a si mesmo é melhor do que aquilo que não basta a si mesmo (pois não bastar a si mesmo significa depender de outros). A cidade (cidade-Estado) oferece condições para uma vida que basta a si mesma (não depende de outras cidades). Se é assim, a cidade é o lugar natural para o ser humano viver, pois, bastando a si mesma, ela é melhor do que qualquer outra forma de organização. Portanto, a alternativa *(b)* parece exprimir corretamente o texto de Aristóteles. Se a alternativa *(c)* for incorreta, não restará dúvida de que *(b)* é a resposta deste exercício.

A alternativa *(c)* contém ideias que aparecem no texto de Aristóteles. No entanto, ela não articula essas frases do mesmo modo como faz o filósofo. Note como conjunções e expressões conjuntivas (*como...*, *então, se, também, é evidente que...*) foram introduzidas entre frases de Aristóteles, conduzindo a conclusões que seu texto não autoriza. Ele não diz, por exemplo, que ser perfeito é viver em família; nem passa da Natureza à cidade, pois nem tudo o que está na Natureza está também na cidade. Portanto, *(c)* não é uma resposta correta.

Excluída a possibilidade de *(c)* ser uma resposta, não resta dúvida de que a alternativa que exprime o pensamento de Aristóteles é a *(b)*.

Passemos ao texto de Kant.

Dois esclarecimentos são convenientes, aqui, a respeito do vocabulário de Kant. Em primeiro lugar, note que, no início do texto, o termo *natureza* está escrito com inicial minúscula, pois se refere à natureza humana, não à Natureza como conjunto de todos os seres. A natureza humana, segundo Kant, é o conjunto de leis naturais (dadas, portanto, pela Natureza) que orientam a ação dos indivíduos e dos grupos de acordo com finalidades. A natureza humana, então, obedece, segundo Kant, às leis comuns aos outros seres e às leis que lhe são específicas. Além disso, *princípios práticos determinados* (linha 25) são motivações que levam o ser humano a agir bem mesmo quando não recebe em troca nenhum benefício; são motivações morais desinteressadas.

Identifique agora a alternativa mais adequada ao texto de Kant:

(1) Se, por hipótese, um indivíduo pudesse permanecer sozinho, então assim permaneceria, pois nele não há impulso natural a viver em Sociedade. O antagonismo o leva não apenas a se isolar, mas também a tentar dominar os outros. Como todos os indivíduos tentam dominar, não há acordo possível. Portanto, a natureza humana introduz antagonismos nos indivíduos para que eles se desentendam e tenham de ser controlados pela Sociedade.

A Sociedade nasce também da contradição

Immanuel Kant

1 O meio de que a natureza se serve para realizar o desenvolvimento de todas as suas disposições[5] é o antagonismo[6] dessas disposições na Sociedade, na medida em que [tal antagonismo] se torna, ao fim, a causa de uma ordem regulada por leis dessa Sociedade. Eu entendo aqui por 5 *antagonismo* a *insociável sociabilidade* dos seres humanos, ou seja, sua tendência a entrar em sociedade que está ligada a uma oposição geral que ameaça constantemente dissolver essa Sociedade. Essa disposição é evidente na natureza humana. O humano tem uma inclinação para *associar-se* porque se sente mais como humano num tal estado, pelo 10 desenvolvimento de suas disposições naturais. Mas ele também tem uma forte tendência a *separar-se* (isolar-se), porque encontra em si, ao mesmo tempo, uma qualidade insociável que o leva a querer conduzir tudo simplesmente em seu proveito, esperando oposição de todos os lados, do mesmo modo que sabe que está inclinado a, de sua parte, 15 fazer oposição aos outros. Essa oposição é a que, despertando todas as forças do ser humano, o leva a superar sua tendência à preguiça e, movido pela busca de projeção, pela ânsia de dominação ou pela cobiça, a proporcionar-se uma posição entre companheiros que ele não *atura*[7], mas dos quais não pode *prescindir*[8]. Dão-se, então, os primei-20 ros verdadeiros passos que levarão da rudeza[9] à Cultura, que consiste propriamente no valor social do ser humano; aí se desenvolvem aos poucos todos os talentos, forma-se o gosto e tem início, por meio de um progressivo iluminar-se[10], a fundação de um modo de pensar que pode transformar, com o tempo, as toscas[11] disposições naturais para 25 o discernimento moral[12] em princípios práticos determinados e assim finalmente transformar um acordo extorquido[13] *patologicamente*[14] para uma sociedade em um todo *moral*. ■

KANT, I. *Ideia de uma História universal de um ponto de vista cosmopolita*. Tradução Rodrigo Naves e Ricardo R. Terra. São Paulo: Martins Fontes, 2003. p. 8-9.

[5] **Disposição:** *arranjo; ordem; tendência; inclinação.*

[6] **Antagonismo:** *oposição; conflito.*

[7] **Aturar:** *suportar.*

[8] **Prescindir:** *ficar sem; dispensar; liberar-se.*

[9] **Rudeza:** *estado do que é bruto; grosseiro, sem refinamento.*

[10] **Iluminar-se:** *no sentido kantiano, significa possuir conhecimentos fundamentados na razão.*

[11] **Tosco:** *bruto; grosseiro; rude.*

[12] **Discernimento moral:** *capacidade de identificar e distinguir o que é bom e o que é mau do ponto de vista dos costumes.*

[13] **Extorquido:** *roubado; forçado.*

[14] **Patologicamente:** *de maneira doentia; não naturalmente; violentamente.*

(2) Se, por hipótese, um indivíduo pudesse permanecer sozinho, então assim permaneceria, porque, embora tenha uma tendência a viver em Sociedade, ele também é marcado de insociabilidade, quer dizer, sente uma oposição à socialização. No entanto, ele percebe que, mesmo não suportando os outros, precisa deles. Estabelece com eles, então, uma relação de oposição, tentando dominá-los e entendendo que é capaz de fazê-lo se conseguir reunir os indivíduos em Sociedade. Assim, para se manter no domínio das pessoas, esse indivíduo procura sair da bruteza e elaborar princípios práticos determinados.

(3) Se, por hipótese, um indivíduo pudesse permanecer sozinho, então assim permaneceria, porque, embora tenha uma tendência a viver em Sociedade, ele também é marcado de insociabilidade, quer dizer, sente uma oposição à socialização. No entanto, ele percebe que, mesmo não suportando os outros, precisa deles. Estabelece com eles, então, uma relação de oposição, tentando dominá-los e entendendo que os outros também tentam dominar, o que os obriga a fazer um acordo que inicialmente é doentio. Esse é o mesmo acordo que permite deixar a rudeza para formar um pensamento racional capaz de mudar as inclinações grosseiras e levar à elaboração de princípios práticos determinados.

Analisando as três alternativas, tem-se que a alternativa *(1)* interpreta a ideia de antagonismo e oposição de modo contrário ao de Kant, pois ignora que o filósofo observa ao mesmo tempo uma tendência à socialização e uma oposição a ela. Além disso, enquanto o filósofo discute um primeiro acordo patológico e um segundo acordo racional, a alternativa *(1)* entende que não há acordo possível. É, portanto, uma alternativa falsa.

A alternativa *(2)* inicia com afirmações que correspondem ao texto de Kant, mas, ao dizer que um indivíduo entende ser capaz de dominar os outros em Sociedade, afirma algo que extrapola o texto e não combina com ele. Também é uma alternativa falsa.

A alternativa *(3)* contém afirmações que reproduzem fielmente o texto de Kant e seguem as articulações feitas por ele: da insociável sociabilidade passa à percepção da necessidade dos outros, à relação de oposição e ao acordo forçado, chegando, enfim, ao acordo racional e à elaboração de princípios práticos determinados. É, portanto, a alternativa correta.

ANTONIO CARLOS PICCINO/AGÊNCIA O GLOBO

Movimento Diretas Já, 1984. O movimento pelas eleições diretas no Brasil foi um exemplo de como a Sociedade, para além de tendências naturais, contém aspectos determinados historicamente.

Com base nesses dois exercícios, é possível fazer um terceiro, correlacionando as ideias de Aristóteles e Kant. Indique agora a *alternativa falsa*, lembrando que *(b)* se refere à resposta do exercício sobre Aristóteles e *(3)* sobre Kant:

(I) O conteúdo de *(b)* e o conteúdo de *(3)* podem ser considerados ambos verdadeiros ao mesmo tempo, pois não se excluem.
(II) O conteúdo de *(b)* e o conteúdo de *(3)* não podem ser considerados ambos verdadeiros ao mesmo tempo, pois se excluem.
(III) O conteúdo de *(b)* e o conteúdo de *(3)* podem ser considerados ambos verdadeiros ao mesmo tempo, pois se complementam.
(IV) O conteúdo de *(b)* e o conteúdo de *(3)* não podem ser considerados ambos verdadeiros ao mesmo tempo a não ser que se observe que eles são distintos e podem até complementar-se.

Analisando as alternativas *(b)* e *(3)*, nota-se que elas contêm algo parecido e ao mesmo tempo distinto: ambas afirmam uma tendência natural a viver em Sociedade, mas cada uma declara isso de modo diferente. A diferença entre elas está no fato de a alternativa *(3)* afirmar, além da tendência natural, também a existência de outra tendência, a da insociabilidade. As afirmações são formuladas, então, de modo que seria possível aceitá-las como verdadeiras ao mesmo tempo, pois elas não se excluem. Em vez disso, podem até mesmo ser complementares.

Dessa perspectiva, a alternativa *(I)* é claramente verdadeira. A alternativa *(II)*, que considera *(b)* e *(3)* como não verdadeiras ao mesmo tempo porque se excluem, é uma alternativa falsa. Por sua vez, a alternativa *(III)* também é claramente verdadeira. A alternativa *(IV)*, por fim, contém certa dificuldade, pois está redigida na forma de uma dupla negação (*não podem...* e *a não ser que*), resultando em uma afirmação (o conteúdo de *(b)* e o conteúdo de *(3)* *podem* ser considerados como ambos verdadeiros ao mesmo tempo *desde que* se observe que eles são distintos e podem até complementar-se). Por isso, a alternativa *(IV)* é verdadeira.

Como *(I)*, *(III)* e *(IV)* são alternativas verdadeiras, elas não são respostas adequadas ao exercício, que solicita a indicação da alternativa falsa. A resposta adequada, então, é a alternativa *(II)*.

A correlação entre as ideias de Aristóteles e de Kant permite concluir que, de uma perspectiva filosófica, nada leva necessariamente a opor a origem natural e a origem histórica ou cultural da Sociedade; é possível mesmo combiná-las. Aristóteles, aliás, ao defender a origem natural da Sociedade, não pensava que ela fosse totalmente independente da construção histórica. Por essa razão, ele escreveu A *Política* e *Ética nicomaqueia*, algumas das obras mais conhecidas a respeito da formação dos cidadãos na *pólis*.

Esse exercício de "contraposição sem exclusão" permite enfatizar ainda um procedimento de grande importância para a atividade da argumentação: trata-se de perceber que nem sempre são contraditórias duas afirmações ou duas negações (duas teses). Elas podem ser distintas sem se excluir. Podem até combinar-se, como ocorreu com as teses de Aristóteles e Kant. Por outro lado, duas teses também podem ser distintas sem que nenhuma delas seja verdadeira. Nesse caso, elas nem sequer se excluirão, porque não se relacionam com algo verdadeiro; ambas serão simplesmente falsas.

Cuidado lógico | ***Contrariedade e contradição***

Quando pensamos algo diferente do que pensa outra pessoa, costumamos dizer que nossos pensamentos são contrários ou mesmo contraditórios.

No entanto, é possível melhorar esse modo de nos expressar, pois nem sempre pensamentos diferentes mantêm relações de contrariedade e de contradição.

Tais relações costumam acontecer entre frases e entre termos. Concentrando-se nas primeiras, diz-se que duas frases são *contrárias* quando ambas não podem ser verdadeiras ao mesmo tempo, mas podem ser ao mesmo tempo falsas. Em outras palavras, são contrárias quando o fato de considerar uma delas verdadeira leva a considerar a outra falsa, sem ser possível que o fato de considerar uma falsa leve a considerar a outra verdadeira (ambas podem ser falsas).

Por sua vez, diz-se que duas frases são *contraditórias* quando não podem ser verdadeiras ao mesmo tempo nem ambas falsas ao mesmo tempo. Dito de outra maneira, são contraditórias quando o fato de tomar uma como verdadeira leva necessariamente a considerar a outra como falsa e vice-versa.

Lembrando que as frases podem ser classificadas por quantidade e por qualidade (p. 51), observem-se os seguintes exemplos:

A – Universal Afirmativa
Todo ser humano é racional – VERDADEIRA
Todo ser humano é egoísta – FALSA

E – Universal Negativa
Nenhum ser humano é quadrúpede – VERDADEIRA
Nenhum ser humano é egoísta – FALSA

I – Particular Afirmativa
Algum ser humano é egoísta – VERDADEIRA
Algum ser humano é quadrúpede – FALSA

O – Particular Negativa
Algum ser humano não é egoísta – VERDADEIRA
Algum ser humano não é racional – FALSA

As letras A, E, I e O foram usadas na Idade Média para nomear os tipos básicos de frases. Era uma astúcia para memorizar: A e I vêm da palavra AFIRMO (aplicam-se às frases afirmativas); E e O vêm da palavra NEGO (aplicam-se às frases negativas).

Assim, se uma frase afirmativa de tipo A for verdadeira, as frases negativas correspondentes (de tipo E e O) serão necessariamente falsas. Mas, se A for falsa, E poderá ser verdadeira *ou* falsa, ao passo que O será necessariamente verdadeira. Observe:

A – *Todo ser humano é racional* – VERDADEIRA
E – *Nenhum ser humano é racional* – FALSA
O – *Algum ser humano não é racional* – FALSA

A – *Todo ser humano é egoísta* – FALSA
E – *Nenhum ser humano é egoísta* – FALSA
O – *Algum ser humano não é egoísta* – VERDADEIRA

A – *Todo ser humano é quadrúpede* – FALSA
E – *Nenhum ser humano é quadrúpede* – VERDADEIRA
O – *Algum ser humano não é quadrúpede* – VERDADEIRA

O último exemplo de frase O, *Algum ser humano não é quadrúpede*, não permite concluir que *Algum ser humano é quadrúpede*. A frase O, no último exemplo, é verdadeira apenas porque declara que não há uma parte de quadrúpedes no conjunto dos humanos. Isso significa que formular uma frase particular não permite afirmar algo automaticamente sobre a sua contrária. Já as frases de tipo E, nos dois últimos exemplos, mostram a possibilidade de serem verdadeiras e falsas quando a frase de tipo A é falsa.

A e O são, portanto, contraditórias; mas A e E são apenas contrárias.

Essa correlação de frases permite aprender que a melhor maneira de refutar[15] uma frase universal não é encontrar uma frase contrária de tipo universal (porque ambas podem ser falsas!). Para refutar uma frase de tipo A, a maneira mais segura é encontrar uma frase de tipo O, não de tipo E; e para refutar uma frase de tipo E, convém encontrar uma frase de tipo I, não de tipo A. Por fim, todas essas relações valem no inverso, ou seja, frases de tipo I são refutadas por frases de tipo E; e frases de tipo O são refutadas por frases de tipo A. Por exemplo:

Todo ser humano é honesto (frase A).
Recusa frágil: *Nenhum ser humano é honesto* (frase E, tão incerta quanto a frase A).
Refutação: *Algum ser humano não é honesto* (frase O verdadeira; portanto, A é falsa).

Nenhum ser humano é honesto (frase E).
Recusa frágil: *Todo ser humano é honesto* (frase A, tão incerta quanto a frase E).
Refutação: *Algum ser humano é honesto* (frase I verdadeira; portanto, E é falsa).

[15] ***Refutar:*** *mostrar, sem sombra de dúvida, o erro de algum pensamento; excluir; negar definitivamente.*

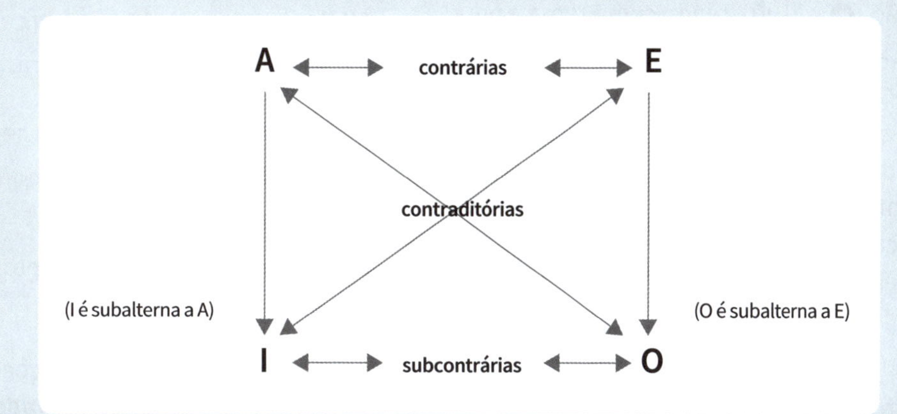

Com base nessas observações, cujas raízes estão na obra A *interpretação*, de Aristóteles (p. 103), o poeta e filósofo latino Apuleio (125-180) desenhou um quadro didático para representar a relação entre as frases. Por sua vez, o poeta e filósofo latino Marciano Capella (360-428) registrou e estudou esse quadro, influenciando o também poeta e filósofo Boécio (p. 354), que o transmitiu à posteridade. O desenho ficou conhecido como o *Quadrado das oposições* ou *Quadrado lógico*.

Ao chamar as frases particulares de subalternas às universais, Apuleio julgou importante chamar a atenção para o fato de que, se as universais são verdadeiras, as particulares também são; mas isso não é recíproco, isto é, se as particulares são verdadeiras, nada se pode dizer sobre as universais apenas com base nas particulares. Por exemplo, se sabemos apenas que a frase *Algum ser humano é honesto* (de tipo I) é verdadeira, não temos base para saber se a frase *Todo ser humano é honesto* (de tipo A) é verdadeira ou falsa. Assim também, se sabemos apenas que a frase *Algum ser humano não é honesto* (de tipo O) é verdadeira, não temos base para saber se a frase *Nenhum ser humano é honesto* (de tipo E) é verdadeira ou falsa.

Enfatizar o fato de que a verdade das frases particulares não permite afirmar a verdade das universais que lhes correspondem é importante, porque o teste da realidade é tomado como algo tão óbvio que somos tentados a querer decidir rapidamente sobre a verdade ou a falsidade das frases universais com base nas particulares. Mas a obviedade se desfaz quando nos damos conta de que nem sempre podemos comparar diretamente as frases com a realidade. Pense, por exemplo, no caso de um cientista que descobre algo novo, como o comportamento de uma bactéria. Ele não terá base firme para se pronunciar sobre todas as bactérias desse tipo. Se ele observar que *Algumas bactérias k apreciam o ambiente* Z, não poderá afirmar que *Toda bactéria k aprecia o ambiente* Z; e, se observar que *Algumas bactérias k não apreciam o ambiente* Z, não poderá concluir que *Nenhuma bactéria k aprecia o ambiente* Z.

Após conhecer o quadrado das oposições, você tem a possibilidade de dar mais atenção ao fato de que nem sempre pensamentos diversos são contrários ou contraditórios. É preciso perceber também que os pensamentos não se exprimem necessariamente na forma das frases aqui apresentadas. Na verdade, poucas vezes os pensamentos são expressos com as palavras quantificadoras *todo*(*a*), *nenhum*(*a*), *algum*(a). Em todo caso, para além das formas de expressão, o quadrado das oposições permite prestar atenção na maneira como os pensamentos se constroem. Ele ensina uma análise das atitudes mentais mesmas. ■

EXERCÍCIO A

p. 471

1. Componha uma curta dissertação de problematização (p. 106), tendo como tema a pergunta: A Sociedade é uma associação natural ou histórico-cultural?

2. Analise as frases abaixo e diga o tipo completo de cada uma delas, indicando a letra que as representa. Note que, mesmo sem as palavras quantificadoras (*todo, toda, algum, alguma, nenhum, nenhuma*), é possível perceber se a frase é universal ou particular.

(a) Algum cão não é peixe.

(b) Algum cão é peixe.

(c) Certos cães são peixes.

(d) Nenhum ser humano é fácil.

(e) Ser humano é uma aventura.

3. Elabore frases que refutem as seguintes:

(a) Algum brasileiro não é latino-americano.

(b) Algum brasileiro é asiático.

(c) Nenhum brasileiro é corrupto.

(d) Todo brasileiro é corrupto.

4. Monte um quadrado de oposições com o sujeito *brasileiro* e o predicativo *simpático* e diga se cada frase do quadrado é verdadeira ou falsa.

2 Sociedade, indivíduo e liberdade

Conscientes de que nada obriga racionalmente a opor o caráter natural da Sociedade ao seu caráter histórico, diferentes filósofos procuraram entender a liberdade humana tendo em vista que os indivíduos são determinados tanto pela Natureza como pela própria Sociedade.

Considerando que a base da vida social são os indivíduos, como entender que eles são livres (causa e objetivo de suas ações), se tanto a Natureza como a Sociedade os precedem e determinam sua maneira de pensar, sentir e agir?

Se por liberdade se entende a possibilidade de "fazer o que bem se entende" (ser causa de todas as ações e definir por conta própria o objetivo de todas elas), então os indivíduos não são livres. Uma rápida observação da vida cotidiana basta para fazer ver que ninguém é dotado dessa liberdade nem no plano histórico ou social nem no plano físico-biológico.

Se, ainda, se entende por liberdade a possibilidade de escolher entre uma coisa e outra (ou entre várias coisas), então também os indivíduos talvez não sejam livres; afinal, as opções dadas os tornam limitados (não são eles que criam essas opções) e os obrigam a escolher uma delas. A essa liberdade de escolha dá-se o nome de *livre-arbítrio*, concepção extremamente frágil e amplamente criticada por diferentes filósofos. Uma das críticas mais contundentes vem do filósofo holandês Baruch de Espinosa.

A imagem da pedra, empregada por Espinosa, é bastante clara: assim como uma pedra, se tiver consciência de seu esforço, acreditará que está em movimento "porque quer", e não por outras causas, assim também os seres humanos se vangloriam de sua liberdade; acreditam que são a origem ou o princípio de suas ações, quando, na verdade, só conhecem seus desejos, e não as causas deles. Conhecer seus desejos não significa ser livre nem ser a causa da ação que

BARUCH DE ESPINOSA OU **BENTO DE ESPINOSA** (1632-1677)

Foi um filósofo holandês nascido de uma família judia portuguesa. Herdeiro do pensamento racionalista de René Descartes, Espinosa desenvolveu uma filosofia própria, sobretudo por sua compreensão da Natureza como ser divino. Deus não seria um ser a quem humanos devem prestar adoração, mas a substância única que se manifesta por diferentes modos (as coisas da Natureza). O ser humano torna-se livre quando conhece racionalmente Deus ou a Natureza, pois se liberta da superstição e do medo explorados pelas religiões institucionalizadas. Principais obras: *Tratado da emenda do intelecto*, *Tratado teológico-político* e *Ética*.

A ilusão do livre-arbítrio
Baruch de Espinosa

Concebei agora, se quiserdes, que a pedra, enquanto continua a mover-se, saiba e pense que se esforça tanto quanto pode para continuar a mover-se. Seguramente, essa pedra, visto não ser consciente senão de seu esforço e não ser indiferente, acreditará ser livre e perseverar no movimento apenas porque quer. É essa a tal liberdade humana que todos se jactam[16] de possuir e que consiste apenas em que os seres humanos são cônscios[17] de seus apetites[18], mas ignorantes das causas que os determinam. É assim que uma criança crê apetecer livremente o leite; um rapazinho, se irritado, querer vingar-se, mas fugir quando intimidado. Um ébrio[19] crê dizer por uma livre decisão de sua mente aquilo que, sóbrio, preferiria ter calado. Assim também, um delirante, um tagarela e tantos outros da mesma farinha acreditam agir por um livre decreto da mente e não por impulso. Como esse preconceito é inato em todos os humanos, dele não se livram facilmente. ■

ESPINOSA, Baruch. Carta 58. Tradução Marilena Chaui apud CHAUI, Marilena. Sobre a correspondência de Espinosa com Tschirnhaus. *Discurso, Revista do Departamento de Filosofia da USP*, São Paulo, n. 31, p. 67-68, 2000.

[16] ***Jactar:*** *vangloriar-se; engrandecer-se.*
[17] ***Cônscio:*** *consciente.*
[18] ***Apetite:*** *desejo.*
[19] ***Ébrio:*** *alguém alcoolizado.*

leva à satisfação dos desejos. Essa causa continua, no limite, a ser os próprios desejos.

A leitura desse texto de Espinosa não permite concluir que o filósofo holandês negava a existência da liberdade. Muito pelo contrário, sua filosofia é um grande elogio da capacidade humana de tomar consciência de seus impulsos, bem como de tudo que condiciona os indivíduos, a fim de poder operar racionalmente com tais impulsos e condicionamentos, lidando com eles e determinando também racionalmente os rumos da existência. Espinosa chama a atenção para o fato de que os indivíduos e os grupos são "pontos" em que se manifestam paixões (p. 264), influências externas aos próprios indivíduos e grupos. Delas não se pode escapar, mas se pode, pelo pensamento, dar-lhes um rumo de maneira ativa, sem apenas sofrê-las passivamente. O livre-arbítrio, portanto, como resultado de uma capacidade de escolher aquilo que se quer viver, parecia uma grande ilusão ao filósofo holandês. Em vez disso, ele concebe um novo significado para a ideia de liberdade, mais amplo e mais real, o da possibilidade de operar racionalmente com as paixões. A esse sentido da liberdade, outros pensadores chamarão de *liberdade de autodeterminação*: sobre a base do que é determinado pela Natureza e pela Sociedade, o ser humano revela-se como um ser que também pode se determinar, sendo coautor da corrente de sentido na qual ele se insere.

Essa maneira de conceber a liberdade não deixa de ter semelhanças com o que fizeram alguns filósofos antigos, como Platão (p. 82). Mesmo na Idade Média, quando se valorizou o livre-arbítrio, os autores costumavam distinguir entre ele (também chamado de *liberdade de escolha*) e a *liberdade* propriamente dita. O primeiro seria apenas um aspecto da liberdade; aliás, o mais frágil e elementar, pois mantém os indivíduos "reféns" das opções determinadas de fora (pela vida natural e social). O sentido propriamente dito da liberdade seria aquele em que o indivíduo toma consciência de seus limites (sobretudo o das escolhas) e mostra-se capaz de se orientar por convicção no caminho do bem.

Mais próximo a nós no tempo, o filósofo francês Maurice Merleau-Ponty (p. 130) encontrou uma expressão bastante lúcida para retratar a liberdade de autodeterminação. Ele se refere à capacidade humana de assumir situações de fato (inescapáveis, portanto) e dar a elas um sentido novo, figurado, ou seja, trabalhado, transformado, como numa obra de arte que vai além do sentido factual ou do aspecto bruto do acontecimento em si mesmo. Segundo Merleau-Ponty, o melhor modelo dessa operação humana é dado pela ação dos artistas e dos filósofos.

O texto de Merleau-Ponty serve-se de dois conceitos específicos: *poder de equívoco* e *processo de regulagem*. Apesar de eles poderem ser entendidos pelos exemplos dados pelo pensador, vale a pena esclarecer tais conceitos, a fim de obter uma visão mais adequada do trecho lido.

Para esclarecer esses conceitos, o caminho mais adequado é buscar seu significado na obra do próprio

A liberdade existe, mas não sem motivo

Maurice Merleau-Ponty

1 O ato do artista ou do filósofo é livre, mas não sem motivo. Sua liberdade reside no poder de equívoco [...] ou ainda no processo de regulagem [...]; ela consiste em assumir uma situação de fato, atribuindo-lhe um sentido figurado para além de seu sentido próprio. Assim Marx, não contente em ser filho de advogado e estudante
5 de filosofia, pensa sua própria situação como a de um "intelectual pequeno-burguês" e na perspectiva nova da luta de classes. Assim também Valéry transforma em poesia pura um mal-estar e uma solidão com os quais outros nada teriam feito. O pensamento é a vida inter-humana tal como ela se compreende e se interpreta a si mesma. Nessa retomada voluntária, nessa passagem do objetivo ao subjetivo, é
10 impossível dizer onde terminam as forças da História e onde começam as nossas; e a questão não significa rigorosamente nada, já que só existe História para um sujeito que a vive e só existe sujeito situado historicamente. ■

MERLEAU-PONTY, Maurice. *Fenomenologia da percepção*. Tradução Carlos Alberto Ribeiro de Moura. São Paulo: Martins Fontes, 1999. p. 635.

autor. Trata-se de um procedimento elementar na leitura de qualquer obra, pois interpretar livremente conceitos é algo que pode levar a compreensões muito diferentes do que os autores tinham em mente ao escrever seus textos. Convém, então, entender o vocabulário dos autores de acordo com sua própria obra.

Sobre o poder de equívoco, esclarece Merleau-Ponty no livro *Fenomenologia da percepção* (do qual o texto lido foi retirado):

> *Se existe um pensamento universal, nós o obtemos retomando o esforço de expressão e de comunicação tal como foi tentado por uma língua, assumindo todos os equívocos, todos os deslizamentos de sentido dos quais é feita uma tradição linguística e que mensuram[20] exatamente sua potência de expressão.*
>
> MERLEAU-PONTY, Maurice. *Fenomenologia da percepção*. Tradução Carlos Alberto Ribeiro de Moura. São Paulo: Martins Fontes, 1999. p. 255.

Observe que Merleau-Ponty não usa diretamente a expressão *poder de equívoco*. Ela aparece uma única vez no seu livro. Mas o modo como o filósofo trata os equívocos no trecho referente à linguagem permite entender o seu significado. Em outras palavras, entendendo o significado de *equívoco*, entende-se o *poder de equívoco* ou o poder de produzir equívoco.

Note que, no trecho acima, Merleau-Ponty trata como sinônimos os *equívocos* e os *deslizamentos de sentido*. O filósofo mostra aos leitores que, na sua compreensão, equívocos são os deslizamentos de sentido dos quais é feita uma tradição linguística e que permitem medir exatamente a potência de expressão dessa tradição.

As tradições linguísticas ou as línguas faladas pelos povos operam, assim, com sentidos que são deslizados, não permanecem fixos e imóveis, mas se alteram, associam-se, aumentam, diminuem, enfim, são dinâmicos. É essa mobilidade que constitui a equivocidade, quer dizer, a característica que torna algo equívoco.

Equívoco não significa necessariamente, portanto, um erro, um dos significados da palavra. Aliás, a própria palavra *equívoco* é equívoca, quer dizer, contém a possibilidade de fazer sair do significado de "erro" e passar ao significado de "deslizamento de sentido". É o mesmo que ocorre, por exemplo, quando a palavra *manga* é usada no sentido de parte da camisa, e não de fruta. É também isso que ocorre quando me levanto de repente da mesa de uma reunião, pois o meu gesto pode significar tanto que me levanto para ir embora porque estou descontente, como que me levanto para ir ao banheiro com urgência ou porque fui picado por uma abelha.

O fenômeno contrário à equivocidade é a univocidade, ou seja, característica dos termos e expressões que só têm um sentido. Assim, quando digo *ser humano*, não posso pensar em um gato. Então, *ser humano* é uma expressão unívoca.

Por fim, se os deslizamentos de sentido revelam o dinamismo de uma língua, então alguém só pode falar essa língua e pensar se assumir tal dinamismo, inclusive os equívocos. Isso permite entender o início do trecho lido: ainda que se afirme a existência de um pensamento universal, quer dizer, de uma atividade de pensar que tenha características comuns para todos os seres humanos, é preciso ver que cada indivíduo só pode realizar essa atividade seguindo uma língua já formada, um esforço de expressão e comunicação já desenvolvido por uma sociedade.

Retomando o *poder de equívoco* como característica da liberdade, entende-se que ser livre é produzir novos sentidos para sentidos já existentes. Em outros momentos do mesmo livro, Merleau-Ponty afirma que o equívoco é essencial na vida humana, é a marca da capacidade de perceber e produzir sentidos.

Quanto à expressão *processo de regulagem*, diz Merleau-Ponty no mesmo livro:

> *Tudo aquilo que somos, nós o somos sobre a base de uma situação de fato que fazemos nossa e que transformamos sem cessar por uma espécie de regulagem que nunca é uma liberdade incondicionada[21].*
>
> MERLEAU-PONTY, Maurice. *Fenomenologia da percepção*. Tradução Carlos Alberto Ribeiro de Moura. São Paulo: Martins Fontes, 1999. p. 236.

Como esse trecho é bastante denso, convém distinguir os diferentes elementos que o compõem, a fim de obter clareza:

[20] ***Mensurar:*** *identificar a medida de alguma coisa.*

[21] ***Incondicionado:*** *sem restrições; sem limites.*

(1) situação de fato – o trecho não define diretamente essa expressão, mas permite compreendê-la pela contraposição com o que não é "nosso" e pela afirmação de que "transformamos" essa situação. Entende-se, então, que uma situação de fato é tudo aquilo que existe e que não é produzido pelos seres humanos, embora possa ser transformado por eles. Pode-se pensar, por exemplo, na base natural que forma os indivíduos, suas capacidades e seus limites, os dados históricos e culturais (sociais) que os precedem etc.
(2) regulagem – esse termo vem do vocabulário cotidiano e tem um sentido de ajuste, assim como se regula um relógio, um aparelho doméstico ou qualquer outra coisa dotada de funcionamento mecânico, a fim de chegar ao melhor desempenho possível. Por comparação, a regulagem, no tocante a tudo o que é relativo aos seres humanos (seres não mecânicos), seria a atividade de chegar ao melhor funcionamento da base ou situação de fato;
(3) liberdade incondicionada – por contraposição com a regulagem, uma liberdade incondicionada seria uma liberdade sem regulagem, sem um ajuste que adapte seu processo a limites dados pela situação de fato e que permitem chegar a um bom funcionamento.

Uma vez esclarecidas essas unidades conceituais, entende-se que, segundo Merleau-Ponty, existir como ser humano significa transformar situações de fato. O indivíduo é um ser situado e dotado da capacidade de ressignificar sua situação por uma regulagem que opera com tudo o que restringe sua liberdade e produz seu melhor "funcionamento".

Por conseguinte, tendo esclarecido o que Merleau-Ponty entende por *poder de equívoco* e por *processo de regulagem*, é possível retomar o texto sobre a liberdade e entender por que o filósofo toma o ato do artista e do filósofo como exemplos da liberdade humana, afirmando que ela reside no poder do equívoco e no processo de regulagem. De fato, a liberdade residirá, segundo Merleau-Ponty, em dar novos sentidos às limitações (poder do equívoco), em uma busca constante de um melhor funcionamento em meio a elas (processo de regulagem). Ela não será uma pretensão a existir sem limitações, o que explica a primeira frase do texto, quando Merleau-Ponty afirma: "o ato do artista ou do filósofo é livre, mas não sem motivo". Não é uma liberdade sem algo que a condicione; ela é sempre motivada, seja na origem (como causa), seja no fim (como objetivo).

O exercício da liberdade estará, assim, no jogo com as limitações, a fim de construir um sentido novo para exprimir o modo de o indivíduo ser quem é. Os exemplos de Merleau-Ponty são bastante significativos: o filósofo Karl Marx (p. 221), em vez de viver limitado pelo fato de ser filho de advogado e estudante de Filosofia, deu novo significado à sua existência, vendo-se como intelectual pequeno-burguês e interpretando-se da perspectiva da luta de classes. Dito de outra maneira, Marx deixou de encarar como natural o fato de ser filho de advogado e estudante de Filosofia, para entender que sua vida era resultado da pequena-burguesia.

A expressão *pequena-burguesia* foi criada no século XIX para identificar a classe social formada pelas famílias que não possuíam riquezas antigas (como a nobreza ou a aristocracia) e que enriqueceram pelo comércio e outros meios de acumular bens. A pequena-burguesia era malvista por pensadores que denunciavam as injustiças sociais, pois os membros dessa nova classe esqueciam frequentemente suas origens pobres e, uma vez ricos, reproduziam os esquemas de dominação econômica e social que eles mesmos haviam sofrido. Esse é um dos aspectos do que também no século XIX começou a se chamar de *luta de classes*: um processo de tensões sociais, nascidas da Sociedade dividida em classes econômicas (ricos aristocratas; ricos burgueses; proletários pobres, ou seja, empregados) que lutam entre si, seja para manter seu *status* (ricos), seja para mudar a ordem e ter acesso à riqueza (pobres). Marx, assim, passou a entender sua situação de fato como resultado do surgimento da pequena-burguesia e da luta de classes. Foi um modo de ressignificar ou de dar sentido novo à sua vida, transformando-a.

O outro exemplo dado por Merleau-Ponty é o do poeta e filósofo francês Paul Valéry (1871-1945), que, em vez de apenas sofrer com a solidão, transformou-a em poesia. Em vez de se sentir vítima da solidão, Paul Valéry a assumiu e a transformou, conseguindo tirar dela a energia para produzir poesia.

Com base nesses exemplos, Merleau-Ponty conclui que o pensamento é a vida inter-humana, quer dizer, a vida que acontece nas trocas entre os seres humanos, especificamente no modo como essa própria vida

Paul Valéry (1871-1945). "Valéry transforma em poesia pura um mal-estar e uma solidão com os quais outros nada teriam feito" (Maurice Merleau-Ponty).

se compreende e se interpreta. Compreender-se e interpretar-se correspondem a uma atividade que nasce da vontade humana (retomada voluntária, como afirma o texto), ou seja, da capacidade dos indivíduos para buscar algo e decidir fazê-lo. Para compreender-se a si mesmo e interpretar-se, é preciso querer tomar a vida nas próprias mãos. Tal retomada voluntária significa a passagem do objetivo ao subjetivo, quer dizer, daquilo que, em princípio, não depende dos indivíduos àquilo em que se torna essa mesma objetividade quando transformada pelos sujeitos.

Dessa perspectiva, não faz sentido considerar os indivíduos como simples resultados da História ou do movimento histórico que caracteriza a Humanidade. A História (os processos de construção da vida social) não é vista como um processo que "engole" os indivíduos nem como uma mera construção feita por esses mesmos indivíduos. Ela passa a ser entendida como algo que os influencia, sendo também influenciada por eles. É por isso que Merleau-Ponty encerra o trecho declarando que a questão de saber onde terminam as forças da História e onde começam as nossas é uma questão que não significa nada, pois os sujeitos são históricos tanto quanto a História só existe nos sujeitos.

O pensamento de Merleau-Ponty amplia, assim, os horizontes da filosofia da liberdade. No contexto da reflexão sobre a Sociedade e da tensão instalada entre a influência social e a liberdade individual, seu texto permite encarar como vazia a questão que procura estabelecer "onde" termina a influência social e "onde" começa a liberdade individual. As duas coisas estão entrelaçadas de maneira tão íntima que só podem ser separadas num exercício imaginativo. Se é pela consciência de si e pela interpretação de si que o indivíduo exerce sua liberdade, então, mesmo precedido pela Sociedade, ele pode assumir os condicionamentos que ela lhe impõe e trabalhar na transformação de si mesmo e das estruturas históricas da própria Sociedade.

A Sociedade, dessa perspectiva, aparece como algo cujo sentido é aquele que os indivíduos lhe dão. A Sociedade é o que fazemos dela.

EXERCÍCIO B

p. 472

1. Por que Espinosa considerava o livre-arbítrio uma ilusão?
2. Como a insistência de Merleau-Ponty no poder do equívoco e no processo de regulagem permite pensar a liberdade?
3. Comente os exemplos do filósofo e do artista dados por Merleau-Ponty como provas da existência da liberdade.
4. Reflita se você já viveu alguma experiência em que, apesar de muitos condicionamentos, conseguiu dar um sentido realmente seu à maneira de vivê-los.

Giuseppe Pellizza da Volpedo (1868-1907), *O quarto estado*, 1901, óleo sobre tela. O quadro representa uma greve de operários e simboliza o protesto do proletariado, nova classe social que se tornava, no fim do século XIX e início do século XX, consciente de sua exploração e de seus direitos.

p. 474
Textos de aprofundamento

3 Sociedade e desigualdade

O caminho que percorremos até aqui mostrou a possibilidade de defender filosoficamente que a Sociedade é uma livre associação entre indivíduos, com o objetivo de realizar trocas que permitam organizar a vida humana e continuá-la. Os indivíduos, por sua vez, aparecem como seres em formação, unidades básicas da Sociedade e capazes de operar com limites e condicionamentos, dando sentido à própria existência.

Convém, no entanto, evitar uma imagem da Sociedade como simples somatória de indivíduos, pois a ação humana sempre é configurada por um agir em grupo. A construção livre da própria individualidade requer, assim, a consciência das influências recebidas dos grupos sociais aos quais cada indivíduo pertence.

Um dos estudiosos que mais bem exprimiram esse dado foi o sociólogo francês Robert Castel (1913-2013), que tratava da necessidade de "desindividualizar" o indivíduo e de compreendê-lo como membro de grupos sociais. Em uma de suas análises, Castel baseia-se em um tema bastante cotidiano, a aposentadoria.

Segundo Robert Castel, nas estruturas sociais que conhecemos, o indivíduo só é respeitado quando unido a grupos que obtêm direitos por sua ação social (com debates, reivindicações e mesmo conflitos). O caso específico da aposentadoria é típico, pois consiste em um direito de indivíduos, porém obtido em grupo. Por sua vez, as políticas que chamam a atenção apenas para os indivíduos, ao tratar do tema da aposentadoria, desviam a atenção do fato de que é apenas como grupo social que se consegue garantir esse direito aos indivíduos. Tais políticas ocultam esse fato e organizam o debate dando a entender que a aposentadoria é um tema que se refere apenas aos indivíduos (por exemplo, como se tudo se resolvesse na fórmula: "pagou, tem direito; não pagou, não tem direito"). O que essas políticas não trazem à tona é que nem todos têm as mesmas condições e oportunidades, bem como o fato de que nem todos têm condições de "pagar", embora trabalhem tanto ou mais do que aqueles que "pagam".

A análise sociológica de Robert Castel reafirma que a Sociedade tem o sentido que os indivíduos e grupos lhe dão. Contudo, ela permite levantar outra temática de grande interesse filosófico: se a Sociedade é construída para facilitar a vida dos indivíduos, ela também é uma fonte de profundas desigualdades entre eles.

O mundo do trabalho é um testemunho desse dado. Pode parecer que cada ser humano tem o trabalho que "merece", que conquistou por seus esforços e méritos. Mas as oportunidades são as mesmas para todos?

Alguns filósofos interpretaram as desigualdades sociais como algo natural, ou seja, como resultado do modo de ser que a Natureza impõe aos indivíduos.

ANJO KAN/SHUTTERSTOCK.COM

RADIOKAFKA/SHUTTERSTOCK.COM

Acima: grafite em Berlim, Alemanha, retratando uma família de refugiados pobres. À esquerda: refugiados chegam a Lesbos, Grécia, em outubro de 2015. As desigualdades sociais, bem como os conflitos e a fome, sempre levaram os seres humanos a migrar, em busca de melhores condições de vida. No mundo contemporâneo, a imigração tornou-se um problema de enorme significação, pois as sociedades nem sempre se abrem à presença da alteridade.

Indivíduos, grupos, debates e conflitos

Robert Castel

CASTEL, Robert. Les ambigüités de la promotion de l'individu. In: VVAA. *Refaire société*. Paris: Seuil, 2011. p. 18-24. (As ambiguidades da promoção do indivíduo. Tradução nossa.)

1 Paradoxalmente – mas esse é um ensinamento inegável da História Social – foi necessário desindividualizar os indivíduos para que eles se tornassem indivíduos inteiros. É o pertencimento a coletivos[22] que dá direitos [...]. Por exemplo, o direito à aposentadoria consiste em uma pensão que se torna realmente um direito para 5 o trabalhador idoso e que, em princípio, deve permitir-lhe continuar a se sustentar a si mesmo. A aposentadoria é atribuída pessoalmente ao trabalhador e ele é livre para dispor dela como indivíduo. Mas a aposentadoria como direito é a consequência do fato de que ele pertenceu a um coletivo de trabalhadores e contribuiu com a previdência social durante certo número de anos, a fim de satisfazer às exigências 10 coletivas de seu sistema de aposentadoria, entre outras coisas. A individualidade do trabalhador, então, é garantida à medida que ele é inscrito em um sistema de proteções coletivas. [...] É por isso que insisto na ambiguidade[23] profunda das políticas que tomam como exigência incondicional a responsabilização dos indivíduos. Falar dessa ambiguidade significa mostrar que essas políticas podem ter aspectos 15 positivos – afinal, é positiva, por exemplo, a tentativa de dar responsabilidades a quem ajudamos, uma vez que nunca é bom ser alguém completamente assistido –, mas a generalização da exigência dessa responsabilização repousa sobre uma omissão[24] e mesmo sobre uma ocultação[25]: ela evita a necessidade de nos interrogarmos sobre as condições (ou os suportes) indispensáveis para que um indiví- 20 duo possa se encarregar de si mesmo, "ativar-se", "mobilizar-se" etc. [...] Tomo a liberdade de me exprimir aqui de maneira um pouco brutal: um indivíduo sozinho não para em pé; sem pontos de apoio ele corre o risco da morte social. ■

[22] **Coletivo:** *grupo; comunidade.*

[23] **Ambiguidade:** *característica do que tem vários sentidos, dificultando identificar o sentido mais adequado.*

[24] **Omissão:** *deixar de fazer algo que deve ser feito.*

[25] **Ocultação:** *ato de esconder ou encobrir algo.*

MICHAELJUNG/SHUTTERSTOCK.COM CHICCODODIFC/SHUTTERSTOCK.COM

SONIA NABARRETE NDOELJINDOEL/SHUTTERSTOCK.COM

Fotos de diferentes trabalhadores. No alto, à esquerda: diretora executiva; à direita: vendedor ambulante na praia. Abaixo, à esquerda: trabalhador de minas de carvão; à direita: funcionário de uma indústria de tecnologia.

Ela daria as mesmas oportunidades para todos, mas também dotaria cada indivíduo de capacidades diferentes, levando cada um a aproveitar de modo diverso as mesmas oportunidades.

Outros pensadores, porém, embora concordem, no fundo, que a Natureza dá as mesmas possibilidades para todos, enfatizam que os indivíduos se tornam desiguais por razões construídas por eles mesmos, e não por capacidades naturais diferentes. Ninguém se torna mais rico ou mais pobre (material, física e intelectualmente) por causa de sua constituição "natural", mas por causa do modo como a vida social está organizada.

No século XIX, o filósofo e economista Karl Marx (p. 221), ao refletir justamente sobre o modo como a vida social está organizada, chegou à conclusão de que as desigualdades nascem de um fator bastante preciso: o sentido da vida humana é dado hoje pelo dinheiro; e, na corrida para obter dinheiro, os indivíduos deixam de se preocupar com o bem-estar de todos e passam a entender que cada qual é responsável por si mesmo, devendo simplesmente procurar obter mais dinheiro.

Ao ler esse trecho de Marx, é preciso perceber a ironia com que ele é escrito. A ironia, além do seu sentido socrático (p. 33), pode ser um estilo no qual se diz o contrário do que se considera adequado. Marx não considera o dinheiro o verdadeiro sentido da vida humana, mas pretende levar os leitores a entender que ele se tornou tal sentido, transformando-se em elemento estruturante da vida atual.

Porém, ao ler esse texto, alguém poderia responder a Marx: "Não é o dinheiro que interessa por si mesmo às pessoas, mas aquilo que o dinheiro permite adquirir!".

Marx certamente concordaria com essa frase. Aliás, ele mesmo observava que o dinheiro só tem valor se puder ser trocado por produtos e pelo que as pessoas chamam em geral de "serviços" (produtos e "serviços" seriam formas de *mercadoria*). O dinheiro por si mesmo e a riqueza seriam *abstrações*, ideias ou símbolos separados da realidade material, mas representativos dela. No cotidiano, o que dá valor a uma nota de dinheiro ou a milhões de notas de dinheiro é aquilo que cada nota representa, ou seja, o poder de ser trocada por produtos e "serviços".

Na história da Humanidade, houve períodos em que as trocas eram feitas diretamente com coisas (um boi por 10 sacas de sal; uma saca de sal por cinco galinhas etc.). Aliás, essa prática existe ainda hoje em alguns lugares. Com o passar do tempo, as sociedades passaram a usar moedas que tinham valor por si mesmas, como moedas de ouro e prata. Por serem

O dinheiro como sentido da vida
Karl Marx

1 Aquilo que, mediante o *dinheiro*, é [existe] para mim, o que posso pagar, isto é, o que o dinheiro pode comprar, isso *sou eu*, o possuidor do próprio dinheiro. Minha força é tão grande como a força do dinheiro. As qualidades do dinheiro – qualidades e forças essenciais – são minhas, seu possuidor. O que eu *sou* e o que eu posso 5 não são determinados de modo algum por minha individualidade. Sou *feio*, mas posso comprar a mais bela mulher. Portanto, não sou *feio*, pois o efeito da feiura, sua força afugentadora[26], é aniquilado[27] pelo dinheiro. Segundo minha individualidade, sou *inválido*, mas o dinheiro me proporciona vinte e quatro pés; portanto, não sou *inválido*. Sou um homem mau, sem honra, sem caráter e sem espírito, mas 10 o dinheiro é honrado e, portanto, também [é honrado] o seu possuidor. O dinheiro é o bem supremo; logo, o seu possuidor é bom. O dinheiro poupa-me além disso o trabalho de ser honesto; logo, presume-se que sou honesto. Sou *estúpido*, mas o dinheiro é o espírito real de todas as coisas; como então seu possuidor poderia ser um estúpido? Além disso, seu possuidor pode comprar as pessoas inteligentes; e 15 quem tem o poder sobre os inteligentes não é mais inteligente do que o inteligente? Eu, que mediante o dinheiro posso *tudo* a que o coração humano aspira[28], não possuo todas as capacidades humanas? Meu dinheiro não transforma, então, todas as minhas incapacidades em seu contrário? ■

MARX, Karl. Manuscritos econômico-filosóficos [Manuscritos de 1844]. In: *Manuscritos econômico-filosóficos e outros textos escolhidos*. Tradução José A. Giannotti, José C. Bruni e Edgard Malagodi. São Paulo: Nova Cultural, 1987. p. 196-197. (Coleção Os Pensadores)

[26] **Afugentador:** *que faz fugir; que faz correr.*

[27] **Aniquilado:** *reduzido a nada.*

[28] **Aspirar a...:** *desejar.*

feitas de metais preciosos, elas permitiam fazer trocas mais ou menos adequadas (algumas moedas de ouro por um boi; algumas moedas de prata por uma saca de sal etc.). No entanto, sempre foi o ato da troca que permitiu falar de valor das coisas.

Como Karl Marx explica em seu livro *O capital*, a prática repetida da troca transformou-a em um negócio social regular, a ponto de algumas pessoas, no interior das sociedades, passarem a produzir intencionalmente coisas e "serviços" a fim de serem trocados. Faz-se, assim, uma separação entre, de um lado, a utilidade das coisas e dos "serviços" que atendem a necessidades imediatas e, de outro lado, a utilidade para a troca. As coisas e os "serviços" deixam de ter um simples valor de uso para ter um valor de troca; e, à medida que as sociedades elaboram a simbologia do dinheiro em torno do valor de troca, o dinheiro passa a ser visto como algo que tem valor em si. Marx chegará a explicar o *fetiche da mercadoria* (p. 25), o seu poder mágico, como num feitiço. As mercadorias e o desejo de consumir coisas e "serviços" levam as pessoas a ficar tão seduzidas que elas organizam suas vidas em torno do dinheiro, para poder obter aquilo que ele permite comprar.

Segundo Marx, essa dinâmica explicaria as desigualdades no interior das sociedades, pois, embora os humanos tenham precisado desde sempre fazer trocas, nem todos tinham as mesmas condições e igualdade de oportunidades para trocar. Algumas pessoas, por exemplo, detinham e detêm ainda hoje os *meios de produção* (a terra, os instrumentos, as máquinas etc.), ao passo que outras só têm a própria força física para trocar. Sendo assim, quem detém os meios de produção oferece a possibilidade de usá-los aos que só possuem a força de trabalho, pagando-lhes um salário, mas conservando para si os resultados do trabalho e os lucros obtidos na venda desses produtos.

Esse modo de produção, no vocabulário de Marx, chama-se de *capitalismo* (produção de dinheiro ou capital) e surgiu historicamente nos séculos XV-XVI, com o comércio desenvolvido durante a Era das Navegações, quando justamente o trabalho ou a força da mão de obra passou a ser comprada.

Como o dinheiro se torna a mediação[29] das relações humanas, o trabalho, segundo Marx, deixa de ser o simples modo de os seres humanos construírem sua própria existência e se transforma em uma relação econômica ou em um contrato estabelecido entre indivíduos e grupos com base no dinheiro. Marx chega a concluir que esse sistema pode destruir a vida humana, pois, embora pareça uma simples relação de troca (portanto, um meio), ele acaba por se constituir no objetivo mesmo da vida dos indivíduos e grupos. Cria-se a ilusão de que a felicidade consiste em acumular capital e a comprar produtos e "serviços". De instrumento a serviço do ser humano, o dinheiro se transforma em senhor do ser humano; e, dado que a acumulação de alguns só pode ser feita às custas do empobrecimento de outros, as desigualdades agravam-se no interior das sociedades.

Ainda, o sistema capitalista produz maneiras de pensar que ocultam a gravidade dessa situação desigual, fazendo os indivíduos que vendem sua mão de obra crer que as desigualdades são "naturais" e que eles merecem trabalhar para receber seu salário e "vencer na vida". A propriedade privada ou particular dos meios de produção é tratada como aproveitamento livre das oportunidades oferecidas pela Natureza, quando, na realidade, ela resulta de histórias violentas em que alguns indivíduos se apoderaram de terras, coisas e pessoas, deixando-as como heranças a seus descendentes. Não explicar isso e fazer que as pessoas creiam na naturalidade das relações de produção e de trabalho são tarefas, segundo Marx, da *ideologia*: uma forma de pensar e um tipo de discurso que oculta a verdade histórica, distraindo os indivíduos com o desejo de consumir e fazendo com que eles não percebam o esquema de exploração ao qual são submetidos. Os trabalhadores são "separados de si mesmos", impedidos de se entender como unidades formadas historicamente. Como dizia Marx, são vítimas da *alienação*.

O caminho da libertação dos indivíduos exigiria, segundo Marx, tomar consciência do mecanismo da ideologia e da alienação e participar ativamente da

KARL MARX (1818-1883)

Foi um intelectual alemão que atuou em diferentes frentes, sobretudo filosofia, economia e história. Ficou conhecido por sua interpretação de Hegel, seu materialismo histórico, sua análise do capitalismo e sua concepção do socialismo. Obras mais conhecidas: *O capital* e *A ideologia alemã*.

[29] **Mediação:** *ligação; intermediário; ponte.*

construção de uma vida social que seja representada por um governo ou um Estado que controle os meios de produção e garanta a igualdade de acesso de todos os cidadãos a eles. A essa concepção política e econômica costuma-se chamar de *socialismo*.

Outras teorias discordam radicalmente do pensamento marxista, porque, no seu dizer, é impossível negar que a Natureza dá a todos os indivíduos certas características das quais eles podem se servir segundo suas diferenças. Essas características, sendo naturais, corresponderiam a direitos inseparáveis dos indivíduos: o mais fundamental deles seria o direito à propriedade privada; e junto dele viria o direito à liberdade e à circulação pelo mundo (direito de ir e vir).

Entre essas teorias, a mais forte e mais conhecida denomina-se *liberalismo*. De acordo com os liberais, todo ser humano tem direito a agir como quer, desde que não prejudique seus semelhantes. Dessa perspectiva, as desigualdades existentes no interior de uma sociedade seriam positivas, pois traduziriam as diferentes maneiras como cada indivíduo, por livre iniciativa, constrói sua vida. Elas não seriam injustas nem algo ruim.

Um dos autores centrais para o pensamento liberal foi o inglês John Locke. No contexto do Iluminismo, Locke dedicou-se a justificar as ideias de que todo ser humano é livre e de que a Sociedade é um conjunto de indivíduos organizados por um pacto ou um acordo que favorece a convivência de todos. Ele ficou conhecido por sua teoria dos direitos naturais (liberdade, propriedade etc.), da separação entre o poder civil e o poder religioso, do direito à desobediência dos cidadãos em caso de injustiças praticadas pelos governantes e da liberdade de consciência.

JOHN LOCKE (1632-1704)

Foi um filósofo inglês, conhecido como um dos principais representantes do empirismo. Locke rejeitou a crença de Descartes em ideias que nascem com o ser humano e afirmou que a mente é uma *tabula rasa* (uma tábua lisa, como uma lousa limpa ou uma folha em branco), na qual se inscrevem dados aprendidos por meio dos cinco sentidos. Sua concepção dos direitos naturais do ser humano e da Política como invenção humana ajudaram a derrubar o Absolutismo na Inglaterra e a questionar o direito divino dos reis. Obras mais conhecidas: *Dois tratados sobre o governo* (1689) e *Ensaio acerca do entendimento humano* (1690).

ILUMINISMO OU ILUSTRAÇÃO

Foi um movimento filosófico-cultural da Europa do século XVIII (conhecido como Século das Luzes) que procurou reformar, por meio da razão, a Sociedade e o conhecimento recebido das gerações passadas. Caracteriza-se principalmente pela ênfase na luz da razão, a defesa do livre uso das capacidades humanas, do conhecimento aprofundado da Natureza em benefício do ser humano e do engajamento político-social para o progresso. Tais posições levaram muitos iluministas a uma profunda oposição ao poder absoluto dos reis e à Igreja, influenciando a Revolução Francesa e a Revolução Americana, como também a Declaração dos Direitos do Homem e do Cidadão, de 1789.

No dizer de Locke, se cada ser humano é livre por um dom da Natureza, então sua liberdade é também econômica, podendo ser concretizada por meio da troca e do trabalho realizado segundo o modo como quer cada cidadão. Os governos ou os Estados, por sua vez, não teriam direito de intervir nas liberdades econômicas, pois isso significaria pretender interferir em dons que não são feitos pelos governos, e sim pela Natureza mesma.

Enquanto Marx identificava nas origens da Humanidade violências que permitiram a alguns tomar posse de terras, ferramentas etc., Locke interpretava as origens da Humanidade como um momento em que todos tinham direito a tomar posse do necessário para sobreviver. Então, se nada impedia que alguns seres humanos possuíssem mais coisas do que os outros, todos se mostravam de acordo com tal posse do necessário.

Note como a tese central do texto de Locke pode ser resumida em alguns passos básicos: (1) quem dá valor ao ouro e à prata são os seres humanos; (2) os seres humanos concordaram de maneira silenciosa (sem manifestação contrária; tacitamente) que alguns produzissem mais do que o necessário e recebessem ouro e prata em troca do excedente; (3) o fato de os seres humanos valorizarem o ouro e a prata fez com que a troca por produtos excedentes fosse considerada legítima, pois quem tinha ouro e prata os dava em troca de produtos e não discordava disso (prática que levou ao uso do dinheiro); (4) essa prática surgiu antes mesmo que os seres humanos formassem uma sociedade, quer dizer, não dependeu de um pacto ou de um acordo; (5) como nada impedia que os seres humanos tomassem posse do necessário para trabalhar, todos aceitaram que essa posse era legítima e não questionaram o direito à propriedade (inclusive porque produzir para trocar por ouro e prata era a forma de trabalho dos proprietários); (6) por fim, os governos dos países elaboraram leis para organizar as relações baseadas no direito de propriedade, a fim de proteger os cidadãos proprietários.

Alguns historiadores marxistas questionariam essa "história ideal" criada por Locke, ou seja, essa imaginação de um início pacífico para a história da Humanidade. Assim, ainda que esses mesmos historiadores marxistas também "imaginem" em grande medida os inícios da Humanidade (pressupondo a existência de violência na obtenção dos meios de produção), eles poderiam recorrer a testemunhos antigos, segundo os quais os indivíduos que passaram a possuir mais terras e ferramentas não o fizeram por meio do trabalho, mas por meio de guerras, de atos enganosos, de práticas religiosas (que levavam as pessoas a darem seus bens a líderes religiosos) etc. Portanto, de um ponto de vista marxista, a teoria liberal seria frágil em seus próprios fundamentos.

Mas um liberal poderia responder defendendo que, mesmo se nas origens houve violência e engano, tal fato não autoriza a pensar que todo proprietário praticou alguma violência ou enganou alguém. Mesmo quem recebeu heranças de antepassados desonestos não teria

A desigualdade não é injusta
John Locke

1 Como, porém, o ouro e a prata, por terem pouca utilidade para a vida humana em comparação com o alimento, as vestimentas e o transporte, derivam o seu *valor* apenas do consentimento[30] dos seres humanos, [...] se vê claramente que os humanos concordaram com a posse desigual e desproporcional da terra, tendo encontrado, por um consentimento tácito[31] e voluntário[32], um modo pelo qual alguém pode possuir com justiça mais terra do que aquela cujos produtos possa usar, recebendo em troca do excedente[33] ouro e prata que podem ser guardados sem prejuízo de quem quer que seja, uma vez que tais metais não se deterioram nem apodrecem nas mãos de quem os possui. Essa partilha das coisas em uma desigualdade de propriedades particulares foi propiciada[34] pelos humanos fora dos limites da sociedade e sem um pacto, mas apenas atribuindo-se um valor ao ouro e à prata e concordando-se tacitamente com o uso do dinheiro. Nos governos, as leis regulamentam[35] o direito de propriedade; e a posse da terra é determinada por legislações positivas.

15 Desse modo, penso eu, torna-se muito fácil entender sem a menor dificuldade de que modo *o trabalho pôde, no princípio, dar início a um título de propriedade* sobre as coisas comuns da Natureza; e de que modo o gasto das mesmas coisas para nosso uso limitava essa propriedade. De maneira que não podia haver nenhum motivo para controvérsia[36] acerca desse título nem sombra de dúvida quanto à extensão das posses que ele conferia. O direito e a conveniência andavam juntos, pois o ser humano tinha direito a tudo em que pudesse empregar seu trabalho; e, por isso, não tinha a tentação de trabalhar para obter além do que pudesse usar. Isso não deixava espaço para controvérsias acerca do título [de propriedade] nem para a violação do direito alheio[37]. A porção que o ser humano tomava para seu uso era facilmente visível; e seria inútil e desonesto tomar demasiado ou mais do que o necessário. ■

LOCKE, John. *Dois tratados sobre o governo.* Tradução Julio Fischer. São Paulo: Martins Fontes, 2005. p. 428-429.

[30] ***Consentimento:*** *concordância; aceitação.*
[31] ***Tácito:*** *silencioso; discreto; subentendido; não declarado.*
[32] ***Voluntário:*** *que depende da vontade e da decisão de cada um; livre.*
[33] ***Excedente:*** *aquilo que vai além do necessário; sobra; algo restante.*
[34] ***Propiciado:*** *possibilitado; proporcionado.*
[35] ***Regulamentar:*** *pôr regras; organizar com base em regras.*
[36] ***Controvérsia:*** *discordância.*
[37] ***Alheio:*** *que é de outra pessoa.*

culpa nem poderia ser responsabilizado pelos erros de seus antepassados.

A tensão entre a leitura marxista e a leitura liberal da vida social é extremamente saudável para interpretar o mundo atual. Independentemente de se assumir uma ou outra posição, é possível observar como elas põem no centro do debate o fato de a própria Sociedade ser produtora de desigualdades. Essa tensão também permite pensar que, num mundo estruturado em torno da propriedade, do dinheiro e do consumo, a responsabilidade por diminuir ou agravar as desigualdades é dos próprios indivíduos e grupos. Por fim, ela faz entender que não é adequado culpar individualmente as pessoas, hoje, por estruturas socioeconômicas montadas durante séculos.

A percepção dessa tensão tem levado diferentes pensadores a combinar elementos marxistas e elementos liberais na tentativa de conceber tipos de vida social menos injustos e desiguais. Se, por um lado, parece cada vez mais difícil, no mundo atual, fazer que os governos ou Estados decidam sobre o uso dos meios de produção, por outro, é também cada vez mais explícito o exagero de crer que uma vida social equilibrada depende apenas de práticas "livres" e centradas no dinheiro, com um mercado (sistema de troca mediada pelo dinheiro) sem controle ético-político por parte dos próprios indivíduos, grupos e governos.

Com essa consciência, alguns pensadores sustentam a ideia dos direitos naturais como a liberdade e a propriedade, mas também defendem limites para a liberdade econômica, pois, no seu entender, sem um sentimento de comunidade ou de dependência solidária no interior das sociedades, estas caminharão para a autodestruição. Uma das formas desse tipo de pensamento recebe o nome de *comunitarismo*, tendo no filósofo inglês Alasdair MacIntyre um de seus principais representantes.

Sem adotar necessariamente uma visão em que todos os indivíduos devem ser considerados natural e inteiramente iguais, os comunitaristas advogam que a preocupação com algo como o bem comum é a única solução para evitar ao máximo a exploração humana e as desigualdades extremas. O bem comum seria um ideal de sociedade equilibrada e justa por meio da comparação e do debate entre as formas de pensar dos indivíduos e grupos, em busca de práticas refletidas comuns.

De uma perspectiva comunitarista, tanto o pensamento liberal como o pensamento marxista teriam uma fraqueza, a de pretender ter encontrado uma compreensão da vida social que deveria ser seguida por todos. Levada ao extremo, essa fraqueza poderia produzir atitudes autoritárias[38] e centradas no mesmo interesse, o de ditar as regras da construção da "melhor" vida social. Em vez disso, os comunitaristas propõem observar o que desejam os indivíduos e os grupos, pois, embora a Sociedade seja mais ampla do que a simples somatória dos seus componentes, é nos grupos menores que os indivíduos se sentem realmente realizados por tipos específicos de relações afetivas, políticas, econômicas e culturais. A solução para escapar do individualismo desenfreado[39] e do discurso identitário[40], por um lado, e do risco de autoritarismo presente nos pensamentos liberal e marxista, de outro, seria o teste dialético das convicções, quer dizer, o confronto honesto e respeitoso entre pensamentos, na busca de formas de convivência com a contrariedade e a contradição, em favor de um equilíbrio. As condições necessárias para tal teste dialético seriam uma autocrítica constante e uma atitude de abertura desarmada à compreensão dos pensamentos alheios .

Observe como MacIntyre se afasta de uma concepção da Sociedade como simples somatória de indivíduos ou "eus", como se cada "eu" tivesse uma visão de mundo específica e pudesse simplesmente convencer os outros "eus". Cada "eu" ou cada indivíduo é formado pela contraposição com outros indivíduos ou "eus", pois é pelo encontro que cada unidade individual se constrói, assim como é pela tentativa de falar a língua do outro que cada "eu" (indivíduo ou grupo) pode obter um melhor conhecimento de si mesmo e da vida social.

ALASDAIR MACINTYRE (1929-)

É um filósofo escocês com obra variada, mas concentrada em ética. Sua proposta de inspirar-se na ética aristotélica das virtudes permite-lhe repensar de modo original questões contemporâneas urgentes. Obra mais conhecida: *Depois da virtude*.

*[38] **Autoritário:** que se refere à autoridade; em sentido pejorativo, autoritário é quem não ouve os outros e só se baseia em seu próprio pensamento para agir, impondo sua vontade.*

*[39] **Desenfreado:** sem freio; sem controle.*

*[40] **Identitário:** que acredita em uma identidade fixa para os indivíduos e grupos humanos.*

Na cacofonia[41] atual, com cada "eu" querendo ouvir apenas a sua própria voz e convencer os outros da sua própria opinião, MacIntyre aposta na possibilidade de falar a língua dos outros, compreender suas razões, debater, discordar, concordar e chegar a pontos comuns, em pleno exercício da liberdade.

[41] **Cacofonia:** *conjunto de sons sem harmonia, desencontrados e produtores de uma confusão sonora desagradável. Contrário da sinfonia (sons harmônicos).*

É preciso testar o próprio pensamento

Alasdair MacIntyre

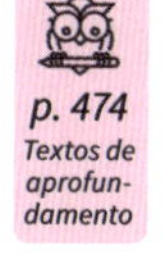

p. 474
Textos de aprofundamento

1 O que [o] indivíduo tem de aprender é como testar dialeticamente[42] as teses que lhe forem propostas por toda tradição e, ao mesmo tempo, utilizar essas mesmas teses para testar dialeticamente as convicções e as reações que ele próprio trouxe para o debate. Ele deve envolver-se no diálogo entre as tradições, aprendendo a usar a língua de cada uma delas, a fim de descrever e avaliar por meio dela [essa mesma língua]. Assim, cada indivíduo será capaz de transformar suas próprias incoerências iniciais em vantagens argumentativas, exigindo de cada tradição que ela lhe forneça uma visão de como essas incoerências podem ser mais bem caracterizadas, explicadas e superadas.

10 Uma das marcas de qualquer tradição madura [...] é que ela possui os recursos para fornecer visões de uma série de condições nas quais a incoerência se tornaria inevitável e para explicar como essas incoerências ocorreriam. Os indivíduos [que testam dialeticamente a si mesmos e às tradições] farão com que uma tradição [analisada] lhes forneça um tipo de autoconhecimento que ainda não possuíam, proporcionando-lhe uma consciência do caráter específico de sua própria incoerência [...].

Os catálogos de virtudes e vícios, as normas de adequação e inadequação, as concepções de sucesso e fracasso educacional, as narrativas de tipos possíveis de vida humana que cada tradição elaborou nos seus próprios termos, todos esses elementos levam o indivíduo educado [formado] no autoconhecimento de sua 20 própria incoerência a reconhecer por qual desses modos rivais de compreensão moral ele se considera mais adequadamente explicado. ■

MACINTYRE, Alasdair. *Justiça de quem? Qual racionalidade?* Tradução Marcelo Pimenta Marques. São Paulo: Loyola, 1991. p. 426

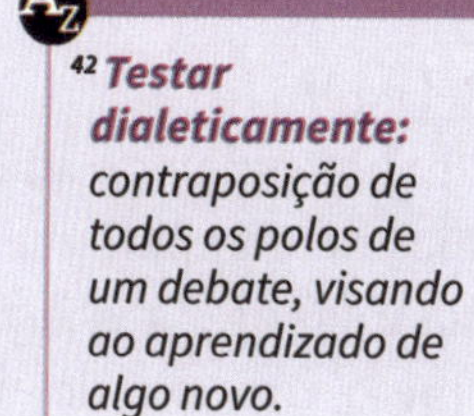

[42] **Testar dialeticamente:** *contraposição de todos os polos de um debate, visando ao aprendizado de algo novo.*

EXERCÍCIO C

p. 472

1. O que significa falar de desindividualização do indivíduo, segundo Robert Castel?
2. O que significa, segundo a análise de Marx, afirmar que o dinheiro se tornou a mediação entre as pessoas e pode desumanizá-las?
3. Quais as razões de John Locke para afirmar que as desigualdades sociais são boas?
4. Como um pensador marxista pode reagir à interpretação liberal do início da história da Humanidade e como um pensador liberal pode responder à reação marxista?
5. Qual o risco identificado pelo comunitarismo tanto no pensamento liberal como no pensamento marxista?
6. Segundo Alasdair MacIntyre, por que é importante testar o próprio pensamento?
7. Reflita sobre sua própria experiência e a de sua família. Pense sobre as relações que vocês mantêm, o modo como obtêm o próprio sustento, o trabalho (de seus pais e talvez o seu próprio, caso já trabalhe), o lazer, o tipo de serviço de saúde e de educação a que vocês têm acesso etc. Em seguida, analise sua experiência com base na perspectiva liberal e, depois, com base na perspectiva marxista. Registre sua resposta por escrito.

EXERCÍCIOS COMPLEMENTARES

p. 473

1 Dissertação de contradição

Elabore uma dissertação de contradição (p. 229), tendo por tema a seguinte afirmação: *Tudo o que o ser humano vive é determinado pela Natureza. A própria desigualdade econômica é uma prova disso, pois todos os seres vivem em concorrência.* Para sua redação, você pode inspirar-se também na abertura do Capítulo 9 deste livro (p. 230-233).

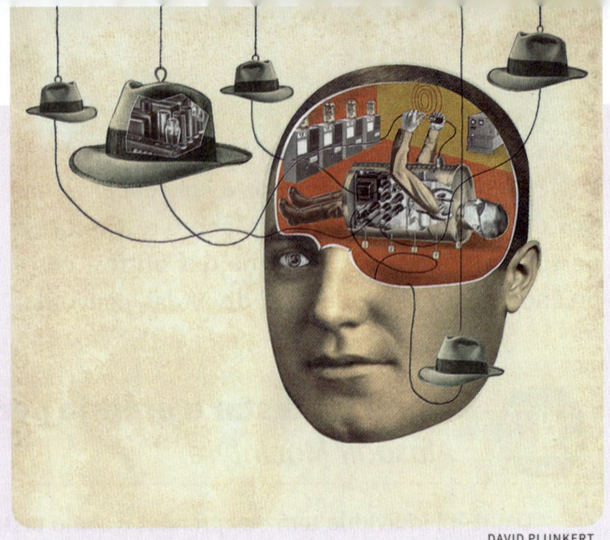

DAVID PLUNKERT

2 Leitura comparativa e reflexão cultural

Os dois relatos seguintes são extraídos de trabalhos de neurocientistas (estudiosos da mente humana com base no funcionamento do sistema neuronal). O primeiro é o caso de um homem com um tumor cérebro e visa negar a existência da liberdade humana, uma vez que todos os comportamentos seriam determinados inteiramente pelo funcionamento cerebral. O segundo é a apresentação da pesquisa de um cientista que, mesmo interpretando os comportamentos humanos como determinados pelo funcionamento cerebral, acredita ter encontrado uma base segura para afirmar que a liberdade é cientificamente comprovável. Leia os dois relatos:

Relato 1:

Um homem norte-americano que nunca teve problemas de comportamento começou a ver pornografia infantil e a violentar sua enteada de 8 anos. Foi preso, mas seus desejos sexuais só aumentavam. Passou a ter fortes dores de cabeça e vertigens. Os médicos da prisão o examinaram e identificaram que ele tinha um tumor nas partes cerebrais que comandam os comportamentos sexuais. Uma vez retirado o tumor, seus desejos sexuais com crianças desapareceram. Porém, alguns restos do tumor haviam ficado e, ao voltarem a se desenvolver, fizeram com que os distúrbios de comportamento também voltassem. Por fim, quando o tumor foi retirado totalmente, o homem não teve mais aquele tipo de desejo. Esse caso mostra que os comportamentos humanos dependem de mecanismos cerebrais.

Relato resumido com base em: BURNS, Jeffrey M.; SWERDLOW, Russell. H. Right Orbitofrontal Tumor with Pedophilia Sympton. *Archives of Neurology*, v. 60, n. 3, p. 437-440, 2003. (Tumor no córtex orbitofrontal direito com sintoma de pedofilia).

Relato 2:

Benjamin Libet (1916-2007), neurocientista norte-americano, monitorou por meio de aparelhos um grande número de pessoas envolvidas em processos de escolha. Ele solicitava que elas olhassem para um determinado ponto da parede quando tivessem tomado a decisão de, por exemplo, mexer um dedo ou jogar uma bolinha vermelha que elas tinham em mãos. Libet percebeu que, quando as pessoas mexiam efetivamente o dedo ou jogavam a bolinha vermelha, já fazia 0,2 segundo que elas tinham tomado sua decisão (haviam olhado para o ponto determinado na parede). Entre a decisão e a realização do ato, havia um intervalo de pouquíssimo tempo (0,2 segundo), mas suficientemente longo para que elas confirmassem a decisão tomada ou a abandonassem. Libet observava também que o cérebro das pessoas monitoradas começava a se preparar para a ação 0,5 segundo (meio segundo) antes de a ação realmente acontecer. Libet concluía que o ser humano é dotado de livre-arbítrio, pois, mesmo que seu cérebro o impulsione a agir, o próprio cérebro dá ao indivíduo tempo suficiente para ele interromper uma ação (poder de veto). Assim, mais do que um movimento de busca ou de escolha, o livre-arbítrio seria a capacidade de interromper impulsos.

Relato resumido com base em: LIBET, Benjamin. *Mind Time:* The Temporal Factor in Consciousness Cambridge: Havard University Press, 2005. (Tempo da mente: o fator temporal na consciência).

Com base nos dois relatos, formule duas frases curtas que resumam as concepções de liberdade deles decorrentes e analise se as frases que você formulou são complementares, contrárias ou contraditórias.

p. 473 Projeto interdisciplinar

Dicas de filmes para você assistir tendo em mente o que trabalhamos neste capítulo

A excêntrica família de Antonia *(Antonia), direção Marleen Gorris, Holanda, 1996.*

Filme que mistura toques de humor e seriedade para narrar a história de Antonia em seu retorno ao vilarejo onde nasceu. Ela se dirige para lá com sua filha, Danielle, e ambas dão início a uma grande família em torno de Antonia. Nos quarenta anos relembrados pelo filme, abordam-se temas como: o amor, a amizade, a família, a Sociedade, o trabalho, a religião, o sexo, o ódio, a vingança, além de Filosofia e poesia. Notas de pessimismo são lançadas com a personagem de um filósofo admirador de Schopenhauer, mas elas não deixam de ser equilibradas pela amizade que o mesmo filósofo desenvolve com uma das crianças da família de Antonia. ■

O capital *(Le capital), direção Konstantinos Gravas (Costa-Gravas), França, 2013.*

Mistura de drama, suspense e humor que narra de forma inteligente a história de Marc, trabalhador que decide entrar no mundo financeiro e torna-se um dos homens mais importantes do sistema bancário europeu. Quando um fundo de investimentos norte-americano o enfrenta, Marc mostra do que é capaz, revelando até onde vai a influência do sistema econômico na vida social. O filme não termina antes de Marc dizer sua última palavra. Seriam os bancos ladrões dos pobres para dar aos ricos? Ou tudo não passaria de um jogo infantil para ter a sensação de Poder? ■

São Paulo Sociedade Anônima*, direção Luís Sérgio Person, Brasil, 1965.*

Carlos pertence à classe média paulistana e começa a trabalhar em uma grande empresa. Depois se torna gerente de uma fábrica de autopeças. Quando toma consciência de si, vê que já é pai de família, trabalha bastante, recebe um bom salário, mas vive profundamente insatisfeito. ■

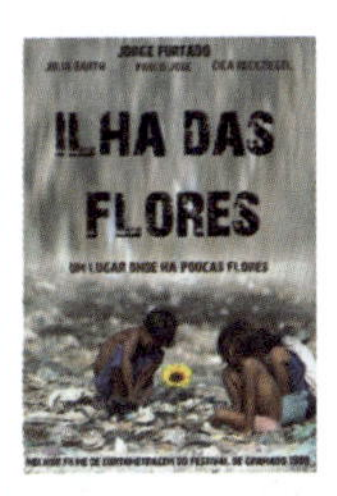

Ilha das Flores*, direção Jorge Furtado, Brasil, 1989.*

Documentário sobre comportamentos sociais, principalmente relativos ao consumo. Com impressionantes cenas do cotidiano brasileiro, narra a história de um tomate que é plantado, colhido e transportado para um supermercado. Esse tomate, no entanto, apodrece e é jogado no lixo. Sua história não termina aí. O documentário o acompanha até seu final verdadeiro. Assista ao documentário tendo em mente a pergunta: qual a diferença entre tomates, porcos e humanos? ■

O homem do ano*, direção José Henrique Fonseca, Brasil, 2003.*

Máiquel perde ingenuamente uma aposta com amigos, mas torna-se um assassino e "herói" em sua cidade. Recebe o respeito de criminosos e policiais e é amado por duas mulheres. Tudo vai bem; Máiquel recebe o título de "homem do ano". Até que comete um "primeiro erro", que o obriga a lutar para controlar novamente a própria vida. ■

Escritores da liberdade *(Freedom Writers), direção Richard LaGravenese, EUA, 2007.*

Baseado em uma história verídica, o filme retrata a vida de um grupo de jovens estudantes norte-americanos cuja liberdade depende do enfrentamento de difíceis condicionamentos sociais. ■

O ódio *(La haine), direção Mathieu Kassovitz, França, 1995.*

História dos jovens Vinz, Saïd e Hubert. Os três vivem em um subúrbio de Paris e sofrem diariamente a discriminação e os abusos da polícia. Depois de um confronto, Vinz encontra uma arma e promete assassinar um policial caso seu amigo Abdel morra por causa dos ferimentos provocados em um interrogatório violento. Filme de forte realismo e que descortina dinâmicas sociais de grandes cidades como Paris, Londres, São Paulo, Buenos Aires e outros centros nos quais os indivíduos e os grupos enfrentam problemas muito parecidos. ■

Dicas literárias

O tempo e o vento*, de Erico Veríssimo, Companhia das Letras, 2004. 3 v.*

Uma das obras de maior destaque na literatura brasileira, *O tempo e o vento* compõe-se de três volumes: *O continente*, *O retrato* e *O arquipélago*. Neles, Erico Veríssimo retrata 200 anos de história do estado do Rio Grande do Sul, narrando a formação da família Cambará. Se, porém, a narrativa concentra-se em uma história familiar, seu sentido é universal e explora a necessidade humana de liberdade, vivida em meio às determinações familiares, sociais, históricas, muitas vezes trágicas, mas outras vezes também alegres. ■

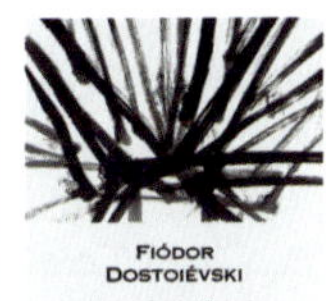

Os irmãos Karamázov*, de Fiódor Dostoiévski, tradução Paulo Bezerra, Editora 34, 2008.*

A liberdade e o sentido da existência são alguns dos temas centrais desse último romance de Dostoievski, estruturado em torno das complexas relações entre

Fiodor Karamázov e seus três filhos, que representam, no limite, tipos humanos: Aliócha é puro, sensível e percebe o mistério que envolve o mundo; Ivan é intelectual e vive atormentado; Dmitri, por sua vez, vive de paixão e orgulho. ■

O processo, *de Franz Kafka, tradução Modesto Carone, Companhia de Bolso, 2005.*

Josef K., certo dia, é preso sem ter cometido nenhum crime. Seu drama é o de descobrir do que é acusado, quem é o acusador e qual lei dá base para prendê-lo. Mas Josef K. se vê cada vez mais confundido pelo absurdo de seu processo, que não tem nada de racional. ■

Os caminhos da liberdade, *de Jean-Paul Sartre, tradução Sérgio Milliet, Nova Fronteira, 1997. 3 v.*

Romance em três volumes nos quais Sartre apresenta personagens comuns, "torturadas" pela necessidade de escolher. Os três volumes são: *A idade da razão*, *Sursis* e *Com a morte na alma*. ■

» Para continuar viagem...

Projeto 7 mil milhões de Outros, *direção de Yann Arthus-Bertrand, Sibylle d'Orgeval e Baptiste Rouget-Luchaire.*

Projeto para divulgar a diversidade humana social e individual na Terra (o título se refere à estimativa da atual população do planeta). Foram colhidos depoimentos de pessoas de praticamente todos os países, sociedades, comunidades e tribos, em torno de perguntas básicas, como a sua "identidade", sua visão de mundo, o sentido da família, da felicidade, do perdão, do amor etc. Os inúmeros vídeos funcionam como quadros vivos, não apenas registrados no site, mas também apresentados em exposições pelo mundo inteiro. Cada "quadro" é uma viagem e um encontro fascinantes! A versão em português, com apresentação do projeto, pode ser vista em: <http://www.7billionothers.org/pt/content/sobre-o-projeto>. Acesse a aba "Vídeos" e navegue pelos diferentes temas. Para conhecer as pessoas entrevistadas, basta clicar nas fotos que aparecem na tela do link: <http://www.7billionothers.org/pt/testimonies>. Para conhecer os depoimentos de brasileiros e estrangeiros residentes no Brasil, acesse: <http://www.7billionothers.org/pt/content/sao-paulo-masp>. Acesso em: 9 jan. 2016. ■

O ser humano é um ser social, *de Marilena Chaui, WMF Martins Fontes, 2013 (Coleção Filosofias: O prazer do pensar).*

A filósofa brasileira Marilena Chaui analisa, neste livro introdutório, o caráter social do ser humano por meio de perguntas como: O ser humano é naturalmente um ser social? Poderia ele viver isoladamente? O que há por trás desse tipo de perguntas? ■

A liberdade, *de Alexandre Carrasco, WMF Martins Fontes, 2011 (Coleção Filosofias: O prazer do pensar).*

O autor inicia por situações cotidianas em que se fala de liberdade e aprofunda sua reflexão com a ajuda do pensamento estoico e da leitura de Michel de Montaigne, Jean-Paul Sartre e Maurice Merleau-Ponty. ■

A Justiça e o Direito, *de Alfredo Culleton e Fernanda Bragato, WMF Martins Fontes, 2015 (Coleção Filosofias: O prazer do pensar).*

Os autores refletem sobre as relações entre Justiça, Direito e Sociedade, explorando dilemas como: devemos ou não obedecer a uma lei que contraria nossa consciência? ■

A sociedade do espetáculo, *de Guy Debord, tradução Estela dos Santos Abreu, Contraponto, 1997.*

Escrito pelo filósofo e diretor de cinema Guy Debord, este livro já é um clássico da filosofia contemporânea a respeito dos mecanismos adotados pela sociedade atual, estruturada em torno do consumo, para transformar a vida em espetáculo. ■

A sociedade do cansaço, *de Byung-Chul Han, tradução Enio Paulo Giachini, Vozes, 2015.*

O autor é um jovem filósofo alemão-coreano e defende, neste livro curto e provocativo, a ideia de que as sociedades tiveram doenças típicas nas diferentes épocas da História. O início do século XXI seria marcado pelo cansaço e suas correlatas doenças psíquicas e neuronais: a depressão, o déficit de atenção, a hiperatividade, a síndrome do desgaste profissional etc. Cabe perguntar simplesmente: Por quê? ■

A sociedade dos indivíduos, *de Norbert Elias, tradução Vera Ribeiro, Zahar, 1994.*

Em uma reflexão que combina elementos filosóficos e sociológicos, Norbert Elias promove uma compreensão da vida social como pluralidade e unidade. "Indivíduo" e "Sociedade" não seriam mais do que duas maneiras de olhar para a mesma realidade. ■

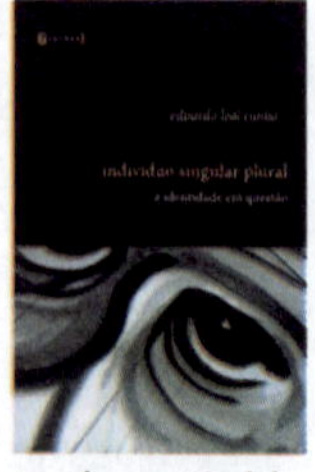

Indivíduo singular plural, *de Eduardo Cunha Leal, 7 Letras, 2009.*

Em uma reflexão interdisciplinar baseada principalmente nos trabalhos do sociólogo Anthony Giddens e dos filósofos Michel Foucault, Judith Butler e Giorgio Agamben, o autor trata a identidade do indivíduo, buscando as origens dessa "ficção do eu". ■

p. 474
Sugestões bibliográficas

DISSERTAÇÃO DE CONTRADIÇÃO

Uma *dissertação de contradição* mostra que uma forma de pensamento pode ser recusada por não corresponder a algo considerado verdadeiro.

Há pelo menos duas maneiras de escrever uma dissertação de contradição:

1) analisar um pensamento e contradizê-lo por comparação com a experiência;
2) mostrar que dois pensamentos se contradizem entre si e se excluem (quer dizer, se um for aceito como verdadeiro, o outro tem necessariamente de ser tomado como falso). Essa maneira de considerar dois pensamentos distingue a dissertação de contradição da dissertação de problematização (p. 106), pois não permite combinar os dois pensamentos analisados.

Nas duas maneiras, uma boa estratégia consiste em se apoiar no funcionamento do quadrado das oposições (p. 211-212), considerando que, para uma frase afirmativa universal, a contradição é garantida se houver uma frase particular negativa que seja verdadeira (e vice-versa), ao passo que, para uma frase negativa universal, a contradição é garantida se houver uma frase particular afirmativa que seja verdadeira (e vice-versa). Exemplos:

(A) Contradizer o pensamento: *Nenhum político é honesto.*

1º passo (1º parágrafo): apresentar as razões pelas quais alguém poderia afirmar que nenhum político é honesto.

2º passo (2º parágrafo): citar pelo menos um caso de político honesto.

3º passo (3º parágrafo): concluir que, diante do caso de político honesto, é um erro afirmar que nenhum político é honesto. Esse pensamento está, portanto, contradito.

(B) Analisar os dois pensamentos contraditórios:
Pensamento X – O dinheiro é o único sentido da vida.
Pensamento Y – O dinheiro não é o único sentido da vida.

1º passo (1º parágrafo): apresentar razões que permitam defender o Pensamento X e exprimir com clareza que esse pensamento pode ser expresso da seguinte maneira: *Todo o sentido da vida é o dinheiro.*

2º passo (2º parágrafo): encontrar uma forma de defender o Pensamento Y. A mais adequada e firme é encontrar pelo menos um caso em que dinheiro não é o sentido da vida (por exemplo, em alguns lugares do mundo, ainda hoje as relações de troca são feitas sem dinheiro; ou ainda, o sentido da vida para muitas pessoas pode estar não no dinheiro, mas nas relações de amizade, na prática artística e no esporte sem interesses por lucro etc.). Se o Pensamento Y indicar pelo menos um caso, ele pode ser expresso da seguinte maneira: *Existe pelo menos um caso em que o sentido da vida não é o dinheiro*: ...

3º passo (3º parágrafo): concluir que o Pensamento Y, levantando uma verdade inquestionável, exclui o Pensamento X.

Lembre-se que você pode tentar defender o Pensamento X contra o Pensamento Y. Nesse caso, pode começar pelos exemplos dados em favor de Y, mostrar que são todos falsos e concluir com X (*O dinheiro é o único sentido da vida*). Tenha o cuidado de realmente provar que os exemplos de Y são falsos. Do contrário, sua defesa de X será fraca.

ALTA OOSTHUIZEN/SHUTTERSTOCK.COM

MICHAEL JANICH/WIKIMEDIA COMMONS

CAPÍTULO

9 NATUREZA, CULTURA E PESSOA

p. 475

À esquerda: leão ataca grupo de búfalos. À direita: monge budista passeia com tigres no Templo do Tigre, Tailândia.

Em nosso modo cotidiano de falar, costumamos nos referir à Natureza como o grande conjunto composto pelos minerais, vegetais, animais e o ser humano. Incluímos o ser humano entre os outros seres, mas, ao mesmo tempo, o destacamos do conjunto, tratando-o como diferente de todo o restante.

Em outras palavras, tomamos o ser humano como parte da Natureza e marcamos sua diferença em meio ao conjunto.

Contudo, o ser humano não é um animal? Se ser animal significa ter um corpo vivo, dotado da capacidade de perceber o mundo, expressar emoções e fazer escolhas, então também somos animais. Por outro lado revela-se diferente o modo como vivemos nosso corpo, percebemos o mundo, expressamos emoções e fazemos escolhas, pois os animais não dão sinais de que podem sentir o valor objetivo de tudo ou aquilo que cada ser representa no conjunto dos seres, nem de refletir sobre si mesmos, sobre seu comportamento e sobre o mundo.

À diferença que permite aos humanos sentir o valor objetivo de tudo chamamos *sentimento*; e à diferença que lhes permite refletir sobre si mesmos, sobre seus comportamentos e sobre o mundo costumamos chamar de *razão*. Com efeito, os humanos revelam a possibilidade de encontrar maneiras novas de viver, baseados no seu sentimento do mundo e adaptando-se às situações de forma refletida e calculada, por um aprendizado e uma construção de sua diferença (razão e sentimento). Já os animais não humanos parecem "nascer sabendo" tudo aquilo de que necessitam para serem animais. Com o passar do tempo, eles só desenvolvem o que já têm em seu organismo.

No entanto, há um risco em descolar os seres humanos do grupo dos outros seres, o risco de encararmos a Natureza como uma casa que é nossa, mas da qual não nos sentimos realmente membros. Afirmamos pertencer a ela, mas, ao mesmo tempo, sentimo-nos separados dela, quase como intrusos[1]. Essa situação estranha parece gerar duas atitudes: passamos a acreditar que realmente somos diferentes da Natureza e a tratamos como algo que está a nosso serviço ou contra nós; ou passamos a acreditar que, para realmente sentir-nos em casa na Natureza, devemos recuperar nossa "animalidade" e nos abster de nossas características especificamente humanas.

As duas atitudes são claramente problemáticas. Tratar a Natureza como estranha pode simplesmente levar a considerá-la como uma mera reserva de materiais para a satisfação das necessidades humanas. As consequências ecológicas dessa atitude estão aí para todos verem. Hoje, não precisamos de guerras para destruir nossa própria casa. Já a atitude de nos unirmos à Natureza a ponto de abrir mão de nossas características específicas (a razão e o sentimento) só reforça a ideia de que somos separados dela, fazendo-nos crer que, para sermos "naturais", devemos deixar de ser quem somos. No limite, teríamos de abandonar aquilo que a própria Natureza nos deu, isto é, a capacidade de desenvolver a razão e o sentimento. Teríamos de abafar algumas de nossas possibilidades a fim de privilegiar outras.

Essas duas atitudes instalam igualmente uma cisão entre o reino da Natureza e o reino humano, como se nada parecido com consciência humana existisse nos seres não humanos. É verdade que não temos base para afirmar que os minerais, as plantas e os animais "pensam". Mas isso também não permite concluir que os outros seres vivos, principalmente os animais, não têm nenhum tipo de percepção de si mesmos, dos outros e do mundo ou algo como a possibilidade de realizar boas escolhas. Para espanto nosso, pesquisas científicas mostram que, mesmo sem uma estrutura nervosa e sem cérebro, as plantas são capazes de "perceber" a si mesmas e ao mundo, bem como de ter certa "memória". Elas podem, inclusive, comunicar umas com as outras por sinais químicos, a fim, por exemplo, de se defender contra animais herbívoros[2]. Algumas até reagem ao carinho humano e à música.

Hoje, mais do que nunca, somos solicitados a rever nossa maneira de encarar a Natureza. Repensá-la significa repensar a nossa própria morada e o tipo de relação que estabelecemos com nossos companheiros de jornada, os minerais, as plantas e os animais não humanos.

[1] **Intruso:** *alguém que se introduz onde não deveria estar (um lugar, uma conversa etc.).*
[2] **Herbívoro:** *que se alimenta de plantas.*

SPL/LATINSTOCK

Pesquisadores como Michel Thellier (1933-), membro da Academia de Ciências da França, defendem que as plantas "percebem" e "têm memória". Outros chegam a afirmar que elas têm uma estrutura parecida com a dos neurônios humanos.

1 Concorrência e colaboração na Natureza

Em 1869, o biólogo inglês Charles Darwin (1809-1882) publicou um dos livros mais revolucionários na história do pensamento: A *origem das espécies*. Sua tese principal defendia que a unidade e a diversidade dos seres são o resultado de um processo pelo qual, ao longo de milhares de anos, eles se adaptaram às circunstâncias para sobreviver. Esse processo consistiu basicamente na seleção natural, quer dizer, um dinamismo em que os indivíduos mais bem adaptados às circunstâncias sobreviveram e deram a configuração atual das espécies, tal como nós as conhecemos.

Embora Darwin não tenha empregado o termo *evolução*, sua teoria foi amplamente divulgada como teoria da evolução das espécies; e, justamente na versão mais divulgada, ela gerou a seguinte interpretação: a lei da evolução é a lei "do mais forte". Por corolário[3], a concorrência ou a tendência a dominar e vencer na luta pela sobrevivência seria a lei da Natureza.

Dada a importância cultural dessa visão simplificada do trabalho de Darwin, alguns cientistas têm procurado corrigi-la, a fim de melhorar a compreensão da Natureza. Embora concordem que a concorrência se manifesta de maneira inquestionável em alguns seres vivos (que, aliás, podem ser altamente violentos), esses cientistas observam que também existe colaboração na Natureza. Mais do que isso, a colaboração seria até mais importante do que a lei do mais forte.

Nessa direção, os biólogos Larissa Conradt e Tim Roper têm se dedicado a observar diferentes grupos de animais (principalmente gorilas, búfalos, veados, cisnes, peixes, estorninhos e elefantes), testando a tese "evolucionista" segundo a qual, nos grupos animais, há sempre um indivíduo que detém o comando (chamado de *alfa*, primeira letra do alfabeto grego) e diante do qual os outros manifestam respeito. Essa tese explicaria até mesmo o comportamento humano de sempre contar com líderes (reis, presidentes, governadores, representantes, chefes e assim por diante), pois a Natureza colocaria sempre no alto da hierarquia[4] aqueles que têm mais força.

Conradt e Roper instalaram, por exemplo, câmeras em árvores numa região onde vivia um rebanho de veados. Em determinado momento, os animais precisavam ir até uma poça para beber água, mas tinham de permanecer em grupo, a fim de evitar o ataque de predadores. A decisão de como e quando beber água não era simples, pois havia três poças naquela região. A distância e o tempo eram fatores importantes: se fossem cedo demais, alguns deles não teriam se alimentado o bastante e poderiam ficar para trás ou desfalecer[5] no trajeto; se fossem tarde demais, teriam problemas de desidratação; se fossem com a velocidade errada, poderiam ser vítimas dos predadores; se escolhessem a poça errada, também perderiam vantagem. Qual dos indivíduos devia, então, escolher a melhor poça, o melhor momento e a melhor velocidade? Os cientistas esperavam que fosse o indivíduo alfa, dotado de "autoridade" por se confrontar todos os anos com outros indivíduos do grupo, mantendo sua liderança. Mas não foi o que observaram! Enquanto o grupo todo pastava junto, alguns indivíduos começaram a apontar com suas orelhas e com seus olhares para uma das três poças. Quando pouco mais da metade dos animais havia apontado para uma poça, todo o rebanho dirigiu-se até ela. Mais de uma vez o indivíduo alfa ficou curiosamente para trás e se juntou rapidamente ao grupo. Essa observação foi feita repetidamente durante um longo tempo, levando os cientistas a afirmar que os membros daquele rebanho tinham uma atitude semelhante aos grupos humanos que votam. Quando mais da metade havia "votado", apontando para uma poça, todos se dirigiam para ela.

Comportamentos parecidos foram observados em praticamente todos os grupos de animais gregários[6]. Alguns bandos de pássaros, quando filmados em

[3] **Corolário:** *afirmação ou negação que decorre imediatamente de uma conclusão anterior.*

[4] **Hierarquia:** *organização de um grupo por meio da classificação que identifica indivíduos ou funções mais importantes e que lhes subordina os outros indivíduos ou as outras funções.*

[5] **Desfalecer:** *perder as forças até cair.*

[6] **Gregário:** *que vive em grupo.*

HRISTO RUSEV/ SHUTTERSTOCK.COM

Voo de estorninhos. No site <http://www.alaindelorme.com/works-murmurations> (acesso em: 25 maio 2016), você pode encontrar uma paródia do voo dos estorninhos, com o fim de chamar nossa atenção para o consumo descontrolado de materiais plásticos.

câmera lenta, permitiam perceber que eles "votam" com um tipo específico de batida da asa ou com um movimento preciso do papo. Além disso, "votam" centenas de vezes por minuto!

EXERCÍCIO A

p. 476

Apresente a crença na concorrência como lei da Natureza e explique sua crítica pela teoria da "democracia animal".

A "democracia" animal

Larissa Conradt e Tim Roper, da Universidade de Sussex (Inglaterra), ficaram conhecidos como os cientistas da "democracia" animal por terem defendido que, na Natureza, a concorrência ocorre em menor escala do que a colaboração. Mostraram também que os indivíduos mais adaptados nem sempre são os mais fortes.

Entretanto, se as pesquisas de Conradt e Roper são uma novidade no tocante aos animais não humanos, conclusões parecidas já foram registradas ao longo do século XX com estudos sobre os seres humanos (Antropologia e Sociologia). Sabe-se que em diferentes partes do planeta há comunidades organizadas por colaboração, e não por competição. Por exemplo, alguns grupos indígenas das Américas, da África e da Oceania consideram doentes ou "anormais" os indivíduos que manifestam um comportamento dominador e concorrencial. Sem excluí-los, as comunidades encontram, porém, maneiras de limitar sua influência e conservar a mentalidade aprendida com os antepassados.

O encontro dessas pesquisas antropológicas e sociológicas com os trabalhos de biólogos como Conradt e Roper tem permitido a diferentes pensadores alertar para os prejuízos humanos da concepção da concorrência como lei natural. Educadores, ecologistas, biólogos, economistas, cientistas políticos, filósofos e outros alertam para o que consideram práticas sociais perversas: a educação está organizada para premiar os estudantes "mais fortes" em detrimento dos "mais fracos"; os esportes não tratam a competição como um jogo em que os atletas aparecem como bons exemplos, mas como ganhadores de títulos e prêmios milionários; a Política e a Economia são movidas sempre mais pelo desejo de Poder, deixando para trás a construção do bem comum.

O resultado global de posturas como essas tem sido o reforço do individualismo, da desconfiança entre indivíduos e grupos, o aumento do sofrimento humano com o isolamento e a solidão, sem falar na ameaça de destruição do planeta: de fato, chegamos a um momento da História em que não precisamos mais de guerras para acabar com nossa morada.

Para conhecer um pouco mais das pesquisas de Larissa Conradt e Tim Roper, leia o artigo "Democracia animal", de Cristiane Segatto, publicado no site da revista *Época* (disponível em: <http://revistaepoca.globo.com/Revista/Epoca/0,,EDR54940-6010,00.html>. Acesso em: 10 jan. 2016).

Sugerimos que você também assista ao documentário *I Am: você tem o poder de mudar o mundo* (*I Am: the Shift is About to Hit the Fan*), dirigido por Tom Shadyac, EUA, 2010.

Tom Shadyac é um diretor de sucesso de Hollywood (produziu filmes de comédia como *O mentiroso* e *Professor aloprado*). Depois de um acidente de bicicleta que lhe rendeu um grave ferimento na cabeça e em uma das mãos, Shadyac passou um longo período de internação e recolhimento. Ele entrou em profunda depressão, com hipersensibilidade ao som e à luz, pensamentos suicidas e uma insuportável sensação de vazio existencial. Ao se sentir melhor, decidiu sair pelo mundo, entrevistando líderes, cientistas, pensadores e cidadãos comuns, com duas perguntas básicas: "O que está errado no mundo?" e "O que podemos fazer para melhorá-lo?". Entre os entrevistados mais conhecidos estão o filósofo Noam Chomsky (1928-) e o bispo anglicano Desmond Tutu (1931-). ■

2 A Natureza

O debate em torno da concorrência ou da colaboração entendidas como leis da Natureza dá ocasião para a reflexão filosófica sobre o que se entende pela Natureza mesma. Mais do que explicar o seu funcionamento (tarefa das ciências), interessa à Filosofia investigar o modo como se fala dela.

Por que falamos *sobre* a Natureza, descolando-nos dela como se pudéssemos analisá-la na qualidade de "observadores"? Por que simplesmente não "nos sentimos Natureza", entendendo-a como o nosso modo de estar no mundo junto com os outros seres? Se todos concordam que ela é a nossa morada, o que impede de dar um passo adiante e dizer que, em vez de estar "na" Natureza, "somos" Natureza? Por que costumamos considerar como não naturais as produções humanas (o resultado do trabalho, a tecnologia, as obras artísticas, os conhecimentos científicos etc.)?

A resposta para perguntas como essas depende do nosso *modo de olhar* para o mundo e das imagens ou metáforas (➔ p. 48) que elaboramos para exprimir aquilo que é visto. Assim, segundo alguns pensadores contemporâneos, o hábito de tratar a Natureza como algo do que os seres humanos se descolam vem da compreensão da Natureza vista como uma máquina: por seu funcionamento mecânico e independente, ela seria uma máquina em si mesma, além de ser uma máquina à disposição dos seres humanos.

Uma metáfora é uma forma de compreender uma coisa por comparação com algo que não tem necessariamente semelhança com a coisa que se quer compreender, mas cujo sentido permite entendê-la melhor. Fala-se, por exemplo, de "asas da liberdade": a base da comparação está no fato de as asas permitirem aos animais voadores se dirigir para onde desejam; a liberdade, então, seriam as "asas" que dão aos humanos a possibilidade de ir para onde desejam.

Dizer que a Natureza é uma máquina significa afirmar que ela funciona como uma máquina, ou seja, com um movimento repetitivo e constante. Essa imagem da Natureza começou a ser construída nos séculos XVI e XVII, quando as mudanças trazidas pela ciência moderna (➔ p. 190-193 e 336-337) levaram a enfatizar os aspectos da Natureza que podiam ser claramente medidos, testados, controlados e reproduzidos. Constatando que os acontecimentos naturais podiam ser entendidos e retratados com procedimentos matemáticos (relações expressas numericamente), filósofos e cientistas passaram a pensar que as próprias leis da Natureza eram matemáticas. Por serem matemáticas, elas seriam adequadamente expressas em termos de um mecanismo constante e repetitivo, como o dos números. Por sua vez, o funcionamento de mecanismos (principalmente dos relógios), por ser repetitivo e constante, passou a ser um bom modelo para exprimir o modo de ser das coisas.

O mecanismo dos relógios mostrava-se filosoficamente interessante, porque permitia pensar que, como o funcionamento das suas partes (também mecânicas) faz funcionar o conjunto (o relógio), assim também as partes da Natureza produziriam o seu dinamismo. Galileu Galilei (1564-1642), Johannes Kepler (1571-1630) e René Descartes (➔ p. 191) foram três dos principais responsáveis pela consagração dessa metáfora.

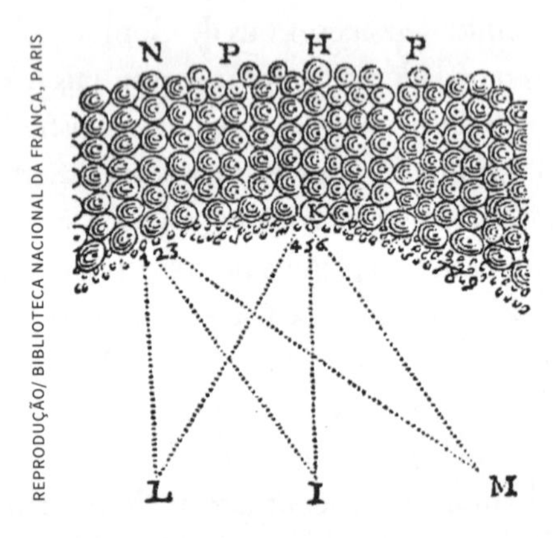

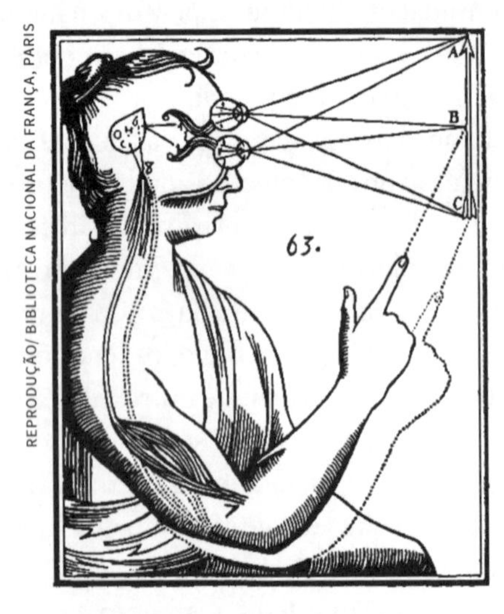

No alto: desenho no livro de René Descartes, *Tratado sobre a luz*, para explicar a refração da luz como movimento de pequenas bolas duras (edição Adam & Tannery, 1909, v. XI, p. 116). Acima: desenho na edição de 1664 da obra de Descartes, *Tratado sobre o homem*, para representar mecanicamente o ato da visão.

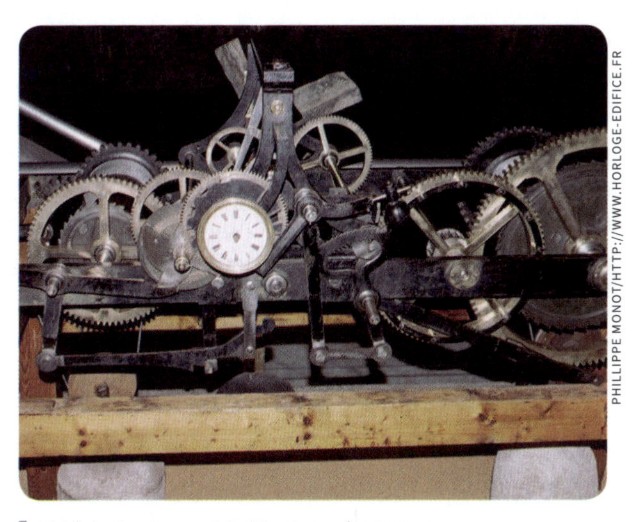

PHILLIPPE MONOT/HTTP://WWW.HORLOGE-EDIFICE.FR

Relógio horizontal Bailly-Comté, 1836.

No modelo dos mecanismos ou das máquinas, atraía, sobretudo, o fato de eles poderem ser montados e desmontados. Para cientistas e filósofos que buscavam conhecer o Universo com base apenas em dados claramente observáveis e testáveis, a prática de montar e desmontar mecanismos como os do relógio significava a possibilidade de fazer o mesmo com a Natureza: era possível observar suas partes, controlar e reproduzir os acontecimentos naturais. Nascia o modelo de conhecimento por reconstrução: um "aprender fazendo". Considerando a Natureza como se ela fosse uma máquina, esse modelo ficou conhecido como *mecanicismo* ou visão *mecanicista*. Com a Revolução Industrial, no século XVIII, o modelo mecanicista se impôs definitivamente. O ser humano passava a ser entendido como o operador da grande máquina da Natureza, descolando-se dela e encarando-a como uma grande reserva de materiais destinados às suas necessidades.

Não há dúvida de que esse modelo de conhecimento trouxe ganhos consideráveis para a melhoria da vida na Terra. A tecnologia e seus benefícios estão aí para serem desfrutados com tudo o que têm de bom. No entanto, é também verdade que o fato de o ser humano se entender como "operador" da máquina natural teve consequências também negativas. Basta observar os problemas ecológicos provocados pela corrida do desenvolvimento e do consumo.

Algumas críticas previam, já no século XVIII, consequências obscuras do mecanicismo. Os românticos (p. 193 e 389), nesse sentido, foram contundentes, chegando a recuperar a metáfora anterior ao século XVII, segundo a qual a Natureza seria como um grande organismo, ao modo de um corpo vivo. O renascentista Leonardo da Vinci (1452-1519) já havia falado da "vida" da Terra: sua "carne" seria o solo; seus "ossos", a estrutura das rochas; sua "respiração", o fluxo do mar. Contra o mecanicismo, essa visão reaparece, por exemplo, na obra do romântico Friedrich Schelling (1775-1854) e do filósofo e matemático Alfred North Whitehead (1861-1947).

Durante o século XX, a concepção mecânica da Natureza e a consequente transformação da capacidade técnica dos seres humanos em mera atividade de "maquinização" e produção de objetos de consumo tornou-se um tema filosófico privilegiado, tendo em Martin Heidegger um de seus mais fortes representantes.

Na Atualidade, pensadores, cientistas, ecologistas e outros agentes culturais têm chamado a atenção para a necessidade de superar a metáfora da Natureza-máquina. Nessa direção vai o trabalho do biólogo e bioquímico inglês Rupert Sheldrake (1942-), que põe em questão o núcleo mesmo da metáfora mecanicista: a crença de que a Natureza obedece a leis imutáveis.

No livro *Ciência sem dogmas* (cujo título original é *The Science Delusion: Freeing the Spirit of Enquiry*), Sheldrake insiste em um dado bastante simples, porém desestabilizador da crença em leis naturais imutáveis: é verdade que a Ciência opera com constantes, quer dizer, medidas que não variam (ou variam pouco) e que servem para exprimir acontecimentos naturais; porém, é também verdade que a própria Ciência altera essas constantes de tempos em tempos, quando comitês internacionais de especialistas, em vários pontos do planeta, percebem a necessidade de adequar as constantes a mudanças naturais. Ora, se há mudanças naturais significativas a ponto de os especialistas solicitarem a revisão das constantes, então as leis da Natureza não são fixas nem imutáveis. Há provas de variações mesmo em acontecimentos

MARTIN HEIDEGGER (1889-1976)

Foi um filósofo alemão cujo pensamento se formou em dois momentos: uma crítica ao pensamento ocidental sobre o ser e um convite à superação do próprio pensamento. Embora tenha simpatizado com o nacional-socialismo alemão, tornou-se um forte crítico dessa ideologia. Obras mais conhecidas: *Ser e Tempo* e *Carta sobre o humanismo*.

antes considerados totalmente estáveis, como a gravitação universal e a velocidade da luz.

Seria, então, a Natureza um grande organismo, como um corpo vivo? Talvez. Mas o que interessa realmente de um ponto de vista filosófico não é simplesmente trocar uma metáfora por outra, e sim analisar, em primeiro lugar, as razões oferecidas para justificar tais metáforas. Um dado cultural de grande relevância para tal análise é também levantado por Sheldrake em seu livro: muitos cientistas e pensadores já deixaram de crer no mecanicismo; contudo, não podem adotar outro modelo ou ainda lhes falta coragem para fazê-lo, porque se encontram profissionalmente submetidos às exigências de industriais, comerciantes, investidores e políticos que financiam partes importantes das pesquisas. Para que o lucro desses grupos continue a existir, interessa manter a imagem da Natureza como máquina e como simples reserva de material para o consumo humano.

p. 476

EXERCÍCIO B

1. Defina o mecanicismo.
2. Comparando a teoria da "democracia animal" com o mecanicismo, assinale a alternativa que lhe parece correta:
   - (a) a "democracia animal" confirma a visão mecanicista da Natureza;
   - (b) a "democracia animal" dificulta a visão mecanicista da Natureza;
   - (c) a "democracia animal" é indiferente à visão mecanicista da Natureza.
3. Justifique a resposta dada ao exercício anterior e explique por que as outras alternativas lhe parecem falsas.
4. Além dos problemas sociais e ecológicos, haveria dificuldades teóricas que indicassem a incoerência do mecanicismo?

3 A Cultura

O olhar que faz ver a Natureza como morada dos seres e, portanto, também como modo de ser humano não anula a diferença humana com relação aos outros seres.

Uma forma de apontar para a diferença humana é o conceito de *Cultura*. Esse termo foi tomado do vocabulário cotidiano, com o sentido básico de cultivo: assim como se cultiva a terra, assim também o ser humano é capaz de cultivar a si mesmo e desenvolver as capacidades dadas pela Natureza.

Tudo indica que o primeiro autor a usar o termo *Cultura*, transpondo-o do vocabulário comum para o vocabulário científico-filosófico, foi o antropólogo inglês Edward Burnett Tylor (1832-1917), que descrevia a Cultura como o conjunto dos conhecimentos, crenças, arte, Direito, moral, enfim, dos costumes e habilidades que o ser humano adquire como membro de uma sociedade.

A marca dessa definição é clara: o ser humano aprende e produz Cultura ao conviver com outros seres humanos, e não apenas seguindo suas características "naturais" ou "animais". Esse aprendizado exige, portanto, educação e transmissão de informações. Não é por acaso que, aos poucos, passou-se a usar o termo *Cultura* também como sinônimo de tudo o que significa um enriquecimento intelectual, artístico e ético dos seres humanos. Há mesmo quem fale de "cultura erudita" e "cultura popular" como forma de diferenciar práticas que exigem iniciação e treinamento (cultura erudita) de práticas desenvolvidas no cotidiano, sem reflexão crítica sobre seus próprios métodos (cultura popular).

Independentemente de se aceitar ou não a diferença entre "erudito" e "popular", é possível notar que o conceito de Cultura remete ao modo específico de os seres humanos "serem Natureza". Eles podem dar sentidos novos e refletidos à sua própria existência, que é sempre natural. A Cultura seria, então, a Natureza habitada ou transformada humanamente. Contudo, se for recordado o dado científico de que também outros seres vivos reagem de modo criativo às circunstâncias naturais (como no caso da "percepção" vegetal e da "democracia animal"), será mesmo razoável ver traços de Cultura entre tais animais, como tem feito, aliás, a Etologia[7].

Seria, então, a diferença entre os animais humanos e os animais não humanos apenas uma diferença de grau? É muito difícil extrair essa conclusão. Na Idade Média, por exemplo, vários autores identificaram semelhanças entre humanos e não humanos ao apontar para a capacidade de perceber instintivamente a utilidade ou a nocividade de uma situação.

[7] ***Etologia:*** *estudo dos comportamentos animais.*

A essa capacidade, presente também nos animais não humanos, os autores medievais chamavam, em geral, de *estimativa*. No entanto, eles não consideravam adequado concluir que nos animais há uma reflexão intelectual, ou seja, a capacidade de pensar sobre si mesmo e de analisar o modo como se dá o próprio pensamento. A reflexão intelectual vai além da simples percepção de causas e efeitos (algo que a capacidade estimativa permite); ela é da ordem do "pensamento do pensamento" e, como tal, leva a identificar uma diferença de qualidade entre os humanos e os não humanos.

Marcada a diferença humana, ela se torna o elemento que distingue a Cultura como modo de "ser humanamente Natureza". Separar rigidamente Natureza e Cultura, porém, seria uma forma de voltar ao mecanicismo ou a certos preconceitos racionalistas (p. 193 e 336). A fim de evitar essa volta, o filósofo francês Maurice Merleau-Ponty (p. 130) defende que, no ser humano, tudo é fabricado (cultural) e tudo é natural.

À esquerda: Rembrandt (1606-1669), *Autorretrato*, 1660, óleo sobre tela. À direita: Henri Rousseau, *Autorretrato*, 1890. O autorretrato de Rembrandt é considerado pelos estudiosos uma obra da cultura erudita, enquanto o de Henri Rousseau seria uma obra de cultura popular e mesmo ingênua (*art naïf*). A diferença está no fato de que o autorretrato de Rembrant não é apenas um retrato de si mesmo, mas envolve uma reflexão consciente sobre o próprio fazer artístico.

No ser humano, tudo é fabricado e tudo é natural

Maurice Merleau-Ponty

A mímica[8] da cólera ou a do amor não são as mesmas para um japonês e para um ocidental. Mais precisamente, a diferença das mímicas esconde uma diferença das próprias emoções. Não é apenas o gesto que é contingente[9] em relação à organização corporal, é a própria maneira de acolher a situação e de vivê-la. O japonês encolerizado sorri; o ocidental enrubesce[10] e bate o pé, ou então empalidece[11] e fala com uma voz sibilante[12]. Não basta que dois sujeitos conscientes tenham os mesmos órgãos e o mesmo sistema nervoso para que em ambos as mesmas emoções se representem pelos mesmos signos. [...] O equipamento psicofisiológico[13] deixa abertas múltiplas possibilidades; e aqui não há mais, como no domínio dos instintos, uma natureza humana dada de uma vez por todas. O uso que um ser humano fará de seu corpo é transcendente[14] em relação a esse corpo enquanto ser simplesmente biológico. Gritar na cólera ou abraçar no amor não é mais natural ou menos convencional do que chamar uma mesa de mesa. Os sentimentos e as condutas passionais são inventados, assim como as palavras. Mesmo aqueles sentimentos que, como a paternidade, parecem inscritos no corpo humano são, na realidade, instituições. É impossível sobrepor, no ser humano, uma primeira camada de comportamentos que chamaríamos de "naturais" e um mundo cultural ou espiritual fabricado. No ser humano, tudo é natural e tudo é fabricado. ■

MERLEAU-PONTY, Maurice. *Fenomenologia da percepção*. Tradução Carlos Alberto Ribeiro de Moura. São Paulo: Martins Fontes, 1999. p. 256-257.

[8] ***Mímica:*** *expressão de pensamentos, sentimentos e emoções por meio de gestos.*

[9] ***Contingente:*** *variável.*

[10] ***Enrubescer:*** *ficar vermelho.*

[11] ***Empalidecer:*** *ficar pálido ou sem cor.*

[12] ***Sibilante:*** *que lembra um assovio; voz fraca que é emitida como se resultasse de um atrito.*

[13] ***Psicofisiológico:*** *composto de uma dimensão psíquica e uma dimensão fisiológica (material).*

[14] ***Transcendente:*** *algo que supera outro, que vai além (p. 80 e 339).*

Observe como Merleau-Ponty considera que o ser humano é dotado de um "aparelho" ou um organismo psicofisiológico, quer dizer, de uma constituição composta por elementos físicos (a matéria), biológicos (a vitalidade que anima essa matéria) e psíquicos (as emoções e a capacidade de produzir sentido). Essa constituição corresponde ao que outros filósofos chamam de corpo e alma, mas sem pressupor uma separação entre eles. Corpo e alma (psicofisiologia), em vez de serem "misturados", permanecendo cada qual com suas características (como quando se mistura água e óleo), formam uma unidade (como quando se mistura água e leite). Ora, se o "material" de que os seres humanos são feitos é animado por uma vitalidade produtora de sentido, então, Natureza e Cultura, embora possam ser distinguidas pelo pensamento, são unidas na realidade humana. Em outras palavras, o ser humano é algo material, físico, biológico e ao mesmo tempo formatado pelos costumes, pensamentos, práticas, enfim tudo o que ele aprende com seu grupo social.

De uma perspectiva bastante semelhante, Pierre Sanchis (1928-), antropólogo e sociólogo francês radicado no Brasil, resume o conceito de Cultura como o modo próprio de ser humano, e não mais como aquilo que separa o ser humano da Natureza .

Man Ray (1890-1976), *Preta e Branca*, 1926, e *Preta e Branca (variações)*, 1926.

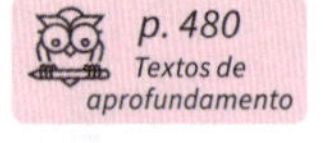
p. 480 Textos de aprofundamento

Cultura é o que faz que um grupo seja um grupo "de gente"

Pierre Sanchis

SANCHIS, Pierre. O "som Brasil": uma realidade sincrética? In: MASSIMI, Marina. (Org.). *Psicologia, Cultura e História: perspectivas em diálogo.* Rio de Janeiro: Outras Letras, 2012. p. 20.

O que é a Cultura? É exatamente isso que faz com que o grupo seja grupo "de gente". Que homens e mulheres sejam gente, quer dizer, precisamente, seres humanos. Um ser universal, então, com a mesma "Cultura" para todos? Não. Esse universal seria um universal modulado[15], que define a maneira particular de exercer a qualidade humana. Cultura será, então, essa maneira de ser humano de certo jeito, de certo modo, essa maneira particular de encarnar a Humanidade. Hoje, a Etologia é mais complexa e reconhece traços de Cultura também no mundo animal. Mas, globalmente falando, [...] o animal nasce apetrechado[16] com tudo aquilo de que precisa. A abelha nasce sabendo fazer tudo o que ela faz, por mais sofisticado que seja; ela não passa propriamente por um processo de aprendizagem e de aperfeiçoamento. O ser humano não nasce feito, mas propenso[17], dotado de uma potencialidade. Num meio social criativo, esse meio o leva, como indivíduo, "até lá", e, como indivíduo, "além de lá". Leva-o, ainda, como membro de grupos múltiplos, em direções e para resultados diferentes. ■

[15] **Modulado:** com diferentes modos; variado.

[16] **Apetrechado:** aparelhado; munido; dotado.

[17] **Propenso:** inclinado; dotado de uma tendência.

A Antropologia também chama a atenção para um dado de forte significação filosófica: em geral, quem reflete sobre os diferentes grupos humanos tem a tendência de valorizar sua cultura e de avaliar as outras com base na sua própria. A essa prática se denomina *etnocentrismo*; e contra ela, antropólogos, sociólogos, historiadores e filósofos passaram a defender a ideia de relativismo cultural, quer dizer, a valorização de cada cultura pelo que ela é, independentemente da comparação com outras. Além disso, constata-se que as culturas são abertas e podem influenciar-se mutuamente, dando origem a novas formas culturais ou mesmo preservando-se diante do contato.

O fotógrafo norte-americano Man Ray (1890-1976) exprimiu de maneira artística essa mudança de visão da Cultura. Fotografando máscaras e estatuetas africanas, Man Ray mostrava que, em sua época, essas obras eram tomadas apenas para divulgação, como se fossem simplesmente peças de "outros povos", sem nenhuma contribuição de sentido para as sociedades que as contemplavam (interesse etnocêntrico). Man Ray fez, então, fotografias nas quais há uma interação direta entre peças africanas e imagens tipicamente norte-americanas. É o caso das fotos *Preta e Branca* e *Preta e Branca (variações)* (p. 238) ambas de 1926, nas quais as máscaras deixam de ser meros objetos decorativos e passam a ter vida, produzindo sentido ao solicitar uma resposta de quem as contempla.

p. 477

EXERCÍCIO C

1. Diferencie Natureza e Cultura com base na necessidade humana de aprendizado. Você pode se inspirar no texto de Pierre Sanchis.
2. Por que, segundo Merleau-Ponty, tudo no ser humano é natural e fabricado?
3. A continuidade entre Natureza e Cultura anula a diferença entre animais humanos e animais não humanos?
4. Com base na continuidade entre Natureza e Cultura, analise as frases seguintes e argumente se você concorda com elas ou discorda delas: "Todo brasileiro ama futebol"; "Italiano fala com as mãos"; "Brasileiros e argentinos não se gostam".

p. 479
Proposta de ativ. complementar

4 A pessoa

Precisamente para entender os seres humanos em função de seu modo próprio de ser, muitos filósofos empregaram o termo *pessoa* para significar que, se os seres humanos já se distinguem entre os animais, também os indivíduos humanos se distinguem entre si no interior da espécie humana.

Indivíduo é todo membro de uma espécie; portanto, cada mineral, cada planta e cada animal irracional é um indivíduo. Quando, porém, analisam-se os seres humanos, vê-se que eles não são meros indivíduos dentro da espécie humana, porque eles se mostram capazes de viver de modo inteiramente singular aquilo que recebem da espécie. Cada indivíduo humano tem um modo único de ser, dando uma coloração própria aos condicionamentos físicos, biológicos e sociais de seu grupo. O conceito de pessoa indica, então, o indivíduo humano como um ser singular que concretiza, de modo irrepetível[18], tudo aquilo que tem em comum com seus companheiros de espécie.

Essa percepção é bastante antiga na História da Filosofia. Agostinho de Hipona (p. 170), por exemplo, identificava a especificidade humana no ato de conhecer e de poder realizar escolhas refletidas. Ele observava que os minerais apenas *existem*; as plantas, por sua vez, *existem e vivem*; os animais *existem, vivem* e *sentem*; por fim, os humanos *existem, vivem, sentem, pensam* e *escolhem refletidamente*.

Agostinho concluía que, se esses atos humanos ocorrem, então é legítimo pensar que eles nascem de possibilidades inscritas nos próprios humanos. Por conseguinte, é preciso também supor que a constituição do ser humano é mais complexa do que a dos outros seres (dotados de menos possibilidades). Agostinho descreve, então, a constituição humana, identificando corpo (existência material, dado comum a todos os seres naturais), alma (vitalidade, dado comum aos seres vivos) e espírito (pensamento e escolha refletida, dado exclusivo do ser humano).

A noção de *alma* visa marcar a diferença entre minerais e seres vivos. Ela é a vitalidade responsável por nutrir as plantas (alma vegetativa), nutrir também os animais e permitir que eles tenham sensações e emoções (alma sensitiva), bem como nutrir os humanos, permitir que eles tenham sensações e emoções, além

[18] ***Irrepetível:*** *algo que não pode ser repetido.*

de exercitar o pensamento e a capacidade de escolha (alma racional ou espiritual).

Os filósofos gregos e romanos já haviam nomeado a vitalidade dos seres vivos com o termo *alma* (*psique*, em grego; *anima*, em latim). Na raiz dessa palavra está a ideia de movimento, vento, sopro. Quer dizer, dinamismo, vida.

A base da reflexão sobre a alma, no entanto, é a observação de diferentes atos nos diferentes seres. Especificamente no caso dos seres humanos, seus atos revelam uma complexidade não observada no restante. Daí Agostinho concluir que, ao se chamar de *alma* a vitalidade que anima os corpos, a alma humana tem três funções: a vegetabilidade (nutrição, doação de vida), a sensibilidade (percepção por meio dos cinco sentidos) e a racionalidade (capacidade de refletir e escolher). À terceira função, exclusivamente humana, ele também chamava *espírito*.

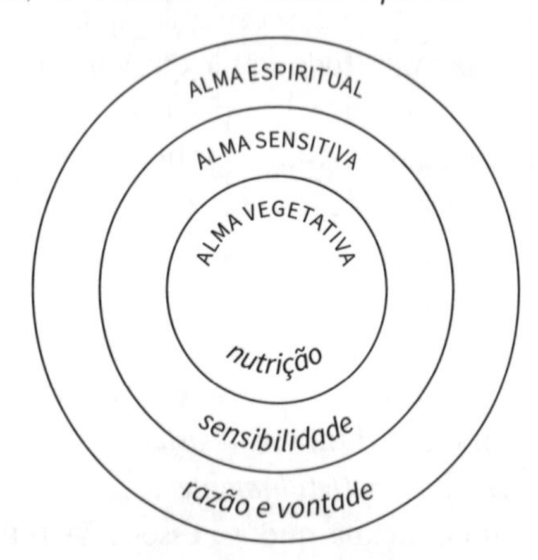

Note que Agostinho concentra-se nas funções da alma. O ser humano não tem "três almas". Por sua vez, as funções da alma só podem ser descritas a partir de seus efeitos e de um contraponto com aqueles observados nos outros seres vivos, uma vez que, não sendo material, ela não pode ser captada pelos cinco sentidos.

Tudo o que se fala sobre a alma é, portanto, aproximativo e indireto, assim como se fala do Sol com base nos efeitos vividos na Terra e sem que jamais alguém tenha ido até ele. Agostinho sabia, por isso, que as pessoas têm a tendência a "imaginar" a alma, ou seja, pensá-la com base em imagens, uma vez que todos os conteúdos de pensamento são formados com alguma referência ao que é percebido por meio dos cinco sentidos. Ele sabia também que esse esforço de imaginação leva a representar a alma como um "fantasma" aprisionado dentro de um corpo. Assim, para contrariar essa imagem, Agostinho propõe uma outra: a alma é como uma tensão (assim como a tensão elétrica em um fio ou como o retesamento da corda de um instrumento musical). Retesar uma corda musical significa esticá-la até o grau em que ela pode produzir o som para o qual foi feita. Uma corda de violão frouxa não emitirá o seu som próprio; em vez disso, quando é esticada no grau certo, ela se torna realmente aquilo que ela pode ser, ou seja, uma verdadeira corda de violão. A alma seria para o corpo aquilo que o retesamento é para a corda de violão. O retesamento não é uma "coisa" que entra na corda, não é uma parte dela, mas é a força que

A alma é tensão vital

Agostinho de Hipona

AGOSTINHO DE HIPONA. *Epistola 166*. Disponível em: <www.augustinus.it/latino>. Acesso em: 29 set. 2015. (Carta 166. Tradução nossa.)

1 Estou convencido de que a alma é incorpórea[19], mesmo se é difícil convencer os mais resistentes. [...] Se todas as substâncias ou essências[20] – ou aquilo que se diz ser [existir] de algum modo por si mesmo – fossem corpo, então a alma também seria um corpo. Ainda, se chamássemos de incorpóreo apenas aquilo
5 que é perfeitamente imutável[21] e que se encontra inteiramente por toda parte, então a alma seria um corpo [ela não seria incorpórea], pois a alma não é dessa maneira [perfeitamente imutável e inteiramente em toda parte]. Mas, por outro lado, se um corpo é aquilo que se situa ou se move em um local do espaço, com algum comprimento, alguma largura e alguma altura, de modo que uma parte
10 maior ocupa um lugar também maior, enquanto uma parte menor ocupa um lugar também menor, então a alma não é corpo [pois ela não ocupa o espaço assim como o corpo o ocupa]. A alma não está no corpo que ela anima como se ela se espalhasse em um local; ela se irradia pelo corpo como certa tensão vital. ■

[19] ***Incorpóreo:*** *que não possui corpo.*

[20] ***Substâncias ou essências:*** *Agostinho toma essas palavras no significado de tudo o que existe. Para outros significados,* *ver p. 22-23.*

[21] ***Imutável:*** *que não muda; não se altera.*

lhe permite vibrar e emitir sua nota específica. Assim também a alma seria o "retesamento" do corpo, a "força" que lhe permite desempenhar suas funções. A diferença básica da alma, entretanto, está no fato de sua "força" brotar dela mesma, sem vir de fora, como é o caso do retesamento da corda de violão.

Da perspectiva da imagem agostiniana, a relação entre a alma e o corpo não seria a de um dualismo, ou seja, de dois elementos separados e independentes que precisam encontrar um ponto de união. Mais do que isso, é uma relação de copertencimento (um pertence ao outro e um habita o outro). Há uma dualidade (alma e corpo não se confundem, como revelou a contraposição dos seres), mas o ser humano mostra-se unitário: cada indivíduo é uma unidade harmonicamente formada por dois componentes que não existem separadamente. A fim de apontar para a complexidade que constitui o ser humano (revelada por seus atos), Agostinho empregou o termo *pessoa*.

No pensamento contemporâneo, a clássica distinção entre corpo e alma tem sido tratada, especificamente no caso dos seres humanos, como uma diferença entre *corpo* e *mente* ou entre *corpo* e *consciência*. Alguns filósofos, porém, defendem que, além de não fazer mais sentido usar a noção de alma (pois a consideram uma ilusão que não pode ser observada pelos cinco sentidos), a própria mente ou consciência não passariam de operações inteiramente físicas. Elas seriam qualidades do corpo; não se distinguiriam dele senão como a diferença existente entre quem corre e o seu ato de correr. Nessa direção vai, por exemplo, o trabalho de John R. Searle (1932-), pensador norte-americano e autor das obras *A redescoberta da mente* e *Intencionalidade*, dois dos mais frutuosos trabalhos sobre o tema. No entender de Searle, a consciência ou a mente é um mero processo biológico. Quando a Ciência explicar de modo integral o funcionamento do cérebro, deixará claro o processo da consciência. Junto com a consciência, será explicado como o ser humano produz a realidade social e a Cultura, tornando desnecessário pensar em alma ou espírito.

Outros pensadores, no entanto, embora levem adiante o projeto de explicar a "biologia da consciência", quer dizer, a relação profunda entre o corpo físico e o corpo que se sente a si mesmo como algo singular e que deseja ser reconhecido como tal, continuam a falar de consciência, mente e mesmo de alma ou espírito (entendendo por *alma* e *espírito* a força do próprio corpo ou o dinamismo que o vivifica e torna capaz de captar e construir sentidos). Mais do que um fantasma preso "dentro" de um corpo, a alma ou o espírito é o próprio corpo qualificado como "capaz de sentido" e "capaz de Cultura". Nessa direção vai o trabalho do médico, físico e filósofo francês Michel Bitbol (1954-), que insiste em dois dados fundamentais:

(1) não é adequado fazer teorias sobre a consciência em geral, uma vez que cada pessoa só tem acesso à sua própria consciência; esse fato é de extrema importância, pois, mesmo quando é possível medir as reações conscientes de alguém (por meio de aparelhos, da reação a estímulos externos etc.), nada garante rigorosamente que não há nenhuma consciência em quem parece estar inconsciente; só é possível falar de consciência em primeira pessoa;

(2) explicar a base físico-química da consciência (o corpo em geral ou apenas o cérebro) não justifica afirmar que a consciência é um mero processo químico-físico nem concluir que a base físico-química é a *causa* da consciência. Como se dizia na Idade Média, o fato de o fogo ocorrer na madeira não permite dizer que o fogo é a madeira.

Independentemente do nome que se dê à diferença humana em meio ao reino animal (chamando-a de *pensamento*, *mente* ou *alma*), parece razoável entendê-la como o elemento pelo qual os humanos revelam sua especificidade perante os outros seres, produzindo a Cultura como seu modo próprio de ser. De certo modo, pela Cultura, o ser humano "supera" a Natureza, sem deixar de "ser Natureza".

EXERCÍCIO D

p. 477

1. Qual a diferença entre o conceito de pessoa e o de indivíduo?
2. Em que se baseou Agostinho de Hipona para identificar a especificidade do ser humano?
3. Quais as funções da alma humana, segundo Agostinho?
4. Explique a metáfora agostiniana da alma como tensão vital do corpo, servindo-se do exemplo da corda de um instrumento musical.

5 O cerne da pessoa

A filósofa judia-alemã Edith Stein (○ p. 132), que muito se inspirou no pensamento de Agostinho, chamou ainda a atenção para o fato de que, assim como os seres humanos destacam-se entre as espécies animais, assim também cada indivíduo humano ou cada pessoa se destaca no interior da espécie humana, porque o seu modo de concretizar a espécie é inteiramente seu, não se repetindo em mais ninguém.

Adotando o vocabulário clássico que se referia à diferença entre corpo e alma, Edith Stein também considerava o ser humano como ser *psicofisiológico* (como fez Merleau-Ponty depois dela) e buscava saber se o modo como cada pessoa vive sua corporalidade, sua vitalidade e sua racionalidade/espiritualidade é inteiramente condicionado pelo modo biológico de ser da espécie.

Edith Stein responderá negativamente, pois, segundo sua análise, apenas um indivíduo preciso pode ter o sentimento de que é singular e desejar ser reconhecido como tal. O caso dos gêmeos idênticos ou univitelinos[22] é um exemplo extremo e bastante esclarecedor aqui, pois eles possuem estrutura biológica praticamente idêntica e recebem os mesmos valores culturais (pois nascem da mesma família). No entanto, não possuem o mesmo modo de ser; cada um tem seu modo único de sentir o mundo e de pensar.

Edith Stein, então, depois de observar que cada indivíduo realiza a espécie humana de um modo único e irrepetível, concluía que o modo único de ser não decorre da matéria de que é feito o corpo,

[22] **Univitelino:** *cada gêmeo gerado de um mesmo óvulo.*

O cerne da alma
Edith Stein

1 Neste momento reflito sobre um problema; ao mesmo tempo, ouço um barulho vindo da rua e vejo a folha de papel que se encontra diante de mim; vejo também minha mesa e outras coisas ao meu redor. Mas me concentro no problema. Aquilo que vejo e ouço passa por mim e me toca apenas de modo periférico. Em sentido próprio, 5 eu estou virada para o problema; estou perante ele e o encaro com meu olhar espiritual. Pode haver em mim ainda outras coisas às quais não quero dar lugar, para as quais não quero me virar e às quais impeço de virem à tona. Por exemplo, uma preocupação ou uma inquietação. A preocupação está aí; sou consciente dela e pode ser mesmo o caso de que ela tenha surgido já há algum tempo. Mas, neste momento, 10 ela está "embaixo" de tudo o que se passa na superfície; ela se encontra no "fundo da minha alma". Continuo fixada em meu problema e não naquilo que vejo ou ouço. Essa situação espiritual tem um paralelo no mundo exterior, pois, assim como o olho só pode ver uma pequena parte de seu campo visual e assim como o restante desse campo só o afeta secundariamente, assim também há um campo de visão espiritual 15 formado, de um lado, por uma atenção que delimita seu próprio foco e, de outro, por uma percepção periférica. [...] A atenção "central" e a percepção "periférica", ambas praticadas pelo "eu", são modos de consciência diferentes. [...] O mais importante, aqui, é o contraste entre "superfície" e "profundidade". [...] Na alma, tenho meu "lar" de modo muito diferente como tenho meu "lar" em meu corpo. [...] No "espaço" da 20 alma, há um lugar próprio do "eu", lugar de sua intimidade, que ele deve procurar até encontrar e para onde deve voltar a cada vez que daí for tirado. É o ponto mais profundo da alma. [...] É somente a partir desse ponto que ela pode tomar decisões sérias, comprometer-se com algum ideal, entregar-se e se dar. São todos atos da pessoa. Sou eu que tomo decisões e me comprometo. É um "eu" pessoal. ■

STEIN, Edith. *Der Aufbau der menschlichen Person*. Texto crítico da Editora Herder. Disponível em: <http://www.edith-stein-archiv.de/beispielseite/>. Acesso em: 17 set. 2015. (Estrutura da pessoa humana VI, II, b. Tradução nossa.)

ACESSE:

Hildegarda de Bingen (1098-1179), *Homem universal,* 1165, iluminura no manuscrito do *Liber divinorum operorum* (Livro das obras divinas). Hildegarda de Bingen foi uma das primeiras artistas a desenhar o ser humano como cerne do Universo. Por sua vez, cada ser humano teria seu próprio cerne, o coração. No entanto, Hildegarda não pinta o músculo cardíaco; o cerne físico não era o cerne pessoal. O coração de cada pessoa não "está" em parte alguma; está no corpo inteiro, pois não é uma "coisa", mas o modo como cada pessoa vive sua humanidade.

pois a matéria é comum com os outros membros da espécie, chegando a ser idêntica em alguns casos. Esse modo só pode decorrer da vitalidade ou da alma. Mas se a alma, porém, do ponto de vista de suas possibilidades ou capacidades, é idêntica para todos, Edith Stein aponta a singularidade de cada indivíduo defendendo haver em todo indivíduo um cerne ou um "fundo" de "onde" nasce a irradiação do ser singular de cada pessoa. É o que Edith Stein, retomando uma longa tradição filosófica, chama de *cerne da alma*, *núcleo da pessoa* e *alma da alma*. Trata-se de um recanto íntimo e "sagrado", no qual só o indivíduo pode entrar; "lugar" onde a pessoa se "sente em casa" .

Edith Stein, tanto como Agostinho, serve-se de metáforas espaciais para falar do cerne da alma, porque ela sabe que o pensamento se apoia em dados físicos e imaginados. Todavia, ela queria apontar para uma experiência que não se condiciona pela espacialidade, a experiência de se sentir companheiro de jornada com outros membros da mesma espécie e, ao mesmo tempo, um ser singular, o único capaz de saber realmente o que sente e o que pensa.

O tema do cerne da pessoa humana é muito antigo na História da Filosofia. Na Idade Média, a pensadora, pintora, musicista, médica e filósofa Hildegarda de Bingen (1098-1179) afirmava que tal cerne era o coração, órgão vital de que dependem todos os outros. Hoje, o coração é visto apenas como o músculo cardíaco e, no máximo, como metáfora das emoções e de tudo o que não pertence à razão. Para Hildegarda de Bingen, porém, o coração representava o que há de mais íntimo em cada pessoa, o refúgio de onde ela tira as cores com que pinta seu modo individual de ser, ponto de onde brota a canção específica da sua vida na sinfonia universal.

EXERCÍCIO E

p. 478

1. O que significa o cerne da alma, de acordo com o pensamento da filósofa Edith Stein?
2. Por que se pode dizer que Hildegarda de Bingen, em *Homem universal*, pintou o coração humano sem ter pintado o músculo cardíaco?

EXERCÍCIO COMPLEMENTAR

p. 478

Redação: "Concorrência e individualismo"

Componha uma dissertação livre sobre o tema da concorrência e um de seus mais perigosos efeitos, o individualismo (atitude de considerar excessivamente os indivíduos como centro da vida social, perdendo de vista a importância dos grupos). Em algum momento de sua redação, introduza o seguinte dado (concordando com ele ou discordando dele): o individualismo parece prejudicar cada vez mais os esportes de grupo (como o futebol ou o voleibol), pois certos atletas se esforçam para ter destaque individualmente, mesmo que isso prejudique seu time.

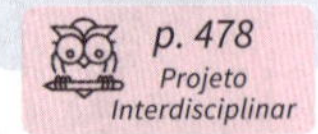
p. 478 Projeto Interdisciplinar

Dicas de filmes para você assistir tendo em mente o que trabalhamos neste capítulo

O garoto selvagem *(L'enfant sauvage), direção François Truffaut, França, 1969.*
Victor foi encontrado na região francesa do Aveyron, em 1800, quando tinha 10 anos de idade. Acreditava-se que ele tivesse vivido sempre na floresta. O Dr. Jean Itard conseguiu instruí-lo para a vida urbana e ele foi confiado a uma senhora durante 17 anos. Hoje se sabe que Victor não viveu sempre isolado da civilização, mas, por não se adaptar aos padrões civilizados, acabava sempre sofrendo violência e fugindo. O cineasta François Truffaut o representou como "garoto selvagem", segundo o modo como o século XIX o via. ■

O enigma de Kaspar Hauser *(Jeder für sich und Gott gegen alle), direção Werner Herzog, Alemanha, 1974.*
Kaspar Hauser nasceu e foi isolado por 15 anos em uma masmorra, não aprendendo nenhum idioma nem tendo contato humano. Certo dia foi deixado numa praça de Nuremberg (Alemanha) e viveu com diferentes famílias. Aprendeu a falar, mas não conseguia distinguir o sonho da realidade, distinção que requeria aprendizado. O título em alemão, "Cada um por si e Deus contra todos", é uma forma de apontar para o destino de Kaspar... ■

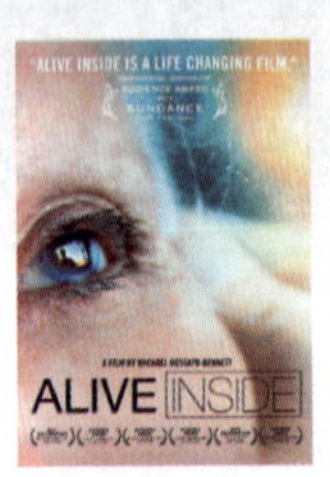

Alive Inside *(Vivo por dentro), direção Michael Rossato-Bennett, EUA, 2014.*
Documentário sobre as reações de idosos à música. Considerados portadores de doenças cerebrais (Mal de Alzheimer, por exemplo), os idosos observados não reagiam a nenhum estímulo e simplesmente não se lembravam de sua história. Algumas músicas específicas, porém, reavivavam a memória deles, tirando-os do aprisionamento em si mesmos. Narram-se ainda os casos surpreendentes das senhoras Norman e Mary Lou, que por vários anos tiveram uma vida saudável sendo apenas estimuladas pela música, sem medicamentos. ■

Dicas literárias

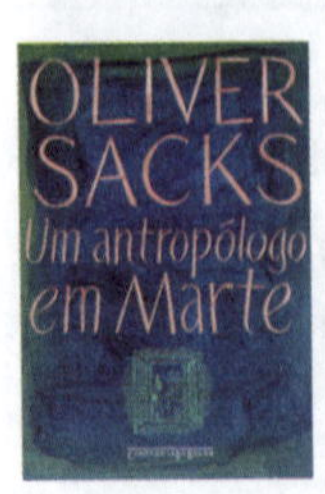

Um antropólogo em Marte, *de Oliver Sacks, tradução Bernardo Carvalho, Companhia das Letras, 2006.*
Livro que mescla biografias com literatura científica, escrito em estilo acessível para narrar histórias de pessoas que sofreram acidentes com danos cerebrais ou que possuíam deformações no cérebro e cujo organismo se readaptou, permitindo uma vida inteiramente "normal". ■

Sonhos d'ouro, *de José de Alencar, Ática, 1981.*
José de Alencar explora o modo como as barreiras sociais impediram os impulsos naturais do amor entre Ricardo, advogado

sem riqueza, e Guida, moça da corte brasileira e educada segundo os padrões europeus. Merece destaque o prefácio, intitulado "Bênção paterna", no qual o autor registra sua compreensão da relação entre Natureza e Cultura e propõe uma das primeiras interpretações para a "cultura brasileira". ■

***Gargântua e Pantagruel**, de François Rabelais, tradução David Jardim, Itatiaia, 2010.*

O francês François Rabelais (1494-1553) foi um dos primeiros escritores a introduzir na literatura o tema da Cultura e das relações sociais como fonte de costumes. Principalmente em *Gargântua*, Rabelais denuncia a decadência de crenças e hábitos de sua época, chegando a ser considerado obsceno por valorizar os instintos. ■

***Na natureza selvagem**, de Jon Krakauer, tradução Pedro Maia Soares, Companhia das Letras, 1998.*

História do jovem norte-americano Chris McCandless, que termina a faculdade e, em vez de realizar os sonhos profissionais nutridos por seus pais, decide doar seu dinheiro, adotar outro nome e viver na estrada até chegar ao Alasca. O livro foi transformado em filme, com o mesmo nome (direção Sean Penn, 2008). ■

Para continuar viagem...

***Ensaio sobre o homem**, de Ernst Cassirer, tradução Tomás Rosa Bueno, WMF Martins Fontes, 2012.*

Reflexão filosófica sobre o ser humano, considerado da perspectiva de sua capacidade de produzir sentido. Cassirer explora, entre outros temas, a produção científica, artística, ética e religiosa. ■

***Consciência e memória**, de Débora Morato Pinto, WMF Martins Fontes, 2013 (Coleção Filosofias: o prazer do pensar).*

A autora analisa o modo como o tema da consciência, a partir da Modernidade, é entendido, em geral, como rememoração. Passa por autores clássicos e termina com um estudo sobre Henri Bergson, que associava a memória à vida, sem opô-las à matéria. ■

***Filosofia da Natureza**, de Márcia Gonçalves, Zahar, 2006.*

Apresentação da filosofia da Natureza como estudo que tem raízes na Grécia Antiga e chega ao ápice no século XIX. O livro pretende também despertar uma reflexão ecológica. ■

***A mente desconhecida: por que a Ciência não consegue replicar, medicar e explicar o cérebro humano**, de John Horgan, tradução Laura Teixeira Motta, Companhia das Letras, 2002.*

O autor analisa diferentes linhas e temas das Neurociências e da Psicanálise, chegando à desconcertante conclusão de que os seres humanos estão longe de decifrar a mente humana. ■

***"Livre-arbítrio, determinismo e responsabilidade moral"**, artigo de Howard Kahane, tradução Álvaro Nunes, disponível em: <http://criticanarede.com/hkahanelivre-arbitriodeterminismo.html>. Acesso em: 1 out. 2015.*

O texto reconstrói de maneira didática e clara argumentos favoráveis e contrários à afirmação da existência da liberdade, do determinismo e da responsabilidade moral. ■

***"Direitos dos animais e erros dos humanos"**, artigo de Hugh LaFollette, tradução Miguel Moutinho, disponível em: <http://criticanarede.com/hlafollettedireitosdosanimaiseerrosdoshumanos.html>. Acesso em: 1 out. 2015.*

Apresentação e análise do tema dos direitos dos animais e sua relação com erros humanos. É uma forma prática e provocativa de abordar a relação entre Natureza e Cultura. ■

***"Como é ser um morcego?"**, artigo claro e bem-humorado de Thomas Nagel, disponível em: <http://www.cle.unicamp.br/cadernos/pdf/Paulo%20Abrantes%28Traducao%29.pdf>. Acesso em: 1 out. 2015.*

Texto de um dos mais importantes filósofos da mente na Atualidade, publicado nos *Cadernos de História e Filosofia da Ciência*, tradução Paulo Abrantes e Juliana Orione, Campinas (Unicamp), série 3, v. 15, p. 245-262, 2005. ■

p. 482
Sugestões bibliográficas

CAPÍTULO 10

POLÍTICA E PODER

p. 482

À esquerda: escola Fernão Dias Paes, em São Paulo (SP), ocupada por estudantes, em 2015. À direita: cantor Chico César reúne-se com estudantes da escola Fernão Dias Paes, em 22 nov. 2015.

Você provavelmente já deve ter observado que muitas pessoas só se envolvem com assuntos políticos em época de eleições.

Quando perguntamos a elas as razões desse comportamento, as respostas costumam ser: "Não gosto de Política!", ou "A Política não tem nada que ver com as pessoas comuns...", ou ainda "Os políticos são todos corruptos".

De fato, nosso país vive algo curioso: embora a população brasileira seja numerosa, poucos são os cidadãos que acompanham os assuntos políticos. Grande parte sente-se decepcionada e mesmo enganada pelos políticos. As más ações de alguns representantes levam ao pessimismo; e o modo como algumas redes de televisão e rádio tratam a Política apenas faz crer que ela é assunto de gente mal-intencionada.

No entanto, também é inegável que esse cenário tem mudado. Depois dos anos de ditadura militar, o Brasil entrou em um processo de democratização que ainda está em curso. Fatores muito positivos puderam ser observados nas últimas décadas. Nunca houve tanta investigação e punição de políticos corruptos. Além disso, a população começa a se engajar[1] mais. Um exemplo evidente de envolvimento e de aumento da consciência política foi dado pelo movimento de ocupação das escolas nos estados de São Paulo e de Goiás, em 2015, por parte dos próprios estudantes.

O motivo das ocupações em São Paulo foi a proposta da Secretaria de Estado da Educação de reorganizar as escolas por ciclos (anos iniciais e finais do Ensino Fundamental e Ensino Médio) como forma de aumentar o rendimento escolar e resolver problemas como os custos com algumas salas que tinham poucos alunos. A reorganização levaria a fechar algumas escolas e concentrar os estudantes em outras.

Percebendo que isso os afetaria diretamente e sentindo-se incompreendidos e

[1] ***Engajar-se:*** *participar ativamente; comprometer-se com algo.*

prejudicados, os estudantes passaram a ocupar as escolas, pedindo diálogo com os membros do governo. Depois de uma fase tensa nas negociações, o Governo de São Paulo aceitou suspender a reorganização e abrir uma reflexão conjunta com a população.

O caráter político do movimento estudantil era claro. Não se tratava de uma política de partidos, como se o objetivo fosse enfraquecer ou derrotar o partido do governo: era uma política no sentido próprio da palavra, uma ação que visava mostrar aos ocupantes do Poder quais eram os desejos da população que os elegeu, solicitando que eles realmente a representassem.

Durante as ocupações, os estudantes fizeram atividades culturais, limparam e pintaram algumas escolas e, sobretudo, trouxeram famílias e movimentos sociais para dentro delas, resgatando o verdadeiro sentido da instituição escolar: mais do que um local de transmissão do saber, ela é um local de produção de conhecimento a partir da vida concreta de estudantes, professores, funcionários, familiares, enfim, dos membros da Sociedade.

Ações desse tipo permitem refletir sobre o sentido da Política, do Poder e do interesse ou desinteresse dos cidadãos.

1 Interesse e participação política

Um dos maiores desafios da reflexão filosófica consiste em compreender o interesse e o desinteresse dos cidadãos pela Política.

É visível o fato de que o interesse e o desinteresse dependem do que vive a Sociedade nos diferentes momentos históricos. Ninguém "gosta" ou "desgosta" naturalmente de Política. O envolvimento depende do modo como os cidadãos estão habituados. Uma forma de fazê-los interessar-se ou desinteressar-se é relacionar a Política com a vida cotidiana. Quando os indivíduos se sentem diretamente afetados pelas ações de seus representantes, eles costumam envolver-se; do contrário, encaram a Política como algo alheio.

O filósofo francês Alexis de Tocqueville (p. 248) dedicou-se a entender esse fenômeno.

Para bem entender o texto de Tocqueville, há três expressões que precisam ser esclarecidas com cuidado:

a) *cidadãos principais* (linha 1) – não se trata de pensar que há cidadãos mais importantes ou melhores do que outros, mas que, no governo de um país (os negócios gerais do país), há cidadãos que são "principais" porque têm funções de liderança na estrutura do governo;

Como fazer os cidadãos interessarem-se pela Política
Alexis de Tocqueville

1 Os negócios gerais de um país só ocupam os cidadãos principais. Estes só se reúnem de longe em longe, nos mesmos lugares; e, como é frequente depois disso eles se perderem de vista, não se estabelecem entre eles vínculos duradouros[2]. Mas, quando se trata de fazer os negócios particulares de um cantão[3] serem resolvidos 5 pelos que nele vivem, os mesmos indivíduos estão sempre em contato e, de certa forma, são forçados a se conhecer e a se habituar uns com os outros.

É difícil tirar um [indivíduo] de si mesmo para interessá-lo pelo destino de todo o Estado, porque ele compreende mal a influência que o destino do Estado pode ter sobre sua sorte. Mas, se é necessário fazer uma estrada passar nos limites de 10 suas terras, ele perceberá à primeira vista que há uma relação entre esse pequeno negócio público e seus maiores negócios privados e descobrirá, sem que ninguém lhe mostre, o estreito vínculo que une, nesse ponto, o interesse particular ao interesse geral.

Portanto, é encarregando os cidadãos da administração dos pequenos negócios, 15 muito mais do que lhes entregando o governo dos grandes, que se pode levá-los a se interessar pelo bem público e a enxergar a necessidade que têm, sem cessar, uns dos outros para produzi-lo. ■

TOCQUEVILLE, Alexis de. Como os americanos combatem o individualismo por instituições livres. In: *A democracia na América*. Tradução Eduardo Brandão. São Paulo: Martins Fontes, 2004. Livro II. p. 127.

[2] **Duradouro:** *que permanece; algo que dura.*

[3] **Cantão:** *região.*

ALEXIS DE TOCQUEVILLE (1805-1859)

Foi um filósofo político, historiador e escritor francês defensor da liberdade e da democracia. Suas análises da Revolução Francesa e da democracia norte-americana ficaram célebres e contribuíram para o desenvolvimento da teoria da democracia moderna. Obras mais conhecidas: *A democracia na América* e *O Antigo Regime e a Revolução*.

b) *Estado* (linha 8) – esse termo pode significar, em língua portuguesa, o estado de algo (por exemplo, a água e seus estados físicos; o estado civil de alguém), o estado que faz parte da federação, quer dizer, do país (por exemplo, o estado do Amazonas, o estado do Piauí etc.), e ainda o Estado ou o próprio país (o Brasil como um Estado independente entre os outros Estados ou países). Tocqueville usa o termo, nesse texto, como sinônimo de *país*;

c) *bem público* (linhas 16 e 17) – essa expressão significa o bem de todos cidadãos, incluindo não apenas os interesses particulares, mas também os gerais. Como o bem público é construído pelos cidadãos quando participam do governo (administração), pode-se concluir que a construção do bem público, segundo Tocqueville, é o objetivo da Política.

Uma vez esclarecido o vocabulário de Tocqueville, pode-se perguntar: Qual a ideia central do seu texto?

Relendo o texto, percebe-se que todas as afirmações nele feitas têm o objetivo de justificar a afirmação que está no final (a conclusão). Por isso, aquilo que é registrado no final é chamado de *ideia central* ou *tese* do texto. Não é central porque está nas linhas da metade do texto, mas porque tudo converge para ela.

A ideia central, portanto, é: *para fazer que os cidadãos se interessem pela construção do bem público (pela Política, segundo Tocqueville), é preciso encarregá-los da administração de pequenos negócios* (linhas 14 a 17).

As ideias que fundamentam a ideia central de Tocqueville são duas:

1) quando os indivíduos cuidam dos interesses de sua região, são levados a se conhecer e a se habituar entre si (linhas 3 a 6);

2) os indivíduos não costumam ver como os assuntos gerais do Estado (país) têm relação direta com eles, mas apenas quando esses assuntos gerais tocam em seus interesses privados, particulares (linhas 7 a 13).

Essas ideias permitem entender a recomendação de Tocqueville: não adianta falar da Política em geral ou dos assuntos gerais de um país, esperando que as pessoas se interessem e se envolvam. É preciso fazê-las participar dos debates sobre os assuntos mais imediatos de sua região (bairro e cidade, por exemplo), pois somente assim elas verão que suas vidas estão relacionadas aos assuntos locais e aos assuntos gerais do país.

Os tempos de hoje são muito diferentes dos de Tocqueville. No século XIX, quando ele escreveu, não havia a facilidade atual da circulação de informações. Era, portanto, mais difícil para os cidadãos ter consciência dos assuntos gerais. Atualmente, pode-se saber em minutos se as decisões dos governantes afetarão ou não os interesses particulares de cada um. No entanto, o princípio defendido por Tocqueville continua válido: os cidadãos só se interessam pela Política ao observar que ela interfere em seus interesses. Na contrapartida, para causar o desinteresse, a melhor estratégia é impedir que as pessoas se encontrem e convivam, gerando a impressão de que a Política é algo distante de suas vidas.

EXERCÍCIO A

p. 483

1. Resuma em poucas linhas o texto de Tocqueville, iniciando pela ideia central e dando em seguida as justificativas para ela. Você deverá, portanto, seguir a ordem inversa daquela em que o texto foi redigido. Use duas conjunções em seu resumo: *porque* e *visto que*.
2. Pesquise e indique pelo menos duas organizações em seu bairro que trabalham pelos interesses locais.
3. Pesquise se sua escola tem um Grêmio Estudantil. Se tem, reflita se você está a par das atividades do Grêmio. Se você nunca se inteirou sobre ele, pense no porquê de seu desinteresse. Caso sua escola não tenha um Grêmio Estudantil, que tal começar um? No site Mundo Jovem, mantido pela PUC-RS, você pode encontrar todas as informações necessárias para sua criação: <http://www.mundojovem.com.br/gremio-estudantil>. (Acesso em: 13 jan. 2016.)

Grêmio Estudantil: um exercício político na escola

Disponível em: <http://ubes.org.br/gremios/> (Acesso em: 29 maio 2016)

PASSO 1

O grupo que pretende formar o grêmio comunica à direção da escola, divulga a proposta entre os alunos, convidando os interessados e os representantes de classe (se houver) para formar a Comissão Pró-Grêmio. Este grupo elabora uma proposta de estatuto que será discutida e aprovada pela Assembleia Geral.

PASSO 2

A Comissão Pró-Grêmio convoca todos os alunos da escola para participar da Assembleia Geral. Nesta reunião, decide-se o nome do grêmio, o período de campanhas das chapas, a data das eleições e se aprova o Estatuto do Grêmio. Nessa reunião também são definidos os membros da Comissão Eleitoral.

PASSO 3

Os alunos se reúnem e formam as chapas que concorrerão à eleição. Eles devem apresentar suas ideias e propostas para o ano de gestão no Grêmio Estudantil. A Comissão Eleitoral promove debates entre as chapas, abertos a todos os alunos.

PASSO 4

A Comissão Eleitoral organiza a eleição (o voto é secreto). A contagem é feita pelos representantes de classe, acompanhados de dois representantes de cada chapa e, eventualmente, dos coordenadores pedagógicos da escola. No final da apuração, a Comissão Pró-Grêmio deve fazer uma Ata de Eleição para divulgar os resultados.

PASSO 5

A comissão Pró-Grêmio envia uma cópia da Ata de Eleição e do Estatuto para a direção da escola e organiza a cerimônia de posse da diretoria do Grêmio.

A cada ano, cada Grêmio reinicia o processo eleitoral a partir do passo 3.

Acesse o site da União Brasileira dos Estudantes Secundaristas (UBES) e consulte modelos de documentos relacionados ao Grêmio Estudantil, principalmente estatutos e atas: <http://ubes.org.br/gremios>.

2 A Política como serviço ao bem comum

O tema dos interesses individuais leva a perguntar se a Política surge do egoísmo. Afinal, se os cidadãos só despertam quando têm interesse, então a ação política seria interesseira ou egoísta?

Para refletir sobre essa temática, é preciso pontuar, logo de saída, que seria ingênuo[4] acreditar que os seres humanos podem agir sem interesse. Mesmo a pessoa mais generosa[5] do mundo e mais preocupada com os outros age pelo interesse de fazer o bem. Ter interesse não é nada ruim em si mesmo, pois ele se liga a um objetivo e, portanto, à busca da felicidade (p. 90), motor básico da vida humana.

A observação do modo de ser dos animais não humanos e dos animais humanos confirma esse pensamento, pois nem os animais não humanos nem os animais humanos são seres "prontos". Pelo contrário, são *seres em construção*; precisam satisfazer necessidades. Parece natural, então, acreditar que os humanos agem por interesse. Quando deixam de se interessar, iniciam o processo que os leva a morrer.

Desse ponto de vista, agir por interesse não significa necessariamente ser egoísta ou individualista[6]. O fato de algumas pessoas viverem seus interesses de maneira egoísta não dá base para concluir que todo interesse implica egoísmo. Há quem seja movido pelo desejo de beneficiar os outros, sentindo-se feliz com a felicidade alheia. Passar da observação de alguns indivíduos egoístas e concluir que todos os humanos

[4]**Ingênuo:** *que não tem consciência de tudo o que uma situação envolve.*

[5]**Generoso:** *que age sem nenhuma recompensa além da satisfação obtida ao beneficiar outras pessoas.*

[6]**Individualista:** *que tem a tendência exagerada de buscar apenas o próprio benefício. Do ponto de vista sociológico, o individualismo é a tendência de o indivíduo buscar seu benefício mesmo às custas do bem comum ou social.*

Cuidado lógico | *A generalização apressada*

A generalização apressada consiste em fazer uma afirmação sobre um grupo inteiro tomando como base apenas uma pequena amostra desse grupo. Por exemplo, depois de observar que no bairro x há casos de violência, é uma generalização apressada concluir que "No bairro x, as pessoas são violentas". Ou, depois de observar que no bairro y há casos de amizade, concluir que "No bairro y, as pessoas são amigas".

Para mostrar o erro dessas generalizações, basta encontrar uma pessoa não violenta no bairro chamado de violento e uma pessoa não amigável no bairro considerado amigável.

Um caso claro de generalização apressada vem do uso de pesquisas de opinião pública. Em 2015, por exemplo, vários órgãos entrevistaram grupos de 2 mil a 3 mil brasileiros a respeito da redução da maioridade penal (reduzir a idade de 18 a 16 anos para fins de responsabilização por crimes). As respostas variavam e o resultado final ficou em torno de 80% dos entrevistados como favoráveis à redução. Algumas emissoras de televisão e rádio logo passaram a anunciar que "a população brasileira é favorável à redução da maioridade penal". O erro evidente está em considerar que grupos de 2 a 3 mil brasileiros representam os 200 milhões de habitantes do Brasil.

Além disso, as pesquisas podem ser manipuladas. Caso a pessoa, empresa ou outra instituição que encomenda pesquisas tenha interesse em determinado resultado, então o órgão de pesquisa contratado pode procurar amostras apenas em regiões e grupos nos quais a resposta esperada é mais fácil de ser encontrada.

A fidelidade de uma pesquisa de opinião depende do esclarecimento de seus métodos, principalmente do critério empregado para passar de uma observação parcial a uma conclusão geral. A esse respeito, é importante refletir sobre a forma do argumento *sorites* (p. 55).

Por outro lado, é verdade que o procedimento da generalização pode ser muito útil (desde que ela não seja apressada!). É o caso, por exemplo, do procedimento indutivo (p. 48), amplamente empregado em nosso conhecimento do mundo. ■

Pensadores e ativistas que entenderam a Política como serviço ao bem comum. Iniciando do alto e da esquerda para a direita: Mahatma Gandhi, Karl Marx, Simone Weil, Rosa Luxemburgo, Martin Luther King, Nelson Mandela, Desmond Tutu, Friedrich Hayek, Bertrand Russell e Jürgen Habermas.

são egoístas constitui um equívoco filosófico chamado *generalização apressada* ou *generalização indevida*.

Tendo desvinculado o interesse do egoísmo, libera-se o campo para a compreensão da Política como um tipo de atuação em que as pessoas se movem por interesses, mas não necessariamente visando apenas ao seu próprio benefício.

Se a Política nasce da vida, a fim de organizá-la, e se a Sociedade é uma forma de torná-la mais satisfatória, então é legítimo pensar que a Política pode ser entendida como forma de tornar a vida mais satisfatória.

É verdade, contudo, que, do ponto de vista histórico, buscar o bem da vida social nem sempre significou buscar o bem de todos os cidadãos nem oportunidades iguais para eles. A democracia grega, por exemplo, embora tenha sido a experiência que deu origem à Política (p. 376), não tratava os indivíduos de maneira igual: as mulheres, os escravos, os estrangeiros e as crianças não tinham os mesmos direitos dos homens gregos adultos e livres. Mesmo na Modernidade, com os ideais iluministas (p. 222) e com a tentativa de expansão dos direitos dos cidadãos, as mulheres ficaram sem direito a voto e as crianças eram tratadas com as mesmas exigências feitas aos adultos.

Com efeito, foi longo o processo que levou a entender a Política como atividade inclusiva. No entanto, apesar dos tropeços históricos, foi possível associá-la à busca do bem comum ou do benefício do grupo social com suas diferenças internas.

O filósofo Platão (p. 82) ofereceu um forte exemplo a esse respeito. No seu dizer, a prática política envolve a busca de justificativas racionais para as decisões que organizam a vida dos cidadãos, não sendo um mero exercício do Poder. Em outras palavras, as ações políticas precisam ser baseadas em motivos ou razões que possam ser avaliadas pelo conjunto dos cidadãos.

Na filosofia platônica, apresentar razões para a ação significava pôr-se em continuidade com as possibilidades inscritas em cada ser, as quais Platão chamava de *Formas*, *Ideias* ou *Essências* (p. 150). A Política seria a atividade de organizar e governar o conjunto social de modo que todos pudessem desenvolver o que têm de melhor e chegar à forma de vida mais adequada ao conjunto. Como Platão chamava de Bem o ideal da plena realização de todas as coisas, ele concebia a Política como um serviço[7] ao Bem. No decorrer dos séculos, passou-se a falar do *bem comum* justamente para enfatizar que o Bem não pode ser apenas de alguns grupos ou indivíduos, pois isso não corresponde à melhor realização das possibilidades inscritas na Natureza.

Platão não acreditava que todos os seres humanos eram iguais, mas também não admitia que as diferenças fossem tomadas como justificativas para construir uma vida social injusta. Caberia ao governante promover a justiça (a realização adequada das possibilidades de cada cidadão). Em seu livro A *República*, ele concebe um sistema ideal de educação em que mulheres e homens teriam o mesmo valor e receberiam o mesmo processo educativo. Em outro de seus livros, chamado *As leis*, encontra-se especialmente sua denúncia do erro que transforma a atividade política em competição.

[7] **Serviço:** *atitude de quem serve.*

Observe que a ideia central do texto de Platão consiste em defender que o governo da cidade ou o serviço das leis deve ser dado a quem é o melhor exemplo de seguidor das mesmas leis estabelecidas na cidade.

Convém lembrar que, nos tempos de Platão, a cidade era uma cidade-Estado, ou seja, uma cidade com estatuto de país (p. 206).

Da concepção do poder de governar como serviço dependem todas as outras afirmações do texto de Platão, inclusive a primeira: quando a autoridade é motivo de disputa, não há justiça. O objetivo da Política, portanto, seria, segundo Platão, realizar a justiça (favorecer o bem de todos). Em outras palavras, a Política, segundo Platão, é um *meio*, e não um *fim* ou uma finalidade em si mesma.

Um dado textual e cultural de grande importância para entender o texto de Platão refere-se à concepção de *lei*. Não seria adequado afirmar que, segundo o pensamento platônico, para fazer justiça basta seguir as leis. Platão tinha clara consciência de que uma lei pode ser injusta, principalmente quando ela não representa o interesse comum dos cidadãos. Uma lei será justa quando conseguir superar tudo o que divide o corpo social e produzir a união dos cidadãos em torno de interesses comuns. Assim, de acordo com o filósofo, a missão da Política inclui a produção de leis justas. O objetivo é a justiça; a Política é o meio para isso.

EXERCÍCIO B

p. 483

1. Explique a concepção platônica da Política como meio.
2. Identifique, nos raciocínios abaixo, os casos de generalização apressada e os casos de generalização justificada. Explique o porquê de suas respostas:
   - (a) Quando viajei para o Rio Grande do Sul, vi muitas churrascarias. É porque todos os gaúchos comem muita carne.
   - (b) Toda religião é violenta, porque judeus, cristãos, muçulmanos e até budistas praticam guerras religiosas.
   - (c) As infecções bacterianas podem ser tratadas com penicilina.
   - (d) Ser brasileiro é amar futebol.
   - (e) Se sempre preveni a gripe na minha família com vitamina C, creio que todos deveriam fazer o mesmo.
   - (f) Visto que todo ser humano é mortal e que todo ser mortal precisa alimentar-se para sobreviver, então todo ser humano precisa de alimento.

A Política deve visar ao interesse comum
Platão

1 Quando a autoridade torna-se alvo de competição, os vencedores apropriam-se dos assuntos da Cidade de um modo que não deixam o menor espaço nem aos vencidos nem aos seus descendentes. [...]

Nesse caso, são injustas as leis que não foram instituídas para o interesse comum
5 do conjunto da Cidade. Quando as leis são feitas em favor de apenas alguns, chamamos esses alguns de *partidários*, e não de *cidadãos*; e quando eles falam de seus direitos, na verdade não dizem nada.

Se afirmo isso, é para significar que, na Cidade, não devemos dar o poder de governar a alguém somente porque é rico ou porque possui alguma vantagem desse tipo
10 sobre os outros (força, destaque, nascimento...). Devemos dá-lo a alguém que sirva às leis na Cidade, ou melhor, a alguém que mais bem obedece às leis estabelecidas e é exemplar desse ponto de vista. Assim, o cargo mais elevado no serviço das leis deve ser dado ao mais exemplar; o segundo cargo mais elevado, ao segundo mais exemplar; e assim por diante, proporcionalmente a cada cargo que deve ser distribuído.
15 Além disso, se dou o nome de *servidores das leis* àqueles que em geral são chamados de *governantes*, não é porque tenho prazer em inventar palavras novas, mas porque, a meu ver, é disso que depende o sucesso ou o fracasso da Cidade. ■

PLATÃO. *Les lois*. Tradução Luc Brisson. Paris: Flammarion, 2006. p. 237-238. (As leis. Tradução nossa para o português.)

3 A Política como fim em si mesmo

Outro modelo de pensamento político, tão forte e influente como o de Platão (p. 82), foi elaborado pelo filósofo italiano Nicolau Maquiavel. Sua reflexão é considerada o alicerce de muitas teorias políticas modernas e da compreensão da Política como certo *fim* em si mesmo, e não apenas como *meio* ou instrumento.

Maquiavel dedicou atenção especial ao estudo histórico em matéria política, isto é, à análise das maneiras como diferentes sociedades estruturaram a participação dos cidadãos nas decisões que diziam respeito a todos e da relação entre governantes e governados. Essa atenção histórica permitiu a Maquiavel destacar três dados básicos:

(1) na República de Florença, sociedade em que vivia Maquiavel, os governantes nunca conseguiram orientar-se completamente por ideais como o bem comum, a justiça ou mesmo a vontade de Deus, pois, quando tentavam ser fiéis a esses ideais, a sociedade florentina se enfraquecia. Na prática, ou os governantes se adaptavam às circunstâncias concretas (contrariando, por exemplo, o bem comum) ou a sociedade florentina corria o risco de ser destruída e dominada por outras sociedades;

(2) na estratégia de se adaptar às circunstâncias históricas e preservar a unidade do grupo social, os governantes aprenderam a lutar para se manter no Poder, mesmo quando prejudicavam membros de sua própria sociedade. Segundo a análise de Maquiavel, a sociedade florentina era caracterizada por dois movimentos: o desejo dos mais fortes, que visavam dominar os mais fracos, e o desejo dos mais fracos, que visavam não ser dominados pelos mais fortes. Os governantes, no meio dessa correlação de desejos diferentes, ou eram firmes e adotavam estratégias para conservar o Poder, preservando a unidade social com o controle dos desejos dos grupos rivais, ou eram envolvidos nesses desejos e acabavam deixando que a sociedade entrasse no caminho da destruição;

(3) nessa dinâmica de conservar o Poder, a atividade dos governantes revela-se, de certa maneira, uma finalidade em si mesma. Maquiavel observava que a Política talvez nunca tenha sido apenas um meio para realizar uma boa sociedade, mas também uma atividade que precisa se conservar a si mesma.

Maquiavel propôs, então, um novo modelo de compreensão da Política, considerando que ela não é um simples meio, mas também um *fim*. A Política passava a ser entendida, agora, como uma forma de chegar ao Poder e de se manter nele.

Seria possível perguntar se a conservação do Poder com a finalidade de preservar a unidade social não significaria entender a Política como meio, e não propriamente como fim. Isso faria voltar ao modelo platônico de compreensão, uma vez que a unidade social seria tomada como objetivo ou fim, enquanto a Política seria apenas um meio ou um instrumento para obtê-lo. Precisamente nesse ponto se revela a originalidade de Maquiavel, porque ele não parte de um "ideal" de unidade ou de uma concepção de sociedade justa e boa, nem afirma que a Política serve para concretizar esse ideal. Ao contrário, Maquiavel prefere pensar que são as *circunstâncias históricas* que determinam o tipo de unidade que pode ser mantida e como ela deve ser obtida dentro dos limites do possível, permitindo que a Sociedade se estruture de acordo com as novidades de cada momento de sua história.

O governante, dessa perspectiva, também não existe para aplicar um "ideal", mas para continuar a governar, adaptando-se às circunstâncias e mantendo-se no Poder. De certo modo, estão aqui algumas das raízes da "profissionalização" dos políticos tal como conhecemos, bem como da transformação da atividade política de governar em "especialidade" de alguns indivíduos.

O pensamento político de Maquiavel desliga, portanto, a Política de objetivos externos ao próprio jogo político e a concebe como exercício do Poder por meio da *força* e das *leis*. A Política identifica-se, agora, com o exercício de governar e de conservar o Poder.

Maquiavel não usa o termo *Poder*, mas *principado*, pois emprega o vocabulário do tempo e lugar em

NICOLAU MAQUIAVEL (1469-1527)

Foi um filósofo político, historiador, músico, poeta e diplomata italiano do Renascimento. Por pensar o Estado como ele é, e não como deveria ser, é considerado o fundador da teoria política moderna. Buscando estimular uma política de fortalecimento e de unificação da Itália contra seus inimigos estrangeiros por meio do Poder absoluto da figura do Príncipe ou do governante, escreveu sua obra mais conhecida e polêmica, *O príncipe* (1513), publicada postumamente, em 1532.

que vivia. O governante era o príncipe; seu poder era o principado. Em sua atividade política, o governante ou o príncipe terá de fazer todo o necessário para conservar o Poder.

A metáfora do leão e da raposa fornece um quadro básico para a leitura do texto de Maquiavel: o leão é sinônimo de força; a raposa é sinônimo de esperteza. O leão aterroriza os lobos; a raposa reconhece as armadilhas. O governante (o príncipe), por sua vez, deve lutar por meio das leis, como todo ser humano, além de servir-se da força do leão e da esperteza da raposa, pois as leis não são suficientes.

A chave de leitura do texto de Maquiavel está na afirmação feita nas linhas 10 a 15: "um príncipe prudente não pode nem deve guardar a palavra dada quando isso se lhe torne prejudicial e quando as causas que o determinaram [no momento em que deu sua palavra] cessem de existir". E ainda: "Se todos os seres humanos fossem bons, esse preceito seria mau. Mas, dado que os seres humanos são pérfidos e que não cumpririam [sua palavra], também não és obrigado a cumpri-la".

Como se pode observar, Maquiavel parte da afirmação de que todos os seres humanos são enganadores, traiçoeiros e não cumprem sua palavra. Por isso, o governante também não é obrigado a cumprir sua palavra se isso for prejudicá-lo (prejudicar sua conservação no Poder), principalmente quando os motivos históricos que o levaram a dar sua palavra já não existem mais. O governante deve ser esperto como a raposa e se sair bem nas variadas circunstâncias. Se ele tiver apenas as qualidades enumeradas no texto (piedade, lealdade etc.), poderá sair-se mal, pois em alguns momentos ele terá de não ser bom, com o objetivo de conservar o Poder.

É por isso que Maquiavel afirma que é importante para o governante *parecer bom*, manter as aparências, pois o povo se apega a elas. Em outras palavras, o governante terá mesmo de enganar o povo caso seja preciso. É por isso também que Maquiavel afirma: "onde não há tribunal a que recorrer, o que importa é o êxito bom ou mau (linhas 39-40)". Quer dizer, se o governante não tem mais outro recurso (tribunal), deve preocupar-se com seu objetivo e fazer o necessário para alcançá-lo.

Essa frase de Maquiavel foi interpretada por muitos leitores como dotada do seguinte sentido: "os fins justificam os meios". Em outras palavras, se os fins são bons (manter a unidade social pelo Poder), seriam aceitáveis injustiças para atingir esses fins. Essa interpretação está na raiz do substantivo *maquiavelismo* e do adjetivo *maquiavélico* nas línguas modernas, como se Maquiavel tivesse ensinado a ser mau (maquiavélico), desde que se atinja um objetivo. É como se Maquiavel tivesse ensinado que Política e Ética não se misturam.

Todavia, Maquiavel não quis declarar que os fins justificam os meios, nem que a Política não tem relação com a Ética. Sua afirmação é clara: se não houver mais nenhum outro recurso, o governante deve se preocupar com o resultado de sua ação. Isso quer dizer que ele se submete às instâncias (recursos) que definem o agir justo. Numa situação extrema, porém, quando não há mais instâncias às quais recorrer, ele mesmo deve decidir de modo a preservar o Poder que dá a unidade social.

Tal atitude explica a ênfase de Maquiavel na sorte e nas circunstâncias. Ele percebia que o exercício do Poder depende do que acontece no momento vivido pela Sociedade. Muitas coisas acontecem sem terem sido previstas; aparecem como circunstâncias que não dependem diretamente dos indivíduos (são sorte) e exigem respostas adequadas. Pretender orientar o Poder por ideais, e não pela adaptação às circunstâncias fortuitas[8] seria um erro de estratégia. O governante deve, então, saber interpretar seu momento histórico e reagir à sorte.

O termo *sorte* não tem apenas o sentido de "boa sorte" (chance, benefício, condições favoráveis), mas, principalmente, o sentido clássico de acaso, acontecimento fortuito. Em italiano, língua de Maquiavel, o termo *sorte* é o mesmo da língua latina: *fortuna*. Em português, embora esse termo esteja hoje mais ligado ao sentido de riqueza, ele também tem o sentido de acaso e sorte. Fala-se, por exemplo, de "boa fortuna".

No tempo de Maquiavel, o mundo europeu passava por profundas mudanças. Eram os inícios da Idade Moderna, caracterizada pelo fim das sociedades medievais, cuja ordem social era mais fixa e guiada por valores ético-religiosos mais fortes. Na Modernidade, com a era das navegações, o encontro de novos povos, o desenvolvimento do comércio, além de outros fatores, a estabilidade social é abalada e os grupos entram em conflito para buscar seus interesses. Se os comerciantes, por exemplo, formavam uma classe pouco influente na Idade Média, eles têm agora um papel muito ativo na organização social e lutam para ver seus interesses atendidos.

Mudavam, portanto, as regras do jogo político; e o governante tinha de saber jogar. Sua força (sua *virtù*, como dizia Maquiavel em italiano) não residia mais

[8] ***Fortuito:*** *que acontece sem ter sido previsto; resultado do acaso.*

O governante deve ser leão e raposa

Nicolau Maquiavel

MAQUIAVEL, N. O *príncipe*. Tradução Lívio Xavier. São Paulo: Nova Cultural, 1987. p. 73-75. (Coleção Os Pensadores).

1 Existem duas formas de combater: uma, pelas leis; outra, pela força. A primeira é própria do ser humano; a segunda, dos animais. Como, porém, muitas vezes a primeira não é suficiente, é preciso recorrer à segunda. Ao príncipe torna-se necessário, porém, saber empregar convenientemente o [que é próprio do] animal e o [que é próprio do]
5 humano. [...]

Sendo, portanto, um príncipe obrigado a bem servir-se da natureza da besta, deve tirar dela as qualidades da raposa e do leão, pois este não tem defesa alguma contra os laços; e a raposa, contra os lobos. [O príncipe] precisa, pois, ser raposa para conhecer os laços e leão para aterrorizar[9] os lobos. Os que se fizerem unicamente
10 de leões não serão bem-sucedidos. Por isso, um príncipe prudente não pode nem deve guardar a palavra dada quando isso se lhe torne prejudicial e quando as causas que o determinaram [no momento em que deu sua palavra] cessem de existir. Se todos os seres humanos fossem bons, esse preceito[10] seria mau. Mas, dado que os seres humanos são pérfidos[11] e que não cumpririam [sua palavra], também não
15 és[12] obrigado a cumpri-la para com eles. Jamais faltaram aos príncipes razões para dissimular[13] quebra da fé jurada. Poder-se-iam dar inúmeros exemplos modernos, mostrando quantas convenções e quantas promessas se tornaram írritas[14] e vãs pela infidelidade dos príncipes. E, dentre esses [príncipes], o que mais bem soube valer-se das qualidades da raposa saiu-se melhor. Mas é necessário disfarçar muito bem
20 essa qualidade e ser bom simulador[15] e dissimulador[16]. [...]

O príncipe não precisa possuir todas as qualidades acima citadas [piedade, lealdade, humanidade, integridade e religiosidade], bastando que aparente possuí-las. Antes, teria eu a audácia de afirmar que, possuindo-as e usando-as todas, essas qualidades seriam prejudiciais, ao passo que, aparentando possuí-las, são benéficas.
25 Por exemplo: de um lado, parecer ser efetivamente piedoso, fiel, humano, íntegro, religioso, e, de outro, ter o ânimo de, sendo obrigado pelas circunstâncias a não o ser, tornar-se o contrário.

É há de se entender o seguinte: um príncipe, e especialmente um príncipe novo, não pode observar[17] todas as coisas a que são obrigados aqueles que são considerados
30 bons, sendo frequentemente forçado, para manter o governo, a agir contra a caridade, a fé, a humanidade, a religião. É necessário, por isso, que [o príncipe] possua ânimo disposto a voltar-se para a direção a que os ventos e as variações da sorte o impelirem[18]; e, como eu disse mais acima, não partir do bem, mas, podendo, saber entrar para o mal, se a isso estiver obrigado.
35 O príncipe deve, no entanto, ter muito cuidado em não deixar escapar da boca expressões que não revelem as cinco qualidades acima mencionadas, devendo aparentar, à vista e ao ouvido, ser todo piedade, lealdade, integridade, humanidade, religião. [...]

Nas ações de todos os humanos, máxime[19] dos príncipes, onde não há tribunal a
40 que recorrer, o que importa é o êxito[20] bom ou mau. Procure, pois, o príncipe vencer e conservar o Estado. Os meios que empregar serão sempre julgados honrosos e louvados por todos, porque o vulgo[21] é levado pelas aparências e pelos resultados dos fatos consumados; e o mundo é constituído pelo vulgo; e não haverá lugar para a minoria se a maioria não tem onde se apoiar. ■

[9] ***Aterrorizar:*** *causar medo, terror.*

[10] ***Preceito:*** *pensamento; princípio; regra.*

[11] ***Pérfido:*** *desleal; traiçoeiro.*

[12] *Maquiavel se dirige ao príncipe Lorenzo de Médicis. Daí a razão do emprego do verbo na segunda pessoa do singular (tu és).*

[13] ***Dissimular:*** *disfarçar, fingir.*

[14] ***Írrito:*** *anulado; sem efeito.*

[15] ***Simulador:*** *quem parece ser o que não é; fingidor.*

[16] ***Dissimulador:*** *disfarçador da realidade; enganador.*

[17] ***Observar:*** *cumprir; realizar.*

[18] ***Impelir:*** *empurrar.*

[19] ***Máxime:*** *maximamente; principalmente.*

[20] ***Êxito:*** *resultado.*

[21] ***Vulgo:*** *povo.*

Altobello Melone (1490-1543), *Retrato de um cavalheiro (César Bórgia)*, 1513, óleo sobre tela. César Bórgia era um exemplo, segundo Maquiavel, de governante que obteve Poder por sorte ou fortuna. Confiando apenas no acaso e sem planejar sua ação política, esse tipo de governante tenderia ao fracasso.

em suas qualidades éticas ou em sua vida exemplar, nem em um ideal de bem comum ou de vontade divina, mas na capacidade de aproveitar as circunstâncias e mostrar a sua força.

Essa atitude não significava necessariamente falta de Ética. Talvez ninguém mais do que Maquiavel tenha falado com tanto desprezo daqueles que se servem de métodos "para obter o Poder, mas não a glória", isto é, o respeito do seu povo. Dessa perspectiva, a diferença entre o pensamento político de Maquiavel e de Platão até deixa de ser tão profunda, pois haveria um elemento "platônico" continuado por Maquiavel ao apontar para o respeito do povo. Afinal, o respeito do povo só é obtido quando há uma preocupação com o bem de todos. Ora, tal preocupação não deixa de ser, de certa maneira, uma preocupação com o bem comum, tal como Platão exprimia por meio de Sócrates (p. 157), personagem de seus diálogos. Com efeito, no livro I de *A república*, Platão "prevê" um elemento "maquiaveliano" na reflexão política ao apresentar a personagem Trasímaco, comprometido com uma ideia de justiça como "aquilo que mais convém". A esse modelo, Platão contrapõe a reflexão de Sócrates e sua ênfase na justiça em relação ao bem de todos.

p. 483

EXERCÍCIO C

1. Descreva a originalidade da concepção maquiaveliana de Política em relação à posição platônica.
2. Qual o fundamento da afirmação maquiaveliana segundo a qual é legítimo que o governante faça aquilo que é considerado mau?
3. Maquiavel pensava que os fins justificam os meios? Explique.

4 O Poder e o Estado

A reflexão sobre a Política requer uma análise do que se entende por Poder, sobretudo porque a compreensão da Política a reduz muitas vezes apenas à atividade dos ocupantes do Poder. No entanto, se a Política diz respeito à vida de todos os cidadãos, não seriam eles a verdadeira base do Poder?

Atualmente, entre os vários sentidos do termo *Poder* está o de autoridade. É um sentido específico e se refere ao fato de algumas pessoas estarem autorizadas a liderar outras. O que as autoriza pode ser sua competência (assim como um cirurgião lidera uma equipe em uma operação) ou o fato de terem sido escolhidas pelos indivíduos e grupos com o objetivo de representá-los. O segundo sentido corresponde ao uso político do termo; trata-se do *poder representativo*.

Não havia em Platão uma reflexão sobre o Poder nesses termos. Os cidadãos não seriam representados pelos governantes porque tanto governantes como governados submetiam-se à busca do Bem, por meio da aplicação de leis justas. A autoridade para governar provinha da preparação para servir às leis justas. O "Poder" estava, então, na justiça à qual todos deviam servir, a ponto de Platão chamar de usurpadores aqueles que ocupam o poder de governar e seguem interesses diferentes da justiça. No limite, os maus governantes merecem perder sua função, a fim de serem substituídos por pessoas justas. O "Poder", numa palavra, era relativo ao Bem.

Nos tempos de Maquiavel essa concepção sofre profundas mudanças. A percepção de que a realidade histórica exige adaptações (que nem sempre permitem manter os olhos fixos no bem comum) leva a entender o Poder como uma estrutura necessária para o bom governo da vida social. Fortalece-se, aos poucos, a ideia de que os ocupantes do Poder representam os interesses dos cidadãos, embora muitos governantes, na época de Maquiavel, não fossem eleitos, mas recebessem o Poder por herança. Seja como for, a ideia de construção do governo mais eficaz para manter o bom funcionamento da Sociedade (não mais o ideal do bem comum) conduz à valorização da estrutura que permite tal eficácia: o Poder.

É a essa concepção que estamos habituados no mundo contemporâneo. Embora os governantes se apresentem como servidores de ideais de justiça, bem-estar etc., eles não são escolhidos para realizar um ideal único (como o Bem platônico), mas para realizar o maior bem historicamente possível.

Coube ao filósofo inglês Thomas Hobbes (p. 258) dar forma a essa ideia, consagrando o Poder como condição para o bom funcionamento da vida social e fortalecendo a concepção de que os cidadãos autorizam os governantes a representá-los. Como não seria possível que todos os indivíduos se ocupassem do bem do conjunto social, e como alguns indivíduos e grupos, se não forem controlados, revelam maior força e buscam servir-se do conjunto para seu próprio benefício, passa-se então a delegar[22] a representantes políticos a função de zelar pelo bem de todos.

Diante das diferentes tendências e interesses que caracterizam a Sociedade, a Política deixa definitivamente de ser vista como serviço a um ideal único e passa a ser entendida como a busca da paz, forma de vida que reduz ao mínimo os conflitos e evita que os grandes ou mais fortes devorem os pequenos ou mais fracos. Dado que o Poder é compreendido como estrutura necessária para governar e obter paz, a Política torna-se a prática do Poder.

Segundo Hobbes, os seres humanos, se viverem em estado de Natureza, ou seja, se seguirem apenas sua constituição física e instintiva, instalarão uma *guerra de todos contra todos*, pois cada indivíduo é habitado por um desejo duplo: o de ser livre e o de dominar os outros seres, inclusive seus semelhantes. *O homem é o lobo do homem*, declarava Hobbes.

[22] **Delegar:** *transferir uma função.*

No entanto, percebendo que a vida pode ser melhor caso seja evitada a guerra de todos contra todos, os seres humanos abrem mão de sua liberdade total e aceitam limites e controles. Transferem, portanto, sua força e seu poder a outro "ser", que passará a representá-los e a evitar a violência geral. Esse outro "ser" é chamado de *soberano*; e a fonte de sua autoridade é o pacto social feito pelos cidadãos. Tal "ser" é visto como uma "pessoa", ou seja, como "alguém" dotado de qualidades específicas. Não se trata de um ser humano, mas de uma estrutura que se encarna no indivíduo que a ocupa (o soberano). A ela se dá o nome de *Estado* (no sentido de unidades políticas independentes e com administração própria, ao modo como entendemos os países).

Thomas Hobbes chamava o Estado, segundo a concepção moderna, de *Leviatã* ou *Grande Leviatã*: ele é como um deus, mas um deus mortal, abaixo do Deus Imortal, e é uma figura que causa medo. De fato, *Leviatã* é o nome de um monstro que espalha terror. Aparece, por exemplo, no livro bíblico de Jó. Hobbes serve-se dessa figura a fim de representar o Estado como uma instância autorizada a usar da força para evitar a luta de todos contra todos.

O Estado como condição para uma vida mais satisfatória
Thomas Hobbes

1 O fim último [...] dos humanos [...] ao se imporem a si mesmos aquela restrição[23] sob a qual os vemos viver nos Estados é o cuidado com sua própria conservação e com uma vida mais satisfeita. [...]

A única maneira de instituir um tal Poder comum – capaz de defendê-los das in-
5 vasões dos estrangeiros e das injúrias[24] uns dos outros, garantindo-lhes assim uma segurança suficiente para que, mediante seu próprio labor[25] e graças aos frutos da terra, possam alimentar-se e viver satisfeitos – é conferir toda sua força e poder a um homem ou a uma assembleia de homens, que possa reduzir suas diversas vontades, por pluralidade de votos, a uma só vontade. [...] Isso é mais do que consentimento[26]
10 ou concórdia; é uma verdadeira unidade de todos eles, numa só e mesma pessoa, unidade essa realizada por um pacto de cada indivíduo com todos os indivíduos [...]. Feito isso, à multidão assim unida numa só pessoa se chama Estado, [...] aquele grande Leviatã ou antes (para falar em termos mais reverentes) daquele deus mortal ao qual devemos, abaixo do Deus Imortal, nossa paz e defesa. Pois graças a essa autoridade
15 que lhe é dada pelos indivíduos no Estado, é conferido a ele o uso de tamanho poder e força que o terror assim inspirado o torna capaz de conformar as vontades de todos eles, no sentido da paz em seu próprio país e da ajuda mútua contra os inimigos. ■

HOBBES, Thomas. *Leviatã*. Tradução João Paulo Monteiro e Maria Beatriz Nizza da Silva. São Paulo: Abril Cultural, 1988. p. 103-106. (Coleção Os Pensadores.)

[23] **Restrição:** *limite.*
[24] **Injúria:** *agressão; ofensa.*
[25] **Labor:** *esforço; trabalho.*
[26] **Consentimento:** *concordância; aceitação.*

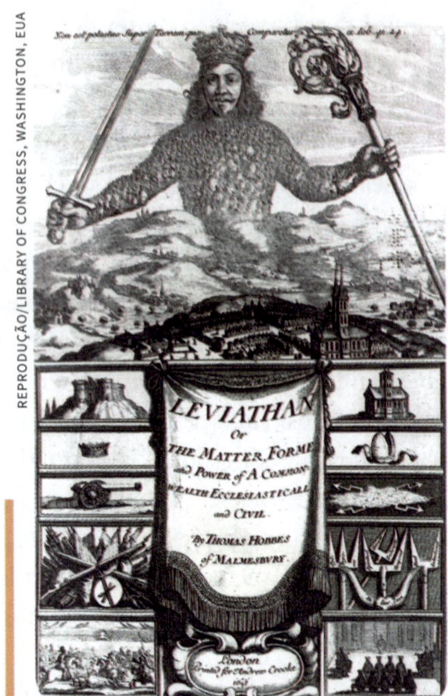

Frontispício do livro *Leviatã*, de Thomas Hobbes (1651). Gravura de Abraham Bosse (1602-1676).

Apesar de ser um Leviatã, o Estado moderno tal como teorizado por Hobbes não dava aos governantes (os ocupantes do Poder) a faculdade de fazer tudo o que bem entendem. Para indicar limites à força do Estado, alguns pensadores complementaram a filosofia política de Hobbes por meio do conceito de *Estado de Direito*: um sistema institucional (Estado) no qual tanto os cidadãos como o poder público devem respeitar as leis do país (Direito).

p. 483

EXERCÍCIO D

1. Comente a diferença entre Platão e Maquiavel no tocante à concepção de Poder.
2. Reconstrua resumidamente a visão de Thomas Hobbes sobre o Poder, usando as expressões *guerra de todos contra todos*, *pacto social* e *Leviatã*.
3. O que é o Estado de Direito?

THOMAS HOBBES (1588-1679)

Foi um filósofo e matemático inglês conhecido por suas críticas ao racionalismo de Descartes e por ser um dos principais fundadores do empirismo e da teoria moderna sobre o Estado. Obras mais conhecidas: *Do cidadão* (*De cive*) e *Leviatã*.

5 Cidadania e democracia

O conhecimento das raízes do pensamento político que forma nossa experiência nos dias de hoje permite recolocar em outros termos os temas do interesse e da participação política.

Se é verdadeira a percepção hobbesiana de que nem todos os cidadãos podem ocupar o Poder ao mesmo tempo (sendo conveniente, portanto, ter representantes), também não deixa de ser verdade que o próprio Hobbes defendia a participação de todos como forma de exercer a liberdade e de delegar o Poder aos governantes. A essa participação e delegação deu-se o nome de *cidadania*.

Dessa forma de participação indireta no Poder surgiu a ideia de *democracia representativa*, principalmente com a divisão do Poder em três instâncias (o Poder Legislativo, o Poder Executivo e o Poder Judiciário), inspirada no pensamento do filósofo Montesquieu (1689-1755) e na *Declaração dos direitos do homem e do cidadão*, de 1789. O conjunto dos cidadãos participa do Poder por meio de representantes, que, por sua vez, dividem-se entre as três instâncias: o Poder Legislativo é composto pelos responsáveis por elaborar as leis que regem a vida social (em nosso país são os vereadores, deputados estaduais e deputados federais), além de aprovar as ações do Poder Executivo, que, por sua vez, é composto pelos responsáveis por praticar as leis e zelar pelo seu cumprimento em todos os níveis (prefeitos, governadores e presidente). O Poder Judiciário, por fim, também zela pelo cumprimento das leis e decide sobre os conflitos pessoais, grupais ou sociais com a lei. Ele não é eleito, mas se constitui de alguns cargos concursados e outros nomeados pelos Poderes Legislativo e Executivo.

A divisão em três Poderes é hoje considerada uma forma de proteger o princípio do Estado de Direito, embora não deixe de apresentar fragilidades muitas vezes estruturais. O filósofo Louis Althusser (p. 259), por exemplo, alertava para o fato de que o sistema dos três Poderes fez com que, ao longo do tempo, alguns cidadãos tivessem privilégios porque são reeleitos e exercem influência excessiva sobre o Legislativo e o Executivo. Mais grave ainda, no dizer de Althusser, é que os três poderes são uma forma de proteger o Poder Executivo das revoltas populares. Como os cidadãos votam

LOUIS ALTHUSSER (1918-1990)

Foi um filósofo político francês de origem argelina. Sua obra radical, polêmica e, muitas vezes, contraditória permanece influente no pensamento marxista. Althusser é visto como um teórico das ideologias e seu trabalho mais conhecido é *Ideologia e aparelhos ideológicos do Estado*, que estabelece seu conceito de ideologia, relacionando marxismo e Psicanálise.

em representantes para o Executivo e para o Legislativo, eles têm a impressão de que participam do Poder, principalmente porque imaginam que os membros do Legislativo representarão os interesses públicos e porque, em caso de decepção extrema, esperam a eleição dos próximos ocupantes do Executivo.

Althusser, então, bem como Hannah Arendt (p. 117) e outros pensadores, defendeu uma concepção diferente de democracia, a *democracia direta*, na qual o povo exerce o Poder diretamente, e não por meio de representantes. Os modos para exercer diretamente o Poder podem variar, como, aliás, já ocorreu na história da democracia: em Atenas, os cidadãos podiam tomar a palavra na praça pública; em partes da Europa do Leste, eles governavam por meio de plebiscitos (como entre os cossacos, povo de guerreiros instalado no sul da atual Rússia e na Ucrânia); nas comunas da Idade Média, por meio das assembleias populares; ou ainda em partes do México, por meio do sistema de rodízio no Poder. Em nossos dias, com a facilidade de comunicação trazida pela revolução da informática e pelas mídias sociais, certamente seria possível haver consultas amplas à população, bem como formas de acionar rapidamente as pessoas para manifestarem seu pensamento. Aliás, o movimento da ocupação das escolas em São Paulo e em Goiás não foi uma tentativa de praticar a democracia direta?

Em contrapartida, o maior risco presente na democracia direta (mas também na democracia representativa) consiste em organizar a vida pública segundo algo perigoso e para o qual já alertava Tocqueville: a "ditadura da maioria", quer dizer, a crença de que, para produzir situações justas, basta votar e obter a maioria dos votos. A democracia, assim, embora se apresente como o governo do povo, pode reduzir-se a uma justificativa para impor ao conjunto da população o desejo da maioria, que nem sempre é necessariamente adequado à vida social.

Por outro lado, a democracia, apesar de suas fragilidades, é um valor construído pelas sociedades ao longo dos séculos e merece ser defendida. Se ela ainda é vivida apenas como o sistema da maioria, isso não impede as sociedades de melhorá-la e torná-la mais inclusiva.

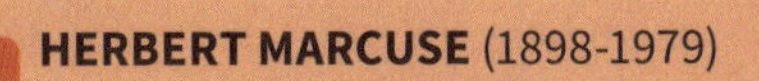

Foi um filósofo alemão de origem judaica naturalizado norte-americano. Pertenceu à Escola de Frankfurt e se dedicou a estudar a cultura com base em elementos marxistas e psicanalíticos. Obras mais conhecidas: *Éros e civilização* e *O homem unidimensional*.

MICHEL FOUCAULT (1926-1984)

Foi um pensador francês que atuou em várias frentes, principalmente Filosofia, História e crítica literária. Entre suas abordagens originais destaca-se sua análise das relações entre Poder e controle social. Obras mais conhecidas: *As palavras e as coisas*, *Microfísica do Poder* e *História da sexualidade*.

EXERCÍCIO E

p. 484

1. O que é cidadania? Ela diz respeito a você diretamente?
2. Por que a divisão em três Poderes é vista como uma forma de preservar o Estado de Direito?
3. Qual a crítica de Althusser à democracia representativa?

EXERCÍCIOS COMPLEMENTARES

p. 484

1 Dissertação de síntese filosófica

Elabore uma dissertação de síntese filosófica (p. 138) sobre as concepções de Política e Poder segundo Platão e Maquiavel.

2 Pesquisa

Sob orientação de seu(sua) professor(a) de Filosofia, divida a sala em cinco grupos. A cada um caberá um trabalho:

Grupo 1: Pesquisar a estrutura do Poder Executivo brasileiro municipal, estadual e federal.

Grupo 2: Pesquisar a estrutura do Poder Legislativo brasileiro municipal, estadual e federal.

Grupo 3: Pesquisar a estrutura geral do Poder Judiciário brasileiro.

Grupo 4: Pesquisar quantos e quais são os partidos representados na Câmara dos Vereadores de sua cidade, na Câmara dos Deputados (Assembleia Legislativa) de seu Estado, na Câmara dos Deputados Federais e no Senado.

Grupo 5: Pesquisar por que setores da Sociedade defendem a necessidade de uma reforma política no Brasil.

Feitas as pesquisas, os grupos apresentam os resultados para a sala em plenária. Sugerimos a elaboração de esquemas visuais ou organogramas. Se sua escola conta com professor(es) de Sociologia, vocês podem pedir que ele(s) assista(m) à apresentação plenária e deem sua opinião.

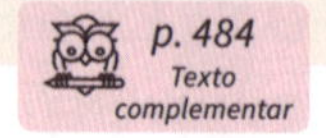
p. 484 Texto complementar

Dicas de filmes para você assistir tendo em mente o que trabalhamos neste capítulo

A mulher faz o homem *(Mr. Smith Goes to Washington), direção Frank Capra, EUA, 1939.*
Este clássico do cinema norte-americano narra a história de Jefferson Smith, político inexperiente e idealista, eleito senador com os favores de Sam Taylor, rico executivo que financia campanhas e espera dos políticos o favorecimento de seus negócios. Quando Smith tem de tomar posição com relação ao projeto de construção de uma barragem, conhece mecanismos políticos que ele nunca havia imaginado. ■

Terra em transe, *direção Glauber Rocha, Brasil, 1967.*
História de um político que quer governar a cidade de Eldorado, embora deteste o povo, e de um jornalista dividido entre a poesia e a militância. O vazio, a estupidez e o conservadorismo de certas elites, bem como a obediência total, o populismo adorado e o prazer de algumas pessoas em se sentirem comandadas são alguns dos temas desse clássico do cinema brasileiro. ■

Tudo pelo poder *(The Ides of March), direção George Clooney, EUA, 2011.*
Ficção sobre os bastidores da equipe de Mike Morris, governador democrata e candidato à presidência dos Estados Unidos. Explora o tema da construção dos candidatos e o papel dos meios de comunicação na elevação e na queda das personagens políticas. ■

Dicas literárias

A tragédia de Coriolano, *peça de William Shakespeare, tradução Manuel Resende, Afrontamento, 1998.*
A peça *Coriolano* é uma obra-prima sobre a natureza do Poder e as relações entre os diferentes membros da vida social. Shakespeare chega a prever problemas de grande atualidade para a sociedade democrática e constrói um texto cheio de movimento. Sua base principal é a narrativa da vida de Caio Márcio Coriolano, personagem dos inícios da república romana, apresentada na obra *Vidas paralelas*, de Plutarco (46-120). Nascido em uma família nobre, Coriolano se destacava no combate físico, mas não tinha sucesso nas eleições para cônsul, porque revelava claramente desprezo pelo povo. Tomado de cólera, age com violência e é condenado ao exílio. Junta-se, então, com inimigos de Roma e organiza um ataque à cidade. O final da narrativa é inesperado. Shakespeare sabe explorá-lo com primor para mostrar sua visão daqueles que se deixam levar pelo desejo do Poder. ■

O alienista, *conto de Machado de Assis (várias edições).*

A narrativa tem como personagem principal o médico Simão Bacamarte. Com uma importante carreira na Espanha e em Portugal, Simão decide entrar para o ramo da Psiquiatria, instalando-se na cidade de Itaguaí, no Rio de Janeiro, e lá abre uma casa para doentes mentais. Começa a estudar a loucura e procede como um verdadeiro cientista. Simão interna, então, todos os habitantes de Itajaí que lhe pareciam loucos: a mulher indecisa, o homem vaidoso, a mulher supersticiosa, o homem bajulador e assim por diante. Aquilo que era apenas comportamento diferente Simão considera loucura e procura estudá-la. A história de Machado de Assis retrata outra forma de exercício do Poder, aquela dos que possuem autoridade para prender outras pessoas, seja em nome da Ciência, seja em nome da segurança pública. ■

1984, *de George Orwell, tradução Heloisa Jahn e Alexandre Hubner, Companhia das Letras, 2009.*

O livro *1984* é talvez o mais conhecido dos romances da distopia, isto é, de uma negação da utopia ou do sonho com uma sociedade ideal e plenamente boa. A distopia é uma contrautopia e opera pela ficção de uma sociedade imaginária na qual seus membros estão impedidos de obter a felicidade. Dessa perspectiva, *1984* descreve a Grã-Bretanha de 30 anos depois de uma guerra nuclear entre o Oriente e o Ocidente. Um regime totalitário se instala e a liberdade de expressão não existe mais. O livro retrata como poderá ser a vida humana se um dia ela for controlada em seus detalhes. Depois de apreciar o livro, você pode fazer uma pesquisa sobre o vocabulário que George Orwell criou e que hoje entrou na maneira de falar de muitas pessoas pelo mundo todo, como se observa pelos termos *Big Brother* e *novilíngua*. ■

Para continuar viagem...

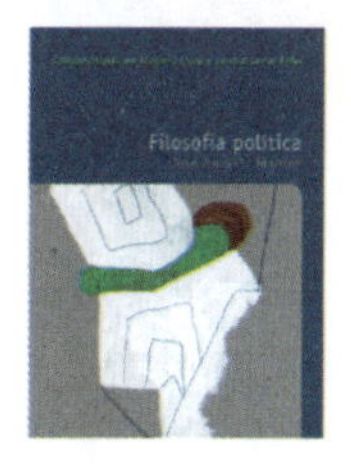

Filosofia política, *de José Antônio Martins, WMF Martins Fontes, 2014 (Coleção Filosofias: o prazer do pensar).*

Estudo dos momentos centrais da história da Filosofia Política, iniciando pelo surgimento conjunto da Filosofia e da Política, na Grécia Antiga, passando pelas contribuições medievais e pelas transformações modernas, até chegar à Contemporaneidade. ■

O Estado, *de Adriana Mattar Maamari, WMF Martins Fontes, 2014 (Coleção Filosofias: O prazer do pensar).*

A autora apresenta os momentos centrais da história da concepção do Estado, partindo da ideia de governo entre os antigos, passando pela Idade Média e chegando à formulação moderna do pensamento político que está na origem dos Estados nacionais e também no fundamento da crítica a eles. ■

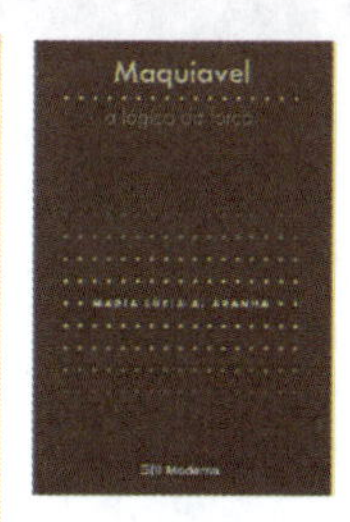

Maquiavel: a lógica da força, *de Maria Lúcia de Arruda Aranha, Moderna, 1993 (Coleção Logos).*

Introdução didática à vida e ao pensamento de Maquiavel, com uma boa seleção de textos ao final. ■

Em busca da Política, *de Zygmunt Bauman, tradução Marcus Penchet, Zahar, 2000.*

O livro defende que a liberdade dos indivíduos só pode ser obtida e garantida por um esforço coletivo. No entanto, hoje as sociedades transformam em mercadoria os meios que podem garantir a liberdade individual. Segundo o autor, é preciso traduzir os problemas pessoais em questões de dimensões públicas. Sem isso, a atividade política não poderá ser renovada. ■

Cadernos de Ética e Filosofia Política, *da Universidade de São Paulo, disponível em: <http://www.revistas.usp.br/cefp>. Acesso em: 13 jan. 2016.*

Você pode acessar gratuitamente os vários números da revista e enriquecer-se com a leitura de artigos sobre Filosofia, Política, Sociedade etc. ■

Site da Sociedade Brasileira de Economia Política (SEP), *disponível em: <http://www.sep.org.br>. Acesso em: 13 jan. 2016.*

Neste site você pode encontrar notícias da SEP, e também todos os artigos escritos por participantes dos encontros anuais. Os temas são os mais variados, desde teorias clássicas sobre Sociedade e Política até assuntos da Atualidade. ■

p. 485 Sugestões bibliográficas

JORNALISTA GABRIEL CASTALDINI/FLICKR

Inscrição na Avenida Brasil (anos 1980), feita pelo Profeta Gentileza (1917-1996).

CAPÍTULO

11 A PRÁTICA ÉTICA

p. 485

A imagem que abre este capítulo chama a atenção para um dado de grande interesse filosófico: a prática de uma ação pode despertar uma reação parecida. "Gentileza gera gentileza".

Antes de refletir sobre esse dado, vale a pena conhecer a história do artista que inscreveu essa frase na Avenida Brasil, na cidade do Rio de Janeiro. Ele ficou conhecido como Profeta Gentileza e seu nome era José Datrino (1917-1996).

Nascido na cidade de Cafelândia, no interior do estado de São Paulo, José Datrino constituiu família e tornou-se empresário do ramo de transportes. Aos 44 anos, adotou um estilo de vida completamente diferente depois de ter ficado impressionado com a tragédia que matou cerca de 500 pessoas no incêndio de um circo na cidade de Niterói, no estado do Rio de Janeiro. Sua família conta que, depois de uma reunião de negócios, José Datrino, decepcionado com o tipo de vida que levava, correu para o quintal e jogou-se na lama, proclamando que daí por diante mudaria seus hábitos. Instalou-se em Niterói e viveu quatro anos no local onde ocorreu o incêndio. Lá plantou flores e cultivou uma horta, anunciando a quem o observava que o mundo "já tinha acabado" e que era preciso cultivar a gratidão e a gentileza tanto entre os seres humanos como entre eles e a Natureza.

Nos anos 1970, José Datrino percorreu várias cidades brasileiras, viajando de carona, para anunciar sua mensagem. A partir de 1980, pintou 56 murais nas pilastras de um viaduto do Rio de Janeiro, insistindo principalmente naquele que lhe parecia ser o segredo de uma vida melhor: a prática da gentileza, ação de tratar bem todas as pessoas e o meio ambiente; reconhecendo o valor de cada ser e tratando-o com respeito simplesmente porque existe.

RAIMUNDO VALENTIM/CPDOC JB

Profeta Gentileza no início dos anos 1980, quando ele andava pelas ruas do Rio de Janeiro e de Niterói.

Alguns artistas reconheceram o trabalho de José Datrino e o consagraram como "profeta", quer dizer, portador de uma mensagem divina. Foi o caso de Gonzaguinha e Marisa Monte. Você pode conferir a homenagem dos dois músicos ao artista em vídeos do site YouTube e assistir ao documentário de Dado Amaral e Vinícius Reis, de 1994 (Disponível em: <https://www.youtube.com/watch?v=71iQuiQb3h8>. Acesso em: 5 out. 2015).

A vida de José Datrino foi interpretada por muitos como loucura. Ele mesmo se apresentava como "maluco"; e, adotando o vocabulário do músico brasileiro Raul Seixas (1945-1989), dizia que todos deviam ser "malucos beleza". Um "maluco beleza" não se satisfaz com a simples repetição do que todos fazem, mas procura escapar à "normalidade", dando um sentido pessoal à sua própria existência.

José Datrino falava e escrevia coisas que misturavam Política, religião e moral, dando às vezes a impressão de falta de sentido no que dizia. Fazia associações nem sempre corretas do ponto de vista científico-histórico, como quando afirmava que a palavra *capeta* vem da palavra *capital*. Na verdade, *capeta* vem de *capa*, peça do vestuário com que o inimigo de Deus aparece em algumas representações. Já *capital* vem de *caput*, termo que em latim significa a cabeça ou a parte que comanda o corpo. Quando associava, porém, o capital (acúmulo de dinheiro, típico das sociedades capitalistas) com uma obra do mal ou do capeta, a "loucura" do Profeta Gentileza não deixava de revelar lucidez ao exprimir o sofrimento de tantas pessoas submetidas ao capital.

Certos atos controversos[1] de José Datrino também levaram a vê-lo de maneira diferente. Algumas pessoas dizem que ele não era gentil com todos, pois não suportava, entre outras coisas, que as mulheres usassem minissaia. Gritava com elas e as insultava. Seu discurso, então, era um pouco moralista e mesmo machista: ensinava a sua visão de mundo como a única aceitável e considerava que as mulheres deviam adotar padrões de comportamento definidos em função dos homens (para não "provocá-los", como se elas fossem responsáveis pelos descontroles masculinos). Datrino não dialogava com as pessoas, mas procurava amansá-las, assim como havia feito em sua infância, quando ajudava sua família a amansar burros.

Não há dúvida de que, para a qualidade do convívio humano, é inadequado apresentar a reflexão sobre valores morais como uma tarefa de "amansar" as pessoas, sem reconhecer o que elas têm de bom. É uma atitude autoritária e mesmo violenta. No entanto, descontado o exagero e a incoerência do Profeta Gentileza, também não há dúvida de que alguns elementos de seu discurso e de sua maneira de viver levantam temas

[1] ***Controverso:*** *algo cujo significado pode ser interpretado de maneiras diferentes e gerar polêmica.*

de interesse. O professor Leonardo Guelman, da Universidade Federal Fluminense, publicou um artigo na *Revista de História*, procurando compreender o Profeta Gentileza sob a perspectiva da vida em Sociedade e da desumanização do ser humano nas grandes cidades. Você pode ler o artigo que está disponível em: <http://www.revistadehistoria.com.br/secao/capa/gentileza-e-premonicao>. Acesso em: 5 out. 2015.

Seja como for, a frase mais conhecida de José Datrino, "Gentileza gera gentileza", traz à tona uma temática que sempre interessou os filósofos: atos bons (éticos, morais) têm a possibilidade de despertar reações semelhantes nas pessoas. Isso pode ser sintetizado na seguinte pergunta: os atos podem tornar-se hábitos individuais e sociais?

1 Atos e hábitos

Um dos primeiros exemplos de reflexão sobre a ação humana foi dado por Aristóteles (p. 103), que procurou identificar o que distingue os seres humanos dos outros animais.

Analisados apenas da perspectiva de sua constituição física, os seres humanos têm tudo em comum com os outros seres (os minerais, as plantas e os animais em geral). Porém, analisados da perspectiva dos atos que só eles realizam, então é possível colher a diferença que os caracteriza: os seres humanos são racionais, quer dizer, podem refletir e praticar *atos* livres.

A palavra *ato* e outras semelhantes (*ação, agir, atividade* etc.) são empregadas por Aristóteles, aliás, com um sentido específico quando ele se refere aos seres humanos. Embora se diga, por exemplo, que o animal realiza o ato de correr tanto quanto o ser humano, é preciso saber que o ato humano de correr é diferente do ato animal de correr, uma vez que o ser humano pode refletir sobre os motivos e sobre o modo de correr. O animal, mesmo tendo certa "consciência" das coisas e de seus atos, não realiza uma reflexão, mas corre desde que sente um perigo; ou, se não corre e fica parado, também o faz com base em uma percepção imediata. Já o ser humano pode refletir sobre qual é a *melhor ação em cada circunstância*: correr ou ficar parado? Sua ação pode, portanto, ser mediada por uma reflexão que analisa causas e consequências.

A fim de indicar a possibilidade especificamente humana de agir, Aristóteles usava a palavra grega *práxis*, que pode ser traduzida em português por *prática*: trata-se da ação humana de reagir a estímulos e de construir o sentido da própria ação. Não se diz, então, que o animal "pratica" uma ação, e sim que ele simplesmente a "faz" ou a "realiza". O ser humano, em vez disso, pratica sua ação; é autor que age refletidamente, calculando as causas e as consequências de seu ato.

Aristóteles também observava que os seres humanos vivem certas experiências que independem deles; elas "brotam" ou "nascem" neles, sem que possam controlar o seu surgimento. A essas experiências, Aristóteles chamou de *paixões*. Em português, *paixão* traduz o termo latino *passio*, que, por sua vez, correspondia ao termo grego *páthos*, "sofrer", "ser tomado" por algo (assim como "sofremos" ou recebemos a batida de uma bola em nós ou como "somos tomados" pelo desejo que nos leva a amar alguém). Hoje é possível trocar a palavra *paixão* pela palavra *emoção*. Exemplos de paixão ou emoção são a alegria, a raiva, o desejo, o medo etc.

Aristóteles observava, ainda, que, apesar de não poder controlar o surgimento das paixões ou das emoções, o ser humano pode interferir no modo de vivenciá-las. É impossível impedir que o medo nasça em nós; no entanto, é possível "construir" refletidamente a maneira de senti-lo. A essa possibilidade Aristóteles chamava *disposição* ou capacidade de dispor-se de si mesmo. Assim, o medo surge no indivíduo quando ele percebe uma ameaça; isso é natural. Porém, a intensidade com que ele o vive depende de como dispõe refletidamente de si mesmo. Sentir medo em excesso é ruim, tanto quanto é ruim sentir menos medo do que seria adequado. Em outras palavras, se a paixão do medo é uma reação imediata, então ela merece ser sentida, mas sem falta nem excesso. A falta leva a enfrentar a ameaça sem calcular a sua força; o excesso, por sua vez, identificando a ameaça como maior do que ela realmente é, leva a ficar paralisado. A melhor situação é aquela em que se reconhece o medo, se avalia adequadamente a força da ameaça e se encaminha o medo proporcionalmente ao que a ameaça realmente é, sem mais nem menos. Por meio dessa dinâmica que envolve emoção e reflexão, o indivíduo pode reagir com coragem, sentindo medo na medida adequada e enfrentando a ameaça também de maneira adequada.

Nos finais da Idade Média, principalmente depois do trabalho de Pedro Abelardo (p. 98) e de Tomás de

Aquino (p. 114), circulou um ditado filosófico bastante didático para traduzir o pensamento aristotélico: *o objeto determina o ato e os atos determinam o hábito.* Por *objeto* entende-se aquilo que motiva um ato; aquilo que dá o sentido desse mesmo ato (o objeto determina o ato). Repetindo a identificação do mesmo objeto em situações variadas e produzindo o mesmo ato, os indivíduos produzem o hábito (os atos determinam o hábito).

Resumindo, objetos (sentidos) despertam atos; e atos repetidos produzem hábitos. Os hábitos constituem as disposições de que falava Aristóteles: modos de reagir de maneira semelhante diante de objetos semelhantes. A ameaça (objeto, sentido) faz surgir o medo (paixão) e desperta uma reação (ato). A reação (ato de agir com coragem, por exemplo, ou com falta e excesso de medo), quando repetida, grava-se no indivíduo como disposição (hábito de reagir com coragem, falta ou excesso de medo).

Hábitos ou disposições desenvolvidos de modo irrefletido (sem a moderação que evita o excesso e a falta) são chamados de *vícios*. Por sua vez, hábitos ou disposições desenvolvidos de modo refletido (moderado, ponderado) são *virtudes*. A educação ou o treinamento dos indivíduos é o requisito fundamental para levá-los a desenvolver virtudes e evitar vícios quando aprendem a identificar o *meio-termo* entre a falta e o excesso .

Observe que Aristóteles emprega um adjetivo específico: *moral*. Isso significa que ele se refere aos atos que envolvem a *escolha deliberada*, decidida a buscar o bem de cada ação, o meio-termo apropriado a cada circunstância, e não um meio-termo geral que pudesse ser aplicado a todos os atos.

A virtude está no meio-termo relativo a nós

Aristóteles

Entendo por *meio-termo da coisa* o que dista[2] igualmente de cada um dos extremos, que justamente é um único e mesmo para todos os casos; por *meio-termo relativo a nós*, [entendo] o que não excede nem falta, mas isso não é único nem o mesmo para todos os casos. Por exemplo, se dez é muito e dois é pouco, toma-se o seis como meio-termo da coisa [...]; esse meio-termo ocorre segundo a proporção aritmética. O meio-termo relativo a nós não deve ser concebido assim. Com efeito, se a alguém comer dez minas[3] de peso é muito e duas é pouco, não é verdade que o treinador prescreverá seis minas, pois isso talvez seja pouco ou muito para quem as receberá: para Mílon[4] será pouco, para o principiante nos exercícios será muito. O mesmo [vale] para corrida e a luta. Desse modo, todo conhecedor evita o excesso e a falta e procura o meio-termo e o busca, mas o [meio-termo] relativo a nós. Se, então, toda ciência[5] leva a bom termo a função olhando o meio-termo e a ele conduzindo as obras [...]; e se os bons artesãos trabalham tendo o meio-termo em vista; e se a virtude [...] é mais exata e melhor que toda arte[6]; [então] ela terá em mira o meio-termo. Quero dizer a virtude moral, pois ela concerne a ações e emoções, nas quais há excesso, falta e meio-termo. Por exemplo, é possível temer, ter arrojo[7], ter apetite, encolerizar-se, ter piedade e, em geral, aprazer-se e afligir-se[8] muito e pouco; e ambos de modo não adequado. [Saber identificar] o quando deve, a respeito de quais, relativamente a quem, com que fim e como deve é o meio-termo e o melhor, o que justamente é a marca da virtude. Similarmente, há excesso, falta e meio-termo no tocante às ações. A virtude diz respeito a emoções e ações, nas quais o excesso erra e a falta é censurada, ao passo que o meio-termo acerta e é louvado: acertar e ser louvado pertencem à virtude. Portanto, a virtude é certa mediedade, consistindo em ter em mira o meio-termo. ■

ARISTÓTELES. *Ethica nicomachea I 13 – III 8: Tratado da virtude moral.* Tradução Marco Zingano. São Paulo: Odysseus, 2008. p. 50-51. (Ética nicomaqueia II, 5, 1106a29-1106b30.)

[2] ***Distar:*** *ter distância com relação a um ponto de referência.*

[3] ***Mina:*** *unidade de peso da Grécia Antiga, equivalente a cerca de 300 gramas. Assim, 10 minas correspondem a 3 quilos; 2 minas, a 600 gramas; 6 minas, a 1 quilo e 800 gramas.*

[4] ***Mílon de Crotona:*** *conhecido na Grécia Antiga como modelo de lutador. Diz a lenda que ele comia o equivalente a um boi por dia.*

[5] *O termo* ***ciência*** *é aqui empregado no sentido amplo de conhecimento racional justificado, e não no sentido das ciências modernas.*

[6] *O termo* ***arte*** *é empregado aqui no sentido de produção consciente e refletida de algo, incluindo o sentido das artes modernas (produção artística), mas sem se reduzir a ele.*

[7] ***Arrojo:*** *ousadia; iniciativa.*

[8] ***Afligir-se:*** *ter aflição, pavor.*

Jean Pichore (séc. XVI), *Virtudes*, 1500, iluminura. O artista representa aquelas virtudes que, no seu contexto, eram consideradas centrais. Do alto e da esquerda para a direita: a humildade vence o orgulho; a liberalidade vence a avareza; o amor ou a caridade vence a inveja; a paciência vence a ira; o equilíbrio sexual ou a castidade vence o desejo desenfreado; a sobriedade vence a gula.

Esse tipo de ação é diferente de outros, como o das ações que visam apenas conhecer, sem a preocupação de agir bem. Um estudioso dos movimentos dos seres materiais (físico) ou das ciências matemáticas (matemático) não precisa se preocupar com o meio-termo de sua ação; seu objetivo é conhecer a verdade presente na Natureza e, nisso, ele não corre risco do excesso ou da falta. No entanto, alguém que deseje agir bem em sentido moral (ético) precisa se preocupar em evitar os extremos do excesso e da falta e em visar ao meio-termo. Essa preocupação dá o caráter moral da ação, quer dizer, faz da ação uma ação boa ou ruim do ponto de vista dos costumes individuais e sociais (costumes morais) e daquilo que a comunidade valoriza como bom (valores morais).

A prática moral termina por constituir a matéria de um conhecimento específico, praticado por quem procura entender como se chega àquilo que é definido como a *boa ação*. Trata-se da Moral ou Ética, também conhecida como *filosofia prática*. Esse conhecimento se refere tanto ao que cada pessoa precisa desenvolver pela educação, a fim de agir bem, como ao ramo da reflexão filosófica que procura entender por que uma ação pode ser valorada[9] como boa ou má.

Na Modernidade, principalmente com Hegel (p. 270), tentou-se separar o uso das palavras *Moral* e *Ética*, reservando-se para a primeira o sentido de conjunto de hábitos considerados bons por uma sociedade e para o segundo o sentido de estudo desses hábitos. Mas essa distinção nunca se impôs de maneira definitiva na reflexão filosófica em geral, de modo que não é incorreto tomá-los como sinônimos, inclusive porque, em sua raiz aristotélica, a prática especificamente humana deve incluir reflexão sobre os seus motivos.

Procurando entender como se determina o que é uma boa ação e como ela é diferenciada de uma ação má, Aristóteles responde de maneira bastante direta: isso só pode ser conhecido quando se observam os exemplos de uma pessoa que todos consideram *prudente*. Para poder saber o que é bom ou ruim e chegar ao meio-termo de cada situação, o indivíduo deve pensar como uma pessoa prudente agiria naquela mesma situação. Isso permite, segundo Aristóteles, evitar que o meio-termo seja visto como "o que cada um bem entende" e chegar a uma concepção que é, ao mesmo tempo, comum ou social (o que o grupo considera prudente) e individual (o agir do modelo prudente como inspiração do agir dos outros indivíduos em cada situação concreta).

Usando um vocabulário comum em nossos dias, pode-se dizer que a concepção aristotélica evita um relativismo total em assuntos éticos, mantendo em uma tensão saudável os dados que vêm do modo de viver do grupo e a possibilidade de que o indivíduo permaneça livre em sua adequação a esse modo de viver. Ela permite entender ainda que, com o tempo, a relação entre indivíduo e grupo faz que os modelos de prudência se alterem.

Tal dinâmica levou Aristóteles e os medievais a discutir uma virtude geral que orienta a prática das outras virtudes: trata-se da *prudência* (em grego: *phrónesis*), hábito de agir bem em tudo o que se refere ao que é bom e mau para o ser humano. Como agir bem é agir segundo a mediedade (visar ao meio-termo), a prudência ficou conhecida como a virtude ou o hábito virtuoso de sempre procurar o meio-termo relativo a nós. Como *meio-termo relativo a nós*, ele depende das circunstâncias particulares da ação.

[9] ***Valorar:*** *identificar o valor de algo.*

REPRODUÇÃO/DUOMO DI SIENA, ITÁLIA

Martino di Bartolomeo (1389-1435), *Alegoria da Prudência* (1406), desenho em mármore, no chão ao lado do altar da Catedral de Siena (Itália).

Declarar, por exemplo, que todos devem comer 500 gramas pode ser adequado para algumas pessoas e inadequado para outras: os atletas talvez precisem comer 1 quilo; já os doentes talvez precisem comer apenas 250 gramas. Entre a falta e o excesso, o meio-termo deve ser determinado em cada situação específica.

Por essa razão, diferentes leitores de Aristóteles também chamaram a prudência de *moderação* e *temperança*. No século XX e na Atualidade, alguns estudiosos propõem chamá-la ainda de *sabedoria prática*, *visão prática* e *inteligência prática*. Independentemente do nome que se lhe dê, trata-se da virtude de conservar o discernimento com relação ao que é bom ou mau para cada ser humano em cada circunstância concreta.

Tomás de Aquino (p. 114), em sua obra *Suma teológica*, chegou a chamar a prudência de virtude principal, interpretando a ideia aristotélica de que cada virtude (como a justiça, a coragem etc.), mesmo tendo sua esfera particular ou seu campo de ação próprio, enraíza-se na orientação geral dada pela prudência. Tomás também acrescentava, seguindo o filósofo Marco Túlio Cícero (p. 111), que a educação na prudência exige o desenvolvimento de outras capacidades, como a da *memória* (que tanto faz lembrar das experiências já vividas como faz conhecer o que viveram os antepassados), a da *docilidade*[10] (para aprender com as pessoas mais experientes) e a da *providência* (o olhar para o futuro, permitindo prever as consequências de cada ato).

A concepção tomasiana da prudência é expressa por vários artistas medievais quando a representam como uma mulher com três cabeças ou três olhares: olha para o passado (memória), para o presente (docilidade) e para o futuro (providência). Essa simbologia associava elementos do pensamento greco-romano e judaico-cristão, além de antigas tradições, como a egípcia. Mais tarde, o pintor Ticiano (1490-1576) fez uma releitura das representações medievais da prudência, pintando três idades humanas e introduzindo elementos novos: viver a prudência no tempo de uma vida é algo que requer sempre olhar para o passado (ao modo do que um idoso consegue fazer), para o presente (como um adulto) e para o futuro (como um jovem); além disso, é preciso ter força (como um leão), ser dócil para saber aprender (como um cachorro) e gostar da solidão em que se pode refletir em paz (como um lobo).

Conhecendo as linhas básicas do que Aristóteles e os medievais consideravam próprio do ser humano (a prática ou a ação moral), é possível retomar a afirmação "Gentileza gera gentileza" de José Datrino: o ser humano é capaz de formar-se a si mesmo, por meio de hábitos, e de formar outros seres humanos por meio de uma educação e de um treinamento que permitam visualizar o objeto (sentido) de cada ato, refletir sobre ele e escolher o meio-termo adequado para o mesmo ato (o meio-termo relativo a nós), escapando da falta e do excesso e desenvolvendo a virtude (hábito bom).

Essa visão é marcada de grande atualidade e não é por acaso que alguns estudiosos identificam ecos da moral aristotélica até mesmo na obra de pensadores considerados "antiaristotélicos", como é o caso de Michel Foucault (p. 259), por exemplo, e de sua concepção do *cuidado de si*. O cuidado que cada indivíduo merece ter para consigo mesmo requer uma atenção ao que se vive tanto no plano da vida social como no recôndito[11] do segredo da consciência individual, a fim de poder construir uma vida em primeira pessoa e realizar a melhor ação.

Como também dizia Aristóteles, esse "cuidado" e a decisão acertada se concretizam na escolha dos *meios* para atingir o objetivo de cada ato. Nisso, ele se mantinha muito próximo de seu mestre Platão (p. 82): toda pessoa, no limite, sempre quer o bem, até mesmo quando não sabe e quando pratica algo considerado mau. Se não há liberdade no fato de sermos sempre atraídos pelo bem, há, porém, liberdade na escolha dos meios para alcançá-lo. Aristóteles esclarecia que a liberdade pode gerar um descompasso entre a busca do bem e a boa

[10] **Docilidade:** *característica de quem aceita aprender com outra pessoa.*

[11] **Recôndito:** *lugar secreto; esconderijo; intimidade.*

escolha dos meios para alcançá-lo justamente porque os seres humanos nem sempre dão a devida atenção às paixões e às disposições que desenvolvem em si mesmos. Nesse contexto, a educação ou a formação na arte de visar ao meio-termo apresenta-se como a solução para tal descompasso.

Ticiano (1490-1576), *Alegoria do tempo governado pela Prudência*, 1565, pintura.

p. 486

EXERCÍCIO A

1. Por que, segundo Aristóteles, o termo *prática* só pode ser usado para referir-se a seres humanos?
2. Usando o termo *hábito*, explique o que é uma virtude e um vício de acordo com o pensamento de Aristóteles.
3. Com base no exemplo das reações causadas pela presença de uma ameaça e a emoção de medo, analise as possíveis reações causadas pela presença de algo positivo e a emoção da alegria.
4. Em relação à virtude moral, o meio-termo é aritmético? Explique.
5. Qual o sentido da virtude da prudência?
6. Comente as representações da prudência de Martino di Bartolomeo e de Ticiano, tomando por base as contribuições filosóficas e artísticas medievais.

2 Ética e razão

Diante do pensamento aristotélico sobre a virtude moral, não é difícil sentir-se tocado(a) por ele e perceber como ele exprime de maneira adequada muitos aspectos experimentados no dia a dia.

Provavelmente você já deve ter ouvido frases como estas: "Falta ética no nosso mundo..." ou "Ah, como seria bom se houvesse mais valores éticos...". É como se as pessoas sentissem uma decepção, lamentando a perda de bons modelos e desejando uma solução que as resgate da vida atual. Essa percepção intensifica-se diante de casos extremos, como quando se observa que no Senado ou no Congresso Nacional, assim como nas Assembleias Legislativas dos Estados, há "comitês de ética": aparentemente isso é bom, mas, se pensarmos que os representantes do povo deveriam ser os primeiros a saber o que é uma ação ética, então ficamos surpresos ao constatar que eles precisam de comitês para avaliar se o que fazem é ético ou não. Experimenta-se um desconforto ou mesmo uma indignação quando se percebe que os representantes do povo não conhecem Ética e precisam de especialistas para orientá-los.

Ainda, quando falam em nome da Ética ou da Moral, muitos representantes políticos apenas defendem suas visões pessoais (formadas por suas crenças religiosas, sua atividade partidária, sindical etc.) e mostram-se incapazes de dialogar racionalmente com quem tem opiniões diferentes, a fim de identificar elementos comuns na busca universal do bem. Segundo uma leitura aristotélica, todos buscam o bem, que tem a felicidade como uma de suas faces; contudo, muitos se perdem na escolha dos meios para alcançar o bem ou a felicidade, apegando-se à crença de que suas ideias particulares são as melhores para todos.

A experiência de desconforto ou indignação não é algo vivido apenas em nossos dias. Hoje, de fato, com um mundo sempre mais plural e conflituoso, tal experiência é vivida com força. Mas, talvez ela tenha existido desde que a Humanidade despontou em meio à Natureza.

Considerando que a ética aristotélica parte do princípio de que é possível saber socialmente o que é melhor para todos (o bem) e observando como esse mesmo "melhor" (o bem) pode ser interpretado de maneiras muito diferentes, alguns filósofos modernos identificaram a necessidade de rever a ética aristotélica. Utilizando termos cotidianos, pode-se dizer que esses filósofos perguntavam: como identificar o que é a virtude se há tantas variações sobre aquilo que se considera bom ou mau? Como agir com prudência se a identificação do meio-termo pode alterar de acordo com as experiências de diferentes grupos e indivíduos? Como conceber o bem se os indivíduos e os grupos podem discordar a respeito dele?

Um dos primeiros filósofos a enfrentar questões desse tipo foi Immanuel Kant (p. 207). Vivendo no século XVIII, Kant tinha clara consciência de seu tempo e das profundas mudanças pelas quais o mundo havia passado desde o século XVI, com as navegações, o fortalecimento do comércio, o encontro das novas culturas, o desenvolvimento da Ciência moderna e das indústrias, as guerras de religião, o nascimento dos países ou dos Estados modernos etc.

O momento vivido por Kant lembra bastante outros períodos da História da Humanidade, especialmente o que acontecera na Grécia, quando os filósofos sofistas (p. 83) perceberam que a lista das virtudes gregas não era a mesma de outros povos. Conhecendo sociedades diferentes, eles se perguntavam pelo que realmente era a virtude. Kant, de certa maneira, tentou fazer algo semelhante ao que Platão e Aristóteles fizeram diante do questionamento sofista: superar as dificuldades de compreensão e encontrar um modo de formular respostas aceitáveis racionalmente por todos.

Kant concentrou seu trabalho em três frentes: o conhecimento científico-racional, o agir ético e a experiência da beleza. O que há de comum em todos os seres humanos, segundo Kant, é a razão, dotada, por sua vez, da capacidade do entendimento, quer dizer, de compreender as experiências humanas e fundamentar as afirmações referentes a essas experiências em dados compreensíveis para todos os indivíduos. Tais dados são aqueles provenientes do conhecimento sensível do mundo (obtido por meio dos cinco sentidos e elaborados pela capacidade do entendimento). Kant, aliás, antes de propor uma interpretação da realidade, chamava a atenção para a necessidade de avaliar nossas possibilidades de conhecer, a fim de evitar ilusões ou tentativas de chamar de conhecimento o que não passaria de opinião. A esse procedimento ele chamava de *crítica* (análise), donde sua Filosofia ser chamada também de *filosofia crítica*.

Em matéria de Ética ou Moral, Kant percebia que esse não é um terreno no qual pode haver certezas como as certezas científicas (fundadas em dados sensíveis). Assim, não é possível entender cientificamente o conteúdo do bem, pois, embora se possa afirmar que o bem existe, não se tem experiência sensível do que ele é; portanto, não é adequado tratar o tema do bem como se fosse um assunto cujo conteúdo é captável pelo entendimento humano. A razão até pode falar com coerência sobre o bem (como também sobre a beleza), mas isso não significa conhecê-lo ao modo como se conhecem os dados investigados pela Física ou pela Matemática.

Daniel Chodowiecki (1726-1801), *Minerva, deusa da sabedoria, espalha sua luz e envolve até as religiões*, 1791, ilustração para o calendário de bolso da Universidade Multiconfessional de Gotinga (Alemanha). Kant foi um dos principais responsáveis pela criação da cultura iluminista que confiava na razão e no entendimento como formas de esclarecer os seres humanos e promover a aceitação das diferenças, inclusive religiosas.

Dessa perspectiva – a dos limites do que pode ser entendido por todos –, Kant afirma que a própria virtude da prudência era algo que continha variações e demandava ainda esclarecimento. Se ela pode ser considerada como forma de agir moderadamente, em conjunto com outras pessoas e pela escolha dos meios adequados para atingir finalidades éticas, ela não pode, entretanto, permitir que as pessoas sejam tratadas como meios. Ou se garante que cada indivíduo tem um valor a ser respeitado sempre e absolutamente (cada pessoa é um fim em si mesmo) ou se cai no risco de todos se instrumentalizarem entre si, rumo à destruição mútua. Por outro lado, garantindo-se a autonomia de cada indivíduo, é legítimo pensar que a prudência é também uma forma de obter benefícios pessoais duradouros desde que se respeite o benefício dos outros. Somente uma visão que considerasse esses aspectos seria, segundo Kant, compreensível e praticável universalmente.

GEORG WILHELM FRIEDRICH HEGEL
(1770-1831)

Foi um filósofo alemão, um dos fundadores do Idealismo alemão e do Historicismo. Defendia que a razão passou por um desenvolvimento histórico, chegando a uma consciência da totalidade do mundo (espírito absoluto) por meio da consciência de si mesma, exprimindo-se como Filosofia. Esse desenvolvimento seria um movimento dialético, um choque e uma união de posições contrárias, resultando em uma síntese (progressão na qual o movimento sucessivo surge como solução das contradições inerentes ao movimento anterior). Obras mais conhecidas: *Fenomenologia do espírito*, *Ciência da lógica*, *Princípios da Filosofia do Direito*.

Ao procurar uma visão ética desse tipo (dotada de universalidade racional) e ao observar que as ações se dão sempre em circunstâncias particulares, Kant esforçou-se para formular um princípio ou uma lei que fosse compreensível por todos e orientasse a ação em todas as circunstâncias. Sua estratégia foi discutir se é possível encontrar, pelo entendimento, um princípio *a priori*, ou seja, anterior às experiências e às situações específicas.

Kant percebeu que a preocupação com o "agir bem" é uma preocupação que fornece sua própria lei, independentemente das ocasiões singulares, pois o querer agir bem já contém a possibilidade de levar à boa ação. Ora, se esse querer é a própria lei do agir, então ele pode ser visto como o *dever* contido na ação humana, o dever de agir bem. Por sua vez, a forma básica desse dever – válida para todas as circunstâncias – pode ser expressa assim: *Você deve agir somente segundo uma máxima*[12] *que lhe permita também querer que a sua própria máxima seja tomada como lei universal*. Dito de outra maneira: em sua ação, você deve seguir uma regra que você mesmo(a) deseja que seja tomada por todas as outras pessoas como regra de suas ações.

A essa forma universal do agir ético Kant denominou *imperativo categórico*, algo que obriga (imperativo) a seguir a própria vontade de agir bem em todas as circunstâncias, sem exceção e independentemente dos objetivos visados (categórico).

Segundo Kant, o imperativo categórico é uma expressão racional da antiga Regra de Ouro defendida por tradições religiosas: "faça aos outros aquilo que você quer que eles façam a você"; ou ainda "não faça aos outros aquilo que você não quer que eles façam a você". A diferença da reflexão kantiana está no fato de ela propor uma lei moral independente de conselhos vindos de inspirações religiosas, poéticas etc., mas nascida diretamente do funcionamento da própria vontade de querer agir bem. Em seu livro *Fundamentação da metafísica dos costumes*, Kant apresenta, de maneira bastante direta, o significado do imperativo categórico .

CONCEITOS ESTRATÉGICOS

A priori e *A posteriori*

A priori – Modo de fazer uma afirmação que, para ser comprovada, não precisa recorrer à experiência (fundada nos cinco sentidos). Exemplos:

Todo ser humano, a priori, *tem valor por si mesmo.*

A priori, *o dobro é maior do que suas metades.*

A posteriori – Modo de fazer uma afirmação com base na experiência fundada nos cinco sentidos. Exemplos:

A estrela da tarde é a mesma que a estrela d'alva.

O verde é formado pela mistura de azul e amarelo.

[12] ***Máxima:*** *princípio básico e incontestável; preceito; lei.*

Ser veraz por dever ou por medo das consequências?
Immanuel Kant

KANT, Immanuel. *Fundamentação da metafísica dos costumes*. Tradução Guido Antônio de Almeida. São Paulo: Discurso & Barcarolla, 2009. p. 135-137.

Seja, por exemplo, a seguinte questão: será que eu não posso, quando estou em apuros, fazer uma promessa com a intenção de não cumpri-la? É fácil distinguir aqui o significado que a questão pode ter: se é prudente ou se é conforme ao dever fazer uma promessa falsa. O primeiro caso pode, sem dúvida, ter lugar muitas vezes. Vejo bem, é verdade, que não basta livrar-me de um embaraço presente por meio desse subterfúgio[13], mas que é preciso refletir bem se dessa mentira não poderia originar-se depois, para mim, um incômodo muito maior do que aqueles de que estou me livrando agora; e – visto que, apesar de toda a minha pretensa esperteza, não é tão fácil assim prever as consequências, de tal sorte que a perda de confiança não venha a se tornar muito mais desvantajosa para mim do que todo o mal que penso evitar agora – é preciso refletir também se não seria uma linha de ação mais prudente proceder aqui segundo uma máxima universal e adotar o hábito de nada prometer senão na intenção de cumpri-lo. Contudo, logo fica claro para mim que uma tal máxima tem sempre por fundamento as consequências a serem receadas. Ora, ser veraz[14] por dever é coisa bem diversa de ser veraz por receio[15] das consequências desvantajosas: [...] no primeiro caso, o conceito da ação[16] já contém em si mesmo uma lei para mim; no segundo, tenho primeiro de voltar os olhos numa outra direção[17], a fim de ver a partir daí quais efeitos para mim poderiam porventura estar ligados a isso [quer dizer, ao ser veraz]. Com efeito, se me afasto do princípio do dever, é certíssimo que isso é mau; se renego a minha máxima de prudência, isso pode sim, às vezes, ser muito vantajoso para mim, muito embora, na verdade, seja mais seguro ater-me a ela. Entretanto, para me instruir da maneira mais breve possível, mas infalível[18], com respeito à solução do problema [de saber] se uma promessa mentirosa seria conforme ao dever, pergunto a mim mesmo: será que eu ficaria contente se a minha máxima (livrar-me de um embaraço por meio de uma promessa falsa) valesse como uma lei universal (tanto para mim quanto para outros)? E será que eu poderia dizer, para mim mesmo, que todo o mundo faça uma promessa falsa quando se encontrar num embaraço do qual não possa se livrar de outra maneira? Assim, logo me darei conta de que posso, é verdade, querer a mentira, mas de modo algum uma lei universal de mentir: pois, segundo semelhante lei, não haveria propriamente promessa alguma, porque seria vão alegar minha vontade com respeito a minhas ações futuras a outros que não dão crédito a essa alegação ou que, se precipitadamente o fizessem, me pagariam com certeza na mesma moeda; e, por conseguinte, porque a minha máxima se destruiria a si mesma tão logo se tornasse uma lei universal. ■

[13] ***Subterfúgio:*** *justificativa que disfarça a verdadeira razão de algo; escapatória.*

[14] ***Veraz:*** *que possui verdade e vive na verdade.*

[15] ***Receio:*** *temor; medo.*

[16] ***Conceito da ação:*** *sentido moral da ação. No texto de Kant, "conceito da ação" é igual a "agir por dever". Diante do apuro, bastaria "olhar" para o conceito da ação (olhar para o sentido de agir por dever) e já se saberia qual a melhor decisão a tomar diante da possibilidade de mentir para escapar de apuros: não se deve mentir.*

[17] *A* ***outra direção*** *de que fala Kant é uma direção diferente daquela do conceito da ação: em vez de olhar para o conceito da ação (e saber que se deve agir bem), olha-se em "outra direção", para as consequências que podem surgir do ato praticado não por dever. São as possíveis consequências do ato que darão o sentido com que ele é praticado, e não o seu conceito mesmo.*

[18] ***Infalível:*** *que não falha.*

EXERCÍCIO B

p. 487

1. Apresente o pensamento moral de Kant com base em seu projeto de uma filosofia crítica.
2. Por que o imperativo categórico kantiano precisa ser *a priori*?
3. Considere o pagamento na mesma moeda, de que trata Kant no final de seu texto, e explique a incoerência da falsa promessa em momentos de apuro.

3 Ética e paixão

Alguns pensadores identificaram no pensamento kantiano um exagero na confiança no poder do entendimento para orientar a ação humana e mesmo uma desvalorização do papel das emoções ou paixões como motores. É o caso, por exemplo, de Georg Wilhelm Friedrich Hegel (p. 270), que chegará a dizer: "Nada se produziu no mundo sem paixão".

Antes de Hegel e mesmo de Kant, pensadores como o escocês David Hume (p. 273) e o suíço Jean-Jacques Rousseau (p. 132) haviam chamado a atenção para a influência das emoções na razão. David Hume chegava a afirmar que, diferentemente do que Aristóteles pensava, a racionalidade não é a característica principal e definidora do ser humano em matéria de Ética, porque o conhecimento puramente racional não leva ninguém a agir; mas as emoções sim.

Hume defende, na obra *Tratado da natureza humana*, de 1739-1740, que a razão é e deve ser uma serva das emoções. Posteriormente, na obra *Investigação sobre o entendimento humano*, de 1751, ele diminui a força dessa afirmação, preferindo sustentar que a razão e a emoção contribuem juntas para a prática moral. A Natureza teria posto nos seres humanos algo como um *senso moral* ou sentimento interno (pensamento) para agir bem.

Curiosamente, embora Hume se dissesse em desacordo com Aristóteles (p. 103) em vários aspectos, há uma concordância entre ele e o pensador grego, pois este também colocava as emoções em primeiro plano. Aristóteles chegava a dizer que a virtude e o vício estão ligados a prazeres e dores; seu objetivo era elaborar uma ética para seres humanos, "não para deuses". Por esse motivo, não é exagerado dizer que a presença de Aristóteles na reflexão ética é uma constante no pensamento filosófico. Mantendo, então, certa continuidade com ele, David Hume elaborou uma de suas mais importantes contribuições para a reflexão ética com a teoria da simpatia e da comparação.

Observe que David Hume dá uma definição de *simpatia* como comunicação de sentimentos e paixões. Trata-se de um significado mais geral do que aquele de uma identificação com alguém ou de uma compaixão. A simpatia consiste na experiência em que uma pessoa é influenciada diretamente pelas emoções ou paixões de outra. Isso, porém, envolve, obviamente, certa identificação entre as pessoas ou uma abertura entre elas (assentimento). Caso contrário, se houver um fechamento em si, não ocorrerá influência.

O fechamento em si é próprio da *comparação*. Uma pessoa que compara não está propriamente aberta à influência, pois mantém o outro à distância, avaliando-o com base nela mesma e no que ela vive.

Simpatia e comparação
David Hume

1 Devemos recorrer a dois princípios bastante manifestos na natureza humana. O primeiro é a *simpatia*, ou seja, a comunicação de sentimentos e paixões [...]. Tão estreita e íntima é a correspondência entre as almas dos seres humanos que, assim que uma pessoa se aproxima de mim, ela me transmite todas as suas opiniões, influenciando
5 meu julgamento em maior ou menor grau. Embora, muitas vezes, minha simpatia por ela não chegue ao ponto de me fazer mudar inteiramente meus sentimentos e modos de pensar, raramente [a simpatia] é tão fraca que não perturbe o tranquilo curso de meu pensamento, dando autoridade à opinião que é me recomendada por seu assentimento[19] e aprovação. [...]

10 O segundo princípio para o qual chamarei a atenção é o da *comparação*, ou seja, a variação de nossos juízos acerca dos objetos segundo a proporção entre estes e aqueles com os quais os comparamos. Julgamos os objetos mais por comparação que por seu mérito ou valor intrínseco [...]. Nenhuma comparação é mais óbvia que a comparação conosco; por isso, ela tem lugar em todas as ocasiões e influencia a
15 maioria de nossas paixões. Esse tipo de comparação é diretamente contrário à simpatia em seu modo de operar. ■

HUME, David. *Tratado da natureza humana*. Tradução Déborah Danowski. São Paulo: Ed. da Unesp, 2009. p. 632-633.

[19] ***Assentimento:*** *consentimento; aceitação baseada em concordância.*

DAVID HUME (1711-1776)

Filósofo, economista e historiador escocês, considerado um dos mais importantes escritores de língua inglesa. Adotando uma inspiração cética em teoria do conhecimento, Hume produziu um pensamento empirista que exerceu grande influência na Modernidade e na Contemporaneidade (em Kant e na fenomenologia, por exemplo). Suas obras mais conhecidas são: *Tratado da natureza humana* e *Investigação sobre o entendimento humano*.

Frederic Leighton (1830-1896), *Reconciliação das famílias Montéquio e Capuleto na morte de Romeu e Julieta*, 1855, óleo sobre tela. As duas famílias rivais são influenciadas reciprocamente pela experiência da dor e reconciliam-se.

Se me identifico com alguém e vejo seu sucesso e alegria, sou contagiado por essa alegria (ocorre uma simpatia entre nós); porém, se não tenho nenhuma afinidade com esse alguém, nenhuma identificação, então me fecho em mim mesmo e tendo a vê-lo e a compará-lo comigo, podendo mesmo sentir inveja diante de seu sucesso e alegria.

Tanto a simpatia como a comparação são modos de reagir à presença alheia e interferem na vivência das virtudes. Agir bem, portanto, não pode ser apenas o resultado de um convencimento intelectual; não há dúvida de que as paixões agem na determinação de nosso comportamento moral.

Se David Hume tivesse vivido depois de Kant e se pudesse ter lido a obra do pensador alemão, provavelmente diria que a Ética do dever é um projeto humanamente impossível de ser realizado. O dever exigiria crer que o ser humano pode controlar as emoções por meio do entendimento, mas as paixões são tão ou mais fortes do que ele.

Essa problemática é muito viva no pensamento contemporâneo. Hegel, por exemplo, chamou atenção para a fraqueza de uma ética do dever que considera possível falar de uma lei anterior a toda prática social e interna à própria intenção de bem agir. No seu dizer, todas as crenças éticas e avaliações morais são fundamentadas em instituições sociais, ou seja, em práticas socialmente construídas, principalmente um Estado justo. De sua perspectiva, a Regra de Ouro, traduzida na forma "Ama ao próximo como a ti mesmo", só pode ser entendida quando já se tem alguma experiência do que significa amar. Sem experiências históricas de Amor, ninguém entenderia essa frase. Por isso, nem ela nem o imperativo categórico teriam um fundamento *a priori*.

Hegel vincula, então, a Ética e a Política. Seu trabalho lembra claramente o pensamento de Platão e Aristóteles, para quem o cidadão é alguém que se realiza apenas na convivência com outros cidadãos. No entanto, o pensamento hegeliano é bastante diferente do pensamento platônico e aristotélico, pois, em vez de recorrer a bases naturais da Política e do Estado, enfatiza que eles são instituições ou construções culturais. Hegel partia da esperança de que um dia algum Estado (p. 257), construído de maneira justa pelos seus próprios membros, permitiria que esses mesmos membros alcançassem uma existência plenamente justa.

Houve, porém, quem denunciasse o "risco" do pensamento hegeliano, pois, ainda que um Estado seja construído de maneira justa (permitindo o desenvolvimento igualitário de seus membros), tal Estado pode sempre converter-se em uma ameaça à individualidade dos cidadãos, principalmente se o grupo de líderes do Estado for considerado como a instância[20] que pode decidir sobre o que é justo para todos. Grande seria o risco de esse grupo definir o "bem" em função de seus próprios interesses.

No entanto, a contribuição de Hegel foi de grande importância para a reflexão ética e exerce uma influência inegável ainda hoje, principalmente por ter mostrado que as concepções éticas e políticas são, em boa parte, construções históricas. Em seu livro *Depois das virtudes*, o pensador escocês Alasdair MacIntyre (p. 224), mesmo discordando de Hegel em vários pontos, reconhece a historicidade do ser humano e afirma que cada indivíduo, sendo membro de uma espécie (tendo, portanto, uma dimensão natural inegável), segue

[20] ***Instância:*** *nível; organização.*

finalidades presentes nessa espécie ao mesmo tempo que tal seguimento é social e culturalmente orientado.

Outras correntes do pensamento contemporâneo também põem em questão a possibilidade de um agir orientado apenas pelo dever ou apenas pelas decisões "racionais". Alguns exemplos vêm de áreas científicas como a Sociologia e a Antropologia (p. 361), que insistem nos vínculos sociais como fatores condicionantes da ação e do querer humanos, e da Psicanálise (p. 124), que chama a atenção para os motores "inconscientes" do agir, independentemente da interpretação que se dê para eles.

p. 487

EXERCÍCIO C

1. Por que, segundo Hume, não é adequado enfatizar a racionalidade como característica do ser humano visto como agente moral?
2. Quais são as duas tendências fundamentais do ser humano em matéria de moral segundo Hume?
3. Por que se pode dizer que Hegel vincula a Ética e a Política?

4 Ética, cidadania e Direitos Humanos

A reflexão filosófica atual sobre a prática ética depara com desafios semelhantes aos levantados com relação ao pensamento de Hegel: é possível garantir que as instituições sejam concebidas como meios de organizar a vida social e de respeitar os indivíduos, valorizando-os como alicerce da mesma vida social? Por outro lado, é possível garantir que os próprios indivíduos sejam entendidos como seres livres, sem que isso lhes dê direito de prejudicar a vida em Sociedade?

O mundo nunca conheceu como hoje tantas trocas culturais e tantas diferenças entre pessoas e grupos. Na vida de dimensões globalizadas, em que os intercâmbios culturais são facilitados por meios antigos (como as viagens) e novos (como o contato proporcionado pela Internet), sente-se a necessidade de que governos, grupos e indivíduos tenham um olhar capaz de compreender e respeitar pensamentos e práticas diferentes, favorecendo o encontro entre os seres humanos. Curiosamente, porém, há reações que vão na contramão dessa necessidade e endurecem o olhar diante das diferenças, buscando mantê-las à distância ou mesmo eliminá-las. Os governos de alguns países têm reforçado, por exemplo, seu poder de controle sobre seus cidadãos (por meio da força policial, por exemplo) e sobre estrangeiros (pelo fechamento de suas fronteiras). Defendem a ideia de que cada país tem seu povo "natural" e de que é preciso lutar para conservá-lo. É o caso de alguns governos europeus que, diante dos movimentos migratórios, ignoram o fato de as populações do planeta sempre terem migrado em maior ou menor medida, misturando-se na busca de formas melhores de viver. Por sua vez, muitos indivíduos e grupos também têm se fechado em si mesmos, defendendo identidades culturais como se elas fossem "naturais" e devessem ser conservadas. É o caso de indivíduos e grupos que afirmam existir padrões como a "brasilianidade" dos brasileiros, a "italianidade" dos italianos, a "africanidade" dos africanos e assim por diante, ou mesmo de grupos contrários à integração com estrangeiros, como ocorre com os brasileiros que reprovam a integração de haitianos em nosso país depois do terremoto de 2010. Atitudes como essas reforçam posições racistas, identitárias etc., fazendo pensar em formas "naturais" de viver, quando, na verdade, essas formas são construções históricas.

Considerando essas e outras incoerências do nosso tempo, pensadores como Étienne Balibar (1942 -) têm feito o esforço de repensar o que significa a *cidadania* e a formação ética. Balibar elaborou o conceito de *cosmopolítica* ou de *cosmocidadania* como uma prática em que os governos, grupos e indivíduos são chamados a possibilitar que a cidadania seja entendida como algo que vai além de uma identidade dada pela Natureza, pelo território e por costumes aparentemente ancestrais[21], passando a ser concebida como uma atividade participativa pela qual os indivíduos criam seus direitos em função dos novos desafios que a vida apresenta. A cosmopolítica, assim, ou a cosmocidadania, erguendo o olhar dos indivíduos para as dimensões planetárias da vida atual, permitiria observar e unir o que há de universal nos seres humanos (como o desejo do bem, da felicidade, de uma vida justa etc.) com o que cada indivíduo tem de particular.

Étienne Balibar põe em evidência o fato de que ninguém mais, nos dias de hoje, encontra-se necessariamente limitado pela identidade do território em que vive ou dos costumes de seus ancestrais. Ele não quer dizer que

[21] ***Ancestral:*** *relativo aos antepassados; nascido com as gerações passadas.*

Valores éticos e educação

Se há algo comum entre os pensadores que refletem sobre a Ética, é a ideia de que a prática ética depende da *educação*. Alguns dirão que a educação pode ser sinônimo de liberdade; outros, que ela é adestramento[22] e limitação da liberdade. Todos, porém, concordam que a transmissão de costumes ou hábitos pela educação tem um papel decisivo na construção de diferentes visões éticas.

Nesse contexto, é de grande importância a ideia de *decisão ética* ou de decisão de ser ético(a). Se o indivíduo não entender que ele pode refletir sobre si mesmo e querer ser ético, e se não tomar consciência do que o condiciona, procurando uma forma de dar sentido à sua própria existência, então a preocupação com a Ética não passará de um discurso vazio. Aliás, é cômodo lamentar a falta de Ética nos outros, sem buscar agir segundo os padrões que nós mesmos valorizamos (os *valores* éticos).

Por outro lado, a face trágica da vida faz com que, muitas vezes, mesmo tendo a intenção de agir bem, terminemos agindo mal por várias razões (desconhecimento das circunstâncias, contratempos, dificuldade de seguir o que se considera bom etc.). Mas a honestidade para consigo mesmo(a) e o desejo de agir bem podem dar o valor de uma ação, mesmo quando ela não se torna tudo o que esperávamos dela. Manifesta-se, assim, o sentido do educar para a responsabilidade ética.

Por outro lado, surge uma dificuldade intensa: como é possível saber o melhor modo de educar e o que se deve despertar nas pessoas? O filósofo Dietrich von Hildebrand (1889-1977) elaborou uma tentativa de responder a essa dificuldade, baseando-se no que ele observava de comum em diferentes contextos e diferentes expectativas éticas. No seu entender, uma educação autêntica é aquela que permite a cada pessoa desenvolver-se "a partir de dentro", e não apenas por meio de uma simples recepção de costumes externos. Na atenção a si mesma (a seus pensamentos, emoções e sentimentos), a pessoa pode entender que, em grande parte, depende dela mesma o seu modo de viver e de reagir ao que vem de "fora".

Para desenvolver a atenção a si mesmo(a) e dar aos outros a atenção que eles merecem, cinco atitudes são fundamentais segundo Dietrich von Hildebrand. Por serem "hiperatuais", ele as chamava de "atitudes éticas fundamentais":

Respeito
Fidelidade
Responsabilidade
Veracidade
Bondade

Mais do que conteúdos moralistas (quer dizer, que impõem uma visão particular como se ela fosse melhor do que as outras), esses cinco valores justificam-se por si mesmos quando se deseja agir bem.

O *respeito* consiste em abrir-se aos outros e a tudo o que existe, considerando-os como dotados de um valor indiscutível. É a atitude de quem não se fecha em seu "eu", querendo dominar tudo ou entender tudo apenas de seu ponto de vista, mas aceita que tudo, pelo simples fato de existir, merece ser levado a sério. Das cinco atitudes éticas fundamentais, o respeito seria a mais fundamental de todas. A *fidelidade*, por sua vez, consiste na tentativa de ser alguém que, mesmo em meio às mudanças da vida, permanece digno de confiança. A *responsabilidade* é a atitude de assumir as consequências de nossos atos; é o contrário de quem simplesmente "vai vivendo". A *veracidade* é a tentativa de evitar esconder quem somos e de evitar mentir. A *bondade*, por fim, é o resultado das outras atitudes fundamentais e torna-se ela mesma uma atitude ética: consiste na tentativa de, sendo agradável, mostrar a tudo e a todos o valor que vemos neles.

Você pode encontrar a análise mais detalhada de Dietrich von Hildebrand no pequeno livro *Atitudes éticas fundamentais* (Editora Quadrante). ■

[22] ***Adestramento:*** *treinamento para repetição automática de atos.*

© GUICHAOUA /ALAMY STOCK PHOTO

Anônimo, *Cosmopolitismo*, sem data, grafite em muro de Marselha, França.

cada indivíduo simplesmente "escolhe" sua identidade, pois todos são devedores, em maior ou menor grau, das construções sociais nas quais nascem e crescem. No entanto, ele chama a atenção para a inegável possibilidade de mesclar identidades e inserir-se em um processo contínuo de dar novos sentidos à própria existência e à existência das instituições sociais. A cidadania, em vez de ser a manutenção de alguma identidade "natural", é a construção de uma identidade que considera a convivência de todos na mesma casa comum, o Planeta Terra; é uma *cidadania em rede*, muito mais ampla do que as fronteiras erguidas pelas mentalidades e pelos territórios.

O descompasso entre as decisões dos Estados e o pensamento dos indivíduos foi vivido de maneira catastrófica no século XX. A filósofa alemã Hannah Arendt (➲ p. 117), em seus livros *A condição humana* e *As origens do totalitarismo*, denunciou com grande sensibilidade o fato de que a crença no Poder dos Estados foi a causa de práticas autoritárias como o nazismo e o stalinismo, bem como dos dois maiores horrores já conhecidos pela Humanidade: as duas Guerras Mundiais. Hoje, a ação cotidiana de indivíduos, grupos e governos pode ser tão destrutiva quanto esses horrores. A Humanidade chegou a um ponto em que pode destruir a si mesma e à vida no Planeta mesmo sem guerras.

Diante da dificuldade de chegar a uma visão comum sobre o que é bom para o ser humano em geral, a Organização das Nações Unidas (ONU) publicou, em 1948, a *Declaração dos Direitos Humanos*: trata-se de um documento que procura garantir direitos mínimos para todos os indivíduos de todos os lugares do mundo. A *Declaração* não funciona como lei, pois a ONU não tem propriamente o poder de dar ordens aos países, embora ela possa impor exigências aos países que dela fazem parte.

Entre os direitos mínimos – que os países são convocados a respeitar independentemente de suas concepções éticas ou políticas – estão o direito à vida, à liberdade e à segurança, o direito de não ser torturado, o direito de não ser preso sem motivo, o direito a não ser condenado sem julgamento justo e público, o direito à liberdade de pensamento, de consciência e de religião etc.

Em nosso país, há, infelizmente, muitos cidadãos contrários aos direitos humanos, sobretudo quando pessoas que cometeram atos maus são tratadas com respeito e bondade. Há mesmo quem defenda a pena de morte. No entanto, esses cidadãos não percebem como sua opinião é contraditória, pois eles mesmos, se algum dia e depois de algum tropeço ético ou de algum desequilíbrio, cometerem um ato mau, certamente desejarão ser tratados com respeito e bondade, sem tortura, com julgamento justo e público etc. A reflexão filosófica contribui para compreender que ou os direitos são respeitados de modo igualitário ou eles deixam de ser realmente direitos e passam a ser privilégios dos mais fortes.

No horizonte dessa reflexão sobre a complexidade e a riqueza da prática ética, permanece o tema do *sentido*: o ser humano é um ser capaz de dar sentido à sua existência. Vendo a si mesmo dessa maneira, ele tem a possibilidade de construir uma prática ética que contribua efetivamente para uma vida individual e social sempre melhor.

EXERCÍCIO D

p. 487

1. Comente o descompasso que pode haver entre as ações dos Estados e os desejos dos indivíduos.
2. O que significa a cosmopolítica defendida por Étienne Balibar?
3. Como entender a cidadania em rede?
4. O que pretende a *Declaração Universal dos Direitos Humanos*?
5. Em que reside a incoerência de quem é contrário aos direitos humanos?

INTERCONTINENTALE/AFP

Assembleia Geral da ONU, 1948, Paris, Adoção da *Declaração Universal dos Direitos Humanos*.

EXERCÍCIOS COMPLEMENTARES

p. 488

1 Dissertação argumentativa

Faça uma dissertação argumentativa (p. 280) tendo como tema a pergunta: "As paixões podem impedir os seres humanos de serem éticos?".

2 Atividade em grupos

Sob a orientação de seu(sua) professor(a) de Filosofia, divida a turma em oito grupos, a fim de estudar a *Declaração Universal dos Direitos Humanos*. Cada grupo ficará encarregado de uma atividade: Grupo 1 – pesquisar como surgiu a *Declaração*; Grupo 2 – estudar o Preâmbulo; Grupo 3 – analisar os Artigos 1 a 5; Grupo 4 – analisar os Artigos 6 a 10; Grupo 5 – analisar os Artigos 11 a 15; Grupo 6 – analisar os Artigos 16 a 20; Grupo 7 – analisar os Artigos 21 a 25; Grupo 8 – analisar os Artigos 26 a 30. Vocês precisarão de uma aula para estudar em grupos; se seu(sua) professor(a) considerar mais conveniente, o estudo em grupos pode ser feito em casa. Preparem o resultado de seus estudos na forma de cartazes ou de *PowerPoint*, caso sua sala de aula seja equipada com computador e projetor. Vocês devem resumir o conteúdo estudado e refletir sobre um modo direto de apresentá-lo. Na aula seguinte, cada grupo expõe seu resultado. O documento da *Declaração* pode ser encontrado no site da ONU: <http://www.dudh.org.br/wp-content/uploads/2014/12/dudh.pdf>.

3 Visita virtual: Expressão das paixões no século XVII

Propomos aqui uma atividade muito prazerosa e instrutiva. Ela segue obras visuais e musicais apresentadas em 2002, no museu Cité de la Musique [Cidade da Música], em Paris, durante a exposição *Figuras da paixão*. Propomos que você veja pela Internet algumas das pinturas e esculturas dessa exposição e ouça, ao mesmo tempo, as músicas que eram tocadas nas respectivas salas em que cada uma das obras visuais se encontrava exposta.

O objetivo é reproduzir, de certo modo, sensações parecidas com as dos expectadores/ouvintes do século XVII, quando o tema das paixões recebeu um tratamento novo. Indicaremos os links em que você poderá encontrar a pintura e a música.

No século XVII, surgiu um tema artístico de forte significação: a expressão das paixões. Hoje, na linguagem comum e na linguagem artística, fala-se da "Paixão de Cristo", isto é, de seu sofrimento, tal como expresso pelo termo latino *passio*. Na Idade Média e no Renascimento, esse tema já havia sido bastante explorado, mas, durante a Idade Moderna, com o "estilo" barroco, o tema da Paixão de Cristo é ainda mais desenvolvido, procurando-se exprimir o aspecto físico do sofrimento de Jesus, bem como o seu estado psicológico, suas paixões de dor, medo e angústia.

Aos poucos, na História da Arte, essa tentativa de exprimir a experiência interna de Jesus passou à expressão das paixões de personagens não religiosas. Buscava-se exprimir pela pintura, escultura e música, aquilo que as pessoas viviam como paixões em geral (não apenas o sofrimento, mas também a alegria, o prazer etc). Foi para aproximar os seus visitantes desse mundo passional que a Cité de la Musique organizou a exposição *Figuras da Paixão*, apresentando ao mesmo tempo e no mesmo local obras visuais e música.

p. 488
Proposta de ativ. complementar

Acompanhe, então, essas tentativas de expressão, vendo e ouvindo:

A – *Da Paixão às paixões*

Contemple o quadro *Crucifixion* [Crucifixão], de Philippe de Champaigne (1602-1674). Disponível em: <http://www.fulcrumgallery.com/Philippe-De-Champaigne/Christ-on-the-Cross_691274.htm>. Acesso em: 7 out. 2015.

Ao mesmo tempo, ouça: *Tenebrae facta sunt* [E as trevas foram feitas], de Marc-Antoine Charpentier (1643-1704). Disponível em: <https://www.youtube.com/watch?v=dIlo-qGiTLI>. Acesso em: 7 out. 2015.

Contemple o quadro *La sainte face* [A santa face], de Claude Mellan (1598-1688). Disponível em: <https://upload.wikimedia.org/wikipedia/commons/c/ca/Claude_Mellan_-_Face_of_Christ_-_WGA14764.jpg>. Acesso em: 7 out. 2015.

Ao mesmo tempo, ouça: *Le reniement de Saint Pierre* [A negação de São Pedro], de Marc-Antoine Charpentier, principalmente o coro final. Disponível em: <https://www.youtube.com/watch?v=_-QxdDXaY_U>. Acesso em: 7 out. 2015.

B – *Sob o império das paixões*

Contemple o quadro *Portrait funéraire d'Henriette Sélincart* [Retrato fúnebre de Henriette Sélincart], de Charles le Brun (1619-1690). Disponível em: <https://www.flickr.com/photos/magika2000/3753271460/>. Acesso em: 7 out. 2015.

Ao mesmo tempo, ouça: *La mort de Didon* [A morte de Dido], de Michel Pignolet de Montéclair (1667-1737). Disponível em: <https://youtube.com/watch?v=W1mNQUNa3xo>. Acesso em: 7 out. 2015.

Contemple o quadro *Portrait d'homme en Bacchus [*Retrato de homem como Baco], de Henri Millot (morto em 1756). Disponível em: <http://sites.univ-provence.fr/pictura/Images/A/4/A4468.jpg>. Acesso em: 7 out. 2015.

Ao mesmo tempo, ouça: *Charmant Bacchus, dieu de la liberté* [Charmoso Baco, deus da liberdade], de Jean-Philippe Rameau (1682-1764). Disponível em: <https://www.youtube.com/watch?v=IaOZZ4yUiLo>. Acesso em: 7 out. 2015.

Contemple o quadro *Portrait d'une femme inconnue, dite La Menaceuse* [Retrato de uma mulher desconhecida, chamada "A ameaçadora"], de Hyacinthe Rigaud (1659-1743). Disponível em: <https://upload.wikimedia.org/wikipedia/commons/a/a3/La_Menasseuse_1709.jpg>. Acesso em: 7 out. 2015.

Ao mesmo tempo, ouça: *Le doge de Venise* [O doge de Veneza], de Jacques Gallot (1625-1625). Disponível em: <https://www.youtube.com/watch?v=IQSuc-imQ5c>. Acesso em: 7 out. 2015.

Contemple a escultura *Copie de Laocoon du XVIIIème siècle* [Cópia de Laocoonte, século XVIII], de artista desconhecido. Disponível em: <http://rgi.revues.org/944>. Acesso em: 7 out. 2015.

Ao mesmo tempo, ouça: *Plainte sur la mort de Monsieur Lambert* [Lamentação pela morte do Senhor Lambert], de Jacques Du Buisson (morto em 1710). Disponível em: <https://www.youtube.com/watch?v=JEmUi296yVo>. Acesso em: 7 out. 2015.

C – Para um contraste cultural e uma percepção do que há de comum entre culturas diferentes, sugerimos que você reflita sobre as populações indígenas sul-americanas que viviam ao mesmo tempo que os europeus estavam no século XVII. Os indígenas desenvolveram maneiras muito diferentes de exprimir as paixões, mas isso só confirma que elas são universais. O antropólogo brasileiro Eduardo Viveiros de Castro (1951-) tem obtido reconhecimento mundial por sua maneira de estudar diferentes experiências indígenas e falar delas. No seu entender, há uma visão indígena sobre o ser; portanto, há também uma Ética. Para orientar-se em sua reflexão, leia a entrevista *Antropologia renovada*, concedida por Eduardo Viveiros de Castro à Revista *CULT* em 2010. Disponível em: <http://revistacult.uol.com.br/home/2010/12/antropologia-renovada/>. Acesso em: 7 out. 2015.

Essa atividade foi extraída de: MOURA LACERDA, T. *As paixões*. São Paulo: WMF Martins Fontes, 2013. (Coleção Filosofias: O Prazer do Pensar.)

JOSÉ CRUZ/ABR (AGÊNCIA BRASIL)

Eduardo Viveiros de Castro (1951-).

Dicas de filmes para você assistir tendo em mente o que trabalhamos neste capítulo

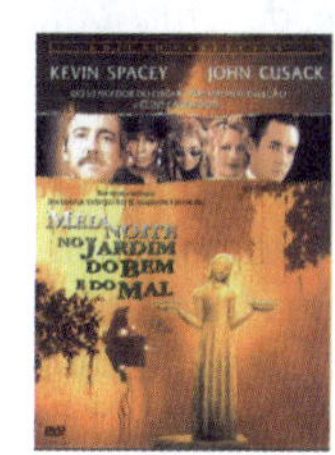

Meia-noite no Jardim do Bem e do Mal *(Midnight in the Garden of Good and Evil), direção Clint Eastwood, EUA, 1997.*

O jornalista John Kelso, de Nova York, vai até a Geórgia para registrar a festa de Natal de uma pessoa muito conhecida e poderosa, Jim Williams. Um assassinato acontece e Jim é acusado, mas alega legítima defesa. Jim tenta usar todo o seu poder para influenciar o julgamento. ■

O jardineiro fiel *(The Constant Gardner), direção Fernando Meirelles, EUA, 2005.*

Além da trama de mistério que perpassa o filme, o diretor brasileiro Fernando Meirelles explora o tema do limite ético para os testes de medicamentos em cobaias. ■

Entre nós, *direção Paulo Morelli, Brasil, 2007.*

Reunidos em uma casa na montanha, um grupo de jovens revive lembranças que levantarão a dúvida sobre a autenticidade da prática ética de alguns deles na luta por seus sonhos. Como comenta o diretor, no filme "tudo gira em torno da sobrevivência, para tratar dos conflitos morais de um mundo que conheço". ■

Dicas literárias

Antígona, *de Sófocles, tradução Domingos Paschoal Cegalla, DIFEL, 2001.*

Um dos textos mais antigos a abordar um conflito ético, essa peça de teatro (representada já no século V a.C.) registra a história de Antígona, que se vê diante do dilema de seguir uma ordem do rei Creonte ou desobedecê-la a fim de ser justa com seu irmão morto. ■

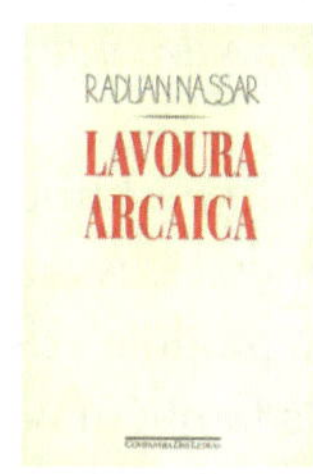

Lavoura arcaica, *de Raduan Nassar, Companhia das Letras, 1989.*

Narrativa em primeira pessoa da história de André, que explica a seu irmão Pedro por que saiu de casa e os motivos pelos quais não podia mais aceitar os valores paternos. Pedro tenta levar André de volta para casa, com o objetivo de restabelecer a paz na família, mas André rememora fatos impressionantes que põem os leitores diante da pergunta pelo porquê dos costumes sociais. ■

"Mineirinho", *texto de Clarice Lispector, no livro* A legião estrangeira, *Rocco, 1999.*

Texto centrado na história de Mineirinho, um "bandido" que a imprensa carioca, em 1962, tratou como inimigo número um da sociedade e que, no entanto, era visto pelos seus companheiros do "morro" como alguém que fazia justiça. Clarice Lispector põe no centro da atenção o tema dos Direitos Humanos, mesmo sem usar essa expressão. Você pode ler o texto gratuitamente no site do Instituto de Psicologia da USP: <http://goo.gl/MX2XmB>. Acesso em: 25 maio 2016. ■

Para continuar viagem...

As paixões ordinárias: Antropologia das emoções, *de D. Le Breton, tradução L. A. Salton Peretti, Vozes, 2009.*

Abordagem antropológica das emoções e das culturas. Embora as percepções sensoriais e a expressão das emoções brotem da intimidade mais secreta de cada pessoa, elas também são social e culturalmente modeladas. Os gestos que sustentam a relação com o mundo se juntam a um simbolismo corporal que lhes confere sentido, nutrindo-se ainda da cultura afetiva que, segundo o autor, cada pessoa vive à sua maneira. ■

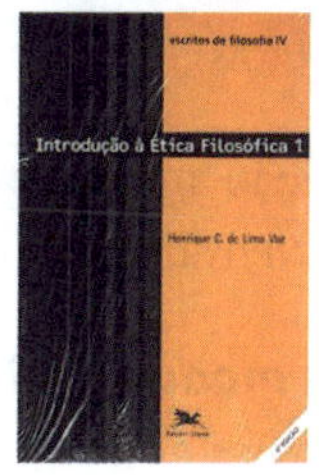

Introdução à Ética filosófica I: Escritos de Filosofia IV, *de Henrique C. de Lima Vaz, Loyola, 2001.*

Excelente história da reflexão ética no Ocidente. O autor resume com grande clareza o pensamento ético de alguns dos filósofos que exerceram mais influência no pensamento ocidental e identifica linhas comuns que aparecem nas diversas propostas éticas. ■

Depois das virtudes, *de Alasdair MacIntyre, tradução Jussara Simões, EDUSC, 2001.*

Obra de grande importância para a filosofia ética e política atual. O autor analisa elementos históricos e teóricos para pensar o que seria a ética em um modelo posterior ao modelo clássico das virtudes. Recomendamos que os leitores fiquem atentos para não ler a primeira edição da obra em português, pois ela contém erros graves de tradução. Apenas a segunda edição é recomendável. ■

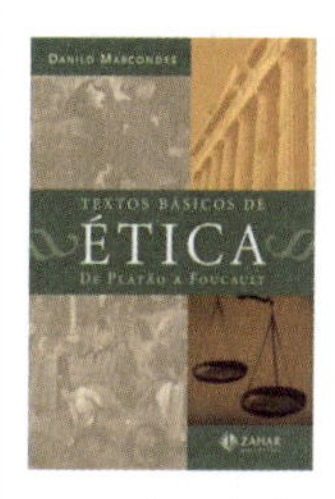

Textos básicos de Ética, *de Danilo Marcondes, Zahar, 2009.*

Textos de filósofos selecionados e comentados pelo professor Danilo Marcondes, da PUC-Rio. Entre os autores estão Platão, Aristóteles, Agostinho de Hipona, Tomás de Aquino, Descartes, Espinosa, Hume, Kant, Kierkegaard, Nietzsche, Stuart Mill, Max Weber, Freud e Foucault. ■

As virtudes morais, *de Marco Zingano, WMF Martins Fontes, 2013, Coleção Filosofias: o prazer do pensar.*

O autor explora a atualidade do pensamento aristotélico sobre as virtudes e o testa com alguns desafios contemporâneos. Trata também de temas como a amizade, o amor e o altruísmo. ■

As paixões, *de Tessa Moura Lacerda, WMF Martins Fontes, 2013, Coleção Filosofias: o prazer do pensar.*

Apresentação didática do tema das paixões e centrada em pensadores estratégicos como Tomás de Aquino, Descartes, Espinosa e Freud. ■

p. 488
Sugestões bibliográficas

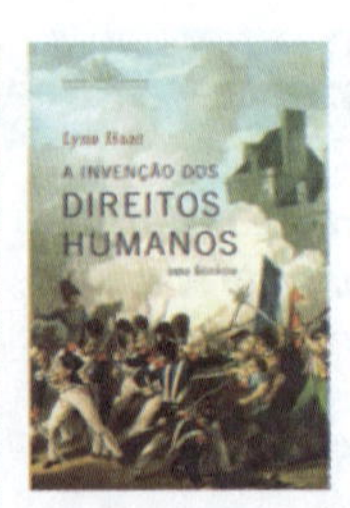

A invenção dos Direitos Humanos: Uma história, *de Lynn Hunt, tradução Rosaura Eichenberg, Companhia das Letras, 2009.*

A historiadora norte-americana investiga o nascimento da ideia de Direitos Humanos universais, explorando três eixos: a Declaração da Independência dos Estados Unidos, a Revolução Francesa e a *Declaração Universal dos Direitos Humanos, em 1948.* ■

DISSERTAÇÃO ARGUMENTATIVA

Dissertação argumentativa é a redação que defende uma posição com base em argumentos. Diferente da *dissertação de problematização* (p. 106) e da *dissertação de síntese filosófica* (p. 138), a dissertação argumentativa contém o pensamento de quem a escreve.

Na realidade, toda dissertação é argumentativa, porque deve justificar suas afirmações e negações com base em razões que os leitores podem avaliar, mesmo quando essas razões são tomadas do pensamento de outros autores. Aqui se chama de dissertação argumentativa propriamente dita aquela na qual quem escreve dá seus próprios argumentos para convencer os leitores. Ela também pode ser construída como dissertação de problematização, mas os argumentos devem ser encontrados pela própria pessoa que escreve.

Alguns passos básicos:

1) *refletir sobre o tema e conceber um modo geral de apresentá-lo* – a atitude mais desaconselhável é começar a escrever sem antes ter pensado sobre o conteúdo;
2) *montar um esquema* – elaborar um plano apenas com palavras-chaves, ligando-as entre si com outras palavras ou com sinais gráficos (fazer um “esqueleto”), e seguir esse plano no momento de escrever (obviamente esse plano poderá mudar se alguma novidade aparecer durante a redação);
3) *compor um parágrafo de apresentação do tema* – anunciar o modo como se pretende tratar o tema (é possível iniciar pela conclusão à qual se pretende chegar);
4) *compor um ou mais parágrafos para apresentar as razões que justificam o próprio pensamento*;
5) *compor um parágrafo de conclusão* – momento de afirmar com clareza a própria posição (caso se tenha começado pela conclusão, o último parágrafo pode retomar o que foi adiantado no início do texto).

Para fornecer um exemplo de estrutura de uma dissertação argumentativa, podemos tomar aqui o tema:

As paixões impedem os políticos de serem éticos?

Passo 1: Reflexão sobre o tema e concepção de um modo geral de apresentá-lo

O tema está na forma de pergunta e relaciona as paixões com a possibilidade de que elas impeçam os políticos de serem éticos. É preciso, então, saber o que são as paixões e por que elas podem ser vistas como obstáculo para a prática ética dos políticos. Uma forma de apresentar o tema é esclarecer os subtemas e levantar dados que confirmem a resposta dada à questão. Nesta dissertação, tomaremos a posição de que as paixões não precisam ser vistas necessariamente como obstáculo para a prática ética dos políticos, porque, como todo ser humano, os políticos podem interferir no modo de viver as paixões, adotando uma postura ética. Para fazer isso, usaremos uma conjunção adversativa (p. 140).

Passo 2: Esquema

1 – Parágrafo 1: apresentar o sentido da pergunta-tema.

2 – Parágrafo 2:

(a) o que é uma paixão?

→ experiências em que somos “tomados” = emoções

(b) paixões = obstáculos à prática ética

→ ações inadequadas → reações de ódio, entusiasmo, desrespeito, confiança total, cumplicidade na maldade etc.

3 – Parágrafo 3:

(a) transição do Parágrafo 2 ao 3:

No entanto, (conjunção adversativa)

→ as paixões não impedem necessariamente a prática ética

(b) por quê? Porque seres humanos = seres que podem interferir no modo de viver as paixões

(c) políticos = seres humanos = também têm a possibilidade de interferir no modo de viver as paixões

(d) confirmação → exemplo do político que, diante do abuso policial, não reagiu com raiva, mas com respeito, e tentou convencer os policiais sem recorrer à sua autoridade pessoal.

4 – Parágrafo 4 (Conclusão): paixões = experiências que não impedem necessariamente a prática ética

Então, paixões = não impedem os políticos de serem éticos.

Passos 3 a 5: Seguir o esquema e transformá-lo em texto dissertativo:

As paixões impedem os políticos de serem éticos?

Perguntar se as paixões impedem os políticos de serem éticos significa pensar na relação entre a vivência das paixões e a prática ética, especificamente a prática ética dos políticos.

As paixões são experiências que tomam o ser humano, sem que ele possa controlar o surgimento delas. Às paixões também se dá o nome de emoções; e, por nascerem no indivíduo independentemente de ele querer ou não, elas podem ser intensificadas, caso o mesmo indivíduo não pense em como reagir a elas. Quando isso ocorre, elas podem ser um obstáculo para a prática ética, pois, não encaminhando bem a vivência das paixões, o indivíduo pode chegar a ações prejudiciais para si mesmo e para seu grupo social.

No entanto, o fato de muitas pessoas também conseguirem reagir às paixões de maneira equilibrada ou refletida mostra que as paixões não são necessariamente um obstáculo à prática ética. Tudo depende do modo como o indivíduo as vive e dos atos que ele pratica. Parece correto dizer, portanto, que, mesmo sem poder controlar o surgimento das paixões, o ser humano tem a possibilidade de interferir no modo de vivê-las. Os políticos, como todo ser humano, são dotados da mesma possibilidade.

Um fato público pode aqui ser tomado como sinal dessa possibilidade: no dia 1º de agosto de 2015, o deputado estadual Carlos Augusto Maia, do PT do B do Rio Grande do Norte, foi detido em Caicó por policiais federais que faziam uma blitz depois de uma festa tradicional da cidade. Segundo os policiais, o deputado teria proibido seu motorista de descer do carro para fazer o teste do bafômetro. Porém, de acordo com o deputado, a abordagem dos policiais foi desrespeitosa e, como ele ficou surpreso diante do desrespeito, os policiais o obrigaram a descer do carro, o jogaram por terra e o algemaram. O deputado, porém, mesmo sentindo raiva, controlou-se, conservou a calma e tentou argumentar com os policiais, dizendo ser um cidadão de bem que não merecia aquele tipo de tratamento. Aliás, ele só revelou que era um deputado depois de ter sido levantado do chão. Além disso, nem seu motorista nem ele estavam alcoolizados, como confirmou o próprio delegado de Caicó, Helder Carvalhal, ao confirmar que o deputado não desacatou os policiais nem resistiu à abordagem.

É possível concluir, portanto, que, se as paixões são experiências que não impedem necessariamente a prática ética e se o comportamento de alguns políticos comprova esse dado, então as paixões não impedem necessariamente os políticos de serem éticos.

p. 488
Outras referências à dissertação argumentativa

CAPÍTULO

12 EXPERIÊNCIA ESTÉTICA E EXPERIÊNCIA ARTÍSTICA

p. 489

À esquerda: Jackson Pollock (1912-1956), *Convergência*, 1952, óleo sobre tela. À direita: Paul Cézanne (1839-1906), *Natureza-morta*, 1893-1895, óleo sobre tela.

As reações diante das obras de arte, especialmente as pinturas, costumam ser muito diferentes. Por exemplo, contemplando os quadros que abrem este capítulo, algumas pessoas consideram que o trabalho de Jackson Pollock não é uma verdadeira obra de arte, ao passo que o quadro de Paul Cézanne seria verdadeiramente "arte", porque "representa" a Natureza.

Mas há também quem se encanta com a liberdade e a explosão de cores e formas livres no quadro de Pollock, considerando-o uma obra verdadeiramente artística. Desse ponto de vista, Cézanne pareceria "menos artístico", porque se prende demais à reprodução do mundo...

Essas diferentes atitudes permitem levantar algumas perguntas de grande interesse filosófico: Afinal, o que é a arte? Como diferenciar um trabalho artístico de um não artístico? Por que algumas obras causam estranheza, enquanto outras parecem mais "naturais"?

Semelhante sensação de estranheza pode nascer em quem compara, por exemplo, a dança clássica e a dança "popular".

Dificilmente alguém dirá que um balé clássico não tem beleza. O mesmo, porém, não ocorre com danças "populares". Por exemplo, a *Breakdance* (estilo criado nos anos 1970 e praticado principalmente em grandes centros urbanos) ainda é vista por muitas pessoas como uma dança sem sofisticação, menos bela e improvisada. Diz-se que seus dançarinos não têm o preparo técnico de quem dança um balé clássico. No entanto, quem conhece bem a *Breakdance* sabe que, mesmo incluindo improvisações, ela requer técnicas sofisticadas tanto quanto as da dança clássica.

Seria, então, o grau de sofisticação aquilo que determina o caráter artístico de uma prática? É verdade que as obras de arte costumam ser vistas como o

JACK.Q/SHUTTERSTOCK.COM

O lago dos cisnes, balé de Piotr Tchaikovsky (1840-1893). Apresentação do Balé Nacional da China no teatro Jincheng, Chengdu, China, 5 de janeiro de 2012.

DAVIDTB/SHUTTERSTOCK.COM

Breakdance, dançarino anônimo.

resultado de um investimento de energia e de trabalho, bem como de domínio dos meios necessários para sua produção (sofisticação). Porém, nem toda obra produzida com sofisticação e investimento de energia e trabalho é necessariamente artística. Durante muito tempo se pensou que, para ser artística, uma obra deve conter *beleza* e *graça*: a beleza seria a qualidade que permite chamar algo de belo e que leva a uma experiência de graça, isto é, de prazer pelo simples fato de estar em sua presença, aumentando o gosto de viver e libertando da preocupação com alguma "utilidade".

O que pensar, porém, de obras cujo objetivo parece ser o de surpreender os espectadores[1], mais do que exprimir beleza e graça? Elas continuam a ser obras de arte?

Pensemos, por exemplo, na obra *Untitled 2007*, do italiano Maurizio Cattelan (1960-), exposta no Museu de Arte Moderna de Frankfurt (Alemanha).

A obra *Untitled 2007* (literalmente: *Sem título 2007*) é duplamente surpreendente, pois, além de causar impacto ao apresentar um cavalo de uma perspectiva totalmente inesperada (com a cabeça desaparecendo na parede e o corpo dependurado para fora), ela se encontra exposta em uma região da Alemanha onde muitos habitantes ainda têm o costume de caçar animais e pendurar a cabeça deles como troféu em suas casas.

O choque provocado por essa obra permite perguntar se seu objetivo se refere a algo além da beleza. Ou, ainda, se a sua beleza inclui o choque dos espectadores. De fato, *Untitled 2007* provoca uma reação em quem a contempla e leva para além do prazer ou desprazer na presença da obra. Os espectadores são convidados a participar do trabalho artístico, perguntando-se sobre si mesmos, sobre sua maneira de ver o mundo, sobre suas práticas sociais e sobre seu modo de conceber a arte e a beleza.

Você provavelmente percebeu que, ao falar de Cézanne, Pollock, da dança clássica, da *Breakdance* e da obra de Maurizio Cattelan, nossas palavras centrais foram arte e beleza. Ambas são relacionadas de maneira estreita, a ponto de ser possível considerar os artistas ou quem produz arte como pessoas que exprimem com beleza sua experiência (*experiência artística*). As pessoas que não são artistas, no entanto, também podem viver experiências de beleza, inclusive por meio das obras de quem é artista. Ainda que elas não vivam uma experiência artística em primeira pessoa, elas experimentam a beleza em um grau diferente, mais amplo (*experiência estética*).

Sendo mais ampla, a experiência estética parece ser a raiz mesma da experiência particular dos artistas, a experiência artística. Assim como todos os seres humanos têm a experiência do pensamento, enquanto alguns têm a experiência particular à qual se dá o nome de pensamento filosófico (o "pensamento do pensamento"), assim também todos os

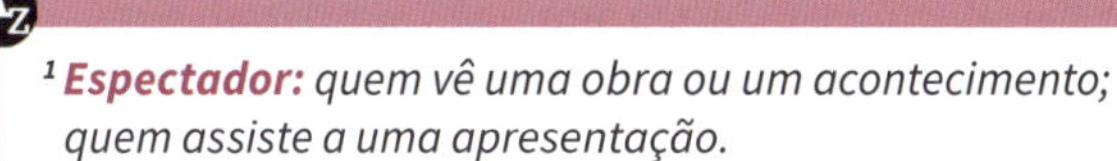

[1] **Espectador:** *quem vê uma obra ou um acontecimento; quem assiste a uma apresentação.*

COURTESY MAURIZIO CATTELAN'S ARCHIVE / AXEL SCHNEIDER

Maurizio Cattelan (1960-), *Untitled 2007*, instalação. Museum für moderne Kunst, Frankfurt, Alemanha.

seres humanos parecem experimentar a beleza em sentido geral, enquanto alguns, os artistas, a experimentam de modo particular.

Esse modo de dizer confirma aquelas questões filosóficas sobre o que é a arte. Acrescentam-se outras agora: a relação com a beleza é dada a todos ou apenas a alguns? A arte está realmente relacionada com a beleza? A arte é acessível apenas aos artistas?

1 A arte é uma possibilidade para todos

Observa-se que as pessoas costumam classificar as coisas como belas ou não belas. A beleza, assim, em um nível de significado bastante geral, pode ser entendida como aquilo que permite ver as coisas como belas. Por sua vez, a arte pode ser definida como um saber ou uma prática relacionada com a beleza; ela é uma atividade de produzir *com beleza* obras que despertam prazer.

O filósofo grego Aristóteles (p. 103), ao analisar a ação humana, percebeu que uma das maneiras de produzir sentido para a existência reside na arte. No seu dizer, os seres humanos têm prazer em conhecer e em reproduzir aquilo que conhecem. De modo especial, esse prazer é vivido por meio da arte, pois ela consiste, segundo Aristóteles, em *agir assim como a Natureza age* (reproduzir o dinamismo da Natureza).

Aristóteles pensava, sobretudo, nas artes visuais (a escultura, a pintura e o teatro), uma vez que a visão, entre os cinco sentidos, é a que mais oferece informações sobre a Natureza e, portanto, desperta mais prazer. A tendência a imitar a Natureza leva, então, a produzir obras artísticas, aumentando a quantidade de coisas que dão prazer. Os artistas seriam aqueles que contribuem para esse aumento de prazer; e quem desfruta dessas obras sem produzi-las participa da experiência prazerosa dos artistas.

No século XX, o crítico[2] de cinema André Bazin (1918-1958), refletindo sobre o prazer de imitar ou de reproduzir, afirmava que a atividade dos artistas nasce de uma necessidade de "parar o tempo", de escapar da correnteza da vida e de gravar para sempre a imagem, o som ou o toque vivido em algum dos momentos passageiros. No seu entender, os artistas (escultores, pintores, dramaturgos[3], diretores de filmes, músicos, dançarinos e tantos outros) "embalsamam"[4] a vida, assim como os antigos egípcios embalsamavam os corpos dos mortos para evitar que desaparecessem.

Para André Bazin, a atividade de "parar o tempo" é algo que vai além da imitação da vida ou da Natureza. Seria uma ilusão acreditar que alguém, ao reproduzir algo conhecido, faz uma réplica[5] idêntica, pois, ao reproduzir, sempre se insere um toque particular, a começar do ponto de vista de quem reproduz. Por exemplo, a natureza-morta[6] pintada por Cézanne é a Natureza tal como vista por ele. Ou ainda, mesmo nas experiências atuais de reproduzir o canto dos pássaros com o auxílio de computadores, o resultado é sempre o canto tal como ouvido em um determinado momento e em determinadas circunstâncias; nunca será uma reprodução perfeita da graça e do imprevisto dos pássaros. A beleza que os artistas imprimem em seus trabalhos está, segundo Bazin, em experimentar e exprimir algo como a *eternidade*, a ausência do tempo que tudo devora; está em construir maneiras de afirmar a vida e de evitar a morte, mesmo que a morte sempre termine por se impor.

O ponto comum entre a análise de Aristóteles e a de Bazin está em permitir entender que a experiência estética é dada a todos, pois ela consiste na busca do prazer com a beleza expressa por meio da arte: o desejo de aumentar as coisas prazerosas liga-se diretamente à tentativa de escapar do tempo e de fixar aquilo que satisfaz os seres humanos mergulhados na sucessão temporal.

A experiência de tentar escapar do tempo seria uma "língua" que todos os seres humanos podem entender. Tal seria a "língua" da arte; e, mais do que isso, a arte consistiria em uma produção de liberdade ou em uma construção de aspectos novos para a própria existência, levando a vencer os condicionamentos que a vida impõe naturalmente.

Entendendo justamente a arte como produção de liberdade, diferentes pensadores, nos séculos XVIII e XIX, passaram a referir-se aos artistas

[2] **Crítico:** *aqui, significa alguém que conhece bem um assunto e analisa as produções ligadas a esse assunto.*

[3] **Dramaturgo:** *autor de peças de teatro.*

[4] **Embalsamar:** *introduzir substâncias em cadáveres, a fim de impedir sua decomposição; mumificar.*

[5] **Réplica:** *cópia perfeita.*

[6] **Natureza-morta:** *estilo de pintura que retrata seres sem vida (frutas colhidas, peixes pescados, animais caçados) etc.*

Adrien Mondot e Claire Bardainne, *Cinemática*, 2010, performance combinando dança, técnicas de circo e recursos digitais. Enghien-les-Bains, França. Uma amostra da performance pode ser vista em: <http://www.am-cb.net/projets/cinematique>. Acesso em: 19 maio 2016.

como *gênios*, quer dizer, pessoas dotadas de talento para produzir obras representativas da possibilidade humana de vencer as amarras da vida natural. O *gênio* seria, assim, alguém que produz um novo modelo de existência, completando os modelos já dados pela Natureza.

No entanto, entender a arte como obra de gênios ou de pessoas geniais é uma reflexão que contém o seguinte risco: ela pode levar a crer que apenas pessoas "especiais" podem ter experiência estética e artística. É verdade que, para produzir obras artísticas, requer-se talento e esforço; mas isso não significa que apenas pessoas especiais podem ter talento; em maior ou menor grau, os talentos podem ser desenvolvidos. Ainda que uma pessoa não chegue a tornar-se um artista com amplo reconhecimento público, ela pode desenvolver capacidades estéticas e produzir arte. No mínimo, ela pode apreciar as obras artísticas. Dessa perspectiva, todos seriam "gênios", porque possuem a possibilidade de refinar sua sensibilidade e enriquecer sua percepção do mundo com a arte.

Já Immanuel Kant (p. 207), considerando a beleza como aquilo que agrada a todos, defendia que a arte também é para todos. Por sua vez, Friedrich Nietzsche (p. 172) não apenas insistiu nesse ponto, mas ainda denunciou o risco de considerar que a arte é reservada apenas às pessoas dotadas de "genialidade" ou aos indivíduos privilegiados pela Natureza.

O ponto de partida da visão nietzschiana vinha de sua concepção do ser humano como um ser habitado por forças cósmicas[7] que o levam em muitas direções. Se a razão é um dos pontos em que essas forças se manifestam, a paixão ou a emoção também o são. O ser humano encarna esses pontos de modo unitário, sem que razão e paixão sejam divididas nele e sem que a razão seja sua característica específica. Nietzsche chegava a afirmar que a razão é tão somente um "órgão" desenvolvido pelos humanos para dominar os outros seres, uma vez que eles, os humanos, foram incapazes de desenvolver garras e presas na luta pela existência.

A compreensão da arte como algo reservado a poucos se deve, segundo Nietzsche, à ideia muito desenvolvida no cotidiano, porém equivocada, que toma a razão como algo separado da paixão. Habituados a se relacionar com o mundo por meio dessa ideia, os humanos embotaram[8] suas outras possibilidades, valorizando excessivamente a razão e desenvolvendo um amor-próprio exagerado que levou a acreditar no desenvolvimento racional como forma de realização especificamente humana. Os seres humanos, então, satisfazendo-se mediocremente[9] com a imagem que fazem de si mesmos, acabam por ignorar a importância da paixão. Como os artistas são associados com a paixão, passam a ser vistos como seres de outro mundo, operadores de milagres, gente fora do normal e impossível de ser acompanhada em sua excentricidade[10]. Curiosamente, os não artistas desenvolvem também uma admiração pelos artistas, tomando-os por gênios; mas essa admiração equivale, no limite, a uma forma de manter os artistas à distância, para que sua "anormalidade" não incomode quem é "racional".

[7] ***Cósmico:*** *relativo ao Universo, ao cosmo.*

[8] ***Embotar:*** *enfraquecer; debilitar; atrofiar.*

[9] ***Mediocremente:*** *de modo medíocre, ou seja, que se satisfaz com a média de alguma coisa, sem buscar níveis melhores.*

[10] ***Excentricidade:*** *extravagância; característica de quem foge do que é considerado normal.*

Muito influenciado pelos autores do Romantismo (p. 193 e 389), que insistiam precisamente no papel das paixões na construção da vida humana, Nietzsche defenderá que não há milagres na arte.

O próprio texto de Nietzsche fornece suas chaves de leitura. Em primeiro lugar, Nietzsche afirma, logo de início, que nós pensamos bem de nós mesmos e consideramo-nos pessoas que não têm a possibilidade de fazer algo parecido com o que fez o pintor italiano Rafael (1483-1520) ou o escritor inglês Shakespeare (1564-1616). Se vemos bem a nós mesmos e não aceitamos comparar o que fazemos com o que fizeram "gênios" como Rafael e Shakespeare, é porque estamos apegados à nossa imagem e desejamos permanecer em nossa situação confortável. Isso é confirmado pelo que Nietzsche afirma nas linhas 6-7: somente quando o "gênio" é pensado longe de nós, ou seja, quando ele é visto como um ser distante, miraculoso, divino, é que ele não fere, não machuca, não revela o estado fraco em que nos encontramos. É cômodo, então, referir-nos aos artistas como "gênios", sem nos sentirmos obrigados a pensar se podemos ser como eles. Não queremos sentir inveja (linha 19), pois a inveja (que é uma paixão!) nos faz ver como realmente somos. A inveja pode até pôr-nos em movimento, levando-nos a buscar formas melhores de vida. Mas, como preferimos a calma da acomodação por preguiça ou por falta de vontade de mudar, então evitamos a inveja. Mantemos os artistas à distância e os tratamos como seres divinos, com quem não se pode rivalizar (linhas 19-20).

Propondo uma filosofia do vir-a-ser na qual as identidades são móveis, Nietzsche prefere falar da arte como resultado do mesmo movimento ou das mesmas forças que fazem alguns tornarem-se mecânicos; outros, astrônomos, historiadores ou estrategistas.

Não há milagre na arte
Friedrich Nietzsche

NIETZSCHE, Friedrich. *Humano, demasiado humano*. Tradução Rubens Rodrigues Torres Filho. São Paulo: Abril Cultural, 1987. p. 60.

1 Porque pensamos bem de nós [mesmos], mas no entanto não esperamos de nós que possamos alguma vez fazer o esboço de uma pintura de Rafael ou uma cena tal como a de um drama de Shakespeare, persuadimo-nos[11] de que a faculdade[12] para isso é maravilhosa acima de todas as medidas, um raríssimo acaso, ou, se ainda temos
5 sentimento religioso, uma graça do alto. Assim, nossa vaidade, nosso amor-próprio, propiciam o culto do gênio: pois somente quando este é pensado bem longe de nós, como um *miraculum* [milagre], ele não fere [...]. Mas, sem levar em conta essas insinuações[13] de nossa vaidade, a atividade do gênio não aparece de modo algum como algo fundamentalmente diferente da atividade do inventor mecânico, do erudito[14]
10 em Astronomia ou História, do mestre de tática[15]. Todas essas atividades se explicam quando se têm em mente humanos cujo pensar é ativo em *uma* direção, que utilizam tudo como material, que sempre consideram sua vida interior e a de outros com empenho, que por toda parte veem modelos, estímulos, que nunca se cansam de combinar seus meios. O gênio também nada faz a não ser aprender, primeiro, a
15 pôr pedras, em seguida a edificar, procurar sempre pôr material e sempre modelar nele. Toda atividade do ser humano é complicada até o miraculoso[16], não somente a do gênio: mas nenhuma é um "milagre". [...] Os humanos, evidentemente, só falam do gênio ali onde os efeitos do grande intelecto lhes são mais agradáveis e eles, por sua vez, não querem sentir inveja. Denominar alguém "divino" quer dizer: "aqui não
20 precisamos rivalizar[17]". Depois: tudo que está pronto, perfeito, é admirado, tudo o que vem a ser é subestimado. Ora, ninguém pode ver, na obra do artista, como ela *veio a ser*; essa é sua vantagem, pois por toda parte onde se pode ver o vir-a-ser há um certo arrefecimento[18]. A arte consumada[19] da exposição repele[20] todo pensamento do vir-a-ser; tiraniza[21] como perfeição presente. Por isso os artistas da exposição
25 são considerados geniais por excelência, mas não os homens de Ciência. Em verdade, aquela estima e esta subestimação são apenas uma infantilidade da razão. ■

[11] ***Persuadir-se:*** *convencer-se.*
[12] ***Faculdade:*** *capacidade.*
[13] ***Insinuação:*** *algo que se dá a entender de maneira indireta, disfarçada.*
[14] ***Erudito:*** *alguém com amplo conhecimento de um assunto; especialista.*
[15] ***Tática:*** *estratégia.*
[16] ***Miraculoso:*** *que contém um milagre ou que é parecido com um milagre.*
[17] ***Rivalizar:*** *competir; tentar igualar-se ou ultrapassar.*
[18] ***Arrefecimento:*** *enfraquecimento; diminuição.*
[19] ***Consumado:*** *pronto; terminado.*
[20] ***Repelir:*** *afastar.*
[21] ***Tiranizar:*** *comportar-se como um tirano, ou seja, como alguém que tira a liberdade alheia.*

Os seres humanos seriam atravessados por essas forças e dotados da mesma possibilidade de segui-las; o problema está em que, por força do hábito, eles se acostumam com a imagem que fazem de si mesmos e não desejam entrar no movimento cósmico. Intelectualizam a atividade artística, quer dizer, encontram explicações para ela (interpretações racionais como a da genialidade miraculosa) e evitam toda provocação. Colocam o "pensamento racional" entre eles e a arte.

De um ponto de vista filosófico geral, o pensamento nietzschiano convida a refletir sobre a atividade de produção de sentido e chama a atenção para o fato de que o ser humano não é apenas um ser racional, mas também um ser de paixão. No exercício da razão já está envolvida a paixão, assim como também no modo como se vivem as paixões está envolvida a razão. Da perspectiva do ser unitário (sem divisão), é possível dizer que todos os indivíduos são abertos à arte, essa ocasião privilegiada de experimentar o que significa realmente ser humano pelo acionamento mais completo de todas as suas possibilidades. A reflexão sobre a arte e a prática artística revelam, assim, uma grande preocupação antropológica: busca-se entender o que significa ser humano. Essa preocupação é anterior à filosofia nietzschiana; suas raízes estão já em Kant e sobretudo no Romantismo.

FILIPE FRAZAO/SHUTTERSTOCK.COM

Acima: Hotel Unique, em São Paulo, projetado pelo arquiteto Ruy Ohtake (1938-). À direita: Caixa de pralinas e chocolates de luxo.

DOTSHOCK/SHUTTERSTOCK.COM

EXERCÍCIO A

p. 490

1. O que significa, segundo Aristóteles, imitar a vida ou a Natureza? Por que os seres humanos praticam essa imitação?
2. Tomando por base a metáfora do embalsamento, apresente a visão de André Bazin sobre a arte.
3. Como Nietzsche permite superar a ideia de que a arte é algo reservado a poucos?

2 A beleza

Partindo da concepção geral que relaciona a arte à beleza, faz-se necessário esclarecer o que é a beleza, a fim de poder entender melhor o que é a própria arte. Trata-se de uma tarefa de grande importância filosófica, sobretudo porque algumas obras e atividades são marcadas de beleza (e podem, portanto, ser classificadas como arte), mas servem também a fins utilitários (e, então, não têm a gratuidade que parece envolver a arte).

Por exemplo, alguns prédios são construídos para finalidades específicas (um prédio comercial, um hotel, uma igreja etc.) e, no entanto, não deixam de ser belos. O mesmo sucede com músicas, desenhos, pinturas, esculturas etc. Essas obras perdem quanto à graça que caracteriza o prazer de simplesmente estar na presença de um trabalho artístico (pois remetem à utilidade para a qual foram construídas), mas isso não as impede de manifestar beleza. Hoje, aliás, surge a problemática da transformação da beleza em meio de obter lucro: estamos ainda diante da beleza quando a finalidade não é sua presença, mas o lucro? Se a arte relaciona-se com a beleza, e se a beleza é transformada em meio para obter lucro, então a arte também pode ser direcionada para o lucro?

Retorna, portanto, de modo inescapável, a pergunta sobre o que diferencia uma obra artística de uma obra não artística. Mais do que isso, torna-se indispensável perguntar sobre o que é a própria beleza e o tipo de relação existente entre ela e a arte.

A construção da noção de beleza é tão antiga quanto a própria Filosofia. A seguir encontraremos alguns elementos centrais dessa construção.

2.1 A beleza na filosofia antiga

O filósofo grego Platão (p. 82) foi um dos primeiros pensadores a transformar a beleza em tema filosófico. Sua estratégia consistiu em desconstruir inicialmente as interpretações da beleza que circulavam em sua época. Como elas lhe pareciam incoerentes, Platão terminou por descartá-las; mas foi desse confronto reflexivo que nasceu sua própria concepção.

Diante da opinião que identificava a beleza com a riqueza, as coisas convenientes, a utilidade e a vantagem, Platão lembrava que algo pode ser útil e vantajoso sem ser belo. Assim, não é a beleza que dá a utilidade de alguma coisa.

Platão recusa ainda a opinião de que a beleza é o "conjunto das coisas belas" e de que ela pode ser entendida com um simples olhar para esse conjunto. Platão lembra que coisas belas surgem e desaparecem, transformam-se, perecem[22], mas, apesar de elas desaparecerem, surgem outras também belas; os seres humanos continuam a ver beleza no mundo e a falar dela, independentemente do conjunto de coisas belas com que deparam. Além disso, nenhum ser humano seria capaz de conhecer o conjunto de todas as coisas belas, para somente depois poder falar de beleza. Conhecendo poucas ou muitas coisas belas, todos são capazes de identificar a beleza; portanto, ela não corresponde à soma total das coisas belas.

Segundo Platão, as coisas belas convidam o olhar humano a ir para além delas mesmas. As coisas belas revelam um modo de ser, o modo de ser com beleza. Ora, se as coisas podem ter um *modo de ser* que não desaparece com elas, então esse modo de ser deve ter uma fonte diferente das coisas mesmas. A essa *fonte* do modo de as coisas serem belas Platão chamava de Beleza. Ela é uma Ideia, Forma ou Essência (p. 150) que age nas coisas mas não se identifica com elas; transcende-as (p. 80). A *Beleza* apresenta-se, então, como algo que não pode ser definido com precisão, pois supera toda compreensão baseada apenas nas coisas belas, mas que pode ser apontado como a fonte do sentido de tudo que se considera belo.

Nos livros *Filebo e Leis*, Platão chegou a enumerar algumas características que tornam belas as coisas materiais: os pontos, as linhas, a proporção nas medidas, a simetria[23], as cores, o ritmo etc. Influenciado pelo pensamento pitagórico (p. 289), Platão insistia que é a harmonia entre o todo e as partes que dá a beleza das coisas. Era uma concepção matemática de harmonia: a repetição de unidades pode ser feita de modo a adaptar e transformar essas unidades em uma unidade de conjunto. Dessa perspectiva, mesmo uma ação podia ser vista como bela, pois, se os seus diferentes momentos forem praticados em harmonia, então se produz uma ação harmônica no conjunto. Todas as coisas do mundo natural também são belas, pois manifestam harmonia entre as partes do cosmo (o conjunto do Universo).

Sua maneira de conceber a beleza levou Platão a nutrir certa suspeita com relação aos artistas. No seu entender, se eles não integrassem sua atividade em um processo mais amplo que levasse a olhar para além das próprias obras e para além do belo aspecto das coisas, aprisionariam o ser humano em uma visão limitada do mundo, fazendo-os crer que o que existe é apenas aquilo que se capta pelos cinco sentidos (coisas materiais ou sensíveis). Concentrando-se apenas na beleza visível, o risco era de não chegar à beleza invisível.

Por essa razão, em seu livro A *República*, ao traçar o projeto de uma cidade perfeitamente justa, Platão chegou a declarar que os artistas não teriam lugar em tal cidade, pois eles poderiam ser um obstáculo à educação verdadeira, aquela cujo objetivo é alcançar o Bem invisível (p. 154). A Beleza, segundo Platão, é um aspecto do Bem; e a beleza percebida pelos cinco sentidos é apenas um aspecto da Beleza inteligível, isto é, que se pode entender pelo pensamento sobre as coisas belas. Seria necessário ir além da experiência das belas coisas e da própria Beleza, a fim de ver a plena possibilidade de realização de todas as coisas (o Bem).

Isso não quer dizer que Platão fosse contrário à arte ou contrário ao prazer obtido com as coisas belas. Em sua obra O *banquete*, ele é bastante explícito ao considerar que a percepção da beleza sensível (nas coisas belas) é o começo do caminho que faz "subir" até a Beleza inteligível. Inadequado, no seu dizer, era associar a Beleza com a arte, pois esta, quando praticada sem os olhos fixos no Bem, pode ser aprisionadora. Daí a suspeita platônica em relação aos artistas. Dito de outra maneira, a arte, para Platão, estava intimamente ligada à Ética e à Política.

A visão platônica exercerá grande influência sobre o modo como os filósofos tratarão a relação entre beleza e arte. Cerca de 500 anos depois de Platão, o filósofo

[22] ***Perecer:*** *decompor-se e acabar.*
[23] ***Simetria:*** *correspondência de elementos; semelhança.*

PITAGORISMO

Nome geralmente utilizado para se referir ao movimento iniciado por Pitágoras de Samos, em meados do século VI a.C., cuja influência foi decisiva para o pensamento ocidental. A escola teve como ponto de partida a cidade de Crotona, no sul da atual Itália, e concebia os números e as harmonias matemáticas como os princípios e as essências de toda a realidade. Seus representantes mais conhecidos são Filolau, Árquitas, Alcmeão e a filósofa Melissa.

Plotino (p. 290) recupera o pensamento do mestre, chegando a chamá-lo de "Divino Platão". A concepção plotiniana da arte contará, porém, com uma novidade: ela passará a ter um estatuto mais positivo.

Elaborando elementos herdados também de Aristóteles (p. 103), Plotino continuará a entender a beleza como a fonte da harmonia dos seres, mas considerará que a arte ou a verdadeira imitação daquilo que se conhece no mundo sensível é uma ocasião para chegar ao conhecimento das Ideias, Formas ou Essências. A arte será, portanto, um caminho de acesso à beleza. Sendo mais do que uma simples produção material de obras, ela se mostra como atividade espiritual que aciona a sensibilidade, o pensamento e o desejo. Por acionar essas possibilidades, ela permite entrar no caminho que leva ao Bem, sustento de tudo o que existe e fonte de toda unidade (harmonia) no cosmo. Por ser fonte de unidade, o Bem ou o Bem Supremo de que falavam Platão e Aristóteles será chamado de *Uno* por Plotino.

Por conseguinte, considerando o Uno como fonte de tudo, Plotino afirmava que tudo contém em si um impulso de *retorno* ao Uno, um desejo ou movimento amoroso que leva a evitar a dispersão e a reunir-se na unidade, até conhecer a Unidade suprema. Não foi à toa que, com base no pensamento plotiniano, criou-se um ditado filosófico de grande sucesso: "A beleza atrai por si mesma". Ela não depende da arte ou do trabalho dos artistas para atrair, embora ela esteja na raiz da arte e de todas as atividades.

Sem fazer a beleza depender da arte, Plotino também não as separa com a mesma força que separava Platão. A arte verdadeira continua sendo aquela que permite ao ser humano trabalhar a si mesmo, "esculpir-se" em um movimento que vai além do aspecto belo das coisas e permite buscar a raiz da beleza. Uma das condições dessa "escultura de si" era *fugir do mundo*: longe de significar um desprezo do mundo, do corpo, dos prazeres, das coisas belas etc., essa "fuga" ocorre quando o indivíduo volta-se para "dentro de si", perguntando-se sobre o porquê do mundo, do corpo, dos prazeres, das coisas belas. A fuga seria obra de um "olho interior", capaz de enxergar para além das aparências .

A escultura de si
Plotino

1 É necessário ver a alma daqueles que realizam as obras belas. Como se pode ver essa beleza da alma boa? Volta-te a ti mesmo e olha se tu não vês, todavia, a beleza em ti; faze como o escultor de uma estátua, que deve ser bela; toma uma parte, esculpe-a, pole-a[24] e vai ensaiando
5 até que tires linhas belas do mármore. Como aquele [escultor], tira o supérfluo[25], endireita o que é oblíquo[26], limpa o que está obscuro para torná-lo brilhante e não cesses de esculpir tua própria estátua, até que o resplendor divino da virtude se manifeste, até que vejas a temperança[27] sentada sobre um trono sagrado. Tu és já isso? É isso que tu vês aí?
10 É isso o que tu viste, um comércio[28] puro, um trato puro, sem nenhum obstáculo à tua unificação, sem que nada estranho esteja mesclado interiormente a ti mesmo? És tu todo inteiro uma luz verdadeira, não uma luz de dimensão ou de formas mensuráveis[29] que pode diminuir ou aumentar indefinidamente em magnitude[30], senão uma luz que carece
15 em absoluto de medida, porque ela é superior a toda medida e quantidade? Tu te vês nesse estado? ■

PLOTINO. Sobre o Belo (Enéadas I, 6). Tradução Ismael Quiles. In: DUARTE, R. (Org.). *O belo autônomo*: textos clássicos de Estética. Belo Horizonte: Autêntica; Crisálida, 2012. p. 57.

Az

[24] ***Polir:*** *esfregar um material até torná-lo liso; lustrar; aperfeiçoar.*

[25] ***Supérfluo:*** *desnecessário; não essencial.*

[26] ***Oblíquo:*** *inclinado, tortuoso.*

[27] ***Temperança:*** *virtude de calcular os prós e os contras de uma ação; equilíbrio.*

[28] ***Comércio:*** *correlação; troca.*

[29] ***Mensurável:*** *que pode ser medido.*

[30] ***Magnitude:*** *dimensão; tamanho.*

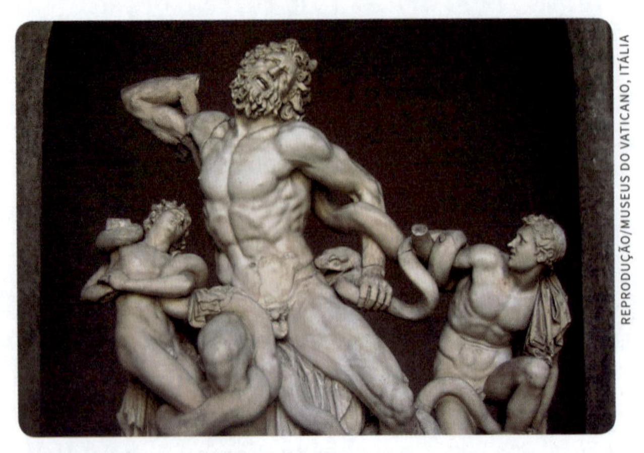

Laocoonte e seus filhos (séc. II ou I a.C.), escultura em mármore de Agesandro, Atenodoro e Polidoro, habitantes da ilha de Rodes. O conjunto se perdeu por volta do século II d.C. e foi reencontrado no século XVI, próximo ao Coliseu, em Roma, exercendo grande influência sobre os artistas renascentistas, especialmente Michelangelo. Os renascentistas logo reconheceram as características da concepção grega de beleza, principalmente pela harmonia do conjunto e o movimento das formas.

PLOTINO (205-270)

Foi um filósofo nascido em Licópolis (atual Assiut, no Egito) e fundador de uma releitura de Platão que ficou conhecida como *neoplatonismo*. Foi discípulo de Amônio Sacas durante onze anos, em Alexandria. Aos quarenta anos, fundou sua própria escola em Roma. Escreveu inúmeros tratados, que foram organizados por seu discípulo Porfírio em seis grupos de nove tratados cada, chamados de *Enéadas*. Seu pensamento é compreendido geralmente como a descrição de um duplo movimento da Natureza: o primeiro narra o surgimento de todas as coisas a partir da unidade do princípio, o Uno (movimento de "processão" ou "emanação"); e o segundo narra o movimento da alma humana que busca retornar da multiplicidade exterior até a unificação com o princípio (a chamada "conversão" ou "retorno").

2.2 A beleza na filosofia patrística e medieval

Herdeiros do pensamento de Platão, de Aristóteles e de Plotino, os pensadores da Patrística (p. 378) e da Idade Média (p. 380) reforçarão a concepção da beleza como fonte das coisas belas e ampliarão a ideia de que tudo o que pertence ao mundo natural contém beleza porque revela uma harmonia em sua própria constituição e em seu lugar no mundo.

Agostinho de Hipona (p. 170), por exemplo, entende que todas as coisas naturais são belas, inclusive aquelas que parecem não belas, como um escorpião que certamente pica quem o toca. Em seu livro *Confissões*, Agostinho explica que o escorpião é uma criatura boa e bela, pois tem sua função no conjunto dos seres. O que o torna aparentemente "mau" e "não belo" é o ato equivocado do ser humano que o pega na mão. Seu lugar não é a mão humana; portanto, sua bondade e sua beleza só podem ser percebidas se ele estiver lá onde tem sua função, servindo, por exemplo, de alimento para outros animais.

A novidade trazida pela Patrística e pela Idade Média para o modo de falar da beleza está em conceber que o Universo pode ser pensado como obra de uma criação divina. Se há um ser divino, ele é bom e belo no grau mais elevado, pois é a fonte da beleza e bondade de tudo. Ora, se tudo é criado por ele, então tudo também é belo e bom.

Movidos por sua experiência de fé, os pensadores da Patrística e da Idade Média viam a Deus como alguém com quem se pode estabelecer uma relação amorosa. A esse "alguém" (que seria como uma "pessoa") eles identificam o Bem Supremo ou o Uno de que falavam os pensadores antigos. Por conseguinte, nele (Deus) residem o Bem Supremo e a Beleza Suprema. Esses termos passam a ser empregados como diferentes nomes de Deus mesmo.

No caso específico da beleza, se Deus é a fonte de todos os seres e se ele é a própria Beleza, reforça-se a ideia platônica de harmonia e afirma-se que todas as coisas são belas porque são criadas harmonicamente por Deus. A beleza natural no mundo passa a ser entendida como reflexo da beleza de seu criador.

Esse aspecto novo leva os autores patrísticos e medievais a recuperar a suspeita platônica em relação à arte, bem como a separação entre beleza e arte. A fixação na beleza das coisas e no trabalho dos artistas pode produzir um afastamento de Deus caso as coisas belas e o trabalho dos artistas sejam tomados como fins em si mesmos. A boa arte e a verdadeira beleza serão somente aquelas que contribuírem para a vida ético-religiosa dos indivíduos, ajudando-os a louvar a beleza do grande "Artista" que os criou.

Agostinho, nesse sentido, valorizava fortemente o prazer despertado pelas coisas belas, mas dizia temer que os atrativos belos "acorrentassem" a alma. A atitude ideal seria, então, desfrutar do prazer com as coisas belas sem parar o olhar nelas mesmas, mas elevando-o à Beleza ou fonte de toda beleza, a fim de estabelecer uma relação amorosa com ela.

No século VIII, a suspeita religiosa em relação à arte foi levada ao extremo, dando origem ao que ficou conhecido como a *Crise Iconoclasta*: um movimento de destruição de todas as imagens e representações religiosas. Hoje se sabe, porém, que as razões dessa crise foram principalmente políticas e econômicas, pois destruir as imagens era uma forma de diminuir o poder dos religiosos que as fabricavam.

No século XIII, Tomás de Aquino (p. 114), embora elogiasse a arte, também se mostrou receoso diante do exagero da sua valorização. Ele tomou, por exemplo, posição contrária ao uso de instrumentos musicais nas cerimônias religiosas, pois, no seu entender, as pessoas podiam apegar-se à beleza dos sons e desviar sua atenção de Deus. A arte podia transformar-se em apego à aparência das coisas, iludindo as pessoas e enchendo-as de si mesmas.

Uma consequência ética dessa suspeita com relação ao trabalho artístico não deixou, porém, de ter interesse filosófico: é possível ver beleza mesmo em pessoas, coisas e atitudes sem aparência atraente. Passa-se a falar, por exemplo, da beleza de pessoas verdadeiras e amáveis, mesmo fisicamente não belas. Na contrapartida, pensa-se também na feiura de realidades superficialmente belas (especialmente a feiura das más ações de pessoas fisicamente atraentes). Essa ideia já aparece no pensamento de Platão e tornou-se bastante explorada a partir da Idade Média.

Convém lembrar ainda que, apesar da retomada da suspeita platônica, a Era Patrística e a Idade Média não deixaram de valorizar a arte. Desde os inícios da fé cristã se valorizou a produção de pinturas, por exemplo, porque, além de apontarem para a beleza divina, elas serviam para formar as pessoas que não sabiam ler. No período medieval, floresceu a arte do canto, da escultura, da arquitetura, da pintura, da poesia e da literatura, dando-se os primeiros passos rumo à prática de aplicar conhecimentos matemáticos e científicos à produção artística.

A esse respeito, o julgamento que alguns autores do Renascimento (p. 382) emitiram sobre a Idade Média, chamando-a de "era das trevas", é historicamente equivocado. Os autores medievais nunca se posicionaram contra a luz trazida pelo conhecimento e pela experiência artística. Aliás, o tema da luz (seja como metáfora do conhecimento, seja como dado físico) foi central nos estudos científicos e filosóficos da Idade Média. A arquitetura das catedrais testemunha o nível técnico atingido nesses estudos; não foi por acaso que cientistas e filósofos modernos, ao criarem a Óptica, recorreram abertamente a eles. Hoje se sabe, por exemplo, que René Descartes (p. 191) estudou os tratados de Dietrich de Freiberg (1250-1310) intitulados *Tratado sobre a luz e sua origem* e *Tratado sobre a íris e as impressões causadas por irradiação*.

Dietrich de Freiberg foi o primeiro a oferecer uma explicação cientificamente correta para o arco-íris, baseando-se em experiências com água e em operações geométricas. Em sua época, o muçulmano Al-Farisi (1267-1319) também fazia experimentos parecidos. Mesmo sem haver relação histórica entre Dietrich e Al-Farisi, é certo que ambos leram o tratado de Óptica escrito já no século XI pelo muçulmano Al-Hazem (965-1040).

Vistas dessa perspectiva, as catedrais e as mesquitas eram verdadeiros "laboratórios" de estudos da luz, além de autênticos ateliês de arte.

IVAN VARYUKHIN/SHUTTERSOTCK.COM

BERTHOLD WERNER/CREATIVE COMMONS

FOTOWAN/SHUTTERSTOCK.COM

No alto: detalhe do *Anjo do Sorriso*, na entrada da Catedral de Reims, França.
Ao centro: Colunas islâmicas (séc. IX) na Catedral-Mesquita de Córdoba, Espanha.
Acima: Livro de canto medieval (séc. XV), com notação gregoriana.

Arte não religiosa na Idade Média

Embora a Idade Média tenha ficado conhecida como era religiosa, os temas artísticos do período nem sempre eram ligados à religião.

Um exemplo bastante conhecido são os poemas do século XIII, conhecidos como *Carmina burana* (Poemas de Beuern), escritos por monges e estudantes para tratar de temas como a passagem rápida do tempo, a fragilidade da vida humana, a instabilidade das coisas (a Roda da Fortuna) e os costumes hipócritas de personagens religiosos (bispos e abades beberrões, entre outros).

No século XX, o alemão Carl Orff (1895-1982) criou uma versão musical para esses poemas, com ampla difusão. Você pode ouvi-la na versão gravada pela Orquestra e Coro da Universidade da Califórnia (EUA), no YouTube: <https://www.youtube.com/watch?v=QEllLECo4OM> (acesso em: 9 out. 2015). Uma tradução dos poemas pode ser encontrada em: <https://www.youtube.com/watch?v=dLOk8nHimlA> (acesso em: 9 out. 2015).

A roda que faz alguém subir é a mesma que faz um rei descer e perder a coroa. ■

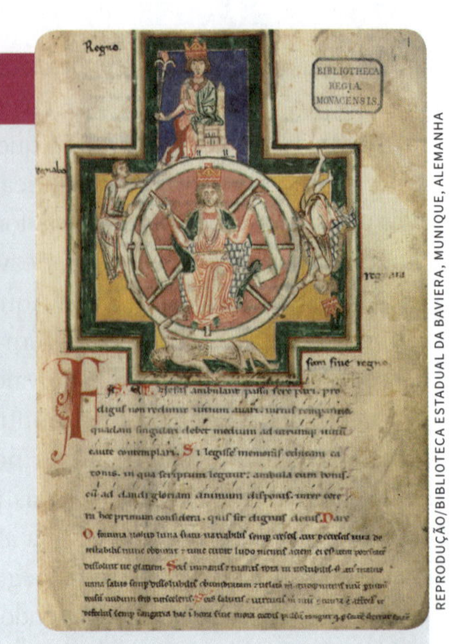

Roda da Fortuna (séc. XIII), iluminura anônima no manuscrito dos Poemas de Beuern (*Carmina burana*).

2.3 A beleza no Renascimento e na filosofia moderna

Uma mudança de enorme significação se iniciará nos tempos do Renascimento, consolidando-se na Idade Moderna: passa-se justamente a associar beleza e arte e a conceber a beleza como qualidade das obras artísticas, não mais como qualidade que dá harmonia aos seres.

Essa mudança foi bastante rápida, sem ser repentina. Suas raízes iniciam pelo menos no século XIV e dão seus primeiros frutos nos séculos XV e XVI, principalmente com os novos padrões mecanicistas de conhecimento (p. 235). Cria-se a ideia de Natureza como conjunto de acontecimentos mecânicos e submissos a leis que podem ser conhecidas e reproduzidas, dando-se ênfase justamente às técnicas de reprodução das leis naturais como forma de conhecimento. Essa prática exercerá influência decisiva sobre a concepção de beleza, levando-a a ser entendida também como algo que pode ser produzido. A arte, por sua vez, será entendida como a ação específica de produzir beleza; e a beleza, entendida agora sob o aspecto da sua produção, será associada às técnicas de composição das partes de uma obra, com o fim de obter a harmonia que agrada a quem a contempla. Os antigos métodos gregos são redescobertos e desenvolvidos nesse período (daí o nome de "Renascimento" nas artes) e a temática religiosa, embora continuasse presente, deixa de ser central. O trabalho de Leonardo da Vinci (1452-1519), nesse sentido, é um dos melhores exemplos.

A concepção renascentista de beleza mantinha grandes semelhanças com a concepção platônica: a beleza é a fonte das coisas belas. No entanto, os renascentistas, de modo geral, introduzem uma mudança importante no modo de falar da beleza, pois, ao darem ênfase sobre a produção da beleza pela arte, levam a distinguir entre a *beleza natural* e a *beleza artística*. Mesmo que a Natureza continuasse a ser considerada bela, a beleza artística começava a tornar-se outra coisa: ela será reservada ao mundo das artes.

Aos representantes da filosofia moderna caberá terminar o que havia sido iniciado no Renascimento. Tratava-se, agora, de associar com exclusividade a beleza à arte. Cria-se, assim, no século XVII a expressão *belas artes*, com o objetivo de distingui-las das *artes liberais* (nome que, na Idade Média, designava as técnicas relacionadas ao conhecimento verdadeiro). As belas artes eram, de início, a arquitetura, a pintura, a escultura e a gravura. Posteriormente, elas

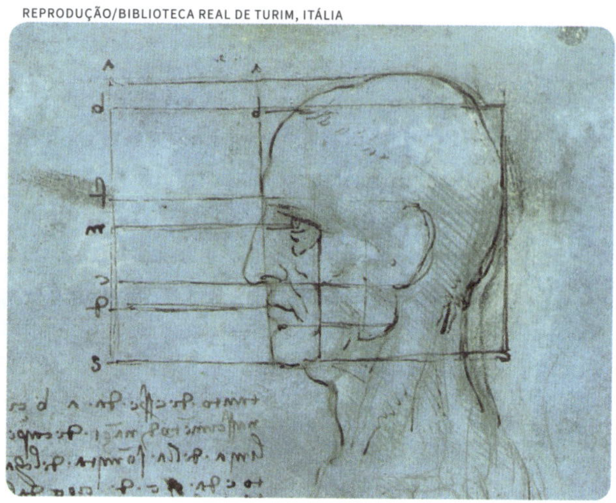

À esquerda: *Diane* (séc. XVI), detalhe da Fonte de Diane, de artista incerto.
À direita: *Estudo de proporção da face* (1489-1490), desenho de Leonardo da Vinci (1452-1519).

passaram a incluir todo o conjunto de práticas de produção da arte, incluindo as antigas artes liberais (como a música), em consonância com a concepção renascentista-moderna de *beleza artística*.

Considerando que a ideia de Natureza conduziu à elaboração da ideia de Cultura como atividade humana de dispor da Natureza e de transformá-la (p. 234-239), a beleza artística e a arte serão associadas à Cultura. Pode-se dizer então que a ideia de *Natureza*, de um lado, e as ideias de *Cultura*, *arte* e *beleza*, de outro, constituirão os eixos centrais do modo moderno de tratar a experiência artística e a experiência estética. Nesse sentido, o filósofo Alexander Baumgarten (1714-1762) publicou um livro decisivo. Intitulado *Estética*, esse livro fundou uma nova disciplina filosófica, a "ciência da beleza e da arte", que ficará depois conhecida simplesmente como Estética.

O termo *estética*, inventado por Baumgarten com base no termo grego *aísthesis* (sensação), designa bem o modelo (p. 358) com que os pensadores modernos passaram a entender a relação humana com a beleza: trata-se de uma relação que envolve o prazer dos cinco sentidos na contemplação do que é belo. A experiência artística e a experiência estética desvinculam-se definitivamente de preocupações éticas, políticas, religiosas ou cognitivas. A beleza e a arte conquistam, então, sua autonomia.

No século XVIII, Immanuel Kant (p. 207), considerado como o primeiro "filósofo da arte" propriamente moderno, ainda mantém a distinção entre *beleza natural* e *beleza artística*, mas se concentra em examinar a experiência estética (interesse antropológico, ou seja, pelo que significa ser humano), e não em investigar a arte por si mesma. Kant consagra, assim, a Estética como disciplina filosófica e mostra que, segundo os novos padrões de pensamento, em vez de argumentações ou raciocínios em torno do que é a beleza, interessava destacar que a experiência estética opera com a universalidade das experiências de gosto.

De acordo com a análise kantiana, quando se está de fato diante de algo belo (uma obra de arte), diz-se simplesmente que ele é belo. Em outras palavras, julga-se essa obra como bela. Tal julgamento ou juízo[31] dificilmente seria contrariado por alguém; é um juízo que solicita a concordância de todos, pois se refere a algo comunicado universalmente, sem se reduzir a uma sensação particular ou privada. No juízo de gosto, mesmo sendo ele subjetivo (isto é, ocorrendo em uma experiência inteiramente individual), manifesta-se algo universal: é um indivíduo que identifica a beleza e julga que algo é belo; mas, se qualquer outra pessoa fosse posta no lugar desse indivíduo, ela também identificaria a beleza e faria o mesmo juízo ou julgamento.

Na obra *Crítica da faculdade do juízo*, Kant nega a existência de alguma "regra" objetiva para o gosto ou algum critério que permita, por meio de conceitos, definir o que é belo. No entanto, há algo universal (e, nesse sentido, "objetivo"): a possibilidade subjetiva de pôr em funcionamento as capacidades de conhecer e representar tudo o que é conhecido, levando essas capacidades a uma relação recíproca que permite identificar a beleza como algo "para todos" ou como algo que agrada universalmente.

[31] ***Juízo:*** *ato de afirmar ou negar.*

2.4 A beleza na filosofia contemporânea

Caberá ao filósofo Georg W. F. Hegel (p. 270) superar de vez a preocupação com alguma beleza natural e instalar a noção de beleza exclusivamente no campo da arte. No seu dizer, a marca do espírito (o pensamento e a liberdade) é operar por oposição à Natureza e ser superior a ela. Uma vez separado o belo natural do belo artístico, não faz mais sentido preocupar-se com o belo natural; seria um esforço sem ganho algum. Aliás, é mesmo necessário "excluir" ou valorizar pouco o belo natural, pois o espírito fixado na Natureza é um espírito alienado[32], um espírito que só existe *em-si*, e não *para-si*. A arte, ao contrário, seria a primeira etapa do desenvolvimento que faz o ser humano sair da alienação do em-si e entrar no para-si. Ela permite sair do fechamento na individualidade (espírito subjetivo) e entrar na sociabilidade (espírito objetivo). Seria desnecessário, portanto, voltar ao belo natural.

Na história do pensamento sobre a beleza, Hegel representa um momento de reinício, pois muito do que os autores contemporâneos dirão sobre o tema será construído em diálogo com o filósofo alemão, seja por continuidade com ele, seja por contraponto.

Com o pensamento hegeliano, estabelece-se de uma vez por todas o costume de associar a beleza *apenas* à arte. No entanto, Hegel via a arte em um movimento de progresso histórico do espírito humano e a considerava uma atividade ainda excessivamente ligada à sensibilidade (portanto, ainda muito próxima à Natureza ou ao *em si*). Dois outros estágios teriam ocorrido nesse progresso: a religião e a Filosofia. A religião deu um passo adiante com relação à arte, pois permitiu que o ser humano superasse a Natureza e voltasse seu olhar para si mesmo, recolhendo-se em sua devoção pessoal. Mas essa fase também já teria sido superada pelo espírito humano, transformando-se na Filosofia, momento em que o espírito se torna absoluto, porque sai da consciência individual e percebe que é ele mesmo o produtor das formas objetivas da vida (as instituições da família, da moral e do Estado).

Por outro lado, a "arte bela", segundo Hegel, seria também em si e para si quando se considera que a beleza artística é produzida pelo espírito. Como arte bela, ela expõe algo superior a si mesma e à sensibilidade: o espírito, possibilidade humana de apontar

[32] ***Alienado:*** *aquele que não se possui a si mesmo e que permanece sob o domínio de um outro.*

CONCEITOS ESTRATÉGICOS

Em-si / Para-si / Em-si-e-para-si

As expressões *em-si*, *para-si* e *em-si-e-para-si* vêm do pensamento hegeliano e são hoje empregadas por diferentes pensadores.

Partindo do princípio de que a realidade é o desabrochar de algo que estava já presente nela virtualmente desde seu começo, essas expressões, apesar de serem empregadas com pequenas variações pelos pensadores, podem ser resumidas como segue:

Em-si – é a realidade ainda desconhecida, sem autoconsciência. Por exemplo, a criança é em-si; a Natureza é em-si. No caso da criança, isso quer dizer que ela é um ser humano ainda não completo e deve tornar-se um ser humano ao longo de um processo. Ela é um ser humano por ter a disposição para tornar-se tal; e não poderia tornar-se se já não fosse um ser humano em germe, em-si. O *em-si* designa, então, um conteúdo real, mas não manifestado. É preciso haver uma mediação, uma "ponte" entre o ser potencial e o ser realizado. Essa mediação é o *para-si*.

Para-si – momento da tomada de consciência de si. Quando o ser humano conhece sua verdadeira natureza, pode apropriar-se dela e dispor dela, participando na construção de seu sentido. O *para-si*, então, revela um conteúdo real que estava *em-si* e torna-o um conteúdo efetivo.

Em-si-e-para-si – ser consciente e efetivamente aquilo que no início era apenas virtual. Momento em que aquilo que era contido na Natureza ou na criança, por exemplo, vem à máxima consciência, dando-se conta, inclusive, do processo que levou do *em-si* ao *para-si* (processo pelo qual se percebe como construtor de sentido).

IDEALISMO

É o nome com que se costuma designar a postura filosófica que, na compreensão do mundo, enfatiza o papel das ideias como unidades que organizam a realidade e o conhecimento que se pode ter sobre ela. Costuma-se identificar no trabalho de René Descartes as raízes da concepção atual do Idealismo. Também se fala do "idealismo" de Platão. Mas é sobretudo a partir de Immanuel Kant que o termo aparece, ganhando força no Idealismo e Romantismo alemães do século XIX.

para os interesses mais urgentes, tais como o sentido da existência individual e social. Dessa perspectiva, a arte revela a sua importância no caminho que leva ao espírito absoluto, pois reconcilia o exterior (captado na sensibilidade) e o interior (a percepção como ato do sujeito), o finito (de cada situação) e o infinito (das intermináveis possibilidades de sentido).

Hegel apostava na esperança de que, na consciência de seu caráter histórico, o ser humano universalizado (concentrado na sociabilidade, e não na singularidade) construiria um Estado justo, no qual os indivíduos também seriam justos exatamente porque se concentrariam na justiça do conjunto. Como costumava declarar o filósofo brasileiro Henrique Cláudio de Lima Vaz (1921-2002), se o trabalho de Platão foi introduzir a presença do absoluto transcendente (p. 80, 100 e 154) ou do Bem Supremo no mundo, o trabalho de Hegel foi tirar toda transcendência desse absoluto, transformando-o em pura imanência. Especificamente no tocante à Estética, é possível também dizer que, se Kant ainda reservava certo espaço para a Natureza na concepção da beleza, permitindo chegar a uma fonte divina criadora e ordenadora de tudo, Hegel tira definitivamente Deus do horizonte humano ao anular o interesse na Natureza e concentrá-lo no próprio ser humano.

Surgiram várias reações contra o pensamento hegeliano, com consequências diretas para a visão da beleza. O filósofo dinamarquês Søren Kierkegaard é certamente o mais anti-hegeliano dos pensadores. Segundo ele, o indivíduo é quem realmente existe e importa, mas Hegel o dissolve na vida social e o transforma em algo passivo ou em um resultado do progresso do espírito que se objetiva.

Kierkegaard chegava a afirmar que Hegel elaborou uma filosofia ultrassofisticada para perder o que realmente importa na vida: a individualidade. Na experiência individual há aspectos que a razão humana não é capaz de dominar nem de transformar em conceitos. Ao perder esses aspectos, dissolvendo-os em conceitos, Hegel construiu, como diz Kierkegaard, o belo castelo de sua filosofia do espírito objetivo, mas depois foi morar num quartinho dos fundos, pois, como ser humano em carne e osso, não podia sequer entrar em seu castelo frio e solitário.

A preocupação com o indivíduo e com sua afirmação tornou-se bastante forte no pensamento contemporâneo. Na verdade, ela é anterior às reações contrárias ao pensamento de Hegel; e, para além dos aspectos teóricos, ligados ao movimento que leva ao espírito absoluto, a preocupação com o indivíduo se

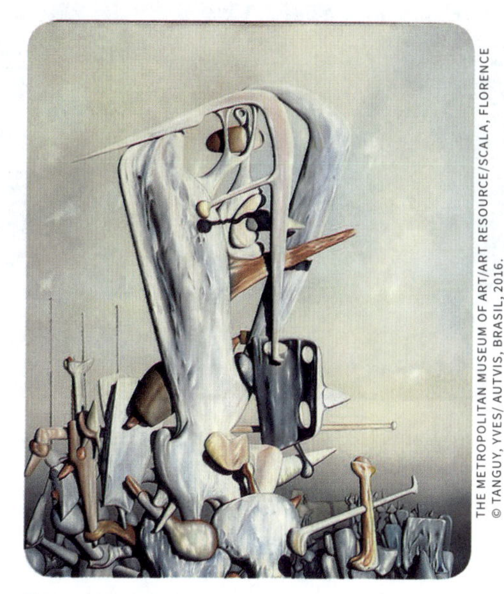

Yves Tanguy (1900-1955), *Minha vida*, 1944, óleo sobre tela.

SØREN KIERKEGAARD (1813-1855)

Foi um filósofo e teólogo dinamarquês, considerado um dos elos críticos que possibilitaram a passagem do idealismo de Hegel para o existencialismo do século XX. Crítico voraz da filosofia idealista e das formalidades da igreja luterana da Dinamarca, Kierkegaard ficou conhecido como um existencialista cristão, por centrar sua filosofia na experiência individual e por tratar de temas filosóficos e religiosos fundamentalmente do ponto de vista da existência. Obras mais conhecidas: *Migalhas filosóficas*, *O conceito de angústia* e *O desespero humano*.

Édouard Manet (1832-1883), *Música no Jardim das Tuileries*, 1862, óleo sobre tela.

fazia sentir no campo das artes desde, pelo menos, o Romantismo (p. 193 e 389). O escritor e pensador Johann Wolfgang von Goethe (1749-1831) defendia, por exemplo, que cada artista deveria criar os princípios de sua própria arte. A posição de Goethe era uma reação aos costumes de "ensinar arte", desenvolvidos nas academias criadas já no século XVI e responsáveis por transmitir padrões "profissionais" de produção artística.

Especificamente no tocante a Hegel, por entender a arte sob a perspectiva de sua história (considerando, aliás, as esculturas gregas como ponto mais alto na história da arte tal como ele a entendia), o filósofo sofreu a crítica de ter racionalizado excessivamente a arte, dissolvendo o fazer artístico em esquemas conceituais distantes da experiência individual e, por isso mesmo, não conseguindo interpretá-lo tal como ele realmente é.

Em outras palavras, assim como o *indivíduo* pode ser entendido apenas como componente do grupo social e como simples resultado de processos sócio-históricos que não dependem dele, assim também o artista corria o risco de ser encarado, segundo denunciavam os críticos do pensamento hegeliano, como um ser destituído de liberdade ou de qualquer iniciativa criativa. Seja como for, uma renovada atenção à individualidade se fez necessária; e os artistas a tomaram como uma causa a defender. As referências tradicionais da beleza (propagadas pelas academias de arte) foram conscientemente atacadas; e, embora permanecesse no horizonte a ideia de que a beleza não pode ser definida (mas apenas indicada, tal como dizia Platão), artistas e pensadores convocaram a uma nova mudança no modo de ver a beleza. Era preciso contrariar os padrões impostos tanto na arte como na experiência estética cotidiana. Surgia, então, no século XIX, o que se convencionou chamar de *arte moderna*, principalmente com o impressionismo. Um dos fundadores da arte moderna, o impressionista Édouard Manet (1832-1883) marcou a modernidade na arte com seu quadro *Música no Jardim das Tuileries*, pois, além de ser um dos primeiros artistas a retratar cenas da vida moderna, inclusive cenas banais, Manet valorizava as impressões causadas pelas "manchas" como forma de figuração (e não os recursos tradicionais, como as linhas). Pensa-se hoje, aliás, que talvez Manet tenha se baseado em fotografias para compor sua pintura, o que seria um sinal claro de sua modernidade.

Segundo as classificações históricas, a arte moderna durou até cerca de 1950.

É importante não confundir a periodização da arte com a divisão histórica da Filosofia: enquanto a filosofia moderna corresponde aos séculos XVI-XVII ou XVI-XVIII, a *arte moderna* corresponde à passagem do século XIX ao XX. Antes da arte moderna, a periodização tradicional identifica a *arte neoclássica* (séculos XVI-XIX), a *arte renascentista* (século XV ou séculos XV-XVI), a *arte bizantino-medieval* (séculos II-XV), a *arte antiga ou clássica* (das origens até o século II d.C.).

Se, porém, uma característica é típica da arte moderna, ela consiste no programa de romper com os padrões estipulados pelas academias. Tal programa de ruptura fazia que o interesse da arte moderna não fosse mais a beleza, mas a própria arte. O artista moderno se coloca em questão e leva os que contemplam sua obra a perguntar-se pelo que é a arte e o que define a beleza ou a falta de beleza.

Da perspectiva do interesse da "arte pela arte" e relacionando o quadro de Paul Cézanne (abertura deste capítulo) com o quadro de Manet, observa-se também em Cézanne a exploração das manchas e, portanto, uma ruptura com os padrões tradicionais. Assim, ainda que Cézanne pareça, para algumas pessoas, um artista que simplesmente reproduz a Natureza, é possível entender que sua obra é mais do que uma representação. As formas pintadas por Cézanne são objetos típicos do mundo da arte, e não da Natureza; são recriações de coisas existentes, pois as cores e as linhas são reinventadas pelo olhar do artista, que opera com manchas e explora variações de luz.

Cézanne, ademais, é um dos artistas que estão na origem do que se chama de *arte abstrata*, da qual Pollock também é um representante. O estilo do *abstracionismo* rompe de uma vez por todas com a preocupação figurativa ou a busca por exprimir associações com realidades "naturais". Um artista abstracionista cria suas próprias formas e faz o prazer dos sentidos e a beleza falarem por si mesmos.

Movimentos semelhantes podem ser vistos na música, com o *serialismo* ou o *minimalismo*, e mesmo até mais radicais na Literatura e na Pintura, como foi o caso do *dadaísmo* e do *surrealismo*, verdadeiras revoluções para os padrões estéticos do início do século XX.

Cézanne, Manet, Pollock, o dadaísmo, o surrealismo, o impressionismo etc. constituem, assim, "momentos" em que a arte passou a tomar-se a si mesma como objeto de reflexão. Eles permitiram à própria arte pensar sobre o que é o fazer artístico. Essa postura será levada ao extremo pela *arte contemporânea* (anos 1950 até hoje), quando se deixa para trás a pergunta pela beleza e se põe definitivamente a pergunta pela própria arte, assumindo também a contestação contra os mecanismos de controle da arte, de seu comércio, de sua classificação, de sua exposição (nas formas de museus e galerias) etc. A arte, na Contemporaneidade, torna-se objeto ou suporte para comunicar uma ideia. Desse ponto de vista compreende-se por que Maurizio Cattelan produziu uma arte que "choca" (ver a obra *Untitled 2007*, no início deste capítulo).

Roberto Matta (1911-2001), *Três figuras*, 1958, óleo sobre tela.

Para fazer um poema dadaísta
Pegue um jornal.
Pegue uma tesoura.
Escolha nesse jornal um artigo com o tamanho que [você pretende dar a seu poema.
Recorte o artigo.
Recorte em seguida, com cuidado, cada uma das palavras [que formam esse artigo e coloque-as num saquinho.
Agite suavemente.
Tire em seguida cada palavra recortada, uma por uma.
Copie conscienciosamente na ordem em que elas [saírem do saquinho.
O poema parecerá com você.
E eis que você é um escritor infinitamente original e [de uma sensibilidade cativante, embora [incompreendida pelo público.

TZARA, Tristan. Pour faire un poème dadaïste. In: *Œuvres complètes.Tomo I. Paris: Flammarion*, 1982. p. 382. (Para fazer um poema dadaísta. Tradução nossa.)

EXERCÍCIO B

p. 490

1. Apresente a concepção platônica da beleza, explicando por que, segundo Platão, a beleza não pode ser definida.
2. A suspeita lançada por Platão sobre os artistas significava que ele era contrário à arte? Explique.
3. Qual a principal novidade de Plotino no tocante à concepção da arte?
4. Justifique a associação patrístico-medieval entre a beleza e Deus.
5. Comente o modo como o pensamento medieval desenvolveu a suspeita platônica lançada sobre a criação artística.
6. O que significa afirmar que tanto para o pensamento antigo como para o pensamento patrístico-medieval a beleza era separada da arte?
7. Qual a grande mudança operada pelo Renascimento com relação ao pensamento anterior sobre a beleza e a arte?
8. Como entender que, segundo Kant, o juízo estético ou juízo de gosto seja a um só tempo subjetivo e universal?
9. Por que, segundo Hegel, a reflexão estética deve abandonar a ideia de beleza natural?
10. Qual o significado da afirmação de Kierkegaard segundo a qual Hegel construiu um castelo, mas foi morar num quartinho dos fundos?
11. Comente o sentido de ruptura das artes moderna e contemporânea.

3 A arte vista pelos próprios artistas

As mudanças operadas no modo contemporâneo de produzir a beleza nas artes fazem com que hoje muitos pensadores reflitam sobre a arte e a beleza de dentro da própria experiência artística, ou seja, exatamente como artistas e pensadores, e não somente como observadores externos à arte. É o caso, por exemplo, de Georges Didi-Huberman (1953-).

Como artista, historiador da arte e filósofo, Didi-Huberman encarna uma necessidade sentida desde o século XIX: a de que os próprios artistas se pronunciem sobre sua experiência e reflitam sobre sua individualidade criadora. Nessa direção, muitos deles esclarecem que, às vezes, são incompreendidos por quem reflete sobre a arte (filósofos e cientistas da arte) e projeta sobre ela suas próprias teorias, em vez de fazer com que sua reflexão nasça da experiência artística mesma. Para evitar, então, toda falsa intelectualização da arte, esses artistas pensadores recuperam a vida, quer dizer, mostram como a arte nasce da vida cotidiana e produz sentidos novos para ela. Ainda que a beleza seja vista como algo específico da arte, ela não se separa do dia a dia da existência; e a arte, por sua vez, apresenta-se como uma forma de chamar para a beleza.

Dessa perspectiva, fragiliza-se mesmo a distinção entre uma experiência artística e uma experiência estética geral, a menos que a experiência artística seja entendida como um aprofundamento da experiência estética. Por conseguinte, a possibilidade desse aprofundamento é dada a todos os seres humanos. Relativiza-se até a separação racionalista (p. 336) entre Natureza e Cultura (p. 234-239), pois a Natureza deixa de ser encarada como uma dimensão mecânica da existência ou como um conjunto de coisas (incluindo o próprio corpo humano) dispostas passivamente para serem "transformadas". O que se chama de Natureza é já uma construção que depende do modo humano de ver as coisas. A cultura, por sua vez, mais do que um "acréscimo" à Natureza, passa a ser entendida como um modo de habitar o mundo e de criar sentidos para ele por meio da exploração das infinitas possibilidades que ele mesmo oferece. Contribuem para essa unidade entre vida "natural" e vida "cultural" as pesquisas em Etologia (estudo do comportamento animal), que, desde a segunda metade do século XX, mostram haver traços de cultura também em animais não racionais, como os elefantes, as baleias, os macacos, os pássaros e muitos outros. Percebeu-se, por exemplo, que alguns deles criam e transmitem às novas gerações formas de comunicação muito parecidas com o que os humanos chamam de dialetos[33]; outros, ainda, revelam claramente a possibilidade de escolher livremente entre diferentes reações.

Para ouvir dois artistas que se pronunciaram sobre o sentido da arte, vamos dar a palavra a Oscar Wilde (1854-1900) e Marcel Proust (1871-1922).

[33] ***Dialeto:*** *variações desenvolvidas por grupos no modo de falar uma mesma língua.*

Olhar é diferente de ver
Oscar Wilde

O que é a Natureza? Ela não é a Mãe que nos criou. Ela é nossa criação. [...] As coisas existem porque as vemos; o que vemos e como vemos depende das artes que nos influenciaram. Olhar uma coisa e ver uma coisa são dois atos bem diferentes. Não se vê alguma coisa senão quando se vê sua beleza. Então – e somente então! – essa coisa passa a existir. Hoje, as pessoas veem os nevoeiros não porque há nevoeiros e basta; mas porque poetas e pintores ensinaram a misteriosa beleza desses efeitos. Os nevoeiros até podem ter existido durante séculos em Londres. Ouso mesmo dizer que eles estavam lá. Mas ninguém os via; é por isso que não sabemos nada sobre eles. Eles não existiram até o dia em que a arte os inventou. Agora – é preciso reconhecer – temos nevoeiros até demais. Eles se tornaram puro exagero de certo grupo; e o realismo exagerado de seu método faz as pessoas estúpidas pegarem bronquite. Lá onde a pessoa cultivada capta um efeito, a pessoa inculta pega um resfriado.

Sejamos, então, humanos e peçamos à arte para virar seus admiráveis olhos para outro lado. Na verdade, ela já o fez. Essa luz branca e arrepiante que hoje se vê na

WILDE, Oscar. *Le déclin du mensonge*. Tradução P. Neel. Paris: Allia, 1986. p. 22 (O declínio da mentira. Tradução nossa para o português.)

França, com suas incomuns granulações roxas e suas sombras móveis e violetas, é a última fantasia da arte[34]; e a Natureza, em suma, a produz de modo admirável. Lá onde ela nos dava alguns Corot e alguns Daubigny, ela nos dá agora alguns Monet preciosos e alguns Pissarro encantadores. Há momentos – raros, é verdade – em que a Natureza se torna absolutamente moderna. Mas não se deve esperar sempre por isso. O fato é que a Natureza se encontra em uma posição infeliz. A arte cria um efeito incomparável e único; depois, segue em frente. Mas a Natureza, esquecendo que a imitação pode se transformar na forma mais sincera do inculto, fica sempre se repetindo, até que nós fiquemos absolutamente esgotados. ■

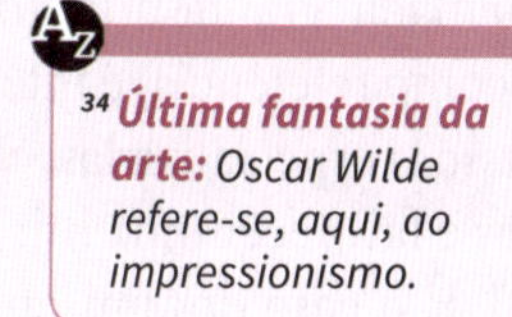

[34] **Última fantasia da arte:** *Oscar Wilde refere-se, aqui, ao impressionismo.*

A arte é questão de estilo, não de técnica

Marcel Proust

A verdadeira vida, a vida enfim descoberta e esclarecida, a única vida realmente vivida é a literatura. Essa vida que, em certo sentido e em cada instante, habita todos os seres humanos tanto quanto habita o artista. Mas eles não a veem porque não procuram esclarecê-la. Assim, o passado deles fica com um amontoado de chavões que permanecem inúteis porque a inteligência não os "desenvolveu". Nossa vida; e também a vida dos outros; afinal, o estilo para o escritor, tanto quanto a cor para o pintor, é uma questão de visão, e não de técnica. O estilo é a revelação, que seria impossível por meios diretos e conscientes da diferença qualitativa que há no modo como o mundo aparece para nós, uma diferença que, se não houvesse a arte, continuaria a ser o segredo eterno de cada um. Somente pela arte nós podemos sair de nós mesmos e saber o que o outro vê desse Universo que não é o mesmo que o nosso e cujas paisagens continuariam desconhecidas para nós assim como nos são desconhecidas as paisagens que certamente há na Lua. Graças à arte, em vez de ver só um mundo, o nosso, nós vemos o mundo multiplicar-se; tanto quanto há artistas originais, tantos são os mundos que temos à nossa disposição; esses mundos são mais diferentes entre si do que aqueles mundos que se movimentam no infinito; esses mesmos mundos, séculos depois de ter morrido quem os acalentou – quer se chame Rembrandt, quer se chame Vermeer –, ainda nos enviam sua irradiação especial. ■

PROUST, Marcel. *Le temps retrouvé.* Paris: Flammarion, 1986. p. 289-290. (O tempo reencontrado. Tradução nossa.)

p. 492
Leitura complementar

EXERCÍCIO C

p. 491

1. Considerando a possibilidade de que a arte enriquece nossa experiência, reflita sobre a realidade brasileira e o acesso dos cidadãos às obras artísticas (pintura, escultura, música, cinema, teatro, literatura, dança, arquitetura etc.). De acordo com o que você vive, o que seria necessário para aumentar o acesso à arte?
2. Você percebe que a maioria dos cidadãos brasileiros só tem a televisão como meio de contato com elementos culturais? O que você pensa sobre os conteúdos apresentados nos programas de televisão? Eles contêm beleza? Faça uma lista dos programas aos quais você costuma assistir e reflita sobre o caráter artístico de cada um deles.
3. Faça um levantamento dos centros culturais de sua cidade. Você costuma frequentá-los? Se em sua pesquisa você encontrar grupos que produzem arte, seria muito enriquecedor programar uma visita, que você poderia fazer com alguns colegas de classe. Se possível, converse com os artistas e peça para que eles falem de seu modo de ver a arte e a beleza.
4. Você mesmo(a) já sentiu o desejo de produzir arte?

4 Experiência estética e contexto

Mesmo entendendo que a experiência da beleza e da arte é uma possibilidade que caracteriza todos os seres humanos, convém lembrar que a relação com a chamada "grande arte" (o conjunto das obras tomadas como referência) é intermediada por instituições e pessoas especializadas. Sua função é apresentar as obras e favorecer uma iniciação à "língua falada por elas". É o caso dos museus, salas de concerto, críticos de arte, guias de exposições e assim por diante.

Essa prática pode dar a impressão de que somente é possível "entender" a arte depois de muito preparo. Sentimo-nos, muitas vezes, excluídos do mundo da arte; e essa sensação intensifica-se quando ouvimos falar de "grande arte" e de "arte popular": a primeira seria reservada para quem domina os conteúdos que permitem "entendê-la" e tem condições financeiras para ir a museus, concertos etc.; a segunda seria acessível a todos, porque é espontânea e fácil de ser encontrada.

No entanto, é preciso distinguir alguns dados.

Antes de tudo, é importante ter em mente que, se a arte tem alguma relação com a beleza, então o impulso que leva alguém a dançar *O lago dos cisnes* é o mesmo que leva alguém a dançar *Breakdance*. É o mesmo impulso ainda que permite apreciar tanto uma como outra dança. Dessa perspectiva, anula-se a diferença entre "grande arte" e "arte popular", pois ambas são expressões do mesmo tipo de vivência.

Moacir, poeta de traços e cores

Sem nunca ter deixado as paragens áridas do cerrado, Moacir, um poeta de traços e cores, desenvolveu uma linguagem visual repleta de simbolismos e personagens do imaginário popular. Pintor e desenhista da Vila de São Jorge, possui uma profícua produção artística. Entretanto, por estar afastado dos grandes centros urbanos e do cenário artístico contemporâneo, nunca teve sua obra exposta numa montagem à altura.

Moacir já foi alvo de estudo por especialistas e estudantes, tendo inclusive sido o tema de uma monografia de diplomação de uma aluna do curso de Artes Plásticas da Universidade de Brasília.

Tem 45 anos, nasceu em São Jorge na época dos garimpos. Filho de Seu Domingos Farias, antigo garimpeiro, e Dona Maria, Moacir nunca saiu da vila, onde vive até hoje. Desde o seu nascimento, é envolto numa aura mística. Quando morava com a família nos garimpos próximos à vila, ele se escondia das pessoas. Só saía às ruas com o rosto e o corpo cobertos, andava mascarado com um tecido sobre si. Evitava o convívio social; quando alguém se aproximava da casa para uma visita, ele pressentia a presença das pessoas e saía de casa, escondendo-se no mato. Esse comportamento fazia com que as pessoas o considerassem um louco (esquizofrênico) [...]. No entanto, o artista já foi submetido a vários exames que comprovam sua sanidade.

Logo cedo demonstrou interesse pela pintura. Começou a pintar com pedaços de carvão, pintando as paredes e papéis que encontrava – sua maneira de se comunicar com o mundo exterior. Moacir garimpou a sua arte no chão do cerrado, em meio aos troncos retorcidos da vegetação nativa.

O rico universo interior do artista pode ser conhecido nas pinturas, nas quais a linguagem imagética transpõe todo o vasto universo onírico[35] onde o profano e o sagrado se encontram e se misturam. Moacir coloriu seu universo interior com o cerrado. ■

JEAN MARCONI/FLICKR

JEAN MARCONI/FLICKR

Texto de Jamila Gontijo, disponível em: <https://www.facebook.com/galeriaparte/photos/a.406711256101614.1073741832.402592036513536/406712166101523/>. Acesso em: 30 maio 2016.

[35] **Onírico:** *relativo ao sonho.*

Essa diferença serve para comerciantes de arte, pois ela consagra a ideia de que a "grande arte" é melhor ou mais sofisticada do que a "arte popular" e favorece a transformação da "grande arte" em mercadoria e fonte de lucro. Ocorre, porém, que nem todas as obras da "grande arte" são realmente "melhores" do que as obras da "arte popular". Em muitos casos, inventa-se um valor econômico para certas obras porque as pessoas são levadas a acreditar que tais obras valem grandes somas de dinheiro. Para reagir a esse tipo de relação com a arte, muitos artistas têm optado por produções independentes, separadas do circuito comercial e mesmo da "grande arte" em geral.

Por outro lado, sem cair na diferença artificial entre "grande arte" e "arte popular", é adequado lembrar que algumas obras solicitam de nós o aprendizado da "língua falada por elas". Quem lê, por exemplo, *Macunaíma*, de Mário de Andrade (1893-1945), ou *Ulisses*, de James Joyce (1882-1941), ou quem se depara pela primeira vez com um quadro de Pollock ou uma instalação de Maurizio Cattelan pode sentir grande estranheza. Essas obras requerem iniciação, pois são únicas e originais. Desse ponto de vista, não parece adequado igualar todas as produções artísticas e dizer que elas têm o mesmo valor estético.

O fato, porém, de algumas obras "falarem uma língua" própria não significa que, sem conhecer sua "língua", não podemos ter qualquer experiência estética na sua presença. Assim como ocorre quando encontramos uma pessoa estrangeira e podemos ter alguma comunicação com ela mesmo sem falar sua língua (pelo olhar, pela postura, por um gesto etc.), assim também o encontro com uma obra singular nunca é vazio. No entanto, esse encontro pode ser mais intenso se conhecermos o seu modo de "falar". Para esse encontro são de grande importância profissionais e instituições (guias, críticos, museus, galerias, salas de concerto etc.) que colaboram para ativar graus mais intensos de nossa percepção e desde que não se tornem "controladores" da arte, tal como já os dadaístas denunciavam. As pesquisas em História da Arte e outras áreas do saber (a Filosofia, a Antropologia, a Psicologia, a Sociologia etc.) revelam os variados contextos de produção das obras artísticas e inserem em uma partilha social que favorece a entrada no mundo do sentido dessas obras.

O contexto de produção de uma obra de arte foi um tema central na reflexão do filósofo norte-americano Arthur Danto, que costumava tomar como exemplo a instalação *Brillo Boxes* [Caixas de Brillo], de Andy Warhol (1928-1987).

Andy Warhol (1928-1987), *Brillo Boxes*, 1964, instalação.

Andy Warhol usou diferentes materiais para fabricar cópias idênticas das caixas de esponja de aço (bucha) da marca *Brillo*. Em seguida, instalou essas caixas na Stable Gallery, em Nova York. Ao mesmo tempo que explorava o aspecto belo e lúdico[36] das inscrições nas caixas de esponja, ele chamava a atenção dos espectadores para o modo como somos acostumados a olhar para as coisas e a encará-las como objetos de consumo.

Arthur Danto, então, baseando-se na instalação de Warhol, escreveu um dos artigos mais importantes de nossa época a respeito da *arte conceitual*, quer dizer, a arte que se entende como uma prática relacionada consigo mesma, e não necessariamente com a beleza. Em outras palavras, a arte conceitual se define somente pelo conceito ou a ideia que se faz da própria arte, e não pelas suas qualidades estéticas. Os artistas conceituais continuam a pensar na beleza, principalmente

ARTHUR DANTO (1924-2013)

Foi um filósofo e crítico de arte norte-americano. Professor emérito de Filosofia na Universidade de Columbia (Nova York), foi responsável pela formulação do conceito de "mundo da arte". Obras mais conhecidas: *Nietzsche como filósofo* e *Após o fim da arte*.

[36] ***Lúdico:*** *divertido.*

como aquilo que causa prazer aos sentidos; mas, além de procurar mostrar que um conceito também pode causar prazer e ser, portanto, belo, os artistas conceituais têm mais interesse pela composição, os materiais utilizados, a interação com o público, a crítica social, política e cultural. Segundo Arthur Danto, o trabalho da arte conceitual é um dos melhores exemplos para perceber que o contexto de produção da obra de arte ou o *mundo da arte* é o que permite captar o seu sentido.

Especificamente no caso da instalação *Brillo Boxes*, o contexto ou o mundo das caixas é formado pela galeria onde elas são postas e pelo momento histórico da criação artística no local em que a instalação foi montada. O fato de as caixas terem sido postas em uma galeria de arte, os dados históricos sobre a própria arte nos anos 1960 e o fenômeno do consumismo do mundo atual mudaram radicalmente o sentido das próprias caixas. Elas deixam de ser meras caixas de esponja de aço e passam a "falar outra língua" com quem as contempla, uma língua estética .

O "mundo" da arte
Arthur Danto

DANTO, Arthur. O mundo da arte. Tradução Rodrigo Duarte. *Artefilosofia*, Ouro Preto, v. 1, p. 21-22, jul. 2006.

Suponha que um homem colecione objetos (em estado natural), incluindo uma caixa de Brillo; elogiamos a exibição pela sua variedade, sua engenhosidade ou o que for. Em seguida, ele não exibe nada a não ser caixas de Brillo e nós criticamos isso como insosso[37], repetitivo, autoplágio[38] [...]. Ou ele as empilha bem alto, deixando uma trilha estreita; nós abrimos nosso caminho através das prateleiras regularmente opacas[39] e achamos que essa é uma experiência perturbadora e a anotamos como a clausura[40] dos produtos de consumo, que nos confina[41] como prisioneiros; ou dizemos que [esse homem] é um moderno construtor de pirâmides. Na verdade, não dizemos essas coisas sobre o estoquista[42]. Mas, então, um depósito não é uma galeria de arte; e não podemos prontamente separar as caixas de Brillo da galeria em que elas estão [...]. Fora da galeria, elas são caixas de papelão. [...] Mas, então, se pensamos totalmente sobre essa matéria, descobrimos que o artista falhou, de modo real e necessário, em produzir um mero objeto real. Ele produziu uma obra de arte, seu uso das caixas de Brillo reais não sendo senão uma expansão dos recursos disponíveis aos artistas, uma contribuição aos *materiais dos artistas* [...].

O que, afinal de contas, faz a diferença entre uma caixa de Brillo e uma obra de arte consistente[43] de uma caixa de Brillo é uma certa teoria da arte. É a teoria que a recebe no mundo da arte e a impede de recair na condição de objeto real que ela é [...]. É claro que, sem a teoria, é improvável que alguém veja isso como arte e, a fim de vê-lo como parte do mundo da arte, a pessoa deve dominar uma boa dose de teoria artística, assim como uma quantia considerável de história da recente pintura nova-iorquina. Isso poderia não ter sido arte cinquenta anos atrás. Mas, então, não poderia ter havido, se tudo permanece igual, seguro de voos na Idade Média ou borrachas para máquinas de escrever etruscas[44]. O mundo tem de estar pronto para certas coisas – o mundo da arte não menos do que o mundo real. É o papel das teorias artísticas, hoje como sempre, tornar o mundo da arte e a própria arte possíveis. Nunca ocorreria, devo pensar, aos pintores de Lascaux[45] que eles estavam produzindo arte naquelas paredes. A menos que tenham existido estetas[46] no Neolítico[47]. ■

A-Z

[37] **Insosso:** *sem sabor.*

[38] **Autoplágio:** *alguém que faz plágio de si mesmo (o plágio é a cópia de um texto, de uma obra de arte, de uma ideia etc., sem indicar o autor do que é copiado).*

[39] **Opaco:** *denso; espesso; algo compacto que não deixa passar a luz ou não a reflete.*

[40] **Clausura:** *ambiente restrito.*

[41] **Confinar:** *fechar; colocar entre limites.*

[42] **Estoquista:** *quem trabalha em estoque ou almoxarifado.*

[43] **Consistente** *de...: que consiste em...; formado de...; composto por...*

[44] **Etruscos:** *povos que viveram na região da atual Itália entre os anos 1.200 e 700 a.C.*

[45] **Lascaux:** *localidade na França, com algumas das mais antigas pinturas da Humanidade.*

[46] **Estetas:** *especialistas em teoria estética.*

[47] **Neolítica:** *período da "Pré-História" europeia que vai de cerca do ano 9.000 até 3.000 a.C. Danto comete um pequeno deslize histórico ao falar do Neolítico, pois as pinturas da Gruta de Lascaux foram feitas entre os anos 18.000 e 15.000 a.C. (portanto, durante o Paleolítico).*

EXERCÍCIO D

p. 491

Comente a distinção entre "grande arte" e "arte popular". Para tanto, dê três passos:

(a) inicie com a ideia de que as experiências artística e estética são possibilidades universais;

(b) levante o aspecto do uso financeiro das artes e da importância de um aprendizado das línguas artísticas;

(c) conclua com a ideia de contexto ou mundo da arte.

EXERCÍCIOS COMPLEMENTARES

p. 491

❶ Entrevista

Procure informações sobre o dadaísmo e o surrealismo na literatura brasileira. Em seguida, sob a orientação de seu(sua) professor(a) de Filosofia, entreviste dois professores de Língua e Literatura Brasileira de sua escola (ou de outra escola, se você tiver essa possibilidade), fazendo duas perguntas precisas para cada:

(1) Há algum(a) escritor(a) brasileiro(a) dadaísta ou surrealista que mais causa sua admiração?

(2) [Caso a resposta seja afirmativa:] Por que esse(a) autor(a) causa sua admiração?
[Caso a resposta seja negativa:] Por que nenhum(a) escritor(a) dadaísta ou surrealista causa sua admiração?

Na sequência, exponha, durante a aula de Filosofia, os resultados de sua entrevista, identificando, no conjunto das respostas que forem levantadas, elementos relacionados à concepção de beleza.

❷ Observação de tipos de dança

Assista à cena "A morte do cisne", de *O lago dos cisnes*, dançada pela grande bailarina russa Svetlana Zakharova (1979-) no YouTube: <https://www.youtube.com/watch?v=qgZVDTheSyQ>. Acesso em: 8 out. 2015. Na sequência, assista à coletânea de números de Breakdance organizada por *Breakdance Dope Bout & Crazy Moves* 2015: <https://www.youtube.com/watch?v=MGG7DqAsiWA>. Acesso em: 16 dez. 2015. Reflita sobre o tema da sofisticação com base nas duas danças. É possível afirmar que uma é mais sofisticada do que outra?

❸ Atividade de sensibilização musical

1º passo – Acesse em casa ou na escola o site do YouTube e ouça as seguintes peças *musicais*:

Passacaglia e Fuga em C menor (BWV 582), de Johann Sebastian Bach (1685-1750): <https://www.youtube.com/watch?v=HtFMxFQrKc4>.

Passacaglia e Fuga em C menor para duas orquestras, de René Leibowitz (1913-1972): <https://www.youtube.com/watch?v=uv6sSFGJmbM>.

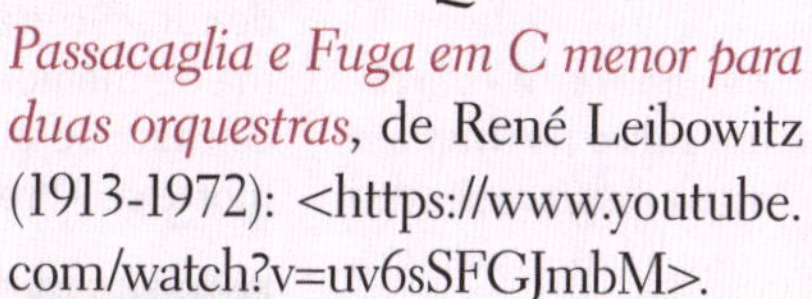

2º passo – Anote suas impressões sobre a segunda peça, comparando-a com a primeira (semelhanças, diferenças, o que agrada, o que incomoda etc.).

3º passo – Procure na própria Internet informações sobre o serialismo em Música. Ouça novamente as peças do 1º passo e reflita se as informações encontradas em sua pesquisa ajudaram você a comparar melhor as duas peças.

4º passo – Acesse agora o YouTube e ouça as seguintes peças musicais:

Em C, de Terry Riley (1935-): <https://www.youtube.com/watch?v=yNi0bukYRnA>.

Come out, de Steve Reich (1936-): <https://www.youtube.com/watch?v=W8vb4w7Vl3Y>.

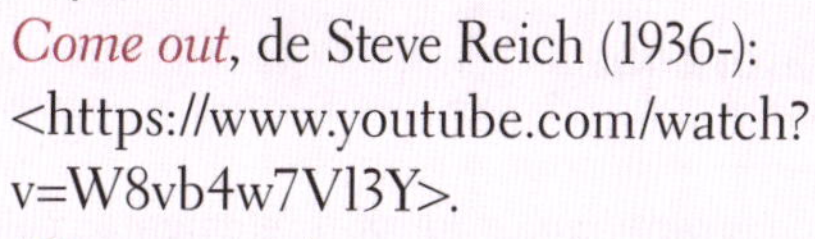

5º passo – Anote suas impressões sobre a peça *Come out*, comparando-a com *Em C*.

6º passo – Procure na Internet informações sobre o minimalismo em Música. Ouça novamente as peças do 4º passo e reflita se as informações encontradas em sua pesquisa ajudaram você a comparar melhor as duas peças.

Dicas de filmes para você assistir tendo em mente o que trabalhamos neste capítulo

O carteiro e o poeta *(Il postino), direção Michael Radford, Itália, 1994.*
História da amizade nascida entre um escritor que se retirou por uma temporada em um lugarejo da Itália e o carteiro que entregava suas correspondências. História delicada e emocionante que põe em destaque o caráter ético da palavra e da Literatura. ■

Moça com brinco de pérola *(Girl with a Pearl Earring), direção Peter Webber, Inglaterra, 2003.*
Narrativa inspirada na vida do pintor holandês Johannes Vermeer e no quadro que dá título ao filme. ■

Nelson Freire – um filme sobre um homem e sua música, *direção João Moreira Salles, Brasil, 2003.*
Documentário sobre o brasileiro Nelson Freire, um dos mais destacados pianistas do mundo. Além de apresentar alguns aspectos técnicos de seu modo de tocar, o documentário apresenta a personalidade e a história do artista. ■

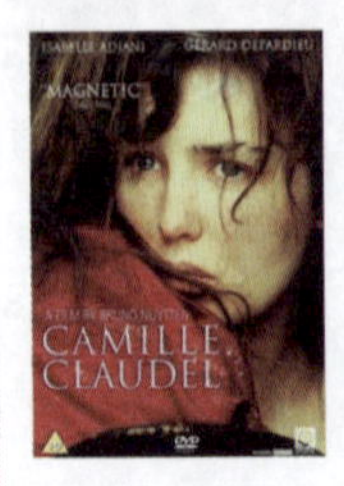

Camille Claudel*, direção Bruno Nuytten, França, 2013.*
Biografia da escultora Camille Claudel, companheira de Auguste Rodin e de importância equivalente à de Rodin (ou mesmo maior) para a história da escultura. ■

Cinema Paradiso *(Nuovo Cinema Paradiso), direção Giuseppe Tornatore, Itália, 1988.*
Retrato dos anos anteriores à invenção da televisão, em uma pequena cidade da Sicília (Itália). O garoto Toto, hipnotizado pelo cinema, iniciou uma amizade com Alfredo, o responsável por projetar os filmes, homem irritado, mas de coração grande. O filme é feito na forma de memória, quando Toto, adulto e cineasta de sucesso, recebe a notícia da morte de Alfredo. ■

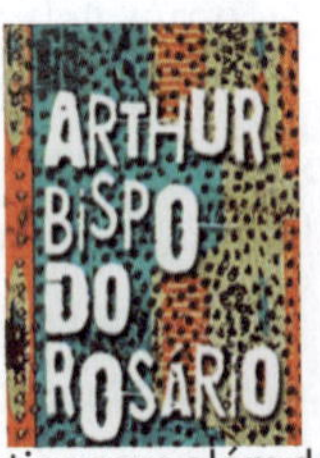

Arthur Bispo do Rosário*, direção Valdir Rocha, Brasil, 2012.*
Documentário sobre a vida e a obra de Arthur Bispo do Rosário e sobre a experiência artística para além das fronteiras entre sanidade e insanidade mental. Documentário produzido para a Bienal de arte de São Paulo de 2012. Disponível em: <https://www.youtube.com/watch?v=t6Jou6DlEek>. Acesso em: 10 out. 2015. ■

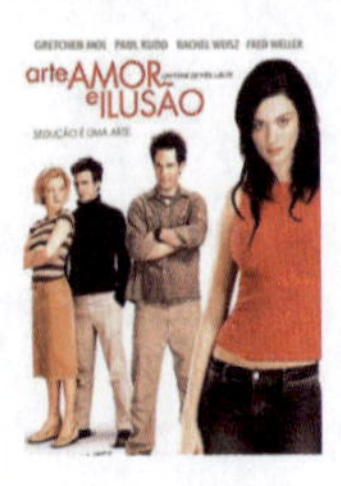

Arte, amor e ilusão *(The Shape of Things), direção Neil LaBute, EUA/França, 2003.*
O jovem Adam trabalha como segurança em um museu e conhece Evelyn depois de ela ter infringido duas regras, a de não tirar fotografia e a de ultrapassar o cordão que isolava o público. Evelyn, na verdade, era estudante da Faculdade de Belas Artes e tinha um projeto ainda mais polêmico: desenhar um grande pênis em uma das estátuas do museu, pois, como ela dizia, não aceitava "arte falsa". Adam tenta convencê-la de que aquela estátua era uma obra original e que não tinha nada de falso, mas Evelyn insiste que a folha de gesso posta sobre os genitais da estátua era um ato de moralidade exagerada e a transformava em peça falsa. Depois desse episódio, Adam e Evelyn descobrem que têm um gosto comum por filmes. Os dois saem para jantar e começam a namorar. Pouco tempo depois, o casal Phillip e Jenny, amigos de Adam, notam que o seu modo de ser mudava rapidamente, mas não imaginavam o motivo. ■

Fahrenheit 451*, direção François Truffaut, França/Inglaterra, 1966.*
Em um país ditatorial e do futuro, a principal função dos "bombeiros" é queimar livros, pois foi convencionado pensar que a literatura só espalhava infelicidade. O "bombeiro" Montag, no entanto, passa a questionar essa convenção quando vê uma mulher preferir ser queimada com seus livros a permanecer viva sem eles. ■

Dicas literárias

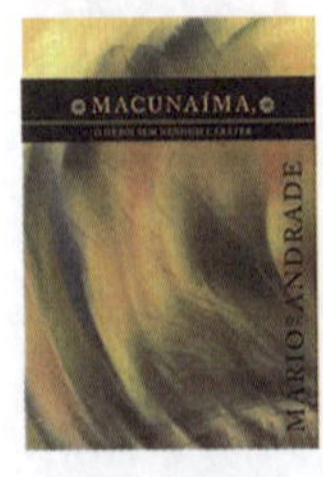

Macunaíma, o herói sem nenhum caráter*, de Mário de Andrade, Nova Fronteira, 2013.*
Mário de Andrade, artista brasileiro de destaque na Semana de Arte Moderna de 1922, compôs um romance surrealista, mesclando o "real" e o "irreal" (que pode ser mais real do que se imagina!), elementos culturais, preconceitos, evidências, dados culturais e informações inventadas, a fim de narrar a saga de Macunaíma, "imperador do mato", que perde seu amuleto da sorte, uma muiraquitã que Ci, a Mãe do Mato, lhe havia dado. O anti-herói parte, então, em busca do amuleto, que estava em poder do fazendeiro Venceslau Pietro Petra, e se encanta com a paisagem urbana de São Paulo, "maior cidade do Universo". ■

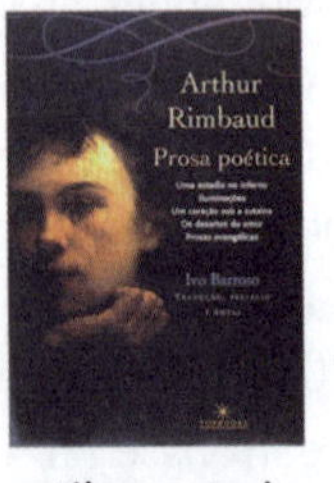

Prosa poética*, de Arthur Rimbaud, tradução Ivo Barroso, Topbooks, 1998.*
Peças literárias em que Arthur Rimbaud mostra a ousadia de recuperar e superar estilos anteriores, principalmente vindos do Romantismo, de Lamartine e de Victor Hugo. Nessa edição brasileira,

encontram-se os textos "Iluminações", "Uma estada no inferno", "Um coração sob a sotaina", "Desertos de amor" e "Prosas evangélicas". ■

Em busca do tempo perdido, *de Marcel Proust, tradução Mário Quintana, Globo, 2006-2012, 7 vol.*

Obra monumental em que Marcel Proust revoluciona a literatura, tratando, sob a forma de lembranças, do tema do tempo, da memória e da própria literatura. ■

Para continuar viagem...

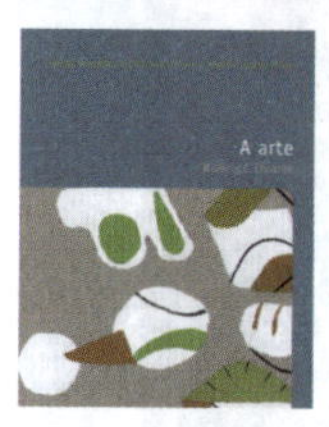

A arte, *de Rodrigo Duarte, WMF Martins Fontes, 2012 (Coleção Filosofias: O prazer do pensar).*

Partindo de experiências atuais, o autor reflete sobre a vivência da arte, tomando por base elementos das filosofias de Platão, Aristóteles, Agostinho de Hipona, Tomás de Aquino, Kant, Hegel, Adorno e Arthur Danto. ■

COLEÇÃO A, *vários autores, WMF Martins Fontes (vários anos).*

Coleção com variados volumes sobre temas relacionados à arte, entre eles: *Intuição e intelecto na arte*; *Espaço, tempo e arquitetura*; *A educação pela arte*; *Complexidade e contradição em arquitetura*; *Escultura*; *A arte medieval*; *Design gráfico – uma história concisa* etc. ■

O que é arte, *de Jorge Coli, Brasiliense, 1995.*

Estudo em torno do que define a arte. ■

O belo autônomo – Textos clássicos de estética, *organizado por Rodrigo Duarte, Autêntica, 2012.*

Coletânea de trechos de pensadores da Estética e da filosofia da arte, desde Platão até Arthur Danto. ■

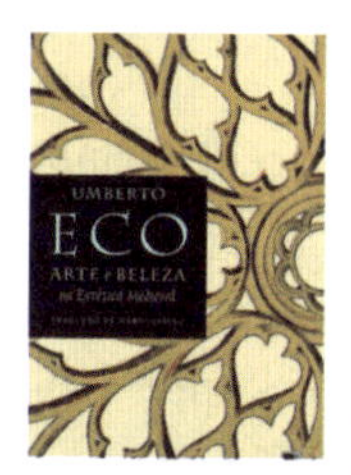

Arte e beleza na estética medieval, *de Umberto Eco, tradução Mário Sabino, Record, 2010.*

Estudo sobre o sentido da arte e sua relação com a beleza em várias formas medievais de pensamento. ■

Introdução à filosofia da arte, *de Benedito Nunes, Ática, 1991.*

Sínteses didáticas das posições de alguns filósofos mais conhecidos diante da arte, indo da Antiguidade à primeira metade do século XX. ■

Desgostos. Novas tendências estéticas, *de M. Perniola, Ed. UFSC, 2010.*

Comentários inspiradores sobre correntes contemporâneas da Estética desde o início do século XX até o momento atual. ■

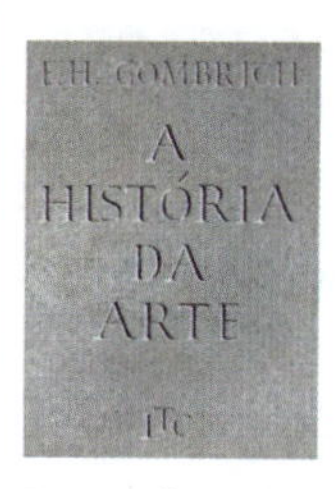

A história da arte, *de E. Gombrich, tradução Álvaro Cabral, LTC, 2000,* e ***Iniciação à História da arte***, *de H. W. Janson, tradução Jefferson Luiz Camargo, WMF Martins Fontes, 2009.*

Duas obras escritas de modo didático para um estudo introdutório de História da Arte. ■

Programa História da Arte

Apresentação resumida e didática da História da Arte, feita pelo professor de Língua e Literatura Douglas Tufano. Disponível em: <https://www.youtube.com/watch?v=OmbX8Kq31j8>. Acesso em: 4 jan. 2016. ■

Programa Museu em Movimento

Série de cinco aulas a respeito da função dos museus e outras instituições que expõem coleções de arte. O programa foi concebido e realizado por professores de História da Arte da USP e da Unesp, com o objetivo de refletir sobre a relação entre arte e educação. Disponível gratuitamente em: <http://univesptv.cmais.com.br/museu-em-movimento/museu-para-que-serve>. Acesso em: 4 jan. 2016. ■

Curso em vídeo História da Arte I

Gravado no Instituto de artes da Unesp, com o Prof. José Leonardo do Nascimento, em 2015, o curso concentra-se na arte pré-histórica e na arte grega antiga. As aulas estão disponíveis gratuitamente no YouTube. A primeira delas encontra-se disponível em: <https://www.youtube.com/watch?v=5LooCGIl-Vw>. Acesso em: 4 jan. 2016. ■

Curso em vídeo História da Arte II

Continuação do curso anterior, trata da arte etrusca, romana, bizantina, medieval e renascentista. As aulas estão disponíveis gratuitamente no canal on line Univesp: <http://univesptv.cmais.com.br/historia-da-arte-ii>. Acesso em: 4 jan. 2016. ■

Quem tem medo da arte contemporânea?

Documentário produzido pela Fundação Joaquim Nabuco, em 2013, com depoimentos de vários artistas. Disponível em: <https://www.youtube.com/watch?v=qpctlrIoenQ>. Acesso em: 4 jan. 2016. ■

p. 493
Sugestões bibliográficas

Wassily Kandinsky (1866-1944), *O som das trombetas* (Estudo para a obra *A grande ressurreição*), 1911, aquarela, detalhe. Kandinsky era fascinado pela tentativa de "pintar sons", exercício que contribuía, no seu dizer, para elevar o ser humano à transcendência.

CAPÍTULO 13

A EXPERIÊNCIA RELIGIOSA

p. 494

Quando Deus toca flauta

Paul Claudel

Quem tirará do coração da ovelha o desejo da erva fresca?

Quem tirará do coração dos anciãos[1] o desejo de Deus?

E quem tirará do coração dos jovens esse outro desejo que não é o desejo de riqueza?

– Qual desejo?

– O desejo do horizonte!

– E do que há por trás do horizonte!

Quando Deus toca flauta, não há cercado que possa reter o rebanho.

Quando Deus toca flauta, não há barreira que possa reter o coração de carne...

Quando Deus toca flauta, as montanhas se põem a dançar. ■

CLAUDEL, Paul. Lorsque Dieu joue de la flûte. In: VV.AA. *Dire Dieu*. Paris: Univers Média, 1978. p. 68. (Quando Deus toca flauta. Tradução nossa.)

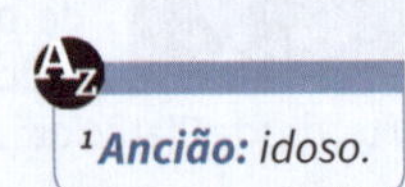

[1] **Ancião:** *idoso.*

Uma das fontes de sentido que se apresentam ao ser humano é a experiência religiosa.

Justamente por ser uma fonte de sentido, a experiência religiosa atrai a atenção da reflexão filosófica, uma vez que a Filosofia se interessa por analisar tudo o que o ser humano vivencia.

O poema em prosa que abre este capítulo pode ser tomado como um ponto de partida para nossa análise, pois quem o escreveu revela aquilo que parece ser o núcleo da experiência religiosa: Deus.

Independentemente de crermos ou não em Deus, podemos deixar-nos tocar pela beleza do poema e "ouvi-lo" filosoficamente. Ele fala diretamente ao coração dos leitores, pois menciona temas de interesse vital: o desejo, o horizonte de nossas vidas e o que talvez esteja por trás do horizonte...

O desejo, tal como descrito no poema, é o que põe o ser humano em movimento, assim como a ovelha busca a erva fresca que a alimenta. O horizonte é a direção para onde se volta o olhar humano; ele representa as possibilidades que se abrem a cada pessoa. Por sua vez, pensar no que pode estar por trás do horizonte significa perguntar por que o horizonte é desta ou daquela maneira. Significa também perguntar se não podemos interferir ou construir nosso próprio horizonte. Como diz o poema, ver no horizonte o desejo de riqueza leva a refletir se a riqueza é realmente o único horizonte da vida humana ou se é possível ir além dela.

Deixando-nos envolver ainda mais pela beleza do poema e recorrendo a algumas ferramentas filosóficas para compreendê-lo, podemos observar que o tema central é o horizonte. Apesar de Deus aparecer já no título e também em quatro linhas do poema, o tema central é o horizonte, é porque mesmo Deus é apresentado como um ser que aparece no horizonte.

Para o poeta, o desejo move tudo e leva tudo a buscar um horizonte: o ancião deseja Deus assim como a ovelha deseja a erva fresca e assim como os jovens desejam mais do que riqueza.

Alguém poderia discordar do poeta, dizendo que nem todos os anciãos creem em Deus, assim como a ovelha nem sempre busca erva fresca (ela pode buscar também água e repouso) e como nem todo jovem consegue olhar para além da riqueza.

Precisamos saber, porém, que o poeta não tem a obrigação de escrever um texto "correto" do ponto de vista sociológico, biológico, histórico etc. Ele não escreve uma análise científica. Em vez disso, tem a liberdade de declarar que Deus é o objeto do desejo do ancião porque, sem nos basearmos em nenhuma visão religiosa específica (budista, cristã, espírita, judia, muçulmana etc.), mas considerando que o nome *Deus* representa um horizonte misterioso que talvez contenha respostas para as perguntas mais importantes sobre o sentido da vida, então o ancião, no alto de sua vida, certamente tem o desejo de saber qual horizonte encontrará depois da morte. Esse "depois" é um mistério radical; pode ser que não haja mais nada depois da vida terrestre; pode ser que haja algum horizonte novo. Em todo caso, é como horizonte misterioso que o poeta apresenta o conteúdo contido por trás da palavra *Deus*.

Os jovens também querem saber o que está por trás do horizonte que se apresenta a eles. Não se contentam em olhar passivamente. A força de sua juventude e a abertura infinita que os caracteriza leva-os a perguntar pelos motivos de o horizonte ou as possibilidades de realização terem a forma que têm. De acordo com o poeta, os jovens desejam Deus, pois aquilo que está por trás do horizonte é sempre algo misterioso.

Numa palavra, o mistério envolve a realidade humana. Por mais que explicações científicas, filosóficas, artísticas e mesmo religiosas iluminem a existência, sempre permanecemos sob a sombra misteriosa da dúvida e da possibilidade de que o horizonte seja diferente daquilo que imaginam nossas explicações.

Ao mesmo tempo, segundo o poema, tal horizonte nos atrai, assim como o alimento atrai a ovelha. Como a percepção do caráter misterioso da existência foi algo despertado no poeta pela experiência religiosa, ele o denomina *Deus*. É sob esse aspecto que ele desperta o interesse filosófico e permite ser tomado como introdução à reflexão sobre a experiência religiosa: do que falam as pessoas quando falam de *Deus*?

VICHIE81/SHUTTERSTOCK.COM

Lanternas do Festival Yi Peng, em Chiang Mai, Tailândia. A simbologia da luz da fé na escuridão do mistério da vida é comum a praticamente todas as religiões.

Com efeito, conforme explica o próprio poeta Paul Claudel (1868-1955), sua vida mudou com a experiência religiosa. Depois de ter estudado Filosofia, Política e Direito e de se ter banhado no cientificismo[2] materialista[3], ele foi "tocado" pelo mistério ("Deus") durante uma cerimônia religiosa, especificamente durante um canto litúrgico[4]. Daí a força da imagem poética de Deus como músico ou tocador de flauta. Aliás, desde há muitos séculos a flauta simboliza a inspiração divina. Na Antiguidade grega, por exemplo, ela era ligada ao deus Dionísio, patrono da vitalidade que brota sempre em todos os cantos do mundo. Na tradição bíblica, ela é um dos instrumentos privilegiados para louvar o criador. Paul Claudel exprime então que, ao ouvir a "flauta de Deus", foi tomado de uma nova vitalidade, uma força inesperada que transformou sua existência e mudou sua maneira de ver o mundo: as montanhas deixaram de ser imóveis e passaram a dançar. O sentido de tudo transformou-se ao som da música divina.

Tendo ouvido o poeta, ao menos duas perguntas filosóficas podem ser feitas: (1) O que é a experiência religiosa ou essa experiência que, centrada em Deus, fornece sentido para a existência? (2) O que significa falar de Deus?

1 A experiência religiosa

Observando as pessoas religiosas, um dado que salta à vista é o fato de elas interpretarem todos os aspectos da vida remetendo ao mistério divino. Seu gosto de viver é aumentado e mesmo renovado (com efeitos palpáveis de paz interior, alegria e consolação), de modo que o mistério divino se torna a chave da visão religiosa do mundo.

É certo que uma pessoa religiosa considera também outras explicações para a vida. Por exemplo, ela aceita as teorias da Física para entender o funcionamento da Natureza ou os trabalhos de História para entender as causas e as consequências dos acontecimentos culturais. No entanto, ela vai além do horizonte da Física e da História e o complementa com o mistério divino ao qual ela dá um rosto, chamando-o de "ser divino", "Deus" ou outra palavra que aponte para uma dimensão que supera o horizonte do mundo. Dessa perspectiva, a vida humana é entendida como um *dom*, e não apenas como um acontecimento do acaso.

Esse dom, por sua vez, é vivido pelas pessoas religiosas como algo que solicita uma resposta amorosa e responsável. Elas encontram um sentido transcendente (p. 80 e 339) para o mundo, porque, sem recusar a vida no mundo, experimentam que ele é insuficiente para satisfazer o desejo humano de sentido. Apenas por uma relação com o mistério tal desejo pode ser satisfeito.

A fim de explicitar o que a experiência religiosa parece conter, alguns elementos podem ser destacados: (1) tudo começa pelo gosto de viver; (2) por sua vez, o gosto de viver leva a uma abertura aos outros seres, vendo-os como portadores de um sentido que os torna membros de um grande conjunto; (3) a abertura ao "mundo" (conjunto de tudo o que existe) produz o sentimento de que tudo o que existe partilha o mesmo horizonte de busca de sentido e faz estabelecer uma relação ou uma comunhão[5] com tudo e todos; (4) a experiência de uma solidariedade universal leva a perceber valores como o amor, a bondade, a compaixão, a aceitação das diferenças, a tolerância etc.; (5) no entanto, percebe-se também que tudo o que existe é incapaz de oferecer um horizonte de satisfação estável e definitiva, embora se deseje algo com essas características; é então que o contraste entre o desejo do "infinito" e a limitação de tudo o que existe aponta para a dimensão transcendente como possibilidade de satisfação plena do desejo (desejo este que se revela, ele mesmo, "infinito").

Na realidade, uma vivência religiosa não acontece necessariamente na ordem em que esses elementos foram apresentados aqui. Aliás, uma pessoa não religiosa também pode experimentá-los, com exceção do quinto "passo", que parece ser a característica específica da vivência religiosa. Além disso, uma pessoa religiosa talvez diga que foi o quinto "passo" a causa dos quatro primeiros, pois os efeitos vividos no encontro de um sentido transcendente (paz interior, alegria e consolação) fazem mudar sua visão de mundo e aumentar seu gosto de viver. A indicação desses elementos é, portanto, apenas didática, a fim de chamar atenção para a descoberta do horizonte misterioso como fonte de sentido na vida das pessoas religiosas.

[2] ***Cientificismo:*** *crença na Ciência como algo capaz de explicar todos os aspectos da experiência humana e como única forma de conhecimento aceitável.*

[3] ***Materialista:*** *teoria de que só existe aquilo que possui um corpo (uma porção de matéria).*

[4] ***Litúrgico:*** *algo que se refere às cerimônias de uma religião (canto, gestos, dança, símbolos, textos etc.).*

[5] ***Comunhão:*** *unidade de pensamento, sentimento e ação; partilha do mesmo destino.*

p. 494 Observação específica

Khadija Sadek Moudafi, *Mystère d'un monde* (Mistério de um mundo), 2013, óleo sobre tela. Artmajeur. Como explica a pintora e poetisa marroquina Khadija Sadek Moudafi, a arte é um dos caminhos mais adequados para experimentar o mistério que envolve o mundo e as infinitas possibilidades que são dadas a cada ser humano na produção de sentido para sua existência.

O termo *mistério*, por sua vez, não significa aqui algo impossível de conhecer, mas uma dimensão que, mesmo sendo percebida, é conhecida parcialmente, nunca esgotada ou dominada inteiramente pelo pensamento; algo que sempre convida a ser mais compreendido.

Também é provável que as pessoas (possivelmente a maioria delas) falem do mistério divino sem ter consciência do que ele significa. Para muitas, a vivência religiosa equivale a frequentar uma igreja, um terreiro, uma sinagoga, uma mesquita, um centro, a adoção de normas morais etc. Talvez elas sequer se questionem sobre o sentido da vida. Outras, ainda, atribuem ao ser divino coisas facilmente explicáveis por recurso às Ciências, à Psicologia ou mesmo à Filosofia. No entanto, de uma perspectiva filosófica, o mistério divino ou o sentido transcendente é a única possibilidade de identificar uma experiência religiosa autêntica[6] e distingui-la de vivências simplesmente "humanas" (sociais, psíquicas, culturais etc.). É por isso que, neste capítulo, a palavra *religião* e a expressão *experiência religiosa* são tomadas como

[6] ***Autêntico:*** *aquilo que é vivido de modo consciente e com o máximo de esforço para evitar erros e ilusões.*

CONCEITOS ESTRATÉGICOS

Experimentar e experienciar

Você certamente notou que usamos os verbos *experimentar* e *experienciar*. Há diferença entre eles! Tudo depende do conteúdo da experiência.

Dizemos, por exemplo, que temos experiência da cor verde, do sabor doce ou salgado, da dor, da alegria, mas também da beleza de uma melodia ou de um quadro, do desejo de fazer o bem, da presença divina etc. São experiências claramente diferentes; afinal, o verde não é experimentado da mesma forma que a beleza de uma melodia. Como o verde pode ser captado por um dos cinco sentidos, podemos dizer que o experimentamos. Quanto à beleza de uma melodia, ela não "passa" por nenhum dos cinco sentidos; embora a melodia seja captada pela audição, sua beleza depende do modo de ser do indivíduo que a ouve. Podemos, então, afirmar que experienciamos a beleza da melodia.

Tanto o verde como a beleza são "objetos" ou "fenômenos", ou seja, *conteúdos da consciência*. Ambos geram um sentimento de certeza; e o fazem de maneiras muito diferentes. Então, para distinguir esses tipos de experiência em função dos diferentes conteúdos, muitos filósofos têm usado de maneira distinta os verbos *experimentar* e *experienciar*:

Experimentar – Ato em que a consciência de um indivíduo tem certeza sobre algo com base na captação de informações por meio dos cinco sentidos e de maneira que os outros indivíduos podem avaliar essa certeza também com base nos cinco sentidos. Exemplos:

Todos, em princípio, podem experimentar o sabor doce do açúcar.

O cientista tem experiência de reações químicas.

Experienciar – Ato em que a consciência de um indivíduo tem certeza sobre algo, mesmo sem baseá-la diretamente nos cinco sentidos, e de maneira que os outros seres humanos só podem avaliar essa certeza se procurarem entendê-la segundo a descrição dada por quem a tem. Exemplos:

O poeta experiencia um impulso que o obriga a escrever.

O budista experiencia o todo formado pelas coisas do Universo.

sinônimo da percepção de um horizonte misterioso e da adesão livre, inteligente e amorosa a ele; não significa a simples prática de uma religião determinada.

Convencionando chamar de *Deus* a esse mistério (por ser o nome mais comum), pode-se dizer que viver uma experiência religiosa autêntica significa experienciar Deus. Mas, sendo Deus transcendente, como é possível experienciá-lo?

EXERCÍCIO **A**

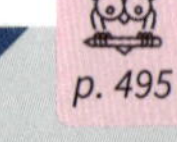
p. 495

1. Apresente os cinco elementos identificados na experiência religiosa.
2. Qual é, em resumo, o sentido fundamental da experiência religiosa?
3. Considerando-se o sentido fundamental da religião, é possível pensar que ela pode não ser autêntica? Explique.
4. Pense em pessoas e grupos religiosos que você conhece. Essas pessoas e esses grupos dão sinais de uma experiência religiosa autêntica? Lembre-se que analisar o comportamento de pessoas e grupos não significa fazer um julgamento sobre eles, sobretudo porque, no limite, nenhum ser humano conhecerá plenamente o que há na consciência de outro. Analisar o comportamento de pessoas e grupos significa procurar sinais que permitam conhecer o sentido que eles dão à própria vida. Com essa intenção é que convidamos você a refletir.

2 A experiência religiosa é uma experiência de quê?

Ao falar de experiência religiosa, religião ou experiência de Deus, surge uma dificuldade de grande interesse filosófico: se o ser divino é um ser transcendente (portanto, impossível de ser percebido por meio dos cinco sentidos), como justificar que a pessoa religiosa o percebe?

Sem dar uma resposta satisfatória para essa dificuldade, a experiência religiosa pode parecer absurda aos olhos dos filósofos e de outros observadores atentos. Dar essa resposta é uma das tarefas da filosofia da religião. Nesse sentido, alguns pensadores (inclusive não religiosos, mas interessados na religião como tema filosófico) têm desenvolvido algumas reflexões que defendem a necessidade de ampliar o conceito de percepção, fazendo-a ir além da atividade dos cinco sentidos.

Mesmo nas experiências mais cotidianas há casos que não podem ser explicados apenas pelo recurso aos cinco sentidos, pois pode haver percepção (captação de dados que produzem certeza) sem conteúdos que "passam" por eles. Um exemplo bastante simples é o caso das mães e dos pais que percebem a chegada dos filhos mesmo antes de eles entrarem em casa. Outras pessoas percebem que alguém está mal sem que haja qualquer sinal de seu mal-estar. Casos como esses permitem repensar a percepção em jogo na experiência religiosa, como têm feito, por exemplo, a filósofa norte-americana Keith Yandell, em seu livro *A epistemologia da experiência religiosa*, e o filósofo também norte-americano Charles Taliaferro, em sua obra *Consciência e a mente de Deus*.

Obviamente, há um risco na compreensão de Deus como conteúdo de uma percepção, pois justamente a falta de critério sensível para avaliar tal experiência abre a possibilidade de que as pessoas chamem de *Deus* algo que pode não passar de uma realidade natural ou mesmo de um delírio.

A dificuldade de esclarecer o conteúdo da experiência religiosa despertou a curiosidade de diferentes filósofos na passagem da Modernidade à Contemporaneidade, principalmente autores ligados ao Romantismo (p. 193 e 389). Valorizando o papel da religião (junto com as artes) como fonte de saber e de orientação, alguns deles esclareciam que o ser divino não é percebido como uma "coisa" que aparece no horizonte humano, mas exatamente como o próprio horizonte infinito que se abre ao ser humano quando ele se dá conta de que não pode dominar a existência por meio do pensamento.

Assim, mais do que uma "coisa" chamada *Deus*, o conteúdo de uma experiência religiosa são os efeitos produzidos na vida de uma pessoa quando ela reconhece o mistério divino e adere a ele. O conteúdo de sua consciência ou percepção são esses efeitos, os quais ela vivencia quando se põe em relação com o mistério que ela chama de *Deus*, mesmo não o dominando conceitualmente. Numa palavra, *a experiência de Deus é a experiência que a pessoa faz de si mesma na relação com o ser divino*. Por sua vez, a análise filosófica da religião só é possível quando se debruça sobre a pessoa humana vista da perspectiva de sua relação com Deus. Ela até pode ampliar-se para as ações das pessoas religiosas, o aspecto social de sua vivência, seu engajamento na

O risco de manipular Deus

Como *Deus* é o nome que se dá para o horizonte misterioso de realização do desejo humano de sentido, há um risco enorme de equivocar-se sobre ele e mesmo de manipular o nome *Deus*, falando dele segundo interesses particulares. O filósofo grego Xenófanes de Colofon (p. 323), segundo consta, afirmava que, se os bois e os cavalos tivessem deuses, eles os representariam sob a forma de bois e cavalos. Xenófanes acreditava nos deuses gregos, mas também defendia a necessidade de evitar abusos no modo de falar sobre eles.

A dificuldade de avaliar o conteúdo da experiência religiosa levou ainda outros pensadores a enfatizar o risco de as religiões oferecerem aos humanos não propriamente um sentido transcendente, mas apenas aquilo que eles esperam encontrar. Chamando a atenção para esse grave risco, o escritor libanês Khalil Gibran (1883-1931) criou a seguinte fábula:

MIRELLA SPINELLI

Deus faz chover ratos e ossos

Khalil Gibran

Certo dia, um cachorro que era considerado sábio no mundo dos cachorros passou por um local onde estava reunida uma assembleia de gatos. Todos estavam tão concentrados, ouvindo religiosamente um pregador[7] gato, que nem perceberam a presença do cachorro. Então, o cachorro sábio decidiu ouvir a pregação. Viu que aquele que falava era um gato grande, sério e muito respeitado. Ele tinha ares de quem conhece o assunto:

– Meus irmãos, orem e orem sempre. Em verdade vos digo: se vocês orarem com muita fé, Deus fará chover muitos ratos do céu.

Esse discurso fez o sábio cachorro rir muito. Distanciando-se da assembleia dos gatos, disse para si mesmo:

– Como podem ser tão iludidos e estúpidos esses gatos! Não é isso que está escrito no livro sagrado. Eu, porém, conheço a verdade. Aprendi no livro sagrado e meus antepassados aprenderam antes de mim. Se nós orarmos com bastante fé, não é rato que Deus fará chover, mas grandes ossos cheios de tutano[8]! ■

GIBRAN, Khalil. Le sage chien. In: PIQUEMAL, Michel. *Les philo-fables*. Paris: Albin Michel, 2008. p. 146-147. (O cão sábio. Tradução nossa.)

[7] ***Pregador:*** *quem faz ensinamentos em um discurso público.*

[8] ***Tutano:*** *substância gelatinosa que se encontra no interior de alguns ossos.*

transformação do mundo ou seu isolamento etc., mas o alvo fundamental da filosofia da religião é a consciência das pessoas mesmas.

Graças ao trabalho de pensadores como Friedrich Schleiermacher (p. 313), a experiência religiosa deixou de ser incompreensível para o pensamento filosófico contemporâneo, uma vez que ele percebeu o equívoco da abordagem filosófica que, na análise da religião, pretendia começar por Deus, e não pela consciência pessoal.

Começar pela análise de Deus levava, segundo Schleiermacher, a reduzir a experiência religiosa a um tema de Metafísica, visão sobre o ser das coisas, ou de Ética, reflexão sobre as boas ações. Em vez disso, começar pela atitude de considerar a consciência da pessoa religiosa permite conhecer a especificidade de sua experiência, à qual Schleiermacher chamava de *sentimento*.

O sentimento é diferente da emoção (p. 264); trata-se da percepção que envolve tanto a capacidade de pensar como a capacidade de perceber um valor naquilo que é percebido e aderir a ele. Graças ao trabalho de Schleiermacher, passou-se a falar, em Filosofia, de *sentimento religioso*, experiência específica, relativa à percepção do mistério divino, e que não convém reduzir nem à reflexão metafísica nem à elaboração de regras de conduta.

Para explicar o conteúdo específico do sentimento religioso, Schleiermacher identifica a experiência de uma *dependência total* do ser humano com relação aos outros seres e principalmente com o mistério infinito que produz uma aceitação amorosa. No seu dizer, o sentimento religioso se fundamenta em uma intuição, uma percepção direta que origina um profundo respeito por tudo o que existe, diante da impossibilidade de oferecer uma explicação total. O ser humano vê-se pequeno diante das coisas, finito, limitado, e reconhece que a realidade segue movimentos sem fim, deixando-se tomar por um amor desse mistério assim como a criança não precisa raciocinar para confiar no mundo e nos outros. A pessoa religiosa, com a simplicidade das crianças, aceita a vida e a ama, aceitando e amando também o mistério que permanece sempre no horizonte dessa mesma vida. A esse mistério se dá o nome *Deus*.

Schleiermacher registrou sua filosofia da religião em obras como *Discursos sobre a religião e Doutrina da fé*.

Observe como Schleiermacher compara a Prometeu quem não considera a especificidade da religião e dá

A religião não se reduz nem à Metafísica nem à Moral

Friedrich Schleiermacher

SCHLEIERMACHER, Friedrich. *Sobre a religião*. Tradução Daniel Costa. São Paulo: Novo Século, 2000. p. 33-34.

Para tomar posse de sua propriedade, a religião renuncia a toda pretensão[9] sobre tudo o que pertença [à Metafísica e à Moral] e devolve tudo o que lhe tem sido imposto pela força. Ela não pretende, como a Metafísica, explicar e determinar o Universo de acordo com sua natureza[10]; ela não pretende aperfeiçoá-lo e consumá-lo[11], como a Moral, a partir da força da liberdade e do arbítrio[12] divino no ser humano. A essência[13] da religião não é pensamento nem ação, [mas] intuição e sentimento. Ela quer intuir o Universo, quer observá-lo piedosamente[14] em suas próprias manifestações e ações; quer ser impressionada e plenificada, na passividade infantil, por seus influxos[15] imediatos.

Desse modo, a religião se opõe a ambas [tanto à Metafísica como à Moral] em tudo o que constitui sua essência e em tudo o que caracteriza seus efeitos. A Metafísica e a Moral não veem em todo o Universo nada mais do que o ser humano como ponto central de todas as relações, como condição de todo [tipo de] ser e causa de todo devir[16]; [em vez disso,] a religião quer ver no ser humano, não menos que em todo outro ser particular e finito, o Infinito, seu relevo, sua manifestação. A Metafísica parte da natureza finita do ser humano e quer determinar conscientemente, a partir de seu conceito mais simples e do conjunto de suas forças e de sua receptividade, o que pode ser o Universo para ele. A religião também desenvolve toda a sua vida na Natureza; porém se trata da natureza infinita do conjunto, do Uno e do Todo. [...] A Moral parte da consciência da liberdade, cujo reino quer expandir até o infinito, procurando fazer com que fique submetido à liberdade; [já] a religião respira ali onde a liberdade mesma já se tenha convertido em Natureza. [...]

A religião se revela como o terceiro elemento necessário e imprescindível[17] em relação à Metafísica e à Moral; ela é a contrapartida natural, não inferior em dignidade e excelência a qualquer das outras duas, seja qual for. Abandonar-se à especulação[18] e a praxes[19], sem dar vez à religião, constitui uma arrogância temerária[20], uma desavergonhada hostilidade[21] para com os deuses; tal é o ânimo ímpio[22] de Prometeu, que roubou covardemente o que houvera podido exigir e esperar com tranquila segurança. O ser humano só tem roubado o sentimento de sua infinitude e de sua semelhança com Deus; e, como bem ilegítimo, não lhe pode ser proveitoso se ele não toma consciência, por sua vez, de sua limitação, do seu caráter contingente[23] de toda a sua forma, da desaparição silenciosa de toda a sua existência no incomensurável[24]. ■

[9] **Pretensão:** *intenção; ambição.*
[10] **Natureza:** *aqui, significa o ser das coisas.*
[11] **Consumar:** *completar; levar a acabamento.*
[12] **Arbítrio:** *senso de escolha.*
[13] *O termo* **essência**, *aqui, tem o significado geral de especificidade.*
[14] **Piedosamente:** *com profundo respeito e reconhecimento, nascidos da percepção de algo superior.*
[15] **Influxo:** *influência, estímulo.*
[16] **Devir:** *vir a ser; dinamismo de transformação.*
[17] **Imprescindível:** *indispensável.*
[18] **Especulação:** *elaboração de raciocínios.*
[19] **Praxe:** *costume; prática.*
[20] **Temerário:** *algo ou alguém imprudente, que não calcula os riscos de uma ação.*
[21] **Hostilidade:** *agressividade; desprezo que visa provocar.*
[22] **Ímpio:** *sem piedade (respeito devido ao divino).*
[23] **Contingente:** *variável.*
[24] **Incomensurável:** *aquilo que não pode ser medido.*

FRIEDRICH SCHLEIERMACHER (1768-1834)

Foi um filósofo e teólogo alemão. Buscou estabelecer um conhecimento geral sobre a arte da interpretação dos textos e discursos, chamando a atenção para o papel dos indivíduos na construção do sentido dos mesmos textos e discursos. Dedicou-se também a identificar a Religião como uma área específica entre os saberes. Obras mais conhecidas: *Hermenêutica* e *Sobre a religião*.

ao seu conteúdo um tratamento próprio de outros saberes. Com efeito, Prometeu é uma personagem da mitologia grega, intermediário entre os deuses e os humanos, e responsável por um ato de violência contra os deuses: junto de Epimeteu, seu irmão, Prometeu havia recebido dos deuses a tarefa de produzir os animais e os seres humanos. Epimeteu se ocupou dos animais e deu a eles vários dons, como a força, a velocidade, as asas, as garras etc. Quando quis produzir o ser humano, já não tinha mais recursos para dar. É por isso que ele se chamava Epimeteu, que, em grego, significa "aquele que reflete depois de ter agido". Prometeu, então, roubou o saber divino, simbolizado pelo fogo sagrado do Olimpo (residência dos deuses) e o deu aos humanos. Por direito, o fogo era reservado aos deuses; e Prometeu sabia disso (seu nome significa "aquele que vê e reflete antes de agir"). Como castigo, Zeus, o maior dos deuses, condenou Prometeu a ser acorrentado no alto do monte Cáucaso, aonde todos os dias vinha uma ave devorar seu fígado. Para seu sofrimento ser ainda mais forte, seu fígado se refazia todos os dias. A condenação previa que ele sofresse por 30 mil anos, mas Hércules o libertou, oferecendo, em troca

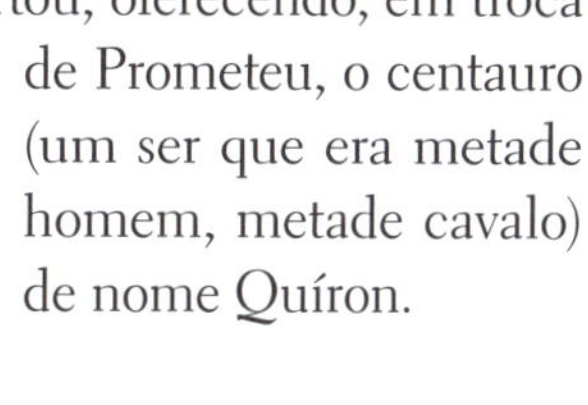

de Prometeu, o centauro (um ser que era metade homem, metade cavalo) de nome Quíron.

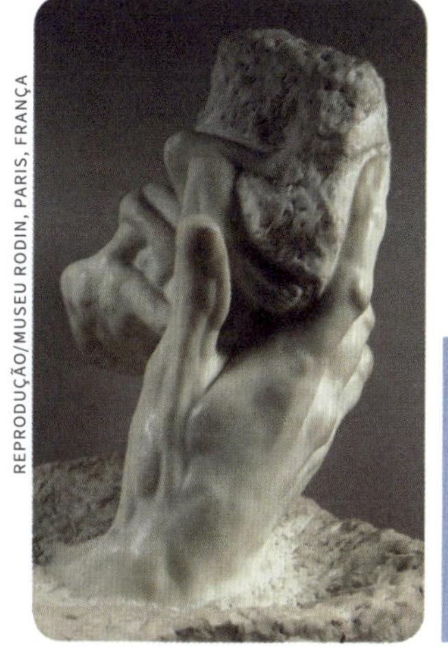

REPRODUÇÃO/MUSEU RODIN, PARIS, FRANÇA

Auguste Rodin (1840-1917), *La main de Dieu ou la création* (A mão de Deus ou a criação), 1896, escultura. A experiência de sentir-se plasmado por um criador é um dado fundamental da vivência da fé religiosa.

FRIEDWATER/CREATIVE COMMONS

Stonehenge, Reino Unido. Alguns lugares do mundo, como Stonehenge, são conhecidos por despertarem em seus visitantes o senso do mistério e contribuem para o sentimento de dependência de que falava Schleiermacher.

O mito de Prometeu representa o orgulho humano e sua vontade de ignorar os deuses, ou, mais do que isso, de querer igualar-se a eles ou até superá-los. Por essa razão, Schleiermacher o associa às tentativas filosóficas de ignorar a especificidade da experiência religiosa ou de explicá-la com base em outros saberes.

REPRODUÇÃO/ACERVO PARTICULAR

Anônimo (séc. XVIII), *Prometeu acorrentado*, escultura em terracota.

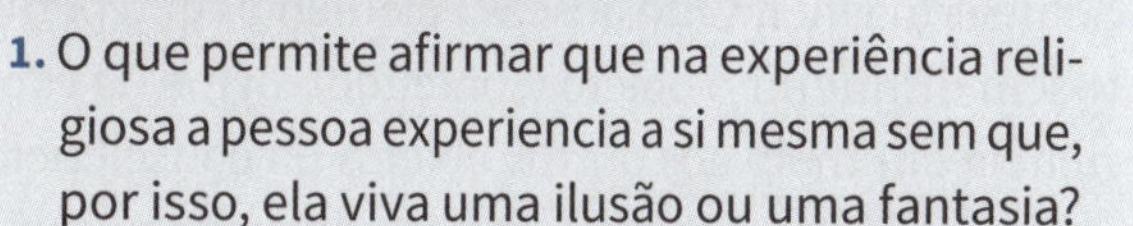

EXERCÍCIO B

p. 496

1. O que permite afirmar que na experiência religiosa a pessoa experiencia a si mesma sem que, por isso, ela viva uma ilusão ou uma fantasia?
2. Por que Friedrich Schleiermacher defendeu a necessidade de identificar um sentimento especificamente religioso?
3. Qual o conteúdo do sentimento religioso segundo Schleiermacher?
4. Observando sua própria vida, você considera que possui sentimento religioso? Justifique sua resposta.

YOEL TORDJMAN

Yoel Tordjman (1960-), *Deixe-me voar*, sem data, pintura acrílica sobre alumínio. Saatchi Art. Como ocorre com o voo dos pássaros, a experiência religiosa pode constituir-se em uma das formas mais intensas de exercício da liberdade. Afinal, não há melhor ocasião do que o encontro com o mistério transcendente para o indivíduo dizer "sim" ou "não" em profunda radicalidade.

3 O Sagrado ou o Numinoso

Alguns pensadores, porém, mesmo colocando-se em continuidade com a filosofia da religião de Friedrich Schleiermacher, identificaram nela uma fragilidade: ela abria espaço para pensar que a experiência religiosa é algo totalmente pessoal, restrito à consciência dos indivíduos, sem nenhuma garantia de que o conteúdo experimentado (a relação com Deus) possa ser mais do que uma fantasia ou uma projeção de ilusões (como a de "Todo", "Uno", "infinito", "amor" etc.).

Procurando resolver essa dificuldade (conhecida como subjetivismo[25]), Rudolf Otto (1869-1937) procurou saber se seria possível identificar características do ser divino tal como ele se apresenta na relação com as pessoas religiosas. Para além do sentimento religioso ou da dependência total de que falava Schleiermacher, Otto buscava elementos que permitissem distinguir o objeto (conteúdo) divino da experiência em meio aos outros objetos da consciência.

Rudolf Otto estudou, então, diversas religiões (além das religiões mais conhecidas em sua época, como o judaísmo, o cristianismo e o islamismo, também o vedismo, o hinduísmo, o taoísmo, religiões africanas etc.), a fim de observar se a vivência dos seus praticantes revelaria traços comuns no modo de ver o mistério divino. O resultado foi surpreendente, pois Otto constatou que, independentemente dos rostos dados ao mistério divino pelas diferentes religiões, ele é visto de maneira muito parecida em todas elas.

Por essa razão, Otto defendeu a criação de um novo conceito para referir-se ao conteúdo específico que se apresenta como polo da relação religiosa: trata-se do conceito de *Sagrado* ou *Numinoso*[26].

Em seu livro, cujo título é exatamente *O Sagrado*, Otto justifica seu procedimento de estudo afirmando que, quando se observam semelhanças em diversas experiências, é legítimo concluir que o conteúdo ou o objeto dessas experiências é o mesmo ou aparece com características semelhantes; ora, se diferentes experiências religiosas apresentam semelhanças, parece legítimo concluir que o seu objeto ou o seu conteúdo (o mistério divino na relação com as pessoas) também é o mesmo nas diferentes religiões ou, pelo menos, aparece com características semelhantes em todas elas. Identificar essas características permitiria, segundo Otto, encontrar um critério que leva a distinguir a experiência especificamente religiosa, isto é, aquela em que alguém está diante do Sagrado ou Numinoso.

De acordo com a observação de Rudolf Otto, as características comuns ao Sagrado tal como experienciado nas diferentes religiões são:

(1) o Sagrado é encontrado como algo que provoca um *sentimento do estado de criatura*: quando a pessoa percebe o Sagrado, sente que a vida é *recebida* e que nada no mundo é suficiente para explicar esse sentimento;

(2) o Sagrado é encontrado como *mistério tremendo* ou mistério que causa espanto: ao perceber o Sagrado, a pessoa tem certeza de que está diante de algo maior do que ela e do que tudo o que existe; na contrapartida, essa experiência faz com que a pessoa tenha noção também de sua pequenez[27];

(3) o Sagrado é encontrado como *mistério fascinante*: a pessoa não sente medo diante do Sagrado,

[25] **Subjetivismo:** *concepção segundo a qual toda forma de pensamento depende sempre de um sujeito (indivíduo) e é válida pelo simples fato de esse sujeito a afirmar.*

[26] **Numinoso:** *algo que tem as características de um nume, ser superior que eleva e inspira.*

[27] **Pequenez:** *característica do que é pequeno; dependente.*

mas fascinação, sente-se fortemente atraída por ele, desejando conhecê-lo;

(4) o Sagrado é encontrado como algo que produz *uma força ou energia nova*: a pessoa religiosa sente um impulso ou uma vitalidade nova quando estabelece uma relação com o ser divino.

Dessa perspectiva, entende-se que as diferentes concepções de Deus ou do mistério divino (os "rostos" dados a ele) são maneiras de interpretar o Sagrado que se manifesta no horizonte humano.

Essas interpretações correspondem ao que as religiões chamam de *revelação* (o Primeiro Testamento para os judeus, o Primeiro e o Segundo Testamento para os cristãos, o Alcorão para os muçulmanos, o Bhagavad-Gita para os hindus e assim por diante). No entanto, a leitura desses textos, para ter um sentido propriamente religioso (e não apenas histórico, sociológico ou mesmo de manipulação ideológica), requer a experiência de se pôr em relação com o mistério divino.

A consciência de que os livros revelados são apenas expressões do Sagrado é de extrema importância para preservar e garantir o caráter misterioso do próprio Sagrado. Assim, ainda que uma religião considere seu texto revelado como um retrato fiel do ser divino, ela não respeitará a transcendência divina se afirmar

Há um risco de "Biblialatria"?

É inegável a influência do cristianismo na sociedade brasileira. Por essa razão, a Bíblia (livro sagrado para os cristãos) é uma fonte de orientação para muitas pessoas.

Tem-se observado, porém, o fortalecimento de uma tendência a ler a Bíblia ao pé da letra e a afirmar que Deus é só "aquilo que está escrito na Bíblia". Essa tendência, no entanto, merece reflexão mais atenta.

Toda igreja cristã tem direito de crer que a Bíblia é a palavra de Deus e, por isso, acreditar que ela exprime quem Deus é. A análise filosófica convida, porém, a pensar que Deus pode ser maior do que o retrato feito pela Bíblia; afinal, nem todos os livros do mundo bastariam para conter o mistério divino. Desse ponto de vista, é mais coerente afirmar que *Deus se revela na Bíblia, mas a Bíblia não é Deus.* Adorar a letra da Bíblia, imaginando que se está adorando Deus, seria pôr o livro sagrado no lugar do próprio Deus. Seria, então, uma "Biblialatria".

Uma análise parecida vale também para as outras religiões. Se o mistério divino não é respeitado exatamente como mistério, a maneira humana de pensar é posta no seu lugar; cria-se um ídolo. Pode haver também uma "Toralatria" (adoração da Torá, texto sagrado para os judeus e composto do ensinamento de Moisés em cinco livros: Gênesis, Êxodo, Levítico, Números e Deuteronômio), uma "Alcoranolatria" (adoração do Alcorão, livro sagrado dos muçulmanos, formado pelos ensinamentos de Maomé) e assim por diante.

Especificamente no caso da Bíblia, autores cristãos da Idade Média, baseando-se em elementos fornecidos pela própria Bíblia, desenvolveram um método de leitura que procura identificar quatro sentidos possíveis nos diferentes tipos de textos bíblicos (dois sentidos básicos, sendo o segundo dividido em três). Os textos teriam um sentido literal e um ou mais sentidos espirituais, cabendo aos leitores identificar os sentidos específicos de cada trecho:

(1) ***sentido histórico ou literal*** – significado primeiro do que está escrito no texto bíblico, ou seja, significado que o texto tinha na época em que foi escrito;

(2) ***sentido espiritual*** – significado que o texto bíblico tem para a vida de quem o lê hoje, pois permite à pessoa iluminar sua vida com o que está escrito; subdivide-se em:

(2.1) ***sentido simbólico ou alegórico*** – significado dos textos que falam de uma coisa para significar outra; por exemplo, os textos bíblicos que mencionam leprosos não têm um significado direto para quem não tem lepra, mas significam que Deus pode curar, tirar as pessoas da exclusão (os leprosos eram separados da sociedade no momento em que o texto bíblico foi escrito) etc.;

(2.2) ***sentido moral*** – significado que leva a agir bem, isto é, que orienta a ação para sempre ser boa;

(2.3) ***sentido místico*** – significado que eleva até as realidades divinas, dando uma ideia daquilo que será a vida depois da morte. ■

que Deus se reduz somente àquilo que está escrito no texto revelado. Se Deus existe e se ele realmente é um mistério transcendente, ele não pode ser limitado pelos retratos traçados pelos livros sagrados. Por sua vez, mesmo que uma pessoa conheça perfeitamente um livro sagrado, nada a autoriza a dizer que Deus é somente aquilo que a pessoa pensa que ele é.

O cuidado com o caráter misterioso do ser divino levou também diferentes filósofos a concluir que ele não pode ser conhecido diretamente, em seu ser íntimo, a menos que ele tome a iniciativa e ilumine diretamente a consciência de uma pessoa. A essa vivência chama-se *experiência mística*, união direta com o mistério divino, para além de toda representação conceitual.

No entanto, seguindo as vias naturais de conhe-

Ônus da prova?

Tem se tornado comum, em debates filosóficos sobre a existência de Deus, afirmar que cabe a quem tem fé o "ônus da prova", isto é, a obrigação de provar a existência de Deus, assim como em um tribunal cabe ao acusador apresentar a prova que torna alguém culpado.

Nessa linha de pensamento, o matemático e filósofo inglês William K. Clifford (1845-1879), grande combatente da ignorância promovida por certas pessoas religiosas, defendia que *é sempre uma desonestidade e um erro crer em algo sem evidência*[28]. Por exemplo, seria racionalmente errado e moralmente desonesto aconselhar alguém a sair sem guarda-chuva quando a meteorologia anuncia que provavelmente vai chover. O caráter "provável" da chuva (falta de evidência) não permite crer que não vai chover. Essa maneira de raciocinar ficou conhecida como *Princípio de Clifford*.

Outros pensadores, porém, enfatizam que nossas crenças (mesmo científicas) nem sempre são baseadas em evidência. No caso da crença na existência de Deus, seria mesmo contraditório pretender prová-la, pois qualquer "prova" anularia o caráter misterioso do ser divino. Nesse sentido, o filósofo norte-americano Peter van Inwagen (1942-) formulou o *Outro Princípio de Clifford: é sempre uma desonestidade e um erro rejeitar sem base em evidência aquilo que é contrário às nossas crenças.* Dessa perspectiva, é racionalmente legítimo crer naquilo que a razão não obriga a rejeitar: a própria razão reconhece que, se ela não pode provar o absurdo de algo, ela mesma pode aceitar crer nesse algo, embora ela também tenha consciência de que nada a obriga a crer. Por exemplo, alguém pode crer que comer doces faz mal à saúde. Ora, a evidência de que os doces fazem mal à saúde é frágil, porque se baseia apenas em pesquisas parciais (feitas somente com pessoas que ficaram doentes comendo doces). A rigor, não haveria propriamente uma evidência, em sentido forte, de que doces fazem mal a todas as pessoas. No entanto, se alguém crê que comer doces faz mal, seria uma desonestidade para consigo mesmo(a) deixar de seguir sua crença apenas porque ela não é baseada em uma evidência definitiva. Sua razão, mesmo percebendo a fragilidade da evidência, aceita que não é possível provar definitivamente o prejuízo de comer doces, mas compromete-se com a crença nesse prejuízo por motivos válidos para a pessoa em questão (ela sente que, no seu caso, comer doces faz mal).

Aplicado à crença em Deus, o Outro Princípio de Clifford mostra que a própria razão, percebendo o caráter misterioso do ser divino, pode crer nele, dado ser impossível provar que ele não existe. Nesse sentido, é a própria razão que crê; e, de certo modo, o Outro Princípio de Clifford devolve o "ônus da prova" a quem nega a existência de Deus.

Da perspectiva do Outro Princípio de Clifford torna-se compreensível a afirmação do filósofo Søren Kierkegaard (p. 295), que considerava a fé ou a crença em Deus como um "salto", um salto no escuro do mistério divino. Tal "salto", mais do que representar um ato irracional ou de renúncia à inteligência, consiste numa atitude em que a razão mesma, aliada ao sentimento, percebe que algo talvez a ultrapasse e aceita entrar nesse mistério. A fé religiosa autêntica resulta, assim, de um ato da pessoa em sua unidade, incluindo a razão. ■

[28] ***Evidência:*** *característica de algo inquestionável; de algo cujo contrário é absurdo.*

François Dubois (1529-1584), *Noite de São Bartolomeu*, 1572-1584, óleo sobre madeira. O autor retrata o sangrento combate entre cristãos católicos e protestantes no episódio conhecido como Noite de São Bartolomeu.

cimento, o ser divino só pode ser percebido por meio de seus efeitos. Conhecê-lo diretamente significaria dominá-lo pelo pensamento, ao modo como se dominam outros objetos da consciência; e ele deixaria de ser um mistério ou um objeto de conhecimento inesgotável. Dessa perspectiva, como diziam alguns filósofos medievais, para falar de Deus, ele próprio (Deus) oferece a primeira dificuldade, pois, sendo o Transcendente, e não o transcendental! (p. 80 e 339), é impossível fazer um discurso sobre ele começando por ele mesmo. Resta apenas a possibilidade de partir dos efeitos atribuídos a Deus e assim construir um discurso indireto sobre ele.

O recurso elementar para construir esse discurso indireto é a analogia (p. 48). Se há bondade no mundo, afirma-se que Deus, sendo a origem de tudo, também deve ser bom de algum modo; se há beleza, então Deus deve ser belo; e assim por diante. Assim também, quando se afirma que o ser divino é "pai", "amoroso", "fonte de equilíbrio" etc., isso quer dizer que ele é "como um pai" (pressupondo que todo pai deveria ser bom), "como um ser que ama", "como uma fonte de equilíbrio", mas ele não é exatamente um "pai" (se ele fosse um pai, teria também um pai, um avô etc.), nem "amoroso" ao modo do amor imperfeito que percebemos no mundo, nem uma "fonte" que pode se esgotar. Aliás, Deus também pode ser visto como "mãe" (pressupondo que toda mãe deveria ser boa), já que ele não é nem "pai" nem "mãe", pois não tem sexo.

Justamente a fim de evitar que o pensamento humano desfigure o mistério divino, algumas religiões evitam falar de Deus e apontam apenas para a transcendência que a tudo envolve. Por essa razão, essas religiões são chamadas de ateológicas (sem "Deus"). É o caso, por exemplo, de certos ramos do budismo.

Independentemente do rosto que se dê ao mistério divino ou a Deus, resta um desafio à filosofia da religião depois de ter refletido sobre a experiência religiosa: analisar as razões oferecidas para afirmar que o mistério divino existe. Não se trata de "provar" sua existência por si mesmo, como se ele fosse uma "coisa" para a qual se pudesse apontar com o dedo. Trata-se de justificar que o horizonte misterioso de sentido da vida humana seja chamado de divino (diferente do mundo ou da Natureza).

Nessa frente de trabalho reflexivo, o diálogo com os que negam a existência de Deus é uma atitude bastante esclarecedora.

p. 496

EXERCÍCIO C

1. Por que Rudolf Otto viu a necessidade de complementar a filosofia da religião desenvolvida por Friedrich Schleiermacher?
2. Quais as características do Sagrado conforme a observação de Rudolf Otto?
3. Com base no uso da analogia, explique a seguinte frase: "Uma pessoa religiosa pode crer que conhece Deus, mas não pode ter a pretensão de dizer que Deus é só aquilo que ela pensa que ele é".
4. Explique o *Princípio de Clifford* e o *Outro Princípio de Clifford.*

4 Irreligiosidade e ateísmo

A crença na existência de Deus foi questionada por diferentes filósofos.

Em alguns casos, porém, o alvo da crítica não é propriamente o mistério divino, e sim as práticas das pessoas e grupos religiosos que produzem formas de vida autoritária[29], obscurantista[30], escravizadora das mentes e violenta. A esse tipo de crítica se costuma denominar *irreligiosidade*, quer dizer, uma atitude contrária às religiões.

[29] ***Autoritário:*** *quem procura convencer pela autoridade que acredita ter, e não por argumentos.*

[30] ***Obscurantista:*** *que diminui a luz do pensamento.*

Outros pensadores, por não compreenderem ou por não terem experienciado o sentimento religioso, optam honestamente pelo agnosticismo, atitude de não comprometimento nem com a afirmação nem com a negação da existência de Deus.

Dois dos autores mais conhecidos por sua crítica à religião foram Friedrich Nietzsche (p. 172) e Baruch de Espinosa (p. 213). O primeiro ataca não apenas a religião, mas também Deus; o segundo denuncia a religião, mas continua a falar sobre Deus. Dediquemo-nos a ouvi-los.

Na análise de Nietzsche, a prática religiosa contraria o que há de mais autêntico no ser humano: sua força e os impulsos naturais que o levam a querer viver, afirmar-se e dominar tudo o que representa obstáculo. A prática religiosa levaria ao enfraquecimento, à negação do mundo e da vida, à hipocrisia, construindo a fantasia de que é melhor ser fraco, humilde e confiar em um ser maior e diferente do mundo, o ser divino.

Essa mentalidade, segundo Nietzsche, é traiçoeira, enganadora e prejudicial, pois, na verdade, fazendo-se passar por pessoas fracas e humildes, os religiosos, no fundo, desejam dominar. No entanto, com a preguiça e a má vontade para lutar, inventam um mecanismo doentio pelo qual se vingam das pessoas mais fortes.

No texto a seguir, Nietzsche refere-se aos cristãos. Por isso, aparecem noções como "além" (o Céu), "vida eterna" e "pecado".

Observe como esse texto de Nietzsche, marcado de grande força e elaboração literária, é um exemplo de irreligiosidade, ou seja, de combate à religião. Sem conter necessariamente um argumento que negue a existência de Deus, o filósofo levanta-se contra as pessoas que, dizendo-se religiosas, vão contra a vida, vingam-se e fogem dela, fixando sua atenção no que Nietzsche considerava um conjunto de fantasias: "Deus", "alma", "virtude", "pecado", "além", "verdade", "vida eterna".

É curioso notar, porém, que o pensamento de Nietzsche ganha a simpatia mesmo de pessoas que têm fé mas que também percebem a "doença" de certas práticas religiosas. Em vez de enraizar a fé no gosto pela vida, essas práticas usam a fé para apegar-se à tristeza, ao pessimismo e à vingança.

Mentiras religiosas

Friedrich Nietzsche

As pequenas coisas – alimentação, lugar, clima, recreação, a inteira casuística[31] do amor-próprio – são, para além de todos os conceitos, mais importantes do que tudo a que se deu importância até agora. Aqui precisamente é necessário começar a reaprender. Aquilo que até agora a Humanidade ponderou[32] seriamente nem sequer são realidades, são meras imaginações ou, dito mais rigorosamente, mentiras provenientes dos piores instintos de naturezas doentes, perniciosas[33] no sentido mais profundo: todos os conceitos "Deus", "alma", "virtude", "pecado", "além", "verdade", "vida eterna"... Mas procurou-se neles a grandeza da natureza humana, sua "divindade"... Todas as questões da Política, da ordem social, da educação foram falsificadas pela base e pelo fundamento por se tomarem os homens mais perniciosos por grandes homens, por aprenderem a desprezar as "pequenas" coisas, quer dizer, as disposições fundamentais da própria vida... E, se me comparo com os homens que até agora foram honrados como os primeiros dos homens, a diferença é palpável. Nem sequer tenho esses pretensos "primeiros" em conta de homens em geral; são para mim o vômito da Humanidade, aborto de doença e de instintos vingativos; são apenas funestos[34], no fundo incuráveis monstros inumanos, que tomam vingança da vida... Disso quero ser o oposto: minha prerrogativa é ter a suprema finura[35] para todos os signos de instintos sadios. [...] A vida se tornou leve para mim, levíssima, quando reclamava de mim o mais pesado. ■

NIETZSCHE, Friedrich. *Ecce homo*. In: *Obras incompletas*. Tradução Rubens R. Torres Filho. São Paulo: Abril Cultural, 1987. p. 153. Coleção Os Pensadores.

[31] ***Casuística:*** *reflexão moral repleta de detalhes e sutilezas.*

[32] ***Ponderar:*** *refletir; pesar; avaliar.*

[33] ***Pernicioso:*** *algo que pode causar danos.*

[34] ***Funesto:*** *que produz morte.*

[35] ***Finura:*** *delicadeza.*

Deus sem transcendência

Baruch Espinosa

1 Como Deus é um ente[36] absolutamente infinito, do qual nenhum atributo que exprima a essência de uma substância pode ser negado, e como ele existe necessariamente, se existisse alguma substância além de Deus, ela deveria ser explicada por algum atributo de Deus e existiriam, assim, duas substâncias de mesmo atributo, o 5 que é absurdo. Portanto, não pode existir e, consequentemente, tampouco pode ser concebida nenhuma substância além de Deus. Pois, se pudesse ser concebida, ela deveria necessariamente ser concebida como existente. Mas isso é absurdo. Logo, além de Deus, não pode existir nem ser concebida nenhuma substância.

Disso se segue, muito claramente, em primeiro lugar, que Deus é único, isto é, 10 que não existe na natureza das coisas senão uma única substância, e que ela é absolutamente infinita. ■

ESPINOSA, Baruch. *Ética. Parte I, Proposição 14*. Tradução Tomaz Tadeu. Belo Horizonte: Autêntica, 2010. p. 29 e 31.

[36] ***Ente:*** *algo que existe (realmente ou pelo menos no pensamento).*

Nietzsche, por outro lado, nutria certa admiração pela personagem histórica de Jesus Cristo, mas denunciava formas de vida cristã que ele conheceu bem: ações amargas, rancorosas, rígidas, repletas de condenações morais e hipócritas contribuíram para que ele desenvolvesse sua visão da religião como uma mentira ou um jogo de vingança. Pessoas incapazes de lutar ou exercer a força dos instintos fazem passar-se por ovelhas mansas a fim de controlar os mais fortes, introduzindo neles um sentimento de culpa por serem fortes.

Quanto a Baruch de Espinosa, ele certamente foi o pensador mais radical na denúncia da religião. Sem, no entanto, negar a existência de Deus, Espinosa atacou a base mesma da fé religiosa: a crença de que Deus é diferente do mundo ou da Natureza.

Pensador de extrema capacidade de análise, Espinosa construiu uma filosofia em que somente era considerado racional aquilo que pudesse ser demonstrado de modo semelhante aos procedimentos da Matemática. Dado que algo como um mistério divino não pode ser tratado dessa maneira, não haveria por que afirmar sua existência. Ademais, segundo Espinosa, o mundo pode ser explicado por si mesmo, no campo da pura imanência, sem recurso a nenhuma transcendência (p. 80). O próprio mundo, portanto, deve ser chamado de divino; e, chamando o mundo de divino, Espinosa muda completamente o sentido desse termo, tirando dele toda significação de ser maior do que o mundo e dando-lhe o sentido de fonte e destino internos ao próprio mundo. O filósofo holandês construiu, assim, uma "metafísica sem transcendência", alterando também, por fim, o significado da própria palavra *Deus*: agora, Deus é o mundo ou a Natureza.

No seu entender, a ideia de Deus é algo que tem sentido racional (um ser infinito que produz a si mesmo); nada obrigaria racionalmente a associar Deus a um ser diferente do próprio mundo ou da Natureza.

Para entender o texto de Espinosa, faz-se necessário esclarecer pelo menos três termos: *essência*, *atributo* e *substância*. A fonte para esse esclarecimento é o início da mesma obra da qual foi extraído o trecho acima, chamada *Ética*.

A *essência*, segundo Espinosa, é a identidade de algo, a qual pode ser pensada com recursos da razão, sem necessidade de nenhum auxílio externo a ela. O *atributo* é aquilo que, também pela capacidade racional, o ser humano percebe como algo que faz parte da essência. Por sua vez, a *substância* é algo que existe em si mesmo, quer dizer, que não existe em dependência de outra coisa e que pode ser pensado por si mesmo (é aquilo cujo conceito não precisa de outro conceito para ser formado).

Dado esse vocabulário, o raciocínio de Espinosa pode ser expresso como segue:

(1) se Deus só pode ser pensado como aquele cuja essência é a de ser absolutamente infinito,

(1.1) então não se pode negar que ele tenha todos os atributos que exprimem a essência de uma substância (se Deus não tivesse algum atributo, não seria infinito);

(1.2) e então Deus existe necessariamente (se não existisse, faltaria a ele o atributo da existência, o que faria com que ele não fosse infinito);

(2) seria, por isso, absurdo pensar que existe alguma substância diferente de Deus,

(2.1) pois uma substância diferente de Deus teria de ter o mesmo atributo de Deus,

(2.2) o que faria duas substâncias terem o mesmo atributo;

(3) ora, é absurdo pensar duas substâncias com o mesmo atributo, então só há uma substância, que é infinita;

(4) se as coisas existem e se a existência é um atributo de Deus, a natureza das coisas é o próprio Deus; só há uma única substância (a natureza das coisas), absolutamente infinita.

ANIA KLARA/SHUTTERSTOCK.COM

JOINGATE/SHUTTERSTOCK.COM

No alto: Planta suculenta em que as partes são estreitamente ligadas ao núcleo, formando com ele uma unidade. Acima: Náutilo cortado ao meio. Dado que as partes da planta e do náutilo são continuidades diretas do núcleo, essas imagens podem ser tomadas como representações ou analogias da concepção espinosana da única substância divina da Natureza.

A grande transformação operada por Espinosa está em sua insistência no fato de que pensar com coerência sobre o mundo exige pensar uma única substância absolutamente infinita. Só há um ser, que é divino por ser absolutamente infinito. Isso não quer dizer que todas as coisas percebidas são "partes" de Deus; elas são suas expressões singulares.

Como explica Espinosa em outros trechos de sua obra, as coisas não são criadas por Deus como se elas fossem diferentes dele. Todas as coisas são *modos de Deus*, são a manifestação dos atributos divinos: o atributo "extensão" produz os corpos; e o atributo "pensamento" produz ideias e mentes (ou almas). Corpos e mentes são expressões de Deus imanentes a ele.

Nesse trabalho está a raiz da irreligiosidade de Espinosa. Deus deixa de ser entendido como mistério transcendente e passa a ser concebido como o infinito que opera por seus modos finitos ou pelas coisas que existem nele mesmo. Segundo Espinosa, não se crê em Deus, mas se conhece Deus: ele é explicado racionalmente. Dessa compreensão surge o verdadeiro amor por Deus ou pela sua essência infinita. O amor é conhecimento acompanhado de alegria, a qual, por sua vez, é a passagem de um conhecimento para outro conhecimento maior. Esse estado de conhecimento amoroso ou alegre resulta na *liberdade*, pois o ser humano se livra de falsos conhecimentos como as imaginações religiosas que mantêm os seres humanos na escravidão do medo. A origem da religião, portanto, será, segundo Espinosa, o medo ou as emoções tristes que nascem da ignorância humana.

Na direção contrária ao medo e à superstição, o ser humano se torna livre quando compreende que toda a realidade é divina e que ele mesmo é um modo da essência infinita. Como modo finito de um ser infinito, o ser humano, pelo conhecimento racional, pode entender que sua tendência é permanecer no ser ou na existência. Em outras palavras, sua tendência é igualar-se ao seu conceito (ao que ele compreende); essa tendência é uma possibilidade inscrita em todos os humanos e, por isso mesmo, ela é sempre positiva,

A religião nasce de emoções tristes

Baruch Espinosa

ESPINOSA, Baruch. *Traité théologico-politique.* Tradução C. Appuhn. Paris: Flammarion, 1965. p. 19-20. (Tratado teológico-político. Tradução nossa para o português.)

1 Não há ninguém que tenha vivido entre os seres humanos e que não tenha observado como, em tempos de prosperidade, quase todos, por maior que seja sua ignorância, mostram-se como se fossem cheios de sabedoria, a ponto de que quem procura dar-lhes conselhos parece até ofendê-los. Na adver-
5 sidade[37], porém, eles não sabem mais para onde se voltar, pedem e suplicam conselho a todos e estão sempre prontos a seguir qualquer opinião que lhes seja dada, por mais estúpida, absurda ou ineficaz que seja. As mínimas coisas bastam para que eles confiem em uma mudança da sorte ou recaiam nos piores medos. Com efeito, enquanto eles estão no estado de medo, se ocorre
10 um imprevisto que os faz lembrar-se de um bem ou de um mal acontecidos no passado, eles pensam que é o anúncio de uma saída feliz ou de uma saída infeliz; por isso, embora se enganem mil vezes, consideram isso um presságio[38] favorável ou funesto[39]. Se, porém, acontece algo que não é comum, eles creem que é um sinal da cólera dos deuses ou da suprema divindade. Será um sinal de
15 impiedade para esses humanos submetidos à superstição e à religião não corresponder a tal presságio com sacrifícios e compromissos. Assim, eles inventam inumeráveis ficções e, quando interpretam a Natureza, veem nela milagres por todos os lados, como se a Natureza delirasse junto com eles. Nessas condições, os mais ligados a todo tipo de superstição acabam desejando coisas incertas.
20 Correndo perigo e não sabendo encontrar socorro em si mesmos, imploram o socorro divino, prometendo coisas e derramando lágrimas; declaram que a razão é cega (de fato, ela é incapaz de lhes ensinar um caminho seguro para chegar às satisfações vãs que eles procuram) e tratam a sabedoria humana como vaidade. Ao contrário, os delírios da imaginação, os sonhos e as ignorâncias pueris[40] parecem
25 respostas divinas para eles. [...] Os humanos são dominados pela superstição enquanto têm medo; o culto inútil ao qual eles se dedicam com respeito religioso só se dirige a fantasmas, aos desvios da imaginação de uma alma triste e medrosa. ■

[37] ***Adversidade:*** *dificuldade; situação desfavorável.*

[38] ***Presságio:*** *anúncio do futuro.*

[39] ***Funesto:*** *algo que traz desgraça.*

[40] ***Pueril:*** *típico de criança.*

LUDWIG FEUERBACH (1804-1872)

Foi um filósofo alemão reconhecido por seu ateísmo humanista e pela influência que exerceu sobre Karl Marx. Abandonou os estudos de teologia para ser aluno de Hegel durante dois anos em Berlim, tornando-se depois crítico da filosofia hegeliana. Seu pensamento é reconhecido como uma importante mediação entre o idealismo alemão e o materialismo histórico de Marx e Engels. De acordo com Feuerbach, a religião é uma forma de alienação que projeta os conceitos do ideal humano de perfeição em um ser supremo. Obras mais conhecidas: *A essência do cristianismo* (1841) e *Preleções sobre a essência da religião* (1846).

GOTTFRIED WILHELM LEIBNIZ (1646-1716)

Foi um filósofo, matemático, cientista e diplomata alemão. Entre seus feitos matemáticos e científicos estão o desenvolvimento do cálculo integral moderno, cuja descoberta também é atribuída a Newton, e a criação do conceito de energia cinética em Física. Em Filosofia, Leibniz é conhecido por sua concepção do Universo como o conjunto de mônadas ou unidades que seriam substâncias espirituais indestrutíveis, individuais e dinâmicas, espelhos da totalidade do mundo organizado por Deus em uma harmonia universal. Obras mais conhecidas: *Novos ensaios sobre o entendimento humano* (1704), *Ensaios de Teodiceia* (1710) e *A Monadologia* (1714).

é desejo, é força que leva a melhorar a própria existência por meio da razão, e não por meio de ficções como as religiosas. A ela Espinosa chamava *conatus*.

A impactante filosofia de Espinosa é um testemunho claro de que, para recusar a existência de Deus tal como afirmada religiosamente, é preciso atacar a ideia de transcendência, e não apenas criticar os rostos que as religiões dão a Deus. Quando se ataca a raiz da transcendência e se constrói uma argumentação para negar toda possibilidade de conhecimento de Deus ocorre outra atitude filosófica, o ateísmo.

O filósofo inglês Bertrand Russell, por exemplo, dedicou-se a várias maneiras de refutar os argumentos de quem defende a existência de Deus. Uma delas se concentra na ideia de que o mundo foi criado ou produzido por um ser divino diferente do próprio mundo.

Em síntese, o argumento de Russell consiste em denunciar o erro ou a falácia do argumento segundo o qual o mundo teria uma causa primeira (a que se denomina *Deus*): trata-se de uma falácia, segundo Russell, porque, se tudo tem uma causa, então

BERTRAND RUSSELL (1872-1970)

Foi um filósofo, matemático e lógico inglês, cujo pensamento contribuiu decisivamente para uma das tradições filosóficas do século XX, a chamada filosofia analítica, centrada no interesse pela lógica e pela linguagem. Também foi ativista político e pacifista, defensor da justiça social e da liberdade. Obra mais conhecida: *Principia Mathematica (Princípios matemáticos)*.

Contra a ideia de causa primeira

Bertrand Russell

O *argumento da causa primeira* é talvez o mais simples e o de mais fácil compreensão. (Mantém que tudo o que existe no mundo tem uma causa; e que, percorrendo a cadeia de causas, se chegará fatalmente à *causa primeira*, a que se dá o nome de Deus.) Esse argumento, suponho, não pesa demasiado na nossa época, porque, entretanto, a noção de *causa* não é a mesma de outrora. Os filósofos e cientistas têm estudado esse conceito e ele não possui atualmente a força que se lhe atribuía; mas, no entanto, podereis verificar que o *argumento da causa primeira* é daqueles que não possuem qualquer validade. Devo dizer-vos que, quando era jovem e debatia esses problemas muito seriamente comigo próprio, aceitei por largo tempo o *argumento da causa primeira*, até que um dia, pelos meus dezoito anos, lendo a *Autobiografia* de Stuart Mill, descobri esta frase: "Meu pai ensinou-me que a pergunta 'Quem me criou?' não comporta qualquer resposta porque levantaria imediatamente outra interrogação: 'Quem criou Deus?'" Essa frase tão simples revelou-me, como ainda creio, a falácia do *argumento da causa primeira*. Se tudo tem de ter uma causa, também Deus tem de a possuir; e, se algo existe sem causa, tanto pode ser o mundo como Deus — razão da inutilidade desse argumento. Ocorre-me a história do indiano que afirmava estar o mundo assente[41] num elefante e este sobre uma tartaruga; e quando se pergunta: "E a tartaruga?", o indiano responde: "E se mudássemos de assunto?" Na verdade o argumento não tem mais valor do que este.

Não há razão para que o mundo não tenha nascido sem causa; nem, além disso, que não tenha existido sempre. A ideia de que as coisas têm de ter um começo é uma opinião resultante da pobreza da nossa imaginação. Assim não me parece necessário ocupar mais tempo com o *argumento da causa primeira*. ■

RUSSELL, Bertrand. *Por que não sou cristão*. Tradução Mário Alves e Gaspar Barbosa. Disponível em: <http://criticanarede.com/brussellporquenaosoucristao.html>. Acesso em: 26 jan. 2016.

ACESSE:

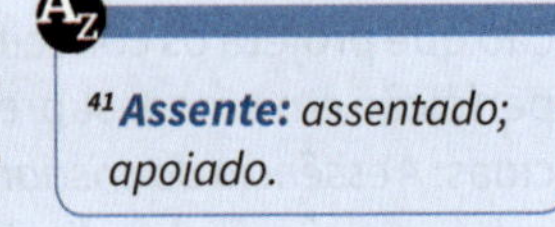

[41] **Assente:** assentado; apoiado.

Deus mesmo seria causado, deixando de ser a "causa primeira".

Por outro lado, se a ideia de causa primeira é falaciosa, então se torna desnecessário procurar por ela. Mais do que isso, torna-se possível, segundo Russell, pensar que algo pode existir sem causa. Ora, se é possível pensar que algo existe sem causa, esse algo pode ser tanto Deus como o mundo, de onde se provaria a inutilidade do raciocínio que chega a Deus.

Pode-se dizer, de modo resumido, que a reflexão de Bertrand Russell representa um núcleo comum a diversas formas de pensamento ateu. Trata-se de anular a referência a toda possibilidade de transcendência e de apontar para o equívoco de pensar em Deus como causa diferente do próprio mundo. De modo semelhante operaram filósofos como Georg W. F. Hegel (p. 270), Karl Marx (p. 221), Ludwig Feuerbach (p. 321), Jean-Paul Sartre, entre outros. Feuerbach procedeu a uma análise da crença em Deus como projeção ou imaginação do próprio ser humano, que transforma o "mistério" do mundo em um ser divino. Mas tal ser divino não seria mais do que um "ser humano aumentado" ou "infinitizado".

JEAN-PAUL SARTRE (1905-1980)

Foi um filósofo e escritor francês, conhecido como um dos maiores representantes do existencialismo, movimento filosófico expresso por Sartre por meio da célebre frase "a existência precede a essência". Entendia que o ser humano é o único ser não determinado inteiramente pela Natureza, livre e responsável pelo sentido e pela definição de sua própria vida. A liberdade inescapável funda a necessidade do engajamento como compromisso e como possibilidade transformadora da existência. Obras mais conhecidas: *A náusea* (1938), *O ser e o nada* (1943) e *O existencialismo é um humanismo* (1946).

XENÓFANES DE COLOFON (c. 570 a.C.-475 a.C.)

Foi um filósofo e poeta grego nascido na cidade de Colofon, na Jônia (atual costa ocidental da Turquia). Crítico do antropomorfismo dos poetas e da mitologia de Homero e Hesíodo, considerava absurda a ideia de que os deuses possuíam forma, nasciam e eram movidos por paixões humanas, praticando atos de violência, fraude e luxúria. Para Xenófanes, o ser divino era uno, onisciente, perfeito, imóvel e eterno. De sua obra restaram apenas uma centena de versos, registrados em publicações de outros autores.

EXERCÍCIO 

p. 497

1. Resuma a crítica de Nietzsche à religião.
2. Por que, mesmo falando de Deus, Baruch Espinosa ataca a base da religião?
3. Explique por que, segundo Espinosa, a religião nasce de emoções tristes.
4. Em que consiste o núcleo do ateísmo tal como praticado por Bertrand Russell?

5 O deísmo e o teísmo

A reflexão ateia é recente na História da Filosofia. Sempre houve, é verdade, desde os inícios da Filosofia, críticas à religião e ao modo como os seres humanos falam do ser divino. Xenófanes de Colofon e mesmo Platão (p. 82) são alguns exemplos dessa crítica. Já a reflexão sistemática com o objetivo de negar a existência de Deus tal como visto pelas religiões nasceu apenas nos séculos XVII e XVIII.

Em sentido contrário ao ateísmo moderno, alguns filósofos procuraram afirmar a existência de um ser divino para explicar o funcionamento do mundo, mas sem adotar uma concepção religiosa nem basear-se em textos sagrados. Se um relógio pressupõe a existência de um relojoeiro, Deus seria o relojoeiro do mundo, seu grande "arquiteto". Não se tratava, porém, de concebê-lo em uma relação religiosa, mas como uma peça no quebra-cabeça de explicação do mundo. A essa postura filosófica chama-se de *deísmo* (do latim *deus*) e alguns de seus representantes são Voltaire (p. 132) e Rousseau (p. 132).

Outra atitude filosófica, porém, consiste em justificar a afirmação da existência de Deus e defender a possibilidade de uma relação com ele por intermédio dos textos sagrados. A ela se chama *teísmo* (do grego *théos*). Essa postura não nasceu em reação ao ateísmo, pois ela é anterior e data do encontro entre o pensamento antigo, greco-romano, e a fé judaico-cristã

Atanásio Kircher (1601-1680), *Diagrama dos 72 nomes de Deus*, no livro *Oedipus Aegeptiacus*, séc. XVII, desenho que mescla elementos da cultura judaica, cristã e egípcia.

(○ p. 166-169). Ela se desenvolveu fortemente na Idade Média e continuou na Modernidade, com filósofos como Pascal (○ p. 192) e Leibniz (○ p. 321), e continua até os dias de hoje.

Para os filósofos teístas, os problemas e comportamentos doentios surgidos com as religiões não são suficientes para negar a existência do mistério divino. Muitos deles, aliás, teceram críticas impactantes às práticas religiosas.

Por sua vez, para justificar a afirmação segundo a qual Deus existe, tais filósofos concentram-se precisamente em defender o que eles consideram a insuficiência do mundo para a explicação do próprio mundo e do horizonte de sentido que se abre à realização humana.

Um dos exemplos mais conhecidos nessa direção é o trabalho de Tomás de Aquino (○ p. 114), em seu livro *Suma teológica*. O núcleo de seu argumento está na experiência humana que leva a afirmar que tudo tem uma causa. Como não se observa no mundo nada que se tenha causado a si mesmo, mas, em vez disso, tudo recebe a existência de outro ser, Tomás concluía que a grande rede de causa e efeito observada no mundo deve ter sido produzida por um ser externo ao mundo, transcendente a ele. A esse ser transcendente ele denomina *Deus*.

Tomás emprega a expressão *causa eficiente*, tomada de Aristóteles (○ p. 103), para significar aquilo que dá o impulso que faz alguma coisa existir (o artesão, por exemplo, é a causa eficiente da mesa produzida por ele) 📖.

A argumentação de Tomás de Aquino pode ser resumida nos seguintes passos:

(1) a observação das coisas sensíveis (o mundo tal como percebido pelos cinco sentidos) faz ver que

Deus é a causa eficiente primeira
Tomás de Aquino

TOMÁS DE AQUINO. *Summa theologiae* I, 1, 3. Roma: San Paolo, 1988. p. 13-14. (Suma teológica. Tradução nossa para o português com base no texto latino.)

[Este caminho para provar que Deus existe] é tomado daquilo que se entende por causa eficiente[42]. Em tudo o que é sensível[43] encontramos uma ordem[44] de causas eficientes: não se encontra, nem se pode encontrar, algo que seja causa eficiente de si mesmo, porque, se fosse causa eficiente de si mesmo, existiria antes de si mesmo [para poder causar-se], o que é impossível. Tampouco é possível proceder ao infinito nas causas eficientes, porque, em todas as causas eficientes ordenadas, o que vem primeiro é causa do que é intermediário; e o que é intermediário é causa do que vem por último, seja no caso de uma ordem de muitas causas, seja no caso de uma única causa. Assim, removida uma causa, remove-se também seu efeito. Portanto, se não houvesse um primeiro na ordem das causas eficientes, não haveria nem um intermediário nem um último. Mas, se se procede ao infinito na ordem das causas eficientes, não haverá uma primeira causa eficiente: por conseguinte, não haverá nem efeito último nem causas eficientes intermediárias. Mas é claramente falso pretender isso. Portanto, é necessário pôr [afirmar] alguma causa eficiente primeira: a ela todos denominam "Deus". ■

[42] ***Causa eficiente:*** *causa do dinamismo que produz algo; ponto de origem desse dinamismo.*

[43] ***Sensível:*** *que pode ser percebido por meio dos cinco sentidos.*

[44] ***Ordem:*** *concatenação bem organizada; série que tem um sentido articulado.*

há uma ordem de causas eficientes, quer dizer, cada coisa é causada por outra coisa que lhe dá o impulso que a faz existir;

(2) isso se confirma pela observação de que nada no mundo é causa de si mesmo, pois, para ser causa de si mesmo, algo teria de já existir a fim de poder causar-se (o que parece absurdo);

(3) mas, caso se concorde que todas as coisas são causadas por outras, será preciso afirmar que existe uma primeira causa de tudo, pois, do contrário, não se poderia falar de uma ordem ou de uma série de causas no mundo;

(4) no entanto, se não se afirmar uma série de causas no mundo, vai-se contra a percepção sensível, que constata o fato de que tudo recebe sua existência de outro (todas as coisas são causadas por outras);

(5) então, para respeitar a observação, é preciso dizer que há uma série de causas e que deve haver uma primeira causa;

(6) dado que nada no mundo é causa de si mesmo, a primeira causa tem de ser diferente do mundo, pois, do contrário, não se respeita o que foi dito no passo (2);

(7) a essa primeira causa, por ser diferente do mundo, chama-se *Deus*.

Numa palavra, para pensar o mundo com coerência e respeitar a percepção sensível, será necessário, segundo Tomás de Aquino, afirmar que o mundo tem uma causa diferente dele, a qual, por sua vez, deve ser vista como causa incausada (ela é causa, mas não é causada). Afinal, se ela também for causada, a busca das causas se reabre e não se pode falar de ordem ou série de causas, o que vai contra a percepção sensível.

A causa primeira de que fala Tomás de Aquino não significa necessariamente um começo temporal do mundo; ele pode ter existido sempre. Apenas com base na observação sensível não é possível afirmar definitivamente nem que o mudo foi começado nem que não o foi, pois ninguém tem experiência sensível do "começo" ou do "não começo" do mundo. Segundo Tomás, tendo começado ou não, o mundo só pode ser pensado com coerência caso se aponte para uma dimensão que fez o mundo ser como é. Em outras palavras, tanto se o mundo existe desde sempre como se ele começou a existir em um momento preciso, ele existe porque uma causa primeira o fez existir. Será por um ato de fé que se tornará possível defender que o mundo teve um começo (➔ p. 82-83), embora a consciência da necessidade da fé para essa conclusão mantenha, segundo Tomás, a validade de dizer que nada pode existir sem causa.

Dessa perspectiva, se Tomás pudesse responder a Bertrand Russell (➔ p. 322), talvez ele dissesse que o princípio da causa primeira é racionalmente válido somente para o mundo. Aplicar algo válido para o mundo ao pensamento sobre algo que supera o mundo seria injustificado. Em outras palavras, é justamente para garantir a compreensão do mundo que ele, Tomás, aponta para uma causa externa ao mundo. Não seria coerente falar em uma conexão de causas e efeitos no mundo sem pressupor uma primeira causa não causada. Chamando a essa causa externa de *Deus*, Tomás esclarece que ela é causa de si mesma, não necessitando ser causada por algo diferente dela.

Além disso, Tomás insiste que a causa primeira só pode ser pensada com coerência caso seja entendida como transcendente. Afinal, só algo infinito pode ser causa de outra coisa, sem ser ele mesmo causado. Mas, sendo infinito, esse algo tem de ser pensado como um ser consciente e livre (do contrário, se lhe faltasse consciência e liberdade, ele seria limitado e, portanto, finito). Ser consciente e livre, por sua vez, requer que ele possa fazer ou não aquilo que se passa em sua "mente". Por conseguinte, como nada no mundo revela ser capaz de fazer tudo o que quer (porque, no mundo, todos os seres são finitos), então esse algo precisa ser pensado como transcendente ao mundo; a ele se dá o nome *Deus*. No limite, só há a existência de Deus; e todo o restante existe "em Deus", sem necessariamente identificar-se com ele, uma vez que, como fonte consciente, livre e infinita, ele garante sua diferença em relação às coisas do mundo.

A posição tomasiana foi construída em debate com alguns filósofos muçulmanos que justamente concebiam Deus como um ser que produz as coisas por necessidade, isto é, sem liberdade. Para Tomás, no entanto, era mais racional pensar que Deus pode produzir seres diferentes, pois essa possibilidade significa que o ser divino é ainda mais perfeito do que se pudesse produzir apenas a si mesmo. Toda diferença, aliás, só pode ser entendida com a ajuda de alguma semelhança. A semelhança entre Deus e o mundo estaria no fato de que ambos existem. Contudo, o mundo existe como o rio que corre de Deus, sua fonte: mesmo nascendo dela, o rio não é a fonte. Assim, segundo Tomás, não seria irracional pensar que o mundo, mesmo tendo sua causa em Deus, é diferente dele.

O enigma do sofrimento e da liberdade

Um dos argumentos mais usados ao longo da História da Filosofia para problematizar a existência de Deus é o fato de que há sofrimento e maldade no mundo. Se há um ser divino bom, então não deveria haver sofrimento nem maldade. Como há sofrimento e maldade, então Deus não existe. A essa problemática dá-se o nome de "problema do mal".

A maioria dos filósofos religiosos que enfrentaram essa problemática manifestou sempre um grande respeito por ela. Trata-se de um conjunto de questões de grande significação para a vida; e é mesmo legítima a revolta que muitas pessoas sentem quando veem o sofrimento de seres inocentes.

No entanto, alguns desses filósofos também mostraram haver um equívoco no pensamento que, revoltando-se diante do sofrimento, conclui que Deus não existe. O mundo é imperfeito; e sofrimentos causados pelas imperfeições da Natureza não são dirigidos a ninguém em específico nem a todos em conjunto. Eles acompanham o modo de ser do mundo; e cada ser humano, do nascimento à morte, é marcado por esse modo de ser.

Quanto à maldade humana, ela pode ser vista como resultado da liberdade dada pelo ser divino aos humanos. Ele os criou para serem bons e buscarem o bem, mas eles nem sempre buscam o bem onde ele realmente está e o associam com outras coisas que, embora também sejam boas em si mesmas, não podem oferecer a satisfação própria do melhor. Um autor como Agostinho de Hipona (p. 170) dizia a Deus: "Fizeste-nos para ti e o nosso coração permanece inquieto enquanto não descansa em ti". Mas também dizia que os seres humanos, "em vez de buscar seu criador, apegam-se às outras criaturas". Ele pretendia mostrar que, sendo livres, os seres humanos podem dizer "não" ao Bem (Deus) e querer definir, eles mesmos, o que é bom. Dessa perspectiva, não há no mundo algo como o "Mal", realidade contrária ao Bem que é Deus. Mesmo o demônio, tal como concebido pela fé cristã, seria uma criatura boa em si mesma, porém perdida na busca do bem, acreditando agir bem ao recusar Deus. Assim, não haveria o mal ontológico (como uma substância), mas apenas o mal moral (a maldade das ações confusas de quem não busca o bem em Deus, mas nas criaturas).

Essa problemática conduz a uma outra de grande interesse filosófico: se Deus existe e se ele respeita a liberdade humana, sabendo de antemão o que os seres humanos farão de certo e de errado, então os seres humanos não parecem

LEEMAGE/GETTYIMAGES

REPRODUÇÃO/BIBLIOTECA NACIONAL DA FRANÇA, PARIS

À esquerda: Boécio prisioneiro, a Dama Filosofia e as Musas do Teatro e da Poesia (séc. XV, iluminura em manuscrito do livro *A consolação da Filosofia*). Biblioteca Nacional da França, Paris. Acima: Roda da Fortuna (séc. XII), iluminura em edição do livro *Hortus deliciarum*, de Herrad de Landsberg. Na prisão, Boécio é consolado pela dama Filosofia, que o faz entender a vida como a roda da Fortuna, deusa romana das variações. Seria uma ilusão e causa de sofrimento esperar que a Fortuna se comporte de maneira estável: assim como ela dá as estações do ano, ela faz todos os humanos subirem e descerem na roda da vida.

livres. Afinal, se Deus sabe tudo, ele também não pode enganar-se. Como ele sabe de antemão o que os humanos farão no futuro, então os humanos são obrigados a fazer aquilo que Deus já previu. Mesmo dizendo que Deus previu que os seres humanos escolheriam livremente o sentido de suas ações, eles são levados a cumprir o que está na mente divina. Não haveria, portanto, liberdade; ou, no máximo, os seres humanos seriam "condenados a ser livres".

Um dos autores mais conhecidos que trataram desse problema foi o romano Boécio (p. 354). Em sua obra *Consolação da filosofia*, Boécio esclarece que o raciocínio contrário à liberdade com base na presciência divina é um raciocínio mal construído, porque projeta a visão humana sobre Deus: os humanos estão sujeitos ao tempo e vivem a passagem do passado ao presente e do presente ao futuro; Deus, porém, por ser quem é, não se submete ao tempo. Vive como em um eterno presente. Por analogia, o olhar de Deus seria como o de alguém que está no alto de um prédio e, sem mudar de posição, pode ver as pessoas na calçada indo de um lado para o outro. Assim, Deus em seu eterno presente, não prevê o que as pessoas farão no futuro; ele simplesmente vê. Não seria correto falar de presciência divina, mas simplesmente de ciência, visão ou providência. Por sua vez, vistas da perspectiva do olhar divino, as ações livres podem ser consideradas pelos humanos como *futuros contingentes*, não necessários. ■

Justificar a afirmação da existência de Deus, no entanto, não basta para originar a vivência religiosa. Segundo Tomás de Aquino, é preciso que a razão se associe a um ato de amor e mova a pessoa a estabelecer uma relação com Deus. A razão aceita que não pode dominar Deus completamente e passa a encará-lo como um mistério ou como uma realidade a ser sempre mais conhecida. Nesse ponto, os textos sagrados auxiliam no conhecimento de Deus, pois abrem um horizonte de compreensão que, sozinha, a razão não poderia produzir. A fé, assim, aparece como um *ato da razão* ligada ao amor; ela não seria contrária à razão nem uma anulação dela.

Na Contemporaneidade, diferentes pensadores continuam o trabalho de justificar a afirmação da existência do mistério divino. O filósofo e teólogo Karl Rahner (p. 328), por exemplo, recupera o pensamento tomasiano e, em diálogo direto com a Ciência, aponta para a inadequação de tratar Deus como parte do mundo ou como o "pontapé" natural que fez tudo existir.

O texto de Karl Rahner é bastante denso. Por isso, recomendamos lê-lo mais de uma vez!

Observe que Rahner escreve "mundo" entre aspas, indicando que o que costumamos chamar de "mundo" não é algo óbvio e evidente, a que todos percebem da mesma maneira. O "mundo", mesmo nas suas características mais básicas, depende do modo como nosso olhar é formado para vê-lo. Por exemplo, podemos tomar o "mundo" por um conjunto de coisas independentes entre si, cujo funcionamento se assemelha ao de uma máquina, bem como podemos considerá-lo como um conjunto de partes correlacionadas, de modo que o funcionamento de todas elas esteja interligado, assim como ocorre em um organismo ou em um corpo vivo. Ambas as visões são construídas e determinam nosso modo de olhar para o "mundo". Ninguém "descobre" o mundo de maneira direta; todos são precedidos pelas concepções já elaboradas pelos grupos sociais em que nascem. Disso Rahner tira uma afirmação: há sempre uma "lei prévia" que faz o "mundo" ser o resultado de dados formulados antes mesmo que haja experiência das coisas.

Tais concepções, por sua vez, são elaboradas sobre uma base que não pode ser explicada com a mesma clareza e certeza com que se explicam as coisas do

KARL RAHNER (1904-1984)

Foi um filósofo e teólogo alemão. Aluno de Martin Heidegger, Rahner buscou identificar elementos fenomenológicos e existencialistas em autores medievais, principalmente Tomás de Aquino. Sua teologia é considerada um marco de renovação no pensamento cristão do século XX. Obras mais conhecidas: *Ouvintes da Palavra* e *Curso fundamental da fé*.

Deus como pressuposto do "mundo"

Karl Rahner

1 O ser humano encontra-se já em um "mundo" quando começa a tomar sobre si a responsabilidade pela sua própria existência. Esse mundo não é um mundo de "fatos", pela simples razão de que os "fatos" são sempre "fatos analisados", quer dizer, construídos com base em visões e ideias. [...]

5 Toda tentativa de construir uma imagem do mundo, tratando experimentalmente as coisas, baseia-se já em uma série de dados anteriores à experiência, tomados como universalmente válidos e mais ou menos verificados na experiência sempre particular, porém impossíveis de serem demonstrados por ela. Por exemplo, partimos do dado de que a realidade existe, que obedece ao princípio de não contradição, que apesar 10 de toda a diversidade existente entre as coisas há relações e semelhanças entre elas, que todo acontecimento natural sempre tem uma explicação etc. A justificação e a evidência dessas estruturas anteriores à experiência só se manifestam a quem se confia a elas em um ato de livre confiança. Mas nosso começo intelectual parte também de algo historicamente dado de antemão e que não pode ser evitado. Os indivíduos co- 15 meçam sempre com uma imagem do mundo já transmitida e já projetada. [...] O ponto de partida é a lei prévia de nossa odisseia[45] intelectual. Mesmo quando queremos nos revoltar e protestar contra essa lei, olhando-a com grande desconfiança, não nos libertamos dela. Afinal, pelo protesto, referimo-nos precisamente a essa lei, ocupamo-nos com ela e não com outra coisa, protestamos contra algo que não poderíamos ques- 20 tionar se não existisse. [...] Assim, a orientação das perguntas humanas sobre o mundo é sempre orientada, é guiada por algo que antecede à sua própria experiência. [...]

[Nesse quadro geral,] a imagem do mundo construída pela Ciência não é a instância[46] crítica para a Religião. Entre elas não há duas verdades que necessariamente se contradizem. [...] Quando há um aparente conflito, tanto a Religião como a Ciência 25 devem, com honrada autocrítica, buscar o motivo dessa aparente contradição. Mas a Religião não está, por isso, entregue sem mais à Ciência e à sua imagem do mundo. [...]

O ser humano, ao construir uma imagem do mundo, sabe que nessa imagem do mundo ele é finito; ele vê também que diante de sua finitude há uma amplidão infinita de perguntas e de possibilidades. O ser humano não se relaciona, portanto, 30 apenas com aquilo que está dado nem apenas com o que é investigável no campo já delimitado historicamente, mas relaciona-se também (aliás, em primeiro e em último lugar) com o que está longe, com o que é horizonte e fundo de seu mundo. Relaciona-se com aquilo que, justamente sendo inalcançável e incompreensível, revela a permanente finitude e historicidade de seu mundo e de sua visão de mundo. 35 Assim, o indizível é fundamento do dizer. Aquilo de que não existe nenhuma imagem é o que torna possível toda imagem do mundo. Esse fundamento primeiro e objetivo de toda realidade (fundamento que só está presente exatamente porque não é uma parte de nossa imagem do mundo e porque é o horizonte conceitualmente inacessível), de nosso movimento "imaginador" do mundo, é o que chamamos Deus. [...]

40 Deus não é uma parte do mundo, mas um pressuposto dessa imagem. Não é uma porção do saber, ao lado de outras porções, mas é a infinidade posta sempre diante do movimento do saber e dentro da qual o saber percorre seus caminhos sempre finitos. Deus não é uma hipótese que leva a uma conclusão, formulada com base em um projeto de imagem do mundo; ele é, na verdade, o único dado requerido por to- 45 das as hipóteses com que construímos nossa imagem do mundo. ■

RAHNER, Karl. ¿Sería la ciencia una confesión? In: *Escritos de teología*. Tradução J. Molina. Madri: Taurus, 1961. p. 427-430. (Seria a Ciência uma confissão? Tradução nossa para o português.)

*[45] **Odisseia:** viagem; aventura (referência ao livro* Odisseia*, de Homero).*

*[46] **Instância:** nível ou autoridade responsável por fazer julgamentos.*

MIKHAIL MARKOVSKIY/SHUTTERSTOCK.COM

Inspirada na imagem do "relógio com asas", constante na obra de Marc Chagall (1887-1985), essa escultura de autoria desconhecida (que fica próxima ao Museu Marc Chagall, em Vitebsk, na Bielorrússia) simboliza o tempo que se liberta de seu ritmo quando se abre à transcendência ou ao indeterminado. Seu aspecto lúdico lembra as infinitas possibilidades que são dadas ao ser humano finito.

"mundo". Essa base permite haver conhecimento, embora não se costume prestar atenção nela. Trata-se de uma série de elementos ou estruturas tais como a crença na existência da realidade, no funcionamento do princípio de não contradição (p. 52), na existência de semelhanças e relações entre as coisas, na possibilidade de explicar todo conhecimento natural etc. Para além dessas crenças não é possível avançar com a investigação; e elas mesmas são objetos de confiança, não de prova ou demonstração. Justamente por isso elas são a base do conhecimento; e, como tal, essa base pode ser percebida, mas não dominada conceitualmente. Quando o pensamento funciona, ele já aceitou essa base e entrou no nível da construção de visões de mundo.

A análise de Rahner lhe permite identificar, na raiz do pensamento racional mesmo, algo suprarracional, quer dizer, algo que ultrapassa as possibilidades de investigação da razão, embora a razão possa percebê-lo. Assim, sob a superfície do conhecimento racional há um "abismo sem fundo", impossível de ser explorado completamente pelas elaborações construídas historicamente. Ao ser humano finito abre-se, portanto, um horizonte infinito de questões e possibilidades. Nada está dado definitivamente nem pode ser considerado como dado definitivamente, uma vez que o caráter histórico da existência pode fazer tudo mudar. Por conseguinte, se o pensamento exprime o "mundo" e se na raiz do pensamento há um abismo de incertezas, então o próprio "mundo" é sustentado por algo incomensurável, inanalisável, incontrolável; numa palavra, impossível de dominar pelo pensamento.

Nesse sentido, Rahner recupera a ideia de que a realidade é envolvida por um mistério. Quando se é tomado de amor por tal mistério, pode-se chegar à sua associação com Deus, dando-lhe um rosto em continuidade com as diferentes religiões. De todo modo, Deus não é "parte" do "mundo". Tanto a Ciência como a Religião erram, segundo Rahner, quando o encaram dessa maneira. Ele é o abismo misterioso que permanece como condição ou base para o ato de pensar e falar sobre o "mundo". Ele irmana pela raiz, então, Ciência e Religião.

Para resumir a concepção teísta de Rahner e sua filosofia da religião, é possível recuperar uma imagem usada por autores antigos: diante do mistério divino, os seres humanos são como animais noturnos ou que vivem no fundo das cavernas; a luz os incomoda, porque estão acostumados à sombra e à escuridão; ficam cegos diante da luz; assim também os humanos, não podendo encarar diretamente a luz divina, só podem vê-la em seus reflexos, entre os quais o mais fiel é a própria atividade humana de pensar e amar.

EXERCÍCIO E

p. 497

1. Diferencie teísmo e deísmo.
2. Quais as razões de Tomás de Aquino para afirmar que nada, no mundo natural, pode ser causa de si mesmo?
3. Segundo Tomás de Aquino, defender que o mundo tem uma causa significa necessariamente que o mundo começou a existir em um momento preciso? Explique.
4. Por que, segundo Tomás de Aquino, nada obriga racionalmente a afirmar que Deus é incapaz de produzir seres diferentes dele mesmo?
5. Por que Karl Rahner, para falar de Deus, inicia pela análise da atividade humana de conhecer?

6 Religião e convivência republicana

Refletir sobre a necessidade de convivência democrática e sobre o papel da religião na construção dessa convivência é uma tarefa de extrema urgência.

Viver em uma democracia significa necessariamente respeitar os concidadãos, nossos companheiros de jornada, garantindo que todos tenham liberdade de opinião. Trata-se de construir a "coisa pública", ou, como diziam autores de língua latina, a *res publica*, na qual todos os indivíduos e grupos se encontram pela necessidade de conviver.

Essa convivência inclui, obviamente, o respeito às pessoas religiosas e não religiosas. Todas têm alguma contribuição a dar para a vida republicana. Especificamente no caso das pessoas religiosas, elas podem testemunhar, por exemplo, o respeito sagrado pela vida em nosso planeta, a dignidade humana em todas as situações e o senso da possibilidade da transcendência. No entanto, não convém que elas tentem impor seu pensamento às outras pessoas. Elas podem tentar convencê-las por seu exemplo e por argumentos; mas em um respeito total pela liberdade alheia, assim como se espera que as pessoas não religiosas respeitem a liberdade de quem é religioso.

Um dos maiores desafios para a convivência republicana é justamente manter uma saudável tensão entre diferentes visões de mundo, evitando a violência. Tensão, porém, não é necessariamente sinônimo de conflito. Uma sociedade pode nutrir visões diferentes que, sem se anular, permitem pensar a vida social sob aspectos que não seriam imaginados caso todos tivessem um pensamento único.

TOMAZ SILVA/AGÊNCIA BRASIL

A garota Kayllane Campos, da cidade do Rio de Janeiro, foi atingida na cabeça com uma pedra arremessada por cristãos depois de sair de um ritual do candomblé, em 2015, quando tinha 11 anos. Na foto, ela participa de um encontro inter-religioso pela paz. O caso de Kayllane convida a refletir sobre a urgência do respeito a todos os cidadãos, independentemente de sua crença religiosa.

No contexto atual, a responsabilidade das pessoas religiosas é tão grande ou mesmo maior do que a das não religiosas. Se elas se entendem como testemunhas do amor divino, também devem tomar consciência de que esse mesmo amor não é algo em que todos creem; e, se nem todos creem, é porque o próprio ser divino não se impõe aos seres humanos, mas dá liberdade a eles e os respeita. Nenhuma pessoa religiosa pode, então, interferir na liberdade alheia. Infelizmente, porém, o mundo está repleto de exemplos de violência religiosa ou violência praticada em nome de Deus.

Não é preciso pensar no Oriente Médio (de que tanto se fala como local de violências religiosas); basta observar que no Brasil, durante as duas últimas décadas, houve um aumento assustador da violência religiosa. Em 2013, por exemplo, um grupo de dez cristãos invadiu o apartamento de uma família espírita em Santo André (SP) e espancou o morador na frente de sua esposa e filhas, porque ele havia pedido ao síndico do prédio que solicitasse a

MARCELO FONSECA/GAZETA PRESS

Encontro ecumênico pela paz, no Estádio do Maracanã, 2014, com representantes do budismo, do candomblé, do cristianismo (igrejas anglicana, católica, evangélica e luterana), do judaísmo, do islamismo e da umbanda.

diminuição do barulho durante o culto feito em um dos apartamentos. Os cristãos não apenas desrespeitaram o direito republicano ao silêncio na residência do morador, como ainda pretenderam "justificar" sua violência, dizendo que aquela família pertencia ao demônio. Usaram sua fé religiosa para julgar, condenar e agredir.

Outro caso ainda mais grave é o dos traficantes cristãos, no Rio de Janeiro, que ordenaram o fechamento de locais de prática do candomblé, dizendo tratar-se de um local de culto ao demônio. Ironicamente, esses cristãos não assumem o mal que fazem por meio do tráfico, mas pretendem fazer "justiça" em nome de Deus, interferindo na liberdade religiosa. Algo parecido ocorreu em 2015, em uma escola do Amazonas, na qual os estudantes se recusaram a fazer uma pesquisa sobre as religiões afro-brasileiras, "justificando" que tais religiões incentivam o culto ao demônio e à homossexualidade. Esses estudantes foram apoiados por seus pais e por líderes religiosos, em um ato claro de interferência na prática republicana. Se a escola tem o dever de oferecer formação cultural aos estudantes, ela deve tratar de todos os assuntos ligados à realidade social.

Independentemente das análises sociológicas, econômicas ou políticas que possam ser feitas, esses exemplos levantam um tema de caráter filosófico: a violência em nome de Deus nasce da ignorância ou da manipulação do seu caráter misterioso. Por ser ele deus *absconditus* (um Deus discreto ou escondido), como dizia Pascal retomando uma expressão do livro bíblico dos Salmos, muitos falam em seu nome para "justificar" suas próprias visões de mundo; põem o ser divino a serviço de si mesmos.

Felizmente, há também no mundo inteiro iniciativas positivas para fortalecer o respeito entre as pessoas e para construir a paz. Algumas delas são os encontros dos representantes das religiões a fim de estabelecer um diálogo e um conhecimento mútuo que permitam respeitar as diferenças, ir além dos debates doutrinários e unir-se na busca de um mundo melhor.

EXERCÍCIOS COMPLEMENTARES

p. 497

1 Dissertação de síntese filosófica

Elaborde uma dissertação de síntese filosófica (p. 138) para apresentar os itens 1, 2 e 3 deste capítulo (*A experiência religiosa*, *A experiência religiosa é uma experiência de quê?* e *O sagrado ou o Numinoso*).

2 Debate público

Sob orientação de seu(sua) professor(a) de Filosofia, reserve duas aulas (ou mais tempo se vocês conseguirem envolver outros professores) e organize um debate em sua escola entre líderes de diferentes religiões. Seria conveniente convidar entre 3 e 5 representantes, para haver opiniões realmente diferentes, mas também de modo que todos tenham tempo de falar com calma. Se a sua escola tiver um local apropriado (um pátio ou uma sala grande), o debate pode se tornar uma ocasião de reunir toda a comunidade escolar, incluindo os funcionários, os pais e outros membros do bairro. Para o debate, vocês podem fazer as seguintes perguntas a cada um dos representantes religiosos, reservando 5 minutos para cada resposta:

A – Qual o ponto central da doutrina da sua religião?

B – Você se uniria a pessoas de outras religiões em torno de algum objetivo comum?

C – Se o Brasil é um país laico, quer dizer, sem uma religião oficial, você acredita que o governo brasileiro deve considerar as ideias religiosas? Por quê?

Nos minutos restantes, o público pode fazer outras perguntas. Não se esqueçam de escolher alguém para controlar o tempo e passar a palavra aos participantes do debate. Vocês podem também se organizar de modo a pedir para as pessoas trazerem sucos, salgados e doces, terminando o debate com uma confraternização.

p. 498
Proposta de ativ. complementar

Dicas de filmes para você assistir tendo em mente o que trabalhamos neste capítulo

Baraka, *direção Ron Fricke, EUA, 1992.*

Filme surpreendente pela riqueza de imagens e sons de diversas culturas, percorre uma série de cenários, desde ritos religiosos até maravilhas da Natureza, passando por linhas de produção industrial e abatedouros. Sem falas, o filme conduz a uma outra maneira de sentir as imagens e de conhecer um pouco do sentimento de dependência em relação ao “todo”. ■

E agora aonde vamos? *(Et maintenant, on va où?), direção Nadine Labaki, Líbano, 2011.*

Em uma pequena comunidade do Líbano vivem muçulmanos e cristãos. Apesar das diferenças religiosas, todos vivem em paz até um dia em que os homens começam a brigar entre si. A solução só aparece quando as mulheres, com muito bom humor e inteligência, entram em ação. ■

Fé, *direção Ricardo Dias, Brasil, 1998.*

Documentário sobre a pluralidade de crenças religiosas no Brasil. ■

Luz de inverno *(Nattvar dsgästema), direção Ingmar Bergman, Suécia, 1962.*

O filme retrata a crise de fé de Tomas Ericsson, pastor luterano que luta para continuar crendo em Deus quando se encontra profundamente abalado diante das dificuldades da vida. Tudo se agrava quando o pescador Jonas Persson procura consolo na igreja do pastor Tomas ao sentir-se perturbado quando soube que a China pretendia usar a bomba atômica. Por ser um filme antigo e difícil de encontrar, aqui segue um link com o qual você pode assistir: <https://www.youtube.com/watch?v=oZUoT3CY6Lc>. Acesso em: 3 dez. 2015. ■

Monty Python – O sentido da vida *(The Meaning of Life), direção Terry Jones, Inglaterra, 1973.*

Filme bem-humorado que explora comportamentos de grupos religiosos da Inglaterra. Por meio do deboche, o diretor leva a perguntar pelo que de fato é essencial na prática religiosa e pelo que é apenas costume social. ■

Deus não está morto! *(God’s Not Dead!), direção Harold Cronk, EUA, 2014.*

História de um jovem que, baseado em sua experiência pessoal, entra em conflito com seu professor de Filosofia ao ter de fazer um trabalho escolar contra a existência de Deus. ■

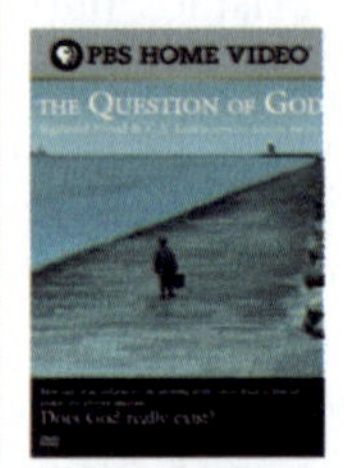

Deus em questão *(The Question of God), direção Catherine Tatge, EUA, 2014.*

Documentário sobre o curso livre que o Prof. Armand Nicholi ofereceu durante 30 anos na Universidade de Harvard, no qual ele comparava argumentos a favor e contra a existência e a experiência de Deus. Sua base principal é o confronto entre o pensamento de Freud e de Clive Staples Lewis. Disponível na plataforma YouTube. ■

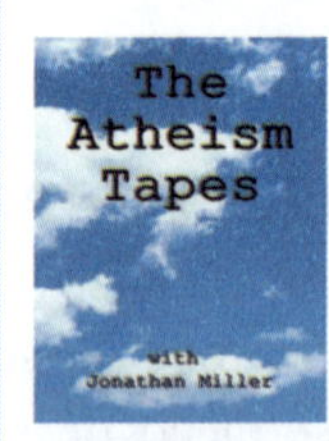

As fitas do ateísmo *(The Atheism Tapes), direção Jonathan Miller, BBC, EUA/Inglaterra, 2004.*

Entrevistas com cientistas e filósofos que explicam as razões de sua negação da existência de Deus. Os vídeos podem ser encontrados na plataforma YouTube. ■

Dicas literárias

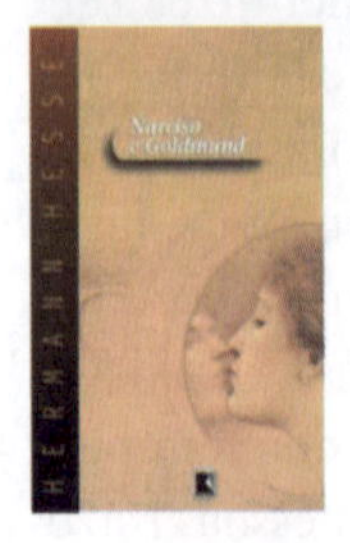

Narciso e Goldmund, *de Herman Hesse, tradução Myriam Moraes Spiritus, Record, 2003.*

O livro se passa na Idade Média e retrata a profunda amizade entre Narciso e Goldmund, explorando as relações entre beleza e transcendência. ■

Perdoando Deus, *conto de Clarice Lispector publicado na obra* Felicidade clandestina, *Rocco, várias edições.*

Texto de grande força em que Clarice Lispector afirma: “Enquanto eu amar a um Deus só porque não me quero, serei um dado marcado, e o jogo de minha vida maior não se fará. Enquanto eu inventar Deus, Ele não existe”. ■

Do desejo, *de Hilda Hilst, Globo, 2004.*

Obra poética em que a grande escritora brasileira explora o tema do desejo como experiência carnal marcada pela busca de eternidade. ■

Para continuar viagem...

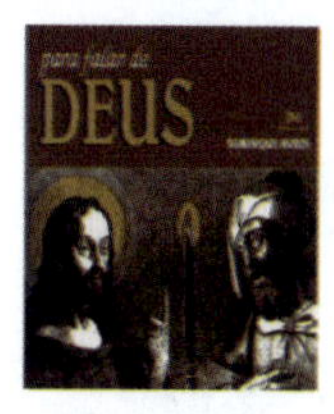

Para falar de Deus, *de Dominique Morin, Loyola, 1993.*
Apresentação didática da questão da existência de Deus no debate entre Filosofia e Ciência e sob a perspectiva dos temas da liberdade e da maldade presente no mundo. ■

Uma história de Deus, *de Karen Armstrong, tradução Marco Santarrita, Companhia das Letras, 2008.*
A autora analisa o modo como os três grandes monoteísmos (judaísmo, cristianismo e islamismo) conceberam e representaram a divindade. Aborda também o desejo humano de transcendência. ■

Em nome de Deus, *de Karen Armstrong, tradução Hildegard Feist, Companhia das Letras, 2009.*
Estudo dos fundamentalismos desenvolvidos nos três grandes monoteísmos – judaísmo, cristianismo e islamismo. A autora aponta para a causa política dos fundamentalismos, e não para um problema congênito das religiões. ■

A gravidade e a graça, *de Simone Weil, Martins Fontes, 1993.*
Textos tirados das anotações da pensadora, visando exprimir sua experiência do mundo e de Deus. ■

O fato extraordinário, *de Manuel García Morente, tradução Osvaldo Aguiar, Quadrante, 1989.*
Manuel García Morente foi um dos professores de Filosofia mais conhecidos da Espanha no século XX. Neste pequeno livro, ele narra o processo de sua conversão religiosa, destacando elementos experienciais e teóricos. ■

Ateísmo e reviravolta, *de Paulo Jonas L. Piva, Alameda, 2006.*
Estudo da vida e obra de Jean Meslier, que viveu na passagem do século XVII ao XVIII e, embora fosse padre católico, era ateu em sua consciência. ■

Ateísmo – Um guia para crentes e não crentes, *de Kerry Walters, tradução Barbara T. Lambert, Paulinas, 2015.*
Estudo de argumentos ateus, guiado pela convicção de que tanto ateus como não ateus têm muito a aprender juntos. ■

Crítica, *diponível em: <http://criticanarede.com>, acesso em: 24 maio 2016.*
Site gratuito em língua portuguesa com preciosos textos filosóficos de diferentes orientações. Entre eles, encontram-se textos a favor e contra a existência de Deus, o criacionismo etc. Merecem destaque os textos de Alvin Plantinga e Richard Dawkins (para ter acesso, basta clicar na foto dos autores, na primeira página). ■

p. 501 Sugestões bibliográficas

MAZIARZ/SHUTTERSTOCK.COM

CAPÍTULO

14 O CONHECIMENTO

p. 501

Frank Gehry (1929-), *A casa dançante*, 1996, sede da Nationale Nederlanden, Praga, República Checa. Diante das formas arquitetônicas de Frank Gehry, o nosso modo de olhar para as construções é posto em questão: estamos acostumados a encontrar linhas rígidas e seguras, mas o arquiteto nos põe diante de formas que contêm movimento, sem deixar de ser seguras. Assim, também, na reflexão sobre o conhecimento, a Filosofia nos desafia a perguntar se o que chamamos de realidade depende ou não de nosso modo de olhar para ela.

Conhecer é a principal atividade pela qual os seres humanos constroem sentidos para a existência.

Conhecemos o tempo todo, desde que acordamos até o momento de dormir. Mesmo nos sonhos podem ocorrer "conhecimentos". Neles, podemos entender coisas que nos parecem estranhas quando estamos acordados ou ter inspirações que iluminam aspectos de nossas vidas. Muitos poetas, romancistas, cientistas, filósofos, pintores, entre outros, garantem que, durante o sonho, eles vivem momentos que os ajudam a compreender e melhorar seu trabalho. Não é à toa que costumam ter um caderno perto da cama, para anotar suas inspirações.

Seja na vigília[1], seja no sonho, se alguma experiência tem sentido para nós e se conseguimos entendê-la com clareza, dizemos ter *conhecimento*.

A atividade de conhecer acontece de diferentes modos e não é idêntica para todas as pessoas. Conhecemos o cheiro do café que tomamos de manhã, assim como conhecemos um texto de literatura ou uma equação matemática estudada na escola, como ainda conhecemos a emoção sentida ao viver uma situação alegre, triste etc. Conhecemos também a cor da camiseta que vestimos, assim como o cientista explica o que são as cores do arco-íris.

A Filosofia, por ser um pensamento sobre o pensamento, interessa-se de modo especial pelo tema do conhecimento. No entanto, justamente como tal, a Filosofia, mais do que "explicar" o mundo, como fazem os cientistas, artistas, literatos e outros cultivadores do saber, interroga pelo que significa conhecer. Trata-se de fazer um retrato da realidade? De interpretá-la? De mudá-la?

Pelo menos três tipos de resposta foram dados pelos pensadores ao longo da História da Filosofia.

[1] **Vigília:** *estado de quem está acordado.*

Fazendo uma comparação desses três tipos com a arte da fotografia, poderíamos dizer que uma resposta entende o conhecimento como uma fotografia "simples" da realidade, ou seja, um registro direto da realidade tal como ela é. Uma segunda resposta seria como uma fotografia que interpõe um espelho entre a pessoa que contempla a realidade e a própria realidade, fazendo a pessoa prestar atenção na sua própria maneira de ver a paisagem. Por fim, uma terceira resposta seria uma fotografia diferente, pois nem é direta nem interpõe nada entre a pessoa que contempla a realidade e a realidade mesma; em vez disso, ela chama a atenção para o fato de que quem olha para a realidade pode interferir em seu próprio modo de ver, mas sem deixar de captar a realidade mesma.

As três respostas podem ser resumidas como segue: (1) retratamos a realidade conhecida; (2) retratamos a realidade conhecida, mas apenas parcialmente, pois o retrato que fazemos depende de certas condições que não nos autorizam a concluir que o retrato é direto (há algo, portanto, entre nós e a realidade: a representação que fazemos dela); (3) captamos a realidade conhecida, mas participando do modo de captá-la (sem, por isso, pôr algo intermediário entre ela e nós).

Por sua vez, essas três maneiras básicas de compreender o conhecimento operam com duas noções ainda mais básicas: a de *representação* e a de *consciência* da realidade. É nelas que concentraremos nosso estudo do que significa conhecer.

TTSTUDIO/SHUTTERSTOCK.COM

WASHINGTON ALVES/LIGHT PRESS

No alto: foto de retrato simples da realidade. TTStudio. Acima: Dan Grahan (1942-), *Bissected Triangle* (Triângulo Bissectado), 2002, instalação. Inhotim, Brumadinho (Brasil). Á esquerda: Philippe Ramette (1961-), *Balcon II (Hong-Kong)*, 2001, fotomontagem.

1 A representação da realidade

As duas primeiras maneiras de entender o conhecimento consistem em explicar a atividade de conhecer como se ela fosse uma "pintura" ou – melhor ainda – uma "fotografia" da realidade conhecida. Assim, tudo o que conhecemos (o que está *diante* de nós, como o mundo físico, ou em nós, como as emoções e os pensamentos) seria representado em nossa consciência como um retrato daquilo mesmo que conhecemos.

Dificilmente algum filósofo acreditará que conhecer é captar diretamente a realidade conhecida, como se fosse possível, digamos, "enfiar" em nossa consciência a árvore ou o fogo, a madeira, a pedra, o animal ou a pessoa que vemos. Assim, tornou-se consensual[2], para muitos pensadores, afirmar que conhecemos a realidade e nos relacionamos com ela por meio do "retrato" que dela fazemos. A esse "retrato", chama-se, em geral, de *conceito* ou *ideia*. No pensamento antigo, Platão (p. 82) e Aristóteles (p. 103), entre outros, afirmaram que Ideias, Formas ou Essências (p. 150) eram mais do que simples retratos; eram as "letras" invisíveis com as quais o mundo está "escrito". Conhecer as Ideias seria conhecer as regras do mundo mesmo. Platão chegava a declarar que o ser humano é habitado pelas mesmas Ideias com que o mundo é escrito, pois elas seriam aquilo que permite a atividade de conhecer.

Durante a Modernidade, porém, grande parte dos filósofos passou a falar de conceito ou de ideia como algo "construído", um "retrato" tirado para representar as leis que organizam o mundo. A ciência moderna, principalmente com seu caráter fortemente

[2] ***Consensual:*** *algo sobre o que se concorda.*

mecanicista (p. 235), contribuiu para o surgimento dessa maneira de entender a ideia, razão pela qual, aqui, escrevemos *ideia* com "i" minúsculo, a fim de distinguir da *Ideia* em sentido platônico.

Em nossos dias, somos herdeiros diretos da compreensão moderna de conhecimento. Por isso, vale a pena dedicar especial atenção a ela.

Entre os filósofos modernos, houve os que consideraram a ideia ou o "retrato" que tiramos do mundo como uma representação fiel. Essa maneira de pensar, embora com variações, foi comum a autores dos estilos conhecidos como *racionalismo* e *empirismo*. De modo geral, esses filósofos identificavam no ser humano as capacidades da sensação e do intelecto, responsáveis pela atividade do conhecimento. A sensação seria a capacidade de sentir ou de captar dados por meio dos cinco sentidos; o intelecto, por sua vez, seria a capacidade de elaborar os dados físicos captados, transformando-os em ideias ou conceitos.

Do lado do racionalismo, dá-se ênfase ao papel do intelecto (ou da *razão*, donde o nome *racionalismo*). René Descartes (p. 191), por exemplo, identificava na alma humana algumas ideias inatas (nascidas com cada pessoa) que permitiriam a compreensão dos dados captados pelos cinco sentidos. Seria o caso das ideias matemáticas, graças às quais se identificam relações numéricas entre as coisas, assim como se procede na Geometria. Outras ideias seriam adquiridas, construídas no encontro entre as ideias inatas e a realidade do mundo. É desse segundo sentido que vem a maneira mais frequente de entender o termo *ideia* em nossos dias.

Do lado do empirismo, considerava-se mais adequado concentrar-se apenas no que pudesse ser observado por meio dos cinco sentidos, pois eles seriam uma fonte de informações de que dificilmente alguém poderia discordar. Dessa perspectiva, pensar em ideias inatas parecia algo problemático demais, justamente porque elas escapavam a toda observação física. O próprio intelecto, entendido como algo separado dos cinco sentidos, aparece como algo impossível de ser analisado. Por essas razões, os empiristas, na tentativa de compreender o conhecimento, darão ênfase à sensação, uma vez que os dados captados por ela podem ser avaliados por todos, constituindo, assim, uma base mais segura para a reflexão. O termo *empirismo* deriva da palavra grega *empeiría*, que significa o esforço por captar aquilo que é conhecido envolvendo-o por todos os lados, ou seja, explorando todos os seus aspectos. Dessa palavra vem também o termo *experiência*, que os empiristas entenderão no sentido do conhecimento baseado nos dados sensíveis. Como dizia Francis Bacon, o empírico ou o empirista parece uma formiga, pois se contenta em juntar suas provisões[3] e em consumi-las, ao passo que os não empiristas (por ele chamados de *dogmáticos*, quer dizer, pessoas que afirmam com autoridade própria e não com a autoridade da experiência) seriam como a aranha: para eles, o conhecimento é como a teia cuja matéria é tirada da própria aranha.

Um dos representantes mais conhecidos do empirismo foi David Hume (p. 273), que, embora não desprezasse o papel do intelecto, considerava

TTSTUDIO/SHUTTERSTOCK.COM

Paisagem, sem data, fotografia.

FRANCIS BACON (1561-1626)

Foi um filósofo e político inglês, reconhecido como um dos principais fundadores da ciência moderna. Com a obra *Grande instauração* (*Instauratio magna*, publicada em 1620), pretendia fundar um novo modelo de conhecimento, baseado na observação empírica, e um novo método que permitisse o poder e o controle sobre a Natureza.

[3] ***Provisão:*** *material; mantimento; o que é necessário para sobreviver.*

necessário diferenciar com mais clareza entre aquilo que de fato pode ser encontrado na Natureza e aquilo que os seres humanos, por seus costumes, nela projetam a fim de discorrer a seu respeito de maneira eficaz. Por exemplo, vemos bolas que batem umas nas outras e parece-nos natural afirmar que uma bola causa o movimento da outra; no entanto, não observamos nada que pode receber o nome de "causa" ou "causalidade". O movimento das bolas é um fato natural, mas algo como uma "causa" não é um fato natural, e sim humano. Ideias desse tipo (não naturais) seriam resultado de nossos hábitos (costumes), que nos permitem de certo modo dominar mentalmente os acontecimentos.

A reflexão de Hume corresponde a outra metáfora usada por Francis Bacon: o conhecimento é como a atividade da abelha, que extrai sua matéria das flores (base sensível) e, graças ao saber que desenvolveu com o passar do tempo (imagem do intelecto), reelabora essa base. Em outras palavras, Hume considera que o intelecto interfere na produção do conhecimento, mas sempre com base nos dados vindos da Natureza. A experiência sensível seria, assim, a única fonte de conhecimento seguro. As ideias começariam por impressões ou inscrições repetidas das informações sensíveis na mente.

Em resumo, se para os racionalistas o ser humano é dotado de um conjunto de dados que permitem a reelaboração das informações sensíveis, para os empiristas o ser humano é como uma folha em branco ou uma *tabula rasa* (uma tábua lisa, uma lousa limpa). Nessa tábua lisa, a experiência sensível grava informações,

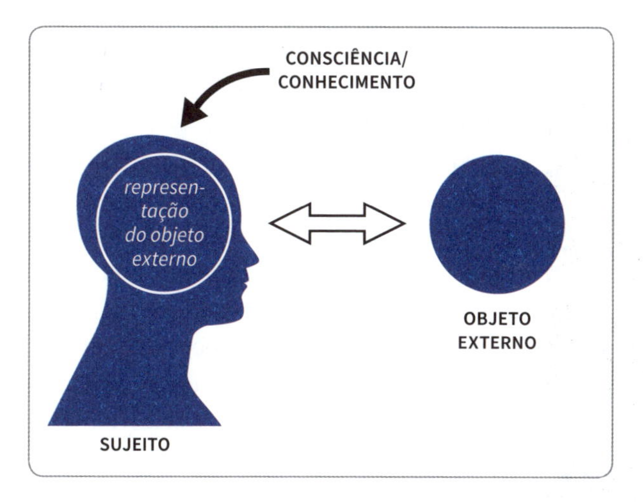

Esquema para exprimir o modo racionalista e empirista de entender o conhecimento do mundo exterior à mente como uma operação do sujeito que "colhe" os objetos e forma as ideias ou hábitos.

que são reelaboradas pelos seres humanos por meio do hábito, permitindo mesmo inventar outras ideias com base nas ideias vindas da sensibilidade.

Tanto racionalistas como empiristas se encontram, porém, na busca de compreender o que é o conhecimento seguro ou verdadeiro. Era preciso distingui-lo como um conhecimento que deve ser aceito por todos, diferentemente das opiniões ou formas não seguras de conhecimento. Com o passar do tempo, principalmente nos séculos XIX e XX, muitos pensadores reforçarão a ideia de que a observação empírica é indispensável para o conhecimento seguro, a ponto de a ciência mecanicista ser tomada como o modelo mais perfeito da atividade de conhecer. Passa-se a defender que o conhecimento verdadeiro não é subjetivo ou dependente dos indivíduos que conhecem (sujeitos). É objetivo, ou seja, pode ser avaliado com base em critérios claros, com frases (proposições) pronunciadas sobre aquilo que realmente se observa. O filósofo Karl Popper (p. 358) chegou a considerar o conhecimento que segue o modelo científico como padrão de saber objetivo, porque sobrevive ao desaparecimento dos próprios indivíduos (sujeitos). O conhecimento registrado por eles em livros e artigos pode ser ativado por outros. Sendo uma visão objetiva "sobre o mundo", o conhecimento retrata o mundo, como numa fotografia "simples". Nesse ponto, racionalistas e empiristas convergem.

Outros filósofos, por outro lado, terão reservas com a concepção do conhecimento como simples "retrato" do mundo. Sem ser propriamente contrários a ela, não consideram que nosso conhecimento seja uma cópia fiel da realidade. Por ser justamente um "retrato" da realidade, o conhecimento depende das condições ou da "aparelhagem" dos sujeitos ou indivíduos cognoscentes[4]. Nada justificaria, então, crer que a realidade seja só aquilo que seu "retrato" apresenta.

O filósofo mais conhecido quanto a esse modo de entender o conhecimento é certamente Immanuel Kant (p. 207). Ele concordava com David Hume quando insistia na afirmação dos dados sensíveis como fonte do conhecimento seguro. Aliás, Kant declarava ter sido despertado por Hume de seu sono dogmático. No entanto, Kant também concordava com Descartes, pois considerava muito difícil explicar a elaboração dos dados sensíveis caso não

[4] ***Cognoscente:*** *que realiza a atividade de conhecer.*

houvesse, em todo ser humano, um "aparelhamento" cognitivo ou uma estrutura que permitisse reelaborar os dados captados por meio dos cinco sentidos. Ainda que a mente ou a capacidade cognitiva do ser humano seja uma *tabula rasa* ou uma folha em branco, ela é uma *tabula* dotada de certas possibilidades, capacidades. Não são as informações captadas pelos cinco sentidos que produzem essa *tabula*; elas são captadas graças ao fato de já existir uma *tabula* na qual elas podem ser registradas.

Kant percebia, assim, que, ao descrever o conhecimento humano, não era justificável a passagem direta das impressões sensíveis às representações mentais das coisas percebidas e causadoras das impressões. Sozinhos, os cinco sentidos permaneceriam "mudos", pois são incapazes de correlacionar as informações captadas por eles mesmos. Ademais, cada sentido sequer percebe sua própria operação: a visão não percebe o próprio ato de ver, apenas as coisas vistas; a audição não percebe o ato de ouvir, apenas os sons; e assim por diante. Segundo Kant, é preciso, então, haver uma estrutura interna nos indivíduos, capaz de sintetizar os dados captados por meio dos cinco sentidos. De certa maneira, a compreensão kantiana do conhecimento combina o empirismo de Hume com o racionalismo de Descartes.

Também é possível dizer que a análise de Kant une subjetivismo e objetivismo, no sentido de que o conhecimento objetivo (seguro, verdadeiro) depende de uma estrutura subjetiva: todos os indivíduos captam os dados sensíveis segundo o modo como sua sensibilidade é naturalmente formada. Esses dados são, por sua vez, reelaborados de acordo com o modo de operar da capacidade do entendimento ou intelecto, que também é naturalmente preparada para sintetizar os dados sensíveis. A sensibilidade funciona sempre segundo as formas do tempo e do espaço; e o entendimento sintetiza os dados captados no tempo e no espaço graças a uma série de critérios ou de categorias que iluminam a compreensão desses dados (por exemplo, vendo relações de causalidade entre eles).

Embora Hume tivesse razão ao falar da base sensível como fonte do conhecimento objetivo, ele exagerava, segundo Kant, ao dizer que o estabelecimento de relações de causalidade entre as coisas é apenas um hábito. Tais relações constituem um dos modos como nosso entendimento reelabora os dados captados por meio dos sentidos. A causalidade não seria uma "coisa" entre outras na Natureza; e nisso Kant concordaria com Hume. Todavia, ela também não é somente um costume, como se fosse possível ser trocada por outro costume; ela é uma das maneiras naturais de estabelecer relações entre os dados captados no tempo e no espaço.

A estrutura subjetiva composta pelas formas da sensibilidade (tempo e espaço) e pelas categorias do entendimento (as relações de causalidade, entre outras) está presente em todos os seres humanos, pois a comunicação entre eles o comprova. A ela Kant denomina *subjetividade transcendental* ou *sujeito transcendental*. Fala-se em sujeito porque, no seu entender, há sempre algo como um "eu" ou um suporte subjetivo, individual, para o conhecimento; e em transcendental porque se trata de uma estrutura comum a todos os indivíduos, algo que os atravessa e é igual para todos. Assim, mesmo que o conhecimento seja sempre um ato pessoal, ele segue uma estrutura comum a todas as pessoas e anterior a toda experiência, sendo a condição mesma para haver experiência.

Dotado de um "aparelho" cognitivo natural e responsável por transformar em representações do mundo os dados da impressão sensível, o ser humano, de acordo com Kant, só conhece de modo seguro, objetivo e mesmo científico aquilo que pode ser captado por esse "aparelho". É possível pensar outras coisas que não são captadas sensivelmente

WASHINGTON ALVES /LIGHT PRESS

Dan Graham (1942-), *Bissected Triangle* (Triângulo bissectado), 2002, montagem para o museu aberto de Inhotim, Brumadinho (Brasil).

(como Deus, o bem, a beleza e assim por diante); no entanto, tal pensamento não poderá ser considerado objetivo. Por essa razão, Kant distingue entre a razão, capacidade humana de pensar em geral, e o entendimento ou intelecto, capacidade racional de conhecer de modo objetivo e científico.

CONCEITOS ESTRATÉGICOS

Transcendental não significa transcendente!

Embora os termos *transcendental* e *transcendente* sejam muito parecidos e tenham a mesma raiz, eles não possuem o mesmo significado!

Transcendente é o nome que se dá a tudo que ultrapassa o que é analisado, por ser maior do que ele sem estar necessariamente separado dele (*trans-*). Em nossos modos cotidianos de falar, ouvimos afirmações como: *Deus é transcendente*, ou então *Não há nada transcendente ao mundo*.

O termo *transcendental*, por sua vez, contém também o sentido de "ir além" ou "ultrapassar", mas sem ser algo maior do que aquilo que é analisado. Por exemplo, no modo kantiano de falar, a estrutura subjetiva é transcendental porque, mesmo estando nos indivíduos, ela independe de cada um deles singularmente; ela é comum a todos eles, sem, no entanto, ser alguma coisa em si mesma e maior do que eles. Na Idade Média, muitos filósofos concebiam que *ser* ou *existir* era sinônimo de *ser verdadeiro* (algo que existe verdadeiramente), *ser uno* (cada ser é uma unidade), *ser belo* e *ser bom* (cada coisa tem um papel na ordem do conjunto e é desejável por si mesma). Dizia-se, então, que a veracidade, a unidade, a beleza e a bondade são *transcendentais* do ser. Isso significava que, quando se pensa no ser, pensa-se automaticamente também na veracidade, na unidade etc. Assim, em vez de ser maior, algo transcendental atravessa (*trans-*) aquilo de que se fala, sem se confundir com ele, mas estando nele. É do vocabulário medieval que Kant parece ter tomado a noção de transcendental. ■

Da perspectiva da amplitude da razão, comparada ao intelecto, Kant conclui que a realidade pode ser entendida como algo que vai além do que aquilo que é representado pelo intelecto sintetizador dos dados captados pela sensibilidade. O conhecimento objetivo seria como uma fotografia que interpõe entre nós e a realidade um espelho com a imagem que construímos para retratar a realidade. Sobre essa imagem espelhada (consciente dos dados captados e da construção resultante da estrutura transcendental), pode-se falar de modo objetivo. Mas a realidade pode ser mais ampla do que a imagem construída.

Para indicar o caráter mais amplo da realidade e delimitar o campo do que pode ser considerado objetivo, Kant criou uma distinção entre aquilo que a realidade mostra de si mesma (e que pode ser conhecido objetivamente por todos) e o que a realidade guarda como seu fundamento (e que está além do que o "aparelho" cognitivo humano pode captar objetivamente). Ao que a realidade mostra de si mesma Kant chamava de *fenômeno*, servindo-se da palavra grega *phainomenon*, "aquilo que aparece". Trata-se do modo como as coisas conhecidas se mostram para o ser humano (sempre no tempo e no espaço e captadas segundo as categorias do entendimento ou intelecto). Ao fundamento das coisas, impossível de ser conhecido objetivamente porque não é captado pelo aparelho cognitivo, Kant chamava *númeno*, também se servindo de uma palavra grega, *noumenon*, "a coisa em si" ou a coisa com que os humanos deparam, porém tomada em si mesma, quer dizer, naquilo que ela é, e não segundo aquilo que os humanos conhecem sobre ela.

Aqui se faz necessária uma atenção redobrada com a palavra *fenômeno*, pois, em nosso modo cotidiano de falar, ela significa, em certos contextos, um acontecimento fora do comum, a aparição de um ser de "outro mundo" etc. Esse uso, embora contenha a ideia de um "aparecer", não corresponde ao sentido filosófico propriamente dito. Depois do trabalho de Kant, fenômeno é aquilo que o ser humano pode conhecer nas coisas, porque é o modo mesmo de elas se mostrarem.

Quanto ao númeno, Kant esclarece em sua obra *Crítica da razão pura* que não se trata de um conceito com um significado direto. Isso quer dizer que, ao falar de númeno, não apontamos para alguma "coisa". Trata-se de um conceito limitativo, ou seja, útil para limitar o campo do conhecimento objetivo, aquele que se refere ao que pode ser apontado.

A concepção kantiana do conhecimento levou os historiadores do pensamento a chamá-la de *filosofia da representação*, isto é, uma filosofia segundo a qual os seres humanos não conhecem a realidade em toda a sua amplitude, e sim a realidade tal como representada por eles. Como na foto da montagem *Bissected Triangle*, de Dan Graham (p. 338), a atividade de conhecer põe algo entre o sujeito cognoscente e a realidade em sua amplitude: a representação. Além disso, como na fotografia, aquilo que é conhecido leva o sujeito a prestar atenção em sua própria maneira de olhar para a realidade, fazendo-o tomar conhecimento também das suas possibilidades e limites implicados no próprio ato de conhecer.

EXERCÍCIO A

p. 502

Em uma redação de síntese filosófica (p. 138), apresente a filosofia transcendental de Kant com base em sua tentativa de combinar elementos do pensamento de Descartes e de Hume.

2 Análise crítica da representação: o ceticismo

Na História da Filosofia, Kant não foi o primeiro pensador a elaborar uma "filosofia da representação". Embora sem chegar aos resultados que obteve o filósofo alemão, os pensadores ligados ao estilo que ficou conhecido como *estoicismo* defendiam uma posição bastante semelhante.

Segundo a análise estoica, o conhecimento propriamente dito parte da imagem que as coisas imprimem na alma humana, ao modo de um carimbo ou da marca que um objeto deixa em uma superfície mole, como um pedaço de cera. Essa metáfora foi usada por Zenão de Cítio e simbolizava o início do conhecimento ou a impressão deixada pelas coisas na alma. A alma, por sua vez, para chegar a ter certeza sobre as coisas, sistematiza as impressões, aceitando aquilo que é verdadeiro, caso ela tenha se preparado para isso. Caso contrário, a alma pode errar. Acertar ou errar é emitir um *juízo* ou um *julgamento* sobre as coisas, uma afirmação ou negação que pode ser verdadeira caso a alma preparada para a verdade consiga exprimir a verdade das próprias coisas. Essa expressão é o próprio juízo.

CETICISMO

É o nome do estilo que surgiu na Grécia Antiga e se fundamentava na tese de que, se a verdade existe, ela não foi nem pode ser encontrada. O filósofo cético é um "exercitador" do pensamento que não se compromete com nenhuma afirmação dogmática (defensora da existência da verdade). Pirro de Élis (360-270 a.C.) e Sexto Empírico (séc. II d.C.) são os principais representantes do ceticismo antigo. Como estilo filosófico, o ceticismo perdura até os dias de hoje e tem no brasileiro Oswaldo Porchat Pereira (1933-) um de seus principais cultivadores.

ESTOICISMO

É o nome do estilo filosófico helenístico iniciado em Atenas por Zenão de Cítio (333-263 a.C.). Seu nome vem do fato de ter sido fundado no lugar onde havia um pórtico (*stoa*, em grego). Os estoicos concebem a Filosofia em três partes fundamentais: a Física, centrada na ideia de que o Universo é um todo único e divino; a Lógica ou investigação sobre o conhecimento; e a Ética, referente à busca da felicidade por meio das virtudes e da *ataraxía* ou tranquilidade da alma, obtida pelo controle das paixões e pela aceitação do destino (o comportamento da Natureza). Entre os estoicos mais conhecidos estão Crisipo de Solis (c. 279-206 a.C.), Sêneca (4 a.C.-65 d.C), Epicteto (55-135) e o imperador romano Marco Aurélio (121-180).

A sensação, segundo os estoicos, é uma atividade da alma (afirmação muito parecida com a de Kant, quando ele declarava ser necessário haver uma estrutura interna ao ser humano e capaz de sintetizar os dados que se apresentam aos sentidos). Para que a sensação se transforme em uma percepção verdadeira, ela tem de operar com imagens (impressões) fiéis das coisas.

Tão forte quanto a insistência estoica na representação foi a reação crítica por parte de outros filósofos, os céticos ou os pensadores ligados ao estilo filosófico conhecido como *ceticismo*. O iniciador desse estilo foi Pirro de Élis, que viveu no século IV a.C. e cujas ideias centrais podem ser conhecidas por meio da obra *Hipotiposes pirrônicas* (*Esboços pirrônicos* ou *Esquemas pirrônicos*), escrita pelo médico e filósofo Sexto Empírico (p. 341).

De acordo com Sexto Empírico, a ideia principal do pensamento pirrônico nascia de uma observação da variedade de respostas dadas pelos filósofos em suas tentativas de explicar o mundo (conhecê-lo e construir sobre ele um discurso ou uma expressão correta). Os céticos se davam conta de que os filósofos apresentavam razões muito diferentes para justificar suas afirmações sobre a realidade; algumas dessas afirmações, mesmo razoavelmente justificadas, eram tão aceitáveis quanto outras que exprimiam, muitas vezes, dados contrários. Outras dessas afirmações, ainda, simplesmente podiam ser descartadas, por não serem bem justificadas ou por poderem ser feitas ao mesmo tempo que afirmações contrárias a elas.

Com base nas concepções filosóficas conflitantes e muitas vezes injustificadas ou igualmente justificáveis (apesar de chegarem a conclusões diferentes), os céticos passaram a explicar que, se a verdade existe, ela ainda não foi encontrada e talvez nem seja possível chegar a ela. Em vez de se perturbar com a preocupação em encontrá-la, seria mais adequado evitar toda afirmação sobre a verdade das coisas, chegando apenas a um tipo de conhecimento que permita ao ser humano viver sua vida do melhor modo possível. A maneira adequada para evitar essa perturbação estaria em conter[5] o impulso de fazer um juízo sobre a verdade das coisas. A essa *contenção do juízo* os céticos denominavam *epoché*; e sua filosofia consistia em um exercício constante de se manterem apegados apenas aos fenômenos das coisas (aquilo que aparece), sem buscar a "verdade" sobre o modo de ser delas, vício dos filósofos dogmáticos, isto é, daqueles que afirmavam verdades. A dúvida, desse ponto de vista, poderia dar mais paz aos seres humanos do que a verdade; e, por ser um exercício constante da dúvida e da contenção do juízo, a filosofia mais coerente seria tão somente esse mesmo exercício, o *ceticismo* (palavra que vem do termo grego *sképsis*, "habilidade de examinar").

Especificamente quanto à concepção estoica do conhecimento como representação, alguns seguidores do pensamento cético, principalmente Carnéades, afirmarão que é impossível separar representações verdadeiras de representações falsas,

SEXTO EMPÍRICO

Foi um médico e filósofo grego que viveu entre os séculos II e III d.C. Seus textos são um dos maiores exemplos do ceticismo pirrônico, contrapondo-se à pretensão de conhecimento da verdade objetiva tanto na ética quanto na ciência. Pela contraposição dos argumentos e pela contenção do juízo (*epoché*), buscava a indiferença ou a imperturbabilidade da alma (*ataraxía*). Obras mais conhecidas: *Hipotiposes pirrônicas (ou Esquemas pirrônicos)*, *Contra os gramáticos* e *Contra os retóricos*.

CARNÉADES (c. 219 a.C.-129 a.C.)

Foi um filósofo grego nascido em Cirene. Membro da Academia fundada por Platão, Carnéades, que nada escreveu, foi um dos filósofos que desenvolveram o ceticismo acadêmico, concentrando-se na concepção do conhecimento como algo apenas provável.

pois, no limite, a nenhum ser humano é dada a possibilidade de esclarecer definitivamente a base ou o fundamento que garante tais representações. Para cada afirmação feita por alguém sobre tal fundamento, e comparando-se sua afirmação com a de outro alguém, será possível buscar o que permite que uma representação seja considerada mais adequada do que a outra. Além disso, as representações sempre pressupõem aquilo que querem representar, não chegando a dar uma razão boa o bastante para se impor como representação verdadeira. É como se alguém dissesse que a sua representação é a melhor porque representa melhor aquilo que é conhecido. Ora, quando se busca saber por que uma representação é melhor, é insuficiente dizer que é melhor porque é esta representação, e não aquela. É insuficiente dizer que "é melhor porque é melhor"...

Diante dessas dificuldades, Carnéades propõe compreender o conhecimento como *probabilidade*. Em vez de chamar um conhecimento de verdadeiro ou de falso, seria mais adequado chamá-lo de provável ou de *mais provável e menos provável*.

Por conseguinte, Carnéades é um exemplo do fato de que os céticos, em vez de negarem toda possibilidade de conhecimento, negavam a confiança na

[5] **Conter:** *parar; impedir; evitar.*

passagem da aparição das coisas (o que é observável nelas ou os fenômenos) às afirmações sobre o modo de ser delas. Essa passagem não seria justificada .

Observe como Sexto Empírico insiste que os céticos não rejeitam as impressões sensíveis que levam ao assentimento involuntário, ou seja, à aceitação imediata que não depende de um ato de escolha ou aceitação voluntária. O que os céticos não defendem é, portanto, o assentimento voluntário. Em outras palavras, os céticos não acreditam que os humanos possam decidir se aceitam ou não as impressões sensíveis. Elas simplesmente ocorrem; e a aceitação é imediata, involuntária. Discutir a possibilidade de aceitá-las ou não era a crença estoica, que considerava a representação como verdadeira ou falsa de acordo com o papel da escolha humana em assentir a ela ou não como representação da coisa conhecida.

Os céticos, assim, criticam fortemente a representação tal como concebida pelos estoicos, embora mantenham certa ideia de representação, aquela que as coisas produzem imediatamente em quem as conhece. Esse aspecto do pensamento cético exerceu forte influência na História da Filosofia e é claramente presente em várias vertentes da reflexão contemporânea. É possível mesmo afirmar que o pensamento atual é envolvido por debates semelhantes aos promovidos pelos céticos antigos (céticos pirrônicos): vários pensadores têm defendido que a maneira mais adequada de evitar cair em discussões intermináveis e em problemas insolúveis[6] é conceber o conhecimento como uma *crença justificada*. Mais do que uma "simples crença" (impossível de ser avaliada pelas outras pessoas), a crença em sentido cético se esforça para se basear em razões que reduzam ao máximo possível a margem de erro no ato de pensar sobre as coisas e falar sobre elas. Entre essas razões, a principal continua a ser a aceitação da realidade em seu modo de aparecer para os seres humanos. Ao se transformar em discurso ou em frases sobre o mundo, o conhecimento deve ser justificado, isto é, deve apresentar boas razões para ser tomado como conclusivo (sem a possibilidade explícita do erro).

No horizonte da História da Filosofia, o preceito cético que leva a evitar a precipitação sempre permaneceu (e certamente permanecerá) como ponto de referência para a reflexão sobre a atividade de conhecer e como alerta contra o comprometimento apressado com visões de mundo não justificadas. Trata-se de ter o mundo diante dos olhos ou, como explica o filósofo brasileiro Oswaldo Porchat Pereira (1933-), de respeitar o mundo e sua maneira de aparecer. Trata-se, ao mesmo tempo, de evitar uma dúvida exagerada que leve a desconfiar da

[6] **Insolúvel:** *sem solução.*

Os céticos rejeitam o aparente?

Sexto Empírico

1 Aqueles que afirmam que o cético rejeita o aparente não prestaram atenção ao que dissemos. Pois, como dissemos antes, não rejeitamos as impressões sensíveis que nos levam ao assentimento[7] involuntário[8]; e estas impressões são o aparente. Quando investigamos se as coisas na realidade são como parecem
5 ser, aceitamos o fato de que aparecem; e o que investigamos não diz respeito à aparência, mas à explicação da aparência; e isto é diferente de uma investigação sobre o aparente ele próprio. Por exemplo, o mel nos parece doce (e aceitamos isso na medida em que temos uma percepção sensível da doçura); porém, se o mel é doce em si mesmo é algo questionável, pois não se trata mais
10 de uma aparência, mas de um juízo sobre o aparente. Mesmo se formulamos argumentos sobre o aparente, isso não se deve à intenção de rejeitarmos as aparências, mas apenas de mostrarmos a precipitação do dogmático, pois, se a razão nos ilude de tal modo que nos tira até mesmo o aparente de debaixo de nossos olhos, então temos de tomar cuidado no caso das coisas não evidentes,
15 para não nos precipitarmos ao segui-la. ■

SEXTO EMPÍRICO. Hipotiposes pirrônicas. Tradução Danilo Marcondes. *O que nos Faz Pensar: Cadernos do Departamento de Filosofia da PUC-Rio*, n. 12, p. 119, 1997.

[7] **Assentimento:** *concordância; aceitação.*

[8] **Involuntário:** *automático; algo que não depende da vontade nem do juízo.*

própria percepção do mundo. Uma dúvida desse tipo corresponderia a uma atitude artificial, praticada por filósofos que se consideram sofisticados demais para aceitar os fenômenos.

O professor Oswaldo Porchat Pereira, fundando uma releitura do pirronismo antigo, refere-se hoje a um *neopirronismo*, atitude filosófica que defende a visão comum do mundo, lembrando, porém, que nem sequer essa visão precisa ser tomada necessariamente como verdadeira. A visão comum do mundo – que obtemos sem ceder ao que os céticos considerariam as questões artificiais dos filósofos dogmáticos – são válidas exatamente como crenças; no entanto, trata-se de crenças que permitem viver em paz e agir no mundo.

ARQUIVO HISTÓRICO UNICAMP

Oswaldo Porchat Pereira (1933-), durante o IX Encontro da Associação Nacional de Pós-Graduação em Filosofia (ANPOF). Foto e acervo: Centro de Lógica e Epistemologia (CLE), Unicamp.

EXERCÍCIO B

p. 502

1. Em que consiste a *epoché* cética e qual seu objetivo?
2. Explique por que, segundo Carnéades, é mais adequado falar de conhecimento provável, e não de conhecimento verdadeiro.
3. Em sentido cético, o que é uma crença justificada?

3 Realidade e linguagem

O tema da percepção das coisas e suas consequências para a representação do mundo despertou de modo especial o interesse do filósofo Ludwig Wittgenstein (p. 76), responsável por um dos estilos mais influentes do pensamento contemporâneo.

Wittgenstein entendeu que a história do pensamento filosófico, principalmente na Modernidade, concebia o conhecimento humano em função das possibilidades e dos limites do sujeito, ou seja, da pessoa que conhece. Em outras palavras, a maioria dos filósofos, para explicar o conhecimento, concentrava-se em uma análise das capacidades humanas, recorrendo a noções como sensação, intelecto ou entendimento, razão, subjetividade, alma etc.

No entanto, algumas situações cognitivas chamaram a atenção de Wittgenstein, levando-o a compreender o conhecimento de um modo inteiramente original. No livro *Investigações filosóficas*, o pensador austríaco explora um caso em que uma mesma coisa pode ser percebida de modos diferentes; quer dizer, uma mesma coisa pode ser "dois objetos diferentes" de percepção. Ele exemplifica com a figura do pato-coelho, que o psicólogo polonês Joseph Jastrow (1863-1944) utilizava para perguntar: "Cremos no que vemos ou vemos no que cremos?".

Você vê um pato ou um coelho no desenho utilizado por Joseph Jastrow?

REPRODUÇÃO/BIBLIOTECA DA UNIVERSIDADE DE HEIDELBERG, ALEMANHA

Anônimo, *Kaninchen und Ente* (Coelho e pato), 1892, desenho publicado pela primeira vez no jornal satírico *Fliegende Blätter*, Munique, Alemanha. Em 1900, Joseph Jastrow (1863-1944), psicólogo polonês naturalizado norte-americano, reproduziu o desenho do "pato-coelho" em seu livro *Fato e fábula em Psicologia*, para ilustrar a importância da fisiologia humana e do contexto cultural na percepção visual.

Se você vê um pato, também pode ver um coelho. Se vê um coelho, também pode ver um pato.

De fato, se você focalizar seu olhar mais para a esquerda, perceberá o bico de um pato; e o contorno à direita será o contorno da cabeça do pato, com o olho no meio.

Porém, se você focalizar seu olhar mais para a direita, o contorno será o do focinho e a boca de um coelho; e o que era o bico de um pato agora é visto como as duas orelhas do coelho.

Sabendo, então, que a mesma figura pode gerar duas percepções diferentes e igualmente legítimas, você diria que a frase "Isto é um pato" é verdadeira, enquanto "Isto é um coelho" é falsa? Ou vice-versa? Ou nenhuma das duas opções?

Na verdade, a resposta mais adequada é que nenhuma das duas opções é boa, pois a frase "Isto é um pato" é tão verdadeira quanto "Isto é um coelho" e vice-versa. Ao mesmo tempo, portanto, nenhuma das duas frases é falsa!

Essa experiência perceptiva mostra que não existe simplesmente um "ver", e sim, sempre, um "ver como". Quando percebemos algo, nós o percebemos sempre "como" algo; e tudo o que pretendermos afirmar sobre a verdade ou a falsidade de nossa percepção dependerá do que dissermos sobre ela.

A análise de Wittgenstein, sob o aspecto do respeito ao mundo tal como ele se mostra, revela uma semelhança bastante forte com o ceticismo, embora o pensador austríaco não fosse cético. Outra semelhança está em se recusar a propor uma teoria sobre as coisas e mesmo sobre o conhecimento. É mais razoável, segundo Wittgenstein, que a prática filosófica aceite que explicar o mundo é tarefa da Ciência, não da Filosofia. A esta cabe "curar" o ser humano de ilusões como a de acreditar que é filosoficamente possível conhecer "tudo". Nesse aspecto, há também semelhanças entre ele e Kant.

No entanto, Wittgenstein adota uma postura diferente tanto dos céticos como de Kant. No tocante à sensação ou à percepção sensível, por exemplo, ele considerava um equívoco discutir essa operação como se o seu resultado fosse mais uma "coisa" entre as "coisas" do mundo. Em outras palavras, ele denunciava o erro de crer que a sensação ou a operação pela qual os seres humanos percebem as coisas físicas tem vínculos claros e imediatos com as próprias coisas físicas. Esse erro levaria a pensar em "representações das coisas", como se uma representação fosse também uma "coisa" em si mesma (um resultado deixado na mente, uma impressão, um "algo"). Esse caminho de investigação seria sem saída ou levaria, no máximo, à confusão das explicações filosóficas que se perdem em teorias sobre o que não cabe a elas explicar. A Filosofia, então, em vez de propor teorias, deveria curar o pensamento das "contusões"[9] que muitos filósofos fizeram o próprio pensamento sofrer.

Especificamente no caso da sensação, Wittgenstein considerava impossível entender a afirmação de "estruturas" do sujeito e de "representações". Se a experiência da dupla percepção da mesma coisa (como no caso da figura do pato-coelho) mostra que uma mesma coisa pode produzir percepções diferentes, então uma explicação que recorresse à estrutura mental dos sujeitos e a representações fixas seria inadequada.

Em vez desse tipo de explicação, Wittgenstein encontrou um campo de investigação no qual a Filosofia pode "sentir-se em casa" e desempenhar a sua tarefa própria. Esse campo, na verdade, não é um campo de investigação entre outros, e sim o campo geral em que todos os outros tipos de "saber"

[9] ***Contusão:*** *lesão; torcida como a do pé em um passo falso.*

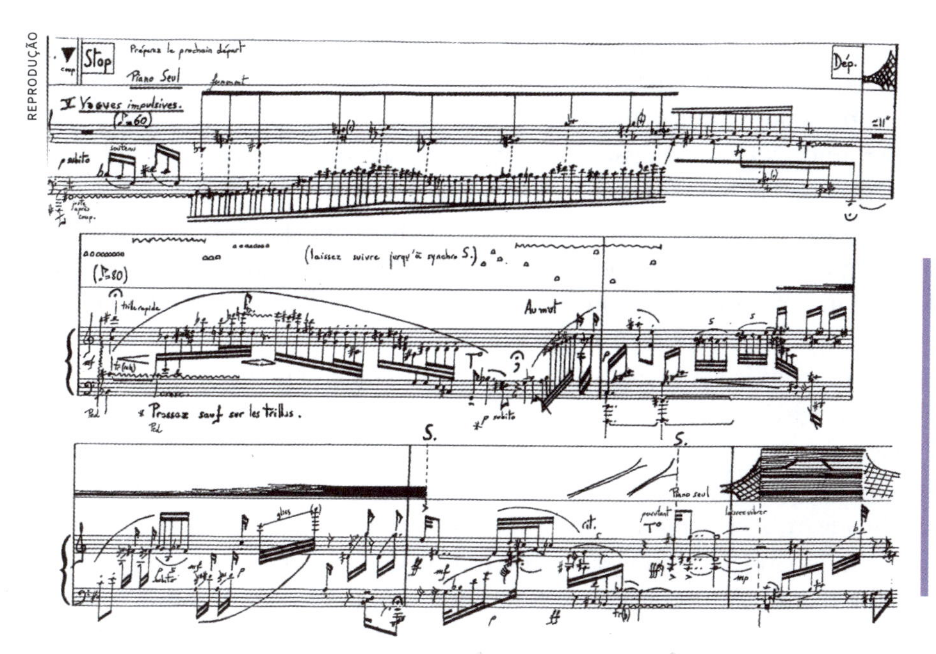

Nossas afirmações sobre o mundo assemelham-se, segundo Wittgenstein, à partitura musical: a escrita musical não é a música propriamente dita, mas uma imagem dela; assim também nossas afirmações sobre o mundo são a imagem do mundo.

operam: a linguagem, modo de ser que caracteriza os seres humanos de maneira especial.

Wittgenstein se dava conta de que somente quando alguém exprime sua percepção do mundo é que se pode avaliar se a sua visão tem ou não tem significado e sentido, se é correta ou equivocada. Posto de outra maneira, é apenas pelo uso de palavras e frases que se pode avaliar a operação humana de perceber e conhecer. Quando não se consegue usar palavras e frases adequadamente ou quando o uso delas é confuso, é sinal de que simplesmente faltou uma percepção real. Por conseguinte, para analisar o conhecimento humano de modo plausível[10], a única base possível é a investigação da linguagem. Por esse motivo, costuma-se dizer que Wittgenstein promoveu uma *virada linguística* (*linguistic turn*) na Filosofia, movendo-a de especulações sobre o modo de ser das coisas para o funcionamento da linguagem. Toda atividade filosófica razoável seria, então, um exame da linguagem.

Nossos próprios "estados mentais" consistem em formas linguísticas, segundo Wittgenstein: as palavras que são nomes de coisas têm significados; e as frases (proposições) têm sentido, pois, ao relacionar palavras (significados), elas figuram[11] a realidade, como em uma pintura.

A linguagem, portanto, segundo Wittgenstein, vai além de apenas um instrumento do qual os seres humanos se servem para exprimir aquilo que vivenciam. Instrumentos são as diferentes línguas; seus especialistas são os linguistas, os gramáticos, os psicólogos e assim por diante. A linguagem, em vez disso, é o próprio modo de ser especificamente humano; é o pensamento ou a capacidade de construir proposições com sentido sobre o mundo. O pensamento, por sua vez, é uma proposição com sentido; e o conjunto das proposições é a linguagem.

Para entender um pouco melhor o que isso quer dizer, faça o seguinte exercício: tente pensar em algo sem usar palavras (significados) e sem relacionar esse algo com outro algo (proposição/sentido). Mesmo que você esqueça o nome que uma palavra dá a algo, você concorda que sempre precisará do significado desse algo para pensar nele? Pensar em algo sem significado equivale simplesmente a não pensar. Ao contrário, há pensamento quando há unidades básicas de significado e correlações entre elas. Esses pontos ou unidades de significado são as palavras, independentemente de nos lembrarmos ou não de seus nomes ou de usarmos nomes diferentes, como *espada*, *sabre*, *sword* ("espada" em inglês).

O primeiro exame ou a primeira crítica da linguagem feita por Wittgenstein encontra-se em seu

[10] ***Plausível:*** *aceitável; razoável.*

[11] ***Figurar:*** *reproduzir ao modo de uma figura, de uma imagem.*

[12] ***Aforismo:*** *sentença ou frase enunciada com poucas palavras e com o objetivo de resumir uma posição nova sem cair em visões comuns ou em modos comuns de expressão.*

livro *Tractatus logico-philosophicus*, obra escrita em aforismos[12] e na qual o filósofo concebe a linguagem em correlação direta com o mundo: haveria uma estrutura comum entre o mundo e a sua expressão pela linguagem. As palavras que são nomes exprimem diretamente as coisas; seu significado são as próprias coisas que elas designam. Já as proposições (frases que têm sentido) figuram casos, fatos ou possíveis estados de coisas, que são compreensíveis pela projeção de casos ou fatos já conhecidos.

Uma consequência direta dessa concepção do conhecimento ou da linguagem é a determinação dos *limites* do conhecer ou do fato de sermos "seres de linguagem": apenas aquilo que é dizível (pensável e exprimível pela figuração das proposições e nomes) pode representar o conhecimento. A linguagem, assim, contém os limites do mundo. Tudo o que não pode ser expresso pela linguagem, ou seja, que não remete diretamente a uma coisa percebida na realidade (como os conteúdos da Ética, da Estética, da religião e da Política), deixa de ser considerado como objeto de conhecimento propriamente dito.

Wittgenstein tinha, é certo, preocupações éticas, estéticas, políticas e mesmo religiosas, mas, à semelhança de Kant, pretendia apontar para o fato de que o conhecimento, cujo melhor modelo é a Ciência, não tem condições de tratar objetivamente (pela linguagem!) dessas preocupações. Em outras palavras, os termos éticos, estéticos etc. são destituídos de significado, e, por conseguinte, as proposições que empregam esses termos são destituídas de sentido. Compreende-se, assim, o aforismo final do *Tractatus*: "Deve-se calar sobre aquilo de que não se pode falar".

Wittgenstein reconhecia que preocupações desse tipo (éticas, estéticas, políticas, religiosas) são as que costumam mais importar na vida. Elas, no entanto, devem ser resolvidas na vida íntima dos indivíduos e nunca ter a pretensão de se elevar em formas de conhecimento, supondo que haveria algum grau de universalidade compreensível por todos os outros indivíduos.

Mais tarde, Wittgenstein nuançou[13] sua primeira concepção da linguagem, como se pode ler em sua obra *Investigações filosóficas*, cuja redação começou quinze anos depois do *Tractatus* e levou aproximadamente mais doze para ser concluída. Por causa das diferenças de posição, costuma-se falar do "primeiro Wittgenstein" (*o do Tractatus*) e do "segundo Wittgenstein" (*o das Investigações*), mas seria inadequado afirmar que o filósofo abandonou completamente suas primeiras posições ou seus "graves erros", como ele dizia. Na verdade, a concepção de linguagem apresentada na primeira fase de seu pensamento permanece como pano de fundo e como o que permite compreender as novidades. As palavras deixarão de ser entendidas como simples "etiquetas" das coisas, embora continuem a remeter a elas. A diferença, agora, deve-se a que o seu significado depende do *uso* que se faz delas e do "jogo" que se realiza de acordo com regras conhecidas pelos jogadores.

Por exemplo, se alguém diz "Água!", isso pode ser interpretado de diversas maneiras e em função do uso em determinado momento. Se a pessoa está no deserto e grita "Água!", provavelmente se entenderá que ela pede socorro. Mas pode ser o caso de ela ter encontrado um oásis e fazer uma exclamação de alegria. Essa possibilidade de variação leva a um rearranjo das regras do jogo linguístico e a uma nova prática de compreensão. Se a pessoa, porém, estiver na cidade, pode ser que queira apontar para um incêndio; mas também pode ser que simplesmente queira um copo d'água. O significado, portanto, de "Água!" depende dos *usos* ou *jogos de linguagem* em que a palavra é usada.

A linguagem, assim, no "segundo Wittgenstein", passa a ser vista como prática humana que se constitui de vários usos determinados pelas variadas formas de vida. Seu funcionamento depende do aprendizado, que também pode ser bastante diferente em função dos costumes dos indivíduos que adotam as mesmas formas de vida. Wittgenstein enfraquece mais ainda, assim, a concepção do conhecimento em função da estrutura mental dos sujeitos ou da psicologia da representação e insiste no caráter social da linguagem. Por sua vez, o caráter social torna também menos rígidos os limites estabelecidos no *Tractatus*: embora no campo do conhecimento objetivo seja preciso jogar um jogo universal e de modelo científico, muitos outros jogos podem ser realizados de acordo com outras formas de vida. Wittgenstein, aliás, dá exemplos de jogos em que há uma produção social de sentido por meio do conhecimento das regras por parte dos jogadores: dar ordens (comandar) e obedecer, relatar

[13]**Nuançar:** *dar novas cores; relativizar; diferenciar.*

um acontecimento, fazer hipóteses e prová-las, representar como no teatro, contar uma piada, pedir, agradecer, orar etc. As proposições, agora, vão além da simples designação de coisas .

O entendimento ou o intelecto, com Wittgenstein, deixa de ser uma capacidade humana "natural" (mente, alma etc.), para ser o resultado de um conjunto de comportamentos aprendidos socialmente, com regras também socialmente construídas. Mais do que uma "parte" do ser humano, o entendimento torna-se o trabalho social da linguagem. A Filosofia, por sua vez, teria o papel de compreender esse trabalho ou a construção dos comportamentos linguísticos, produzindo uma visão de conjunto que permita deixar claras as

Essência da proposição e do mundo
"Primeiro" Wittgenstein

1 O mundo é tudo o que é o caso.
O que é o caso, o fato, é a existência de estados de coisas.
O estado de coisas é uma ligação de objetos (coisas).
A figuração é um modelo da realidade.
5 O que a figuração representa é seu sentido.
Na concordância ou discordância de seu sentido com a realidade consiste sua verdade ou falsidade.
Especificar a essência da proposição significa especificar a essência de toda descrição e, portanto, a essência do mundo.
10 É claro que a ética não se deixa exprimir. A ética é transcendental. (Ética e estética são uma só.)
Sobre aquilo de que não se pode falar, deve-se calar. ■

WITTGENSTEIN, Ludwig. *Tractatus Logico-Philosophicus*. Tradução Luiz Henrique Lopes dos Santos. São Paulo: EDUSP, 1994. Proposições 1, 2, 2.01, 2.12, 2.221, 2.222, 5.4711, 6.421, 7.

Jogos de Linguagem
"Segundo" Wittgenstein

1 Quantas espécies de frases existem? Afirmação, pergunta e comando, talvez? — Há inúmeras de tais espécies: inúmeras espécies diferentes de empregos daquilo que chamamos de "signo", "palavras", "frases". E esta pluralidade não é nada fixo, um dado para sempre; mas novos tipos de linguagem, novos jogos de linguagem, 5 como poderíamos dizer, nascem e outros envelhecem e são esquecidos. (Uma imagem aproximada disto poderia nos dar as modificações da Matemática). O termo "jogo de linguagem" deve aqui salientar que o falar da linguagem é uma parte de uma atividade ou de uma forma de vida. [...] Assim, pois, você diz que o acordo entre os humanos decide o que é correto e o que é falso? — Correto e falso é o que 10 os humanos dizem, e na linguagem os humanos estão de acordo. Não é um acordo sobre as opiniões, mas sobre a forma de vida. [...] Como as palavras se referem a sensações? Nisto não parece haver nenhum problema; pois não falamos diariamente de sensações e as denominamos? Mas como é estabelecida a ligação entre o nome e o denominado? A questão é a mesma que: como um humano aprende o 15 significado dos nomes de sensações? Por exemplo, da palavra "dor". Esta é uma possibilidade: palavras são ligadas à expressão originária e natural da sensação, e colocadas no lugar dela. Uma criança se machucou e grita; então, os adultos falam com ela e lhe ensinam exclamações e, posteriormente, frases. Ensinam à criança um novo comportamento perante a dor. ■

WITTGENSTEIN, Ludwig. *Investigações filosóficas* §§ 23; 241; 244. Tradução José Carlos Bruni. São Paulo: Abril Cultural, 1980. (Coleção Os pensadores.)

conexões internas de um mesmo jogo de linguagem ou mesmo entre diferentes jogos de linguagem.

Se parece possível associar a concepção do ato de conhecer do "primeiro" Wittgenstein com uma fotografia "simples" que capta diretamente a realidade (como a foto da p. 336), convém associar o conhecimento compreendido pelo "segundo" Wittgenstein a uma fotografia na qual o ponto de vista de quem contempla a realidade, formado socialmente, depende do modo de perceber a mesma realidade. Agora, conhecer não significa apenas figurar o mundo, nem pôr algo entre a realidade e quem a conhece (algo como uma representação). Em vez disso, conhecer é um ato que se constrói pelos diferentes modos de olhar para a realidade mesma (caso ilustrado pela fotografia abaixo).

Philippe Ramette (1961-), *Balcon II (Hong-Kong)*, 2001, fotomontagem.

p. 503

EXERCÍCIO C

1. O que pretendia Wittgenstein com o exemplo do pato-coelho?
2. Por que o "primeiro" Wittgenstein entende as palavras como "etiquetas"?
3. Como a linguagem é entendida pelo "segundo" Wittgenstein?

4 Realidade e consciência

4.1 Realidade e consciência na fenomenologia

Outra maneira filosófica de conceber a atividade de conhecer, bastante influente no pensamento contemporâneo, consiste em chamar a atenção para a consciência que caracteriza os seres humanos.

A ênfase na consciência tem certas semelhanças com o trabalho de Wittgenstein, embora o filósofo austríaco não encontrasse um significado para esse termo e, portanto, não acreditasse na existência de uma capacidade ou uma estrutura subjetiva chamada *consciência*. A semelhança, porém, vem do fato de que, assim como Wittgenstein rompe com a compreensão do conhecimento entendido como representação da realidade e esclarece a centralidade da linguagem, também os filósofos da consciência abandonam a ideia de representação e passam a entender o conhecimento como uma relação estabelecida entre dois polos: de um lado, há aquele ou aquela que conhece e, de outro, há a presença da coisa conhecida ("presença presente", com o conteúdo diante de quem conhece, ou "presença presentificada", quer dizer, tornada presente pela memória de algum conteúdo já conhecido).

A presença das coisas mesmas torna-se, agora, a chave de compreensão da atividade do conhecimento. Como a presença ou a aparição das coisas é o que se denomina *fenômeno* em Filosofia, dá-se o nome de *fenomenologia* a uma das mais destacadas tendências filosóficas que entendem o conhecimento como relação entre a consciência e o fenômeno daquilo que é conhecido. Estudar fenomenologia significa, assim, entender o modo como as coisas se apresentam a quem as conhece; trata-se de ter "consciência da consciência".

O primeiro filósofo a consagrar o uso do termo foi Georg W. F. Hegel (p. 270), mas a fenomenologia como estilo filosófico desenvolvido no século XX foi proposta por outro pensador, o alemão Edmund Husserl (p. 353). No dizer de Husserl, a Filosofia teria a possibilidade de se tornar um conhecimento rigoroso, à maneira de uma ciência, ao esclarecer a consciência ou o modo como os fenômenos se doam a quem os conhece.

A análise do conhecimento feita por Husserl leva-o a concluir que, mais do que uma "aparelhagem" humana, a consciência é, ela mesma, uma *relação* ou uma *atividade*: a atividade de estar na presença daquilo que é conhecido, reagindo ativamente a ele. Os fenômenos, por sua vez, em vez de serem marcas ou impressões deixadas pelas coisas na consciência de quem as conhece, são as próprias coisas conhecidas e em cuja presença está a atividade da consciência.

Diferentemente de Wittgenstein, porém, Husserl considerava possível investigar o dinamismo da consciência entendida como capacidade, pois, embora ela seja o encontro de uma pessoa com a presença das coisas conhecidas, tal pessoa é dotada de possibilidades naturais. Dizer isso, porém, não faz de Husserl um kantiano, pois ele não entende a consciência como uma estrutura que representa as coisas e se relaciona com elas por meio da representação, mas como um conjunto de possibilidades que permitem estar na presença das coisas mesmas e relacionar-se com elas diretamente. Por outro lado, Husserl também não entendia o conhecimento como um retrato da realidade, ao modo de uma foto simples; o conhecimento, sendo uma relação, implica que a consciência participa ativamente dele. Nesse sentido, a fotomontagem de Philippe Ramette (p. 348), que apresentamos ao falar do "segundo" Wittgenstein, seria também adequada para simbolizar o pensamento husserliano.

Husserl rejeitava ainda o empirismo ou a compreensão do intelecto como uma *tabula rasa* ou uma folha em branco na qual as impressões inscrevem dados. Aliás, segundo Husserl, nem mesmo um empirista convicto poderia entender de fato o pensamento empirista, pois, embora se possa crer que a experiência baseada nos cinco sentidos seja a única fonte de conhecimento seguro, deve-se notar que essa crença é impossível de ser comprovada pela própria experiência empírica. Por meio dos cinco sentidos só se captam experiências singulares (esta cor, este odor, este som etc.), nunca regras gerais como aquela segundo a qual "todo conhecimento seguro baseia-se nos dados captados pelos cinco sentidos". Em outras palavras, o mundo físico dá fatos, não regras. O empirismo, portanto, acreditando provar uma "lei empírica", sem contudo poder provar empiricamente essa lei, mostra-se contraditório. Por conseguinte, segundo Husserl, mesmo o ceticismo é contraditório, pois também tem uma base empirista.

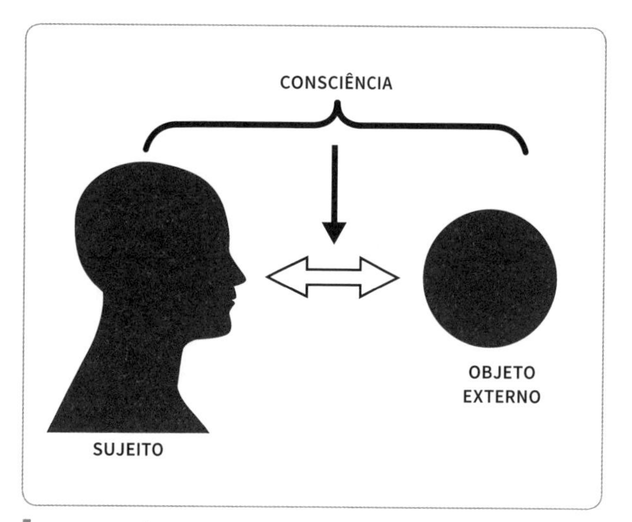

Esquema da compreensão fenomenológica da consciência no conhecimento de objetos externos: a consciência não é um baú de informações nem um *hardware* no qual as imagens das coisas são gravadas, mas uma relação atual que se estabelece entre um sujeito e um objeto presente ou presentificado pela memória. Mais do que uma simples capacidade humana, a consciência, de acordo com a fenomenologia, é o modo humano de ser.

A crítica de Husserl ao empirismo fazia dele um grande admirador de René Descartes (p. 191), por sua ênfase na verdade do pensamento ou na ação da consciência. Todavia, Husserl diferia também do racionalismo, que, no seu dizer, terminava por entender o ser humano de modo dualista, composto por duas "partes" que só se relacionam casualmente (o pensamento ou alma, de um lado, e o corpo, de outro). Em vez disso, Husserl compreendia o ser humano como um corpo consciente, uma realidade complexa ou uma realidade psicofísica composta por corpo (materialidade), alma (vitalidade e capacidade de ter emoções) e espírito (consciência) (p. 239). Tais dimensões existem em estreita habitação mútua ou inhabitação (um habita o outro), de modo que a consciência, mais do que uma atividade de uma "alma" ou de um "espírito" que se serve de um corpo (assim como o piloto de um avião ou o motorista de um automóvel), revela-se como a atividade do ser humano inteiro, em um acionamento íntimo de sua dimensão física (corpo), psíquica (alma) e cognitivo-livre (espírito).

Por outro lado, Husserl também se distanciou de Kant, pois, mesmo que Kant tenha chamado atenção para os fenômenos ou o modo como tudo aparece para a consciência, ele acabou desviando-se para a análise do "aparelho" cognitivo humano, como se fosse possível falar desse "aparelho" em si mesmo, sem seguir adiante com a investigação dos próprios fenômenos. Nesse ponto preciso da crítica a Kant, talvez a originalidade de Husserl possa ser vista em toda a sua amplitude: para falar da capacidade humana de conhecer, não é adequado dar explicações apenas para o funcionamento da consciência, mas é preciso investigar o modo como as coisas aparecem para quem as conhece.

A razão mais clara para o projeto husserliano vem da sua observação de que nunca há consciência "vazia" ou consciência sem conteúdo. *Consciência é sempre consciência de alguma coisa*. Ter consciência é estar sempre em uma relação com algo. Seria sem sentido, portanto, pretender que a razão se analise a si mesma, em sua estrutura íntima, porque a consciência só pode ser investigada enquanto está em ação. Ora, para estar em ação, ela precisa ter algum conteúdo diferente dela mesma (ser consciência de alguma coisa).

Husserl passa, então, a dar sentidos novos a palavras muito antigas como *experiência*. Ela não será mais a captação de coisas, e sim a vivência de uma relação com as coisas. Aliás, de modo geral, em fenomenologia, pode-se falar de *experiência*, *consciência* e *vivência* (ou *vivido*) como sinônimos.

Ao tentar discorrer mais diretamente sobre a consciência, Husserl, no livro *Investigações lógicas* (não confundir com as *Investigações filosóficas* de Wittgenstein!), identifica três funções conscientes: (1) cada uma das vivências; (2) o conjunto ou "tecido" formado pelas vivências na unidade de seu fluxo, como na correnteza de um rio; (3) a percepção interna das vivências ou a "vivência das vivências" (consciência de si ou autoconsciência).

As *vivências*, por sua vez, são percepções, imaginações, ficções, pensamentos conceituais, dúvidas, hipóteses, suposições, alegrias, sofrimentos, esperanças, temores etc. Numa palavra, as vivências são tudo o que as pessoas percebem.

Ainda uma comparação com Wittgenstein pode ser pedagógica aqui: de acordo com o "segundo" Wittgenstein, falar de dor de dente é um bom exemplo para mostrar que não há experiências idênticas para todas as pessoas; afinal, parece impossível afirmar que alguém que nunca teve dor de dente compreenda outra pessoa que diz "Tenho dor de dente". Essa expressão só será compreensível para alguém que aprendeu a dizer "Tenho dor de dente", em vez de simplesmente gemer. Husserl, de modo semelhante, entende que o hábito de dar nomes às vivências depende dos usos linguísticos e dos costumes construídos socialmente, mas defendia que uma pessoa que nunca tenha tido dor de dente pode entender em primeira pessoa a frase "Tenho dor de dente", pois essa pessoa pode muito bem associar a ideia de dor com a ideia de dente e obter compreensão da frase "Tenho dor de dente". A essa possibilidade Husserl chamava *empatia* ou *intropatia*, isto é, um "sentir dentro", um "perceber dentro" algo que é vivido fora: ninguém precisa estar triste para entender a tristeza de alguém. A empatia, assim, diferentemente de uma simpatia ou compaixão, consiste na compreensão da vivência alheia sem ter exatamente a mesma experiência da outra pessoa; trata-se, como dirá Edith Stein (p. 132), discípula de Husserl, do ato de "consciência da consciência alheia".

A empatia é a chave para explicar como é possível que, mesmo não tendo garantia nenhuma de que aquilo que percebemos nos outros corresponde ao que eles realmente vivem, ainda assim somos capazes de compreendê-los, comunicar, coincidir, divergir. Se comunicamos, é porque nossa consciência ou nosso modo de ser consciente é parecido. Isso se observa mesmo nas vivências ou nas

Embora cada pessoa tenha sua percepção individual do mundo, é possível constatar, pela comunicação, que o conteúdo percebido é o mesmo para pessoas diferentes. Por conseguinte, constata-se também que as coisas percebidas existem por si mesmas e "fora" da consciência das pessoas que as percebem. A essa atividade cognitiva a fenomenologia chama, de modo geral, *intersubjetividade*.

experiências mais simples do cotidiano: quando duas ou mais pessoas dizem perceber uma cor, elas se dão conta de que têm uma percepção comum, embora essa percepção seja vivida apenas individualmente. Ora, como elas podem perceber individualmente a cor e perceber, ao mesmo tempo, que suas percepções coincidem? Segundo Husserl, isso é possível porque os seres humanos possuem um modo comum de ser conscientes. Esse modo de ser consciente manifesta-se e desenvolve-se na *intersubjetividade*: é no encontro de sujeitos que se dá a percepção do que há de comum.

É também a intersubjetividade que permite afirmar que o mundo não é uma simples "invenção" da consciência e que o modo comum de ser consciente é mais do que o mero resultado da educação ou do trabalho social. A educação pode variar de cultura para cultura (de jogo de linguagem para jogo de linguagem, como diria Wittgenstein), mas vivências como dor, alegria, cálculo, hipótese etc. permanecem fundamentalmente as mesmas para todos. Há, então, segundo Husserl, um *modo de ser*, que é também um modo de se relacionar com tudo o que existe. Numa palavra, há consciência.

A partir dessa base, Husserl considera de extrema importância a atividade filosófica de investigar a consciência. Seu próprio trabalho pessoal foi esclarecer o modo de ser consciente, independentemente dos conteúdos específicos de cada ato consciente. Era o que ele chamava de *consciência pura* (pura ou destituída de conteúdos) ou *eu puro* (o "eu" que é comum a todos os "eus" empíricos, individuais).

Haveria aqui, contudo, uma contradição explícita se Husserl defendesse a possibilidade de uma "radiografia" da consciência sem conteúdos, uma vez que ele mesmo já havia afirmado que consciência é sempre consciência de alguma coisa. Husserl esclarecerá que a análise da consciência pura só pode ser feita com base nos fenômenos, ou seja, no modo como tudo aparece para a consciência. Em outras palavras, se tomarmos a palavra *objeto* como sinônimo dos conteúdos ou fenômenos que se doam à consciência (revelando, portanto, um sentido), então será possível dizer que, para Husserl, a análise da consciência é uma análise também dos objetos em seu modo de aparecer.

No volume II do livro *Ideias para uma fenomenologia pura e uma filosofia fenomenológica*, Husserl mostra que a percepção humana sempre segue um modo próprio de ocorrer. Esse modo é constante e, em certa medida, independe da formação social: por exemplo, quando se diz que uma parede é amarela, há uma série de modos de percepção implicados nessa afirmação. Para identificar tais modos, pode-se praticar a *variação*, ou seja, a atividade de imaginar mudanças na percepção, até chegar a dados sem os quais a percepção deixaria de fazer sentido. Enfocando a atenção na parede, pode-se imaginá-la também vermelha, branca, verde etc. Não se requer uma cor específica para se referir à parede. No entanto, enfocando a atenção na cor, pode-se imaginá-la fora da parede; ela pode ser associada ao chão, a um papel, a um carro etc., mas não se pode imaginar a cor sem uma superfície. A prática da variação leva, assim, a entender que "cor" é algo existente sempre em unidade com uma superfície. Se for retirado o fato de que uma cor sempre está em alguma superfície, simplesmente se deixa de pensar em uma cor. Como diz Husserl, chega-se a uma consciência de impossibilidade relativa à cor, e essa consciência mostra que faz parte da essência da cor a ligação com uma superfície.

Para tudo o que existe é possível pensar na sua essência. Em se tratando de um triângulo, é impossível imaginá-lo como não convexo; em se tratando de um som, é impossível imaginá-lo sem uma duração. A variação chega, assim, a limites que devem ser respeitados por tudo aquilo que existe. Em outras palavras, tudo o que existe revela sempre um modo próprio de se apresentar à consciência; esse modo próprio é o que Husserl chamava de *essência* ou *ideia*. Em sentido husserliano, a essência ou ideia é diferente da Essência ou Ideia platônica (p. 150) e da essência ou ideia entendida como construção no uso moderno do termo (p. 335). Ela é o modo de ser das coisas em sua autodoação à consciência. Esse modo de as coisas se apresentarem à consciência determina, por sua vez, o modo de ocorrer da própria consciência, a qual, em vez de construir representações das coisas, relaciona-se com elas e na presença delas. Por isso, o lema com o qual a filosofia husserliana ficou conhecida é: *voltar às coisas mesmas*.

A unidade radical entre consciência e objeto era chamada por Husserl de *intencionalidade*. Trata-se do direcionamento (rumo ao objeto) no ato da *intenção*, conceito que Husserl aprende com seu mestre Franz Brentano (1838-1917) e com os filósofos medievais. A intenção, porém, tem mais do que um sentido ético (o motor de uma ação); ela consiste na tensão em

A intencionalidade da consciência

Edmund Husserl

[Há fenômenos psíquicos e fenômenos físicos]. Na percepção, sempre há algo percebido: na fabricação de imagens, há algo representado em imagens; na enunciação[14], há algo enunciado; no amor, algo amado; no ódio, algo odiado; no desejo, algo desejado; e assim por diante. É isso que se deve reter de todos esses exemplos usados por Brentano quando declarava: "Todo fenômeno [...] é caracterizado por aquilo que os escolásticos, na Idade Média, chamavam inexistência[15] intencional (ou mesmo mental) de um objeto; é o que nós chamaremos – embora tenhamos de usar expressões equívocas[16] – de relação a um conteúdo, orientação para um objeto". [...]

Há variedades essenciais e específicas na relação intencional. Em suma: há variedades na intenção (que, para fazer apenas uma descrição, consiste sempre em um "ato"). São diferentes o modo como uma "simples imagem" de um estado de coisas visa ao seu objeto e o modo do juízo que considera verdadeiro ou falso o mesmo estado de coisas. Completamente diferente, por sua vez, é o modo da hipótese e da dúvida, da esperança e do temor, do prazer ou do desprazer, da atração e da repulsa; muito diferentes também são os modos da decisão por uma dúvida teórica (decisão relativa ao juízo) ou de uma dúvida prática (decisão relativa à vontade em caso de escolha deliberada); também são diferentes o modo da confirmação de uma intenção teórica (preenchimento de uma intenção relativa ao juízo) ou de uma intenção da vontade (preenchimento de uma intenção relativa à vontade); e assim por diante. Não resta dúvida de que a maior parte dos atos psíquicos, senão todos, é composta de vivências complexas [compostas de várias vivências]. Intenções que envolvem emoções sobrepõem-se a intenções de imagens ou de juízos nos atos psíquicos; neles há ainda outras combinações do mesmo gênero. Mas parece estar fora de dúvida que, se analisarmos esses complexos [de vivências], chegaremos sempre a unidades intencionais primitivas, as quais não se deixam reduzir, segundo sua essência obtida de modo descritivo, a vivências psíquicas de outro tipo. Também parece estar fora de dúvida que a intenção (ou ato), como unidade do gênero descritivo, apresenta variedades específicas que se baseiam na essência pura do gênero e que, assim, têm precedência[17], a título de algo *a priori*, sobre os fatos empíricos. Há, portanto, espécies e subespécies, essencialmente diversas, da intenção. ■

HUSSERL, Edmund. *Logische Untersuchungen*. Tübingen: M. Niemeyer, 1968. v. II, p. 366-369. (Investigações lógicas. Tradução nossa.)

[14]**Enunciação:** *expressão oral ou escrita.*

[15]**Inexistência:** *aqui, não significa "não existir", e sim "existir em (in)", "existir dentro".*

[16]**Equívoco:** *aqui, não significa "errado", e sim "com vários sentidos".*

[17]**Precedência:** *característica daquilo que vem antes.*

torno de um objeto que dá o modo de ser consciente (assim como a tensão que se aplica à corda de um instrumento musical).

Observe como, ao final do texto, Husserl também afirma que há algo *a priori* (p. 270) que funciona como condição para o conhecimento dos dados empíricos (os dados que se apresentam de modo físico). Porém, esse algo *a priori* é diferente de uma "estrutura"; ele é uma modalidade ou um conjunto de modos possíveis para a percepção. Visto em si mesmo (independentemente dos conteúdos em cuja presença esses modos são ativados), o "*a priori*" é a consciência pura ou o eu puro.

A tarefa de investigar a consciência pura de conteúdos é possível, segundo Husserl, quando se põe o mundo real entre parênteses, à maneira da *epoché* cética (p. 341). Isso significa que, assim como diante de filosofias dogmáticas o cético escolhia conter o seu juízo ou o seu julgamento, assim também o fenomenólogo, para analisar a consciência pura, deve conter a preocupação com os acontecimentos singulares, existentes em si mesmos, e procurar investigar o modo do aparecimento dos fenômenos à consciência, esclarecendo também a própria consciência em seu modo de estar presente aos fenômenos.

EDMUND HUSSERL (1859-1938)

Foi um filósofo e matemático alemão de origem judaica. Crítico do positivismo e do objetivismo científico que prevaleciam em sua época, Husserl fundou a fenomenologia como novo estilo filosófico. Para tanto, concentrava-se em algo que considerava inquestionável: os atos da consciência, entendida não como uma simples receptora de dados vindos da experiência sensível, mas como uma coautora desses mesmos dados. Obras mais conhecidas: *Investigações lógicas*, *Ideias para uma fenomenologia pura e para uma filosofia fenomenológica*, *A crise da humanidade europeia e a Filosofia*.

Essa regra metodológica valeu a Husserl a acusação de que ele seria um idealista estrito (p. 295), ou seja, um defensor da teoria segundo a qual não se pode conhecer nada sobre a realidade em si mesma, mas apenas sobre a realidade construída pela consciência. No limite, talvez a realidade sequer exista; só há certeza sobre os conteúdos da consciência.

Husserl, porém, reagindo a essa acusação, insistia que a árvore em chamas na realidade é a mesma árvore em chamas na consciência, com a diferença de que, na consciência, ela não precisa queimar. Essa maneira de se exprimir permitia a Husserl explicar que há duas orientações ou dois direcionamentos na consciência humana: uma que se dirige às coisas e procura explicá-las fisicamente; e outra que se dirige às coisas tal como elas estão presentes à consciência (a relação de consciência estabelecida com elas). A primeira orientação seria natural, comum e mesmo ingênua (despreocupada com questões filosóficas relativas ao funcionamento da consciência); ela corresponde ao olhar dirigido ao mundo e equivale à percepção sensível, fundamentando, por isso, o trabalho da Ciência. A segunda orientação seria filosófica ou fenomenológica, pois busca entender o modo mesmo de ocorrer da consciência. Como o objetivo da segunda orientação é conhecer a atividade da consciência na relação com os fenômenos, ela deixa de se concentrar sobre as coisas empíricas e as põe entre parênteses, fixando sua atenção no fluxo da consciência.

As duas orientações, no entanto, compõem a atividade humana de conhecer. Ao pôr entre parênteses o mundo ou os conteúdos particulares das experiências, Husserl não deixa o mundo "para trás", como se, depois de investigar a consciência, precisasse recuperá-lo em algum momento. Ao contrário, a orientação em direção ao mundo (típica da Ciência) é paralela à orientação rumo à consciência (típica da fenomenologia).

A proposta de uma filosofia fenomenológica permitia ainda a Husserl preservar o papel do indivíduo como produtor de conhecimento, sem conceber as pessoas como meros resultados de estruturas linguísticas ou culturais, biológicas, sociais ou outras. No seu entender, é "este" indivíduo que conhece; e, embora ele participe de um modo comum de ser consciente, seu modo é radicalmente "seu". No encontro com outros sujeitos, o indivíduo percebe-se como único e sem igual, muito além de apenas um recebedor de informações exteriores que o enformam ou de um ser dominado por estruturas linguísticas que "pensam" por ele.

Husserl une, dessa maneira, subjetividade (consciência individual) e objetividade (os fenômenos comprovados pela intersubjetividade), relativizando a ideia de que o conhecimento independe dos indivíduos. Ele chegava a dizer que o saber como conjunto de informações registradas nos livros e documentos de laboratórios é simplesmente inerte[18] até que um indivíduo o ative em um ato pessoal de saber. É só quando um indivíduo lê um livro ou refaz um experimento de laboratório que se pode dizer que o "saber existe".

EXERCÍCIO D

p. 503

1. É correto classificar Husserl como um filósofo da representação? Justifique sua resposta servindo-se da palavra *presença*.
2. Apresente resumidamente a concepção husserliana de consciência servindo-se das expressões *aparelho cognitivo* e *presença*.
3. Como Husserl analisaria o exemplo wittgensteiniano da dor de dente? Em sua resposta, utilize as palavras *empatia* e *intersubjetividade*.
4. Husserl foi um idealista estrito? Justifique sua resposta servindo-se da expressão *dupla orientação*.

[18] ***Inerte:*** *sem vida.*

4.2. Realidade e consciência na tradição patrística e medieval

O trabalho de Husserl é, sem dúvida, original; porém, ele não deixa de ter semelhanças com uma tradição mais antiga, iniciada já com alguns autores dos tempos patrísticos (p. 378) e desenvolvida em diferentes filosofias medievais (p. 380).

A principal dessas semelhanças reside na afirmação da consciência como atividade que participa da produção do conhecimento. Contudo, de modo geral, os pensadores patrísticos e medievais não empregavam o termo *consciência* no sentido da fenomenologia; davam-lhe um significado primordialmente ético. Para se referir ao que depois os fenomenólogos chamarão de *consciência*, eles se serviam de expressões como *pensamento, atividade racional, atividade intelectual.*

Um exemplo dessas semelhanças vem do modo como Agostinho de Hipona (p. 170) reagia ao ceticismo e considerava a existência do pensamento como algo de que não é possível duvidar. Na obra *Confissões*, ao narrar as dúvidas e as dificuldades filosóficas nas quais tinha se envolvido em sua busca da verdade, Agostinho chega a considerar o ceticismo como a filosofia mais prudente. Duvidar de todas as opiniões e não se iludir com a esperança de conhecer a verdade sobre o modo de ser das coisas, confiando, em vez disso, nos fenômenos, pareceu-lhe algo que realmente evitava a perturbação.

No entanto, Agostinho também constatava que a perturbação evitada pelos céticos nascia da comparação entre opiniões e interpretações sobre o mundo. De fato, se a busca filosófica se concentrar apenas na análise de proposições ou frases sobre a realidade, permanecerá incapaz de ultrapassar a dúvida e evitar o erro. Será, então, mais prudente tornar-se cético. Um dado, porém, marcou a reflexão de Agostinho: apesar da variedade de opiniões e interpretações sobre a realidade, das quais se pode duvidar com base nos motivos levantados pelos céticos, é impossível duvidar do fato de que essas opiniões e interpretações nascem de uma experiência individual da mesma realidade. Ainda que essa experiência chegue a formular frases inadequadas sobre a realidade, contraditórias ou mesmo contrárias, ninguém poderá duvidar que elas nascem de um indivíduo que experiencia a realidade.

Agostinho chamou a atenção para esse fato analisando a possibilidade do erro. Na obra *O livre-arbítrio*, ele esclarece que o próprio ato de duvidar e de errar confirmam que a pessoa existe. Se eu erro, eu existo. Em outras palavras, se eu erro, então preciso existir para errar; como sei que erro em muitas coisas, então existo.

Agostinho faz a reflexão passar, assim, do nível das simples frases sobre o mundo para o nível da experiência interior pela qual cada indivíduo vivencia o mundo e se sente como algo singular. Por causa dessa passagem, Agostinho exerceu grande influência sobre numerosos pensadores, entre eles René Descartes, que se dedicou a justificar a evidência do pensamento, e Edmund Husserl, fundador da filosofia fenomenológica. Mais próximo temporalmente de Agostinho, outro de seus leitores atentos foi Boécio de Roma cuja obra *Consolação da filosofia* esclarecia como muitas dificuldades filosóficas nascem da crença segundo a qual o conhecimento depende daquilo que é conhecido, quando, na verdade, como dizia Boécio, ele depende de quem pratica a atividade de conhecer. Como continuador da linhagem agostiniano-boeciana, Tomás de Aquino (p. 114) elabora uma teoria do conhecimento marcada por fortes semelhanças com a "filosofia da consciência" fenomenológica.

Tomás se serviu repetidas vezes de um ditado filosófico bastante conhecido na Idade Média: "nada pode estar no intelecto sem antes ter estado nos sentidos". No entanto, em vez de entender o conhecimento como um simples retrato do mundo, resultante de um processo em que as coisas físicas produziriam os conteúdos do intelecto, Tomás também defendia que o intelecto participa da produção do conhecimento. Embora seja inegável a necessidade humana dos dados captados por meio dos cinco sentidos para desenvolver a capacidade cognitiva, Tomás esclarecia que esses mesmos dados são incapazes de produzir conhecimento sem a ação conjunta do intelecto. O papel do intelecto seria colher as semelhanças entre as coisas singulares, interpretando-as de acordo com

BOÉCIO DE ROMA (480-525)

Foi um filósofo, político e teólogo que traduziu para o latim obras de Aristóteles, além de comentar alguns textos clássicos, contribuindo para a formação do vocabulário filosófico em língua latina. Foi vítima de uma conspiração política e acabou sendo condenado à morte pelo imperador Teodorico. Obras mais conhecidas: *A consolação da Filosofia* e *Escritos teológicos*.

A verdade no intelecto e nos sentidos
Tomás de Aquino

1 A verdade está no intelecto e no sentido, porém não do mesmo modo. No intelecto, a verdade está como aquilo que resulta do ato do próprio intelecto e como conhecida por meio do intelecto. Ela segue, portanto, a operação do intelecto; e, de acordo com essa operação, um juízo do intelecto versa sobre a coisa 5 [conhecida] como algo que existe. Mas a verdade é conhecida pelo intelecto enquanto o intelecto reflete sobre seu próprio ato: não apenas enquanto conhece seu próprio ato, mas enquanto conhece a diferença ou a proporção entre ele e a coisa [conhecida], diferença essa que não pode ser conhecida a não ser que se conheça a natureza mesma do próprio ato de conhecer. Por sua vez, a natureza 10 do ato de conhecer só pode ser conhecida quando se conhece a natureza do seu princípio ativo, que é o próprio intelecto, em cuja natureza está a possibilidade de se conformar às coisas. Daí que o intelecto conhece a verdade enquanto reflete sobre si mesmo. ■

TOMÁS DE AQUINO. *Quaestio disputata de veritate*. Disponível em: <http://www.corpusthomisticum.org/qdv01.html#51747>. Acesso em: 15 out. 2015. (Questão disputada sobre a verdade. Questão 1, artigo 9. Tradução nossa.)

gêneros e espécies universais (p. 97) que estruturam a Natureza. A observação de tais gêneros e espécies, por sua vez, permitiria conhecer a essência de cada coisa, em uma atividade muito semelhante à que Husserl chama de *variação*: trata-se de identificar as características sem as quais alguma coisa deixa de ser o que ela é.

A concepção tomasiana, tal como sintetizada aqui, pode dar a impressão de que o conhecimento, para Tomás, seria o resultado de uma recepção passiva de informações do mundo, em que o intelecto seria uma *tabula rasa* ou uma folha em branco. Todavia, o intelecto é ativo no ato de conhecer, pois, segundo Tomás, sequer há conhecimento se o intelecto não se debruça sobre si mesmo e não percebe sua diferença com o mundo. Um conhecimento verdadeiro, desse ponto de vista, não seria uma simples adequação do intelecto à coisa conhecida, mas a atividade refletida de se pronunciar sobre o mundo com base na percepção da diferença entre aquilo que o mundo é e aquilo que se pensa sobre ele .

Como explica o historiador da Filosofia Etienne Gilson (1884-1978), para bem entender Tomás de Aquino, é preciso libertá-lo da visão de sua filosofia tal como interpretada pelos modernos, principalmente Descartes. De acordo com a visão moderna, Tomás de Aquino acreditava que o conhecimento inicia pela captação simples e direta do modo de ser das coisas, ingenuamente tomado como evidente. Em vez disso, porém, Tomás defendia que o conhecimento inicia quando alguém percebe as coisas como realidades "existentes para o intelecto" (para a consciência), ou seja, quando as coisas são percebidas em sua diferença com relação a quem as percebe. Torna-se compreensível, assim, que o pensamento tomasiano tenha despertado o interesse de Husserl, embora o filósofo alemão considerasse os medievais, de modo geral, como "ingênuos", despreocupados com o papel da consciência na atividade de conhecer.

Também pensadores judeus e muçulmanos da Idade Média contribuíram com linhas de pensamento que poderiam ser chamadas de "filosofias da consciência". Avicena, por exemplo, exerceu grande influência, inclusive sobre Tomás de Aquino. Ele chegava a afirmar que a autopercepção de cada indivíduo como um "eu" que se conhece e conhece o mundo independe da ativação dos cinco sentidos. Para ilustrar seu pensamento, Avicena imagina uma situação hipotética em que um homem estaria suspenso no espaço, sem utilizar nenhum dos cinco sentidos, e, no entanto, não seria vazio de conhecimento: ele conheceria sua

AVICENA (980-1037)

Foi um filósofo e cientista muçulmano persa. Exerceu grande influência em Filosofia e outros saberes, especialmente na Medicina. Relacionando o patrimônio filosófico grego com elementos religiosos islâmicos, desenvolveu intuições bastante originais. Obras mais conhecidas: *Livro da Alma* e *A origem e o retorno*.

O “eu” é diferente do corpo

Avicena

1 Devemos indicar, aqui, um modo de estabelecer a existência da nossa alma, despertando a atenção e permitindo a rememoração. Essa indicação terá uma forte ressonância junto de quem tem a capacidade de perceber o verdadeiro sem ter necessidade de ser erudito nem afiado, nem desviado dos erros. 5 Dizemos, então: é preciso que cada um de nós se imagine como se tivesse sido criado instantaneamente e perfeito, mas que sua vista tenha sido impedida de ter qualquer visão das coisas exteriores; e que cada um se imagine como criado e posto no ar ou no vazio, de maneira tal que a consistência do ar não o toque e não o leve a experimentar uma sensação; por fim, que seus membros fiquem 10 bem separados e assim ele não os aproxime nem se toque.

Depois, que cada um considere atentamente se afirmará a existência de sua essência ou seu “eu”. Certamente não duvidará de que seu “eu” existe, mesmo sem afirmar, com isso, qualquer um de seus membros nem nenhum de seus órgãos internos, nem um coração nem um cérebro, nem nenhuma das coisas 15 exteriores. Ele afirmará seu “eu” sem afirmar nenhuma extensão, nem largura, nem profundidade. E se lhe fosse possível, nessa situação, imaginar um braço ou outro membro, ele não o imaginaria como parte de seu “eu” nem como condição de seu “eu”.

Ora, o que é afirmado é diferente do que não é afirmado; o que é reconhecido 20 é diferente do que não é reconhecido. Por conseguinte, o “eu” que esse homem dirá existir possui a propriedade de ser idêntico a ele mesmo e de ser diferente de seu corpo e de seus membros, os quais não foram afirmados. Assim, pois, aquele que afirma tem uma via que desperta sua atenção para o fato de que a alma é uma coisa diferente do corpo, ou melhor, diferente de um corpo; ele 25 sabe isso e é consciente disso, mesmo quando se encontra distraído e tem necessidade de ser chamado novamente à ordem. ■

AVICENA. *Sifā' – De anima* I, 1. Edição e tradução G. C. Anawati e S. Zayed. Cairo: Institut Français d'Archéologie Orientale, 1974. p. 13. (A cura ou Tratado da alma. Tradução nossa Tradução nossa para o português.)

alma, sede da sua singularidade, e chegaria a concluir que ela é diferente do corpo.

Observe que a hipótese do “homem voador” ou do homem suspenso no espaço permite a Avicena (p. 355) defender que nem todo conhecimento depende da contraposição com coisas sensíveis. Isso não significa, porém, que Avicena concebia o conhecimento como independente das coisas sensíveis. Ao contrário, a compreensão da própria existência, no seu entender, só é alcançada por meio da interrogação constante e do contato dos sentidos físicos com coisas singulares. O objetivo, porém, da hipótese do “homem voador” é mostrar que a afirmação da própria existência independe do conhecimento desenvolvido pelo contato físico com coisas singulares; é de outra ordem e, por isso, conserva ao menos uma mínima possibilidade de acontecer por si mesma.

EXERCÍCIO E

p. 504

1. O que fez Agostinho de Hipona chamar o ceticismo de “a mais prudente das filosofias”?
2. O que permitiu a Agostinho superar o ceticismo?
3. Explique por que, segundo Tomás de Aquino, o conhecimento não é um retrato direto da realidade.
4. O que pretendia Avicena com a hipótese do “homem voador”?

p. 506 Proposta de ativ. complementar

5 O conhecimento nas ciências naturais

A história das diferentes concepções filosóficas do conhecimento em geral influencia diretamente o modo como hoje se entende o conhecimento científico. À exceção de cientistas filosoficamente ingênuos[19] e de filósofos que não acompanham os debates científicos, dificilmente alguém sustentará que o conhecimento científico é totalmente "objetivo" ou um retrato direto da realidade. Por isso, as compreensões do que é a Ciência também variam.

Desde o século XIX, graças ao trabalho de filósofos, sociólogos, antropólogos, matemáticos e de representantes das ciências ditas "naturais" (físicos, biólogos e químicos), tomou-se consciência de que as teorias científicas dependem em grande parte do modo de pensar individual dos cientistas, e não apenas dos dados naturais, como se estes "causassem" por si mesmos um conhecimento "objetivo".

A esse respeito, é muito esclarecedor um texto escrito por Albert Einstein (1879-1955) e Léopold Infeld (1898-1968) .

É curioso observar como Einstein e Infeld, cientistas acima de tudo, invertem o uso da metáfora do relógio, que foi tão valorizada a partir do Renascimento (p. 382) e da Modernidade (p. 385), quando muitos filósofos passaram a adotar como modelo de conhecimento o procedimento mecanicista (p. 235). Einstein e Infeld não comparam o conhecimento científico com o procedimento de alguém que desmonta um relógio e depois o monta novamente, como se esse desmontar e remontar fosse o melhor modo de simbolizar o conhecimento científico. Ao contrário, eles imaginam um relógio impossível de abrir e comparam o conhecimento científico com a atividade criativa de alguém que imagina o funcionamento do mecanismo desse relógio. Isso quer dizer que, para Einstein e Infeld, mais do que constatar coisas, conhecer cientificamente significa elaborar um modo de unificar os dados observados em uma construção que permita explicar esses mesmos dados.

Explicar, porém, é uma atividade que vai além de conhecer as partes ou os elementos em que os dados podem ser divididos. Aliás, se Einstein e Infeld tivessem falado de alguém que abre o relógio e estuda suas partes, certamente não teriam mudado sua conclusão, pois, mesmo desmontando e remontando o relógio, o que o observador percebe é apenas o conjunto das partes. Chegar a uma explicação do modo como as partes produzem um determinado resultado é algo que vai além da simples observação e exige

[19]**Ingênuo:** *sem conhecimento ou sem experiência.*

A verdade objetiva é uma criação
Albert Einstein e Léopold Infeld

1 Os conceitos físicos são criações livres do espírito humano; eles não são, como se poderia acreditar, determinados unicamente pelo mundo exterior. No esforço que fazemos para compreender o mundo, nós parecemos um pouco com uma pessoa que tenta compreender o mecanismo de um relógio completamente fe-
5 chado: ela vê o mostrador e os ponteiros em movimento, ouve o tique-taque, mas não tem nenhum meio de abrir o relógio. Se ela for criativa, poderá construir uma imagem do mecanismo, considerando-o responsável por tudo o que ela observa; mas ela nunca estará segura de que a sua imagem é a única capaz de explicar suas observações. Ela nunca estará em condições de comparar sua
10 imagem com o mecanismo real e sequer poderá representar a possibilidade ou a significação de tal comparação. Assim o pesquisador também crê certamente que, à medida que seus conhecimentos aumentarão, sua imagem da realidade se tornará cada vez mais simples e explicará campos de impressões sensíveis sempre mais amplos. Ele poderá, assim, crer na existência de um limite ideal do
15 conhecimento, que o espírito humano pode alcançar. Ele poderá chamar esse limite ideal de *verdade objetiva*. ■

EINSTEIN, Albert; INFELD, Léopold. *L'évolution des idées en Physique*. Tradução M. Solovine. Paris: Payot, 1978. p. 34-35. (A evolução das ideias em Física. Tradução nossa para o português.)

do pesquisador um passo adiante: é sua criatividade que lhe permitirá propor uma teoria que unifica as partes e inventa um porquê para o resultado do conjunto que elas produzem.

O observador é, portanto, também autor. Constatando que sua teoria inventada permite explicar dados empíricos, ele continua a aplicar essa mesma teoria e a lidar com um limite ideal, quer dizer, um padrão máximo de clareza, também inventado por seu pensamento. Esse limite ideal ou padrão máximo que pode ser atingido pelo conhecimento passa, por sua vez, a ser considerado como a verdade "objetiva", aquela que é tomada como critério para a avaliação de tudo o que se conhece durante o processo de investigação. A objetividade da verdade científica, portanto, em vez de ser algo que a própria Natureza revela, consiste, segundo Einstein e Infeld, em uma construção do espírito humano em sua relação com a Natureza.

O filósofo da ciência Thomas Kuhn (p. 361) dedicou-se a compreender o comportamento científico como um processo de construção de teorias (e não de retratos da Natureza), chamando a atenção para o fato de que as ciências revelam, por sua história, um desenvolvimento descontínuo, ou seja, marcado por interrupções claras nas maneiras de explicar a realidade. Mais do que acumular informações sempre correlacionadas, as ciências realizam rupturas com modos anteriores e também científicos de explicar a realidade. Kuhn denomina tais rupturas de revoluções, de onde vem o título de seu livro mais conhecido, *A estrutura das revoluções científicas*.

Thomas Kuhn recorre ao exemplo do pato-coelho (p. 343) de Wittgenstein e o aplica ao próprio comportamento dos cientistas: a mesma realidade pode despertar diferentes percepções, pois todo olhar é um "olhar como". Assim, de acordo com o modo como um cientista olha para a realidade, surge uma teoria correspondente; e os fatores que influenciam o como se olha são as vivências e crenças sociais. Dado que a vida social está em constante mudança, é compreensível que as teorias científicas também mudem, rompendo com concepções anteriores. Os quadros, contextos ou modelos científicos do passado entram em crise quando se percebe algum dado anômalo[20] e dão lugar a novos *modelos* de explicação. Kuhn também chama tais modelos de *paradigmas*. Novos modelos são criados para explicar as anomalias e tornam-se a Ciência "normalizante[21]" daquele momento, até que outra anomalia surja, levando a uma ruptura com o modelo de então.

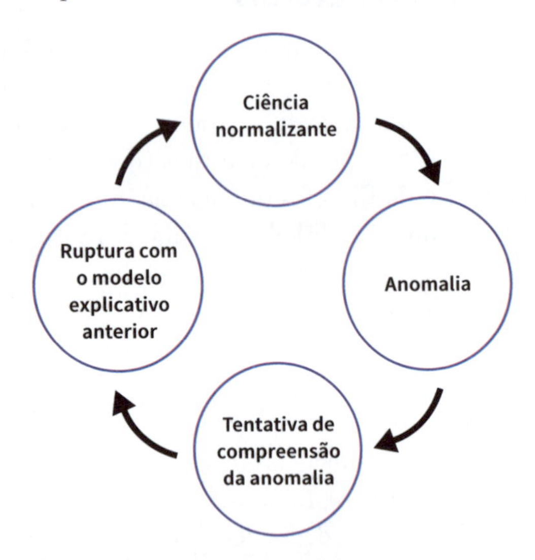

Pontos de vista neutros, portanto, inexistem em Ciência, segundo Kuhn; eles são sempre formados socialmente e com os olhos voltados para o passado.

Também o filósofo da Ciência Karl Popper compreendeu o desenvolvimento da Ciência como um processo com os "olhos voltados para o passado". No entanto, Popper considerava que uma verdadeira teoria científica, além de olhar para o passado, é capaz de preparar o futuro quando é elaborada de modo a poder ser refutada[22]. Assim, em vez de ser construída para ser confirmada por fatos da Natureza

KARL POPPER (1902-1994)

Foi um filósofo austríaco, naturalizado britânico. Concentrou-se em refletir sobre a Ciência e a Política. Defendia que, para ser científica, uma teoria deve ser falseável, ou seja, passível de refutação. Todo conhecimento científico é sempre conjectural e provisório. Popper foi também defensor da democracia liberal e um oponente do totalitarismo. Obras mais conhecidas: *A lógica da pesquisa científica*, *Conjecturas e refutações* e *Sociedade aberta, universo aberto*.

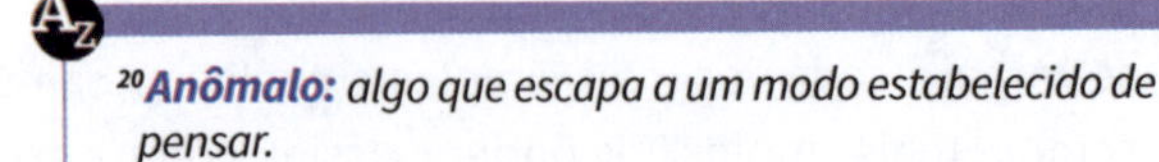

[20]**Anômalo:** *algo que escapa a um modo estabelecido de pensar.*

[21]**Normalizante:** *que fornece uma norma ou regra geral.*

[22]**Refutado:** *contradito; descartado.*

e considerada sempre verdadeira, uma teoria realmente científica deve ser feita de modo a poder ser revista ou mesmo abandonada caso fatos novos revelem sua insuficiência explicativa.

Popper colocava no centro do debate o fato de a maior parte dos enunciados ou frases científicas ser formada com base na indução (p. 48). A partir de certos dados conhecidos, tiram-se conclusões que não são necessariamente sempre garantidas por esses dados. Por exemplo, o fato de se observar que um grande número de porções de água ferve a 100 °C não garante que alguma porção de água não possa ferver com outro grau. A indução, nesse sentido, torna frágil a crença científica de que uma teoria é sempre verdadeira por ser confirmada por fatos.

Karl Popper insistia, então, que crer na verificação[23] de um enunciado equivale a pensar que as infinitas possibilidades naturais são pré-conhecidas nesse enunciado "verificado" e permanecerão as mesmas em todos os tempos. É fácil, porém, constatar a fragilidade dessa crença. Uma frase aparentemente óbvia como *Todo ser humano é mortal* requer, para ser verificada, esperar o tempo necessário para o desaparecimento de todos os seres humanos, a fim de poder pretender que seu conteúdo seja realmente considerado verdadeiro. Enquanto houver um ser humano vivo, será impossível verificar essa frase, pois nunca se saberá se esse ser humano morrerá ou não.

Popper chega a declarar sua descrença na indução como método científico, salvo no caso da indução matemática (campo do saber em que a regularidade é mais facilmente defensável[24]). Por essa razão, ele propõe outra compreensão das teorias científicas, promovendo, de certo modo, uma concepção mais humilde da Ciência. Em vez de defender a verificação, Popper defende a *falseabilidade* ou a possibilidade de que um enunciado venha a ser considerado falso: um enunciado realmente científico é construído de modo que possa ser comparado com a experiência sensível e refutado por ela. Esse modo de construção depende do que Popper chamava de *forma lógica*.

A forma lógica de um enunciado verificado pela realidade (enunciado criticado por Popper) seria, no máximo, algo como *Amanhã choverá ou não choverá aqui*. É somente nessa forma que o enunciado verificado pode ser de fato verdadeiro. Todavia, enunciados desse tipo são destituídos de interesse científico, pois são verdadeiros antes mesmo do confronto com a realidade. Já o enunciado *Amanhã choverá aqui* é um enunciado científico, segundo Popper, pois é formulado de modo que a experiência possa refutá-lo. Caso seja refutado, será mostrado somente o seu caráter de boa expressão da realidade. É, numa palavra, um enunciado falseável.

Por outro lado, se *Todo ser humano é mortal* não é um enunciado científico, o enunciado *Todos os corvos são pretos* é científico, pois sua formulação permite que ele seja refutado: bastará encontrar um corvo não preto para refutá-lo. Isso não significa que o enunciado falseado deva ser abandonado, pois um caso de corvo não preto pode ser uma absoluta exceção. Mas, se a teoria contida nesse enunciado começar a perder força para outra teoria, então a primeira pode ser considerada inteiramente falseada, em benefício da segunda, que explica melhor os fenômenos.

Em Matemática, a falseabilidade tem um impacto ainda maior, pois um caso que contrarie um enunciado basta para obter a verdade do enunciado contrário. Por exemplo, quando se diz *Para todo objeto* A, *verifica-se a propriedade x*; e quando se pode dizer, ao mesmo tempo, que *Há ao menos um objeto* A *que não verifica x*, então se obtém a falsidade da primeira proposição e a verdade da proposição contraditória: *Algum objeto* A *não verifica x*. Em termos lógicos, essa operação corresponde ao *quadrado das oposições* (p. 211-212).

BJØRN CHRISTIAN TØRRISSEN/WIKIMEDIA COMMONS

O fato de ser possível encontrar um corvo não preto torna científico, segundo Karl Popper, o enunciado *Todos os corvos são pretos*.

[23] ***Verificação:*** *confirmação de que algo é verdadeiro.*

[24] ***Defensável:*** *que pode ser defendido, sustentado.*

A verificabilidade não é científica; a falseabilidade sim

Karl Popper

POPPER, Karl. *A lógica da pesquisa científica*. Tradução Leónidas Hegenberg e Octanny Silveira da Mota. São Paulo: Cultrix, 2006. p. 41-43.

1 O critério de demarcação inerente à Lógica Indutiva – isto é, o dogma positivista do significado – equivale ao requisito de que todos os enunciados da ciência empírica (ou todos os enunciados "significativos") devem ser suscetíveis de serem, afinal, julgados com respeito à sua verdade e falsidade; diremos que eles devem ser "con-
5 clusivamente julgáveis". [...]

Ora, a meu ver, não existe a chamada indução. Nesses termos, inferências que levam a teorias, partindo-se de enunciados singulares "verificados por experiência" (não importa o que isso possa significar) são logicamente inadmissíveis. Consequentemente, as teorias nunca são empiricamente verificáveis. Se quisermos evitar o erro positivista
10 de eliminar os sistemas teóricos de ciência natural, por força de um critério de demarcação que estabeleçamos, deveremos eleger um critério que nos permita incluir, no domínio da ciência empírica, até mesmo enunciados insuscetíveis de verificação.

Contudo, só reconhecerei um sistema como empírico ou científico se ele for passível de comprovação pela experiência. Essas considerações sugerem que deve ser
15 tomado como critério de demarcação não a verificabilidade, mas a falseabilidade de um sistema. Em outras palavras, não exigirei que um sistema científico seja suscetível de ser dado como válido, de uma vez por todas, em sentido positivo; exigirei, porém, que sua forma lógica seja tal que se torne possível validá-lo por meio do recurso a provas empíricas, em sentido negativo: deve ser possível refutar, pela experiência,
20 um sistema científico empírico. (Assim, o enunciado "Choverá ou não choverá aqui amanhã" não será considerado empírico, simplesmente porque não admite refutação, ao passo que será considerado empírico o enunciado "Choverá aqui amanhã"). [...]

A quantidade de informação positiva acerca do mundo, veiculada por um enunciado científico, é tanto maior, em razão de seu caráter lógico, quanto mais conflitos
25 gere com possíveis enunciados singulares. (Nem é por acaso que chamamos "leis" às leis da Natureza: quanto mais proíbem, mais dizem).

[...]

Minha posição está alicerçada numa assimetria entre verificabilidade e falseabilidade, assimetria que decorre da forma lógica dos enunciados universais. Esses enun-
30 ciados nunca são deriváveis de enunciados singulares, mas podem ser contraditados pelos enunciados singulares. Consequentemente, é possível, por meio de recurso a inferências puramente dedutivas (com auxílio do *modus tollens* da lógica tradicional) concluir acerca da falsidade de enunciados universais a partir da verdade de enunciados singulares. Essa conclusão acerca da falsidade dos enunciados universais é
35 a única espécie de inferência estritamente dedutiva que atua, por assim dizer, em "direção indutiva", ou seja, de enunciados singulares para enunciados universais. ■

O comportamento das regras matemáticas permite ilustrar a razão pela qual Karl Popper afirma que, no limite, mesmo o procedimento indutivo só se aplicaria à falseabilidade, nunca à verificação. Com efeito, recorrer a fatos singulares serve apenas para contrariar leis universais por um procedimento lógico muito simples: o *modus tollens* (p. 56). Mas a refutação seria praticada por dedução (p. 47-48 e 50), procedimento que lida com a verdade de certos enunciados e obtém conclusões necessariamente verdadeiras, independentemente do recurso à experiência.

A concepção popperiana da falseabilidade parece entrar em choque com a visão desenvolvida por Thomas Kuhn e a ideia de que os cientistas trabalham sempre no interior de um modelo ou paradigma que influencia sua visão sobre os fatos. Em resumo, o que levaria a aceitar ou recusar uma teoria seria a decisão dos cientistas, não a forma lógica pretensamente objetiva dos enunciados, como queria Popper.

No entanto, o também filósofo da ciência Imre Lakatos (1922-1974) explica que o trabalho de Kuhn consistia em mostrar que a ciência progride por refutação de projetos de pesquisa. Nesse sentido, sua compreensão do procedimento científico preserva o princípio da falseabilidade, embora o tire de certa "ingenuidade", como se sua aplicação dependesse da objetividade dos enunciados, sem a interferência do olhar dos grupos de cientistas.

THOMAS KUHN (1922-1996)

Foi um filósofo e historiador da ciência norte-americano. Interessou-se sobretudo pelo caráter histórico do pensamento científico. Retomou do francês Alexandre Koyré (1892-1964) o conceito de revolução científica e desenvolveu a sua própria teoria das mudanças de modelo ou paradigma científico. Obra mais conhecida: *A estrutura das revoluções científicas* (1962).

EXERCÍCIO   p. 504

1. Explique como a metáfora do relógio impossível de abrir permite a Einstein e Infeld apresentar a objetividade científica como uma criação.
2. De acordo com Thomas Kuhn, como a objetividade científica é construída?
3. Por que Karl Popper recusa a ideia de verificação dos enunciados científicos?
4. Por que um enunciado como *Todos os seres humanos são mortais* não é falseável, segundo Popper, ao passo que é falseável um enunciado como *Todos os corvos são pretos*?

[25] ***Hermenêutica:*** *atitude filosófica que se dedica a estudar o que contribui para a produção e a percepção de sentido nas diferentes visões de mundo.*

6 O conhecimento nas ciências humanas

Os debates em torno da objetividade do conhecimento científico ou da "verdade objetiva" ganha nova direção quando se trata de entender as ciências humanas (História, Sociologia, Antropologia, Psicologia etc.), pois o objeto dessa área do saber é o que mais resiste a explicações rígidas ou interpretações baseadas em "leis naturais". Esse objeto é nada menos do que o ser humano, visto agora como um ser que produz Cultura (p. 236-239), ser em constante formação de si mesmo e de suas relações com os outros e com o mundo, mais do que um simples conjunto de aspectos biológicos, físicos e químicos.

Como grande parte dos cientistas naturais ainda opera com a ideia de que a Natureza segue leis fixas e imutáveis, torna-se claro como as ciências naturais são insuficientes para investigar o ser humano, uma vez que ele revela a possibilidade de dar sentido à sua própria existência, superando, em alguma medida, os próprios condicionamentos naturais. Dessa constatação nasceram as ciências humanas.

Já no século XIX se percebeu que os fenômenos tipicamente humanos exigiam um tratamento específico. Dois dos pensadores mais influentes nessa direção foram Wilhelm Dilthey (1833-1911) e Georg Simmel (1858-1918).

Dilthey e Simmel tinham forte interesse pelo ramo do saber que hoje é chamado de Sociologia, mas ambos recusavam abertamente os modelos de Auguste Comte (1798-1857) e Herbert Spencer (1820-1903), considerados fundadores da ciência sociológica e adeptos de uma visão do ser humano construída ao modo das ciências positivas ou ciências naturais. Dilthey e Simmel, ao contrário, não podiam aceitar a ideia comtiana e spenceriana de que as realidades sociais obedecem a uma lei evolutiva semelhante à evolução das espécies defendida por Charles Darwin. Acreditar nisso significava abrir mão da infinita criatividade que permite aos seres humanos interferir nos aspectos naturais de seu modo de viver e participar da construção do sentido da própria existência.

Dilthey, especificamente, inspirou-se nos trabalhos de Friedrich Schleiermacher (p. 313), sobretudo em sua tentativa de combinar os elementos históricos usados na interpretação da Bíblia com elementos interpretativos aplicados na leitura dos autores clássicos (filósofos e literatos). Com base nessa prática hermenêutica[25],

Dilthey elaborou a diferença entre compreender e explicar. Dessas duas noções nascerá sua distinção entre *ciências naturais e ciências do espírito*.

Segundo as práticas científicas observadas por Dilthey no fim do século XIX e início do século XX, a atividade de *explicar* consistia em analisar os elementos que compõem as realidades estudadas e em identificar as causas que levam esses elementos a produzir seus efeitos correspondentes. Tais causas eram explicadas em termos de leis ou regularidades.

Em vez de se concentrar em elementos e causas determinadas por leis, a atividade de *compreender* trata dos fenômenos em seus conjuntos, quer dizer, em unidades maiores e produtoras de novos sentidos exatamente como conjuntos. Esse método considera a experiência da vida como um todo, identificando inter-relações e valores que orientam os costumes. Em outras palavras, considera a realidade sob a perspectiva de sua construção pelo espírito humano (pensamento e liberdade).

A atividade de explicar, então, exprime o método típico das ciências naturais, como dizia Dilthey em referência às áreas do saber que se concentram nos aspectos físicos, químicos e biológicos da realidade, ao passo que compreender equivale ao método das ciências do espírito. Com o passar do tempo, as ciências do espírito receberam o nome de *ciências humanas*.

A Psicologia é um bom exemplo para perceber a distinção entre explicar e compreender. Ela pode concentrar-se apenas nos aspectos causais das experiências humanas, buscando mostrar por que elas ocorrem e baseando-se em um modelo explicativo segundo o qual uma experiência gera sempre determinadas consequências. O trabalho do psicólogo poderá encontrar essas relações de causa e efeito; sua psicologia será, então, uma ciência explicativa e natural. Mas a Psicologia também pode ser descritiva e analítica, isto é, pode tratar o ser humano como um conjunto de fatores bioquímico-físicos (constituição corpórea), psíquicos (vivências perceptivas e emocionais) e espirituais (vivências de pensamento reflexivo e de liberdade). O trabalho do psicólogo, de acordo com essa segunda metodologia, será encontrar ligações entre as experiências, além de ver a experiência no singular, a experiência de uma pessoa, sem interpretá-la como apenas mais um caso das relações entre causa e efeito do psiquismo. Pode considerar também as influências tanto naturais quanto sociais, recebidas pelas pessoas, e descrever as conexões espontâneas que aparecem na sua experiência como fontes de sentido não necessariamente preestabelecidas.

GABRIEL NARDELLI ARAÚJO 2008

A indústria cultural produz cultura, hoje, como um conjunto de artigos de consumo. Atrofiando as capacidades humanas, ela paralisa a criatividade e torna passivos os consumidores.

Trata-se da visão da pessoa como ser que pode operar com seus condicionamentos e participar do sentido dado à própria existência. De acordo com esse modelo, a Psicologia será uma ciência humana.

No século XX, o grupo de filósofos e sociólogos reunidos no Instituto para a Pesquisa Social, em Frankfurt, foi um dos principais atores na reflexão sobre as ciências humanas. Dele participaram principalmente Max Horkheimer (1895-1973), Herbert Marcuse (1898-1979), Theodor Adorno (1903-1969), Walter Benjamin (1892-1940) e Jürgen Habermas (1929-). O impacto de seus trabalhos foi tão grande que eles passaram a ser conhecidos como *Escola de Frankfurt*.

Concentrados em compreender o ser humano em sua complexidade, os frankfurtianos dedicaram-se às várias áreas da experiência humana, mostrando como elas se inter-relacionam e revelando motivos que, embora causem a ação humana, nem sempre são percebidos. Eles traziam à tona, por exemplo, o modo como a organização da vida humana em torno do consumo de mercadorias tornou-se a fonte de sentido para os indivíduos e os grupos sociais. Mesmo o mundo das artes é afetado por esse modo de viver. Theodor Adorno elabora, por isso, no livro *Dialética do Esclarecimento*, o conceito de *indústria cultural*: a Cultura, hoje, é produzida como artigo de consumo e isso vale em todos os aspectos, tanto artísticos como científicos, tanto filosóficos como políticos ou religiosos. Tudo é fabricado e usado em vista de sua utilidade, ao modo de uma mercadoria, como se a felicidade estivesse no acúmulo de riquezas materiais.

Os indivíduos, nesse contexto, são dissolvidos nas

tendências sociais não refletidas e terminam por se deixar formar passivamente por influências sociais, políticas e econômicas. Curiosamente, porém, como descrevem diferentes membros da Escola de Frankfurt, fala-se cada vez mais do valor do indivíduo no mundo contemporâneo. Por trás desse discurso, oculta-se, na verdade, apenas a valorização do indivíduo que reproduz formas de pensar e de agir determinadas por outros indivíduos e grupos influentes, sobretudo os que definem a organização econômica da vida social.

Um exemplo claro desse fenômeno, segundo Adorno, vem da música popular, principalmente o *jazz*, que se fortalecia na época em que ele viveu. O sucesso do *jazz*, na análise de Adorno, devia-se ao fato de que essa modalidade de música explorava apenas sonoridades já conhecidas e promovia uma repetição que levava os ouvintes a ficarem passivos, sem precisar de nenhum esforço para responder à "língua" falada por aquele estilo musical. Imediatamente, os controladores do mercado se serviram desse estilo para vendê-lo e obter lucro, administrando os gostos das pessoas por meio de suas estratégias de "incentivo à Cultura".

O filósofo Herbert Marcuse (p. 259) explorou essa transformação da concepção do indivíduo como unidade básica da experiência humana, mostrando que suas raízes estão na própria ideia de razão ou conhecimento racional que se impôs durante os séculos XVI-XIX. Marcuse, assim, representa bastante bem o modo como a Escola de Frankfurt se relaciona com o Iluminismo (p. 222) e com as filosofias que decorreram dele: é inegável o ganho que as luzes do pensamento moderno trouxeram à Humanidade (por exemplo, com a ideia de uso individual da razão, de valor universal do ser humano, de universalidade da experiência, de capacidade de sempre melhorar etc.). Junto dessas luzes, porém, vieram também sombras (como o resultado da manipulação dos indivíduos em massa, a perda da paixão como algo essencialmente ligado à razão, a transformação do prazer em apenas um aspecto secundário da vida e em motor do consumo de bens materiais).

No livro *Cultura e sociedade*, Marcuse retoma o projeto filosófico dos hedonistas, pensadores que insistiam na importância do prazer como princípio estruturante da existência dos indivíduos e dos grupos (o termo *hedonista* vem da palavra grega *hedoné*, "prazer"). Segundo Marcuse, defender apenas a importância da razão significa conservar a estrutura social, econômica e política que o mundo moderno produziu. Nessa concepção, os sentidos, o corpo, a materialidade humana permanecem como dimensões inferiores e desprezíveis[26]. O ser humano é valorizado apenas pelo que faz socialmente, sobretudo por seu trabalho; e o lazer passa a ser visto como algo menos importante, quase uma ocasião de culpabilidade. De um ponto de vista hedonista, porém, o prazer é uma necessidade que constitui o indivíduo tanto quanto seu pensamento reflexivo ou seu trabalho. O desafio que se apresenta hoje é identificar os modos como as sociedades estruturadas em torno da produção e do consumo tomam posse também do prazer e do lazer, transformando-os em mercadoria e dando a ilusão de que o indivíduo é valorizado, quando, na verdade, o que continua é o controle das práticas sociais por grupos detentores de poder e movidos por interesses de dominação econômica.

Observe como o texto de Marcuse se constrói por uma série de contraposições entre a filosofia da razão e o hedonismo. Seu núcleo, porém, pode ser encontrado na contraposição básica entre universalidade e individualidade, como fica bastante claro a partir das linhas 2-8 . A filosofia da razão concentra-se na universalidade e, promovendo o "desenvolvimento das forças de produção, a elaboração livre e racional das condições de vida, a dominação da Natureza", concebe os indivíduos apenas como seres socializados, quer dizer, vistos somente como membros da Sociedade. O resultado disso é que a filosofia da razão perde os indivíduos realmente existentes, os indivíduos "empíricos", dotados de possibilidades e necessidades que não podem ser compreendidas apenas com referência à vida social.

Já o hedonismo ou a defesa de uma visão centrada na felicidade baseia-se justamente na individualidade, na experiência dos indivíduos como unidades em que se cruzam possibilidades e necessidades específicas, para além da perspectiva social. Cada indivíduo é um polo em que se tensionam a universalidade e aquilo que só ele vive, a sua individualidade. É por isso que Marcuse também lembra que enfatizar o hedonismo é algo parecido com o individualismo, principalmente porque, no hedonismo, a felicidade é vista sempre como subjetiva. O individualismo, por sua vez, não significa uma atenção ao indivíduo, mas a crença de que só o indivíduo tem valor, sem cuidado com nada de universal, social ou comum. Nesse sentido, o individualismo é tão perverso quanto a ênfase exagerada na universalidade.

[26] ***Desprezível:*** *que merece desprezo.*

O hedonismo ou a "filosofia da felicidade" (expressão que Marcuse não usa, mas que parece adequada como referência à sua análise) não cai necessariamente no individualismo. Como se pode ler nas linhas 24-28, Marcuse aponta para a possibilidade de associar o hedonismo ou a atenção à individualidade com a universalidade. Para tanto, é preciso conceber e formar forças históricas que permitam construir uma "verdadeira universalidade", aquela que considere e faça justiça à base individual (subjetiva) de toda visão geral (objetiva) sobre o ser humano. Caso essa nova universalidade não seja encontrada, mesmo a crítica da universalidade que hoje se encontra estabelecida (reificada ou transformada em coisa, como se ela fosse objetiva) só fará com que os indivíduos caiam ainda mais no isolamento e no aprofundamento do que os desune.

Da perspectiva do trabalho de filósofos como Herbert Marcuse, dos demais membros da Escola de Frankfurt, de Dilthey e de tantos outros, a reflexão filosófica permanece como uma testemunha da importância de questionar conceitos como "conhecimento objetivo" ou "conhecimento natural" por oposição à Cultura. A realidade humana é de tal modo complexa que somente uma abordagem atenta aos seus vários aspectos pode ser menos inadequada.

Filosofia da razão e hedonismo

Herbert Marcuse

1 A filosofia idealista da época burguesa tentou apreender sob o nome de razão o conceito universal que devia realizar-se nos indivíduos. O indivíduo aparece como um Eu isolado dos outros em seus desejos, pensamentos e interesses. [...] Na medida em que o indivíduo só pode participar dessa universalidade enquanto ser dotado 5 de razão e não com a multiplicidade empírica[27] de suas necessidades e faculdades[28], uma tal ideia de razão já implica[29] o sacrifício do indivíduo. [...] O progresso da razão se faz contra a felicidade dos indivíduos. [...]

O hedonismo é a antítese[30] da filosofia da razão. A filosofia da razão conserva o desenvolvimento das forças de produção, a elaboração livre e racional das condições 10 de vida, a dominação da Natureza, a autonomia crítica dos indivíduos socializados. Quanto ao hedonismo, ele conserva o desabrochar e a satisfação das necessidades humanas, a liberação de um processo de trabalho desumano, a disponibilidade do mundo para o prazer. A ideia da razão visa a uma universalidade na qual os interesses antagônicos[31] dos indivíduos "empíricos" são suprimidos; mas, nessa universalidade, 15 a verdadeira satisfação dos indivíduos, sua felicidade, permanece um elemento estranho, exterior, que deve ser sacrificado. Não há harmonia possível entre o interesse geral e os interesses particulares, entre a razão e a felicidade: o indivíduo é vítima de uma ilusão quando acredita perceber uma correspondência entre os dois gêneros de interesse: a razão desconsidera os indivíduos. O verdadeiro interesse, o da uni- 20 versalidade, objetiva-se para os indivíduos e toma a forma de uma potência[32] que os domina. Com a ideia de felicidade, o hedonismo procura manter o desabrochar e a satisfação do indivíduo como um fim oposto à realidade anárquica[33] e miserável. Mas o protesto contra a universalidade reificada[34] e os sacrifícios desprovidos[35] de sentido que ela exige só pode nos fazer penetrar ainda mais no isolamento e antagonismo[36] 25 entre os indivíduos enquanto não forem formadas e concebidas as forças históricas que poderão transformar a sociedade existente em uma verdadeira universalidade. A felicidade permanece para o hedonismo essencialmente subjetiva[37]; coloca o interesse particular do indivíduo, tal como aparece, como o verdadeiro interesse e toma sua defesa contra toda forma de universalidade. Tal é o limite do hedonismo, aquilo 30 que o aparenta ao individualismo, produto da concorrência. ■

MARCUSE, Herbert. Cultura e sociedade. Tradução Olgária Matos. Apud: MATOS, O. A Escola de Frankfurt – Luzes e sombras do Iluminismo. São Paulo; Moderna, 1993. p. 104-107. (Coleção Lógos)

[27] ***Empírico:*** *aqui, significa algo físico, corpóreo. Não é necessariamente uma referência ao empirismo (**p. 336**).*

[28] ***Faculdade:*** *capacidade.*

[29] ***Implicar:*** *resultar em.*

[30] ***Antítese:*** *tese contrária.*

[31] ***Antagônico:*** *contrário.*

[32] ***Potência:*** *força.*

[33] ***Anárquico:*** *sem um princípio explícito de organização.*

[34] ***Reificado:*** *transformado em coisa.*

[35] ***Desprovido:*** *vazio.*

[36] ***Antagonismo:*** *característica de algo contrário.*

[37] ***Subjetivo:*** *relativo ao sujeito, ao indivíduo.*

EXERCÍCIO G

p. 504

1. O que levou historicamente à diferenciação entre ciências naturais e ciências humanas?
2. Explique a diferença entre *explicar* e *compreender*, tal como entendia Dilthey.
3. Considere o caso da Psicologia como exemplo que explica a diferença entre *explicar* e *compreender*.
4. Explique por que Herbert Marcuse pode ser tomado como um representante do modo como a Escola de Frankfurt se relaciona com o Iluminismo ou a razão iluminista.

p. 506 Textos complementares

EXERCÍCIOS COMPLEMENTARES

p. 505

1 Dissertação A

Componha uma dissertação de problematização (p. 106) para apresentar as concepções racionalista e empirista do conhecimento. Nos três passos da dissertação, considere o pensamento de Descartes como tese, o de Hume como antítese e o de Kant como síntese.

2 Dissertação B

Componha uma dissertação de síntese filosófica (p. 138) para apresentar as concepções de conhecimento segundo Wittgenstein e Husserl.

3 Dissertação C

Componha uma dissertação de problematização (p. 106) para apresentar as concepções de conhecimento científico segundo Kuhn e Popper. Nos três passos da dissertação, considere o pensamento de Kuhn como tese, o de Popper como antítese e o de Lakatos como síntese.

4 Pesquisa

Neste capítulo, ao tratar do conhecimento científico, convencionamos falar apenas de "ciências naturais" e "ciências humanas". No entanto, essa classificação é mais nuançada. Há, por exemplo, as "ciências da terra" (do trabalho com a terra), as "ciências exatas" (como a Matemática e a Estatística), as "ciências econômicas" (dada a dificuldade de classificar a Economia como "humana" ou "exata"), as "ciências da saúde" (compreensão das práticas de cura e não apenas de compreensão natural das causas das doenças) etc. Nesse contexto, os cursos de artes e comunicação costumam constituir um item à parte, a fim de marcar a especificidade de seu caráter "científico". Para se inteirar de como as universidades classificam as diversas áreas do saber, visite alguns sites e observe as apresentações que justificam tal classificação. Sugerimos acessar os sites de universidades de regiões diferentes do Brasil. Ao acessá-los, procure pelas "Unidades", "Faculdades" ou "Institutos". Ao encontrar o nome dos cursos, clique no item "Graduação" e leia as explicações. Por exemplo

- UFAM: <http://www.ufam.edu.br/index.php/informacoes-sobre-a-ufam>.
- UFMT: <http://www.ufmt.br/ufmt/site/ensino/graduacao/Cuiaba>.
- UFPE: <https://www.ufpe.br/ufpenova>.
- UFRGS: <http://www.ufrgs.br/ufrgs/ensino/graduacao/cursos>.
- UNICAMP: <http://www.unicamp.br/unicamp/faculdades-e-institutos>. (Todos os sites foram acessados em 20 jan. 2016):

5 Comparação

Como forma de conhecer diferentes concepções de conhecimento na Filosofia, nas ciências naturais e nas ciências humanas, sugerimos que você assista, em casa ou na escola, aos seguintes vídeos (todos acessados em 20 jan. 2016):

- Por que Filosofia?, com Marilena Chaui, 1999: <https://www.youtube.com/watch?v=C9dppo3JeZs>

- Beleza e verdade na Física, com Murray Gell Mann, 2007: <https://www.youtube.com/watch?v=UuRxRGR3VpM>.

- Os caminhos das ciências sociais, com alunos e professores da Fundação Getúlio Vargas e da Universidade Federal do Rio de Janeiro, 2013: <https://www.youtube.com/watch?v=rBsICU0J7NE>.

Dicas de filmes para você assistir tendo em mente o que trabalhamos neste capítulo

Rashomon, *direção Akira Kurosawa, Japão, 1950.*

No Japão do século XI, um lenhador, um sacerdote e um camponês procuram abrigo em um mesmo lugar durante uma tempestade. O sacerdote conta os detalhes de um julgamento a que ele havia assistido. Nesse julgamento, houve quatro testemunhos, que são reconstruídos pelo filme como quatro maneiras diferentes de falar da consciência e da verdade. Disponível em: <https://www.youtube.com/watch?v=HUofdNkjvyo>. Acesso em: 20 jan. 2016. ■

Sociedade dos poetas mortos *(Dead Poets Society), direção Peter Weir, EUA, 1989.*

Em uma escola tradicional norte-americana, o novo professor de Literatura entra em choque com a direção por escapar dos conteúdos "objetivos" e apresentar novas maneiras de pensar aos estudantes. ■

Frankenstein de Mary Shelley, *direção Kenneth Branagh, EUA, 1994.*

O filme reconstrói a história criada por Mary Shelley em seu livro *Frankenstein*. Perguntando-se sobre a essência da vida, o Dr. Victor Frankenstein cria um ser vivo com tecidos de cadáveres e outros materiais. Assustado com a feiura de sua criatura, ele a rejeita, considerando-a um monstro. O "monstro" passa, então, a andar pelo mundo e sofre com a discriminação e o desgosto das pessoas. Torna-se mau por causa da rejeição, mas, desesperado, procura seu criador e promete parar de fazer o mal caso uma companheira seja criada para ele. A continuação da história é surpreendente e põe diante de todos nós a pergunta sobre o sonho humano de poder "saber tudo" e controlar tudo. ■

Fenomenologia e existencialismo, *CPFL, 2008. Disponível em: <https://vimeo.com/62380957>. Acesso em: 9 dez. 2015.*

Aula dada pelo professor e filósofo Franklin Leopoldo e Silva sobre o tema "Fenomenologia e existencialismo: de Husserl a Sartre". ■

Wittgenstein, *TV Mackenzie, 2010. Disponível em: <https://www.youtube.com/watch?v=G6OJ2XnBmns>. Acesso em: 20 jan. 2016.*

Entrevista com o professor João Vergílio Cuter sobre o pensamento de Wittgenstein. ■

Epistemologia – Teoria do Conhecimento, *UFRGS, 2011. Disponível em: <https://www.youtube.com/watch?v=jc-D4qtujjg>. Acesso em: 20 jan. 2016.*

Síntese das posições de alguns dos principais filósofos da ciência, concluindo com uma apresentação da reflexão sobre os métodos em Ciências Sociais. O vídeo foi feito na disciplina Epistemologia das Ciências Sociais, ministrada pela professora Marilis de Almeida, na UFRGS. ■

Dicas literárias

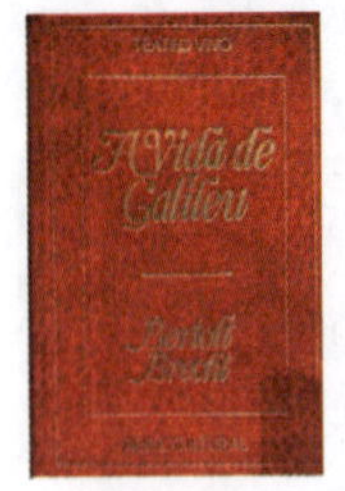

Vida de Galileu, *de Bertold Brecht. In: Teatro completo de Bertold Brecht, v. 6, tradução Antonio Bulhões, Roberto Schwarz e Geir Campos, Paz e Terra, 1991; Record, 2003.*

O famoso dramaturgo alemão Bertold Brecht (1898-1956) apresenta alguns momentos da vida de Galileu para refletir sobre as relações entre saber científico e vida social. ■

Admirável mundo novo, *de Aldous Huxley, tradução Lino Vallandro, Globo, 2015.*

Romance que imagina um tempo em que as pessoas serão condicionadas biológica e psicologicamente a viver em harmonia entre si e com as regras sociais. Livro clássico e de grande impacto. ■

Em busca do tempo perdido, *de Marcel Proust (há diferentes edições em português).*

Monumento da literatura mundial. O tempo, a consciência, a memória e a busca de si são os temas que perpassam os diferentes volumes da obra. Recomendamos especialmente o primeiro, *No caminho de Swann*, e o último, *O tempo redescoberto*. ■

Os artistas da memória, *de Jeffrey Moore, tradução Marcelo Mendes, Record, 2009.*

Livro repleto de humor, explora caricaturas modernas de pessoas preocupadas com a saúde da mente. ■

Para continuar viagem...

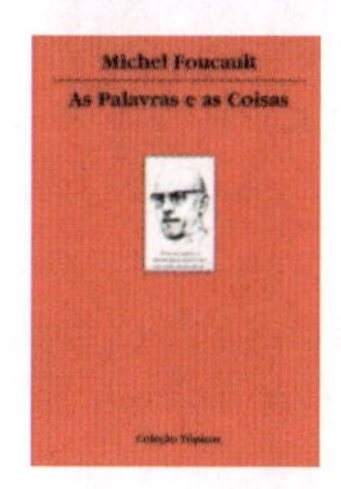

As palavras e as coisas, *de Michel Foucault, tradução Salma Tannus Muchail, Martins Fontes, 2000.*
Clássico da filosofia contemporânea. É uma apresentação das concepções de ciência que caracterizaram a experiência ocidental desde o Renascimento e contém uma proposta original para entender a estruturação da experiência. ■

Tudo que é sólido desmancha no ar, *de Marshall Berman, tradução Carlos Felipe Moisés, Companhia das Letras, 2007.*
Estudo do pensamento moderno por meio das ideias de experiência histórica, Literatura e projeto filosófico. Investiga as consequências da tensão existente entre a visão do conhecimento como experiência e como construção. ■

Teoria do conhecimento, *de Roderick. Chisholm, tradução Álvaro Cabral, Zahar, 1974.*
Estudo de temas centrais na reflexão sobre o conhecimento, principalmente a distinção entre conhecer e ter opinião verdadeira; evidência e justificação; critérios de conhecimento; aparência, realidade e verdade. ■

Filosofia da tecnologia: um convite, *de Alberto Cupani, Ed. da UFSC, 2013.*
Visão filosófica que mostra como a tecnologia não se reduz à engenharia, mas afeta e desafia todas as áreas da experiência humana, pois envolve visões de mundo, concepções de conhecimento, estética, ética e política. ■

p. 507
Sugestões bibliográficas

A verdade liberta, *de Alice Miller, WMF Martins Fontes, 2004.*
A obra explora a experiência da verdade na tradição psicológica e psicanalítica. Embora não se possa garantir que a verdade reconstruída pelo paciente em análise corresponde a uma verdade "objetiva" sobre o que ocorreu em sua história pessoal, também não se pode negar que a verdade por ele reconstruída traz resultados impressionantes, rumo à sua pacificação. Desse ponto de vista, trata-se, portanto, de uma "verdade". ■

Verdade e interpretação, *de Luigi Pareyson, Martins, 2005.*
O filósofo italiano Luigi Pareyson propõe uma compreensão da verdade imersa na História. Investiga o conceito de interpretação como capaz de satisfazer exigências vindas das mais diversas filosofias e das ciências humanas. ■

Indústria cultural e meios de comunicação, *de Rodrigo Duarte, WMF Martins Fontes, 2014. Coleção Filosofias: o prazer do pensar.*
Concentrando sua reflexão no fenômeno do entretenimento de massa, o autor estuda os meandros da indústria de massa e a relaciona com o funcionamento dos meios de comunicação, com a divisão do trabalho e com a realidade virtual. ■

Teoria e experiência, *de Marcelo Carvalho, WMF Martins Fontes, 2013. Coleção Filosofias: o prazer do pensar.*
O autor correlaciona teoria e experiência, partindo do pensamento aristotélico e chegando em questões atuais suscitadas pela formação da ciência moderna e pela filosofia kantiana. ■

Percepção e imaginação, *de Sílvia Faustino Assis Saes, WMF Martins Fontes, 2010. Coleção Filosofias: o prazer do pensar.*
Estudo das noções de percepção e imaginação segundo as tradições empirista e racionalista e um contraponto com o pensamento de Wittgenstein. ■

O conhecimento científico, *de Claudemir Roque Tossato, WMF Martins Fontes, 2013. Coleção Filosofias: o prazer do pensar.*
Procurando clarear diferentes métodos usados nas ciências, o autor propõe uma definição filosófica do conhecimento científico. ■

Sites com revistas gratuitas de Filosofia, centradas no tema do conhecimento (acesso para todas: 9 dez. 2015):

Revista Abstracta: Linguagem, Mente e Ação: *<http://www.abstracta.pro.br>.* ■

Revista Cognitio: *<http://revistas.pucsp.br/index.php/cognitio>.* ■

Revista Principia *– da UFSC: <http://www.cfh.ufsc.br/~principi/ind-p.html >.* ■

Revista Sképsis: *<http://philosophicalskepticism.org/revista-skepsis/>.* ■

A Unidade 3 visa permitir um estudo sistemático da História da Filosofia. Não se trata de um simples resumo ou de uma apresentação de dados históricos, mas de um conjunto de elementos pedagogicamente estruturados, a fim de orientar-nos na busca de uma visão atualizada sobre o imenso panorama que se estende desde as origens do pensamento filosófico até os nossos dias. Incluir todo esse panorama em um único ato de visão é algo muito difícil ou mesmo impossível; mas perceber certas linhas de continuidade e de ruptura entre diferentes formas de pensamento filosófico não é somente possível, como também desejável. É esse o objetivo da Unidade 3, que funciona como um complemento das Unidades 1 e 2, pois recolhe e sistematiza algumas de suas principais informações. Por isso, esta unidade pode ser estudada separadamente ou em constantes idas e vindas: das Unidades 1 e 2 até ela ou dela até as Unidades 1 e 2. Essas idas e vindas são facilitadas pelas muitas remissões de páginas indicadas ao longo do livro.

Quando vemos a Filosofia em sua história, percebemos como nossos amigos mais velhos, os filósofos e as filósofas, abriram estradas que podemos percorrer em nossos dias, acompanhados por esses homens e mulheres que se dedicaram à aventura de pensar sobre o pensamento!

UNIDADE 3

Chaves de leitura para o estudo de História da Filosofia

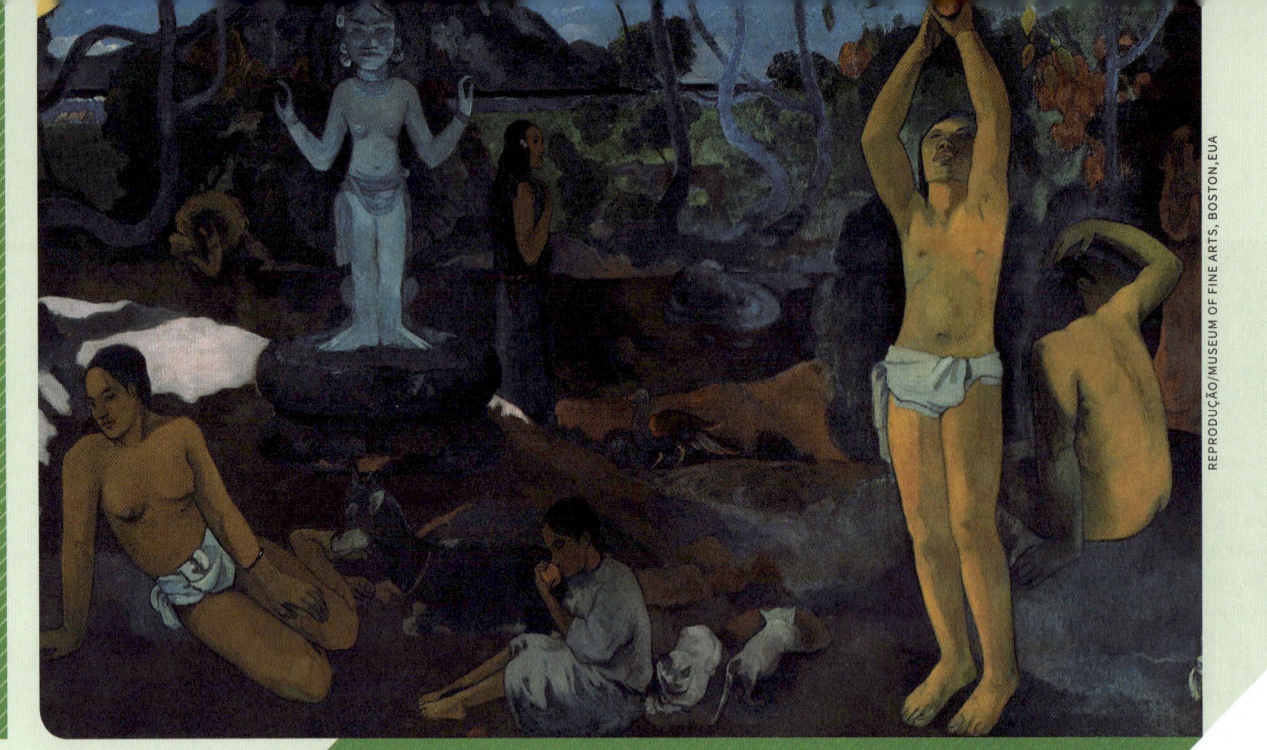

CHAVES DE LEITURA PARA O ESTUDO DE HISTÓRIA DA FILOSOFIA

p. 508

Paul Gauguin (1848-1903), *De onde viemos? Quem somos? Para onde vamos?*, 1897-1898, óleo sobre tela. Reelaborando elementos de diferentes culturas, Paul Gauguin chama a atenção para a inquietação filosófica – materializada, segundo ele, nas perguntas *Quem somos nós? De onde vimos? Para onde vamos?* – que pode ser vivida por mulheres e homens de todos os povos e épocas.

A História da Filosofia é a história das filosofias, registro das mais variadas reflexões filosóficas desenvolvidas ao longo do tempo.

Apresentaremos aqui algumas linhas de compreensão da História da Filosofia, no intuito de fornecer chaves de leitura para um estudo mais amplo que convidamos você a fazer, servindo-se dos recursos indicados neste livro.

Adotaremos a divisão temporal que os historiadores aplicam à História Geral (História Antiga, História Medieval, Renascimento, História Moderna e História Contemporânea), mas chamamos desde já sua atenção para o fato de que essa divisão é problemática e precisa ser relativizada. Ela contém incoerências como, por exemplo, a de fazer pensar em uma "evolução histórica" da Humanidade, dos tempos antigos até hoje. Ora, nada permite afirmar que os seres humanos estão realmente em um processo de "evolução", como se em cada período histórico todos aprendessem com o período histórico anterior e assim entrassem em um "aperfeiçoamento". A própria ideia de "período" é frágil, pois as unidades usadas para dividir a História da Humanidade (anos, séculos, milênios) são simples convenções; e, se são convenções, caberia perguntar sobre o que justifica dividir os tempos dos seres humanos em períodos: as mudanças políticas? Econômicas? Religiosas? Artísticas? Científicas?

Aplicada à História da Filosofia, a divisão tradicional ocasiona ainda outras dificuldades. Por exemplo, a expressão *filosofia antiga* pode dar a impressão de que os filósofos da Antiguidade foram "ultrapassados" pelos que vieram depois. Nada mais ilusório, sobretudo quando se percebe que ideias de filósofos antigos como Heráclito, Parmênides, os sofistas, Sócrates (p. 157), Platão (p. 82) e Aristóteles (p. 103) continuam vivas ainda hoje, permitindo mesmo a pensadores contemporâneos estruturar partes de seus pensamentos.

Por outro lado, ao falar de *filosofia contemporânea*, é difícil pretender que ela tenha alguma identidade única. O que significaria dizer que filósofos tão diferentes como Hegel (p. 270), Husserl (p. 353), Wittgenstein (p. 76), Bergson, Merleau-Ponty (p. 130), Sartre (p. 323), Derrida (p. 114) e Deleuze pertencem à "filosofia contemporânea"?

Em Filosofia, a divisão segundo períodos históricos funciona simplesmente como critério para classificar os pensadores por meio de uma convenção temporal, facilitando lembrar quando eles viveram. Ela não deve ser tomada como sinal de alguma "identidade" que os filósofos teriam em função de seu tempo.

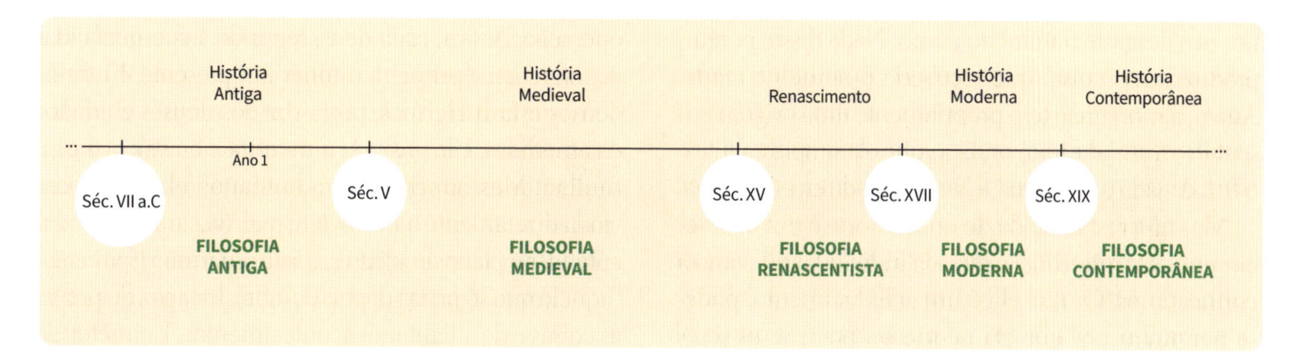

1 A mitologia grega e a formação da Filosofia

A Filosofia surgiu na Grécia, durante o século VII antes de Cristo. Essa afirmação não pretende significar que em outros povos e culturas inexistiram elementos filosóficos. Por exemplo, na Ásia e na África, houve e há muitas reflexões e atitudes filosóficas. Mesmo em culturas indígenas latino-americanas, vistas em geral como bastante diferentes da cultura europeia, há elementos filosóficos. No entanto, tecnicamente falando, a prática que se autodenominou *filosófica* ou que se deu a si mesma o nome de *Filosofia* (com uma reflexão explícita sobre o seu próprio modo de operar) é algo que, do ponto de vista histórico, nasceu na Grécia, durante o século VII antes de Cristo.

Naquele momento, os gregos já cultivavam uma forma de pensamento que se costuma chamar de *pensamento mítico* ou *mitologia*: um pensamento baseado em narrativas que relacionavam os vários aspectos da realidade procurando dar um sentido para a totalidade das coisas (o mundo, os seres humanos, os amores, as guerras etc.). Essas narrativas chamavam-se *mitos* (*mythoi*, no plural; *mythos*, no singular).

Duas características fundamentais marcavam as narrativas mitológicas gregas:

(1) elas exprimiam uma visão de conjunto sobre o mundo;
(2) elas tratavam do mundo em relação direta com o Sagrado (eram, portanto, religiosas).

Na Atualidade, chamamos de *sagrada* a dimensão que algumas pessoas consideram superior ao mundo e fonte de explicação para ele. Na mitologia grega, porém, era desnecessário pensar o Sagrado como exatamente "maior" do que o mundo. Os seres divinos não eram vistos como "criadores" do mundo, pois, de modo geral, os gregos acreditavam que o mundo sempre existiu. Eles pensavam que nada vem do nada e nada volta para o nada, porque simplesmente o nada não existe. Se é assim, então o mundo sempre existiu, não cabendo, portanto, na maneira grega de pensar, algo como a "criação" do mundo, tal como judeus, cristãos e muçulmanos desenvolverão posteriormente.

Em vez disso, os gregos acreditavam que existiu um caos inicial, um material desorganizado e no qual os deuses puseram ordem. De tempos em tempos tudo seria destruído, mas o material ou a base de tudo continuava e dava origem a novos ciclos de existência. A esse material inicial os gregos chamavam de *phýsis*; e ao princípio eterno ou ao dado que permite explicar a transformação das coisas chamavam de *arché*.

Além da *phýsis* e da *arché*, os gregos acreditavam também em uma vitalidade ou uma força que se manifesta em tudo, algo como uma "vida" que anima a *phýsis*. A essa vitalidade eles davam o nome de *psyché* (que se traduz em português por *psique* ou *alma*). Tudo revela dinamismo, principalmente os seres vivos, a cujo respeito se pode falar duplamente de *arché*: ela é *phýsis* e *psyché*.

Para entender um pouco melhor o que significa

essa "origem" do mundo sem um "começo" ou uma "criação", analisemos um exemplo: os gregos falavam da "origem" da morte. Tratar da origem da morte não é algo fácil, pois a morte não é exatamente uma coisa que existe; ela é a falta de alguma coisa, falta de vida. Ora, se a morte não é uma coisa que existe, então ela não pode ser feita, começada ou criada. Até dizemos que a morte é causada por uma doença, por um acidente ou por um desgaste natural do corpo. Nada disso, porém, produz uma "coisa" que receberia o nome de *morte*. Assim, a morte não tem propriamente uma origem em sentido material e temporal, porque ela simplesmente é o fim da vida e, como tal, ela não é nada em si mesma.

Mas não resta dúvida de que a morte é um acontecimento: é a interrupção da vida individual tal como a conhecemos. Ora, se ela é um acontecimento, pode-se perguntar por que ela ocorre ou por que os seres vivos morrem. Em outras palavras: por que há morte no mundo? Responder a esse porquê é encontrar o sentido ou a razão da morte, a sua origem entendida não como explicação de casos particulares ("por que este indivíduo morreu?") nem como começo material e temporal (as causas físicas da morte), mas como procedência ou fonte de identidade (a causa que permite explicar a morte em geral, o seu sentido ou razão).

O poeta Hesíodo, que viveu no século VIII a.C., narrava o mito de Prometeu (p. 313) para explicar a origem da morte. Ao ser trapaceado por Prometeu, Zeus introduziu a morte na vida humana. Essa é a origem da morte. Em outras palavras, os humanos morrem porque, um dia, foram punidos. Zeus, indignado, mandou o deus Hefesto (deus do fogo e patrono dos artesãos) fabricar a primeira mulher, que seria oferecida aos homens para agradá-los e enganá-los. Zeus conseguiu ainda que os outros deuses participassem nessa operação. Assim, cada deus, segundo sua especialidade, ofereceu à primeira mulher um presente. Entre os deuses estava Hermes, porta-voz dos deuses e criador das medidas. Ele ensinou a mentira e a astúcia a essa mulher. Mas, ao ser dada aos humanos, ela não foi enviada diretamente a Prometeu, que "via antes" e podia entender o plano dos deuses, mas a seu irmão Epimeteu, "aquele que só pensa depois de agir". Incapaz de prever as coisas e de adiantar os acontecimentos, Epimeteu só entendeu quem era essa mulher quando ela começou a distribuir seus presentes aos humanos.

Ela se chamava Pandora, nome que significa "aquela que tem todos os dons, todos os presentes". Os presentes "todos" incluíam coisas boas e também más. Pandora carregava um jarro de onde tirou tudo o que aflige os seres humanos, inclusive o sofrimento e a morte. No fundo do jarro havia a esperança ou a expectação (espera de coisas negativas e positivas). Se fosse tirada do jarro, a esperança ou a expectação

1 Epimeteu não pensou no que Prometeu lhe dissera: jamais dom
do olímpio Zeus aceitar, mas que logo o devolvesse
para mal nenhum nascer aos homens mortais.
Depois de aceitar, sofrendo o mal, Epimeteu compreendeu.
5 Antes vivia sobre a terra a grei[1] dos humanos
a recato dos[2] males, dos difíceis trabalhos,
das terríveis doenças que ao homem põem fim;
mas a mulher, a grande tampa do jarro alçando[3],
dispersou-os e para os homens tramou tristes pesares.
10 Sozinha, ali, a Expectação em indestrutível morada
abaixo das bordas restou e para fora não
voou, pois, antes, a mulher repôs a tampa no jarro,
por desígnios[4] de Zeus porta-égide[5], o agrega-nuvens[6].
Mas outros mil pesares[7] erram[8] entre os homens;
15 plena de males, a terra; pleno, o mar;
doenças aos homens, de dia e de noite
vão e vêm, espontâneas, levando males aos mortais,
em silêncio, pois o tramante[9] Zeus a voz lhes tirou.
Da inteligência de Zeus não há como escapar! ■

HESÍODO. *Os trabalhos e os dias*. Tradução Mary de Camargo N. Lafer. São Paulo: Iluminuras, 1991. p. 29.

[1] **Grei:** *povo.*
[2] **A recato de:** *protegido contra.*
[3] **Alçando:** *levantando.*
[4] **Desígnio:** *projeto; pensamento; plano.*
[5] **Égide:** *escudo; proteção. Porta-égide é quem carrega um escudo; por isso, é o símbolo da força de Zeus.*
[6] **Agrega-nuvens:** *que junta nuvens; título para representar o poder de Zeus, que conseguia transformar-se em nuvens para visitar uma de suas amantes, Ió, filha de Ínaco, deus de um rio.*
[7] **Pesar:** *sofrimento.*
[8] **Errar:** *perambular; andar sem direção.*
[9] **Tramante:** *que trama, maquina, calcula.*

Castigo de Atlas e de Prometeu (detalhe), séc. VI a. C., pintura anônima em vaso.

suavizaria a vida humana. O caráter trágico do mito de Hesíodo está em que, na sua narrativa, todos os "presentes" foram liberados, menos a esperança.

Especialistas como Werner Jaeger (1888-1961) explicam que, no mito de Pandora, o objetivo de Hesíodo era dizer que há uma justiça no mundo, dada pela inteligência de Zeus, da qual ninguém podia escapar, embora essa justiça não significasse que os seres humanos eram amaldiçoados. Ela se dirigia a todos em geral, e não às pessoas individualmente.

Hesíodo representava, assim, a sabedoria grega desenvolvida ao longo do tempo. Em seus poemas, principalmente *Os trabalhos e os dias*, ele também denunciava quem adquire bens de maneira ilegítima. Assim, mesmo afirmando haver males que nem sempre dependem dos seres humanos (recebidos de Pandora), há males produzidos pelos próprios humanos. Hesíodo ia além da simples ideia de que todos os sofrimentos vêm dos deuses. A Natureza iguala a todos perante o sofrimento; os humanos, porém, podem melhorar ou piorar essa condição. A morte vem da desobediência de Prometeu e dos presentes de Pandora, mas a vida não é apenas sofrimento.

Hesíodo pretendia também defender a ideia de que uma vida justa, prudente e refletida é melhor do que uma vida entregue à busca de bens ou uma vida sem reflexão. Como diz Werner Jaeger, Hesíodo cantava a virtude do ser humano trabalhador, que percebe as variações da vida e não se ilude diante dos bens (como fazem os ricos, ao confiar demais em sua própria força e ao não pensar na morte).

2 O nascimento da Filosofia

A compreensão da origem como causa ou fonte de sentido, com o exemplo da origem da morte, permite entender o nascimento histórico da Filosofia.

Vejamos este pequeno texto, escrito pelo filósofo Simplício. Ele viveu no século VI da Era Cristã e é uma das fontes para conhecermos o pensamento do primeiro filósofo, Tales de Mileto (±625-537 a.C.), visto que os textos do próprio Tales se perderam:

> 1 Entre aqueles que declaram que o princípio é um e está em movimento, aos quais Aristóteles chama precisamente de [...] físicos, está Tales, filho de Exâmias, de Mileto, e Hípon, que, tudo indica, era
> 5 irreverente em relação aos deuses. Eles chegaram a dizer que o princípio captado por trás das aparências das coisas percebidas por meio dos sentidos é a água. Afinal, tudo o que é quente só existe porque é úmido; os cadáveres que se decompõem passam
> 10 por um secamento; as sementes de tudo o que existe são úmidas; e todo alimento tem alguma quantidade de líquido. Ora, é do que elas são constituídas que as coisas se alimentam. Por sua vez, a água é o princípio da umidade, que compreende em si todas
> 15 as coisas. Portanto, esses filósofos admitiram que a água é o princípio de todas as coisas e declararam que a Terra flutua sobre a água. ■
>
> SIMPLÍCIO. Commentaire sur la Physique d'Aristote. In: DUMONT, Jean-Paul (Éd.). *Les écoles présocratiques*. Paris: Gallimard, 1991. p. 24. (Comentário à Física de Aristóteles. Tradução nossa.)

Você talvez se pergunte: o que esse texto sobre a água faz aqui se vínhamos falando da origem da morte?

É exatamente isso que nos interessa. Você pode identificar, no meio do texto de Simplício, o modo como ele narra a explicação de Tales de Mileto para a origem da morte: "os cadáveres que se decompõem passam por um secamento" (linhas 9-10).

Tales deixa de fazer referência direta aos deuses. O processo que resulta na morte até pode ser entendido como obra dos deuses; e Tales continuará a fazer referência a eles em outros textos. No entanto, neste caso preciso, o da origem da morte, Tales procura outro tipo de compreensão: em vez de recorrer à punição divina, ele busca observar a origem da morte no processo mesmo de morrer. Ao constatar que algo morre porque perde umidade (seca), Tales conclui que o material ou elemento básico (*phýsis*) que forma todas as coisas, o material do caos que os deuses organizaram, era a água.

Diferentemente da água que vemos sair da torneira ou correr nos rios, a água de que fala Tales é uma água "pensada", "imaginada", quer dizer, transformada em sentido (*arché*) de tudo o que existe. Se tudo o que é vivo tem alguma umidade e se tudo o que morre perde umidade, então a umidade deve ser o elemento que constitui todas as coisas, inclusive as não vivas. A umidade passa a ser vista como a "origem" de tudo.

Simplício lembra, ainda, que, para Tales, a Terra flutua sobre a água e a água é a origem material e explicativa (*phýsis/arché*) que está por trás das aparências das coisas percebidas por meio dos cinco sentidos.

Esse dado é fácil de compreender se tivermos em mente que Tales, em uma provável viagem ao Egito, conheceu o modo como os egípcios (cuja mentalidade era formada pela importância da água, principalmente por causa das cheias do Rio Nilo) representavam a Terra como um prato raso, flutuando sobre a água.

Quanto à afirmação sobre a aparência das coisas, já na mitologia grega os poetas operavam com a oposição entre a *aparência* e o *princípio invisível* que age por trás das aparências. Em continuidade com o modo de pensar mítico, Tales introduz um elemento novo: o princípio invisível pode ser encontrado por meio da *observação* das aparências. Tal observação, por sua vez, pode ser entendida e avaliada por todos aqueles que olham para o mundo com atenção.

Neste ponto, a Filosofia começa a ver a luz do dia, ou seja, começa a surgir de dentro da mitologia e em continuidade com ela, para, aos poucos, percorrer um caminho lento que a levará a se descolar dela.

O modo como o pensamento de Tales é construído permite que qualquer pessoa disposta a seguir com atenção seus raciocínios obtenha compreensão do que ele defende. Tudo o que Tales afirma pode ser discutido com base na vivência cotidiana. Tales inaugura, assim, um novo modo de olhar para o mundo e explicá-lo. A mitologia já incentivava esse tipo de pensamento, levando a raciocinar em termos de origem, causas, efeitos etc., mas ela sempre se referia ao Sagrado (algo que, a rigor, não pode ser observado por meio dos cinco sentidos). Agora, com Tales de Mileto, esse modo de pensar deixa de remeter diretamente aos deuses e começa a se fixar na observação do mundo. Nasce a Filosofia.

O novo modo de captar o sentido das coisas por meio da observação daquilo que os cinco sentidos conseguem colher passou a ser considerado a capacidade humana específica de conhecer: a *razão*. Segundo o vocabulário dos primeiros filósofos, a razão é a *capacidade* e, ao mesmo tempo, o *caminho* (método) para conhecer a *razão das coisas*, bem como para *exprimir* as coisas. Em grego, uma mesma palavra, *lógos*, designa a razão como capacidade, método, sentido das coisas e expressão das coisas.

Tales consagra aquilo que os especialistas chamarão de *compreensão da correspondência da razão do mundo com a nossa razão pessoal*. Assim, a razão humana é entendida como uma presença, em nós, da mesma razão que organiza o mundo. Essa razão, no dizer de Tales, era divina; por isso, a razão humana também será vista como algo divino em nós. No entanto, tanto quanto possível, as explicações do mundo, agora, deixam de recorrer aos deuses e passam a buscar entender o dinamismo do mundo com base no próprio mundo.

Dessa perspectiva, se Tales podia dizer que a *phýsis* é a água ou o úmido, ele não precisava mais recorrer aos deuses para explicar por que há vida e por que há morte. A origem da vida será o ganho de água; a origem da morte será a perda de água. Se nada vem do nada nem vai para o nada, então a morte não é o fim da vida para Tales, e sim uma transformação pela qual cada coisa perde sua matéria básica, a água. Essa água, por sua vez, voltando ao caos original, pode manifestar-se depois sob outras formas.

O texto de Simplício menciona outro filósofo da época de Tales, Hípon, que teria sido irreverente em relação aos deuses. Hípon não negava a existência dos deuses; apenas não recorria a eles para explicar o mundo. Sua "irreverência", no fundo, era a mesma de Tales. Tratava-se de explicar o mundo, tanto quanto possível, apenas com base no próprio mundo que se reflete na razão humana e é observado na transformação das coisas. Ao processo de transformação constante Tales chamava de *movimento* ou *devir*.

Essa forma de pensamento consagrada por Tales foi tão importante para o mundo antigo que o filósofo Proclo (412-485), nascido em Bizâncio e falecido em Atenas, chegou a afirmar que Tales a desenvolveu com base no procedimento matemático aprendido com os egípcios. Vejamos:

1 Assim como o conhecimento exato dos números nasceu entre os fenícios por causa do comércio e dos negócios, assim também foi com os egípcios que nasceu a Geometria. Tales foi o
5 primeiro a trazer do Egito essa matéria de estudo; ele mesmo a enriqueceu com numerosas descobertas, transmitiu a seus sucessores os princípios de numerosas outras invenções e foi mais longe na generalização abstrata e na inves-
10 tigação empírica. ■

PROCLO. Commentaire au premier livre des Éléments d'Euclide. In: DUMONT, Jean-Paul (Éd.). *Les écoles présocratiques*. Paris: Gallimard, 1991. p. 22. (Comentário ao primeiro livro dos Elementos de Euclides. Tradução nossa.)

Observe que Proclo chama a atenção para a base empírica (p. 336) da pesquisa de Tales e para a generalização abstrata. Enfatizando o que percebemos pelos cinco sentidos e mostrando que a razão pode captar aquilo que faz as coisas serem do modo como as percebemos (quer dizer, a *phýsis*), Tales fazia generalizações abstratas; não dizia coisas que valiam apenas para cada situação particular, mas que eram válidas em qualquer lugar e em qualquer tempo.

Seguindo a indicação de Proclo, exploremos um exemplo concreto: o modo como Tales, em sua provável viagem ao Egito, teria observado as técnicas de medição das terras férteis deixadas pela baixa das águas do Nilo. Ele teria surpreendido os anfitriões ao calcular a altura de uma pirâmide sem precisar medi-la diretamente; em vez disso, ele teria feito um procedimento matemático que ficou conhecido como o Teorema de Tales. Esse teorema permite calcular a medida de um triângulo com base em outro triângulo semelhante, isto é, com ângulos iguais e lados diferentes.

A base do procedimento foi o fato constatado por Tales: se traçamos uma linha paralela à altura de um triângulo, obtemos outro triângulo correspondente ao primeiro. Tales plantou, então, um bastão na areia (ou ele mesmo ficou na posição desse bastão), de modo que a extremidade superior do bastão atingia o triângulo de sombra desenhado pelo Sol atrás da pirâmide. Veja o desenho abaixo.

O triângulo menor MNA (sendo que o lado MN corresponde ao bastão que Tales pôs na areia ou à altura do próprio filósofo) é semelhante ao triângulo ABC (BC corresponde à altura da pirâmide). A relação entre a altura do bastão (ou a altura do próprio Tales) e a altura da pirâmide é a mesma relação entre a base NA e a base CA. Como essas duas últimas medidas são conhecidas e como a medida da altura do bastão (ou de Tales) é conhecida, Tales calculou a altura da pirâmide.

Essa história, talvez lendária, ilustra a diferença entre o modo como Tales e os gregos em geral passaram a tratar os conhecimentos matemáticos aprendidos com os egípcios. Os egípcios eram afiadíssimos nas técnicas para medir as terras que ficavam férteis depois que as águas do Nilo baixavam; dispunham de tabelas de números que os auxiliavam, mas estudavam Matemática em função de resultados práticos. Não se preocupavam com a exatidão ou com a universalização abstrata que Proclo atribui a Tales.

A abstração dos gregos era justamente uma característica que os diferenciava no estudo da Matemática. Abstrair significa tomar distância de situações particulares, concretas, a fim de tentar entender e

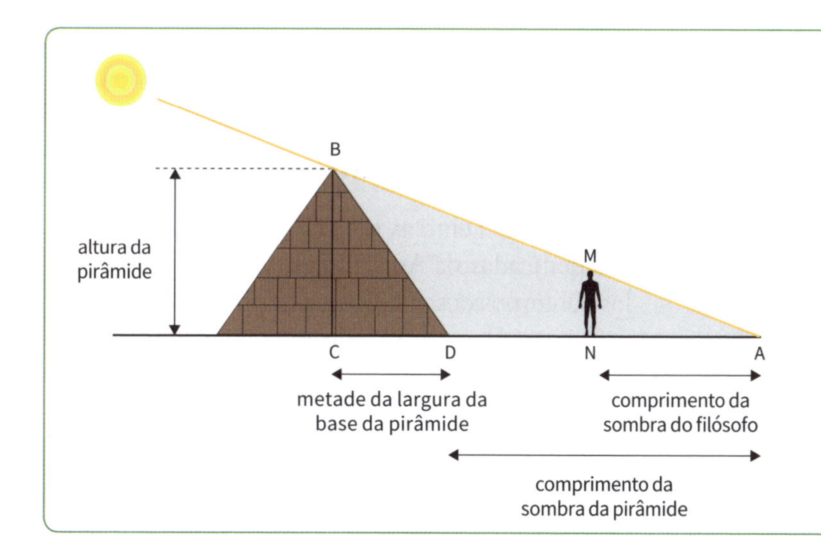

PIXABAY

exprimir o princípio explicativo (*arché*) que está por trás dessas mesmas situações particulares. No caso da pirâmide, enquanto os egípcios precisavam subir nela para medi-la com réguas, Tales aplicou uma relação numérica abstrata e já conhecida e calculou a altura da mesma pirâmide.

Os gregos também aprenderam com os mesopotâmios as técnicas de observação dos astros e da relação destes com a vida na Terra. Em vez, porém, de apenas se servir dessa observação para praticar a Astrologia, eles desenvolveram os fundamentos da Astronomia. Aprenderam com os fenícios as técnicas de comércio e o uso dos números; inventaram, então, o uso da moeda. Eles iam além das situações particulares e produziam conhecimentos racionais e universais, válidos em geral.

É nessa atividade de abstração que os especialistas, hoje, identificam a origem da Filosofia.

Houve também uma invenção grega (nascida da mesma atitude de abstração) que contribuiu decisivamente para o surgimento da Filosofia: a Política. Nesse quesito, os gregos foram realmente inventores.

Pelo menos do século XVII até o século XI antes de Cristo, os gregos viveram segundo uma estrutura social organizada em torno de palácios. A unidade sociopolítica e econômica era o *génos*, com um chefe (geralmente o mais velho do grupo), chamado *basileus*, o "rei"; havia um sistema de propriedade comunitária da terra, com uma economia de subsistência. Cada unidade ou *génos* era autônoma. Com o passar do tempo, os membros de cada *génos* passaram a separar parcelas de terra e a declará-las propriedade privada familiar. Por volta do século VIII, a igualdade primitiva estava desfeita e os novos donos de terras contestavam a autoridade dos "reis". Esses donos passaram a formar o *Conselho dos Anciãos*; e os "reis", aos poucos, passaram a ser figuras meramente religiosas.

Entre os séculos VIII e VI a.C., o Poder passou a ser exercido pela aristocracia agrária e a ser transmitido por descendência no interior de cada *génos*. Com a aproximação dessas comunidades, movidas pelo comércio, pela criação dos rebanhos e pela necessidade de proteção, formaram-se as cidades, com governo próprio. Cada *pólis* (cidade) tinha seu governo e constituía um Estado. O modelo de cidade-Estado (p. 206), porém, não é uma invenção grega, pois já os mesopotâmios e fenícios o adotavam. No entanto, na Mesopotâmia, o poder era concentrado por um grupo de sacerdotes que controlava as terras (chamadas de *propriedades dos deuses*). Com as cidades-Estados gregas, ao contrário, o Poder era dividido entre os cidadãos; o rumo da cidade dependia das decisões tomadas em comum.

Nem todos os habitantes das cidades-Estados eram considerados cidadãos, mas apenas os homens adultos, gregos e livres. Mulheres, crianças, estrangeiros e escravos não tinham cidadania e, portanto, não participavam do governo da cidade. Apesar dessa desigualdade, o sistema de governo da *pólis* grega favoreceu o surgimento da Filosofia, pois a divisão do Poder entre os cidadãos e a tomada comum de decisões contribuiu para a atividade de abstração.

Com efeito, pode-se afirmar que os gregos inventaram a Política, posto que eles desenvolveram técnicas de pensamento para organizar a participação dos cidadãos nas decisões da cidade. Essas técnicas e pensamentos constituíam um conjunto de regras previamente estabelecidas para a realização dos debates que decidiam os rumos da cidade. Os gregos passaram, por exemplo, a operar com a ideia de *lei* como manifestação do pensamento de um grupo; também elaboraram a ideia de *espaço público* (a *ágora* ou praça), onde quem tomasse a palavra devia falar de maneira convincente, apontando razões que pudessem ser avaliadas por todos.

A Política como prática desenvolveu, assim, uma atenção especial ao *discurso de convencimento*. Só era ouvido e só tinha crédito quem respeitasse as regras do jogo político e apresentasse razões para ser levado a sério. Torna-se compreensível, então, como a Política contribuiu para o surgimento histórico do discurso filosófico, centrando-se nas questões humanas e visando sempre ao convencimento com base em razões universais, debatidas e formuladas conjuntamente em público.

A mitologia, nesse contexto, continuou a existir. Foi por um longo processo de descolamento que a Filosofia se separou dela.

3 As filosofias antigas

De modo geral, as filosofias antigas ou as filosofias praticadas na Antiguidade foram marcadas pelos contornos desenhados pelos primeiros filósofos.

Foi central, nesse período, a pesquisa sobre a *phýsis*, o elemento material primordial que está na origem de todas as coisas. Esse elemento, sendo explicativo, é também visto como *arché*, princípio, origem ou regra que permite falar com coerência sobre tudo. As coisas eram entendidas como dotadas de um constante movimento ou uma constante transformação; e tudo era concebido como manifestação da *phýsis*.

Aos poucos, os filósofos retomaram, complementaram ou mesmo modificaram as filosofias dos primeiros pensadores. Por exemplo, Anaxágoras de Clazômenas (500-428 a.C.), Sócrates (séc. IV a.C.), Platão (428-348 a.C.) e Aristóteles (384-322 a.C.) acentuaram o aspecto não material do movimento. Platão afirmará que o mundo é organizado por Ideias ou Essências (p. 150), livres do movimento e causadoras dele. Aristóteles adota uma linha parecida, porém com diferenças visíveis (p. 164). Além da pesquisa sobre a *phýsis* e a *arché*, Sócrates, Platão e Aristóteles, em debate com os sofistas (p. 83), introduziram outros temas na reflexão filosófica, principalmente a prática ética e a atividade do conhecimento.

Alguns pensadores antigos farão a Filosofia nascente "rir" de si mesma, denunciando as ciladas que a razão armava para si em sua tentativa de explicar tudo. É o caso dos cínicos, como Diógenes (404-323 a.C.), da cidade de Sinope, também conhecido como "Diógenes, o Cão", ou ainda Pirro (360-270 a.C.), da cidade de Élis, inspirador do ceticismo (p. 340).

Com o desenrolar da história da Grécia e o período helenístico (marcado pelo império de Alexandre), surgiram filosofias consideradas cosmopolitas, ou seja, adaptadas ao mundo globalizado da época (para além das fronteiras gregas) e atentas à nova experiência de um mundo maior. Os exemplos mais conhecidos de filosofias helenísticas são o estoicismo (p. 340) e o epicurismo(p. 92).

Os grupos de Platão e Aristóteles, conhecidos respectivamente como Academia e Liceu, foram os mais frequentados na Antiguidade. A Academia, porém, a partir do século III a.C., adotou, com Arcesilau (316-241 a.C.) e Carnéades (214-129 a.C.), uma orientação cética, segundo o estilo de Pirro de Élis. Quanto ao Liceu, seus continuadores comentarão a obra do mestre, embora nenhum deles tenha atingido a sua estatura. Um dos mais conhecidos continuadores de Aristóteles talvez seja Teofrasto (371-288 a.C.). O Liceu foi fechado no século III da Era Cristã; a Academia, no século V.

Ainda no contexto do mundo antigo surgiram duas formas filosóficas importantíssimas. Trata-se do trabalho de dois gigantes do pensamento: Fílon (15 a.C.-50 d.C.), da cidade de Alexandria, e Plotino (205-270 d.C.), da cidade de Licópolis, no Egito, mas que desenvolveu sua escola filosófica em Roma.

Fílon de Alexandria pertencia ao ambiente

Atena, deusa da sabedoria, séc. II a.C. – II d.C., cópia de escultura grega do séc. IV a.C.

cosmopolita do mundo helenista e foi extremamente original. Para indicar um elemento central da novidade de seu trabalho, podemos mencionar sua continuidade em relação às pesquisas sobre a *phýsis* ao mesmo tempo que introduziu na Filosofia a possibilidade de pensar a existência de um criador do Universo, que o teria produzido por uma decisão livre. Foi o livro bíblico do *Gênesis* que deu essa inspiração a Fílon, pois ele era judeu. Vivendo em Alexandria e tendo uma forte formação intelectual, ele conhecia Filosofia, especialmente o pensamento platônico. Dessa perspectiva, ele foi o primeiro pensador a relacionar dados da fé bíblica com a pesquisa filosófica.

Outro resultado do trabalho de Fílon foi a concepção do ser divino como um ser transcendente (p. 80 e 339). Se Deus tem o poder de criar tudo o que quer, então ele é diferente do mundo; ele ultrapassa o mundo em todos os sentidos. Essa é uma ideia inteiramente nova no pensamento grego. Platão já havia apontado para o Bem como uma realidade que dá o sentido de tudo e, portanto, ultrapassa-o (transcendência); porém, não o havia entendido como criador, tal como fez Fílon de Alexandria.

Ideias semelhantes às de Fílon podem ser encontradas em Plotino, embora ele não fosse judeu nem cristão. Homem de grande cultura, conhecia o trabalho dos primeiros filósofos, mas também o de Platão, de Aristóteles, dos estoicos, dos epicuristas e dos céticos. Também conheceu as sabedorias dos orientais e dos indianos, tendo mesmo visitado a Pérsia. Um de seus maiores méritos foi refletir sobre a total transcendência do princípio de todas as coisas, diferentemente da forma como fez Fílon. Ele a tratou dentro dos padrões gregos de pensamento, sem pensar o princípio ao modo de um criador.

Plotino produziu sua filosofia em diálogo com o pensamento de seus predecessores, mas, sobretudo, em referência direta a Platão, motivo pelo qual ele ficou conhecido como *neoplatônico*. Seu pensamento foi chamado de *neoplatonismo* ou de *platonismo plotiniano*. Outros "platonismos" surgiram em continuidade com Plotino até, pelo menos, o século VI da Era Cristã. Mesmo nos séculos VII a VIII é possível encontrar autores platônicos ou neoplatônicos, mas convencionou-se dizer que o fim da filosofia antiga se deu no século VI, em 529, quando o imperador bizantino Justiniano proibiu o ensino dos filósofos, que ele considerava como inimigos da fé cristã.

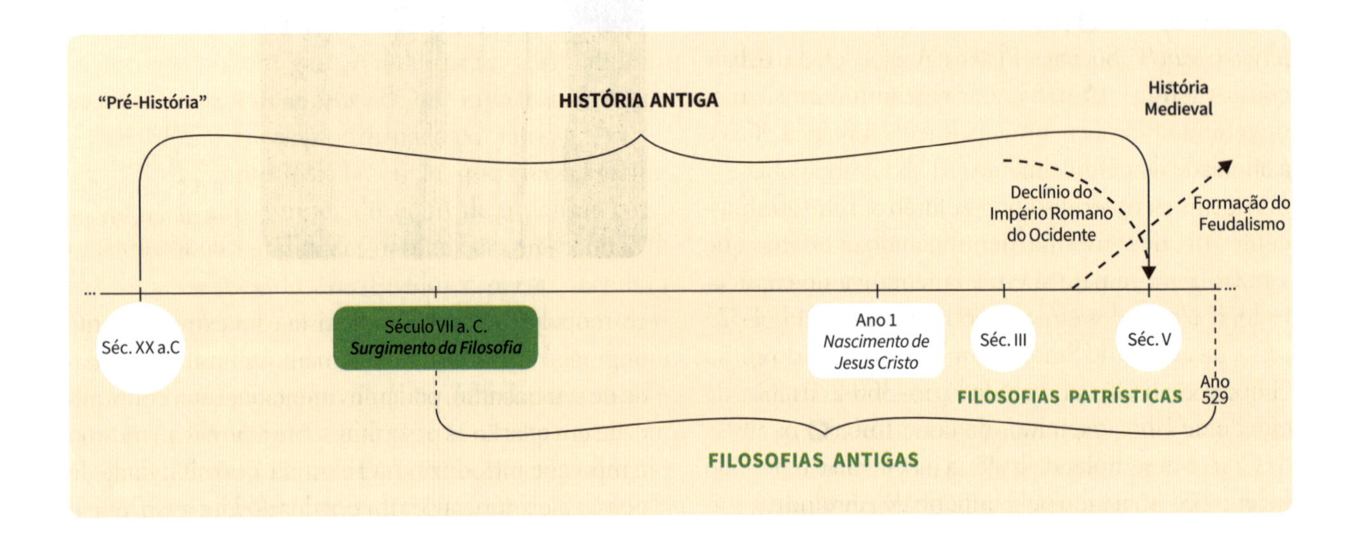

4 As filosofias patrísticas

Costuma-se chamar de *Patrística* o período filosófico compreendido entre o surgimento do cristianismo e o século V.

Muitos historiadores da Filosofia consideram esse período como uma fase da filosofia antiga, seguindo a classificação da História Antiga. Outros preferem dizer que esse período é o início da filosofia medieval, seguindo a classificação da História Medieval. As características da atividade filosófica nesse período são, porém, bastante específicas e justificam destacá-la tanto da filosofia antiga como da filosofia medieval, embora guarde grandes semelhanças com ambas.

O evento histórico que permite entender as características próprias da Patrística é o surgimento do cristianismo. O iniciador da religião cristã, Jesus Cristo, nunca se apresentou como filósofo, mas como portador de uma mensagem de salvação. Ocorre, porém, que alguns filósofos gregos e romanos converteram-se à fé cristã, promovendo um encontro entre o pensamento filosófico e a mensagem religiosa judaico-cristã. O primeiro caso conhecido foi o de Justino (100-165), da cidade de Roma, que dizia ter encontrado na fé cristã uma realização mais completa do que aquela que a Filosofia lhe dava. Justino era platônico e dizia viver insatisfeito com a "verdade fria" da razão. Ao experimentar a fé cristã, como ele assegurava, encontrou outra "face" da verdade; percebeu que ela pode agir e "responder" aos seres humanos, como numa relação interpessoal. Deus, então, deixava de ser visto por Justino apenas como uma "ideia" e passava a ser entendido como "alguém". Assim, o fato de pessoas cultivadas em Filosofia aderirem ao cristianismo fez surgirem tentativas de combinar formas de pensamento filosófico com a experiência de fé. Instalou-se um diálogo de intelectuais cristãos com a cultura de sua época, abrindo-se uma nova área de pesquisa para a Filosofia, a área da reflexão sobre Deus visto como uma "pessoa" que se relaciona com os seres humanos. Isso era completamente inconcebível no mundo filosófico greco-romano antigo; donde a originalidade da Patrística.

Cristo e os apóstolos, séc. II-IV, mosaico.

Nesse contexto, a ideia de criação ganha destaque. O mundo não é mais pensado como um caos "organizado" por seres divinos, e sim como algo que simplesmente não existia e passou a existir (foi criado) pela decisão livre de um ser que pode fazer tudo o que quer (Deus). Assim, se houve ou não um material elementar (a *phýsis* de que falavam os gregos), agora esse material também passa a ser considerado como algo que foi desejado e produzido por Deus. Por conseguinte, se o mundo resulta de uma decisão livre do ser divino, segue daí uma consequência direta: só pode ter sido por um ato de amor que Deus criou o mundo, pois, sendo Deus, ele não carecia de nada; se criou, foi por total gratuidade. Por conseguinte, ainda, cada ser é desejado por Deus.

Os filósofos cristãos sabiam que os dados aprendidos na experiência religiosa eram impossíveis de ser afirmados do mesmo modo como se podia falar da *phýsis* ou de outras realidades aprendidas na observação do mundo. No entanto, eles também não viam sentido em abrir mão de sua experiência de fé para poder filosofar. Se a fé se baseava em uma certeza interior adquirida pelo encontro pessoal com o ser divino, eles consideravam razoável a tentativa de incluir no trabalho filosófico a óptica ensinada pela fé.

Alguns filósofos, nesses períodos, eram platônicos por convicção e cristãos por experiência. Foi o caso, por exemplo, dos "três capadócios" (hoje diríamos "três turcos"): Gregório de Nazianzo (330-390), Gregório de Nissa (335-394) e Basílio de Cesareia (330-379). Assim, quando eles tinham de explicar o movimento do mundo, a verdade ou o conhecimento, eles se baseavam em Platão. Quando tinham de explicar o destino da alma após a morte, a criação do mundo ou a salvação, recorriam à fé.

Consequências importantes ocorreram também no lado da Filosofia propriamente dita. O intercâmbio entre dados religiosos e filosóficos fez com que, com o passar do tempo, uma série de preocupações entrasse no campo da Filosofia mesmo quando ela não considerava a possibilidade da existência de Deus. Hoje, por exemplo, valoriza-se bastante o tema da liberdade humana como característica dos indivíduos. Ora, segundo bons historiadores (não necessariamente religiosos), o tema da liberdade como marca da condição humana ou como capacidade para decidir sobre os rumos da própria vida foi impulsionado pela reflexão cristã diante da dificuldade de entender como o ser humano podia ser livre (não inteiramente determinado) se foi criado por um ser que o pensou como indivíduo (sabendo, portanto, todos os detalhes que sua vida conteria).

Os pensadores cristãos chegaram mesmo a justificar a possibilidade de o ser humano dizer "não" a Deus. No mundo greco-romano, era impensável que alguém recusasse os seres divinos. Podia-se recusar a visão supersticiosa sobre eles, mas era insensato pretender ir contra eles. Para diferentes filósofos cristãos, o ser humano, mesmo submetido a tudo e a todos, não é obrigado em sua consciência individual a sentir-se submisso a nada, nem mesmo a Deus. É justamente nesse poder ou nessa raiz que os filósofos cristãos verão a base da liberdade.

Em resumo, os primeiros filósofos convertidos ao cristianismo ou os "pais" (*patres*) das primeiras formas cristãs de pensamento (daí o nome *Patrística*) contribuíram para ampliar o campo de visão que os pensadores greco-romanos já haviam aberto. Ao mesmo tempo, a Filosofia lhes possibilitou maior clareza sobre a própria fé.

Além de pensadores convertidos, fazem parte da Patrística outros que já nasceram no ambiente cristão e cujo trabalho filosófico consistia no diálogo com a cultura dos primeiros séculos de nossa Era. É o caso, por exemplo, de Agostinho de Hipona (354-430). O filósofo romano Boécio (475-525) costuma ser chamado de o último dos antigos e o primeiro dos medievais, mas vários historiadores o consideram também como representante da Patrística.

5 As filosofias medievais

Chama-se de *filosofia medieval* o conjunto de filosofias produzidas entre o século VI e o século XIV (ou início do século XV) de nossa Era.

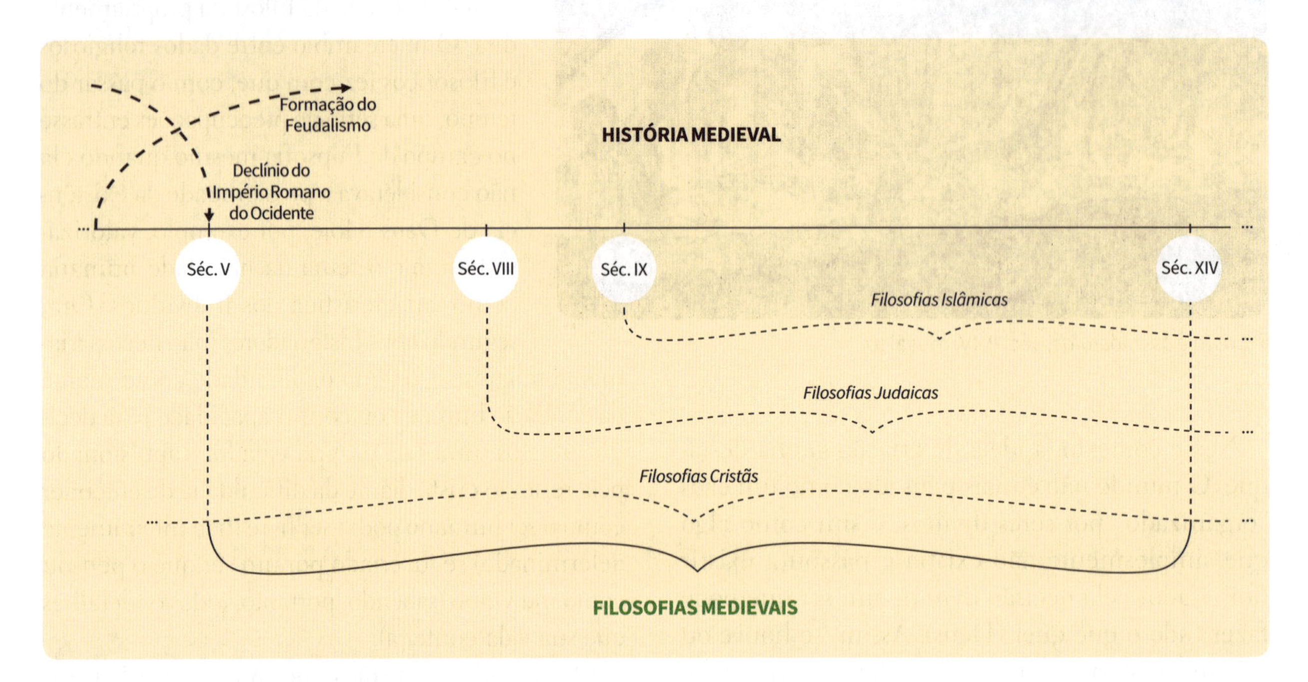

No século V, o Império Romano do Ocidente já havia se desintegrado completamente. Continuava, porém, o Império Bizantino, no Oriente (durou até o século XV).

Essa informação histórica é útil, porque permite explicar que a Filosofia, ao menos no Ocidente, já terá assimilado, depois do século V, a novidade do encontro com o cristianismo e não será mais marcada pelo ambiente, digamos, agitado dos séculos II a V, típico da Patrística. A partir do século V, a Filosofia permanecerá em diálogo com a cultura da Idade Média e entrará numa fase diferente: enquanto os autores patrísticos viam-se na urgência de justificar a combinação entre pesquisa racional e adesão à fé, os pensadores medievais já partem do trabalho patrístico e dedicam-se a aprofundamentos ou a tratamentos mais especializados de temas filosóficos e teológicos.

Por comparação, pode-se pensar no seguinte: em momentos de crise ou de algum dado social urgente (uma guerra, uma descoberta, um acontecimento bom ou ruim etc.), os intelectuais costumam aparecer na mídia, dar opinião, envolver-se em debates amplos etc.; em momentos menos marcados por acontecimentos urgentes, é natural que os intelectuais apareçam menos e dediquem-se mais às suas pesquisas. De certo modo, é possível dizer que os pensadores da Patrística eram solicitados pela urgência dos tempos do declínio do Império Romano no Ocidente e da necessidade de falar a língua filosófica como cristãos. Já os medievais não foram tão solicitados por urgências desse tipo e puderam desenvolver trabalhos mais "técnicos", quer dizer, voltados para o próprio modo de operar da Filosofia e das outras áreas do saber. Mesmo nos temas específicos da fé, os medievais sentiam menos a necessidade de justificá-la do que de aprofundá-la.

Sem risco de exagerar, é também possível afirmar que as filosofias medievais foram desenvolvidas em ligação direta com a crença em Deus segundo o modo como Fílon de Alexandria já havia feito e como os autores da Patrística desenvolveram. Isso explica também por que autores judeus passaram a cultivar a Filosofia no século VIII. Na sequência, autores árabes muçulmanos também o fizeram no século IX. Todos, em maior ou menor grau, refletiram sobre Deus. Além disso, cultivavam os saberes tal como os gregos haviam sistematizado.

Judeus, cristãos e muçulmanos, ao menos na Filosofia, entendiam-se bem. Dizem os historiadores que não houve lugar e momento em que os membros dessas três religiões se entenderam melhor do que nas universidades medievais. É claro que, nas universidades europeias, quem ensinava eram os cristãos, pois o cristianismo era a religião predominante e detentora do poder político. Mas as obras dos filósofos das três religiões eram estudadas com igual respeito.

O ponto de partida dos pensadores da Idade Média eram, por um lado, as filosofias produzidas na Grécia e em Roma, e, por outro, os textos sagrados de cada religião. Continuou, portanto, e fortaleceu-se aquela combinação entre razão e fé ou entre Filosofia e religião própria da Patrística. Os filósofos medievais, tanto quanto os gregos, também eram os cientistas da época. As bases da Química, por exemplo, são construídas na Alquimia medieval. A partir do século XI há um impulso nos estudos de Biologia e de Física, principalmente nas áreas da Botânica, da Óptica e da Astronomia. Vários deles também se dedicaram ao Direito. No campo propriamente filosófico, desenvolveram estudos relativos à linguagem, ao conhecimento de Deus, ao conhecimento do mundo, à justiça e à ética.

Nos países europeus, o latim era a língua da cultura, mas, do século V ao XIII, formam-se as raízes das línguas modernas, que, a partir do século XIV, sobretudo no XV, também começarão a ser usadas em Filosofia, Teologia, Ciência e Literatura.

Esse movimento, digamos, de gestação de saberes e línguas diferentes mostra que a Idade Média foi um período de transformações sociais e culturais de grande impacto a despeito da estrutura feudal que era aparentemente estável e constante. Aliás, se há algo em que os historiadores concordam quanto à classificação tradicional da História em períodos é que a nomenclatura *Idade Média* não tem quase nenhum sentido, pois ela trata de modo excessivamente uniforme povos, geografias e costumes muito diferentes.

Dessa perspectiva, costuma-se dizer que a Idade Média na Europa foi dominada pela Igreja Católica. Do ponto de vista econômico, isso não deixa de ser verdade; culturalmente também, em certa medida. No entanto, a presença das culturas judaica e muçulmana faz ver que essa dominação não foi algo tão uniforme. Ademais, no próprio interior do catolicismo havia grandes diferenças. Mesmo do ponto de vista da relação entre razão e fé ou Filosofia e Teologia, havia visões diferentes e igualmente significativas. Alguns historiadores comentam ainda hoje que, durante a Idade Média, a Filosofia estava a serviço da Teologia. Até certo ponto, isso é verdadeiro, porque alguns pensadores medievais viam na Filosofia a possibilidade de justificar racionalmente as verdades reveladas pela fé. Porém, a função da Filosofia era mais do que a de um simples instrumento da Teologia ou da religião. Essa visão histórica já está ultrapassada.

Do lado cristão, por exemplo, o pensador Tomás de Aquino (1225-1274), que defendia abertamente a Filosofia como serva da Teologia, também insistia na utilidade de estudar a Filosofia por si mesma e pensava que a Filosofia podia se prolongar *na* Teologia e não necessariamente *como* Teologia. Do lado árabe, podemos citar Averróis (1126-1198) como exemplo semelhante e, do lado judeu, Maimônides (1135-1204). Averróis teve um papel de grande destaque ao enfatizar certas áreas do saber que, séculos depois, constituirão disciplinas filosóficas específicas: é o caso, por exemplo, da Política e da distinção entre Lógica e Gramática, que já vinha sendo estudada por Anselmo de Cantuária (1033-1109) e Pedro Abelardo (1079-1142), entre outros.

O desconhecimento da efervescência cultural desse longo período de mil anos é o que ainda faz alguns historiadores falarem de "Idade Média". Trata-se de um desconhecimento parecido com o que esteve na base da imagem negativa que os autores renascentistas e modernos desenvolveram a respeito do período "medieval". Com efeito, no século XVII, o pedagogo alemão Christoph Keller (1638-1707) criou a expressão *Idade Média* porque procurava realçar tendência de valorizar o mundo greco-romano e de ver com reservas o período dos séculos V a XV, principalmente por causa da importância que a religião recebeu nesse período.

Keller, que era filósofo especialista em línguas orientais, conhecia bem o modo como as religiões

Laurentius de Voltolina (séc. XIV), ilustração para o livro de Ética escrito por Henrique de Alemanha (séc. XIV). As universidades foram o principal ambiente em que se cultivou a Filosofia durante os últimos séculos da Idade Média.

eram tomadas como motivo para justificar guerras e atrasos de mentalidade em várias partes da Europa. O papel nocivo da Inquisição era algo inquestionável. A partir dessa percepção, Keller seguiu a tendência de generalizar certo desprezo pelos séculos V a XV, chamando-os de "intermediários" entre o mundo greco-romano (caracterizado pelo esplendor da razão filosófica) e o mundo em que ele vivia, isto é, a passagem do século XVII ao XVIII.

Em continuidade com Keller, historiadores dos séculos XVII e XVIII, autointitulando-se *modernos*, defendiam que os filósofos, cientistas e artistas dos séculos XV e XVI escapavam à "pobreza" da Idade Média porque faziam renascer justamente a vitalidade do mundo greco-romano. No século XVIII, quando essa classificação ("antigos", "medievais" e "modernos") foi estabelecida, os historiadores se inspiraram em algumas críticas de Francesco Petrarca (1304-1374), que falava das "trevas" do período em que vivia, e do cardeal César Barônio (1538-1607), que usou a expressão *período obscuro* para se referir aos séculos V a IX. Eles, então, criaram a expressão *Idade das Trevas* para se referir à Idade Média. O século XVIII, por sua vez, passou a ser visto como a superação das trevas, inclusive porque suas filosofias e seus feitos políticos buscavam a luz da razão, como se dizia. A Idade Média ficou, assim, marcada como o período de trevas ou noite de mil anos. Hoje, porém, manter essa visão é sinal de desinformação histórica, filosófica, científica, artística e mesmo religiosa.

6 As filosofias renascentistas

Algumas mudanças de ordem social, científica e religiosa permitem considerar as filosofias desenvolvidas no século XV e XVI como dotadas de características próprias. As guerras de religião, a Era dos Descobrimentos, o surgimento de novos modelos de conhecimento, além de outros fatores, levarão a buscar outras visões de mundo.

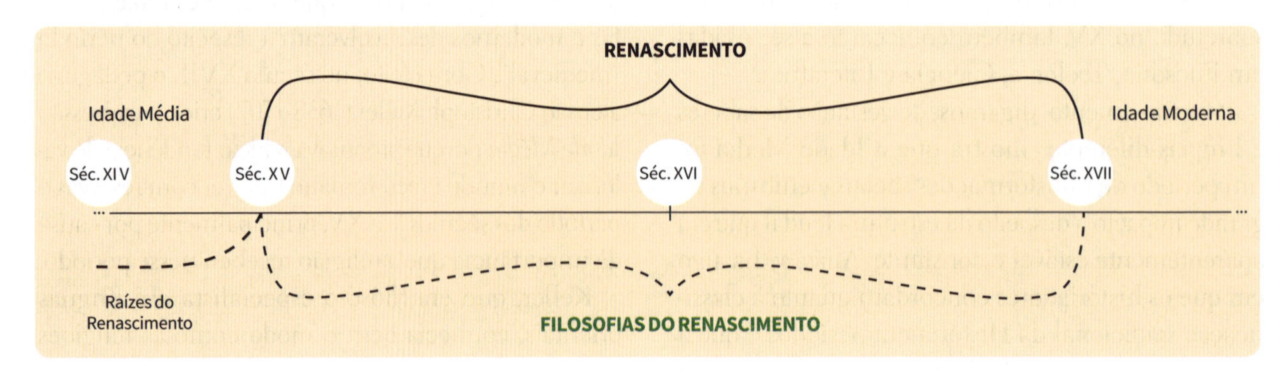

Uma forte característica desses novos tempos foi a maior facilidade com que circulavam as informações de todo tipo. Para termos uma ideia do que isso significou, façamos uma comparação com o que o mundo viveu no final do século XX. Você já nasceu na era da Internet e do telefone celular, mas tente imaginar o que era o mundo sem o uso geral desses recursos. O benefício que eles trouxeram é incalculável, porque ampliou o acesso de milhões e milhões de pessoas a informações de toda ordem (científicas, acadêmicas, culturais, sanitárias, políticas etc.) e a comunicação interpessoal.

Embora em muito menor escala, algo parecido ocorreu nos séculos XV e XVI, com a invenção da imprensa, por Johannes Gutenberg (1398-1468). Não pense que todos os europeus passaram imediatamente a ter livros em suas casas... Correram séculos até que esse hábito se tornasse amplamente difundido. No entanto, comparando a fabricação dos livros pela máquina inventada por Gutenberg (a prensa) com as técnicas anteriores (os manuscritos ou cópias à mão em pergaminhos de pele de animal ou em papel caseiro), você pode ter uma noção melhor do que queremos dizer ao afirmar que passou a haver maior circulação de informações nos séculos XV e XVI.

Um dos exemplos do que possibilitou a imprensa de Gutenberg foi a divulgação da Bíblia nas línguas modernas, e não mais apenas em latim, como ocorria na Idade Média, quando o latim era considerado a língua da cultura. Tudo indica que o primeiro a divulgar a Bíblia impressa em língua moderna foi Martinho Lutero (1483-1546), um dos líderes da Reforma Protestante e tradutor da Bíblia em alemão. Seu gesto teve impactos para além da prática religiosa: graças à divulgação da sua tradução, começou-se a formar um padrão oficial de uso literário da língua alemã, bem como um movimento de incentivo a traduções, sem falar do crescimento do interesse pelo aprendizado da leitura e da escrita.

Esse e outros fatores permitiram considerar os séculos XV e XVI como um período de ampliação de horizontes para os europeus. Nesse movimento, a circulação de informações fez aumentar também o conhecimento de autores antigos e intensificar o estudo não só de Filosofia e Teologia, mas ainda de Literatura, ciências e artes. Assim, se há um sentido em falar de "Renascimento", ele está certamente ligado à maior divulgação do patrimônio antigo.

Convém esclarecer que os homens e as mulheres dos séculos XV e XVI não se chamavam de *renascentistas* nem falavam de sua época como a do *Renascimento*. Eles simplesmente viviam a era de nova efervescência cultural, social, política e econômica, embora a maioria das pessoas ainda não tivesse acesso aos benefícios de tal efervescência. Levará séculos para que a Europa comece a criar formas de promover a igualdade socioeconômica. É inegável, contudo, que os saberes, agora, começam a ir além dos limites das instituições religiosas e universitárias.

Alguns pensadores "renascentistas" criam, então, o ideal do humanismo, ou seja, uma visão de mundo centrada no ser humano e com medidas humanas. Eles sabiam que os gregos e os romanos não olhavam ingenuamente para a Natureza e que os pensadores medievais não começavam suas filosofias por Deus, mas pelo ser humano. Porém, eles queriam enfatizar um modelo de ser humano universal, superior às diferenças culturais e ao mesmo tempo garantidor do valor de cada indivíduo.

Nesse sentido, os renascentistas levam até o extremo o sentido daquilo que os medievais chamavam de *causas segundas*, isto é, a concepção de que o ser humano e os outros seres da Natureza são verdadeiros atores ou causas que agem no mundo, radicalmente diferentes de Deus (a "causa primeira"). Dá-se atenção, agora, às estruturas particulares da Natureza e busca-se explicá-las por meio da experimentação (a reprodução daquilo que se observa como natural). Desenvolve-se uma forma de ver o mundo que, embora já com raízes nos pensadores medievais e antigos, recebe nos tempos renascentistas uma importância sem igual: a *matematização da Natureza*. A Natureza passa a ser vista como um grande "livro" escrito com proporções numéricas; além disso, acreditava-se que, por meio da linguagem

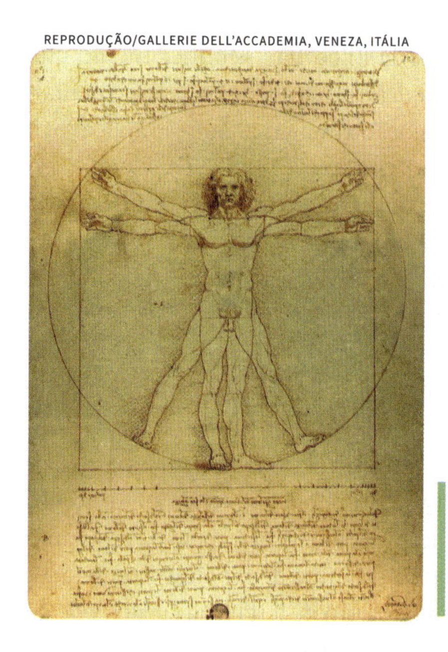

Leonardo da Vinci (1452-1519), *O homem de Vitrúvio*, 1490, desenho.

matemática, seria possível compreender o mundo e interferir nele. Justifica-se o fato de a revolução da física moderna vir desse período, com a consagração do heliocentrismo concebido pelo polonês Nicolau Copérnico (1473-1543).

Copérnico dizia abertamente que seu trabalho consistia em fazer renascer teorias antigas como a do filósofo grego Filolau (séc. V a.C.) e a do poeta latino Marciano Capela (séc. V d.C.). A declaração de suas fontes permite entender com mais clareza a especificidade do pensamento e da nova metodologia que começa a ser adotada no Renascimento. Com efeito, Copérnico aprendeu com o filósofo Filolau a possibilidade de ver o mundo como uma realidade formada por um centro ou um núcleo composto por um fogo primordial (a *phýsis*) e em torno do qual giravam a Terra, o Sol e todos os astros. Já no pensamento de Marciano Capela, Copérnico encontrou um esquema segundo o qual Vênus e Mercúrio giravam em torno do Sol e, junto com o Sol, giravam em torno da Terra. Mesmo considerando a Terra como centro, Capela fornecia a Copérnico outra maneira de explicar o movimento dos astros. Copérnico aprende, então, que outros tipos ou *modelos* de explicação eram possíveis para descrever o mesmo movimento dos planetas e dos astros. Dando atenção às diferentes possibilidades de compreensão, Copérnico desenvolve o seu próprio modelo, segundo o qual é a Terra que gira em torno do Sol. Mudando o tipo ou o modelo explicativo, ele obteve uma descrição melhor para o que se observava no mundo.

Copérnico consagra, então, um procedimento de pesquisa filosófica e científica que marcará para sempre a História da Filosofia: o conhecimento que se constrói por *modelos*. Trata-se de conceber mentalmente representações ou esquemas que são aplicados à realidade e passam a ser considerados verdadeiros caso combinem bem com as observações e permitam, por um lado, explicar aquilo que é observado e, por outro, prever o que pode acontecer em situações semelhantes àquelas já observadas.

O conhecimento, agora, deixa de ser entendido como o resultado de um olhar direto para a realidade (com objetivo de "traduzi-la" na forma do pensamento, tal como faziam, de modo geral, os antigos e os medievais). Em vez disso, ele é entendido como um olhar que vê a mesma realidade por meio de esquemas compreensivos (um conjunto de hipóteses) projetados na mesma realidade, a fim de testar sua capacidade de explicá-la. Se o modelo explicativo funciona, ou seja, se ele permite dar explicações razoáveis para aquilo que se observa no mundo e prever o funcionamento do mundo, então passa a ser considerado como uma boa explicação ou uma boa teoria. No lugar de "traduzir" diretamente o mundo, é como se agora os cientistas e filósofos "lessem" o mundo (observação), elaborassem diferentes possibilidades de "tradução" e depois testassem essas traduções a fim de chegar àquela que melhor exprime o mundo. Aplica-se ao mundo um modelo compreensivo do mundo; deixa-se de acreditar que o mundo fornece a sua própria e única tradução.

Na elaboração dos novos modelos de compreensão do mundo, a língua usada pela Matemática exercerá um papel de enorme importância. Os dados observados são lidos em termos de números, relações geométricas e proporções; e os modelos para exprimir o mundo são também escritos em língua matemática. É por isso que se costuma considerar o novo procedimento ou a nova metodologia consagrada no Renascimento como um *modelo quantitativo* (medição de porções da matéria e da força que constituem as coisas do mundo), e não mais *qualitativo* (busca de características do modo de ser das coisas, como faziam os antigos e os medievais). O filósofo e cientista moderno René Descartes (1596-1650) levará esse procedimento ao máximo, mostrando que as qualidades das coisas podiam ser explicadas em termos de quantidade.

Alguns historiadores da Ciência e da Filosofia têm mostrado que o procedimento de conhecer por *modelos* e de matematização da Natureza já vinha sendo elaborado muito antes de Copérnico. Talvez ele tenha sido influenciado por trabalhos de astrônomos medievais árabes e persas, como os modelos matemáticos utilizados pela Escola de Maragha (séc. XIII e XIV), principalmente a decomposição do movimento linear em movimentos circulares, como já havia feito Al-Tusi (1201-1274). Aliás, o modelo copernicano de explicação do movimento da Lua é praticamente idêntico ao de Ibn Al-Shatir (séc. XIV); e a possibilidade de que a Terra girasse em torno de si mesma era discutida desde o século X. Nesse sentido, Nicolau de Oresme (1323-1382) levantou a possibilidade do movimento de rotação da Terra; e, indo mais longe, Nicolau de Cusa (1401-1464) rejeitava que a Terra pudesse ser entendida como imóvel ou como centro do Universo.

Talvez Copérnico tenha estudado também o trabalho de dois outros pensadores: o astrônomo e matemático austríaco Georg von Peuerbach (1423-1461) e seu aluno alemão Johannes Müller von Königsberg (1436-1476), também conhecido pelo apelido de Regiomontano. Peuerbach teria notado a correlação entre os movimentos dos planetas e do Sol, enquanto Regiomontano teria escrito, no fim da vida, que "é preciso modificar um pouco o movimento das estrelas por causa do movimento da Terra".

A frase de Regiomontano é muito interessante aqui, porque a necessidade de "mudar o movimento das estrelas" retrata a necessidade de mudar o modelo de compreensão e expressão. É óbvio que não somos nós que mudamos o movimento das estrelas, mas somos nós que mudamos a maneira de falar desse movimento. Em outras palavras, criamos modelos diferentes para explicar o que é observado.

Seja como for, o trabalho de Copérnico consagra um estilo de pesquisa filosófica e científica que se tornará muito forte entre os renascentistas. Esse estilo será ampliado para outras áreas do saber, como as artes e a Política. Podemos entender, por exemplo, por que a Política passa a ser tratada como um saber e uma prática específica e não é mais vista como apenas uma parte da reflexão sobre a ação moral ou ética: trata-se agora de compreender o funcionamento das estruturas políticas e de prever as possibilidades de ação ou as estratégias para obter os efeitos desejados em vista da obtenção e conservação do Poder. A atividade política é entendida como um "quebra-cabeça" cujas partes podem ser dispostas e utilizadas segundo diferentes estratégias (modelos). Em vez de debater, como faziam antigos e medievais, sobre a natureza da Política como arte do bem comum ou como prática dirigida por ideais éticos, a Política é agora entendida como um saber específico, com objeto e regras próprios. O filósofo Nicolau Maquiavel (1469-1527) (p. 253) da cidade de Florença, será um dos mais importantes autores na produção de um modelo de compreensão e planejamento do agir político.

Nas artes há uma explosão de novidades durante o Renascimento, além de uma retomada de modelos antigos. Na escultura e na pintura, por exemplo, desenvolve-se sobremaneira o estudo dos materiais e das técnicas em termos matemáticos. Calculam-se as possibilidades e aplicam-se esses cálculos à produção artística. O nome de Leonardo da Vinci (1452-1519) é referência obrigatória entre os artistas-cientistas-filósofos do Renascimento.

Mesmo na religião o estilo renascentista exercerá grande influência. É possível entender a Reforma Protestante, por exemplo, como um movimento cujas raízes estão nos séculos XV e XVI e mesmo nos séculos XIII a XIV (final da Idade Média), quando se debateu intensamente o papel da liberdade humana (a vontade livre) no ato de fé. Diante do risco de entender a prática religiosa como algo fundado apenas na autoridade dos textos sagrados e de seus intérpretes institucionais (reduzindo-a apenas a uma prática moral), diversos autores tanto do lado católico como do protestante recuperam antigas tradições (da Patrística e da Idade Média) para defender que, acima de tudo, a fé consiste em uma experiência pessoal de encontro com o ser divino, ao qual se adere de maneira livre e inteligente.

Esse conjunto de novidades abria o caminho para o período que ficou conhecido como a Modernidade em Filosofia ou a Filosofia Moderna.

7 As filosofias modernas

O conjunto das filosofias modernas corresponde à produção filosófica dos séculos XVII-XVIII. Alguns historiadores fazem essa classificação avançar até o século XIX; outros a concentram apenas no século XVII. Neste livro, por causa das características que veremos na sequência, preferimos chamar de filosofia moderna ou de Modernidade em Filosofia aos séculos XVII e XVIII, associando o século XIX ao XX.

No entanto, algo parecido com o que afirmamos sobre as filosofias medievais vale aqui para as filosofias modernas ou a Modernidade: é inadequado tratar os séculos XVII e XVIII como um período homogêneo e dotado de filosofias também homogêneas. Além disso, os limites temporais (séculos XVII e XVIII) não são fixos: mais do que fronteiras rígidas, eles são móveis, como boias postas no mar para indicar áreas que oscilam conforme o movimento das águas.

Pela linha temporal a seguir você pode notar que, em dois séculos, pelo menos quatro estilos filosóficos foram produzidos na Modernidade e duram até hoje: o racionalismo, o empirismo, o materialismo e o Iluminismo. Você também pode observar que as raízes das filosofias modernas estão fincadas no pensamento antigo-medieval e renascentista e que o ceticismo, revalorizado durante o Renascimento, constitui uma presença de grande importância para os autores modernos, chegando até nossos dias.

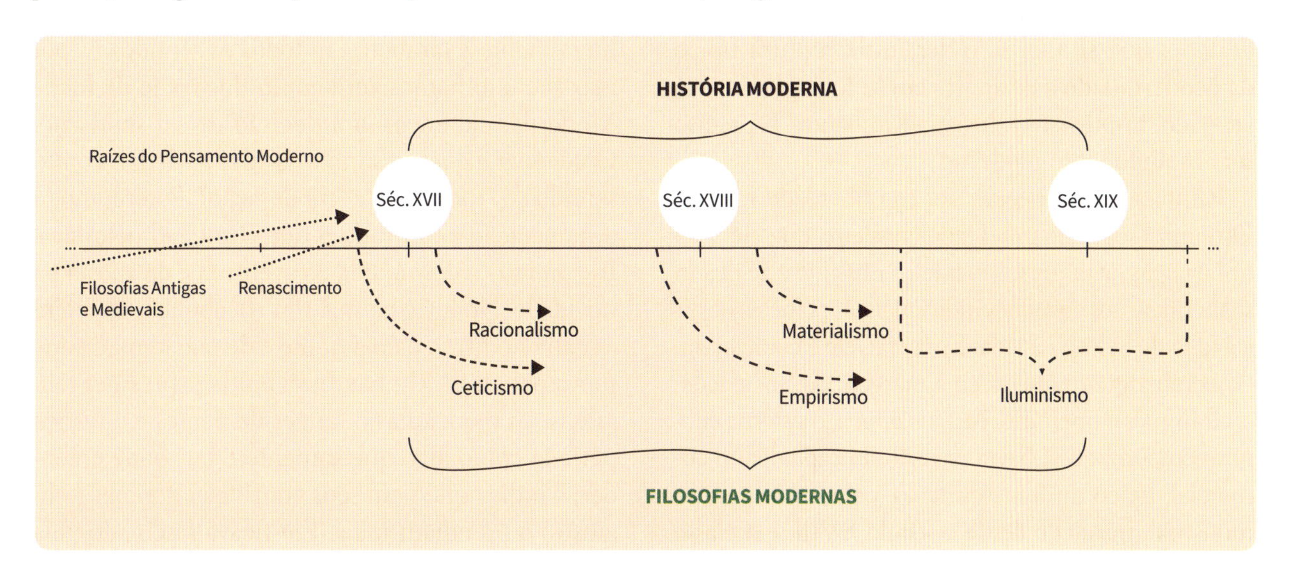

A variedade da produção filosófica moderna e suas raízes antigo-medievais são hoje inquestionáveis. No entanto, um dado parece ser comum aos autores modernos: eles buscavam criar filosofias inteiramente novas e, em maior ou menor grau, por ruptura com o passado. Em geral, eles se chamavam *modernos*, como se não houvesse continuidade explícita entre eles e as tradições antiga, medieval e renascentista. Sua autodeclaração *moderna* não constituía, porém, um "erro", porque, em primeiro lugar, eles não dispunham de estudos históricos tão detalhados como possuímos hoje para observar continuidades e rupturas reais. Além disso, nem sempre os modernos leram as obras dos filósofos anteriores, mas liam obras de outros autores que comentavam esses filósofos ou mesmo que faziam resumos e manuais. Por fim, é preciso lembrar que, mesmo retomando elementos de pensadores anteriores (seja para criticar, seja para repetir), um filósofo, em geral, sempre "recomeça" a Filosofia, pois sua maneira de filosofar é única. Em outras palavras, com um filósofo há sempre uma novidade ou um reinício do filosofar; cada pensador é único em sua maneira de entender e reelaborar os temas, criar problemáticas, dar soluções novas ou reativar soluções anteriores.

Entendemos, então, por que, no século XVIII, quando filósofos e historiadores (que, em geral, eram os mesmos) procedem a uma classificação dos períodos históricos, eles se denominam *modernos*.

O poeta francês Arthur Rimbaud (1854-1891), no livro *Uma temporada no inferno*, escreve uma frase que representa bem a convicção dos novos tempos. Embora ele tenha vivido no século XIX (e, portanto, seja classificado pela historiografia como membro da Contemporaneidade), sua frase é uma espécie de lema que simboliza o desejo de ruptura típico da Modernidade e de aposta em tudo o que é novo, arrojado, imprevisível. Insistia Rimbaud: "É preciso ser absolutamente moderno".

Rimbaud é conhecido por sua liberdade radical. Diríamos, segundo um ditado brasileiro, que ele "não tinha papas na língua". Era inteligentíssimo e ácido em suas críticas aos costumes individuais, às práticas sociais e à falta de beleza na vida. Em geral, ele é caracterizado como alguém que viveu à margem da Sociedade, antiburguês e libertário. Em sua época, o sistema econômico europeu já havia passado do capitalismo comercial, típico do Renascimento, para o capitalismo industrial, instalado desde o século XVIII; e a classe burguesa representava as pessoas que enriqueciam com o comércio e a industrialização. Rimbaud não denunciava a existência da burguesia (ele mesmo se tornou burguês), e sim a hipocrisia dessa classe que defendia valores nem sempre praticados por ela mesma ou lutava para manter valores ultrapassados. Rimbaud encarnava, então, um sentimento de denúncia e ruptura:

1 Sim, a nova hora é, pelo menos, muito severa.
Posso dizer que a vitória está ganha: os ranges de dentes, os assovios do fogo, os suspiros mau cheirosos moderam-se. Todas as lembran-
5 ças imundas apagam-se. Minhas últimas saudades fogem – inveja dos mendigos, dos bandidos, dos amigos da morte, dos antiquados de todo tipo. Condenados, ai se eu me vingasse!
É preciso ser absolutamente moderno.
10 Nada de cânticos: manter o ritmo conquistado. Dura noite! O sangue seco evapora sobre minha face e não tenho nada atrás de mim, a não ser esse horrível arbusto!... O combate espiritual é tão brutal como a batalha de homens; mas a
15 visão da justiça é o prazer exclusivo de Deus.
Entretanto, é a vigília. Recebamos todos os influxos de vigor e de ternura real. E, à aurora, munidos de uma ardente paciência, entraremos nas cidades esplêndidas. ■

RIMBAUD, Arthur. Une saison en enfer. In: *Poésies & Une saison en enfer & Illuminations*. Paris: Gallimard, 1984. p. 152. (Uma temporada no inferno. Tradução nossa.)

Rimbaud teria dito à sua mãe que seu poema em prosa *Uma temporada no inferno* pode ser lido literalmente e também em todos os sentidos. É por isso que o tomamos aqui como ilustração da Idade Moderna: ele encarna a decisão de ser moderno. O adjetivo *moderno* surgiu na Idade Média, com o sentido de "modo" e de "moderação". Porém, modo e moderação eram tudo o que Rimbaud detestava. Ele preferia a desmedida da aventura e da aposta na novidade. No texto acima, seu vocabulário se refere a manter o ritmo para a frente e de não ter nada que mova para trás. Rimbaud usa ainda expressões religiosas, ao mencionar o ranger de dentes e a justiça perfeita como algo que somente Deus pode entender; e indica que nem seus conflitos interiores (religiosos) o prendiam mais. Ele ficava fascinado pela vida despreocupada dos mendigos e dos ladrões.

Numa palavra, era preciso ser moderno, olhar para a frente, pois estava em curso a gestação (vigília) de uma nova era.

De certa maneira, os pensadores modernos também viviam um misto de admiração pelas novidades, principalmente as ciências, concebidas segundo o modelo renascentista, e o descontentamento com as explicações tradicionais. Embora muitos filósofos modernos tenham continuado a ser religiosos, a religião era entendida como fonte de decepção. As guerras entre católicos e protestantes no século XVI não deixavam dúvida a esse respeito, assim como as práticas da Inquisição, tanto católica quanto protestante. Afinal, mesmo os protestantes, que haviam representado uma esperança de renovação para muitos cristãos, acabaram envolvidos em práticas violentas, como foi o caso da condenação do médico e teólogo espanhol Miguel de Servet (1511-1553), queimado vivo em Genebra pelos calvinistas.

As amarras das práticas sociais e de algumas formas de pensamento obscuras precisavam, então, ser desatadas. Era preciso decidir pela ruptura. Nascia o que alguns historiadores chamam de *projeto moderno*: busca de formas mais seguras de conhecimento e de ação, para o que contribuía enormemente a herança dos filósofos renascentistas e a nova concepção de conhecimento científico baseada em modelos matemáticos. Esse "projeto" justificava historicamente a ideia de refundação da Filosofia e também a revalorização do ceticismo, pois, diante da variedade de respostas filosóficas, visões de mundo, teorias científicas, descobertas culturais (sobretudo com as navegações que levaram às Américas), era natural pôr em questão a própria capacidade racional de conhecer com segurança. Michel de Montaigne (1533-1592), por exemplo, mesmo sem se tornar exatamente cético, foi um dos primeiros a conceber uma relativização cultural, tirando o modo de pensar europeu do centro da reflexão e dedicando-se à tentativa de compreender populações indígenas no contexto delas mesmas. Descartes, por sua vez, embora procurasse superar o ceticismo, foi em grande parte influenciado por ele.

Diante, portanto, das inúmeras novidades que os tempos modernos traziam, os filósofos decidiram, de modo geral, apostar em um "projeto" que pusesse em primeiro plano aquilo que, acima de qualquer dúvida, caracteriza a experiência humana: o uso da razão. Até para contrariar os usos tradicionais da razão é preciso servir-se dela; e a principal atividade da razão passa, agora, a ser também a principal preocupação dos filósofos: o conhecimento. Antes de se dedicar à atividade de conhecer o mundo, era preciso "conhecer o conhecimento", investigar quais as reais possibilidades de conhecer e os reais métodos para pôr essa atividade em prática. É por esse motivo ou por esse projeto "moderno" que se costuma considerar a atenção ao conhecimento como marca central das filosofias modernas.

Justificar o tipo e o modo de conhecimento praticado torna-se uma tarefa de primeira importância. Tal preocupação está na raiz tanto do racionalismo como do empirismo, dois estilos filosóficos típicos da Modernidade. O racionalismo dá prioridade ao papel da razão na atividade de conhecer. Entende-se o ser humano como um ser dotado de consciência reflexiva, que lhe permite elaborar as informações captadas por meio dos cinco sentidos (p. 336). O empirismo, por sua vez, dá prioridade ao papel dos cinco sentidos e entende a razão como um hábito desenvolvido pelo uso dos mesmos sentidos. Se o racionalismo afirma a existência de uma capacidade humana (situada na alma) que possibilita a atividade dos cinco sentidos, o empirismo prefere afirmar que a razão é apenas o nome do hábito gerado pela ativação dos sentidos (p. 337).

O debate entre interpretações racionalistas e empiristas amplia-se do campo da teoria do conhecimento para os outros saberes, principalmente a Ética e a Política. Ambas se tornam áreas específicas da pesquisa filosófica, em continuidade com o que já fora concebido durante o Renascimento. Racionalistas, como Descartes, defenderão que, pelo uso da razão, é possível chegar a verdades no campo das emoções, da ação ética e da ação política. Uma razão bem desenvolvida poderia controlar os diversos aspectos da vida humana. Já empiristas como David Hume (1711-1776) alertarão para o que eles consideravam as "ilusões" da razão e preferirão tomar como fontes de compreensão da vida humana aquilo que, segundo eles, era evidente: o papel das sensações (o conhecimento obtido por meio dos cinco sentidos) e das paixões ou emoções. Na reflexão ética, portanto, a razão seria vista de modo mais adequado se fosse posta em seu lugar, não como controladora das emoções, mas como sua serva ou, no mínimo, como sua aliada fiel.

Em consequência direta do debate entre racionalismo e empirismo, surge outro estilo filosófico, interessado em levar até o fim a análise das possibilidades

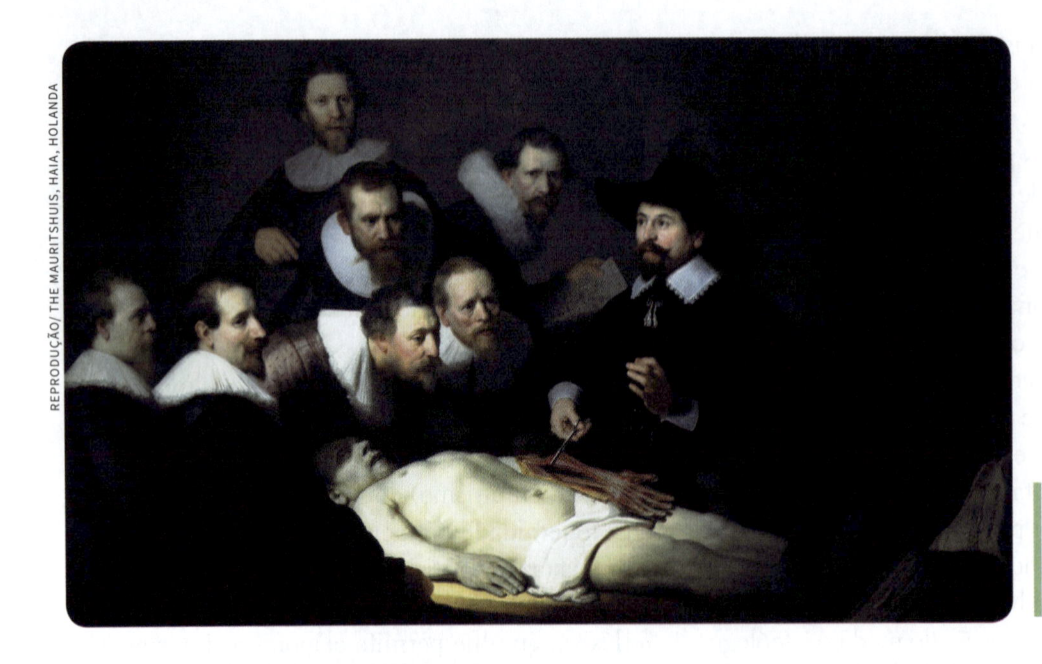

Rembrandt (1606-1669), *Aula de anatomia do Dr. Tulp*, 1632, óleo sobre tela.

e dos limites do conhecimento humano. Trata-se da filosofia transcendental (p. 338) de Immanuel Kant (1724-1804). Vendo razões no pensamento racionalista de Descartes e na atitude empirista de Hume, Kant procura conciliá-las e oferecer uma concepção mais adequada da razão humana. Ele concorda com Descartes quando este afirma que a razão tem um papel fundamental na organização dos dados oferecidos pelos cinco sentidos, pois os cinco sentidos, sozinhos, não produzem conhecimento. Porém, sem as informações captadas pelos sentidos, a razão deixa de ter material para elaborar. Nisso, Hume tinha razão. Kant elabora, então, uma concepção do conhecimento como a atividade de uma estrutura universal, presente em todos os seres humanos (a estrutura da subjetividade transcendental, quer dizer, estrutura cognitiva dada sempre que existe um ser humano) e operante sobre os dados da sensibilidade (os cinco sentidos).

O trabalho de Kant separa, de um lado, aquilo que pode ser conhecido de modo seguro, científico, com base no entendimento, e, de outro, aquilo que não pode ser conhecido de modo científico (embora, pela atividade da razão, possa fazer algum sentido para os indivíduos e os grupos).

Pensando em termos de modelos, é possível afirmar que o modelo moderno de Ciência (de raízes renascentistas) passa a guiar a compreensão do conhecimento humano e a própria concepção da razão. Conhecimento seguro e racional será o conhecimento produzido ao modo da Ciência (com seu modelo matemático); e a própria razão será, aos poucos, associada com o procedimento de observação, experimentação e tradução em termos matemáticos. Em alguns casos, chega-se mesmo a adotar o padrão científico como orientador da concepção do ser humano e do mundo, que serão vistos como mecanismos ou máquinas (p. 235 e 237).

Nesse contexto, alguns filósofos desconfiarão de reflexões que recorrem a ideias como Deus, alma, bem supremo etc., pois tais assuntos são considerados como externos ao campo que a razão, concebida segundo o modelo científico, pode explorar. É compreensível, assim, que no século XVIII tenham surgido propostas filosóficas comprometidas unicamente com a base material da experiência e defensoras de explicações da Natureza somente em termos materiais, sem recorrer a qualquer coisa não material. Desenvolvia-se o materialismo como doutrina filosófica, do qual surgiu outra novidade, o ateísmo ou a postura cujo objetivo era negar a existência de Deus (p. 317-323).

A ênfase na luz da razão fez com que as filosofias produzidas no século XVIII recebessem o nome de Iluminismo. Tratava-se de uma confiança irrestrita no poder da razão para explicar a experiência humana. Chegou-se mesmo a crer que o ser humano pode se aperfeiçoar pela razão a ponto de progredir sempre e encontrar a felicidade ética e política. A crença no progresso sem fim ou na perfectibilidade do ser humano levou também à distinção entre Natureza e Cultura: a Natureza ou o mundo físico-químico-biológico seria o campo da necessidade, das leis fixas; a cultura ou a civilização seria o campo propriamente humano, lugar da autoconstrução e da liberdade.

8 As filosofias contemporâneas

A Contemporaneidade ou o conjunto das filosofias contemporâneas nasceu de uma problematização do "projeto moderno" de Filosofia.

Do ponto de vista da História Geral, acontecimentos como a Revolução Industrial, no fim do século XVIII e início do século XIX, e a passagem do capitalismo comercial e pré-industrial (típicos dos séculos XV a XVII) ao capitalismo industrial e financeiro acarretaram mudanças profundas na organização socioeconômica e cultural.

Do ponto de vista da História da Filosofia, alguns elementos faziam pensar em uma nova era. Esses elementos consistiam no trabalho de *autocrítica* que a própria razão começava a desenvolver.

Esse trabalho já havia caracterizado filósofos modernos, como Kant, ou mesmo Blaise Pascal (1623-1662), que, embora fosse considerado um racionalista, dava grande importância à experiência sensível como fonte de conhecimento. A primeira forma de autocrítica que se descola do "projeto" moderno foi a dos autores pertencentes ao Romantismo (p. 193). Discordando diretamente do pensamento iluminista, os românticos consideravam um imperdoável estreitamento de horizonte o fato de associar a razão com o modelo científico. Em outras palavras, considerar que uma pesquisa racional ou "verdadeira" seja apenas aquela construída segundo os padrões da Ciência equivaleria a uma decisão de fechar os olhos para algo óbvio: há outras fontes de sentido para a experiência humana (como a arte e a religião); nada justificaria deixar essas fontes de lado quando se trata de conhecer o mundo e exprimi-lo. Propositadamente, vários autores românticos abandonaram o tipo de escrita que se tornou característico da redação filosófica principalmente depois de Kant. Eles passaram a adotar a Literatura, principalmente a poesia, como forma de expressão. É o caso de Friedrich Schlegel (1772-1829) e Novalis (1772-1801).

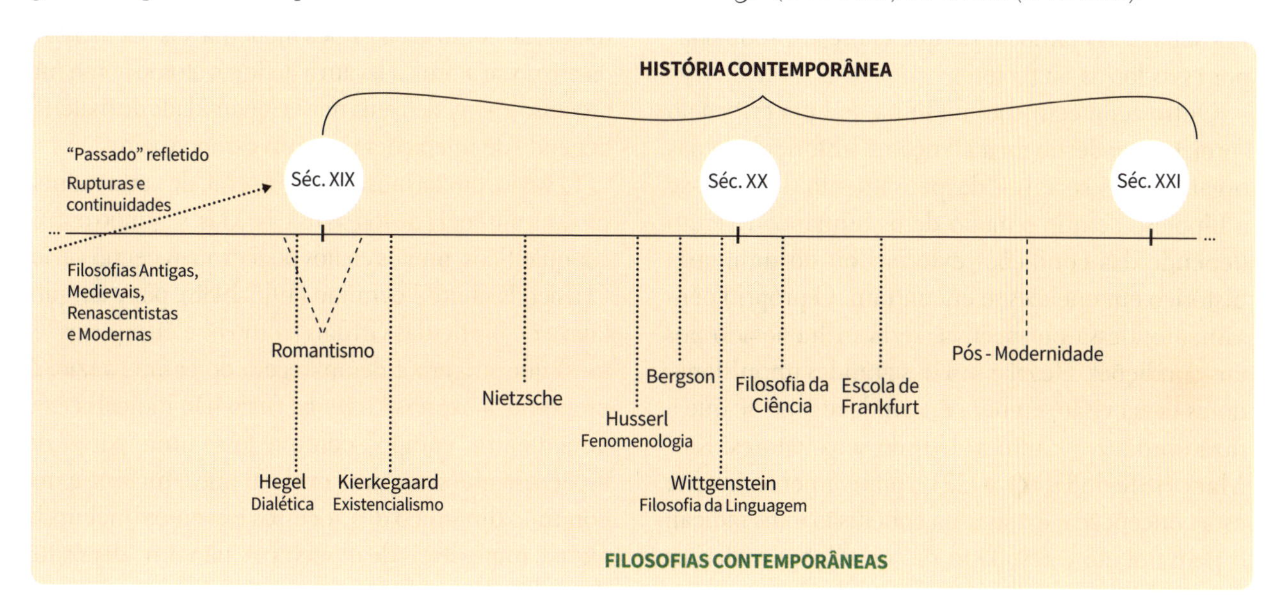

No esquema acima damos apenas alguns exemplos de filosofias contemporâneas (as de maior impacto). Uma das críticas mais duras ao "projeto" moderno vieram de filósofos como Georg W. F. Hegel (1770-1831), que propôs um tipo de trabalho filosófico como "consciência da consciência" (p. 294-295), ao qual ele deu o nome de *fenomenologia*. Algumas décadas depois, outro filósofo se servirá dessa palavra e dará uma visão semelhante da filosofia como "consciência da consciência", chegando, porém, a conclusões bastante diferentes daquela de Hegel. Trata-se de Edmund Husserl (1859-1938), que, mesmo sendo um leitor atento de Descartes e Hume, produziu uma crítica explícita do "projeto" moderno. Hoje, quando se fala em fenomenologia simplesmente, é a Husserl que se faz referência em geral, não a Hegel.

No dizer de Husserl, era um equívoco fazer a Filosofia seguir o ritmo das ciências, pois as ciências partem de pressupostos que somente a Filosofia pode esclarecer. Noções como a de matéria, espaço, força, causa etc. são usadas pelos cientistas mas sem um exame radical do seu sentido. Cabe à Filosofia analisá-las; ela possui, então, uma especificidade que merece ser respeitada, a de refletir criticamente sobre o que é pressuposto pelas ciências. Inverter essa relação e obrigar a Filosofia a seguir o modelo das ciências equivaleria à morte da reflexão filosófica.

Você pode perceber, por essas poucas linhas, como o trabalho da razão humana, desde a passagem do século XVIII ao XIX, enfraqueceu a confiança total na própria razão tal como entendida pelo Iluminismo. Outro dado cultural que contribuiu para esse enfraquecimento foi a criação da Psicanálise (p. 124), com Sigmund Freud (1856-1939). Embora Freud adotasse um modelo científico (ao modo da ciência moderna) para conceber o ser humano, seu trabalho levantou um dado que abalou profundamente a crença na razão como capacidade "ordenadora": o ser humano, mesmo quando crê agir racionalmente, é influenciado por uma dimensão de seu psiquismo que não obedece à razão, o Inconsciente. As consequências da pesquisa freudiana foram de grande importância para diferentes filósofos. Concordando com ele ou discordando dele, os pensadores viram-se na necessidade de considerar não apenas a possibilidade de que a razão seja influenciada por forças irracionais (algo que, de certa maneira, sempre foi percebido na História da Filosofia), mas também de que ela seja "produzida" por essas forças ou motores.

Outro acontecimento na linha de uma crítica ao "projeto" moderno foi a atenção à historicidade das organizações sociais e do pensamento. Levanta-se a hipótese de que o modo de os humanos viverem depende das condições externas ou do momento histórico em que eles se encontram. O próprio pensamento, dessa perspectiva, seria influenciado por tais condições. Hegel é um dos grandes impulsionadores dessa visão, embora ele ainda afirmasse que a razão produz a Cultura. Um de seus leitores, Karl Marx (1818-1883) (p. 221), praticamente inverte essa concepção e extrai uma conclusão mais radical: o pensamento é resultado das condições materiais da existência, ou seja, de tudo aquilo de que os indivíduos dispõem para sobreviver. Isso significa que não é o pensamento humano que constrói a História, mas são as condições históricas que produzem o pensamento humano. Alguns filósofos do século XX, como Max Horkheimer (1895-1973), Herbert Marcuse (1898-1979) (p. 259) e Theodor Adorno (1903-1969), membros da Escola de Frankfurt (p. 362), continuarão o trabalho de Marx e o aplicarão ao tratamento de temas típicos da vida no século XX.

Outro abalo sofrido pela crença irredutível na razão vem da teoria da relatividade geral de Einstein (p. 16-19). Sendo uma teoria física inteiramente nova e não uma simples evolução das teorias clássicas, a física de Einstein punha em questão a crença em um progresso linear do conhecimento, terminando por permitir questionar a ideia de que a humanidade se aperfeiçoa por meio de um progresso contínuo no conhecimento. Por outro lado, consagra-se a ideia de modelo explicativo, fazendo ver que modelos mais eficazes podem surgir para explicar as mesmas observações.

Ainda no contexto científico, outros modelos levantaram questões inteiramente novas. É o caso da física quântica, que pôs em xeque a tese moderna de que a matéria compõe-se de unidades básicas, os átomos ou as partículas sólidas, dotadas de peso, duras e impenetráveis. Nos anos 1920, a física quântica identifica uma estrutura nos próprios átomos, chamando seus componentes de elétrons, núcleos e partículas atômicas. Aliás, falar de componentes não é a maneira mais indicada para retratar a concepção atômica da física quântica, porque oferece o risco de interpretar tais "componentes" ao modo das partículas sólidas, pesadas, duras e impenetráveis, tal como fazia a física moderna. Os "elementos" da estrutura atômica levam a definir o átomo como um processo energético cuja massa (quantidade de matéria) depende de interações com um campo vazio.

O vazio, em termos clássicos, seria, de certa maneira, uma ausência de forças físicas. Mas, segundo os físicos quânticos, muitos efeitos podem aparecer no vazio. O físico Richard Feynman (1918-1988), por exemplo, falava de partículas virtuais (como os elétrons e os fótons) que surgem e desaparecem do campo vazio. A propósito, a expressão *campo vazio* não indicaria exatamente um "campo", como se fosse uma "parte" do espaço, já que serve para explicar que a matéria é um conjunto dinâmico de processos e eventos (incluindo alguns impossíveis de observar), e não um "depósito" de moléculas ou de "componentes" químicos básicos, como se pensou nos séculos XVII a XIX. Algumas das inúmeras reflexões filosóficas que nascerão dessa problemática podem ser expressas pelas perguntas: a matéria é constante, quer dizer, não aumenta nem diminui, mas corresponde à "quantidade" de que o mundo é constituído? O que impede de afirmar que a matéria varia, aumenta e diminui? O mundo físico é como uma grande máquina que funciona automaticamente ou como um grande organismo vivo? Se máquina e organismo vivo são metáforas, em que uma metáfora é melhor do que a outra? Com base em que acreditamos na matéria como conjunto de átomos ou como conjunto de processos energéticos?

Da esquerda para a direita, começando do topo: Karl Marx, Ludwig Wittgenstein, Jean-Paul Sartre, Henrique Cláudio de Lima Vaz, Edith Stein, Hegel, Henri Bergson, Rosa Luxemburgo, Maurice Merleau-Ponty, Michel Foucault, Søren Kierkegaard, Simone Weil, Edmund Husserl

Por que a razão produz explicações diferentes para a mesma realidade? As explicações diferentes têm o mesmo valor, de modo que não podemos decidir objetivamente por uma ou outra?

Reflexões desse tipo ampliaram-se e fizeram muitos filósofos constatar que por trás da objetividade científica há, muitas vezes, visões pessoais ou subjetivas, sem mencionar os interesses econômicos e políticos. O tema da produção dos dados científicos tornou-se um objeto de pesquisa central para a Contemporaneidade, especialmente na área conhecida como filosofia da ciência (p. 358). Os pensadores da Escola de Frankfurt, procederam a análises detalhadas dos mecanismos históricos pelos quais o saber se articula com o Poder. Debruçaram-se ainda sobre a arte, a religião, as tecnologias e os meios de comunicação, revelando a dependência das formas culturais (e dos saberes em geral, inclusive das ciências) para com as contradições vividas em cada momento presente (p. 362-363). À sua maneira e antes da Escola de Frankfurt, Friedrich Nietzsche (1844-1900) (p. 172) já havia procedido a uma aguda crítica da Cultura moderna centrada na razão cientificista e técnica.

Apontando também para a influência do meio sócio-histórico nos indivíduos, surgiu uma filosofia extremamente influente nos modos contemporâneos de pensar: a filosofia da linguagem. Costuma-se falar, por exemplo, de uma *virada linguística* (*linguistic turn*) promovida principalmente por Ludwig Wittgenstein (1889-1951). Com efeito, da perspectiva do pensamento maduro de Wittgenstein, a linguagem não é apenas uma capacidade humana (tal como se entendeu durante muito tempo), mas é o modo mesmo de ser dos humanos; e esse modo de ser é configurado de acordo com as práticas sociais dos grupos. Por defender ainda que muitos dos problemas filosóficos nasceram do modo como a linguagem foi mal compreendida, Wittgenstein e outros filósofos da linguagem investigam exatamente a relação entre linguagem, pensamento e "mundo" (p. 343).

Outros filósofos, diante da ênfase na historicidade da razão, observarão que certas experiências humanas não são explicáveis apenas em termos de influência do meio ou de cada momento presente. Eles constituem pelo menos duas atitudes filosóficas distintas. Uma delas identifica, na base ou nos fundamentos da razão humana, pressupostos universais que precedem o próprio exercício racional em todos os tempos e lugares. Essa atitude filosófica defenderá que todas as coisas têm um modo de se mostrar a nós e que isso não depende de circunstâncias históricas. Trata-se da *fenomenologia* de Husserl, praticada também por autores como Max Scheler (1874-1928), Edith Stein (1891-1942) e Hedwig Conrad-Martius (1888-1966). A segunda atitude procura ligar a fenomenologia à recuperação do papel da História na constituição da experiência humana, como fez, por exemplo, Martin Heidegger (1889-1976) (p. 235) e Maurice Merleau-Ponty (1908-1961). Heidegger questionava o modo como a razão foi concebida a partir de Sócrates (➲ p. 157) e defendia a necessidade de recuperar uma existência atenta ao modo de ser do mundo, sem a interferência de explicações que ocultam esse modo de ser. Ele denunciava ainda a maquinização da razão humana na Contemporaneidade ou a sua transformação em algo de procedimento puramente mecânico e voltado para o "fazer" coisas.

Outros filósofos, em uma linha semelhante de recuperação da História no interior do pensamento, como Jean-Paul Sartre (1905-1980), enfatizarão o ser humano como doador de sentido para a existência e construtor de seu próprio destino. Daí Sartre ser considerado como um dos maiores representantes da atitude filosófica chamada existencialismo e iniciada já no século XIX por Søren Kierkegaard (1813-1855).

Outra atitude vai numa direção diversa e não vê entre experiências passadas e experiências presentes uma necessária relação de causalidade, o mesmo valendo para experiências futuras. Quer dizer, a experiência histórica não seria linear e cumulativa, mas pode passar a situações completamente diferentes, dificultando comparar coisas passadas com coisas presentes. Por exemplo, o que leva a declarar que os costumes gregos antigos são mais "atrasados" do que os costumes atuais? Ou que a mitologia grega é "errada"? Para afirmar isso, teríamos de aceitar que a Ciência explicou corretamente o que os gregos "fantasiavam". Porém, essa conclusão equivaleria a um preconceito cientificista, pois os gregos concebiam o mundo de um modo bastante diferente das ciências modernas e sequer podiam, no seu tempo, comportar-se como os cientistas modernos. Aliás, nem mesmo as ciências modernas representam a melhor imagem do mundo, acabada e inquestionável. Seria inadequado tomá-las como régua para medir outras formas de conhecimento.

Esse exemplo faz ver que, em certas experiências, há uma estrutura de sentido que começa e termina nas experiências mesmas, sem a necessidade de ser comparada com a estrutura de outras experiências. Dito de modo diferente, a estrutura presente nessas experiências pode ser conhecida em si mesma, desde que procedamos a uma análise interna ao seu próprio modo de funcionar. À atitude que procura defender o modo como os sentidos culturais devem ser entendidos em sua estrutura interna dá-se, em geral, o nome de *estruturalismo*. Um de seus representantes mais importantes foi Claude Lévi-Strauss (1908-2009).

A fenomenologia e o estruturalismo não negam que a razão seja histórica. Eles procuram evidenciar que nem tudo pode ser explicado em termos de desenvolvimento histórico ou mesmo de uso da razão. Ademais, tal desenvolvimento nada tem a ver com progresso constante em relação a formas anteriores de pensar. Haja vista o uso da razão segundo o modelo científico e os horrores por ele produzidos no século XX, com a destruição de tantos inocentes nas duas guerras mundiais, no nazismo e no stalinismo. Nessa linha de reflexão, o trabalho de Hannah Arendt (1906-1975) (➲ p. 117) é extremamente significativo.

Nos limites desta nossa apresentação resumida, é impossível retratar a inesgotável riqueza de formas filosóficas na Contemporaneidade. Muitos filósofos não foram mencionados (como também ocorreu na apresentação dos outros períodos históricos). Procuramos apenas indicar como uma das principais marcas das filosofias contemporâneas é fazer a razão pôr a si mesma em questão, sobretudo pela análise crítica da razão "moderna".

O ganho do autoquestionamento da razão é enorme; e a própria multiplicidade das filosofias contemporâneas é uma prova disso. Do ponto de vista histórico, o estilo mais recente em Filosofia é a atitude que tem recebido o nome de pós-modernidade. Trata-se de um modo de filosofar que põe em xeque as próprias elaborações filosóficas contemporâneas, consideradas ainda excessivamente ligadas à razão "moderna". Propõe-se, então, outra visão: o ser humano cria o mundo assim como os escritores criam realidades na Literatura.

Essa concepção atinge também o trabalho científico e a atividade política: os cientistas, com o que produzem nos laboratórios, criam maneiras de ver o mundo que passam a funcionar como "realidades"; os políticos, por sua vez, com seus discursos e ações, criam modos de ver as relações humanas e fundam essas mesmas relações. O que moveria a todos – filósofos, artistas, cientistas, políticos e assim por diante – é a paixão, essa energia que nos constitui por meio de desejos, impulsos e instintos. Como o dinamismo da paixão não é homogêneo nem o mesmo em todos os indivíduos, os pós-modernos, de maneira geral, enfatizam a *diferença*, mais do que a identidade.

Disso decorre uma grande valorização da intimidade individual e também uma visão da singularidade como conjunto de fragmentos (não como uma unidade). *Indivíduo*, a propósito, sequer seria um termo adequado, pois, segundo pós-modernos como Gilles Deleuze (1925-1995), não há indivíduos como seres autônomos, e sim "pontos" em que o ritmo do conjunto se concentra. Num âmbito maior, o mundo e a Sociedade seriam dispersões de fragmentos, sem correlação necessária. Mesmo no processo de criação artística, científica ou filosófica, toda pretensão de encontrar um sentido geral, dar um sentido global para uma narrativa ou chegar a alguma identidade por trás da diversidade será considerada uma ilusão ou um resquício da atitude "totalizante" da razão moderna. Na Literatura, o estilo pós-moderno pode ser encontrado na obra de autores como Jorge Luís Borges (1899-1986) e Julio Cortázar (1914-1984); na dramaturgia, pode-se mencionar o Teatro do Absurdo e as peças de Samuel Bekett (1906-1989); em Filosofia, Jean-François Lyotard (1924-1998), Gilles Deleuze, Gianni Vattimo (1936-) e Julia Kristeva (1941-). Mesmo na filosofia da ciência e na prática científica ou na reflexão sobre o conhecimento ligado ao modelo científico (domínios em que a Pós-Modernidade pareceria nunca entrar, por causa de seu "adeus" à razão), autores relevantes como Paul Feyerabend (1924-1994) e Richard Rorty (1931-2007) deixam-se influenciar por elementos pós-modernos. Em Política, pode-se mencionar Peter Sloterdijk (1947-), Slavoj Žižek (1949-) e Giorgio Agamben (1942-). O debate sobre a Pós-Modernidade é de grande interesse filosófico e chega mesmo a ser polêmico, uma vez que o pensamento pós-moderno pode parecer ilusório: para criticar a razão, a própria razão é acionada; fazer a defesa da paixão, mas se servindo de um discurso que se pretende racional (convincente, coerente e argumentativo), é dar prioridade novamente à razão. Seja como for, debates como esse testemunham a grande vitalidade da Filosofia.

9 Filosofia no Brasil

Quando se estuda o desenvolvimento da Filosofia no Brasil, costuma-se, em geral, concentrar a atenção no século XX, quando foram estruturadas as primeiras Faculdades de Filosofia e quando a Filosofia foi profissionalizada pelo saber universitário. De fato, como também ocorreu em vários outros lugares do mundo, o saber filosófico foi concentrado nas universidades durante o século XX. A primeira faculdade de Filosofia no Brasil foi a Faculdade de São Bento, criada em 1908, no Mosteiro de São Bento de São Paulo. Posteriormente, ela foi transferida à Pontifícia Universidade Católica de São Paulo (nos anos 2000, o Mosteiro de São Bento abriu um novo curso, que funciona até hoje).

Concentrando-se no ensino universitário, a prática filosófica estruturou-se em torno de pesquisas cada vez mais sofisticadas na área de História da Filosofia. Ao mesmo tempo, porém, vários pesquisadores formularam um pensamento em primeira pessoa. Seria muito difícil, aqui, pretender dar os nomes mais destacados. O risco de cometer injustiças seria grande. No entanto, apenas para citar algumas personagens que criaram um pensamento reconhecido por toda a comunidade filosófica, podem-se lembrar alguns professores já falecidos, como Gilda de Mello e Souza (1919-2005), Henrique Cláudio de Lima Vaz (1921-2002), Gerd Bornheim (1929-2002), Benedito Nunes (1929-2011), Bento Prado Júnior (1937-2007), entre muitos outros.

Atualmente, o trabalho filosófico no Brasil está bem consolidado e continua em pleno desenvolvimento. A linha da História da Filosofia permanece o eixo central das pesquisas, mas há também diferentes estudiosos que se dedicam a questões contemporâneas na vertente do conhecimento, da lógica, da ética, da estética, da filosofia política, da filosofia da religião, da metafísica e da crítica da cultura. Um passeio pelo site da Associação Nacional de Pós-Graduação em Filosofia (ANPOF) pode permitir uma visualização da imensa riqueza das pesquisas feitas hoje por todo o Brasil: www.anpof.org (acesso: 24 abr. 2016).

No entanto, as raízes do trabalho filosófico no Brasil vêm de muito antes do século XX. Na realidade, o cultivo da Filosofia iniciou já nos tempos da Colônia, não apenas no Brasil, mas em vários outros pontos da América Latina, devido principalmente às práticas culturais implantadas pelos jesuítas e por especialistas de Direito vindos da Europa. A esse respeito, afirmou-se, durante muito tempo, que a atividade filosófica dessas personagens era voltada apenas para justificar a colonização e a exploração do continente latino-americano. Hoje, porém, sabe-se que, apesar de terem existido diferentes "pensadores colonialistas", também houve professores e pensadores dedicados a criar formas de pensamento que não se submetiam a uma mentalidade colonializadora. Ao contrário, dedicavam-se a pensar filosoficamente questões relativas à realidade de nosso continente. Alguns envolveram-se, inclusive, com o tema da natureza humana indígena e negra, com o tema da escravidão, com os direitos dos índios e dos negros, com temas de Economia e de Direito etc. Dois dos nomes mais conhecidos merecem ser evocados aqui: Bartolomeu de las Casas (1474-1566), espanhol que viveu no México, e Antonio Vieira (1608-1697), português que viveu no Brasil. Outros pensadores, mesmo vivendo na Europa, adotavam uma "perspectiva latino-americana", como, por exemplo, Tomás de Mercado (1525-1575), que nasceu no México, mas também estudou e ensinou na Universidade de Salamanca, Espanha. Tomás de Mercado, aliás, é considerado um dos fundadores da reflexão filosófica moderna sobre a Economia e sobre as relações entre Economia, Direito e Ética. Alguns especialistas chegam a afirmar hoje que diferentes pensadores da América Colonial propunham formas de pensamento contrárias à própria ideia de "colônia". Uma visita ao site do projeto *Scholastica colonialis* permite conhecer vários pensadores e várias obras de filósofos que se dedicaram a pensar de uma perspectiva latino-americana: <http://www.scholasticacolonialis.com> (acesso em: 24 abr. 2016).

ACESSE:

Um aspecto delicado da prática filosófica brasileira – que, porém, deve ser sempre lembrado e pensado – refere-se ao fato de que o estudo de Filosofia em nosso país foi tirado de nossas escolas durante a ditadura militar. A disciplina de Filosofia era considerada inútil. O que se valorizava era a formação técnica e tecnológica dos estudantes, pois, como diziam os líderes do governo, o Brasil precisava entrar no cenário mundial dos países desenvolvidos. Eles acreditavam que os estudos filosóficos eram perda de tempo porque não interessavam ao desenvolvimento do país e simplesmente cancelaram as aulas de Filosofia nas escolas. Além disso, como o pensamento filosófico dá liberdade a quem o pratica, não interessava cultivar Filosofia em um contexto autoritário e violento como foi a ditadura militar. Apenas em 2008 foi retomada a obrigatoriedade do ensino de Filosofia no Ensino Médio. A respeito da história do ensino de Filosofia no Brasil, é de grande proveito a leitura do Capítulo 1 do livro organizado por Marcelo Carvalho, Gabriele Cornelli e Márcio Danelon, *Filosofia: coleção Explorando o Ensino* (MEC, 2010), disponível gratuitamente em: <http://portal.mec.gov.br/index.php?option=com_docman&view=download&alias=7837-2011-filosofia-capa-pdf&category_slug=abril-2011-pdf&Itemid=30192> (acesso em: 24 abr. 2016).

p. 510
Sugestões bibliográficas

Índice analítico

Indicam-se aqui as páginas em que aparecem os termos e os nomes próprios mais recorrentes (apenas termos filosóficos e apenas nomes de filósofas e filósofos). Para nomes modernos e contemporâneos, começa-se pelo sobrenome; para nomes antigos e medievais, pelo nome. A palavra latina *passim* indica que o termo ocorre em muitas páginas ao longo de todo o livro. Os números em negrito indicam páginas com a biografia dos pensadores.

p. 511

Bibliografia consultada e sugerida

As obras consultadas para a redação de nosso livro são aqui indicadas em edições acessíveis ao público brasileiro (algumas delas remetem a edições não exatamente citadas ao longo do livro, porém mais facilmente localizáveis). Quando não há tradução em português, indica-se uma tradução em espanhol, língua estrangeira mais acessível aos leitores de língua portuguesa. Outras obras, principalmente escritas em língua estrangeira, não são aqui registradas, mas suas referências completas são dadas nos capítulos deste livro.

ADORNO, Theodor W.; HORKHEIMER, Max. *Dialética do esclarecimento*: fragmentos filosóficos. Tradução Guido Antônio de Almeida. Rio de Janeiro: Zahar, 1985.

ADORNO, Theodor W. A indústria cultural. In: COHN, Gabriel.; FERNANDES, Florestan (Coord.). *Sociologia*. São Paulo: Ática, 1986.

AGOSTINHO DE HIPONA. *Confissões*. Tradução Maria Luíza J. Amarante. São Paulo: Paulus, 2010.

AGOSTINHO DE HIPONA. Sobre as ideias (Questão 46 do *Livro sobre oitenta e três questões diversas*). Tradução Moacyr Novaes. In: *Cadernos de Trabalho CEPAME*. São Paulo: Centro de Estudos de Filosofia Patrística e Medieval de São Paulo, 1993, v. II , n. 1. p. 6-11. Disponível em: < http://cepame.fflch.usp.br/sites/cepame.fflch.usp.br/files/u31/Cadernos%20Cepame%20II%201.PDF>. Acesso em: 23 maio 2016.

ALCORÃO SAGRADO: *O significado do Alcorão Sagrado com comentários*. Tradução Samy El Hayek. São Paulo: Marsam, 2012.

ALTHUSSER, Louis. *Aparelhos ideológicos de Estado*. Tradução Walter J. Evangelista e Maria Laura Viveiros de Castro. Rio de Janeiro: Graal, 1983.

ARENDT, Hannah. *A condição humana*. Tradução Ricardo Raposo. São Paulo: Forense, 2007.

ARENDT, Hannah. *As origens do totalitarismo*: antissemitismo, imperialismo, totalitarismo. Tradução Roberto Raposo. São Paulo: Companhia de Bolso, 2012.

ARENDT, Hannah. *Homens em tempos sombrios*. Tradução Denise Bottmann. São Paulo: Companhia de Bolso, 2008.

ARENDT, Hannah. *Sobre a violência*. Tradução André Duarte. São Paulo: Civilização Brasileira, 2009.

ARISTÓTELES. *Da interpretação*. Tradução José Veríssimo T. Mata. São Paulo: Ed. da Unesp, 2013.

ARISTÓTELES. *De anima* [Sobre a alma]. Tradução Maria Cecilia Gomes Reis. São Paulo: Ed. 34, 2006.

ARISTÓTELES. *Ethica nicomachea I 3 - III 8*: Tratado da virtude moral. Tradução Marco Zingano. São Paulo: Odysseus, 2008.

ARISTÓTELES. *Ética a Nicômaco*. Tradução Leonel Vallandro e Gerd Bornheim. São Paulo: Abril Cultural, 1980. (Coleção Os Pensadores).

ARISTÓTELES. *Metafísica*. Tradução Leonel Vallandro. Porto Alegre: Globo, 1969.

ARISTÓTELES. *Política*. Tradução Mário G. Kury. São Paulo: Martins, 1998.

ARISTÓTELES. Segundos Analíticos. In: ANGIONI, Lucas. *Lógica e ciência em Aristóteles*. Campinas: Phi, 2014.

AVICENA. *Livro da alma*. Tradução Miguel Attie Filho. São Paulo: Globo, 2011.

BACON, Francis. *Novo Órganon (Instauratio magna)*. Tradução Daniel M. Miranda. São Paulo: Edipro, 2014.

BARÃO DE HOLBACH. *Sistema da Natureza ou Das leis do mundo físico e do mundo moral*. Tradução Regina Schöpke e Mauro Baladi. São Paulo: Martins, 2011.

BARNES, Jonathan. *Filósofos pré-socráticos*. Tradução Julio Fischer. São Paulo: Martins, 1997.

BEAUVOIR, Simone de. *O segundo sexo*. Tradução Sérgio Milliet. Rio de Janeiro: Nova Fronteira, 2016. 2 v.

BENTHAM, J. Uma introdução aos princípios da moral e da legislação. Tradução Luís João Baraúna. In: *Bentham & Stuart Mill*. São Paulo: Abril, 1974. (Coleção Os Pensadores).

BERGSON. *Ensaio sobre os dados imediatos da consciência*. Tradução João S. Gama. Lisboa: Edições 70, 1988.

BÍBLIA - *Tradução Ecumênica*. Vários tradutores. São Paulo: Loyola, 1997.

BOÉCIO. *Consolação da filosofia*. Tradução William Li. São Paulo: Martins Fontes, 1998.

BORNHEIM, Gerd. *Introdução ao filosofar*. São Paulo: Globo, 2009.

BUTLER, Judith. *Problemas de gênero*. Tradução Renato Aguiar. São Paulo: Civilização Brasileira, 2003.

CAMUS, Albert. *O homem revoltado*. Tradução Valerie Rumanjek. Rio de Janeiro: Record, 1996.

CÍCERO. *Sobre a amizade*. Tradução João Teodoro O. Marote. São Paulo: Nova Alexandria, 2006.

DANTO, Arthur. *O abuso da beleza*. Tradução Pedro Sussekind. São Paulo: WMF Martins Fontes, 2015. Coleção Mundo da Arte.

DELUMEAU, Jean. *O pecado e o medo*: a culpabilização no Ocidente. Tradução Álvaro Lorencini. Bauru: EDUSC, 2003.

DERRIDA, Jacques. *A escritura e a diferença*. Tradução Pérola de Carvalho. São Paulo: Perspectiva, 2009.

DERRIDA, Jacques. *Essa estranha instituição chamada Literatura*: uma entrevista com Jacques Derrida. Tradução Marileide D. Esqueda. Belo Horizonte: Ed. da UFMG, 2014.

DESCARTES, René. *As paixões da alma*. Tradução Rosemary C. Abílio. São Paulo: Martins, 2009.

DIDI-HUBERMAN, George. *Diante da imagem*. Tradução Paulo Neves. São Paulo: Editora 34, 2014.

DIÓGENES LAÉRCIO. *Vidas e doutrinas dos filósofos ilustres*. Tradução Mário G. Kury. Brasília: EdUnB, 1988.

DUARTE, Rodrigo (Org.). *O belo autônomo*: textos clássicos de estética. Belo Horizonte: Autêntica & Crisálida, 2012.

EPICTETO. Manual. Tradução Aldo Dinucci e Alfredo Julien. In: DINUCCI, A. *O Manual de Epicteto*. Aracaju: Ed. da UFSE, 2012.

EPICURO. *Carta sobre a felicidade (A Meneceu)*. Tradução Álvaro Lorencini. São Paulo: Ed. da Unesp, 1999.

ESPINOSA, Baruch de. *Ética*. Tradução Tomaz Tadeu. Belo Horizonte: Autêntica, 2009.

ESPINOSA, Baruch. *Tratado político*. Tradução Diogo Pires Aurélio. São Paulo: WMF Martins Fontes, 2009.

FREUD, Sigmund. *Além do princípio do prazer*. Tradução Renato Zwick. Porto Alegre: L&PM, 2016.

FREUD, Sigmund. Novas conferências sobre a Psicanálise. In: *Obras completas*. Tradução Paulo César de Souza. São Paulo: Companhia da Letras, 2010. v. 18.

GUILHERME DE OCKHAM. *Brevilóquio sobre o principado tirânico*. Tradução Luís Alberto de Boni. Petrópolis: Vozes, 1988.

GRONDIN, Jean. *Introdução à hermenêutica filosófica*. Tradução Benno Dischinger. São Leopoldo: Unisinos, 1999.

HEGEL, Georg W. F. *Fenomenologia do espírito*. Tradução Paulo Meneses. Petrópolis: Vozes, 2011.

HEIDEGGER, Martin. *Introdução à metafísica*. Tradução Emanuel Carneiro Leão. Rio de Janeiro: Tempo Brasileiro, 1989.

HOBBES, Thomas. *Leviatã*. Tradução João Paulo Monteiro e Maria Beatriz N. da Silva. São Paulo: Abril Cultural, 1988. (Coleção Os Pensadores).

HUME, David. *Investigações sobre o entendimento humano e sobre o princípio da moral*. Tradução José Oscar A. Marques. São Paulo: Ed. da Unesp, 2004.

HUME, David. *Tratado da natureza humana*. Tradução Déborah Danowski. São Paulo: Ed. da Unesp, 2000.

HUSSERL, Edmund. *Meditações cartesianas & Conferências de Paris*. Tradução Pedro M. S. Alves. São Paulo: Forense, 2013.

IBN ARABI. *Tratado del amor*. Tradução Maurice Gloton. Madri: EDAF, 1996.

JONAS, Hans. *O conceito de Deus após Auschwitz*. Tradução Lilian Simone G. Fonseca. São Paulo: Paulus, 2016.

KANT, Immanuel. *Crítica da faculdade do juízo*. Tradução Valerio Rohden & Antonio Marques. São Paulo: Forense, 2008.

KANT, Immanuel. *Crítica da razão pura*. Tradução Valerio Rohden e Udo B. Moosburger. São Paulo: Abril Cultural, 1980. (Coleção Os Pensadores).

KANT, Immanuel. *Fundamentação da metafísica dos costumes*. Tradução Guido A. Almeida. São Paulo: Barcarola & Discurso, 2010.

KANT, Immanuel. *Ideia de uma História universal de um ponto de vista cosmopolita*. Tradução Ricardo R. Terra & Rodrigo Naves. São Paulo: WMF Martins Fontes, 2003.

KIERKEGAARD, Søren. *O conceito de angústia*. Tradução Álvaro M. Valls. Petrópolis: Vozes, 2010.

KUHN, Thomas. *A estrutura das revoluções científicas*. Tradução Beatriz V. Boeira. São Paulo: Perspectiva, 2010.

LEÃO HEBREU. *Diálogos de amor*. Tradução Giacinto Manuppella. Lisboa: Imprensa Nacional-Casa da Moeda, 2001.

LIMA VAZ, Henrique C. *Introdução à Ética filosófica*. São Paulo: Loyola, 2006. 2 v. (Col. Escritos de Filosofia).

LOCKE, John. *Dois tratados sobre o governo*. Tradução Julio Fischer. São Paulo: Martins, 1998.

MACYNTIRE, Alasdayr. *Justiça de quem? Qual racionalidade?* Tradução Marcelo P. Marques. São Paulo: Loyola, 2010.

MAQUIAVEL, Nicolau. *O príncipe*. Tradução Lívio Xavier. São Paulo: Nova Cultural, 1987. (Coleção Os Pensadores).

MARCUSE, Herbert. *Homem unidimensional*. Tradução Robespierre de Oliveira & Rafael C. Silva & Deborah C. Antunes. São Paulo: Edipro, 2015.

MARX, Karl. *O capital*. Tradução Regis Barbosa e Flávio R. Kothe. São Paulo: Nova Cultural, 1996. (Coleção Os Economistas).

MARX, Karl. *O capital*. Tradução Rubens Enderle. São Paulo: Boitempo, 2013. 2 v.

MERLEAU-PONTY, Maurice. *Fenomenologia da percepção*. Tradução Carlos Alberto R. Moura. São Paulo: WMF Martins Fontes, 2013.

MONTAIGNE, M. *Ensaios*. Tradução Rosemary Costhek Abílio. São Paulo: Martins Fontes, 2000. 3 v.

MOORE, George E. *Principia ethica* [Princípios éticos]. Tradução Márcio Pugliesi e Divaldo R. Meira. São Paulo: Ícone, 1998.

MURDOCH, Iris. *A soberania do Bem*. Tradução Julián Fuks. São Paulo: Ed. da Unesp, 2013.

NIETZSCHE, Friedrich. *Crepúsculo dos ídolos*. Tradução Paulo C. Souza. São Paulo: Companhia das Letras, 2006.

NIETZSCHE, Friedrich. *Ecce homo*. Tradução Paulo C. Souza. São Paulo: Companhia de Bolso, 2008.

NIETZSCHE, Friedrich. *Humano, demasiado humano*. Tradução Rubens Rodrigues Torres Filho. São Paulo: Abril Cultural, 1987. (Coleção Os Pensadores).

OTTO, Rudolf. *O Sagrado*: aspectos irracionais na noção do divino e sua relação com o racional. Tradução Walter O. Schlupp. São Leopoldo: EST; Sinodal; Vozes, 2007.

PASCAL, Blaise. *Pensamentos*. Tradução Mario Laranjeira. São Paulo: WMF Martins Fontes, 2005.

PEDRO ABELARDO. *Etica o conocete a ti mismo*. Tradução Pedro Santidrián. Madri: Tecnos, 1990.

PLATÃO. *Apologia de Sócrates*. Tradução Carlos A. Nunes. Belém: EDUFPA, 2015.

PLATÃO. *A República*. Tradução Anna Lia A. Almeida Prado. São Paulo: Martins, 2014.

PLATÃO. *A República*. Tradução Maria Helena R. Pereira. Lisboa: Fundação Calouste Gulbenkian, 1993.

PLATÃO. *Eutífron*. Tradução Carlos A. Nunes. Belém: EDUFPA, 2015.

PLATÃO. *Fédon*. Tradução Carlos A. Nunes. Belém: EDUFPA, 2015.

PLATÃO. *Fedro*. Tradução Carlos A. Nunes. Belém: EDUFPA, 2015.

PLATÃO. *Filebo*. Tradução Fernando Muniz. São Paulo: Loyola, 2012.

PLATÃO. *Leis*. Tradução Carlos A. Nunes. Belém: EDUFPA, 1980.

PLATÃO. *Mênon*. Tradução Maura Iglésias. São Paulo: Loyola, 2001.

PLATÃO. *O banquete*. Tradução José Cavalcante de Souza. São Paulo: Abril, 1987. Coleção Os pensadores.

PLATÃO. *Sofista*. Tradução Carlos A. Nunes. Belém: EDUFPA, 2001.

PLATÃO. *Sofista*. Tradução Jorge Paleikat e João Cruz Costa. São Paulo: Abril Cultural, 1980. (Coleção Os Pensadores).

PLATÃO. *Teeteto*. Tradução Carlos A. Nunes. Belém: EDUFPA, 2001.

PLOTINO. *Enéada III.8 [30]*: sobre a natureza, a contemplação e o Uno. Tradução José Carlos Baracat Júnior. Campinas: Ed. da Unicamp, 2008.

PLOTINO. *Enéadas:* Primeira Enéada. Tradução José R. Seabra Filho & Juvino A. Maia Júnior. Santos: Nova Acrópole, 2014.

PLOTINO. *Enéadas:* Segunda Enéada. Tradução José R. Seabra Filho & Juvino A. Maia Júnior. Santos: Nova Acrópole, 2015.

PORCHAT PEREIRA, Oswaldo. *Rumo ao ceticismo*. São Paulo: Ed. da Unesp, 2015.

PORFÍRIO. *Isagoge*. Tradução Bento Silva Santos. São Paulo: Attar, 2002.

PRADO JÚNIOR, Bento. *Erro, ilusão, loucura*. São Paulo: Ed. 34, 2004.

RAHNER, Karl. *Curso fundamental da fé*: introdução ao conceito de cristianismo. Tradução Alberto Costa. São Paulo: Paulinas, 1984.

ROUSSEAU, J.-J. *Discurso sobre a origem e os fundamentos da desigualdade entre os homens*. Tradução Paulo Neves. Porto Alegre: L&PM, 2008.

ROUSSEAU, J.-J. *Emílio ou da Educação*. Tradução Sérgio Milliet. Rio de Janeiro: Bertrand Brasil, 1995.

RUSSELL, Bertrand. *Por que não sou cristão*. Tradução Mário Alves e Gaspar Barbosa. Disponível em: <http://criticanarede.com/brussellporquenao-soucristao.html>. Acesso em: 26 jan. 2016.

SARTRE, Jean-Paul. *A náusea*. Tradução Rita Braga. Rio de Janeiro: Nova Fronteira, 2005.

SCHLEGEL, Friedrich. *Dialeto dos fragmentos*. Tradução Márcio Suzuki. São Paulo: Iluminuras, 1997.

SCHLEIERMACHER, Friedrich. *Sobre a religião*. Tradução Daniel Costa. São Paulo: Novo Século, 2000.

SCHOPENHAUER, Arthur. *Metafísica do amor & Metafísica da morte*. Tradução Jair Barboza. São Paulo: Martins, 2004.

SCHOPENHAUER, Arthur. *Vazio da existência*. Tradução André Cancian. Disponível em: < https://ateus.net/artigos/filosofia/o-vazio-da-existencia>. Acesso em: 22 maio 2016.

SEARLE, John. *A redescoberta da mente*. Tradução Eduardo Pereira. São Paulo: WMF Martins Fontes, 1997.

SEXTO EMPÍRICO. Hipotiposes pirrônicas: Livro I. Tradução Danilo Marcondes. *O que nos faz pensar:* Cadernos do Departamento de Filosofia da PUC-Rio, n. 12, p. 115-122, 1997. Disponível em: <http://www.oquenosfazpensar.com/adm/uploads/artigo/traducao_hipotiposes_pirronicas/n12traducao. pdf>. Acesso em: 22 maio 2016.

SHELDRAKE, Rupert. *Ciência sem dogmas*. Tradução Mirtes F. O. Pinheiro. São Paulo: Cultrix, 2014.

STEIN, Edith. Estructura de la persona humana. In: *Obras completas*. Vários tradutores. Madrid: Monte Carmelo, 2003. v. III.

STUART MILL, J. *Sobre a liberdade*. Tradução Pedro Madeira. São Paulo: Saraiva, 2011.

TOCQUEVILLE, Alexis de. *A democracia na América*. Tradução Eduardo Brandão. São Paulo: Martins, 2014. 2v.

TOMÁS DE AQUINO. *Suma teológica*. Vários tradutores. São Paulo: Loyola, 2000.

TOMÁS DE AQUINO. *Verdade e conhecimento*. Tradução Jean Luiz Lauand e Mario B. Sproviero. São Paulo: WMF Martins Fontes, 2011.

VIVEIROS DE CASTRO, Eduardo. *Metafísicas canibais*. São Paulo: Cosac Naify, 2015.

VON HILDEBRAND, Dietrich. *Atitudes éticas fundamentais*. Tradutor não indicado. São Paulo: Quadrante, 1988.

VOLTAIRE. *Tratado sobre a tolerância*. Tradução William Lagos. Porto Alegre: L&PM, 2008.

WEIL, Simone. *Aulas de filosofia*. Tradução Marina Appenzeller. Campinas: Papirus, 1991.

WINNICOTT, Donald. *A natureza humana*. Tradução Davi L. Bogomoletz. Rio de Janeiro: Imago, 1990.

WITTGENSTEIN, Ludwig. *Investigações filosóficas*. Tradução José Carlos Bruni. São Paulo: Abril Cultural, 1980. (Coleção Os pensadores).

WITTGENSTEIN, Ludwig. *Tractatus Logico-Philosophicus*. Tradução Luiz Henrique Lopes dos Santos. São Paulo: EDUSP, 1994.

MANUAL DO PROFESSOR

Caros colegas professores,

Vocês têm em mãos o Manual do Professor da obra *Filosofia e filosofias: existência e sentidos*, composto no intuito de colaborar com seu trabalho junto aos estudantes do Ensino Médio.

Quando aceitei o desafio de escrever um livro didático, perguntei-me em que eu poderia ser útil e qual seria minha proposta específica.

Confesso que meu receio foi grande diante da imensa responsabilidade de uma tarefa como essa. No entanto, senti-me encorajado a ir adiante porque, refletindo sobre minha experiência no Ensino Médio e na universidade, bem como sobre minhas pesquisas acadêmicas, vi que talvez eu tivesse condições de oferecer aos estudantes e aos colegas professores elementos que permitem articular História da Filosofia e tratamento temático-conceitual de um modo não muito comum.

Por exemplo, do ponto de vista histórico, a abordagem não linear (em termos cronológicos) permite recuperar a atualidade de filosofias distantes de nós no tempo e mesmo visualizar possíveis "diálogos" entre elas. Permite também superar certos clichês consagrados por historiografias hoje discutíveis e que, no entanto, ainda condicionam muitas das interpretações sobre os autores "passados".

Estratégias como essas me levaram a propor caminhos formativos que, partindo de situações cotidianas, convidam os estudantes à reflexão ou ao aprofundamento da consciência de si. Não se trata de encarar os estudantes como seres "sem consciência" ou que precisam ser "conscientizados". Todo o nosso trabalho educativo parte sempre de bases já existentes. Aliás, o papel dos professores de Filosofia é marcado por uma saudável ambiguidade: embora tenhamos nossas preferências filosóficas e mesmo certas visões de mundo, não podemos ceder ao desejo de impô-las aos estudantes. Nossa atividade se inscreve numa tensão positiva entre aquilo que pensamos e a apresentação de filosofias diversas, sem diminuir a autonomia dos estudantes e evitando o risco de afastá-los da reflexão filosófica (se a Filosofia for apresentada como simples "conscientização", corre-se o risco de ela ser percebida como algo autoritário e ideológico). Antes, trata-se de, sem abrir mão de nossas convicções, pôr os estudantes em contato com diferentes filosofias, permitindo que eles aprofundem seu caráter de sujeitos do próprio processo formativo na companhia do que fizeram tantas filósofas e tantos filósofos. Com essa perspectiva, defendo um profundo respeito pelo cotidiano dos estudantes como ponto de partida para o trabalho do pensamento, sobretudo em temas delicados, como a experiência política e estética, das quais nossos estudantes sentem-se muitas vezes excluídos, ou mesmo a experiência religiosa, tão presente na sociedade brasileira, mas também tão marcada por posições muitas vezes obscurantistas.

A meu ver, a chave para uma atitude formadora em Filosofia está na busca refletida de desenvolver em nós mesmos e em nossos estudantes o hábito da Filosofia, por meio do esforço cuidadoso de sempre justificar nossas posições filosóficas e nossas visões de mundo, bem como da tentativa de compreender sincera e honestamente o pensamento e a ação dos outros. Foi nesse espírito que me senti motivado a escrever este livro. Espero que ele colabore com o trabalho dos colegas docentes e ofereça dados significativos para o fortalecimento da atividade de reflexão em nossos estudantes.

Neste Manual do Professor, os colegas encontrarão as minhas próprias justificativas filosófico-pedagógicas, bem como uma série de elementos que visam auxiliar o trabalho da docência: indicativos de respostas aos exercícios do Livro do Aluno, propostas de esquemas visuais que sintetizam os dados estruturantes dos capítulos, atividades e leituras complementares e de aprofundamento, além de sugestões bibliográficas.

Convido-os a acessar o site deste livro (www.autenticaeditora.com.br/filosofia-e-filosofias) e a participar dos nossos fóruns de discussão. Que uma amizade intelectual nasça e cresça entre nós!

ACESSE:

O autor

SUMÁRIO

PRESSUPOSTOS TEÓRICO-METODOLÓGICOS

Procurando sintetizar a proposta didático-pedagógica deste livro, é possível descrevê-la como um conjunto de caminhos formativos que articulam História da Filosofia, temas, problemas e conceitos, permitindo que os estudantes encontrem, em diversas filosofias, elementos que lhes possibilitem, a um só tempo, refletir sobre sua própria experiência e conhecer de modo seguro elaborações filosóficas no sentido mais próximo possível ao que elas tiveram para os próprios filósofos. Em outras palavras, trata-se de permitir que diferentes filosofias "toquem" os estudantes e os convidem a pensar sobre sua entrada consciente na existência, mas sem cair em uma instrumentalização das filosofias, e sim respeitando o caráter "técnico" do trabalho filosófico.

O livro é, assim, marcado por forte caráter existencial e por um cuidado bastante refletido em relação à prática de uma História da Filosofia atualizada e sólida.

Filosofia e filosofias

Opera-se neste livro com a distinção entre uma atitude filosófica geral e as diferentes formas assumidas por essa atitude no trabalho de filósofas e filósofos ao longo do tempo. Essa distinção permite falar em *Filosofia* como o "pensamento do pensamento" e em *filosofias*, no plural, como uma constelação de formas filosóficas que encarnam a atitude geral de pensar sobre o pensamento.

Entende-se aqui por atitude filosófica geral ou por "pensamento do pensamento" o trabalho de investigação dos sentidos que se revelam ou que são construídos nas mais diversas áreas da experiência humana e que são expressos publicamente para referir essa experiência. Trata-se de uma concepção bastante ampla (assim como é amplo o uso do termo *sentido*, aqui), visando não propriamente oferecer uma definição única de Filosofia, mas assumir a possibilidade de adotar uma visão, digamos, "englobante", a qual, por sua vez, apontando para a experiência do pensamento do pensamento, seja capaz de destacá-lo como uma característica que aparece, em maior ou menor grau, nas diferentes filosofias, respeitando-se suas especificidades.

Justamente por sua amplitude, essa concepção seria exposta a graves riscos caso pretendesse unir, em torno de algo como um "universal da Filosofia", a imensa variedade das filosofias. Mas não é nessa direção que vai este livro. Se ele pressupõe algo como uma característica universal, tal característica consiste na atenção que o pensamento dá a si mesmo. Como se busca esclarecer na sequência deste Manual, talvez se possa falar de uma universalidade do *hábito* da Filosofia; algo do registro de uma disposição e de uma atividade que guardaria semelhanças apesar das diferenças presentes tanto nos atos que o formam como nos "objetos" ou "alvos" visados. Não se trata, portanto, da universalidade de alguma "essência" filosófica. Cabe, porém, perguntar pelos "objetos" que especificariam ou determinariam os atos filosóficos e o hábito da Filosofia tal como aqui entendidos, sem deixar de considerar se essa posição pressupõe ou não alguma ideia de sujeito ou de subjetividade. A isso me dedicarei adiante.

Cabe também lembrar que a concepção de Filosofia que estrutura este livro nasce de alguém que encara o patrimônio filosófico "de frente para trás", indo do contexto contemporâneo rumo à Antiguidade. Por isso mesmo, é possível pensar que, se pudessem, inúmeros pensadores antigos e medievais se voltariam contra tal concepção, uma vez que a Filosofia, para tais autores, possuía uma identidade com contornos mais definidos (basta lembrar a longa tradição[1] platônico-aristotélica e medieval dos debates em torno da distinção e da classificação das ciências[2]). Provavelmente alguns modernos e contemporâneos também discordariam de sua aproximação de autores "pré-críticos", como se costuma dizer (ainda que outros certamente apreciariam a associação). No entanto, não se trata de permanecer nesse nível de preocupação, pois ele se refere justamente às especificidades das filosofias. Antes, trata-se de – considerando as necessidades e possibilidades de jovens estudantes que se aproximam do patrimônio filosófico – encontrar um modo de apresentar a multiplicidade de perspectivas filosóficas sem dar a impressão de que elas não têm relação alguma entre si.

A relação que este livro pretende identificar entre as filosofias pode ser concebida em torno de dois aspectos: considerar como tecnicamente filosófico o universo que a comunidade acadêmica costuma reconhecer como tal (na sequência será abordado o tema das filosofias "não ocidentais"); e enfatizar como tipicamente filosófica a atividade de justificar as expressões que o pensamento elabora para designar as diferentes experiências humanas, em uma atitude inclusive de "teste" da posição de eventuais interlocutores (algo como o *elenchos* socrático, no sentido próprio que hoje os especialistas do pensamento antigo atribuem a Sócrates, e não no sentido das interpretações que outros filósofos deram a ele).

Este livro dá, assim, atenção especial à atividade de justificar as expressões produzidas pelo pensamento para os diferentes sentidos com que se exprime a experiência humana, sem, no entanto, pretender que a Filosofia seja apenas "discurso" (o que significaria já comprometer-se com uma concepção específica). O uso do termo *sentido*, aqui, não visa, nem de longe, afirmar que "a" Filosofia busca sentido "para" a existência. O próprio Sócrates, entre

[1] Entende-se o termo *tradição*, aqui, no sentido de movimento de transmissão cultural (filosófica, artística, científica, religiosa, política) e não no sentido de blocos de pensamento uniforme que percorreriam tempos diferentes.

[2] A esse respeito, são bastante enriquecedores os estudos de Carlos Arthur Ribeiro do Nascimento em torno da tradição medieval e do pensamento de Galileu Galilei. Ver Tomás de Aquino (1999); Nascimento (1995, 1990). Ver também Storck (2003).

tantos outros gregos e pensadores de épocas diferentes, não buscava um sentido para existir, mas pretendia compreender a noção mesma de ser, para além dos "recortes" do ser operados pelos saberes particulares. Se nos concentramos na Modernidade e na Contemporaneidade, o debate em torno do "sentido" fica ainda mais complexo. Aqui, ao falar de sentido, pretende-se apenas concentrar a atenção nos resultados da atividade de conhecer (ou de saber), enfatizando o trabalho filosófico como pensamento do pensamento ou ainda conhecimento do pensamento; trata-se da investigação das expressões que o pensamento constrói para designar a experiência do próprio pensamento ou os diferentes aspectos da experiência humana (aspectos científicos, estéticos, ontológicos, políticos, éticos, religiosos). Aliás, é como problema filosófico (e não como resposta dogmática) que o Capítulo 1 da Unidade 2 do Livro do Aluno se dedica ao tema do sentido da existência.

Numa palavra, este livro procura concretizar uma postura de formação filosófica, cujo teor é dado pela frequentação da História da Filosofia e pelo estudo de temas, problemas e conceitos filosóficos, sem adotar uma linha especificamente metafísica, existencialista, marxista, hegeliana, fenomenológica ou outra que as valha. Certamente caberia perguntar como isso é possível, uma vez que o autor do livro possui suas próprias preferências filosóficas. Tais preferências se manifestam na escolha de assuntos, de autores e de textos, por exemplo. A resposta consistiria em dizer que a postura de formação filosófica aqui adotada se explica por dois esforços: o de propor caminhos formativos em torno de questões recorrentes nos ambientes filosóficos (por exemplo, o bem e o amor em Ética, o Poder em Política, a experiência na filosofia da religião, o papel da representação nas teorias do conhecimento etc.) e o de basear-se em trabalhos atualizados de História da Filosofia para suscitar análises e interpretações adequadas a cada autor ou tema estudado. Se há uma "tendência" do autor deste livro no seu modo de construir sua proposta de formação filosófica, ela consiste em buscar possibilidades reais de pôr diferentes filósofos em diálogo, evitando, todavia, arbitrariedades nesses diálogos. Para tanto, adota-se a metodologia da identificação de questões em rede, tal como será explicitado na sequência.

Atos filosóficos e hábito da Filosofia

O que parece haver de universal nas filosofias é o fato de elas procurarem perscrutar diferentes sentidos que são encontrados e/ou construídos na experiência humana, com atenção especial ao modo como tais sentidos são expressos. Dessa perspectiva, parece possível caracterizar a Filosofia ou a atitude filosófica geral como um *hábito* que se desenvolve (o da investigação dos sentidos e do modo como eles são expressos; numa palavra, o hábito de pensar o pensamento). Ensinar Filosofia, por sua vez, pode ser entendido como a atividade de possibilitar que os estudantes entrem em contato com esse hábito da Filosofia e tenham a oportunidade de desenvolvê-lo eles mesmos.

Não se trata, porém, de entender a Filosofia como hábito para "melhorar" as pessoas, sobretudo se por "melhorá-las" se entende transmitir a elas algo como um pensamento filosófico específico, uma postura ética determinada ou algo do tipo (pois tal atitude incorreria em doutrinação, algo profundamente antifilosófico). Se, porém, "melhorá-las" significa ampliar seus horizontes de compreensão de si mesmas e dos outros, bem como de suas capacidades comunicativas (o que não deixa de ter óbvias consequências éticas, epistemológicas etc.), então nada parece impedir que se atribua esse papel ao hábito da Filosofia.

Mas aqui se requer redobrada atenção, pois importa saber como se constitui tal hábito. Empregando o vocabulário de alguns autores clássicos, pode-se perguntar: se o que gera um hábito é a prática de determinados atos, então quais atos produzem o hábito filosófico? Além disso, se um ato é sempre uma reação a certo objeto, quais objetos determinariam os atos filosóficos e o hábito da Filosofia? A Filosofia teria um objeto específico?

Certamente alguns filósofos diriam que o objeto da Filosofia é o ser; outros, a verdade; outros, a linguagem. Alguns diriam que a Filosofia não tem objeto, resposta que talvez seja mais adequada em contexto contemporâneo. Como não se trata, neste livro, de adotar nenhum estilo filosófico preciso nem o pensamento de algum(a) autor(a) particular, deve-se evitar a identificação de um objeto preciso que determine os atos filosóficos e o hábito da Filosofia. Porém, sem objeto não se despertam atos nem se produzem hábitos. Faz-se necessário, então, encontrar, de modo "universal" (com muito cuidado para evitar o autoritarismo e a autorreferência), um objeto comum ou um conjunto comum de objetos sobre os quais se possa estabelecer a formação filosófica (o despertar de atos filosóficos e do hábito da Filosofia).

Dado que o nosso contexto é o da escola aberta a todos e orientada pelos valores da democracia, do republicanismo, da laicidade e da pluralidade, convém que tal base objetiva seja marcada justamente pela abertura à multiplicidade das filosofias e das experiências. Desse ponto de vista, o objeto ou o conjunto de objetos que permitem suscitar atos filosóficos e o hábito da Filosofia não é outro senão o conjunto composto (i) pelos textos dos próprios filósofos, (ii) pelas narrativas da História da Filosofia e (iii) pelos problemas, temas e conceitos filosóficos (que nascem dos textos dos filósofos ou do modo como a comunidade filosófica reelabora tais textos). Em outras palavras, dados esses objetos, é pela frequentação dos textos dos próprios filósofos e das narrativas da História da Filosofia, além do estudo de problemas, temas e conceitos filosóficos, que nós e nossos estudantes praticamos atos filosóficos e desenvolvemos o hábito da Filosofia em um primeiro nível; afinal, é muito difícil, e talvez mesmo desaconselhável, pretender praticar Filosofia em um fechamento ao diálogo com o patrimônio que nos precede. No entanto, em um segundo nível, nós e nossos estudantes podemos intensificar o hábito da Filosofia, passando a produzir uma reflexão filosófica em continuidade com algum(a) autor(a) precedente, repetindo-o(a) e assumindo seu pensamento para nós mesmos, ou até – caso altamente desejável, embora extremamente laborioso – produzindo reflexões filosóficas em primeira pessoa.

Materialmente falando, trata-se, em um primeiro nível, de praticar atos de conhecimento ou atos que dão vida a conhecimentos registrados na literatura técnica, que está sempre à espera de que alguém os ponha novamente em movimento. Assim como em uma biblioteca os livros registram dados à disposição de todos para serem revividos na consciência dos indivíduos que os leem, assim também o patrimônio filosófico pode ser reativado pelos seus leitores. Dessa perspectiva, supera-se mesmo a dicotomia entre simplesmente "estudar História da Filosofia" e "filosofar". A reativação do patrimônio filosófico permite desenvolver algo como um *hábito de ciência* ou *hábito de conhecimento* (*scientiae habitus*), tal como diziam alguns pensadores medievais, ou mesmo passar do saber como patrimônio objetivo (*Wissenschaft*) ao saber como ato (*Wissen*), segundo a terminologia de Edmund Husserl.

Uma das vantagens dessa concepção dos atos filosóficos e do hábito da Filosofia está em não exigir um compromisso necessário com nenhuma concepção técnica e específica de sujeito ou de subjetividade, pois mesmo filosofias antissujeito parecem convergir com filosofias do sujeito na compreensão de que, independentemente da interpretação que se dê à natureza humana, é possível identificar atos e hábitos. Por outro lado, se despertar nos estudantes atos filosóficos e o hábito da Filosofia pode ser visto como o sentido de nossa prática docente, ressalta-se também o caráter radicalmente ético de nosso trabalho de professores de Filosofia, pois, para além de toda doutrinação ética, o primeiro elemento que marcará nossa atividade é o nosso exemplo profissional no modo como tratamos o patrimônio filosófico e despertamos atos semelhantes em nossos estudantes.

Tal caráter ético é certamente o que articula o estudo técnico de Filosofia com a atenção à prática da cidadania, tão desejada atualmente para a formação filosófica. É certo que muitas filosofias podem e talvez devam ser estudadas sem interesses existenciais. No entanto, mesmo nesse tipo de estudo parece haver um caráter ético, procedente do fato de que ele é tão formativo (despertador de atos e hábitos) quanto os estudos que conectam o aspecto técnico a uma preocupação existencial. A esse respeito, o Prof. Bento Prado Júnior, comparando a formação filosófica típica do mundo antigo com a formação filosófica praticada em nossos dias, tem uma reflexão estimulante:

> A distância que nos separa desses textos [antigos] é maior ainda do que a agora sugerida. Pois esse código ou essa retórica (a "gramática", digamos, da escrita teórica na Antiguidade) só são compreensíveis no seio das práticas e das instituições sociais que as sustentam: um regime de articulação entre prática e teoria que não é exatamente o que teorizamos e praticamos hoje. [...] O próprio ensino da Filosofia não tem, nesses tempos diferentes, o mesmo sentido. E aqui caminhamos numa direção diferente da apontada por Derrida: o próprio estatuto do texto modificou-se desde a Antiguidade, e Platão deve ser (aqui sim) tomado ao pé da letra quando aponta a deficiência da escrita: ela é muda, não responde a perguntas do leitor. [...] O ensino da Filosofia é essencialmente oral; e a escrita, apenas um aparelho auxiliar. E isso ainda é dizer pouco: a própria aula, de viva voz, não é nada, se não ensinar a "mudar a vida" do discípulo (não se pensa, é claro, antes da Modernidade, em "transformar o mundo"). Um pensador antigo (pouco importa qual, aí todos são iguais) adverte que será mau o marceneiro que apenas ensinar os princípios da marcenaria. Pois o que se pede ao marceneiro é que exerça sua *techné* [sua arte ou técnica]. Uma aula de marcenaria não me ajuda a edificar minha casa, como uma aula de filosofia, transmissão, digamos, de um saber ou de um conhecimento *in abstracto*, não modifica minha vida, tornando-a boa, justa, feliz, isto é, humana e racional. [...] Confessemos, nós professores de Filosofia, que nossa arte é bem pouco refletida no presente. Toda minha simpatia ainda vai para gente como Nietzsche e Wittgenstein, que consideravam nossa profissão um terrível perigo e nossa situação institucional, um convite à falsificação. O que tem o ensino da Filosofia, hoje, com o esforço de tornar-se digno de viver? Haveria de comum, entre nosso discurso e o dos antigos, mais do que mera homonímia?[3]

Diante de um texto de tamanha força como este, é impossível não nos perguntarmos pelo sentido de nossa prática docente. Percebe-se, aliás, que o bom êxito de nossa atividade depende não apenas do nosso trabalho de ensino propriamente dito (partilha de conteúdos e métodos), mas também de uma constante e sempre mais aprofundada consciência de nós mesmos, de nossos objetivos e de nossa ação didático-pedagógica. Desse ponto de vista, é comum sentirmo-nos como os primeiros beneficiados de nossa própria prática docente, pois, antes de procedermos à partilha de conteúdos e métodos com nossos estudantes, nós mesmos somos postos diante da tradição filosófica e solicitados a reativar os atos filosóficos registrados pelos pensadores ao longo dos tempos. Essa atividade requer de nós um exercício constante de atenção ao sentido de nosso trabalho, aos conteúdos de nossas próprias convicções e ao modo como as justificamos, ao nosso estilo, aos hábitos mentais a que estamos acostumados e assim por diante. Em resumo, o caráter específico do trabalho filosófico convida-nos a uma constante autorreflexão e autocrítica.

Ao mesmo tempo, somos convidados a uma atenção sempre mais refinada e perspicaz aos nossos estudantes, seus

[3] PRADO JÚNIOR, 1999.

contextos, interesses, possibilidades e limites. É numa relação intersubjetiva que parece fazer sentido a atividade de ensinar Filosofia. Nossos estudantes não são apenas destinatários de nossas aulas; eles podem ajudar-nos a construir-nos a nós mesmos, docentes, pois o modo como eles interagem conosco pode levar-nos a pensamentos e ações novos. É verdade que somos nós, professores, que temos o preparo técnico-profissional para "ensinar". Parece inadequado pretender defender uma relação ensino-aprendizagem em que os professores não assumem seu papel de formadores, mas pretendem ser eternos estudantes; e tanto mais chegaremos a bons resultados – não apenas de partilha de conteúdo, mas também de satisfação pessoal-profissional – quanto mais tivermos consciência de nosso papel e de nossa função de orientar a formação de nossos estudantes. No entanto, essa consciência não permite crer que não temos algo a aprender com os estudantes; muitas vezes, por exemplo, embora eles não nos "ensinem" (tecnicamente falando), eles nos permitem atingir níveis melhores de compreensão quando nos apresentam suas perguntas, suas opiniões, suas discordâncias e seus entusiasmos. Cabe a nós, evidentemente, pautar as manifestações dos estudantes pelo patrimônio dos autores, em uma atitude de clara honestidade intelectual. Do contrário, corre-se o risco de transformar o aprendizado filosófico em mero conjunto de opiniões, perdendo-se exatamente o fio que une toda atividade filosófica: a busca de justificação racional. Não há nada mais antifilosófico do que adotar uma postura autoritária em que as afirmações são feitas sem justificação nem consideração do caráter intersubjetivo da experiência humana.

História da Filosofia

A centralidade que a História da Filosofia ganha nessa proposta formativa exige lembrar que estudá-la significa muito mais do que "visitar um museu" ou uma galeria de pensamentos mortos. Pelo contrário! Significa ouvir aqueles que nos precederam e buscar compreender as razões pelas quais eles pensaram o que pensaram, extraindo daí possibilidades de ampliar o horizonte de temas que nos dizem respeito hoje.

Dessa perspectiva, a expressão *História da Filosofia*, neste livro, tem um sentido preciso: consiste no trabalho de análise (desconstrução) e reelaboração (reconstrução) das diversas filosofias, com atenção à estrutura interna de cada fonte filosófica e de cada sistema (quando é o caso de um sistema), mas também às conexões entre as filosofias e seu contexto histórico próprio. Trata-se de "vestir a camisa" de cada filósofa ou filósofo, procurando, em um primeiro momento, evitar ao máximo julgá-los segundo nossos critérios e nossas expectativas. É uma atitude de cuidado, profissionalismo e respeito epistemológico.

Nesse sentido, a História da Filosofia não se confunde com a História das Ideias, no sentido do que pretendia, por exemplo, Arthur Lovejoy[4] nos anos 1930. Abaixo, a concepção de Lovejoy será retomada, mas importa aqui dizer que a História da Filosofia não identifica, por projeção, unidades de ideias ou temas no passado, procurando retraçar o caminho percorrido por elas, como pretende a História das Ideias. Aliás, muitos dos caminhos percorridos por unidades de ideias e temas identificadas por narrativas históricas são hoje postos em questão por diferentes historiadores e filósofos. Um exemplo é a própria ideia de *ser*, que, durante certo tempo, acreditou-se corresponder exatamente àquela de que trataram Platão e Aristóteles e que depois teria sido retomada (para ser aceita ou refutada) pelos estoicos, Plotino, Agostinho, Avicena, Tomás de Aquino, Duns Escoto, Descartes, Hume, Leibniz, Kant, Schopenhauer, Nietzsche, Heidegger, entre tantos outros. Hoje, graças aos desenvolvimentos das pesquisas sobre as obras desses autores, lidas nelas mesmas e com seus referenciais próprios, sabe-se quão artificial é pretender que todos possuem a mesma compreensão do ser. Muitas vezes, o risco de quem pratica a História das Ideias é operar com coisas que simplesmente não existiram.

Não se nega aqui, evidentemente, o valor da História das Ideias. Dados históricos interessantíssimos foram levantados por ela. Pretende-se unicamente mostrar, por contraposição com a História das Ideias, que a História da Filosofia é de outra ordem: mais do que registrar o que pensaram os autores, estabelecendo conexões com seu tempo e com outros autores e produzindo sínteses válidas para nós, a História da Filosofia, na direção assumida por este livro, consiste na tentativa – da maneira mais autoconsciente e mais autocrítica possível – de perceber cada filosofia (ou pelo menos cada documento filosófico, como um livro ou um artigo) no sentido que ela teve para sua autora ou seu autor.

Alguns chamam a esse cuidado de *método estruturalista*. Invocam, inclusive, a autoridade de Victor Goldschmidt, professor e pensador francês cuja metodologia influenciou bastante as gerações filosóficas dos anos 1960-2000 no Brasil, tomando praticamente como uma cartilha o artigo "Tempo histórico e tempo lógico na interpretação dos sistemas filosóficos"[5]. Mas vale notar que Goldschmidt não usa o termo *estruturalismo* nem se filia propriamente ao estilo filosófico-científico que recebeu esse nome depois de Claude Lévi-Strauss. Parece, no entanto, adequado falar em "método estruturalista", com a condição, porém, de lembrar que buscar a estrutura interna de um pensamento expresso em uma obra ou em um sistema (quando é o caso) não impede de também levar a sério elementos históricos externos a ele e claramente importantes para aumentar sua compreensão. Aliás, Goldschmidt propunha um método estrutural-histórico, ou, como ele dizia, dogmático-genético (método que considera a verdade – *dogma* em grego – de um pensamento e os fatores que contribuíram para o seu surgimento). Não é por acaso que o título de seu artigo insiste na percepção de um *tempo histórico* e de um

[4] Cf. LOVEJOY, 1936. Há uma tradução em português, de Aldo Fernando Barbieri (Palíndromo, 2005).

[5] Cf. GOLDSCHMIDT, 1963, p. 139-147.

tempo lógico na interpretação dos sistemas filosóficos. Não caberia ignorar o tempo histórico e reter apenas o tempo lógico[6]. Na contrapartida, porém, também não caberia privilegiar elementos que transcendem as obras e são "externos" a ela (o tempo histórico) a fim de interpretar as obras (em seu tempo lógico). Afinal, no limite, sequer temos condições técnicas de provar a existência de vínculos entre certas obras e seu contexto histórico.

História, temas, problemas e conceitos

O esclarecimento da noção de História da Filosofia leva a perguntar pela possibilidade de estudarmos as filosofias apenas com um interesse lógico-analítico, concentrando-nos somente nos argumentos registrados nas obras, sem interesse por elementos que não sejam relevantes para o estudo dos argumentos. Certamente há essa possibilidade e ela é válida do ponto de vista do que se espera do aprendizado filosófico. Na verdade, ela corresponde ao que, no vocabulário de Goldschmidt, denomina-se *tempo lógico*. Espera-se que, no tratamento dado às filosofias, elas sejam ouvidas por si mesmas. No entanto, este livro defende que há um ganho de compreensão quando os argumentos são correlacionados com dados que, embora não sejam diretamente relevantes para a argumentação, permitem visualizá-la melhor e mesmo explicá-la com mais coerência com o conjunto do pensamento da autora ou do autor em questão. Tais elementos não provêm apenas do contexto histórico, mas, muitas vezes, de outras partes da mesma obra estudada. Dessa perspectiva, o *tempo histórico* não é mero sinônimo de contexto.

Mais do que isso, a atenção ao tempo histórico de cada obra ou de cada sistema permite melhorar compreensões que, se ficassem presas apenas ao tempo lógico, não retratariam adequadamente o pensamento estudado. Um exemplo claro, extraído de uma parte bastante conhecida do pensamento medieval, vem do estudo das famosas "cinco vias" construídas por Tomás de Aquino para demonstrar que a proposição *Deus existe* é verdadeira[7]. Nelas, Tomás de Aquino emprega o termo *princípio*. Uma interpretação estritamente lógica do seu argumento corre o risco de entender o termo em sentido temporal (o "começo" do Universo). Todavia, Tomás de Aquino defende em vários textos que o mundo não precisa ter tido um começo temporal; ele pode ser eterno. Se se toma o termo *princípio* em sentido cronológico, a remontagem do argumento tomasiano pode ser bem-feita, mas não corresponderá propriamente ao que pensou Tomás. É apenas por uma atenção a elementos externos à demonstração (pois não é nas cinco vias que Tomás trata do sentido do princípio) que se pode chegar a uma compreensão mais adequada de seu argumento, esclarecendo que o termo *princípio* tem sentido ontológico[8].

Em outra direção, o esclarecimento da noção de História da Filosofia permite também perguntar se, dada a necessária concentração na estrutura de uma obra ou de um sistema, seria possível, sem migrar para a História das Ideias, estudar as filosofias por meio do rastreamento de temas, problemas e conceitos. No tratamento de um tema, por exemplo, ir além da obra de um(a) autor(a) e conectá-la com a obra de outro(a) autor(a) não significaria produzir algo artificial, dado que, embora haja semelhança de tema, nada garante que ele tenha o mesmo sentido para os diferentes autores? A resposta é simples: tudo depende do tema e dos autores! Em primeiro lugar, se um(a) autor(a) remete a outro(a), então fica garantida a conexão, ao menos no sentido do posterior ao anterior (se faz sentido estudar a concepção cartesiana de alma com base na teoria aristotélica, nem por isso é óbvio o sentido de estudar a teoria aristotélica com base na teoria cartesiana, como se Aristóteles devesse ter previsto o que faria Descartes, a menos que se queira dar um tratamento contemporâneo ao mesmo tema e defender que Aristóteles teria "errado"[9]). Em segundo lugar, ainda que os filósofos não se mencionem entre si, também parece adequado identificar continuidades e rupturas entre eles quando a comunidade dos especialistas demonstrou haver tais continuidades e rupturas. Para além dessas duas possibilidades, corre-se, sim, o risco de produzir conexões artificiais e sem lastro real.

Dessa perspectiva, parece possível defender que o trabalho filosófico não tem necessidade de isolar a abordagem histórica da abordagem temática, problematizadora ou conceitual. Bem ao contrário, parece mais desejável que essas abordagens sejam entendidas

[6] Adotando um caminho bastante diferente do que se propõe aqui, o livro dos professores Marcos Nobre e Ricardo Terra apresenta reflexões instigantes sobre o que, para eles, seriam alguns limites do método estrutural. Ver Nobre; Terra (2007).

[7] Cf. TOMÁS DE AQUINO, 2000.

[8] Outro exemplo, análogo a este e mais recente, pode ser evocado aqui: no debate com Alvin Plantinga e visando provar que Deus não existe, o filósofo norte-americano Michael Tooley persegue, em nome da consistência lógica, o famoso "problema do mal" (como pode o mal existir em um mundo criado por um ser bom?). Reduzindo-o ao mínimo, seu raciocínio talvez possa ser expresso pela forma clássica do *modus ponens*: se o mal existe, então Deus não existe; ora, o mal existe; então, Deus não existe. Essa formulação pressupõe uma unidade de sentido e uma constância histórico-interpretativa para o conceito de mal. Ela ignora ou oculta o fato de que rios de tinta correram ao longo dos séculos para nuançar o significado do termo *mal* e o sentido do seu conceito, inclusive da parte de filósofos não cristãos, não judeus ou não muçulmanos. Platão e Plotino são os casos mais conhecidos. Numa palavra, filosofias bastante sólidas já relativizaram a existência do mal ou mesmo a negaram. Além disso, simplesmente não há, em Filosofia, um conceito unívoco nem um "arquiconceito" de mal, menos ainda um "arquiproblema" do mal. Cabe perguntar, por conseguinte, por que Tooley procura induzir a uma compreensão unívoca. Certamente a apresentação feita nesta nota de rodapé é caricatural. Para uma visão mais apropriada do debate, ver Plantinga; Tooley (2014).

[9] Observações teórico-metodológicas muito esclarecedoras são dadas por Alain de Libera (2013).

como complementares. Escolher entre elas é algo que talvez deva depender mais dos objetos ou dos conteúdos estudados, em união com os objetivos que se pretende alcançar, e não de uma escolha apenas em função dos objetivos (o que pode se dirigir facilmente para o campo da manipulação ideológica dos autores, em uma atitude autorreferente e mesmo autoritária). Na realidade, a História da Filosofia, entendida no sentido assumido por este livro, pode permanecer como atitude básica para o estudo filosófico, não apenas porque ela permite melhor compreensão dos autores, mas também porque ela mostra aos estudantes que filosofar é entrar em uma grande comunidade de pensamento, enfatizando a importância de justificar com boas razões as nossas continuidades e rupturas com os autores que estudamos. O ganho didático-pedagógico da ênfase nessa atitude é grande; e, embora ela possa parecer uma prática cansativa para alguns estudantes do Ensino Médio, ela também pode, em função do modo como a adotamos, ser bastante estimulante para eles, como, aliás, reconhecem as *Orientações curriculares para o Ensino Médio*:

> É salutar, portanto, para o ensino da Filosofia, que nunca se desconsidere a sua história, em cujos textos reconhecemos boa parte de nossas medidas de competência e também elementos que despertam nossa vocação para o trabalho filosófico. Mais que isso, é recomendável que a História da Filosofia e o texto filosófico tenham papel central no ensino da Filosofia, ainda que a perspectiva adotada pelo professor seja temática, não sendo excessivo reforçar a importância de se trabalhar com os textos propriamente filosóficos e primários, mesmo quando se dialoga com textos de outra natureza, literários e jornalísticos, por exemplo – o que pode ser bastante útil e instigante nessa fase de formação do aluno. Porém, é a partir de seu legado próprio, com uma tradição que se apresenta na forma amplamente conhecida como História da Filosofia, que a Filosofia pode propor-se ao diálogo com outras áreas do conhecimento e oferecer uma contribuição peculiar na formação do educando. [...] É importante registrar que uma certa dicotomia muito citada entre aprender filosofia e aprender a filosofar pode ter papel enganador, servindo para encobrir, muitas vezes, a ausência de formação em véus de suspeita competência argumentativa de pretensos livres-pensadores.[10]

Com essa atenção específica, este livro apresenta diferentes caminhos para entrar no universo da reflexão filosófica com diferentes "métodos" (Unidade 1). Na sequência, propõe capítulos temáticos, estruturados em torno da análise de textos filosóficos e do estudo filosófico de documentos não propriamente filosóficos (Unidade 2), elencando, ao final, chaves de leitura para um estudo sistemático da História da Filosofia (Unidade 3).

Um autor que tem sido redescoberto na cena filosófica mundial e brasileira e que, por sua atualidade, vale a pena evocar aqui é Robin George Collingwood. Ele não deixava de assumir abertamente uma postura, digamos, "analítica" ("estrutural" ou "lógica", como se queira), mas também identificava uma interdependência entre o trabalho que hoje muitos chamam de "filosófico" (análise de justificativas racionais) e o trabalho "histórico", quer dizer, de quem procura conexões conceituais e produz uma narrativa com sentido causal[11]. No seu dizer, toda investigação é *busca de respostas a questões precisas*: tanto respostas para questões postas pelos autores e acontecimentos como respostas para questões que nós mesmos pomos aos documentos históricos. Assim, segundo Collingwood, no momento em que um arqueólogo cava um terreno dizendo simplesmente "vejamos o que tem aqui", esse arqueólogo não aprende nada ou, no máximo, apenas descreve o que vê (um pouco ao modo de quem absolutiza o método estrutural, talvez possamos dizer). No entanto, se esse mesmo arqueólogo aproxima-se de seu objeto com questões do tipo "esse bloco de terra preta seria uma porção de turfa ou um bloco do alicerce de uma casa?" ou "houve neste lugar uma ocupação dos tempos de Flávio?", poderá então obter respostas ou indicações de respostas, fazendo avançar consideravelmente a sua compreensão. Se antes o arqueólogo só via pedras, agora ele vê indícios de uma fortaleza, construída ou não nos tempos de Flávio. Em filosofia, Collingwood percebia que, sem clareza sobre as referências com que operamos para situar os autores e sobre as questões que já temos (conscientemente ou não), corre-se o risco de ficar no campo da ficção, sem chegar realmente ao teor das obras. Um de seus exemplos preferidos referia-se ao debate em torno do idealismo: Collingwood observava que o texto mais impactante, no início de sua carreira, era o artigo de G. E. Moore, chamado "A refutação do idealismo". O texto era considerado uma crítica a Berkeley, mas a posição que de fato era criticada no artigo não era a de Berkeley, e sim a exata posição que o próprio Berkeley havia criticado. Bastava comparar o artigo de Moore e o texto de Berkeley para dar-se conta disso. Ora, quem não relacionasse Moore com Berkeley, tomando Moore como unidade autônoma e Berkeley como um real representante do que Moore criticava, sem frequentar o texto de Berkeley e sem identificar no texto de Moore a pergunta à qual ele tentava responder, não compreendia o sentido do artigo de Moore, nem era capaz de avaliar o sentido do debate[12].

Não é por acaso que o historiador da Filosofia francês Alain de Libera inspira-se em Collingwood e Paul Veyne[13]

10 BRASIL, 2006, p. 27 e 32.

11 Cf. COLLINGWOOD, 2010.

12 Cf. COLLINGWOOD, 2010, p. 46.

13 Cf. VEYNE, 1982.

(via Foucault), para defender que os temas, conceitos e problemas podem constituir redes ou intrigas, cabendo-nos identificar essas redes e evitar, ao mesmo tempo, cair no equívoco de pressupor que há sempre uma história linear dos problemas, temas e conceitos ao modo de arquiproblemas ou de problemas arquetípicos que permitiriam uma "história dos problemas", uma "história dos temas" ou uma "história dos conceitos". Só há redes e intrigas quando os problemas, temas e conceitos realmente se articulam. Cabe ao historiador da Filosofia atentar para o movimento de retroprojeção do verdadeiro ou o movimento que Bergson chamava de "efeito retroativo do verdadeiro" (ver, no final do Manual do Professor, os comentários teórico-metodológicos da Unidade 3). Se os filósofos têm certa liberdade para praticar esse movimento, quem estuda História da Filosofia deve munir-se de cautela, a fim de não projetar na História aquilo que ele(a) mesmo(a) quer encontrar.

A preocupação com a retroprojeção do verdadeiro é, de certo modo, a mesma que faz desconfiar do método centrado na história dos temas, conceitos e problemas, tal como praticado pela História das Ideias concebida por Arthur Lovejoy. Perseguir o que Lovejoy chamava de *unit idea* ou "ideia básica", "ideia-unidade", rastreando-a em diferentes obras e períodos, não garante que as obras em que tal ideia aparece mantêm vínculos reais com as outras obras que também a registram. A rigor, é muito difícil provar a existência de ideias básicas ou "ideias-unidades". O caráter problemático dessa disciplina, a História das Ideias, pode ser observado no debate suscitado pela obra de Arthur Lovejoy já no século XX, chegando até os nossos dias. Jaakko Hintikka[14], por exemplo, criticou a noção de *unit idea*, mas Simo Knuuttila[15] a reabilitou, transfigurando-a. No que concerne a nós, temos a vantagem de não precisar necessariamente tomar o partido contrário à História das Ideias. Distinguindo-a da História da Filosofia, podemos nos beneficiar das contribuições que dela vêm, desde que tais contribuições estejam assentadas no trabalho crítico da comunidade de pesquisadores em Filosofia.

Por fim, a ênfase na História da Filosofia não significa um cerceamento da liberdade do pensamento filosófico, como se tolhêssemos a criatividade de nossos estudantes e a nossa própria. Ao contrário, ela fornece a possibilidade de "subir nos ombros de gigantes" e ampliar nosso campo de visão. O ensino de Filosofia pode tornar-se "claustrofóbico" se incentivar os estudantes a buscar "por si mesmos" formulações conceituais que tematizem sua existência. Ainda, corre-se o risco de perder o caráter "técnico" da Filosofia, dando-se a impressão de que basta "pensar" para filosofar, desenvolvendo uma atitude antifilosófica, despreocupada com as justificativas públicas para a expressão do próprio pensamento.

[14] Cf. HINTIKKA, J., 1975-1976, p. 22-38.

[15] Cf. KNUUTTILA, 1981, p. 163 ss. Ver também Knight (2012, p. 195-217).

Apenas uma História da Filosofia "ocidental"?

Na passagem da primeira à segunda metade do século XX, muito se discutiu sobre a natureza e a valorização do pensamento "oriental" (leia-se: não ocidental ou de matriz europeia greco-romana). Hoje o debate continua, embora com menos força, apesar das interessantes questões levantadas pela proposta de identificar uma filosofia latino-americana[16] ou uma filosofia africana[17].

Em resumo, tratar-se-ia de saber se a Filosofia é patrimônio ocidental ou se ela é uma vocação de toda a Humanidade. O debate é extremamente instigante. Ele exige que se distinga, porém, entre uma atitude ou uma inquietação filosófica universal e o patrimônio formado pelo trabalho de tantas pensadoras e tantos pensadores que procuram conectar-se aos complexos de questões e respostas nascidos do trabalho iniciado pelos gregos. Uma pergunta didática caberia aqui: se os gregos não tivessem chamado de *Filosofia* ao seu próprio pensamento, nós hoje nos preocuparíamos em dizer que o pensamento latino-americano, ou o africano, é do mesmo tipo que o pensamento grego? Provavelmente não, porque nós os consideraríamos como tradições diferentes, embora pudéssemos ver semelhanças entre essas tradições. Parece, então, razoável distinguir entre uma inquietação universal a qual adjetivamos como *filosófica* (porque guarda semelhanças com a tradição nomeada pelos gregos) e o corpo "técnico" de respostas dadas a questões nascidas especificamente daquele tipo de pensamento desenvolvido pelos gregos. Outra pergunta didática: por que não é polêmico chamar de *Filosofia* o pensamento desenvolvido na Escola de Kyoto, por exemplo? Porque, além da inquietação filosófica geral, os autores que a compõem procuram conectar-se diretamente à linha "técnica" de reflexão iniciada com os gregos.

Isso não significa negar que haja Filosofia em outras culturas. Pelo contrário! Aliás, há fortes exemplos de pensadores que se baseiam em elaborações "não ocidentais" para resolver questões "ocidentais". É o caso do filósofo francês Michel Bitbol ao tomar práticas meditativas Zen para pensar problemas ligados à consciência[18].

Por razões pedagógicas e tendo em vista que esse debate está longe de ser resolvido, este livro opta por falar de Filosofia em geral, como pensamento do pensamento, situando seu nascimento na Grécia e identificando semelhanças com outras formas de pensamento desenvolvidas por outras sociedades, em outros tempos e locais, às quais não se aplica ainda de modo unânime o sentido técnico do termo *Filosofia*. Como dizia Gérard Lebrun, os estudantes do Ensino Médio precisam de uma "língua de segurança"[19], dada pela formação de um repertório "clássico", pelo enfrentamento de dificuldades também

[16] Ver, por exemplo, Dussel (1995).

[17] Cf. NOGUEIRA, 2014.

[18] BITPOL, 2014.

[19] Cf. LEBRUN, 1976, p. 148-153.

"clássicas" etc., mais do que estudar o resultado de nossas pesquisas recentes e de nossas interpretações particulares.

Porém, para além de uma preocupação pedagógica, este livro tem em grande consideração outra problemática: qual o sentido de enfatizar particularismos culturais em vez de abrir-se ao que talvez haja de preocupação universal nas culturas? Não se trata de defender algo como uma "sede de verdade", mas de tentar identificar conjuntos de vivências comuns (como a inteligência e as paixões). Nesse contexto, qual o sentido de pretender desfiliar a Filosofia do mundo grego? Há um risco de deixar-nos mover pelo que, falando de modo bastante amplo, Nietzsche chamava de ressentimento, raiz de muitas revanches históricas que não contribuem necessariamente para clarear a experiência humana. Além disso, a insistência em chamar de Filosofia os pensamentos e sabedorias não ocidentais pode revelar um preconceito às avessas: o de considerar que, para valorizá-los, precisamos chamá-los de Filosofia. Não projetaríamos sobre as outras culturas, com essa atitude, exatamente a mesma criticada superioridade ocidental, agora a ocultando pela importância do uso do termo *Filosofia* para valorizá-las? Trazendo-as para "dentro" da Filosofia, corremos o risco de reabilitar uma leitura hegeliana que a História já problematizou e que, no limite, manteria o Oriente (ou tudo o que não é eurocêntrico) no estatuto de algo infantil e exótico. A esse respeito, Merleau-Ponty escreveu linhas luminosas:

> [...] é seu próprio destino [do Ocidente] reexaminar até sua ideia da verdade e do conceito, bem como todas as instituições – ciências, capitalismo e, se se quiser, o complexo de Édipo – que direta ou indiretamente tenham parentesco com sua filosofia. Não necessariamente para destruí-las, mas para enfrentar a crise que atravessam, a fim de reencontrar a fonte de onde derivam e à qual devem sua longa prosperidade. Por este ângulo, as civilizações que não possuem nosso equipamento filosófico ou econômico ganham valor de ensinamento. Não se trata de ir procurar a verdade ou a salvação no que veio antes da ciência ou da consciência filosófica, nem de transportar para dentro de nossa filosofia pedaços de mitologia, mas, sim, de, na presença dessas variantes de humanidade, das quais estamos tão distantes, adquirir o sentido dos problemas teóricos e práticos com os quais nossas instituições são confrontadas, redescobrir o campo de existência onde nasceram e que seu longo sucesso nos fez esquecer. A "puerilidade" do Oriente tem algo a nos ensinar, nem que seja a estreiteza de nossas ideias de "adulto". Entre o Oriente e o Ocidente, assim como entre uma criança e um adulto, a relação não é a da ignorância e o saber, nem a da não filosofia com a filosofia; é algo muito mais sutil. [...] A unidade do espírito humano não se fará por vínculo simples e subordinação da "não filosofia" à verdadeira filosofia. A unidade já existe nas relações laterais de cada cultura com as outras, nos ecos que uma desperta na outra. É preciso aplicar ao problema da universalidade filosófica aquilo que os viajantes nos contam dos seus contatos com as civilizações estrangeiras. As fotografias da China nos dão o sentimento de um universo impenetrável se nos detivermos unicamente no pitoresco, isto é, justamente no *nosso* recorte, na *nossa* ideia da China. Em contrapartida, basta que uma fotografia tente simplesmente captar os chineses vivendo juntos para que, paradoxalmente, comecem a viver para nós e, então, os compreendemos. As próprias doutrinas, que parecem rebeldes ao conceito, se pudessem ser tomadas em seu contexto histórico e humano, nos fariam encontrar uma variante da relação do homem com o ser, capaz de nos esclarecer sobre nós mesmos; e nos fariam pressentir como que uma universalidade oblíqua. As sabedorias da Índia e da China procuraram, mais do que dominar a existência, ser o eco ou o ressoante de nossa relação com o ser. A filosofia ocidental pode aprender com elas a reencontrar o contato com o ser, opção inicial de onde nasceu, a medir as possibilidades que, ao nos tornarmos "ocidentais", fechamos para nós, e, talvez, a reabri-las.[20]

ORGANIZAÇÃO E POSSÍVEIS USOS DESTE LIVRO

O livro encontra-se organizado em três unidades.

A Unidade 1 tem por objetivo introduzir os estudantes ao universo filosófico por meio de uma sensibilização que permita a eles identificar-se com a atividade filosófica, seja por meio de uma inquietação existencial, seja por meio de preocupações epistemológicas. Não se pode partir do pressuposto de que todos os seres humanos dedicam-se à reflexão sobre a existência, assim como é difícil afirmar que questões de caráter epistemológico interessam a todos. Exploram-se, então, essas duas possibilidades, chamadas de "portas", a fim de aumentar as chances de atrair a atenção dos estudantes. Uma vez atravessadas tais "portas da Filosofia" (Capítulos 1 e 2), o livro se encaminha a uma tentativa de definir Filosofia (Capítulo 3), para chegar a uma apresentação ampla do que seriam atitudes filosóficas que poderíamos chamar de "métodos" (Capítulo 4).

Empregando o vocabulário do Capítulo 4, é possível dizer que toda a Unidade 1 visa a uma apresentação intuitiva da Filosofia, conduzindo a uma atitude discursiva ou argumentativa sobre a própria atividade filosófica. Essa estratégia amplia-se para a Unidade 2 e, de certo modo, estrutura todo o livro.

Com efeito, a Unidade 2 é composta por um conjunto de temas tratados filosoficamente, partindo daqueles que parecem mais próximos do cotidiano estudantil até

[20] MERLEAU-PONTY, 1989, p. 168-169.

chegar a temas mais "abstratos", ou melhor, que exigem maior abstração em seu tratamento. Do ponto de vista dos temas em si, talvez os capítulos finais da Unidade 2 (como a política, a ética, a estética e a religião) despertem maior interesse em alguns estudantes. Eles só foram colocados mais para o final porque o tratamento dado a eles é, digamos, um pouco mais exigente do que aquele dado aos capítulos iniciais (o sentido da vida, a amizade, a felicidade, a sexualidade e o amor). Dada essa variação de interesses, cabe aos colegas professores decidir por qual capítulo (tema) desejam iniciar, e mesmo selecionar, caso disponham de pouco tempo, os capítulos que lhes pareçam mais estratégicos para atingir seus objetivos.

De todo modo, pressupondo uma leitura linear do livro (sem prejuízo para uma leitura não linear), é esse movimento que vai do mais "fácil" ou mais próximo do cotidiano ao mais "complexo" ou mais "abstrato" que dá a organização do livro. É central, na Unidade 2, o tratamento do amor, não apenas porque ele envolve os vários aspectos de nossa existência (aspectos afetivos, cognitivos, éticos, políticos, religiosos e estéticos) e permite conquistar a atenção dos estudantes, mas também porque, no modo como o tema está estruturado (Capítulos 5, 6 e 7), segue-se uma linearidade histórica que pode ser útil aos professores caso desejem apresentar aspectos de História da Filosofia, iniciando por formas do pensamento antigo, passando a formas medievais, renascentistas e modernas, para terminar com formas do pensamento contemporâneo. Os Capítulos 5, 6 e 7 prestam-se a isso por meio de um desenvolvimento histórico (não propriamente uma evolução!) do tratamento filosófico do tema do amor. Sob esse ponto de vista, se a Unidade 2 é o miolo do livro, os Capítulos 5, 6 e 7 são o miolo da Unidade 2. Mas estar no centro não significa ser indispensável. Portanto, não haverá prejuízo para a formação caso os professores decidam não estudar os Capítulos 5, 6 e 7 ou estudá-los de modo mais rápido. Nenhum dos capítulos do livro pressupõe o estudo de algum capítulo anterior ou de qualquer outro capítulo, pois todos eles são autoexplicativos. Quanto ao Capítulo 14, ele foi situado no fim da Unidade 2 para o caso de os professores desejarem seguir um movimento crescente de "abstração", mostrando que aquilo que aparece no fim da Unidade pode ser visto, de certo modo, como um estudo que esclarece a Unidade inteira, quer dizer, um estudo que lança luz sobre a compreensão de todos os temas, uma vez que vai à raiz de nossas compreensões da atividade de conhecer. Por esse motivo, ele pode ser estudado antes dos outros capítulos, caso os colegas professores considerem viável essa inversão (por exemplo, em contextos de maior interesse por questões epistemológicas).

A Unidade 2 também foi concebida tendo em vista a possibilidade de que os capítulos sejam prolongamentos das "portas" abertas na Unidade 1. Em vez de apresentar a Filosofia como um conjunto de disciplinas bem distintas (Ética, Epistemologia, Metafísica etc.) ou mesmo de estruturar-se segundo um encadeamento rígido dos capítulos, o livro opta por tratar filosoficamente de temas transversais, isto é, temas que recebem tratamentos nas diferentes disciplinas filosóficas e despertam maior interesse existencial nos estudantes. Vista desse ângulo, a Unidade 2 assemelha-se mais a um "caleidoscópio" do que a um "mosaico". Ela evita a esterilidade de uma pretensão enciclopédica ou "totalizante" e permite que, por uma variedade de temas tratados com abordagens que mesclam elementos mais e menos clássicos, haja maior liberdade para que professores e estudantes estabeleçam itinerários formativos diferentes e adequados a seus contextos. Várias linhas conexas entre si estruturam, porém, a Unidade 2. Uma delas é a atenção existencial na abordagem dos temas; outra, a preocupação com a atividade de justificação racional das expressões de nossa experiência. Não se trata, porém, de pretender que o livro seja "existencialista" nem "cognitivista", mas de mostrar como elementos dessas posturas se entrelaçam. Junto a essas linhas articuladas, há a linha, digamos, metafísica ou ontológica (não no sentido de uma metafísica clássica, mas da explicitação de pressupostos e horizontes metafísicos em algumas discussões). Há também uma linha dada pela preocupação estética, horizonte indicado do início ao fim do livro, mas não apenas teoricamente, e sim também "imageticamente" (pela escolha cuidadosa de imagens de reconhecida qualidade estética). Todas essas linhas conectam-se ainda a uma preocupação ético-política e cultural. Tem-se, na verdade, um feixe de preocupações filosóficas (em continuidade com as disciplinas filosóficas tradicionais) que estruturam o livro. Talvez se possa classificar esse feixe de "humanista" ou de "clássico", no intuito de pôr os estudantes em contato com o patrimônio da História da Filosofia, em um procedimento, no entanto, que vai sempre do presente em direção à tradição (de algo que faz sentido agora aos estudantes às diferentes possibilidades de correlacionar a experiência presente com pensamentos "passados"). Dessa perspectiva, espera-se apontar para o presente ou para o caráter atual de muitas filosofias "passadas".

Por fim, a Unidade 3 tem o teor de um anexo ou de um componente complementar à formação. Ela apresenta referenciais estratégicos para aprofundar, de um ponto de vista histórico, o estudo de aspectos tratados ao longo das Unidades 1 e 2. De certa maneira, a Unidade 3 propõe uma "sistematização" histórica, tomando por norte a divisão tradicional da História em Idade Antiga, Idade Média, Renascimento, Idade Moderna e Idade Contemporânea. Na sua elaboração, buscou-se oferecer elementos atualizados de História da Filosofia.

Dada essa estruturação em três unidades e considerando que os capítulos são autoexplicativos, surgem diferentes possibilidades de usar o livro. Pensando na estrutura do livro tal como ela é dada graficamente, a possibilidade mais evidente é estudá-lo em um processo linear, percorrendo em ordem crescente os capítulos das Unidades 1 e 2, mas nada obriga a essa abordagem.

A estrutura interna dos capítulos é praticamente sempre a mesma: uma *sensibilização inicial*, partindo de dados cotidianos, e *itens* que subdividem os capítulos de acordo com o tratamento concebido em função dos objetos de estudo. É também o objeto de estudo que determina a decisão metodológica tomada na estruturação de cada capítulo e na escolha dos *textos filosóficos* estudados. Entremeados aos itens, há também boxes que auxiliam ou aprofundam o estudo: há boxes *culturais e filosóficos*, boxes de *cuidado lógico* e boxes de *conceitos estratégicos*. Eles visam fornecer informações auxiliares e destacar operações lógicas que tornam ainda mais explícita a argumentação filosófica adotada, além de fazer sobressair um conjunto de conceitos cujas definições, dadas de modo bastante geral, compõem como que um vocabulário "técnico-filosófico" associável às diferentes filosofias apresentadas. Entremeiam-se também aos capítulos da Unidade 2 *minibiografias* dos pensadores citados. Elas aparecem próximo ao nome do(a) filósofo(a) estudado(a). Além disso, há inúmeras indicações de páginas que fazem *remissão* a conceitos, questões, temas e problemas trabalhados em outras partes do livro. Cabe aos colegas professores e aos estudantes seguir essas remissões caso desejem esclarecimento ou aprofundamento desses conceitos, questões, temas e problemas. Seguem-se a cada item, no interior dos capítulos, *exercícios* de esclarecimento do conteúdo estudado. Em sua maioria, eles adotam a forma de perguntas que conduzem a respostas dissertativas, dado que essa habilidade é amplamente reconhecida como desejável por parte da comunidade de professores tanto do Ensino Médio como das graduações em Filosofia. Os capítulos encerram-se com *exercícios complementares*, sobretudo de correlação do conteúdo estudado com dados culturais e experiências cotidianas, além de uma série de *sugestões de filmes ou vídeos e obras literárias* cuja apreciação pode ser feita em vínculo direto com o tema do capítulo, além de *sugestões bibliográficas* que orientam o aprofundamento do assunto ou apresentam abordagens diferentes daquelas adotadas nos capítulos.

Este livro, no entanto, é entendido como um material de apoio à formação filosófico-cultural dos estudantes e ao trabalho docente dos colegas professores. Por isso, espera-se que os colegas professores tenham grande liberdade nas maneiras de usá-lo; espera-se mesmo que o livro seja "superado" pelos professores e estudantes, em uma dinâmica que leva para além dele mesmo. Aliás, este livro pretende oferecer diferentes possibilidades de formação filosófica, que certamente não são as únicas.

Em função das circunstâncias e do perfil de cada turma, os colegas professores poderão fazer escolhas entre os capítulos do livro e mesmo entre itens no interior de um capítulo. É possível até mesmo estabelecer "eixos de interesse" e traçar itinerários que percorrem todo o livro.

CONSIDERAÇÕES SOBRE AVALIAÇÃO EM FILOSOFIA

Sem enveredar pelos intermináveis debates sobre o caráter "objetivo" ou "subjetivo" das avaliações em Filosofia e Ciências Humanas e partindo do fato de que os professores, no modo como a relação ensino-aprendizagem está organizada em nossa sociedade, são obrigados a avaliar (mesmo que muitas vezes desejássemos fazer de nosso magistério uma relação de partilha mútua e não de "medição"), é possível identificar certos critérios que orientem o processo de avaliação.

A esse respeito, as *Orientações curriculares para o Ensino Médio* oferecem elementos norteadores de grande valor para se pensar aquilo que se espera dos estudantes que recebem uma formação em Filosofia. Com base nessas expectativas, talvez se possam estabelecer alguns critérios de avaliação. Diz o documento:

> De que capacidades se está falando quando se trata de ensinar Filosofia no Ensino Médio? Da capacidade de abstração, do desenvolvimento do pensamento sistêmico ou, ao contrário, da compreensão parcial e fragmentada dos fenômenos? Trata-se da criatividade, da curiosidade, da capacidade de pensar múltiplas alternativas para a solução de um problema, ou seja, do desenvolvimento do pensamento crítico, da capacidade de trabalhar em equipe, da disposição para procurar e aceitar críticas, da disposição para o risco, de saber comunicar-se, da capacidade de buscar conhecimentos. De forma um tanto sumária, pode-se afirmar que se trata tanto de *competências comunicativas*, que parecem solicitar da Filosofia um refinamento do uso argumentativo da linguagem, para o qual podem contribuir conteúdos lógicos próprios da Filosofia, quanto de *competências*, digamos, *cívicas*, que podem fixar-se igualmente à luz de conteúdos filosóficos.
>
> Podemos constatar uma convergência entre o papel educador da Filosofia e a educação para a cidadania. Os conhecimentos necessários à cidadania, à medida que se traduzem em competências, não coincidem, necessariamente, com conteúdos, digamos, de ética e de filosofia política. Ao contrário, destacam o que, sem dúvida, é a contribuição mais importante da Filosofia: *fazer o estudante aceder a uma competência discursivo-filosófica*. Espera-se da Filosofia, como foi apontado anteriormente, o desenvolvimento geral de competências comunicativas, o que implica um tipo de leitura, envolvendo capacidade de análise, de interpretação, de reconstrução racional e de crítica. Com isso, a possibilidade de tomar posição por sim ou por não, de concordar ou não com os propósitos do texto é um pressuposto necessário e decisivo para o exercício da autonomia e, por conseguinte, da cidadania.[21]

[21] BRASIL, 2006, p. 30-31.

O documento que orienta a atividade do ensino de Filosofia enfatiza as competências comunicativas e cívicas e as articula com grande acerto por meio da habilidade discursivo-filosófica. Não se trata, portanto, de pôr em primeiro plano o acúmulo de conteúdos (o que pode ser feito por simples memorização), mas de desenvolver aquela que pode ser considerada a especificidade do saber filosófico: a atividade de saber justificar os porquês do pensamento. Dessa perspectiva, não faria sentido avaliar os estudantes procurando identificar se eles se tornaram "melhores" ou "mais conscientes", "mais cidadãos" ou "mais reprodutores de conteúdos aprendidos", e sim se eles desenvolveram, segundo modos diversos, a capacidade discursivo-filosófica. Mesmo quando se trata de conteúdos referentes ao exercício da cidadania, os estudantes não podem ser avaliados pelo tipo de engajamento ético-político que adotam (caso que poderia até resvalar para a doutrinação ou a ideologização do ensino de Filosofia), mas pelos recursos que conseguem acionar para justificar suas posições. Nesse quadro, as competências comunicativas e cívicas, articuladas pela habilidade discursivo-filosófica, podem ser critérios mais explícitos e públicos de avaliação.

Por outro lado, é bastante problemático avaliar tendo como base as expectativas da formação ou os objetivos que estipulamos para cada turma. Nossos dados de realidade levam a constatar as inúmeras deficiências precisamente de ordem comunicativa (leitura, coerência, redação) com que nossos estudantes chegam ao Ensino Médio e à universidade. Se avaliássemos seu desempenho apenas com base nos objetivos e expectativas que estipulamos, e considerando que sempre as definimos de modo elevado (dada a complexidade do próprio objeto de estudo), correríamos o risco de ter de atribuir notas ou menções frustrantes, porque seriam baixas demais. Não se trata aqui de pensar que avaliar é atribuir notas; nem de insinuar que nossa atividade de docência consiste em apresentar conteúdos complexos, para, depois, "fechar os olhos" e aceitar resultados que não correspondem à complexidade dos assuntos. Pelo contrário, trata-se de desenvolvermos uma atenção específica a cada estudante ou a cada grupo de estudantes, sem adotar um padrão avaliativo definido apenas pelas expectativas, ainda que sejam sempre as melhores. Temos de reconhecer que um(a) estudante pode não as ter atingido no grau que as estipulamos, mas pode ter percorrido já um longo caminho de desenvolvimento em relação àquele que foi seu ponto de partida. Nosso papel como educadores é prestar atenção nesse desenvolvimento e promover o reconhecimento do trabalho desse(a) estudante. Alguns especialistas em educação chamam esse tipo de avaliação de *avaliação diagnóstica* (independentemente do instrumento empregado, tal como prova escrita, seminário, relatório, debate etc.). Em um vocabulário mais "livre", ele poderia ser chamado simplesmente de *avaliação de reconhecimento* (não se dá reconhecimento à pessoa, pois toda pessoa merece reconhecimento por si mesma, independentemente de seu desempenho; o que se reconhece é o ganho cognitivo apresentado em sua capacidade discursivo-filosófica).

Por outro lado, em contraposição à avaliação diagnóstica, em vários contextos se solicita também uma avaliação que compare o desempenho de diferentes estudantes. Para isso tem-se a *avaliação classificatória*. Não deixa de ser importante expor os estudantes a esse tipo de avaliação, porque a vida adulta – para o bem ou para o mal – está estruturada, sob muitos aspectos, com base em atividades desse tipo. Além disso, quando se divulgam as menções ou as notas, até mesmo a avaliação de reconhecimento acaba adquirindo um sentido classificatório, pois os estudantes quase sempre comparam seus resultados. No entanto, justamente tendo em vista o desenvolvimento de competências cívicas, exige-se de nós, professores, um cuidado pedagógico redobrado, a fim de não associarmos à avaliação classificatória um sentido de incentivo à concorrência ou à afirmação narcisista de si: por um lado, precisamos estabelecer comparações claras entre as avaliações e, por outro, temos o dever de justificar critérios que empregamos para atribuir as notas ou as menções. Numa palavra, a comparação e os critérios utilizados têm de ser públicos, isto é, compreensíveis para todos. Sob esse ponto de vista, a avaliação classificatória pode de fato adquirir um caráter cívico, pois permite treinar os estudantes na busca de princípios que orientem a convivência republicana, o respeito das diferenças e a valorização das qualidades individuais.

Neste livro, especificamente, dá-se ênfase à atividade dissertativa. Embora a redação represente uma competência distinta da competência do discurso oral, o estudo dos "mecanismos" da produção dissertativa (síntese, problematização, contraposição, contradição) é fortemente recomendado, pois esses podem ser aplicados também à oralidade. Nesse sentido, as dissertações podem ser um instrumento privilegiado de avaliação, tanto escrita como oral. É certo que falar de "avaliação oral" pode parecer um retrocesso pedagógico, mas a experiência mostra que, descontado o nervosismo, muitos estudantes, quando têm a possibilidade de fazer uma apresentação oral (de 2 a 3 minutos) face a face com o(a) professor(a), atingem resultados mais satisfatórios do que se tivessem feito uma prova escrita. O ideal seria colaborarmos tanto para o desenvolvimento da oralidade como da escrita. Cabe a nós adequar essas possibilidades aos diferentes contextos em que atuamos.

Muitos outros fatores entram, ainda, em nosso trabalho avaliativo. Tendo em vista justamente a habilidade discursivo-filosófica que articula habilidades comunicativas e habilidades cívicas, podemos dar atenção específica aos trabalhos em grupo (não apenas ao modo como os estudantes se relacionam com outros membros do grupo, mas à prática efetiva de diálogo, debate, tentativa de convencimento e abertura para ser convencido ou convencida), debates, plenárias, seminários, relatórios individuais, além de textos de autoavaliação. Os textos de autoavaliação são, aliás, outra ocasião adequada ao desenvolvimento de habilidades cívicas e comunicativas, pois os estudantes podem treinar para explicitar os critérios adotados por eles na sua maneira de avaliar-se (e mesmo de atribuir-se uma nota ou menção, se for o caso). Ainda que seja um exercício de avaliação de si mesmo, os critérios empregados devem ser públicos; do contrário, a autoavaliação pode resvalar em capricho, autorreferência ou mesmo autoritarismo.

Segundo as possibilidades, nosso papel de educadores nos solicita dar sempre atenção ao emprego da língua culta (identificando falhas de sintaxe e ortografia nos textos escritos ou de coerência e sintaxe nas apresentações orais) e à oferta de iguais oportunidades, principalmente em atividades em grupo, debates e plenárias. Práticas como essas tornam explícito o cuidado com a cidadania, que deve envolver todas as personagens do cotidiano escolar. Tal cuidado permite que um ambiente de confiança se instale; e, quando há confiança, favorece-se a criatividade. Resumindo, trata-se de explicitar que o que se avalia não é a pessoa, mas o seu trabalho. Conscientemente ou não, sempre adotamos uma ética em nosso gesto educativo (uma ética da colaboração ou da concorrência, do respeito humano ou da acepção de pessoas etc.). Avaliar, portanto, é uma atividade que põe em questão a nossa própria concepção de educação.

INTERDISCIPLINARIDADE

Este livro contém várias atividades interdisciplinares. De certa maneira, pode-se dizer que o próprio tratamento filosófico dado aos temas da Unidade 2 é algo "interdisciplinar", pois aciona elementos de várias disciplinas filosóficas e não filosóficas. O que explica essa atitude são os próprios objetos de estudo e a busca da especificidade filosófica no tratamento deles, sendo que tal especificidade solicita, muitas vezes, diferentes perspectivas.

De modo análogo, é também pela atenção aos objetos de estudo que este livro determina sua concepção de interdisciplinaridade em geral (entre os saberes e entre as disciplinas escolares), porque, concebendo a Filosofia como pensamento do pensamento, ele assume que a Filosofia não tem "um" objeto específico, mas opera em grande parte sobre os objetos construídos pelos outros saberes. A interdisciplinaridade, assim, vem da raiz da atividade filosófica e não de um esforço ou de uma boa vontade para abrir-se aos outros saberes em busca de alguma "ação em conjunto".

Sem precisarmos propor uma resposta categórica para a questão de saber se a Filosofia tem ou não um objeto próprio, vale recordar o que dizia o Prof. Gilles-Gaston Granger:

> Pode-se dizer que a Filosofia não tem objeto, por menos que se tenha a preocupação de dar a esta palavra um alcance racionalmente rigoroso, embora bastante amplo, para ser aplicado ao mesmo tempo aos objetos do senso comum e aos objetos da ciência. A crença, geralmente muito difundida de que a Filosofia fala de tudo é perfeitamente correta no fundo: o campo de aplicação de seu exercício é, com efeito, o conjunto da experiência humana. Mas a Filosofia não poderia tratar essa experiência como um mosaico de diferentes classes de fatos, que lhe caberia definir e explicar, colocando-se num nível de generalidade superior ao das ciências. Cada vez que os filósofos acreditaram poder representar esse papel, especializando-se no universal e superpondo aos conhecimentos terra a terra das ciências um pretenso conhecimento dominante, mas da mesma ordem que o das ciências, ou eles abandonaram seu projeto neste ponto, lançando as bases de novas ciências, positivas e regionais – como aconteceu de diversos modos com Aristóteles, Descartes, Leibniz – ou então, no mais das vezes, essa parte de sua obra reduziu-se a uma reunião mais ou menos harmoniosa e sedutora de trivialidades equívocas. Entre os maiores, sem dúvida, esses monumentos de um conhecimento positivo imaginário são ainda, de modo indireto, portadores de um conteúdo filosófico. Mas é preciso então fazer abstração de sua aparência de representação sintética de um mundo de fatos, para ver aí só a expressão metafórica de uma intenção oculta. Essa intenção oculta, que acreditamos que habita toda Filosofia, visa organizar não os fatos, mas significações. Tomaremos essa palavra primeiro tal como existe na linguagem, acentuando contudo a oposição, de um lado, do significado e do fato e, de outro, o apelo a uma experiência global – ao menos virtualmente global que envolve experiências imediatamente vividas como parciais e que a "significação" põe em perspectiva. Mas a tarefa a que nos propomos aqui é justamente a de dar corpo a essa noção ainda confusa, e, se possível, articulá-la. Expressar o que entendemos por conhecimento filosófico é tentar explicitar em conceitos essa articulação *sui generis*, mostrar um trabalho da *forma* e do *conteúdo* que seja de uma natureza diversa da do pensamento científico.
>
> De uma outra natureza, sem contudo afastar-se tanto do pensamento científico a ponto de não mais merecer o título de atividade conceitual, então o que é um conceito filosófico? Propor a qualificação conceitual para a obra do filósofo é dar um nome ao problema e não fornecer a sua solução. Em todo caso, se o conhecimento filosófico é irredutível à ciência, sempre nos pareceu que devesse conservar duas características que, sem dúvida, serviram mais ou menos claramente de pretextos aos que queriam assimilar o *conhecimento filosófico* a uma ciência: porque ele é analítico e arquitetônico ao mesmo tempo, mas de modo diferente do das ciências, uma vez que seus atos de análise e de construção não se referem a fatos, não visam uma representação abstrata dos fatos, propriamente falando, não há *objetos* filosóficos.[22]

[22] GRANGER, 1989, p. 234.

Seria possível, evidentemente, explorar com mais demora o pensamento do Prof. Granger e estabelecer um debate, sobretudo em torno de sua concepção de Filosofia. Afinal, ainda que afirmemos não haver objetos filosóficos, é difícil negar que, se a Filosofia é o pensamento do pensamento, então o próprio pensamento é o objeto da Filosofia. Se há atos que consideramos filosóficos, é porque eles são determinados por um tipo de objeto, o qual certamente não é um conteúdo preciso, mas o modo como se aborda tal conteúdo: o modo da atenção ao próprio fazer-se do pensamento. No entanto, é difícil negar que, no tocante à relação da Filosofia com outros saberes, notadamente as ciências, a reflexão do Prof. Granger é primorosa. É com uma orientação parecida à dele que neste livro são propostos diferentes projetos e atividades interdisciplinares. Todos procuram unir pela raiz da crítica do conhecimento ou da crítica da cultura o trabalho comum entre a Filosofia e outros saberes.

SUGESTÕES BIBLIOGRÁFICAS

ALMEIDA JÚNIOR, J. B. A avaliação em Filosofia. *Princípios*, v. 12, p. 145-156, 2005. Disponível em: <http://www.principios.cchla.ufrn.br/arquivos/17-18P-145-156.pdf>. Acesso em: 19 abr. 2016.

ARANTES, P. E. et al. *A filosofia e seu ensino*. 2. ed. São Paulo: Vozes/Educ, 1995.

AZAR FILHO, C. M.; CUNHA RIBEIRO, L. A. *Para que Filosofia?* Um guia de leitura para o Ensino Médio. Rio de Janeiro: Nau, 2014.

CERLETTI, A. *O ensino de filosofia como problema filosófico*. Belo Horizonte: Autêntica, 2009.

CHAUI, M. Ideologia e educação. *Educação e pesquisa*, v. 42, p. 245-257, 2016. Disponível em: <http://www.scielo.br/scielo.php?script=sci_arttext&pid=S1517-97022016000100245&lng=en&tlng=en>. Acesso em: 19 abr. 2016.

CHAUI, M. Percursos de Marilena Chaui: Filosofia, Política, Educação. *Educação e pesquisa*, v. 42, p. 259-277, 2016. Disponível em: <http://www.scielo.br/scielo.php?script=sci_arttext&pid=S1517-97022016000100259&lng=en&nrm=iso&tlng=pt>. Acesso em: 19 abr. 2016.

GOLDSCHMIDT, V. Tempo histórico e tempo lógico na interpretação dos sistemas filosóficos. In:_____. *A religião de Platão*. Tradução Oswaldo e Ieda Porchat. São Paulo: Difusão Europeia do Livro, 1963. p. 139-147. Disponível em: <http://www.dfmc.ufscar.br/uploads/documents/5078a0dc6a473.pdf>. Acesso em: 12 abr. 2016.

DANNER, L. F. *Ensino de Filosofia e interdisciplinaridade*. Porto Alegre: Fi, 2013.

DE LIBERA, A. *Arqueologia do sujeito*. Tradução Fátima Conceição Murad. São Paulo: FAP-Unifesp, 2013. v. 1.

DOMINGUES, I. Painel: Filosofia no Brasil – perspectivas no ensino, na pesquisa e na vida pública. *Kriterion*, Belo Horizonte, v. 129, p. 389-396, 2014.

GALLO, S. *Metodologia do ensino de filosofia*: uma didática para o ensino médio. Campinas: Papirus, 2012.

GRANGER, G.-G. *Por um conhecimento filosófico*. Campinas: Papirus, 1989.

GUIMARÃES, B. et al. *Filosofia como esclarecimento*. Belo Horizonte: Autêntica, 2014.

KOHAN, W. (Org.). *Filosofia:* caminhos para seu ensino. Rio de Janeiro: DP&A, 2004.

KOHAN, W. *Filosofia:* o paradoxo de aprender e ensinar. Belo Horizonte: Autêntica, 2009.

LEBRUN, G. Por que filósofo? *Estudos Cebrap*, v. 15, p. 148-153, 1976. Disponível em: <http://cebrap.org.br/bibliotecavirtual/arquivos/por_que_filosofo_e.pdf>. Acesso em: 15 abr. 2016.

MAAMARI, A. et al. *Filosofia na Universidade*. Ijuí, RS: Ed. da Unijuí, 2006.

MARTINS, M. F.; REIS PEREIRA, A. (Orgs.). *Filosofia e educação* – ensaios sobre autores clássicos. São Carlos: EdUFSCar, 2014.

MEDINA SILVA, I. Avaliação no ensino de Filosofia. *Philosophica 7, Lisboa*, p. 151-162, 1996. Disponível em: <www.centrodefilosofia.com/uploads/pdfs/philosophica/7/8.pdf>. Acesso em: 19 abr. 2016.

MERLEAU-PONTY, M. Em toda e em nenhuma parte. In: *Textos selecionados*. Tradução Marilena de Souza Chaui. São Paulo: Nova Cultural, 1989. (Coleção Os Pensadores).

NOBRE, M.; TERRA, R. *Ensinar Filosofia:* uma conversa sobre aprender a aprender. Campinas: Papirus, 2007.

NOGUEIRA, R. *O ensino de Filosofia e a Lei 10.639*. Rio de Janeiro: Pallas, 2014.

NOVAES, J.; AZEVEDO, M. A. O. (Orgs.). *Filosofia e seu ensino*: desafios emergentes. Porto Alegre: Sulina, 2010.

PIOVESAN, A. et al. *Filosofia e ensino em debate*. Ijuí: Unijuí, 2002.

PORTA, M. *A filosofia a partir de seus problemas*. São Paulo: Loyola, 2003.

PRADO JÚNIOR, B. Um convite à falsificação. *Folha on line*, São Paulo, 19 dez. 1999. Disponível em: <http://www1.folha.uol.com.br/fol/brasil500/dc_2_2.htm>. Acesso em: 18 abr. 2016.

RIBEIRO DE MOURA, C. A. História stultitiae e história sapientiae. *Discurso* 17, p. 151-171, 1988. Disponível em: <http://www.revistas.usp.br/discurso/article/view/37935/40662>. Acesso em: 12 abr. 2016.

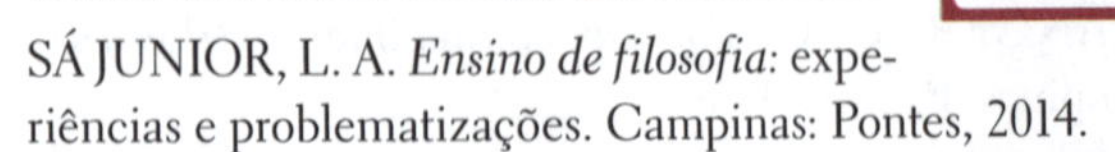

SÁ JUNIOR, L. A. *Ensino de filosofia*: experiências e problematizações. Campinas: Pontes, 2014.

SAVIAN FILHO, J. Seria o sujeito uma criação medieval? Temas de arqueologia filosófica. *Trans/Form/Ação*, v. 38, n. 2, p. 175-204, 2015. Disponível em: <http://www2.marilia.unesp.br/revistas/index.php/transformacao/article/view/5239/3690>. Acesso em: 15 abr. 2016.

VEYNE, P. *Como se escreve a História*. Tradução Alda Baltar e Maria Auxiliadora Kneipp. Brasília: EdUnB, 1982.

Merecem destaque os documentos oficiais norteadores do Ensino de Filosofia no Brasil:

BRASIL. Ministério da Educação. Secretaria de Educação Básica. *Parâmetros Curriculares Nacionais para o Ensino Médio*. Brasília: MEC/SEB, 1999. Disponível em: <http://portal.mec.gov.br/seb/arquivos/pdf/ciencian.pdf>. Acesso em: 19 abr. 2016.

BRASIL. Ministério da Educação. Secretaria de Educação Básica. *Orientações Curriculares para o Ensino Médio*. v. 3: Ciências Humanas e suas Tecnologias. Brasília: MEC/SEB, 2006. Disponível em: <http://portal.mec.gov.br/seb/arquivos/pdf/book_volume_03_internet.pdf>. Acesso em: 19 abr. 2016.

Também merece destaque o volume 14 da Coleção Explorando o Ensino, fornecida gratuitamente pelo MEC como subsídio aos professores do Ensino Médio:

MINISTÉRIO DA EDUCAÇÃO. Secretaria de Educação Básica. *Filosofia* – Ensino Médio. CARVALHO, Marcelo; CORNELLI, Gabriele (Orgs.). Brasília: MEC/SEB, 2010. (Coleção Explorando o Ensino). v. 14. Disponível em: <http://portal.mec.gov.br/index.php?option=com_docman&view=download&alias=7837-2011-filosofia-capa-pdf&category_slug=abril-2011-pdf&Itemid=30192>. Acesso em: 19 abr. 2016.

Para a conexão do Ensino Médio com o atual quadro do ensino universitário de Filosofia no Brasil, sugerem-se os artigos abaixo, pertencentes ao dossiê de 2013 da *Sociedade Interamericana de Filosofia*, que podem ser acessados gratuitamente no site da revista *Kriterion*, da Universidade Federal de Minas Gerais. (Disponível em: <http://www.scielo.br/scielo.php?script=sci_issuetoc&pid=0100-512X20140001&lng=pt&nrm=iso>. Acesso em: 19 abr. 2016.)

ALMEIDA, G. A. Perspectivas da Filosofia no Brasil do ponto de vista de um scholar. *Kriterion*, Belo Horizonte, v. 129, p. 411-416, 2014.

BERLENDIS FIGUEIREDO, V. Falta debate. *Kriterion*, Belo Horizonte, v. 129, p. 417-424, 2014.

CHAUI, M. Contra o febeapá. *Kriterion*, Belo Horizonte, v. 129, p. 431-438, 2014.

MARGUTTI, P. Sobre a nossa tradição exegética e a necessidade de uma reavaliação do ensino de Filosofia no país. *Kriterion*, Belo Horizonte, v. 129, p. 397-410, 2014.

SALLES, J. C. Os livros e a noite. *Kriterion*, Belo Horizonte, v. 129, p. 425-431, 2014.

UNIDADE 1 PORTAS PARA A FILOSOFIA

CAPÍTULO 1 Desconstruir para compreender

OBJETIVO

Apresentar um dos elementos que costumam ser considerados primordiais para a reflexão filosófica e que aqui denominamos *desconstrução*. Como explicitado ao longo do capítulo, não se trata de assumir como atitude característica do livro aquilo que na filosofia contemporânea se chama tecnicamente de *desconstrução* (via Heidegger ou via Derrida), mas de apontar para uma atitude que se pode constituir em um hábito filosófico: o de abrir-se ao pensamento alheio e, com uma postura de respeito intelectual e ético, analisá-lo ("desmontá-lo"), a fim de conhecê-lo em seu próprio funcionamento.

CONSIDERAÇÕES METODOLÓGICAS

A estratégia adotada neste capítulo foi apontar e identificar dois grandes campos de experiência nos quais a atitude da desconstrução pode ser despertada: o da experiência "existencial" (campo do sentido das atividades humanas) e o da atenção especificamente epistemológica (campo privilegiado do pensamento ou dos saberes). Tais campos são denominados metaforicamente como *portas da Filosofia*. Trata-se de considerar que a experiência consciente nesses campos (que recobrem de certa maneira as diferentes possibilidades humanas) permite ingressar na atividade propriamente filosófica, iniciando, assim, um "hábito filosófico". Ao adotar, porém, o vocabulário da existência, este livro não pretende inscrever-se em uma abordagem tecnicamente existencialista nem filiar-se a uma filosofia em específico, mas convidar os estudantes a prestar uma especial atenção ao fato de que, independentemente da interpretação que dermos ao ser do mundo, estamos no mundo e devemos grande parte de nosso ser ao conjunto de relações que estabelecemos. Por fim, falar de saberes, nele incluindo as ciências, as artes, a religião etc., significa despertar nos estudantes a atenção às diferentes maneiras como os seres humanos descobrem ou produzem sentidos em sua existência individual e social. Não se trata, portanto, de reduzir essas atividades ou práticas a um aspecto intelectualista ou racionalista, mas de concebê-las como maneiras de ser consciente de si mesmo e do mundo circundante.

PROPOSTA DE ESQUEMA VISUAL

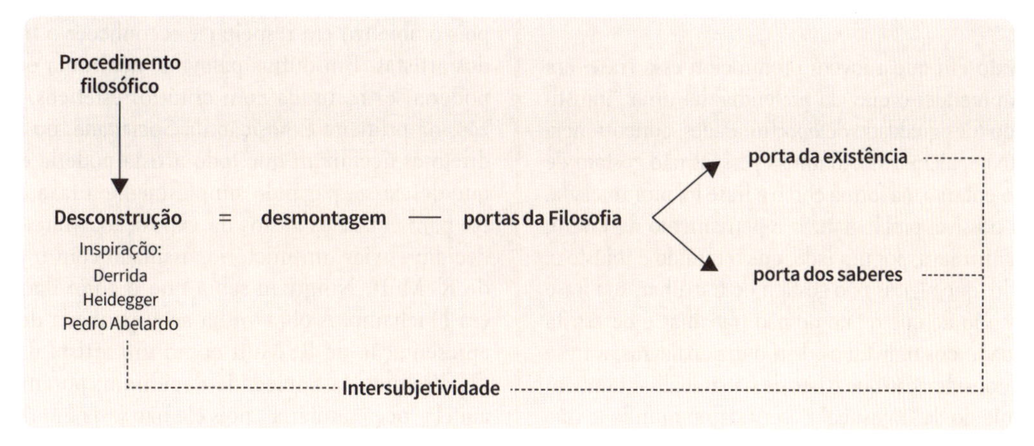

RESPOSTAS AOS EXERCÍCIOS

EXERCÍCIO A (p. 16)

O procedimento de desconstrução pode ser aplicado às outras questões que fizemos quando desmembramos a pergunta principal sobre o sentido da existência. Em grupos e sob a orientação de seu(sua) professor(a), escolha uma daquelas questões e a respectiva resposta que já levantamos nos exemplos (sobre o trabalho, o amor, o corpo, a amizade e a existência de ricos e pobres). Desconstrua a resposta e, em seguida, diga se o seu grupo concorda com ela ou discorda dela. Não se esqueça de justificar a posição tomada pelo seu grupo.

Espera-se, neste exercício, que o grupo seja capaz de dialogar e compreender as justificativas do procedimento de desconstrução da questão escolhida, como também de refletir em conjunto sobre a solidez de sua resposta.

EXERCÍCIO B (p. 19)

Considerando que nas artes e nas religiões a Filosofia pode operar uma desconstrução a fim de esclarecer o que essas práticas envolvem, reúna-se em grupo sob orientação de seu(sua)

professor(a). Cada grupo deve refletir e levantar perguntas sobre a arte e a religião, semelhantes às que foram levantadas neste capítulo a respeito do conhecimento científico. Vocês podem partir de perguntas muito concretas, na forma se... então...? Alguns exemplos: Se a arte está relacionada à beleza, então toda arte é bela? Se a religião fala de Deus, então as religiões sabem quem é ele? Para montar essas perguntas, vocês devem partir de sua experiência cotidiana, daquilo que vocês observam na prática artística e religiosa. Tomem como inspiração as imagens e legendas ao lado.

Semelhante ao exercício anterior, o que está em pauta neste exercício é a prática em grupo do procedimento de desconstrução, tendo em vista a análise das justificativas para nossas respostas cotidianas.

PROPOSTAS DE ATIVIDADES COMPLEMENTARES

1 Coerência no discurso

Embora a atividade filosófica não se reduza a uma simples análise de discurso, o cuidado com o aspecto discursivo é de grande relevância não apenas para a atenção a aspectos formais do pensamento, mas também para as estratégias de convencimento em vistas da ação consciente, livre e republicana.

Propõe-se aqui a desconstrução de um pensamento expresso por uma jovem do Ensino Médio, no tempo em que ela era aluna do autor deste livro. Durante uma aula sobre o tema das desigualdades econômicas que marcam a vida social, ela assim se manifestou:

Há ricos e pobres no mundo porque o mundo é injusto e porque alguns não trabalham.

No contexto em que a jovem pronunciou essa frase, era possível compreender o que ela pretendia: há uma "injustiça" no mundo (desigualdade de oportunidades, concorrência exagerada etc.) e, além disso, algumas pessoas não gostam de trabalhar. No entanto, na forma como a frase foi pronunciada, também era possível problematizar o pensamento da jovem; afinal, se ela afirmava, por um lado, que o mundo é injusto e, por outro lado, que alguns não gostam de trabalhar, sua frase dava a impressão de que o fato de não trabalhar é de estrita responsabilidade dos indivíduos. Em outras palavras, a frase não leva em consideração que o fato de não trabalhar também pode ser resultado da "injustiça" observada no mundo (e não apenas uma questão de gostar ou não de trabalhar).

Tem-se aqui a ocasião de esclarecer que a construção gramatical, em vez de ser um engessamento do pensamento (como talvez ocorra em alguns casos), também pode ser um meio favorável ao esclarecimento da própria percepção do mundo e da expressão dessa percepção. Dessa perspectiva, para evitar que o fato de não trabalhar seja considerado mera responsabilidade individual, seria conveniente articular as duas frases: "Há ricos e pobres porque o mundo é injusto" e "*Há ricos e pobres porque alguns não trabalham*" com conjunções diferentes de "e" e "porque". Seria mais adequado usar as conjunções "embora" ou "apesar de que". Para estabelecer um contraste, seria pedagogicamente interessante estabelecer uma relação de alternativa, com a conjunção "ou", a fim de mostrar que também não é necessário considerar como excludentes a injustiça do mundo e a falta de vontade de trabalhar de algumas pessoas.

Pode-se propor a desconstrução dessa frase por meio do esquema na página ao lado.

2 Desconstrução de concepções cotidianas relacionadas aos saberes

A fim de aproximar mais da realidade cotidiana o tipo de desconstrução que a Filosofia pode operar no campo dos saberes, propomos duas situações didáticas referentes à arte e à religião (saberes menos explorados no capítulo, que se concentra mais nas ciências):

1. Comparar a imagem da obra *Fonte* (*Fontaine*), de Marcel Duchamp (p. 19), com a imagem de um mictório comum, tal como se observa em banheiros públicos. Perguntar: (a) por que um mictório comum, por mais bem feito e bonito que seja, não tem o mesmo sentido artístico que a *Fonte* de Duchamp?; (b) por que um mictório como o de Duchamp é considerado arte? A fim de subsidiar a atividade, segue um breve relato da história da obra de Duchamp: Françoise Le Penven (2001), no livro *Marcel Duchamp dans les collections du Musée National d'Art Moderne* (Marcel Duchamp nas coleções do Museu Nacional de Arte Moderna), explica que, na época em que Duchamp "produziu" a obra *Fontaine*, ele era membro da direção da Society of Independent Artists [Sociedade de Artistas Independentes] de Nova York. Essa sociedade havia sido fundada em 1916, com a regra de que todo artista podia se afiliar a ela preenchendo apenas um formulário. Não haveria nem avaliação nem recompensa, pois o objetivo era respeitar e reconhecer o trabalho livre dos artistas. Em outras palavras, nenhuma obra artística poderia ser recusada com critérios estéticos. Por essa razão, na primeira exposição da Sociedade, no ano 1917, os diretores decidiram que todo artista poderia expor a obra que desejasse, pagando simplesmente a taxa de seis dólares para cobrir os gastos da exposição. Marcel Duchamp decidiu enviar um mictório, assinado com o pseudônimo de R. Mutt. Ninguém sabia que o autor daquela "obra" era Duchamp. A obra vinha acompanhada de uma breve apresentação de R. Mutt como um artista da Filadélfia. Os diretores da Sociedade decidiram, porém, não expor aquela "peça sanitária", pois ela não seria uma obra de arte, mas um objeto "imoral e vulgar" ou, no máximo, o plágio de um objeto comum, produzido pela técnica dos encanadores. O problema dessa recusa é que ela contrariava o princípio básico da Sociedade de Artistas Independentes (não deveria haver avaliação para controlar a exposição das obras). Além disso, a *persona* R. Mutt pagou a taxa de seis dólares, que era a única exigência. Walter Arensberg (1878-1954), poeta e um dos membros da direção da Sociedade, chegou a tomar a defesa de R. Mutt, dizendo que o mictório não era vulgar, mas possuía uma forma atraente, liberada de sua função técnica cotidiana. No seu dizer, Mutt tinha feito um grande gesto estético ao transformar um objeto comum de uso em um objeto de expressão artística. Sabendo da recusa,

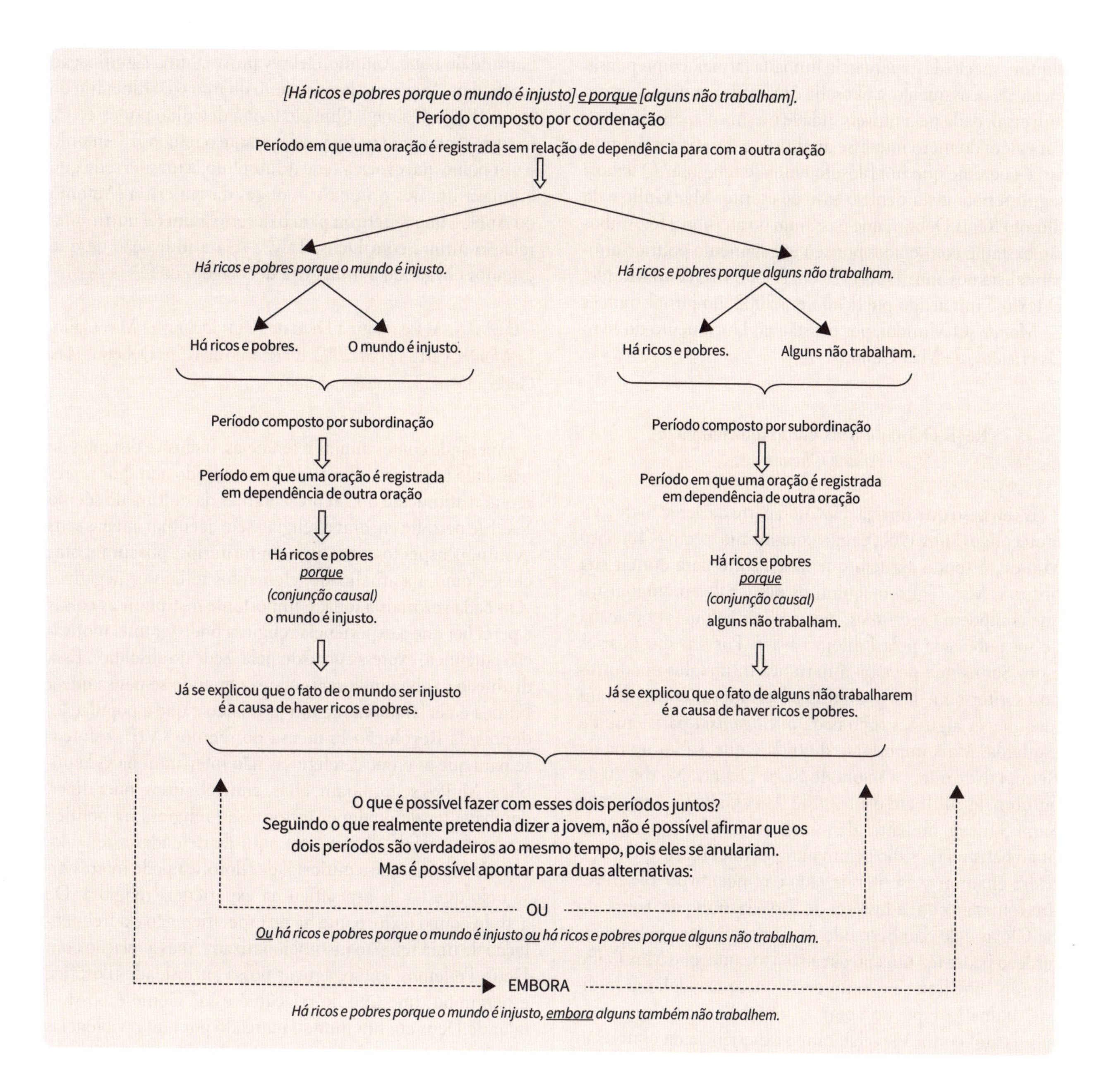

Duchamp se demitiu do Conselho Diretor da Sociedade. A pintora Katherine Dreier (1877-1952), ao entender a história, desculpou-se com Duchamp e justificou que votou contra porque o mictório não tinha originalidade e porque nada garantia que não fosse obra de um farsante. Ela chegou a propor que Duchamp desse uma conferência sobre o mictório e explicasse que se tratava de um *ready-made*, ou seja, de um objeto tirado do uso comum, sobretudo industrializado, para ser usado como obra de arte. Duchamp não atendeu à sugestão de Dreier. Um artigo, porém, foi publicado numa revista satírica, chamada *The Blind Man* (O homem cego), fundada na ocasião da primeira exposição da Sociedade. O artigo era anônimo e causou grande impacto na imprensa nova-iorquina, porque, ao tomar a defesa de R. Mutt, dizia que, na verdade, as únicas obras de arte produzidas naquele momento na América do Norte eram de fato encanamentos e pontes. Louise Norton, esposa do poeta Allen Norton, escreveu um artigo com o título "O buda do banheiro" e brincou com a pergunta: "O mictório era sério ou uma piada?", que ela mesma respondeu: "Talvez as duas coisas". Sua resposta evocou a liberdade do artista em jogar com a realidade, com o que parece fixo e definido. Essa liberdade, aliás, foi um ponto de honra para Duchamp, que fez fotografar a *Fonte* diante do quadro *The Warriors*, de Marsden Hartley (quadro que representava combatentes no ano 1918, exatamente quando soldados norte-americanos começavam a entrar nas trincheiras da Primeira Guerra Mundial em nome da democracia).

2. Ler o texto abaixo, tendo em mente que, para muitas pessoas, a reflexão filosófica não pode se relacionar com a religião, a não ser para criticá-la (a religião seria sinal de atraso intelectual, de violência etc.). No entanto, a Filosofia seria uma antifilosofia se se recusasse a analisar sem preconceitos

algum aspecto da experiência humana (afinal, como pensamento do pensamento, a Filosofia é marcada por uma abertura universal, dada pela universalidade mesma do pensamento). Para além do mero interesse analítico, é desafiador perguntar: é coerente que um filósofo tenha fé religiosa? O texto a seguir retrata justamente o caso do escritor Max Gallo e do filósofo Régis Debray, que passaram do ateísmo à fé. Ambos são bastante conhecidos por seu engajamento político anticapitalista nos anos 1960-1970 em favor do Terceiro Mundo. O texto é um artigo publicado em 2002, no jornal francês *Le Monde* [O Mundo], por ocasião do lançamento do livro *Os cristãos*, de Max Gallo:

Régis Debray e Max Gallo retornam à fé

Ariane Chemin

É um caso que intriga. Fazendo parte da geração que vibrou com os anos 1960, com o comunismo e com o Terceiro Mundo, e sendo alguém que ainda sofre para contar sua história, Max Gallo maquiou os nomes dos protagonistas que compõem *Os cristãos*, saga em três volumes que acaba de ser publicada pela Editora Fayard. Por trás das Giseles e dos Samis que povoam a narrativa íntima dos encontros do escritor com Deus, alguns observadores conseguiram reconhecer algumas figuras da *intelligentsia* parisiense de esquerda. Mais importante de tudo é que, sob o nome de Rémi, talvez esteja a figura de Régis Debray. No dia 20 de outubro de 2001, em plena tarde, Max Gallo foi à igreja de Saint-Sulpice, no bairro de número 6, em Paris, para assistir ao batismo do filho de um amigo. Antes da cerimônia, o padre chamou o escritor de lado e o incentivou a escrever um romance com a história de São Martinho de Tours, do rei Clóvis e de São Bernardo de Claraval. Duas horas mais tarde, o padre fez uma pregação tão tocante, que Max Gallo chorou, ajoelhou-se e, num gesto quase claudeliano [radical, dramático], pôs-se a orar. O jornal *Le Figaro* e o semanário católico *La Vie* relataram a experiência da conversão repentina de Max Gallo, biógrafo de Robespierre e de Rosa Luxemburgo. Mas só os amigos militantes reconheceram, entre os convidados da cerimônia religiosa, a advogada feminista "Gisèle" Halimi ou o deputado europeu de tendência republicana "Sami" Naïr. Só os iniciados na cultura de Maio de 1968 compreenderam que, por trás da ausência de "Nikos", "Pierre" e "Louis", Max Gallo chorava Poulantzas, Goldman ou Althusser. Só os *happy few* [os convidados íntimos] do batismo sabiam que "Rémi", o pai do bebê, era o antigo partidário de Che Guevara e Fidel Castro: Régis Debray, que acabava de publicar *Deus, um itinerário* e que tinha recebido de Jack Lang a missão de escrever um relatório sobre o ensino do fato religioso. "No fundo, Régis Debray e Max Gallo não aceitam viver sem Deus", interpretou uma das testemunhas da cerimônia, imortalizada pelo diretor da campanha presidencial "chevènementista" [referência a Jean-Pierre Chevènement, político francês cofundador do Partido Socialista e que concorreu às eleições presidenciais na França em 2002]. Para Max Gallo, como para o padre, o batismo do bebê Antonio Debray possuía uma significação particular. "Vocês conhecem tanto quanto eu o itinerário de Rémi (Regis Debray). Que ele tenha decidido por esse ato, isso vai contar para nosso país", garante o religioso. "Antonio é um nome que evoca a sede de absoluto, a mesma sede que animava um dos primeiros monges da era cristã [Antonio ou Antão], que se retirou para o deserto a fim de nutrir uma relação íntima com Deus. Talvez seja a indicação de que estamos chegando a uma nova decolagem da fé".

CHEMIN, A. Le retour à Dieu de Régis Debray et Max Gallo. *Le Monde*, Paris, 19 out. 2002. (O retorno de Régis Debray e Max Gallo a Deus. Tradução nossa.)

Apesar de conter muitas referências, inclusive distantes da realidade brasileira, esse texto foi escolhido aqui por representar a atitude de dois representantes da cultura do século XX. Ele permite encarar a religião sem acentuar apenas seus eventuais aspectos negativos (autoritários, obscurantistas etc.). Como, na atualidade, elementos religiosos negativos vêm cada vez mais à tona, é importante distinguir as coisas e perceber que a experiência religiosa pode ter uma motivação autêntica, expressa no texto pela "sede do absoluto". Essa distinção ganha ainda mais clareza quando se pensa que a França é declaradamente um país laico e que a população, depois da Revolução Francesa do século XVIII, esforça-se para que as crenças religiosas não interfiram na vida pública. Muitos se tornaram, aliás, antirreligiosos, quer dizer, combatentes de qualquer intromissão religiosa na política e na vida social. Não se trata aqui de defender a religião, mas de mostrar que a curiosidade filosófica pode interessar-se pelo que há de específico na experiência religiosa. De acordo com o texto, o que há de específico não é a frequentação de uma religião institucionalizada, mas a relação com Deus. Podemos, então, aguçar nossa curiosidade filosófica e perguntar: que tipo de relação é essa? Como é possível falar de Deus em um mundo marcado por tantas violências religiosas e mesmo depois de tantas descobertas científicas que entram muitas vezes em choque com o pensamento de indivíduos religiosos?

SUGESTÕES BIBLIOGRÁFICAS

GALLO, S. *Metodologia para o ensino de Filosofia*. Campinas: Papirus, 2012.

GRANGER, G.-G. *Filosofia, linguagem, ciência*. Tradução Ivo Storniolo. Aparecida: Ideias e Letras, 2013.

GOLDSCHMIDT, V. Tempo histórico e tempo lógico na interpretação dos sistemas filosóficos. In:_____. *A religião de Platão*. Tradução Oswaldo e Ieda Porchat. São Paulo: Difusão Europeia do Livro, 1963. p. 139-147. Disponível em: <http://www.dfmc.ufscar.br/uploads/documents/5078a0dc6a473.pdf>. Acesso em: 12 abr. 2016.

CAPÍTULO 2 Reconstruir para compreender ainda melhor

OBJETIVO

Apresentar outro elemento bastante valorizado em muitas filosofias: a construção do pensamento. Se houvesse apenas uma ênfase no aspecto da desconstrução (Capítulo 1), poder-se-ia dar a impressão de que a atividade filosófica nunca é propositiva, mas se reduz apenas a uma análise de discursos ou, quando se baseia na História da Filosofia, não passa de uma análise de pensamentos mortos. Em vez disso, há inúmeros pensadores que defendem uma concepção da Filosofia como atividade que tem algo a dizer (sobre o funcionamento do mundo, da percepção humana, do pensamento, das artes etc.). O debate é intenso e complexo; e, mesmo quando se faz História da Filosofia, é possível pensar que há proposições ou propostas na atividade filosófica. Por fim, há pensadores que ainda se comprometem com uma visão da Filosofia como produtora de "visões de mundo", embora sua maior força esteja em ser a crítica das visões de mundo. A fim de permitir aos colegas professores a liberdade de tomar a posição que mais lhe pareça coerente, este livro não se fecha nem em uma compreensão da Filosofia como mera análise de discursos ou de visões de mundo, nem em uma defesa da Filosofia como "produtora de sentido". Procura-se, na verdade, tratar esses dois aspectos como possivelmente coexistentes e talvez complementares. A fim de contribuir com a reflexão dos professores, sugere-se aqui com insistência a leitura dos artigos escritos pelos professores Carlos Alberto Ribeiro de Moura (1988), "História *stultitiae* e história *sapientiae*", e Franklin Leopoldo e Silva (1992), "Por que Filosofia no Segundo Grau".

CONSIDERAÇÕES METODOLÓGICAS

Para chamar a atenção ao trabalho construtivo ou reconstrutivo em Filosofia, o capítulo está estruturado sobre a estratégia de comparar o exemplo dado por Karl Marx e por Epicteto. Enquanto Marx se dedica à análise (desconstrução) e proposta (reconstrução) de um sentido para algo que depende da liberdade humana, Epicteto faz um trabalho parecido, mas se dedicando a algo que não depende dela.

PROPOSTA DE ESQUEMA VISUAL

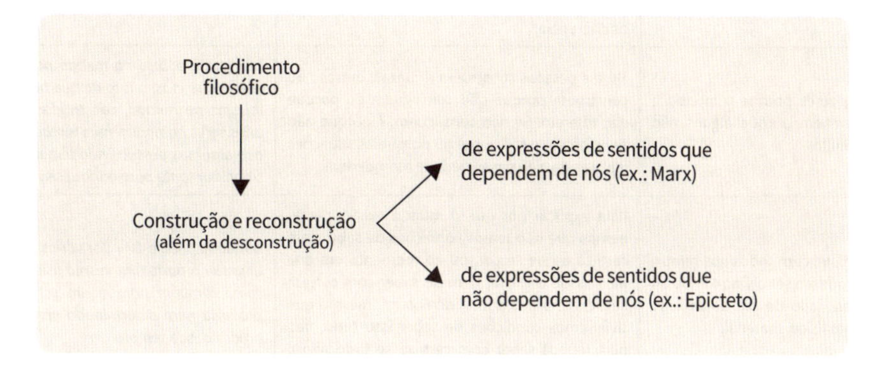

RESPOSTAS AOS EXERCÍCIOS

EXERCÍCIO A (p. 29)

1. *Reflita sobre o modo como Karl Marx explicou o funcionamento da relação humana com as mercadorias e argumente se você considera essa explicação adequada para exprimir a sua experiência de vida. Dê exemplos que confirmem sua resposta.*

Segundo Marx, o valor da mercadoria está relacionado mais ao valor social da moda, do mercado e da cultura do que ao valor de uso efetivo e de produção social. Espera-se que, com base na reflexão sobre a concepção marxiana, os estudantes possam conectá-la com suas vidas cotidianas e perceber se ela as explica adequadamente ou não. Ao posicionar-se, eles devem sempre ser convidados a justificar suas respostas, dando exemplos.

2. *Por que o texto de Epicteto pode ser considerado um exemplo da atividade construtiva típica da Filosofia?*

Porque é por meio de argumentos compreensíveis universalmente (racionalmente) que Epicteto propõe um conjunto de reflexões sobre um caminho para a conquista da sabedoria e da vida feliz, analisando aquilo que depende de nós.

PROPOSTA DE ATIVIDADE COMPLEMENTAR

Pode-se proceder a uma análise de frases que exprimem pensamentos comuns do cotidiano e podem ser reconstruídas com base em uma observação mais atenta da experiência:

DESCONSTRUÇÃO RECONSTRUÇÃO

COSTUMA-SE DIZER QUE:	MAS SE EM VEZ DISSO OBSERVARMOS QUE:	PODEREMOS ENTÃO DIZER QUE:
Vamos à escola para nos prepararmos para a vida e entrarmos no mundo do trabalho.	Quando vamos à escola, uma das coisas que construímos é o nosso autoconhecimento e o conhecimento da vida em sociedade, permitindo-nos crescer como indivíduos e como membros do conjunto social.	*Vamos à escola para desenvolver nossas capacidades de conhecer e de criar relações, embora essas capacidades possam ser desenvolvidas de outras maneiras, diferentes da escola.*
Trabalhamos para ter um lugar na sociedade e comprar o que desejamos.	Quando trabalhamos, não obtemos apenas o necessário para sobreviver, mas podemos também realizar nossas habilidades e mostrar o modo como nos vemos a nós mesmos.	*Trabalhamos para produzir nossa sobrevivência, mas também para desenvolver nossas habilidades e mostrar uma parte do que somos individualmente, embora nem todos consigam trabalhos que permitam fazer isso.*
Preocupamo-nos com o amor porque só assim não ficaremos sozinhos.	Quando amamos, estabelecemos relações que podem ser interesseiras ou generosas. É difícil separar claramente o interesse pessoal da generosidade e vice-versa. De todo modo, o amor evita a solidão.	*Preocupamo-nos com o amor porque nos sentimos bem quando estamos com quem amamos, mas isso não quer dizer que pessoas que vivem sozinhas ou que são solitárias não amam.*
Devemos cuidar do corpo para termos beleza e saúde.	Nem todas as pessoas têm a mesma opinião sobre a beleza. Cuidar do corpo é também uma forma de ter saúde, embora, em alguns casos, mesmo cuidando de seu corpo, algumas pessoas não conseguem ter saúde.	*Devemos cuidar do corpo a fim de fazer o que está ao nosso alcance para manter a saúde, sabendo que também podemos nos trabalhar para nos sentirmos belos, sem tomar por beleza modelos impostos pelos outros.*
Não tenho o corpo que queria porque a Natureza me fez assim ou porque não me cuido.	Nem sempre somos determinados pelo funcionamento da Natureza, assim como nem sempre podemos fazer o que queremos com nosso corpo.	*Não tenho o corpo que gostaria de ter porque talvez não cuide dele o suficiente, mas também porque, em alguns aspectos, minha constituição física não permite mudança.*
Sou como meus amigos porque somos parecidos e nos sentimos bem desse jeito.	Mesmo tendo semelhanças com nossos amigos, somos às vezes muito diferentes, e isso torna nossa amizade ainda mais forte. Aliás, é impossível que alguém seja inteiramente idêntico a seus amigos. Sempre haverá algum aspecto que os diferencia.	*Sou parecido com meus amigos porque é normal que pessoas com interesses parecidos se aproximem, mas isso não quer dizer que não tenhamos diferenças.*
Há ricos e pobres porque o mundo é injusto e também porque alguns não trabalham muito.	Muitas pessoas constroem riquezas; outras não constroem porque não conseguem ou porque não querem. Se não conseguem, é porque não se esforçam o suficiente ou porque as situações injustas da vida em sociedade as impedem.	*Há ricos e pobres no mundo por várias razões, entre elas, o fato de que há estruturas injustas no mundo, construídas pelos próprios seres humanos, mas também o fato de que algumas pessoas não têm interesse em trabalhar tanto para enriquecer.*
O mundo existe, com todos nós dentro dele, ou porque um ser divino o criou ou porque é resultado de um dinamismo simplesmente físico, material.	Para explicar por que o mundo existe, percebemos que não temos condições de saber com certeza o que se passou no momento em que ele passou a existir, nem de saber com certeza se ele sempre existiu. Ainda assim, mesmo que tivéssemos condições de saber isso tudo, não poderíamos saber com certeza se tudo não é provocado por um ser superior.	*O mundo pode existir por várias razões, desde o seu próprio dinamismo físico, material, como também porque um ser superior o produziu num determinado momento ou o produz desde sempre.*

SUGESTÕES BIBLIOGRÁFICAS

LEOPOLDO E SILVA, F. Por que filosofia no Segundo Grau. *Estudos Avançados*, São Paulo, v. 6, n. 14, 1992. Disponível em: <http://www.scielo.br/scielo.php?script=sci_arttext&pid=S0103-40141992000100010>. Acesso em: 12 abr. 2016.

RIBEIRO DE MOURA, C. A. História *stultitiae* e história *sapientiae*. *Discurso 17*, São Paulo, p. 151-171, 1988. Disponível em: <http://www.revistas.usp.br/discurso/article/view/37935/40662>. Acesso em: 12 abr. 2016.

CAPÍTULO 3 O que é Filosofia?

OBJETIVO

Chegar a uma possível definição de Filosofia partindo dos modos clássicos de chamar a atenção para as experiências de admiração e insatisfação (melancolia).

CONSIDERAÇÕES METODOLÓGICAS

Parte-se das experiências tradicionalmente denominadas *admiração* e *insatisfação* (melancolia), a fim de explicitar três possibilidades específicas: (i) a de o indivíduo prestar atenção em si mesmo e no seu entorno; (ii) a de que tal atenção permite produzir pensamento como "autoconsciência" e como "visão de mundo"; (iii) a de que o pensamento pode tomar a si mesmo como objeto ou alvo de investigação. Nesse terceiro âmbito de possibilidade residiria propriamente a Filosofia como "pensamento do pensamento". Empregar, no entanto, a expressão *pensamento do pensamento* não significa adotar uma posição tecnicamente aristotélica (o que, aliás, seria inadequado, uma vez que Aristóteles a atribui ao Primeiro Motor, e não ao pensamento humano), hegeliana ou outra, mas uma visão ampla em que o filosofar consiste numa atenção qualificada ao modo como se constroem e exprimem os pensamentos e os seus conteúdos.

O que qualifica essa atenção é o trabalho da razão, entendida nos termos apresentados neste capítulo. Por sua vez, dar centralidade à razão não equivale, aqui, a comprometer-se necessariamente com uma concepção racionalista do pensamento, nem empirista ou outra, mas com uma visão também ampla o suficiente para tomar o pensamento como atividade pela qual o ser humano percebe a si mesmo e aos outros seres como elementos ou polos de um grande conjunto de relações e deseja, em maior ou menor grau, ser reconhecido em sua singularidade exatamente como um polo em relação com outros. Essa percepção ou "consciência" (em sentido também amplo) é sempre acompanhada de uma expressão mais ou menos "autoconsciente" (expressão ou "linguagem" da presença de um objeto para a "consciência"). A Filosofia, assim, consistiria na atividade de pensar sobre essa percepção e suas expressões: pensamento do pensamento. Há certamente, aqui, um elemento intelectualista ou uma ênfase na busca de clareza compreensiva (razão), sem com isso pretender, no entanto, que a razão seja divorciada das paixões ou das emoções. A esse respeito teórico-metodológico, três trabalhos brasileiros são inspiradores: *Introdução ao filosofar*, de Gerd Bornheim (2009), *Antropologia filosófica – Volumes I e II*, de Henrique C. de Lima Vaz (2013) e "Consciência e História", capítulo do livro *Ontologia e História*, também de Lima Vaz (2001).

PROPOSTA DE ESQUEMA VISUAL

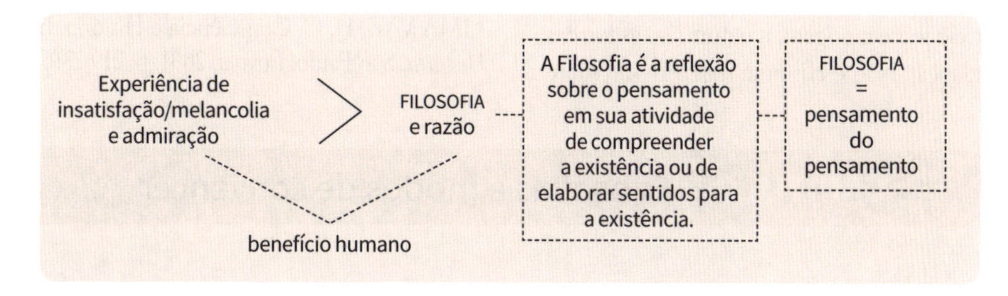

RESPOSTAS AOS EXERCÍCIOS

EXERCÍCIO A (p. 33)

Responda à pergunta O que leva a filosofar?. *Use em sua resposta as ideias de admiração, melancolia e benefício humano.*

A *admiração* diante das coisas boas e das dificuldades da existência leva os seres humanos a perceber sua ignorância. Essa percepção não causa apenas perplexidade, mas também *melancolia*, como insatisfação e descontentamento, que move as pessoas em direção à busca do conhecimento. Movidos pela admiração e pela melancolia, alguns seres humanos passam a filosofar, visando, conscientemente ou não, ao benefício humano.

EXERCÍCIO B (p. 35)

Descreva a atividade socrática e o modo como ela permite entender o que é a razão.

Sócrates se entendia como um "parteiro de almas", alguém que fazia nascer uma consciência mais viva e livre. Sua atividade consistia em enfatizar a ignorância como forma de evitar os equívocos dos conhecimentos frágeis e mal justificados. Fundamentalmente, ela consistia em partir de uma opinião corrente, problematizá-la por meio de uma pergunta que revelasse seus equívocos e revisá-la por meio de uma formulação mais adequada à experiência humana e à observação atenta. Esses passos permitem entender o que é a razão para Sócrates: uma forma de unir-se à razão que dá o modo de ser das coisas e um esforço por formular expressões adequadas desse modo de ser, de maneira que todos os interlocutores possam avaliar tais expressões.

EXERCÍCIO C (p. 37)

Explique as partes que compõem a definição de Filosofia proposta aqui (reflexão, pensamento, elaboração de sentido, existência) e mostre a diferença do procedimento filosófico com relação ao procedimento dos outros saberes.

A Filosofia como reflexão é a atividade do pensamento que se volta para si mesmo em sua prática de percepção ou de elaboração de sentidos para os diversos aspectos da existência, quer dizer, os diversos aspectos que compõem o fato de estarmos no mundo, em correlação com tudo e todos. A diferença fundamental da Filosofia em relação ao que hoje são os outros saberes reside na busca não de oferecer propriamente "retratos" da realidade (como em geral buscam os outros saberes), mas de compreender criticamente o modo como operam esses saberes. Mesmo quando a Filosofia termina por oferecer sentidos para aspectos da existência, ela não pretende oferecer "retratos" únicos e definitivos, e sim lançar luz sobre a atividade humana de perceber ou construir sentidos.

PROPOSTA DE ATIVIDADE COMPLEMENTAR

Com base no trabalho desenvolvido no capítulo, encaminhar uma discussão a respeito da utilidade ou da inutilidade da Filosofia no contexto dos conhecimentos e das práticas a que estamos habituados. Como subsídio para essa discussão, propõe-se o texto a seguir, que pode ser fornecido aos estudantes ou lido em voz alta.

A Filosofia é inútil ou útil?
Marilena Chaui

A Filosofia não é ciência: é uma reflexão sobre os fundamentos da ciência, isto é, sobre procedimentos e conceitos científicos. Não é religião: é uma reflexão sobre os fundamentos da religião, isto é, sobre as causas, origens e formas das crenças religiosas. Não é arte: é uma reflexão sobre os fundamentos da arte, isto é, sobre os conteúdos, as formas, as significações das obras de arte e do trabalho artístico. Não é Sociologia nem Psicologia, mas a interpretação e avaliação crítica dos conceitos e métodos da Sociologia e da Psicologia. Não é Política, mas interpretação, compreensão e reflexão sobre a origem, a natureza e as formas do Poder e suas mudanças. Não é História, mas reflexão sobre o sentido dos acontecimentos enquanto inseridos no tempo e compreensão do que seja o próprio o tempo. [...] Se abandonar a ingenuidade e os preconceitos do senso comum for útil; se não se deixar guiar pela submissão às ideias dominantes e aos poderes estabelecidos for útil; se buscar compreender a significação do mundo, da Cultura e da História for útil; se conhecer o sentido das criações humanas nas artes, nas ciências e na Política for útil; se dar a cada um de nós e à nossa Sociedade os meios para serem conscientes de si e de suas ações numa prática que deseja a liberdade e a felicidade para todos for útil; então, podemos dizer que a Filosofia é o mais útil de todos os saberes de que os seres humanos são capazes.

CHAUI, M. *Convite à Filosofia*. São Paulo: Ática, 2005. p. 23-24.

SUGESTÕES BIBLIOGRÁFICAS

BORNHEIM, G. *Introdução ao filosofar.* São Paulo: Globo, 2009.

LIMA VAZ, H. C. *Antropologia filosófica.* 2 v. São Paulo: Loyola, 1992.

LIMA VAZ, H. C. Consciência e História. In:____. *Ontologia e História*. São Paulo: Loyola, 2001. p. 219-230.

CAPÍTULO 4 Filosofias e modos de convencer

OBJETIVO

Apresentar, de maneira ampla e inclusiva, alguns métodos filosóficos, incluídos aqui sob certo caráter intelectualista, ou seja, de uma busca de clareza compreensiva (racional) das experiências e de suas expressões.

CONSIDERAÇÕES METODOLÓGICAS

Dividem-se os possíveis métodos filosóficos, de modo bastante geral, em dois grupos: o método discursivo e o método intuitivo. No método discursivo, apresentam-se elementos da lógica tradicional dedutiva, com o silogismo categórico, hipotético e dialético, embora o procedimento dialético seja aqui destacado do quadro dedutivo e apresentado em formas mais amplas ou mesmo independentes do funcionamento do silogismo (ainda que tais formas possam ser reduzidas à forma silogística). Por sua vez, o método intuitivo é apresentado em contraponto com o método discursivo, no sentido de que a ênfase dada pelo método intuitivo é a da "descoberta" ou da análise do que aparece como evidente, ao passo que a ênfase discursiva é posta na "construção" de resultados. Também se procura evitar uma oposição rígida entre os dois métodos, sobretudo porque os elementos apresentados neste capítulo não chegam aos debates clássicos ou contemporâneos em torno da natureza da Lógica. Antes, trata-se aqui de atrair a atenção dos estudantes para dados tradicionais e, eventualmente, conduzi-los a questões filosóficas sobre a Lógica. A esse respeito, aliás, este capítulo não pretende apresentar a Lógica como simples método ou instrumento da atividade filosófica. Os colegas professores são convidados a insistir que, embora os elementos da lógica tradicional apresentados no capítulo sejam empregados metodologicamente por boa parte dos filósofos, a Lógica, principalmente a partir do século XIX, adquiriu um caráter de reflexão filosófica propriamente dita, articulando-se diretamente com questões epistemológicas e metafísicas, por exemplo. Não é por acaso que no século XX constituiu-se uma disciplina chamada Filosofia da Lógica. No nível do Ensino Médio (e, portanto, também em um livro didático), parece difícil e talvez antipedagógico entrar no tratamento de questões filosóficas sobre a Lógica, dado o nível de abstração exigido por elas. Mas os colegas professores podem ficar atentos à possibilidade de abordar algumas dessas questões, caso o contexto de cada turma o permita. Para tanto, sugere-se a leitura do livro de Susan Haack (2002), e do estudo de Franklin Leopoldo e Silva (1993). Um brilhante exemplo de trabalho filosófico que rompe a distinção entre "discurso" e "intuição", unindo abordagens que muitas vezes parecem incompatíveis, é o conjunto de ensaios do filósofo Bento Prado Júnior (2004), organizados no volume *Erro, ilusão e loucura*. Por outro lado, caso os professores identifiquem dificuldades por parte dos estudantes em termos de leitura e interpretação de enunciados, sugere-se que o estudo do método discursivo seja iniciado pelas falácias, pois elas têm a vantagem de despertar a curiosidade e de conter elementos, digamos, mais "palpáveis" e menos "abstratos". Com base nas falácias, os professores podem recorrer a elementos formais da exposição sobre os silogismos e construir com os estudantes um aprendizado mais adaptado às possibilidades e dificuldades de cada turma.

PROPOSTA DE ESQUEMA VISUAL

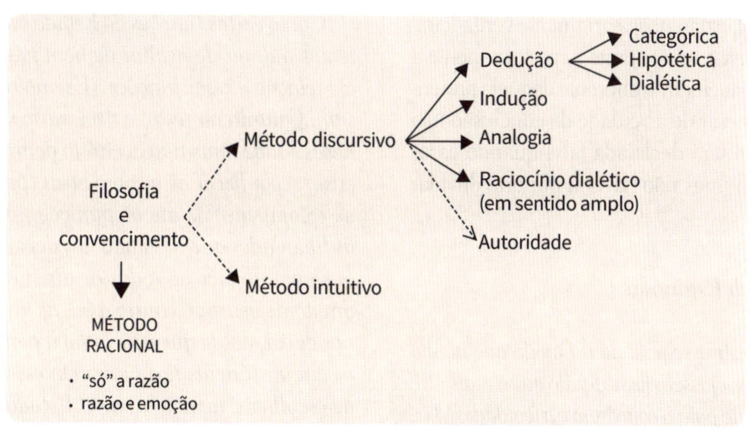

RESPOSTAS AOS EXERCÍCIOS

EXERCÍCIO A (p. 46)

Identifique as premissas, os pressupostos e as conclusões nos seguintes raciocínios. Logo após, diga se você concorda ou discorda das conclusões, deixando clara sua posição quanto às premissas:

1. *Posso dizer que sou amigo de Cláudia, porque temos os mesmos gostos.*

Pressuposto: Amigos são pessoas que têm os mesmos gostos.
Premissa: Cláudia e eu temos os mesmos gostos.
Conclusão: Logo, posso dizer que sou amigo de Cláudia.

A conclusão procede corretamente da premissa. No entanto, o pressuposto pode ser questionado; afinal, é possível ser amigo(a) de alguém sem ter os mesmos gostos. Por outro lado, ter os mesmos gostos não parece suficiente para a amizade, pois pessoas podem ter gostos comuns e não serem amigas.

2. *Visto que esta afirmação se baseia em regras universais, ela é científica.*

Pressuposto: Toda afirmação que se baseia em regras universais é científica.
Premissa: Esta afirmação se baseia em regras universais.
Conclusão: Logo, esta afirmação é científica.

A conclusão procede corretamente das premissas. O pressuposto e a premissa também são defensáveis. Porém, em uma análise mais demorada, pode-se também concluir que o raciocínio, mesmo sendo defensável, contém certa fragilidade, porque exige clareza sobre o contexto em que se diz que "toda afirmação que se baseia em regras universais é científica". Seria necessário esclarecer o que se entende por regra e por universalidade. Alguém poderia, por exemplo, situar-se em um pensamento que cria suas próprias regras universais, afirmando algo como "todo ser humano é mau por natureza". No contexto de tal pensamento, essa regra universal seria científica, mas dificilmente alguém em contexto realmente científico a abonaria. Cabe aos professores explorar a fragilidade do raciocínio, apontando que, em função da clareza do contexto, ele pode ser perfeitamente aceitável.

3. *Este político é corrupto; aquele também; aquele outro também; portanto, todo político é corrupto.*

Pressuposto: Alguns casos particulares são suficientes para expressar uma regra universal.
Premissa: Há vários casos de políticos corruptos.
Conclusão: Portanto, todo político é corrupto.

A conclusão é inaceitável em si mesma e não procede das premissas, tornando inválido o raciocínio. Seja pela forma, seja pelo conteúdo, o fundamento do raciocínio está no pressuposto, que é falso e resulta de um raciocínio também inválido: casos particulares não são suficientes para o estabelecimento de uma conclusão universal, a menos que se opere com um conjunto universo bastante reduzido e os casos particulares observados recubram todo o conjunto universo. Mesmo nesse caso, porém, o mecanismo do raciocínio seria frágil.

4. *Posso duvidar de tudo, mas se duvido é porque penso; e, se penso, eu existo.*

Pressuposto: Para duvidar é preciso pensar; e todos que pensam existem.
Premissa: Eu posso duvidar de tudo; portanto, eu penso.
Conclusão: Ora, se eu penso, então existo.

A conclusão procede devidamente das premissas. Os estudantes talvez questionem se realmente apontar para o pensamento é o melhor critério para afirmar a existência. Porém, o pressuposto não toma o pensamento como único indicador de existência; ele afirma apenas que o pensamento supõe a existência.

5. *A dipirona baixou a febre da minha vizinha; então ela também deve baixar a minha febre.*

Pressuposto: Um remédio capaz de baixar a febre de uma pessoa é capaz de baixar a febre de todas.
Premissa: A dipirona é um remédio que baixou a febre da minha vizinha.
Conclusão: Então, a dipirona também deve baixar a minha febre.

Há verdade tanto nas premissas como na conclusão; e a

passagem das premissas à conclusão é bem feita. Apenas deve-se observar que há também uma fragilidade no raciocínio, pois a conclusão é apenas provável, e não necessariamente verdadeira. Assim, a verdade das premissas não garante necessariamente a verdade da conclusão. É um raciocínio diferente daquele presente em A.3, porque, agora, apesar de a verdade da conclusão não ser sempre garantida, ela só será declarada falsa quando casos contrários a ela aparecerem (mas não haveria por que duvidar dela por princípio).

6. *Texto do filósofo Baruch Espinosa:*

Se a natureza humana estivesse feita de tal modo que aquilo que os seres humanos mais desejassem fosse aquilo que é mais útil, não seria preciso nenhuma arte para a concórdia e a lealdade. Mas, porque a natureza humana é, manifestamente, constituída de modo bem diferente, o Estado tem necessariamente de ser instituído de tal maneira que todos, tanto os que governam como os que são governados, queiram ou não, façam aquilo que interessa à salvação comum, isto é, que todos sejam levados, espontaneamente ou à força ou por necessidade, a viver segundo o que prescreve a razão.

ESPINOSA, B. *Tratado político.* Tradução Diogo Pires Aurélio. São Paulo: Martins Fontes, 2009. p. 48.

Aqui é preciso atentar para o fato de que o texto de Espinosa encadeia dois grandes raciocínios:

Raciocínio 1

Premissa: Uma natureza feita de tal modo que aquilo que os seres humanos mais desejam é aquilo que é mais útil torna desnecessária toda arte para a concórdia e a lealdade.
Premissa: A natureza humana não é uma natureza feita de tal modo que aquilo que os seres humanos mais desejam é aquilo que é mais útil.
Conclusão implícita: A natureza humana precisa da arte para a concórdia e a lealdade.

Raciocínio 2

Premissa (conclusão implícita do raciocínio 1): A natureza humana precisa da arte para a concórdia e a lealdade.
Pressuposto: O Estado é a arte da concórdia e da lealdade (ele faz que tanto os que governam como os que são governados, queiram ou não, façam aquilo que interessa à salvação comum, isto é, que todos sejam levados, espontaneamente ou à força ou por necessidade, a viver segundo o que prescreve a razão).
Conclusão: O Estado tem necessariamente de ser instituído.

A conclusão procede devidamente das premissas dos dois raciocínios. Os estudantes podem questionar, no entanto, se realmente os seres humanos têm a tendência natural a viver sem razão, bem como se o Estado necessariamente leva todos a viver segundo a razão. A História não está repleta de casos em que o Estado não fez seguir a razão? Ou seguir a razão é algo que depende do Estado? Um Estado totalitário, por exemplo, é um Estado sem razão? Se ele justificar sua existência e suas ações, ele estará de acordo com a razão?

7. *Texto da filósofa Simone Weil:*

Como certas funções do Estado servem ao interesse de todos, temos o dever de aceitar de bom grado o que o Estado impõe em relação a essas funções. (Exemplo: regulamentação do trânsito). Quanto ao resto, é necessário sofrer o Estado como uma necessidade, mas não aceitá-lo dentro de nós. [...] Devemos recusar reconhecer as recompensas (podemos felizmente recusar as recompensas e até as punições), utilizar ao máximo todas as liberdades que o Estado nos deixa (é muito raro os cidadãos ousarem abusar de todos os direitos reais). Também temos o direito de usurpar, contra a lei, as liberdades que o Estado não nos deixa, desde que isso valha a pena. Temos o dever, quando as circunstâncias nos permitem escolher entre vários regimes, de escolher o menos ruim. O Estado menos ruim é aquele em que somos menos limitados pelo Estado e aquele no qual os simples cidadãos têm maior poder de controle [...]. Temos o dever de trabalhar pela transformação da organização social: aumento do bem-estar material e instrução técnica e teórica das massas.

WEIL, S. *Aulas de filosofia.* Tradução Marina Appenzeller. Campinas: Papirus, 1991, p. 150.

Esse texto é uma boa ocasião para mostrar que a conclusão de um raciocínio não aparece necessariamente no final. Na montagem seguinte, a conclusão será didaticamente posta no final, mas convém enfatizar a diferença entre a montagem (que a filósofa tinha em mente) e o texto por ela redigido com liberdade literária.

Premissa: Como certas funções do Estado servem ao interesse de todos, temos o dever de aceitar de bom grado o que o Estado impõe em relação a essas funções (exemplo: regulamentação do trânsito).
Pressuposto: Nem todas as funções do Estado servem ao interesse de todos.
Premissa: Nos casos em que o Estado não serve ao interesse de todos, é necessário suportar o Estado como uma necessidade, mas não aceitá-lo dentro de nós (não assumi-lo como algo total e legitimamente indispensável; devemos recusar recompensas e utilizar ao máximo todas as liberdades que o Estado nos deixa; temos o direito legítimo de tomar posse, contra a lei oficial, das liberdades que o Estado não nos deixa, desde que isso valha a pena).
Premissa: Temos o dever de trabalhar pela transformação da organização social: aumento do bem-estar material e instrução técnica e teórica das massas (preservar as funções que servem ao interesse de todos).
Premissa: O Estado menos ruim é aquele em que somos menos limitados pelo Estado e aquele no qual os simples cidadãos têm maior poder de controle (descentralização; caráter público e não secreto dos negócios do Estado; cultura de massa).
Pressuposto: O Estado é um regime.
Conclusão: Quando as circunstâncias permitem escolher entre vários regimes, temos o dever de escolher o menos ruim.

A conclusão procede devidamente das premissas. Segundo uma das premissas, devemos aceitar o Estado como uma necessidade quando ele não serve ao interesse de todos. A experiência histórica dificilmente permitiria discordar disso. Por conseguinte, devemos aproveitar a máxima liberdade possível deixada pelo Estado e ainda buscar ampliá-la sempre que possível, buscando escolher, entre os vários regimes, o menos ruim. Nesse sentido, o Estado menos ruim é o que nos permite mais liberdade e mais controle. Daí o dever de escolher, quando é possível, o menos ruim dos regimes (o menos ruim dos Estados).

EXERCÍCIO B (p. 50)

Nos seguintes argumentos, identifique seus tipos (dedução, indução, analogia e argumento de autoridade), suas premissas e suas conclusões:

1. *Os humanos são mortais, porque são animais.*
Argumento dedutivo.
Pressuposto: Todos os animais são mortais.
Premissa: Os humanos são animais.
Conclusão: Os humanos são mortais.

2. *O remédio* x *fez duas mil pessoas melhorarem do estômago. Então, o remédio* x *faz bem para o estômago.*
Argumento indutivo.
Premissa: O remédio *x* fez duas mil pessoas melhorarem do estômago.
Conclusão: Então, o remédio *x* faz bem para o estômago.

3. *Se todo chá é diurético, então este chá preto ajudará o funcionamento dos meus rins.*
Argumento dedutivo.
Premissa: Todo chá é diurético.
Pressuposto: Todo diurético ajuda no funcionamento dos meus rins.
Conclusão: Este chá preto ajudará no funcionamento dos meus rins.

4. *Suspeitando que a substância* x *podia combinar com a substância* y*, o químico decidiu testar a combinação. Verificando que a combinação deu certo uma vez, testou mais vezes a mesma combinação. Concluiu que a substância* x *combina com a substância* y.
Raciocínio indutivo.
Premissa: Um grupo de substâncias parecidas com *y* combinou com a substância *x*.
Conclusão: A substância *x* combina com a substância *y*.

5. *Segundo os historiadores, os* vikings *tiveram uma passagem pela América do Norte muito antes do descobrimento do continente americano.*
Argumento de autoridade.
Pressuposto: Os historiadores têm um conhecimento adequado do passado.
Premissa: Os historiadores afirmam que os *vikings* tiveram uma passagem pela América do Norte muito antes do descobrimento do continente americano.
Conclusão: Os *vikings* tiveram uma passagem pela América do Norte muito antes do descobrimento do continente americano.

6. *Assim como um relógio é sinal de que há um relojoeiro, também o mundo é um sinal de que há um criador.*
Argumento por analogia.
Premissa: A existência de um relógio supõe a existência de um relojoeiro que o fabricou.
Conclusão: Por comparação, a existência do mundo supõe a existência de um ser que o criou.

EXERCÍCIO C (p. 57)

Analise os seguintes raciocínios dedutivos e diga se são válidos ou inválidos. Se forem inválidos, aponte a causa da invalidade. Não deixe de explicitar as premissas pressupostas!

1. *Toda injustiça é proibida. Então, o assassinato é proibido.*
Premissa: Toda injustiça é proibida.
Pressuposto: O assassinato é uma injustiça.
Conclusão: Então, o assassinato é proibido.
Silogismo válido.

2. *Alguns cidadãos são homens; alguns homens são covardes. Portanto, alguns cidadãos são covardes.*
Premissa: Alguns cidadãos são homens.
Premissa: Alguns homens são covardes.
Conclusão: Alguns cidadãos são covardes.
Silogismo inválido: *De duas premissas particulares, nada se conclui (regra 8). Com efeito, nada garante que os cidadãos homens são os mesmos que são covardes.*

3. *Se você tivesse lido o livro, teria aprendido. Como você não aprendeu, é porque não leu o livro.*
Premissa: Se você tivesse lido o livro, teria aprendido.
Premissa: Você não aprendeu.
Conclusão: Portanto, você não leu o livro.
Silogismo válido: *Segue o* modus tollens. *Os estudantes podem contra-argumentar, dizendo que o fato de alguém não ter aprendido sobre o conteúdo de um livro não significa necessariamente que não o leu. O seu não aprendizado pode ter outra causa, como a incompreensão, por exemplo. No entanto, cabe explicar que, embora se possa discutir a verdade ou a adequação da primeira premissa, a extração da conclusão, no modo como o raciocínio está montado, é perfeitamente válida, porque se restringe ao fato de que a leitura do livro teria produzido aprendizagem.*

4. *Se você tivesse lido o livro, teria aprendido. Como você não leu o livro, não aprendeu.*
Premissa: Se você tivesse lido o livro, teria aprendido.
Premissa: Você não leu o livro.
Conclusão: Você não aprendeu.
Silogismo inválido: *Porque nega ou barra a condição da primeira premissa, o raciocínio parece seguir o* modus tollens, *mas não o segue realmente: negar a condição não permite obter a negação da conclusão. Com efeito, ainda que o aprendizado possa resultar da leitura de um livro, ele também pode resultar de outros fatores. Assim, o fato de não ler o livro não impede que haja aprendizado.*

5. *Todas as pessoas alegres são seres que riem. Todas as hienas são seres que riem. Então, todas as pessoas alegres são hienas.*

Premissa: Todas as pessoas alegres são seres que riem.
Premissa: Todas as hienas são seres que riem.
Conclusão: Todas as pessoas alegres são hienas.
Silogismo inválido: Em nenhuma das duas premissas o termo médio é tomado em sentido universal (regra 4).

6. Nenhum problema me afeta. Nenhum riso me afeta. Logo, problemas são risos.
Premissa: Nenhum problema me afeta.
Premissa: Nenhum riso me afeta.
Conclusão: Problemas são risos.
Silogismo inválido: De duas premissas negativas, nada se conclui (regra 7).

7. Alguns cidadãos são bons. Todos os humanos são cidadãos. Portanto, todos os cidadãos são humanos.
Premissa: Todos os humanos são cidadãos.
Premissa: Alguns cidadãos são bons.
Conclusão: Portanto, todos os cidadãos são humanos.
Silogismo inválido: O termo médio não pode aparecer na conclusão (regra 2).

8. Ou os cidadãos lutam pela liberdade ou aceitam ser dominados. Como os cidadãos não lutam pela liberdade, então aceitam ser dominados.
Premissa: Ou os cidadãos lutam pela liberdade ou aceitam ser dominados.
Premissa: Os cidadãos não lutam pela liberdade.
Conclusão: Então os cidadãos aceitam ser dominados.
Silogismo válido.

9. Ou os cidadãos lutam pela liberdade ou aceitam ser dominados. Como os cidadãos lutam pela liberdade, então não aceitam ser dominados.
Premissa: Ou os cidadãos lutam pela liberdade ou aceitam ser dominados.
Premissa: Os cidadãos lutam pela liberdade.
Conclusão: Então os cidadãos não aceitam ser dominados.
Silogismo válido.

10. O cidadão é alguém que ou luta pela liberdade ou aceita ser dominado. Como o cidadão não luta pela liberdade, então aceita ser dominado.
Premissa: O cidadão é alguém que ou luta pela liberdade ou aceita ser dominado.
Premissa: Como o cidadão não luta pela liberdade...
Conclusão: Então aceita ser dominado.
Silogismo inválido: Ele opera com a aparência de um silogismo copulativo, mas é inválido porque a negação de um dos predicados não leva necessariamente à afirmação do outro. Com efeito, o cidadão pode ser alguém que não luta pela liberdade nem aceita ser dominado.

11. O cidadão é alguém que ou luta pela liberdade ou aceita ser dominado. Como o cidadão luta pela liberdade, então não aceita ser dominado.
Premissa 1: O cidadão é alguém que ou luta pela liberdade ou aceita ser dominado.
Premissa 2: Como o cidadão luta pela liberdade...
Conclusão: Então não aceita ser dominado.
Silogismo válido: Opera como silogismo copulativo e afirma um dos predicados, negando o outro.

12. Sua função como bombeiro era acionar o alarme. O alarme não foi acionado porque ou você soube do incêndio e não o acionou ou porque não soube do incêndio (quando deveria saber) e também não o acionou. A responsabilidade pelo não acionamento do alarme é sua.
Premissa: Sua função como bombeiro era acionar o alarme.
Premissa: O alarme não foi acionado porque ou você soube do incêndio e não o acionou ou porque não soube do incêndio e também não o acionou.
Conclusão: A responsabilidade pelo não acionamento do alarme é sua.
Silogismo válido.

EXERCÍCIO D (p. 61)
Identifique o tipo de falácia cometido nos seguintes casos:

1. Meu adversário político tem uma opinião diferente da minha sobre o currículo do Ensino Fundamental. Também pudera... Esse foi o único nível que ele conseguiu terminar...
Falácia de pessoa ou falácia *ad hominem*.

2. Essa mulher não entende nada de Informática, mas precisamos dar o emprego a ela porque o outro candidato é homem. Mesmo que ele seja um bom conhecedor do assunto, não queremos ser machistas.
Falácia do desvio do assunto.

3. É natural que existam ricos e pobres no mundo porque isso sempre existiu.
Falácia da petição de princípio.

4. O crime foi cometido por X, porque X passou pelo local.
Falácia da falsa causa ou falácia do *post hoc propter hoc*.

5. Rato tem quatro letras. Rato come queijo. Quatro letras comem queijo.
Falácia por equivocidade.

6. Se você mantiver sua opinião, haverá consequências, porque quem pode pensar aqui sou eu!
Falácia da força ou do argumento de autoridade.

7. Se o som é vibração e se a luz é vibração, então som e luz são a mesma coisa.
Falácia da transferência de sentido.

8. Sou mais inteligente do que as outras pessoas, porque não reflito sobre questões que não são realmente questões.
Falácia da tautologia.

9. A felicidade é o bem de uma pessoa. Portanto, a felicidade geral é o bem de todas as pessoas.
Falácia da tautologia.

10. Esse produto vende mais porque está sempre fresco; e justamente sempre fica fresco porque vende mais.

Falácia do círculo vicioso.

EXERCÍCIO E (p. 63)

Nos textos abaixo, identifique o tema central e resuma o procedimento empregado pelos autores a fim de obter suas conclusões:

Texto A – Platão, *Eutífron*

O tema central é entender a piedade (respeito aos deuses) ou, dito de outra maneira, entender o que é piedoso. O procedimento se resume em saber (i) se o que é piedoso é amado pelos deuses porque é piedoso ou (ii) se o que é piedoso é piedoso porque é amado pelos deuses. Em outras palavras ainda: os deuses amam o piedoso pelo fato de ele ser piedoso, ou o piedoso é piedoso porque é amado pelos deuses? Sócrates e Eutífron analisam razões que levam a afirmar tanto uma possibilidade como a outra. O trecho lido não permite conhecer a resposta definitiva para a questão. Por isso, o que mais interessa aqui é apontar para o modo como Sócrates e Eutífron procedem, tomando-os como exemplos do raciocínio dialético. O objetivo de Sócrates é chegar ao essencial do debate (linha 39); o seu caminho ou método é o da contraposição de ideias. Os professores podem explorar as últimas falas do diálogo (linhas 40-57), comentando o modo como Eutífron se queixa do procedimento socrático e como Sócrates procura fazê-lo entender que o "sofrimento" do pensamento (razão da queixa) é indispensável para chegar à verdade. Os professores também podem aproveitar a ocasião para incentivar os estudantes a ler o diálogo *Eutífron*, de Platão, a fim de encontrar a resposta para o debate ao qual se acena com esse trecho.

Texto B – Pedro Abelardo, *Ética*

O tema central é saber se o fato de um prazer acompanhar um ato mau (pecado) aumenta sua gravidade. O procedimento é claramente dialético, pois Abelardo parte da objeção que alguns pensadores faziam à sua posição; e, com base na objeção, esclarece seu próprio pensamento. Para ele, um ato é mau por causa da sua motivação ou intenção. O prazer que acompanha o ato mau não é condenável em si mesmo; por isso, ele não aumenta a gravidade, mas apenas resulta do modo de ser das coisas. Se o prazer fosse condenável, então um casal praticaria um ato mau (pecado) ao ter prazer carnal; o mesmo ocorreria com alguém que tem prazer ao comer frutas. Os exemplos pretendem mostrar que a maldade de um casal está em ter prazer carnal fora da relação conjugal (lembrar que Abelardo vive em contexto cristão); e a maldade de comer frutas está em roubar as frutas. Não há maldade no prazer carnal em si mesmo nem no prazer de comer frutas. Deus cairia em contradição se desse a possibilidade desses prazeres aos seres humanos e depois a condenasse. Raciocinando ainda por debate e levando o caso ao extremo, Abelardo lembra que é inconcebível pensar (como faziam outros objetores) que seria preciso ter uma relação carnal ou comer um alimento sem prazer.

Texto C – Hegel, *A fenomenologia do espírito*

O tema central é rever a exclusão ou a incompatibilidade que se estabelece comumente entre duas posições contrárias, como o falso e o verdadeiro por exemplo. Raciocinando por contraposição, Hegel adota o procedimento de mostrar como realidades opostas convergem para uma terceira realidade; o botão e a flor se opõem, mas também se encaminham para o fruto, que, de certa maneira, conserva em si o sentido do botão e da flor (unidade orgânica). O exemplo é elevado por Hegel ao estatuto de exemplo da vida do todo.

EXERCÍCIO F (p. 67)

Nos textos abaixo, identifique qual a temática central e qual intuição funda a análise de cada pensador:

Texto A – Bergson, *Ensaio sobre os dados imediatos da consciência*

A temática central é a percepção do tempo. A intuição que funda a análise de Bergson é o fato de a verdadeira duração do tempo ser percebida na experiência interna ("dentro de mim", linha 6), e não nas medições externas, como nos relógios. Na experiência interna há interpenetração entre os fatos, ao passo que na experiência externa os fatos são "artificialmente" distinguidos e separados, como se eles realmente existissem dessa maneira.

Texto B – Agostinho de Hipona, *Confissões*

A temática central é saber o que é o tempo. A intuição que funda a análise de Agostinho é a constatação de que o que se chama de passado e futuro só tem sentido no presente, assim como o próprio tempo presente. O passado continua a fazer sentido agora, no presente; o futuro só pode ser antecipado por meio de um sentido que se capta também agora, no presente. O presente, por sua vez, é a própria presença do que se vive. Se é assim, Agostinho conclui que o tempo não é algo que vai do passado ao presente e deste ao futuro; em vez disso, é mais coerente falar do presente do passado (memória), do presente do presente (visão) e do presente do futuro (espera). O tempo, numa palavra, refere-se à condição presente.

Texto C – Maine de Biran, *Ensaio sobre os fundamentos da psicologia*

A temática central é a consciência ou o "eu". A intuição que funda a análise de Maine de Biran é o fato de que a consciência se vive em ato e, como tal, não pode ser afirmada como se fosse um objeto (um conteúdo do pensamento). Concentrando-se na dificuldade de aceitar que "eu sou uma coisa pensante", Maine de Biran mostra que os seres humanos simplesmente pensam (forma privilegiada de ter consciência); eles não "pensam que têm pensamento", ao modo como pensam outras coisas (como se o pensamento pudesse ser um conteúdo do pensamento ou o atributo de uma substância). A forma como Maine de Biran passa do termo *pensamento* ao termo *consciência* aponta para a experiência interna com que cada indivíduo diz "eu" e quer ser reconhecido como tal. Seu alvo principal é a filosofia cartesiana e a evidência do pensamento (p. 67), obtida como se o pensamento (ou a consciência em geral) pudesse se perceber como "algo" para além de um ato. O ato, segundo Maine de Biran, será o de encontrar-se em uma relação: a relação da consciência com aquilo que resiste a ela, mostrando-se diferente dela.

PROPOSTA DE ATIVIDADE COMPLEMENTAR

Esta atividade tem por objetivo chamar intuitivamente a atenção para a possibilidade de pensar que, mesmo na busca da objetividade almejada pelo método discursivo, há certamente elementos que condicionam a escolha dos pontos de partida, a começar pelos hábitos que formam nosso modo de ver a realidade. Em nada essa possibilidade depõe contra o método discursivo; ela apenas o torna mais consciente e – por que não? – mais livre. Para essa discussão, propõe-se a leitura da seguinte fábula:

Olhe!
Michel Piquemal

Havia um homem muito rico e um homem muito pobre. Cada um deles morava com seu filho, um de cada lado de uma montanha. Um dia, o homem muito rico subiu com o filho até o topo da montanha e, envolvendo toda a paisagem com os braços abertos, disse ao menino:

– Olhe! Um dia tudo isso será seu!

O homem muito pobre também subiu com o filho ao topo da montanha e, diante do Sol nascente que iluminava a planície, disse simplesmente ao menino:

– Olhe!

PIQUEMAL, M. *Les philo-fables*. Paris: Albin Michel, 2008 p. 168. (As filofábulas. Tradução nossa.)

LEITURAS DE APROFUNDAMENTO

1 A intuição da existência

Convidamos os colegas professores a retomar o texto de Jean-Paul Sartre a seguir e a relacioná-lo com a temática do sentido da existência, que já apareceu nos capítulos anteriores, aprofundando a compreensão de que o "existir para mim" (expressão comum a diferentes filosofias contemporâneas na abordagem do tema da existência) não significa "ter importância para mim", mas "ser objeto de minha consciência". Aliás, há coisas que existem para nós, mas às quais não damos importância; outras coisas sequer merecem receber importância, como a maldade de alguém (nós a desvalorizamos). No entanto, essas coisas existem para nós (colhemos o sentido delas). Retomando o texto de Sartre e conhecendo melhor a personagem de Roquentin, a leitura seguinte pode trazer mais luz para visualizar a atitude consciente diante da existência (notar que Roquentin não diz *ter* Náusea, mas *ser* ele Náusea). Além disso, se os professores decidirem trabalhá-lo com os alunos, o texto pode ser tomado como um exemplo claro de método intuitivo, em contraposição com o método discursivo:

A Náusea
Jean-Paul Sartre

Não posso dizer que me sinto aliviado ou contente; ao contrário, isso me esmaga. Pelo menos meu objetivo foi alcançado: sei o que buscava saber; compreendi tudo o que aconteceu comigo desde o mês de janeiro. A Náusea não me abandonou; creio até que não me abandonará tão cedo; porém, deixei de sofrer com ela, e não a vejo mais como uma doença ou um espasmo passageiro: sou eu. [...] Quanto tempo durou essa fascinação? Eu era a raiz da castanheira. Melhor ainda, eu era, todo inteiro, consciência de sua existência. Encontrava-me ainda descolado dela – pois eu tinha consciência dela – e ao mesmo tempo perdido nela, nada mais do que ela. Uma consciência desconfortável e que todavia se deixava levar por seu peso, desequilibrada, rumo a esse pedaço de madeira inerte. O tempo parou: uma pequena poça escura a meus pés; era impossível que algo sucedesse àquele momento. Se pudesse, eu teria me arrancado daquele terrível prazer, mas sequer via essa possibilidade; eu estava dentro; a camada escura não passava, ficava lá, nos meus olhos, como um pedaço muito grande entalado na garganta. Não podia aceitar nem recusar esse prazer. A que preço consegui levantar os olhos? Aliás, eu os levantei? Na verdade, não desapareci por um instante, para renascer no instante seguinte, com a cabeça para baixo e os olhos virados para cima? De fato, não tive consciência de uma passagem. Ao contrário, foi de repente que se tornou impossível pensar a existência da raiz. Ela se havia apagado, e mesmo que eu tentasse repetir "a raiz existe; ela ainda está aqui, sob o banco, encostada a meu pé direito", isso não queria dizer mais nada para mim. A existência não é alguma coisa que se deixa pensar de longe: é preciso que ela nos invada bruscamente, que ela pare sobre nós, que ela pese sobre nosso coração como uma grande fera imóvel – se não é assim, não resta nada. Aliás, não havia mais nada; meus olhos estavam vazios e eu me encantava com minha libertação. De uma vez só, tudo se pôs a mover-se diante de meus olhos, movimentos leves e incertos: o vento balançava a copa da árvore. Não me desagradava ver mexer alguma coisa; pelo contrário, isso mudava um pouco aquelas existências imóveis que me encaravam com olhos fixos. Eu me dizia, seguindo o balanço dos galhos: "os movimentos não existem; eles são passagens, intermediários entre duas existências, intervalos frágeis. Tentava vê-los sair do nada, fortalecer-se progressivamente e desenvolver-se: achava que ia, enfim, surpreender existências no momento em que elas nascem. Não precisou mais de três segundos para que todas essas minhas esperanças fossem varridas para longe. Com base naqueles galhos hesitantes que tocavam minhas esperanças cegamente, eu não conseguia perceber nenhuma "passagem" à existência. Essa ideia de passagem é uma invenção dos humanos. Uma ideia muito clara. Todas aquelas agitações isolavam-se, mostravam-se por si mesmas. Por todos os lados, elas ultrapassavam os galhos e os ramos. Elas turbilhonavam em torno destas mãos secas, envolviam-nas com pequenos ciclones. Estava claro que um movimento era diferente de uma árvore. Mas, mesmo assim, era um absoluto. Uma coisa. Meus olhos só encontravam plenitude.

SARTRE, J.-P. *La nausée*. Paris: Gallimard Poche, 1938. p. 110-116. (A náusea. Tradução nossa.)

2 Objetividade e hermenêutica

O texto a seguir foi extraído do livro *Verdade e método*, de Hans-Georg Gadamer (1999), e investiga a noção de objetividade, tomando para estudo de caso a verdade histórica em comparação com a verdade da ciência estatística. Embora sejam aparentemente distantes ou incomparáveis, ambas se unem pela raiz do modo mesmo como, segundo Gadamer, se constitui toda percepção e todo discurso sobre o que quer que se entenda por verdade. Trata-se, no vocabulário de Gadamer, da situação hermenêutica: condição em que se encontra toda pessoa e todo grupo na atividade do conhecimento e que interfere mesmo no estabelecimento dos pontos de partida de todo conhecimento. Da perspectiva da situação hermenêutica, tanto o procedimento filosófico discursivo como o intuitivo são formados pela história dos indivíduos e dos grupos. Gadamer não pretende dizer que tudo o que constitui os indivíduos e os grupos é mero resultado de construção histórica, uma vez que ele pressupunha potências e possibilidades humanas, digamos, naturais. No entanto, ele não deixa de parecer ter razão quanto à historicidade do modo como os humanos se tornam o que eles são e acionam sua capacidade cognitiva.

Situação hermenêutica e história da eficácia

Hans-Georg Gadamer

Na suposta ingenuidade [pretensa ausência de fatores condicionantes] da nossa compreensão, na qual nos guiamos pelo padrão da compreensibilidade, o outro se mostra a partir do próprio, e isso se dá de tal modo que ele não se expressa mais, em absoluto, como próprio e como outro. O objetivismo histórico, na medida em que apela para o seu método crítico, oculta o entrelaçamento efeitual-histórico em que se encontra a própria consciência histórica. É verdade que, graças ao seu método crítico, ele desmorona a arbitrariedade e o capricho de certos atualizadores congraçamentos com o passado, mas com isso ele se livra da má consciência de negar aquelas pressuposições que não são arbitrárias nem aleatórias, mas sustentadoras, as quais guiam seu próprio compreender; dessa forma, negligencia a verdade que seria acessível apesar de toda finitude de nossa compreensão. Nisso, o objetivismo histórico se assemelha à estatística, que é um meio propagandístico tão distinto por deixar falar a linguagem dos fatos, e aparenta assim uma objetividade que, na verdade, depende da legitimidade de seu questionamento. [...] A consciência da história efeitual [da eficácia] é em primeiro lugar consciência da *situação* hermenêutica. No entanto, o tornar-se consciente de uma situação é uma tarefa que em cada caso reveste uma dificuldade própria. O conceito de situação se caracteriza pelo fato de não nos encontrarmos diante dela e, portanto, não podermos ter um saber objetivo sobre ela. Nós estamos nela; já nos encontramos sempre numa situação, cuja iluminação é a nossa tarefa, e esta nunca pode se cumprir por completo. Isso vale também para a situação hermenêutica, isto é, para a situação em que nos encontramos face à tradição que queremos compreender. Também a iluminação dessa situação, isto é, a reflexão da história efeitual [da eficácia], não pode ser plenamente realizada, mas essa impossibilidade não é defeito da reflexão; ela encontra-se na essência mesma do ser histórico que somos. *Ser histórico quer dizer não se esgotar nunca no saber-se.* Todo saber-se procede de um dado histórico prévio, que chamamos, com Hegel, "substância", porque suporta toda opinião e comportamento subjetivo e, com isso, prefigura e delimita toda possibilidade de compreender uma tradição em sua alteridade histórica. [...] Todo presente finito tem seus limites. Nós determinamos o conceito da situação justamente pelo fato de que representa uma posição que limita as possibilidades de ver. Ao conceito da situação pertence essencialmente, então, o conceito de *horizonte*. Horizonte é o âmbito de visão que abarca e encerra tudo o que é visível a partir de um determinado ponto. Aplicando-se à consciência pensante, falamos então da estreiteza do horizonte, da possibilidade de ampliar o horizonte, da abertura de novos horizontes etc. A linguagem filosófica empregou essa palavra, sobretudo desde Nietzsche e Husserl, para caracterizar a vinculação do pensamento à sua determinidade finita e para caracterizar, com isso, a lei do progresso de ampliação do âmbito visual. Quem não tem um horizonte é alguém que não vê suficientemente longe e que, por conseguinte, supervaloriza o que lhe está mais próximo. Pelo contrário, ter horizontes significa não estar limitado ao que há de mais próximo, mas poder ver para além disso. Quem tem horizontes sabe valorizar corretamente o significado de todas as coisas que caem dentro deles, segundo os padrões de próximo e distante, de grande e pequeno. A elaboração da situação hermenêutica significa então a obtenção do horizonte de questionamento correto para as questões que se colocam frente à tradição.

GADAMER, H.-G. *Verdade e método*. Tradução Flávio Paulo Meurer. Petrópolis: Vozes, 1999. p. 450-452.

SUGESTÕES BIBLIOGRÁFICAS

HAACK, S. *Filosofia das Lógicas*. Tradução Cezar A. Mortari e Luiz Henrique A. Dutra. São Paulo: UNESP, 2002.

LEOPOLDO E SILVA, F. *Bergson:* intuição e discurso filosófico. São Paulo: Loyola, 1993.

LEVY, L.; ZINGANO, M.; PEREIRA, L. C. (Org.) *Metafísica, Lógica e outras coisas mais*. Rio de Janeiro: Nau, 2011.

PRADO JÚNIOR, B. *Erro, ilusão e loucura*. São Paulo: Editora 34, 2004.

UNIDADE 2 TEMAS TRATADOS FILOSOFICAMENTE

CAPÍTULO 1 O sentido da existência

OBJETIVO

Tratar de maneira filosófica o tema do sentido da existência, esclarecendo que o primeiro papel da Filosofia não é oferecer uma resposta para a pergunta sobre tal sentido, mas investigar o que está implicado nela e analisar se há uma possibilidade estritamente racional de justificar alguma resposta dada.

CONSIDERAÇÕES METODOLÓGICAS

A estratégia do capítulo é explorar três atitudes filosóficas "clássicas", dando a estrutura mesma do texto: 1) não é possível falar sobre algo como um sentido da existência; 2) é possível falar filosoficamente sobre o sentido da existência e também justificar racionalmente essa fala; 3) afirmar que a existência é absurda, quer dizer, não tem sentido. O núcleo dessa abordagem é o esclarecimento da diferença que se pode estabelecer entre *sentido* e *significado*. Aqui é importante ter em mente que essa diferença (tal como assumida neste capítulo) não seria adotada por todos os filósofos. Por isso mesmo, trata-se de uma diferença estabelecida de maneira ampla, a fim de tomar o termo *sentido* como indicação de uma experiência em "segundo grau", isto é, que vai além do grau primeiro da percepção imediata das coisas, requerendo um trabalho que alia observação e reflexão. Já *significado* remeteria aos conteúdos que percebemos diretamente (independentemente da preocupação com o estatuto da percepção).

Como estratégia complementar, insere-se uma breve reflexão sobre o modo como os textos bíblicos são muitas vezes utilizados como fonte de debate científico a respeito da origem e do destino do mundo. Cabe situar filosoficamente, e com grande respeito pela sensibilidade religiosa dos estudantes, o papel dos textos bíblicos no campo do sentido que cada cidadão pode dar à existência, e não no campo de um significado que seria óbvio, embora em diferentes contextos esse seja o teor identificado na Bíblia. Daí a necessidade de uma atitude duplamente respeitosa, pois, a rigor, não há nada de irracional ou antifilosófico em ter fé religiosa e pautar a existência por um sentido encontrado nos textos bíblicos. O que se apresenta como inadequado é pretender que o discurso científico e o discurso bíblico sejam do mesmo tipo (o que resultaria em contradição). Ao se explicitar a diferença entre os dois discursos, é possível até pensar em formas de diálogo entre ambos.

PROPOSTA DE ESQUEMA VISUAL

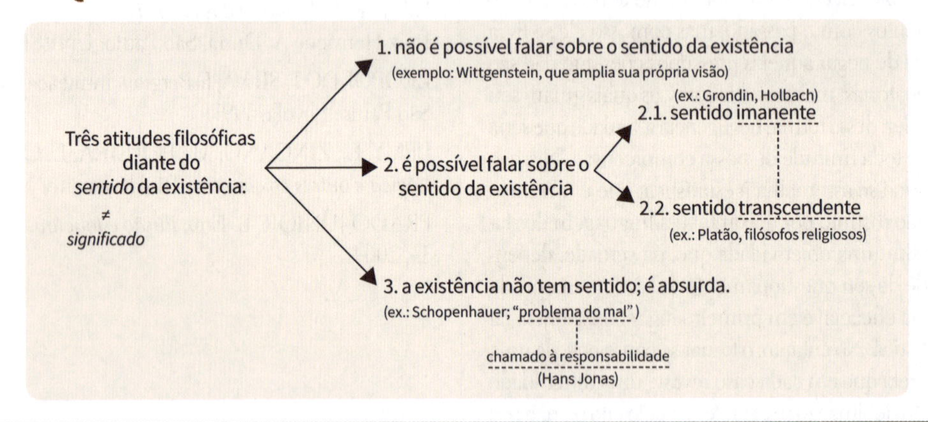

RESPOSTAS AOS EXERCÍCIOS

EXERCÍCIO A (p. 75)

1. *Com base no exemplo das placas de trânsito, diferencie* significado *e* sentido.

Significado é o conteúdo básico da identidade de algo. Sentido é um conjunto de significados que, tomados em conjunto, exprimem uma ideia mais ampla. Por exemplo, o significado da placa com uma buzina cortada é a proibição de buzinar ou de emitir sons altos. Já o seu sentido é que na redondeza pode haver um hospital.

2. *Quais as duas maneiras básicas de exprimir o sentido de algo?*

A partir da explicação de sua origem e de sua finalidade: algo pode ser explicado pela indicação de suas causas, de como e onde surge ou de seu fim/objetivo.

3. *De onde vem o inconveniente fundamental de pretender falar sobre o* sentido da existência *entendido como* origem?

Por um lado, porque qualquer afirmação sobre essa origem,

mesmo a científica, guarda sempre alguma incerteza, tornando esse conhecimento apenas provável, já que, para fazer uma afirmação absoluta sobre a origem da existência, seria preciso ter vivido e presenciado o momento de tal origem. Por outro lado, o mundo, sede da existência, pode ter sempre existido, sem um começo temporal, o que anularia um discurso sobre a sua origem.

EXERCÍCIO B (p. 77)

1. *O que leva alguns filósofos a considerar falsa a pergunta pelo sentido da existência?*

A ideia de que essa pergunta não pode ser respondida, uma vez que esse sentido não passa pela nossa percepção e pela nossa experiência. Para conhecer o sentido da existência seria preciso uma experiência da existência como um todo; caso contrário, não há possibilidade de um discurso racional sobre esse sentido.

2. *Por que, segundo a obra* Tratado lógico-filosófico, *de Wittgenstein, a linguagem representa o "mundo"?*

Porque, para ser compreensível (ter significado e sentido), o pensamento ou a linguagem precisam representar estados de coisas que podem ser observados e experimentados por todos, uma vez que os nomes substituem e traduzem as coisas e as relações entre as coisas. Assim, o "mundo" é aquilo que é representado pela linguagem.

3. *O que significa, no pensamento wittgensteiniano, afirmar que o sentido da existência está fora do "mundo"?*

Como, para Wittgenstein, a linguagem representa estados de coisas ou o "mundo", o que não pode ser dito pela linguagem não pertencente ao "mundo". Assim, como não podemos observar e experimentar a totalidade da existência nem sequer algo que seja o seu sentido, esse sentido está fora da linguagem e, consequentemente, fora do "mundo".

EXERCÍCIO C (p. 84)

1. *Conhecendo a postura filosófica segundo a qual, mesmo que houvesse um sentido para a existência, não seria possível falar sobre esse sentido, explique o que permite a outros filósofos defender a ideia de que é, sim, possível falar dele.*

O que permite a alguns filósofos defender a ideia de que é possível falar de sentido da existência é o fato de eles entenderem por *existência* não a existência como um todo, com um sentido único, um bloco indiviso, mas sim o ato de existir, que é comum a todos os seres com os quais nos relacionamos e que pode ser experimentado por todos.

2. *Por que, segundo Jean Grondin, o comportamento dos animais seria uma prova de que o sentido da existência não é uma construção humana?*

Porque um animal também "sente" esse sentido e o segue sem a necessidade de refletir. Ele é capaz de perceber quando algo o ameaça ou o preserva, mesmo sem pensar e mesmo estando sujeito a erro.

3. *O que é um* sentido imanente *e o que é um* sentido transcendente?

Um sentido imanente é aquele que pode ser encontrado na própria existência, sem remeter a algo externo ou diferente do mundo. Um sentido transcendente é aquele que é diferente do mundo, de natureza não material e, portanto, não percebido pelos cinco sentidos.

4. *Falar de algo transcendente significa falar necessariamente de algo que está fora do "mundo"?*

Não necessariamente. De um modo geral, entende-se como transcendente algo que esteja separado e "fora" do mundo material. Porém, alguns filósofos – entre eles Platão – entenderam o transcendente como algo que, embora totalmente diferente do mundo, está diretamente presente na matéria, permeando e organizando o mundo de modo imanente.

5. *Pode-se provar cientificamente a existência ou a inexistência de Deus com base nas hipóteses de que o "mundo" teve um começo ou de que ele é eterno?*

Não. Qualquer resposta sobre o começo ou a eternidade do mundo é sempre marcada de dúvida. Caso se considere como provada a afirmação de que o universo teve origem em uma explosão inicial, é possível pensar que Deus foi a causa dessa explosão. Por outro lado, se for provado que o universo sempre existiu, ainda é possível pensar que Deus sustenta o universo eternamente. Desse modo, nem a Ciência pode provar rigorosamente que Deus não existe, nem os religiosos podem provar rigorosamente que ele existe. O conceito de Deus é transcendente, e, se ele não é uma parte do mundo, sua existência não pode, a rigor, ser provada nem refutada.

EXERCÍCIO D (p. 86)

1. *Segundo Arthur Schopenhauer, qual é a prova direta de que a existência não tem valor real em si mesma?*

A frustração que acompanha a experiência humana em sua busca por prazer e satisfação. Para Schopenhauer, logo após a satisfação dos desejos vem o tédio e a sensação de vazio. Ao olharmos para a existência sem estarmos envolvidos na busca por prazer e satisfação, vemos que ela é vazia, entediante e sem valor em si mesma.

2. *O que significa o* problema do mal *segundo autores como Albert Camus?*

O problema do mal está relacionado ao sofrimento dos inocentes: se existe um sentido bom para o mundo, como entender o sofrimento de crianças, por exemplo?

3. *Como Hans Jonas reinterpreta a revolta contra o absurdo da existência?*

Ele pensa que o caráter absurdo da vida pode ser transformado em ocasião para os seres humanos se tornarem melhores, desenvolvendo a responsabilidade por si mesmos e pelo "mundo", sem esperar pela intervenção de um ser transcendente.

4. *Faça um exercício de meditação (reflexão silenciosa sobre a sua própria vida) e procure perceber se você já experimentou o sentimento de revolta. O que motivou esse sentimento? Como você o viveu? Ele interferiu em seu modo de ver a vida?*

Resposta pessoal. Caso a resposta seja afirmativa, é importante que os estudantes procurem detectar as causas e as consequências de sua experiência, bem como justificar suas respostas.

EXERCÍCIOS COMPLEMENTARES (p. 87)

1. Dissertação de síntese filosófica

Espera-se que os estudantes consigam articular os diferentes passos indicados no exercício ("esqueleto" ou "armação" da resposta), tomando por base o modelo de redação de síntese filosófica (p. 138).

2. Pesquisa

O intuito é reforçar a prática de interpretação e compreensão de textos, observando a importância de dar atenção aos termos que aparecem entre aspas em qualquer tipo de leitura e destacando que em Filosofia esse aspecto adquire ainda mais relevância, dado que é inerente à disciplina apresentar, por vezes, sentidos completamente novos em relação ao uso ordinário dos termos.

3. Atividade interdisciplinar

Espera-se com esta atividade esclarecer que a atividade filosófica parte, em geral, dos resultados dos outros saberes, com especial relevância para a Ciência. Com a comparação de teses científicas, tal como proposta pelo exercício, espera-se que os estudantes percebam o modo como são construídas suas justificativas. Prestar esse tipo de atenção equivale a desconstruí-las.

4. Leitura complementar

Espera-se que, em grupo ou individualmente, os estudantes cultivem a atividade de reflexão, tomando por motivação o horizonte de possibilidades aberto pela arte na atividade de constituição de sentidos para a existência.

PROPOSTA DE ATIVIDADE COMPLEMENTAR

Como forma de investigar filosoficamente um documento não tecnicamente filosófico, pode-se estudar o seguinte conto, tendo em vista elementos imponderáveis da existência, os quais recebem sentidos diferentes em função das vivências dos indivíduos e dos grupos:

Diferentes faces da vida

Conto chinês

Durante uma feira, na primavera, um camponês chinês comprou uma bela égua. Todas as suas economias foram investidas nela. Mas, desgraça! Mal o camponês a colocou atrás das cercas de seu quintal e, na mesma noite, ela escapou e fugiu na direção da fronteira dos mongóis, com quem os chineses não tinham boas relações. Nem adiantava sonhar em ir atrás dela.

Os vizinhos vieram consolá-lo. Mas esse camponês era sábio.

– Nuvens no Céu trazem, às vezes, uma chuva benéfica para a agricultura. Assim também uma coisa boa pode nascer de uma desgraça. Deixemos a vida seguir seu ritmo. Quem sabe o que acontecerá?

De fato, alguns dias mais tarde, a égua voltou, acompanhada de um belo cavalo dos mongóis.

Todo o vilarejo veio admirar e felicitar o camponês por sua boa sorte.

– É... Talvez seja mesmo sorte. Mas quem conhece o fundo das coisas? O Sol que nos ilumina pode também nos queimar...

Desgraça, o futuro lhe deu razão. Seu filho ficou encantado com o cavalo e passou horas tentando montá-lo. Mas o animal era arisco. Num salto, jogou o filho do camponês à terra, quebrando-lhe uma perna.

Vieram novamente os vizinhos, agora à cabeceira do menino. Os comentários eram sobre a falta de sorte do camponês. Para piorar, a época da colheita aproximava-se, mas o menino não poderia ajudar o pai.

O camponês, então, respondeu com sabedoria:

– Este mundo está em perpétua mudança. Quem sabe se as calamidades não se tornam bênçãos? Pensem na lava dos vulcões... Ela devasta tudo o que encontra pela frente, mas deixa atrás de si uma camada muito fértil.

Antes mesmo da colheita, a China e os mongóis entraram em guerra. Todos os jovens do vilarejo foram convocados, menos o filho do camponês, que estava de cama. Ele foi um dos únicos a sobreviver ao massacre da guerra. Sua vida foi salva por uma perna quebrada!

CONTO chinês anônimo. In: PIQUEMAL, M. *Les philo-fables*. Paris: Albin Michel, 2008. p. 45-47. (As filofábulas. Tradução nossa.)

LEITURA DE APROFUNDAMENTO E PROBLEMATIZAÇÃO FILOSÓFICA

Embora Sigmund Freud não seja reconhecido unanimemente como filósofo, seu trabalho oferece dados de grande interesse filosófico (seja para aceitá-los, seja para refutá-los). Nesse sentido, o texto abaixo oferece elementos importantes para conhecer a visão freudiana do tema do sentido da vida e da busca da felicidade.

O sentido da vida humana é a busca da felicidade

Sigmund Freud

A questão da finalidade da vida humana foi colocada inúmeras vezes. Jamais obteve uma resposta satisfatória e talvez nem sequer a admita. [...] Só a religião sabe responder à pergunta sobre a finalidade da vida. [...] Por essa razão, passaremos a uma pergunta mais modesta: o que os próprios seres humanos, por meio de seu comportamento, revelam ser a finalidade e o propósito de suas vidas? O que exigem da vida e o que nela querem alcançar? É difícil errar a resposta: eles aspiram à felicidade, querem se tornar felizes e assim permanecer. Essa aspiração tem dois lados, uma meta positiva e outra negativa: por um lado, a ausência de dor e de desprazer; por outro, a vivência de sensações intensas de prazer. Em seu sentido literal mais estrito, "felicidade" refere-se apenas à segunda. Correspondendo a essa bipartição das metas, a atividade dos seres humanos se desdobra em duas direções, segundo busquem realizar uma ou outra dessas metas.

Como se percebe, o que estabelece a finalidade da vida é simplesmente o programa do princípio do prazer.

FREUD, S. *O mal-estar na cultura*. Tradução Renato Zwick. Porto Alegre: L&PM, 2010. p. 61-62.

SUGESTÕES BIBLIOGRÁFICAS

BOFF, C. *O livro do sentido:* crise e busca de sentido hoje (Parte crítico-analítica). São Paulo: Paulus, 2015.

CRITELLI, D. M. *Analítica do sentido:* uma aproximação e interpretação do real de orientação fenomenológica. São Paulo: Brasiliense, 2006.

CRITELLI, D. M. *História pessoal e sentido da vida:* historiobiografia. São Paulo: EDUC & FAPESP, 2009.

DELEUZE, G. *A lógica do sentido.* Tradução Luiz Roberto Salinas Fortes. São Paulo: Perspectiva, 2015.

LE BRETON, D. *Antropologia dos sentidos.* Petrópolis: Vozes, 2016.

CAPÍTULO 2 A felicidade

OBJETIVO

Tratar do tema da felicidade, mostrando, por um lado, que é possível investigar filosoficamente a felicidade por meio da sua relação com o tema do prazer e, por outro lado, que a felicidade pode ser entendida como atividade (e não como estado psicológico, a despeito do uso corrente do termo).

CONSIDERAÇÕES METODOLÓGICAS

A estratégia adotada no capítulo é iniciar pela concepção de prazer e passar à compreensão da felicidade como soma dos prazeres ou como algo diferente da soma dos prazeres. O item 2, *A felicidade e o conjunto dos prazeres*, pode ser subdividido em quatro partes: (a) o utilitarismo; (b) a revisão do utilitarismo; (c) a posição de G. E. Moore; (d) o problema dos universais. Essa última parte pode ser estudada logo depois do item (b), tal como aparece graficamente no capítulo; tudo depende do andamento de cada turma segundo a percepção dos professores. A vantagem de tratá-la logo depois de (b) é esclarecer melhor a revisão do utilitarismo; mas o grau de abstração que ela exige pode ser uma dificuldade. Por esse motivo, ela talvez deva ser tratada em quarto lugar ou mesmo ao final do capítulo.

Para passar da reflexão sobre a felicidade em relação aos prazeres ao último item do Capítulo 2 (*A felicidade como atividade e plenitude*), a estratégia é explorar a concepção corrente da felicidade como algo que se possui (assim como os prazeres seriam “possuídos”). A partir daí, torna-se mais compreensível, por contraposição, a felicidade como atividade cujo sentido é dado por um ideal de plenitude. Numa palavra, trata-se de passar do item 2 ao 3 por meio da análise crítica da felicidade como estado psicológico e da proposta de entendê-la como exercício ou atividade de que cada indivíduo pode cuidar ou descuidar. Especificamente no tocante ao problema dos universais, é possível também estudá-lo em outros momentos do livro, sobretudo no Capítulo 5, na apresentação da Teoria das Ideias ou das Formas de Platão, pois as Ideias ou Formas constituem rigorosamente realidades universais.

Na página 440 propõem-se dois esquemas: uma síntese do capítulo e a natureza da alma segundo Aristóteles.

RESPOSTAS AOS EXERCÍCIOS

EXERCÍCIO A (p. 94)

1. Releia o texto de Diógenes Laércio e mostre o papel das frases abaixo na argumentação que leva a considerar a felicidade como a soma de todos os prazeres:

Os seres vivos procuram o prazer e fogem da dor.
O prazer deve ser nossa finalidade porque a Natureza nos leva a isso desde a infância.

Essas duas frases são os fundamentos da conclusão de que a felicidade é a soma de todos os prazeres, pois, se os seres vivos procuram o prazer e fogem da dor; se a Natureza os leva a essa procura e a essa fuga desde a infância; e se felicidade pode ser vista como a finalidade da vida humana (algo que se manifestaria desde a infância), então há condições para afirmar que a soma dos prazeres é a felicidade.

2. Por que a tranquilidade ou a ausência da dor não são a felicidade, segundo os cireneus?

Se todos os prazeres são corporais, não havendo um mais sensível que outro, então o prazer é algo que se sente, provocando satisfação e sensação agradável. Se a felicidade é ligada ao prazer e se a tranquilidade como ausência de dor é indiferente (não é prazer, já que não proporciona satisfação), então a tranquilidade ou a ausência de dor não são a felicidade.

3. Indique o aspecto em que Epicuro concorda com os cireneus e o ponto em que ele discorda deles.

Epicuro concorda com os cireneus ao dizer que a felicidade é o prazer, mas discorda ao afirmar que ela também é composta pela tranquilidade ou pela ausência de dor.

4. Por que Epicuro tem necessidade de defender a tranquilidade ou a paz da alma?

Porque os prazeres, na compreensão de Epicuro, não são capazes de satisfazer completamente a alma. Eles não duram, levando os seres humanos a uma constante busca e insatisfação. Por essa razão, a tranquilidade deve ser vivida no corpo e na alma: no corpo, como ausência de dor, e na alma, como ausência de perturbação.

5. O que significa afirmar que, segundo Epicuro, a prudência é condição necessária e suficiente para a felicidade?

A prudência torna o ser humano apto para ponderar e escolher o melhor encaminhamento de seus desejos, buscando prazeres úteis ao bem do corpo e da alma e evitando os prazeres inúteis (os que não são nem necessários nem naturais). Dessa perspectiva, a prudência é condição necessária (pois sem ela não se tem felicidade) e suficiente (porque, com ela, envolvem-se os prazeres e a tranquilidade do corpo e da alma). A vida feliz, segundo Epicuro, corresponde não apenas à busca dos prazeres, mas também à ponderação sobre o melhor (prudência).

PROPOSTA DE ESQUEMA VISUAL

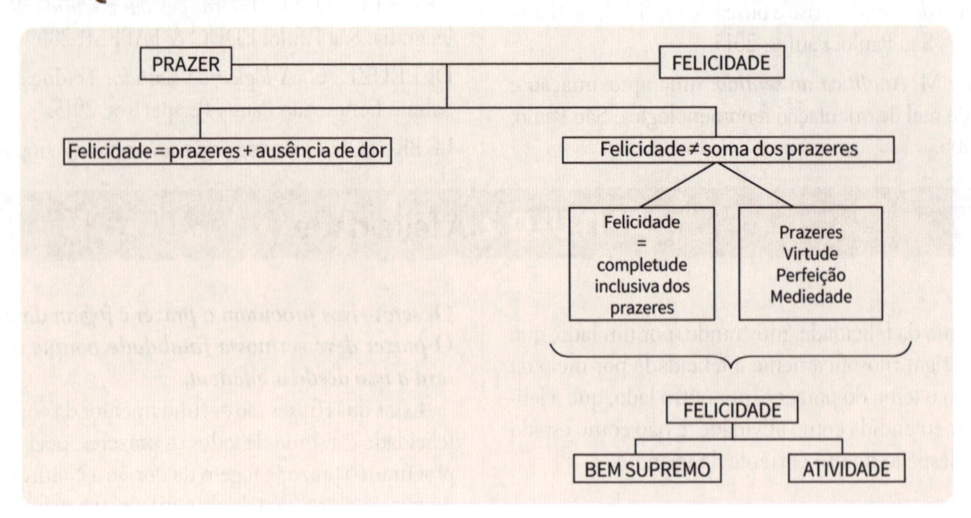

ESQUEMA DIDÁTICO DA NATUREZA DA ALMA SEGUNDO ARISTÓTELES

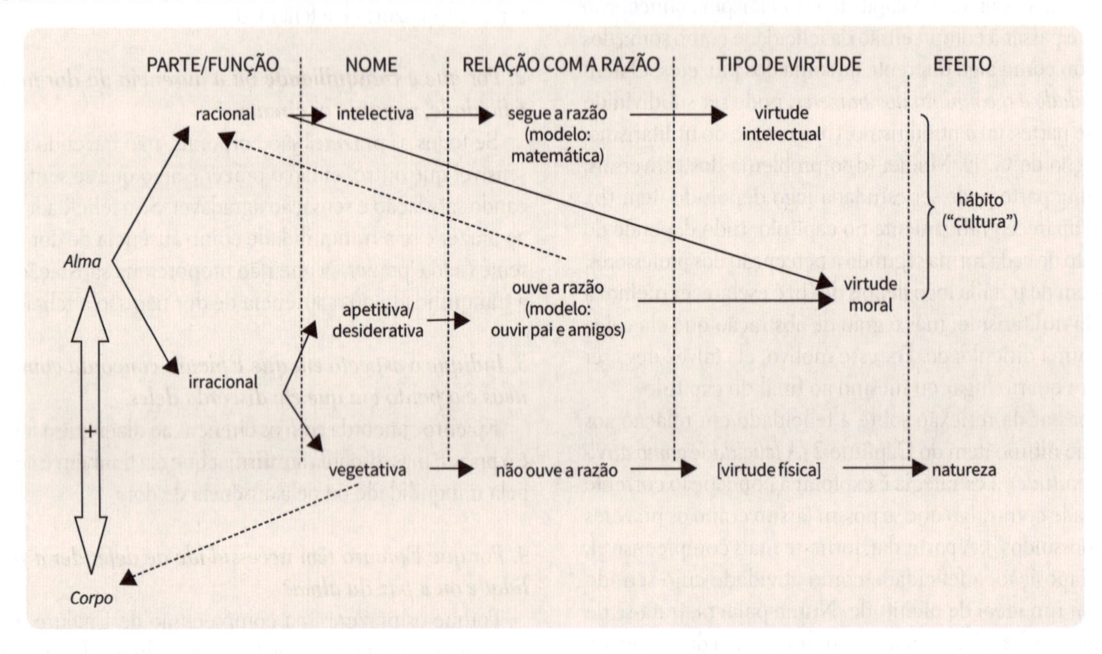

EXERCÍCIO B (p. 101)

1. *Aponte em que aspectos a filosofia utilitarista da felicidade se aproxima e se distancia dos pensamentos cirenaico e epicurista sobre a felicidade.*

Assim como o cirenaísmo e o epicurismo, a filosofia utilitarista situa no coração do ser humano um misto de pensamento e desejo, isto é, uma mescla de possibilidades racionais (atividade do pensamento e da decisão) e possibilidades irracionais (não resultantes de pensamento, mas vividas como impulsos naturais). Além das funções corporais básicas (nutrição, conservação, reprodução, sensação), a vida humana contém uma saudável tensão entre aquilo que se pode conhecer e escolher e aquilo que nela brota como impulso. Porém, ao associar a felicidade com as coisas desejadas e produtoras de prazer ou com ausência de dor, a visão utilitarista aproxima-se mais do cirenaísmo do que do epicurismo. Volta-se atrás na inversão realizada por Epicuro e põe-se novamente a felicidade sob a orientação do prazer.

2. *Descreva o utilitarismo e o naturalismo.*

O utilitarismo é uma postura filosófica que concebe o agir humano em função da felicidade, que, por sua vez, seria apenas o conjunto dos prazeres e a ausência de dor. Os pensadores utilitaristas adotam o método científico e consideram verdadeiro apenas o que pode ser observado fisicamente, sem nenhum apelo para conceitos universais e transcendentes. Dessa perspectiva, o naturalismo é uma versão radical do utilitarismo, pois, ao conceber a felicidade, leva ao máximo a atitude de permanecer no nível das coisas cotidianas e das realidades físicas, imanentes ao mundo, sem nenhum caráter transcendente.

3. *Explique as dificuldades que alguns filósofos encontram tanto no utilitarismo como no naturalismo.*

Como os naturalistas e utilitaristas afirmam que a felicidade não é nada em si mesma, mas apenas a somatória dos prazeres, alguns filósofos entendem que, mesmo de um ponto de vista estritamente naturalista não é possível sustentar essa concepção da felicidade, já que a experiência concreta só nos mostra que o ser humano busca prazer e foge da dor em situações concretas e particulares; a experiência não permite observar algo como uma regra geral que ensinaria essa concepção precisa da felicidade. Também é preciso notar que dizer "o prazer é um bem" não é o mesmo que dizer "o bem (a felicidade) é o prazer". Para Moore, por exemplo, trata-se de uma tautologia que extrai uma conclusão falsa de sua afirmação (uma falácia da tautologia).

4. *Explique o que significa afirmar que Moore elabora uma filosofia da felicidade transcendente.*

Para Moore, o Bem Supremo é aquilo que é desejado pelos humanos acima de todas as outras coisas, qualificando todas as coisas boas ao modo de um padrão absoluto ou de um modelo perfeito. Como os seres humanos buscam sempre o máximo de bem, eles desejam não apenas os bens particulares, mas também o Supremo Bem. Porém, o máximo bem não se reduz a nenhum dos bens particulares, uma vez que eles não podem definir o Bem completamente. Nesse sentido, o Bem é indefinível e não pode ser compreendido nem sequer pela soma de todos os bens particulares. Mas é possível apontar na sua direção, já que ele está presente (em maior ou menor grau) em cada uma das coisas boas. Como uma fonte que dá a bondade de tudo o que consideramos bom, o Bem da filosofia de Moore pode ser considerado como a afirmação de uma transcendência que age na mais profunda imanência.

EXERCÍCIO C (p. 103)

1. *O que motiva algumas pessoas a associar a felicidade apenas a momentos passageiros de alegria e satisfação?*

Certa confusão que tende a conceber a felicidade como um mero estado psicológico de satisfação (momentos felizes). Essa confusão aparece no uso do verbo "estar" para falar da felicidade: embora normalmente ninguém deseje a felicidade a outrem por meio da frase "esteja" feliz, mas "seja" feliz, costumamos pensar geralmente que "estamos" felizes e não que "somos" felizes.

2. *O que significa, segundo Aristóteles, dizer que a felicidade é uma atividade?*

Para Aristóteles, mais do que um estado psicológico de bem-estar e satisfação, passivo e dependente de causas exteriores, a felicidade é uma atividade da alma, ressaltando o caráter ativo na construção de uma vida feliz. Assim, a felicidade seria uma prática e um modo de ser, e não apenas um estado passageiro de satisfação.

EXERCÍCIOS COMPLEMENTARES (p. 104)

1. *Análise de documento musical*

Com base na ideia de felicidade apresentada na letra da música (ligada à "proibição da dor" e entendida como uma imposição), espera-se que o estudante trace um paralelo com o conceito que define a felicidade como soma dos prazeres e ausência de sofrimento, distinguindo-o da concepção de felicidade como atividade. O fundamental é que seja apresentada a contraposição entre "ter felicidade" (o caráter efêmero do fato de "ter prazer" e vivê-los no âmbito psicológico) e "ser feliz" (o sentido de plenitude buscado pela atividade a ser exercitada pela prática da prudência e do cuidado de si). A "ditadura da felicidade" do mundo contemporâneo, ao produzir uma obsessão por "ter felicidade", acaba desviando a atenção da reflexão sobre o que significa "ser feliz".

2. *Filosofia grega e sabedoria oriental*

Espera-se que os estudantes identifiquem semelhanças e diferenças entre formas filosóficas gregas e formas orientais de sabedoria. Não se trata de pretender uma assimilação dessas formas, como se elas tivessem os mesmos objetivos e mesmos métodos, mas de perceber que, por caminhos diferentes, muitas vezes são obtidas conclusões parecidas. Os professores podem beneficiar-se da reflexão sobre a Filosofia "ocidental" e sabedorias "não ocidentais" ou "não filosóficas" proposta nas páginas 413-414, e mesmo trabalhar essa problemática com os estudantes em sala de aula.

PROPOSTA DE ATIVIDADE COMPLEMENTAR

Dividir a turma em quatro grupos de acordo com as seguintes áreas de interesse: arte, ciência, religião e economia. Cada grupo, segundo sua área, lê um dos textos abaixo e reflete sobre as indicações que acompanham cada texto. Ao final, cada grupo expõe para a sala, em plenária, o resultado da discussão. Na plenária, todos podem contribuir para a reflexão, fazendo comentários ou perguntas sobre os temas dos diferentes grupos.

Arte e felicidade

Luigi Pareyson

Qualquer atividade humana e, portanto, também a arte, está dirigida por uma iniciativa pessoal: a pessoa a realiza com um ato seu de liberdade; considera-a como um fim ao qual dedicar-se; exercita-a com a consciência de encontrar nela uma afirmação de si; colore-a com todos aqueles sinais que conferem uma tarefa a uma pessoa concreta, como o dever, a dedicação, a paixão, o interesse; considera seus resultados, isto é, as obras, como realidades nas quais reconhece o próprio valor, com que substanciar a própria consistência histórica, de onde extrair os lineamentos do próprio perfil. Tudo isto diz respeito não somente à consciência humana e moral do artista, mas também à própria arte, porque alude ao significado espiritual dela: é o ponto onde, necessariamente, a consideração da obra se faz consideração biográfica e o conhecimento do lugar que a arte ocupa na consciência de um artista se torna chave para interpretar a sua arte, qualificação da sua poesia.

PAREYSON, L. *Os problemas da estética*. Tradução Maria Helena N. Garcez. São Paulo: Martins Fontes, 1989. p. 85-86.

1. Segundo o texto, a arte é uma forma de a pessoa se afirmar. Nas obras, cada artista reconhece seu próprio valor. Você produz alguma forma de arte? Música? Pintura? Dança? Escultura? Que tipo de arte você prefere?

2. Com base no texto, podemos dizer que a arte é uma forma de praticar a felicidade?

3. A arte poderia ser, para os seres humanos, um sinônimo de felicidade?

Ciência e felicidade

Jornal O Globo

Uma sociedade que vive sob o "imperativo da felicidade", mas enfrenta a depressão como um dos principais males da atualidade: essa contradição e a constante busca da felicidade foram temas de debate na oitava e última edição do ano dos Encontros O GLOBO Saúde e Bem-Estar, realizado na quarta-feira, 14 de novembro de 2012. Se o assunto foi relegado ao segundo plano no passado, hoje as formas de se alcançar esse estado de espírito têm conquistado as atenções da neurociência e da medicina e já fazem parte das diretrizes de entidades de saúde. [...]

Repensar valores, priorizando relações afetivas e não apenas o acúmulo de bens, foi uma das principais orientações dos especialistas para pessoas que pretendem caminhar rumo à felicidade. O conselho é antigo, mas a fundamentação da ciência hoje comprova essa crença.

O psicólogo João Ascenso, mestre em neurociência pela Universidade de Londres, cita, por exemplo, o estudo do neurocientista da UFRJ, Jorge Moll Neto, com quem desenvolve seu trabalho de doutorado. Uma pesquisa do cientista revelou que o chamado sistema de recompensa mesolímbico do cérebro [circuito da dopamina, hormônio e neurotransmissor ligado ao controle cerebral dos movimentos, emoções, aprendizado, sono e memória], onde se manifestam as sensações de prazer, é ativado pelo indivíduo que escolhe fazer o bem.

"Nos experimentos, ele mostrou que, quando doamos dinheiro para uma instituição de caridade, ativamos o nosso sistema cerebral de prazer mais intensamente se comparado a quando recebemos dinheiro", afirmou Ascenso. "Isso significa que temos um sistema biológico programado que nos dá mais prazer fisiológico ao doar do que ao receber. É uma informação biológica que não tem nada a ver com cultura nem religião e que vira de cabeça para baixo toda a nossa estrutura social."

Segundo Ascenso, a ciência vem estudando assuntos antes relativos às filosofias e às religiões; e citou o Brasil como um dos líderes nessa área. A ressonância magnética é o principal instrumento usado nas pesquisas e, com isso, os cientistas podem avaliar as reações cerebrais a cada tipo de estímulo, que são os mais variados. Caridade, relações amorosas e de amizade, confiança e perdão são algumas das ações que foram testadas cientificamente e relacionadas com a felicidade e a saúde.

Para o pesquisador, o ganho dessa mudança de perspectiva é definir práticas para desenvolver maior bem-estar psíquico. Segundo ele, inclusive, isso poderia começar a ser aprendido nas escolas.

"Somos praticamente analfabetos emocionais, analfabetos relacionais", apontou Ascenso. "A nossa sociedade está investindo em coisas exteriores, mas a educação não está focando em melhorar a qualidade dos nossos sentimentos; não aprendemos a aprofundar a qualidade das relações que temos com os outros. Não temos estruturas sociais e educacionais que nos ajudem com isso." [...]

OS CAMINHOS da Felicidade. *Jornal O Globo*, Rio de Janeiro, 17 nov. 2012. Disponível em: <http://oglobo.globo.com/sociedade/saude/os-caminhos-da-felicidade-6758750>. Acesso em: 28 ago. 2014.

1. Com base no texto, a experiência da felicidade é ligada à estrutura cerebral. Baseie-se no exemplo da doação de dinheiro para instituições de caridade e explique como essa estrutura produz felicidade.

2. Filosoficamente, é possível problematizar essa posição. Veja: nada impede de dizer que boas ações estimulam certas partes do cérebro, gerando prazer. A ciência mostra isso. Porém, como entender que algumas pessoas tenham prazer praticando más ações? Elas têm um problema no cérebro? Se o problema delas está no funcionamento cerebral, seria possível tratar essas pessoas com medicação? Como entender também que algumas pessoas pratiquem ações más, pensando que são ações boas? Ainda, como entender que pessoas tenham prazer com o sofrimento? É possível que o cérebro delas esteja enganado? Que ele associe dor a prazer?

3. O texto foi escrito por um jornalista. Pode ser que ele não tenha entendido tudo o que disse o psicólogo João Ascenso. Mas isso, aqui, não tem importância; afinal, muitas pessoas falam exatamente dessa maneira a respeito das descobertas científicas sobre o funcionamento do cérebro. Então, reflita: ao afirmar que o cérebro "produz" felicidade, não a reduzimos apenas às sensações de prazer? Isso é filosoficamente correto? Ainda: o fato de dizermos que nossa vida emocional, psíquica, depende do cérebro dá base para afirmarmos que é o cérebro que produz nossa vida psíquica?

Religião e felicidade

Agostinho de Hipona

[Trecho de um diálogo do filósofo Agostinho de Hipona com seus amigos e sua mãe]

Retomando o diálogo, prossegui:

– Queremos ser todos felizes?

Apenas havia pronunciado tais palavras, que a uma só voz e espontaneamente aprovaram.

– E que vos parece: quem não tem o que quer é feliz?

– Não – responderam em uníssono.

– Como? Mas então, quem tem o que quer será feliz?

Minha mãe, nesse ínterim, tomou a palavra:

– Sim. Se essa pessoa deseja e possui o Bem, será feliz. Mas, se deseja coisas más, ainda que as possua, será infeliz.

Sorrindo e deixando transparecer a minha alegria, disse à minha mãe:

– Alcançaste decididamente o cume da Filosofia. [...]

– Portanto, está entendido que ninguém pode ser feliz sem

possuir o que deseja, mas, por outro lado, não basta ter o que se deseja para ser feliz.

Todos concordaram. [...]

– Então, o que o ser humano precisa conseguir para ser feliz? [...] Isso significa ser necessário que se procure um bem permanente, livre das variações da sorte e das vicissitudes da vida. Ora, não podemos adquirir por conta própria, tampouco conservar para sempre, aquilo que é perecível e passageiro. [...] O que pensais sobre isto: Deus é eterno e imutável?

– Eis aí uma verdade tão certa que qualquer questão se torna supérflua – disse Licêncio.

Em piedosa harmonia, todos os outros disseram-se de acordo. Concluí então:

– Logo, quem possui a Deus é feliz!

AGOSTINHO DE HIPONA. *A vida feliz*. Tradução Nair A. Oliveira. São Paulo: Paulus, 1998. p. 129-131.

1. Você concorda que o núcleo do texto é a frase "ninguém pode ser feliz sem possuir o que deseja, mas, por outro lado, não basta ter o que se deseja para ser feliz"? Por quê?

2. Observe o modo como Agostinho fala de Deus como algo eterno e imutável. Se o ser humano o possui, tem a garantia de que possui algo eterno e imutável. Podemos dizer que, nesse texto, Deus "funciona" como a ideia de felicidade, ou seja, como polo que atrai sempre para a completude? Deus, então, pode contribuir para praticar a felicidade?

3. Reflita: por que muitas pessoas têm dificuldade em pensar que Deus pode contribuir para a Felicidade humana? As religiões costumam falar em nome de Deus. Porém, algumas pessoas ficam profundamente decepcionadas ao frequentar certas religiões ou ao observar o comportamento de pessoas religiosas. Você conhece casos desse tipo? É possível crer em Deus e ser infeliz?

Economia e felicidade

Jeffrey Sachs

Vivemos em tempos de altas ansiedades. Apesar de o mundo usufruir de uma riqueza total sem precedentes, também há ampla insegurança, agitação e insatisfação. Nos Estados Unidos, uma grande maioria dos americanos acredita que o país está "no caminho errado". O pessimismo está nas alturas. O mesmo vale para muitos outros lugares.

Tendo essa situação como pano de fundo, chegou a hora de reconsiderar as fontes básicas de felicidade em nossa vida econômica. A busca incansável de rendas maiores vem nos levando a uma ansiedade e iniquidade sem precedentes, em vez de nos conduzir a uma maior felicidade e satisfação na vida. O progresso econômico é importante e pode melhorar a qualidade de vida, mas só se o buscarmos junto com outras metas.

Nesse sentido, o Reino do Butão vem mostrando o caminho. Há 40 anos, o quarto rei do Butão, jovem e recém-entronado, fez uma escolha notável: o Butão deveria buscar a *Felicidade Nacional Bruta* (FNB), em vez do Produto Nacional Bruto (PNB). Desde então, o país vem experimentando uma abordagem alternativa e holística em relação ao desenvolvimento, que enfatiza não apenas o crescimento da Economia mas também a cultura, a saúde mental, a compaixão e a comunidade.

Dezenas de especialistas reuniram-se recentemente na capital do Butão, Thimbu, para fazer um balanço sobre o desempenho do país. [...] A reunião ocorreu na esteira da declaração de julho da Assembleia Geral da Organização das Nações Unidas (ONU), que convocou os países a avaliar como as políticas nacionais podem promover a felicidade em suas sociedades.

Todos os que se reuniram em Thimbu concordaram sobre a importância de buscar a felicidade em vez da renda nacional. A questão que examinamos é como alcançar a felicidade em um mundo caracterizado pela rápida urbanização, meios de comunicação de massa, capitalismo global e degradação ambiental. Como nossa vida econômica pode ser reordenada para recriar um senso de comunidade, confiança e sustentabilidade ambiental?

Estas foram algumas das conclusões iniciais: primeira, não devemos menosprezar o valor do progresso econômico. Há sofrimento quando as pessoas passam fome, quando são privadas do atendimento de necessidades básicas, como água potável, atendimento médico e educação, ou empregos dignos.

Segunda, a busca contínua do PNB, sem levar em conta outros objetivos, tampouco é caminho para a felicidade. Nos EUA, o PNB subiu acentuadamente nos últimos 40 anos, mas a felicidade não. Em vez disso, a busca obstinada do PNB levou a grandes desigualdades de riqueza e poder – alimentadas pelo crescimento de uma grande subclasse –, aprisionou milhões de crianças na pobreza e provocou grave degradação ambiental.

Terceira, a felicidade é alcançada por meio de uma abordagem de vida equilibrada, entre indivíduos e sociedade. Como indivíduos, somos infelizes quando nos é negado o atendimento de necessidades básicas materiais, mas também somos infelizes se a busca por rendas maiores substitui nosso foco na família, amigos, comunidade, compaixão e equilíbrio interno. Como sociedade, uma coisa é organizar políticas econômicas para manter os padrões de vida em alta, mas outra bem diferente é subordinar todos os valores da sociedade à busca do lucro.

A política nos EUA, contudo, permitiu cada vez mais que os lucros empresariais dominassem todas as outras aspirações: igualdade, justiça, confiança, saúde física e mental e sustentabilidade ambiental. As contribuições de empresas a campanhas [eleitorais] corroem cada vez mais o processo democrático, com a benção da Corte Suprema dos EUA.

Quarta, o capitalismo global apresenta muitas ameaças diretas à felicidade. Está destruindo o [meio] ambiente com as mudanças climáticas e outros tipos de poluição, enquanto um fluxo incansável de propaganda da indústria petrolífera leva muitas pessoas a desconhecer o problema. Isso enfraquece a estabilidade mental e confiança social, com a incidência de depressões clínicas aparentemente em alta. Os meios de comunicação de massa se tornaram meio de distribuição de "mensagens" empresariais em grande parte abertamente contra a ciência, enquanto os americanos sofrem de um número cada vez [maior] de vícios de consumo.

Consideremos como as lanchonetes de refeições rápidas usam óleos, gorduras, açúcares e outros ingredientes viciantes que criam uma dependência, prejudicial à saúde, em relação a alimentos que contribuem para a obesidade. Cerca de 30% dos americanos são obesos na atualidade. O resto do mundo acabará seguindo o mesmo caminho, a menos que os países restrinjam práticas empresariais perigosas, como a publicidade, voltada a crianças, de alimentos viciantes e prejudiciais à saúde.

O problema não está apenas nos alimentos, a publicidade voltada às grandes massas contribuiu para muitos outros vícios de consumo, que implicam em altos custos à saúde pública, incluindo o hábito de ver televisão em excesso, apostas, uso de drogas, fumo e alcoolismo.

Quinta, para promover a felicidade, precisamos identificar os muitos fatores além do PNB que podem melhorar ou piorar o bem-estar de uma sociedade. A maioria dos países investe para calcular o PNB, mas pouco gasta para identificar as fontes da má situação da área de saúde (como o *fast-food* e o tempo excessivo em frente à TV), o declínio da confiança social e a degradação ambiental. Uma vez que compreendamos esses fatores, teremos condições de agir.

A busca insana pelos lucros empresariais ameaça a todos nós. Naturalmente, devemos apoiar o desenvolvimento e crescimento econômico, mas apenas dentro de um contexto mais amplo: um contexto que promova a sustentabilidade ambiental e os valores da compaixão e honestidade, necessários para criar a confiança social. A busca da felicidade não deveria ficar confinada ao belo reino montanhoso do Butão.

SACHS, J. A economia da felicidade. *Valor Econômico*, São Paulo, 30 ago. 2011. Disponível em: <http://www.valor.com.br/opiniao/992070/economia-da-felicidade>. Acesso em: 14 maio 2015.

1. Inicie procurando saber se há diferença entre PNB e PIB.
2. Pesquise onde fica o Reino do Butão e quais são suas principais características sociais, políticas e econômicas.
3. Diferencie claramente PNB e FNB.
4. Destaque no texto algumas das razões pelas quais o autor afirma que a economia tem contribuído para destruir a felicidade humana.
5. Resuma as cinco conclusões a que chegaram os especialistas reunidos em Thimbu para que nossa vida econômica possa ser reordenada e para que se recrie um senso de comunidade, confiança e sustentabilidade ambiental.
6. Reflita: por que a economia está sempre no centro das preocupações das pessoas e dos governos? A economia se tornou o sentido da vida humana? Em sua opinião, isso é bom, ruim ou neutro?

SUGESTÕES BIBLIOGRÁFICAS

ALBORNOZ, S. G. (Org.). *A Filosofia e a felicidade*. Florianópolis: EDUNISC, 2004.

LENOIR, F. *Sobre a felicidade*: uma viagem filosófica. Tradução André Fontenelle. São Paulo: Objetiva, 2016.

SANGALLI, I. J. *O filósofo e a felicidade*: o ideal ético do aristotelismo radical. Caxias do Sul: EDUSC, 2013.

CAPÍTULO 3 A amizade

OBJETIVO

Partindo da concepção clássica da pessoa amiga como "outro eu", analisar criticamente a compreensão da amizade como simples experiência psicológica ou como "algo que se sente", para apresentar a possibilidade de entender a amizade propriamente como uma relação ou como uma atividade livre.

CONSIDERAÇÕES METODOLÓGICAS

A partir do relato da escritora brasileira Hilda Hilst, explora-se o fato de que entre amigos há semelhanças e diferenças. As semelhanças levam a pensar que uma pessoa amiga é "outro eu". No entanto, é importante frisar que em uma relação de amizade não se identificam apenas semelhanças nas pessoas amigas; se fosse assim, não haveria verdadeira relação, mas um "ensimesmamento a dois" ou um redobro de uma única pessoa. Há, então, diferenças entre pessoas amigas que permitem uma complementação entre elas. A partir dessa observação, introduz-se a compreensão de que a amizade não é apenas algo que brota em nós ou "algo que se sente", apesar de ela nascer de um interesse nem sempre controlado. A amizade pressupõe que uma relação seja construída. Daí a sua concepção como amor (possível até mesmo em relação a alguém que não nos ama, como defende Tomás de Aquino) e como atividade (Aristóteles), chegando a poder ter uma conotação política bastante intensa (Hannah Arendt). Os professores podem explorar separadamente os itens que compõem o capítulo. Além de cada um deles poder ser trabalhado em aulas diferentes, eles não se pressupõem entre si. Em função do contexto e da sensibilidade dos estudantes, pode-se começar, por exemplo, pelo texto de Hannah Arendt (ênfase no papel político ou republicano da amizade), pelo texto de Tomás de Aquino (ênfase na essência da amizade e mesmo em certa concepção religiosa) ou ainda pelo texto de Aristóteles (debate sobre o caráter natural da amizade). De todo modo, é também estratégico explorar a confluência entre dados naturais e dados culturais na formação da relação de amizade.

PROPOSTA DE ESQUEMA VISUAL

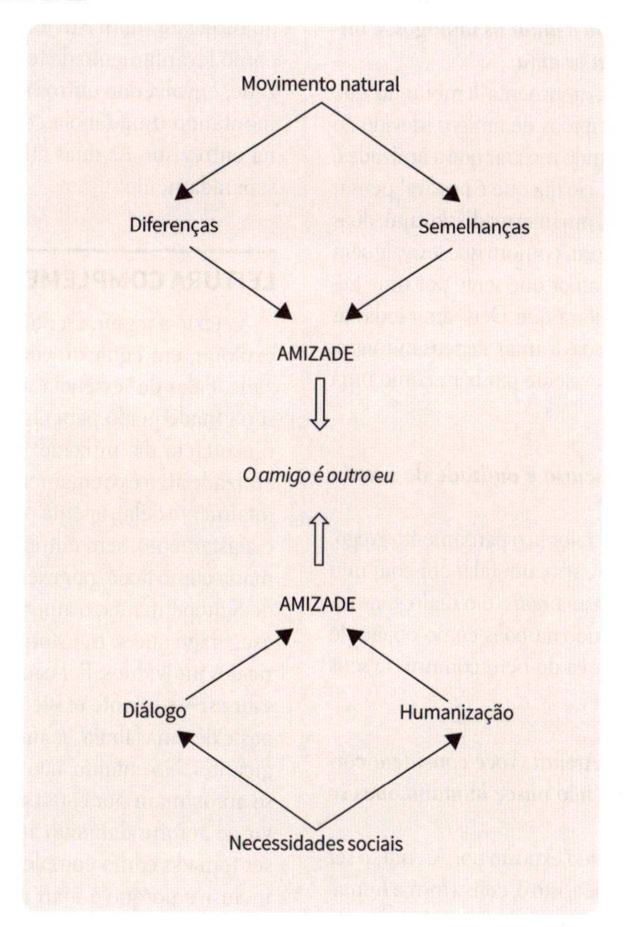

RESPOSTAS AOS EXERCÍCIOS

EXERCÍCIO A (p. 112)

1. *O que significa dizer, do ponto de vista de Cícero, que o(a) amigo(a) é quem permite à pessoa amar a si mesma?*

Para Cícero, a Natureza faz cada ser humano amar a si mesmo, não como uma simples admiração egoísta, mas como quem procura o seu próprio bem. Nesse sentido, o verdadeiro amigo é o que permite que a outra pessoa siga o ritmo da Natureza, realizando o seu amor de si.

2. *Refaça o raciocínio que permitiu a Cícero concluir que o(a) amigo(a) é um outro eu.*

Se todos os seres humanos são seres que amam a si mesmos, e se amar a si mesmo corresponde a ser importante para si mesmo, então a amizade desinteressada (desejada em si e por si) se dá entre seres que se amam e são importantes para si mesmos. Daí ser o amigo um "outro eu", na medida em que o amor do amigo é aquele que favorece a minha vivência do meu próprio amor.

3. *Amar a si mesmo(a) no(a) amigo(a) é um ato interesseiro? Explique.*

Não. É simplesmente uma extensão e continuação do amor de si a partir do reconhecimento no outro daquilo que amo em mim mesmo.

4. *Segundo o raciocínio ciceroniano, toda pessoa que ama a si mesma é alguém que encontra necessariamente um(a) amigo(a)?*

Não. O amor de si mesmo pode ser autorreferente, ou seja, voltado apenas para si mesmo. Contudo, para Cícero, quem encontrou um verdadeiro amigo é alguém que ama a si mesmo.

EXERCÍCIO B (p. 117)

1. *Procure lembrar-se de alguma experiência vivida por você ou por alguém próximo, a fim de confirmar que a amizade é uma atividade e um hábito que se constrói.*

Resposta pessoal. O que se espera é a ênfase, por meio de exemplos, na participação dos estudantes no surgimento e na consolidação da amizade, interferindo no seu despontar e no seu desenvolvimento.

2. *Qual a novidade de Tomás de Aquino em relação à concepção aristotélico-ciceroniana de amizade?*

Além da amizade entendida como reciprocidade, Tomás de Aquino pensa que a benevolência é o que melhor caracteriza a amizade: trata-se de querer o bem de outra pessoa mesmo se essa pessoa não corresponde ao amor.

3. *Apresente a solução de Tomás de Aquino para o seguinte problema: se a amizade requer reciprocidade, ela não é uma forma de amor, pois Jesus ensinou a amar os inimigos; e inimigos não correspondem a quem os ama.*

Primeiramente, Tomás contra-argumenta lembrando que o próprio Jesus chamou seus discípulos de amigos, devido ao amor que sentia por eles e procurando mostrar que a amizade é uma forma de amor. Em seguida, ele diz que é possível pensar em alguma reciprocidade se existir um intermediário entre duas pessoas inimigas, como um amigo em comum que leva alguém a amar uma pessoa por causa do amor que sente por uma terceira pessoa. Como Tomás acreditava que Deus ama todas as pessoas, o amor a Deus leva as pessoas a amar até seus inimigos, possibilitando pensar o amor benevolente também como uma forma de reciprocidade.

4. *Como relacionar Política, discurso e amizade de acordo com o texto de Hannah Arendt?*

Segundo Hannah Arendt, que retoma o pensamento grego, a essência da Amizade está no discurso, um falar em conjunto que une os cidadãos em uma mesma *pólis*: é o diálogo amistoso daqueles que fundam o mundo da *pólis* como objeto de um discurso em conjunto em busca do bem comum de seus concidadãos.

5. *Após ler o texto de Hannah Arendt, você considera correto afirmar que "o ser humano não nasce humano, mas se humaniza"? Argumente.*

Resposta pessoal. Mas no sentido exposto por Arendt, o ser humano pode nascer um hominídeo, isto é, com a forma humana (física e psicológica); contudo, ele pode passar pela vida sem se tornar propriamente humano. Para Arendt, a humanização do ser humano dá-se pelo desenvolvimento daquilo que lhe é mais peculiar, a saber: o discurso, o diálogo, a amizade e a política, entendidos como a busca em conjunto do bem comum.

EXERCÍCIOS COMPLEMENTARES (p. 118)

1. Recapitulação

Espera-se que os estudantes apresentem as linhas de pensamento explanadas no capítulo, desenvolvendo sua argumentação de acordo com os movimentos do próprio capítulo. A partir do primeiro tópico – a amizade como jogo de espelhos –, é possível compreender que a amizade não reconhece apenas semelhanças, mas diferenças entre os indivíduos; do que se extrai que ela não pode ser reduzida a uma satisfação do âmbito psicológico (como algo que apenas "se sente"), mas deve consistir numa relação a ser construída gradualmente. Desse modo, a amizade passa a ser entendida como atividade, sendo explicitadas quatro concepções nesse sentido: a de Aristóteles (amizade como *philía*), a de Cícero (amigo como outro eu), a de Tomás de Aquino (amizade entendida como amor-amizade ou amizade-amor) e a de Hannah Arendt (amizade voltada para o bem comum, efetivada por meio do discurso).

2. Entrevista e reflexão em grupo: a experiência da amizade

A entrevista pode ser feita simplesmente no modo como está apresentada no enunciado do exercício (com a organização e apresentação das respostas em plenária) ou pode ser ampliada para o modo como se propõe na sequência deste Manual do Professor (item Atividades Complementares), quer dizer, como levantamento de testemunhos sobre o sentido da amizade, envolvendo outros membros da comunidade escolar e montando uma tabela comparativa com os dados colhidos na entrevista. As duas atividades também podem ser feitas separadamente.

LEITURA COMPLEMENTAR

O texto a seguir, escrito por Arthur Schopenhauer, permite explorar, em contexto contemporâneo, a "essência" da amizade. Falar de "essência" como algo determinado e imutável seria inadequado para algo tão dinâmico como a prática ou o exercício da amizade. Schopenhauer, que considerava a amizade algo extremamente raro (embora não desacreditasse totalmente dela), aponta para um dinamismo de aproximação e afastamento, sem entrar em reflexões sobre a natureza humana como fazia, por exemplo, Aristóteles e Cícero. No dizer de Schopenhauer, o amor de si, nutrido pelos humanos, é tão exagerado que se transforma em egoísmo para a grande maioria dos indivíduos. Por causa do egoísmo, ninguém é capaz de saber se realmente existe amizade verdadeira. Ela talvez não passe de uma fábula, assim como se fala de serpentes marinhas gigantes. No entanto, não é inadequado pensar que as pessoas se aproximam por causa das suas necessidades. Além de servir de aprofundamento aos colegas professores, o texto pode ser tomado como complementar à formação dos estudantes, inclusive porque é mais um exemplo de pensamento filosófico construído sobre o "método intuitivo" (apontando para uma realidade verdadeira, expressa por meio de uma fábula):

A fábula dos porcos-espinhos

Arthur Schopenhauer

Um grupo de porcos-espinhos, num frio dia de inverno, se aglomerou para, através do aquecimento recíproco, não morrer de frio. Contudo, logo começam a sentir os espinhos uns dos outros, o que os leva então a se afastar novamente. Quando a necessidade de aquecimento os aproxima mais uma vez, repete-se um segundo infortúnio. Nesse vaivém em meio aos dois sofrimentos, seguem até encontrar uma distância segura entre eles, na qual podem melhor suportá-los. Do mesmo modo, os homens são impelidos uns aos outros pelas necessidades da Sociedade, de cujo seio surgem o vazio e a monotonia. Entretanto, suas particularidades assaz desagradáveis e defeitos insuportáveis os afastam mais uma vez. A distância mediana ao fim encontrada, na qual podem se reunir, são a polidez e os bons costumes.

SCHOPENHAUER, A. Parerga e Paralipomena II. Tradução Jarlee Salviano apud SALVIANO, J. *Labirintos do Nada*: a crítica de Nietzsche ao niilismo de Schopenhauer. 2006. Tese (Doutorado em: Filosofia) – Faculdade de Filosofia, Letras e Ciências Humanas, Universidade de São Paulo, São Paulo, 2006. p. 2.

PROPOSTAS DE ATIVIDADES COMPLEMENTARES

1 Levantamento de testemunhos sobre o sentido da amizade

Como alguns de nossos estudantes podem não dispor de exemplos ou modelos de prática da amizade em seus ambientes familiares e mesmo em seus círculos de "amigos", seria pedagogicamente interessante pô-los em contato com testemunhos de diferentes pessoas sobre o sentido que a amizade tem para elas. Nesse contexto, a escola pode ser (ou mesmo deveria ser) um excelente espaço para o aprendizado da amizade, não apenas dos estudantes entre si, mas deles com os outros atores da vida escolar, como os professores e os funcionários. A classe pode ser dividida em vários grupos (com cerca de cinco alunos cada), a fim de que cada grupo entreviste estudantes, professores e funcionários, fazendo algumas perguntas precisas, por exemplo: (a) Você já viveu alguma dificuldade que partilhou com amigos? (b) Qual foi a reação dos amigos? (c) Quanto tempo por mês ou por semana você dedica às pessoas amigas (trocando notícias pessoais com elas, manifestando interesse mútuo etc.)? (d) Você acredita que as redes sociais substituem o contato pessoal com os amigos? (e) O que significa a amizade para você? Esta atividade pode ser feita tanto para iniciar como para encerrar o estudo do capítulo. A vantagem de realizá-la no início está na sensibilização para o tema, mas as vantagens de fazê-la ao final está no fato de os estudantes disporem de mais elementos para avaliar as respostas recebidas. Cada grupo pode entrevistar cerca de cinco pessoas e sintetizar as respostas em um quadro como o que segue:

VIVÊNCIA DA AMIZADE				
DIFICULDADE	REAÇÃO DOS AMIGOS	TEMPO DEDICADO AOS AMIGOS	REDES SOCIAIS	SENTIDO DA AMIZADE

Os estudantes podem ser instruídos sobre o fato de que, em pesquisas desse tipo (que envolvem informações pessoais), convém preservar a identidade das pessoas entrevistadas. Em vez de indicar seus nomes, podem-se utilizar pseudônimos, letras ou números. Ao final das entrevistas, organiza-se uma plenária em sala para partilha dos dados. Uma tabela geral, com todas as informações dos diferentes grupos, pode ser montada e divulgada na escola. A atividade pode ser encerrada com a projeção do filme (para a turma ou para a escola toda, se houver condições físicas) *Minhas tardes com Marguerritte* (direção Jean Becker, França, 2010). Antes de iniciar a projeção, algumas questões podem ser levantadas como forma de contribuir para despertar a atenção: (a) A diferença de idade entre Germain e Marguerritte foi importante ou indiferente para a amizade entre eles? (b) A amizade entre Germain e Marguerritte teve algum momento de tensão? (c) As duas personagens principais sempre concordavam em tudo? (d) As personagens precisaram fazer algum esforço para que a amizade acontecesse ou ela simplesmente "brotou" entre elas? (e) Em que sentido se pode dizer que entre Germain e Marguerritte nasceu um sentimento de amor?

2 Estudo da falácia da falsa alternativa

Não é em todas as circunstâncias que se pode considerar como verdadeira uma frase do tipo "Ou alguém é amigo ou é inimigo". A própria alternativa *ou... ou* nem sempre é verdadeira: em uma situação que comporta mais de duas alternativas, se alguém pensa e fala como se só houvesse duas, comete o erro ou a *falácia da falsa alternativa*.

Pode ser o caso de que a frase "Ou você é meu amigo ou é meu inimigo" seja falsa, porque alguém pode não ser amigo, mas também não ser necessariamente inimigo.

É diferente dizer: "Ou está chovendo ou não está chovendo", pois, neste caso, a alternativa é verdadeira: estar chovendo ou não estar chovendo são as duas únicas alternativas possíveis em qualquer situação.

A falácia da falsa alternativa lembra os discursos do ex-presidente norte-americano George Bush, durante a Guerra do Iraque. Para defender a guerra, ele dizia: "Quem não é a favor dos Estados Unidos é contra os Estados Unidos!". Outro exemplo: "Ou se é a favor dos patrões ou se é a favor dos trabalhadores". No caso da guerra, alguém podia ser contrário a ela, mas não necessariamente contrário aos Estados Unidos, assim como pode ocorrer que haja alguém a favor tanto dos patrões como dos trabalhadores, e mesmo trabalhadores a favor dos patrões ou patrões a favor dos trabalhadores.

O que permite decidir se uma alternativa é correta ou não é a análise cuidadosa da situação que essa alternativa traduz. Se realmente só houver duas opções, a alternativa é verdadeira. Do contrário, é falsa.

SUGESTÕES BIBLIOGRÁFICAS

ORTEGA, F. *Genealogias da amizade*. São Paulo: Iluminuras, 2002.

GUIMARÃES ROSA, J. *Grande sertão*: veredas. Rio de Janeiro: Nova Fronteira, 2015.

ROHDEN, L. Amizade entre filosofia e educação. In: PIOVESAN, A. *Filosofia e ensino em debate*. Ijuí: Ed. da Unijuí, 2002. p. 113-134.

WIZISLA, E. *Benjamin e Brecht*: história de uma amizade. Tradução Rogério Silva Assis. São Paulo: Edusp, 2013.

CAPÍTULO 4 Sexualidade e força vital

OBJETIVO

Admitindo-se que a sexualidade é um dos elementos estruturantes da experiência humana e reconhecendo-se a extrema importância do diálogo entre Filosofia e a tradição psicanalítica, investigar as razões filosóficas que levam a inserir a sexualidade em um conjunto mais amplo de experiências, ao qual se pode denominar, com o auxílio da fenomenologia, de *força vital*.

CONSIDERAÇÕES METODOLÓGICAS

A estratégia do capítulo é bastante simples e, digamos, "dialética": partir de noções psicanalíticas fundamentais que levariam a conceber a sexualidade como motor da vida humana; em seguida, identificar razões, no interior da própria tradição psicanalítica, para não conceber a sexualidade como motor da vida humana. Diante de tal quadro, não cabe inicialmente à Filosofia decidir por uma ou outra posição, mas constatar que, mesmo do ponto de vista científico-psicanalítico, não há um consenso sobre isso. Dada a falta de consenso e dado que nada obriga racionalmente a optar por uma ou outra concepção da sexualidade, a Filosofia pode operar com maior liberdade e admitir a noção de sexualidade como "componente" de uma força estruturante da vida humana mais ampla. Metaforicamente falando, se a força vital for entendida como certa tensão, a sexualidade seria um de seus graus ou uma das formas de essa tensão fazer vibrar a vida individual. Mas, antes de entrar no diálogo da Filosofia com a Psicanálise e de chegar à concepção da força vital, é também estratégico debater filosoficamente a compreensão da sexualidade humana como algo animal (algo inteiramente em comum com os animais ou "algo animal no ser humano"). Esse debate permite pensar na especificidade do ser humano (texto de Hannah Arendt), sem anular o que ele tem de comum com os outros seres vivos sexuados. A respeito da especificidade humana, é possível explorar demoradamente a imagem que abre o capítulo: o escultor catalão Jaume Plensa deu letras de vários alfabetos como contorno de cada figura humana, deixando as esculturas vazadas e dotando-as de "mobilidade". Essa representação do ser humano permite levantar a temática de que o que define cada ser humano é o seu modo de ser um ser humano, acionando tudo o que recebe da espécie animal, mas de modo propriamente humano (pela vivência corporal que une afetos ou emoções, sentimento e inteligência).

PROPOSTA DE ESQUEMA VISUAL

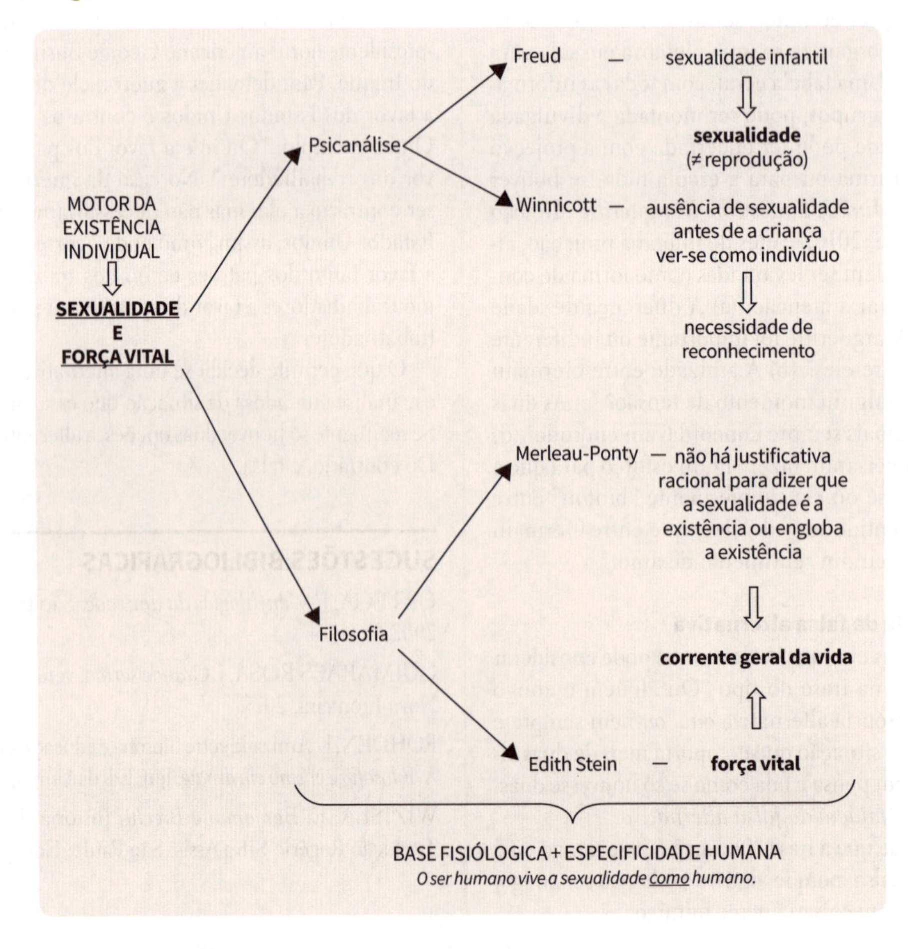

RESPOSTAS AOS EXERCÍCIOS

EXERCÍCIO A (p. 123)

1. *Explique por que a frase a seguir é um raciocínio a fortiori não justificado: "se o ser humano tem uma base fisiológica semelhante à dos animais, então ele é levado a viver sua sexualidade assim como os animais a vivem".*

O fato de o ser humano ter uma base fisiológica semelhante à dos animais não obriga a afirmar que ele, necessariamente, vive sua sexualidade como os animais se comportam sexualmente. A premissa (o ponto de partida) não sustenta a conclusão. Esse raciocínio parte do pressuposto de que o "animal racional" inclui tudo o que há no "animal irracional" necessariamente ao modo do que há no "animal irracional". Mas o ser humano vive a sua animalidade à sua maneira, ou seja, como animal racional.

2. *Mostre como Hannah Arendt serve-se da ideia de que os seres humanos lutam por espaço e extrai afirmações sobre o que significa ser humano e ser animal.*

Não é porque o ser humano (o povo) luta por espaço que podemos tomar o instinto do "territorialismo grupal" das formigas ou dos macacos como base para justificar o comportamento humano. Para Hannah Arendt, é o comportamento de algumas espécies animais que lembra o dos humanos, e não o contrário. Isto é, não é porque o ser humano faz parte do gênero animal que devemos esperar que ele adote o mesmo comportamento de outras espécies animais.

3. *Qual o significado do trabalho do biólogo suíço Adolf Portmann para o pensamento de Hannah Arendt?*

O trabalho de Portmann foi bastante significativo para Hannah Arendt, uma vez que ele criticou cientificamente a tentativa de compreender o comportamento humano com base no dos animais, oferecendo uma base científica para o trabalho da filósofa quando questiona a legitimidade de se comparar os seres humanos com os animais (embora ela não negasse a legitimidade de comparar os animais com os seres humanos). Para Portmann e Hannah Arendt, as semelhanças observadas entre o comportamento humano e o animal não permitem afirmar que o ser humano seja dessa ou daquela maneira apenas porque os animais são assim.

4. *O que significa afirmar que o ser humano vive sua sexualidade como humano?*

Significa dizer que o ser humano vive a sua sexualidade no todo de sua existência. Os seus aspectos instintivos e irracionais são acionados ao mesmo tempo que o ser humano se serve de seu pensamento, ou seja, ele vive seus instintos ao mesmo tempo que vivencia sentimentos e pensamentos.

EXERCÍCIO B (p. 128)

1. *Descreva a observação que permitiu a Freud concluir pela vivência da sexualidade desde a infância.*

Ao tratar de casos de mulheres com neurose histérica (diagnóstico da época), Freud observou que todas associavam seu sofrimento com algum suposto abuso sexual vivido na infância, fosse ele real ou imaginado. Ora, se as pacientes viveram de maneira sexual um fato ou uma fantasia relacionados à infância, haveria base para dizer que a sexualidade se manifesta desde a infância.

2. *Quais as duas pulsões que, segundo Freud, seriam básicas no ser humano? Explique-as.*

A pulsão de vida e a pulsão de morte. Segundo Freud, a pulsão de vida está relacionada à busca por satisfação e à conservação da vida, à afirmação do movimento. Já a pulsão de morte relaciona-se à busca por cessação de todo movimento, à busca por repouso e ao desejo de pôr fim à ânsia de sempre buscar satisfação.

3. *Por que os sonhos, segundo Freud, confirmam a existência do Inconsciente?*

Durante o sono, o estado de relaxamento suprime momentaneamente o controle social e moral realizado pelo que Freud chamou de Superego. Nesse estado, os desejos reprimidos e não reconhecidos conscientemente vêm à tona por meio de símbolos durante o sonho, revelando conteúdos inconscientes.

4. *Qual diferença básica Winnicott observava entre o seu procedimento e o de Freud?*

Winnicot preferia adotar critérios que ele considerava mais observáveis para elaborar a sua concepção da vida humana, evitando afirmações que não pudessem ser comprovadas empiricamente.

5. *O que caracterizaria uma criança "saudável" segundo Winnicott?*

O recebimento das condições ideais para o seu desenvolvimento, como atenção, cuidado e amor, que levam a criança e depois o adulto a ter mais gosto pela existência.

6. *O que Winnicott chama de motor da vida humana?*

A necessidade de reconhecimento, amor e atenção. Daí o seu lema, fazendo um claro trocadilho com a frase emblemática do pensamento de Descartes ("Penso, logo existo"): *Vejo que sou visto, logo existo.* Winnicott deslocava, assim, a sexualidade do centro da vida humana, fazendo dela apenas um aspecto da busca por reconhecimento, amor e atenção.

7. *Qual a importância filosófica da comparação entre a psicanálise de Winnicott e a psicanálise de Freud no tocante à sexualidade infantil?*

O debate entre Winnicott e Freud revela, no interior da própria Psicanálise, a possibilidade de interpretar diferentemente o papel da sexualidade na vida infantil. Se, como dizia Winnicott, faz sentido pensar que a sexualidade não aparece necessariamente na vida infantil, nada obrigaria a concluir que a sexualidade estrutura todas as fases da vida humana. O interesse filosófico desse debate é grande porque, caso se considere a Psicanálise como uma ciência, a Filosofia, dando atenção às divergências no interior da própria Psicanálise, não se vê obrigada a necessariamente tomar partido por uma ou outra interpretação da sexualidade humana. Ela se veria obrigada a assumir uma interpretação caso essa interpretação fosse unânime entre os praticantes da Psicanálise e caso a Psicanálise também adquirisse um estatuto unânime de ciência.

8. ***Baseando-se na teoria freudiana e na releitura winnicottiana, e sem preocupar-se em ter de optar por uma ou outra, reflita sobre o tratamento que nossa sociedade dá à infância. A Psicanálise alerta, de modo geral, para o excesso de sexualização da infância. Por que essa prática seria inadequada? Identifique casos de sexualização excessiva da infância nos programas de televisão ou mesmo em suas práticas familiares (uso de roupas erotizadas, brincadeiras sexuais, danças, preocupação com o "namorado" ou a "namorada" etc.).***

Resposta pessoal. É importante que os estudantes cheguem a conectar sua realidade com o debate em questão e forneçam justificativas claras para tal conexão.

EXERCÍCIO C (p. 134)

1. ***Qual a ambiguidade da Psicanálise, segundo Merleau-Ponty, e como ele a analisa?***

Merleau-Ponty, referindo-se à Psicanálise em geral, mas tendo em mente principalmente a psicanálise freudiana, afirma que ela concebe a sexualidade como um dispositivo a serviço da vida humana (ou seja, entende a vida como dotada de uma infraestrutura sexual), ao mesmo tempo que concebe a vida humana como algo que está a serviço da sexualidade (ou seja, entende que a sexualidade integra a totalidade da vida, confundindo a existência e a vida com a própria sexualidade). Essa ambiguidade levaria a pensar que toda a vida e a existência humanas têm uma significação sexual ou são sinônimas de sexualidade ("vida humana" e "existência" não passariam de abstrações ou de palavras vazias, pois tudo seria apenas sexualidade). Porém, de acordo com a análise de Merleau-Ponty, a afirmação de que a vida humana é sexualidade não passa de uma tautologia, que equivaleria a dizer "o sexual é sexual", sem nenhuma real explicação da vida e da existência.

2. ***O que os exemplos dados por Merleau-Ponty em seu texto lhe permitem concluir?***

Os exemplos dados por Merleau-Ponty permitem concluir que a corrente sexual é apenas uma expressão do fluxo da vida, e não a totalidade da existência. Uma pessoa pode ter uma vida sexual deteriorada e ainda assim ter uma vida política eficaz; ou uma pessoa que tem uma vida sexual muito intensa pode não ter uma vida em geral com nenhum vigor especial, como dizem ter sido o caso de Casanova. A corrente geral da vida perpassa o aparelho sexual; e este pode, inclusive, confiscá-la em seu próprio benefício, diminuindo o vigor de outros aspectos da vida.

3. ***Pela experiência pessoal, você vê motivos para concordar com Merleau-Ponty na análise da sexualidade?***

Resposta pessoal.

4. ***Qual o sentido de chamar a vida humana de*** **corrente geral da vida?**

A vida humana entendida a partir da imagem da "corrente geral" seria como o fluxo de um rio composto de muitos elementos e de diferentes correntes singulares que, juntas, compõem uma corrente geral.

5. ***Por que a ideia física de força é apropriada ao uso filosófico que discute a força vital?***

Porque essa ideia é capaz de retratar a interação dos diferentes componentes da vida humana, dos aspectos físicos, emocionais, intelectuais, relacionais, sem, no entanto, representar uma interação mecânica e automática entre o corpo e a dimensão psicológica. O ser humano é um caso de ser vivo em que a força vital pode ser modulada e administrada com mais consciência.

6. ***Qual o objetivo fundamental de Edith Stein com os exemplos dados em seu texto?***

Os dois exemplos dados ilustram como a força vital, especificamente no caso dos seres humanos, pode interferir e superar as forças físicas que atuam mecanicamente sobre os corpos. Além disso, os exemplos mostram como o ser humano pode modular a intensidade de uso de sua força vital, por meio, por exemplo, da intensificação da vontade.

EXERCÍCIOS COMPLEMENTARES (p. 134)

1. ***Reflexão pessoal sobre a vida sexual de adolescentes e jovens***

O exercício convida à reflexão pessoal sobre o tema da vida sexual de adolescentes e jovens. Espera-se que os estudantes pensem detidamente sobre as questões da responsabilidade na vivência sexual e do preconceito. O vídeo sugerido, de caráter informativo, mostra aspectos da realidade brasileira, nem sempre explicitados pelas estatísticas relativas à sexualidade e à gravidez na adolescência.

2. ***Pesquisa e debate***

Para além do aprofundamento dos conceitos, o exercício de pesquisa e debate visa à prática da fundamentação, da justificativa e da articulação de argumentos, bem como ao diálogo como ferramenta que possibilita a apreensão de novos elementos e perspectivas, alargando assim o campo de investigação e trazendo outros questionamentos para as próprias convicções ou teorias. Complementa o exercício o texto "O sofrimento de não ser como a maioria", que os professores podem trabalhar com a turma como adendo à atividade de pesquisa e debate. Seria bastante enriquecedor analisar o texto com base no que foi pesquisado e debatido, em um cruzamento e teste de informações.

DADOS CIENTÍFICOS COMPLEMENTARES

O debate sobre o caráter "natural" ou "cultural" da vida sexual dos animais, incluindo os humanos, é bastante complexo. A seguir, encontra-se uma síntese que pode contribuir com a formação dos colegas professores no tema e que permite escapar à oposição rígida que alguns pensadores pretendem estabelecer entre elementos naturais e culturais na vivência sexual humana (defendendo que o ser humano deveria ser "somente animal" em sua vivência sexual ou que ele não tem "nada de animal" nela):

Segundo cientistas como o norueguês Anders Ågmo (2007), alguns animais visam apenas à *reprodução* com o ato sexual. Porém, em seu livro *Functional and Dysfunctional Sexual Behavior: A Synthesis of Neuroscience and Comparative Psychology* (Função e disfunção sexual: uma síntese de Neurociência e Psicologia Comparada), Ågmo afirma que esse não é o caso de todos os animais, pois os mais complexos, como os primatas e os hominídeos, modificaram seus fatores biológicos e criaram um comportamento controlado por *recompensas* e por formas de *conhecimento*, desenvolvendo, sobretudo, a estimulação das zonas erógenas do corpo. Por sua vez, um sistema de recompensa só é possível com desenvolvimento de funções cognitivas.

O esquema abaixo representa os fatores biológicos da sexualidade humana e do comportamento sexual em diferentes animais segundo a complexidade de seus sistemas nervoso e endócrino. A largura das setas indica o peso que o fator tem na atividade sexual.

Pode-se observar pela tabela como os reflexos se tornam secundários à medida que aumenta a complexidade dos sistemas nervoso e endócrino. Caso mais curioso é o dos feromônios, pois são substâncias químicas liberadas pelos animais e que permitem reconhecimento mútuo entre os indivíduos da mesma espécie. Podem sinalizar aptidão sexual, mas também medo, agregação etc. No caso do ser humano, o órgão responsável por captar os feromônios (órgão vomeronasal ou órgão de Jacobson) praticamente desapareceu; em alguns indivíduos aparecem vestígios desse órgão no septo nasal (mas os cientistas divergem sobre sua compreensão). Quanto aos hormônios, enquanto eles são inteiramente determinantes para os animais menos complexos e para os primatas, eles passam a ser menos determinantes para os macacos e para os seres humanos, pois ambas as espécies não se submetem necessariamente aos impulsos hormonais. Os macacos e os humanos podem viver uma dissociação, pois, embora sintam os efeitos dos hormônios, não buscam necessariamente o ato sexual. Quanto à recompensa e à cognição (reconhecimento de informações, valores, costumes etc.), elas se tornam preponderantes para os humanos.

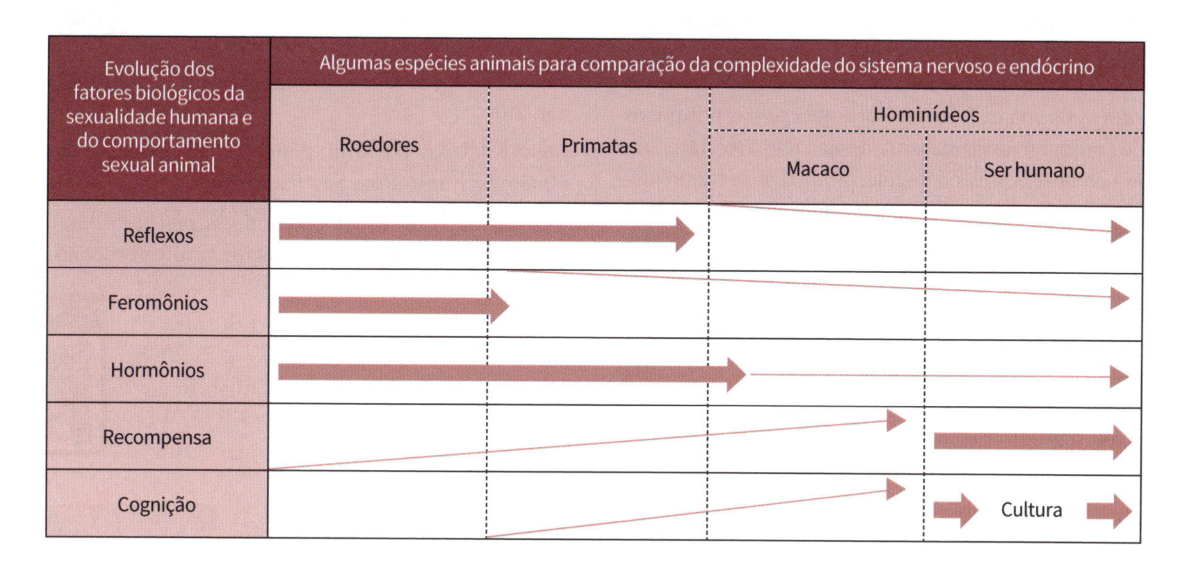

Quadro inspirado em: GEORGIADIS, J. R.; KRINGELBACH, M. L.; PFAUS, J. G. Sex for Fun: a Synthesis of Human and Animal *Neurobiology*. *Nature Reviews (Urology)*, v. 9 , p. 498, 2012.

TEXTOS DE APROFUNDAMENTO

Os seguintes textos podem colaborar para o aprofundamento da formação dos colegas professores a respeito do debate filosófico em torno da cientificidade da Psicanálise. Para melhor compreensão da tese de Karl Popper, sugere-se a leitura do Capítulo 14 do Livro do Aluno, sobretudo a parte relativa à verdade nas ciências naturais. Eventualmente, de acordo com o grau de interesse dos estudantes, os mesmos textos podem ser utilizados como leituras complementares:

A Psicanálise não é ciência
Karl Popper

Quanto às duas teorias psicanalíticas [de Freud e Adler], elas pertencem a outra categoria [diferente da ciência]. Elas são pura e simplesmente impossíveis de testar e de refutar. Não há nenhum comportamento humano que possa contradizê-las. É claro que isso não permite concluir que Freud e

Adler não tiveram uma representação exata de certos fenômenos; estou pessoalmente convencido de que grande parte do que eles anunciam é decisiva e certamente passível, no futuro, de encontrar seu lugar em uma psicologia científica que se submeta à prova dos testes. Isso significa, por outro lado, que as "observações clínicas" (que os analistas ingenuamente tomam por confirmações de suas teorias) não confirmam mais do que as confirmações que os astrólogos acreditam descobrir todos os dias em sua prática. Quanto à epopeia freudiana do Eu, do Inconsciente e do Superego, não estamos em condições de reivindicar sua cientificidade mais do que no caso das narrativas que Homero recolhera da boca dos deuses. Não há dúvida de que as teorias psicanalíticas estudam certos fatos, mas elas o fazem ao modo dos mitos. Elas contêm indicações psicológicas muito interessantes, mas sob uma forma que não permite testá-las.

POPPER, K. *Conjectures and refutations:* the Growth of Scientific Knowledge. Londres: Routledge and Kegan Paul, 1963. p. 38-39. (Conjecturas e refutações: o desenvolvimento do conhecimento científico. Tradução nossa.)

A Psicanálise é ciência
Sigmund Freud

Contestam de todos os lados nosso direito de admitir um psiquismo inconsciente e de trabalhar cientificamente sobre essa hipótese. Podemos responder a isso dizendo que a hipótese do inconsciente é necessária e que possuímos variadas provas da sua existência. Ela é necessária, porque os dados da consciência são extremamente lacunares: tanto no indivíduo saudável como no doente, produzem-se frequentemente atos psíquicos que, para serem explicados, pressupõem outros atos, os quais, por sua vez, não são testemunhados pela consciência. Tais atos não são somente os atos falhos e os sonhos do indivíduo saudável ou sintomas psíquicos e os fenômenos compulsivos do doente; nossa experiência cotidiana mais pessoal põe-nos em presença de ideias que nos ocorrem sem que conheçamos a origem delas e os resultados de pensamento cuja elaboração permaneceu-nos oculta. Todos esses atos conscientes continuam incoerentes e incompreensíveis se teimamos que é preciso perceber pela consciência tudo o que se passa em nós em termos de atos psíquicos; ao contrário, eles se ordenam em um conjunto cuja coerência podemos demonstrar se consideramos os atos inconscientes inferidos. Ora, vemos nesse ganho de sentido e de coerência um motivo plenamente justificado para ir além da experiência imediata. E, se se confirma que podemos fundamentar sobre a hipótese do inconsciente uma prática coroada de sucesso, pela qual influenciamos, de acordo com um objetivo dado, o curso dos processos conscientes, então teremos adquirido, com esse sucesso, uma prova incontestável da existência disso de cuja existência lançamos a hipótese.

FREUD, S. L'hypothèse de l'Inconscient. In:______. *Métapsychologie*. Tradução Jean Laplanche e J.-B. Pontalis. Paris: Gallimard, 1989. p. 37-38. (A hipótese do Inconsciente. Metapsicologia. Tradução nossa para o português.)

SUGESTÕES BIBLIOGRÁFICAS

COELHO, M. J. *Corpo, pessoa e afectividade:* da fenomenologia à bioética. Dissertação (Mestrado em Filosofia) – Faculdade de Ciências Humanas e Sociais, Universidade Nova de Lisboa, 1997. Disponível em: <http://purl.pt/5485/1/sa-87495-v_PDF/sa-87495-v_PDF_X-C/sa-87495-v_0000_1_tX-C.pdf>. Acesso em: 16 abr. 2016.

DUNKER, C. História, gênero e sexualidade. *Cadernos Cinema e Psicanálise*, São Paulo: nVersos, v. 5, 2014.

FOUCAULT, M. *Ética, sexualidade, política*. Organização Manoel Barros da Motta. Vários tradutores. São Paulo: Forense, 2012.

MONZANI, L. R. O que é Filosofia da Psicanálise? *Philosophos*, v. 13, n. 2, 2008. Disponível em: <http://revistas.ufg.br/index.php/philosophos/article/view/5735/6714#.VMale_7F9Bo>. Acesso em: 26 jan. 2016.

CAPÍTULO 5 Desejo e amor

OBJETIVO

Considerando que o livro possui três capítulos sobre o amor, o primeiro deles visa explorar a associação mais imediata entre amor e desejo por meio de uma atenção ao pensamento de Platão (um dos primeiros filósofos a teorizar sobre o amor-desejo), principalmente no que diz respeito à relação entre amor e Beleza, à Teoria das Ideias, Formas ou Essências e à dialética. Da perspectiva da associação entre amor e desejo e do estudo de Platão, este capítulo visa também oferecer elementos sobre os inícios históricos da reflexão filosófica sobre o amor.

CONSIDERAÇÕES METODOLÓGICAS

A estratégia adotada no capítulo consiste em partir do ditado segundo o qual "o amor é cego" (que pode ser extremamente bem exemplificado com o quadro de Magritte), a fim de introduzir as duas narrativas míticas adotadas por Platão para expor o princípio ou o nascimento do amor. Tanto a exploração do ditado como a do quadro de Magritte e a das narrativas míticas permitem acentuar a ideia de que o amor busca satisfação ou completude, requerendo a participação consciente de cada pessoa na construção da relação de amor. É neste aspecto que a reflexão pode ser ampliada para o estudo do pensamento platônico porque, justamente pela "dialética do amor", o filósofo grego explora a experiência de busca de plenitude e identifica, em tudo o que existe, possibilidades a ativar. Ora, se essas possibilidades são dadas e não apenas inventadas pelas coisas, Platão afirmava que Ideias, Formas ou Essências regulam a Natureza ao modo de caracteres invisíveis com os quais o mundo seria escrito. A fim de tornar mais compreensível a teoria platônica, opera-se no capítulo um contraponto com a interpretação hoje superada e segundo a qual Platão seria um dualista e teria separado o "mundo das Ideias" do "mundo físico". Aliás, nem Platão nem Aristóteles usaram a expressão "mundo das Ideias". Ela surge durante os séculos II-I a.C., com o chamado médio platonismo. Alguns colegas professores certamente podem surpreender-se com essa maneira de entender o pensamento platônico; afinal, continua forte a interpretação dualista consagrada por livros de História da Filosofia e mesmo por alguns filósofos. Essa surpresa, no entanto, pode ser extremamente positiva, pois permite constatar que as pesquisas em História da Filosofia nem sempre são definitivas, e também que a interpretação que os filósofos fazem de outros filósofos nem sempre corresponde ao que estes realmente escreveram. Dessa perspectiva, o Capítulo 5 ("Desejo e amor") pode ser uma ocasião pedagogicamente favorável ao levantamento de questões a respeito dos procedimentos de pesquisa em Filosofia e mesmo da construção de pensamentos filosóficos. No tocante à dialética, os professores também podem retomar a parte referente à dedução dialética no Capítulo 4 da Unidade 1; mas é importante enfatizar que a dialética platônica vai além de uma simples atividade argumentativa, pois implica envolvimento pessoal ou ético no trabalho da verdade teórica. A esse respeito, o estudo da Alegoria da Caverna é um excelente recurso para explorar a concepção de filosofia como "engajamento" individual e social para Platão. A dialética, vista como dialética do amor, permite ainda conectar o Capítulo 5 ao Capítulo 4 ("Sexualidade e força vital"), pois, embora o Capítulo 5 se atenha ao caráter propriamente filosófico do amor em Platão, é inegável que o pensador grego refletia também uma forma de conceber o amor sexual no mundo antigo. Essa leitura diacrônica pode ser bem explorada com a leitura da *História da sexualidade*, de Michel Foucault (1988).

PROPOSTA DE ESQUEMA VISUAL

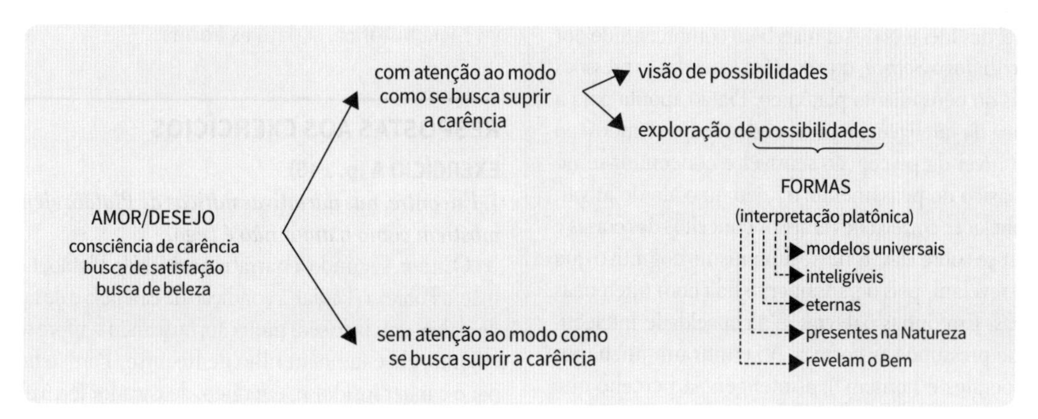

INDICAÇÕES METODOLÓGICAS ESPECÍFICAS

1 Entendendo com Platão os filmes de extraterrestres

O objetivo pedagógico desse box é explorar, de forma lúdica, a ideia platônica de que nossa percepção do mundo sempre segue Formas. A habitual imaginação de eventuais extraterrestres com Forma de Ser Humano vem, de um lado, do fato de que sempre projetamos, em nossa compreensão de possíveis alienígenas, as características próprias daquilo que conhecemos, sobretudo da constituição do próprio ser humano; e, de outro, do fato de que nunca encontramos extraterrestres. Mesmo que um dia os encontremos, só os compreenderemos com base nas Formas a que já temos acesso. Hipoteticamente, se eles possuírem uma Forma inteiramente original, reagiremos adequadamente a essa Forma e passaremos a operar com ela. O professor pode explorar mais ainda o filme *Distrito 9*, que mostra que, embora o corpo dos alienígenas seja muito diferente do corpo humano (parecendo mais insetos gigantes ou mesmo lagostas disformes, o que não deixa de ser engraçado), eles são dotados de inteligência, raciocínio e emoção. Fica, portanto, muito difícil dizer que eles não são humanos. O corpo diferente não é uma condição suficiente para declarar sua não humanidade. Por essa razão, o filme de Neill Blomkamp pode ser visto como a narrativa da dificuldade, por parte dos humanos, em aceitar diferenças. Embora haja elementos cômicos, o filme não é leve. Põe-nos diante de questões existenciais graves.

2 A expressão "amor platônico"

A respeito da expressão "amor platônico", tão comum em nosso cotidiano, convém lembrar que ela se refere a amores irrealizados ou intelectualizados, quer dizer, está restrito ao campo do sonho ou dos projetos, sem passar à ação. Por isso mesmo, essa expressão nada tem de platônico nem nenhuma ligação real com o pensamento platônico. Afinal, o amor, segundo Platão, é ativo, produz movimento e leva à busca de completude não somente pelo encontro de uma pessoa, mas também pelo encontro do mundo, pelo conhecimento das identidades e possibilidades de tudo o que existe. A expressão "amor platônico" vem certamente da compreensão equivocada de Platão que foi desenvolvida sobretudo no século XIX, projetando sobre o filósofo o sonho de um mundo idealizado e separado do mundo sensível (expressões que Platão não usou!).

3 Os clichês a respeito da Teoria das Ideias ou das Formas

Estudar o pensamento platônico, especialmente a Teoria das Ideias (Formas ou Essências), não é uma tarefa simples, porque algumas interpretações caricaturais colaram-se a Platão e constituem hoje uma verdadeira barreira para uma aproximação de seus textos. A mais comum delas é a que atribui a Platão a separação entre dois mundos: o sensível, que seria o mundo do movimento material, e o inteligível, "onde" estariam as Formas. A fim de evitar essa caricatura, os colegas professores são convidados a enfatizar a tentativa do capítulo em não associar as Formas ou Ideias com "coisas" perfeitas que seriam imitadas por coisas imperfeitas no nosso mundo, mas ao dinamismo invisível que estrutura o mundo. Platão insistia na experiência de que as Formas são descobertas pela atividade exclusiva da inteligência porque, sendo invisível, o dinamismo das Formas não pode ser percebido pelos cinco sentidos. O caráter inteligível das Ideias pode ser mais bem compreendido por um estudo do diálogo *Sofista*, que contém uma das expressões mais maduras do pensamento platônico. Platão aponta para a atividade típica da inteligência (independente dos sentidos) ao ultrapassar o nível da percepção sensível e concentrar-se no dinamismo básico do pensamento: o juízo ou o ato de julgar, isto é, de estabelecer correlações entre os conceitos das coisas e de pronunciar-se sobre elas. É nesse dinamismo cognitivo que as Formas se revelam, pois o pensamento lida com diferenças e semelhanças. Em outras palavras, é a capacidade intelectiva mesma que pressupõe as Formas. Ao emitir um juízo (por exemplo, "Sócrates é homem"), a inteligência percebe que ela mesma lida com uma unidade que pressupõe identidade e diferença: a unidade de *Sócrates* com *homem* (o indivíduo Sócrates com a Forma de Ser Humano) e a diferença, por um lado, do indivíduo *Sócrates* com outros indivíduos humanos (Sócrates não é outro indivíduo) e com a própria Forma de Ser Humano (Sócrates é humano, mas não é a Humanidade; ele participa da Forma de Ser Humano). É o jogo de diferença e identidade que faz Platão escapar ao imobilismo de Parmênides e inserir o mobilismo de Heráclito na concepção mesma do ser, ao mesmo tempo que reserva a identidade parmenidiana para o pensamento.

Dessa maneira, as Formas, mais do que meras "fôrmas", são modelos, padrões universais ou "regras" que agem na Natureza e revelam-se, acima de tudo, no ato mesmo de pensar. Não é à toa que, no *Sofista*, Platão fala das Formas mais universais (junto à Forma do Bem, que é ainda mais universal): trata-se das Formas do Ser, do Repouso, do Movimento, do Mesmo e do Outro. A Forma do Ser é participada por tudo (tudo é; não há nada que não exista e seja ao mesmo tempo). Tudo o que existe está em repouso ou em movimento. Se está em repouso, é o mesmo que o repouso e é outro com relação ao movimento e vice-versa. Dessa perspectiva, mesmo o não-ser pode ser dito: ele não é o contrário do ser (pois não existiria), mas o outro do ser ou o outro de algo que existe (o movimento é o não-ser do repouso e vice-versa).

Essas Formas são tão universais que nenhum pensamento seria possível sem elas. Ninguém conseguiria falar de algo sem pressupor a mesmidade ou a alteridade. Ainda que se pretenda dizer que nada no mundo tem algo em comum com outra coisa, sendo pura diferença, opera-se com as Formas de Mesmo e de Outro. Isso permite entender por que a Teoria das Formas não implica uma separação da realidade em dois mundos (lembrando que Platão nunca falou em dois mundos!). As Ideias ou Formas, por fim, não seriam uma realidade meramente linguística nem uma construção histórico-social. Em vez disso, seriam o pressuposto e a condição mais elementar para toda atividade que pretenda respeitar as diferenças e semelhanças captadas em tudo o que existe. Não foi por acaso que Platão se serviu do mito da transmigração das almas (como, por exemplo, no mito de Er, o panfílio, registrado no livro X da *República*): pela linguagem metafórica, Platão pretendia indicar elementos que antecedem a experiência sensível e permitem que ela ocorra, pois possibilitam organizar a multiplicidade de informações sensíveis. Esses dados *a priori* ou anteriores à experiência sensível, condição de toda vivência histórica, seriam as Formas.

RESPOSTAS AOS EXERCÍCIOS

EXERCÍCIO A (p. 146)

1. *Encontre, nas narrativas míticas de Platão, elementos que mostrem como o amor não é cego.*

O amor, segundo a narrativa mítica de Platão, herda de sua mãe, a Pobreza (Pênia), a condição de carência e de falta, vivendo descalço, sem lar e sem proteção, buscando sempre se saciar. No entanto, ele é também filho de Recurso (Poro) e herda de seu pai o caráter insidioso, enérgico, de caçador terrível (ávido por sabedoria), cheio de recursos a filosofar por toda a vida. Segundo essa imagem, o amor (e o ser humano que ama) enxerga bem, pois tem consciência não só de sua carência, mas também dos meios que são necessários para atingir seus objetivos.

2. *Reflita sobre experiências de amor que você conhece (amor conjugal, amor familiar, amor de amigo) e observe se você concorda com a seguinte afirmação: "O amor não é algo que apenas se sente; é algo que também se constrói".*

Resposta pessoal. A tendência da resposta é ser positiva, pois o amor, para além da atração entre as pessoas, também é vivido como o estabelecimento de determinada relação construída por aqueles que se amam. Nesse sentido, o amor não é apenas passivo, mas é ativo; ele pode ser vivido, por exemplo, como uma busca de satisfação conjunta, para além dos desejos e das carências individuais, por meio de uma postura criativa entre as partes. Ele depende, portanto, da maneira como as pessoas constroem suas relações. Espera-se que os estudantes concordem ou discordem dessa concepção, articulando-a com sua experiência de vida e justificando o modo como exprimem sua posição.

EXERCÍCIO B (p. 147)

1. *Por que faz sentido, no vocabulário de Platão, chamar o desejo e o amor com uma única palavra* (éros)*?*

Porque Platão via nos seres humanos um único movimento, uma carência e um impulso inicial de desejo que continua como busca de satisfação pela relação amorosa.

2. *Se uma pessoa pode se relacionar com outra apenas por prazer, qual seria a outra maneira possível de relação amorosa?*

A outra maneira possível de relação amorosa é a do desejo pelo melhor. O desejo por prazer funciona naturalmente; já o desejo pelo melhor supõe treinamento deliberado e educação. O primeiro, como um nível mais elementar e mais básico do amor, não permite que o ser humano ultrapasse o nível individual e "egoísta" ou "egocêntrico" das relações (nível que, segundo Platão, leva a tornar-se escravo[a] dos prazeres). Já o desejo pelo melhor pode levar os seres humanos a vivenciar relações mais completas de reconhecimento mútuo, pensando não só nos prazeres e nas vantagens individuais que se podem obter da relação, mas no bem mútuo e no bem que os dois podem produzir juntos.

EXERCÍCIO C (p. 149)

1. *Que relação há entre beleza e modo de ser ou agir?*

Para Platão, a beleza não está relacionada simplesmente à aparência e aos padrões construídos historicamente, mas ao modo de as pessoas serem e de as coisas e as ações serem feitas.

2. *Como é possível explicar, de acordo com Platão, que alguém ame uma pessoa sem beleza física?*

Mesmo uma pessoa aparentemente não bela (não atraente por seu físico) pode expressar-se de modo profundamente belo pelo seu modo de ser e de comportar-se, exteriorizando seu interior e podendo atrair e ser amada mais do que alguém fisicamente belo(a). Quem ama essa pessoa fisicamente não bela ama a beleza que nela reside de outras maneiras.

3. *O que Platão quer dizer quando afirma que o amor é busca da verdadeira Beleza?*

A beleza, segundo Platão, diz respeito ao modo de ser de algo, ao seu modo próprio de realização; e o amor, como carência, é desejo máximo de satisfação. Para Platão, a maior satisfação é aquela provocada pela própria beleza presente nas coisas, ações e pessoas, uma vez que ela é a satisfação do desejo do melhor. Como os seres humanos preferem uma satisfação maior a uma menor, o amor revela-se como uma busca da verdadeira Beleza, a satisfação plena do desejo do melhor. Nesse sentido, os amantes podem concentrar-se em um terceiro elemento, para além dos desejos individuais de ambos: a própria Beleza presente nas possibilidades de que a existência é dotada.

EXERCÍCIO D (p. 154)

1. *A relação amorosa permite ver as possibilidades contidas no fato de que a pessoa amada é um ser humano. Explique como essa experiência leva a afirmar a existência das Formas (Ideias, Essências) segundo Platão.*

O reconhecimento das possibilidades das pessoas, coisas, ações e relações leva à percepção de que, mesmo diante das mudanças constantes, tudo possui certa identidade básica. Um tigre não pode comportar-se como um gato de estimação, assim como o ódio não é compatível com a bondade. De modo análogo, pode-se dizer que as pessoas, coisas, ações e relações manifestam a possibilidade de serem belas. Fazendo-o, elas apontam para a possibilidade mesma, a Beleza em si, identidade de tudo o que é belo, assim como o modo de ser de um tigre revela a Forma de Tigre, diferente da Forma de Gato. Identidades desse tipo, que permanecem em meio às mudanças, Platão chamou de Formas, Ideias ou Essências.

2. *Como é possível identificar uma Forma, segundo Platão?*

Conhecendo aquilo que há em comum entre todos os participantes dessa Forma, ou seja, o que há de próprio desse grupo, em comparação e contraposição com outros grupos. Por exemplo, para conhecer a Forma do Humano não é necessário conhecer todas as características particulares de todos os seres humanos, mas aquilo sem o que os seres humanos perderiam sua Humanidade (deixariam de ser humanos).

3. *Platão separava o mundo inteligível do mundo sensível? Explique.*

Não. Ao falar de sensível e de inteligível, Platão não queria dizer que há dois mundos separados. Para ele, o sensível é estruturado por dentro, a partir do interior, pela dimensão inteligível, pelas regras imutáveis e eternas. Nesse sentido, sensível e inteligível são diferentes aspectos da mesma realidade.

4. *Por que o desenho do "cavalo ideal" é inadequado para representar a Teoria das Ideias? Qual a vantagem do quadro de Mondrian para representá-la?*

O primeiro esquema é inadequado porque representa a Forma do Cavalo como um "cavalo ideal" imitado pelos cavalos imperfeitos do mundo real. Além disso, o esquema sugere que as Formas existem como "coisas" em um mundo separado e distante (o "mundo das Ideias", expressão que Platão nunca usou). No entanto, para Platão, as Formas são regras que inscrevem o essencial em tudo o que existe. Nesse sentido, se as formas não são "coisas", mas regras universais que regem a Natureza, elas só podem ser percebidas por uma contraposição entre as formas de cada tipo de ser. Daí a vantagem do quadro de Mondrian, pois cada cor nele presente ganha sua total significação quando é comparada e contraposta com as outras cores. Por analogia, o mundo de que fala Platão seria o conjunto do quadro de Mondrian; e as Ideias, Formas ou Essências seriam as cores que o estruturam e que são percebidas em contraposição com as outras.

EXERCÍCIO E (p. 155)

1. *O que leva Platão a afirmar a existência da Forma do Bem?*

O amor ou a busca por satisfação culmina na busca pelo melhor como superação da mera busca por prazeres imediatos e das aparências sensíveis. Ele move em direção às Formas. Mas, se as Formas contêm a possibilidade de realização do melhor e do que há de bom em cada ser, isso significa que todas elas participam ainda de uma Forma mais básica, uma Forma geral que torna tudo bom. Platão a chamou de Forma ou Ideia do Bem.

2. *Platão despreza os prazeres? Explique.*

Não. Para ele, as aparências e os prazeres são bons em si mesmos. Eles só não são a única dimensão e a finalidade última da vida humana. A busca de satisfação, que inicia pela busca dos prazeres, pode avançar para algo ainda melhor e mais completo. Trata-se de um único movimento que inicia pela busca dos prazeres e que, se for levado adiante, pode conduzir até a contemplação das Formas.

3. *Como é possível, segundo Platão, que um criminoso e um suicida sejam vistos como pessoas que buscam o Bem?*

Até pessoas que cometem atos destrutivos contra os outros ou contra si mesmas consideram, no limite, que sua ação é boa. O criminoso acredita, mesmo equivocadamente, que irá conquistar algum bem para si fazendo o mal a outra pessoa. Também o suicida busca alívio de seus males com a morte e, desse ponto de vista, consciente ou inconscientemente, encara a sua morte como boa.

EXERCÍCIO F (p. 160)

1. *Por que Platão afirma que a experiência do amor requer educação? Em sua resposta, use a palavra-chave* aparência.

A contemplação das Formas, que representa a realização plena do movimento de busca do amor humano, necessita do aprendizado de um novo olhar. Naturalmente, o ser humano é levado a crer apenas na *aparência* das coisas, quer dizer, nas suas características sensíveis. Por isso, segundo Platão, é só por um processo de educação que se torna possível avançar para além das *aparências* até contemplar as Formas e a Forma do Bem (contemplação essa que coincide com a plenitude na vivência do amor).

2. *De acordo com o pensamento de Platão, como a Matemática pode ajudar a ir além da aparência das coisas?*

A Matemática permite ver que as coisas podem ser reunidas em conjuntos, podem ser decompostas em partes, pontos, linhas, harmonias, números. Todas essas entidades matemáticas são imutáveis e eternas, remetendo mais diretamente, portanto, às Formas, como a Forma do Ponto, a Forma da Linha etc. A Matemática permite, assim, ir além das realidades sensíveis e sujeitas ao constante devir, apontando para entidades estáveis e eternas.

3. *Por que o processo educativo pode ser doloroso?*

Porque há uma resistência natural do educando em abandonar a confiança que sentia na aparente obviedade de sua existência. Além disso, o excesso de "luz" provocado pelo vislumbre do que está para além das "sombras" das aparências pode ferir os "olhos" daquele que ainda não está acostumado a contemplar as formas e o inteligível, tornando-o momentaneamente cego diante da realidade plena.

4. *Por que a subida até a Forma do Bem é chamada de dialética?*

Porque essa subida consiste em um constante confronto de duas posições, a posição na qual se crê "naturalmente" ou "sensivelmente" e a posição apresentada pela inteligência. Contrapondo, assim, a aparência sensível com a realidade das Formas, a subida até o Bem se mostra uma subida dialética (confronto de duas posições até alcançar outra posição, numa escalada progressiva).

5. *Por que a dialética que leva ao Bem pode ser chamada de dialética do amor?*

Porque, segundo Platão, o amor é o motor de toda a subida dialética, fazendo fixar a atenção nos corpos belos, depois na beleza dos corpos etc., até chegar à Forma da Beleza e à Forma do Bem.

EXERCÍCIOS COMPLEMENTARES (p. 160)

1. *Recapitulação*

Espera-se que, nesse resumo, os estudantes apresentem uma breve análise das "duas maneiras básicas" de se viver o amor, ou seja, (i) a busca de prazeres imediatos, ligados às aparências sensíveis, e (ii) a busca do melhor em cada ser, operando com suas possibilidades (que vão além das aparências). É importante notar que não se trata de dois modos a serem vividos separadamente, mas em conjunto, no movimento dialético por meio do qual o amor, como propulsor do processo, permite a passagem de um modo a outro. Espera-se ainda que, no desenvolvimento do texto, os estudantes apresentem o modo como Platão defende a necessidade de passar das aparências ao ser, ou do sensível (aparente) ao inteligível (cognoscível pela inteligência sem a ajuda dos sentidos), chegando à Teoria das Formas, Ideias ou Essências. Para que a recapitulação seja completa, convém explorar o aspecto educativo desse movimento dialético.

2. *Reflexão*

Resposta pessoal. Dado o caráter particular e íntimo da reflexão, somos convidados a redobrar nosso cuidado caso solicitemos aos estudantes que partilhem suas respostas com a sala.

3. *Observação e reflexão*

Espera-se que os estudantes percebam a associação entre a televisão e a caverna da alegoria platônica. Assim como os prisioneiros tomavam as imagens por seres reais, muitas vezes tomamos os programas de televisão por retratos da realidade. No entanto, sabe-se que esses programas nem sempre estão preocupados em chamar a atenção para a "verdadeira" realidade, mas produzem "aparências" de realidade tal como interessa a eles. O que está em jogo é o modo como se dá valor à televisão e aos seus conteúdos. Espera-se, sobretudo, que os estudantes argumentem em favor de suas opiniões.

LEITURAS COMPLEMENTARES (TEXTO E ANÁLISE CRÍTICA)

Segue, na página ao lado, um dos trechos mais impactantes do diálogo *Sofista*, de Platão, com um comentário do filósofo brasileiro Henrique Cláudio de Lima Vaz:

Os gêneros supremos e suas relações mútuas

Platão

Estrangeiro – Já que, relativamente aos gêneros, chegamos ao acordo de que uns se prestam a uma comunidade mútua e outros não; de que alguns aceitam essa comunidade com alguns e outros com muitos; e de que outros, enfim, penetrando em todos os lugares, nada encontram que lhes impeça de entrar em comunidade com todos, resta-nos apenas deixarmo-nos conduzir por essa ordem de argumentação, prosseguindo em nosso exame. Não o estenderemos, aliás, à universalidade das formas, temendo confundirmo-nos nessa multidão. Consideraremos, entretanto, algumas destas, que nos parecem as mais importantes, e veremos, em primeiro lugar, o que são elas, tomadas separadamente, para em seguida examinar em que medida são suscetíveis de se associarem umas às outras. Dessa forma, se não chegarmos a conceber com plena clareza o ser e o não-ser, poderemos ao menos deles dar uma explicação tão satisfatória quanto o permita este método de pesquisa. Saberemos então se podemos dizer que o não-ser é realmente inexistente e dele nos livrarmos sem nada perder.

Teeteto – É o que é necessário fazer.

Estrangeiro – Ora, os mais importantes desses gêneros são precisamente aqueles que acabamos de examinar: o próprio ser, o repouso e o movimento.

Teeteto – De longe, são os maiores.

Estrangeiro – Dissemos, por outro lado, que os dois últimos não podiam associar-se um ao outro.

Teeteto – É exato.

Estrangeiro – Mas o ser se associa a ambos: pois, em suma, os dois são.

Teeteto – Não há dúvida.

Estrangeiro – Então, há três.

Teeteto – Evidentemente.

Estrangeiro – Assim, cada um é outro com relação aos dois que restam; e cada um é o mesmo que ele próprio.

Teeteto – Sim.

Estrangeiro – Mas que significado demos a esse *mesmo* e a esse *outro*? Serão eles dois gêneros diferentes dos três primeiros, se bem que sempre necessariamente associados a eles? Deveremos, então, considerar cinco seres e não três, ou esse *mesmo* e esse *outro* serão, sem que o saibamos, simplesmente outros nomes que damos a qualquer um dos gêneros precedentes?

Teeteto – Talvez.

Estrangeiro – Mas certamente nem o movimento nem o repouso serão o *outro* nem o *mesmo*.

Teeteto – Como assim?

Estrangeiro – O que quer que atribuamos de comum ao movimento e ao repouso não poderá ser nem um nem outro deles.

Teeteto – Por quê?

Estrangeiro – Porque ao mesmo tempo o movimento se imobilizaria e o repouso se tornaria móvel. Com efeito, se qualquer um dentre eles se aplicar a esse par (o *mesmo* e o *outro*), obrigará o outro a mudar sua própria natureza na natureza contrária, pois o tornará participante de seu contrário.

Teeteto – Certamente. [...]

Estrangeiro – Deveremos, pois, às três formas precedentes (o ser, o movimento e o repouso) o *mesmo* como quarta Forma?

Teeteto – Perfeitamente. [...]

Estrangeiro – Ora, o *outro* se diz sempre relativamente a um outro, não é?

Teeteto – Certamente.

Estrangeiro – Isso não se daria se o ser e o *outro* não fossem totalmente diferentes. [...] Já vimos perfeitamente que tudo o que é outro o é por causa da sua relação necessária a outra coisa.

Teeteto – É verdade o que dizes.

Estrangeiro – É necessário, pois, considerar a natureza do *outro* como uma quinta Forma, entre as que já estabelecemos.

Teeteto – Sim. [...]

Estrangeiro – É, pois, sem temor que sustentamos esta afirmação: o movimento é outro que não o ser.

Teeteto – Sim, sem sombra de escrúpulo.

Estrangeiro – Assim, pois, está claro que o movimento é, realmente, não-ser, ainda que seja ser na medida em que participa do ser?

Teeteto – Absolutamente claro.

Estrangeiro – Segue-se, pois, necessariamente, que há um ser do não-ser, não somente no movimento, mas em toda a série dos gêneros; pois, na verdade, em todos eles a natureza do outro faz cada um deles outro que não o ser e, por isso mesmo, não-ser. Assim, universalmente, por essa relação, chamaremos a todos, corretamente, não-ser; e ao contrário, pelo fato de eles participarem do ser, diremos que são seres.

PLATÃO. Sofista. In: *Diálogos*. Tradução Jorge Paleikat e João Cruz Costa. São Paulo: Nova Cultural, 1984. p. 177-179 e 181 (números 254b-255e; 256d-e). (Coleção Os Pensadores.)

O ser é síntese do uno e do múltiplo

Henrique C. Lima Vaz

Se o ser é síntese de "identidade", é síntese do uno e do múltiplo. Quando o *lógos* se desdobra, pois, na proposição, ele é ainda a expressão da estrutura real do ser. A proposição verdadeira, o *lógos alethós*, será aquela que, exprimindo a participação real de duas Ideias, exprime os seres em sua razão mesma de ser. Daqui que, se para Platão há somente ciência das Ideias, e esta ciência é a dialética, a dialética platônica é, de direito, uma ontologia. Ora – e eis um ponto decisivo para nós –, essa ontologia não se justifica criticamente, como o *Sofista* nos mostra, senão precisamente porque Platão busca o ser (que deve encontrar no *lógos* sua expressão inteligível) não unicamente no termo estático de uma elaboração conceitual, como fizera Parmênides, mas no movimento mesmo com que a Alma conhece, no ato em que ela se pronuncia, ou seja, no *doxázein*, no ato de julgar. Em outras palavras, a unidade do ser em Platão não é uma unidade de identidade, mas uma unidade de participação. Se há juízo, há síntese; se há síntese, há diversidade; se há diversidade e síntese, há participação. Assim, o ser se revela como participação precisamente na estrutura do ato judicativo. Platão viu claramente que, para uma inteligência em movimento, o ser, mesmo afirmado como uno na unidade de cada Ideia, desdobra-se entretanto em relação; e o movimento da inteligência que conhece é, sob outro aspecto, uma síntese progressiva das participações do ser. Pela *dýnamis* da alma cognoscente, que se manifesta no juízo (*logismós*), aparece também a linha dinâmica do ser e torna-se possível a superação do imobilismo eleático.

LIMA VAZ, H. C. Itinerário da ontologia clássica. In:_____. *Ontologia e História*. São Paulo: Loyola, 2001. p. 62-63, v. VI. (Coleção Escritos de Filosofia.)

SUGESTÕES BIBLIOGRÁFICAS

FOUCAULT, M. *História da sexualidade*. Tradução Maria Thereza C. Albuquerque. Rio de Janeiro: Graal, 1988. 3 v.

LIMA VAZ, H. C. Itinerário da ontologia clássica. In:_____. *Ontologia e História*. São Paulo: Loyola, 2001.

PAVIANI, J. *Éros, desejo e bem em* O Banquete *de Platão*. Florianópolis: Ed. da UFSC, 2015.

PLATÃO. Sofista. In:_____. *Diálogos*. Tradução Jorge Paleikat e João Cruz Costa. São Paulo: Nova Cultural, 1984. (Coleção Os Pensadores).

CAPÍTULO 6 Do amor de amigo ao amor sagrado

OBJETIVO

O segundo dos três capítulos sobre o amor, embora independente do anterior (Capítulo 5), oferece elementos da continuidade histórica da reflexão filosófica sobre o amor. Nesse sentido, ele visa apresentar a relação intrínseca entre amor e amizade em Aristóteles, para, na sequência, estudar a aplicação dessa relação (amor-amizade) à compreensão da relação com Deus, operada por pensadores cristãos da Era Patrística. Por fim, busca-se fazer um contraponto da concepção cristã de amor com as críticas a ela dirigidas por Nietzsche, não apenas para apresentar o pensamento do filósofo alemão, mas também para permitir maior compreensão do próprio pensamento filosófico cristão de acordo com trabalhos mais atualizados de História da Filosofia.

CONSIDERAÇÕES METODOLÓGICAS

O núcleo do capítulo reside na concepção aristotélica do amor de amigo e na ampliação cristã dessa concepção para a compreensão do tipo de relação que o ser humano pode estabelecer com o ser divino. Por esse motivo, é estratégica a retomada da definição aristotélica da amizade e a introdução de um dado filosófico que era inteiramente novo para os filósofos antigos, tanto gregos como romanos: a possibilidade filosófica de pensar que o mundo talvez tenha sido criado por um ser livre e consciente. Essa possibilidade vai ao encontro da experiência religiosa monoteísta da crença em Deus como um ser pessoal (um ser com o qual se pode estabelecer uma relação e que corresponde a essa relação), justificando a ampliação do conceito de amizade para exprimir o amor sagrado. A fim de ressaltar algumas características dessa concepção, introduz-se o pensamento do filósofo que talvez tenha sido o seu mais forte crítico: Friedrich Nietzsche.

A crítica nietzschiana associa o pensamento cristão ao pensamento platônico e concentra-se, principalmente, no que o filósofo alemão chamava de desprezo do mundo efetivo e do corpo, e de inversão da moral realmente "humana" em nome de uma moral dos fracos e da culpabilidade. Ao desconstruir e reconstruir a crítica nietzschiana ao platonismo-cristianismo, os professores têm ocasião de deter-se no próprio pensamento de Nietzsche, sobretudo pelo estudo das noções de força e decadência, exploradas neste capítulo, bem como da noção de forças cósmicas, apresentada no Capítulo 12. Por fim, guiado pela ideia de contradição e com base em pesquisas atualizadas de História da Filosofia, o capítulo oferece um exercício de contradição da contradição nietzschiana, levantando a possibilidade de entender o platonismo e o cristianismo fora do modelo de leitura proposto por Nietzsche. Tudo gira em torno dos temas do desprezo do mundo e do corpo e da "culpa judaico-cristã".

Como esses temas se tornaram culturalmente importantes no século XX, manifestando-se mesmo no linguajar cotidiano, o estudo deste capítulo pode ter especial significação. Sugere-se enfaticamente que os colegas professores não adotem expressões como "Nietzsche errou", "Platão tinha razão" ou outras do tipo. Em vez de sintetizar a problemática histórica dessa maneira, é mais adequado esclarecer que, do ponto de vista da história e da historiografia do platonismo e do cristianismo, Nietzsche só contava com os recursos disponíveis no século XIX. Isso, no entanto, não diminui em nada a relevância, por exemplo, da crítica da cultura realizada por Nietzsche ou da sua concepção de consciência, razão, moral etc. Esse tipo de consideração levanta um tema extremamente instigante: o que é a verdade em Filosofia e em História da Filosofia? O que pensar sobre o pensamento de um filósofo que não reconstrói fielmente o pensamento de outro filósofo? Mais ainda: o que pensar de um filósofo que cai em contradição? Ou de filósofos que, mesmo caindo em contradição sob certos aspectos, concordam em outros? Realizar esse tipo de estudo pode ser uma ocasião privilegiada para tratar dos procedimentos de pesquisa em Filosofia e mesmo da construção de pensamentos filosóficos.

Os colegas professores encontrarão elementos preciosos no vídeo *Filosofia e verdade*, de 1965, com Alain Badiou, Dina Dreyfus, Georges Canguilhem, Jean Hyppolite,

Michel Foucault e Paul Ricœur. O vídeo está em francês, com legendas em português (no vídeo original francês, o título é *L'enseignement de la Philosophie*). Muito instrutiva também é a leitura dos volumes *Nem tudo é relativo: a questão da verdade*, de Hilton Japiassu (2000), e sobretudo *Como se escreve a História*, de Paul Veyne (1982), trabalho monumental em que o historiador francês, em diálogo direto, entre outros, com o sociólogo Max Weber e com o filósofo Michel Foucault, levanta a questão do que é verdadeiro em uma construção histórica. O contraponto entre o cristianismo e Nietzsche, ou entre o platonismo-cristianismo e Nietzsche, é ainda uma ocasião para perceber pontos comuns entre as três linhas de pensamento, algo que parece inusitado, mas já amplamente explorado por diferentes pensadores e historiadores da Filosofia. Por fim, o contraponto permite apresentar aos estudantes um modo de estudar Filosofia e História da Filosofia sem a necessidade de seguir a cronologia temporal; de um autor pode-se passar a outro, mesmo que haja um grande intervalo entre ambos e desde que ambos tratem explicitamente do mesmo tema. Nem sempre os autores têm o mesmo conceito em mente quando usam os mesmos vocábulos. Por conseguinte, se não operam com o mesmo conceito, então não tratam do mesmo tema (ainda que este receba o mesmo nome). Menos adequado é pressupor ainda hoje que, como pensava Hegel, a História e a História da Filosofia estão em uma marcha progressiva, de modo que alguém do presente é mais "avançado" do que alguém do passado e que as pessoas do futuro serão mais "avançadas" do que nós. Em vez de uma linha sucessiva e evolutiva em História da Filosofia, hoje parece mais adequado falar de muitas linhas e muitas redes de linhas.

PROPOSTA DE ESQUEMA VISUAL

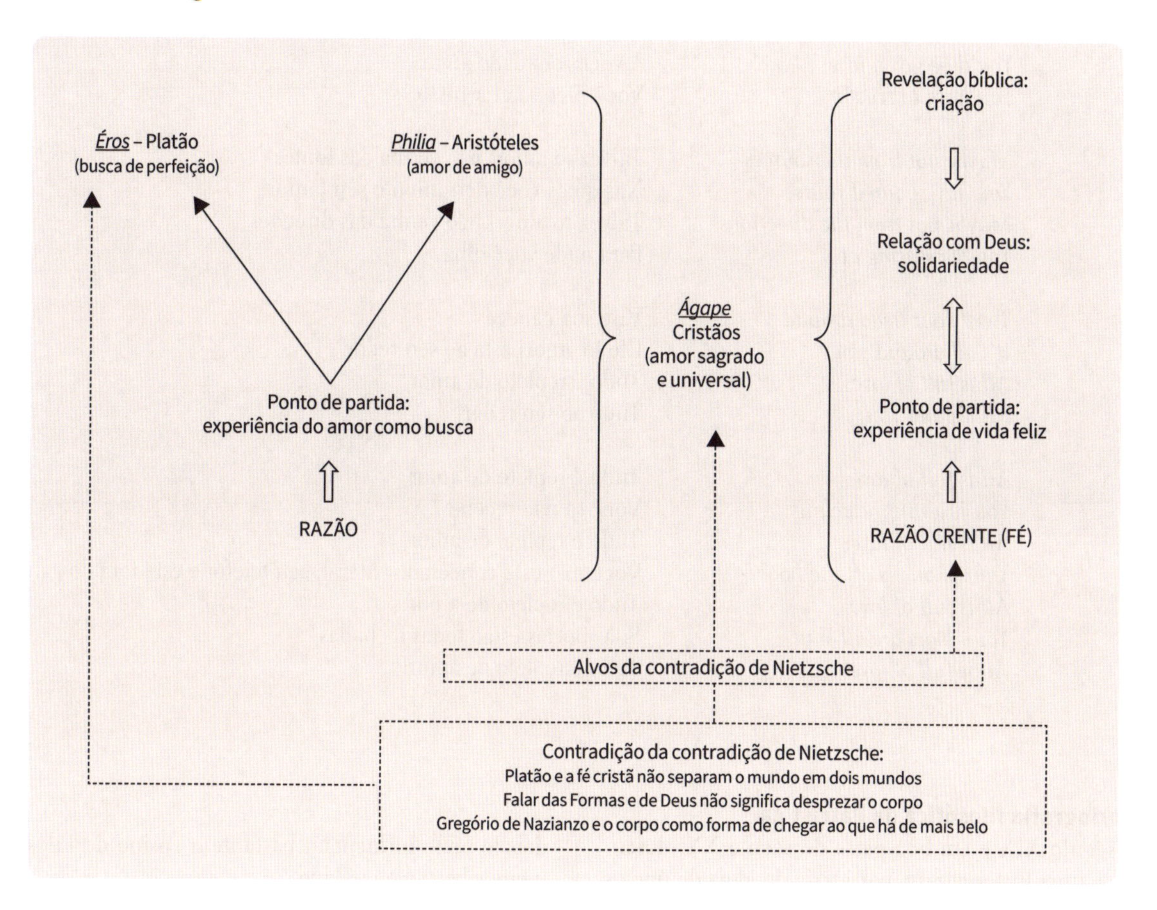

OBSERVAÇÕES METODOLÓGICAS ESPECÍFICAS

1 A canção *All is Full of Love*, de Björk

O clipe da canção de Björk é muito interessante para nosso estudo. Os colegas professores podem assistir ao clipe com os estudantes e analisá-lo com base no que pretendeu o próprio diretor do clipe, Chris Cunningham: o clipe apresenta uma cena em que dois robôs são produzidos por máquinas numa sala de montagem; o ambiente é frio e chocante, dando destaque aos movimentos das máquinas que terminam a montagem dos robôs. A luz de neon também é fria. Tudo é asséptico. Não deixa de haver um toque de surrealismo, ao modo de Magritte e de Duchamps. Mas, de repente, um processo orgânico dá vida ao metal. Fluidos escorrem e os robôs ganham vida. É a vitória sobre a frieza das peças metálicas. Essa vitória é a do amor, pois os robôs começam a se beijar apaixonada e delicadamente. No dizer de Cunningham, a emoção da canção vem da ideia de amar totalmente. "É como tomar consciência de que, ao mesmo tempo, somos nós que decidimos sobre o amor que damos, mas que não podemos decidir a quem dá-lo. O clipe é uma metáfora de um sentimento de universalidade; o amor está em todos os lugares, mesmo nos fios e nas máquinas; ele se difunde e mantém a vida" (Disponível em: <https://www.youtube.com/watch?v=u0cS1FaKPWY>. Acesso em: 28 jan. 2016).

Os professores podem também traduzir com os alunos a letra da canção e eventualmente propor a participação do(a) professor(a) de Inglês. Aqui segue uma proposta de tradução. Como a letra é bastante simples, não há muitas possibilidades de tradução. Com a colaboração do(a) professor(a) de Inglês, podem-se explorar, no entanto, as construções verbais com preposição e os tempos verbais (*you'll be taken care of*; *you are staring at*), além das imagens bastante concretas do telefone fora do gancho e das portas fechadas.

All is Full of Love [Tudo é repleto de amor]
Björk

You'll be given love	A você será dado amor
You'll be taken care of	A você será dado cuidado
You'll be given love	A você será dado amor
You have to trust it	Você precisa crer nisso
Maybe not from the sources	Talvez [o amor] não venha das fontes
You have poured yours	Nas quais você derramou o seu [amor]
Maybe not from the directions	Talvez [o amor] não venha das direções
You are staring at	Para onde você olha
Twist your head around	Vire sua cabeça
It's all around you	Ele [o amor] está ao seu redor
All is full of love	Tudo é repleto de amor
All around you	Tudo ao seu redor
All is full of love	Tudo é repleto de amor
You just aint receiving	Você só não recebe
All is full of love	Tudo é repleto de amor
Your phone is off the hook	Você não está conectado [literal: seu telefone está fora do gancho]
All is full of love	Tudo é repleto de amor
Your doors are all shut	Suas portas estão todas fechadas
All is full of love!	Tudo é repleto de amor!

2 Historiografia filosófica da Patrística

No século XIX e em boa parte do século XX, desenvolveu-se uma historiografia partidária da ideia de que os primeiros filósofos cristãos (Era Patrística) estudavam filosofia para convencer a aristocracia romana e levar adiante a mensagem religiosa como forma de dominação cultural e política. Essa visão está bastante ligada a outra, relativa à conversão do Imperador Constantino: ele só teria se convertido para usar o cristianismo em sua estratégia de governo. Hoje, essas posições historiográficas estão superadas entre os especialistas, pois a realidade histórica foi mais complexa. Uma das melhores análises do tema é dada por Paul Veyne (2010) no livro *Quando nosso mundo se tornou cristão*. Esse debate pode influenciar bastante o ensino de Filosofia e merece bastante cuidado.

No Brasil, com a acentuada sensibilidade religiosa de muitos estudantes, nós, professores de Filosofia, seremos mais prudentes se evitarmos os extremos que costumam ser comuns: de um lado, há quem use a nova historiografia para "provar" a racionalidade do cristianismo (afinal, se filósofos se converteram, é porque a fé seria "racional", como alguns dizem); de outro lado, há quem recuse a nova historiografia, apegando-se ferrenhamente à antiga, para "provar" que o cristianismo foi nefasto na cultura ocidental. Essa última posição revela, por si só, seu equívoco primário tanto do ponto de vista histórico como filosófico, pois basta inteirarmo-nos das pesquisas em História e em História da Filosofia para vermos as inúmeras contribuições do cristianismo que são valorizadas na cultura em geral e na Filosofia. A primeira posição, no entanto, também é equivocada, pois tem um caráter apologético que impede de ver como os primeiros filósofos não se converteram por razões apenas filosóficas, mas sobretudo existenciais e religiosas. Apontar para essa complexidade e nutrir um respeito republicano diante da experiência religiosa parece ser a via mais adequada para abordar o assunto.

Do ponto de vista teórico, é preciso lembrar que os primeiros filósofos, ao se converterem, viam que a fé não era irracional ou absurda, mas também não pretendiam que ela fosse uma construção da razão. A razão participa no ato de fé, mas o conteúdo da fé supera a compreensão racional. Não respeitar esse dado significa perder o elemento específico da experiência religiosa: a transcendência do mistério sagrado.

Do ponto de vista historiográfico, o documento mais antigo de que se tem notícia e que registra por que um filósofo se converteu ao cristianismo é o livro *Diálogo com Trifão*, escrito por Justino de Roma (100-165). No livro, ele narra o modo como, em sua busca da felicidade, confiou nos filósofos, iniciando como estoico e depois se tornando peripatético, pitagórico e, por fim, platônico. Certa vez, encontrou um ancião com quem teve uma longa conversa sobre a felicidade. O ancião relativizou as posições filosóficas apresentadas por Justino, mostrando que elas eram constructos racionais que não ofereciam a felicidade. Apenas uma relação dialogal permitiria ser feliz de modo completo. Em outras palavras, no dizer do ancião, não são raciocínios que tornam alguém feliz, mas uma relação interpessoal. Justino aprende com o ancião a visão cristã de Deus como um ser pessoal, isto é, que pode estabelecer uma relação com os humanos, diferentemente do modo como os filósofos falavam do ser divino. Diz, então, que começou a sentir-se "aquecido interiormente" e que essa experiência lhe deu a felicidade (➲ p. 464). Sua conversão, portanto, não foi causada por um raciocínio que "provou" a racionalidade do cristianismo, mas por uma vivência, a experiência do que Justino considerava ser a ação divina. Isso tira o enfoque dos enunciados religiosos e o põe no próprio mistério da divindade.

Outro debate filosófico que é iluminado pela historiografia mais atualizada dos primórdios do cristianismo é o de saber se os filósofos cristãos eram realmente filósofos ou se apenas manipulavam a filosofia. Nos anos 1970-1990, alguns historiadores defenderam que os pensadores cristãos usavam a filosofia como "caixa de ferramentas", ou seja, não eram propriamente filósofos, mas se serviam de argumentos filosóficos para defender assuntos de fé. Hoje essa visão também está superada. O caso dos três grandes capadócios (Gregório de Nazianzo, Gregório de Nissa e Basílio de Cesareia) é um exemplo explícito de cristãos que eram platônicos e, portanto, filósofos. Em temas de Filosofia, eles seguiam Platão (o conhecimento sensível, o conhecimento inteligível, as Formas, a eternidade da alma etc.) e só recorriam à fé para explicar temas como o destino da alma após a morte, a justiça divina, o amor redentor etc. Na realidade, eles testemunhavam uma nova experiência cultural e a própria Filosofia se ampliava com novos horizontes abertos por questões e temas teológicos, ao mesmo tempo que ela permitia uma estruturação mais compreensível do próprio discurso teológico (➲ p. 465).

3 Estudo do antiplatonismo e do anticristianismo de Nietzsche

No caso específico de Platão, não se pode esquecer que Nietzsche, como professor de Filologia, estudou os textos platônicos de maneira rigorosa, embora apenas com os recursos disponíveis no século XIX. A pesquisadora francesa Monique Dixsaut (1997), em seu texto *Nietzsche lecteur de Platon* (Nietzsche leitor de Platão), defende a ideia de que não se pode entender a relação de Nietzsche com Platão em termos de um simples antagonismo. Nietzsche teria nutrido uma verdadeira admiração por Platão, assim como teria sido um dos primeiros autores a ver que Platão não construiu um sistema filosófico fechado e inteiramente dogmático. Monique Dixsaut também permite identificar certos "deslizes" na leitura nietzschiana de Platão, mostrando que a alma, segundo o filósofo grego, não é uma coisa separada do corpo, mas algo que habita o corpo e constitui uma unidade com ele, diferentemente do que interpretava Nietzsche. A interpretação de Nietzsche possibilita entender por que ele se debatia contra certa mentalidade platônica de sua época, reforçada por práticas cristãs que também consideravam o ser humano como um ser dividido e formado por uma luta contra o corpo.

Especificamente no caso do cristianismo, certamente Nietzsche se voltava contra a prática de cristãos que, em nome da experiência religiosa, diminuíam a importância da experiência individual e do corpo. Isso se observa também na crítica de filósofos cristãos da época de Nietzsche, como Søren Kierkegaard (1813-1855), que denunciava práticas cristãs hipócritas e diminuidoras da pessoa humana.

Considerando esse dado sócio-histórico, pode-se entender a crítica de Nietzsche à fé cristã de sua época. Talvez se possa afirmar que o "exagero" de Nietzsche foi identificar ressentimento na prática de certos cristãos e projetá-lo ao nível de algo como uma "essência" do cristianismo. Nietzsche se concentrava ainda na figura do apóstolo Paulo, bem como na influência que o estoicismo exerceu sobre ele, e identificava as raízes de um cristianismo ressentido e culpado, principalmente porque Paulo alertava contra os perigos da carne. De acordo com Nietzsche, Jesus Cristo não pretendia criar uma religião, mas Paulo o transformou em fundador do cristianismo. Essa visão histórica era relativamente comum entre intelectuais do século XIX, mas, do ponto de vista histórico e teológico, hoje ela está superada. No nascimento da fé cristã, comunidades muito diferentes enfatizavam aspectos também diferentes. Fundadas por vários líderes (João, Lucas, Mateus, Marcos, entre outros), essas comunidades tiveram igual ou maior importância que as comunidades de Paulo. Não se defendeu um ódio do mundo nem da carne, mas uma nova forma de estar no mundo e de viver a carne a partir da luz da fé.

O filósofo Max Scheler (1874-1928) chama a atenção para o fato de que, se o amor cristão fosse uma repetição do amor antigo, falando apenas da tendência do inferior para o superior, do imperfeito para o perfeito, do aparente para o real, e se dissesse que Deus é o real, separado do aparente e levando à desvalorização das aparências, então o cristianismo seria, de fato, um platonismo empobrecido e voltado para massas de cordeiros. No entanto, segundo Scheler, o amor cristão designa um movimento inverso: o amor que vemos nas coisas (o *éros* platônico) é a correspondência do amor que desce do ser divino e preenche tudo, valorizando cada coisa por si mesma (o *ágape* cristão). A afirmação central do cristianismo é que Deus assumiu a carne humana, quer dizer, o amor pleno desceu às profundezas da matéria, produzindo uma unidade com ela e ativando nela possibilidades antes não imaginadas. No texto "O ressentimento na construção das morais" (publicado no volume *Da reviravolta dos valores*), Max Scheler (2012) afirma que há uma mudança de direção do amor com o cristianismo, pois o amor se manifesta no fato de o mais elevado descer e inclinar-se para o menos elevado; o Messias para os publicanos e os pecadores. Nietzsche não teria percebido que o amor deixa de ser uma simples busca de satisfação para tornar-se já atividade plena: crendo que Deus amou a Humanidade a ponto de encarnar-se para abrir seus horizontes, os cristãos passam a conceber o amor como dom recebido e dom que eles também podem transmitir. Numa dialética de posse e de possibilidade de posse ainda maior, o amor não se esgotaria numa busca incessante, mas cresceria e se multiplicaria em sua força. Por essa razão, o cristianismo também não teria uma "essência", pois seria atividade e dinamismo constante, construído no dia a dia, por meio de tentativas de viver na prática o sentido da fé. Por fim, segundo Scheler, a transcendência do amor sagrado que age na imanência não seria sinal de nenhuma decadência, e sim de superação, pois faz a vida realmente superar-se e entrar em formas sempre mais fortes. A vida seria encarada de frente; e seu caráter trágico seria assumido e compreendido como ocasião para exercer sempre mais amor. Não se trata de pretender que aves de rapina se comportem como cordeiros; trata-se de ver que aves de rapina não fazem isso o tempo todo; e que os cordeiros, quando permanecem juntos, conseguem escapar às garras das aves. A verdadeira ilusão do ser humano seria querer ser forte o tempo todo e passar seus dias tentando dominar. No dizer de Scheler, um ser humano desse tipo será um super-homem solitário, pois verá que, com ou sem fé cristã, poucos apreciarão sua tentativa de dominar. À solidão desse tipo humano, os cristãos contrapõem a possibilidade de ir além das forças de dominação da Natureza e construir um ideal de solidariedade que só é possível com uma vontade de força ainda maior do que a força do desejo de dominar. Em outras palavras, só é possível com superação de si, intensificando sempre mais o amor sagrado que age na História e vai além dela.

Ainda segundo Max Scheler, quando Nietzsche fala de superação e não de transcendência, prende o ser humano em um círculo infernal: incentiva o humano a superar-se, a ir além de si, mas essa superação não leva de fato para além daquilo que já está em poder do ser humano; portanto, não seria propriamente uma superação, e sim uma prisão de si mesmo. Independentemente da crítica a Nietzsche ou de sua aceitação, a ideia de transcendência investigada por Max Scheler exprime bem o amor universal (sagrado e de todos os humanos) que a história da fé cristã fez entrar também na História da Filosofia. Por outro lado, proceder à contradição da contradição de Nietzsche não significa sustentar simplesmente que ele errou e que sua filosofia não merece ser estudada. Muito pelo contrário! A crítica nietzschiana ao platonismo e ao cristianismo, tal como ele os entendeu, merece ser sempre lida e retomada, pois seu potencial de crítica cultural é inquestionável e útil para ajudar a detectar formas pseudoplatônicas e pseudocristãs que destroem a experiência individual em nome de ideais separados deste mundo. O engajamento na intensificação da vida neste mundo sempre foi um valor platônico e cristão. É dessa perspectiva que este capítulo concebe a possibilidade de um diálogo tripartite entre Nietzsche, Platão e Cristo.

RESPOSTAS AOS EXERCÍCIOS

EXERCÍCIO A (p. 166)

1. Qual a discordância central de Aristóteles com relação à filosofia platônica?

A principal discordância de Aristóteles com relação à filosofia de Platão diz respeito à Teoria das Formas. Para Aristóteles, a fim de explicar a identidade e as causas das coisas sensíveis, a teoria platônica duplicaria desnecessariamente a realidade, estabelecendo um mundo à parte, separado "deste" mundo. Segundo Aristóteles, isso torna muito difícil saber o vínculo existente entre coisas sensíveis e suas respectivas Formas.

2. Em que se baseia Aristóteles para compreender o amor? Apresente resumidamente os passos dados por ele a partir dessa base.

Aristóteles baseia-se apenas no que pode ser observado e aceito por todos. Para ele, o ponto de partida para tratar do amor é a tendência humana a viver em grupos. Ele falava de uma familiaridade e de uma amizade natural, o amor de amigo (em grego, *philía*), que pode ser observado nas famílias e mesmo no convívio social e político. A prova da naturalidade dessa tendência humana é o comportamento dos outros animais irracionais que também procuram unir-se aos membros da mesma espécie e viver na presença de seus semelhantes. Sobre essa base, Aristóteles raciocina que, se todos desejam viver; se existir é perceber e pensar; se viver é algo prazeroso; se quem se observa percebe a si mesmo como um bem; e se o amigo é um outro eu; então é desejável que existam amigos.

EXERCÍCIO B (p. 170)

1. Por que a crença em um Deus criador interferiu na compreensão filosófica do amor?

Porque a possibilidade de pensar em um Deus criador – tal como fizeram autores judeus e cristãos nos primeiros séculos de nossa Era – leva a pensá-lo como um ser que decidiu deliberadamente criar o mundo e o ser humano. Com efeito, segundo a revelação bíblica, Deus criou o mundo por um ato de amor gratuito, um amor que não espera nada em troca. Filosoficamente falando, não se pode pensar que essa criação tenha em vista alguma utilidade ou benefício para o seu criador; caso contrário, Deus seria imperfeito e carente de algum benefício, deixando, portanto, de ser Deus. Nesse quadro, a compreensão do amor gratuito de Deus levantou, para os seres humanos, a possibilidade de que eles mesmos também vivam um amor parecido (um amor gratuito). A compreensão filosófica viu-se, então, solicitada a refletir sobre a possibilidade de entender o amor em função de si mesmo, sem uma busca necessária de recompensa exterior ao próprio ato de amar.

2. Sobre a atitude dos filósofos patrísticos e medievais a respeito do começo do mundo, é correto afirmar que:

(a) Como o mundo precisa ter surgido de alguma coisa, o mundo não é eterno; Deus teve de começá-lo.

(b) Como ninguém esteve presente no momento do surgimento do mundo, é melhor comprometer-se com a tese de que ele foi começado.

(c) Como não é possível ter qualquer certeza a respeito do surgimento do mundo, a revelação bíblica fornece um motivo para optar pela crença no começo do mundo como obra de Deus.

(d) Como, segundo a Bíblia, Deus criou o mundo, não se deve discutir esse dado, mas aceitá-lo, pois a Bíblia é a Palavra de Deus.

3. Comente o impacto filosófico causado pela nova concepção de amor, o amor sagrado.

As consequências filosóficas dessa nova maneira de conceber o amor serão várias. Cabe lembrar, por exemplo, o desenvolvimento de novas virtudes, como a misericórdia e a compaixão, e a concepção da dignidade humana, isto é, do valor inquestionável de cada indivíduo (concepção que está no fundamento da constituição moderna dos Direitos Humanos).

4. Diferencie **ágape, éros** ***e*** **philía.**

O termo *éros*, na contraposição com *ágape* e *philía*, foi reservado para designar o amor sexual. *Philía*, por sua vez, reservou-se como o amor de amizade, o amor vivido no seio da família e da comunidade. Por fim, *ágape*, que não tinha um significado muito específico na língua grega antiga, passou a ser empregado por autores cristãos para designar o amor sagrado, o amor gratuito que se explica por si mesmo, gratuito e vivido na experiência com Deus e com os outros seres humanos.

EXERCÍCIO C (p. 175)

1. Qual a ideia central da crítica de Nietzsche aos platônicos e aos cristãos?

A ideia de que os platônicos e os cristãos valorizavam "outro mundo" em detrimento deste mundo. Para Nietzsche, platônicos e cristãos acreditam que este mundo é feito só de aparências, como uma realidade inferior e não confiável, negando a realidade efetiva do mundo e da vida.

2. Por que Nietzsche afirma que os cristãos fazem uma ilusão de óptica e de ética?

Segundo Nietzsche, a ilusão de ética decorre de uma ilusão de óptica. A ilusão de óptica denunciada por ele tem relação com a afirmação platônico-cristã de "outro mundo" para explicar este mundo, tomando este mundo como ilusório ou aparente, ainda que a sua realidade seja evidente e explícita. Como outro mundo além deste não pode ser demonstrado, tomá-lo como realidade é falar de um não ser, do nada, de algo que não existe. Dessa ilusão de óptica decorre uma ilusão de ética: ao se guiar por valores morais que desvalorizam a experiência do corpo e do mundo efetivo em busca do que não pode ser conhecido, o ser humano é levado a um instinto de calúnia e de suspeição contra a vida, acusando os mais fortes de "maus" e movendo-se por ressentimento e desejo de vingança.

3. Nietzsche é um pessimista?

Não. Pelo contrário, Nietzsche lutava pela afirmação da vida e propunha uma nova compreensão da realidade que, no seu dizer, havia sido desqualificada como "aparência".

4. Em que sentido se pode dizer que um bom filósofo, segundo Nietzsche, é um artista?

Assumindo a realidade tal como ela se apresenta, o artista diz "sim" mesmo aos aspectos mais trágicos e mais terríveis da vida, enxergando vitalidade em tudo, mesmo diante dos maiores problemas e dificuldades. O artista trágico é aquele capaz do *amor fati* (amor pelo destino), que ama e assume a vida tal como ela é, sem sonhar com outro mundo de perfeição e sem dificuldades.

5. O que é a **decadência** ***na visão nietzschiana?***

O sonho de alcançar uma realidade sem mudanças e dificuldades, sem a possibilidade do erro e do terrível. Trata-se de uma vida declinante, que está enfraquecendo e ficando abatida, que vive a vida real como um peso, um fardo, uma maldição ou o pagamento por uma culpa. As pessoas que vivem uma vida decadente, segundo Nietzsche, são incapazes de entrar no dinamismo de força e superação próprio da vida.

EXERCÍCIO D (p. 177)

1. Qual o objetivo de Platão ao distinguir entre o aspecto sensível e o aspecto inteligível do mundo? Essa distinção significava dividir o mundo em dois?

Não. O objetivo de Platão parece apenas pedagógico: essa distinção teria sido usada para diferenciar o que há de essencial e permanente do que é perecível e fugaz na realidade. Segundo Platão, as Formas são as essências que enformam os corpos a partir do "interior" e não podem ser percebidas pelos sentidos, que, apesar disso, constituem o primeiro passo em direção ao conhecimento das Formas.

2. A condenação do mundo e o sentimento de culpa fazem parte da essência do cristianismo?

Não. Eles podem ser mais bem compreendidos como certos desdobramentos históricos, pois não se mostram presentes nem em toda a história do cristianismo nem em seus mais influentes representantes. Eles se devem principalmente ao sentimento doentio que só apareceu tardiamente no pensamento cristão, por volta dos séculos XVI-XVII, quando se acentuaram os debates sobre o sofrimento de Cristo, levando a uma identificação exagerada com o "pagamento" pelas faltas humanas.

3. Por que Gregório de Nazianzo adota o modo dos maniqueus de se expressarem sobre o corpo?

Gregório adota a estratégia de falar do corpo e da alma a partir da oposição praticada pelos maniqueus para mostrar que, no fundo, o corpo não é inimigo da alma. Ele é diferente do "eu" do pensamento e da "alma", mas não é necessariamente seu opositor. Para Nazianzo, o corpo é um colaborador e um amigo indispensável da alma na realização humana.

4. Em que ponto poderia haver um diálogo entre Platão, o cristianismo e Nietzsche?

Platão, o cristianismo e Nietzsche podem unir-se em uma crítica a todo espiritualismo prejudicial à inserção humana no mundo e fundado na ideia de que a alma é independente do corpo.

EXERCÍCIOS COMPLEMENTARES (p. 177)

1. Dissertação de problematização

Espera-se que os estudantes, seguindo os passos indicados na página 106, elaborem uma dissertação com a seguinte estrutura: (1) introdução – apresentação da tese com a crítica de Nietzsche à posição platônico-cristã (em linhas gerais, a ideia de que o platonismo e o cristianismo defenderiam o desprezo do mundo e do corpo e levariam os indivíduos a uma debilidade no âmbito moral por meio da crença em "outro mundo", do elogio da fraqueza e da disseminação do sentimento de culpa); (2) desenvolvimento – apresentação da posição de Nietzsche como antítese, a saber, sua concepção deste mundo como única realidade (admitir a existência de dois mundos seria entrar num tipo de decadência por levar a um desvio da visão da realidade como ela é) e como conjunto de forças, no qual o ser humano deve lutar para superar a si mesmo; (3) conclusão – elaboração da síntese, mostrando que, com base na análise da revisão histórica do platonismo e do cristianismo, é plausível uma leitura da posição platônico-cristã diferente daquela proposta por Nietzsche (Platão e o cristianismo não separariam o mundo em dois, não desprezariam o corpo nem conduziriam a um enfraquecimento na esfera moral, o que indica a possibilidade de rever a crítica nietzschiana, embora ela seja válida para analisar formas platônicas e cristãs "desencarnadas", permitindo pensar em um diálogo entre o pensamento de Nietzsche, de Platão e dos cristãos).

2. Reflexão

Resposta pessoal. Dada a delicadeza do assunto, somos convidados a redobrar nosso cuidado ao modo de conduzir a partilha das opiniões dos estudantes em sala.

3. Leitura complementar

Atividade que pode ser relacionada com a anterior, em um intercâmbio de informações e visões de mundo. É inegável a influência que diferentes formas da religião cristã exercem em nosso país, o que torna urgente refletir sobre o modo como os cristãos pautam sua vida social e política por valores religiosos. O dado essencial do cristianismo, tal como proposto pelo texto, pode servir de parâmetro para a reflexão. Os estudantes podem concordar ou discordar desse dado e do modo como ele é apresentado. Mais importante, contudo, é que eles argumentem e apresentem as razões de sua concordância ou discordância. Cabe também aqui uma reflexão sobre a laicidade do Estado brasileiro (o fato de que ele não é associado a nenhuma religião). O fato de o Estado ser laico não significa que ele seja contrário às religiões, mas que exige das pessoas religiosas a maturidade de relacionar-se com as não religiosas de forma republicana, incondicionalmente respeitosa e até mesmo amorosa (visto que o amor é um valor universal nas religiões).

TEXTOS DE APROFUNDAMENTO

Diálogo com Trifão

Justino de Roma

Justino – A qual mestre podemos recorrer e onde buscar ajuda se mesmo nos filósofos não encontramos o que é verdadeiro?

Ancião – Tempos atrás, houve alguns homens muito mais antigos do que os pretensos filósofos: bem-aventurados, justos e amados por Deus, eles falavam por um espírito divino e pronunciavam oráculos sobre o futuro que vemos bem cumprir-se hoje. Damos a eles o nome de profetas. Somente eles viram e anunciaram o que é verdadeiro: sem receio nem medo de ninguém, sem ceder ao desejo de glória, eles transmitiam unicamente o que tinham ouvido e visto, repletos de um espírito santo. Seus escritos subsistem ainda hoje e quem os lê pode tirar deles o melhor proveito, tanto sobre os princípios como sobre o fim de tudo e sobre tudo o que é preciso que um filósofo saiba, desde que tenha fé. Não é, com efeito, dando a forma de uma demonstração que eles apresentaram seus discursos, visto que, mais do que toda demonstração, eles eram dignas testemunhas da verdade. São esses os acontecimentos passados e presentes que fazem aderir às palavras proferidas por meio deles. São também, seguramente, os prodígios cumpridos por eles que os tornavam dignos de fé, pois eles celebravam o autor do Universo, Deus e Pai, e anunciavam o Cristo que vem dele, seu filho. Houve falsos profetas, imbuídos do espírito do erro e da impureza, que não fizeram e não fazem o que os verdadeiros profetas fizeram e fazem. Os tipos de prodígios que os falsos profetas ousam operar servem-lhes para encher os humanos de estupor; quem eles glorificam são os espíritos do erro e os demônios. Mas, acima de tudo, ora para que te sejam abertas as portas da luz: pois essas coisas permanecem invisíveis e inconcebíveis para a maioria de nós, exceto àqueles a quem Deus e seu Cristo concedem compreender.

Justino – Depois de ter dito todas essas coisas e muitas outras ainda, o ancião partiu, recomendando-me continuar meditando sobre o que ele disse. Nunca mais o vi. Mas um fogo, subitamente, acendeu-se em minha alma; encontro-me tomado de amor pelos profetas, assim como por essas pessoas que são amigas de Cristo. Dialogando, então, comigo mesmo sobre as palavras do ancião, percebi que estava diante da única filosofia que é ao mesmo tempo verdadeira e benéfica. É dessa maneira e por causa disso que sou filósofo. Gostaria que todos, abraçando as mesmas aspirações que eu, não permaneçam longe das palavras do Salvador. Afinal, elas contêm em si mesmas um poder de suscitar o respeito e bastam para intrigar aqueles que se desviam do caminho reto, ao passo que oferecem o mais doce repouso àqueles que se apegam a elas. Se, então, tu também te preocupas contigo, se pretendes obter salvação e tens fé em Deus, a ti é dada a possibilidade, tendo reconhecido o Cristo de Deus e uma vez terminada tua iniciação, de aceder à felicidade.

JUSTINO DE ROMA. *Dialogue avec Tryphon* 7,2 – 8,3. Tradução Philippe Bobichon. Friburgo: Academic Press, 2003. p. 203-205. Texto bilíngue grego-francês. (Diálogo com Trifão. Tradução nossa para o português.)

Historiografia filosófica do pensamento patrístico
Anca Vasiliu

O contexto dos séculos III e IV é fundamental para compreender o que os termos imprecisos e controversos *platonismo* e *filosofia* designam na transmissão da herança clássica e para saber o papel específico de Platão na estruturação de uma primeira teologia cristã. Mas esse contexto, chamado comumente de Antiguidade Tardia, é também particularmente complexo porque ele conhece uma multiplicação de referências, de versões e de sínteses, ao mesmo tempo que vê surgirem mutações radicais nas opções religiosas e, portanto, nos paradigmas e princípios filosóficos e científicos. Ora, essa disseminação e essas mutações de referências não implicam, entretanto, uma renúncia a certo tipo de linguagem, certos hábitos de estratégia discursiva e certos métodos de análise, demonstração, exegese e comentário filosófico. O gosto pelos sabores da Retórica e o costume de utilizar a demonstração dialética em um discurso (mesmo se se tratasse frequentemente de textos escritos e destinados à leitura e não à proclamação diante de um público) fazem ainda parte da instrução de base e carregam numerosos elementos do pensamento antigo que não apontam necessariamente para leituras precisas de autores nem para modelos ou correntes filosóficas, mas testemunham, acima de tudo, um estilo ou algo como uma forma de pensar. Esse estilo, essa forma de pensar, a preeminência intelectual da Escola dos Antigos e a *expertise* retórica que codifica a linguagem e domina todo ato de fala são a expressão da autoridade intelectual que goza a herança antiga como modelo cultural, *paidético*, para além de toda opção doutrinal precisa, apesar da mudança fundamental de paradigma imposta pelo cristianismo. Sem dúvida, o "platonismo" sobrevive graças a essa permanência do modelo formador antigo, mas ele recebe também um tratamento preferencial; mais do que todas as outras "escolas", suas teses são captadas no seio do novo paradigma cultural que se impõe com o cristianismo hegemônico.

VASILIU, A. *EIKÔN*: L'image dans le discours des trois Cappadociens. Paris: PUF, 2010. p. 42-43. (Eikôn: A imagem no discurso dos três capadócios. Tradução nossa.)

SUGESTÕES BIBLIOGRÁFICAS

FILOSOFIA e verdade (*L'enseignement de la Philosophie*). Direção Jean Flechet. França, 1965. Disponível em: <https://www.youtube.com/watch?v=bmWhgV6RAVU>. Acesso em: 12 abr. 2016.

GREGÓRIO DE NISSA. *A criação do homem & A alma e a ressurreição & A grande catequese*. Tradução Bento Silva Santos. São Paulo: Paulus, 2011.

JAPIASSU, H. *Nem tudo é relativo*: a questão da verdade. Rio de Janeiro: Letras e Letras, 2000.

JUSTINO DE ROMA. *I e II Apologias & Diálogo com Trifão*. Tradução Ivo Storniolo. São Paulo: Paulus, 2009.

LIMA VAZ, H. C. Cristianismo e consciência histórica. In:____. *Ontologia e História*. São Paulo: Loyola, 2001.

MORESCHINI, C. *História da literatura cristã antiga grega e latina*. Tradução Marcos Bagno. São Paulo: Loyola, 2000. 2 v.

SCHELER, M. *Da reviravolta dos valores*. Tradução Marco Antonio Casanova. Petrópolis: Vozes, 2012.

VEYNE, P. *Como se escreve a História*. Tradução Alda Baltar e Maria Auxiliadora Kneipp. Brasília: EdUnB, 1982.

VEYNE, P. *Quando nosso mundo se tornou cristão*. Tradução Marcos de Castro. Rio de Janeiro: Civilização Brasileira, 2010.

CAPÍTULO 7 Do amor cortês ao amor hoje

OBJETIVO

Mesmo sendo conceitualmente independente dos capítulos anteriores (e, portanto, podendo ser estudado por si mesmo), o capítulo tem como objetivo completar o itinerário de apresentação histórica da reflexão filosófica sobre o amor, partindo da concepção do amor cortês e chegando a visões contemporâneas.

CONSIDERAÇÕES METODOLÓGICAS

O eixo que estrutura o capítulo é a ideia de que, com a concepção do amor cortês, lançam-se as raízes da associação do amor a uma paixão específica (no limite, por oposição à "razão"), tal como se revelará em diferentes formas filosóficas modernas e contemporâneas. A fim de ressaltar essa associação e de mostrar que na Contemporaneidade algumas formas filosóficas retomam elementos antigos, patrísticos e medievais da compreensão do amor em unidade com a busca de plenitude (envolvendo o pensamento e a liberdade), termina-se o capítulo com um estudo do pensamento da filósofa inglesa Iris Murdoch, principalmente por sua ênfase em uma "metafísica naturalista" do Bem como polo que atrai todas as coisas e desperta a ação humana qualificada como amor.

Cada um dos itens que compõem o capítulo pode ser estudado separadamente. Cabe aos colegas professores operar a escolha por um estudo separado ou de conjunto. A vantagem de um estudo separado é enfatizar aspectos que mais interessam ao programa curricular traçado para cada turma. Por sua vez, a vantagem de um estudo de conjunto está em permitir um maior ganho compreensivo por meio da constatação das articulações históricas e conceituais dos diversos tratamentos do amor. Outra vantagem está em oferecer uma visão englobante da abordagem filosófica do amor, pois, caso os professores, por razões de tempo, optem por não estudar os Capítulos 5 e 6, eles terão a ocasião de recuperar elementos antigos, patrísticos e medievais no Capítulo 7, sobretudo pela retomada de certo platonismo crítico no pensamento de Iris Murdoch. Além disso, dada a atualidade dos temas de neurociência, o capítulo pode ser também a ocasião para um estudo do debate em torno do aparelho neurológico como origem ou como meio das experiências humanas (ver Exercícios Complementares, item 3. *Exercício hermenêutico*).

PROPOSTA DE ESQUEMA VISUAL

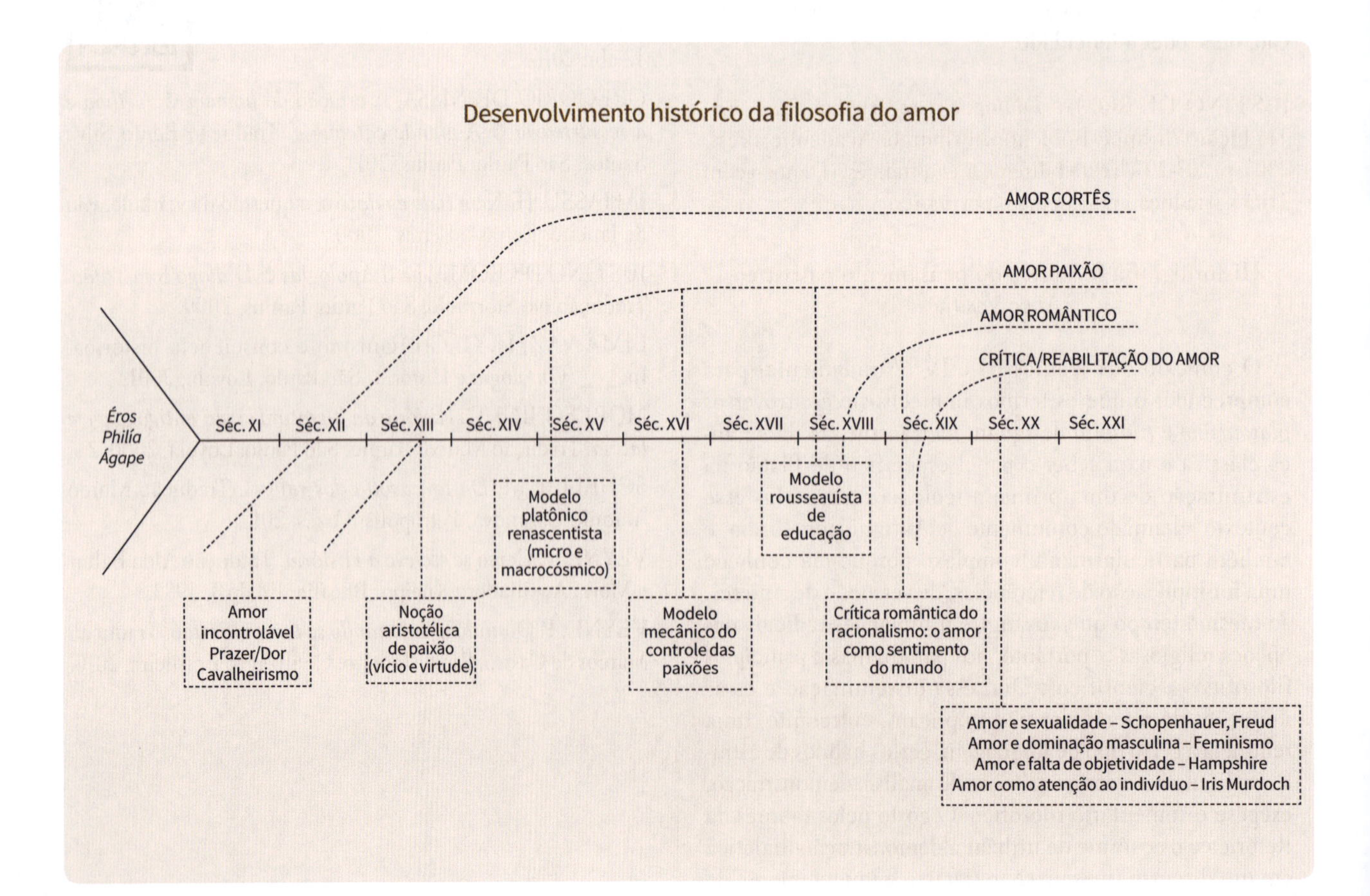

RESPOSTAS AOS EXERCÍCIOS

EXERCÍCIO A (p. 186)

1. Qual a novidade da reflexão sobre o amor nos séculos XI-XIII?

O enfoque do amor visto a partir de uma perspectiva cotidiana, da vivência do amor no dia a dia, especialmente do amor conjugal com todos os seus prazeres e dificuldades.

2. Quais as características do amor segundo a história de Tristão e Isolda?

O amor é incontrolável, isto é, brota em nós sem que tenhamos controle e até mesmo sem o nosso consentimento. Além disso, o amor é ambíguo: pode produzir ordem mas também desordem na vida pessoal e social.

3. O que o amor cortês e a literatura de cavalaria têm em comum?

O romance de cavalaria surge como uma espécie de continuação da tradição poética iniciada pelos trovadores (amor cortês). Por isso, o romance de cavalaria mantém elementos comuns dos ideais e códigos de conduta vindos do amor cortês, como a valorização da mulher amada e a separação de desejo e agressividade, valorizando o amor como relação bela e virtuosa.

EXERCÍCIO B (p. 190)

1. Em que sentido Ibn Arabi usa o termo paixão *para falar do amor?*

Para Ibn Arabi, paixão é a atração espontânea que é sentida pelos animais e pelos seres humanos. Não se trata apenas da atração exercida pelo Bem, tal como pensou Platão, mas também da atração exercida por um indivíduo sobre outro, do(a) amado(a) sobre o(a) amante.

2. Por que Ibn Arabi insistia que o amor está em quem ama, e não na pessoa amada?

Para ele, pensar que o amor está na pessoa amada é uma falácia do amor, ou uma pseudoconclusão, uma vez que a pessoa amada pode não corresponder ao amor de quem a ama, isto é, a pessoa amada pode simplesmente não amar quem a ama. Isso leva Ibn Arabi a concluir que o que se ama é a relação com a pessoa amada, mais do que a própria pessoa. O que se ama é a presença do(a) amado(a), a felicidade que essa relação proporciona, mesmo que o amor não seja correspondido.

3. Com base no pensamento de Leão Hebreu, complete a seguinte frase, tirando a consequência irreal denunciada pelo filósofo: **Se o amor for controlado pela razão...**

Se o amor for controlado pela razão, ele deixa de ser amor; e, ainda que tenha o nome de amor, não tem mais o seu efeito. Para Leão Hebreu, o amor violenta a razão e perturba o amante; e, embora cause a perda do juízo e do controle sobre si mesmo, ninguém sob a influência do amor quer deixar sua condição perturbadora e inebriante.

EXERCÍCIO C (p. 192)

1. Por que, segundo David Hume, seria mais defensável afirmar que as paixões controlam a razão do que o contrário?

Hume observa que os raciocínios não são capazes de levar alguém a agir. Para ele, o ser humano mostra-se mais facilmente movido por emoções ou paixões. Nesse sentido, seria mais defensável afirmar que a razão é controlada pelas paixões, e não o contrário.

2. Resuma o caminho percorrido por Descartes para concluir que é razoável entender a razão como dotada da possibilidade de controlar as paixões.

Ao distinguir o pensamento do corpo, já que os animais têm corpos sem possuir pensamento, Descartes entende que não é o corpo que pensa, mas o pensamento que se serve do corpo. Assim, o pensamento pode se servir também das paixões e controlá-las de certa maneira, direcionando-as para a felicidade.

EXERCÍCIO D (p. 195)

1. Qual a ideia central da crítica do Romantismo às formas de pensamento que adotam o modelo científico como padrão de conhecimento verdadeiro?

Segundo a crítica do Romantismo, o que dá sentido à vida concreta das pessoas não é apenas o conjunto de dados científicos sobre o mundo, como informações físicas, químicas e biológicas, por exemplo, mas experiências "não científicas", como a bondade, a beleza, a justiça e o amor; por serem fontes de sentido e de motivação para os humanos, essas experiências revelam algo da natureza humana que merece ser considerado em nossa apreciação da realidade.

2. Que experiência corresponde ao que os românticos chamavam de sentimento*?*

O sentimento não corresponde simplesmente ao ato de emocionar-se ou de experimentar alguma paixão, mas é a capacidade humana de entrar em contato com alguma realidade e perceber imediatamente o seu sentido e o seu valor.

3. Como a arte e a religião podem educar o sentimento, segundo o Romantismo?

A arte e a religião, para muitos românticos, podem educar o olhar e o sentimento do ser humano para que ele seja capaz de deixar-se tocar pela Natureza e por seu caráter sublime e incompreensível.

4. Explique, de acordo com o contexto romântico, o seguinte fragmento de Friedrich Schlegel: "Somente pelo amor e pela consciência do amor o homem se torna homem".

Esse fragmento de Schlegel apresenta uma concepção tipicamente romântica de crítica às posturas filosóficas e científicas que pretendiam conhecer a natureza e o ser humano de um ponto de vista estritamente racional. Para ele, o ser humano que só "pensa" o mundo não é um ser humano completo. Em vez de "pensar" o mundo, Schlegel propõe "sentir" o mundo, algo que só seria possível pelo amor.

EXERCÍCIO E (p. 200)

1. Por que o movimento feminista vê na história da filosofia do amor uma tentativa de dominação masculina?

Porque na história filosófica do amor as mulheres são idealizadas, destacando qualidades que os homens apreciam e levando as mulheres a crer que essas qualidades são "femininas". A partir dessa visão, o amor teria sido uma criação cultural como uma forma de perpetuar o domínio masculino.

2. É correto dizer que todo pensamento feminista é contrário ao amor? Analise o caso de Judith Butler.

Não. Podem-se dar novas conotações ao amor. Para Judith Butler, o amor não é algo estático, nem é propriamente uma emoção. Para ela, o amor é performático, é uma relação que se constrói em conjunto. Nesse sentido, as pessoas podem produzir seu modo de viver as emoções, como uma atuação que constrói determinada maneira de se relacionar com o outro e com o mundo.

3. Por que a afirmação da existência de um campo público e um campo privado na experiência humana permitiu a alguns autores, como Hampshire, afirmar que o amor não tem função na Ética?

Segundo Hampshire, a ética, como campo próprio da vida humana em sociedade (e, portanto, da vida pública), deve procurar construir o seu discurso com questões e fundamentos que podem ser avaliados por todos de modo racional e objetivo, tal como o discurso das ciências. Como o amor é algo subjetivo, próprio da experiência privada, Hampshire o considera vago demais para fundamentar a ação dos indivíduos. Nesse sentido, o amor deveria ser desconsiderado em uma discussão propriamente ética.

4. O que a história de M e N, imaginada por Iris Murdoch, ensina sobre a diferença entre a dimensão pública e a dimensão privada na experiência humana?

A história de M e N mostra que a dimensão privada da experiência humana afeta e interfere diretamente na dimensão pública e social e pode ser considerada na reflexão ética. O amor de M por seu filho a levou a tratar bem N e a reconsiderar sua primeira impressão da nora. Iris Murdoch quer ilustrar com essa história que o que se passa no nível das vivências internas e privadas (o amor de M pelo filho) afeta o campo público e pode ser avaliado de algum modo. Considerar, nas discussões éticas, apenas o que pode ser avaliado de modo objetivo a partir do paradigma das ciências seria um empobrecimento da vida humana.

5. Qual a importância da comparação com a cor vermelha no texto de Iris Murdoch?

A importância da comparação vem do fato de que ela permite à filósofa Iris Murdoch justificar racionalmente a possibilidade de empregar publicamente (isto é, esperando compreensão objetiva) termos como *amor* e *perfeição*. Assim como não podemos explicar o que é o vermelho, mas nem por isso dizemos que o vermelho não significa nada para nós, assim também a dificuldade de explicar o significado de palavras como *perfeição* e *amor* não obriga a dizer que elas não têm significação pública.

6. O que seria, segundo Iris Murdoch, a atenção?

A atenção seria o "olhar bom", aquele olhar que, ao contrário do olhar científico-objetivo (que projeta ideias tidas como corretas sobre o mundo), busca uma compreensão justa do mundo e de nós mesmos a partir de uma abertura para o mundo. Esse olhar assemelha-se ao olhar do artista, à atenção amorosa que se deixa impressionar pela Natureza.

EXERCÍCIOS COMPLEMENTARES (p. 201)

1. Música e poesia

Atividade cultural de audição e leitura. Espera-se que os estudantes correlacionem a letra da música e da poesia com o conteúdo do capítulo.

2. Reflexão: o potencial de revolta do Romantismo

Bernardo Joaquim da Silva Guimarães, escritor brasileiro nascido e falecido em Ouro Preto, é conhecido como um autor romântico. Provavelmente os estudantes já leram ou ouviram falar do romance *A escrava Isaura*, escrito em 1875, e talvez até tenham assistido a alguma das adaptações para a televisão. A história é conhecida: trata-se dos sofrimentos de uma escrava de pele clara que é assediada por seu senhor. Escrito no período abolicionista brasileiro, o livro ganhou a simpatia de um grande público, embora as pessoas talvez se tenham solidarizado mais com a cor clara da escrava do que com a causa abolicionista. O livro também tem poucas passagens de denúncia explícita da escravidão; seu foco é o drama físico e psicológico de Isaura, o assédio de Leôncio (o senhor), o amor e a coragem de Álvaro, que se apaixona por Isaura. Enfim, Bernardo Guimarães conquista o leitor por meio de uma trama sentimental, mais do que por denúncias sociais. Num contexto como o do século XIX, talvez ele soubesse que não tocaria o público nas dimensões que tocou se não optasse pelo caminho de uma identificação psicológica. O livro foi um sucesso e conseguiu inserir nas mentes de muitos brasileiros, sobretudo das classes ricas (que compunham a quase totalidade dos leitores), um germe de inquietação diante da ordem social da época.

Diferente é o caso do romance *O seminarista*, de 1872. Aparentemente se tratava de um livro menos polêmico, de temática doméstica e sem debates sociais. No entanto, Bernardo Guimarães, com essa obra, denuncia explicitamente o autoritarismo das famílias (que nem sempre cultivavam a amizade entre seus membros), o patriarcalismo, o abismo entre ricos e pobres, o desrespeito aos sentimentos individuais, o celibato clerical e outros costumes que, na sua visão, não passavam de hipocrisias. Além disso, *O seminarista* é um exemplo do modo como boa parte dos escritores românticos abordou o tema do amor.

O seminarista narra a história romântica de Margarida e Eugênio. Ele é filho de um fazendeiro; ela é filha de uma das empregadas. Os dois crescem juntos e se apaixonam, mas o jovem é mandado pelos pais ao seminário de Congonhas do Campo, a fim de estudar para ser padre. Eugênio não foi consultado se tinha vocação ou se gostava da vida de padre, mas o sacerdócio era uma profissão de prestígio, e seus pais decidiram por ele. A tristeza vivida por Eugênio e Margarida foi imensa. Do seminário, ele escrevia cartas à amada, até o dia em que foi descoberto pelo reitor, que avisou seus pais. Os pais de Eugênio, para abafar esse amor, expulsam Margarida e sua mãe da fazenda e mentem a Eugênio, dizendo que ela havia se casado. A profunda tristeza de Eugênio só aumenta; ele permanece dez anos no seminário e é ordenado padre. Ao voltar para sua terra natal, espanta-se ao reencontrar Margarida e ao ver que ela nunca havia se casado. Entende, então, a trama montada por seus pais e sente-se traído. Margarida, porém, estava muito doente, uma vez que se consumia na tristeza da distância de Eugênio. Ambos vivem uma breve expressão de amor por meio de um beijo. No dia seguinte ao reencontro, Eugênio é chamado para abençoar o corpo de um defunto. Chegando ao velório, ergue o lençol para ver o rosto do cadáver e vê que era o corpo de Margarida. Furioso, rasga suas vestes sacerdotais e abandona o local desesperadamente. Diante de uma narrativa como essa, compreende-se o potencial de revolta do Romantismo. A história não provoca tristeza, mas indignação. No caso do romance *O seminarista*, a história não termina com a morte de Margarida e nem propriamente com o final do livro, pois ela continua na decepção e no incômodo que Bernardo Guimarães introduz no leitor pela crítica dos costumes sociais.

3. *Exercício hermenêutico*

O risco de as afirmações B e C levarem a descartar a afirmação A vem do fato de que B e C assumem explicitamente que as reações químicas cerebrais *produzem* o Amor (falta de serotonina; presença de outros hormônios e neurotransmissores), ao passo que A apresenta a adrenalina como *resultado* da percepção da pessoa amada. De acordo com A, portanto, o Amor teria por início a percepção da pessoa, a sua presença. Não seria, portanto, o cérebro que produz o Amor; e as reações químicas cerebrais seriam uma reação ou uma resposta à presença da pessoa amada. O objetivo do exercício, mais do que discutir se a explicação neurocientífica do Amor é correta ou não, consiste em mostrar a fragilidade com que o raciocínio do texto é montado. Para ajudar os estudantes a perceber essa fragilidade, uma questão pode ser útil: como seria possível explicar que passamos a amar alguém que, de início, não nos interessava em termos de paixão amorosa? A reflexão de Iris Murdoch sobre a liberdade ilumina a reflexão, pois enfatiza justamente a atenção que pode ser dada aos pequenos e rápidos instantes em que se constroem as relações, ou melhor, o sentido dado às relações. Parece possível, assim, apontar para um momento de indeterminação em que o sentido ainda não foi plenamente preenchido e o cérebro não reage com suas substâncias químicas ou reage em níveis pouco baixos para já caracterizar a relação como amorosa.

TEXTOS COMPLEMENTARES

Um exemplo de destaque entre as compreensões modernas do amor vem do filósofo suíço Jean-Jacques Rousseau, que, entretanto, não se concentrou nos aspectos "mecânicos" da vivência das paixões. Depois de Platão, talvez ele seja o filósofo que mais valorizou o tema do amor:

O amor e a educação
Jean-Jacques Rousseau

A inclinação do instinto é indeterminada. Um sexo é atraído pelo outro: eis o movimento da Natureza. A escolha, as preferências, a afeição pessoal são obra da instrução, dos preconceitos, do hábito; são precisos conhecimentos e tempo para que nos tornemos capazes de amor: só se ama depois de ter julgado, só se prefere depois de ter comparado. Tais julgamentos ocorrem sem que nos apercebamos, mas nem por isso deixam de ser reais. O verdadeiro amor, digam o que disserem, será sempre honrado pelos homens: pois, embora suas exaltações nos alucinem, embora ele não exclua do coração que o sente qualidades odiosas, e até provoque algumas, ele supõe entretanto sempre outras estimáveis, sem as quais não estaríamos em condições de senti-lo. Essa escolha, que colocam em oposição à razão, nos vem desta. [...]

Queremos obter a preferência que damos; o amor deve ser recíproco. Para ser amado é preciso tornar-se amável; para ser preferido é preciso tornar-se mais amável do que outro, do que qualquer outro, ao menos aos olhos do objeto amado. Daí os primeiros olhares sobre nossos semelhantes; daí as primeiras comparações, daí a emulação, as rivalidades, o ciúme. Um coração cheio de um sentimento que transborda gosta de se expandir: da necessidade de uma amante nasce logo a de um amigo. Quem sente quanto é doce ser amado gostaria de sê-lo por todo mundo e não podem todos desejar preferências sem que haja muitos descontentes. Com o amor e a amizade nascem as dissensões, as inimizades, o ódio. Do seio de tantas paixões diversas, vejo a opinião erguer para si mesma um trono inabalável e os estúpidos mortais, escravizados pelo império da opinião, não assentam sua própria existência senão nos julgamentos alheios.

Desenvolvei estas ideias e vereis [...] como o amor a si mesmo, deixando de ser um sentimento absoluto, se torna orgulho nas grandes almas, vaidade nas pequenas e em todas se alimenta sem cessar a expensas do próximo. A espécie dessas paixões, não tendo seu germe no coração das crianças, nele não pode nascer sozinha; somos nós que a pomos nele.

ROUSSEAU, J.-J. *Emílio ou da Educação*. Tradução Sérgio Milliet. Rio de Janeiro: Bertrand Brasil. p. 237-238.

A filosofia de Rousseau revela confiança na capacidade humana de sempre melhorar; a essa capacidade se deu o nome de *perfectibilidade*. Rousseau tinha, então, uma visão profundamente otimista sobre o ser humano. No seu dizer, o amor é uma emoção que se aprende a viver e é uma prova da liberdade de cada indivíduo para construir sua história pessoal e social. O otimismo de Rousseau manifesta-se também em sua concepção da relação amorosa conjugal. Ele concebe como pode ser o amor de um casal, mesmo em meio às muitas dificuldades do dia a dia. No mesmo livro, *Emílio ou da Educação*, ele imagina a relação entre a personagem fictícia Emílio e sua jovem amada Sofia:

A relação amorosa
Jean-Jacques Rousseau

Apesar do bom entendimento, não deixam de ocorrer às vezes, dissensões e até brigas; ela não é isenta de caprichos, nem ele de irritações; mas essas pequenas borrascas passam depressa e não fazem senão solidificar a união; a experiência mesmo ensina a Emílio a não as temer demasiado; as conciliações são-lhe sempre mais vantajosas do que as disputas são nocivas. O fruto da primeira briga fez-lhe esperar o mesmo das outras; enganou-se; mas, enfim, se não tira sempre delas um proveito tão sensível, com elas ganha sempre ver confirmado por Sofia o interesse sincero que ela tem pelo coração dele.

ROUSSEAU, J.-J. *Emílio ou da Educação*. Tradução Sérgio Milliet. Rio de Janeiro: Bertrand Brasil. p. 513.

SUGESTÕES BIBLIOGRÁFICAS

COMTE-SPONVILLE, A. *O amor*. Tradução Eduardo Brandão. São Paulo: WMF Martins Fontes, 2011.

LÖWY, M.; SAYRE, R. *Revolta e melancolia:* o Romantismo na contracorrente da Modernidade. São Paulo: Boitempo, 2015.

MAY, S. *Amor:* uma história. Tradução Maria Luiza X. Borges. Rio de Janeiro: Zahar, 2012.

SIMMEL, G. *Filosofia do amor*. Tradução Eduardo Brandão. São Paulo: Martins Fontes, 2006.

CAPÍTULO 8 Sociedade, indivíduo e liberdade

OBJETIVO

Estudar filosoficamente as noções de indivíduo e sociedade em interdependência com a noção de liberdade, mostrando que é mais universal (e, portanto, racional) uma abordagem em que essas noções são compreendidas umas em função das outras, em vez de serem definidas por si mesmas.

CONSIDERAÇÕES METODOLÓGICAS

A estratégia do capítulo consiste em "desnaturalizar" a compreensão das noções de indivíduo, sociedade e liberdade, permitindo perceber que o sentido de cada uma delas é mais adequadamente captado em correlação com as outras. Faz mais sentido entender o indivíduo em relação à sociedade e vice-versa. Ao mesmo tempo, como o ser individual possui elementos determinados socialmente, mas também naturalmente, é mais adequado abordar o tema da liberdade em correlação direta ao ser individual e social (o que implica também uma relação direta com os aspectos naturais). Pode-se dizer que, de certa maneira e empregando-se um vocabulário fenomenológico, trata-se de operar uma intersecção entre ontologias regionais (ontologia social e ontologia individual). Ou, em vocabulário mais epistemológico-analítico, trata-se de situar-se em um cruzamento possível da dimensão pública com a privada. Por essa razão, o capítulo inicia com o estudo de duas posições clássicas sobre o caráter natural ou histórico da vida em sociedade (Aristóteles e Kant), para, na sequência, articular esse estudo com uma possível afirmação da liberdade (via Espinosa e Merleau-Ponty).

O que move a metodologia adotada no capítulo é uma especial atenção ao pensamento por contrariedade e/ou por contradição, razão pela qual se compôs um box específico sobre o tradicional quadro das oposições. A metodologia do capítulo pode ser tomada como um caso explícito do procedimento dialético. No que se refere ao quadro das oposições, caso os colegas professores queiram ir além dele, sugere-se a leitura do Capítulo 11 do livro *Filosofia das lógicas*, de Susan Haack (2002), no qual a autora estuda algumas lógicas que, embora comunguem de certos dados da lógica tradicional, buscam superar a dicotomia absoluta entre o verdadeiro e o falso. A partir da correlação entre ser individual-social e liberdade, o capítulo se dedica ao estudo de duas concepções também clássicas a respeito do sentido das desigualdades na vida individual-social (Locke e Marx), abrindo a possibilidade de operar algo como uma síntese entre elementos verdadeiros de ambas as concepções (o comunitarismo). A fim de ressaltar o pensamento por contrariedade e/ou contradição, o item dedicado ao debate sobre o caráter natural ou histórico da sociedade é estruturado em forma de exercício de múltipla escolha, para que os estudantes conheçam esse tipo de exercício e se treinem nessa modalidade. Cada um dos itens que compõem o capítulo pode ser estudado separadamente, sem nenhum prejuízo para a compreensão, uma vez que são autoexplicativos.

PROPOSTA DE ESQUEMA VISUAL

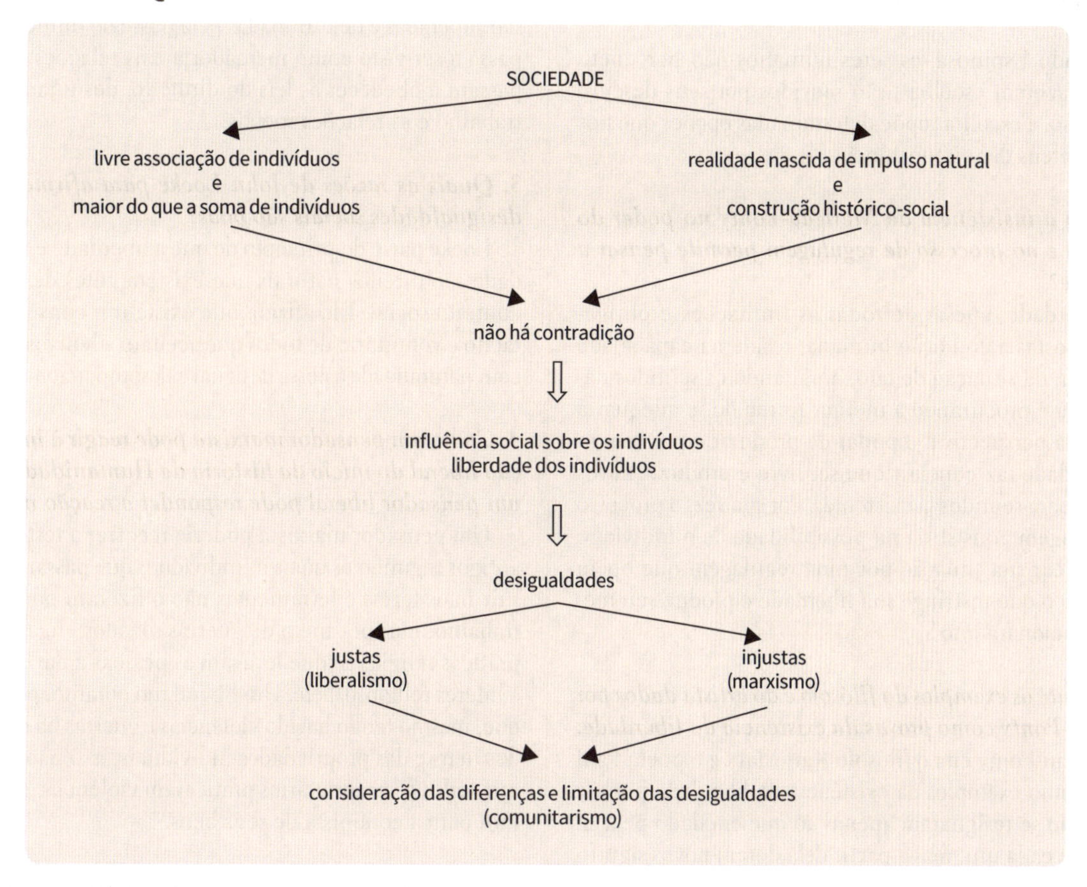

RESPOSTAS AOS EXERCÍCIOS

EXERCÍCIO A (p. 212)

1. Componha uma curta dissertação de problematização (p. 106), tendo como tema a pergunta: A Sociedade é uma associação natural ou histórico-cultural?

Espera-se que o aluno seja capaz de confrontar as duas posições, buscando mostrar uma possível relação de complementação entre ambas.

2. Analise as frases abaixo e diga o tipo completo de cada uma delas, indicando a letra que as representa. Note que, mesmo sem as palavras quantificadoras* (todo, toda, algum, alguma, nenhum, nenhuma), *é possível perceber se a frase é universal ou particular.

(a) Algum cão não é peixe. Frase particular negativa – O
(b) Algum cão é peixe. Frase particular afirmativa – I
(c) Certos cães são peixes. Frase particular afirmativa – I
(d) Nenhum ser humano é fácil. Frase universal negativa – E
(e) Ser humano é uma aventura. Frase universal afirmativa – A

3. Elabore frases que refutem as seguintes:

(a) Algum brasileiro não é latino-americano.
Todo brasileiro é latino-americano.
(b) Algum brasileiro é asiático.
Nenhum brasileiro é asiático.
(c) Nenhum brasileiro é corrupto.
Algum brasileiro é corrupto.
(d) Todo brasileiro é corrupto.
Algum brasileiro não é corrupto.

4. Monte um quadrado de oposições com o sujeito* brasileiro *e o predicativo* simpático *e diga se cada frase do quadrado é verdadeira ou falsa.

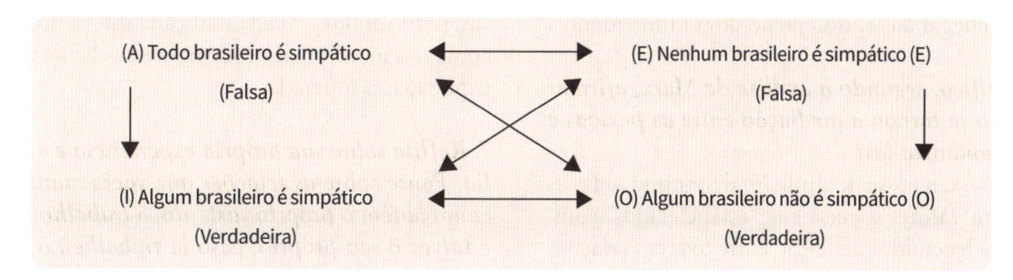

EXERCÍCIO B (p. 217)

1. *Por que Espinosa considerava o livre-arbítrio uma ilusão?*

Segundo Espinosa, os seres humanos não percebem que, ao fazerem escolhas, são movidos por seus desejos. Além disso, a escolha supõe determinadas opções que nos tornam reféns das circunstâncias.

2. *Como a insistência de Merleau-Ponty no poder do equívoco e no processo de regulagem permite pensar a liberdade?*

A liberdade, apesar de todas as limitações e obrigações impostas à condição humana, reside na capacidade de ir além da situação de fato, ampliando os sentidos dados à vida e procurando a melhor forma de se adequar a ela. Dessa perspectiva, o poder de produzir equívoco ou equivocidade faz concluir que ser livre é produzir novos sentidos para sentidos já existentes. Por sua vez, o processo de regulagem consistiria na possibilidade de o indivíduo ressignificar sua situação por uma regulagem que opera com tudo o que restringe sua liberdade e produz seu melhor "funcionamento".

3. *Comente os exemplos do filósofo e do artista dados por Merleau-Ponty como provas da existência da liberdade.*

Merleau-Ponty cita o filósofo Karl Marx e o poeta Paul Valéry como exemplos da existência da liberdade porque ambos não se resignaram apenas ao que era dado pela situação de cada um, mas a partir dela deram novos significados às suas vidas. Marx, filho de um pequeno burguês, desenvolveu o conceito de luta de classes e denunciou a exploração exercida pela burguesia; e o poeta Paul Valéry, vivendo em solidão, não padeceu completamente da sua circunstância, mas a transformou em poesia.

4. *Reflita se você já viveu alguma experiência em que, apesar de muitos condicionamentos, conseguiu dar um sentido realmente seu à maneira de vivê-los.*

Resposta pessoal. É esperado que os estudantes reflitam sobre possíveis sentidos "libertadores" dados por eles mesmos a determinados condicionamentos presentes em suas vidas.

EXERCÍCIO C (p. 225)

1. *O que significa falar de desindividualização do indivíduo, segundo Robert Castel?*

Significa perceber que é o pertencimento a coletivos que dá direitos. É, portanto, apenas no interior de coletivos que o significado de "indivíduo" pode ser compreendido. Tirar a atenção do próprio indivíduo (desindividualizá-lo) permitiria chegar ao sentido pleno do ser individual.

2. *O que significa, segundo a análise de Marx, afirmar que o dinheiro se tornou a mediação entre as pessoas e que pode desumanizá-las?*

Segundo Marx, a posse do dinheiro determina todas as qualidades e os valores socialmente estabelecidos, comprando e estabelecendo a mediação entre todas as relações humanas. Nesse sentido, as qualidades físicas, as qualidades do caráter e as qualidades do espírito (como a inteligência) são superadas e determinadas pela posse do dinheiro. Tudo passa a ser visto como mercadoria e as relações humanas passam a obedecer às leis do dinheiro, desumanizando o trabalho e as relações sociais.

3. *Quais as razões de John Locke para afirmar que as desigualdades sociais são boas?*

Locke parte do princípio de que a liberdade e a propriedade são direitos naturais que existem antes de qualquer contrato social. Ele afirma que existe um consentimento tácito e voluntário de todos que aceitam silenciosamente e com naturalidade a posse desigual e desproporcional da terra.

4. *Como um pensador marxista pode reagir à interpretação liberal do início da história da Humanidade e como um pensador liberal pode responder à reação marxista?*

Um pensador marxista poderia recorrer a testemunhos antigos segundo os quais os indivíduos que passaram a possuir mais terras e ferramentas não o fizeram por meio do trabalho, mas por meio de guerras, de atos enganosos, de práticas religiosas (que levavam as pessoas a dar seus bens a líderes religiosos) etc. Um liberal, no entanto, pode dizer que, mesmo tendo havido violências e guerras na conquista dos bens e das propriedades individuais, isso não significa que todos os proprietários praticaram violências e enganaram para a conquista de seus bens.

5. *Qual o risco identificado pelo comunitarismo tanto no pensamento liberal como no pensamento marxista?*

Para os pensadores comunitaristas, a igualdade de todos almejada pelo marxismo ameaça os direitos básicos valorizados pelo liberalismo. No entanto, como uma sociedade não é a simples reunião de indivíduos, a defesa da liberdade individual e econômica total permite a injustiça, o desrespeito e a exploração dos indivíduos histórica e economicamente mais fracos. No limite, para o comunitarismo, ambos os modelos são violentos porque são autoritários: eles pretendem dar as regras do poder político-econômico, visando estruturar a sociedade a partir de teorias e critérios universais sem dar voz aos reais interesses e desejos dos indivíduos e grupos.

6. *Segundo Alasdair MacIntyre, por que é importante testar o próprio pensamento?*

Porque o teste do próprio pensamento ou a autocrítica faz com que cada indivíduo seja capaz de transformar suas próprias incoerências iniciais em vantagens argumentativas, permitindo que cada tradição forneça um modo de ver como tais incoerências podem ser mais bem caracterizadas, explicadas e superadas.

7. *Reflita sobre sua própria experiência e a de sua família. Pense sobre as relações que vocês mantêm, o modo como obtêm o próprio sustento, o trabalho (de seus pais e talvez o seu próprio, caso já trabalhe), o lazer, o tipo*

de serviço de saúde e de educação a que vocês têm acesso etc. Em seguida, analise sua experiência com base na perspectiva liberal e, depois, com base na perspectiva marxista. Registre sua resposta por escrito.

Resposta pessoal. Espera-se que os estudantes relacionem de modo justificado o conteúdo do capítulo estudado com a sua experiência e os seus relacionamentos pessoais, familiares e sociais, comparando seu modo de vida com as teorias do liberalismo e do marxismo.

EXERCÍCIOS COMPLEMENTARES (p. 226)

1. *Dissertação de contradição*

Espera-se que os estudantes, seguindo os passos indicados na p. 229, elaborem uma dissertação de contradição com uma estrutura geral que destaque essencialmente dois momentos: (1) apresentação de razões para afirmar que tudo o que o ser humano vive é determinado pela Natureza (tomando a desigualdade econômica como prova de que a Natureza determina os humanos a entrarem em concorrência); (2) apresentação de razões e dados da experiência que levem a refutar o que foi defendido em (1). Os dados apresentados na abertura do Capítulo 9 fornecem base para refutar a tese (1). Além disso, a metodologia proposta pelo *Quadrado das oposições* (➔ p. 211) pode ser um recurso bastante proveitoso para estruturar a redação. Em resumo, trata-se de encontrar um caso singular que, dando origem a um enunciado verdadeiro, torna falso o enunciado universal. Assim, se os estudantes conseguirem apresentar um enunciado verdadeiro sobre a não concorrência na Natureza, terão refutado a tese (1). O caso da desigualdade econômica é a melhor forma de proceder a essa refutação (buscando explicações para essa desigualdade não na Natureza, mas na vida socioeconômica).

2. *Leitura comparativa e reflexão cultural*

Possibilidade de frases para resumir as concepções de liberdade de cada relato: (1) a liberdade não existe, pois todas as ações humanas são condicionadas pela estrutura cerebral; (2) apesar de a estrutura cerebral condicionar as ações humanas, ela própria contém a possibilidade da liberdade de escolha, principalmente pelo poder de veto. Na forma como essas frases encontram-se formuladas, elas são contraditórias: se uma for aceita como verdadeira, a outra será necessariamente falsa; se uma for aceita como falsa, a outra será necessariamente verdadeira. É importante que os colegas professores auxiliem os estudantes a analisar suas próprias frases e a perceber o que as torna complementares, contrárias ou contraditórias. No caso dos dois relatos em questão, dificilmente será possível formular frases que não sejam contraditórias. Caso algum(a) estudante tente formular frases complementares ou contrárias, tem-se uma excelente ocasião para solicitar que eles explicitem as razões que os levaram a entender os relatos como complementares ou contrários (sem serem contraditórios). Caso tal estudante esteja equivocado(a), a ocasião é bastante apropriada para o aprendizado com o erro. Identificando as razões do erro, percebem-se boas razões.

PROJETO INTERDISCIPLINAR

O Exercício Complementar 2 (Leitura comparativa e reflexão cultural) pode ser transformado em um projeto interdisciplinar, envolvendo as áreas de Filosofia, Biologia, Química e Sociologia:

1ª Fase – Pesquisa

Possibilitar que os estudantes procurem informações sobre o que as Neurociências afirmam sobre a liberdade. Os professores de Biologia, Química e Sociologia podem ser convidados a colaborar, por exemplo, reservando uma de suas aulas para o tema ou mesmo vindo à aula de Filosofia para apresentar suas perspectivas específicas sobre o tema. Também podem ser acessadas plataformas da Internet e sites especializados como o da Sociedade Brasileira de Neurociências e Comportamento (SBNeC). Além disso, a melhor estratégia seria estudar algumas obras relativas ao tema, como o pequeno e excelente estudo de Eduardo Kickhöfel (2000), *As neurociências: questões filosóficas*. Diante das informações que serão recolhidas, dois aspectos interessam mais à atividade: (1) as explicações mecanicistas e materialistas para a consciência, ou seja, as compreensões da consciência como simples resultado do mecanismo de uma estrutura cerebral; (2) as explicações materialistas para o livre-arbítrio ou a liberdade humana.

2ª Fase – Comparação

Comparar os resultados da pesquisa com as informações dos textos apresentados no Exercício Complementar 2 (Livro do Aluno).

3ª Fase – Reflexão

Com base nos resultados de sua pesquisa e na análise das informações da 2ª Fase, refletir sobre as seguintes questões:

1) O fato de provar que a consciência humana (a percepção, os comportamentos etc.) depende em grande parte da estrutura cerebral dá base para afirmar que é o cérebro que produz a consciência?

2) Declarar que as decisões humanas não são tomadas de maneira clara e em apenas um momento, mas se preparam nas microdecisões e preferências que adotamos no dia a dia significa diminuir a liberdade humana? Filosoficamente é coerente negar a liberdade em nome da estrutura material que nos constitui? Para ajudar na reflexão, é possível retomar o texto "Amor e atenção", de Iris Murdoch (➔ p. 198).

3) Qual atitude parece mais adequada para avaliar eticamente os comportamentos de uma pessoa com um problema cerebral? Ela deve ou não ser responsabilizada por seus atos?

4) Do ponto de vista da Sociologia, seria coerente avaliar as ações dos indivíduos apenas com base naquilo que as ciências naturais chamam de "base ou condicionamento físico"?

4ª Fase – Plenária

Organizar uma plenária em que os estudantes possam partilhar suas opiniões, conclusões e dúvidas. Os professores de Biologia, Química e Sociologia podem ser convidados a assistir à plenária para manifestar-se sobre os resultados do trabalho dos estudantes e participar do debate.

TEXTOS DE APROFUNDAMENTO

O texto de Émile Durkheim pode ser tomado tanto como aprofundamento por parte dos professores quanto como leitura complementar referente ao tema da precedência da Sociedade em relação aos indivíduos:

A Sociedade se impõe aos indivíduos
Émile Durkheim

Quando desempenho minha tarefa de irmão, de marido ou de cidadão, ou quando executo os compromissos que assumi, eu cumpro deveres que estão definidos no direito e nos costumes, fora de mim e de meus atos. Ainda que eles estejam de acordo com meus sentimentos próprios e que eu sinta inteiramente a realidade deles, essa realidade não deixa de ser objetiva, pois não fui eu que os fiz, mas os recebi pela educação. Aliás, quantas vezes não nos ocorre ignorarmos o detalhe das obrigações que nos incumbem e precisarmos, para conhecê-las, consultar o código e seus intérpretes autorizados! [...] O sistema de signos de que me sirvo para exprimir meu pensamento, o sistema de moedas que emprego para pagar minhas dívidas, os instrumentos de crédito que utilizo em minhas relações comerciais, as práticas observadas em minha profissão etc. funcionam independentemente do uso que faço deles. Que se tomem um a um todos os membros de que é composta a Sociedade; o que foi dito aqui poderá ser repetido a propósito de cada um deles. Eis aí, portanto, maneiras de agir, de pensar e de sentir que apresentam essa notável propriedade de existirem fora das consciências individuais.

Esses tipos de conduta ou de pensamento não apenas são exteriores ao indivíduo, como também são dotados de uma força imperativa e coercitiva em virtude da qual se impõem a ele, quer ele queira, quer não.

DURKHEIM, É. *As regras do método sociológico*. Tradução Paulo Neves. São Paulo: Martins Fontes, 2007. p. 1-2.

Sobre a complexa relação entre religião e economia (sobretudo no contexto brasileiro atual em que o sucesso financeiro é muitas vezes tomado como sinal de bênção divina, concepção que muitas vezes prejudica a reflexão crítica sobre a estrutura econômica e social), é interessante evocar elementos do pensamento religioso que, durante o século XX, tentaram obter uma compreensão mais adequada das relações de trabalho e de produção. Ainda que a maioria das religiões considere sagrada a propriedade privada (ela teria sido dada como possibilidade por Deus), muitas delas também apontam para certos limites dessa ideia, principalmente a importância do valor de cada indivíduo, importância mesmo maior do que a da propriedade. A esse respeito, pode ser de grande interesse cultural e filosófico um texto como o que se segue (de cuja redação participaram não apenas cristãos católicos, mas também protestantes e membros de outras religiões):

O desenvolvimento econômico sob controle humano
Concílio Ecumênico Vaticano II

O desenvolvimento econômico deve permanecer sob a direção do ser humano; não deve ser entregue só ao arbítrio de alguns poucos indivíduos ou grupos economicamente mais fortes nem só da comunidade política ou de algumas nações mais poderosas. Pelo contrário, é necessário que, em todos os níveis, o maior número possível de pessoas tenha parte na sua direção ou mesmo todas as nações caso se trate de relações internacionais. De igual modo, é necessário que as iniciativas dos indivíduos e das associações livres sejam coordenadas e organizadas harmonicamente com a atividade dos poderes públicos.

O desenvolvimento não se deve abandonar ao simples curso quase mecânico da atividade econômica nem à autoridade pública somente. Devem, por isso, denunciar-se como errôneas tanto as doutrinas que, a pretexto de uma falsa liberdade, se opõem às necessárias reformas, como as que sacrificam os direitos fundamentais dos indivíduos e das associações à organização coletiva da produção.

De resto, lembrem-se os cidadãos que é seu direito e seu dever (o poder civil deve reconhecê-lo) contribuir, na medida das próprias possibilidades, para o verdadeiro desenvolvimento da sua comunidade. Sobretudo nas regiões economicamente menos desenvolvidas, onde é urgente o emprego de todos os recursos disponíveis, fazem correr grave risco ao bem comum todos aqueles que conservam improdutivas as suas riquezas ou, salvo em caso de emigração, privam a própria comunidade dos meios materiais ou espirituais de que necessita.

CONCÍLIO ECUMÊNICO VATICANO II. *Gaudium et Spes (Alegria e Esperança)*, n. 65. Tradução oficial disponível em: <http://www.vatican.va/archive/hist_councils/ii_vatican_council/documents/vat-ii_const_19651207_gaudium-et-spes_po.html>. Acesso em: 14 jun. 2015.

SUGESTÕES BIBLIOGRÁFICAS

DUARTE, R. *Varia aesthetica:* ensaios sobre arte e sociedade. Belo Horizonte: Relicário, 2014.

DURKHEIM, É. *As regras do método sociológico*. Tradução Paulo Neves. São Paulo: Martins Fontes, 2007.

KICKHÖFEL, E. *As neurociências:* questões filosóficas. São Paulo: WMF Martins Fontes, 2014. (Coleção Filosofias: o prazer do pensar).

POLANYI, M. *A lógica da liberdade*. Tradução Joubert O. Brizida. São Paulo: Topbooks, 2003.

RENAULT, A. *O indivíduo:* reflexão acerca da filosofia do sujeito. Tradução Helena Gaidano. São Paulo: Difel, 1999.

CAPÍTULO 9 Natureza, Cultura e pessoa

OBJETIVO

Estudar o tema que se tornou clássico a partir do final da Modernidade – a distinção entre Natureza e Cultura – considerando razões que permitem opor os dois conceitos (identificando um domínio natural e um domínio cultural na experiência humana), bem como razões que permitem associá-los (por exemplo, pelo conceito de pessoa, que enfatiza o modo humano de ser, isto é, o modo humano de viver aquilo que se recebe da espécie natural).

CONSIDERAÇÕES METODOLÓGICAS

Partindo da concepção que se tornou corriqueira no pensamento e no vocabulário cotidianos, segundo a qual a Natureza seria regida pela lei da concorrência ou da adaptação dos seres mais fortes, o capítulo introduz a possibilidade científica de identificar também a colaboração como lei natural. Com base nesses dois modelos explicativos da Natureza, passa-se à especificidade da reflexão filosófica como investigação do modo como se constroem diferentes modelos para exprimir o conhecimento da Natureza. Após apresentar o modelo mecanicista, o capítulo levanta o modelo que, de certa maneira, poderia ser chamado de vitalista. A estratégia é mostrar a relatividade desses tipos de descrição, articulando tal relatividade com a possibilidade de não dissociar Natureza e Cultura ao menos no que concerne ao ser humano.

Nesse quadro, o conceito de pessoa – tradicionalmente empregado em Filosofia desde a definição dada por Boécio ("pessoa é uma substância individual de natureza racional"), embora criticado por certos autores contemporâneos – aparece como uma forma de referir-se a cada indivíduo humano como um ser dotado de um modo específico (cultural e singular) de realizar o que tem em comum com sua espécie (natural). A singularidade permite identificar em cada indivíduo um núcleo ou um "ponto de irradiação" de onde brota o modo inteiramente único e "irrepetível" com que cada pessoa é sua animalidade e humanidade. A metáfora do coração retrata bem esse núcleo, mas cabe aqui enfatizar que *coração* não deve ser associado ao músculo cardíaco nem à afetividade (por oposição à razão), mas ao que é próprio de cada indivíduo em seu modo de existir operando com fatores determinantes de ordem "natural" e "cultural".

OBSERVAÇÃO METODOLÓGICA ESPECÍFICA

O risco da ideologia identitária

Ao tratar do tema da Cultura (em conexão direta ou indireta com o tema da Sociedade, trabalhado no capítulo anterior), apresenta-se um grande desafio em nossos dias: evitar a ideologia identitária, isto é, a crença de que existem identidades "naturais" nos grupos humanos, sem ver que essas identidades nascem em circunstâncias determinadas e mudam com o passar do tempo, mesmo quando os grupos não percebem rapidamente. Trata-se de um tema muito delicado, principalmente porque grupos pelo mundo todo exigem que suas "identidades" sejam respeitadas, mesmo que tal respeito implique diferentes formas de violência contra as pessoas.

Tal conflito, na verdade, sempre ocorreu na História da Humanidade, mas atualmente ele ganha uma importância redobrada. Um caso evidente em nossos dias é o da identidade religiosa, que muitos tentam impor como identidade "natural". Têm surgido grupos cada vez mais violentos, defendendo identidades "tradicionais", a fim de evitar transformações históricas. Essa prática também sempre foi recorrente na História, ainda que, na maioria das vezes, as transformações tenham acabado por se impor, levando à revisão das "tradições". Em nossos dias, é bastante conhecida a atuação de alguns grupos muçulmanos (fiéis da religião islâmica) que, para manter fidelidade ao que consideram a verdadeira "tradição", defendem a guerra como forma de ação. Nessa prática, eles se baseiam em trechos do seu livro sagrado, o Corão, para justificar a guerra contra os infiéis. Mas eles ocultam ou ignoram que há outros trechos que defendem a convivência pacífica. Aliás, historicamente, a religião muçulmana nem sempre foi anunciada com base na guerra contra os infiéis. Na Indonésia, por exemplo, o islamismo chegou já durante o século XI e integrou-se às culturas locais, com respeito visível pelas outras práticas religiosas. Além disso, a imensa maioria dos muçulmanos é pacífica nos dias de hoje e defende a conversão religiosa por convencimento e não por imposição.

Dessa perspectiva, o que significaria "defender a tradição"? Ainda: o que se entende por "tradição" e "identidade"? Os colegas professores são convidados a tratar com redobrado cuidado a tensão entre a continuidade das "tradições" e "identidades" e a necessidade de que elas sejam "atualizadas", a fim de dar respostas adequadas aos novos tempos. Algo análogo ao que se dá com o islamismo em outras partes do mundo ocorre em nosso país com relação ao cristianismo. Usam-se muitas vezes a Bíblia judaica (Primeiro ou Antigo Testamento) e a Bíblia cristã (Primeiro e Segundo Testamentos ou Antigo e Novo Testamentos) para justificar práticas muitas vezes violentas em nome da conservação das "tradições". Há até quem não acredite que o ser humano foi à Lua, pois dizem que, segundo a Bíblia, isso é impossível. Esquecem que muitos trechos bíblicos, quando tirados de seus contextos e interpretados ao gosto individual, fundamentam práticas de intolerância, falta de diálogo e mesmo de cegueira intelectual. Outro caso curioso, por exemplo, é o apego ao dinheiro, pois, embora a Bíblia fale da utilidade dos bens materiais e das ofertas a Deus, ela também denuncia a preocupação exagerada com a riqueza, afirmando claramente que o sentido da vida não está nas posses nem no dinheiro. Muitas igrejas cristãs, em nossos dias, esquecem ou ignoram os versículos que tratam do tema. Por fim, há quem se baseia na Bíblia para defender, por exemplo, a pena de morte (ver Êxodo 21, 12; Levítico 20, 10 etc.), a dominação da mulher pelo homem (Deuteronômio 20, 21 etc.), a proibição de que as mulheres ensinem (Timóteo 2, 11-13 etc.). Esses elementos fariam parte da "identidade" bíblica. No entanto, esquece-se de que mesmo nos tempos da redação da Bíblia várias dessas práticas já não eram seguidas ao pé da letra. Basta lembrar que judeus e cristãos deram papéis importantes às mulheres (Rute, Ester, Maria de Nazaré, Maria Madalena etc.), passaram a questionar a pena de morte, viveram organizações econômicas de partilha das riquezas (ver Atos 2), valorizaram o ensino feminino e fizeram muitos outros atos que mostram claramente como a "identidade" cristã tem a possibilidade de dar novas respostas ao longo do tempo.

Vários outros exemplos identitários poderiam ser evocados aqui, entre eles, as ideias de "pátria" e "povo" como se fossem realidades naturais; a cultura indígena ou a cultura negra, que, embora necessitem ser defendidas em nossos dias – visto que são claramente ameaçadas –, servem às vezes para alimentar ressentimentos e revanchismos, em vez de colaborar para a construção de vidas sociais marcadas pelo respeito das diferenças etc. O maior interesse filosófico nesse debate talvez esteja em pensar a relação entre singularidades/comunidades e universalidade: o pensamento humano pode ir além da simples reafirmação de "identidades", sem manter-se preso a elas, e buscar o que há de universal nas diferentes experiências humanas, promovendo um conhecimento mútuo das diferenças e uma união em torno de tudo o que une indivíduos e grupos diferentes.

PROPOSTA DE ESQUEMA VISUAL

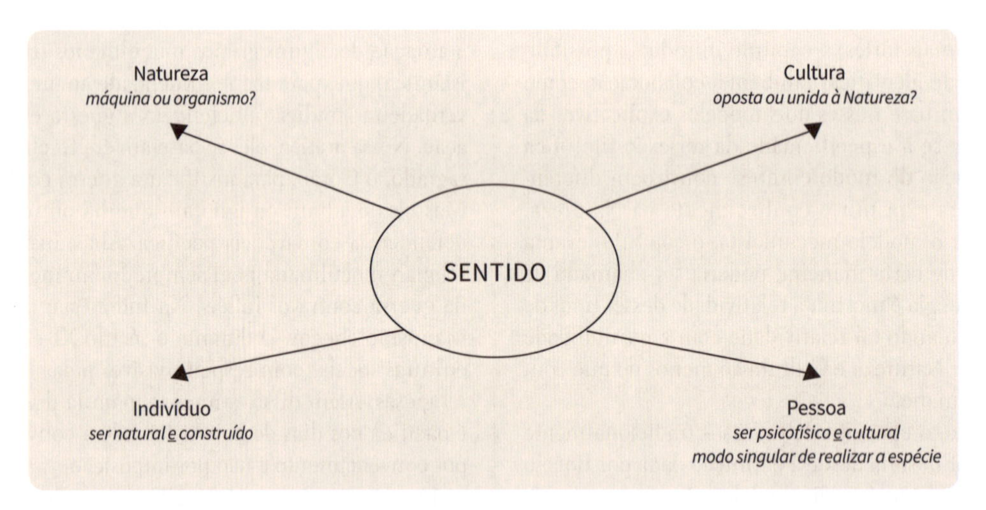

RESPOSTAS AOS EXERCÍCIOS

EXERCÍCIO A (p. 233)

Apresente a crença na concorrência como lei da Natureza e explique sua crítica pela teoria da "democracia animal".

A partir da divulgação da teoria da evolução de Darwin, muitos pensadores e cientistas passaram a resumi-la com a crença de que a lei da evolução é a lei do mais forte, e que a concorrência é a lei fundamental da Natureza. No entanto, pesquisas recentes mostram que a concorrência não é o único nem sequer o principal fator presente no comportamento de plantas e de animais gregários. Para além da competição, a colaboração mútua e a decisão em conjunto apareceram como fatores mais presentes e mais importantes para a conservação das espécies e do mundo natural.

EXERCÍCIO B (p. 236)

1. Defina o mecanicismo.

Mecanicismo é a teoria filosófica e científica, surgida no século XVII e XVIII, que busca entender a Natureza a partir da comparação com o funcionamento de uma máquina. Segundo essa teoria, a Natureza, tal como uma máquina, funciona por meio de leis constantes e estáveis que podem ser conhecidas e manipuladas pelo ser humano. Nesse sentido, a própria Natureza passa a ser vista como uma grande reserva de materiais à disposição para o uso e a satisfação humana.

2. Comparando a teoria da "democracia animal" com o mecanicismo, assinale a alternativa que lhe parece correta:

(a) A "democracia animal" confirma a visão mecanicista da Natureza.

(b) A "democracia animal" dificulta a visão mecanicista da Natureza.

(c) A "democracia animal" é indiferente à visão mecanicista da Natureza.

Observação: pelo modo como o capítulo está organizado, espera-se que os estudantes escolham a alternativa (b). No entanto, caso discordem do conteúdo do capítulo, talvez eles escolham outra alternativa. Não há erro em escolher outra alternativa, o importante é solicitar que eles argumentem para defender sua interpretação.

3. Justifique a resposta dada ao exercício anterior e explique por que as outras alternativas lhe parecem falsas.

A "democracia animal" dificulta a visão mecanicista da Natureza porque a cooperação dos indivíduos de uma mesma espécie, como a decisão consensual de um grupo que "vota" coletivamente suas "escolhas", revela a possibilidade do improviso e de certo cálculo de possibilidades mesmo em seres irracionais. Esse dado põe em questão a crença de que a Natureza é regida por leis necessariamente fixas e completamente estáveis e regulares (cujos melhores exemplos seriam dados por tudo o que é diferente do ser humano).

4. Além dos problemas sociais e ecológicos, haveria dificuldades teóricas que indicassem a incoerência do mecanicismo?

Sim. Como expõe o biólogo inglês Rupert Sheldrake, há muitos indícios de que o "funcionamento" da Natureza não segue necessariamente leis sempre estáveis e constantes, como testemunha o fato de cientistas terem de ajustar de tempos em tempos as "constantes" com que medem fenômenos naturais. Se há a necessidade de ajuste, é porque há mudanças no funcionamento da Natureza.

EXERCÍCIO C (p. 239)

1. Diferencie Natureza e Cultura com base na necessidade humana de aprendizado. Você pode se inspirar no texto de Pierre Sanchis.

A Cultura pode ser entendida como um prolongamento ou como um desenvolvimento de capacidades e possibilidades presentes na própria Natureza. Dessa perspectiva, a possibilidade mesma da Cultura não significa necessariamente algo dissociado da Natureza. Porém, como ser cultural e diferentemente dos outros animais, o ser humano não "nasce sabendo"; ele nasce apenas propenso e com certas potencialidades; precisa aprender e desenvolver suas capacidades por meio de sua inserção em um meio social criativo.

2. Por que, segundo Merleau-Ponty, tudo no ser humano é natural e fabricado?

Para Merleau-Ponty, o ser humano não é um ser meramente biológico, regido e determinado pelos instintos. Em sua condição de ser psicofisiológico, o ser humano tem abertura para múltiplas possibilidades. Isso quer dizer que o uso que ele faz de seu corpo é transcendente ao próprio corpo. Desse modo, a expressão de sua natureza passa pela "criação" ou pela "fabricação" própria da Cultura. Natureza e Cultura não se opõem e nem mesmo se sobrepõem, mas se misturam e se integram, sem, no entanto, se anularem ou se confundirem.

3. A continuidade entre Natureza e Cultura anula a diferença entre animais humanos e animais não humanos?

Não. E a diferença entre animais humanos e não humanos também não se reduz a uma mera diferença de grau (grau de animalidade). Há uma diferença mais profunda, pois, apesar dos elementos culturais vividos por animais não racionais, eles não revelam uma reflexão intelectual nem a capacidade de pensar sobre si mesmos e de analisar o modo como se dá o pensamento. A reflexão intelectual vai além da simples percepção de causas e efeitos (algo que os animais certamente têm); ela é da ordem do "pensamento do pensamento", e, como tal, leva a identificar uma diferença de qualidade entre os humanos e os não humanos.

4. Com base na continuidade entre Natureza e Cultura, analise as frases seguintes e argumente se você concorda com elas ou discorda delas: "Todo brasileiro ama futebol"; "Italiano fala com as mãos"; "Brasileiros e argentinos não se gostam".

Resposta pessoal. Contudo, as três frases são exemplos de certa naturalização da Cultura, como se determinados comportamentos fossem próprios e intrínsecos de cada povo. Além disso, elas fazem uma generalização cultural apressada, pois a Cultura não é, a rigor, algo que determina completamente o comportamento de todos os seus indivíduos.

EXERCÍCIO D (p. 241)

1. Qual a diferença entre o conceito de pessoa e o de indivíduo?

A diferença entre pessoa e indivíduo reside no tipo de relação estabelecida com a espécie: enquanto um indivíduo é apenas um membro de determinada espécie (inclusive cada mineral, cada planta e cada animal é um indivíduo no interior de seus grupos), uma pessoa é um indivíduo tipicamente humano, ou seja, um indivíduo que não repete simplesmente sua espécie, mas um modo único e "irrepetível" de ser, dando coloração e características próprias ao seu modo de realizar a sua espécie, por sua capacidade de dar sentido, refletir e escolher.

2. Em que se baseou Agostinho de Hipona para identificar a especificidade do ser humano?

Agostinho se baseou no fato de os seres humanos serem capazes do ato de conhecer e de fazer escolhas. Essas capacidades revelam uma estrutura específica que diferencia o ser humano dos outros seres vivos. Ele observou que os minerais apenas existem; as plantas existem e vivem; os animais existem, vivem e sentem; e os seres humanos existem, vivem, sentem, pensam e escolhem.

3. Quais as funções da alma humana, segundo Agostinho?

Além de existir (por possuir corpo, assim como tudo na Natureza, inclusive os minerais), a alma humana vive (mantém a função nutritiva ou vegetativa, presente também nas plantas e animais) e sente (exerce a função sensitiva, presente também nos animais com sensibilidade). Por fim, existe uma função que só os seres humanos possuem: a capacidade de pensar e fazer escolhas, de dar sentido ao mundo (a alma racional ou espiritual).

4. Explique a metáfora agostiniana da alma como tensão vital do corpo, servindo-se do exemplo da corda de um instrumento musical.

Agostinho usa a metáfora para representar a vida e as funções da alma por meio da força ou da "tensão" presente em uma corda de instrumento musical. A tensão é capaz de fazer a corda realizar as suas capacidades e tornar-se efetivamente o que ela é, produzindo som. A corda frouxa seria como um corpo sem vida, sem alma, sem dinamismo e movimento próprio, ou seja, sem a sua função própria (produzir som). O mesmo ocorre com o corpo sem alma: ele torna-se incapaz de realizar as suas potencialidades. Segundo essa metáfora, a alma não é algo que "está" em alguma "parte" do corpo, mas uma espécie de força, vibração ou tensão que atravessa e vivifica o corpo.

EXERCÍCIO E (p. 243)

1. O que significa o cerne da alma, de acordo com o pensamento da filósofa Edith Stein?

Significa o modo próprio de ser de cada pessoa. É o "lugar" próprio do eu, "recôndito" de sua mais profunda intimidade, onde só o eu pessoal pode entrar e de onde irradia sua luz específica, seu modo pessoal de ser e sua personalidade. A despeito da linguagem espacial metafórica, o cerne do indivíduo não é um lugar ou um espaço para Edith Stein, mas o modo único e "irrepetível" de cada pessoa realizar a sua espécie e de ser quem ela é.

2. Por que se pode dizer que Hildegarda de Bingen, em **Homem universal**, *pintou o coração humano sem ter pintado o músculo cardíaco?*

Porque o coração ou o centro de cada pessoa não está no músculo cardíaco. Ele simplesmente não "está" em parte alguma, pois não ocupa um "espaço" determinado. Ele é o modo como cada pessoa é quem é.

EXERCÍCIO COMPLEMENTAR (p. 244)

Redação: "Concorrência e individualismo"

Espera-se que os estudantes articulem de maneira justificada o tema da concorrência e o tema do individualismo, vendo entre eles uma relação de causa e efeito. O caso de atletas que só pensam em seu sucesso particular deve ser tomado como exemplo de individualismo (fundado na concorrência), pois, em vez de almejar o objetivo da equipe ou do time, tais atletas fixam-se em si mesmos e buscam apenas a própria glória. Além disso, no contexto atual, contribui para o individualismo de alguns atletas o fato de que os esportes, muitas vezes, não são orientados pelos valores do bem físico e moral, da saúde, do espírito coletivo e do exemplo para os outros cidadãos, mas pelo interesse em atrair investimentos milionários, salários elevados, fama e outros fatores sempre relacionados a interesses individualistas.

PROJETO INTERDISCIPLINAR

A naturalidade ou a historicidade das diferenças

Na classificação habitual das ciências, cabe às Ciências Humanas investigar os elementos específicos que levam a entender o ser humano como "ser natural-cultural", ou seja, como ser em que se encontram elementos naturais e culturais, permitindo que a vida humana seja entendida como maneira de viver culturalmente aquilo que se refere à constituição natural. Dessa perspectiva, é facilmente compreensível que a Filosofia, ao tratar dessa temática, trabalhe em união direta com as Ciências Humanas, pois, embora ela também considere os elementos vindos das Ciências Naturais, sua análise se baseia na maior parte sobre os dados vindos das Humanidades. Esta atividade propõe, então, a ocasião para explicitar o encontro da Filosofia com as Ciências Humanas, tomando por norte o tema das diferenças entre indivíduos e entre grupos sociais.

1º passo

Entrando em acordo com os professores de Geografia, História e Sociologia, solicitar que cada um deles, em uma de suas respectivas aulas, apresente abordagens típicas de suas áreas para tratar da seguinte questão: no estudo da vida em Sociedade, é possível afirmar que os indivíduos e os grupos têm características naturais ou é necessário afirmar que sempre os seres humanos são resultado de seu ambiente cultural?

É importante que cada professor explicite criticamente as razões que justificam possíveis abordagens em suas respectivas áreas. Por exemplo, em Geografia, pode-se explorar o aspecto da relação entre Sociedade e espaço (a transformação do espaço pela Sociedade e as imposições que o espaço faz à Sociedade) de uma perspectiva liberal (apontando para a naturalidade das diferenças) e de uma perspectiva marxista (apontando para a historicidade das diferenças); em História, pode-se examinar as concepções nas quais a História da Humanidade pode ser entendida como o desenrolar da vida de sociedades compostas por membros naturalmente desiguais (visão liberal da História como progressão natural) ou como o conjunto das formas de organização em torno de conflitos e interesses econômicos (visão marxista da História como conjunto de diferentes modos de produção e da luta de classes); em Sociologia, pode-se analisar os fenômenos sociais concebidos como resultados do encontro de indivíduos que realizam trocas segundo suas possibilidades (visão liberal das diferenças naturais e da coabitação das diferenças) ou como resultados de uma dinâmica de exploração (visão marxista do modo de produção capitalista, por exemplo). Concentrar-se nas duas abordagens (liberal e marxista) pode ser interessante para facilitar o trabalho, evitando a dispersão em uma quantidade excessiva de tratamentos do tema, a fim de explicitar os pressupostos metodológicos e conceituais de cada abordagem.

2º passo

Depois das aulas de Geografia, História e Sociologia, reserva-se uma aula de Filosofia para discutir como os conteúdos das Ciências Humanas são construídos. Pode-se explorar, por exemplo, o modo como o debate entre marxismo e liberalismo foi um dos aspectos teóricos que permitiram o surgimento de áreas como a Geografia Crítica e a Geografia Humana, a História Social e a História Econômica, a Sociologia Econômica e a Sociologia do Trabalho etc. Os professores podem recorrer à diferença entre *explicar* e *compreender*, estabelecida por Dilthey (ver Capítulo 14). Com base nesse trabalho, mostrar como o pensamento se encontra em uma situação complexa: há razões para afirmar tanto a naturalidade das diferenças e das identidades humanas como a historicidade delas.

3º passo

Durante uma aula de Filosofia, realizar uma mesa-redonda com o(a) professor(a) de Filosofia e os professores de Geografia, História e Sociologia, a fim de debater a seguinte questão: "É necessário conservar a oposição entre naturalidade e historicidade no reconhecimento das diferenças entre indivíduos e grupos, ou é possível unir, de modo rigoroso (científico), os dois polos dessa oposição?". Podem-se reservar 10 minutos para cada professor(a) expor como desenvolveu o passo 1 com os estudantes e dar sua resposta à questão da mesa-redonda. Na sequência, os colegas dialogam e debatem com os alunos as vantagens e as desvantagens da abordagem liberal e da abordagem marxista. A esse respeito, pode-se tentar operar ao modo do que se propõe para a elaboração de dissertações de problematização (p. 106).

PROPOSTA DE ATIVIDADE COMPLEMENTAR

Cultura, civilização e elogio da vida "natural"

Os professores podem aprofundar o tema da separação entre Natureza e Cultura, lembrando que a Cultura foi associada também à Civilização. Raízes desse pensamento podem ser encontradas na obra de Jean-Jacques Rousseau, que via na Civilização a causa dos males e das injustiças que afligem o ser humano preocupado com riquezas e poder. Da bela redação de Rousseau, principalmente na obra *Discurso sobre a origem e os fundamentos da desigualdade entre os homens*, veio a imagem do *bom selvagem*, quer dizer, a representação de todo ser humano em estado de natureza como alguém livre, feliz e preocupado apenas com o mínimo necessário para viver. Essa imagem reaparece mesmo em Sigmund Freud, que, na obra *O mal-estar na civilização*, faz um elogio da renúncia à vida civilizada, cultural, em benefício de um retorno a modos primitivos de viver. Freud chega a dizer que a vida civilizada, cultural, é a fonte dos sofrimentos psíquicos. Mas os dois autores que mais contribuíram para consagrar a diferença entre Natureza e Cultura talvez tenham sido Immanuel Kant e Friedrich Hegel. Kant defendia que sair do estado de natureza é um dever do ser humano. Hegel, por sua vez, e em continuidade com Kant, já concebia o ser humano diretamente como aquele ser que é oposto à Natureza e que a domina pelo pensamento e pela ação.

Durante o século XIX, o "século de Hegel", fortaleceu-se consideravelmente essa visão do ser humano como dotado de uma "base natural" à qual se "acrescentavam" as produções do espírito ou a Cultura. Isso explica o acentuado interesse de cientistas e filósofos, ainda no século XIX, pela descoberta e divulgação de casos curiosos como o do garoto francês Victor de Aveyron e do jovem alemão Kaspar Hauser, que viveram durante vários anos afastados da civilização e representariam algo como um "estado de natureza".

Victor foi encontrado na região francesa do Aveyron, em 1800, quando tinha por volta de 10 anos de idade. Durante esses 10 anos, Victor viveu nas florestas e ao redor de vilarejos, sem integrar-se à civilização. O Dr. Jean Itard conseguiu instruí-lo para a vida na cidade e Victor foi confiado a uma senhora que cuidou dele durante 17 anos. Victor morreu com 28 anos de idade. Hoje, porém, sabe-se que ele não ficou completamente isolado da civilização, mas vivia nos arredores de vilarejos, de modo que, sendo um garoto fora dos padrões civilizados, acabou sofrendo a violência dos moradores que o afugentavam. Ele chegou mesmo a ser torturado. Em 1969, o cineasta francês François Truffaut (1932-1984) produziu o filme *O garoto selvagem* e apresentou Victor como "garoto selvagem". Essa imagem é certamente equivocada, a ponto de hoje alguns historiadores o chamarem de "garoto mártir", porque ele morreu em consequência da violência dos adultos. Apesar disso, a imagem tão bem construída por Truffaut representa adequadamente a visão que se tinha de Victor na Europa do século XIX.

Quanto ao jovem alemão Kaspar Hauser, ele não era um "garoto selvagem", mas também simbolizava alguém que teria vivido apenas em "estado de natureza". Kaspar Hauser viveu isolado por 15 anos e apareceu numa praça de Nuremberg, no dia 26 de maio de 1828, com alguns objetos pessoais e uma carta endereçada ao governante da cidade, na qual parte de sua história era explicada. Ele não sabia falar nenhum idioma; tudo indicava que crescera preso em uma masmorra, alimentado apenas de pão e água. Kaspar aprendeu a falar, mas não conseguia distinguir o sonho da realidade, pois essa distinção também requer aprendizado. Como ele cresceu isolado, não teve essa possibilidade. Kaspar viveu com diferentes famílias, até ser assassinado em 1833, quando passeava nos jardins do palácio de Ansbach. O cineasta alemão Werner Herzog (1942-) retratou a história de Kaspar no filme *O enigma de Kaspar Hauser*, de 1974. Em alemão, o título original é *Jeder für sich und Gott gegen alle*, que quer dizer "cada um por si e Deus contra todos".

Os colegas professores podem trabalhar com esses dois filmes, a fim de discutir o costume de se dar tanta importância aos modelos de ser humano "natural" ou "culturalmente virgem" (preservado da civilização). Pode-se mesmo ampliar a discussão e investigar por que grupos humanos não industrializados (tribos, grupos de estrutura familiar etc.) são em geral considerados primitivos e mesmo inferiores. Uma das razões dessa visão é a supervalorização moderna e contemporânea do domínio da Natureza como sinal do uso da razão. Assim, quem apresenta formas de vida diferentes e valores diversos daqueles da razão separada da Natureza é comumente visto como alguém que simplesmente ainda não se teria encaminhado (ou evoluído) para o uso da razão.

Um contraponto de grande impacto para mostrar o desconhecimento dos povos chamados de "primitivos" e sobretudo o estranhamento que o Ocidente ainda tem para com os índios de vários lugares do planeta é dado pela obra do antropólogo brasileiro Eduardo Viveiros de Castro (2015). Ele chega a falar de um "perspectivismo" ameríndio e mostra como, nas visões de mundo de algumas tribos brasileiras, foi desenvolvida uma sofisticada maneira de conceber tudo o que existe como um conjunto de sujeitos, humanos ou não humanos, que apreendem o mundo de maneira diferente. Uma visão geral e sintética de sua abordagem pode ser encontrada no artigo "Os pronomes cosmológicos e o perspectivismo ameríndio".

TEXTOS COMPLEMENTARES E DE APROFUNDAMENTO

A respeito do relativismo cultural, vale lembrar que, de certa maneira, o filósofo francês Michel de Montaigne, no século XVI, havia intuído algo semelhante. Ele se serve do termo *bárbaro*, criado pelos antigos romanos (para referir-se aos povos não romanos) e ainda utilizado na sua época, como referência aos povos que tinham sido descobertos pelos europeus nas Américas e cujos costumes eram completamente diferentes. Como leitura complementar, pode-se trabalhar o seguinte trecho da obra *Ensaios*, na qual Montaigne menciona uma nação de índios canibais do Brasil da qual tinha ouvido falar:

O bárbaro não é o que pensamos

Michel de Montaigne

Com base no que me foi relatado, penso que não há nada de bárbaro e de selvagem nessa nação. Cada um chama de barbárie aquilo que não é de seu costume. Parece verdadeiro dizer que nós só temos como critério para identificar a verdade e a razão o exemplo, as opiniões e os costumes do lugar em que estamos. É onde estamos que vemos a verdadeira religião, o governo perfeito, o mais completo e total uso de todas as coisas. Eles [os chamados bárbaros] são selvagens tanto quanto nós chamamos de selvagens os frutos que a Natureza produz por si e em seu ritmo ordinário. Deveríamos chamar de selvagem, ao contrário, tudo aquilo que alteramos pelo nosso artifício e desviamos da ordem comum. [...] Até podemos chamar de bárbaros [os índios canibais] com relação às regras da razão, mas não com relação a nós, que, aliás, os ultrapassamos em todo tipo de barbárie.

MONTAIGNE, M. *Les essais* (I, XXXI). Paris: PUF, 2004. p. 205-210. (Os ensaios. Tradução nossa.)

Desenvolveu-se com força nos séculos XIX e XX a ideia de que as culturas são unidades de sentido típicas de grupos e dotadas da possibilidade de aceitar-se e conviver. A essa concepção deu-se o nome de *multiculturalismo* na segunda metade do século XX. De certa maneira, o multiculturalismo contraria outra tendência, que se desenhava desde os tempos do Renascimento, segundo a qual o ser humano é chamado a superar as diferenças culturais (sem necessariamente negá-las) e procurar uma união em torno de elementos universais. Reforçando as identidades culturais, criou-se o "mito da mônada cultural" (mônada ou unidade que só se relaciona com outras mônadas culturais por meio de uma afirmação de si mesma). A esse respeito, o jovem filósofo canadense Marc-Antoine Vallée tem desenvolvido uma reflexão filosófica bastante instigante:

O mito da mônada cultural

Marc-Antoine Vallée

O abandono da inteligência humanista da Cultura entendida como elevação ao que há de universal nos seres humanos, em benefício de uma concepção da cultura como fonte de particularização acompanha o surgimento e o desenvolvimento do pensamento historicista em reação à filosofia da História de Hegel. Assim como cada nação possui sua própria cultura, parece que cada época também possuiria um espírito particular, cujas expressões seriam as obras artísticas e filosóficas. Cada cultura, cada sociedade e cada época teriam certa visão do mundo [...]. Essa concepção pressupõe que todo indivíduo é influenciado ou mesmo determinado pela época, pela sua sociedade e pela cultura às quais ele pertence. Não há dúvida de que essa tomada de consciência do papel determinante de nossos pertencimentos culturais na formação de nosso espírito é importante, pois ela recorda a finitude de todo pensamento individual e das condições que a tornam possível. Mas à luz dos numerosos prolongamentos e desenvolvimentos dessa ideia nas Ciências Humanas e Sociais e na filosofia "pós-moderna", fica claro que há um risco: o de entrar nas sombras de uma interpretação relativista e fatalista de nossos pertencimentos culturais, fazendo-nos compreender a nós mesmos como prisioneiros de certo número de "esquemas culturais", tornando contestável toda pretensão de chegar à verdade ou a uma compreensão mais adequada do que realmente acontece [nossos pertencimentos culturais]. Retomando o que Leo Strauss chamava de "mito da mônada cultural", acabamos parecendo "loucos em um hospital psiquiátrico", aprisionados pela nossa própria cultura ao modo de uma "camisa de força".

A lógica subjacente ao "mito da mônada cultural" é mais ou menos esta: toda cultura repousa sobre uma linguagem constituída de conceitos que veiculam certa ontologia ou certo recorte da realidade. Entre nós e a realidade, portanto, haveria um intermediário que organizaria o conteúdo de nossas experiências com base em esquemas conceituais que permitem apenas um retrato particular de nosso mundo. Por conseguinte, as diferentes línguas e culturas veiculariam visões de mundo concorrentes e incomparáveis entre si, a ponto de ignorarmos a validade de cada uma dessas visões de mundo. Para avaliar a justeza de uma visão de mundo seria necessário livrar-nos de nossos esquemas conceituais e, assim, desligar-nos perfeitamente de nossa cultura e de nossa linguagem, a fim de comparar os diferentes esquemas com a realidade mesma. Como não dispomos de um tal acesso à realidade (pois todo pensamento apoia-se inevitavelmente sobre certa linguagem e se forma com base em horizontes culturais particulares), nós estaríamos fechados em esquemas culturais que constituem o intermediário entre nosso espírito e a realidade. [...] Na ausência de uma realidade neutra, não haveria mais nenhum sentido em pretender que nossas descrições ou nossas interpretações do mundo sejam mais justas ou mais adequadas do que qualquer outra. Encontramo-nos, assim, em face de um relativismo generalizado, cuja defesa e promoção são assumidas por pensadores como Gianni Vattimo e Richard Rorty.

Esse mito da mônada cultural e o relativismo generalizado que ele implica são acompanhados frequentemente de um culto da alteridade que lhes é complementar. Se cada um é prisioneiro de seus esquemas culturais, seria no mínimo grosseiro (para não dizer bárbaro) pretender contradizer as pretensões à verdade de outra pessoa que não tem os mesmos esquemas ou categorias que nós temos. Nesse contexto, até a tentativa de compreender o outro se torna sinal de violência, pois essa tentativa equivaleria a fechar o outro em meus próprios esquemas conceituais e culturais. Uma vez que a alteridade resiste necessariamente a todos os meus esforços de compreensão, qualquer tentativa de compreender o outro seria uma violência a esse outro em sua alteridade radical. Em resumo, o outro não deve ser compreendido, mas simplesmente respeitado em sua alteridade irredutível. Segundo Gianni Vattimo, essa violência para com o outro em sua diferença está intimamente ligada à "vontade metafísica ocidental" de compreender a realidade nela mesma, começando pela realidade do ser humano. Para Vattimo, é a metafísica mesma (a forjadora dos principais esquemas culturais do pensamento ocidental) que é intrinsecamente violenta por causa de sua ambição desmedida de captar a realidade essencial das coisas e os primeiros princípios de que tudo depende. Por conseguinte, o esclarecimento das complexas relações entre violência e metafísica seria um dos principais problemas da filosofia contemporânea, como atestam as obras de Heidegger, Adorno, Levinas, Derrida e René Girard. Apenas uma crítica radical da metafísica poderia libertar-nos dessa violência metafísica, substituindo-a pela ética de um "pensamento frágil" fundado sobre um niilismo hermenêutico.

A meu ver, no entanto, há sérias razões para resistir à denúncia unilateral da "metafísica ocidental" e sobretudo ao mito da mônada cultural que aprisiona cada ser humano em esquemas culturais, entendendo-o como incapaz de conhecer o mundo nele mesmo e de compreender o outro em sua diferença. De saída, não há dúvida de que essa posição termina em um forte relativismo que cai em graves contradições. Por exemplo, não é possível resistir a uma pergunta básica: a posição que esses autores defendem é mais verdadeira do que a de todos aqueles que pensam diferentemente? Se sim, então essa posição é um conhecimento melhor do que as outras formas de conhecimento da realidade; e, se é melhor, então essa posição deve ser mais respeitada do que as outras, o que pressupõe uma compreensão da alteridade das outras formas de conhecimento (mas compreender a alteridade não era uma forma de violência?). Se não é o caso de dizer que essa posição é um conhecimento melhor, então por que ela quer ser ouvida? E qual a importância de ouvi-la?

Além disso, a ideia de que somos prisioneiros de nossos esquemas culturais parece ser negada todos os dias pela experiência cotidiana que se oferece a nós em diferentes níveis. Por exemplo, o aprendizado de línguas estrangeiras e o trabalho de tradução mostram claramente que nós não estamos fechados nos esquemas linguísticos de nossa língua materna, mas que é sempre possível compreender o outro em sua própria língua, assim como é possível perceber e exprimir o pensamento do outro em nossa própria língua. Esse dado parece evidente, mas é importante lembrá-lo, pois, da perspectiva da mônada cultural, ele parece quase um milagre (uma vez que nossas concepções de mundo seriam incomparáveis entre si). Contra essa ideia, hermeneutas como Gadamer e Paul Ricœur defenderam fortemente a tese de uma tradutibilidade de princípio entre todas as línguas. O aprendizado das línguas estrangeiras e o trabalho de tradução tornam possível um diálogo entre pessoas que vêm de horizontes culturais completamente diferentes. É isso, aliás, que torna possível o trabalho do antropólogo ou do etnólogo em sua busca de compreender a organização e a cultura de sociedades humanas que são estrangeiras para nós. É também isso que permite ao historiador ou ao filólogo compreender culturas, textos, mulheres e homens de outras épocas.

A experiência mostra-nos todos os dias, então, que as culturas vivas não são mônadas sem portas nem janelas, mas horizontes capazes de se ampliar para acolher aquilo que é estrangeiro. Não são realidades fixas ou mumificadas, mas realidades dinâmicas que vivem de trocas e de encontros com formas distintas ou mesmo opostas de pensar e de agir. Se aceitamos o mito da mônada cultural, é toda a relação com o outro que se torna problemática e incompreensível.

Deveríamos então simplesmente esquecer a intensa reflexão da filosofia contemporânea e das Ciências Humanas e Sociais sobre o impacto de nossos pertencimentos culturais sobre nosso modo de interpretar e de compreender o mundo? De modo algum! Essa reflexão é um momento importante na tomada de consciência de que nossos pertencimentos a culturas dadas podem produzir uma incompreensão do que é estrangeiro ao nosso horizonte cultural, que é sempre um horizonte limitado. Ela se mostra particularmente importante quando ela mesma faz vir à tona o conjunto de preconceitos e pressupostos ligados à nossa época, à nossa sociedade e à nossa cultura, preconceitos e pressupostos esses que nos impedem de compreender os pensamentos, as obras ou as ações de pessoas que vivem em outros horizontes históricos ou culturais. Mas, à medida que nossa tomada de consciência de nossos preconceitos e pressupostos problemáticos permite-nos (não sem esforço!) ir além desses mesmos preconceitos e pressupostos, oferecendo novas possibilidades de compreensão, nós reencontramos de certa maneira a concepção humanista segundo a qual a cultura é o que permite ultrapassar certos particularismos para entrar em realidades mais amplas e mais vastas do que o mundinho que nos é familiar.

VALLÉE, M.-A. Culture, appartenance et dialogue: trouver la juste articulation (Conferência). In: *Simpósio Multiculturalismo e Reconhecimento*. São Paulo: Agência da Francofonia; Consulado da França; Bureau do Quebec; Unifesp; PUC, 2013. p. 7-11. [Cultura, pertencimento e diálogo: encontrar a justa articulação. Gravação, transcrição e tradução nossa, com autorização do autor.]

SUGESTÕES BIBLIOGRÁFICAS

ALFIERI, F. *Pessoa humana e singularidade em Edith Stein*. Tradução Clio Francesca Tricarico. São Paulo: Perspectiva, 2014.

ALMEIDA, J. M. (Org.). *Subjetividade, Filosofia e Cultura*. São Paulo: Liber Ars, 2011.

JONAS, H. *A sacralidade da pessoa*. Tradução Nélio Schneider. São Paulo: Ed. da Unesp, 2012.

MERLEAU-PONTY, M. *A Natureza*. Tradução Álvaro Cabral. São Paulo: WMF Martins Fontes, 2006.

MIRANDA DE ALMEIDA, R. *A fragmentação da Cultura e o fim do sujeito*. São Paulo: Loyola, 2014.

VIVEIROS DE CASTRO, E. Os pronomes cosmológicos e o perspectivismo ameríndio. *Mana*, v. 2, n. 2, 1996. Disponível em: <http://www.scielo.br/scielo.php?script=sci_arttext&pid=S0104-93131996000200005>. Acesso em: 18 abr. 2016.

CAPÍTULO 10 Política e Poder

OBJETIVO

Estudar as duas maiores concepções da Política: a Política como atividade concebida em função do bem comum e como prática cujo fim está nela mesma (sem, no entanto, afastar-se totalmente de algum ideal, como o de bem comum, nem se tornar uma prática aética ou amoral). Esclarecer também que a noção de Política como fim em si relaciona-se diretamente, na maioria das sociedades atuais, com as noções de Poder e de Estado, conduzindo à necessidade de enfatizar o papel da cidadania.

CONSIDERAÇÕES METODOLÓGICAS

Partindo da noção de interesse e desvinculando-a de alguma conotação necessariamente egoísta, o capítulo articula o tema do interesse pessoal pela Política com o sentido da própria Política: "classicamente", ela pode ser entendida como um serviço ao bem comum (Platão) e como um fim em si mesmo (Maquiavel). Por sua vez, concebê-la como fim em si mesmo requer o esclarecimento da noção de Poder (alvo ou objeto da Política, principalmente a partir da Modernidade) e de Estado (forma mais comum na maioria das sociedades atuais, herdeiras do pensamento político moderno).

Para esclarecer a articulação entre Política, Poder e Estado, o capítulo opera com uma distinção com o pensamento político antigo e medieval, para o qual fazia sentido falar de governo, e não de Poder e de Estado (segundo as concepções às quais estamos mais habituados). Acentuando a especificidade moderna que marca as visões políticas atuais, o capítulo termina por fazer um estudo da democracia tal como ela pode ser entendida em nossos dias, com suas vantagens e mesmo com seus limites. Nesse quadro, desponta também a noção de cidadania, cujo sentido se manifesta com mais clareza justamente quando se pensa no porquê de, em nossos dias, dar-se a articulação entre Política, Poder e Estado de modo diferente do que ocorria no pensamento antigo, patrístico e medieval.

O capítulo é também ocasião para que os professores, caso considerem adequado, abordem as relações entre Ética e Política, explorando, por exemplo, a vinculação direta da Política com o Bem no pensamento antigo e a autonomia que a Política ganhou com relação à noção metafísica de Bem na Modernidade. É possível remeter aos itens sobre a Beleza, o Bem e a dialética, segundo Platão, tal como se aborda no Capítulo 5, e sobretudo à possibilidade de considerar o Bem e o amor como temas contemporâneos, tal como estudado na apresentação do pensamento de Iris Murdoch, no Capítulo 7. Também é possível remeter à crítica dos fundamentos do pensamento platônico (e cristão), tal como operada por Nietzsche e estudada nos Capítulos 6 e 12, o que requer a compreensão da Política em um registro mais próximo ao de Maquiavel ou mesmo em um registro totalmente novo (e independente do Poder é institucionalizado).

PROPOSTA DE ESQUEMA VISUAL

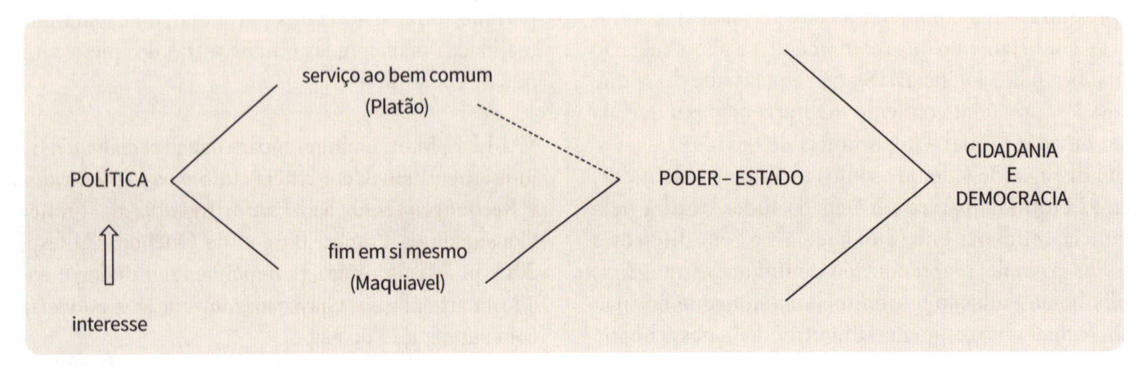

RESPOSTAS AOS EXERCÍCIOS

EXERCÍCIO A (p. 248)

1. ***Resuma em poucas linhas o texto de Tocqueville, iniciando pela ideia central e dando em seguida as justificativas para ela. Você deverá, portanto, seguir a ordem inversa daquela em que o texto foi redigido. Use duas conjunções em seu resumo:* porque *e* visto que.**

Para fazer que os cidadãos se interessem pelo bem geral do Estado é preciso envolvê-los com o cuidado dos assuntos mais imediatos de sua região, *porque* eles só percebem o quanto esses assuntos gerais têm relação direta com as suas vidas particulares quando afetam seus interesses privados, *visto que* o cuidado dos assuntos regionais leva os cidadãos a estabelecerem vínculos mais duradouros ao serem forçados a se conhecer e a se habituar uns com os outros.

2. ***Pesquise e indique pelo menos duas organizações em seu bairro que trabalham pelos interesses locais.***

Resposta pessoal.

3. ***Pesquise se sua escola tem um Grêmio Estudantil. Se tem, reflita se você está a par das atividades do Grêmio. Se você nunca se inteirou sobre ele, pense no porquê de seu desinteresse. Caso sua escola não tenha um Grêmio Estudantil, que tal começar um? No site Mundo Jovem, mantido pela PUC-RS, você pode encontrar todas as informações necessárias para sua criação: <http://www.mundojovem.com.br/gremio-estudantil>. (Acesso em: 13 de jan. de 2016.)***

Resposta pessoal.

EXERCÍCIO B (p. 252)

1. ***Explique a concepção platônica da Política como meio.***

Para Platão, a Política é um meio ou um serviço para atingir o bem comum e o interesse geral da cidade. Esse serviço é exercido pelo cidadão que serve às leis justas, resultado da participação dos cidadãos que vivem sob essas leis. Desse modo, quem age apenas visando ao bem próprio não é um bom cidadão, porque não age tendo em vista o interesse da cidade. Para que a cidade alcance seu bem, é preciso que os seus governantes sejam seguidores exemplares das leis justas estabelecidas pela cidade e que o governo não seja dado a quem tem mais poder. O poder, portanto, não deve ser objeto de disputa, pois vencerá o mais forte e não aquele realmente comprometido com o bem comum da cidade.

2. ***Identifique, nos raciocínios abaixo, os casos de generalização apressada e os casos de generalização justificada. Explique o porquê de suas respostas:***

(a) Quando viajei para o Rio Grande do Sul, vi muitas churrascarias. É porque todos os gaúchos comem muita carne.

Generalização apressada. O fato de haver muitas churrascarias em uma região não significa que toda a população come muita carne.

(b) Toda religião é violenta, porque judeus, cristãos, muçulmanos e até budistas praticam guerras religiosas.

Generalização apressada. Judeus, cristãos, muçulmanos e budistas são apenas alguns entre inúmeros grupos religiosos, e mesmo nesses nem todas as pessoas e segmentos religiosos são violentos.

(c) As infecções bacterianas podem ser tratadas com penicilina.

Generalização justificada. Mesmo sem ter experimentado todos os casos de infecções bacterianas possíveis, os casos estudados não dão margens para duvidar por princípio dessa afirmação. Trata-se de uma indução.

(d) Ser brasileiro é amar futebol.

Generalização apressada. Não é porque muitos brasileiros amam futebol que é possível identificar esse amor como essência do ser brasileiro.

(e) Se sempre preveni a gripe na minha família com vitamina C, creio que todos deveriam fazer o mesmo.

Generalização justificada. Apesar de os casos verificados serem poucos e de não garantirem necessariamente a verdade da conclusão, não há porque duvidar da sua probabilidade. Trata-se de uma indução.

(f) Visto que todo ser humano é mortal e que todo ser mortal precisa alimentar-se para sobreviver, então todo ser humano precisa de alimento.

Generalização justificada. Trata-se de uma dedução, na qual a conclusão é extraída adequadamente das premissas anteriores. Se o silogismo for válido e as premissas forem verdadeiras, a conclusão é necessariamente verdadeira.

EXERCÍCIO C (p. 256)

1. ***Descreva a originalidade da concepção maquiaveliana de Política em relação à posição platônica.***

Maquiavel partiu da análise da política do ponto de vista histórico, tanto no que diz respeito à participação dos cidadãos nas decisões políticas quanto no que diz respeito à relação entre governantes e governados. Ele não parte de um ideal de sociedade (justa e boa, como fez Platão), mas pensa que são as circunstâncias históricas que determinam que tipo de política e sociedade são possíveis.

2. ***Qual o fundamento da afirmação maquiaveliana segundo a qual é legítimo que o governante faça aquilo que é considerado mau?***

O fundamento dessa afirmação é a conservação do poder e a defesa da unidade e da integridade do corpo social. Para Maquiavel, como os seres humanos são pérfidos e capazes de trapacear, enganar e mentir, o Príncipe não tem a obrigação de ser bom, leal e justo o tempo todo.

3. ***Maquiavel pensava que os fins justificam os meios? Explique.***

Não exatamente. Ele pensava apenas que, se não houver outro recurso legal, por meio dos tribunais e das leis, o governante deve fazer o que for necessário para manter o poder e defender a unidade social.

EXERCÍCIO D (p. 258)

1. ***Comente a diferença entre Platão e Maquiavel no tocante à concepção de Poder.***

Em Platão, o Poder está diretamente relacionado ao Bem. Ele existe em referência ao Bem Comum e é garantido pela competência do governante em exercê-lo, bem como pela necessidade de os cidadãos serem representados. Desse modo, o Poder pode até deixar de ser essencial caso os cidadãos sejam bons e justos. Em Maquiavel, o Poder não está mais necessariamente relacionado ao Bem, nem mesmo à competência ou à representação. Ele passa a ser entendido como algo indispensável para a organização social, ganhando importância por si mesmo.

2. ***Reconstrua resumidamente a visão de Thomas Hobbes sobre o Poder, usando as expressões* guerra de todos contra todos, pacto social *e* Leviatã.**

Para Hobbes, se os humanos voltassem a viver em estado de natureza, ou seja, sem a estrutura social do poder do Estado, vivendo apenas a partir de seus instintos, seria instaurada uma *guerra de todos contra todos*, já que, além do desejo de liberdade, os seres humanos possuem o desejo natural de possuir e dominar os outros. Para Hobbes, é preciso que os humanos de um mesmo grupo fundem um *pacto social*, limitando sua liberdade e aceitando um controle externo. Esse controle é exercido pelo poder de um soberano que encarna em si a "pessoa" do Estado. A esse Estado, Hobbes chama de *Leviatã* ou *Grande Leviatã*, em referência a um monstro mitológico que causa medo e terror, capaz de exercer a força para controlar os seus súditos.

3. ***O que é o Estado de Direito?***

É um sistema institucional que visa limitar o poder do Estado para que ele não prejudique os cidadãos e para que os ocupantes do Poder não façam tudo o que quiserem. No Estado de Direito, tanto os cidadãos como o poder público devem respeitar as mesmas leis.

EXERCÍCIO E (p. 259)

1. ***O que é cidadania? Ela diz respeito a você diretamente?***

É a participação ativa nos rumos políticos da comunidade, interferindo na construção do sentido que se dá à vida em sociedade. Ela diz respeito a todos os cidadãos, na medida em que todos têm igual responsabilidade pela criação da vida social.

2. ***Por que a divisão em três Poderes é vista como uma forma de preservar o Estado de Direito?***

Porque cada poder desenvolve uma função específica e serve para controlar e fiscalizar os outros dois.

3. ***Qual a crítica de Althusser à democracia representativa?***

Para Althusser, a democracia representativa pode criar a sensação de que o povo realmente participa do poder, principalmente por escolher seus representantes pelo voto, mas inviabiliza as revoltas populares e a expressão direta do interesse público.

EXERCÍCIOS COMPLEMENTARES (p. 260)

1. ***Dissertação de síntese filosófica***

Espera-se que os estudantes, tomando por base as orientações dadas na página 138, elaborem uma dissertação de síntese filosófica que acompanhe o movimento do próprio capítulo e se estruture em três momentos principais: (1) introdução: apresentação geral da possibilidade de entender a Política como meio e como fim; (2) desenvolvimento: apresentação das razões que levam a conceber a Política como meio (caso em que o pensamento platônico é tomado como exemplo por vincular a Política ao serviço do bem comum) e como fim (caso em que o pensamento maquiaveliano é tomado como exemplo por vincular a Política ao Poder); (3) conclusão: retomada do sentido da estrutura da dissertação, lembrando que as duas possibilidades de concepção (meio e fim) dirigem o modo como concebemos a Política, embora, no mundo atual, prevaleça a ideia de Poder e a concepção da Política como fim em si mesmo. Para que a dissertação seja completa, a conclusão pode lembrar (como uma conclusão "aberta" ou "suspensiva") que a concepção da Política como fim em si mesmo deixa a possibilidade de associar-se com a concepção da Política como meio, uma vez que o fim, sendo a manutenção do Poder, não se dissocia de objetivos (como o bem de todos, a conservação da autonomia de um Estado etc.), que, no limite, se apresentam como fins.

2. ***Pesquisa***

Além de promover um conhecimento mais consistente da estrutura dos três poderes no Brasil (em âmbito municipal, estadual e federal), a pesquisa visa considerar a composição e o funcionamento dessas instituições com base na perspectiva representativa apresentada no capítulo. Cabe refletir também: em que medida o modelo atual de organização do Poder é adequado às necessidades e às expectativas da democracia? É desse debate que surge o sentido de refletir sobre a necessidade de reforma política, tal como defendida por setores da população brasileira.

TEXTO COMPLEMENTAR

Há muitos elementos que dificultam a vida democrática, sobretudo a espetacularização da vida política. Com efeito, diferentes pensadores têm chamado a atenção para o modo como os meios de comunicação transformaram a atividade política em *show*. Michel Foucault, por exemplo, desenvolveu estudos sobre a imagem que os ocupantes do Poder precisam transmitir a fim de justificar suas ações e sua permanência nele. Todo governante é uma pessoa que simboliza o Poder; portanto, sua imagem vai além daquela de um simples ser humano; trata-se de alguém que é investido de uma função de líder, cabeça ou guia. Hoje, essa simbologia é explorada como nunca. É o que explica o pensador Régis Debray ao analisar técnicas usadas pelos meios de comunicação, principalmente a televisão, nas estratégias de promoção e de destruição de representantes políticos: o volume do microfone, a acústica da sala, o fundo do lugar em que os políticos aparecem (em uma entrevista, por exemplo), atraso no horário do programa etc. Por exemplo, quando se quer passar a imagem de que um representante político é inteligente, colocam-se livros atrás dele; quando se quer irritar a população, basta fazer que o microfone falhe algumas vezes, o que levará as pessoas a inconscientemente associar aquele representante com "problema", "dificuldade" e assim por diante. No livro *Manifestos midiológicos*, Debray (1999) chega a propor a criação de uma nova área científica, a Midiologia, que seria responsável por estudar como as técnicas de comunicação interferem na percepção geral e na maneira de ver a realidade e de avaliá-la. O texto seguinte é extraído de seu livro *L'État séducteur* (O Estado sedutor), ainda não traduzido em português:

A tecnologia e o exercício do Poder
Régis Debray

Em todo Príncipe [responsável político] há uma pessoa feita de sinais. A função necessariamente simbólica do responsável político corresponde à função necessariamente política de produtor de símbolos. Quem transmite sinais acaba misturando-se com a atividade de governar; e quem governa se mistura com transmissões. Assim como lugares e procedimentos da atividade intelectual deslocaram-se ao longo dos séculos com a evolução dos suportes e dos transmissores de ideias, assim também fazem os métodos da ação pública e as formas do Estado. A vida política de uma sociedade pode ser interpretada como a dramatização de suas técnicas.

[...] O midiólogo não crê nos atores políticos com base nas palavras deles, pois os discursos dos estadistas interessam menos do que a panóplia que eles produzem: acústica da sala, presença ou ausência de imagem, microfone de mesa ou de lapela, postura, atraso na transmissão etc. Por trás da ordem aparente dos valores, o midiólogo procura a ordem oculta dos vetores [instrumentos de difusão da informação], pois a segunda ordem ensina mais coisas sobre a primeira do que vice-versa. Na personagem política, o midiólogo considera, acima de tudo, a aparelhagem coletiva personificada.

DEBRAY, R. *L'État séducteur.* Paris: Gallimard, 1997. p. 12-12. (*O Estado sedutor.* Tradução nossa.)

SUGESTÕES BIBLIOGRÁFICAS

ARENDT, H. *Entre o passado e futuro*. Tradução Mauro W. Barbosa de Almeida. São Paulo: Perspectiva, 1972.

DEBRAY, R. *Manifestos midiológicos*. Tradução João de Freitas Teixeira. Petrópolis: Vozes, 1999.

FOUCAULT, M. *Em defesa da Sociedade*. Tradução Maria Ermantina A. P. Galvão. São Paulo: WMF Martins Fontes, 2010.

CAPÍTULO 11 A prática ética

OBJETIVO

Apresentar a possibilidade de compreender filosoficamente a prática ética como uma realização de atos e uma criação de hábitos, repondo o tema da cidadania nos termos da tensão entre o ser individual e o ser social, e apontando para o modo como cada indivíduo, em relação com outros indivíduos e grupos sociais, constrói o sentido de sua própria existência.

CONSIDERAÇÕES METODOLÓGICAS

Concretizada na frase do Profeta Gentileza: *Gentileza gera gentileza*, a temática da possibilidade de despertar nos outros indivíduos atos que geram hábitos é o fio condutor do capítulo.

A dinâmica ato/hábito, tematizada desde os gregos (eminentemente Aristóteles), parece ser um elemento que reaparece na reflexão ética da maioria dos filósofos. Por analogia com o que se costuma supor quando se afirma que, diferentemente da metafísica, a ética de Aristóteles perdurou durante os séculos e guarda atualidade ainda hoje, assim também parece possível que a dinâmica ato/hábito pôde e pode ser "assimilada" pelas mais diversas filosofias. Por exemplo, ela combina satisfatoriamente mesmo as filosofias que não se comprometem com a concepção de um sujeito (seja cognoscente, seja ético). No entanto, especificamente sobre essa dinâmica articula-se um debate, digamos, "metafísico", concernente ao que determina ou ao que dá sentido aos atos e hábitos. Em outras palavras, e dito de maneira bastante geral, trata-se de saber como nascem os valores que orientam a prática ética.

Faria sentido ainda apontar para polos como o bem ou algo que magnetiza todas as ações (ao modo do que George Edward Moore ou Iris Murdoch afirmavam, tal como vimos nos Capítulos 2 e 7)? Ou para o campo dos valores como constructo histórico-social (ao modo de Hegel, como se indica no item 3 do presente capítulo)? Seja como for, ambas opções requerem que se esclareça o papel das possibilidades humanas na determinação do sentido da prática ética, sobretudo o papel da razão ou da capacidade de autorreflexão, em conjunto com a capacidade da autodeterminação ou da escolha (a vontade). Nesse conjunto, é indispensável dedicar atenção às paixões, a fim de não se propor uma visão cindida e dualista do ser humano, como se a dimensão espiritual (razão e liberdade) e a dimensão passional não estabelecessem intercâmbios mutuamente.

Com essa preocupação, o capítulo parte dos fundamentos antigos e medievais da concepção do ato e do hábito (virtude/vício) e passa a dois modelos clássicos de pensar a vinculação entre ética, razão e paixão (Kant e Hume, que não são necessariamente opostos), a fim de introduzir a análise hegeliana do inquestionável papel da influência social sobre a prática ética. Dado esse quadro, o capítulo se dirige a um debate sempre mais delicado: o da relação entre as instituições sociais e a liberdade individual, algo que se deixa melhor esclarecer por meio das noções de cidadania e de direitos humanos.

PROPOSTA DE ESQUEMA VISUAL

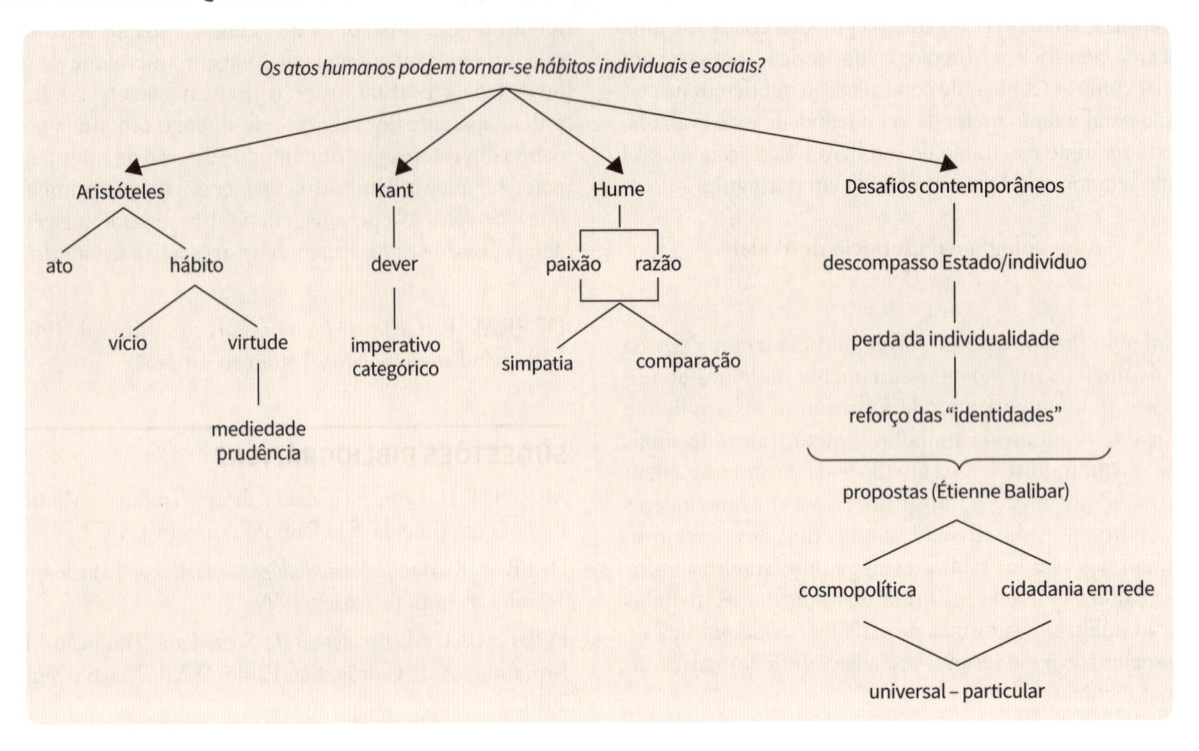

RESPOSTAS AOS EXERCÍCIOS

EXERCÍCIO A (p. 268)

1. Por que, segundo Aristóteles, o termo prática *só pode ser usado para referir-se a seres humanos?*

Porque a ação prática supõe atividade, decisão, reflexão e escolha. Nesse sentido, a ação humana é distinta da reação instintiva dos outros animais.

2. Usando o termo hábito, *explique o que é uma virtude e um vício de acordo com o pensamento de Aristóteles.*

A virtude e o vício, segundo Aristóteles, dizem respeito às disposições, ou seja, à maneira como vivemos nossas ações e nossas paixões, tendo em vista o meio-termo. Essas disposições tornam-se *hábitos* que tendem a repetir-se diante das mesmas condições e circunstâncias. Os hábitos que tendem a encontrar o meio-termo entre o excesso e a falta são virtuosos; e os hábitos que erram a mediania e tendem a encontrar o excesso ou a falta são viciosos.

3. Com base no exemplo das reações causadas pela presença de uma ameaça e a emoção de medo, analise as possíveis reações causadas pela presença de algo positivo e a emoção da alegria.

A reação de alegria causada pela presença de algo positivo pode ser vivida de maneira adequada ou inadequada. A reação é adequada quando ela é proporcional à experiência vivida; e ela é inadequada quando é excessiva ou é faltosa e, portanto, desproporcional à causa da alegria. Se ela é excessiva, pode levar a pessoa a viver com muito contentamento, uma situação que pode causar frustração; e se ela é faltosa, simplesmente pode levá-la a não aproveitar e a não desfrutar devidamente da situação.

4. Em relação à virtude moral, o meio-termo é aritmético? Explique.

Não. O meio-termo de uma ação não pode ser medido e calculado com uma espécie de "régua" para todas as pessoas e circunstâncias. Aristóteles fala do meio-termo relativo a nós, ou seja, de acordo com as circunstâncias e com as peculiaridades do agente. O meio-termo deve ser encontrado por cada um e em cada circunstância.

5. Qual o sentido da virtude da prudência?

Trata-se do hábito de agir bem em tudo o que é bom ou mau para o ser humano. Agir bem, segundo Aristóteles, corresponde a agir de acordo com o meio-termo. Nesse sentido, a prudência é a virtude do discernimento de procurar sempre a mediedade. Por esse motivo, Tomás de Aquino considerou a prudência como a virtude principal, responsável por todas as outras virtudes.

6. Comente as representações da prudência de Martino di Bartolomeo e de Ticiano, tomando por base as contribuições filosóficas e artísticas medievais.

Tomás de Aquino, em continuidade com Cícero, dizia que o aprendizado da prudência exige o desenvolvimento de outras capacidades, como a memória (atenção para o passado), a docilidade (capacidade de aprender com pessoas experientes), e a providência (atenção para as consequências das ações no futuro). Artistas medievais, entre eles Martino de Bartolomeo, passaram a representar a prudência como uma mulher com três cabeças ou três olhares: um olhar voltado para o passado, um para o presente e outro para o futuro. O pintor Ticiano fez uma releitura dessa tradição, acrescentando o jovem (representação do olhar para o futuro), o adulto (representação do olhar para o presente) e o velho (representação do olhar para o passado), além de figuras alegóricas de animais como o leão (símbolo da força), o cachorro (símbolo da necessária docilidade para aprender) e o lobo (representação da necessária solidão para refletir em paz).

EXERCÍCIO B (p. 271)

1. Apresente o pensamento moral de Kant com base em seu projeto de uma filosofia crítica.

Kant, antes de propor uma interpretação da realidade, buscou analisar nossas reais possibilidades de conhecimento. Por essa razão, seu pensamento ficou conhecido como filosofia crítica. No que diz respeito ao tema da moral, Kant observou que não é possível conhecer os objetos da moral como conhecemos realidades físicas e matemáticas. O Bem não é algo que possa ser conhecido e definido racionalmente. Por isso, ele não é um critério claro e comum que possa orientar a ação de todos. Fazia-se necessário formular um princípio ou uma lei que fosse compreensível por todos e orientasse a ação em todas as circunstâncias. A estratégia de Kant foi discutir se é possível encontrar, pelo entendimento, um princípio *a priori*, ou seja, anterior às experiências e às situações específicas. Desse esforço surgiu o imperativo categórico kantiano: "Você deve agir somente segundo uma máxima que lhe permita também querer que a sua própria máxima seja tomada como lei universal".

2. Por que o imperativo categórico kantiano precisa ser a priori?

Como as ações dependem sempre das circunstâncias, seria preciso encontrar um princípio necessário que não dependesse das circunstâncias e valesse para todas elas; um princípio, portanto, *a priori*, anterior à experiência e às circunstâncias.

3. Considere o pagamento na mesma moeda, de que trata Kant no final de seu texto, e explique a incoerência da falsa promessa em momentos de apuro.

O pagamento na mesma moeda permite a Kant mostrar que uma falsa promessa ou uma mentira, mesmo quando são aparentemente "boas", não são justificadas, pois levam a pensar que há situações falsas e mentirosas que podem ser boas e, portanto, acionadas por qualquer pessoa. Assim, como eu mesmo posso decidir fazer uma promessa e mentir, qualquer outra pessoa pode fazer o mesmo. Qualquer pessoa poderia me "pagar na mesma moeda", o que não me agradará nem do ponto de vista de minhas expectativas particulares, nem do ponto de vista do que espero que seja o comportamento de todos em relação a mim. A minha máxima de ação (a justificativa de "boas" mentiras ou de "boas" falsas promessas) destruiria a si mesma, portanto.

EXERCÍCIO C (p. 274)

1. Por que, segundo Hume, não é adequado enfatizar a racionalidade como característica do ser humano visto como agente moral?

Segundo Hume, não é a razão que leva os seres humanos a agir, mas as emoções. Para ele, o entendimento humano não é capaz de controlar as emoções.

2. Quais são as duas tendências fundamentais do ser humano em matéria de moral segundo Hume?

A simpatia e a comparação. A simpatia é abertura e identificação que permite que o ser humano seja influenciado pelas paixões dos outros; e a comparação é o processo inverso, em que há um fechamento para o outro, mantendo um distanciamento e avaliando o outro com base em si mesmo e em sua própria experiência.

3. Por que se pode dizer que Hegel vincula a Ética e a Política?

Porque para Hegel os valores morais devem ser fundamentados em instituições sociais, em práticas socialmente construídas, uma vez que mesmo o significado desses valores são construções históricas e sociais.

EXERCÍCIO D (p. 276)

1. Comente o descompasso que pode haver entre as ações dos Estados e os desejos dos indivíduos.

Os governos podem reforçar seu poder em nome da defesa de seus membros mesmo quando agem na contramão dos anseios de muitos de seus próprios membros. É o caso que ocorre atualmente, quando, a despeito da grande diversidade cultural proporcionada pela globalização e pelas mídias virtuais, muitos países reforçam suas definições territoriais e o controle sobre suas fronteiras, caminhando na contramão das tendências e dos interesses dos indivíduos cada vez mais "globalizados". No século XX, a filósofa Hannah Arendt apontou também para as práticas autoritárias de Estados que exploraram a crença de seus cidadãos em seu poder (caso da Alemanha e o nazismo, da Rússia e o stalinismo etc.).

2. O que significa a cosmopolítica defendida por Étienne Balibar?

É uma prática em que os governos e as instituições contribuem para que a cidadania de seus cidadãos não seja orientada por uma identidade dada pela Natureza, pelo território ou por costumes ancestrais, mas pela possibilidade de criação dessa mesma cidadania a partir da contribuição e da interação com outros povos e culturas, ampliando os horizontes dos cidadãos para a superação dos limites dos territórios, das culturas e das fronteiras, unindo o que há de universal na Humanidade com os anseios dos indivíduos.

3. Como entender a cidadania em rede?

A cidadania em rede diz respeito à possibilidade de mesclar identidades e de dar sentido à própria existência e à existência de seu grupo social a partir da contribuição de outras culturas e do diálogo com outros grupos sociais. Isso não significa que o indivíduo simplesmente escolhe sua identidade, pois todo indivíduo é devedor das construções sociais nas quais nasce e cresce, mas que essa construção pode ser ampliada para além dos limites do território e da cultura local.

4. O que pretende a Declaração Universal dos Direitos Humanos?

A *Declaração Universal dos Direitos Humanos* pretende garantir direitos mínimos para todos os indivíduos de todos os lugares do mundo, a partir da tentativa de alcançar uma visão sobre o que é bom para o ser humano em geral. Entre esses direitos estão o direito à vida, à segurança, à liberdade, ao julgamento público, à liberdade de pensamento etc.

5. Em que reside a incoerência de quem é contrário aos direitos humanos?

Ser contrário aos direitos humanos é uma prática contraditória porque a pessoa que se declarar contrária a eles desejará certamente que eles sejam aplicados caso ela ou alguém de sua família cometa, por exemplo, algum erro e seja processada na Justiça (desejará que não haja tortura, desejará que haja respeito etc.).

EXERCÍCIOS COMPLEMENTARES (p. 277)

1. Dissertação argumentativa

Espera-se que os estudantes, tomando por base as orientações dadas nas páginas 280-281, elaborem uma dissertação argumentativa para responder à pergunta: "As paixões podem impedir os seres humanos de serem éticos?". O próprio modelo oferecido na página 281 funciona, aqui, como padrão de resposta a este exercício, pois, enquanto no modelo se faz a mesma pergunta em relação aos políticos, aqui a pergunta é feita em relação aos seres humanos em geral. Não se trata de solicitar que os estudantes reproduzam aquele modelo com pequenas modificações. Ideal seria que eles encontrassem seus próprios caminhos argumentativos, apenas inspirando-se nas orientações em 5 passos: (1) reflexão sobre o tema e concepção de um modo geral de apresentá-lo; (2) elaboração de um esquema; (3) composição de um parágrafo de apresentação; (4) composição de um ou mais parágrafos com as razões que justificam a posição adotada; (5) composição de um parágrafo de conclusão.

2. Atividade em grupos

Espera-se que os estudantes analisem a *Declaração Universal dos Direitos Humanos*, tomando como base as diferentes perspectivas apresentadas no capítulo. Espera-se também que se discuta as relações que podem ser estabelecidas entre esse documento e os conceitos estudados, com ênfase para a dinâmica da prática de atos e criação de hábitos, para a noção de cidadania e para a tentativa de garantia de direitos mínimos para todo ser humano no contexto em que a definição objetiva do bem comum é sujeita a incertezas e contestações.

3. Visita virtual: Expressão das paixões no século XVII

Empregando recursos de multimídia, a proposta do exercício é levar a uma experiência parecida àquela proporcionada pela Cité de la Musique (Paris), que, por sua vez, procurou levar seus visitantes a viver algo semelhante ao que se vivia no séc. XVII: a sensação e a reflexão sobre as paixões por meio da pintura e da música. Antes de todo trabalho reflexivo, sugere-se que os estudantes sejam incentivados a desfrutar da observação dos quadros e da concomitante audição de peças musicais do séc. XVII. Apenas num segundo momento convém dedicar-se ao trabalho de "síntese" reflexiva, enfatizando sobretudo a passagem das representações pictóricas e sonoras da Paixão de Cristo às paixões humanas. O fio condutor é a experiência passional: o "ser tomado" ou "invadido" pelas paixões; o "sofrer" ações ou reações cuja origem não depende de nós, embora possamos interferir no modo de vivenciá-las. Por fim, com base nas sensações e na reflexão despertadas pela pintura e pela música, é bastante oportuno dedicar atenção ao tema da universalidade das paixões, para além de toda fronteira cultural. Se na Europa do séc. XVII a vivência das paixões era "formatada" por elementos culturais daquela região, em outras regiões elas eram vivenciadas de outras maneiras, embora com o mesmo sentido ou conteúdo. Para esse exercício, é um excelente recurso o texto da entrevista de Eduardo Viveiros de Castro, indicado ao final da atividade.

PROPOSTA DE ATIVIDADE COMPLEMENTAR

Embora o conceito de cidadania, em seu uso técnico, apareça em contexto político, ele também é empregado, muitas vezes, em relação à prática ética. No vocabulário cotidiano, falar em cidadania pode corresponder a respeito de direitos ou a respeito humano pura e simplesmente. A fim de iniciar essa "reivindicação ou urgência ética" sentida em nossas sociedades atuais e de articular o sentido ético com o político, os professores podem programar uma aula em vídeo, apresentando a entrevista abaixo aos estudantes. Na aula seguinte, podem abrir um debate:

"A construção do conceito de cidadania", entrevista com Maria das Graças de Souza, professora de Ética e Filosofia Política, TV Univesp, 2008.

ACESSE:

A Parte 1 está disponível em: <https://www.youtube.com/watch?v=zNxlHZSAerw>. Acesso em: 2 maio 2016.

ACESSE:

A Parte 2 está disponível em: <https://www.youtube.com/watch?v=kszNS4731EE>. Acesso em: 2 maio 2016.

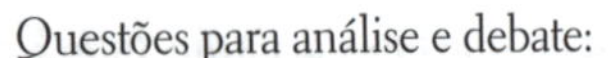

Questões para análise e debate:

1) Se o conceito de cidadania nasce do conceito romano antigo de cidade (*ciuitas*), em que sentido se falava de cidade?

2) A cidadania dependia de um território no pensamento político antigo?

3) Quais aspectos são acentuados na Modernidade para compreender o conceito de cidadania?

4) Há dificuldades em relacionar democracia e cidadania? Justifique.

5) Levante algumas características da compreensão atual da cidadania.

SUGESTÕES BIBLIOGRÁFICAS

ÉTICA. São Paulo: TV Cultura, 2003. Série televisiva. Links para os episódios:

A arte do viver: <http://tvcultura.com.br/videos/8485_etica-a-arte-do-viver.html>;

O drama burguês: <http://tvcultura.com.br/videos/8487_etica-o-drama-burgues.html>;

A culpa dos reis: <http://tvcultura.com.br/videos/8486_etica-a-culpa-dos-reis.html> (Acesso em: 18 abr. 2016).

JORNALISMO e ética. São Paulo: TV Cultura, 2011. Reportagem. Disponível em: <http://tvcultura.com.br/videos/132_jornalismo-e-etica-vitrine-06-09-2011.html>. Acesso em: 18 abr. 2016.

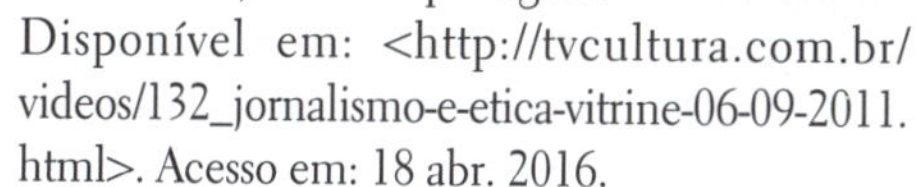

LEOPOLDO E SILVA, F. *A ética pós-moderna*. Campinas: Fundação CPFL Cultura, 2013. Conferência televisiva. Disponível em: <https://www.youtube.com/watch?v=1lBjle0JnAk>. Acesso: 18 abr. 2016.

SAFATLE, V. *O circuito dos afetos*: corpos políticos, desamparo e fim do indivíduo. Belo Horizonte: Autêntica, 2016.

SAMPAIO FERRAZ JÚNIOR, T. (Org.). *Filosofia, Sociedade e Direitos Humanos*. São Paulo: Manole, 2012.

CAPÍTULO 12 Experiência estética e experiência artística

OBJETIVO

Por meio de uma sucinta história filosófica da noção de beleza, refletir sobre diferentes maneiras de compreender a arte, tendo em vista, sobretudo, as diversas concepções históricas da relação entre arte e beleza.

CONSIDERAÇÕES METODOLÓGICAS

A estratégia central do capítulo reside em sensibilizar os estudantes para a experiência estética como algo constituinte da experiência humana universal. Adota-se metodologicamente a distinção entre experiência estética e experiência artística, para, ao longo do capítulo, relativizá-la e propor uma concepção de arte como algo "dado a todos", a despeito das mais diferentes formas de institucionalização da arte, tomadas, muitas vezes, como mediações necessárias entre as pessoas e a arte.

O capítulo apresenta resumidamente, então, uma história filosófica de algumas das mais influentes concepções de beleza, procurando mostrar como a arte foi concebida em função da beleza até ser entendida como sua produtora, para obter enfim autonomia com relação a ela. Nesse quadro, o capítulo chama a atenção também para duas "atitudes estéticas" bastante instigantes de uma perspectiva filosófica: a vivência contemporânea de certo distanciamento com relação às "artes eruditas" ou às institucionalizadas (dada a sua "dificuldade" ou "incompreensibilidade") e a tendência, da parte de muitos dos próprios filósofos, a teorizar sobre a arte, distanciando-se do real *élan* que leva à prática artística. A fim de refletir sobre essas duas atitudes, propõe-se um estudo da noção de contexto ou de mundo da arte e um exercício de escuta do que os artistas (e não os teóricos, sejam eles filósofos, críticos, sociólogos e outros) têm a dizer sobre o fazer artístico. Uma reflexão que se debruça de maneira atual e intensa sobre essas atitudes vem de Georges Didi-Huberman, que une trabalho teórico (filosófico e histórico), experiência artística e busca por uma reeducação da experiência de ver. Os colegas professores poderão, se considerarem conveniente, complementar o estudo do capítulo com a entrevista de Didi-Huberman à revista *Les Inrockuptibles* (p. 492).

PROPOSTA DE ESQUEMA VISUAL

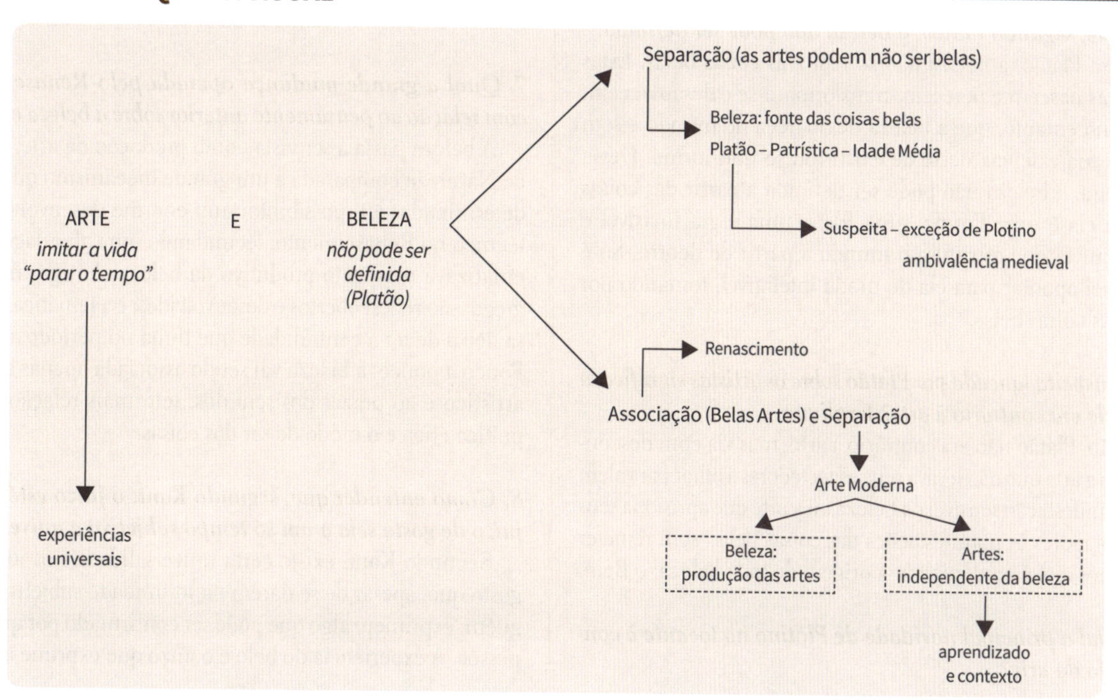

RESPOSTAS AOS EXERCÍCIOS

EXERCÍCIO A (p. 287)

1. *O que significa, segundo Aristóteles, imitar a vida ou a Natureza? Por que os seres humanos praticam essa imitação?*

Imitar a vida ou a Natureza significa, para Aristóteles, agir como a Natureza age, produzindo assim como a vida produz (donde sua concepção da arte como imitação da vida). Os seres humanos praticam essa imitação porque têm prazer em conhecer e em reproduzir aquilo que conhecem.

2. *Tomando por base a metáfora do embalsamento, apresente a visão de André Bazin sobre a arte.*

Para André Bazin, a atividade do artista de imitar a Natureza busca "parar o tempo", escapar do fluxo constante da correnteza da vida e gravar para sempre o momento que passa, seja por meio da imagem, do som ou do toque, como uma tentativa de "embalsamar" a vida, assim como os antigos egípcios faziam com os corpos de seus mortos. No entanto, para Bazin, essa imitação nunca é uma simples reprodução ou uma réplica idêntica à sua fonte, pois o artista sempre a apreende de modo particular e a partir de seu próprio ponto de vista.

3. *Como Nietzsche permite superar a ideia de que a arte é algo reservado a poucos?*

Nietzsche via como absurda a concepção que entende a capacidade artística como algo fora do comum, reservada a poucas pessoas com gênio artístico elevado (seres miraculosos, ou com um dom especial impossível de ser imitado). Para ele, que não via o fazer artístico como algo distinto dos demais saberes e fazeres, essa concepção mantém as pessoas acomodadas, longe da esfera da arte, sem sentir "inveja" dos grandes artistas e sem se deixar levar pelo impulso artístico característico de nossa humanidade.

EXERCÍCIO B (p. 297)

1. *Apresente a concepção platônica da beleza, explicando por que, segundo Platão, a beleza não pode ser definida.*

Para Platão, a beleza não se reduz às coisas belas. Estas últimas nascem e perecem, transformam-se e desaparecem, sem, no entanto, que a beleza desapareça do mundo e sem que a sua essência deixe de existir ou se transforme. Dessa maneira, a beleza não pode ser definida a partir das coisas belas; ela é uma Forma, uma Ideia, uma regra invisível e indefinível que estrutura o mundo a partir de dentro. Só é possível apontar para ela de modo inteligível, tomando por base as coisas belas.

2. *A suspeita lançada por Platão sobre os artistas significava que ele era contrário à arte? Explique.*

Não. Platão não era contrário à arte, mas via com desconfiança a arte que não levava seus espectadores a olhar para além da manifestação sensível da beleza ou a arte que aprisiona seus espectadores às manifestações das coisas belas, sem remeter os olhos que a contemplam à origem de toda beleza: o Bem.

3. *Qual a principal novidade de Plotino no tocante à concepção da arte?*

Recuperando elementos platônicos e aristotélicos, Plotino dá um estatuto mais positivo à arte. Para ele, a arte como imitação é uma ocasião para chegar ao conhecimento das Ideias ou Essências, comungando da unidade do mundo. O desejo humano pela beleza e pela unidade pode ser acionado por meio da arte, levando à aproximação com a fonte de todas as coisas.

4. *Justifique a associação patrístico-medieval entre a beleza e Deus.*

Se Deus existe e é a fonte de todas as coisas, então, para ser entendido realmente como ser divino, ele deve ser pensado como o ser que é bom e belo em máximo grau. Ele passa a ser visto como o próprio bem e a própria beleza. Por essa razão, todas as coisas no mundo são belas como um reflexo de seu criador, já que foram criadas harmonicamente por ele.

5. *Comente o modo como o pensamento medieval desenvolveu a suspeita platônica lançada sobre a criação artística.*

Para os pensadores do período medieval, a fixação da atenção nas coisas belas e no trabalho dos artistas poderia desviar a atenção das pessoas da fonte da beleza, provocando um afastamento de Deus. Nesse sentido, a arte só será boa se apontar para uma superação de si mesma, levando a atenção humana a fixar-se em Deus.

6. *O que significa afirmar que tanto para o pensamento antigo como para o patrístico-medieval a beleza era separada da arte?*

Para o pensamento antigo e medieval, a beleza está relacionada a certa estrutura essencial do mundo, superando as coisas belas e as próprias produções artísticas. Dessa perspectiva, a beleza existe por si e não depende da arte; ela está relacionada ao bem. A arte vincula-se, assim, à ação humana e ao modo de ser das coisas; já a beleza dá o modo de ser das coisas, sem ser um resultado da arte.

7. *Qual a grande mudança operada pelo Renascimento com relação ao pensamento anterior sobre a beleza e a arte?*

A beleza passa a ser vista como produção da arte. A ideia de Natureza comparada a um grande mecanismo que segue determinadas leis possibilitou um enorme desenvolvimento técnico no Renascimento, fecundando uma abordagem que enfatizava o aspecto produtivo da beleza. Antigos métodos gregos são redescobertos e desenvolvidos; e a temática religiosa deixa de ter a centralidade que tinha no período anterior. Pouco a pouco, a beleza vai sendo associada apenas ao fazer artístico e ao prazer dos sentidos, sem mais relação com a prática ética e o modo de ser das coisas.

8. *Como entender que, segundo Kant, o juízo estético ou juízo de gosto seja a um só tempo subjetivo e universal?*

Segundo Kant, existe certa universalidade nos juízos de gosto que, apesar de se darem na intimidade subjetiva de alguém, exprimem algo que pode ser confirmado por qualquer pessoa. A experiência do belo e o juízo que exprime a beleza de algo dificilmente podem ser contrariados por alguém. É como se o indivíduo os possuísse em sua capacidade de avaliação estética, algo comum a toda a espécie humana.

9. Por que, segundo Hegel, a reflexão estética deve abandonar a ideia de beleza natural?

Para Hegel, o espírito opera por oposição à Natureza, buscando ser superior a ela. Por essa razão, a preocupação com o belo natural seria não apenas um esforço inútil como também prejudicial, uma vez que, para ele, um espírito fixado na Natureza é um espírito alienado na consciência individual, que ainda não desenvolveu a autoconsciência do espírito absoluto.

10. Qual o significado da afirmação de Kierkegaard segundo a qual Hegel construiu um castelo, mas foi morar num quartinho dos fundos?

Para Kierkegaard, Hegel desenvolveu um pensamento hipersofisticado, mas perdeu o que realmente importa e existe: o indivíduo. Hegel teria construído um castelo de pensamento e foi morar em um quartinho dos fundos, pois, como indivíduo, não se via contemplado na edificação intelectual que ele mesmo havia levantado e da qual a individualidade fora banida.

11. Comente o sentido de ruptura das artes moderna e contemporânea.

A arte contemporânea assumiu uma contestação das referências tradicionais de beleza, dando uma renovada atenção à individualidade e à possibilidade humana de mudar e de criar o próprio modo de produzir e ver a beleza.

EXERCÍCIO C (p. 299)

1. Considerando a possibilidade de que a arte enriquece nossa experiência, reflita sobre a realidade brasileira e o acesso dos cidadãos às obras artísticas (pintura, escultura, música, cinema, teatro, literatura, dança, arquitetura etc.). De acordo com o que você vive, o que seria necessário para aumentar o acesso à arte?

Resposta pessoal.

2. Você percebe que a maioria dos cidadãos brasileiros só tem a televisão como meio de contato com elementos culturais? O que você pensa sobre os conteúdos apresentados nos programas de televisão? Eles contêm beleza? Faça uma lista dos programas aos quais você costuma assistir e reflita sobre o caráter artístico de cada um deles.

Resposta pessoal.

3. Faça um levantamento dos centros culturais de sua cidade. Você costuma frequentá-los? Se em sua pesquisa você encontrar grupos que produzem arte, seria muito enriquecedor programar uma visita, que você poderia fazer com alguns colegas de classe. Se possível, converse com os artistas e peça que eles falem de seu modo de ver a arte e a beleza.

Resposta pessoal.

4. Você mesmo(a) já sentiu o desejo de produzir arte?

Resposta pessoal.

EXERCÍCIO D (p. 303)

Comente a distinção entre "grande arte" e "arte popular". Para tanto, dê três passos:

(a) inicie com a ideia de que as experiências artística e estética são possibilidades universais;

(b) levante o aspecto do uso financeiro das artes e da importância de um aprendizado das línguas artísticas;

(c) conclua com a ideia de contexto ou mundo da arte.

A despeito de a experiência artística e a experiência estética serem possibilidades dadas a todos os seres humanos, geralmente se costuma distinguir a "arte popular", como arte ingênua e espontânea, da "grande arte", que seria caracterizada por uma linguagem e uma técnica que exigem aprendizado e iniciação. Contudo, embora muitas vezes essa diferença esteja mais relacionada ao mercado artístico e ao uso financeiro das obras do que propriamente ao seu valor artístico, é importante aprender as diversas linguagens utilizadas pelos artistas para ser capaz de aprofundar a experiência estética da contemplação de suas obras. Como sugere Danton ao afirmar que a arte é capaz de criar o seu mundo próprio, é preciso conhecer os conceitos e o contexto específico de cada obra de arte.

EXERCÍCIOS COMPLEMENTARES (p. 303)

1. Entrevista

O objetivo da atividade é pôr os estudantes em contato direto com maneiras de ver e reagir ao dadaísmo e ao surrealismo (tomados aqui como estilos típicos em que a arte se toma a si mesma como objeto) e fazer com que eles possam interpretar as reações registradas da perspectiva do conteúdo trabalhado no capítulo, especificamente a relação entre arte e beleza na Contemporaneidade. O público-alvo sugerido para a entrevista (professores de Língua e Literatura Brasileira) é certamente o que tem mais probabilidade de poder posicionar-se a respeito desses estilos, mas também outras pessoas podem ser entrevistadas (professores ou não). O critério orientador da entrevista é o de procurar pessoas habituadas à literatura. No entanto, se os colegas professores considerarem adequado, podem alterar o modo de fazer a entrevista e apresentar aos entrevistados uma reprodução de uma pintura surrealista, um poema ou um trecho de romance dadaísta, pedindo que eles deem sua reação.

2. Observação de tipos de dança

O objetivo da atividade é, primordialmente, oferecer aos estudantes a ocasião de desfrutar, pelo simples prazer estético, dois estilos de dança. Em um segundo momento, os professores podem propor uma reflexão e um debate sobre os dois estilos, com base na abertura do capítulo.

3. Atividade de sensibilização musical

O objetivo da atividade é ir além do mero prazer estético da audição musical e identificar elementos (por menores ou mais breves que sejam) que permitam perceber a intenção, por parte de artistas contemporâneos, de não apenas desvincular arte e beleza, mas também de fazer da arte um objeto da própria arte. Assim, tratando do serialismo de Leibowitz, a “ruptura” com o estilo de Bach é explícita, ainda que, obviamente, haja elementos bachianos em Leibowitz. Este, porém, parece jogar e mesmo “brincar” com tais elementos. Uma obra bastante esclarecedora para a história da Música, da perspectiva de rupturas e continuidades, é *O som e o sentido*, de José Miguel Wisnik (1989).

LEITURA COMPLEMENTAR

O francês Georges Didi-Huberman é um artista intelectual de grande influência no cenário e no pensamento estético contemporâneo. Ele foi entrevistado pela revista *Les Inrockuptibles* e procura apresentar a arte no que ela tem de mais vivo, o fato de ser, antes de tudo, uma experiência:

A arte não é uma competência; é uma experiência

Georges Didi-Huberman

Les Inrockuptibles – *O título de um de seus livros é* Diante da imagem; *o de outro é* Diante do tempo. *Seguindo a imagem desses títulos, é possível dizer que o seu trabalho explora o tema da frontalidade do olhar em face do mundo, da História, da Arte... No fundo, o que você percebe por trás das imagens e do tempo? Algum mistério? Política? Sofrimento? Experiência? Poesia? Lembranças? Sonhos?*

Georges Didi-Huberman – Mistério, Política, sofrimento, experiência, Poesia... Tudo isso e muito mais sem dúvida. Mas nada disso está “por trás” das imagens e do tempo. Tudo isso são as imagens. Essas experiências estão, antes de tudo, diante de nós, tanto no sentido visual (frontalidade, face a face) como no sentido temporal (desejo, estar à espera). Escolhi a palavra *diante* – eu estava nos anos 1980 e 1990 – porque eu tinha a impressão de que é preciso, ao mesmo tempo, uma evidência e uma longa iniciação para saber ver uma imagem. E a iniciação está longe de terminar. Ver não é uma competência; é uma experiência que se deve sempre reformar, reconstruir as bases. O encontro com uma imagem acontece inicialmente de frente; é um momento extraordinário, um encontro com os olhos, mas também com a face inteira, a boca, as mãos: é todo o meu corpo que, de repente, se depara com *A bordadeira*, de Vermeer, por exemplo. E lá está ela, pequena, desconcertante, inesperada. [O quadro pode ser visto em: <http://cartelfr.louvre.fr/pub/fr/image/30517_p0006818.001.jpg>. Acesso em: 16 abr. 2016]. Mas também falei de *diante* porque o discurso sobre as imagens e seu aspecto “detetive” fazia, na época de minha formação em História da Arte, encarar a imagem como se ela fosse uma porta fechada que era preciso abrir com a ajuda de alguma “chave”, uma chave de leitura, saber abrir para compreender seu enigma ou aquilo que estaria “por detrás”. Mas não há nada por trás do quadro de Vermeer! Tudo está aí; nada está escondido! O mistério não está atrás da porta; ele é a própria porta (claro, se a porta é tão bela e interessante como um quadro de Vermeer)! Eis por que foi importante para mim, entre outras coisas, recorrer a descrições fenomenológicas, pois eu precisava contar, tão carnalmente quanto possível, esses encontros com as imagens.

Mas que tipo de “olhador” é você? Que tipo de atenção você emprega para observar imagens? Uma forma de hiperatenção fundada sobre as regras de um saber especializado ou uma forma de atenção flutuante, assim como dizem os psicanalistas, e aberta ao princípio de incerteza [princípio segundo o qual algo só pode ser conhecido até certo limite]?

Sempre há um choque no começo. A gente não sabe por quê (por que *A bordadeira* em vez do quadro ao lado?). É preciso não se recuperar muito rápido do susto. Não apelar muito rápido para o saber, as competências, as referências, as respostas que precedem a questão. Ficar por algum tempo suspenso no elemento da questão. É o que você chamou – e estou de acordo com você – de “atenção flutuante”. Isso permite lembrar, de algum modo, aquilo que o filósofo Walter Benjamin chamava, seguindo Freud, de “inconsciente da visão”. É preciso dar uma forma a essa experiência; encontrar palavras; aproximar-se da coerência. É preciso, então, recorrer a alguma coisa diferente. Eu não chamaria de “hiperatenção”, como você fez, pois essa palavra sugere novamente a busca exaustiva do menor detalhe; busca essa, aliás, que pode passar completamente longe do que ela mesma busca, assim como falava Edgar Alan Poe, em *A carta roubada*. De fato, tenho a impressão de que eu trabalho em permanência “sobre dois quadros” ao mesmo tempo: deixar vir o impensado em uma prática da atenção flutuante e, ao mesmo tempo, desenvolver um método de análise tão modesto e paciente quanto rigoroso. Esse método consiste em encontrar a passagem entre o olhar e as palavras, a experiência sensível e a prática de uma escrita.

As imagens frequentemente têm alguma relação com os fantasmas. Em que eles se encontram? Por que as imagens nos assombram e nos dão medo? Por que elas sobrevivem a tudo, inclusive à memória?

Isso é o que aprendi com Aby Warburg, que considero como um pensador, no campo da História da Arte, com o mesmo tipo de exigência que Nietzsche fez na Filosofia. Aliás, os dois disseram ter tido o mesmo mestre, Jacob Burckhardt; os dois tocaram a loucura em algum momento e foram tratados pelo mesmo psiquiatra... Aby Warburg falava da história das imagens como uma “história de fantasmas para gente grande”. Isso coincide com o que Freud descobriu no psiquismo inconsciente, tudo o que Marcel Mauss descobriu na organização das sociedades, tudo o que Marc Bloch descobriu nas durações históricas. No centro da “ciência da Cultura” inventada por Warburg há, com efeito, essa “sobrevivência” que faz as imagens serem esses fantasmas capazes de atravessar as fronteiras do espaço e do tempo. As imagens são migrantes; é assim que elas sabem permanecer em nossas memórias. Em nossas memórias inconscientes, e não somente em nossas lembranças. E também em nossos desejos.

Todas as imagens interessam a você? Onde você busca imagens extremas?

Felizmente nem todas as imagens me interessam. Se todas me interessassem, eu já teria enlouquecido há muito tempo... Há tantas imagens; há imagens demais e elas se acumulam frequentemente para matar o nosso olhar, ofuscar nossa visão, abafar nosso pensamento... É preciso saber escolher. "Saber é saber decidir", era mais ou menos o que dizia Michel Foucault. Então, eu escolho. Mas não segundo critérios que correspondem ao que eu definiria como "imagens boas", e sim segundo encontros que me abrem de repente a uma dimensão inesperada da experiência visual. O que "me interessa", como você diz, não é fatalmente o que é mais belo. Como diziam os filósofos gregos, é a *potência* que me interessa de início nas imagens. As imagens "extremas" em todos os sentidos possíveis, seja por sua doçura (Vermeer), seja por sua violência (imagens dos campos de concentração), seja por sua diafaneidade (como em James Turrell), seja por sua opacidade (como nas diversas camadas de Goya). Eis também por que não é somente para "a Arte" ou para a "grande Arte" que dou minha atenção: a potência de uma imagem não depende da sua inscrição no registro das Belas Artes.

Você diz frequentemente que não aprecia as formas definitivas, como se nada bastasse para reduzir uma imagem a uma dimensão única. Deixando de lado uma definição (que é impossível), há mesmo assim tipos de imagens pelas quais você é obcecado? Quais?

É verdade que eu gosto de apreciar a variedade infinita que as imagens são capazes de produzir. Tentando responder honestamente à sua questão, constato que há uma espécie de ligação entre meus primeiros objetos de trabalho e os mais recentes: eu me orientei livremente – quando era jovem – para certa relação entre a imagem e a dor (sem dúvida há algo de autobiográfico nisso, mas não vem ao caso agora). É por isso que Goya me fascinou com tanta potência. É por isso que pude fazer trabalhos sobre os doentes mentais do hospital La Salpêtrière: as fotografias documentavam ao mesmo tempo o "charme" deles e um sofrimento mais profundo. Digamos, então: *éros* (desejo) e *tánathos* (morte). Mais do que isso, digamos: *páthos* (paixão). A montagem de filmes projetados no chão, durante a exposição do Palais de Tokyo, em Paris, tem como tema a lamentação pelos mortos e, mais particularmente, a energia dos vivos – a dança dos vivos – em torno desses mortos. O desafio não é mórbido ou mortífero; ele consiste, ao contrário, em mostrar que os "povos em lágrimas" – como vemos em uma cena famosa do filme *O encouraçado Potemkin*, de Sergeï Eisenstein – podem transformar sua queixa em apelo à justiça: eles, então, "dão queixa" perante a História e podem tornar-se povos revolucionários. Mas, para dizer tudo isso, é preciso também um *lógos*: uma língua, uma lógica, uma análise, um ato de conhecimento. A ligação entre *páthos* e *lógos* – essencial no pensamento de Warburg e em um autor fundamental a meu ver e ao qual já consagrei um livro, Georges Bataille – seria talvez, então, um modo de responder à sua questão.

Você poderia, por favor, situar-se no campo do pensamento contemporâneo? Ou você permanece impossível de ser situado, longe de uma posição fixa? O que define melhor sua carreira seria o princípio de circulação entre as obras, entre os discursos, entre as disciplinas...?

De cara, eu teria vontade de responder à sua pergunta com outra pergunta: não caberia a você me "situar"? Será que cabe realmente a mim dizer o lugar que eventualmente eu ocupo? Se eu ocupo um lugar, então você, do lugar em que está e como observador, verá melhor do que eu qual é o meu lugar. Eu poderia também lhe responder de um modo completamente diferente: não vejo nada de tão "impossível de ser situado" ou de "longe" em meu trabalho. Tenho a grande sorte de ensinar na Escola de Altos Estudos em Ciências Sociais, em Paris, e isso já é bastante "situável" na paisagem intelectual, mesmo se essa instituição não quisesse me "habilitar", como se diz. Posso acrescentar que nessa mesma instituição eu participei dos cursos de Roland Barthes, de Louis Marin, de grandes linguistas, e aí convivi com pessoas maravilhosas, como Pierre Vidal-Naquet e Nicole Loraux. Não sou, portanto, nem um pouco "impossível de ser situado". Apenas continuo obstinadamente a recorrer às tradições de pensamento como a iconologia de Warburg, a crítica literária de Walter Benjamin, a filosofia de Deleuze e Foucault, e muitas outras coisas mais. Porém, é verdade que a "circulação", como você disse, estremece um pouco as lógicas territoriais que, no mundo universitário, têm vida dura.

LES INROCKUPTIBLES. Paris, 12 abr. 2014. Entrevista concedida por Georges Didi-Huberman. Original francês disponível em: <http://www.lesinrocks.com/2014/02/12/arts-scenes/tout-est-la-rien-nest-cache-11472282/>. Acesso em: 10 out. 2015. (Tradução nossa.)

ACESSE:

SUGESTÕES BIBLIOGRÁFICAS

DANTO, A. *O descredenciamento filosófico da arte*. Tradução Rodrigo Duarte. Belo Horizonte: Autêntica, 2014.

HELLOT, E. *O homem:* a vida, a ciência e a arte. Tradução Roberto Mallet. São Paulo: Ecclesiae, 2015.

LACOSTE, J.-Y. *A filosofia da arte*. Tradução Álvaro Cabral. Rio de Janeiro: Zahar, 1996.

RAGO CAMPOS, M. J. *Arte e verdade*. São Paulo: Loyola, 1992.

SCRUTON, R. *Beleza*. Tradução Hugo Langone. São Paulo: É Realizações, 2015.

WISNIK, J. M. *O som e o sentido*. São Paulo: Companhia das Letras, 1989.

WOLFE, G. *A beleza salvará o mundo:* redescobrindo o homem numa era ideológica. Tradução Marcelo G. de Oliveira. São Paulo: Vide, 2015.

CAPÍTULO 13 A experiência religiosa

OBJETIVO

Apresentar a possibilidade de compreensão filosófica da experiência religiosa como percepção e nomeação (interpretação) de uma dimensão suprarracional na realidade (chamada de "Deus" por grande parte das religiões), sem que tal percepção e tal nomeação sejam entendidas como necessariamente irracionais ou absurdas. Por outro lado, visa-se compreender também algumas das principais reflexões do ateísmo, em clima de diálogo e debate filosófico com o teísmo e o deísmo.

CONSIDERAÇÕES METODOLÓGICAS

A estratégia central do capítulo consiste em compreender o tema da experiência religiosa por meio de atenção à vivência das pessoas de fé. É por esse motivo que o capítulo se inicia pela leitura do poema de Paul Claudel, e não por alguma teoria filosófica sobre religião. Por analogia com a relação entre os filósofos e a arte (caso em que se corre o risco de teorizar sobre o fazer artístico sem conhecê-lo "por dentro"), parece mais adequado um tratamento filosófico da religião pela atenção à experiência das pessoas religiosas. Esse cuidado metodológico implica, no entanto, uma dificuldade: a possibilidade de pensar que a experiência religiosa (assim como a artística) seja compreensível apenas para quem tem tal experiência. Se fosse assim, toda tentativa de reflexão filosófica sobre a religião seria impossível ou mesmo antifilosófica, uma vez que a experiência religiosa mesma não seria universal nem acessível a todos. Essa problemática tem uma longa história em Filosofia e já recebeu tratamentos que, em vez de oferecer interpretações sobre a "essência" da experiência religiosa (caso em que esta é analisada "de fora", com o risco de projetar-se nela o que ela não é, ou é reduzida a meros códigos de conduta moral), procuram explorar experiências humanas universais que dão inteligibilidade à experiência religiosa. Em outras palavras, trata-se de considerar a possibilidade de identificar uma base "objetiva" de tal experiência: o mistério, o incondicionado ou o indeterminado a que se costuma chamar de *Deus*. Se a dimensão incondicionada da realidade constitui a base "objetiva" da experiência religiosa, essa experiência só é possível na volta do sujeito sobre si mesmo, o que dá a "demonstrabilidade" da base objetiva da religião, fazendo com que a experiência religiosa seja inteligível e universal. Por fim, essa universalidade legitimamente racional ou filosófica confirmaria, do ponto de vista histórico, a universalidade do fato religioso e seria também confirmada por ele.

Tendo em vista essa delicada articulação entre experiência e inteligibilidade, o capítulo explora a necessidade de refinamento das noções de percepção e de experiência, apontando para o mistério (ou a dimensão racionalmente inesgotável) que envolve a existência humana e suscita uma reação específica. Essa reação foi chamada por Friedrich Schleiermacher de *sentimento religioso*; e o seu objeto foi chamado de *Sagrado* ou *Numinoso* por Rudolf Otto.

Sem pressupor a necessidade de uma linha histórica progressiva, mas com atenção à continuidade temática, é de grande importância filosófica o exercício de escuta dos pensadores contrários à religião e/ou à afirmação religiosa da existência de Deus. Metodologicamente, é adequado distinguir entre autores irreligiosos (contrários à religião) e autores ateus. Esse exercício permite identificar em autores religiosos (teístas) ou deístas elementos nem sempre perceptíveis quando eles são lidos segundo clichês interpretativos estabelecidos sem crítica. É nesse sentido que os textos de Tomás de Aquino e de Karl Rahner são apresentados apenas ao final do capítulo como elaborações filosóficas, resultantes não apenas de um esforço analítico-racional, mas também de um diálogo universal que vai além da simples tentativa de provar a existência daquela realidade que as religiões consideram divina. Por fim, dada essa base comum de inteligibilidade, o tema da experiência religiosa requer imediatamente uma reflexão sobre a convivência humana (aqui acentuada como convivência republicana).

Na página ao lado propõe-se um esquema visual de síntese do capítulo.

OBSERVAÇÃO METODOLÓGICA ESPECÍFICA

A respeito da noção de experiência (e da distinção entre *experimentar* e *experienciar*), segue um texto do filósofo brasileiro Henrique Cláudio de Lima Vaz, que pode servir de aprofundamento teórico aos colegas professores:

Experiência e consciência

Henrique C. de Lima Vaz

A oposição entre experiência e pensamento é o primeiro falso lugar-comum que convém remover. [...] Com efeito, a experiência não é senão a face do pensamento que se volta para a *presença* do objeto. Daqui se infere imediatamente uma proporção direta entre a plenitude da presença e a profundidade da experiência, ou seja, a penetração dessa plenitude pelo ato de pensar. [...] [É o caso, por exemplo, do] sentimento de presença que acompanha a percepção de um objeto exterior, a emoção ou a vivência que nascem desse sentimento. [...] As origens etimológicas do termo *experiência* oferecem-nos o melhor caminho para alcançarmos a sua essência. Seja o grego *empeiría* seja o latim *experientia* falamnos de "tentar", "comprovar", "assegurar-se", o que significa percorrer o objeto em todos os sentidos. O que caracteriza, pois, a experiência é a penetração e como que a transfixão do objeto, o que, de um lado, libera o conhecimento do caráter lábil, precário ou confuso da simples sensação e, de outro, suprime o vazio das formas puramente lógicas. A partir desse ponto de vista, a experiência articula-se entre dois polos bem definidos: o objeto que é *fenômeno* ou que aparece, e o sujeito que é ciência ou *consciência* que retorna sobre o objeto para penetrá-lo e igualmente penetrar-se da sua presença. [...]

[...] convém acentuar que a experiência, como o conhecimento em geral, é uma forma de relação *ativa* entre a consciência e o fenômeno. A presença que se manifesta na experiência não ocupa a consciência como um objeto que invade um espaço vazio. Manifestar-se à consciência significa manifestar-se segundo leis estruturais da consciência mesma, que tornam possível a manifestação como tal. Eis por que não há experiência sem uma forma de *expressão* do objeto pelo sujeito da experiência. Aqui surge um segundo aspecto que convém pôr em relevo: a pluralidade das formas de expressão da consciência. Mas essa pluralidade supõe o ato original e constitutivo da expressão mesma. Expressão ativa, ou seja, acolhimento da manifestação do objeto ao sujeito que o interioriza, assume a sua *presença* e, de certo modo, com ele se identifica (um axioma da ontologia clássica do conhecimento diz, numa aparente tautologia que encerra profunda intuição: *o inteligente em ato é o inteligível em ato* (Aristóteles, *De anima* III, 430; Tomás de Aquino, *Suma contra os gentios* II, cap. 59). Mas, expressão pluriforme, na medida mesma em que a noção de presença, como a noção de ser com a qual é logicamente coextensiva, é uma noção *analógica*. Presença e expressão se diversificam; e a experiência obedece a essa diversificação. No entanto, podemos estabelecer desde já que toda experiência verdadeiramente tal deve encontrar sua expressão, ou seja, sua *linguagem*; e que toda expressão ou linguagem da experiência traduz uma experiência.

LIMA VAZ, H. C. de. *Escritos de Filosofia I*: Problemas de fronteira. São Paulo: Loyola, 1986. p. 243-244.

PROPOSTA DE ESQUEMA VISUAL

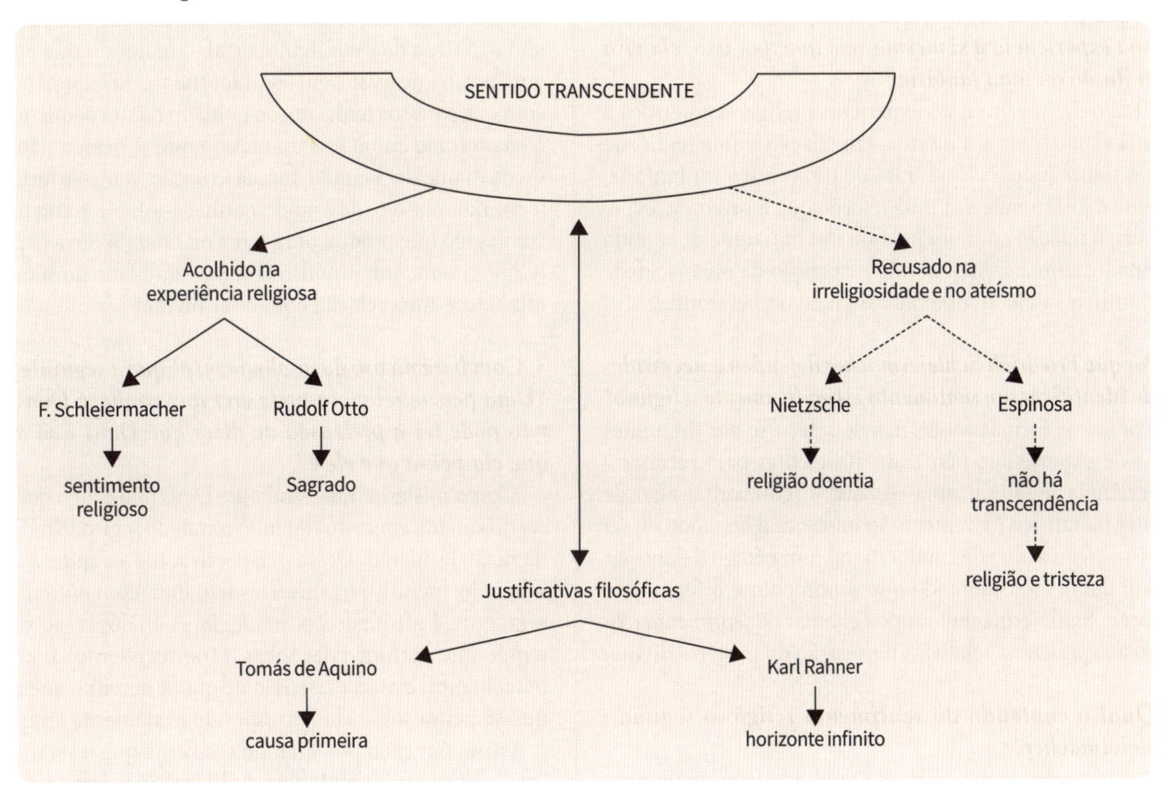

RESPOSTAS AOS EXERCÍCIOS

EXERCÍCIO A (p. 310)

1. *Apresente os cinco elementos identificados na experiência religiosa.*

Gosto de viver; abertura aos outros seres, vendo-os como portadores de um sentido que os torna membros de um grande conjunto; abertura ao mundo como um todo que partilha do mesmo horizonte; solidariedade universal e percepção de valores; busca por satisfação do desejo em uma dimensão que não se resolve apenas no horizonte do mundo finito, mas que é misteriosa e transcendente.

2. *Qual é, em resumo, o sentido fundamental da experiência religiosa?*

A experiência religiosa é a experiência da pessoa em relação ao ser divino.

3. *Considerando-se o sentido fundamental da religião, é possível pensar que ela pode não ser autêntica? Explique.*

Sim. A experiência religiosa pode ser apenas uma experiência de si mesmo(a) (resumida ao nível estritamente humano, social e psicológico), e não uma experiência de si em relação ao ser divino. Assim, o fato de uma pessoa praticar uma religião não significa necessariamente que ela pense em um sentido transcendente para a existência ou experimente uma relação com o mistério.

4. Pense em pessoas e grupos religiosos que você conhece. Essas pessoas e esses grupos dão sinais de uma experiência religiosa autêntica? Lembre-se que analisar o comportamento de pessoas e grupos não significa fazer um julgamento sobre eles, sobretudo porque, no limite, nenhum ser humano conhecerá plenamente o que há na consciência de outro. Analisar o comportamento de pessoas e grupos significa procurar sinais que permitam conhecer o sentido que eles dão à própria vida. Com essa intenção é que convidamos você a refletir.

Reposta pessoal.

EXERCÍCIO B (p. 313)

1. O que permite afirmar que na experiência religiosa a pessoa experiencia a si mesma sem que, por isso, ela viva uma ilusão ou uma fantasia?

O fato de que em uma experiência religiosa autêntica a pessoa experiencia a si mesma, em relação a uma realidade que a transcende. Não se trata de uma ilusão ou fantasia, porque é justamente em uma *relação* que a pessoa se experiencia: a relação com um polo ou um horizonte de sentido ilimitado, com a concomitante percepção da incapacidade de dominar intelectualmente esse polo ou horizonte.

2. Por que Friedrich Schleiermacher defendeu a necessidade de identificar um sentimento especificamente religioso?

Porque as formas modernas de referir-se aos diferentes tipos de experiência não eram suficientes para retratar a experiência religiosa, uma vez que a reduziam a algo de caráter metafísico (compreensão intelectual do modo de ser das coisas) ou a algo de caráter moral (um código de normas de conduta). Considerando que sentimento é diferente de emoção, Schleiermacher propõe chamar de *sentimento religioso* a experiência relativa à percepção do mistério divino.

3. Qual o conteúdo do sentimento religioso segundo Schleiermacher?

A percepção da dependência total do ser humano com relação aos outros seres e à totalidade do mundo ou o infinito, uma dependência que não pode ser definida nem inteiramente explicada, mas sentida. Essa percepção causa a aceitação amorosa da totalidade da existência.

4. Observando sua própria vida, você considera que possui sentimento religioso? Justifique sua resposta.

Resposta pessoal.

EXERCÍCIO C (p. 317)

1. Por que Rudolf Otto viu a necessidade de complementar a filosofia da religião desenvolvida por Friedrich Schleiermacher?

Porque, no dizer de Otto, era necessário garantir que a experiência religiosa autêntica não fosse confundida com um mero subjetivismo nem restrita a uma experiência produzida pela consciência dos indivíduos (o que poderia não passar de ilusão ou fantasia). Era preciso garantir que um objeto ou um conteúdo se apresentasse à consciência, possibilitando falar sobre ele. É nesse sentido que Otto passou a analisar, da perspectiva do objeto ou do conteúdo, a especificidade da consciência religiosa.

2. Quais as características do Sagrado conforme a observação de Rudolf Otto?

Segundo a observação de Rudolf Otto, pode-se chamar de Sagrado aquele objeto ou conteúdo que se apresenta à consciência com as seguintes características: (1) é encontrado como algo que provoca um sentimento do *estado de criatura* (quando a pessoa percebe o Sagrado, sente que a vida é recebida e que nada no mundo é suficiente para explicar esse sentimento); (2) é encontrado como mistério tremendo ou mistério que causa espanto (ao perceber o Sagrado, a pessoa tem a certeza de estar diante de algo maior do que ela e do que tudo o que existe; em contrapartida, essa experiência faz com que a pessoa tenha noção também de sua pequenez); (3) é encontrado como mistério fascinante (a pessoa não sente medo diante do Sagrado, mas fascinação; sente-se fortemente atraída por ele, desejando conhecê-lo); (4) é encontrado como algo que produz uma força ou energia nova (a pessoa religiosa sente um impulso ou uma vitalidade nova quando estabelece uma relação com o ser divino).

3. Com base no uso da analogia, explique a seguinte frase: "Uma pessoa religiosa pode crer que conhece Deus, mas não pode ter a pretensão de dizer que Deus é só aquilo que ela pensa que ele é".

Como mistério transcendente, Deus não é algo que pode ser dominado conceitualmente (retratado segundo os limites da razão humana). Dessa perspectiva, tudo o que se afirma sobre ele, inclusive nas diversas religiões (com ou sem livros sagrados), é afirmado *por analogia*. A analogia, ao mesmo tempo que permite falar sobre o transcendente tal como o percebemos, evita a pretensão de que se acredite que aquilo que se pensa sobre ele corresponde exatamente ao que ele é. Assim, por exemplo, quando se afirma que o ser divino é "pai", "amoroso", "fonte de equilíbrio" etc., isso quer dizer apenas que ele é "como um pai" (imaginando que todo pai deveria ser bom), "como um ser que ama", "como uma fonte de equilíbrio", mas ele não é exatamente um "pai" (se ele fosse um pai, teria todas as falhas que os pais humanos têm e teria ainda um pai, um avô etc., deixando de ser o princípio divino de tudo), nem "amoroso" ao modo do amor imperfeito que percebemos no mundo, nem uma "fonte", que pode se esgotar. Aliás, Deus também pode ser visto como "mãe" (imaginando que toda mãe deveria ser boa), já que ele não é nem "pai" nem "mãe", pois não tem sexo.

4. Explique o Princípio de Clifford e o Outro Princípio de Clifford.

O *Princípio de Clifford* diz que é racionalmente errado e moralmente desonesto acreditar em algo sem evidências. Desse princípio, alguns extraem a conclusão de que cabe às pessoas que têm fé o ônus da prova da existência de Deus. Já o *Outro Princípio de Clifford* afirma que é desonesto e equivocado rejeitar sem provas algo que faz parte de nossas crenças. Em outras palavras: é legítimo crer em algo que a nossa razão não nos obriga a rejeitar. Dessa perspectiva, o ônus da prova cabe a quem nega a existência de Deus.

EXERCÍCIO D (p. 323)

1. Resuma a crítica de Nietzsche à religião.

Para Nietzsche, a prática religiosa nega o que existe de mais autêntico no ser humano: seus impulsos e suas forças vitais de autoafirmação e domínio de todos os obstáculos. Para ele, a prática religiosa leva ao enfraquecimento, à negação da vida e à hipocrisia, a partir da afirmação de que é melhor ser fraco e humilde. Assim, as pessoas religiosas ocultariam seu desejo de dominar e condenariam os mais fortes como maus e pecadores. Na realidade, elas seriam movidas por um desejo doentio de vingança, cultivando a tristeza e o pessimismo diante da vida.

2. Por que, mesmo falando de Deus, Baruch Espinosa ataca a base da religião?

Para Espinosa, o mundo pode ser explicado por si mesmo, sem nenhuma necessidade de recorrer a algo transcendente, inclusive porque a existência de duas substâncias (uma mundana e uma transcendente) seria contraditória, uma vez que substância é o que existe por si e que não requer outra coisa para ser compreendido. Portanto, o mundo passa a ser visto como automanifestação do ser divino; e Deus, como a própria Natureza.

3. Explique por que, segundo Espinosa, a religião nasce de emoções tristes.

Segundo Espinosa, a religião e toda superstição nascem de emoções tristes porque são emoções ligadas ao medo, que tem sua origem na ignorância humana (falta do uso da razão).

4. Em que consiste o núcleo do ateísmo tal como praticado por Bertrand Russell?

Russell nega a ideia de causa primeira, procurando demonstrar que o argumento para defendê-la é falacioso: se tudo tem uma causa, então Deus mesmo seria causado, deixando de ser a "causa primeira".

EXERCÍCIO E (p. 329)

1. Diferencie teísmo e deísmo.

A diferença entre o teísmo e o deísmo está no modo como compreendem a possibilidade de uma relação com o ser divino: enquanto o teísmo é uma postura filosófica que, além de procurar justificar a existência de Deus, concebe a possibilidade de se estabelecer uma relação com ele (por exemplo, com o auxílio dos textos sagrados), o deísmo é uma postura que procura afirmar a existência de um ser divino para explicar o próprio mundo, sem, no entanto, supor qualquer tipo de relação com Ele.

2. Quais as razões de Tomás de Aquino para afirmar que nada, no mundo natural, pode ser causa de si mesmo?

O fato de que, para ser causa de si, algo precisaria já existir para poder causar-se, o que é absurdo. Além disso, segundo Tomás, a observação sensível mostra que todas as coisas do mundo são produzidas por outras e não são a causa de si mesmas.

3. Segundo Tomás de Aquino, defender que o mundo tem uma causa significa necessariamente que o mundo começou a existir em um momento preciso? Explique.

Não. O termo *causa*, aqui, não se refere a começo temporal, mas a uma origem na ordem das causas (o que pode se dar fora do tempo). Para Tomás, mesmo que o mundo seja eterno e sem um começo temporal, ele necessita de uma causa que seja diferente dele mesmo e que possa ser a fonte de seu movimento (uma vez que no mundo não se observa nada que seja causa de si mesmo, dificultando dizer que o mundo se cause a si mesmo em seu conjunto).

4. Por que, segundo Tomás de Aquino, nada obriga racionalmente a afirmar que Deus é incapaz de produzir seres diferentes dele mesmo?

Para Tomás de Aquino, era mais racional pensar que Deus pode produzir seres diferentes dele mesmo, pois essa possibilidade significa que o ser divino é ainda mais perfeito do que se pudesse produzir apenas a si mesmo. Sendo a causa primeira e sendo infinito, é mais coerente pensar Deus como um ser consciente e livre (do contrário, se lhe faltasse consciência e liberdade, ele seria limitado e, portanto, finito). Ser consciente e livre, por sua vez, requer que ele possa fazer ou não aquilo que se passa em sua "mente". Ora, conceber seres diferentes de si e criá-los mostram-se como atos de um ser mais perfeito do que seria um que apenas produzisse a si mesmo.

5. Por que Karl Rahner, para falar de Deus, inicia pela análise da atividade humana de conhecer?

Porque Rahner adota a estratégia de mostrar que mesmo aquilo que é considerado como conhecimento claro e seguro (conhecimento racional) se fundamenta em um mistério que não pode ser dominado pela razão (mistério suprarracional). Trata-se do mistério que envolve nossos pressupostos metafísicos e históricos. Somente numa atitude de aceitação desse mistério é que a razão pode funcionar com coerência (uma vez que ela não é capaz de demonstrar a verdade dos pressupostos com que ela opera). Ora, se a própria razão se fundamenta em um mistério, ela mesma aponta para uma infinitude que ela não pode dominar conceitualmente, um abismo sem fundo de possibilidades que, em termos religiosos, designa-se pelo nome *Deus*.

EXERCÍCIOS COMPLEMENTARES (p. 331)

1. Dissertação de síntese filosófica

Como em uma dissertação de síntese filosófica o objetivo é tornar claras as articulações feitas no tratamento de um tema, é importante lembrar que o que articula os itens 1, 2 e 3 do

Capítulo 13 é o tema da experiência religiosa: de uma primeira caracterização geral (item 1, *A experiência religiosa*), o capítulo passa ao tratamento da maior dificuldade filosófica implicada nessa experiência, a saber, a legitimidade de falar de "experiência" quando o objeto não é físico, o que encaminha para a solução proposta por Friedrich Schleiermacher, autor que explorou os aspectos subjetivos da experiência religiosa (item 2, *A experiência religiosa é uma experiência de quê?*); por fim, o capítulo procura completar essa análise por meio do estudo das contribuições de Rudolf Otto, autor que investigou os aspectos propriamente objetivos dessa experiência (item 3, *O Sagrado ou o Numinoso*). Tendo essa articulação em mente, espera-se que os estudantes se beneficiem das orientações fornecidas na página 138 e consigam sintetizar filosoficamente os itens 1, 2 e 3 do Capítulo 13, explicitando justamente as articulações aqui mencionadas. Dito de outra maneira, trata-se de partir da descrição da experiência religiosa como uma experiência em que as pessoas remetem sempre ao mistério divino na construção de suas visões de mundo e em suas interpretações de tudo o que envolve a existência (experiência que teria cinco dimensões, elementos ou "passos": gosto de viver, abertura aos outros seres, abertura ao mundo e sentimento de que todos os seres têm um destino comum, sentimento de uma solidariedade universal e interpretação dessa experiência em termos de transcendência do mundo, chamando de *Deus* essa dimensão transcendente). Na sequência, dado que o objeto ou o conteúdo dessa experiência é transcendente, é filosoficamente legítimo perguntar em que sentido se fala de "experiência", uma vez que essa noção parecer referir-se ao conhecimento por meio dos cinco sentidos. O que alguns filósofos enfatizam, para responder a essa pergunta, é o fato de que a experiência religiosa não é experiência de "algo", mas experiência da "própria pessoa em relação a algo": ela experimenta, em sua vida, os efeitos da relação que ela interpreta como uma relação com o ser considerado transcendente. Friedrich Schleiermacher chamava a atenção para a especificidade dessa experiência (por ele denominada "sentimento religioso"), associando-a a um sentimento de total dependência em relação ao conjunto dos seres e ao mistério infinito que envolve a existência. Em continuidade com o trabalho de Schleiermacher, porém atento ao risco da acusação de "subjetivismo", Rudolf Otto procurou esclarecer melhor a especificidade da experiência religiosa, não se concentrando apenas nos aspectos subjetivos, mas também nos objetivos. Com base em uma análise comparativa de diferentes religiões, Otto identificou características comuns ao modo como o ser transcendente ou divino "apresenta-se" nas religiões ou como é visto por elas: ele sempre provoca um sentimento de estado de criatura; é um mistério que transcende o mundo, fascina e produz uma nova energia na vida de quem com ele depara. Ao objeto transcendente que se apresenta à experiência religiosa, Otto denominou "Sagrado" ou "Numinoso", de modo que, embora pareça uma tautologia (p. 101), resulta filosoficamente legítimo dizer que "a experiência religiosa é uma experiência do Sagrado".

2. *Debate público*

O objetivo central desta proposta de debate é chamar a atenção para o fato de que o núcleo autêntico das religiões é sempre a sua visão do ser transcendente, divino. É com base nesse núcleo que elas elaboram suas visões de mundo. No debate, espera-se que os representantes religiosos consigam articular a visão do ser divino promovida por suas religiões com o modo como elas entendem a inserção na vida social. Esta é também uma ocasião privilegiada para refletir sobre a laicidade do Estado brasileiro e, por outro lado, a sempre mais crescente influência das religiões na organização da vida pública. Isso é bom ou ruim? Tem vantagens *ou* desvantagens? Ou tem vantagens *e* desvantagens para a vida pública? Um dado de grande importância sociológica e filosófica é o fato de que, embora o Estado brasileiro seja laico, a Sociedade certamente não é laica, pois ela contém inúmeros indivíduos e grupos religiosos. Por isso o desafio de articular adequadamente a vida civil (Sociedade) com a representação política e governamental (Estado). Os textos que são propostos no próximo item deste Manual (Proposta de atividade complementar) são um valioso material para a preparação do debate. Além desses textos, é bastante esclarecedor o artigo "Laicidade, laicismo e secularização: definindo e esclarecendo conceitos", de César A. Ranquetat Júnior, disponível no link: <periodicos.ufsm.br/sociaisehumanas/article/download/773/532> (Acesso em: 31 maio 2016). Os professores também terão muito proveito se consultarem o modelo português de projeto de laicidade do Estado, disponível no site < http://www.laicidade.org/documentacao/textos-criticos-tematicos-e-de-reflexao/aspl/> (Acesso em: 31 maio 2016).

PROPOSTA DE ATIVIDADE COMPLEMENTAR

Algumas das críticas mais duras à religião foram feitas por Karl Marx e por Sigmund Freud. Elas foram tão bem formuladas que grande parte dos pensadores passou a afirmar que, depois de Marx, não há mais espaço para Deus e para a religião em Filosofia e em Ciências Humanas. Do mesmo modo que, depois de Freud, também a Psicologia e a Psicanálise só poderiam tratar o tema *Deus* como resultado de uma doença psíquica. No entanto, pensadores inspirados pelo mesmo trabalho de Marx e Freud chegaram a conclusões diferentes. É o caso, por exemplo, de Claude Lefort, em Filosofia, e de Donald Winnicott, em Psicologia e Psicanálise. Lefort não acreditava em Deus, mas também não via na experiência religiosa, como Marx, apenas o "ópio do povo", quer dizer, uma droga que alucina e impede as pessoas de enxergar a realidade. Por sua vez, Winnicott compreende como algo positivo e autenticamente humano aquilo que Freud considerava doentio: a capacidade de recriar o sentido da realidade sem se concentrar apenas no que parece "natural" e "objetivo". A fim de apontar para os debates no interior da tradição marxista e psicanalítica, seguem quatro textos para serem lidos em paralelo. Os colegas professores podem servir-se deles tanto para seu aprofundamento pessoal como para uma atividade complementar com os estudantes:

Contraponto A
A religião segundo Karl Marx e Claude Lefort

A religião é o ópio do povo
Karl Marx

O fundamento da crítica irreligiosa é este: é o ser humano que inventa a religião; não é a religião que faz o ser humano. A religião é, a bem da verdade, a consciência de si e o sentimento de si típicos de quem ainda não se conquistou ou que se perdeu novamente. Mas "ser humano", aqui, não é uma essência abstrata, fixada fora do mundo. O ser humano é seu mundo, o Estado, a Sociedade. Esse Estado e essa Sociedade produzem a religião, uma consciência invertida do mundo; afinal, o próprio Estado e a própria Sociedade são um mundo invertido. [...] A religião é a realização imaginária da essência humana, porque a essência humana não possui realidade verdadeira. A luta contra a religião é, portanto, imediatamente, a luta contra esse mundo cujo perfume espiritual é a religião. A miséria religiosa é, pois, ao mesmo tempo, a expressão da miséria real e o protesto contra essa miséria. A religião é o suspiro da criatura oprimida, a alma de um mundo sem coração, do mesmo modo que ela é o espírito de um estado de coisas desprovido de espírito. A religião é o ópio do povo. Abolir a felicidade ilusória do povo oferecida pela religião é o requisito para sua felicidade real.

MARX, K. *Critique de La Philosophie du Droit de Hegel*. Tradução E. Kouvélakis. Paris: Ellipses, 2000. p. 7-8. (Crítica da Filosofia do Direito de Hegel. Tradução nossa para o português.)

A força simbólica da religião
Claude Lefort

Seria querer dar um salto impossível pretender que o elemento religioso como tal possa e deva apagar-se na sociedade moderna ou fechar-se nos limites da opinião privada. Com efeito, como admitir isso sem perder precisamente a noção de sua dimensão simbólica, de uma dimensão constitutiva das relações do ser humano com o mundo? [...] O que ela [a Filosofia] descobre na religião é um modo de figuração, de dramatização das relações que os humanos estabelecem com aquilo que vai além do tempo empírico, o espaço no qual se amarram seus próprios vínculos. Esse trabalho da imaginação põe em cena outro tempo e outro espaço. Não faria sentido querer reduzi-lo a apenas um produto da atividade humana. [...] A filosofia moderna não pode ignorar o que ela deve à religião; ela não pode manter-se à distância do trabalho da imaginação, querendo submetê-la a si mesma como um puro objeto de conhecimento. [...] Apesar de sua pretensão ao Saber absoluto, a substituição do conceito pela imagem deixa intacta para o filósofo a experiência de uma alteridade na linguagem, aquela de um desdobramento entre uma criação e um desvelamento, entre a atividade e a passividade, entre a expressão e a impressão do sentido. Talvez toquemos, por essas últimas observações, na razão mais secreta da ligação do filósofo ao dado religioso. Por mais fundamentada que seja a reivindicação de seu direito a pensar, retirando-o de debaixo de toda autoridade instituída, ele não somente tem a ideia de que uma sociedade que esquecesse seu fundamento religioso viveria na ilusão de uma pura imanência a si mesma e apagaria, ao mesmo tempo, o lugar da Filosofia, mas também pressente que a Filosofia está ligada à religião por uma aventura da qual ela, a Filosofia, não possui o segredo.

LEFORT, C. Permanence du théologico-politique. In:___. *Essais sur la Politique*. Paris: Seuil, 1986. p. 260-264. (Permanência do teológico-político. Tradução nossa.)

Contraponto B
A religião segundo Sigmund Freud e Donald Winnicott

Religião e ilusão infantil
Sigmund Freud

As ideias religiosas que se apresentam como dogmas não são um resíduo da experiência ou o resultado final da reflexão: elas são ilusões, a realização dos desejos mais antigos, os mais fortes, os mais prementes da humanidade; o segredo de sua força é a força desses desejos. Nós já o sabíamos: a impressão aterrorizante da impotência infantil tinha despertado a necessidade de ser protegido – protegido sendo amado –, necessidade à qual o pai deveria satisfazer. O reconhecimento de que essa impotência dura toda a vida fez com que o ser humano se agarrasse a um pai, mas, dessa vez, um pai mais potente. A angústia humana em face dos perigos da vida apazigua-se com o pensamento do reino benfeitor da Providência divina; a instauração de uma ordem moral do Universo assegura a realização das exigências de justiça, tão frequentemente irrealizadas nas civilizações humanas; e o prolongamento da existência terrestre por uma vida futura enriquece o quadro do tempo e o lugar onde esses desejos serão realizados. [...] É um formidável alívio para a alma humana ver os conflitos da infância emanados do complexo paterno – conflitos jamais inteiramente resolvidos – serem tirados daí e receberem uma solução aceita por todos.

FREUD, S. *L'avenir d'une illusion.* Tradução Marie Bonaparte. Paris: PUF, 2002. p. 43. (O futuro de uma ilusão. Tradução nossa.)

Religião e boa ilusão
Donald Winnicott

As memórias são construídas a partir de inúmeras impressões sensoriais, associadas à atividade da amamentação e ao encontro do objeto. No decorrer do tempo surge um estado no qual o bebê sente confiança em que o objeto do desejo pode ser encontrado; isso significa que o bebê gradualmente passa a tolerar a ausência do objeto. Dessa forma, inicia-se no bebê a concepção da realidade externa, um lugar de onde os objetos aparecem e no qual eles desaparecem. Podemos dizer que o bebê, por meio da magia do desejo, tem a ilusão de possuir uma força criativa mágica; e a onipotência existe como um fato, através da sensível adaptação da mãe. O reconhecimento gradual que o bebê faz da ausência de um controle mágico sobre a realidade externa tem como base a onipotência inicial transformada em fato pela técnica adaptativa da mãe. No dia a dia da vida do bebê, podemos observar como ele explora esse terceiro mundo, um mundo ilusório que nem é sua realidade interna, nem é um fato externo, e que toleramos num bebê, ainda que não o façamos com adultos ou mesmo com crianças mais velhas. Vemos o bebê chupando os dedos [...] ou agarrando um pano [...] prologando a onipotência originalmente satisfeita pela adaptação realizada pela mãe. Considerei útil denominar "transicionais" os objetos e fenômenos que pertencem a esse tipo de experiências. [...] Como são importantes, então, esses primeiros objetos e técnicas transicionais! Sua importância se reflete em sua persistência, uma persistência feroz por anos a fio. A partir desses fenômenos transicionais, desenvolve-se grande parte daquilo que costumamos admitir e valorizar de várias maneiras sob o título de religião e arte [...]. Entre o subjetivo e aquilo que é objetivamente percebido, existe uma terra de ninguém, que na infância é natural e que é por nós esperada e aceita. [...] Na religião e nas artes vemos essa reivindicação socializada, de modo que o indivíduo não é chamado de louco e pode usufruir, no exercício da religião ou na prática e apreciação das artes, do descanso necessário aos seres humanos em sua eterna tarefa de discriminar entre os fatos e a fantasia.

WINNICOTT, D. *Natureza humana.* Tradução Davi Litman Bogomoletz. Rio de Janeiro: Imago, 1990. p. 126-127.

SUGESTÕES BIBLIOGRÁFICAS

ARAÚJO DE OLIVEIRA, M. *A religião na sociedade urbana e pluralista*. São Paulo: Paulus, 2009.

CUOCO PORTUGAL, A. Filosofia analítica da religião como pensamento "pós-metafísico". *Horizonte*, Belo Horizonte, v. 8, n. 16, p. 80-98, 2010. Disponível em: <http://repositorio.unb.br/bitstream/10482/9680/1/ARTIGO_FilosofiaAnaliticaReligiao.pdf>. Acesso em: 18 abr. 2016.

GRONDIN, J. *Que saber sobre filosofia da religião?* Tradução Lucia M. E. Orth. Aparecida: Ideias e Letras, 2012.

MATA, S. *História e religião*. Belo Horizonte: Autêntica, 2010.

MICHELETTI, M. *Filosofia analítica da religião*. Tradução José Afonso Beraldin. São Paulo: Loyola, 2007.

SAVIAN FILHO, J. *Religião*. São Paulo: WMF Martins Fontes, 2010. (Coleção Filosofias: o prazer do pensar).

SIMMEL, G. *Religião*: ensaios. Tradução Leopoldo Waizbort. São Paulo: Olho d'Água, 2011. 2 v.

WILKINSON, M. B.; CAMPBELL, H. N. *Filosofia da religião*: uma introdução. Tradução Anoar J. Provenzi. São Paulo: Paulinas, 2014.

CAPÍTULO 14 O conhecimento

OBJETIVO

Apresentar algumas das mais influentes concepções filosóficas do conhecimento, por meio de uma dupla possibilidade de compreensão: o conhecimento é uma representação da realidade; o conhecimento é uma relação com a realidade. Com base nesse debate, visa-se apresentar também o modo como hoje os diferentes tipos de conhecimento da realidade são divididos, de modo geral, em ciências naturais e ciências humanas.

CONSIDERAÇÕES METODOLÓGICAS

O capítulo adota um par de concepções que, apesar de bastante amplas, permitem apresentar algumas das mais influentes posições filosóficas a respeito do conhecimento: a ideia de representação da realidade e a ideia de relação direta com a realidade e na presença dela (por meio daquilo que, de modo mais geral, se chama de consciência). Nesse sentido, o capítulo se inicia por uma breve apresentação do racionalismo, do empirismo e da filosofia crítica de Kant, extraindo deles a ideia de representação. Obviamente, essa ideia não aparece do mesmo modo nas três filosofias e talvez nem fosse adequado dizer que ela se aplica a autores como Descartes e Hume. A esse respeito, os colegas professores são convidados a nuançar o estudo, percebendo que o que interessa não é o conceito técnico de representação, mas a compreensão geral do conhecimento como algo que se produz no sujeito ou no indivíduo que conhece.

Na sequência, o capítulo apresenta, por um lado, o estudo crítico da ideia de representação, tal como operado desde a Antiguidade pela postura cética; e, por outro, o deslocamento do tema da relação com a realidade, fazendo-o sair do registro de um conhecimento propriamente dito para o do uso da linguagem, tal como operado por Ludwig Wittgenstein. Para esse aspecto, os colegas professores são convidados a redobrar a atenção, pois, de acordo com os especialistas, não é uma tarefa simples inserir a filosofia de Wittgenstein em uma "teoria do conhecimento". Para alguns, é até mesmo impossível. Com efeito, o filósofo austríaco buscava explorar novas possibilidades conceituais, centradas na linguagem, mais do que em faculdades do sujeito cognoscente (como fez a maioria dos filósofos modernos, se não a totalidade deles). Apesar disso, no entanto, é um dado inegável que a filosofia wittgensteiniana suscitou diferentes epistemologias, as quais, mesmo sendo "linguísticas", não deixam de ser epistemologias. Por essa razão, o presente livro toma a liberdade de introduzir elementos da filosofia da linguagem de Wittgenstein no capítulo sobre o conhecimento, embora seja conveniente deixar claro que essa apropriação não pode sugerir um compromisso de Wittgenstein com a afirmação de alguma estrutura subjetiva humana. A esse respeito, os colegas professores lerão com enorme proveito o livro *Wittgenstein: o eu e sua gramática*, de Sílvia Faustino de Assis Saes, e os capítulos "Epistemologia", "Filosofia da linguagem" e "Wittgenstein", do livro *Compêndio de Filosofia*, organizado por Nicholas Bunnin e E. P. Tsui-James (2002).

Também por contraposição à ideia de representação (na verdade, à concepção de conhecimento como elaboração do sujeito), o capítulo passa a uma apresentação geral de duas maneiras de entender o conhecimento como uma relação estabelecida entre quem conhece (o sujeito) e aquilo que é conhecido (o objeto). Basicamente se apresenta a posição da fenomenologia de Edmund Husserl e o modo como a consciência deixa de ser descrita como uma operação ou uma "capacidade" do sujeito, para ser entendida como a relação estabelecida no presente do encontro entre o sujeito e aquilo que é conhecido ("externo" ou "interno" ao sujeito). Aqui também os colegas professores são convidados a redobrar a atenção, a fim de não sugerir que o conhecimento, segundo Husserl, é dado "na presença" da coisa conhecida, pois o que opera desse modo é o que se pode chamar de consciência ou o fluxo da consciência. O conhecimento, propriamente falando, se dá na investigação que o sujeito opera sobre o objeto que ele "contém" (não como representação, mas como objeto intencional).

Esse cuidado metodológico permite que se introduza um breve estudo sobre as semelhanças entre o pensamento fenomenológico e o pensamento medieval. Diferentemente do que muitos clichês afirmam sobre os autores medievais (considerando-os como "empiristas", "objetivistas" etc.), hoje não há mais dúvida de que conhecer, para muitos medievais, não é representar a coisa conhecida. Essa operação poderia ser associada à percepção física; o conhecimento propriamente dito ocorreria, como afirma Tomás de Aquino, por exemplo, quando quem conhece se dá conta da diferença entre si mesmo e aquilo que é conhecido, visto precisamente como conhecido. Em outras palavras, o conhecimento se dá por um retorno do pensamento sobre si mesmo.

A respeito da fenomenologia de Husserl, um dos melhores estudos em língua portuguesa, se não o melhor, é a obra *Crítica da razão na fenomenologia*, de Carlos Alberto Ribeiro de Moura (1989). A respeito das relações entre a fenomenologia e o pensamento medieval, o melhor estudo em português é o livro de André de Muralt, *Metafísica do fenômeno: as origens medievais e a elaboração do pensamento fenomenológico.* Os colegas professores também terão algum proveito com a leitura do prefácio intitulado "Fenomenologia, antropologia e releitura da tradição filosófica em Edith Stein", no livro *Pessoa humana e singularidade em Edith Stein*, de Francesco Alfieri (2014).

Enfim, com base na elucidação da participação do sujeito na atividade do conhecimento, o capítulo introduz temas clássicos de filosofia da ciência (a classificação ampla dos saberes em "ciências naturais" e "ciências humanas", podendo a Matemática e áreas afins receber qualificativos próprios tanto de uma como de outra dessas áreas, segundo a abordagem que se adote), a começar pela relativização operada por Albert Einstein na ideia de verdade objetiva no conhecimento natural, passando à distinção entre explicar e interpretar, tal como elaborada por Dilthey, até chegar às reflexões que articulam crítica social e produção do conhecimento.

PROPOSTA DE ESQUEMA VISUAL

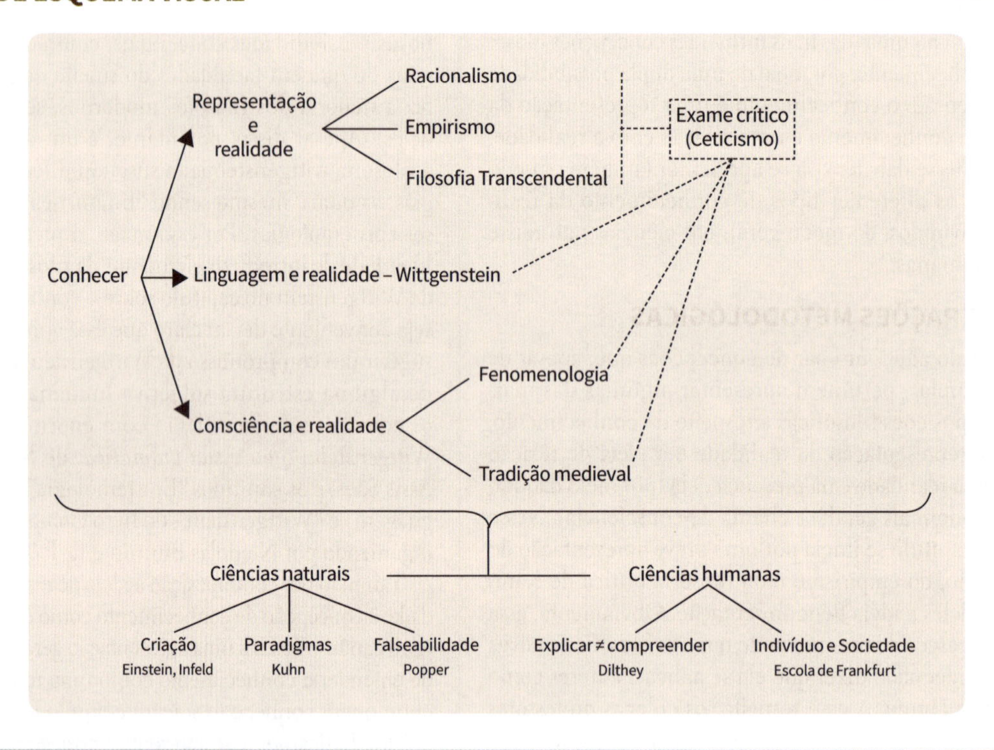

RESPOSTAS AOS EXERCÍCIOS

EXERCÍCIO A (p. 340)

Em uma redação de síntese filosófica (p. 138), apresente a filosofia transcendental de Kant com base em sua tentativa de combinar elementos do pensamento de Descartes e de Hume.

Nessa redação, o fundamental é que o estudante seja capaz de destacar os elementos articulados por Kant em sua fundação de uma nova concepção do conhecimento e tomados do empirismo de Hume e do racionalismo de Descartes. Se Hume "acertou" em sua ênfase na importância da experiência sensível, Descartes também "acertara" ao apontar para estruturas inatas que permitem conhecer. A novidade de Kant está em coordenar os dois "acertos" em sua filosofia transcendental. Espera-se que, retomando os dados expostos no capítulo para apresentação do pensamento kantiano, os estudantes sejam capazes de explicá-lo em referência a Descartes e Hume.

EXERCÍCIO B (p. 343)

1. Em que consiste a* epoché *cética e qual seu objetivo?

A *epoché* é a atitude de *contenção do juízo* como forma de não dar assentimento diante de afirmações sobre a verdade das coisas. Com isso, segundo os céticos, evita-se toda perturbação e toda preocupação causada pela busca dogmática da verdade. A justificativa maior para defender a *epoché* vinha da constatação da diversidade de concepções filosóficas ao mesmo tempo conflitantes e defensáveis, levando a crer que, se a verdade existe, ela ainda não foi encontrada e talvez nem sequer possa ser encontrada.

2. *Explique por que, segundo Carnéades, é mais adequado falar de conhecimento provável, e não de conhecimento verdadeiro.*

Para Carnéades, como não é possível esclarecer e justificar os fundamentos mesmos de qualquer representação, uma vez que cada representação pressupõe aquilo que ela pretende representar, também não é possível decidir qual representação é realmente verdadeira ou falsa. Por essa razão, Carnéades fala apenas de conhecimento provável, ou de conhecimento mais provável e menos provável.

3. *Em sentido cético, o que é uma crença justificada?*

A crença justificada diz respeito à aceitação dos fenômenos e do apelo das sensações e percepções de modo involuntário, assim como a certa adesão à percepção comum do mundo, baseando-se em razões e justificativas que reduzam ao máximo a possibilidade de erro, permitindo a ação social e uma vida tranquila.

EXERCÍCIO C (p. 348)

1. *O que pretendia Wittgenstein com o exemplo do pato-coelho?*

Ele pretendia mostrar que não existe um simples "ver" a realidade, mas um "ver como". Nesse sentido, referindo-se ao desenho do pato-coelho, a frase "Isto é um coelho" e a frase "Isto é um pato" podem ser, ambas, verdadeiras e falsas ao mesmo tempo, dependendo de como se vê a imagem.

2. *Por que o "primeiro" Wittgenstein entende as palavras como "etiquetas"?*

Porque ele concebia a linguagem como representação do mundo, como se houvesse uma correspondência direta entre a linguagem e o mundo. Nesse sentido, as palavras exprimiriam diretamente as coisas; e as proposições seriam expressões de estados de coisas ou fatos.

3. *Como a linguagem é entendida pelo "segundo" Wittgenstein?*

No "segundo" Wittgenstein, a linguagem deixa de ser entendida em correlação direta com o mundo e passa a ser vista como expressão de jogos estabelecidos pelos próprios falantes em função de seu modo de vida e de seu contexto. As regras desses jogos não são dadas pelo mundo ou pelo modo como são as coisas, mas pela prática linguística das pessoas. Dessa perspectiva, a linguagem revela mais sobre o modo de vida de seus falantes do que sobre o mundo.

EXRCÍCIO D (p. 353)

1. *É correto classificar Husserl como um filósofo da representação? Justifique sua resposta servindo-se da palavra* **presença.**

Não. Para Husserl, o conhecimento não se dá como uma representação feita *na* consciência, mas como uma atividade *da* consciência que, por meio do fenômeno da coisa conhecida, se encontra na *presença* da própria coisa conhecida.

2. *Apresente resumidamente a concepção husserliana de consciência servindo-se das expressões* **aparelho cognitivo** *e* **presença.**

Husserl não via sentido em falar da consciência como se ela pudesse ser entendida por si mesma, sem relação com os seus conteúdos. A experiência indica que não existe consciência "vazia", pois "ter consciência" é sempre "ter consciência de algo"; é estar na *presença* de algo. Assim, mais do que um *aparelho cognitivo* à espera de alguma sensação que lhe permita formular uma representação, a consciência é a relação mesma de um sujeito com a presença daquilo de que ele tem consciência. Dessa perspectiva, os seres humanos não *têm* consciência, mas *são* consciência.

3. *Como Husserl analisaria o exemplo wittgensteiniano da dor de dente? Em sua resposta, utilize as palavras* **empatia** *e* **intersubjetividade.**

Husserl concordaria com o fato de que os nomes dados às vivências dependem dos usos linguísticos e dos costumes construídos socialmente. No entanto, para ele, mesmo quem nunca viveu a experiência da dor de dente pode compreender, em primeira pessoa, o significado dessa expressão simplesmente porque, no ato intercomunicativo, pode ter consciência da dor de dente de alguém ao associar a ideia de dor, que já lhe é conhecida, à ideia de dente, que também lhe é conhecida. A essa "consciência da consciência alheia" (expressão da filósofa Edith Stein), que ocorre mesmo quando duas pessoas não têm exatamente a mesma experiência (pois a experiência é sempre individual), Husserl chamava de *empatia* ou *intropatia*. A empatia relaciona-se diretamente com a possibilidade humana chamada por Husserl de *intersubjetividade*, que consiste em poder perceber que os conteúdos de experiência não são "inventados" nem "construídos" pelos indivíduos (ou pela linguagem), uma vez que, apesar de as experiências serem sempre individuais e incomunicáveis em seu caráter de ato singular, elas apontam para coincidências de conteúdo que podem ser observadas por diferentes sujeitos. Por exemplo, duas pessoas têm suas experiências individuais sobre a cor vermelha de determinado objeto. As experiências das duas pessoas são incomunicáveis em si mesmas, mas, pela percepção de que as duas pessoas entendem a expressão de suas experiências, elas se dão conta de que nem a cor vermelha do objeto nem o próprio objeto foram produzidos por elas. Em outras palavras, a "autonomia" da cor e do objeto é garantida pelo encontro comunicativo ou intersubjetivo.

4. *Husserl foi um idealista estrito? Justifique sua resposta servindo-se da expressão* **dupla orientação.**

Não, porque sua ênfase na consciência não implicava afirmar que o mundo ou as coisas exteriores são criações da consciência. No dizer de Husserl, investigar o mundo tal como ele aparece para a consciência (sem interesse pelo caráter físico do mundo) é tarefa da filosofia fenomenológica. Mas isso não significa afirmar que é a consciência que produz o mundo; cabe à ciência ocupar-se com as coisas e procurar explicá-las fisicamente. Filosofia ou atitude crítica, por um lado, e ciência ou atitude "natural", por outro, constituiriam a dupla orientação de que a consciência é capaz. A orientação natural, comum e mesmo ingênua (despreocupada com questões filosóficas relativas ao funcionamento da consciência) corresponde ao olhar dirigido ao mundo e equivale à percepção sensível, fundamentando, por isso, o trabalho da ciência. A orientação filosófica ou fenomenológica busca entender o modo mesmo de ocorrer da consciência e é nesse sentido preciso que ela deixa de concentrar-se sobre as coisas empíricas e as põe entre parênteses, fixando sua atenção no fluxo da consciência.

EXERCÍCIO E (p. 356)

1. O que fez Agostinho de Hipona chamar o ceticismo de "a mais prudente das filosofias"?

O fato de que ele experimentou a mesma decepção cética com as filosofias e a mesma dificuldade na busca da verdade. Evitar a ilusão da possibilidade de conhecer a verdade das coisas, confiando apenas nos fenômenos, pareceu então mais prudente a ele, pois evitaria a perturbação.

2. O que permitiu a Agostinho superar o ceticismo?

Agostinho constatou que, se a busca filosófica se concentrar apenas no nível dos discursos e das proposições sobre o mundo, realmente será difícil decidir entre o melhor discurso ou a melhor proposição. Nesse sentido, seria mais prudente ser cético. Porém, se dermos a devida atenção ao ato mesmo de pensar ou à possibilidade mesma de elaborar discursos ou proposições, constataremos que esse ato de pensar aparece como uma verdade da qual não é possível duvidar. Podemos duvidar da verdade das diferentes expressões do pensamento, mas não fará sentido duvidar do fato de que pensamos.

3. Explique por que, segundo Tomás de Aquino, o conhecimento não é um retrato direto da realidade.

Porque, segundo Tomás, um conhecimento verdadeiro não é uma simples adequação do intelecto à coisa conhecida, mas a atividade refletida de pronunciar-se sobre o mundo com base na percepção da diferença entre aquilo que o mundo é e aquilo que se pensa sobre ele. O conhecimento só ocorre quando alguém percebe as coisas como realidades "existentes para o intelecto", ou seja, quando as coisas são percebidas em sua diferença com relação a quem as percebe. Se é assim, o conhecimento, segundo Tomás, não é um retrato direto da realidade, mas passa pela percepção que o intelecto tem da sua diferença própria em relação àquilo que ele conhece.

4. O que pretendia Avicena com a hipótese do "homem voador"?

Mostrar que a afirmação da própria existência e a identidade da consciência com si mesma independe do contato dos sentidos com coisas singulares.

EXERCÍCIO F (p. 361)

1. Explique como a metáfora do relógio impossível de abrir permite a Einstein e Infeld apresentar a objetividade científica como uma criação.

Para Einstein e Infeld, mais do que constatar coisas (como se se abrisse um relógio), conhecer cientificamente significa elaborar um modo de unificar dados em uma construção que os explique. Explicar, porém, é uma atividade que vai além de conhecer as partes ou os elementos em que os dados podem ser divididos. Essa atividade se parece mais com o estar diante de um relógio fechado cujo funcionamento interno é apenas imaginado por nós. Mesmo se abríssemos o relógio, só veríamos partes; não explicaríamos o mecanismo do relógio. Explicar requer ir além da simples observação e exige um passo adiante: a criatividade de propor uma teoria que correlacione as partes e invente um porquê para o resultado que elas produzem.

2. De acordo com Thomas Kuhn, como a objetividade científica é construída?

Para Kuhn, a objetividade científica depende do olhar de cada cientista para o mundo, uma vez que a visão da realidade depende sempre de um "como" se olha. Esse "como se olha" depende, por sua vez, das vivências e das crenças sociais de cada época. Kuhn observou que as ciências operam por meio de grandes rupturas, que ele chamou de *revoluções* e que também se mostram em cumplicidade com as mudanças históricas da Sociedade. Diante do surgimento de certas anomalias que não podem ser explicadas, gera-se uma crise em determinado modelo científico, levando os cientistas à criação de novos paradigmas, até que surjam novas crises e anomalias.

3. Por que Karl Popper recusa a ideia de verificação dos enunciados científicos?

Porque o ideal de verificação de um enunciado equivaleria a pensar que as infinitas possibilidades naturais são pré-conhecidas no enunciado "verificado" e permanecerão as mesmas em todos os tempos, o que é manifestamente problemático. Em vez de defender a verificação, Popper defende a falseabilidade ou a possibilidade de que um enunciado seja construído de modo que possa ser realmente comparado com a experiência sensível e eventualmente refutado por ela.

4. Por que um enunciado como* Todos os seres humanos são mortais *não é falseável, segundo Popper, ao passo que é falseável um enunciado como* Todos os corvos são pretos*?

Porque o primeiro enunciado não pode ser comparado com a realidade e refutado por ela, uma vez que não é possível encontrar, no nível da Natureza, um caso de homem imortal. Já o segundo enunciado é falseável porque ele é formulado de modo que o seu conteúdo pode ser avaliado em termos estritamente naturais; ele é aberto à refutação porque é possível que se encontre um corvo que não seja preto.

EXERCÍCIO G (p. 365)

1. O que levou historicamente à diferenciação entre ciências naturais e ciências humanas?

A percepção de que, operando com a ideia de que a Natureza segue leis fixas e imutáveis, as ciências naturais mostravam-se insuficientes para investigar o ser humano, uma vez que ele revela a possibilidade de dar sentido à sua própria existência, superando, em alguma medida, os próprios condicionamentos naturais. Para corresponder à especificidade humana, surgiram as ciências humanas (inicialmente chamadas de *ciências do espírito*).

2. *Explique a diferença entre* explicar *e* compreender, *tal como entendia Dilthey.*

A diferença entre *explicar* e *compreender* reside no tipo de tratamento dado aos fenômenos estudados: enquanto *explicar* consiste em analisar os elementos que compõem as realidades estudadas e em identificar as causas que levam esses elementos a produzir seus efeitos correspondentes (em termos de leis ou regularidades), *compreender* consiste em tratar dos fenômenos em seus conjuntos, quer dizer, em unidades maiores e produtoras de novos sentidos exatamente como conjuntos. Dilthey atribuía a explicação às ciências naturais e reservava a compreensão às ciências humanas.

3. *Considere o caso da Psicologia como exemplo que explica a diferença entre* explicar *e* compreender.

A Psicologia pode concentrar-se apenas nos aspectos causais das experiências humanas, buscando mostrar por que elas ocorrem e baseando-se em um modelo explicativo segundo o qual uma experiência gera sempre determinadas consequências. O trabalho do psicólogo poderá encontrar essas relações de causa e efeito; sua psicologia será, então, uma ciência explicativa e natural. Mas a Psicologia também pode ser descritiva e analítica, isto é, pode tratar o ser humano como um conjunto de fatores bioquímico-físicos (constituição corpórea), psíquicos (vivências perceptivas e emocionais) e espirituais (vivências de pensamento reflexivo e de liberdade). O trabalho do psicólogo, de acordo com essa segunda metodologia, será encontrar ligações entre as experiências, além de ver a experiência no singular (a experiência de uma pessoa), sem interpretá-la como apenas mais um caso das relações entre causa e efeito do psiquismo. Pode considerar também as influências tanto naturais quanto sociais sobre as pessoas e descrever as conexões espontâneas que aparecem na sua experiência como fontes de sentido não necessariamente preestabelecidas. Trata-se da visão da pessoa como ser que pode operar com seus condicionamentos e participar do sentido dado à própria existência. De acordo com esse modelo, a Psicologia será uma ciência humana.

4. *Explique por que Herbert Marcuse pode ser tomado como um representante do modo como a Escola de Frankfurt se relaciona com o Iluminismo ou a razão iluminista.*

Porque, segundo Marcuse, embora seja impossível negar o ganho que as luzes do pensamento moderno trouxeram à Humanidade (por exemplo, com a ideia de uso individual da razão, de valor universal do ser humano, de universalidade da experiência, de capacidade de sempre melhorar etc.), é preciso reconhecer que junto dessas luzes vieram também sombras (como o resultado da manipulação em massa dos indivíduos, a perda da paixão como algo essencialmente ligado à razão, a transformação do prazer em um aspecto apenas secundário da vida e um motor do consumo de bens materiais).

EXERCÍCIOS COMPLEMENTARES (p. 365)

1. *Dissertação A*

A estratégia proposta para a dissertação (contrapor o racionalismo e o empirismo considerando o pensamento cartesiano como tese, o pensamento humiano como antítese e a filosofia kantiana como síntese) permite concentrar a atenção não apenas nos fundamentos do racionalismo e do empirismo, mas sobretudo na filosofia crítico-transcendental de Kant. Espera-se que os estudantes beneficiem-se das orientações dadas na página 106 e problematizem o racionalismo (ênfase na prioridade da razão ou das potencialidades anímicas no conhecimento) por meio da postura empirista (ênfase na origem do conhecimento na ativação dos cinco sentidos), concluindo com a "síntese" kantiana que inclui tanto a importância das potencialidades do sujeito (categorias do entendimento) como a necessidade da base experiencial-empírica (as formas da sensibilidade) e resulta na concepção do sujeito transcendental.

2. *Dissertação B*

Como em uma dissertação de síntese filosófica o objetivo é tornar claras as articulações feitas no tratamento de um tema, é importante lembrar que o fio condutor da apresentação da concepção de conhecimento de Wittgenstein e Husserl, tal como feita neste capítulo, é o compromisso com uma "estrutura" subjetiva (uma alma, consciência, pensamento, subjetividade). Wittgenstein fixa-se na linguagem como modo de ser tipicamente humano e, nesse sentido, não se compromete com a afirmação de algo como uma subjetividade (consciência, alma, pensamento). Husserl, por sua vez, vê sentido em comprometer-se com a afirmação da subjetividade, pois lhe parecia coerente investigar as capacidades ou potencialidades dadas pela "natureza humana" para a atividade de perceber/conhecer (e mesmo para servir-se da linguagem). Espera-se, então, que os estudantes, beneficiando-se das orientações fornecidas na página 138, apresentem esse fio condutor e as razões que levaram Wittgenstein a tirar o foco da subjetividade na análise do conhecimento (respeito ao mundo tal como o mundo se mostra na linguagem), bem como as razões de Husserl para manter o foco da análise do conhecimento nas condições subjetivas (consideração das potencialidades humanas e concepção da consciência não como polo que representa o mundo, mas polo de uma relação presente com aquilo que é conhecido).

3. *Dissertação C*

Espera-se que os estudantes, inspirando-se nas orientações dadas na página 106, reproduzam à sua maneira os pensamentos de Thomas Kuhn e Karl Popper em relação à natureza do conhecimento científico, chegando à "conciliação" ou "síntese" de ambos no pensamento de Imre Lakatos. Assim, o fio condutor que articula os três momentos é o tema da objetividade do conhecimento científico: se em Kuhn não há objetividade ou pontos de vista neutros (tese), em Popper defende-se o encontro de uma objetividade pela possibilidade de falsear enunciados (antítese); longe, porém, de serem posições contraditórias, os trabalhos de Kuhn e Popper mostram-se conciliáveis ou mesmo complementares, como fez Lakatos (síntese) ao mostrar que, se Kuhn compreendia que a ciência progride por refutação de projetos de pesquisa, então o princípio da falseabilidade de Popper é preservado.

4. Pesquisa

O objetivo da atividade é pôr os estudantes em contato com maneiras variadas de conceber as ciências humanas por meio da observação dos modos como algumas universidades apresentam seus cursos nessa área. As variações resultam da complexidade do objeto das ciências humanas: o ser humano, tanto em nível individual como grupal. Entram em jogo, portanto, não apenas concepções de Ciência, mas do que é o próprio ser humano.

5. Comparação

Os vídeos propostos aqui almejam ilustrar as diferentes concepções de Ciência tal como apresentadas neste livro. Espera-se que os estudantes, comparando os vídeos, identifiquem elementos conceituais levantados neste capítulo, especialmente no item 5 (*O conhecimento nas ciências naturais*) relacionado ao vídeo do professor Murray Gell-Mann e no item 6 (*O conhecimento nas ciências humanas*) relacionado ao vídeo dos professores de Ciências Sociais da Fundação Getúlio Vargas. Nesse contexto, é importante perceber também a especificidade e autonomia da Filosofia (vídeo da professora Marilena Chaui).

PROPOSTA DE ATIVIDADE COMPLEMENTAR

Apresente aos estudantes o quadro *A condição humana*, de 1933, pintado por René Magritte (Disponível em: <http://classconnection.s3.amazonaws.com/262/flashcards/705262/jpg/803464d1329445063426.jpg>. Acesso em: 16 abr. 2016.). Solicite que eles comentem o quadro com base no texto que segue:

Percepção: uma leitura do mundo

Jean-François Dortier

Nossos olhos não são uma simples janela transparente para o mundo. Ver não é somente ser sensível às informações vindas do mundo exterior, mas é também selecioná-las, organizá-las e interpretá-las em função de nossos esquemas mentais. Trata-se de uma percepção que pode ser descrita em três grandes etapas.

Imaginemos a seguinte cena como se ela acontecesse em um laboratório de Psicologia. Um psicólogo pergunta a uma pessoa: "O que você vê sobre a mesa?".

– Um livro.

– Sim, naturalmente; é um livro. Mas o que você vê de verdade?

– O que você quer dizer com essa pergunta? Eu já disse que vejo um livro, um pequeno livro vermelho com uma capa vermelha.

O psicólogo insiste:

– Qual é realmente a sua percepção? Peço que você a descreva com a maior precisão possível.

– Você quer dizer que isso não é um livro? Então é o quê? Uma armadilha?

A pessoa começa a ficar impaciente.

– Sim, é um livro; não há nenhuma armadilha aqui. O que eu quero é que você me descreva exatamente aquilo que você observa, nem mais nem menos.

Desconfiada, a pessoa entrevistada responde:

– Bem... Daqui de onde eu vejo, a capa parece um paralelogramo vermelho escuro.

Essa cena foi imaginada pelo psicólogo George Miller, um dos pais da psicologia cognitiva, a fim de mostrar como funciona o ato de percepção. Espontaneamente, simplesmente olhando, cremos ver um livro sobre a mesa. Na realidade, o que percebemos é um retângulo vermelho sobre um fundo cinza (a cor da mesa), mas sabemos que se trata de um livro. Assim, damo-nos conta de que uma interpretação dos dados visuais se sobrepõe à percepção; e que no ato da percepção a pura sensação se mistura já com a consciência.

DORTIER, J.-F. La perception, une lecture du monde. *Revue des Sciences Humaines*, n. 7, p. 22, 2007. (A percepção, uma leitura do mundo. Tradução nossa.)

De acordo com o texto de Jean-François Dortier, perceber é fazer uma "leitura" da realidade, e não somente observá-la passivamente. Nessa "leitura" há três processos que não ocorrem necessariamente um depois do outro, mas sim ao mesmo tempo. Acontece a sensação (percepção sensível ou experiência sensorial): graças à nossa "aparelhagem" cognitiva (órgãos físicos, sistema nervoso, cérebro), identificamos características do mundo exterior; por exemplo, a cor do livro (vermelho), a luminosidade (vermelho escuro), a cor da mesa (cinza) etc. Simultaneamente, acontece a experiência propriamente perceptiva: nossa "aparelhagem" cognitiva agrupa os elementos mais próximos e identifica formas geométricas; por exemplo, percebemos os pontos mais próximos e falamos de retângulo, paralelogramo etc. Ao mesmo tempo, dá-se a atividade cognitiva: interpretamos as formas de acordo com dados que nossa cultura nos transmite; é por isso que a pessoa entrevistada associa com um livro o paralelogramo ou o conjunto de pontos que ela vê.

TEXTOS COMPLEMENTARES E DE APROFUNDAMENTO

O filósofo francês Gaston Bachelard, especialista nos debates da primeira metade do século XX em torno da identidade da ciência, propõe uma explicação para o estabelecimento de verdades objetivas. Sua posição lembra fortemente a de David Hume, que discutia o conhecimento sob a perspectiva da nossa disposição a operar com hábitos e pressupunha, portanto, um olhar ao mesmo tempo voltado para o passado, pois os hábitos se constroem, e para o futuro, pois, ao conhecer, os seres humanos creem que os fenômenos se comportarão do mesmo modo como se comportaram no passado.

Hume, no entanto, insistia que a crença no comportamento futuro dos fenômenos não é garantida por nada; afinal, por exemplo, pode ser o caso de que o Sol não nascerá amanhã. Gaston Bachelard, de certo modo, concorda com Hume, mas não vê sentido em afirmar que nada garante que os fenômenos não adotarão o mesmo comportamento no futuro. Essa afirmação seria tão injustificada como a crença na regularidade dos fenômenos. Em vez disso e sem afirmar nem que os fenômenos se comportarão do mesmo modo nem que nada garante que eles não se comportarão do mesmo modo, Bachelard prefere falar de um "mistério do real" (da realidade), mas não no sentido de algo que não pode ser conhecido, e sim como algo que pode ser investigado sempre mais, nunca vindo a ser esgotado. O passado, desse ponto de vista, mostra-se como fonte de conhecimento, principalmente porque permite identificar e superar erros.

O conhecimento e os olhos voltados para o passado
Gaston Bachelard

O conhecimento do real é luz que sempre projeta algumas sombras. Nunca é imediato e pleno. As revelações do real são recorrentes. O real nunca é "o que se poderia achar", mas é sempre "o que se deveria ter pensado". O pensamento empírico torna-se claro *depois*, quando o conjunto de argumentos fica estabelecido. Ao retomar um passado cheio de erros, encontra-se a verdade num autêntico arrependimento intelectual. No fundo, o ato de conhecer dá-se contra um conhecimento anterior, destruindo conhecimentos mal estabelecidos, superando o que, no próprio espírito, é obstáculo à espiritualização.

A ideia de partir do zero para fundamentar e aumentar o próprio acervo só pode vingar em culturas de simples justaposição, em que um fato conhecido é imediatamente uma riqueza. Mas, diante do mistério do real, a alma não pode, por decreto, tornar-se ingênua. É impossível anular, de um só golpe, todos os conhecimentos habituais. Diante do real, aquilo que cremos saber com clareza ofusca o que deveríamos saber. Quando o espírito se apresenta à cultura científica, nunca é jovem. Aliás, é bem velho, porque tem a idade de seus preconceitos. Aceder à ciência é rejuvenescer espiritualmente, é aceitar uma brusca mutação que contradiz o passado.

BACHELARD, G. *A formação do espírito científico*. Tradução Estela dos Santos Abreu. Rio de Janeiro: Contraponto, 1996. p. 17-18.

De acordo com Henri Bergson, nem todos somos artistas; e nosso conhecimento é, em geral, menos profundo do que o conhecimento dos artistas, pois quem não é artista está acostumado a perceber somente aquilo que é necessário para viver, estabelecendo um intermediário entre si mesmo e a realidade: o intermediário do interesse. Dessa perspectiva, é possível aprender com os artistas a refinar nossa percepção, entrando em relação direta (sem intermediários) com a realidade:

A percepção do artista pode melhorar nossa percepção cotidiana
Henri Bergson

Qual é o objeto da arte? Se a realidade viesse tocar diretamente nossos sentidos e nossa consciência, se nós pudéssemos entrar em comunicação imediata com as coisas e com nós mesmos, então a arte seria inútil; ou, então, todos nós seríamos artistas, pois nossa alma vibraria continuamente em uníssono com a Natureza. Nossos olhos, ajudados pela nossa memória, recortariam quadros inimitáveis no espaço e os fixariam no tempo. Nosso olhar colheria, esculpindo para nós no mármore vivo do corpo humano, fragmentos de estátuas tão belos quanto aqueles do estatuário antigo. [...] Tudo isso está em torno de nós; e, no entanto, nada disso é percebido distintamente por nós. O que eu diria sobre o que há entre a natureza e nós? Há um véu que se interpõe, véu espesso para o comum dos mortais, mas fino e leve, quase transparente, para os artistas e os poetas. Qual fada teceu esse véu? Ela fez isso por maldade ou por amizade? Era preciso viver... E a vida exige que nós apreendamos as coisas na relação que elas têm com nossas necessidades. Viver significa agir.

BERGSON, H. *Le rire*. Paris: PUF, 1997. p. 115. (O riso. Tradução nossa.)

SUGESTÕES BIBLIOGRÁFICAS

ALFIERI, F. *Pessoa humana e singularidade em Edith Stein*. Tradução Clio Francesca Tricarico. São Paulo: Perspectiva, 2014.

ALVES-MAZZOTTI, A. J.; GEWANDSZNAJDER, F. *O método nas ciências naturais e sociais*: pesquisa quantitativa e qualitativa. São Paulo: Pioneira, 1999.

BACHELARD, G. *A formação do espírito científico*. Tradução Estela dos Santos Abreu. Rio de Janeiro: Contraponto, 1996.

BERGSON, H. *O riso*. Tradução Ivone C. Benedetti. São Paulo: Martins Fontes, 2004.

BUNNIN, N.; TSUI-JAMES, E. P. (Orgs.). *Compêndio de Filosofia*. Tradução Luiz Paulo Rouanet. São Paulo: Loyola, 2002.

BURKE, P. *Uma história social do conhecimento*. Tradução Denise Bottmann. Rio de Janeiro: Zahar, 2002. 2 v.

DE MURALT, A. *Metafísica do fenômeno*: as origens medievais e a elaboração do pensamento fenomenológico. Tradução Paula Martins. São Paulo: Editora 34, 1998.

FAUSTINO, S. *Wittgenstein*: o eu e sua gramática. São Paulo: Ática, 1995.

HABERMAS, J. *Conhecimento e interesse*. Tradução Luiz Repa. São Paulo: Unesp, 2014.

RIBEIRO DE MOURA, C. A. *Crítica da razão na fenomenologia*. São Paulo: Edusp/Nova Stella, 1989.

UNIDADE 3 A FILOSOFIA E SUA HISTÓRIA

Chaves de leitura para o estudo de História da Filosofia

O objetivo da Unidade 3 é oferecer alguns dados históricos e historiográficos atualizados que permitam obter uma visão de conjunto da História da Filosofia, de acordo com a divisão tradicional da História nos períodos Antigo, Medieval, Renascentista, Moderno e Contemporâneo, sem subscrever propriamente essa divisão e sem sugerir a ideia de que as concepções filosóficas possuem desenvolvimento linear.

Com efeito, no tocante à divisão tradicional dos períodos históricos, ela não é a única maneira de dividir a História da Humanidade, nem certamente hoje a mais indicada. Basta pensar, por exemplo, que a palavra *moderna*, em nosso vocabulário cotidiano, faz pensar no período em que vivemos; nós nos consideramos modernos, não antigos nem medievais... Além disso, só em contextos mais "técnicos" fala-se de *Contemporaneidade*. Mas, na escrita historiográfica, a palavra *moderna* refere-se aos séculos XVI-XVIII, pois essa divisão foi criada no século XVIII, quando aqueles que a propuseram consideravam-se precisamente modernos. Posteriormente, para marcar a diferença entre o nosso período e o período dos séculos XV-XVIII ou XVI-XVIII, criou-se a expressão *história contemporânea* ou *Contemporaneidade*, quer dizer, o momento histórico do nosso tempo. Esse é só um exemplo de dificuldade. Outro poderia ser o seguinte: como falar de História Antiga e de História Medieval para o mundo todo, se não houve propriamente nem período antigo nem Idade Média nos continentes não europeus?

Diante de dificuldades como essas surgiram outras propostas de dividir os períodos históricos, como o trabalho marxista, que classifica os modos de vida dos diferentes grupos sociais tomando por base a maneira como eles produzem sua subsistência, o seu modo de produção. Essa classificação permite identificar sociedades muito diferentes coexistindo ao mesmo tempo e, muitas vezes, no mesmo espaço: há grupos que praticam o que os marxistas chamam de modo de produção comunitário (produção em conjunto, divisão comum dos bens produzidos etc.), enquanto outras vivem no modo de produção capitalista (industrialização, mercado, mundo financeiro etc.). Considerando essas diferenças, o que significaria dizer que essas sociedades são "contemporâneas"? Só significa que estão no mesmo tempo cronológico (que, no fundo, tem um forte componente de convenção). Às vezes, essas sociedades não têm nada em comum quanto ao estilo de vida. Obviamente, uma comparação entre elas não permite dizer que uma é melhor ou pior do que a outra, pois tudo depende de como cada sociedade é estruturada e de como cada grupo dá sentido à própria existência. Além disso, do ponto de vista da classificação marxista, o Japão continuou com o modo de produção feudal até praticamente o século XIX, o que dificultaria chamá-lo de "medieval" ou afirmar que a Idade Média continuou até o século XIX. Porém, como a maioria dos livros de História e de História da Filosofia adotam a classificação tradicional nos períodos Antigo, Medieval, Renascentista, Moderno e Contemporâneo, este livro, alertando para a fragilidade dessas etiquetas metodológicas, também adota tal classificação, com o objetivo de simplesmente facilitar a comunicação.

No que toca ao tratamento histórico dos temas filosóficos e à suposição de que eles possuem desenvolvimento linear, vários aspectos merecem ser ressaltados. Um deles consiste no que Henri Bergson (2006), na Introdução da obra *O pensamento e o movente*, chamou de "efeito retroativo da afirmação do verdadeiro" ou "movimento retroativo do verdadeiro": dito de modo simplificado e bastante geral, trata-se da atitude dos filósofos ou filósofas que, ao produzir sua filosofia, muitas vezes "constroem" a tradição com a qual querem pôr-se em continuidade ou com a qual querem romper. Numa palavra, os filósofos costumam "projetar" sua visão filosófica para o passado, seja para identificá-la em autores que os precederam, seja para dizer que sua visão é original e sem precedentes. Ocorre, porém, que essa "licença filosófica" (ao modo de uma licença poética) não permite afirmar que aquilo que é identificado ou negado no passado realmente existiu ou não existiu. As projeções se devem ao modo como os filósofos interpretam o passado e, nesse sentido, são perfeitamente legítimas. Cabe, porém, a quem estuda a História da Filosofia, sobretudo com os recursos mais atualizados e que estão à disposição de todos no momento presente, distinguir o que, de fato, corresponde ao passado e o que é projeção sobre o passado. Alguns exemplos são bastante conhecidos: nem tudo o que Tomás de Aquino encontra nos textos de Aristóteles corresponde ao que o Estagirita realmente pensou e escreveu; Hegel diz que Heráclito é o criador da dialética, mas hoje se sabe que a dialética de Heráclito é bastante diferente da dialética hegeliana; Nietzsche identifica uma oposição entre o espírito apolíneo e o espírito dionisíaco em Platão, mas hoje se sabe que Platão não os opôs; Wittgenstein pretendeu edificar sua filosofia da linguagem sobre a recusa do modelo representacionista de Agostinho de Hipona, embora hoje se saiba que há claros elementos de intersubjetividade na concepção agostiniana da linguagem; Deleuze afirma que sua concepção da diferença já estava em Duns Escoto, entendido como pensador da extrema individualidade, sem nada de universal, quando, na verdade, embora acentuasse a individualidade, Escoto supunha universalidades. Tantos outros exemplos poderiam ser aqui citados. Mas o fato de Tomás de Aquino, Hegel, Nietzsche, Wittgenstein e Deleuze terem fundado suas afirmações mais sobre "projeções" do que em "dados" que correspondem realmente à "verdade" histórica não diminui em nada a importância e a grandiosidade das filosofias produzidas por eles sobre a base dessas "projeções". Dificilmente alguém poria em questão o valor filosófico do que fez Tomás sobre a base do "seu" Aristóteles, nem da filiação de Hegel a Heráclito ou da refinada crítica da cultura e da Filosofia produzida por Nietzsche sobre a base do que teria sido a oposição entre espírito apolíneo e dionisíaco, nem a filosofia da linguagem elaborada por Wittgenstein a partir de um caráter estritamente representacionista em Agostinho, tal como o filósofo austríaco supunha, ou ainda da filosofia da diferença de Deleuze, construída sobre sua leitura particular de Duns Escoto.

Em contrapartida, é certo que, quanto mais dispõem de dados históricos e historiográficos atualizados e assentados entre os especialistas, melhores "projeções" os filósofos operam sobre o passado. A esse respeito, Michel Foucault (apesar de alguns deslizes históricos), Giorgio Agamben e Georges Didi-Huberman são casos exemplares. No entanto, mais do que avaliar o trabalho dos filósofos, a percepção do movimento retroativo do verdadeiro permite esclarecer que os temas, as questões e os conceitos não possuem história linear. Aliás, nem sempre os filósofos falam das mesmas coisas, ainda que usando o mesmo vocabulário ou um conceito expresso por um mesmo nome. Dessa perspectiva, estudar História da Filosofia torna-se algo muito mais estimulante e vivo do que se fosse a identificação de uma galeria de pensadores e pensamentos mortos, retomados ou abandonados hoje. Ainda, pensadores "passados" podem mostrar-se perfeitamente "presentes" quando se constata que os aspectos antes considerados "passados" não correspondem exatamente ao que pensaram esses filósofos e que, muitas vezes, tais aspectos não apenas permanecem no pensamento de outros filósofos, mas continuam válidos por si mesmos. O desenvolvimento extraordinário que os estudos de História da Filosofia receberam no século XX expandiu consideravelmente o horizonte desse tipo de pesquisa (e a comunidade filosófica brasileira, nesse quesito, dá exemplos impactantes de especializações respeitadas no mundo todo). É na direção dessa expansão de horizonte que procuram ir as chaves de leitura oferecidas na Unidade 3.

Em correspondência com a atenção ao movimento retroativo do que se considera verdadeiro, cabe lembrar que a História da Filosofia não é composta de problemas fundacionais ou "arquiproblemas" que, uma vez elaborados, seriam sempre os mesmos a receberem tratamento dos diferentes filósofos ao longo dos tempos. Como já foi dito acima, nem sempre o conceito de um filósofo precedente é retomado de fato por filósofos que utilizam o mesmo termo, já que podem operar com um conceito diferente. Um caso cada vez mais claro para os especialistas é o conceito de *ser*: embora Heidegger diga referir-se ao mesmo conceito que possui esse nome em Platão, Aristóteles e outros, discute-se hoje se Heidegger realmente se referia ao mesmo conceito tal como ele aparece em Platão e Aristóteles, ainda que o nome *ser* seja o mesmo na obra do filósofo alemão e dos filósofos por ele criticados. Pode-se mesmo discutir se Heidegger entendeu corretamente (do ponto de vista histórico-filosófico, quer dizer, do sentido dado pelos autores em suas obras) os conceitos platônico e aristotélico de *ser*. Tal descompasso aponta para a possibilidade de pensar que, em Heidegger, mesmo o conceito que ele identificava nos filósofos antigos corresponde a um conceito diferente daquele empregado por eles. Não haveria, então, uma continuidade direta entre eles e o pensador alemão. Em outras palavras, o "ser" de Platão e Aristóteles não seria exatamente o mesmo investigado por Heidegger. Dessa perspectiva, mais do que um desenvolvimento linear, a História da Filosofia parece ser o conjunto de filosofias que se retomam entre si, se distanciam, refazem caminhos já percorridos, abrem novos caminhos.

Considerando esses aspectos, a Unidade 3 *apresenta* chaves de leitura distribuídas metodologicamente de modo a ressaltar algumas especificidades exploradas nos diferentes períodos filosóficos, sem insinuar que tais períodos constituam "tendências". Eles são, na realidade, formas de reunir filósofos ou filosofias que, apesar de revelarem elementos comuns, guardam singularidades típicas de cada pensador. A unidade encerra-se com algumas indicações para o estudo da Filosofia no Brasil. A esse respeito, é importante distinguir entre, de um lado, a Filosofia e sua história *no* Brasil (a História da Filosofia no sentido da narrativa histórica, próxima à História das Ideias, e não no sentido técnico-filosófico da História da Filosofia) e, de outro, a Filosofia *do* Brasil, tal como se tem tornado comum dizer (por exemplo, por Paulo Margutti [2013] e Ricardo Timm de Souza [2013][1]). A Filosofia *no* Brasil não se reduz à prática filosófica acadêmica, tipicamente nascida no século XX. Ela merece ser inserida no contexto latino-americano mais amplo, remontando à Escolástica colonial, tal como pesquisas recentes têm demonstrado (ver referências a seguir). Sobre a filosofia *do* Brasil ou a tentativa de identificar um ou mais modos de "pensar" filosoficamente o Brasil, o debate é de extrema complexidade e requer cuidado redobrado, porque corre-se o risco de, por um lado, transformar uma realidade tão variada como a de nosso país em algo como uma substância metafísica ou em uma essência e, por outro, de acentuar particularismos e elevá-los à categoria de

[1] A ideia de uma "filosofia do Brasil" não é recente. Não se pode deixar de evocar o debate ocorrido nos anos 1960 em torno do livro *Consciência e realidade nacional*, de Álvaro Vieira Pinto (1960), principalmente com a análise detalhada e a refutação do projeto de Vieira Pinto por parte de Henrique C. de Lima Vaz (1962), que explicitava as consequências totalitárias e fascistas da ideia de realidade nacional. Cf. também Lebrun (1962).

representantes de uma "cultura nacional" (ato que pode incorrer explicitamente em uma generalização indevida e também em uma substancialização metafísica da "cultura brasileira" ou da "identidade nacional"). O limite entre a identificação de unidades culturais brasileiras e a afirmação injustificada de uma cultura nacional é muito tênue. A respeito desse debate, são bastante esclarecedoras as ideias de Paulo Margutti (2013), Ricardo Timm de Souza (2013), Renato Ortiz (1998) e Eduardo Viveiros de Castro (1996, 2015).

SUGESTÕES BIBLIOGRÁFICAS

ARIEL PORTA, M. G. Filosofia e História da Filosofia. *Cognitio*: Estudos, v. 8, n. 2, p. 141-148, 2011. Disponível em: <http://revistas.pucsp.br/index.php/cognitio/article/viewFile/9924/7381>. Acesso: 15 abr. 2016.

BERGSON, H. *O pensamento e o movente*. Tradução Bento Prado Neto. São Paulo: Martins Fontes, 2006. cap. 1. Introdução, Primeira parte.

CARVALHO, M.; SANTOS, M. Debate com Marilena Chaui, João Carlos Salles e Marcelo Guimarães. In: CARVALHO, M.; DANELON, M. *Filosofia*: Ensino Médio. Brasília: MEC/ Secretaria de Educação Básica. p. 13-44. (Coleção Explorando o Ensino). v. 14. Disponível em: <http://portal.mec.gov.br/index.php?option=com_dcman&view=download&alias=7837-2011-filosofia-capa-pdf&category_slug=abril-2011-pdf&Itemid=30192>. Acesso em: 15 abr. 2016.

FABBRINI, R. N. O ensino de Filosofia: a leitura e o acontecimento. *Trans/Form/Ação*, v. 28, n. 1, p. 7-27, 2005. Disponível em: <http://www.scielo.br/pdf/trans/v28n1/29404.pdf>. Acesso em: 15 abr. 2016.

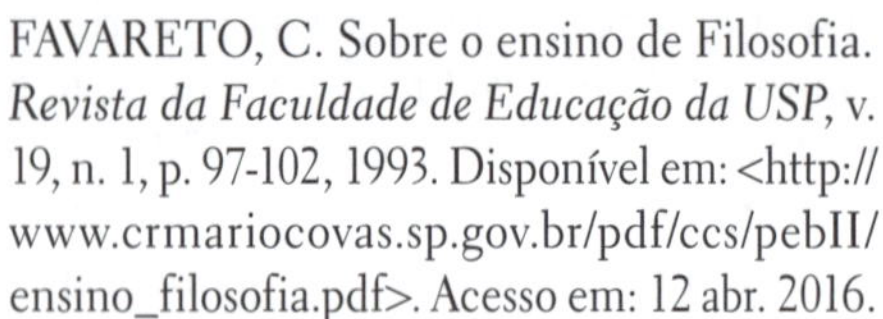

FAVARETO, C. Sobre o ensino de Filosofia. *Revista da Faculdade de Educação da USP*, v. 19, n. 1, p. 97-102, 1993. Disponível em: <http://www.crmariocovas.sp.gov.br/pdf/ccs/pebII/ensino_filosofia.pdf>. Acesso em: 12 abr. 2016.

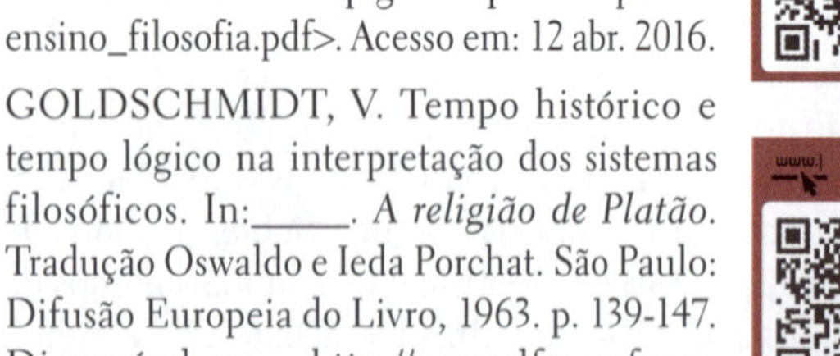

GOLDSCHMIDT, V. Tempo histórico e tempo lógico na interpretação dos sistemas filosóficos. In:_____. *A religião de Platão*. Tradução Oswaldo e Ieda Porchat. São Paulo: Difusão Europeia do Livro, 1963. p. 139-147. Disponível em: <http://www.dfmc.ufscar.br/uploads/documents/5078a0dc6a473.pdf>. Acesso em: 12 abr. 2016.

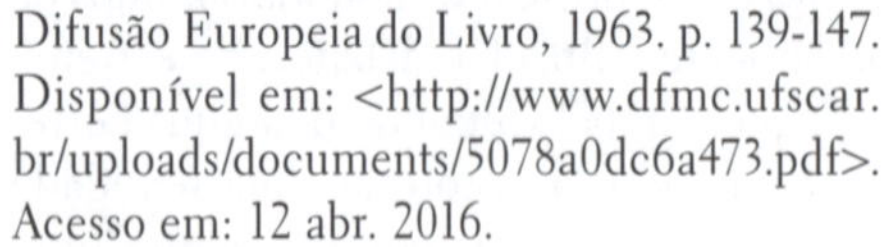

LEBRUN, G. Por que filósofo? *Estudos Cebrap*, n. 15, p. 148-153, 1976. Disponível em: <http://cebrap.org.br/bibliotecavirtual/arquivos/por_que_filosofo_e.pdf>. Acesso em: 15 abr. 2016.

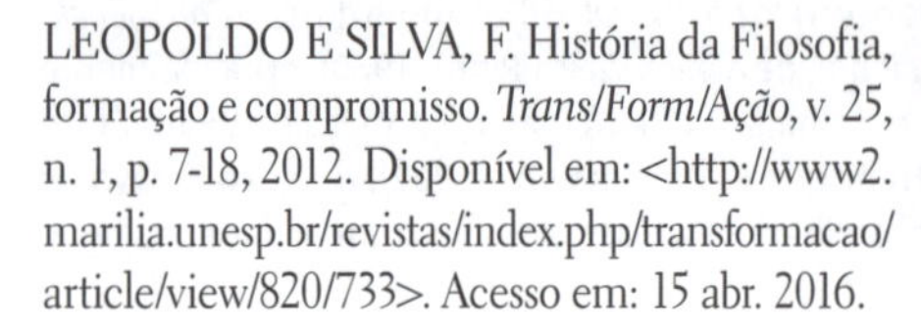

LEOPOLDO E SILVA, F. História da Filosofia, formação e compromisso. *Trans/Form/Ação*, v. 25, n. 1, p. 7-18, 2012. Disponível em: <http://www2.marilia.unesp.br/revistas/index.php/transformacao/article/view/820/733>. Acesso em: 15 abr. 2016.

Sobre a Filosofia no Brasil e o que se começa a chamar de filosofia "do" Brasil, sugerem-se:

ARANTES, P. E. *Um departamento francês de ultramar*. São Paulo: Paz e Terra, 1994.

CULLETON, A. Tomás de Mercado on Slavery: Just According to Law, Unjust in Practice. *Patristica et Mediaevalia*, v. 36, p. 29-38, 2015. [Tomás de Mercado sobre a escravidão: de acordo com a lei, em desacordo com a prática]

FRANCO, R. *O probabilismo na Scholastica Colonialis segundo Diego de Avendaño*. Dissertação (Mestrado em: Filosofia)-Faculdade de Filosofia, Universidade do Vale do Rio dos Sinos, São Leopoldo, RS, 2012. Disponível em: <http://www.repositorio.jesuita.org.br/handle/UNISINOS/2996>. Acesso em: 22 abr. 2016.

HOFFMEISTER PICH, R.; CULLETON, A. (Orgs). *Scholastica colonialis*: Reception and Development of Baroque Scholasticism in Latin America, 16th-18th Centuries / *Scholastica coloniali*: Recepción y desarrollo de la escolástica barroca en América Latina, siglos 16 a 18. Turnhoult: Brépols, 2016.

JAIME, J. *História da Filosofia no Brasil*. Petrópolis: Vozes, 2012. 4 v.

LEBRUN, G. A realidade nacional e seus equívocos. *Revista Brasiliense*, Brasília, n. 44, p. 42-62, 1962.

LIMA VAZ, H. C. Consciência e realidade nacional [Sobre o livro de Álvaro Vieira Pinto]. *Síntese*, Belo Horizonte, v. 4, p. 92-109, 1962. Disponível em: <http://faje.edu.br/periodicos2/index.php/Sintese/article/view/3186/3266>. Acesso: 24 maio 2016.

MARGUTTI, P. *História da filosofia do Brasil*. São Paulo: Loyola, 2013.

ORTIZ, R. *Cultura brasileira e identidade nacional*. São Paulo: Perspectiva, 1998.

SCHOLASTICA colonialis. Projeto internacional sediado no Brasil para estudo das formas de pensamento filosófico desenvolvidas na América colonial. Disponível em: <http://www.scholasticacolonialis.com>. Acesso em: 22 abr. 2016.

TIMM DE SOUZA, R. *O Brasil filosófico*. São Paulo: Perspectiva, 2013.

VIEIRA PINTO, A. *Consciência e realidade nacional*. Rio de Janeiro: ISEB, 1962.

VIVEIROS DE CASTRO, E. *Metafísicas canibais*. São Paulo: Cosac Naify, 2015.

BIBLIOGRAFIA CONSULTADA E RECOMENDADA NO MANUAL DO PROFESSOR[1]

AGOSTINHO DE HIPONA. *A vida feliz*. Tradução Nair A. Oliveira. São Paulo: Paulus, 1998.

ALBARNOZ, S. G. (Org.). *A Filosofia e a felicidade*. Florianópolis: EDUNISC, 2004.

ALFIERI, F. *Pessoa humana e singularidade em Edith Stein*. Tradução Clio F. Tricarico. São Paulo: Perspectiva, 2014.

ALMEIDA JÚNIOR, J. B. A avaliação em Filosofia. *Princípios*, v. 12, p. 145-156, 2005. Disponível em: <http://www.principios.cchla.ufrn.br/arquivos/17-18P-145-156.pdf>. Acesso em: 19 abr. 2016.

ALMEIDA, G. A. Perspectivas da Filosofia no Brasil do ponto de vista de um scholar. *Kriterion*, Belo Horizonte, v. 129, p. 411-416, 2014.

ALMEIDA, J. M. (Org.). *Subjetividade*, Filosofia e Cultura. São Paulo: Liber Ars, 2011.

ALVES-MAZZOTTI, A. J.; GEWANDSZNAJDER, F. *O método nas ciências naturais e sociais*: pesquisa quantitativa e qualitativa. São Paulo: Pioneira, 1999.

ARANTES, P. E. et al. *A filosofia e seu ensino*. 2. ed. São Paulo: Vozes/Educ, 1995.

ARANTES, P. E. *Um departamento francês de ultramar*. São Paulo: Paz e Terra, 1994.

ARAÚJO DE OLIVEIRA, M. *A religião na sociedade urbana e pluralista*. São Paulo: Paulus, 2009.

ARENDT, H. *Entre o passado e futuro*. Tradução Mauro W. Barbosa de Almeida. São Paulo: Perspectiva, 1972.

ARIEL PORTA, M. G. Filosofia e História da Filosofia. *Cognitio*: Estudos, v. 8, n. 2, p. 141-148, 2011. Disponível em: <http://revistas.pucsp.br/index.php/cognitio/article/viewFile/9924/7381>. Acesso: 15 abr. 2016.

AZAR FILHO, C. M.; CUNHA RIBEIRO, L. A. *Para que Filosofia?* Um guia de leitura para o Ensino Médio. Rio de Janeiro: Nau, 2014.

BACHELARD, G. *A formação do espírito científico*. Tradução Estela dos Santos Abreu. Rio de Janeiro: Contraponto, 1996.

BERGSON, H. *O pensamento e o movente*. Tradução Bento Prado Neto. São Paulo: Martins Fontes, 2006. cap. 1. Introdução, Primeira parte.

BERGSON, H. *O riso*. Tradução Ivone C. Benedetti. São Paulo: Martins Fontes, 2004.

BERLENDIS FIGUEIREDO, V. Falta debate. *Kriterion*, Belo Horizonte, v. 129, p. 417-424, 2014.

BITPOL, M. *La conscience a-t-elle une origine?* Des neurosciences à la pleine conscience: une nouvelle approche de l'esprit. Paris: Flammarion, 2014.

BJÖRK. *All is Full of Love*. Londres: One Little Indian, 1997.

BRASIL. Ministério da Educação. Secretaria de Educação Básica. *Orientações Curriculares*

[1] Para os casos de material disponibilizado na Internet, os respectivos links são indicados na página em que se dá sua referência neste Manual do Professor.

para o Ensino Médio. v. 3: Ciências Humanas e suas Tecnologias. Brasília: MEC/SEB, 2006. Disponível em: <http://portal.mec.gov.br/seb/arquivos/pdf/book_volume_03_internet.pdf>. Acesso em: 19 abr. 2016.

BRASIL. Ministério da Educação. Secretaria de Educação Básica. *Parâmetros Curriculares Nacionais para o Ensino Médio*. Brasília: MEC/SEB, 1999. Disponível em: <http://portal.mec.gov.br/seb/arquivos/pdf/cienciah.pdf>. Acesso em: 19 abr. 2016.

BOFF, C. *O livro do sentido:* crise e busca de sentido hoje. São Paulo: Paulus, 2015. Parte crítico-analítica.

BORNHEIM, G. *Introdução ao filosofar*. São Paulo: Globo, 2009.

BUNNIN, N.; TSUI-JAMES, E. P. (Orgs.). *Compêndio de Filosofia*. Tradução Luiz Paulo Rouanet. São Paulo: Loyola, 2002.

BURKE, P. *Uma história social do conhecimento*. Tradução Denise Bottmann. Rio de Janeiro: Zahar, 2002. 2 v.

CERLETTI, A. *O ensino de filosofia como problema filosófico*. Belo Horizonte: Autêntica, 2009.

CARVALHO, M.; SANTOS, M. Debate com Marilena Chaui, João Carlos Salles e Marcelo Guimarães. In: CARVALHO, M.; DANELON, M. *Filosofia:* Ensino Médio. Brasília: MEC/ Secretaria de Educação Básica. p. 13-44. (Coleção Explorando o Ensino). v. 14. Disponível em: <http://portal.mec.gov.br/index.php?option=com_docman&view=download&alias=7837-2011-filosofia-capa-pdf&category_slug=abril-2011-pdf&Itemid=30192>. Acesso em: 15 abr. 2016.

CHAUI, M. Contra o febeapá. *Kriterion*, Belo Horizonte, v. 129, p. 431-438, 2014.

CHAUI, M. *Convite à Filosofia*. São Paulo: Ática, 2005.

CHAUI, M. Ideologia e educação. *Educação e pesquisa*, v. 42, p. 245-258, 2016. Disponível em: <http://www.scielo.br/scielo.php?script=sci_arttext&pid=S1517-97022016000100245&lng=en&nrm=iso&tlng=pt>. Acesso em: 19 abr. 2016.

CHAUI, M. Percursos de Marilena Chaui: Filosofia, Política, Educação. *Educação e pesquisa*, v. 42, p. 259-277, 2016. Disponível em: <http://www.scielo.br/scielo.php?script=sci_arttext&pid=S1517-97022016000100259&lng=en&nrm=iso&tlng=pt>. Acesso em: 19 abr. 2016.

COELHO, M. J. *Corpo, pessoa e afectividade:* da fenomenologia à bioética. Dissertação (Mestrado em Filosofia) – Faculdade de Ciências Humanas e Sociais, Universidade Nova de Lisboa, 1997. Disponível em: <http://purl.pt/5485/1/sa-87495-v_PDF/sa-87495-v_PDF_X-C/sa-87495-v_0000_1_tX-C.pdf>. Acesso em: 16 abr. 2016.

COLLINGWOOD, R. G. *Toute histoire est histoire d'une pensée*. Tradução Guy le Gaufey. Paris: EPEL, 2010.

COMTE-SPONVILLE, A. *O amor*. Tradução Eduardo Brandão. São Paulo: WMF Martins Fontes, 2011.

CONCÍLIO ECUMÊNICO VATICANO II. *Gaudium et Spes (Alegria e Esperança)*, n. 65. Tradução oficial disponível em: <http://www.vatican.va/archive/hist_councils/ii_vatican_council/documents/vat-ii_const_19651207_gaudium-et-spes_po.html>. Acesso em: 14 jun. 2015.

CONTO chinês anônimo. In: PIQUEMAL, M. *Les philo-fables*. Paris: Albin Michel, 2008. p. 45-47.

CRITELLI, D. M. *Analítica do sentido:* uma aproximação e interpretação do real de orientação fenomenológica. São Paulo: Brasiliense, 2006.

CRITELLI, D. M. *História pessoal e sentido da vida: historiobiografia*. São Paulo: EDUC & FAPESP, 2009.

CULLETON, A. Tomás de Mercado on Slavery: Just According to Law, Unjust in Practice. *Patristica et Mediaevalia*, v. 36, p. 29-38, 2015.

CUOCO PORTUGAL, A. Filosofia analítica da religião como pensamento "pós-metafísico". *Horizonte*, Belo Horizonte, v. 8, n. 16, p. 80-98, 2010. Disponível em: <http://repositorio.unb.br/bitstream/10482/9680/1/ARTIGO_FilosofiaAnaliticaReligiao.pdf>. Acesso em: 18 abr. 2016.

DANNER, L. F. *Ensino de Filosofia e interdisciplinaridade*. Porto Alegre: Fi, 2013.

DANTO, A. *O descredenciamento filosófico da arte*. Tradução Rodrigo Duarte. Belo Horizonte: Autêntica, 2014.

DE LIBERA, A. *Arqueologia do sujeito*. Tradução Fátima Conceição Murad. São Paulo: FAP-Unifesp, 2013. v. 1.

DE MURALT, A. *Metafísica do fenômeno*: as origens medievais e a elaboração do pensamento fenomenológico. Tradução Paula Martins. São Paulo: Editora 34, 1998.

DEBRAY, R. *L'État séducteur*. Paris: Gallimard, 1997.

DEBRAY, R. *Manifestos midiológicos*. Tradução João de Freitas Teixeira. Petrópolis: Vozes, 1999.

DELEUZE, G. *A lógica do sentido*. Tradução Luiz Roberto Salinas Fortes. São Paulo: Perspectiva, 2015.

DIXSAUT, M. Nietzsche lecteur de Platon. In: NESCHKE-HENTSCHKE, A. (Ed.). *Images de Platon et lectures de ses oeuvres*. Louvain: Peeters, 1997.

DOMINGUES, I. Painel: Filosofia no Brasil: perspectivas no ensino, na pesquisa e na vida pública. *Kriterion*, v. 129, p. 389-396, 2014.

DORTIER, J.-F. La perception, une lecture du monde. *Revue des Sciences Humaines*, n. 7, p. 22, 2007.

DUARTE, R. *Varia aesthetica*: ensaios sobre arte e sociedade. Belo Horizonte: Relicário, 2014.

DUNKER, C. História, gênero e sexualidade. *Cadernos Cinema e Psicanálise*, São Paulo: Nversos, v. 5, 2014.

DURKHEIM, É. *As regras do método sociológico*. Tradução Paulo Neves. São Paulo: Martins Fontes, 2007.

DUSSEL, E. *Filosofia da libertação*. Tradução Georges I. Massiat. São Paulo: Paulus, 1995.

ÉTICA. São Paulo: TV Cultura, 2003. Série televisiva.

ESPINOSA, B. *Tratado político*. Tradução Diogo Pires Aurélio. São Paulo: Martins Fontes, 2009.

FABBRINI, R. N. O ensino de Filosofia: a leitura e o acontecimento. *Trans/Form/Ação*, v. 28, n. 1, p. 7-27, 2005. Disponível em: <http://www.scielo.br/pdf/trans/v28n1/29404.pdf>. Acesso em: 15 abr. 2016.

FAUSTINO, S. *Wittgenstein*: o eu e sua gramática. São Paulo: Ática, 1995.

FAVARETO, C. Sobre o ensino de Filosofia. *Revista da Faculdade de Educação da USP*, v. 19, n. 1, p. 97-102, 1993. Disponível em: <http://www.crmariocovas.sp.gov.br/pdf/ccs/pebII/ensino_filosofia.pdf>. Acesso em: 12 abr. 2016.

FILOSOFIA e verdade. Direção Jean Flechet. França, 1965. Documentário. Disponível em: <https://www.youtube.com/watch?v=bmWhgV6RAVU>. Acesso em: 12 abr. 2016.

FOUCAULT, M. *Em defesa da Sociedade*. Tradução Maria Ermantina A. P. Galvão. São Paulo: WMF Martins Fontes, 2010.

FOUCAULT, M. *Ética, sexualidade, política*. Organização Manoel Barros da Motta. Vários tradutores. São Paulo: Forense, 2012.

FOUCAULT, M. *História da sexualidade*. Tradução Maria Thereza C. Albuquerque. Rio de Janeiro: Graal, 1988. 3 v.

FRANCO, R. *O probabilismo na* Scholastica Colonialis *segundo Diego de Avendaño*. Dissertação (Mestrado em: Filosofia)-Faculdade de Filosofia, Universidade do Vale do Rio dos Sinos, São Leopoldo, RS, 2012. Disponível em: <http://www.repositorio.jesuita.org.br/handle/UNISINOS/2996>. Acesso em: 22 abr. 2016.

FREUD, S. *L'avenir d'une illusion*. Tradução Marie Bonaparte. Paris: PUF, 2002.

FREUD, S. L'hypothèse de l'Inconscient. In:___. *Métapsychologie*. Tradução Jean Laplanche e J.-B. Pontalis. Paris: Gallimard, 1989.

FREUD, S. *O mal-estar na cultura*. Tradução Renato Zwick. Porto Alegre: L&PM, 2010.

GADAMER, H.-G. *Verdade e método*. Tradução Flávio Paulo Meurer. Petrópolis: Vozes, 1999.

GALLO, S. *Metodologia do ensino de filosofia*: uma didática para o ensino médio. Campinas, SP: Papirus, 2012.

GEORGIADIS, J. R.; KRINGELBACH, M. L.; PFAUS, J. G. Sex for Fun: a Synthesis of Human and Animal Neurobiology. *Nature Reviews (Urology)*, v. 9, p. 498, 2012.

GOLDSCHMIDT, V. Tempo histórico e tempo lógico na interpretação dos sistemas filosóficos. In:___. *A religião de Platão*. Tradução Oswaldo e Ieda Porchat. São Paulo: Difusão Europeia do Livro, 1963. p. 139-147. Disponível em: <http://www.dfmc.ufscar.br/uploads/documents/5078a0dc6a473.pdf>. Acesso em: 12 abr. 2016.

GRANGER, G.-G. *Filosofia, linguagem, ciência*. Tradução Ivo Storniolo. Aparecida: Ideias e Letras, 2013.

GRANGER, G.-G. *Por um conhecimento filosófico*. Campinas: Papirus, 1989.

GREGÓRIO DE NISSA. *A criação do homem & A alma e a ressurreição & A grande catequese*. Tradução Bento Silva Santos. São Paulo: Paulus, 2011.

GRONDIN, J. *Que saber sobre filosofia da religião?* Tradução Lucia M. E. Orth. Aparecida: Ideias e Letras, 2012.

GUIMARÃES ROSA, J. *Grande sertão*: veredas. Rio de Janeiro: Nova Fronteira, 2015.

GUIMARÃES, B. et al. *Filosofia como esclarecimento*. Belo Horizonte: Autêntica, 2014.

HAACK, S. *Filosofia das Lógicas*. Tradução Cezar A. Mortari e Luiz Henrique A. Dutra. São Paulo: UNESP, 2002.

HABERMAS, J. *Conhecimento e interesse*. Tradução Luiz Repa. São Paulo: Unesp, 2014.

HELLOT, E. *O homem*: a vida, a ciência e a arte. Tradução Roberto Mallet. São Paulo: Ecclesiae, 2015.

O ENIGMA de Kaspar Hauser. Direção Werner Herzog. Alemanha, 1974. Filme.

HINTIKKA, J. Gaps in the Great Chain of Being: An Exercise in the Methodology of the History of Ideas. *Proceedings and Addresses of the American Philosophical Association*, v. 49, p. 22-38, 1975-1976.

HOFFMEISTER PICH, R.; CULLETON, A. (Orgs). *Scholastica colonialis*: Reception and Development of Baroque Scholasticism in Latin America, 16th-18th Centuries / *Scholastica colonialis*: Recepción y desarrollo de la escolástica barroca en América Latina, siglos 16 a 18. Turnhoult: Brépols, 2016.

JAIME, J. *História da Filosofia no Brasil*. Petrópolis: Vozes, 2012. 4 v.

JAPIASSU, H. *Nem tudo é relativo:* a questão da verdade. Rio de Janeiro: Letras e Letras, 2000.

JOAS, H. *A sacralidade da pessoa*. Tradução Nélio Schneider. São Paulo: Ed. da Unesp, 2012.

JORNALISMO e ética. São Paulo: TV Cultura, 2011. Reportagem. Disponível em: <http://tvcultura.com.br/videos/132_jornalismo-e-etica-vitrine-06-09-2011.html>. Acesso em: 18 abr. 2016.

JUSTINO DE ROMA. *I e II Apologias & Diálogo com Trifão*. Tradução Ivo Storniolo. São Paulo: Paulus, 2009.

JUSTINO DE ROMA. *Dialogue avec Tryphon* 7,2 – 8,3. Tradução Philippe Bobichon. Friburgo: Academic Press, 2003.

KIKHÖFEL, E. *As neurociências:* questões filosóficas. São Paulo: WMF Martins Fontes, 2014. (Coleção Filosofias: o prazer do pensar).

KNIGHT, C. Unit-Ideas Unleashed: A Reinterpretation and Reassessment of Lovejovian Methodology in the History of Ideas. *Journal of the Philosophy of History*, v. 6, p. 195-217, 2012.

KNUUTTILA, S. Time and Modality in Scholasticism. In:____(Ed.). *Reforging the Great Chain of Being. Studies of the History of Modal Theories*. Londres: Reidel, 1981. p. 163ss.

KOHAN, W. (Org.). *Filosofia: caminhos para seu ensino*. Rio de Janeiro: DP&A, 2004.

KOHAN, W. *Filosofia:* o paradoxo de aprender e ensinar. Belo Horizonte: Autêntica, 2009.

LACOSTE, J.-Y. *A filosofia da arte*. Tradução Álvaro Cabral. Rio de Janeiro: Zahar, 1996.

LALANDE, A. *Vocabulário técnico-crítico da Filosofia*. Tradução Fátima Sá Pereira: São Paulo: WMF Martins Fontes, 1993.

LEBRUN, G. A realidade nacional e seus equívocos. *Revista Brasiliense*, Brasília, n. 44, p. 42-62, 1962.

LEBRUN, G. *Por que filósofo? Estudos Cebrap*, v. 15, p. 148-153, 1976. Disponível em: <http://cebrap.org.br/bibliotecavirtual/arquivos/por_que_filosofo_e.pdf>. Acesso em: 15 abr. 2016.

LEFORT, C. *Essais sur le politique*. Paris: Seuil, 1986.

LENOIR, F. *Sobre a felicidade:* uma viagem filosófica. Tradução André Fontenelle. São Paulo: Objetiva, 2016.

LEOPOLDO E SILVA, F. *A ética pós-moderna*. Campinas: Fundação CPFL Cultura, 2013. Conferência televisiva. Disponível em: <https://www.youtube.com/watch?v=1lBjle0JnAk>. Acesso: 18 abr. 2016.

LEOPOLDO E SILVA, F. *Bergson:* intuição e discurso filosófico. São Paulo: Loyola, 1993.

LEOPOLDO E SILVA, F. História da Filosofia, formação e compromisso. *Trans/Form/Ação*, v. 25, n. 1, p. 7-18, 2012. Disponível em: <http://www2.marilia.unesp.br/revistas/index.php/transformacao/article/view/820/733>. Acesso em: 15 abr. 2016.

LE PENVEN, F. *Marcel Duchamp dans les collections du Musée National d'Art Moderne*. Paris: Centre Georges Pompidou, 2001. p. 62-65.

LEOPOLDO E SILVA, F. Por que filosofia no Segundo Grau. *Estudos Avançados*, São Paulo, v. 6, n. 14, 1992. Disponível em: <http://www.scielo.br/scielo.php?script=sci_arttext&pid=S0103-40141992000100010>. Acesso em: 12 abr. 2016.

LES INROCKUPTIBLES. Paris, 12 abr. 2014. Entrevista concedida por Georges Didi-Huberman. Disponível em: <http://www.lesinrocks.com/2014/02/12/arts-scenes/tout-est-la--rien-nest-cache-11472282/>. Acesso em: 10 out. 2015.

LEVY, L.; ZINGANO, M.; PEREIRA, L. C. (Org.) *Metafísica, Lógica e outras coisas mais*. Rio de Janeiro: Nau, 2011.

LIMA VAZ, H. C. *Antropologia filosófica*. 2 v. São Paulo: Loyola, 1992.

LIMA VAZ, H. C. Consciência e História. In:___. *Ontologia e História*. São Paulo: Loyola, 2001. p. 219-230.

LIMA VAZ, H. C. *Consciência e realidade nacional* [Sobre o livro de Álvaro Vieira Pinto]. Síntese, Belo Horizonte, v. 4, p. 92-109, 1962. Disponível em: <http://faje.edu.br/periodicos2/index.php/Sintese/article/view/3186/3266>. Acesso: 24 maio 2016.

LIMA VAZ, H. C. *Escritos de Filosofia I*: problemas de fronteira. São Paulo: Loyola, 1986.

LIMA VAZ, H. C. Itinerário da ontologia clássica. In:___. *Ontologia e História*. São Paulo: Loyola, 2001. p. 62-63.

LOVEJOY, A. *A grande cadeia do ser*. Tradução Aldo Fernando Barbieri. São Paulo: Palíndromo, 2005. Tradução de: *The Great Chain of Being: A Study of the History of an Idea*.

LÖWY, M.; SAYRE, R. *Revolta e melancolia*: o Romantismo na contracorrente da Modernidade. São Paulo: Boitempo, 2015.

MAAMARI, A. et al. *Filosofia na Universidade*. Ijuí, RS: Ed. da Unijuí: 2006.

MAGRITTE, R. *A condição humana*. 1933. Disponível em: <http://classconnection.s3.amazonaws.com/262/flashcards/705262/jpg/803464d1329445063426.jpg>. Acesso em: 16 abr. 2016.

MARGUTTI, P. *História da filosofia do Brasil*. São Paulo: Loyola, 2013.

MARGUTTI, P. Sobre a nossa tradição exegética e a necessidade de uma reavaliação do ensino de Filosofia no país. *Kriterion*, Belo Horizonte, v. 129, p. 397-410, 2014.

MARTINS, M. F.; REIS PEREIRA, A. (Orgs.). *Filosofia e educação*: ensaios sobre autores clássicos. São Carlos: EdUFSCar, 2014.

MARX, K. *Critique de La Philosophie du Droit de Hegel*. Tradução E. Kouvélakis. Paris: Ellipses, 2000.

MATA, S. *História e religião*. Belo Horizonte: Autêntica, 2010.

MAY, S. *Amor*: uma história. Tradução Maria Luiza X. Borges. Rio de Janeiro: Zahar, 2012.

MEDINA SILVA, I. A avaliação no ensino de Filosofia. *Philosophica 7, Lisboa*, p. 151-162, 1996. Disponível em: <www.centrodefilosofia.com/uploads/pdfs/philosophica/7/8.pdf>. Acesso em: 19 abr. 2016.

MERLEAU-PONTY, M. A *Natureza*. Tradução Álvaro Cabral. São Paulo: WMF Martins Fontes, 2006.

MERLEAU-PONTY, M. Em toda e em nenhuma parte. In: *Textos selecionados*. Tradução Marilena de Souza Chaui. São Paulo: Nova Cultural, 1989. (Coleção Os Pensadores).

MICHELETTI, M. *Filosofia analítica da religião*. Tradução José Afonso Beraldin. São Paulo: Loyola, 2007.

MINISTÉRIO DA EDUCAÇÃO. Secretaria de Educação Básica. *Filosofia*: Ensino Médio. CARVALHO, Marcelo; CORNELLI, Gabriele (Orgs.). Brasília: MEC/SEB, 2010. (Coleção Explorando o Ensino). v. 14. Disponível em: <http://portal.mec.gov.br/index.php?option=com_docman&view=download&alias=7837-2011-filosofia-capa-pdf&category_slug=abril-2011-pdf&Itemid=30192>. Acesso em: 19 abr. 2016.

MIRANDA DE ALMEIDA, R. A *fragmentação da Cultura e o fim do sujeito*. São Paulo: Loyola, 2014.

MONTAIGNE, M. *Ensaios*. Tradução Rosemary Costhek Abílio. São Paulo: Martins Fontes, 2000. 3 v.

MONZANI, L. R. O que é Filosofia da Psicanálise? *Philosophos*, v. 13, n. 2, 2008. Disponível em: <http://revistas.ufg.br/index.php/philosophos/article/view/5735/6714#.VMale_7F9Bo>. Acesso em: 26 jan. 2016.

MORESCHINI, C. *História da literatura cristã antiga grega e latina*. Tradução Marcos Bagno. São Paulo: Loyola, 2000. 2 vols.

MURCHO, D. Avaliação em Filosofia e subjetividade. *Crítica na rede*, jun. 2003. Disponível em: <http://criticanarede.com/fil_avaliacao2.html>. Acesso em: 19 abr. 2016.

NASCIMENTO, C. A. *De Tomás de Aquino a Galileu*. Campinas: IFCH-Unicamp, 1995.

NASCIMENTO, C. A. *Para ler Galileu Galilei*. São Paulo: EDUC, 1990.

NOBRE, M.; TERRA, R. *Ensinar Filosofia:* uma conversa sobre aprender a aprender. Campinas: Papirus, 2007.

NOGUEIRA, R. *O ensino de Filosofia e a Lei 10.639*. Rio de Janeiro: Pallas, 2014.

NOVAES, J.; AZEVEDO, M. A. O. (Orgs.). *Filosofia e seu ensino*: desafios emergentes. Porto Alegre: Sulina, 2010.

ORTEGA, F. *Genealogias da amizade*. São Paulo: Iluminuras, 2002.

ORTIZ, R. *Cultura brasileira e identidade nacional*. São Paulo: Perspectiva, 1998.

O GAROTO selvagem. Direção François Truffaut. França, 1969. Filme.

OS CAMINHOS da Felicidade. *O Globo*, Rio de Janeiro, 17 nov. 2012. Disponível em: <http://oglobo.globo.com/sociedade/saude/os-caminhos-da-felicidade-6758750>. Acesso em: 28 ago. 2014.

PAREYSON, L. *Os problemas da estética*. Tradução Maria Helena N. Garcez. São Paulo: Martins Fontes, 1989.

PAVIANI, J. *Éros, desejo e Bem em* O Banquete *de Platão*. Florianópolis: Ed. da UFSC, 2015.

PIOVESAN, A. et al. *Filosofia e ensino em debate*. Ijuí, RS: Unijuí, 2002.

PIQUEMAL, M. *Les philo-fables*. Paris: Albin Michel, 2008.

POPPER, K. *Conjectures and Refutations:* the Growth of Scientific Knowledge. Londres: Routledge and Kegan Paul, 1963.

PLANTINGA, A.; TOOLEY, M. *Conhecimento de Deus*. Tradução Desidério Murcho. São Paulo: Vida Nova, 2014.

PLATÃO. *Sofista*. In:____. *Diálogos*. Tradução Jorge Paleikat e João Cruz Costa. São Paulo: Nova Cultural, 1984. p. 177-179 e 181 (números 254b-255e; 256d-e). (Coleção Os Pensadores).

POLANYI, M. *A lógica da liberdade*. Tradução Joubert O. Brizida. São Paulo: Topbooks, 2003.

PORTA, Mario. *A filosofia a partir de seus problemas*. São Paulo: Loyola, 2003.

PRADO JÚNIOR, B. *Erro, ilusão e loucura*. São Paulo: Editora 34, 2004.

PRADO JÚNIOR, B. Um convite à falsificação. *Folha on line*. 19 dez. 1999. Disponível em: <http://www1.folha.uol.com.br/fol/brasil500/dc_2_2.htm>. Acesso em: 18 abr. 2016.

RAGO CAMPOS, M. J. *Arte e verdade*. São Paulo: Loyola, 1992.

RENAULT, A. *O indivíduo:* reflexão acerca da filosofia do sujeito. Tradução Helena Gaidano. São Paulo: Difel, 1999.

RIBEIRO DE MOURA, C. A. *Crítica da razão na fenomenologia*. São Paulo: Edusp & Nova Stella, 1989.

RIBEIRO DE MOURA, C. A. História *stultitiae* e história *sapientiae*. *Discurso* 17, p. 151-171, 1988. Disponível em: <http://www.revistas.usp.br/discurso/article/view/37935/40662>. Acesso em: 12 abr. 2016.

ROHDEN, L. Amizade entre filosofia e educação. In: PIOVESAN, A. *Filosofia e ensino em debate*. Ijuí: Ed. da Unijuí, 2002.

ROUSSEAU, J.-J. *Emílio ou da Educação*. Tradução Sérgio Milliet. Rio de Janeiro: Bertrand Brasil.

SACHS, J. A Economia da Felicidade. *Valor Econômico*, São Paulo, 30 ago. 2011. Disponível em: <http://www.valor.com.br/opiniao/992070/economia-da-felicidade>. Acesso em: 14 maio 2015.

SÁ JUNIOR, L. A. *Ensino de filosofia*: experiências e problematizações. Campinas: Pontes, 2014.

SAFATLE, V. *O circuito dos afetos*: corpos políticos, desamparo e fim do indivíduo. Belo Horizonte: Autêntica, 2016.

SALLES, J. C. Os livros e a noite. *Kriterion*, Belo Horizonte, v. 129, p. 425-431, 2014.

SAMPAIO FERRAZ JÚNIOR, T. (Org.). *Filosofia, Sociedade e Direitos Humanos*. São Paulo: Manole, 2012.

SANGALLI, I. J. *O filósofo e a felicidade*: o ideal ético do aristotelismo radical. Caxias do Sul: EDUSC, 2013.

SARTRE, J.-P. *La Nausée*. Paris: Gallimard Poche, 1938.

SAVIAN FILHO, J. *Religião*. São Paulo: WMF Martins Fontes, 2010. (Coleção Filosofias: o prazer do pensar).

SAVIAN FILHO, J. Seria o sujeito uma criação medieval? Temas de arqueologia filosófica. *Trans/Form/Ação*, v. 38, n. 2, p. 175-204, 2015. Disponível em: <http://www2.marilia.unesp.br/revistas/index.php/transformacao/article/view/5239/3690>. Acesso em: 15 abr. 2016.

SCHELER, M. *Da reviravolta dos valores*. Tradução Marco Antonio Casanova. Petrópolis: Vozes, 2012.

SCHOLASTICA colonialis. Projeto internacional sediado no Brasil para estudo das formas de pensamento filosófico desenvolvidas na América colonial. Disponível em: <http://www.scholasticacolonialis.com>. Acesso em: 22 abr. 2016.

SCRUTON, R. *Beleza*. Tradução Hugo Langone. São Paulo: É Realizações, 2015.

SCHOPENHAUER, Arthur. Parerga e Paralipomena II. Tradução Jarlee Salviano apud SALVIANO, J. *Labirintos do Nada*: a crítica de Nietzsche ao niilismo de Schopenhauer. 2006. Tese (Doutorado em: Filosofia)–Faculdade de Filosofia, Letras e Ciências Humanas, Universidade de São Paulo, São Paulo, 2006. p. 2.

SIMMEL, G. *Filosofia do amor*. Tradução Eduardo Brandão. São Paulo: Martins Fontes, 2006.

SIMMEL, G. *Religião*: ensaios. Tradução Leopoldo Waizbort. São Paulo: Olho d'Água, 2011. 2 v.

SOUZA, M. G. *A construção do conceito de cidadania*. Entrevista concedida à TV Univesp, 2008. Parte 1. Disponível em: <https://www.youtube.com/watch?v=zNxlHZSAerw>. Acesso em: 2 maio 2016.

SOUZA, M. G. *A construção do conceito de cidadania*. Entrevista concedida à TV Univesp, 2008. Parte 2. Disponível em: <https://www.youtube.com/watch?v=kszNS4731EE>. Acesso em: 2 maio 2016.

STEGMÜLLER, W. *Filosofia contemporânea*. Tradução Edwino A. Royer. São Paulo: Forense, 2012.

STORCK, A. *Filosofia medieval*. Rio de Janeiro: Zahar, 2003. (Coleção Passo a Passo).

TIMM DE SOUZA, R. *O Brasil filosófico*. São Paulo: Perspectiva, 2013.

TOMÁS DE AQUINO. *Comentário ao Tratado da Trindade de Boécio*. Tradução, estudos e notas de Carlos Arthur R. Nascimento. São Paulo: UNESP, 1999. Questões 5 e 6.

TOMÁS DE AQUINO. *Suma teológica*. Vários tradutores. São Paulo: Loyola, 2000. v. 1. Parte I, questão 2, artigo 3.

VALLÉE, M.-A. Culture, appartenance et dialogue: trouver la juste articulation. In: MULTICULTURALISMO E RECONHECIMENTO, 2003. São Paulo: Agência da Francofonia; Consulado da França; Bureau do Quebec; Unifesp; PUC, 2013. p. 7-11.

VASILIU, A. *EIKÔN*: L'image dans le discours des trois Cappadociens. Paris: PUF, 2010.

VEYNE, P. *Como se escreve a História*. Tradução Alda Baltar e Maria Auxiliadora Kneipp. Brasília: EdUnB, 1982.

VEYNE, P. *Quando nosso mundo se tornou cristão*. Tradução Marcos de Castro. Rio de Janeiro: Civilização Brasileira, 2010.

VIEIRA PINTO, A. *Consciência e realidade nacional*. Rio de Janeiro: ISEB, 1960.

VIVEIROS DE CASTRO, E. *Metafísicas canibais*. São Paulo: Cosac & Naif, 2015.

VIVEIROS DE CASTRO, E. Os pronomes cosmológicos e o perspectivismo ameríndio. *Mana*, v. 2, n. 2, 1996. Disponível em: <http://www.scielo.br/scielo.php?script=sci_arttext&pid=S0104-93131996000200005>. Acesso em: 18 abr. 2016.

WEIL, S. *Aulas de filosofia*. Tradução Marina Appenzeller. Campinas: Papirus, 1991.

WILKINSON, M. B.; CAMPBELL, H. N. *Filosofia da religião*: uma introdução. Tradução Anoar J. Provenzi. São Paulo: Paulinas, 2014.

WINNICOTT, D. *Natureza humana*. Tradução Davi Litman Bogomoletz. Rio de Janeiro: Imago, 1990.

WISNIK, J. M. *O som e o sentido*. São Paulo: Companhia das Letras, 1989.

WIZISLA, E. *Benjamin e Brecht*: história de uma amizade. Tradução Rogério Silva Assis. São Paulo: Edusp, 2013.

WOLFE, G. *A beleza salvará o mundo*: redescobrindo o homem numa era ideológica. Tradução Marcelo G. de Oliveira. São Paulo: Vide, 2015.

Este livro foi composto com tipografia Electra LT Std
e impresso em papel Offset 75 g/m² na Gráfica Rona.